Uwe Thaysen (Hrsg.)

Der Zentrale Runde Tisch der DDR
Band II: Umbruch

Der Zentrale Runde Tisch der DDR

Wortprotokoll und Dokumente
Band II: Umbruch

Bearbeitet, mit einem einleitenden Essay versehen und herausgegeben von Uwe Thaysen

Westdeutscher Verlag

Die Deutsche Bibliothek – CIP-Einheitsaufnahme
Ein Titeldatensatz für diese Publikation ist bei
Der Deutschen Bibliothek erhältlich

Dieses Werk wurde gefördert durch den Deutschen Bundestag
und das Bundesministerium des Innern.

Alle Rechte vorbehalten
© Westdeutscher Verlag GmbH, Wiesbaden 2000

Der Westdeutsche Verlag ist ein Unternehmen der Bertelsmann Fachinformation GmbH.

Das Werk einschließlich aller seiner Teile ist urheberrechtlich geschützt. Jede Verwertung außerhalb der engen Grenzen des Urheberrechtsgesetzes ist ohne Zustimmung des Verlags unzulässig und strafbar. Das gilt insbesondere für Vervielfältigungen, Übersetzungen, Mikroverfilmungen und die Einspeicherung und Verarbeitung in elektronischen Systemen.

www.westdeutschervlg.de

Höchste inhaltliche und technische Qualität unserer Produkte ist unser Ziel. Bei der Produktion und Verbreitung unserer Bücher wollen wir die Umwelt schonen: Dieses Buch ist auf säurefreiem und chlorfrei gebleichtem Papier gedruckt. Die Einschweißfolie besteht aus Polyäthylen und damit aus organischen Grundstoffen, die weder bei der Herstellung noch bei der Verbrennung Schadstoffe freisetzen.

Umschlaggestaltung: Horst Dieter Bürkle, Darmstadt
Druck und buchbinderische Verarbeitung: Lengericher Handelsdruckerei, Lengerich
Printed in Germany

Inhaltsverzeichnis

Band II: Umbruch

5.–9. Sitzung (3. Januar – 22. Januar 1990)

5. Sitzung 257

Berlin, Residenz Schloß Niederschönhausen, Mittwoch, den 3. Januar 1990

TOP 1: Begrüßung, Vorstellung neuer Repräsentanten der am Runden Tisch vertretenen Parteien und Gruppierungen 257

    Vorlage 5/1   Moderation: Verfahrensvorschlag für die Tagesordnung des Rundtischgespräches am 3. Januar 1990
[Dokument 5/1, Anlagenband] 257

TOP 2: Zeitliche Begrenzung der 5. Sitzung des Runden Tisches 257

    – **Antrag** DJ: Übertragung der Wirtschaftsfragen und Justizfragen vollständig live in Rundfunk und Fernsehen 257

TOP 3: Zulassungsanträge für neue Gruppierungen nach Votum der Prioritätengruppe 258

    – **Antrag** KdT: Teilnahme am Runden Tisch 258

    – **Antrag** DSF: Teilnahme am Runden Tisch 258

    – **Antrag** Domowina: Teilnahme am Runden Tisch 258

    – **Antrag** Initiativgruppe Bürgerbewegung: Antrag auf Teilnahme am Runden Tisch
[Dokument 5/2, Anlagenband] 258

TOP 4: Kurzinformation über das Gespräch beim Ministerpräsidenten am 2. Januar 1990 259

    – **Erklärung** UFV: Vorbereitung auf das Gespräch mit Ministerpräsident Modrow am 2.1.1990
[Dokument 5/3, Anlagenband] 259

TOP 5: Wirtschaftsfragen 260

    Vorlage 5/2   **Erklärung** AG „Wirtschaft": Kontrolle der ökologischen, wirtschaftlichen und finanziellen Entwicklung 260

    Vorlage 5/2a   **Antrag** FDGB zur Vorlage 5/2: Soziale Sicherheit der Werktätigen
[Dokument 5/4, Anlagenband] 261

    Vorlage 5/3   **Erklärung** VL: Dissenspapier zu den Vorschlägen der AG „Wirtschaft
[Dokument 5/5, Anlagenband] 262

    – **Antrag** GP zur Vorlage 5/2 der Arbeitsgruppe „Wirtschaft" 262

    Vorlage 5/4   **Antrag** AG „Wirtschaft": Offenlegung der wirtschaftlichen Tätigkeit der Parteien und Organisationen
[Dokument 5/6, Anlagenband] 262

    – **Antworten** der Regierungsvertreter auf Anfragen vom 22.12.89 und zu danach bekanntgewordenen wirtschaftlichen Maßnahme 263

    – **Stellungnahme** Frau Minister Christa Luft, Stellv. Ministerratsvorsitzende 263

    – **Fragen und Stellungnahmen** zum Vortrag von Frau Minister Luft 269

    – **Antworten** von Frau Minister Luft auf die Wirtschaftsfragen des Runden Tisches 269

    – **Antrag** DJ: Bitte an Minister Beil, das Konzept zur Auflösung des Bereiches KoKo am Runden Tisch vorzutragen und Bitte an Ministerin Nickel, über das Ergebnis der Revision aller Konten des Bereiches KoKo am Runden Tisch zu berichten 271

| | | – **Erklärung** FDGB: Zum Bericht von Frau Minister Luft [Dokument 5/7, Anlagenband] .... 272 |
| | | – **Vorschlag** AG „Ökologischer Umbau" zu Energiefragen [Dokument 5/8, Anlagenband] .... 273 |

TOP 6: Geschäftsordnungsfrage zur Aberkennung des Rederechts von Lothar W. Pawliczak (IFM) am Runden Tisch 276

TOP 7: Antworten der Regierungsvertreter auf Anfragen vom 22. 12. 89 und zu danach bekanntgewordenen wirtschaftlichen Maßnahmen, insbesondere Antworten und Stellungnahme des Staatssekretärs der Staatlichen Plankommission, Wolfgang Greß 276

– **Diskussion** des Vortrages von StS Greß 280

– **Antworten** StS Greß auf Fragen zur wirtschaftlichen Lage der DDR 282

TOP 8: Verständigung über den Fortgang der Tagesordnung 284

– **Antrag** Moderation: Zur Geschäftsordnung, Verschiebung der Justizfragen auf die nächste Tagung 284

– **Antrag** SED-PDS: Zur Geschäftsordnung, Anhörung der Regierungsvertreter 285

– **Antrag** NF: Verlängerung der Sitzung bis 18.00 Uhr 285

– **Antrag** SDP: Fortsetzung der Fragen und Einberaumung einer erneuten Wirtschaftsrunde 286

TOP 9: Antworten der Regierungsvertreter auf Anfragen vom 22. 12. 89 und zu danach bekanntgewordenen wirtschaftlichen Maßnahmen, insbesondere Antworten und Stellungnahme von StS Siegert (S. 68) ... 287

– **Rückfragen** zum Vortrag von StS Walter Siegert 289

– **Stellungnahme** von StS Siegert zu den Rückfragen 289

TOP 10: Justizfragen: Antworten der Regierungsvertreter auf Anfragen vom 27. 12. 89, insbesondere Stellungnahme von StS Halbritter zum Stand der Auflösung des Amtes für Nationale Sicherheit 290

TOP 11: Diskussion und Anfragen des Runden Tisches zum Bericht von StS Walter Halbritter 292

– **Beantwortung** der noch ausstehenden Fragen durch StS Halbritter 297

– **Antrag** NF auf Unterbrechung der Sitzung 297

– **Beantwortung** der noch ausstehenden Fragen durch StS Siegert 298

TOP 12: Wirtschaftsfragen 299

– **Aussprache und Beschlußfassung** zur wirtschaftlichen Situation der DDR, insbesondere Verständigung über die Vorlage 5/2 300

Vorlage 5/5 **Antrag** UFV, ein Hearing des Wirtschaftsausschusses der Volkskammer und der AG „Wirtschaft" des Runden Tisches zu veranstalten [Dokument 5/9, Anlagenband] 300

– **Antrag** CDU: Geschäftsordnungsantrag zur Numerierung der schriftlichen Materialien des Runden Tisches 301

Vorlage 5/4 **Antrag** AG „Wirtschaft": Offenlegung der Finanzierung und wirtschaftlichen Tätigkeit der Parteien [Dokument 5/6, Anlagenband] 301

Vorlage 5/6 **Antrag** DJ: Offenlegung der Regierungspläne für den Bereich KoKo 302

– **Antrag** GP, GL: 4-Punkte-Programm zur Verbesserung der Energiesituation (vgl. 3. Sitzung Vorlage 3/4) 302

TOP 13: Verständigung über Justizfragen 303

Vorlage 5/7 **Erklärung** der oppositionellen Gruppen zur nationalen Sicherheit 303

Vorlage 5/8 **Antrag** SED-PDS: Vorkommnisse in der Silvesternacht am Brandenburger Tor 305

TOP 14: Verständigung über die Weiterarbeit des Runden Tisches, insbesondere über die Ordnung für ein Arbeitssekretariat 305

Vorlage 5/9 **Entwurf** Moderation vom 27. 12. 89 Einrichtung eines Arbeitssekretariats des Runden Tisches

[Dokument 5/10, Anlagenband] 305

TOP 15: Vorschlag der Prioritätengruppe für die Tagesordnung der nächsten Sitzung des Runden Tisches 306

– **Antrag** SDP: Gerechte Öffnung der Tagespresse für alle Parteien und Organisationen [Dokument 5/11, Anlagenband] 306

TOP 16: Verständigung über Konstituierung, Zusammensetzung und Arbeitspläne der Arbeitsgruppen 306

TOP 17: Freistellungen für die Tätigkeit am Runden Tisch 306

6. Sitzung ... 308

Berlin, Residenz Schloß Niederschönhausen, Montag, den 8. Januar 1990

TOP 1: Begrüßung, Vorstellung neuer Repräsentanten der Parteien und Gruppierungen ... 308
TOP 2: Beratung zur Tagesordnung ... 308

    Vorlage 6/0   **Vorschlag** Prioritätengruppe: Zur Tagesordnung der 6. Sitzung
                             [Dokument 6/1, Anlagenband] ... 308

                    – **Persönliche Erklärung** Gehrke, VL: Zum „Wahlbündnis 90" ... 308

TOP 3: Anwesenheit von Medien am Runden Tisch ... 310

    Vorlage 6/1   **Antrag** Moderatoren: Anwesenheit und Tätigkeit von Medienvertretern im Verhandlungssaal des Runden Tisches ... 310

TOP 4: Änderung der Art. 12 und 14 der Verfassung der DDR: Joint-Ventures ... 312

    Vorlage 6/3   **Antrag** VL an den Runden Tisch: Zur Vertagung der Beschlußfassung der Volkskammer über den Gesetzgebungsantrag der Regierung zur Änderung der Art. 12 und 14 in der Verfassung der DDR
                             [Dokument 6/2, Anlagenband] ... 312

    Vorlage 6/9   **Antrag** VL an den Runden Tisch: Zur Ablehnung des Gesetzesantrages der Regierung an die Volkskammer über die Änderung von Art. 12 und 14 der Verfassung der DDR
                             [Dokument 6/8, Anlagenband] ... 315

TOP 5: Programmplanung des Runden Tisches ... 316

                    – **Prioritätengruppe:** Programmplanung (Information 6/1)
                        [Dokument 6/3, Anlagenband] ... 316

    Vorlage 6/5   **Stellungnahme** Arbeitsgruppe „Wahlgesetz" zum Wahlgesetz ... 317

TOP 6: Demokratischer Umgang miteinander: Die Demonstration 3. Januar 1990 am sowjetischen Ehrenmal in Treptow und deren „antifaschistische" Instrumentalisierung ... 317

                    – **Erklärung** Wolfgang Schnur (DA): Zur ungerechtfertigten Einordnung der Partei Demokratischer Aufbruch zum Rechtsradikalismus ... 317

TOP 7: Arbeitsbedingungen der Opposition: Räume ... 320

TOP 8: Auflösung des Amtes für Nationale Sicherheit ... 321

                    – **Bericht** des Regierungsbeauftragten Koch zum gegenwärtigen Stand der Auflösung des Amtes für Nationale Sicherheit (Antworten zu Anfragen vom 3.1.1990 ... 321

                    – **Anfragen** vom 3.1.1990 zum „Amt für Nationale Sicherheit" und zu Finanz- und Wirtschaftsfragen (Information 6/2)
                        [Dokument 6/4, Anlagenband] ... 324

                    – **Information** der Regierung zu der DDR zur Auflösung des MfS (Information 6/3)
                        [Dokument 6/5, Anlagenband] ... 330

    Vorlage 6/11   **Mißtrauenserklärung** der Oppositionellen Gruppen: Gegen den Zivilbeauftragten der Regierung zur Auflösung des Amtes für Nationale Sicherheit und gegen den Regierungsbeauftragten für den Runden Tisch ... 334

                    – **Erklärung** der Moderatoren zur Geschäftsordnung: Umgang mit „Erklärungen" der Gruppierungen und Parteien ... 335

                    – **Erklärung** [Minderheitenvotum] UFV: Zur Vorlage 6/11 ... 338

                    – **Erklärung** CDU: Zur Vorlage 6/11 (Information 6/5) ... 338

                    – **Erklärung** FDGB: Zur Vorlage 6/11 (Information 6/7) ... 339

TOP 9: Bericht über die Beratungen in der Volkskammer zu den Art. 12 und 14 der Verfassung der DDR: Joint-Ventures ... 339

    Vorlage 6/10   **Antrag** LDPD: Einbindung des Runden Tisches in die Willensbildung um Joint-Ventures
                             [Dokument 6/7, Anlagenband] ... 340

Vorlage 6/9 **Antrag** VL an den Runden Tisch: Ablehnung des Gesetzesauftrages der Regierung an die Volkskammer über die Änderung der Artikel 12 und 14 der Verfassung der DDR [Dokument 6/8, Anlagenband] 341

TOP 10: Erklärungen zur Auflösung des AfNS durch die Regierung Modrow 342

– **Erklärung** DBD, LDPD, NDPD, SED-PDS, VdgB (Information 6/8) 342

7. Sitzung 346

Berlin, Residenz Schloß Niederschönhausen, Montag, den 15. Januar 1989

TOP 1: Erklärung des Vorsitzenden des Ministerrates, Hans Modrow 346

– **Erklärung** des Vorsitzenden des Ministerrates der DDR, Hans Modrow, vor den Teilnehmern am Runden Tisch (Information 7/10) 346

– **Rückfragen und Stellungnahmen** zum Bericht des Ministerpräsidenten 348

Vorlage 7/3 **Mißbilligungsanträge** IFM, UFV:
Nr. 2 gegenüber der Regierung Modrow, betreffend Verfassungsänderungen ohne Beteiligung des Runden Tisches;
Nr. 3 gegenüber der Volkskammer betreffend deren Ablehnung des Rederechtes für die Opposition des Runden Tisches in der Volkskammer;
Nr. 4 gegenüber Regierung und Volkskammer betreffend unrechtmäßige Eigentumstransfers
[Dokument 7/1, Anlagenband] 350

TOP 2: Vorstellung neuer Repräsentanten der Gruppierungen und Parteien 354

TOP 3: Organisation der weiteren Arbeit des Runden Tisches 354

Vorlage 7/0 **Vorschlag** zur Tagesordnung der 7. Sitzung
[Dokument 7/2, Anlagenband] 354

TOP 4: Festlegung der Tagesordnung 356

– **Aufruf** der Vorlagen und Informationen: Arbeitsplan (Gesetzgebungsplan) der Regierung Modrow (Information 7/2 und 7/3)
[Dokument 7/3, Anlagenband] 356

– **Antrag** GP/GL: 4-Punkte-Programm zur Verbesserung der Energiesituation 356

– **Stellungnahme** der AG „Neue Verfassung" des Runden Tisches: Zum Gesetzentwurf der Regierung „zur Änderung und Ergänzung der Verfassung der DDR" (Information 7/1)
[Dokument 7/4, Anlagenband] 356

Vorlage 7/4a **Antrag** SED-PDS: Zur ökologischen Gestaltung des Grenzgebietes 356

Vorlage 7/8 **Antrag** NDPD, DJ: Bildung einer Arbeitsgruppe „Internationale Politik" 356

TOP 5: Innere Sicherheit 361

Vorlage 7/12 **Bericht** der Regierung: Zur inneren Sicherheit 361

Vorlage 7/11 **Zwischenbericht** der Regierung: Zur Auflösung des Amtes für Nationale Sicherheit 364

Vorlage 7/5 **Antrag** der Arbeitsgruppe des Zentralen Runden Tisches „Auflösung des Amtes für Nationale Sicherheit der DDR": Aufforderung an die Regierung Modrow die Maßnahmen der Arbeitsgruppe des Runden Tisches durchzuführen
[Dokument 7/5, Anlagenband] 369

Vorlage 7/5b **Stellungnahme** der Bürgerkomitees „Auflösung der Kreis- und Bezirksämter des ehemaligen MfS/AfNS" zur Vorlage der Arbeitsgruppen des Zentralen Runden Tisches „Auflösung des AfNS der DDR" 370

– **Erklärung** DA: So geht das nicht weiter! (Information 7/8)
[Dokument 7/6, Anlagenband] 379

– **Anfragen und Aussprache** zu den Berichten der Regierung bezüglich der Auflösung des MfS/AfNS und der inneren Sicherheit 380

Vorlage 7/5a **Antrag** NF: Zur verfassungswidrigen Tätigkeit des MfS
[Dokument 7/7, Anlagenband] 384

– **Antrag** IFM: Herger und Krenz an den Runden Tisch zu zitieren 387

– **Antrag** GP: Zur Erarbeitung eines Integrationsprogrammes für Bürger aus dem MfS/AfNS (Information 7/5)
[Dokument 7/8, Anlagenband] 392

TOP 6:	Neues Wahlgesetz	393
	– **Erklärung** der Arbeitsgruppe „Wahlgesetz" (Information 7/1)	393
	– **Minderheitenvotum** Arbeitsausschuß „Wahlgesetz" NF, UFV, DJ, IFM, FDGB vom 11. Januar 1990 (Information 7/1a)	394
	– **Erklärung** UFV: Zum Wahlgesetz (Information 7/1b)	394
Vorlage 6/7	**Antrag** VL: Bestandteile des Wahlgesetzes für den 6. Mai 1990 [Dokument 7/9, Anlagenband]	396
	– **Erklärung** SPD: Zum Wahl- und Parteiengesetz (Information 7/9) [Dokument 7/10, Anlagenband]	396
TOP 7:	Parteien- und Vereinigungsgesetz	403
	– **Erklärung** LDPD: Parteifinanzen der LDPD [Dokument 7/11, Anlagenband]	404
TOP 8:	Medien	405
	– **Information** Gesetzgebungskommission Mediengesetz: Beschlußentwurf der Volkskammer über die Gewährleistung der Meinungs-, Informations- und Medienfreiheit (Information 7/4) [Dokument 7/12, Anlagenband]	406
Vorlage 7/7	– **Beschlußantrag** (zu Information 7/4) DA, DJ, GL, GP, IFM, NF, SPD, UFV, VL: Mediengesetz	407
TOP 9:	Reaktion des Runden Tisches auf die „Besetzung" des Zentralen Gebäudekomplexes des Ministeriums für Staatssicherheit in der Normannenstraße	408
	– **Aufruf** des Runden Tisches zur Gewaltlosigkeit in der Normannenstraße	409

8. Sitzung ... 410

Berlin, Residenz Schloß Niederschönhausen, Mittwoch, den 18. Januar 1990

TOP 1:	Begrüßung, Vorstellung neuer Repräsentanten der Parteien und Gruppierungen ...	410
TOP 2:	Zur aktuellen Situation, zugleich Beratung und Feststellung der Tagesordnung ...	411
	Vorlage 8/0 **Tagesordnung** [Dokument 8/1, Anlagenband] ...	411
	Vorlage 8/10 **Antrag** SPD, IFM: Zur Parteienfinanzierung [Dokument 8/2, Anlagenband] ...	411
	– **Erklärung** NF: Zur Demonstration am 15. Januar 1990 [Dokument 8/3, Anlagenband] ...	412
	Vorlage 8/9 **Antrag** DBD: Zur Kultur der Revolution nach dem 15. Januar 1990 ...	413
	Vorlage 8/8 **Antrag** AG „Recht": Zur Handlungsfähigkeit der Polizei ...	413
	– **Erklärung** SPD: Zum Bestand der Koalitionsregierung und gegen Regierungsbeteiligung der SPD ...	414
	– **Erklärung** CDU: Zu den Äußerungen des Generalsekretärs Martin Kirchner (Information 8/2a) ...	415
	– **Erklärung** CDU: Zur Verdächtigung von Wolfgang Schnur als Mitarbeiter des MfS ...	415
TOP 3:	Mediengesetz ...	419
	Vorlage 7/7 **Beschlußantrag** (zu Information 7/4) DA, DJ, GL, GP, IFM, NF, SPD, UFV, VL: Mediengesetz ...	419
	Vorlage 7/9 **Beschlußantrag** DA, DJ, GL, GP, IFM, NF, SPD, UFV, VL an MP Modrow: Änderung der Medienpraxis ...	420
	Vorlage 7/7a **Antrag** NF: Zur Konstituierung eines Medienkontrollrates ...	423
	– **Antrag** SPD: Gerechte Öffnung der Tagespresse für alle Parteien und Organisationen [Dokument 5/11, Anlagenband] ...	427
	– **Erklärung** AG „Wirtschaft": Zur Dringlichkeit von Problemen der Wirtschafts-, Finanz- und Währungspolitik (Information 8/4) ...	430
TOP 4:	Umwelt ...	430
	Vorlage 8/6 **Antrag** NDPD: Kurzfristige Maßnahmen innerhalb eines zu erabeitenden Umweltkonzeptes [Dokument 8/4, Anlagenband] ...	430
TOP 5:	Bürgerkomitees ...	430
	– **Standpunkt** AG „Recht": Zur Ordnung der Bürgerkomitees [Dokument 8/5, Anlagenband] ...	430
TOP 6:	Sicherheit, Auflösung von MfS/AfNS ...	433
	Vorlage 8/5 **Beschlußvorlage** AG „Auflösung des Amtes für Nationale Sicherheit der DDR" für die Sitzung des Zentralen Runden Tisches am 18. Januar 1990: Zur Auflösung des AfNS und zur Kompetenz der Rundtisch-Arbeitsgruppe ...	433
	Vorlage 8/16 **Antrag** GP, DJ: Integrationsprogramm für ehemalige Mitarbeiter des MfS (s. a. Information 7/5) ...	439
	Vorlage 8/14 **Antrag** NF: Entbindung der Herren Krenz und Herger von der Schweigepflicht ...	440
TOP 7:	Schutz des bisherigen Grenzstreifens an der innerdeutschen Grenze ...	442
	Vorlage 7/4 **Antrag** GL, GP: Schutz des bisherigen Grenzstreifens an der innerdeutschen Grenze ...	442
	Vorlage 7/4a **Antrag** SED-PDS: Zur ökologischen Gestaltung des Grenzgebietes ...	443
TOP 8:	Parteien und Vereinigungen ...	446
	Vorlage 6/4 **Anfrage** der Moderatoren: Angaben über die Parteien und Vereinigungen ...	446

	– **Vorstellung** neuer Repräsentanten der am Runden Tisch vertretenen Parteien und Gruppierungen	448
TOP 9:	**Wahlgesetz**	448
	Vorlage 8/1 **Antrag** AG „Neue Verfassung der DDR": Zum passiven Wahlrecht	449
TOP 10:	**Änderung der Art. 12 und 14 der Verfassung der DDR: Joint-Ventures**	449
	Vorlage 7/3 **Mißbilligungsantrag** Nr. 2 und Nr. 3 IFM und UFV: Gegenüber Vorhaben und Vergehen von Regierung und Volkskammer bei der Neufassung von Art. 12 und 14 der Verfassung der DDR	450
TOP 11:	**Rederecht der Parteien und Vereinigungen des Runden Tisches in der Volkskammer und Beobachterstatus bei Regierungssitzungen**	451
	Vorlage 7/3 **Mißbilligungsantrag** Nr. 3 IFM und UFV: Rederecht der Vereinigungen und Parteien des Runden Tisches vor der Volkskammer	452
	Vorlage 8/15 **Antrag** AG „Recht" und DBD: Zur Kultur der Revolution nach dem 15. Januar 1990 (II)	454
TOP 12:	**Integration ehemaliger Mitarbeiter des MfS**	458
TOP 13:	**Gewalt von Rechts**	460
	Vorlage 6/8 **Erklärung** VL: Gegen Gewalt von rechts bei einem bevorstehenden Fußballturnier [Dokument 8/6, Anlagenband]	460
TOP 14:	**Wiedervereinigung/Vertragsgemeinschaft**	461
	Vorlage 7/8 **Antrag** NDPD, DJ: Bildung einer Arbeitsgruppe „Internationale Politik"	461
TOP 15:	**Energiefragen und Preise**	463
	Vorlage 7/6 **Antrag** FDGB: Preis- und Subventionspolitik	463
TOP 16:	**Widerrechtlicher Verkauf von Grundstücken, Betrieben und anderen Sachwerten**	464
	– **Presseerklärung** Unabhängige Untersuchungskommission (UUK) gegen Amtsmißbrauch und Korruption: Gegen den widerrechtlichen Verkauf von Grundstücken, Betrieben und anderen Sachwerten (Information 7/6)	464
	Vorlage 7/3 **Mißbilligungsantrag** Nr. 4 IFM, UFV: Gegenüber Regierung und Volkskammer betreffend unrechtmäßige Eigentumstransfers	465
TOP 17:	**Wirtschaft**	467
	Vorlage 8/13 **Antrag** AG „Wirtschaft": Zur Informierung der Öffentlichkeit über Maßnahmen der Wirtschaftsreform	467
	– **Erklärung** AG „Wirtschaft": Joint-Ventures	467
	– **Erklärung** AG „Wirtschaft": Dringlichkeit von Problemen der Wirtschafts-, Finanz- und Währungspolitik (Information 8/4)	468
TOP 18:	**Sozial- und Gesundheitswesen**	469
	Vorlage 8/11 **Antrag** AG „Sozial- und Gesundheitswesen": Bildung zweier neuer Arbeitsgruppen des Runden Tisches	469
	Vorlage 8/12 **Dringlichkeitsantrag** AG „Sozial- und Gesundheitswesen": Situation im Gesundheitswesen	469

9. Sitzung ... 471

Berlin, Residenz Schloß Niederschönhausen, Mittwoch, den 22. Januar 1990

TOP 1:	Begrüßung und Festlegung der Tagesordnung ...	471
	Vorlage 9/0 **Entwurf** Moderation: Tagesordnung der 9. Sitzung des Runden Tisches [Dokument 9/1, Anlagenband] ...	471
TOP 2:	Beratung mit der Regierung ...	471
	– **Vortrag** des Vorsitzenden des Ministerrats, Ministerpräsident Hans Modrow ...	471
	– **Erklärung** des Vorsitzenden des Ministerrats, Ministerpräsident Hans Modrow vor den Teilnehmern des Runden Tisches (Information 9/5) ...	472
	– **Erklärung** des Stellvertretenden Vorsitzenden des Ministerrats, Peter Moreth ...	475
	– **Erklärung** des Ministers für Auswärtige Angelegenheiten, Oskar Fischer ...	476
	– **Erklärung** der Wirtschaftsministerin, Frau Christa Luft, zu den Ergebnissen der 45. Tagung des Rates für Gegenseitige Wirtschaftshilfe am 9. Und 10. Januar in Sofia ...	478
	– **Information** SED-PDS: Zur Bewältigung der erweiterten Demokratisierung (Information 9/3) ...	481
	– **Erklärung** DA: Zur innenpolitischen Lage (Information 9/11) ...	482
	– **Anfragen** GP an die Regierung zur Energiepolitik (Information 9/9) [Dokument 9/2, Anlagenband] ...	485
	– **Information** Sorbischer Runder Tisch: Zur Strafverfolgungseinrichtung Bautzen I (Information 9/8) [Dokument 9/3, Anlagenband] ...	486
	– **Erklärung** der VdgB zur Vergabe der Objekte des MfS/AfNS (Information 9/2) [Dokument 9/4, Anlagenband] ...	488
	– **Antworten** der Regierungsvertreter auf die Anfragen der Teilnehmer des Runden Tisches	489
TOP 3:	Justizfragen ...	493
	– **Anhörung** von StS Wittenbeck, Ministerium der Justiz ...	493
	– **Information** Arbeitsgruppe „Recht": Zustimmung Rechtsausschuß zum Gesetzgebungsplan der Volkskammer (Information 9/1) [Dokument 9/5, Anlagenband] ...	493
	– **Rückfragen und Stellungnahmen** der Teilnehmer zu StS Wittenbeck ...	494
	Vorlage 9/8 **Antrag** SPD: Neuregelung im Umgang mit Kader- bzw. Personalunterlagen [Dokument 9/6 Anlagenband] ...	496
	– **Information** SED-PDS: Zur Bewältigung der erweiterten Demokratisierung (Information 9/3) ...	499
TOP 4:	Anträge zur Tagesordnung ...	499
	– **Erklärung** NDPD: Zum Stand der innerparteilichen Willensbildung der NDPD ...	500
TOP 5:	Staatssicherheit in der DDR ...	501
	– **Erklärung:** Egon Krenz zur Beziehung von SED und Sicherheitsapparat (Information 10/1) ...	501
	– Erklärung Wolfgang Herger zur Politik der SED unter Leitung von Erich Honecker (Information 10/2) ...	505
	– **Anfragen und Aussprache** zu den Erklärungen von Krenz und Herger sowie Beantwortung der Fragen ...	505
	Vorlage 9/3 **Antrag** NF. Getr. Maßnahmen zur Auflösung des MfS ...	519
	Vorlage 9/4 **Antrag** NF. Leerstehende Objekte des MfS ...	522

Vorlage 9/7	**Antrag** NF im Auftrag des Berliner Runden Tisches: Übergabe von Listen aller Rechenzentren, Objekte u.ä. des MfS	523
Vorlage 9/5	**Antrag** GP: Einrichtung einer Gedenk- und Forschungsstelle zum DDR-Stalinismus	525
Vorlage 9/8	**Antrag** SPD: Neuregelung im Umgang mit Personal- bzw. Kaderunterlagen [Dokument 9/6, Anlagenband]	525
Vorlage 8/7	**Erklärung** Arbeitsgruppe „Sicherheit": Zu den Vorkommnissen am 15. Januar 1990 und Bestätigung des Dreierkomitees [Dokument 9/7, Anlagenband]	526
	– **Schreiben** H. Tondeur: Zur Demonstration in der Normannenstraße (Information 9/12) [Dokument 9/8, Anlagenband]	527

TOP 6: Parteien- und Vereinigungsgesetz ... 528

    Vorlage 9/10   **Antrag** IFM: Aussetzung der 2. Lesung des Zivildienstgesetzes [Dokument 9/9, Anlagenband] ... 528

TOP 7: Anhörung der Experten zur Wahlgesetzgebung ... 529

        – **Rückfragen** an die Experten ... 531

    Vorlage 9/0   **Entwurf** Arbeitsgruppe „Parteien- und Vereinigungsgesetz": Entwurf eines Parteien- und Vereinigungsgesetzes [Dokument 9/10, Anlagenband] ... 537

    Vorlage 9/1   **Beschlußvorlage** Arbeitsgruppe „Neues Wahlgesetz": Zum Entwurf eines Wahlgesetzes [Dokument 9/11, Anlagenband] ... 537

    Vorlage 9/1a   **Antrag** CDU: Änderungsantrag zur Vorlage 9/1 der AG „Neues Wahlgesetz" ... 539

TOP 8: Anträge auf Zulassung am Runden Tisch ... 546

TOP 9: Einladung von Teilnehmern des Runden Tisches zu den Beratungen des Jugendausschusses der Volkskammer am 23. Januar 1990 ... 546

TOP 10: Einladung von Teilnehmern des Runden Tisches zu einem Gespräch über Sicherheitspartnerschaft und Gewaltlosigkeit durch das Ministerium für Innere Angelegenheiten ... 547

TOP 11: Mediengesetz ... 547

    Vorlage 9/11   **Antrag** DJ u. a.: Streichung Satz 3 des Artikel 14 der gemeinsamen Beschlußvorlage der Gesetzgebungskommission „Mediengesetz" und des Runden Tisches zu Medienfragen ... 547

TOP 12: Abschluß durch den Gastgeber ... 547

[Beginn 9.00 Uhr]

TOP 1: Begrüßung, Vorstellung neuer Repräsentanten der am Runden Tisch vertretenen Parteien und Gruppierungen

Ducke (Moderator): Ich, darf ich Sie noch einmal bitten, vielleicht, wenn jemand so freundlich ist, auch aus dem Vorraum die letzten Mitglieder des Runden Tisches noch an den Runden Tisch zu bitten und die Presse, daß sie die Interviews auf später verschiebt.

Meine sehr geehrten Damen und Herren, ich darf Sie heute zur fünften Runde des Runden Tisches ganz herzlich begrüßen. Es ist die erste Arbeitssitzung dieses Gremiums im neuen Jahr. Und so möchte ich unsere Arbeitsbesprechung eröffnen mit guten Wünschen für unser Tun hier und all das, was dafür für die Zukunft unseres Landes notwendig ist, daß unser Tun hier am Runden Tisch für viele auch in die Richtung ihrer Wünsche geschieht, daß uns das Jahr 1990 weiterführt im Dialog, in der Gestaltung der Gesellschaft, in einer wirklichen **Solidargemeinschaft**. Das Jahr 1990 wird ein Jahr der Wahl sein. Wir möchten durch unsere Tätigkeit hier am Runden Tisch zeigen, daß wir fähig sind, demokratisch, frei wählen zu können.

Es liegt auf Ihrem Tisch eine **Vorlage** für die **Tagesordnung**. Ich bitte Sie, daß Sie sich die kurz anschauen, damit wir hier dann darüber abstimmen können. Ich darf weiterhin dann bitten, daß die neuen Vertreter sich dann vorstellen. [Vorlage 5/1, Moderation: Verfahrensvorschlag für die Tagesordnung des Rundtischgespräches am 3. Januar 1990[1]]

Zunächst aber darf ich herzlich begrüßen heute zum Thema **Wirtschaftsfragen** Frau Minister Luft vom Wirtschaftsministerium, Herrn Staatssekretär Halbritter als ständiger Beobachter der Regierung. Ich darf Herrn Staatssekretär Greß von der **Staatlichen Plankommission** willkommen heißen, Herrn Dr. Grabley, stellvertretenden Vorsitzenden der Staatlichen Plankommission und Herrn Dr. Siegert, ebenfalls vom Ministerium für Finanzen und Preise. Das sind unsere Gäste heute für das Thema Wirtschaftsfragen.

Darf ich jetzt bitten, daß sich die neuen Mitglieder am Runden Tisch vorstellen und darauf hinweisen, daß sie bitte dann Zettel [mit den] vertretenden Institutionen mit Adressen hier vorn den Moderatoren abgeben. Ich darf vielleicht einfach hier herumgehen. LDPD nichts Neues, NDPD auch niemand [Neues], Deutsche Bauernpartei, bitte.

Blahnik (DBD): Herbert Blahnik vom Parteivorstand DBD.

Ducke (Moderator): Danke schön. Bei der CDU?

Engel (CDU): Gibt es keine grundsätzlich neue Besetzungen, die Mitglieder hier waren alle schon einmal da.

Ducke (Moderator): Ja. Vielen Dank. Bei der SED-PDS auch keine neuen Veränderungen. Dürfen wir – – sonst ist niemand. Ja, bitte. Demokratischer Aufbruch?

Fischbeck (DJ): Nein. Nicht Demokratischer Aufbruch, sondern – –

---
[1] Dokument 5/1, Anlagenband.

Ducke (Moderator): – Demokratie Jetzt.

Fischbeck (DJ): Für Demokratie Jetzt, Hans-Jürgen Fischbeck.

Ducke (Moderator): Danke schön. Und FDGB.

Frau Döring (FDGB): Brigitte Döring.

Ducke (Moderator): Vielen Dank. Noch ein technischer Hinweis. Alle Telefone, die Sie im Vorraum finden, sind jetzt über die Zentrale geschaltet. Sie erreichen die Zentrale über die Vorwahl Nr. 2. Bitte eine 2 wählen, dann meldet sich die Vermittlung. Und mit Name und Angabe der Institution können Sie dann Ihre Wünsche aufgeben. Die Rechnungen werden zugesandt. Also, Vorwahl 2. Offensichtlich haben wir beim letzten Mal zu viel telefoniert.

Nun zum Vorschlag der **Tagesordnung**. Gibt es Ihrerseits zu dieser vorgelegten Tagesordnung – – ich erspare mir, das jetzt vorzulegen, wir wissen, die Hauptdinge sind Wirtschaftsfragen, Justizfragen. Vorher müssen wir noch über die zeitliche Begrenzung abstimmen. Gibt es dazu Ergänzungen, Wünsche, Anträge zur Tagesordnung, bevor wir darüber abstimmen?

Bitte schön. Herr Ullmann.

TOP 2: Zeitliche Begrenzung der 5. Sitzung des Runden Tisches

Ullmann (DJ): Im Namen der Prioritätengruppe möchte ich hier beantragen, daß bei der heutigen Sitzung des Runden Tisches die Punkte unter Ziffer 2 und Ziffer 3 im vollen Umfang auf jeden Fall über „Radio DDR", wenn möglich aber auch über das DDR-Fernsehen, übertragen werden. Beide Punkte behandeln Sachfragen, die für das Leben in unserem Lande von existenzieller Bedeutung sind und im Interesse der öffentlichen Diskussion um diese Sachfragen ist es unerläßlich, daß Bürgerinnen und Bürger unseres Landes uneingeschränkte Kenntnis von der Debatte am Runden Tisch haben.

Ducke (Moderator): Vielen Dank. Wir haben den Antrag vernommen. Wir lassen zunächst darüber abstimmen. Gibt es Wortmeldungen dazu? Sonst bitten wir dann die Pressevertreter, die Pressesprecher, die Verhandlungen mit den dafür zuständigen Institutionen aufzunehmen, wie weit das technisch durchführbar ist, und bitten dann um einen Bericht. Zunächst, wenn dazu keine Meldungen vorliegen, bitte ich um das Handzeichen, wer für die Befürwortung oder für diesen Antrag ist, den bitte ich um das Handzeichen, wer mit Ja stimmt. – Dies ist offensichtlich die Mehrheit, wenn nicht gar einstimmig. Darf ich die Pressevertreter bitten, die Verhandlungen aufzunehmen? – Danke.

Gibt es weitere Anträge dazu? Dann lasse ich jetzt über die vorgelegte Tagesordnung abstimmen. Wer für den Vorschlag zur Tagesordnung der 5. Sitzung des Runden Tisches am 3. Januar 1990 ist, den bitte ich um das Handzeichen und damit um seine Zustimmung. – Auch hier stelle ich Einmütigkeit fest. Vielen Dank.

Dann kämen wir zum Punkt 1.3 [der Tagesordnung], Beschluß über die zeitliche Begrenzung der 5. Sitzung des Runden Tisches. Wir Moderatoren schlagen vor, heute um 16.00 Uhr die Sitzung zu schließen, damit die Möglichkeit besteht, an der Demonstration am Treptower Ehrenmal teilzunehmen. Wünscht jemand zu diesem Vorschlag das Wort? Die Veranstaltung ist um 18.00 Uhr. Wünscht dazu jemand das Wort? – Dann bitte ich auch hier um die Abstimmung. Wer dafür ist, daß wir die zeitliche Begrenzung für 16.00 Uhr festlegen, den bitte ich jetzt um das Handzeichen. – Ich stelle auch hier Einmütigkeit fest. Vielen Dank.

Dann müssen wir einen Beschluß fassen über die weiteren Zulassungsanträge. Dafür hatten wir ja gebeten, daß die Prioritätengruppe ein Votum erstellt. Liegt ein solches vor?

Herr Ziegler, bitte.

TOP 3: Zulassungsanträge für neue Gruppierugen nach Votum der Prioritätengruppe

Ziegler (Co-Moderator): Die **Prioritätengruppe** hat soeben getagt und es lagen ihr vier Anträge vor. Von der Kammer der Technik, von der Gesellschaft für deutsch-sowjetische Freundschaft, von der Domowina und schließlich von der Arbeitsgruppe zur Bildung einer nationalen Bürgerbewegung. Die Prioritätengruppe macht folgende Vorschläge:

- Daß die **Kammer der Technik** hingewiesen wird und ihr empfohlen wird, mitzuarbeiten in der Arbeitsgruppe „Wirtschaft" und „Ökologischer Umbau". Sie schlägt aber nicht Mitgliedschaft vor.
- Bei der **Gesellschaft für Deutsch-Sowjetische Freundschaft** ist zunächst von der Prioritätengruppe der Hinweis zu geben, daß das gut verständliche Anliegen der Gesellschaft für Deutsch-Sowjetische Freundschaft am Runden Tisch vertreten wird. Auch hier empfiehlt darum die Prioritätengruppe [die] Mitarbeit in Arbeitsgruppen, vorwiegend Ausländerfragen [betreffend].
- Bei der **Domowina** geht es um die Sorge, daß hier Minderheiten auch mit zum Zuge kommen und vertreten sind. Und darum schlägt die Prioritätengruppe hier einen besonderen Status vor, der auch beantragt wurde, nämlich den Gaststatus. Das heißt, Platz am Runden Tisch, Rederecht, aber ohne Stimmrecht. So ist es auch beantragt worden als Gaststatus. Das ist ein bißchen anders als Beobachterstatus, aber es soll dadurch zum Ausdruck kommen, daß wir offen sind für Minderheiten.
- Schließlich der **Antrag der Arbeitsgruppe zur Bildung einer nationalen Bürgerbewegung.** Hier in dieser Arbeitsgruppe, in dieser Bürgerbewegung, versammeln sich **Bürgerkomitees** und ehemalige Kreise der Nationalen Front. Die Prioritätengruppe schlägt vor, diese Entscheidung noch etwas zurückzustellen und zur weiteren Prüfung des vorgelegten Arbeitsprogramms der Arbeitsgruppe „Recht" zu überweisen, damit das erneut auf den Tisch kommt, wenn die Arbeitsgruppe „Recht" über die Bürgerkomitees ihre Vorschläge einbringt. [**Antrag Initiativgruppe Bürgerbewegung: Teilnahme am Runden Tisch**[2]]

Soweit die vier Vorschläge. Darüber müßte ja wohl einzeln abgestimmt werden.

Ducke (Moderator): Vielen Dank.

Wir haben die Vorschläge gehört. Wünscht jemand zu dem eben Dargelegten das Wort? – Das ist nicht der Fall. Dann schreiten wir zur Abstimmung.

Kammer der Technik, die Empfehlung der Prioritätengruppe [lautet], das Anliegen wird für die Arbeitsausschüsse gesehen. Eine Mitgliedschaft wird nicht empfohlen. Darf ich um die Abstimmung bitten? Wer für eine Zulassung [der] Kammer der Technik ist, [den] bitte ich um das Handzeichen. Also, bitte, die Empfehlung der Prioritätengruppe ist Nichtzulassung, sondern ihre Mitarbeit wird gewünscht in den Arbeitsgruppen, wo sie dazu berufen sind. War vielleicht mißverständlich [formuliert], [ich] bitte um Entschuldigung. Deswegen noch einmal die Frage: Wer für die Zulassung der Kammer der Technik am Runden Tisch ist, den bitte ich um das Handzeichen? Am Runden Tisch als Mitglied, bitte.

Böhme (SDP): Verzeihen Sie bitte. Ich bitte, noch einmal zu wiederholen den konkreten Hinweis in den „**Arbeitsgruppen Wirtschaft**" und „**Ökologischer Umbau**".

Ducke (Moderator): Ja. Bitte, würden Sie das noch einmal [wiederholen]?

Ziegler (Co-Moderator): Die Empfehlung der Prioritätengruppe lautet: Erstens, keine Zulassung am Runden Tisch, aber dringende Bitte und Empfehlung zur Mitarbeit in den Arbeitsgruppen „Wirtschaft" und „Ökologischer Umbau".

Ducke (Moderator): So. Die Empfehlung liegt vor. Ich stelle die Frage: Wer für [die] Zulassung der **Kammer der Technik** an den Runden Tisch ist, den bitte [ich] um das Handzeichen? – Das ist nicht der Fall. Wer ist dagegen? – Ja, das ist die Mehrheit. Wer enthält sich der Stimme? – Das ist eine. Danke.

Gesellschaft **Deutsch-Sowjetische Freundschaft.** Es wird hier ebenfalls die Empfehlung für [eine] Mitarbeit in den Arbeitsgruppen ausgesprochen. Das Anliegen selbst wird durch verschiedene Mitglieder am Runden Tisch vertreten. Deswegen jetzt die Frage, wer für die Mitgliedschaft der DSF am Runden Tisch ist, den bitte ich um das Handzeichen? – Keine. Danke. Wer dagegen ist, [den] bitte ich um das Handzeichen? – Das ist die Mehrheit. Wer enthält sich der Stimme? – Es gibt 3 Stimmenthaltungen. Danke.

Für die **Domowina** wird der besondere Status vorgeschlagen: Gaststatus. Sollen wir gleich darüber abstimmen, weil das auch so im Antrag ist? – Dann stimmen wir gleich darüber ab. Wer dafür ist, daß die Domowina im Gaststatus an dem Runden Tisch teilnimmt, den bitte ich um das Handzeichen? – Dies ist die Mehrheit. Wer ist dagegen? – Keine Gegenstimme. Wer enthält sich der Stimme? – Es gibt 1 Enthaltung. Danke.

Die Initiativgruppe einer **nationalen Bürgerbewegung.** Es wird gebeten, die Entscheidung zurückzustellen zur weiteren Prüfung. Deswegen stelle ich jetzt die Frage, wer für, das ist der weitergehende Antrag eigentlich, wer für die Rückstellung und weitere Prüfung des Antrages ist, den bitte ich um das Handzeichen? – Dies ist die Mehrheit. Wer ist dagegen? – Wer enthält sich der Stimme? – Das sind 3 Stimmenthaltungen. Danke. Damit hätten wir diesen Punkt ebenfalls erledigt.

Wir sind zu Punkt 5 [der vorgeschlagenen Tagesordnung[3]] gekommen: **Kurzinformation über das Gespräch beim**

---

[2] Dokument 5/2, Anlagenband.

[3] Dokument 5/1, Anlagenband.

Ministerpräsidenten am 2. Januar. Herr Ziegler ist gebeten, für die dort Anwesenden den Bericht zu geben.
Bitte, Herr Ziegler.

TOP 4: Kurzinformation über das Gespräch beim Ministerpräsidenten am 2. Januar 1990

Ziegler (Co-Moderator): Beim letzten Runden Tisch wurde mit Recht die Frage gestellt, als kritisch bemerkt wurde, es seien keine **Regierungsvertreter** da, ob die denn überhaupt eingeladen worden sind. Aufgrund dieser Anfragen habe ich diesmal den Ministerpräsidenten nach der Sitzung am 27. Dezember [1989] die Bitten, Forderungen und Anfragen des Runden Tisches schriftlich übermittelt. Daraufhin hat Dr. Modrow zu einem **Klärungsgespräch am 2. Januar** aus jeder am Runden Tisch vertretenen Gruppierung einen Vertreter eingeladen, weil ihm, wie er in seiner Einführung hervorhob, daran lag, zur Zusammenarbeit mit allen Kräften im Lande zu kommen und an einer Klärung der Beziehung zwischen Rundem Tisch und Regierung.

Er führte aus, daß er verstehe, daß es eine **Wahlbewegung** mit kritischen Auseinandersetzungen geben müsse, aber nicht den Kampf gegen die Regierung. Wenn die Regierungsfähigkeit durch Forderungen wie **Vetorecht** oder **Verbot von Vier-Augen-Gesprächen** eingeschränkt würde, dann müsse überlegt werden, ob die Wahlen nicht sofort durchgeführt werden müssen, oder ob kurzfristig ein **Volksentscheid über die Regierungsvollmacht** der Regierung Modrow bis zum 6. Mai 1990 durchgeführt werden müsse. Dieses seien aber nur Maßnahmen, die notwendig seien, wenn es eben nicht zu einer vertrauensvollen Beziehung und Zusammenarbeit kommen könne.

Dr. Modrow ging auf die am 27. Dezember 1989 gestellten Fragen ein und schnitt folgende Themen an, die ich jetzt nur aufzähle: Erstens, **Offenlegung von Regierungsbeschlüssen** und -absichten; zweitens, zur **Auflösung des Amtes für Nationale Sicherheit**; drittens, **soziale Sicherung ehemaliger staatlicher Mitarbeiter** einschließlich ehemaliger Mitarbeiter des Ministeriums für Staatssicherheit; viertens, **Subventionsfragen**; fünftens, Verhandlungen über **Kernkraftwerke**; und sechstens, über den Vertrag zwischen VW und IFA, dazu wurde für heute Klärung zugesagt.

Er stellte die Beantwortung der Fragen im einzelnen für den ganzen Runden Tisch durch Mitglieder und **Beauftragte der Regierung** in Aussicht, und er nannte die Vertreter der Regierung, die an den nächsten Sitzungen des Runden Tisches teilnehmen würden. Heute ist das schon durch die Vorstellung realisiert worden. Es ist für die Justizfragen angemeldet worden und vorangemeldet worden Herr Staatssekretär Wittenbeck. Am 8. Januar 1990 sollen teilnehmen zu den Fragen, die dann [die] Wahl und [das] Parteiengesetz auf der Tagesordnung betreffen, Professor Wünsche und Staatssekretär Wittenbeck. Und zum 15. Januar 1990, wenn es um **Ökologiefragen** geht, Minister Dr. [???] Reichelt.

Das Schwergewicht lag bei den Bemühungen um Klärung der **Beziehungen zwischen Regierung und Rundem Tisch**. Und dazu wurden vom Ministerpräsidenten folgende Vorschläge gemacht:

Erstens, Einbeziehung von Regierungsvertretern in die Arbeit der Arbeitsgruppen des Runden Tisches. Dazu sollten dann allerdings die Initiative und die Anforderungen von den Arbeitsgruppen ausgehen.

Zweitens, Teilnahme von Regierungsvertretern am Runden Tisch zu Sachthemen. Das nötigt uns aber, am Runden Tisch die Tagesordnung langfristig zu planen und zu präzisieren, damit sie konstruktiver gestaltet werden kann.

Drittens, ständige Teilnahme von Herrn Staatssekretär Halbritter als Vertreter der Regierung am Runden Tisch.

Viertens, Einbeziehung von drei bis vier Vertretern des Runden Tisches in die Untersuchungskommission der Regierung. Das hängt ja zusammen mit der **Auflösung des Amtes für Nationale Sicherheit** und die **Untersuchung von Amtsmißbrauch**. Hier wird das vorgeschlagen. Darüber müßte dann noch befunden werden.

Fünftens, Vorlage des **Arbeitsplans der Regierung** und des **Gesetzgebungsplanes** der Volkskammer für das erste Halbjahr 1990. Das soll in den nächsten Tagen zur Verfügung gestellt werden.

Einzelheiten der **Antworten des Ministerpräsidenten** wollte ich jetzt nicht wiedergeben, da das durch die Regierungsvertreter für den ganzen Tisch erfolgen wird. Und auf die anschließende ausführliche Diskussion möchte ich ebenfalls im einzelnen nicht eingehen, da die Vertreter der anwesenden Gruppierungen und Parteien dann, wenn die Sachthemen an der Reihe sind, Gelegenheit haben, ihre Stellungnahmen, ihre Argumente und ihre Anregungen hier selbst noch einmal vorzubringen.

Der Ministerpräsident zeigte Offenheit für Empfehlungen, Vorschläge, die weiterhelfen und für Rat, auf den die Regierung angewiesen ist. Der Ministerpräsident wies abschließend darauf hin, daß er am 11. Januar 1990 in der Volkskammer zur gegenwärtigen Situation unseres Landes und unter anderem auch über die Beziehungen vom Runden Tisch und Regierungen zu sprechen und zu berichten hat. Er unterstrich, daß die Regierung zuerst der **Volkskammer** gegenüber zur Rechenschaft verpflichtet ist. Es wurde nicht expressis verbis ausgesprochen, aber aus dieser Verpflichtung gegenüber der Volkskammer wird es wohl verstehbar, daß der Ministerpräsident der Bitte, selbst am 3.1.90, also heute, dem Runden Tisch Antworten auf die gestellten Fragen zu geben, mit der Einladung zu dem Vorklärungsgespräch am 2. Januar 1990, also gestern, begegnete.

Das Neue Forum hatte eine Teilnahme daran mit dem Hinweis abgelehnt, daß es dieses Gespräch in der Öffentlichkeit am Runden Tisch, also heute, zu führen wünsche; und das Angebot zu einem besonderen Gespräch, das der Ministerpräsident den Vertretern des Neuen Forums für gestern abend gemacht hatte, anzunehmen, sah sich das Neue Forum nicht in der Lage. Die übrigen Parteien und Gruppierungen waren nach meiner Übersicht bei diesem Klärungsgespräch am 2. Januar 1990 vertreten. [**Erklärung UFV: Vorbereitung auf das Gespräch mit Ministerpräsident Modrow am 2.1.1990**[4]]

Ducke (Moderator): Vielen Dank, Herr Ziegler, für diesen Bericht, der als Kurzinformation angekündigt war. Die Vertreter der einzelnen Gruppierungen sind ja durch ihre Teilnehmer selbst informiert, so nehmen wir, denke ich, diesen Bericht jetzt nur zur Kenntnis, damit wir zu den Sachthemen des heutigen Tages kommen. So rufe ich ..., halt, ich bitte

---

[4] Dokument 5/3, Anlagenband.

zunächst, unseren Pressesprecher um Mitteilung, wie das mit der Übertragungsmöglichkeit ist.

Bitte schön.

TOP 5: Wirtschaftsfragen

N.N.: Also „Radio DDR" wird jetzt live den **Wirtschaftsteil** übertragen und das Thema **Justizfragen,** wenn es im Rahmen des Vormittag noch ist, sonst wird es in der Magazinsendung gebracht. Das Fernsehen der DDR hat leider keine Livetechnik hier, das wäre ja ein sehr großer Aufwand. Sie schneiden aber mit und werden heute abend zusammenstellen.

Ducke (Moderator): Das war der Bericht. Ich frage den Antragsteller, ob dies in dieser Weise so entsprechen kann oder welche weiteren Norwendigkeiten Sie sehen.

Bitte, Herr Ullmann.

Ullmann (DJ): Ich denke, das ist nach den Umständen die gegebene Lösung.

Ducke (Moderator): Vielen Dank. Dann können wir fortfahren. So dürfen wir jetzt auch die Hörerinnen und Hörer von „Radio DDR" begrüßen zum Thema „Wirtschaftsfragen am Runden Tisch". Die Prioritätengruppe hat gebeten, daß vor den Antworten der Regierungsvertreter, besonders von Frau Minister Luft, doch die Vorlage der **Arbeitsgruppe „Wirtschaft"** des Runden Tisches hier eingebracht wird.

Ich denke, wir könnten so verfahren. Wir bitten die Regierungsvertreter noch um etwas Geduld. Aber es ist vielleicht auch gut, daß sie diese Vorlage auch zur Kenntnis nehmen und von dort aus auch ein wenig die Basis im Diskussionsstand erkennen. Ich rufe deswegen den Sprecher der Arbeitsgruppe „Wirtschaft" auf. Wer wird das sein? – Bitte, Herr Bein. Liegt Ihnen auch dieser Bericht vor, Anhang, oder ist das noch nicht ausgeteilt? – Ist ausgeteilt, nicht?

Bitte schön, Herr Bein.

Bein (NDPD):

[Vorlage 5/2, Erklärung AG „Wirtschaft": Kontrolle der ökologischen, wirtschaftlichen und finanziellen Entwicklung]

[I.]

Die Arbeitsgruppe „Wirtschaft" des zentralen Runden Tisches hat sich in ihrer Beratung am 29. 12. 1989 auf folgende Erklärung geeinigt und empfiehlt den Teilnehmern am Runden Tisch, diese als Arbeitsgrundlage bis zum Wahltermin am 6. 5. 1990 anzunehmen.

Entsprechend der ersten Erklärung des Runden Tisches vom 7. 12. 89 zu seinem Selbstverständnis ist der Runde Tisch Bestandteil der öffentlichen Kontrolle über die ökologische, wirtschaftliche und finanzielle Entwicklung in unserem Land.

Ausgehend von dieser Verantwortung und im Interesse der Bewahrung der wirtschaftlichen Situation vor einer weiteren krisenhaften Zuspitzung verständigt sich der Runde Tisch für die Übergangszeit bis zum Wahltermin auf eine große Koalition der Vernunft mit dem Ziel, alle die Wirtschaft im Interesse der Bürger unseres Landes stabilisierenden Sofortmaßnahmen unter Wahrung sozialer Sicherheit und ökologischer Erfordernisse zu unterstützen sowie an Regelungen zur Einleitung von Wirtschaftsreformen mitzuwirken.

Voraussetzung für diese Zusammenarbeit ist eine eindeutige und durchschaubare Offenlegung der wirtschaftlichen, ökologischen und finanziellen Situation unseres Landes, entsprechend der Forderung des Runden Tisches am 7. 12. 89 und die rechtzeitige Information vor wichtigen wirtschafts- und finanzpolitischen Entscheidungen der Regierung.

[II.]

Die ernste wirtschaftliche Situation erfordert kurzfristige couragierte und schnell wirkende stabilisierende und demokratisierende Maßnahmen mit sozialer Absicherung und ökologischer Verträglichkeit. Eingedenk der genannten Forderungen und Voraussetzungen fordert der Runde Tisch sofortige Regelungen zu folgenden Maßnahmen:

1. Gewährleistung eines kontinuierlichen volkswirtschaftlichen Reproduktionsprozesses, insbesondere

- einer stabilen Energieversorgung unter Winterbedingungen,
- eines gesicherten Transports,
- einer kontinuierlichen Produktion,
- zur Sicherung der Versorgung der Bevölkerung mit Nahrungsmitteln, wenn nötig, durch weitere Futterimporte und materiell-technische Absicherung der Frühjahrsbestellung,
- die Gewährleistung elementarer Dienstleistungen sowie
- der Einhaltung der international eingegangenen Wirtschaftsverträge und damit
- der Gewährleistung der Zahlungsfähigkeit gegenüber ausländischen Gläubigern.

2. Veränderung von Einzelhandelsverkaufspreisen mit dem Ziel des Abbaus und der Umverteilung von Subventionen, die einer Verschwendung entgegenwirkt und einen sozialen Ausgleich gewährleistet.

   In diesem Zusammenhang ist schrittweise auf personengebundene, auf personenbezogene Ausgleichsmaßnahmen überzugehen.

3. Weitergehende Schritte zur Sicherung der Stabilität der Währung unter den Bedingungen des visafreien Reiseverkehrs und entsprechender Vereinbarungen mit der Bundesrepublik Deutschland.

4. Die Herstellung der juristischen und ökonomischen Eigenverantwortlichkeit der Wirtschaftseinheiten aller Eigentumsformen bei regulierendem Einfluß des demokratischen Staates.

   Dazu gehören

- der Übergang zur Eigenwirtschaftung der Mittel auf der Grundlage klarer rechtlicher Regelungen, gleichzeitig als Voraussetzung zur Anwendung des Leistungsprinzips in den Wirtschaftseinheiten,
- die Förderung der Interessenvertretung der Belegschaft durch Betriebsräte und Gewerkschaften,

- die Entwicklung von Formen der persönlichen und kollektiven Beteiligung der Werktätigen an den wirtschaftlichen Ergebnissen. Die Öffnung zur internationalen Arbeitsteilung durch Aufnahme von Kooperationsbeziehungen in den verschiedensten Formen. Bei internationaler Kapitalbeteiligung ist eine Fremdbestimmung auszuschließen,

- schrittweise Einschränkung der Bilanzierung und Übergang der Regulierung des volkswirtschaftlichen Verhaltens des Betriebes über den Markt. Schaffung von gesellschaftlichen Rahmenbedingungen durch den Staat und die Steuerung mit ökonomischen Mitteln,

- Gewährleistung der Flexibiltät und Mobilität der Arbeitskräfte bei Sicherung des Rechts auf Arbeit sowie der Bereitschaft und der Schaffung von Möglichkeiten zur Umschulung bei Wahrung der sozialen Sicherheit,

- Sicherung des Schutzes der Persönlichkeit und der persönlichen Daten in Betrieb und Gesellschaft.

5. Erarbeitung von Sozialplänen und Bildung eines Sozialfonds auf gesellschaftlicher und betrieblicher Ebene, die mindestens zum Gegenstand haben:

- die Gewährleistung der Vermittlung von Arbeitskräften ohne Diskriminierung, ihrer Umschulung und sozialen Absicherung, die im Ergebnis von Verwaltungseinschränkungen, Rationalisierungsmaßnahmen und Strukturveränderungen in Betrieben und Einrichtungen freigesetzt werden.

Dazu sind die rechtlichen und finanziellen Möglichkeiten der Ämter der Arbeit wesentlich zu erweitern.

- die vorrangige Umverteilung von freiwerdenden kaufkraftwirksamen Geldmitteln zugunsten Bezieher beziehungsweise Bezieherinnen von Mindest- und Niedrigeinkommen unter besonderer Berücksichtigung der Erhöhung des Sozialhilfesatzes und der Mindestrenten,

- Schaffung volkswirtschaftlich begründeter Einkommensproportionen,

- [die Unterbindung] aller Verletzungen der geltenden Arbeits- und Sozialgesetzgebung der DDR in allen Betrieben und Einrichtungen,

- eine einheitliche Regelung für die Zahlung des Überbrückungsgeldes bei Arbeitsplatzwechsel infolge Strukturveränderungen beziehungsweise Rationalisierungsmaßnahmen.

6. Die Zuordnung der Außenwirtschaftstätigkeit auf die Kombinate und Betriebe und die Erweiterung der Handlungsspielräume bei der Verwendung von Valutaanteilen.

7. Bei der Herausbildung einer Marktwirtschaft in der DDR wird der Schaffung eines überschaubaren einheitlichen Steuersystems für die Unternehmen aller Eigentumsformen ein hoher Stellenwert beigemessen. Auf diesem Wege ist die Überzentralisierung von finanziellen Fonds einzuschränken und eine überhöhte Umverteilung von Mitteln zu beseitigen. Die Einnahmebasis der örtlichen Haushalte ist zu erhöhen und stabil zu gestalten.

8. Durch den Staat zu gewährleistende Rahmenbedingungen für eine Erhöhung der Effizienz der Wirtschaft durch eine entschieden stärkere Konzentration auch strategischer Aufgaben. Die Wirtschaftsstruktur und Sozialpolitik einschließlich eines neuen Energiekonzepts als wesentlichen Bestandteil des ökologischen Umbaus der Wirtschaft.

9. Die Schaffung rechtlicher Regelung für die Förderung privater Initiativen für das genossenschaftliche und private Handwerk sowie Gewerbe und mittelständische Privatbetriebe der Wirtschaft.

10. Die natürlichen Ressourcen als Nationaleigentum zu sichern. Sie können nur treuhänderisch zur Nutzung überlassen werden. Grund und Boden aller Eigentumsformen darf nicht an Ausländer verkauft werden. Das Pachtrecht ist so zu gestalten, daß dieser Grundsatz nicht unterlaufen werden kann.

Der Runde Tisch erwartet von der Regierung, daß seine Arbeitsgruppe „Wirtschaft" in die Vorbereitung grundsätzlicher Arbeiten zur Reform unserer Wirtschaft einbezogen wird, über neue Vorhaben rechtzeitig informiert und über neue Vorhaben und Arbeitsergebnisse öffentlichkeitswirksam informiert wird.

Über dieses Material hinausgehende weiterführende Maßnahmen zur Wirtschaftsreform werden dem Runden Tisch nach Bearbeitung durch die Arbeitsgruppe „Wirtschaft" vorgelegt.

Der Runde Tisch nimmt das Angebot der Volkskammer und der Regierung zur Mitarbeit in Ausschüssen und Arbeitsgruppen zu Wirtschaftsfragen an und erwartet, daß seine Vertreter auch in international zu führende Wirtschaftsverhandlungen einbezogen werden.

Soweit die Erklärung.

Ducke (Moderator): Vielen Dank, Herr Bein.
Ich glaube, es ist uns ein Anliegen, zu danken für diese ausführliche Grundlegung, die ersten **Arbeitsergebnisse** einer Arbeitsgruppe. Vielen Dank, daß es schriftlich vorliegen konnte. Ich würde jetzt aufrufen, bevor wir dann zum Punkt 2.2 [der Tagesordnung] „Antworten der Regierungsvertreter" gehen. Gibt es zu diesem Vorgelegten Ergänzungen oder noch Wünsche.
Bitte, Frau Töpfer, Herr Klein.

Frau Töpfer (FDGB): Aus der Sicht des Freien Deutschen Gewerkschaftsbundes wollen wir noch zwei **Ergänzungsanträge** machen und eine Ergänzung zum Punkt 5, letzter Stabsstrich.
Hier geht es um Sozialpläne und zu Punkt 5, fünfter Stabsstrich, wie er jetzt besteht, wollten wir als neue Einfügung, daß

[Vorlage 5/2a, Antrag FDGB: Soziale Sicherheit der Werktätigen, Dokument 5/4, Anlagenband]

Entscheidungen über strukturelle Entwicklungen und Veränderungen der Kombinate, Betriebe und Einrichtungen über Produktionsprofile, Produktionseinstellungen und so weiter, die die sozialen Interessen der Belegschaften, die Beschäftigungsverhältnisse, Arbeitsbedingungen und

> Einkommen betreffen, nur mit Zustimmung der zuständigen Gewerkschaftsorganisation getroffen werden dürfen und unabdingbarer Bestandteil solcher Entscheidungen konkrete, wie hier angeführte Sozialpläne sein müssen.

Dann wollten wir als sechsten Stabsstrich dazugesetzt fordern:

> Ab sofort ist monatlich die Entwicklung des Indexes der Preise und Lebenshaltungskosten öffentlich bekanntzugeben und im Fall inflationärer Entwicklungen sind mindestens quartalsweise die Löhne, Gehälter, Renten und Stipendien proportional der Entwicklung der Lebenshaltungskosten anzupassen.

Der sechste, also jetzt im Moment der letzte Stabsstrich, der vorsieht, daß Ausgleichszahlungen vorgenommen werden beziehungsweise **Überbrückungsgelder** gezahlt [werden sollen], da fordert die Gewerkschaft, daß dies für alle Beschäftigten bei Strukturveränderungen für drei Jahre gelten soll und daß diese Sonderregelung, die jetzt für Staatsangestellte getroffen ist, also nicht beschränkt werden soll, sondern auch in allen anderen Branchen und Bereichen diese Dreijahresfrist angenommen werden soll durch die Regierung.

Ducke (Moderator): Danke, das war eine Ergänzung. Ich glaube, wir müssen die einfach weitergeben an den Ausschuß, inwieweit er das aufnehmen kann oder einarbeiten kann und würden Sie dann später zu einer Stellungnahme bitten.
  Es lag noch die Wortmeldung von Herrn Klein und dann [von] Frau Dörfler vor.

Klein (VL): Ich möchte eine Anmerkung zu dieser Vorlage machen. Diese Vorlage ist eine Arbeitsvorlage für den Runden Tisch. Insofern ist es bedauerlich, daß diese Vorlage nicht die „Dissenspunkte" [**Vorlage 5/3, Erklärung VL: Dissenspapier zu den Vorschlägen der AG „Wirtschaft"**][5] – wir werden hier vor allen Dingen auf den Punkt 7 und den Punkt 9 hinweisen müssen –, daß also nicht die Dissenspunkte vermerkt sind, wie es eigentlich für ein Arbeitspapier für den Runden Tisch nötig wäre.
  Damit hat eigentlich die Kommission ihren eigenen Maßgaben nicht entsprochen, die sie sich gesetzt hat.

Ducke (Moderator): Danke. Auch diese kritische Bemerkung geben wir [weiter].
  Möchten Sie direkt dazu antworten, Herr Bein?

Bein (NDPD): Ja. Also diese Anmerkung ist mir unverständlich, weil der Vertreter Ihrer Bewegung teilgenommen hat und es zum Abschluß unserer Beratung eine absolute Übereinstimmung gab. Insofern ist mir also diese Bemerkung hier unverständlich.

Ducke (Moderator): Danke. Ich würde aber trotzdem vorschlagen, daß wir jetzt keine Diskussion zu dem Punkt entfachen, sondern nur Ergänzungen. Das war jetzt nur eine direkte Rückmeldung, die vielleicht für das Sachverständnis wichtig war.
  Frau Dörfler, eine Ergänzung, bitte.

Frau Dörfler (GP): Ja. Die Grüne Partei stellt den Antrag, einen Teilsatz zu streichen auf der Seite zwei die siebente Zeile. Dort steht also „Zur Sicherung der Versorgung der Bevölkerung mit Nahrungsmitteln, wenn nötig, durch weitere Futterimporte". Ich warne sehr dringend vor weiteren **Futterimporten** im Zusammenhang auch mit dem Export von Schweinefleisch und Lebendtieren. Unser kleines Land ist mit Tierbesatz überhöht überlastet. Das Grundwasser hat schon sehr darunter gelitten. Wir stehen vor Trinkwasserkalamitäten. Das ist eine Zeitbombe, die tickt. Und ich warne dringend, ich sage es noch einmal, vor Futtermittelimporten und **Tierexporten** nicht nur aus ökologischer Sicht, sondern auch aus ökonomischer Sicht. Uns liegt Zahlenmaterial dazu vor. Es ist in keiner Weise lohnend. Ich stelle den Antrag, diesen Teilsatz zu streichen.

Ducke (Moderator): Ja. Auch dies nimmt die Arbeitsgruppe zur Kenntnis. Wir wollen jetzt keine Sachdebatte führen. Das ist dann unter [TOP] 2.3 – –

Frau Dörfler (GP): Nein. Ja. Unter 2.3 gut, da haben wir noch einen Antrag zum Sofortprogramm.

Ducke (Moderator): – Aussprache und so weiter. Das ist dann möglich. Nur jetzt, wenn direkt dazu – –
  Bitte, noch eine Ergänzung.

Pawliczak (IFM): Ich schlage zuerst vor, daß die Anträge des FDGB und der Grünen Partei nicht berücksichtigt werden, daß wir hier darüber abstimmen.

Ducke (Moderator): Ja. Darf ich sagen, das fällt unter 2.3. Wir haben das jetzt zur Kenntnis genommen. Keine Diskussion darüber.

Pawliczak (IFM): Zweitens muß ich zur Kenntnis geben, daß die Arbeitsgruppe „Wirtschaft" einen zweiten Antrag, der liegt den Teilnehmern auch vor, für den Runden Tisch beschlossen hat. Dieser zweite Antrag konnte nur teilweise mehrheitlich beschlossen werden. Ich möchte den jetzt hier vorlesen. [**Vorlage 5/4, Antrag AG „Wirtschaft": Offenlegung der wirtschaftlichen Tätigkeit der Parteien und Organisationen**][6]

Ducke (Moderator): Danke.
  Das kommt auch unter 2.3. Er liegt ja allen schriftlich vor, allen Gruppierungen, ja, wenn wir dies dann aufrufen.
  Herr Berghofer noch dazu.

Berghofer (SED-PDS): Ja. Zum vorliegenden Papier. Ich würde vorschlagen, in der **Präambel**, in der es heißt „Ausgehend von dieser Verantwortung und so weiter..." und es endet dann „... zu unterstützen sowie an Regelungen zur Einleitung von Wirtschaftsreformen mitzuwirken", eine Einfügung zu machen „... und Ausarbeitung", also daß wir uns nicht nur an der Einleitung, sondern auch an konkreten Dingen beteiligen. Und b) schlage ich vor, als Anlage ausgehend vom Gesetzgebungsplan der Volkskammer eine **Chronologie** oder [einen] **Terminplan** für die Information aller hinten anzuhängen, möglicherweise mit den Vorschlägen, an welchen wir uns beteiligen wollen, damit das Ganze noch überschauberer als praktisches Arbeitspapier gehandhabt werden kann. Danke.

Ducke (Moderator): Danke.

---

[5] Dokument 5/5, Anlagenband.

[6] Dokument 5/6, Anlagenband.

Ich denke, die Arbeitsgruppe hat das auch zur Kenntnis genommen. Damit wären, glaube ich, alle Ergänzungen, die hier dazu notwendig sind, abgehakt. – Nein?

Herr Henrich, bitte.

Henrich (NF): Kurzer Hinweis an die Arbeitsgruppe, Ziffer 10, es ist da die Rede vom **Pachtrecht**. Es ist üblich, daß man sich der geltenden Gesetzessprache bedient. Wir haben seit 1975 das Zivilgesetzbuch [ZGB], das ist nur ein Hinweis.

Ducke (Moderator): Danke. Dann denke ich, nehmen wir diese Vorlage der Arbeitsgruppe „Wirtschaft" zur Kenntnis, haben uns dadurch ein wenig eingearbeitet, auch wieder vom Verständnis her.

Hier ist noch eine Wortmeldung, bitte.

Blahnik (DBD): [Wir] geben zum Antrag der Grünen Partei Bedenken, machen Bedenken geltend, wir haben über eine Million Tonnen weniger Getreide geerntet in diesem Jahr.

Ducke (Moderator): Ja. Darf ich Sie bitten, keine Sachdiskussion, das ist unter 2.3 [der Tagesordnung].

Blahnik (DBD): Es sind doch Sachfragen. Ja. Es muß darüber mehr gesprochen werden. Das kann man heute nicht alles erörtern.

Ducke (Moderator): Ja, ja. Unter 2.3 in der Tagesordnung [ist eine] Aussprache dazu vorgesehen. Nur, daß jetzt die Anträge auf dem Tisch liegen und wir wissen, worüber dann die Aussprache geführt werden soll. Nach dieser Einführung und Erinnerung an das, was es zu leisten gilt, bitte ich nun unter 2.2., ich glaube, Frau Minister Luft, zuerst die Anfragen vom 22.12.89 zu beantworten und eine Stellungnahme zu den bekanntgewordenen wirtschaftlichen Maßnahmen [zu geben].

Darf ich Sie bitten?

Frau Luft (Ministerin): Ja. Ich bedanke mich zunächst für die erneute Einladung zu dem heutigen Runden Tisch. Ich greife auf die Bemerkung, die der Ministerpräsident gestern im Gespräch mit den Repräsentanten des Runden Tisches gemacht hat. **Die Regierung braucht Rat** und die Regierung sucht Rat. Sie nimmt deshalb alle Einladungen dieses Gremiums ständig gern entgegen.

Ich schließe mich den guten Wünschen an für das neue Jahr, in dem wir Vernunft brauchen und Augenmaß, in dem Recht, Ordnung und Disziplin in unserem Land die Oberhand behalten müssen. Dies im Interesse eines sicheren, eines geordneten Lebens unserer Bürger, aber dies auch im Interesse der Wahrung der internationalen Position der DDR und ihrer internationalen Autorität.

Ich bedanke mich für die Übergabe des **Materials der Arbeitsgruppe „Wirtschaft",** bei dessen Entstehung ein Mitarbeiter aus meinem Verantwortungsbereich zugegen war. Das will unterstreichen, daß Beziehungen zwischen meinem Verantwortungsbereich und der Arbeitsgruppe „Wirtschaft" hergestellt sind. Diese Beziehungen werden von uns konstruktiv aufrechterhalten und unterstützt.

Das Material, das übergeben worden ist – ich habe es bereits am 30. Dezember 1989 bekommen – dient als eine Meßlatte für die **Regierungsarbeit.** Ich möchte ausdrücklich zwei Dinge erwähnen, die gestern im Kreise der für die Wirtschaft verantwortlichen Minister zur Sprache gekommen sind und die voll mit diesem Papier in Übereinstimmung stehen. Das ist zum einen all das, was auf der Seite zwei im Punkt 1 unter **„Maßnahmen für die Gewährleistung eines kontinuierlichen volkswirtschaftlichen Reproduktionsprozesses"** steht. Diese Maßnahmen haben gestern in einem ganzen Komplex von operativen Maßnahmen, die die Regierung zu treffen hat, eine Rolle gespielt, und ich darf auch sagen, daß wir volle Übereinstimmung zu dem Prinzip haben, das hier für die **Subventionspolitik,** in dem Material genannt ist, daß wir als Prinzip personengebundene Ausgleichszahlungen zum Grundsatz machen.

Ich werde zu weiteren Problemen aus diesem Arbeitsgruppenmaterial im Verlaufe meiner Bemerkungen zurückkommen. Wir müssen uns doch auch darüber einig sein, daß die zeitlichen Dimensionen für die mögliche Verwirklichung der einzelnen Maßnahmen, die hier aufgeschrieben sind, unterschiedlich sind. Es sind einige Dinge, die kann man, die muß man sofort angehen. Es sind auch einige Dinge, die lassen sich nur mittelfristig und einige etwas längerfristig machen. Ich möchte ausdrücklich aufmerksam machen auf den Punkt 6, bei dem wir keine Illusionen haben dürfen. Die Möglichkeiten, den Kombinaten und Betrieben selbsterwirtschaftete Valuten zur vollen Verfügung zu lassen, sind in den absehbaren Jahren begrenzt. Die Möglichkeiten, die die Regierung sieht, sind größere Verfügungsmöglichkeiten der Kombinate und Betriebe über Fonds zur Ersatzteilbeschaffung.

Der letzte Satz in diesem Papier, der läßt sich praktisch entsprechend internationalen Gepflogenheiten schwer verwirklichen. Darüber hat der Ministerpräsident gestern gesprochen. Ich brauche das sicher hier nicht zu wiederholen.

Die Regierung wird nächste Woche dem Runden Tisch den **Arbeitsplan des Ministerrates** für das erste Halbjahr 1990 zur Verfügung stellen und wir werden den Entwurf des Gesetzgebungsplanes für das erste Halbjahr 1990, den wir der Volkskammer einreichen wollen, ebenfalls hier in der nächsten Woche zur Kenntnis geben, und das läßt die Möglichkeit zu, vor Beschlußfassung dazu Stellung zu nehmen.

Ich habe veranlaßt, daß dem Runden Tisch regelmäßig **statistisches Material** auch in schriftlicher Form vorliegen wird. Ich bitte um Verständnis dafür, daß dies erstmalig nach dem 9. Januar 1990 geschehen kann, weil wir erst am 9. Januar die endgültige Abrechnung des Jahres 1989 vorliegen haben. Das läßt sich einfach technisch nicht anders machen. Sie werden das also in den Tagen danach zur Verfügung bekommen. Und ich kann mir auch vorstellen, daß der eben gemachte Vorschlag, über die Preisindexierung zu berichten, in unserer neuen statistischen Anlage eine Rolle spielen wird.

Gestatten Sie mir, daß ich Ihnen sage, was ich mir vorgenommen habe heute morgen hier. Ich bitte um Entschuldigung, daß ich um 11.00 Uhr diesen Tisch verlassen muß. So ist auch mein Programm jetzt ausgerichtet, auf einige Punkte werde ich mich konzentrieren. Die Herren von der Regierung, die hier schon vorgestellt worden sind, bleiben, wenn nötig auch bis 16.00 Uhr hier, um alle weiteren Probleme mit Ihnen zu beraten. Sie werden auch in Abstimmung mit mir einige Punkte, auf die ich gleich komme, von sich aus hier vorstellen.

Mein Programm ist folgendes: Erstens möchte ich zu vier Problemen, die in den letzten zwei Wochen für besondere – und zum Teil, wie ich meine, unnötige – Wogen in der Presse geführt haben, sprechen. Diese vier Probleme hängen mit dem Runden Tisch vom 22. Dezember 1989 zusammen. Da sie sich aber in den Medien in den letzten zwei Wochen doch konzentriert wiederfinden, möchte ich unbedingt auch in Anwesenheit der Medien dazu sprechen. Und zweitens möchte ich unter Rückgriff auf den Runden Tisch vom

22. Dezember 1989 drei komplexe Themen herausgreifen. Erstens zur **Zahlungsbilanzlage** der DDR, zweitens zu einigen aktuellen **außenwirtschaftlichen Problemen.** Es gab viele Anfragen, was ist aus dem Haussmann-Besuch herausgekommen, mit Rausch-Besuch und so weiter. Und drittens zu Problemen der Umschulung und des Einsatzes von **freigesetzten Arbeitskräften** des Staatsapparates. Diese drei Dinge möchte ich herausgreifen. Ich nehme an, die Zeit, die mir hier zur Verfügung steht, wird dann ausgeschöpft sein.

Zu Fragen der **Strukturpolitik** wird von unserer Seite von den Herren der Staatlichen Plankommission gesprochen und zum Staatshaushalt wird Herr Dr. Siegert sprechen. Gibt es Einverständnis, daß ich so erst einmal vorgehe?

Ducke (Moderator): Sie haben die Frage selbst gestellt. Sie merken am Nicken, daß wir so vorgehen.

Frau Luft (Ministerin): Danke. Dann beginne ich mit dem I. [Abschnitt], was ich doch für nötig halte in Reaktion auf Pressemitteilungen.

Erstens: Es wird, und das halte ich für völlig verständlich, das halte ich auch persönlich für gut, die Sorge geäußert, wie in der **Koalitionsregierung** gearbeitet werden kann, wenn einige Parteien sich in ihrem Programm vom **Sozialismus** verabschiedet haben. Diese Sorge ist mir persönlich völlig verständlich. Für das aber, was einige Parteien programmatisch erklären, sind diese Parteien selbst verantwortlich. Die Regierung ist keiner Partei verpflichtet, sondern sie ist der Volkskammer verpflichtet. Und die Volkskammer hat am 17. November 1989 die **Regierungserklärung des Ministerpräsidenten** gebilligt. In dieser Regierungserklärung heißt es, daß die Deutsche Demokratische Republik ein **souveräner sozialistischer Staat** ist und daß diese Regierung dafür arbeitet, daß das auch so bleibt. Die Koalitionsregierung handelt nach diesem Grundsatz und dementsprechend setzt sie sich ein für dominierendes **Volkseigentum** an den entscheidenden Produktionsmitteln, für den Erhalt leistungsfähiger volkseigener Kombinate, für das Recht auf Arbeit für jeden, für kostenlose Bildung und gesundheitliche Betreuung. Sie setzt sich ein für den Erhalt sozialer Errungenschaften. Dies wird auch bei dem Herangehen an die **Subventionspolitik** unsere Meßlatte sein. Daß dies alles [eine] erhöhte ökonomische Leistungsfähigkeit der Volkswirtschaft erfordert, muß nicht besonders unterstrichen werden, darf aber nicht vergessen werden. Denn verteilt werden kann ja nur, was produziert worden ist.

Diese ökonomische Leistungsfähigkeit der Volkswirtschaft zu stärken, erfordert nach unserer Auffassung zwei grundlegende Prämissen, nämlich die durchgreifende **Demokratisierung unserer Wirtschaft** und ihre konsequente **Internationalisierung.** Soviel zu einem ersten Problem, was gestern in der Presseerklärung der Vereinigten Linken eine Sorge war. Ich halte diese Sorge für berechtigt. Ich habe mich von Seiten der Koalitionsregierung so plaziert.

Zweitens: Ich habe persönlich keinen Grund, auch nur einen einzigen Deut von meiner Aussage abzurücken, wonach die in der Volkskammer einzubringenden Gesetze zur Bildung und Tätigkeit von **Gemeinschaftsunternehmen die Anteilsmajorität** der DDR als Prinzip festschreiben.

Diese Aussage steht auch nicht im Widerspruch zur Verlautbarung vom 22. Dezember 1989 in den Medien über den Stand der Verhandlungen zur Aufnahme von Kooperationsbeziehungen zwischen dem **Pkw-Kombinat** der DDR und der **VW-Aktiengesellschaft** der BRD. Nur hätte es von den Medien auch korrekt wiedergegeben werden müssen. Was sind die Fakten?

Erstens, am 22. Dezember 1989, also genau an dem Tage, an dem wir hier zusammengesessen haben, wurde zwischen dem Pkw-Kombinat und der Volkswagen-Aktiengesellschaft ein **Gesellschaftervertrag** abgeschlossen. Die Direktive zu diesem Abschluß haben zwei Vertreter der Regierung, die beiden zuständigen Minister Grünheid und Beil, bestätigt. Also die Regierung war in voller Kenntnis dieser Sache.

Zweitens, der Sitz der Gesellschaft ist zunächst Wolfsburg. Das bedeutet, daß das **geltende Recht der BRD** Anwendung fand, das geltende Recht des Standortlandes. Für eine solche Praxis gibt es bereits viele Vorbilder. Die DDR hat bekanntlich etliche gemischte Gesellschaften auf dem Territorium kapitalistischer Länder. Nach Schaffung der entsprechenden Voraussetzungen soll diese Gesellschaft später ihren Sitz in Karl-Marx-Stadt haben.

Das hat dann auch die Anwendung dann vorhandener **gesetzlicher Regelungen der DDR** zur Folge. In die Gesellschaft ist ein Grundkapital von 400 000,– DM eingebracht zu je 50 Prozent durch beide Seiten. Das ist also auch noch keine Größenordnung. Beide Seiten stellen paritätisch vier Gesellschafter und zwei Geschäftsführer. Diese Modalitäten, sowohl der Kapitalbeitrag als auch die personelle Seite, sind mit Überführung der Gesellschaft nach Karl-Marx-Stadt zu überprüfen und entsprechend den gesetzlichen Bestimmungen der DDR in Übereinstimmung zu bringen mit den gesetzlichen Bestimmungen der DDR, die wir dann haben werden.

Drittens, die Gesellschaft arbeitet zunächst bis zum 30. Juni 1990. Sie hat die Aufgabe, praktisch im Sinne einer Arbeitsgruppe Entscheidungsvorschläge zu erarbeiten mit dem Ziel, die Bildung einer gemeinsamen Gesellschaft zur Entwicklung, zur Produktion und zum Vertrieb von Pkw in der DDR vorzubereiten. Diese Produktions- und Vertriebsgesellschaft soll zum gegebenen Zeitpunkt, ich sagte das, auf der Grundlage der in der DDR zu erlassenden gesetzlichen Bestimmungen gebildet werden. Voraussetzung dafür ist, daß dazu nach eingehender Prüfung die entsprechenden staatlichen Genehmigungen erteilt werden. Gestern wurde in der Runde der für die Wirtschaft Verantwortung tragenden Minister dieser Grundsatz der **staatlichen Genehmigungspflicht** noch einmal deutlich unterstrichen und es kann Sicherheit darüber abgegeben werden, daß ohne staatliche Genehmigung kein Kombinat der DDR, kein Betrieb, keine Institution überhaupt solche Regelungen mit Firmen anderer Länder treffen kann. Die gegenwärtig gebildete Gesellschaft ist damit praktisch nur eine Vorgesellschaft zur Vorbereitung eines eventuell zu bildenden gemeinsamen Betriebes.

Dies hätte korrekt wiedergegeben werden müssen. Woher Einschätzungen kommen, und dies spiegelt sich auch in der gestrigen Presse wider, daß Kapitalkooperationen zu den Bedingungen des Westens, ich zitiere, als tragende Säule einer Wirtschaftsreform erscheinen, kann ich nicht nachvollziehen. Regierungskonzept ist das jedenfalls nicht. Unser Grundkonzept ist, das Leistungspotential der eigenen Volkswirtschaft voll zu entfalten und dazu internationale Kooperationen in verschiedenen Formen mit sozialistischen Ländern und mit kapitalistischen Ländern zu nutzen.

Viertens: Was nun die Bemerkung angeht, die sich auch gestern in den Medien fand, die Regierung scheine sich kaum mit der Frage zu beschäftigen, wie **Staatseigentum** durch

Demokratisierung in Volkseigentum verwandelt werden könne, so sehe ich keinerlei Veranlassung, hier irgendeine Art von Rechtfertigung anzutreten.

Ich halte [es] aber für richtig, darauf hinzuweisen, daß Fakten Fakten bleiben müssen. Und Fakt war, daß von den 16 am Runden Tisch vertretenen Parteien und gesellschaftlichen Gruppierungen am 22. Dezember 1989 weit mehr als 30 Fragen gestellt worden sind. Und Fakt ist auch, daß mir vom Terminplan der Veranstaltung, den ich ja nicht gemacht hatte, für die Beantwortung noch 15 Minuten Zeit zur Verfügung standen. Und es fand hier Zustimmung, wie ich mich erinnere, daß die Beantwortung der offengebliebenen Fragen, das mußte die Mehrzahl sein zweifelsohne, heute und bei den folgenden Zusammenkünften erfolgt.

Nun aber zu dem Problem, was aufgeworfen wurde:

Meine Grundthese ist, und ich darf hier sagen, das ist die Grundthese der Koalitionsregierung: Wir müssen im Interesse einer höheren ökonomischen Effektivität die Wirtschaft so gestalten, daß die Werktätigen in unserem Lande **Eigentümerbewußtsein** und **Eigentümerverhalten** entwickeln. Das muß zu allererst in den volkseigenen Betrieben geschehen, in denen die Beschäftigten tatsächlich Besitz ergreifen müssen vom Gemeineigentum.

Wie soll das nach Auffassung der Regierung geschehen?

a) Durch Schaffung von Bedingungen für die Durchsetzung des **Leistungsprinzips**. Das ist sicherlich die Kernfrage. Wer mehr zur Mehrung des Volkseigentums beiträgt, soll auch mehr an den Ergebnissen teilhaben. Das wird in absehbarer Zeit schon eine andere Entlohnung der Meister beispielsweise bedeuten, das wird mit anderen **Entlohnungen** für Schichtarbeiter verbunden sein, das wird überhaupt mit anderen Entlohnungen derer verbunden sein, die den größeren Teil zur Mehrung des Volkseigentums beitragen.

b) Wir sehen die Notwendigkeit und die Möglichkeit der **Beteiligung** der Belegschaftsangehörigen **am Gewinn** als einen Weg zur tatsächlichen Besitzergreifung der Belegschaft von dem Volkseigentum in dem betreffenden Betrieb.

c) Wir sehen die Notwendigkeit wirksamer Formen der **Mitbestimmung** der Belegschaft sowohl bei Produktions- und Investitionsprogrammen, bei Rationalisierungsvorhaben, bei Strukturveränderungen, bei der Gestaltung von Lohnformen, bei der Gestaltung des Arbeitszeitregimes, bei der Urlaubsplanung, bei der Nutzung von Sozialeinrichtungen und so weiter. Wir sehen es als notwendig an, wirksame Formen der Mitbestimmung der Belegschaft in solchen wie den eben genannten Richtungen zu gewährleisten. Wir sehen es als notwendig an, eine wirksame Interessenvertretung der Belegschaft in dem jeweiligen Betrieb zu gewährleisten.

Zu diesem letztgenannten Komplex vertreten wir folgende Auffassung, und da es dazu auch eine Reihe von Anfragen vergangenes Mal gab, darf ich dazu etwas umfangreicher sprechen. Die derzeit im Arbeitsgesetzbuch enthaltenen Regelungen über die **kollektiven Arbeitsbeziehungen** zwischen Betrieb und Belegschaft und ihren Vertretungsorganen einschließlich solcher Fragen wie Tarifverhandlungen und Beilegung von auftretenden Konflikten sollten im Zusammenhang mit der **Neufassung des Arbeitsgesetzbuches** ausgebaut werden.

Hinsichtlich der **Beilegung von Konflikten** wäre neben Grundsätzen im Arbeitsgesetzbuch aus unserer Sicht ein gesondertes Gesetz zweckmäßig. Die Tätigkeit von **Betriebsräten** und ihre Rechte sollten künftig im Arbeitsgesetzbuch erfaßt werden. Gegenwärtig geht das Arbeitsgesetzbuch davon aus, daß Mitbestimmungs- und Mitwirkungsrechte der Werktätigen grundsätzlich durch die Gewerkschaft wahrgenommen werden. Mit der Bildung von Betriebsräten in den Betrieben läßt sich dieser Grundsatz nicht mehr aufrechterhalten.

Vielmehr wird es als erforderlich erachtet, im neugefaßten Arbeitsgesetzbuch sowohl die Rolle der Betriebsräte als auch der Gewerkschaften zu bestimmen. Im gegenwärtigen Prozeß des Entstehens von Betriebsräten halten wir es nicht für zweckmäßig, aber auch darüber kann man weiter beraten, administrativ von oben ihre Bildung und Tätigkeit gesetzlich zu bestimmen. Mit dem vorgesehen **Änderungsgesetz zum Arbeitsgesetzbuch** – und dieses Änderungsgesetz zum Arbeitsgesetzbuch wird die Regierung der DDR in die Volkskammer zusammen mit dem Volkswirtschaftsplan-Entwurf für 1990 einbringen – sollte der Entwicklung jedoch Rechung getragen werden, die sich jetzt bereits vollzieht. In den Betrieben, in denen Betriebsräte von der Gewerkschaft gewählt wurden, sollte es der Belegschaft und den Gewerkschaftsmitgliedern überlassen werden zu entscheiden, wer in welchen Fällen die bisher ausschließlich der Gewerkschaft obliegenden Mitbestimmungsrechte aus dem Arbeitsgesetzbuch künftig gegenüber der Betriebsleitung wahrnimmt. Bei der Neufassung des Arbeitsgesetzbuches sollten die bis dahin gewonnenen Erfahrungen in den Betrieben berücksichtigt werden. Soviel zu diesem dritten Problem.

Viertens zur Frage nach den angeblich laufenden Verhandlungen über die Errichtung von **Kernkraftwerken** durch BRD-Firmen auf dem Territorium der DDR: Hierzu hat außer der Vereinigten Linken gestern in der Presse auch das Neue Forum am 27. Dezember 1989 eine Anfrage an die Regierung gestellt. Wie ist der Sachverhalt? Interessierte Energieversorgungsunternehmen der BRD und andere Vertreter aus Wirtschaftskreisen haben in der letzten Zeit wiederholt zuständigen Außenhandelsbetrieben, so dem Außenhandelsbetrieb Industrieanlagenimport, dem Betrieb Transinter GmbH und der Intrac aber auch Industriekombinaten, so dem Kombinat Kernkraftwerke, dem Kombinat Kraftwerksanlagenbau, die Errichtung von Kernkraftwerkskapazitäten als **Gemeinschaftsunternehmen** angeboten. Es gab informelle Kontakte zu diesem Problem. Offizielle Verhandlungen zur Vorbereitung konkreter Projekte wurden nicht geführt. Es gibt auch keine Vollmacht dafür.

Was schlagen wir zum weiteren Vorgehen vor?

Erstens, derzeitig werden die Grundthesen für ein neues **Energiekonzept** erarbeitet. Wir halten es für zweckmäßig, diese Thesen in der zweiten Januarhälfte dem Runden Tisch zur Diskussion mit dem Ziel vorzulegen, Übereinstimmung zur Grundorientierung zu erreichen. Davon ausgehend besteht die Bereitschaft bei uns, breiteste gesellschaftliche Kreise in die konkrete Erarbeitung des Energiekonzepts einzubeziehen.

Zweitens, sollte es am Runden Tisch dennoch als erforderlich erachtet werden, zum neuen Energiekonzept ein alternatives Konzept zu erarbeiten, dann werden wir die erbetene Unterstützung im sachlich begründeten Umfang gewähren. Und zu diesem letzten [Aspekt] lassen Sie mich noch folgendes anmerken. Unter Beachtung der in der Anfrage vom Neuen Forum in diesem Zusammenhang gestellten Anforderungen halten wir es für erforderlich, den geforderten **Datenfonds** konkret und detailliert zu bestimmen, der von der Regierung gewünscht wird, die gewünschten Fachleute namentlich zu benennen.

Wir werden uns bemühen, die betreffenden Personen, zur Mitarbeit zu gewinnen. Und wir halten es für erforderlich, einen Kostenvoranschlag für die von der Regierung zu übernehmenden **finanziellen Aufwendungen** vorzulegen, weil in der Anfrage stand, daß dies Ganze natürlich allerhand kostet, einen solchen alternativen Vorschlag zu unterbreiten. Und wenn die Regierung das finanziert, muß sie einfach einen Kostenvoranschlag haben.

Es gibt also prinzipiell Bereitschaft, ein solches alternatives Konzept zu unterstützen und entgegenzunehmen und in die Arbeit einzubringen. Da ist überhaupt kein Terminterrain bisher verloren. Alles, worüber wir uns heute auf diesem Gebiet einigen, paßt voll hinein in das Terminkonzept zur Neuerarbeitung eines Energiekonzepts der Regierung. Soviel zu diesem ersten Teil meiner Ausführungen.

Ich komme zum Abschnitt II.

In dem zweiten Abschnitt wollte ich erstens etwas zur Lage der **Zahlungsbilanz** der DDR sagen. Ich darf in drei Abschnitten dazu sprechen.

Erstens, zu den Verpflichtungen, die die DDR hat gegenüber dem nichtsozialistischen Wirtschaftsgebiet. Die **Verpflichtungen der DDR** im nichtsozialistischen Wirtschaftsgebiet betragen 20,6 Milliarden US-Dollar. Westliche Banken nennen darüber hinaus **Guthaben der DDR** von sieben bis neun Milliarden Dollar, und wir haben keinen Grund, der Darstellung dieser Fragen durch westliche Banken zu widersprechen. Jedes Land hat zur Sicherung seiner Liquidität Guthaben bei Banken, die den normalen Zahlungsverkehr gewährleisten. Aber diese Dinge unterliegen international üblich dem Bankengeheimnis. Und das, was von den Banken angegeben wird, sind deren Schätzungen.

Ich muß aber um Verständnis dafür bitten, daß ich auch nach wiederholter Aufforderung an die Regierung dazu keine weiteren Details sagen kann, weil sich die DDR auch hier an internationale Gepflogenheiten halten muß. Ein bedeutender Teil von diesen 20,6 Milliarden US-Dollar, nämlich mehr als 40 Prozent, ist langfristig und produktiv angelegt. Diese Kredite werden über einen längeren Zeitraum aus der wachsenden Wirtschaftskraft der DDR zurückgezahlt.

Dazu gehören vor allem Kredite für den **Import moderner Ausrüstungen.** Die Kredite für den Import moderner Ausrüstungen werden aus diesem Vorhaben refinanziert. Ein zweiter Teil der Verpflichtungen, und das ist nach den Angaben, die ich machte, der größere, resultiert aus den **Importen für die materiell-technische Sicherung der Produktion** und für den laufenden Produktionsverbrauch sowie auch für die **Versorgung der Bevölkerung.**

Ich muß Ihnen persönlich die Anmerkung machen, daß ich als Ökonom nicht glücklich bin mit dieser prozentualen Verteilung auf die Gründe für Kreditnahmen. Aber auch hier muß ich in Anspruch nehmen, daß die Regierung ein Erbe übernommen hat und nicht verantwortlich ist für die Aufteilung der Kredite, die die DDR genommen hat für die verschiedenen Anwendungszwecke. Unter diesem zweiten Teil, leider der größere Teil der Auslandsverpflichtungen der DDR, sind zum Beispiel Kredite für den Import von Getreide, von Konsumgütern und für Materialien, das heißt also für Dinge, die schnell konsumiert sind und leider kaum zur Refinanzierung beitragen.

Zweitens, zu den **Deviseneinnahmen** und **Devisenausgaben** der DDR, aktuelle Bemerkungen dazu. Von entscheidender Bedeutung für unser Land ist die Aufrechterhaltung seiner **Zahlungsfähigkeit** und seiner Kreditwürdigkeit. 1989 wird die DDR, die letzten Ziffern liegen noch nicht vor, weil ja banktechnische Buchungen noch zu machen sind, 1989 wird die DDR voraussichtlich Deviseneinnahmen aus Warenlieferungen und Dienstleistungen von 9,3 Milliarden Dollar erzielen. Davon werden rund 75 Prozent aus dem Export von Waren und Leistungen erwirtschaftet. Die anderen Erlöse resultieren aus dem internationalen Güter- und Personenverkehr sowie aus Abkommen und Vereinbarungen mit der BRD. Dem **Valutaaufkommen** 1989 stehen **Devisenausgaben** von insgesamt 11,7 Milliarden Dollar gegenüber. Der Hauptteil von diesen 11,7 Milliarden, nämlich 9,5 Milliarden Dollar, wird notwendig für die Bezahlung der Importe und der dafür in den Vorjahren aufgenommenen Kredite einschließlich der Zinszahlungen. Weitere Devisen sind für Transportleistungen, für außenpolitische Aufgaben und Beiträge sowie für Absatzkosten und übrige Leistungen notwendig.

Durch die ungenügende Leistungssteigerung und die Entwicklung des Exports wurden 1989 nicht die Deviseneinnahmen im erforderlichen Umfang erbracht, wie sie für die volle Finanzierung der Ausgaben, die 1989 angefallen sind, hätten erwirtschaftet werden müssen. Die Aufnahme von Krediten wird also notwendig. Damit steigen die Verpflichtungen der DDR weiter an.

Die DDR hat bisher alle fälligen Zahlungen für Kredite und Zinsen pünktlich geleistet. Das soll auch in Zukunft so bleiben. Natürlich müssen für diese Rückzahlungen aufgrund des hohen Standes unserer Verbindlichkeiten in bedeutendem Umfang laufende Einnahmen eingesetzt werden. Das wird auch in diesem Jahr 1990 der Fall sein müssen.

Jede Forderung nach Zusatzimporten durch die Stillegung von einheimischer Produktion, der Ausfall von Valutaeinnahmen durch geringere Leistungen oder eine **Umverteilung** von bisher der Zahlungsbilanz zur Verfügung stehenden Mitteln jetzt für andere Zwecke, wie beispielsweise eben für Reisezwecke, beschränkt damit die Möglichkeiten zur Rückzahlung unserer Verpflichtungen.

Und ich möchte die Gelegenheit benutzen, um alle Vertreter der Parteien und der gesellschaftlichen Gruppierungen um Unterstützung in der Richtung zu bitten, daß wir im Interesse der weiteren Solidität unseres Landes als Handels- und Zahlungspartner ringen mit all unseren Möglichkeiten um eine kontinuierliche Produktion, um **Qualitätserhöhung** in der Produktion, um Zuverlässigkeit bei all unseren Geschäften, damit die für 1990 geplanten Exporte tatsächlich erbracht werden können, möglichst überboten werden und nicht zusätzliche Importe erforderlich werden.

Drittens, zur Lage der **Zahlungsbilanz gegenüber dem sozialistischen Wirtschaftsgebiet.**

Diese Lage unterscheidet sich grundsätzlich von der gegenüber dem nichtsozialistischen Wirtschaftsgebiet. Die DDR verfügt gegenüber der UdSSR und einigen anderen sozialistischen Ländern über einen **Guthabensaldo.** Der ergibt sich aus den von der DDR an diese Länder gewährten Krediten, die insbesondere der langfristigen **Sicherung von Rohstoffimporten** dienen; und über die Lebenswichtigkeit einer solchen langfristigen Sicherung von Rohstoffimporten ist in diesem Kreise auch kein Wort zu verlieren. Jeder weiß, daß dies Blut für die Lebensadern unserer Volkswirtschaft darstellt.

Die Rückzahlung der Kredite an die DDR erfolgt von den betreffenden kreditnehmenden Ländern entsprechend den abgeschlossenen Abkommen vor allem in Form von Rohstofflieferungen, die damit nicht die Bilanz, die Importbilanz der DDR gegenüber nichtsozialistischen Ländern belasten.

Es werden aus den Guthaben, die die DDR gegenüber sozialistischen Ländern hat auch Arbeitskräfte beispielsweise aus Mosambik und aus Vietnam, die in unserem Lande im Einsatz sind, bezahlt.

Der im **Handel mit der UdSSR** in den Jahren 1989, und das setzt sich im Jahre 1990 fort, entstehende Positivsaldo von etwa drei bis vier Milliarden Mark Valutagegenwert ergibt sich vor allem daraus, daß im laufenden Fünf-Jahrplan-Zeitraum die Preise für **Erdöl** und **Erdgas** gesunken sind, eine für unser Land vorteilhafte Entwicklung. Daraus sind für die DDR ökonomische Vorteile entstanden. Wir konnten auf diese Weise die Exportzielstellungen für 1989 insbesondere auf dem Gebiet des Maschinenbaus entlasten.

Der Plussaldo wird auch dafür eingesetzt, um die Gesamtbilanzierung unseres Handels im Zeitraum 1991 bis 1995 zu gewährleisten. Für diesen Zeitraum ist mit veränderten außenwirtschaftlichen Bedingungen seitens der RGW-Länder zu rechnen. Wir müssen davon ausgehen, daß der Übergang zum Handel auf der Grundlage aktueller Weltmarktpreise und zur Verrechnung auf der Grundlage konvertierbarer Devisen früher erfolgt, als das in ehemaligen Konzepten der **RGW-Länder** stand.

Ich möchte hier aber heute keine Spekulation abgeben, sondern die RGW-Tagung abwarten, die am 9. und 10. Januar [1990] in Sofia stattfindet. Und ich bin im Ergebnis der Tagung dann gern bereit, über den Ausgang auch dieses Problem betreffend, was für die DDR ein wichtiges ökonomisches Problem ist, hier zu sprechen.

Zweiter Komplex, zu einigen aktuellen **außenwirtschaftlichen Fragen**:

Zunächst zu den Ergebnissen des Gespräches oder der **Gespräche**, die in den letzten Wochen mit offiziellen **Vertretern der BRD** stattgefunden haben.

Während der Gespräche anläßlich des Arbeitsbesuches des Bundeskanzlers Kohl in der DDR am 19. Dezember 1989 wurden Maßnahmen zum weiteren Ausbau und zur Vertiefung der Handels- und Wirtschaftsbeziehungen zwischen beiden deutschen Staaten festgelegt und vereinbart. Dazu zählen die Bildung der **gemeinsamen Kommission zur weiteren Vertiefung der wirtschaftlichen Beziehungen**. Die erste Sitzung dieser gemeinsamen Kommission wird am 23. Januar 1990 in Berlin, in der Hauptstadt der DDR, durchgeführt.

Der Abschluß einer **Vereinbarung** über wirtschaftliche und **industrielle Zusammenarbeit** zwischen der DDR und der BRD ist ein weiteres solches Ergebnis gewesen. Ziel dieser Kooperationsvereinbarung ist es, die Zusammenarbeit zwischen beiden deutschen Staaten bis hin zu Gemeinschaftsunternehmen auszubauen, um die Qualität und Struktur der Wirtschaftsbeziehungen zu verbessern. Dabei werden auch Interessen kleiner und mittlerer Unternehmen unterstützt.

Ein drittes Ergebnis ist die Beratung führender Wirtschaftler der DDR und der BRD, insbesondere aus der Großindustrie, am 13. und 14. Januar 1990, ebenfalls in der Hauptstadt der Deutschen Demokratischen Republik, zu objektkonkreten Vorschlägen der Kooperation. Diese Veranstaltung wird im **Institut für Unternehmensführung**, dem früheren Zentralinstitut in Rahnsdorf, das jetzt im Januar zu einem Institut für Unternehmensführung profiliert wird, durchgeführt.

Weitere Ergebnisse sind die Organisierung eines **Treffens von Wirtschaftlern** insbesondere der klein- und mittelständischen Industrie der BRD unter Leitung des Deutschen Industrie- und Handelstages mit Wirtschaftlern und wirtschaftsfördernden Organisationen der DDR zum Ausbau von Kooperationsbeziehungen. Dies wird im Februar 1990 in der BRD sein, diese Veranstaltung.

Vereinbart worden ist die **Verbesserung der Informationstätigkeit** auf wirtschaftlichem Gebiet, insbesondere die Wirtschaftsreform der DDR und ausgewählte Wirtschaftszweige betreffend. Intensiviert werden soll die Zusammenarbeit auf den Gebieten des Meß-, Normen- und Prüfwesens sowie der Qualitätssicherung zwischen den zuständigen Institutionen der DDR und der BRD. Ein Ergebnis von überhaupt nicht unterzubewertender Bedeutung, wenn es darum geht, unsere Wirtschaft auf die Anforderungen des Gemeinsamen Marktes der **Europäischen Gemeinschaften** vorzubereiten.

Vereinbart ist schließlich die Aufnahme von Verhandlungen zwischen dem Amt für Erfindungs- und **Patentwesen der DDR** und dem **Patentamt der BRD** zur Arbeit mit Patenten und Warenzeichen und zur Regelung des Schutzes geographischer Herkunftsangaben bei Waren sowie der Abschluß entsprechender Vereinbarungen auf dem Gebiet des gewerblichen Rechtsschutzes.

Zu den Ergebnissen des Staatsbesuches des französischen Präsidenten Mitterrand:

[Die] Unterzeichnung des **Regierungsprogramms** für wirtschaftliche, industrielle und technische Zusammenarbeit für die Jahre 1990 bis 1994 unterstreicht – und dies ist mehrfach von französischen Regierungsvertretern, dies ist mehrfach vom Präsidenten Mitterrand persönlich unterstrichen worden – **Frankreich** unterstreicht auf diese Weise die **Eigenstaatlichkeit der DDR**.

Es wurden die Entwicklung einer langfristigen industriellen Kooperation und gegenseitige Erleichterungen in Handel und Kooperation vereinbart. Das betrifft insbesondere die Gebiete Industrie, Energiewesen, Telekommunikation, Bauwesen, Verkehrswesen, Umweltschutz und Biotechnologien, Land- und Nahrungsgüterwirtschaft, den Fremdenverkehr, das Gesundheitswesen, die Berufsausbildung, die berufliche Weiterbildung und den gewerblichen Rechtsschutz. Ein Arbeitsplan für die Jahre 1990 und 1991 ist, solche Gebiete betreffend, wie ich [sie] nannte, bereits unterzeichnet worden.

In den Gesprächen, die die Minister Faurraud und Rausch, das sind der Industrieminister und der Außenhandelsminister Frankreichs mit den Regierungsvertretern der DDR hatten, wurden folgende konkrete Schritte festgelegt: Aufgenommen werden sollen Verhandlungen zum Abschluß eines **Investitionsschutzabkommens** nach Vorliegen des entsprechenden nationalen Rechts der DDR, und ich unterstreiche an dieser Stelle eine Bemerkung, die ich auch schon vor 14 Tagen gemacht habe, die DDR ist daran interessiert, bei allen Formen der internationalen Kooperation eine Diversifizierung herbeizuführen, also beispielsweise auch nicht Gemeinschaftsunternehmen auf ein Land zu lokalisieren. Daher auch ein solches Investitionsschutzabkommen mit Frankreich, wie wir es auch mit anderen Ländern herbeiführen werden.

Vereinbart ist die Information französischer Vertreter von Industrie, Wirtschaft und Banken zu den Grundzügen der **Wirtschaftsreform** der DDR und über entsprechende Gesetze. Vorbereitet wird eine repräsentative Delegation französischer Industrieller unter Leitung des Vorsitzenden des Komitees zur Förderung des Handels. Diese Delegation wird im ersten Quartal 1990 unser Land besuchen.

Vorbereitet ist die Reise des Ministers für Schwerindustrie im Februar 1990, Ministers für **Schwerindustrie** der DDR, nach Frankreich, wobei die Gebiete, die dort zur Sprache kommen werden bei den Verhandlungen, vor allen Dingen das Energiewesen, die Chemie und den Umweltschutz betreffen.

Eine dritte Bemerkung zur Zusammenarbeit der DDR mit **RGW-Ländern.** Wir gehen prinzipiell davon aus, daß sich die Bedingungen in den außenwirtschaftlichen Beziehungen zu den RGW-Ländern zunehmend denen im nichtsozialistischen Wirtschaftsgebiet angleichen. Ich habe auf den Fakt aufmerksam gemacht, daß, nach welchem Terminplan auch immer, der bleibt zu verabreden, aber doch ein **Übergang zur Anwendung aktueller Weltmarktpreise** erfolgen wird in den nächsten Jahren und die Anwendung konvertierbarer Devisen im gegenseitigen Zahlungsverkehr.

Das ist ja nicht eine technische Sache schlechthin, sondern damit sind solche ökonomischen Fragen verbunden wie beispielsweise auch die Gewährung von Krediten für den Maschinenbauexport der DDR nach nichtsozialistischen Ländern. Wir hatten bisher bei Verrechnung in transferablen Rubeln ein Sofortbezahlungsverfahren, das heißt, für die DDR ergeben sich aus solchen Umstellungsprozessen nicht schlechthin technische Dinge, sondern es ergeben sich ökonomische Konsequenzen. Die **DDR** ist ein **Maschinenbau-Exportland,** ein Nettoexporteur von Maschinenbauerzeugnissen. Maschinenbauerzeugnisse werden international üblich auf Kreditgrundlage gehandelt. Und wir haben uns also darauf einzurichten, daß eine solche Aufgabe der Kreditgewährung für diesen Bereich des Handels auf uns zukommt.

Die Angleichung an die **Bedingungen des Weltmarktes,** ja, das habe ich, also die Angleichung an die Bedingungen des Weltmarktes steht für diesen Bereich unseres Handels bevor. Die Annäherung an die Weltmarktpreise und an andere Marktbedingungen ist mit einer Belastung unserer Volkswirtschaft verbunden und muß deshalb schrittweise in einer entsprechenden Übergangsperiode erfolgen, die auch Differenzierungen zwischen den einzelnen RGW-Ländern zuläßt. Zu diesem Problem bitte ich aber, nach der Tagung eine genaue Information geben zu können.

Entsprechend dem auf der **44. Ratstagung** im vergangenen Jahr bestätigten **Konzept** sind schrittweise die Bedingungen für den freien Austausch von Waren, Leistungen und anderen Produktionsfaktoren zwischen den interessierten RGW-Ländern und die in der Perspektive vorgesehene Bildung eines vereinigten Marktes zu schaffen. Dieses Konzept schließt die Bildung einer **GATT-konformen Freihandelszone** beziehungsweise einer Zollunion in den interessierten RGW-Ländern ein. Da inzwischen in allen RGW-Ländern grundlegende Wirtschaftsreformen vor sich gehen, werden die Möglichkeiten, werden die Bedingungen für die Schaffung einer solchen GATT-konformen Freihandelszone und eines schließlich vereinigten Marktes günstiger.

Was die Beziehungen zur **Sowjetunion** angeht, die im Kreise der RGW-Länder unser Hauptpartner bleiben wird, so sehen wir vor allen Dingen den **Ausbau der Produktionskooperation** vor, und dies im besonderen bei Erzeugnissen der Lichtleitertechnik, der Mikroelektronik, der Rechentechnik und der Medizintechnik. Wir sehen den Ausbau der Produktionskooperation auch vor im polygraphischen Maschinenbau, im Textilmaschinenbau, im Werkzeugmaschinenbau, im Nahrungs- und Landmaschinenbau, im Fahrzeugbau, bei Flurförderzeugen sowie beim Sortimentsaustausch in der Schwerindustrie.

Mit einigen RGW-Ländern erfolgen gegenwärtig Verhandlungen zur Nutzung **freiwerdender Kapazitäten der Verteidigungsindustrie** für den Ausbau von Kooperationsbeziehungen bei der Produktion von Werkzeug- und Verarbeitungsmaschinen sowie von technischen Konsumgütern.

Ich wäre noch vorbereitet, zu unseren Beziehungen zum GATT etwas zu sagen, das kann man vielleicht der Diskussion überlassen. Ich möchte zum letzten Punkt in meinen konzentrierten Darlegungen kommen.

Dieser letzte Punkt betrifft Probleme der **Umschulung** und des Einsatzes von **freigesetzten Arbeitskräften** des Staatsapparates, ein Problem, das während der letzten Diskussionen am Runden Tisch eine Rolle gespielt hat.

Erste Bemerkung: Nach vorsichtigen Schätzungen muß mit einer Zahl von 50 000 **Werktätigen** gerechnet werden, die durch [die] Reduzierung des **zentralen Staatsapparates,** durch die **Auflösung des Amtes für Nationale Sicherheit** und den Abbau von hauptamtlichen **Organen gesellschaftlicher Organisationen** freigesetzt werden. Eine genauere Übersicht wird gegenwärtig noch erstellt. Dem wirkt jedoch entgegen, daß viele Werktätige sich in Eigeninitiave eine neue Arbeit gesucht haben oder noch suchen und darum von den Ämtern für Arbeit nicht erfaßt sind, sich nicht haben erfassen lassen.

Zweitens: Diesen 50 000 Werktätigen, von denen ich sprach, die gegenwärtig durch Reduzierung frei werden, steht eine Zahl von rund 250 000 freien Arbeitsplätzen in der Volkswirtschaft gegenüber. Rein arithmetisch sollte also der Wiedereinsatz ausscheidender Arbeitskräfte keine Probleme bereiten, gäbe es nicht eine deutliche Diskrepanz in der **Qualifikationsstruktur.**

Bei rund 85 Prozent der freigesetzten Werktätigen handelt es sich um Hoch- und Fachschulkader, meist mit gesellschaftswissenschaftlicher Orientierung, während die Zahl freier Arbeitskräfte für Hoch- und Fachschulkader rund 20 000 beträgt. Zum großen Teil aber mit technischer oder auch anderer fachwissenschaftlicher Orientierung.

Erschwerend kommt hinzu, daß im Bereich der Industrie freie Arbeitsplätze vielfach nicht besetzt oder den Ämtern für Arbeit nicht gemeldet werden, weil mit einem Abbau des eigenen Verwaltungspersonals gerechnet wird. Es ist festzustellen, daß viele ehemalige Mitarbeiter des Amtes für Nationale Sicherheit sowie von gesellschaftlichen Organisationen bereits neue Arbeitstätigkeiten aufgenommen haben, die unter ihrer Qualifikationsstufe liegen. Das ist auch durch den persönlich verständlichen Wunsch bestimmt, möglichst schnell die Identifikation mit der alten Arbeitsstelle zu verlieren und erst zu einem späteren Zeitpunkt eine besser geeignete Arbeit zu finden.

Drittens: Für den **Wiedereinsatz ausscheidender Werktätiger** sind aus der Sicht der Regierung grundsätzlich vier Wege zu gehen.

a) Vermittlung in **qualifikationsgerechte** freie **Arbeitsplätze** durch die Ämter für Arbeit unter Mitwirkung der in den Kreisen, Bezirken und zentral geschaffenen Sonderkommissionen, die das Zusammenwirken von Arbeitskräfte abgebenden und aufnehmenden Betrieben gewährleisten sollen.

b) **Umschulung,** um freie Arbeitsplätze mit anderen Qualifikationsanforderungen besetzen zu können. Das Bildungsministerium erarbeitet dafür einen Katalog, der die weitgehende Nutzung vorhandener Bildung ermöglicht und so die Umschulung vereinfacht. Die aufnehmenden Betriebe führen besonders für Facharbeiter notwendige Qualifizierungsmaßnahmen durch.

c) Schaffung **zusätzlicher Arbeitsplätze** in Bereichen, die für die Bevölkerung unmittelbar wirksam werden. Wir denken hier an das Gesundheitswesen, wobei hier erreicht werden muß, daß alle medizinisch ausgebildeten Kader Dienst am Patienten leisten können und notwendige Verwaltungs- und Organisationsarbeit von anderen geleistet wird. Wir denken an zusätzliche Arbeitsplätze im Umweltschutz und in der Wasserwirtschaft, bei der Altbausanierung, in der Wohnungswirtschaft, in der Stadtwirtschaft und überhaupt in dem großen Bereich des Dienstleistungswesens. Mit der Ausarbeitung des Volkswirtschaftsplanes 1990 werden auf Vorschlag der jeweiligen Minister notwendige Entscheidungen hierzu getroffen.

d) Vorhandene Werkstätten, Fuhrparks und andere produktiv nutzbare Leistungseinheiten des aufgelösten **Amtes für Nationale Sicherheit** sollten aus unserer Sicht erhalten und für die Bevölkerung sowie die Wirtschaft komplett eingesetzt werden.

Viertens: Um den **Wiedereinsatz ausscheidender Werktätiger** ohne zeitweilige Nichtberufstätigkeit zu gewährleisten, hat die Regierung die Leiter der Arbeitskräfte abgebenden Bereiche beauftragt, ihrer Verantwortung für die ausscheidenden Werktätigen nachzukommen und diesen noch vor dem Ausscheiden einen Arbeitsvertrag mit einem Betrieb beziehungsweise einer Einrichtung zu vermitteln. Die Ämter für Arbeit wirken dabei unterstützend mit.

Unabhängig davon sieht es die Regierung als notwendig an, generell die Schaffung einer **finanziellen Unterstützung** bei zeitweiliger Nichtberufstätigkeit zu prüfen. Da sich der Staat unverändert zur Gewährleistung des **Rechts auf Arbeit** bekennt, müßte das eine Leistung aus staatlichen Mitteln sein.

Fünftens: Im Zuge der weiteren Rationalisierung der Verwaltungsarbeit in der Wirtschaft, im Zuge der **Verwaltungsreform** und notwendiger Strukturveränderungen in der Produktion werden Arbeitsplatzvermittlung, Berufsberatung und Umschulung zukünftig einen weit größeren Stellenwert haben müssen in unserer Gesellschaft. Die Regierung geht davon aus, daß notwendige Vorbereitungen für eine **dynamische Beschäftigtenpolitik** bei Wahrung des Rechts auf Arbeit getroffen werden müssen. Dafür wird besonders die Leistungsfähigkeit der Ämter für Arbeit deutlich erhöht werden müssen. Im Ministerium für Arbeit und Löhne wird an entsprechenden Vorschlägen gearbeitet.

Und ich darf sechstens und abschließend sagen, häufig stößt der **Wiedereinsatz ehemaliger Mitarbeiter des Amtes für Nationale Sicherheit sowie von ehemaligen Mandatsträgern und Mitarbeitern gesellschaftlicher Organisationen** auf Widerstand in Betriebskollektiven. Wir hatten neulich schon darüber gesprochen. Die Regierung hatte sich darum mit einer Erklärung zur Sicherung des Rechts auf Arbeit an die Öffentlichkeit gewandt, und sie bittet auch die Mitglieder des Runden Tisches und die durch sie repräsentierten Parteien und Organisationen in diesem Sinne zu wirken und Intoleranz, Ausgrenzung und Diskriminierung entgegenzutreten, wo immer sie heute noch auftreten.

Ich bedanke mich für Ihre Aufmerksamkeit und sage noch einmal, zu zwei weiteren großen Komplexen sind wir vorbereitet, nämlich zum **Strukturkonzept der Volkswirtschaft** und zu Fragen des **Staatshaushaltes** der DDR.

Ducke (Moderator): Vielen Dank, Frau Minister Luft. Sie hatten ja selbst uns diesen Vorschlag gemacht, mit diesen vier Punkten hier an den Runden Tisch zu treten.

Bevor wir eine Pause machen, es ist ab 10.45 Uhr die Möglichkeit einer Kaffeepause [gegeben], würde ich sagen, wir sollten die Zeit bis 11.00 Uhr, wo Sie hier sein können, ausnutzen. Ist der Runde Tisch einverstanden, daß wir erst bis 11.00 Uhr noch weiter jetzt diskutieren, um dann erst die Pause zu machen, um ihre Anwesenheit ein bißchen auszunutzen? Darf ich zunächst um Wortmeldungen zu dem Gesagten bitten?

Bitte, Herr Henrich.

Henrich (NF): Frau Minister, zunächst die Anfrage: Sie sagten, 1989 betrug die Einnahme in Dollar 9,3 Milliarden US-Dollar, wenn ich Sie richtig verstanden habe. In welchem Umfang sind hier Deviseneinnahmen aus **Müllimporten** enthalten? Können Sie das sagen, in welchem Umfang sind hier Einnahmen aus **Kulturexporten** enthalten? Darunter verstehe ich jetzt aber einmal nur, vielleicht darf ich das so schlagwortartig sagen, die Exporte des sogenannten **Antikhandels**, wenn es denn solche noch gibt.

Zur **Netto-Auslandsverschuldung** der DDR eine weitere Frage. Sie sagen 20,6 Milliarden US-Dollar Auslandsschulden. Dem steht ein Guthaben gegenüber, wie Sie betonen, geschätzt von ausländischen Banken, in Höhe von 7 bis 9 Milliarden US-Dollar. Handelt es sich hierbei um offenstehende Forderungen gegenüber Ländern in der Dritten Welt? Das heißt, ist hier überhaupt damit zu rechnen, daß wir perspektivisch diese offenstehenden Forderungen erfüllt bekommen?

Eine dritte Frage, welche **Mitwirkungsformen** in der volkseigenen Wirtschaft favorisiert Ihr Ministerium? Sie nannten vorhin Betriebsräte, Gewerkschaften sollen jeweils die Rechte in Anspruch nehmen, die das Arbeitsgesetzbuch [AGB] gegenwärtig einräumt. Sie sagten, die mögen sich da selber einigen. Meine Frage, wie soll das ausgehen, wenn es zum Streit kommt? Aber, wie gesagt, die davor gestellte Frage interessiert mich natürlich mehr, welche Formen der Mitwirkung Ihr Ministerium gegenwärtig favorisiert. Insoweit erinnere ich auch an die sechziger Jahre, an das **Neue Ökonomische System** [NÖS], da hatten wir ja bekanntlich die Produktionskomitees in den volkseigenen Betrieben, die gesellschaftlichen Räte bei den damaligen Vereinigungen Volkseigener Betriebe [VVB]. Gibt es da eventuell Kontinuitäten, die Sie sehen? Das wäre zunächst meine Frage.

Ducke (Moderator): Danke schön. Es liegen schon eine Reihe Wortmeldungen vor. Wollen wir vielleicht, [so] daß Sie sich besser auf die Antworten vorbereiten, hören, was die anderen noch zu sagen haben, oder möchten Sie jetzt in diesem Punkt, weil konkrete Anfragen waren, gleich antworten.

Frau Luft (Minsterin): Nein, können wir auch gleich machen, es sei denn, es gibt zu diesen Komplexen noch Fragen.

Ducke (Moderator): Dann bitte gleich. Würden Sie bitte das Mikrofon anmachen? Danke.

Frau Luft (Ministerin): Erste Frage: In den 9,3 Milliarden sind Einnahmen aus dem **KoKo-Bereich** [dem Bereich der **Kommerziellen Koordinierung**] nicht enthalten, wozu ja Mülldeponien, Kunstexport und so weiter gehören würden. Wir sind gegenwärtig in der Revision dieses gesamten Bereiches, in der Finanzrevision, und wir sind dann auch in, ich

hoffe in wenigen Tagen, in der Lage, dem Runden Tisch diese Frage genau zu beantworten. Reicht Ihnen das heute? Wir sind gegenwärtig in der Finanzrevision. Ein Spezialist, Professor Gerstenberger, ist mit dieser Arbeit befaßt.
Bitte?

Henrich (NF): Müllimporte? Ging das auch über KoKo? Weil Sie jetzt sagten, KoKo haben wir noch nicht erfaßt. Meine Frage bezog sich ja nicht nur auf Kunst, sondern insbesondere auch auf Deviseneinnahmen aus Müllimporten, also Giftmüllimporten natürlich, insbesondere [Mülldeponie] Schönberg. **Giftmülldeponien,** Sie wissen, was ich da meine?

Frau Luft (Ministerin): Ja. Ich möchte Sie bitten, daß Sie – – es sei denn, jemand hier kann [antworten], ja?

Grabley (Staatliche Planungskommission [SPK]): Sind enthalten in den Handelstätigkeiten des ehemaligen Bereiches für **Kommerzielle Koordinierung.**

Ducke (Moderator): Ist damit die Zusatzfrage beantwortet? – Danke.

Frau Luft (Ministerin): Die zweite Frage, die Sie gestellt haben: Unter den sieben bis neun Milliarden von den Banken geschätzten **Auslandsguthaben** der DDR sind verschiedene Gruppen von Guthaben zu nennen. Jawohl, darunter sind auch offenstehende Forderungen, um deren Mobilisierung wir uns nach wie vor bemühen gegenüber Entwicklungsländern. Aber darunter ist auch eine normale Reservehaltung der Deutschen Demokratischen Republik auf ausländischen Banken, und darunter sind auch offene Kredittranchen, die wir noch nicht in Anspruch genommen haben.
Zur dritten Frage: Welche Form der **Mitwirkung** und der Interessenvertretung favorisiert die Regierung? Ich kann hier noch keine Antwort der Regierung geben. Wir sind bei unseren Betriebsbesuchen gegenwärtig zum Beispiel damit befaßt, uns auch hier vor Ort eine Stimmungslage einzuholen. Ich war selbst gestern morgen in einem solchen Betrieb, andere Ministerkollegen sind unterwegs. Wir treffen auf sehr differenzierte Haltungen in den Belegschaften selbst dazu. Und die Regierung nutzt solche Kontakte, um sich selbst ein Bild zu machen. Wenn Sie mich persönlich fragen, ich persönlich würde **Betriebsräte** favorisieren. Bei genauer Abgrenzung der Kompetenz zwischen Betriebsräten und Gewerkschaften, für die ich persönlich sehr viele Wirkungsmöglichkeiten sehe und deren Mitvertretung ich im Betriebsrat eben auch sehe. Das ist aber meine persönliche Meinung. Ich bitte ausdrücklich zur Kenntnis zu nehmen, daß es dazu noch keinen Regierungsstandpunkt gibt.
Auch hierüber werde ich berichten, wenn wir ihn haben. Und das wird sicher auch nicht mehr lange auf sich warten lassen. Aber die Situation ist doch sehr neu für uns. Wir haben seit einigen Wochen Bewegungen auf diesem Gebiet in den Betrieben, sehr unterschiedliche. In einigen Betrieben haben wir bereits gebildete Betriebsräte, in anderen noch nicht. Auch gestern morgen habe ich die Erfahrung gemacht, daß man also durchaus da auch andere Möglichkeiten sieht. Ich habe Ihnen meinen persönlichen Standpunkt gesagt. Und als Mitglied einer Koalitionsregierung werde ich mich Mehrheiten, die sich dort finden, unterordnen.

Ducke (Moderator): Das waren die Antworten dazu.
Das Wort hätte jetzt Herr Pawliczak.

Pawliczak (IFM): Die Auskunft, daß in den Angaben zur Zahlungsbilanz die Werte des Bereichs Kommerzielle Koordinierung noch nicht enthalten sind, deutet darauf hin, daß gegenwärtig die verfassungsmäßige Festlegung des **Außenhandelsmonopols** des Staates aus der Vergangenheit herrührend offensichtlich noch immer nicht voll durchgesetzt ist. Daran möchte ich meine Frage knüpfen.
In den Ausführungen ist hier ein ganzer Bereich ausgespart geblieben. Das ist der Bereich der wirtschaftlichen Tätigkeit der Parteien und Organisationen, insbesondere der SED. Das hängt ja mit dem Bereich **Kommerzielle Koordinierung** zusammen. Ich stütze mich bei meiner Anfrage auf einen Antrag der Arbeitsgruppe „Wirtschaft" beim Runden Tisch [Vorlage 5/4]. Ich habe vorhin schon darauf hingewiesen, den werden wir sicher nachher verlesen können.
Meine Frage geht also dahin, wie weit hat die Regierung die wirtschaftliche Tätigkeit der Parteien und Organisationen unter Kontrolle oder wenigstens einen Überblick dahingehend? Und was will die Regierung unternehmen, um eventuelle außenwirtschaftliche Tätigkeiten einschließlich Devisenwirtschaft der Parteien und Organisationen in der DDR entsprechend der Verfassung der DDR unter Kontrolle zu nehmen?
Weiterhin steht die Frage der **Vermögenswerte der DDR,** die teilweise auch über Parteien und Organisationen, wiederum insbesondere über die SED, im Ausland teilweise über Strohmänner offensichtlich bestehen. Besteht da schon ein Überblick beziehungsweise was wird unternommen, um diesen Überblick herzustellen und diese Vermögenswerte zu sichern?

Ducke (Moderator): Danke schön. Möchten Sie gleich dazu antworten?

Frau Luft (Ministerin): Ja. Ich möchte Dr. Siegert bitten, in seinen Bemerkungen zum **Staatshaushalt** – – ich weiß nicht, ob er es jetzt vorziehen will oder ob er es dann, wenn er das Wort nach der Pause nimmt, die Dinge, die die Vermögensfragen betreffen, die **Parteienfinanzierung** betreffen, [beantwortet]. Wäre das möglich, das dort mit hinzubauen? Es kann natürlich auch jetzt gleich erfolgen.

Ducke (Moderator): Ja. Aber es liegt eine solche Liste vor. Wenn eine solche Möglichkeit besteht, daß eine Antwort gegeben werden kann, sachkundig, würden wir dann sagen, nehmen Sie das dann später bei Ihrem Bereich. Danke. Dann hätte das Wort – – ach so.

Frau Luft (Ministerin): Gut. Ich möchte aber erwähnen, ich hatte das neulich schon getan, als ich hier Gelegenheit hatte, dazu zu sprechen: Alle Außenhandelsbetriebe, die bisher zum Bereich **Kommerzielle Koordinierung** gehört haben, sind dem Minister für Außenhandel unterstellt worden. Also insofern ist eine Leitung herbeigeführt, die unter der Regierung, in Regierungsverantwortung erfolgt. Das hatte ich aber schon am 22. Dezember 1989 hier mit Einzelheiten untersetzt.

Ducke (Moderator): Gut. Die anderen Dinge werden später kommen.
Herr Platzeck hat als nächster das Wort. Der nächste wäre dann Herr Ullmann, [dann] Herr Fischbeck, die nächsten.

Platzeck (GL): Frau Ministerpräsident, wir leben in einem zu einem erheblichen Prozentsatz **ökologisch verwüsteten Land.** Und ich hätte gerne gewußt, wie bei dem Vordenken der Umstrukturierung unserer Volkswirtschaft dieser Sachverhalt Berücksichtigung findet und ob aus Ihrer Sicht akut jetzt Stillegung von umweltgefährdender Produktion geplant ist, und hätte zum zweiten gerne gewußt, ob bei der zukünftigen Preispolitik die Frage, die wir schon am 22. Dezember [1989] hier gestellt hatten, die Inanspruchnahme von Naturressourcen bei der Preisbildung mit Berücksichtigung finden soll und wie Ihre Vorstellungen dort sind.

Danke schön.

Frau Luft (Ministerin): Ja. Wenn Sie einverstanden sind, dann sollten wir diese wichtige Frage aufgreifen, wenn Herr Minister Reichelt hier anwesend sein wird. Das wird ja beim nächsten oder beim übernächsten Runden Tisch der Fall sein. Ich halte es ganz einfach für [zu speziell], nicht weil wir uns hier heute drücken wollen, aber er ist der Spezialist zu diesen Fragen und Sie sollten die Probleme, die mit Umwelt und zum Beispiel **Bewertung der Naturressourcen** zusammenhängen, in seiner Anwesenheit beraten. Wenn Sie einverstanden sind. Ich kann Ihnen das sofort übermitteln, daß er – – ja?

Platzeck (GL): Ja. Sie sagten, Sie sind vorbereitet auf Strukturfragen.

Ducke (Moderator): Ja. Das käme dann auch nach der Pause. Danke.

Herr Ullmann als nächster bitte. Dann Herr Fischbeck, Herr Hartmann.

Ullmann (DJ): Frau Minister, ich bitte mir meine Hartnäckigkeit nachzusehen, aber die Ausführungen, die Sie zu **KoKo** jetzt gemacht haben, bestärken mich in dem Vorsatz, eine Frage zu wiederholen, die ich Ihnen schon am 22. Dezember [1989] gestellt hatte, die von Ihnen teilweise beantwortet worden war. Sie haben darauf hingewiesen, daß etwa die Firma, die am Waffenhandel beteiligt gewesen ist, aufgelöst worden ist.

Mich beschäftigt nach wie vor die Frage, wie verhält es sich aber mit jenen ausländischen Unternehmen, die in unserem Lande weiter offenkundig tätig sind und im Zusammenhang mit KoKo gearbeitet haben, wie beispielsweise die Firma Günther Forgber. Ebenso hatte ich schon am 22. Dezember [1989] gefragt, wie ist es um die Tätigkeit der Firma **Euronuklear** bestellt. Offenkundig nach Ihrer eben gegebenen Information müßte das, was da geschieht, unserer Regierung voll bekannt sein und also unter ihrer Verantwortung stehen.

Ich möchte noch eine zweite generellere Frage anschließen. Sie haben mit großem Nachdruck und zu meiner uneingeschränkten Zustimmung auf die Regierungserklärung der Regierung Modrow verwiesen, die **DDR sei ein souveräner sozialistischer Staat**. Nur haben wir ja mit dem Wort Sozialismus seit geraumer Zeit erhebliche Probleme.

Ich denke jetzt konkret an das **Zehn-Punkte-Programm** von Herrn Kohl, wo er unter Punkt drei von uns erwartet, eine Gesetzgebung zu ermöglichen, die ein Wirtschaftssystem befördert, wie es Polen und Ungarn akzeptiert haben. Es ist jetzt nicht meine Aufgabe, die Wirtschaftspolitik in Polen und in Ungarn zu kritisieren. Aber es ist darauf hinzuweisen, daß die Wirkungen dieser Wirtschaftspolitik vor aller Augen stehen und ich würde sie der DDR-Bevölkerung jedenfalls nicht wünschen.

Und weiter: Der Herr Ministerpräsident hat uns gestern die erschreckende Eröffnung gemacht, daß **finanzielle Regelungen,** die jetzt getroffen worden sind, im Zusammenhang mit der **Grenzöffnung** am 9. November 1989 und der umgekehrten am 23. Dezember [1989] beziehungsweise 1. Januar 1990 schon von der Regierung Stoph mit der Bundesregierung ausgehandelt worden seien. Haben wir eine Situation, daß hier Weichen gestellt worden sind in einer Zeit, die ja nun unter öffentlicher Verurteilung steht? Und wie gedenkt sich die Koalitionsregierung in diesem Zusammenhang zu verhalten?

Wenn sie hier diese Weichenstellung nicht rückgängig machen kann, denke ich, müßte das der Bevölkerung aber in aller Deutlichkeit gesagt werden, weil, wie wir alle wissen, die Beunruhigung über diese Situation nach der geöffneten Grenze eine allgemeine ist.

Ducke (Moderator): Danke, Herr Ullmann.

Frau Minister, wollen Sie gleich antworten?

Frau Luft (Ministerin): Ja. Die **Wirtschaftsreform** ist, sagen wir, ein Lernprozeß. Wir lernen von unseren eigenen Erfahrungen. Wir lernen aber auch von Erfahrungen, die andere Länder mit der Wirtschaftsreform machen, darunter von den von Ihnen benannten Ländern.

Und um nur ein Beispiel zu sagen, was unseren Lernprozeß angeht, will ich auf das, was in den letzten Wochen ja nun auch häufig die Gemüter zu Recht besorgt gemacht hat, verweisen. Ungarn, Polen, auch Bulgarien haben eine mögliche **Auslandsbeteiligung an Gemeinschaftsunternehmen** von bis zu 100 Prozent festgelegt. Zu unserem Lernprozeß gehört, daß wir das nicht machen werden. Im übrigen hat mir vor ein paar Tagen auch der bulgarische Botschafter bestätigt, daß die Anhebung der Auslandsbeteiligungsmöglichkeit bis auf 100 Prozent in Bulgarien noch nicht zur Anlockung weiteren Auslandskapitals geführt hat.

Das heißt, auch einen solchen Fakt muß man vielleicht im Auge haben. Es geht bei der **Auslandskapitalbeteiligung** um viele andere Fragen als nur um solche Prozentsätze. Aber wir, wie gesagt, werden für unsere Bedingungen das in keinem Fall machen.

Wenn ich einleitend gesagt habe, an welchen Kriterien diese **Koalitionsregierung mißt, daß sie diesen Staat sozialistisch und souverän halten will,** dann habe ich mit Absicht auf solche Momente hingewiesen, die das Recht auf Arbeit für jeden, kostenlose Gesundheitsbetreuung, kostenlose Bildung, Erhaltung der sozialen Errungenschaften [betreffen], dies geschah auch mit Blick auf Erfahrungen, bittere Erfahrungen, die einige unserer Nachbarländer machen.

Aber ich muß natürlich genauso den Gedanken wiederholen, dies alles muß sich stützen auf eine ökonomisch effiziente Wirtschaft, weil, nur verbal über Werte und Errungenschaften zu reden, uns nichts nützt. Wir müssen, um diese Errungenschaften hoch zu halten, um sie zu wahren, zu bewahren, uns um die ökonomische Effizienz unserer Wirtschaft kümmern.

Ducke (Moderator): Wir haben noch fünf Minuten und noch eine ziemliche Liste. Genügt dies als Antwort jetzt schon dafür?

Frau Luft (Ministerin): Zum Waffenhandel werden auch meine Kollegen noch reden, ja.

Ducke (Moderator): Dann, würde das dazu kommen. Dann darf ich den nächsten aufrufen.

Herr Fischbeck, Herr Hartmann, Frau Köppe.

Fischbeck (DJ): Ich habe einen Antrag und eine Anfrage.

Zunächst der Antrag: Der Minister Beil sollte am 7. Dezember 1989 ein Konzept zur Auflösung des Bereiches **Ko-Ko** vorlegen, und am 6. Dezmber [1989] sollte die Ministerin Nickel der Regierung das Ergebnis der Revision der Zahlungsbilanzen des Bereiches KoKo vorlegen. Ich möchte beantragen, daß diese Aussagen der Minister auch hier bekanntgemacht werden sollen und auch hier vorgelegt werden sollen. Das ist der Antrag.

Meine Anfrage ist, welches Konzept hat die Regierung zum Abbau des **Kaufkraftüberhanges**? Es ist ja, glaube ich, unbestritten, daß der [Abbau des] Kaufkraftüberhang[s] in unserem Land – wo ich auch noch dazu fragen möchte, wie hoch wird der eingeschätzt? – ein wesentlicher Schritt ist, der getan werden muß, um zu einem gesunden Preis- und Lohnsystem in der DDR zu kommen.

Eine Zusatzfrage dazu: Sie haben eben ausgeführt, daß es notwendig wäre, das Leistungsprinzip in dem Bereich der **Löhne** und **Gehälter** besser zu berücksichtigen. Meine Befürchtung wäre, daß dies zu einer rein numerischen Erhöhung von Löhnen und Gehältern führt und zu einer Erhöhung des Kaufkraftüberhanges.

Ducke (Moderator): Ich würde jetzt fast den Vorschlag machen, daß wir in Ihrer Gegenwart die noch zu stellenden Fragen uns anhören, wenn wir noch so viel Minuten überziehen, damit dann die notwendige Beantwortung sicherlich auch von Ihren Mitarbeitern gegeben werden kann. Nur wäre es sicher gut, wenn wir hier in dieser Runde ein wenig doch das sammeln. Wären Sie damit einverstanden?

Frau Luft (Ministerin): Bitte, ja.

Ducke (Moderator): Dann, wer hat als nächster das Wort? Herr Hartmann.

Hartmann (NDPD): Ja. Bei der Festlegung und Feststellung, daß das Volkseigentum dominiert, müßten aber klare Aussagen erfolgen. Ich hatte letztes Mal schon darauf hingewiesen, wie das mit den anderen Eigentumsformen ist.

Wird sich das **Privateigentum** nur durch Vergrößerung von **Handwerk** und **Gewerbebetrieben** manifestieren oder wird an der in der Regierungskoalition abgesprochenen Form festgehalten, daß sich im Bereich der Konsumgüterproduktion, der Dienstleistungen, der Zulieferindustrie private Betriebe und halbstaatliche Betriebe bilden? Wir halten das für außerordentlich wichtig, hier bald zu Entscheidungen zu kommen, da es dazu Unsicherheiten und Fragen gibt.

Ich möchte auch darauf aufmerksam machen, daß die in der **Arbeitsgruppe „Wirtschaft"** vorab bekanntgewordene **Verordnung über die Gründung und Tätigkeit von Unternehmen mit ausländischer Beteiligung in der DDR** – also dieser Entwurf, der ja von der Volkskammer in erster Lesung behandelt werden soll – doch auf dem Gebiet des Steuerrechts zu einigen Verzerrungen im Bereich von Handwerk und Gewerbe führen kann für solche Betriebe, die nicht an solchen Kooperationsbetrieben beteiligt sind. Das könnte volkswirtschaftlich schwierige Auswirkungen mit sich bringen.

Ich möchte fragen, wozu eigentlich, das geht etwas durcheinander, wozu eigentlich Genex [Genex Geschenkdienst GmbH] gehört? Ich würde mich auch freuen, vielleicht ist das sogar ein Antrag, wenn wir doch hier mit diesen deutsch-deutschen Kommissionen auf dem Gebiet der Wirtschaft, der Industrie, bestimmte Formen konföderativer Zusammenarbeit oder entsprechende Strukturen weiträumig schon entwickeln. Es gibt ja hier einige fließende Übergänge. Ob es nicht sinnvoll ist, daß vielleicht hier am Runden Tisch auch eine Arbeitsgruppe gebildet wird, die sich mit den ganzen Problemen der Konföderation beschäftigt.

Ducke (Moderator): Danke.

Wir können fünf Minuten maximal überziehen. Ich würde deswegen bitten, daß man sich kurz faßt, um das Anliegen darzustellen. Die Sachdebatte haben wir dann hinterher.

Die nächste wäre Frau Köppe, dann Frau Töpfer.

Frau Köppe (NF): Frau Ministerin, Sie sprachen von der vorhandenen Intoleranz gegenüber ehemaligen **Mitarbeitern der Staatsorgane**. Wir denken, daß diese Intoleranz ja Ursachen hat. Und eine der Ursachen sehen wir in der gemeinsamen Vereinbarung des Ministerrats mit der **Gewerkschaft der Mitarbeiter der Staatsorgane und der Kommunalwirtschaft** vom 8. Dezember 1989.

Diese Vereinbarung schafft Sonderregelungen für ehemalige Mitarbeiter der Staatsorgane, Überbrückungsgelder [werden] gezahlt, Ausgleichsbeträge, Prämien werden weiter gezahlt und dazu auch noch ein Zuschuß bei Wohungswechsel. Sie sprachen von 50 000 freigesetzten Mitarbeitern aus den Staatsorganen.

Wir haben jetzt einmal eine Rechnung aufgemacht. Wenn wir annehmen, daß diese Mitarbeiter, denen ja nun die voraussichtliche Minderung des Nettodurchschnittslohnes mit diesen **Überbrückungsgeldern** gezahlt wird, monatlich 500,– Mark vielleicht erhalten, dann sind das im Jahr 300 Millionen Mark. Ich denke, daß das sehr deutlich ist, warum da Intoleranz dann auftritt, wenn solche Sonderregelungen geschaffen werden und wenn mit solchen Regelungen unberechtigte Privilegien aufrechterhalten werden.

Vielleicht könnten Sie dazu noch Stellung nehmen.

Ducke (Moderator): Danke.

Die nächste war Frau Töpfer, dann Herr Gehrke, Herr Jordan der nächste.

Frau Töpfer (FDGB): Wir müssen erst einmal unsere Zustimmung dazu ausdrücken, daß die Frau Ministerin Luft hier im Sinne der Regierung gefordert hat, daß eine unabhängige und starke **Interessenvertretung der Werktätigen in den Betrieben** durch die Gewerkschaft vorhanden sein muß. Andererseits, und das ist der Punkt, warum wir uns hier zu Wort melden, ist es uns befremdlich oder trifft es uns sogar, wenn die Frau Ministerin hier **Rechte der Gewerkschaft** angreift und zu einem Zeitpunkt, da wir ein geltendes Arbeitsgesetzbuch haben, eine geltende Verfassung zur Disposition stellt, daß sie damit praktisch eine Diskussion aufwirft, die eigentlich nur der Gewerkschaft zukommt.

Ich möchte sagen, es befremdet uns Ihr Rechtsstaatsverständnis. Wenn wir von einer anstehenden Änderung des Arbeitsgesetzbuches sprechen, dann ist doch erst das der Zeitpunkt, wenn wir diese Änderung vornehmen, über die Frage, welche Rechte den Räten zugewiesen werden sollen, oder zu bildenden Betriebsräten, dann zu sprechen. Und deshalb haben wir eine Erklärung vorbereitet, die ich hier kurz verlesen möchte. **[Erklärung FDGB: Zum Bericht von Frau Minster Luft[7]]**

Ducke (Moderator): Wir würden bitten, daß wir uns daran halten, das Anliegen vorzutragen, das andere dann zur Sachdebatte.

---

[7] Dokument 5/7, Anlagenband.

Frau Töpfer (FDGB): Gut. Also, mein Anliegen ist, daß wir einmal gestern schon mit Vertretern der Regierung unser Verhalten zu **Betriebsräten** abgestimmt haben und daß es uns befremdet, daß die Regierung das hier nicht [akzeptiert].

Ducke (Moderator): Danke, Frau Töpfer.

Frau Töpfer (FDGB): Wir haben aber noch mehr Anliegen.

Ducke (Moderator): Aber ich möchte Sie bitten – – wir haben genau noch zwei Minuten Zeit. Ich habe gesagt, Sie überziehen. Wir haben so eine Liste. Darf ich Sie bitten, die anderen wenigstens vortragen zu lassen, was sie möchten.

Frau Töpfer (FDGB): Wir werden das noch schriftlich herumgeben. Aber ich möchte noch bekanntgeben, daß wir am 6. Januar 1990 eingeladen haben zu der Frage der **Betriebsräte** und daß es uns befremdet, wenn die Regierung das Thema hier in die Debatte wirft, anstatt vorzukommen und dort mitzureden.

Ducke (Moderator): Danke, Frau Töpfer.

Aber ich muß Sie jetzt bitten, Herr Gehrke, sich ganz kurz zu fassen, damit die nächsten, Herr Jordan, Herr Böhme, Frau Dörfler, noch drankommen.

Gehrke (VL): Es ist natürlich sehr schwierig, unter solchem Zeitdruck das zu machen. Ich habe noch Fragen und würde die dann aber auf nach der Pause verschieben.

Ich würde doch aber einige Fragen noch an die Ministerin selbst stellen. Zunächst würde ich begrüßen, daß sie heute hier ganz klar etwas gesagt hat zur Absicht der Regierung, am **Recht auf Arbeit** festzuhalten für jeden, weil, in der Diskussion sowohl auf seiten der jetzigen Regierungsparteien aber auch zum Teil in die Diskussion auf den Parteitagen und ähnlichen Vorgängen der neuen Bewegungen, Parteien, Gruppierungen zunehmend ja eine Akzeptanz sozusagen für **Arbeitslosigkeit** als Möglichkeit von Modernisierung erkennbar wurde. Und das ist doch irgendwie, sagen wir einmal, diese Akzeptanz uns auf dem Vormarsch hin.

Deshalb begrüßen wir das außerordentlich.

Ducke (Moderator): Herr Gehrke, nur den Punkt bitte jetzt nennen.

Gehrke (VL): Ich habe doch drei wesentliche Punkte, die ich gern von der Ministerin hören möchte.

Ducke (Moderator): Bitte.

Gehrke (VL): Die Regierung, oder die Frau Minister, hat hier über Mitbestimmungsrechte gesprochen. Es wurde eben in dem Beitrag darauf eingegangen. Wie steht die Regierung zu Vorhaben hinsichtlich der **Selbstverwaltung**, das heißt also, der Demokratisierung des Staatseigentums bis hin zur Selbstverwaltung durch die Belegschaften. Erste Frage.

Zweitens. Wir haben da beim letzten Runden-Tisch-Gespräch hier schon darauf aufmerksam gemacht, es wurde über [die] Presse mitgeteilt, daß es kurzfristig Maßnahmen der Regierung zur Entwicklung des **Handwerks, mittelständischer Unternehmen** und so etwas gegeben haben. Es wurde in der Mitteilung des „Neuen Deutschlands" (ND) direkt darauf hingewiesen, daß diese Maßnahmen bis zur Ausarbeitung einer neuen Verfassung und entsprechender Gesetze gelten.

Die „Berliner Zeitung" hat in Kurzform diese Anordnung der Regierung dargestellt. Und in der Tat gibt es hier nach unserem Verständnis einen grundsätzlichen Verstoß gegen die bisherige Verfassung der DDR. Und es ist also für uns also hier doch ein Rechtsstaatsverständnis, was wir nicht akzeptieren können. Was heißt, die Regierung schafft mit Anordnung die Verfassung erst einmal außer Kraft, bis sie umgeändert ist.

Dazu aber eine präzise Frage. Im Punkt drei der, ich beziehe mich auf die „Berliner Zeitung", im Punkt drei dieser Freiräume für Initiativen, so war das überschrieben, ist festgehalten, daß die Beteiligung, die **staatliche Beteiligung an privaten Betrieben** erfolgen soll auf der Grundlage der Verordnung und so weiter von 59/60. Das spare ich mir.

Per Gerücht haben wir gehört, daß beabsichtigt ist, die ehemaligen halbstaatlichen Betriebe wieder an die ehemaligen Eigentümer zu verkaufen. Stimmt das? Oder welche anderen Maßnahmen zur Realisierung dieses Punktes hat die Regierung sich vorgenommen?

Ducke (Moderator): Danke. Das war präzise.

Dann darf ich noch Herrn Jordan, Herrn Böhme aufrufen. Ich glaube, dann müssen wir abschließen.

Jordan (GP): Frau Ministerin, die Grüne Partei hat noch eine Frage zu den **Atomkraftwerken**, und zwar hatten wir bereits vor Weihnachten angefragt, wie hoch die Inlandsstaatsverschuldung für den Bau der Atomkraftwerke ist?

Unsere zweite Frage dazu: Wie hoch ist die Verschuldung in Devisen für den Bau von Atomkraftwerken, insbesondere für Stendal und den weiteren Ausbau von Lubmin?

Wir haben dann als Grüne noch eine Anfrage, und zwar hat die Regierung ein Sofortprogramm auf dem Energiesektor, um über den Winter zu kommen. Abschließend möchte ich noch einen Vorschlag der **Arbeitsgruppe „Ökologischer Umbau"** zu Energiefragen verlesen. [Vorschlag AG „Ökologischer Umbau" zu Energiefragen[8]]

Ducke (Moderator): Herr Jordan, könnten wir uns darauf einigen – das Anliegen ist genannt –, daß wir das gleiche Verfahren haben wie bei den Gewerkschaften. Die Zeit drängt.

Jordan (GP): Das ist ganz kurz.

Ducke (Moderator): Die Zeit drängt. Sie haben es genannt. Ich muß bitten, damit die anderen noch ihr Anliegen äußern können, daß Sie Rücksicht nehmen. Darf ich das so – –

Frau Röth dann, bitte.

Nein, ich bitte um Entschuldigung, Herr Böhme, Sie waren doch vorher auf meiner Liste.

Böhme (SDP): Frau Minister, ein neues **Betriebsverfassungsgesetz**, **Betriebsräteregelung** und dergleichen werden lange Zeit ausstehen, nehme ich an. Daran wird lange gearbeitet werden. Und das, was an wirtschaftlichen Neuerungen, Reformen und dergleichen auf die Menschen zukommt, schafft jetzt bereits, wie Dr. Ullmann richtig sagte, eine allgemeine soziale Angst.

Ist daran gedacht, das ist meine erste Frage, die andere stelle ich [bis] nach der Pause zurück, daß man für die Arbeit der Gewerkschaften und vor allem der Betriebsräte eine rechtliche Übergangsregelung schafft, damit sie tatsächlich eine Interessenvertretung auch im Sinne eines Provisoriums, verzeihen Sie dieses Wort, bis zur Verabschiedung eines Betriebsverfassungsgesetzes finden können?

Ducke (Moderator): Danke.

---
[8] Dokument 5/8, Anlagenband.

Jetzt noch Frau Röth und dann noch Herr Krause oder Herr Engel, je nachdem ein [Vertreter] von der CDU noch.

Frau Röth (UFV): Ja, die Ausführungen von Frau Ministerin zielten hauptsächlich also auf den volkswirtschaftlich finanzierten Reproduktionskreislauf. Ich denke aber, daß es für eine hochentwickelte Gesellschaft wie der der DDR unerläßlich ist, daß man den **privatfamiliären Reproduktionsbereich** berücksichtigt, das heißt also, daß man berücksichtigt, wie sich Arbeitskräfte regenerieren können, wie sich Familien reproduzieren können; denn wenn man diesen Teil vernachlässigt, dann wird es auch zu einem Nichtgelingen von Wirtschaftsreformen kommen. Denn die Agierenden im Wirtschaftsprozeß sind nun einmal Arbeitskräfte, Frauen und Männer.

Meine Frage zielt also darauf hin, welche Vorstellungen hat die Regierung bezüglich der bisher privatfamiliär geleisteten Arbeit, das heißt also **gesellschaftliche Kinderbetreuung**? Bekanntermaßen ist es in der DDR so, daß sich die Arbeitskräfte einfach nicht mehr reproduzieren können, geschweige denn für die Intensivarbeiter der Reproduktion, das heißt also, wie sind die Vorstellungen der Regierung, wie Männer und Frauen sich also zukünftig am gesellschaftlichen Arbeitsprozeß beteiligen können?

Das bezieht sich auf Fragen des gesamten **Freizeitbereiches**, **Verkehrswesen** und so weiter, **Kultur**. Damit im Zusammenhang steht natürlich die Tatsache, daß hauptsächlich Frauen heute noch in der Gegenwart diese privatfamiliäre Arbeit leisten und sich deshalb natürlich auch unter ungleich schlechteren Bedingungen dem Leistungsprinzip stellen, das heißt also, wer schlechtere Bedingungen hat, um sich am Leistungsprinzip zu beteiligen, geht auch natürlich in höherem Maße sozial diskriminiert aus diesem Prozeß heraus. Das heißt also, wenn Betriebe, wie ich das der Erklärung vom 21. [Dezember 1989] entnehmen kann, im hohen Maße eigenverantwortlich sind, werden sie natürlich auf die Arbeitskräfte zurückgreifen, die in hohem Maße für sie disponibel, flexibel sind. Und man kann die Verantwortung nicht allein den Betrieben überlassen.

Das heißt also, welche Vorstellungen hat die Regierung über **Sozialgesetzgebungen**, diesen Wirkungsmechanismen entgegenzutreten, um die notwendige **Reproduktion dieser Gesellschaft** [zu ermöglichen]? Und ich möchte da nur ganz stark erinnern, wenn diese Prozesse fortschreiten, dann werden wir damit zu rechnen haben, daß also das Bevölkerungswachstum zurückgeht. Die Familien werden sich hauptsächlich auf die Ein-Kind-Familie konzentrieren und nicht mehr, wie bisher, auf die Zwei-Kind-Familie. Das heißt also, das Arbeitskräfteproblem wird forciert und so weiter. Ich möchte nur dringend daran erinnern, bei **Wirtschaftsreformen** diesen Aspekt ganz enorm und gleichrangig den wirtschaftlichen Fragen mit zu berücksichtigen.

Ducke (Moderator): Danke. Das war schon fast ein Antrag.

Ich rufe als letzten einen Vertreter der CDU auf. Ich weiß nicht, Herr Krause wäre dran? – Dann Herr Engel.

Engel (CDU): Meine Fragestellung ist eigentlich schon mehrfach angeschnitten worden. Die CDU hat am 20. Dezember 1989 eine **Arbeitsgemeinschaft „Mittelstand"** gegründet. Oder bei der CDU wurde diese Arbeitsgemeinschaft gegründet. Aus der nun eingehenden Post weiß ich, daß es sehr viele Anträge auch bei der Regierung gibt auf Rückführung ehemaliger privater Betriebe, die also 1972 Volkseigentum wurden, in private Hand, insbesondere der ehemaligen [Betriebe mit staatlicher Beteiligung] BSB-Betriebe. Welche Stellungnahme der Regierung gibt es dazu?

Und zum zweiten, wie wird insbesondere nun auch zur Förderung des privaten Handwerks, Herr Hartmann hat das angeschnitten, zur Expansion des privaten Handwerkes im Hinblick auf größere Betriebseinheiten gearbeitet?

Und eine letzte Frage außerhalb dieses Zusammenhanges: Welche Erfahrungen gibt es in den letzten Tagen mit dem visafreien **Reiseverkehr,** was das Stichwort **Ausverkauf** betrifft?

Danke.

Ducke (Moderator): Vielen Dank.

Beinahe könnten wir Ihnen jetzt wieder einen Katalog vorlegen und eine nächste Sitzung einberufen. Möchten Sie noch ein Schlußwort [halten], ich hoffe, daß die Mitarbeiter ja alles haben – –

Frau Luft (Ministerin): Ich möchte meine Bereitschaft unterstreichen, zu einem der nächsten Runden Tische hier wieder zu erscheinen, weil Sie bestimmt und ich auch nicht zufrieden wären, wenn wir jetzt Hauruckantworten auf die vielen Fragen geben, die gekommen sind.

Aber zu der letzten [Frage] mit dem **Reiseverkehr** [möchte ich antworten], weil es uns doch alle bewegt. Unsere Erfahrungen der letzten Tage – wir haben aktuelle Analysen vorliegen – besagen, daß der Reisestrom menschenmäßig sich eigentlich geringer gehalten hat, als wir das erwartet hatten. Jetzt kann Herr Halbritter mich, er kann mir helfen, es sind über 4 Millionen DDR-Bürger zwischen Weihnachten und Neujahr in die BRD und nach West-Berlin gereist. Etwas weniger, 3,6 Millionen BRD-Bürger und West-Berliner [sind] bei uns gewesen. Das ist der erste Fakt.

Zweitens, die **Abkäufe** in den Geschäften haben unsere Sorgen zum Glück nicht getroffen. Also, sie waren weniger, als wir befürchtet haben. Wir hoffen, daß das so bleibt. Die Gaststättenbelastung war in manchen Orten und vor allem in den grenznahen Gebieten erheblich. Es gibt Anzeichen dafür, daß der **Wechselkurs** 1 zu 3 versucht wird zu unterlaufen, indem man Privatgeld tauscht und es scheint sich da [in] den letzten Tagen so etwas mit 1 zu 5 eingepegelt zu haben bei denen, die dabei angetroffen worden sind. Es gab aber auch nicht wenige Bundesbürger, die bereit waren, in Gaststätten in DM zu unseren Preisen zu bezahlen. Das vielleicht in aller Kürze. Aber Herr Halbritter ist dort ganz aktuell und kann das nach der Pause ergänzen.

Mir liegt daran, daß ich noch etwas sage zu dem Problem „andere **Eigentumsform**", weil das hier von verschiedenen Seiten kam.

Ich habe eingangs [etwas] betont im Zusammenhang mit der Sorge, die in breiten Bevölkerungskreisen in unserem Lande geäußert wird: **Bleiben wir denn überhaupt ein sozialistisches Land?** In dem Zusammenhang habe ich geäußert, das Volkseigentum an den entscheidenden Produktionsmitteln, daran will diese Regierung festhalten. Das schließt ein, daß wir anderen Eigentumsformen eine Entwicklungsperspektive geben.

Sozialismus und privates Handwerk, Sozialismus und halbstaatliche Betriebe. Ich persönlich sehe da keinen Widerspruch. Und so sieht das auch diese Koalitionsregierung. Es sind wirklich Gerüchte, wenn davon gesprochen wird, daß wir etwas schon zum Verkauf anbieten.

Was gemacht wird gegenwärtig, das sind, es gibt Zusammenstellungen darüber, was einmal halbstaatliche Betriebe waren. Einfach, um einen Informationsstand zu besitzen, was gab es denn da eigentlich einmal. Aber alles andere, daß da schon etwas angeboten worden ist, das sind wirklich Gerüchte.

Die **Volkskammerausschüsse**, zu denen Sie alle ja eingeladen sind, der Volkskammerausschuß für Industrie, für Recht und für andere Dinge, diese Ausschüsse werden sich in den nächsten Tagen – die Termine habe ich auch in meinen Unterlagen, aber sie werden Ihnen ja auch bekanntgegeben – mit den beiden Gesetzesentwürfen beschäftigen, die die Regierung vorbereitet hat, nämlich mit dem Gesetzesentwurf zu den Joint-ventures und auch mit den Regelungen, die wir vorbereitet haben für das private Handwerk und für das Gewerbe. Ich bitte Sie, daß Sie die Möglichkeit wahrnehmen, an diesen Ausschußsitzungen teilzunehmen und dort Ihre Gedanken einzubringen.

Mir liegt unbedingt daran, etwas zu sagen zu der Bemerkung der Vertreterin des FDGB. Ich weiß es nicht, wir beide scheinen uns ja öfter mißzuverstehen. Warum eigentlich? Ich habe das, was ich vorgetragen habe, hier schriftlich. Und von daher kann ich Ihnen auch sagen, was ich in der Tat benannt habe. Und von einem Angriff auf geltendes Arbeitsgesetz, auf das geltende **Arbeitsgesetzbuch,** kann ja nun wohl wirklich keine Rede sein. Ich habe betont, daß die Kompetenzen von **Betriebsräten** und des Freien Deutschen Gewerkschaftsbundes im Zusammenhang mit dem neu zu erarbeitenden Arbeitsgesetzbuch festgelegt werden sollen.

Dazwischen wird es eine Übergangsregelung sicherlich geben im Zusammenhang mit dem Volkswirtschaftsplan, den wir der Volkskammer vorlegen. Wir wollen auf Wunsch von Betriebsleitern und breiter Belegschaftskreise **Änderungen zum Arbeitsgesetzbuch** einbringen, die für notwendig gehalten werden, nicht von der Regierung, sondern die für notwendig gehalten werden von den Belegschaftsangehörigen und den **Betriebsleitern.**

Und in dem Zusammenhang könnte als Übergangslösung auch für die Betriebsräte und den FDGB etwas enthalten sein. Aber das letzte ist ausdrücklich ein „Könnte". Ich habe ja auch hier gesagt, es ist meine persönliche Meinung. Wenn die Koalitionsregierung einen Mehrheitsbeschluß in anderer Richtung faßt, ist das für mich doch kein Problem.

Aber ich bitte Sie, daß Sie mich so verstehen und daß wir uns hier nicht unnötig Beine stellen. Weshalb denn eigentlich? Wer kann mir unterstellen, ich hätte irgendwie ein geltendes Gesetz angegriffen? Angriffe auf das Arbeitsgesetzbuch gibt es von ganz woanders. Die kommen aus den Produktionskollektiven. Die kommen nicht von der Regierung.

So. Nun zu der Sache **Inlandsverschuldung, Kernkraftwerke** und **Devisenkredite.** Für Kernkraftwerke bitte ich Herrn Dr. Siegert zu sprechen. Das ist ohnehin vorgesehen, weil er zu dem ganzen Komplex Staatshaushalt sprechen wird.

Wollen wir uns so verständigen, daß ich zu den vielen Fragen, die auch heute wieder offenbleiben mußten, wiederkomme und dabei zum Beispiel auch berichte über den Ausgang der RGW-Tagung und andere Dinge, die sich vollziehen werden in den nächsten Tagen und Wochen. Aber in jedem Falle zu den vielen Dingen.

Ich kann nur sagen, was hier gesagt worden ist zur **Familienreproduktion,** na also, da muß – – das kann ich nur unterstreichen, das ist auch unsere Sicht auf die Dinge.

Und zu einer ganzen Reihe anderer Fragen hätte ich mich gerne jetzt geäußert. Aber in einer Viertelstunde muß ich in einer anderen Sitzung sitzen.

Frau Köppe (NF): Wer und wann erklärt uns die Vereinbarung zwischen – –

Ducke (Moderator): Ich möchte doch – – ja, es liegt auf dem Tisch und ist nicht vergessen. Oder möchten Sie gleich dazu noch etwas sagen?

Frau Luft (Ministerin): Dazu hat es gestern von dem Ministerpräsidenten bei den Repräsentanten des Runden Tisches schon Bemerkungen gegeben. Ach so, Sie sind Neues Forum?

Frau Köppe (NF): Eben deswegen. Wir wollen, daß solche Gespräche in der Öffentlichkeit geführt werden und nicht mit dem Herrn Ministerpräsidenten hinter verschlossenen Türen. Sondern [wir wollen,] daß hier am Runden Tisch darüber Bericht erstattet wird.

Frau Luft (Ministerin): Ja. Dazu kann sicherlich auch – – wir haben zur Kenntnis genommen, daß es eine Reihe von Sorgen mit diesen Festlegungen gibt. Eine Reihe von Sorgen scheint auch daraus zu resultieren, daß diese Sache nicht bis in die Einzelheiten bekannt ist. Zum Beispiel ist dort überhaupt nicht festgelegt, daß jeder Angehörige des Staatsapparates, der ausscheidet, drei Jahre **Überbrückungsgeld** bekommt. Sondern dort ist eine sehr zeitliche Staffelung nach Zugehörigkeitsjahren zum Staatsapparat festgelegt. Zum Beispiel nur, wer über acht Jahre dort tätig war, erhält für drei Jahre Überbrückungsgeld, aber nicht so eine generelle [Festlegung].

Ducke (Moderator): Frau Minister, ich würde vorschlagen, es kam ganz klar – –

Frau Köppe (NF): Wir haben diese Vereinbarungen hier, da sind diese Regelungen nicht mit darin.

Ducke (Moderator): – Ja, es kam ganz klar, wir wollten keine Diskussionen mehr, und Herr Halbritter ist dann vielleicht auch fähig, dazu Näheres zu sagen. Wir müssen jetzt die Diskussion beenden. Sie wird notwendigerweise mit manchem Gefühl des Unbefriedigtseins vielleicht verbunden sein insofern, daß Fragen noch offengeblieben sind.

Aber ich denke, wir nehmen das Angebot an und bitten jetzt schon die **Prioritätenkommission** festzulegen, wann vom Sachthema her wieder einmal dieses zum Vorschlag gebracht wird und wann wir Sie einladen. Herzlichen Dank, daß Sie hier waren.

Es ist jetzt eine Pause von 20 Minuten. Wir treffen uns wieder 11.40 Uhr. Um 13.00 Uhr gibt es dann Mittagessen, damit man das bei der Pause berücksichtigt. Danke schön.

[Pause 11.20 Uhr–12.00 Uhr]

Lange (Moderator): Wir wollen die Sitzung fortsetzen. Wir sind nach unserer Tagesordnung noch bei Punkt 2.2, **Antworten der Regierungsvertreter** auf Anfragen.

Das Stichwort **wirtschaftliche Maßnahmen** wird uns auch jetzt noch bis zur Mittagspause beschäftigen. Darf ich an dieser Stelle, bis alle ihre Plätze eingenommen haben, eine Information weitergeben. 13.00 Uhr ist Mittagessen. Der innere Tisch, wird mir hier mitgeteilt, das heißt, die Teilnehmer, die am inneren Tisch sitzen [die Mitglieder der Runden Tisches], werden ihr Mittagessen direkt gegenüber in dem anderen Gebäude einnehmen. Alle anderen, Berater, Presse, werden in der Kantine, wo wir das letzte Mal zu Gast gewesen sind, ihr Mittagessen haben.

Wir setzen die Beratung fort: Antworten der Regierungsvertreter. Herr Wolfgang Greß, Staatssekretär der **Staatlichen Plankommission**, wird als erster jetzt zu Fragen, die zum Teil vor der Pause genannt worden sind, Antwort geben.

Eine **Geschäftsordnungsfrage** zunächst, bitte.

TOP 6: Geschäftsordnungsfrage zum Ausschluß des Rederechts von Lothar W. Pawliczak (IFM) am Runden Tisch

Frau Töpfer (FDGB): Der FDGB hat hier eine Mitteilung bekommen, daß der Kollege Pawliczak, der für die Initiative Frieden und Menschenrechte hier am Tisch sitzt, auch einer anderen Partei mit angehört, und wir wollten nachfragen, ob dem so ist da. Es gibt ja einen Beschluß des Runden Tisches, dem wir uns untergeordnet haben, der alle dazu verpflichtet, nur Parteilose in solchen Organisationen vertreten sein zu lassen.

Lange (Moderator): Ja. Das ist eine Geschäftsordnungsfrage, die sofort geklärt werden muß. Sind Sie damit einverstanden, daß wir diese Frage jetzt ansprechen.

Herr Pawliczak, können Sie dazu Auskunft geben?

Pawliczak (IFM): Das ist richtig. Ich muß also auf das Rederecht verzichten.

Lange (Moderator): Ja. Sie dürften dann auch bitte nicht am Tisch Platz nehmen, sondern nur bei den Beratern, wenn ich Sie darum bitten darf.

N.N.: Dann sind aber die Anfragen, die er vorhin gestellt hat, auch hinfällig. Er hat vorhin mehrfach Anfragen gestellt.

Lange (Moderator): Ja, bitte, Herr Poppe.

Poppe (IFM): Ja, dann würde ich jetzt beantragen, daß ich das Stimmrecht hier für zwei Personen habe, wie wir es bei den letzten Malen auch gehandhabt haben.

Lange (Moderator): Ja. Es ist bedauerlich, daß diese Panne heute wieder passiert ist, nachdem wir nun ausführlich die Fragen doch schon geklärt hatten. Aber wir wollen das dann so zur Kenntnis nehmen. Darf ich Ihr Einverständnis voraussetzen, daß wir in dieser Weise verfahren?

Dann bitte ich jetzt Herrn Greß. Noch einmal zur Geschäftsordnung?

Koplanski (DBD): Ja. Ich möchte nur sagen, meine Damen und Herren, ich würde nicht von einer Panne sprechen. Ich möchte noch einmal darum bitten, daß wir zu unseren Beschlüssen stehen. Es hat lange gedauert, ehe die Gewerkschaften eingesehen haben, und es ist glaube nicht gut für die Selbstdarstellung des Runden Tisches, daß wir acht Tage später wieder unsere eigenen Beschlüsse mit Füßen treten. Wir möchten doch darum bitten, daß wir selbst zu dem, was wir festgelegt haben, stehen, auch wenn es manchmal schwierig ist.

Lange (Moderator): Ja. Vielen Dank.

N.N.: Hier. Auch zur Geschäftsordnung.

Lange (Moderator): Bitte.

N.N.: Der Kollege, der jetzt zurücktreten mußte, weil er entgegen unserer Geschäftsordnung teilgenommen hat, hat vorhin Anträge gestellt. Ich bitte, daß diese Anträge nicht behandelt werden.

Lange (Moderator): Wir werden das an der entsprechenden Stelle [behandeln].

Jordan (GP): Einspruch. Es handelt sich dabei um Anträge der Arbeitsgruppe „Wirtschaft".

TOP 7: Antworten der Regierungsvertreter auf Anfragen vom 22. 12. 1989 und zu danach bekanntgewordenen wirtschaftlichen Maßnahmen, insbesondere Antworten und Stellungnahme des Staatssekretärs der Staatlichen Plankommission, Wolfgang Greß

Lange (Moderator): Ich denke, zu gegebener Zeit kann ein Vertreter dieser Arbeitsgruppe dies noch einmal aufgreifen, wenn das notwendig ist. Jetzt bitte ich Herrn Staatssekretär Greß.

Greß (Staatssekretär): Meine Damen und Herren, in der Beratung des Runden Tisches am 12. Dezember 1989 wurde die Frage gestellt, welche Aktivitäten die Regierung eingeleitet hat, um eine effektive Struktur der Volkswirtschaft zu entwickeln.

Der Ministerrat hat die **Staatliche Plankommission** beauftragt, im April 1990 eine **Strukturkonzeption** der Volkswirtschaft der DDR vorzulegen, die dann sicher anschließend in den entsprechenden demokratischen Gremien behandelt wird. Die Staatliche Plankommission läßt sich bei der Vorbereitung dieser Strukturkonzeption von folgenden Grundsätzen leiten:

Erstens, die Vorschläge für **wirtschaftsstrategische Entwicklungslinien** und Grundrichtungen der Struktur- und der Sozialpolitik müssen ausgehen von den in der Regierungserklärung dargelegten Grundaufgaben. Kernfrage ist dabei die Stabilisierung und Gestaltung solcher materieller Proportionen einer solchen **Produktions- und Exportstruktur**, die den veränderten und sich weiter verändernden Bedingungen der Nachfrage auf den Weltmärkten und auf dem **Binnenmarkt** gerecht werden.

Dabei geht es darum, die vorhandenen Ressourcen auf jene Erzeugnisse und Technologien zu lenken, die höchstmögliche Rentabilität erbringen, die Wirtschaft mit produktiven Ausrüstungen, Zulieferungen und Rationalisierungsmitteln versorgen sowie für den Binnenmarkt zur Versorgung der Bevölkerung mehr und bessere technische **Konsumgüter** zur Verfügung stellen. Damit im Zusammenhang steht die Neubestimmung der Prioritäten der **Sozialpolitik**, die den Zusammenhang von Leistungen für die Gesellschaft und **Leistungen** von der Gesellschaft als eine wirksame Triebkraft für produktive Arbeit und erstrebenswerte Lebensqualität realisieren lassen.

Bei der Ausarbeitung **wirtschaftsstrategischer Entwicklungslinien** und Grundrichtungen der Struktur- und Sozialpolitik ist insgesamt sowie jeweils für die einzelnen Gebiete von einer Analyse der bisherigen Entwicklung auszugehen. Die Vorschläge für künftige Entwicklungen sind in Varianten auf der Grundlage einer volkswirtschaftlichen Bewertung auszuarbeiten und zur Diskussion zu stellen. Dabei ist eine hohe Komplexität der Arbeit zu gewährleisten, insbesondere unter Berücksichtigung der stärkeren Einbindung der DDR in die internationale Arbeitsteilung, des Zusammenhangs zwischen **Ökonomie** und **Ökologie** sowie einer effektiveren Grundform Reproduktion.

Zweitens, wir müssen für diese Arbeit einen Rahmen schaffen. Dieser Rahmen ist notwendig, um die einzelnen wirtschaftsstrategischen Entwicklungslinien und Grundrichtungen zu einem komplexen volkswirtschaftlichen Strukturkonzept verflechten zu können. Hierzu haben wir uns die Aufgabe gestellt, ausgehend von der Analyse der ökonomischen Lage der DDR und den sich daraus ergebenden Konsequenzen und Möglichkeiten für das Wachstumstempo, für die Entwicklung von Akkumulation und Konsumption sowie den Erfordernissen der Außenwirtschaft diese volkswirtschaftlichen Rahmenbedingungen und Grundproportionen auszuarbeiten. In Verbindung damit – –

Lange (Moderator): Kleinen Moment, lassen Sie – –

Henrich (NF): Ein Antrag zur Geschäftsordnung. Ich bitte auszuschließen, daß hier **Politökonomievorlesungen** gehalten werden. Deshalb sind wir nicht da.

[Beifall]

Lange (Moderator): Es ist ein Antrag gewesen, der aber jetzt schwierig zu modifizieren ist. Wir haben Regierungsvertreter eingeladen, die aus ihrer Sicht zu den Fragen antworten, die gestellt worden sind.

Henrich (NF): Es sollen Fragen beantwortet werden und keine Vorlesungen gehalten werden.

Lange (Moderator): Es ist aber vorhin die Frage nach der Struktur gestellt worden. Und zu diesen Strukturfragen äußert sich jetzt Herr Greß.

Henrich (NF): Dann mögen klare Auskünfte zu den Strukturen gegeben werden. Zum Beispiel, was wird mit diesen schwergewichtigen Erzeugnissen Kranbau? Wir bauen Schiffe, wir bauen Lokomotiven als Land mit wenig Rohstoffen. Davon müssen wir weg. Das sind Fragen zur Struktur. Solche konkreten Fragen wollen wir hier stellen, aber nicht diese allgemeinen Ausführungen hier hören. Das kennen wir.

Lange (Moderator): Herr Greß, sind Sie der Meinung, daß wir jetzt noch einmal versuchen sollten, einige konkrete Anfragen zu Strukturproblemen zusammenzustellen und Sie dann bitten, darauf zu reagieren.

Greß (Staatssekretär): Ich möchte etwas dazu sagen.

Lange (Moderator): Ja. Bitte schön.

Greß (Staatssekretär): Ich möchte gleich etwas dazu sagen. Erstens, ich beantworte hier eine Frage, die am 22. Dezember 1989 gestellt wurde. Die Regierung hat mich beauftragt, heute dazu zu antworten.

Zweitens, ich versuche hier deutlich zu machen, daß wir den Auftrag erhalten haben im Dezember, bis April eine **Strukturkonzeption** zu erarbeiten. Und ich bemühe mich hier darzulegen, von welchen Grundlinien wir ausgehen. Ich werde versuchen, das zu kürzen. Und wenn dann Fragen bleiben, und es werden Fragen bleiben, Fragen, die wir uns selber stellen, für die wir jetzt Antworten zu suchen haben, dann bin ich bereit, im weiteren darauf zu antworten, soweit mir das möglich ist.

Lange (Moderator): Gut. Vielen Dank. Dann bitten wir Sie darum, das in gekürzter Form doch uns jetzt vorzutragen.

Greß (Staatssekretär): Ich sagte, daß wir diese Rahmenbedingungen für diese Strukturkonzeption auszuarbeiten haben. Denn unsere Erfahrungen mit Strukturkonzeptionen besagen, daß es möglich ist, einzelne Gebiete hier für sich durchaus scheinbar zufriedenstellend zu bearbeiten und Lösungswege aufzuzeigen. Das Problem besteht in der Regel darin, das volkswirtschaftlich zu verflechten und in die volkswirtschaftlichen Möglichkeiten und Erfordernisse einzuordnen. Insofern muß diese Arbeit von uns – ausgehend von der Analyse des erreichten Standes – parallel mit der Ausarbeitung der einzelnen wirtschaftsstrategischen Entwicklungslinien durchgeführt werden. Wir wollen uns auf **12 Entwicklungslinien** und Grundrichtungen konzentrieren.

Erstens geht es darum, ein neues **Energiekonzept** auszuarbeiten. Bei diesem Energiekonzept stehen im Vordergrund die Maßnahmen zur Einsparung des Energieverbrauches, zur rationellen Energieverwendung, aber auch die Herausarbeitung der für die DDR machbaren effektivsten Struktur der Primärenergieträger. In Verbindung damit sind Vorschläge auszuarbeiten, um über ein neues Tarifsystem für Erzeuger- und Verbraucherpreise die Produktion wirtschaftlicher Energieträger und vor allem die Senkung des Energieverbrauches zu stimulieren.

Zweitens geht es um die Entwicklung der **Roh- und Werkstoffbasis** einerseits, um die Herausarbeitung der Maßnahmen zur effektiven Nutzung der eigenen Roh- und Werkstoffe der DDR, insbesondere Glas- und Keramikwerkstoffe, Kali, Schrott, Zellstoff, Rohholz, und vor allem der massenhaft anfallenden Abprodukte. Es geht darum, wie wir durch höhere Veredelung chemischer und metallogischer Erzeugnisse den Massenumsatz reduzieren und die Intelligenzintensität der Rohstoffproduktion erhöhen. Und schließlich geht es in diesem Zusammenhang um die Herausarbeitung rationeller Lösungen für das Problem der Verpackungsmittel.

Drittens konzentrieren wir uns auf Entwicklung des **Maschinenbaus**. Der Maschinenbau hat die Aufgabe, in diesem Land sowohl den Bedarf an Rationalisierungsmitteln und Konsumgütern für den eigenen Bedarf zu decken. Und er muß darüber hinaus im wesentlichen den gesamten Importbedarf der DDR an Rohstoffen durch entsprechende Exporte abdecken. Im Maschinenbau werden wir uns auf solche Strukturlinien des Verarbeitungsmaschinenbaus konzentrieren wie Werkzeugmaschinen, Textilmaschinen, polygrafische Maschinen, Ausrüstung für die Nahrungs- und Genußmittelindustrie, Plast- und Elastverarbeitungsmaschinen. Es geht beim Maschinenbau um die bessere Übereinstimmung der Proportion zwischen Zulieferfinalerzeugnissen.

Das muß erreicht werden durch eine überdurchschnittliche Entwicklung der Produktion von Wälzlagern und

Normteilen, Elektromotoren, Getrieben, Amaturen, Hydraulikerzeugnissen, Werkzeugen, Gußerzeugnissen, Kabeln und anderen, die ich jetzt hier nicht aufzählen möchte. Es geht darum, ein effektives Konzept der Ersatzteilversorgung herauszuarbeiten. Einerseits durch höhere Bereitstellung neuer Ausrüstungen, um die Aussonderung veralteter Maschinen und Anlagen ermöglichen zu können. Und zum anderen um eine Steigerung der Ersatzteilproduktion selbst.

Ein weiterer Schwerpunkt im Maschinenbau sind Mechanismen und Ausrüstungen zur Rationalisierung von Transport, Umschlags- und Lagerprozessen, um den hohen Anteil an manueller Arbeit und auch körperlich schwerer Arbeit, der hier noch vorhanden ist, möglichst beschleunigt abzubauen. Und schließlich geht es hier um die Ausarbeitung von Vorschlägen zur Erhöhung des Aufkommens an **Umweltschutztechnik** mit besonderer Konzentration auf die Entstaubungstechnik.

Ein vierter Komplex ist die Ausarbeitung der **Mikroelektronik**. Wir müssen diese Entwicklungslinie weiter verfolgen, aber [wir] müssen die übermäßige Sortimentsbreite überwinden, die geschuldet ist der Tatsache, daß wir hier in die internationale Arbeitsteilung unzureichend einbezogen sind, was sowohl subjektive Ursachen bei der früheren Regierung hat, aber auch den COCOM[9]-Bestimmungen geschuldet ist, die im Zuge der politischen Entwicklung überwunden werden müssen, um diese Frage lösen zu können. Wir werden, oder unser Konzept besteht darin, die extensive Entwicklung der Produktion von Mikroelektronik nicht weiterzuführen, sondern die vorhandenen Einrichtungen zu nutzen und gemeinsam mit Wissenschaftlern und Praktikern die im Bau befindlichen Investitionsvorhaben zu überprüfen mit dem Ziel, sie abzurunden und effektiver zu nutzen, als das bisher der Fall war.

Ein fünfter großer Komplex ist die Entwicklung der **Land- und Nahrungsgüterwirtschaft** mit den Schwerpunkten der stabilen Versorgung der Bevölkerung und der Wirtschaft mit Nahrungsmitteln und Rohstoffen. Bei besserer Erfüllung der ökologischen Erfordernisse, Abbau von Problemen auf diesem Gebiet, Begrenzung der Umweltbelastung. In diesem Zusammenhang müssen die Maßnahmen zur Verbesserung der materiell-technischen Bedingungen der Land- und Nahrungsgüterwirtschaft insbesondere bei Fleischverarbeitung, Milch, Obst und Gemüse herausgearbeitet werden.

Ich fasse mich hier also kurz. Dieser Komplex Landwirtschaft ist ein außerordentlich wichtiger.

Sechstens geht es um die Herausarbeitung der Linie für den **Industrie- und Wohnungsbau**. Im Vordergrund stehen Maßnahmen zur Erhöhung der Leistungsfähigkeit des Bauwesens, auch im wesentlichen durch intensive Maßnahmen einschließlich eines leistungsfähigen Bau- und Baustoffmaschinenbaus. Es geht um die Herausarbeitung der neuen Linien zum Wohnungsbau in der Rang- und Reihenfolge Instandhaltung, Modernisierung, Neubau, wobei wir jetzt schon die Auffassung vertreten, daß es keinen extensiven Neubau gibt, sondern einen sogenannten Ersatzneubau, der dann zum Tragen kommt, wenn der Aufwand für die Rekonstruktion höher ist als der Aufwand für Abriß und Neubau, natürlich unter Berücksichtigung des Schutzes von Denkmälern, aber auch unter ökonomischen Gesichtspunkten mit dem Ziel, mit einem vertretbaren ökonomischen Aufwand die elementaren Wohnbedürfnisse der Bevölkerung einschließlich der Gemeinschaftseinrichtungen zu sichern.

Es geht um Vorschläge, wie durch **höhere Eigenverantwortung der Bezirke und Kreise** künftig der Städtebau und die qualitative Verbesserung der Arbeit der Wohnraumwirtschaft entwickelt wird. Wenn ich sage, höhere Eigenverantwortung der Bezirke und Kreise, dann fühlen wir uns in der Zentrale dafür verantwortlich, hierfür die materiellen und finanziellen Bedingungen zu schaffen. Und gerade um die geht es, die wir hier herausarbeiten wollen.

Siebtens, zur Entwicklung des **Transport- und Nachrichtenwesens**. Auch hier muß in erster Linie daran gearbeitet werden, den Transportbedarf der Volkswirtschaft möglichst einzuschränken durch eine zweckmäßige Standortverteilung der Produktivkräfte, durch Veränderung der Kooperationsbeziehungen und andere Maßnahmen. Und es geht um die Herausarbeitung der effektivsten Struktur der Deckung des Transportbedarfes für die Wirtschaft und – in stärkerem Maße, als das bisher in der DDR gelöst ist – für den Personenverkehr.

Zu diesem Komplex gehört die Herausarbeitung der Maßnahmen zur Entwicklung der Kommunikationstechnik mit den Schwerpunkten Digitalisierung des Fernmeldenetzes, Ausbau des automatisierten Datennetzes der Deutschen Post, Aufbau des Satellitenrundfunks sowie des Mobilfunknetzes.

Achter Komplex ist die Herausarbeitung von Vorschlägen zur Übereinstimmung von **Ökonomie** und **Ökologie** mit den Schwerpunkten Reinhaltung der Luft, des Wassers, des Bodens; Einschätzung der langfristigen Entwicklung des Anfalls industrieller Abprodukte und Vorschläge zur Einbeziehung dieser Abprodukte in den Stoffkreislauf der Volkswirtschaft; die Ausarbeitung finanzieller Richtlinien, um einen größeren ökonomischen Anreiz zu schaffen für eigene Maßnahmen des Umweltschutzes.

Von besonderer Bedeutung wird die Verarbeitung der Vorschläge von vier Regierungskommissionen sein, die zur Zeit die Probleme der Braunkohlenverschwefelung und -weiterverarbeitung in Espenhain, Böhlen, Deuben, Rositz und Webau untersuchen. Die Kunstseidenproduktion Pirna, Karbidproduktion Buna und verschiedene Werke der Metallurgie. Ich muß sagen, das sind die vier Regierungskommissionen, es gibt weitere Schwerpunkte, Zementproduktion und andere, die wir hier auch bearbeiten müssen.

Neuntens geht es um die Entwicklung des **gesellschaftlichen Arbeitsvermögens**, eine Sache, die zur Zeit sehr schwer einzuschätzen ist, die uns auch schon zu schaffen macht im Jahr 1990. Nicht so sehr, was die demographisch bedingte Entwicklung betrifft, sondern vor allem die Frage der Ausreisen, wie sich das entwickeln wird. Wir müssen hier sicher mit verschiedenen Varianten arbeiten. Und es geht um die Herausarbeitung der zweckmäßigsten Struktur für die Qualifikation und den Einsatz des Arbeitsvermögens.

Zehntens [geht es] um Maßnahmen zur **Stabilisierung des Binnenmarktes** sowie der Versorgung der Bevölkerung, um die Proportionen zwischen Kauffonds und Warenfonds wieder herzustellen. Insbesondere auch durch den Ausbau von Reparaturdienst und Tourismusleistung, und in Verbindung mit der Preis- und Subventionspolitik. Dazu wird Kollege Siegert noch etwas sagen. Es geht um die Verbesserung der Bereitstellung von Konsumgütern und Dienstleistungen. Und hier sehen wir Schwerpunkte insbesondere durch die Entfaltung privater Initiativen auch bei der Pro-

---

[9] Coordinating Commitee for East-West Trade Policy.

duktion und Bereitstellung von Erzeugnissen und Leistung für die Bevölkerung durch die Ausarbeitung leistungsfördernder Kredit- und Steuerregelungen für private Produzenten:

Regelungen, die die Umsetzung von Grundmitteln und die Anschaffung von Grundmitteln in Genossenschaften und Privatbetrieben fördern. Ausarbeitung von Regelungen, die die Übernahme von Grundmitteln und Know-how auch aus dem NSW [Nichtsozialistischen Wirtschaftsgebiet], insbesondere aus der BRD und West-Berlin betreffen. Um Fragen leistungsgerechter qualitäts- und investitionsfördernder Handelsspannen, Provisionen, anderer Dienstleistungsentgelte und um die Konzeption für die Entwicklung leistungsfähiger Mittel- und Kleinbetriebe für spezifische Erzeugnisse und Leistungen.

Bei den Anforderungen an die **Konsumgüterproduktion** konzentrieren wir uns auf die Entwicklung der Unterhaltungselektronik, Haushaltsgeräte, die Frage der Pkw-Bereitstellung, die Entwicklung der Textilindustrie, Möbelindustrie und die Konsumgüter auf Basis Glas und aus Tonen. Es geht in diesem Zusammenhang um Grundrichtungen zur langfristigen Gestaltung der Einkommens- und Sozialpolitik, zur langfristigen Entwicklung des Gesundheits- und Sozialwesens, zur Entwicklung der Handelsstruktur, also auch diese Frage Kaufkraft, Warenfonds, Bedürfnisse der Bevölkerung seien in sich schon ein sehr großes Gebiet.

Es geht elftens um Maßnahmen zur Stabilisierung der **Staatsfinanzen**. Ich will hier jetzt nicht auf Einzelheiten eingehen, weil Kollege Siegert zu diesem Problem spricht, bis zur Ausarbeitung von Maßnahmen zur Herstellung der Konvertierbarkeit der Mark der DDR.

Und zwölftens um die Stabilisierung der **Außenwirtschaft**, hier insbesondere zum Ausbau der Zusammenarbeit der DDR mit der UdSSR. Die UdSSR bleibt unser wichtigster Handelspartner. Wir beziehen 80 Prozent unserer Rohstoffe aus der UdSSR. Und ich muß das hier sagen, zu Bedingungen, die wesentlich günstiger sind als die gegenwärtigen Bedingungen im NSW. Und wir müssen dieses Potential unserer Entwicklung halten und ausbauen. Dazu gehört, die Fortführung der Plankoordinierung bis 1995 mit der UdSSR – um die Rohstoffbezüge zu sichern und natürlich die Lieferungen der DDR, die für die Bezahlung erforderlich sind, und die sind auch an ganz bestimmte Forderungen der UdSSR gebunden – abzusichern. Es geht da natürlich um die Entwicklung der Zusammenarbeit mit den anderen sozialistischen Ländern. Und schließlich geht es um Vorschläge zur beschleunigten Teilnahme der DDR an der internationalen Arbeitsteilung im NSW und insbesondere [um] den Ausbau der Zusammenarbeit auf wirtschaftlichem Gebiet mit der BRD.

Das sind die zwölf inhaltlichen Schwerpunkte. Ich habe auch versucht, einige Zielrichtungen bereits zu charakterisieren. Wir werden im Januar die Analysen in der Staatlichen Plankommission erarbeiten, also behandeln, und davon ausgehend dann bis März die Vorschläge zu diesen Komplexen, damit dann im April die Vorlage im Ministerrat erfolgt. Ich möchte hier sagen, daß nach dem Beschluß der Regierung zur Struktur der Plankommission ein **Kollegium in der Plankommission** neben der normalen Leitung gebildet wird. Und wir beabsichtigen, alle hier am Runden Tisch vertretenen Bewegungen und Parteien zu bitten, geeignete Personen, Fachleute oder Wissenschaftler oder Praktiker, in dieses Kollegium zu delegieren. Wir werden diese Konzeption im Kollegium zur Diskussion stellen, so daß also bereits eine breite Mitwirkung der Öffentlichkeit im Prozeß der Entstehung dieser Strukturkonzeption in der Staatlichen Plankommission gewährleistet wird, bevor wir das Material der Regierung vorlegen, die dann entscheiden wird, wie weiter damit verfahren wird. Soweit zu diesem Komplex.

Ich wurde gebeten noch etwas zu der Frage der **Kernkraftwerke** zu sagen. Die Frage wurde so gestellt: „Wie hoch ist die Staatsverschuldung?". Ich kann hier den Aufwand für die Kernkraftwerke nennen. Die im Bau befindlichen 440 MW-Blöcke fünf bis acht im Kernkraftwerk Nord werden veranschlagt mit 14,4 Milliarden Mark. Die beiden 1 000 MW-Blöcke im Kernkraftwerk Stendal, die sich ebenfalls im Bau befinden, werden veranschlagt mit 17,9 Milliarden Mark.

Wenn über die Perspektive oder Nichtperspektive der Kernkraftwerke in der DDR gesprochen wird, dann möchte ich hier darüber informieren, vielleicht trage ich Eulen nach Athen, aber ich halte es für notwendig, das doch zu sagen, daß zur Zeit 414 Reaktoren in 26 Ländern betrieben werden, darunter allein 108 Reaktoren in den USA. Wir betreiben zur Zeit fünf Reaktoren, einen in Rheinsberg und vier, die ersten vier, im Kernkraftwerk Nord. Der Anteil der Elektroenergieerzeugung aus Kernenergie an der Gesamterzeugung, bezogen auf das Jahr 1988, beträgt in Frankreich 73 Prozent, in Schweden 48 Prozent, in der BRD 31 Prozent, in der Schweiz 37 Prozent, in der CSSR 27 Prozent, Bulgarien 30 Prozent, USA 20 Prozent, in der DDR 10 Prozent.

Das ist darauf zurückzuführen, daß wir die Masse unseres Energieträgerbedarfes, des Elektroenergiebedarfes, über Kohlekraftwerke abdecken. Nach den bisherigen Berechnungen, die aber gründlich überprüft werden müssen, ist auch in den Folgejahren mit einem Bedarfsanstieg bei Elektroenergie zu rechnen. Ich sage, das sind die bisherigen Berechnungen. Bezogen auf einen Zuwachs des Nationaleinkommens von 4 Prozent pro Jahr, ich weiß nicht, ob wir das halten können, wurde von uns [in] den bisherigen Berechnungen 2 Prozent Zuwachs an Elektroenergieverbrach zugrunde gelegt. Kein Zuwachs bei anderen Energieträgern. Wie gesagt, das müssen wir überprüfen, insbesondere vom Standpunkt, daß das die Hauptfrage ist zu prüfen, ob mit dieser Strukturkonzeption es erforderlich ist und in welchem Umfang die Produktion von Elektroenergie, also der Verbrauch an Elektroenergie, zu erhöhen ist.

Ich muß sagen, daß dabei dann neben den ökologischen Fragen, zu denen ich noch etwas sage, folgende Kostengegenüberstellungen eine Rolle spielen.

Zur Zeit kostet eine **Kilowattstunde im Kohlekraftwerk** – ich rede von Kosten, nicht vom Preis – 7,65 Pfennig, eine Kilowattstunde aus dem Kernkraftwerk 7,93 Pfennig, eine Kilowattstunde auf Basis Öl oder Gas zwischen 25,7 und 47,6 Pfennig, eine Kilowattstunde aus dem Elektroenergieimport aus sozialistischen Ländern, die nicht stabil sind, die im Austausch gefahren werden, 9 bis 23,9 Pfennig, und eine Kilowattstunde Elektroenergieimport aus dem NSW – ich rede hier also von Österreich, wo entsprechende Vereinbarungen bestehen, und der BRD – zwischen 19,8 und 48,8 Pfennig je Kilowattstunde.

Ich muß hier sagen, daß der Preis für die Kohlekraftwerke zu günstig ausgewiesen ist, denn unsere Kohlekraftwerke sind ja keinesfalls in der bisherigen Form ökologisch vertretbar. Ein 1 000 MW-Block oder zwei 500 MW-Blöcke auf Basis Kohle emittieren jährlich 100 000 bis 200 000 Tonnen Schwefeldioxid, 10 000 Tonnen Stickoxide, 6 000 Tonnen Staub und 8 Millionen Tonnen Kohlendioxid. Wenn diese

Umweltbelastung beseitigt wird durch zusätzliche Maßnahmen, die, da wir ja keine neuen Kohlekraftwerke bauen, dann also durch Umrüstung der vorhandenen Werke erfolgen muß, würde sich der Preis, den ich hier angegeben habe, mit 7,65 Pfennig je Kilowattstunde um mindestens 25 Prozent erhöhen. Andererseits muß ich zugestehen, daß der Preis für die Kernkraftwerke mit 7,93 Pfennig der Preis des Stroms aus den vier Kernkraftwerksblöcken in Nord im Jahr 1988 ist und hier die Sicherheitsanforderungen wachsen.

Ohne daß schon konkrete Berechnungen vorliegen: Auch dieser Preis wird sich erhöhen, so daß ich insgesamt, jetzt spreche ich aber für mich persönlich, der Auffassung bin, daß es unbedingt gerechtfertigt ist, den Preis für Elektroenergie zu erhöhen. Dazu werden wir ja auch Vorschläge in Varianten der Regierung vorliegen, die dann auch im Kollegium und dann später am Runden Tisch oder in der Volkskammer beraten werden.

Trotzdem bleibt die Eigenerzeugung auf Basis **Kohle und Kernkraftwerk** dann noch deutlich unter den Aufwendungen, die wir für Öl und Gas beziehungsweise für Import von Elektroenergie zu bezahlen hätten. Das müssen wir bei den weiteren Überlegungen berücksichtigen. Wie gesagt, wir werden ein Energiekonzept ausarbeiten, dieses Energiekonzept zur Diskussion stellen, und ich möchte sagen, wir sind dankbar insbesondere für Vorschläge, die auf eine Senkung des Energieverbrauches insgesamt und insbesondere des Elektroenergieverbrauches hinauslaufen.

Es wurde die Frage gestellt nach den Festlegungen der Regierung zur Sicherung der Funktionsfähigkeit der **Energieversorgung** über den Winter.

Die Regierung hat Festlegungen getroffen insbesondere für die Energiewirtschaft und für das Verkehrswesen. Diese Fragen wurden gestern mit den zuständigen Ministern von Ministerpräsident Modrow beraten und bestätigt.

Ich beschränke mich jetzt hier auf die Aussage zu der Energieversorgung. Die Ausgangslage ist insgesamt nicht schlecht. Wir haben einen Bestand bei Rohbraunkohle von 10 Millionen Tonnen. Im vorigen Jahr hatten wir zum gleichen Zeitpunkt 11,1 Millionen Tonnen, bei Siebkohle 2,7 Millionen Tonnen, voriges Jahr 3,1 Millionen Tonnen, Briketts, also höherveredelte Rohbraunkohle, 3,8 Millionen Tonnen, Vorjahr 3,5, Stadtgas in den Speichern 560 Millionen Kubikmeter, im vorigen Jahr 566, und Importerdgas 860 Millionen Kubimeter gespeichert, im vorigen Jahr 735.

Hinsichtlich der Produktion im ersten Quartal schätzen wir ein – ausgehend vom Zustand der Energieanlagen, der Arbeitskräftelage sowie der Notwendigkeit für erste Schritte, die sich aus dem Umweltschutz ergeben –, daß die bisher vorgesehenen Produktionsziele nicht erreicht werden können.

Wir bereiten uns darauf vor, mit einem um 5 Prozent niedrigeren Produktionsaufkommen bei Rohbraunkohle und um 9 Prozent niedrigeren Produktionsaufkommen bei Briketts auszukommen. Darauf sind jetzt für das erste Quartal die Produktionsziele in Übereinstimmung mit dem Minister für Schwerindustrie bereits reduziert. Bei Rohbraunkohle also von 80,4 Millionen Tonnen auf 76 Millionen Tonnen bereits um 4 Millionen Tonnen, über 4 Millionen Tonnen Reduzierung im ersten Quartal, und bei Briketts von 12,3 Millionen Tonnen auf 11,2 Millionen Tonnen.

Um die energetische Versorgung trotzdem zu sichern, wurden Entscheidungen getroffen zum erhöhten Einsatz von Steinkohle, [werden] 300 000 Tonnen mehr Steinkohle aus staatlichen Reserven zur Verfügung gestellt. [Die] geplante Produktion von Briketts, die bisher für den Export vorgesehen war, [jetzt] im Inland eingesetzt wird, so daß also die Produktion gesenkt werden kann und trotzdem die Versorgung im Inland gewährleistet wird, [beträgt] 100 000 Tonnen. Der erhöhte Einsatz von Heizöl in Abhängigkeit vom tatsächlichen Witterungsverlauf, [beträgt] 400 000 Tonnen. [Weiterhin geht es um] den zusätzlichen Einsatz von Steinkohlenkoks zur Deckung des Bedarfes der Kalk- und Karbidindustrie sowie zur Bereitstellung von BRD-Koks für die Bevölkerung. Auch hier sind Entscheidungen getroffen worden, aus Reserven 85 000 Tonnen Steinkohlenkoks zusätzlich zur Verfügung zu stellen.

Ich möchte sagen, das Wichtigste ist, daß alle Verbraucher sowohl in den Bereichen der Wirtschaft, in anderen gesellschaftlichen Bereichen aber auch die Bevölkerung Energie so sparsam wie möglich verbraucht und auf der anderen Seite, daß durch alle gesellschaftlichen Kräfte die Produktion der Werktätigen in der Energiewirtschaft unterstützt wird, damit auch unter Bedingungen, die sicher noch komplizierter werden vom Wetter her, als das jetzt der Fall ist, die Energieversorgung in jedem Fall gewährleistet wird. Dazu sind operative Leitungs- und Kontrollmaßnahmen durch die Regierung festgelegt, die konsequent verwirklicht werden.

Lange (Moderator): Vielen Dank. Gibt es dazu jetzt Rückfragen?

Herr Henrich.

Henrich (NF): Zunächst eine Frage zu den Strukturen und wie Sie auf diese Strukturen unserer Volkswirtschaft einwirken wollen: Stimmen Sie mit mir darin überein, daß unsere **volkswirtschaftlichen Strukturen** in folgender Beziehung verformt sind?

Wir produzieren in relativ großen Stückzahlen Schiffe, Krane, Lokomotiven, also alles Produkte mit einem hohen Materialeinsatz und geringen ingenieurtechnischen Leistungen, jedenfalls gemessen an diesem riesigen **Materialeinsatz**. Wenn der RGW-Bereich sich jetzt öffnet, der RGW-Markt, werden wir mit der Konkurrenz von Schwellenländern rechnen müssen, die genau in diesem Bereich stark sind. Sind Sie der Meinung, daß wir auf diese Konkurrenz gegenwärtig schon eingerichtet sind? Wenn ja, in welcher Form? Wenn nein, wie wollen Sie damit umgehen? Wie wollen wir überhaupt von diesen Strukturen wegkommen, also materialintensiv, wenig intelligenzintensiv?

Frage Nummer zwei: 1991 wird die SU, die ja weiterhin unser wichtigster Handelspartner ist, wie Sie gesagt haben, die straffe **Staatsplanbindung** für ihre Betriebe aufheben. Das wird sich dort ändern. Das heißt, es ist damit zu rechnen, daß sich die Betriebe der SU dann selber ihre Partner auf dem **Weltmarkt** besorgen. Hat man dafür gesorgt, daß es jetzt ein Instrumentarium gibt, wenn Verträge verletzt werden, wie unsere Betriebe sozusagen ja die Nachteile, die sie erleiden, einklagen können, wie auch immer.

Dann Frage Nummer drei: Wie sollen Sie oder wollen Sie überhaupt den **biologisch-dynamischen Landbau** in der Landwirtschaft fördern? Ist der überhaupt im Blick der Plankommission? Wenn ja, wie sollen sich die Preise ändern oder ändern die sich, daß dieser biologisch-dynamische Landbau, der ja bekanntlich sehr umweltfreundlich ist, gefördert wird?

Und noch eine ganz kleine Zusatzfrage zur Struktur in der **Landwirtschaft**: Wie wollen Sie damit umgehen, daß jetzt schon Schlachtvieh herumsteht, weil die Schlachtkapazitäten nicht ausreichen in der Landwirtschaft? Insoweit schließe ich an das an, was meine Freundin von der Grünen Partei gesagt hat, und daß dieses Schlachtvieh, was in den Betrieben teilweise herumsteht, noch das teure importierte Futter auffrißt, obwohl wir allesamt wissen, daß wir mit dem Futter kaum bis zur nächsten Ernte kommen. Also, wie wollen Sie das nun endlich ändern?

Da gleich noch eine kleine Zusatzfrage angehängt, **Laktase-Phase** unserer Kühe: Wir alle wissen, daß wir die Kühe zu einem Zeitpunkt schon abschlachten, wo sie noch nicht ihre höchste Leistungsfähigkeit erreicht haben. Das ist sozusagen fast noch üblich in der Landwirtschaft. Wie wollen Sie damit umgehen, daß dieser Sachverhalt nun endlich abgeändert wird, daß wir sozusagen die Kühe bis in das Alter hinein leben lassen, ich drücke das einmal etwas laienhaft aus, ich bin nicht in der Landwirtschaft tätig, Sie wissen das, wo sie die höchste Milchleistung geben. Also, sie nicht schon vorher abschlachten, weil wir sozusagen Viehzeug nachziehen, was dann unbedingt in die Ställe hinein muß, das ist ja das Problem in der Landwirtschaft im Moment, oder schon seit Jahren.

Danke schön.

Lange (Moderator): Herr Greß, sind Sie einverstanden, wenn wir zunächst Fragen sammeln, oder möchten Sie direkt antworten?

Greß (Staatssekretär): Ich bin einverstanden, wie Sie das wünschen.

Lange (Moderator): Ja. Gut.
Dann Herr Berghofer.

Berghofer (SED-PDS): Drei Fragen, eine Feststellung eingebunden.

Erstens, gibt es eine schriftliche komplexe **Struktur- und Schwachstellenanalyse**? Wenn ja, wäre es möglich, diese oder zumindestens die Kerngedanken daraus uns allen hier zur Verfügung zu stellen? Feststellung eingebunden, wir suchen ja alle nach eigenständigen Konzepten, nehme ich an, wir wollen ja Politik machen, egal jetzt, mit welchen Ausgangspunkten und Zielstellungen, und es wäre notwendig, so etwas zu besitzen.

Zweitens, sie sprachen, in der Rang- und Reihenfolge die Verantwortung der **Bezirke** und **Kreise** zu erhöhen. Ich spreche als Kommunalpolitiker. Ist es denkbar, das umzudrehen? Die Verantwortung muß dort hin, wo die Menschen leben, wo sich das Leben abspielt, in die Kommunen, also ich würde sagen, in die Kreise, Städte, Gemeinden.

Eine Ursache zum Beispiel für das Verlassen der DDR ist doch der Verfall der **Bausubstanz** der Städte beispielsweise. Jedes Gebäude, das heute verfällt, das ist sogleich Verfall von Identität. Ich sehe das Bauwesen als einen der entscheidenden begrenzenden Faktoren für alle Bereiche, die uns bewegen, Kultur, Gesundheitswesen, sie stoßen überall an Grenzen im Bauwesen.

Frage: Wann wird das beginnende Realität, von dem Sie sprachen? Strukturveränderung im Bauwesen und damit Spielraum für die Städte, Kommunen und Gemeinden.

Drittens, nach dem 12. Januar 1990, nach der **Volkskammersitzung,** wird sich doch auf der Ebene der Betriebe und Unternehmen eine Fülle konkreter Wirtschaftsbeziehungen mit westeuropäischen Ländern, insbesondere der BRD, entwickeln. Ich selber bin eingebunden in diesen Prozeß. Wie will die Regierung denn dann noch Einfluß nehmen auf [die] **Strukturentwicklung?** Und wie wird unsere Autorität in den Kommunen gesichert: daß zum Beispiel alle **Standortentscheidungen,** die immer fundamentale, existentielle, ökologische Fragen nach sich ziehen, tatsächlich bei uns getroffen werden?

Danke.

Lange (Moderator): Herr Jordan.

Jordan (GP): Ich möchte noch einmal auf die Frage der **Atomkraftwerke** zurückkommen. Die von Ihnen hier angegebenen Zahlen erscheinen uns zu gering und stellen auch nicht das dar, was wir angefordert haben, und zwar zu erfahren, wie hoch die tatsächliche Staatsverschuldung für den Bau der Kernkraftwerke beträgt. In Stendal wird seit 16 Jahren gebaut. Uns sind Werte bekannt, daß dort also bis zu 32 Milliarden Mark bereits verbaut sein sollen. Und andererseits erscheint uns auch der Preis für eine Kilowattstunde aus Atomenergie zu niedrig angesetzt – – daß, wenn man alle Kosten einberechnet, dieser Preis bei 35 Pfennig pro **Kilowattstunde** liegen müßte.

Abschließend wollten wir auch noch einmal an den Vorschlag von Herrn Berghofer anknüpfen. Wir als Grüne hatten uns bereits in der Gründungsinitiative für ein Sofortprogramm, für die Rettung unserer **historischen Altstädte** und auch anderer Kulturgüter eingesetzt. Wir fordern dies auch von der Regierung aufzunehmen, um also kurzfristig die vorhandenen Baukapazitäten grundsätzlich umzustrukturieren und so noch einiges von unseren historischen Altstädten zu retten.

Lange (Moderator): Danke, wir haben eine ganze Reihe von Wortmeldungen. Darf ich Sie zunächst einmal im Blick auf den Ablauf unserer Beratung darauf hinweisen, wir müßten mit diesen Wirtschaftsfragen bis zur Mittagspause an einen Abschluß gekommen sein.

Es ist für mich die Frage, inwieweit dann noch die angesprochenen Probleme zu **Finanzfragen** miteinbezogen werden können.

Dazwischen auch der Hinweis, der mir gegeben worden ist, es soll eine Liste im Umlauf sein im Blick auf Arbeitsgruppen, die ist irgendwo hängengeblieben, wenn Sie bitte einmal darauf achten, sie weiterzugeben.

Es hatte sich jetzt als nächste Frau Röth gemeldet.

Frau Röth (UFV): Ja, ich möchte zunächst gleich einmal anschließen an die Forderung von Herrn Berghofer, also darzulegen, wie sozusagen die **Proportionen innerhalb unserer Volkswirtschaft** aussehen, denn es dürfte ja bekannt sein, daß wir jahrelang die einfache Produktion bestimmter volkswirtschaftlicher Bereiche vernachlässigt haben und hauptsächlich investiert haben in Mikroelektronik, Schwermaschinenbau, so daß also diese globalen Aussagen sozusagen zur Förderung des Dienstleistungswesen, des Wohnungsbausektors natürlich unzulänglich sind, solange wir die Ausgangsdaten nicht kennen, worauf die Föderung dieser Konzepte basiert.

So kann man eigentlich die Forderung nur untermauern, hier eindeutig eine **Niveauanalyse**, speziell auf volkswirtschaftliche Bereiche, dem Runden Tisch, beziehungsweise der Wirtschaftsgruppe zu unterbreiten, so daß diese Aussagen eine Konkretisierung erfahren und genauso betrifft das diese doch eher plakative Formulierung, bestimmte Strukturveränderungen vorzunehmen, die müßten eigentlich mit Daten untersetzt werden, das betrifft zum Beispiel die Aussage Proportion zwischen materiellen und nicht-materiellen Bereichen.

Das schließt an die Frage an, die ich vorhin schon einmal Frau Luft gestellt hatte, wie nämlich die ganze Produktion unserer Gesellschaft gesichert werden soll, denn jetzt sieht es so aus, als würde sich das hauptsächlich wieder auf den Ausbau materieller Bereiche konzentrieren und alles das, was mit der Reproduktion zusammenhängt, **Dienstleistungen,** Gesundheitswesen, Bildungswesen, Kulturwesen, Wohnungsbau, daß das in diesen Proportionen, wenn ich das jetzt richtig verfolge, doch ganz schön zu kurz kommt, also einschließlich Verkehrswesen.

Wie sollen die Proportionen sein zwischen öffentlich gefördertem **Verkehr** und privatisiertem, sprich Autos? Welche Vorstellung hat die Regierung dazu, welche Vorstellung und Konzepte hat die Regierung dazu entwickelt, die **Schließung** alter **Produktionsstätten** damit zu verknüpfen, neue Produktivstätten auf dem gleichen Territorium wieder zu eröffnen beziehungsweise neue Produktivkraftstandorte zu suchen?

Daran schließen sich natürlich akute Fragen an, wie kann man die Flexibilität und Disponibilität der Arbeitskräfte gewähren, ohne **Familien** auseinanderzureißen, ohne eine Wanderschaft der Arbeitskräfte in unserem Lande hervorzurufen?

Das betrifft desgleichen Fragen der Aussagen zu den **Energiekosten,** die Sie hier aufgezeigt haben, da sind natürlich nur sozusagen die unmittelbaren Produktionskosten enthalten und nicht die **Nachfolgekosten,** die ja von Ihnen recht bewußt, wenn ich einmal sagen darf, verschwiegen wurden. Denn wir wissen hier alle recht genau, daß Energieerzeugung über Kohle, auch über Kernkraftwerke natürlich ungeheure Nachfolgekosten verursacht und damit im Grunde genommen die Gesamtproduktion unsere Gesellschaft eigentlich doch wieder dieses Gesamtblickfeld – – also nicht in dem Maße in die Gestaltungsräume einfließt.

Wir sind der Meinung, daß man also doch zunächst erst einmal Energie sparen sollte in unserem Lande durch entsprechende Einfuhr von Technologien, die garantieren, **Energien einzusparen** und vor allen Dingen die Suche nach neuen Energiequellen voranzutreiben und nicht nur immer auf die herkömmlichen bisher in diesem Prozeß bewährten Energiequellen zurückzugreifen. Es gibt in diesen, also in den Vorstellungen von Ökologen noch andere Energiequellen, ich denke da an Wasser, an Biotechnologien, und so weiter und so fort.

Lange (Moderator): Herr Lucht.

Lucht (GL): Ja, zwei Fragen und eine Bemerkung: Zunächst gibt es Ihrerseits eine **Koordinierung** Ihrer sachlichen Strukturkonzeption mit Konzeptionen zu den organisatorischen Strukturen in der Wirtschaft, das heißt Sie haben hier mehrmals gesprochen in Redewendungen wie „wir müssen sichern". Es ist ja bekannt, daß solche zentralen Konzeptionen oftmals Wunschanbaupläne geblieben sind, das heißt, daß eigentlich Initiativen zu einer höheren Effizienz von unten kommen müssen, aus einer marktwirtschaftlichen Initiative heraus, die wir natürlich **sozialökologisch** gesteuert sehen wollen.

Also, inwieweit koordinieren Sie diese beiden Seiten sachlich und organisatorisch?

Die zweite Frage, oder beziehungsweise eine Bitte: Wir möchten Sie bitten, in Ihren Energiekonzeptionen **Kostenvergleiche** anzustellen über die notwendigen Investitionen zur Erhöhung der Energiekapazität einer zusätzlichen Kilowattstunde und gleichzeitig Technologieinvestitionen zur Energieeinsparung einer Kilowattstunde, weil unsere Erkenntnisse davon ausgehen, daß die Kosten dafür etwa nur halb so hoch sind.

Und die dritte Bemerkung: Ich glaube, daß Ihre Aussagen zum internationalen Stand der Kernkraftwerke sehr statisch waren. Natürlich wissen wir, daß in den USA und in Frankreich der Anteil an Kernkraft sehr hoch ist, wir wissen aber auch, daß zum Beispiel in den USA seit Jahren kein neues Kernkraftwerk mehr gebaut wurde, daß in Schweden der Ausstieg geplant ist, daß in der Bundesrepublik der „schnelle Brüter" nicht kommt, daß Wackersdorf nicht kommt. Wir müssen ja nicht alle Fehler nachmachen, die andere Länder vor uns gemacht haben.

Danke.

Lange (Moderator): Ich möchte an dieser Stelle fairerweise Herrn Greß fragen, ob er erst einmal auf die vielen Anfragen, die gekommen sind, reagieren will, sonst wird die Fülle der Anfragen so groß, daß wir die Übersicht verlieren.

Sind Sie einverstanden, wenn Sie erst einmal reagieren? Ich habe alle notiert, es muß keiner in Sorge sein, daß er nicht mehr zum Sprechen kommt.

Bitte, Herr Greß.

Greß (Staatssekretär): Ich möchte – – einige Fragen decken sich ja auch oder ergänzen sich und ich möchte kurz darauf antworten.

Die jetzigen Analysen besagen eindeutig, daß wir **Disproportionen** in der Struktur unserer Volkswirtschaft haben. Ich muß also die Frage, die hier gestellt wurde, mit ja beantworten. Die Hauptdisproportion sehen wir in dem Mißverhältnis zwischen Finalproduktion und Zulieferindustrie, so daß es zur Zeit nicht einmal möglich ist, die in den Finalproduktionen vorhandenen Kapazitäten voll auszufahren. Hier könnte und muß durch eine überdurchschnittliche Steigerung der Zuliefererproduktion gleichzeitig die brachliegenden Potenzen der Finalproduktion entwickelt werden. Und es gibt darüber hinaus eine Vielzahl weiterer Disproportionen, die beseitigt und Proportionen, die auch weiterentwickelt werden müssen, weil sich einfach die Produktivkräfte weiterentwickeln.

Was die Frage der **materialintensiven Produktion** betrifft: Natürlich werden wir darauf orientieren, ich habe versucht, das deutlich zu machen, den Anteil der **intelligenzintensiven** Produktion zu erhöhen und den Materialanteil, die **materialintensive Produktion,** den Anteil zu reduzieren. Es ist aber so, daß es natürlich sehr schwierig ist, die Produktion einer Werft, wie zum Beispiel die **Volkswerft** in **Stralsund,** die mehr als eine Milliarde Produktion und Export in die UdSSR pro Jahr produziert – dafür kriegen wir ja dann wieder Rohstoffe aus der UdSSR – also zu ersetzen.

Strukturkonzepte, ich unterstelle das niemanden, selbstverständlich Ihnen auch nicht, können ja nicht darauf beruhen, daß wir Dinge, die uns eigentlich nicht passen, aus der Produktion entlassen und dann irgendwie den Importüberschuß noch weiter erhöhen.

Also Schiffe sind kein Schwerpunkt unserer Produktion. Schwere Krane sind kein Schwerpunkt, aber Transport- und Umschlagsmechanismen müssen wir bereitstellen, inwieweit wir das durch eigene Produktion oder über die Nutzung der Arbeitsteilung machen, weiß ich nicht.

Ich habe Positionen genannt, die nicht in dieser Palette liegen, damit decken wir uns in der Zielrichtung. Ich muß allerdings sagen, daß ich in absehbarer Zeit, also wenigstens für die nächsten fünf Jahre, keine Möglichkeit sehe, die Produktion zum Beispiel des Kombinats Schiffbau oder des Kombinats Taggraf, in den Größenordnungen so zu ersetzen durch andere, daß volkswirtschaftlich eine Bilanzierung ermöglicht wird.

Was die **Zusammenarbeit mit der UdSSR** betrifft, es ist so, daß in der Zusammenarbeit mit der UdSSR und anderen sozialistischen Ländern, dort entwickelt sich das auch noch, ein bestimmter Anteil des Warenaustausches absolut gebunden und über Staatsaufträge in den jeweiligen Ländern gesichert wird. Der Anteil der **Staatsaufträge** beträgt in der UdSSR also gegenwärtig etwa fünfzig Prozent.

Wir planen zur Zeit unsere Wirtschaft über **Bilanzen** und **Bilanzanteile** nahezu hundert Prozent und über **Staatsplanbilanz** über achtzig Prozent. Diese dirigistische und administrative Art der **Planung** muß schrittweise überwunden werden im Zuge der Wirtschaftsreform und wir streben auch an, einen Anteil von dreißig bis fünfzig Prozent der Produktion über Staatsaufträge zu steuern. Bei den Investitionen begrenzen wir uns jetzt schon auf ein Drittel, dreiunddreißig Prozent der Investitionen in den Bereichen der materiellen Produktion sind staatlich geplante Vorhaben, über die anderen Mittel verfügen die Generaldirektoren in eigener Verantwortung, natürlich immer im Rahmen von Berechnungsgrößen und Normativen, die wir vorgeben.

Wir hoffen sehr, daß die UdSSR dieses System bei den Rohstoffen durchhält. Wir stellen uns aber auch darauf ein, daß einzelne Betriebe in der UdSSR bereits diese zentrale Vorgabe unterlaufen, bei der Größe unseres Landes und der Organisiertheit unseres Außenhandels ist es möglich, daß wir diese Fragen zur Zeit so lösen, daß für die DDR keine Nachteile entstehen.

Also, wir haben bereits Lizenzen zur Sicherung bestimmter **Importe an Rohstoffen** gegeben, Export bestimmter Konsumgüter, bestimmter Maschinen und Ausrüstungen, die das Partnerkombinat in der UdSSR haben möchte, aus dem gesamten Exportkontingent der DDR, nicht aus dem Aufkommen beispielsweise, wenn Roheisen importiert wird des Eisenhüttenkombinates, sondern wir stehen dann hinter dem Eisenhüttenkombinat und sichern so die volkswirtschaftliche Verflechtung.

Wir sind uns mit den sowjetischen Regierungsstellen darüber einig, daß bei der Entwicklung der Eigeninitiative der Betriebe und Kombinate über die marktwirtschaftlichen Prinzipien ein bestimmter Anteil gesichert wird in beiderseitigem Interesse. Und ich muß sagen, die UdSSR ist natürlich zum Beispiel an Werkzeugmaschinen sehr stark interessiert, ist an polygraphischen Maschinen stark interessiert, also die Strukturlinien, Nahrungs- und Genußmittelmaschinen, wobei wir da aufpassen müssen, denn da haben wir im Lande selbst bei weitem nicht genügend.

Also diese Fragen wollen wir auf diese Weise angehen, und damit habe ich auch die Frage beantwortet, wie stellen wir uns vor, ein **Strukturkonzept** durchzusetzen. Über Befehlsvorgabe und Direktiven wird das nicht gelingen, wir müssen über entsprechende ökonomische und juristische Regelungen die Interessen der Betriebe, insbesondere der Betriebe und Kombinate, auf die Schwerpunkte und die Durchsetzung der Maßnahmen lenken, die wir hier ausarbeiten. Damit ist aber auch gesagt, daß die Umsetzung dieser Struktur ein längerfristiger Prozeß ist, der mit der Verwirklichung der Wirtschaftsreform einhergeht und so ja weit darüber hinausgeht.

Die Frage **Landbau** werden wir in unsere Überlegungen einbeziehen, ich kann darauf jetzt auch nicht antworten, ich bin kein Landwirt. Futterbilanz, Viehbestand, Schlachtvieh ist eine Grundfrage, also wir rechnen den Export und Import valutaseitig und vor allem marktseitig für die Landwirtschaft ganz durch. Ich muß sagen, valutaseitig hat sich das, was bisher geschehen ist, dort noch getragen und die Masse der Futterimporte, die wir in diesem Jahr durchgeführt haben und noch durchführen, resultiert wirklich aus der unzureichenden Ernte, vor zwei Jahren waren wir ja einmal völlig vom Futterimport weggekommen.

Aber es gibt immer noch solche Erscheinungen. Wenn die marktseitig durchgerechnet wird, dann wird erst deutlich, wie uneffektiv es ist, Futter zu importieren und Fleisch zu exportieren. Aber ich muß sagen, manches müssen wir auch machen, weil wir die **Valuten**, und zwar Bargeld dringend brauchen und weil wir es leider auf anderem Wege nicht erwirtschaften, noch nicht erwirtschaften können. Aber wenn wir eine Strukturkonzeption ausarbeiten, dann geht es natürlich darum, die effektivsten Wege herauszuarbeiten und dann die Bedingungen zu schaffen, um sie auch zu realisieren.

Ich sagte, daß wir jede Arbeit beginnen mit einer Analyse und daraus liefere ich, Kollege Berghofer schlägt vor, eine schriftliche **Struktur- und Schwachstellenanalyse.** Wir erarbeiten sie, im Januar. Ich würde so sagen, wir werden die im Kollegium der **Plankommission** beraten mit den Vertretern des Runden Tisches, denn es ist eine Frage, ob die Regierung die Plankommission bevollmächtigt, bevor ihr ein Material vorgelegen hat, es dem Runden Tisch zur Diskussion zu stellen. Wir werden uns über das Verfahren verständigen. Vom Inhalt her kann ich das Anliegen nur voll bestätigen. Oder in der Arbeitsgruppe „Wirtschaft", in die wir auch einen ständigen Vertreter delegieren, der dann teilnimmt, wenn das gewünscht wird.

Bauwesen, die Entwicklung: Wir haben eine rückläufige Entwicklung der Arbeitskräfte auch im Bauwesen, und besonders im Bauwesen, im Zusammenhang mit dem **Ausreiseproblem.** Wir haben große Probleme, den Industriebau zu sichern, weil die Arbeitskräfte zunehmend nicht gewillt sind, unter den gegebenen Bedingungen, über den Schichtrhythmus über zehn Tage auswärts zu arbeiten. Wir müssen in einem bestimmten Umfang den natürlich Industriebau sichern, wir können den Anteil der ausländischen Arbeitskräfte nicht weiter erhöhen, weil wir uns das nicht leisten können.

Die Profilierung muß vor allem geschehen durch die Reduzierung der extensiv orientierten **Wohnungsneubaukapazitäten.** Und hier muß eine Linie gefunden werden, die sowohl die Erhaltung und Modernisierung der Städte und Dörfer, also insbesondere der Städte, gewährleistet – Landbau ist ja noch ein anderes Kapitel – aber wir müssen auch überlegen, ob ein Teil dieser Kapazitäten für kleinere Industrievorhaben, die technologisch mit diesen bisherigen Wohnungsbaukapazitäten darstellbar sind, realisiert werden können. Die Grenzen und der Entscheidungsspielraum sind außerordentlich eng.

Die Hauptfrage ist deshalb die Steigerung der Leistungsfähigkeit durch die Entwicklung des Bau- und Baustoffmaschinenbaus, um die Produktivität in diesem Bereich zu erhöhen.

Wenn gefragt wird, wann das beginnt? Das hat mit dem Plan 1990 begonnen. Wir haben die bisherigen Vorstellungen über den extensiven Wohnungsneubau bereits in der jetzigen Phase, der Plan ist ja noch nicht fertig, in der Größenordnung von etwa zehntausend reduziert in Übereinstimmung mit den örtlichen Organen, und die Fragen werden zur Zeit weiter bearbeitet.

Was die **Staatsverschuldung** bei den **Kernkraftwerken** betrifft: Zweiunddreißig Milliarden für Stendal sind ein Gerücht, das stimmt nicht. Die 16 Jahre sind der Tatsache geschuldet, daß dieses Objekt begonnen wurde in der Absicht, die gleichen 440 MW-Blöcke zu errichten, wie sie zur Zeit im **Kernkraftwerk Nord** in Betrieb sind. Aufgrund der Entwicklung der Sicherheitsanforderungen wurde von diesem Konzept Abstand genommen und aus ökonomischen Gründen wurde dann projektiert der 1 000 MW-Block, der in der UdSSR auch realisiert wird. Und ich muß sagen, in **Stendal** ist es dann richtig wieder losgegangen vor etwa vier Jahren. Die Baustelle wurde dahin also gegen Null betrieben. Sicher hat diese Verzögerung uns viel gekostet.

Aber die Schlußfolgerung sollte darin bestehen, daß, wenn wir jetzt ein Energiekonzept ausarbeiten, wir einen klaren Standpunkt beziehen, müssen wir so etwas bauen oder nicht, wenn ja, dann so schnell wie möglich, denn jede Verzögerung kostet die Gesellschaft Nationaleinkommen. Ich muß sagen, daß wir keine Staatsverschuldung, keinerlei Staatsverschuldung haben im NSW. Wir haben den bisherigen **Kernkraftwerksbau** ausschließlich in Zusammenarbeit mit der UdSSR und letztlich auch mit der CSSR und anderen sozialistischen Ländern durchgeführt, mit Ausnahme bestimmter Meßeinrichtungen, Rechenkapazitäten, die aber gemessen an den Größenordnungen, über die ich vorher hier gesprochen habe, also etwa im Spielraum 0,1 Prozent liegen.

Das wird sich ändern müssen. So müssen wir das leider einschätzen, weil sich insbesondere auf dem Gebiet der **Sicherheitstechnik** die Anforderungen schneller entwickeln als die Möglichkeiten in der UdSSR und in anderen Ländern und die Kooperation, die hier also gegebenenfalls in Frage kommt mit kapitalistischen Ländern, müßte sich in erster Linie auf die Sicherungstechnik konzentrieren.

Soweit zu den Fragen. Ich stimme mit Ihnen völlig überein, daß natürlich in der Strukturkonzeption der Anteil, also Bereiche der materiellen Produktion, beantwortet werden muß. Wir haben das im Programm. Um das hier deutlich zu sagen: Wir werden nur mehr verteilen können an Nationaleinkommen, wenn wir mehr produzieren. – Oder wenn wir einsparen, ich bin einverstanden. Also wenn wir einsparen und mehr produzieren. Das heißt, es geht um die effektivste Art und Weise der Steigerung der Produktion des Nationaleinkommens und des effektivsten Verbrauchs.

Alles das muß dann in einem bestimmten Komplex miteinander verflochten erfolgen. Und wir können nicht auf der einen Seite also diese bedeutende innere und äußere Staatsverschuldung konstatieren und auf der anderen Seite Strukturkonzepte anbieten, die diese Verschuldung erhöhen. Im Gegenteil, die müssen dazu beitragen, daß diese Verschuldung abgebaut wird und trotzdem das Lebensniveau im weitesten Sinne gehalten und weiter verbessert wird.

Lange (Moderator): Danke. An dieser Stelle müssen wir uns überlegen, wie wir mit den weiteren Wortmeldungen und mit unserer Tagesordnung zurechtkommen. Ich möchte zunächst sagen, wer sich noch gemeldet hatte. Es ist Herr Ullmann, Herr Böhme, Frau Töpfer, Herr Bein, Herr Holland, Herr Engel, Herr Gehrke, Frau Dörfler. Das ist die Liste. – Da kommt noch eine Wortmeldung dazu, bitte? – Auch noch, Frau Köppe.

Einen kleinen Moment, darf ich einmal eben noch sagen: Es steht auch aus, damit wir das nicht aus dem Blick verlieren, die Antwort zu Fragen, die bereits gestellt worden sind in der ersten Runde. Alles, was mit Finanzierung zusammenhängt: KoKo, Genex, Parteienfinanzierung. Das steht auf unseren Zetteln, und wir haben dazu Herrn Siegert gebeten zu antworten.

Jetzt war ein Vorschlag zur **Tagesordnung.**
Herr Burghardt.

TOP 8: Verständigung über den Fortgang der Tagesordnung

Burghardt (VdgB): Wir haben in der Prioritätengruppe die Landwirtschaft der Wirtschaft zugeordnet, also heute zu diskutieren. Ich sehe, daß es kaum noch zeitliche Möglichkeiten gibt, das mit einzubauen. Ich hatte auch eine Reihe von Ausführungen seitens der VdgB dazu vorbereitet, weil es enorme Probleme auch auf dem Gebiet der **Landwirtschaft,** Strukturpolitik, Umweltfragen, also vielfältige Sachen gibt, die wir einbringen möchten als **Bauern.**

Ich schlage vor, daß wir das vielleicht gesondert in einem der nächsten Runden Tische beraten. Ich halte es für außerordentlich wichtig, das bald zu tun, vielleicht dann mit dem Minister für Landwirtschaft, und daß wir diese Fragen auch, wie sie hier gekommen sind – Umwelt ist ein außerordentliches Problem für uns, was wir gemeinsam lösen müssen und wo wir dran arbeiten müssen – daß wir das unbedingt baldmöglichst mit einordnen.

Lange (Moderator): Ja. Vielen Dank. Das ist aber sicherlich nur ein Bereich von den Themen, die diejenigen jetzt vorbringen wollten, deren Namen ich verlesen habe.

Ich möchte Sie auch darauf hinweisen, daß zu **Punkt 3** [der Tagesordnung[10]], **Justizfragen,** ja auch der Regierungsvertreter bereits hier ist und angehört werden soll.

Und ich muß Sie daran erinnern, was wir am Anfang vereinbart hatten im Blick auf die Dauer unserer Zusammenkunft. Welche Vorschläge gibt es, jetzt mit diesen Dingen weiter zu verfahren?
Herr Ziegler.

Ziegler (Co-Moderator): Ich möchte Ihnen wenigstens sagen, worauf der Staatssekretär Wittenbeck eingerichtet ist: auf den **Gesetzgebungsplan der Regierung,** auf die Arbeit an der Änderung des **Strafrechts,** also alles, was auch in der ersten Sitzung zur **Rechtsstaatlichkeit** gesagt wurde, und [eine] Kurzinformation über die Zuständigkeiten.

Herr Staatssekretär Halbritter könnte zu den Fragen informieren, die am 27. Dezember 1989 gestellt worden sind zum Stand der **Auflösung des Amtes für Nationale Sicherheit.** Und die Finanzfragen, hatten Sie schon gesagt.

Es wäre möglich, daß wir dann den Fragen mit der Justiz, Gesetzgebung, noch einmal verschieben und uns beschränken auf die wenigen Antworten, die uns Herr Staatssekretär Halbritter geben kann über den Stand und die Frage der Preise und [daß wir] dann nur Wirtschaft einmal heute machen, damit das gründlicher geschieht. Die Verfahrensfragen schließlich müssen allerdings noch mit dem Sekretariat zu Ende gebracht werden, sonst [kommen] wir nachher nicht mehr weiter.

Also eine Vertagung im Grunde des Punktes bis auf die kleinen Ausnahmen des Punktes drei.

---

[10] Dokument 5/1, Anlagenband.

Lange (Moderator): Ich verstehe dies als einen **Antrag zur Geschäftsordnung**, über den wir jetzt befinden müßten, Punkt drei, Justizfragen, auf die nächste Tagung zu verschieben, mit Ausnahme dieses Punktes im Blick auf [die] Auflösung [des Amtes für Nationale Sicherheit]. Bitte, Geschäftsordnung.

Ullmann (DJ): Also, ich bin der Meinung, die Verschiebung des Punktes Justiz muß sehr genau überlegt werden. Es liegen hier wirklich schon seit längerer Zeit dringende Fragen vor. Und ich denke, hier muß es Äußerungen vom Runden Tisch geben, vor der nächsten Volkskammersitzung.

Lange (Moderator): Ja, Herr Schult.

Schult (NF): Ja, ich denke, daß da zumindestens die Anfrage der **Überbrückungsgelder** zugehört, also diese Verordnung des Ministerrates vom 8. Dezember 1989, das muß also mit drin sein.

Lange (Moderator): Ja das würde ich unter Finanzen mit einordnen wollen.

Schult (NF): Ja, na ja, ist mir egal.

Lange (Moderator): Gut, aber jetzt ist die Frage noch einmal aufgetaucht, was mit dem Punkt drei unserer Tagesordnung, der heutigen Tagesordnung, geschehen soll? Soll er verschoben werden bis auf die wenigen Angaben, von denen wir eben gesprochen haben?
Bitte, Dr. Ducke.

Ducke (Co-Moderator): Es wäre vielleicht ganz gut, noch einmal den Vorschlag zu hören, der eben von Herrn Ziegler gekommen ist, weil ich den Eindruck habe, daß wir nicht ganz so fit drin waren und genau merkten, was nun verschoben werden soll, das wäre mein Anliegen. Was soll jetzt gehört werden nach dem Mittagessen und was soll verschoben werden?

Ziegler (Co-Moderator): Ich fasse meinen Vorschlag so zusammen: Alles, bis auf die Frage der **Überbrückungsgelder**, das Herr Dr. Siegert machen wird und bis auf den Stand der **Auflösung des Amtes für Nationale Sicherheit** von Herrn Staatssekretär Halbritter, wird verschoben, und dann müssen wir in der Prioritätengruppe sehen, wie wir das unterkriegen.

Lange (Moderator): Das ist ein Vorschlag.
Herr Berghofer.

Berghofer (SED-PDS): Ich werde einen Gegenvorschlag machen, wenn Sie gestatten, weil wir ja unter Zeitdruck stehen. Die Volkskammer tagt ja am 11. oder 12. Januar 1990, vielleicht wäre es zweckmäßig, wir hören erst einmal die Regierungsvertreter und verzichten dazwischen [auf] reine Fragen und machen mit Komplexfragen weiter. Da hätten wir zumindest den Vorteil, alles gehört zu haben. [Antrag SED-PDS: Zur Geschäftsordnung, Anhörung der Regierungsvertreter]

Lange (Moderator): Das ist ein weitergehender Vorschlag zur Geschäftsordnung, daß wir die genannten Wortmeldungen zurückstellen und zunächst die angekündigten Äußerungen der Regierungsvertreter zur Kenntnis nehmen und darauf dann reagieren, ist das so richtig interpretiert?
Müssen wir darüber jetzt abstimmen, und ist jeder sich im klaren, was das bedeutet? Ich habe die Liste Ihnen vorgelesen, wir würden diese Namen jetzt zurückstellen, würden nach der Mittagspause bitten, daß uns zum Thema Finanzen Herr Siegert einiges sagt, Herr Halbritter zu dem Stand der Auflösung der Ämter für Nationale Sicherheit und der dritte Punkt, den Herr Ziegler genannt hat – –

Ziegler (Co-Moderator): – Das war Justiz, der Gesetzgebungsplan der Regierung von Herrn Wittenbeck.

Lange (Moderator): Bitte, Frau Köppe.

Frau Köppe (NF): Wir beantragen eine Verlängerung der heutigen Sitzung bis 18.00 Uhr.

Lange (Moderator): Das ist noch ein weitergehender Antrag. Gibt es dazu Meinungsäußerungen?
Bitte, Herr Raspe.

Raspe (LDPD): Also, ich würde sehr begrüßen, wenn wir heute mit der gemeinsamen Teilnahme des Runden Tisches an dieser für unser Land so bedeutenden **Demonstration** zumindestens an dieser Stelle Konsens auch in der Öffentlichkeit beweisen, ich glaube, der Runde Tisch gehört heute um 18.00 Uhr an den **Treptower Park.**

Lange (Moderator): Ja, bitte.

Frau Köppe (NF): Sicherlich ist diese Demonstration wichtig, doch ich glaube, daß für unser Land doch bedeutsamer ist, daß wir die Tagung heute hier am Runden Tisch fortsetzen und nicht sagen, daß wir deswegen die Tagung nicht fortsetzen können. Ich glaube, daß es sich um so wichtige Probleme hier handelt – und wir haben ja bei den vergangenen Tagungen immer wieder bemerkt, daß wir Tagesordnungspunkte einfach verschoben haben, so gibt es verschiedene Anträge, die schon dreimal verschoben wurden – und deswegen denke ich, müssen wir einfach heute diese Sitzung verlängern.

Lange (Moderator): Zu diesem Punkt der Geschäftsordnung, Herr Koplanski.

Koplanski (DBD): Ja, meine Damen und Herren, wir waren eigentlich bei Punkt 2.2 [der Tagesordnung[11]] und sind dann davon abgewichen. Wir haben diesen Punkt 2.2 nicht abgearbeitet mit der Beantwortung von Fragen durch die Regierungsvertreter, es wäre nämlich einfach gewesen, wir wären bei diesem Punkt geblieben, um dann insgesamt zu diskutieren. Aber die Sache ist nun passiert.
Ich würde bitten, daß wir konzentriert arbeiten, und daß wir bei unserem Beschluß von [heute] früh verbleiben, um 16.00 Uhr heute abzuschließen, um auch hier im Konsens zu demonstrieren, bei allen Gegensätzen, die es hier zwischen den Parteien, den alten, den neuen gibt, in der Frage des **Neonazismus** gibt es eine Einheit, da sind wir uns, sollten wir uns einig sein, allen Anfängen zu wehren. Und aus dem Grunde sind wir dafür, daß wir heute um 16.00 Uhr, wie heute früh beschlossen, beenden.

Lange (Moderator): Ja. Herr Böhme. Und dann wollen wir darüber abstimmen.

Böhme (SDP): Meine Damen und Herren, was die **Einheit gegen Neonazismus** anbelangt, sind wir uns sicherlich alle einig. Aber da eine ganze Reihe an diesem Tisch sowieso 20.00 Uhr zu einer wichtigen Beratung zusammensitzen, würde ich dem Vorschlag von Frau Köppe gerne zustimmen. Dem Neonazismus kann man auch damit wehren, wenn

---

[11] Dokument 5/1, Anlagenband.

auch nur mittelbar, wenn wir hier eine stabile Arbeit leisten. Verstehen Sie mich bitte nicht falsch.

Lange (Moderator): Ja. Ich denke, es sind unterschiedliche Meinungen dazu geäußert worden, die Standpunkte haben wir gehört. Es wird dieser Vorschlag gemacht, die Sitzung heute zu verlängern, das heißt, von 16.00 Uhr auf 18.00 Uhr. Wer dafür ist, den bitte ich um das Handzeichen.

Bitte? Wollten Sie noch einmal zur Geschäftsordnung fragen?

Herr Ullmann, bitte.

Ullmann (DJ): Ja, ich weiß bloß nicht, was das für einen Sinn macht, wenn wir diesen Beschluß fassen, nachdem wir schon gehört haben, daß ein größerer Teil der hier Anwesenden entschlossen ist, zur Demonstration zu gehen, dann sitzen wir doch in einer Minderheit.

Lange (Moderator): Ja, das ist richtig, aber wenn ein Antrag gestellt wird zur Geschäftsordnung, müßten wir ihn hier nicht nur zur Kenntnis nehmen, sondern darüber abstimmen, oder gibt es darüber andere Meinungen dazu?

Herr Berghofer.

Berghofer (SED-PDS): Selbst auf die Gefahr hin, daß ich mich jetzt unbeliebt mache, ich will auch nichts Politisches hineintragen. Wir haben alle Verantwortung, und haben heute früh gemeinsam entschieden, 16.00 Uhr. Und im Anschluß haben wir alle unsere Arbeitskollektive informiert, haben den weiteren Plan festgelegt, zur entwickeltsten Demokratie gehört auch Planbarkeit und Disziplin. Ich bitte, daß wir uns selbst in Disziplin nehmen.

Lange (Moderator): Ja, das war noch einmal ein Votum dagegen. Es kann jetzt praktisch nur Frau Köppe den Antrag zurückziehen. Wenn Sie dabei bleibt, müssen wir darüber befinden.

Frau Köppe (NF): Nein, ich möchte den Antrag nicht zurückziehen. Ich möchte vielmehr Disziplin von denjenigen fordern, die heute hierher gekommen sind, um unsere Fragen zu beantworten. Ich finde, daß ganz wichtig ist, daß sämtliche Fragen, die der Runde Tisch am 27. Dezember 1989 formuliert hat, direkt an die Regierung, heute auch beantwortet werden.

Das ist nicht nur die Frage nach dieser gemeinsamen Vereinbarung zwischen Ministerrat und FDGB hinsichtlich der **Überbrückungsgelder,** da waren auch noch weitere Fragen.

Lange (Moderator): Ja, wir brauchen jetzt nicht in Einzelheiten zu gehen, es [geht] um die Sachfragen der Geschäftsordnung.

Frau Köppe (NF): Ich sehe das nicht, daß wir das bis 16.00 Uhr schaffen. Und deswegen beantrage ich Verlängerung bis 18.00 Uhr.

Lange (Moderator): Der Antrag steht. Wer dafür ist, daß die Sitzungszeit von 16.00 auf 18.00 Uhr verlängert wird, den bitte ich um das Handzeichen.

Bei diesen Geschäftsordnungsanträgen ist Zweidrittelmehrheit erforderlich. – 16 sind dafür. Wer ist dagegen? – [Es stimmen mit Nein] 17. Wer enthält sich der Stimme? – 3 [Enthaltungen]. Sehe ich das richtig, das ist keine Zweidrittelmehrheit für diesen Antrag. Damit ist dieser Antrag abgelehnt, es bleibt bei der vereinbarten Sitzungszeit 16.00 Uhr.

Jetzt wäre zu befinden, was nach der Mittagspause geschehen soll, da stand der Antrag Berghofer.

Bitte, Herr Ziegler.

Ziegler (Co-Moderator): Er lautet: Regierungsvertreter anhören und keine Zwischenfragen zu behandeln.

Lange (Moderator): Wer für diesen Antrag ist, den bitte ich um das Handzeichen. Moment, ist da Klarheit, daß wir zunächst die anwesenden Regierungsvertreter hören und die Fragen, beziehungsweise, diejenigen, die sich gemeldet hatten, dann danach zu Wort kommen, aber zunächst die Darstellung hören?

Bitte, Herr Böhme.

Böhme (SDP): Es ist zu vermuten, daß die Regierungsvertreter heute mit den noch ausstehenden Fragen keine umfängliche Antwort erteilen können. Aus diesem Grund bin ich der Meinung, auch wenn ich mich jetzt unbeliebt mache, die Fragen fortzusetzen und eine erneute **Wirtschaftsrunde** anzuberaumen und ich bin der Meinung, daß wir es uns leisten sollten, außer den festgeschriebenen Terminen noch einen weiteren Termin zu finden, die Wirtschaftsdebatte wird uns sowieso noch Tage beschäftigen.

Lange (Moderator): Jetzt müssen wir überlegen, was der weitergehende Vorschlag für die Geschäftsordnung ist, ich denke immer noch, der Vorschlag Berghofer. Über den müßte jetzt abgestimmt werden. Der Vorschlag lautet: Nach der Mittagspause werden die Regierungsvertreter wie genannt, in Kürze dazu Stellung nehmen, zu den Themen, die wir bereits gehört haben und keine Zwischenfragen werden gestellt, und wie wir weiter verfahren mit Wortmeldungen, ist eine andere Frage. Wer für den Antrag von Herrn Berghofer ist, den bitte ich um das Handzeichen. – [Es stimmen mit Ja] 14 Stimmen. Wer ist dagegen? – [Es stimmen mit Nein] 19.

Dieser Antrag ist abgelehnt, dann würde jetzt der Antrag stehen, daß wir nach der Mittagspause in der Reihenfolge der Wortmeldungen fortfahren und zu gegebener Zeit die noch ausstehenden Informationen zu Finanzen und Auflösung des Amtes für [Nationale] Sicherheit kommen. Ist das so richtig und findet das Ihr Einverständnis?

Dazu jetzt, bitte, Herr Koplanski.

Koplanski (DBD): Ja, dann würde ich doch bitten, bevor wir die Aussprache fortsetzen, dem Vertreter des Ministeriums für Finanzen und Preise das Wort [zu] geben. Er sitzt seit heute früh hier und wenn er nicht zu Wort kommt, ich denke, daß ist nicht richtig. Ich bitte deshalb, darüber abzustimmen, daß außer der Reihenfolge – also jetzt im Zusammenhang mit der eben durchgeführten Abstimmung – Herr Siegert das Wort bekommt und anschließend dann weiterdiskutiert wird.

Lange (Moderator): Herr Ziegler.

Ziegler (Co-Moderator): Ich bitte, nicht zu vergessen, daß dann bedeutet, daß der Vertreter des Justizministeriums heute mit der **Gesetzesplanung** weiter nicht mehr drankommt, denn es ist nicht mehr zumutbar, daß er so lange wartet und dann nicht drankommt. Das müssen wir jetzt entscheiden.

Lange (Moderator): Herr Poppe.

Poppe (IFM): Ja, könnte man jetzt nicht eine Redezeit für alle vereinbaren, die noch offenstehenden Probleme [behandeln], damit dann dieser Punkt 3 auch noch drankommen kann.

Denn ich habe den Eindruck, das, was eben jetzt zur Arbeit der Staatlichen Plankommission gesagt wurde, das hätte man auch in wesentlich kürzerer Zeit schaffen können und vielleicht ist es möglich, daß jetzt die nachfolgenden Redner von der Regierungsseite ihre Aussagen etwas straffer gestalten, daß wir jetzt sogar einen Zeitplan entwickeln könnten für alle diese Punkte, die noch offen sind.

Lange (Moderator): Wenn Sie eine Begrenzung der Redezeit wünschen, das ist möglich nach der Geschäftsordnung, dann gilt das aber generell für alle, die sich melden, dann müßten Sie einen konkreten Vorschlag machen, wie lange soll die Redezeit sein, das wäre dann zu überlegen.

Herr Ullmann.

Ullmann (DJ): Ich halte das nicht für einen guten Vorschlag, den Vertretern der Regierung ihre Redezeit zu verkürzen.

Trotzdem möchte ich die Bitte an Sie äußern, unserer Arbeit hier dadurch zu helfen, daß Sie sich auf die von uns ja selbst benannten Probleme konzentrieren. Es ist doch nicht nötig, daß wir eine Menge von Informationen bekommen, die erstens in der Presse vorhanden sind, die in Statistischen Jahrbüchern vorhanden sind, sondern, daß Sie von Seiten der Regierung konkret Stellung nehmen zu den Fragen, die liegen doch vor, und ich glaube, dann ergäbe sich von ganz alleine ein besserer Kontakt, als er jetzt zur Zeit vonstatten geht.

Nicht wahr, es hat etwas mit einer gewissen Schwerfälligkeit zu tun, da haben wir alle unsere Schuld daran.

Lange (Moderator): Ich sehe das als eine Unterstützung von Ihnen für den Vorschlag von Herrn Koplanski, daß wir nämlich die bereits genannten Fragen zu Finanzen nach der Mittagspause in Kurzform erbitten. Und danach können wir unsere Reihe hier fortsetzen, wenn das so Ihr Einverständnis findet.

Dazu wollten Sie − −

Engel (CDU): Ja, ich wollte weitergehend vorschlagen, daß wir in der Reihenfolge verfahren, wie Sie sagen, daß die Rednerliste, die Ihnen noch vorliegt, in der Reihenfolge abgehandelt wird als Fragestellung, die die Regierungsvertreter mitnehmen und am nächsten Runden Tisch am Montag dann bündig beantworten können.

Lange (Moderator): Ja, gut.

Herr Böhme.

Böhme (SDP): Mein Antrag war immer noch, verzeihen Sie bitte, der weitergehendere bei dem, was jetzt hier diskutiert worden ist. Ich möchte ihn etwas modifizieren. Wir sollten uns tatsächlich – so verstehe ich Gerd Poppe – nach der Mittagspause auf eine Zeit für die noch ausstehenden Anfragen beschränken, ich würde sagen, ein bis anderthalb Stunden. Daß diese Fragen von den Regierungsvertretern mitgenommen werden können und für einen Extra-Tag Wirtschaftsfragen noch einmal strukturiert werden können – wir werden, meine Damen und Herren, da nicht herumkommen – und dann die anderen noch anstehenden Fragen abarbeiten. Ansonsten hat die ganze Vorarbeit der **Prioritätenkommission** keinen Wert und keinen Sinn. Wir schaffen das wirklich nicht, was wir uns vorgenommen haben. In der nächsten Woche sollte also noch zusätzlich eine Wirtschaftsrunde stattfinden.

Ziegler (Co-Moderator): Bloß, Herr Böhme, anderthalb Stunden, dann ist es 16.30 Uhr, dann ist es wirklich nicht mehr – Entschuldigung, 15.30 Uhr – dann ist es wirklich nicht mehr möglich, diese vielen Fragen, die mit der Staatssicherheit zusammenhängen, noch zu beantworten.

Dann bin ich doch dafür, daß wir uns beschränken auf den Berichtsstand, natürlich die Finanzfrage mit dem Überbrückungsgeld, und die Justizfragen vertagen. Das hat keinen Zweck, wenn wir um 16.00 Uhr Schluß machen.

Lange (Moderator): Bleiben Sie dabei, daß das ein Antrag ist?

Ziegler (Co-Moderator): Es widerspricht dem Antrag von Herrn Böhme eigentlich nicht. Nur, es ist die Konsequenz aus dem Antrag von Herrn Böhme.

Böhme (SDP): Ich bin ja moderat, Herr Ziegler.

Lange (Moderator): Er ist moderat, und wir sind die Moderatoren. Dürfen wir an dieser Stelle unterbrechen und zunächst einmal die Mittagspause halten? Ich bin noch einmal darauf hingewiesen worden: Die Teilnehmer des Runden Tisches, in Klammer, Innenring, essen heute im gegenüberliegenden Gebäude. Es ist der Nachdruck auf „heute" zu legen, es ist auch so ein Test, ob sich das gut auszahlt. Beobachter, Berater, Pressestab und Gäste essen im Speisesaal Majakowskiring, wo wir am 27. Dezember 1989 waren.

Ziegler (Co-Moderator): Wann geht es weiter?

Lange (Moderator): Wir beginnen um 14.00 Uhr mit der Sitzung.

[Mittagspause 13.00 Uhr–14.00 Uhr]

TOP 9: Antworten der Regierungsvertreter auf Anfragen vom 22. 12. 89 und zu danach bekanntgewordenen wirtschaftlichen Maßnahmen, insbesondere Antworten und Stellungnahmen von StS Siegert

Ziegler (Moderator): Wir wollen unsere Verhandlung wieder aufnehmen.

Wir haben jetzt folgendes Arbeitsprogramm für die letzten beiden Stunden, die uns noch zur Verfügung stehen:

Herr Staatssekretär Wittenbeck wird bei der nächsten Sitzung dabeisein und über den Gesetzesplan der Regierung berichten.

Wir fangen jetzt mit Herrn Dr. Siegert an, der über die **Finanzfragen** noch Auskunft geben wird, sammeln dann die **Wirtschaftsfragen,** da wird dann auch die Wortmeldungsliste, die noch nicht abgearbeitet ist, noch einmal berücksichtigt, und werden dann die kurzen Informationen von Herrn Staatssekretär Halbritter zum Stand der Auflösung des Amtes für Nationale Sicherheit hören und daraus sich ergebende Fragen ebenfalls sammeln. Und dann werden wir noch die auf der Tagesordnung stehenden Geschäftsordnungssachen machen. Wir müssen bei der ersten Phase dann auch noch entscheiden über den Verbleib, oder wie das weitergehen soll mit der Vorlage der **Arbeitsgruppe „Wirtschaftsfragen"** [gemeint: Arbeitsgruppe „Wirtschaft" des Runden Tisches] und den dazu gestellten Ergänzungsanträgen.

Das ist unser heutiges Programm für die zwei Stunden.

Herr Böhme hatte sich gemeldet wegen einer Erklärung. – Ist gut, danke.

Dann bitte ich jetzt Herrn Dr. Siegert anzufangen.

Siegert (Staatssekretär, Ministerium für Finanzen und Preise): Meine Damen und Herren, gestatten Sie bitte einige Bemerkungen zur Lage des **Staatshaushaltes** unseres Landes. Ich darf davon ausgehen, daß Ende November, das ist die letzte uns vorliegende Abrechnung, Einnahmen des Staatshaushaltes von 243 Milliarden Mark, das sind 88,4 Prozent, erreicht wurden und Ausgaben von 242,6 Milliarden Mark, das sind 88,3 Prozent des Jahresplanes, durchgeführt wurden. Das heißt, der Kassenbestand betrug zum 30.11.89 400 Millionen Mark. Damit darf ich sagen, war die Liquidität, das heißt die Zahlungsfähigkeit des Staatshaushaltes, gewährleistet.

Sie ist auch gegenwärtig gewährleistet. Wir haben in allen Städten und Gemeinden, das ist unser durchgängiges Prinzip, gewährleistet, daß, wo **Liquiditätspropleme** auftraten, diese überbrückt wurden durch Unterstützung der Bezirke beziehungsweise aus dem zentralen Haushalt. Es ist also gewährleistet, daß die sozialen Leistungen, daß die Leistungen für Kultur, Bildung und so weiter, die Leistungen für den Wohnungsbau, für volkswirtschaftliche Aufgaben wie Investitionen, Wissenschaft und Technik, im wesentlichen finanziert wurden und hier keine Probleme entstanden sind.

Ich muß aber dennoch auf Probleme aufmerksam machen, die in folgender Richtung vorhanden sind. Das erste ist, daß die **Gewinnerwirtschaftung** in der Wirtschaft, das heißt in den Kombinaten – das heißt also die wichtigste Quelle unseres Haushaltes, 78 Prozent der Einnahmen des Staatshaushaltes kommen aus den Kombinaten und Betrieben unserer Volkswirtschaft –, daß also dort die **Kostensenkung,** das heißt die Verbilligung der Produktion nicht in dem notwendigen Tempo, das heißt so, wie das der Plan vorsah, erreicht wurde. Wir haben per Ende November eine Kostensenkung von etwa 0,3 bis 0,4 Prozent bei einem Plan von 1,3 Prozent erreicht. Und hier darf man vielleicht sagen, daß ein Zehntel Kostensenkung bei der Größe unseres Produktionsvolumens immerhin etwa 500 Millionen Mark schwer wiegt, das heißt, es ist ein erheblicher Gewinnausfall entstanden, den wir zum Jahresende mit etwa 3 bis 3 1/2 Milliarden Mark beziffern müssen.

Ein zweites Problem für die Erwirtschaftung der Einnahmen des Staatshaushaltes besteht in der Erwirtschaftung der vollen **ökonomischen Abgabe der Landwirtschaft,** das heißt durch die bereits hier erwähnten und ja wohl bekannten Ernteausfälle müssen wir nach den jetzigen Einschätzungen der Bezirke mit etwa 1,3 Milliarden Mark Ausfällen an Einnahmen aus den landwirtschaftlichen Betrieben rechnen.

Und es gibt einige weitere Belastungen des Staatshaushaltes. Zum Beispiel in der **Sozialversicherung,** wo zwar einerseits weniger Einnahmen erwirtschaftet wurden, das hängt mit dem Abgang von Arbeitskräften zusammen, und andererseits mehr Ausgaben notwendig geworden sind, Krankenstand und solche Fakten. Das heißt, ich muß hier doch sagen, daß am Jahresende die Lage des Staatshaushaltes auch unter Berücksichtigung der noch zu leistenden Zahlungen für Investitionen, die am Jahresende abzurechnen sind, wissenschaftlich-technische Aufgaben und so weiter, Wohnungsbau, doch so sein wird, daß wir die Ausgaben nicht voll mit Einnahmen decken. Unsere Ministerin hat gestern in der Volkskammer diese Zahl bereits genannt, sie ist heute in der Presse auch veröffentlicht.

Also, wir rechnen mit etwa 5 bis 6 Milliarden Mark Nichtausgeglichenheit, also Defizit, um das klar zu sagen.

Ich darf hier sagen, daß wir bemüht sind, [daß] die Minister entsprechende Aufträge haben, die Vorsitzenden Räte der Bezirke entsprechende Aufträge haben, die Möglichkeiten der **Einnahmeerwirtschaftung** und die Möglichkeiten des sparsamen Umgangs mit Ausgaben so zu steuern, daß wir möglichst die Probleme verkleinern. Aber ich kann hier nicht in Aussicht stellen, daß wir dieses Einnahme-Ausgabe-Defizit bis zur Abrechnung des Haushaltes – der Kassenschluß ist der 31. Januar 1990 und die Abrechnung wird dann am Ende des ersten Quartals etwa vorgelegt –, daß wir das bis dahin lösen. Die Frage ist, wie wir damit zurechtkommen.

Es wird notwendig sein, einen Zwischenkredit zur Sicherung der Liquidität bei der Staatsbank aufzunehmen und am Ende mit der Entscheidung über die **Jahreshaushaltsrechnungen** eine Entscheidung zu treffen, wie die Finanzierung erfolgt. Dem möchte ich jetzt nicht vorgreifen.

Ich darf vielleicht dieses Thema abschließen und gleich die Frage des **Kaufkraftüberhanges** und der **Sparguthaben** anschließen, das war heute gefragt worden. Gestatten Sie bitte wenige Fakten zu dieser Frage. Wir haben Sparguthaben von 156 Milliarden Mark, die sich auf etwa 23,6 Millionen Konten verteilen, das heißt, die Mehrheit der Sparguthaben sind Guthaben unter 10 000 Mark und wir schätzen das so ein, daß sie im wesentlichen bestehen in Richtung auf langlebige Konsumgüter, und bekannt sind die Probleme in der Befriedigung des Bedarfs auf diesem Gebiet.

Wir haben in den letzten Jahren, das ist schon gesagt worden, auch in der Regierungserklärung von Herrn Modrow, durch eine raschere Entwicklung der Nettogeldeinnahmen gegenüber den Möglichkeiten des Warenfonds einen **Kaufkraftüberhang,** den wir schätzungsweise beziffern mit etwa 12 Milliarden Mark. Das ist eine im Verhältnis zum Warenfonds, also Warenfonds jährliche Größe von etwa 120 Milliarden, keine besorgniserregende Größe. Es ist natürlich eine sehr ernstzunehmende Größe, das möchte ich hier auf keinen Fall vernniedlichen.

Ich möchte hier noch sagen, daß die Sparquote, das heißt also das, was von den Nettogeldeinnahmen gespart wird, im Jahr bei uns etwa 5 bis 6 Prozent beträgt, ich darf einmal die Vergleichszahlen nennen, in der BRD sind es etwa 10 Prozent, das ist natürlich sicher eine breite Fächerung von Sparern.

Wenn die Frage steht, und das wurde heute noch einmal gesagt, heute früh gefragt, welche Aufgaben stellen wir uns:

Die erste Frage ist und bleibt, daß wir die **Konsumgüterproduktion** erhöhen und vor allen Dingen auf den Gebieten, Herr Greß hat das versucht, deutlich zu machen, wo die größte unbefriedigte Nachfrage ist. Pkw wurde genannt, es wurden andere Bereiche genannt.

Eine weitere Frage ist, daß wir das Angebot an **Dienstleistungen,** dazu sind auch Reisen zu rechnen, vergrößern. Auch hier gibt es Bemühungen. Sicher unbefriedigend, aber sie sind in dem Programm der Regierung enthalten.

Es ist weiter die Frage, die wir prüfen, mehr anzubieten, die Möglichkeiten des Kaufes von **Einfamilienhäusern.** Wir haben mehr als 20 000 Einfamilienhäuser noch im Bestand der kommunalen Wohnungsverwaltungen. Es gibt Interesse der Bürger, das sehen wir aus den Eingaben und Nachfragen.

Und sicher muß man weitere Möglichkeiten langfristiger Geldanlagen überlegen. Es ist vieles im Gespräch. Kommunen schlagen uns vor, Obligationen zu prüfen, die für kommunale Objekte genutzt werden, Einrichtungen, die den Bürgern dienen und so weiter und so fort, das muß weiter durchdacht werden. Gestatten Sie bitte, diese Bemerkungen dazu abzuschließen.

Ich möchte noch etwas sagen zu diesen Fragen **Parteienfinanzierung** und **Vermögen**. Ich bitte um Verständnis. Die Parteienfinanzierung und ihr Vermögen liegt nicht in der Kompetenz des Finanzministeriums. Das ist eine Frage der Offenlegung durch die Parteien. Eine zweite Bemerkung zu der **Kommerziellen Koordinierung**, alles was dazugehört, einschließlich Genex: Ich bitte um Verständnis hier sagen zu dürfen, daß die Untersuchungen der Staatlichen Finanzrevision, auf die Frau Professor Luft heute früh aufmerksam machte, noch nicht abgeschlossen sind. Ich versichere Ihnen, diese Bitte oder dieses Ersuchen an unseren Minister heranzutragen hier, sobald das abgeschlossen ist, das also darzulegen.

Noch eine Bemerkung, Frau Köppe hatte wegen dieser Vereinbarung hier und den Zusammenhängen betreffend die **aus dem Staatsapparat ausscheidenden Mitarbeiter [angefragt]**.

Ich darf hier soviel sagen. Es ist eine Vereinbarung geschlossen worden zwischen den Tarifpartnern, also den Verantwortlichen der Staatsorgane und der Gewerkschaft, und mir ist aus diesen Verhandlungen bekannt, daß es ein Bemühen gab, ein sicher verständliches Bemühen, früher getroffene Regelungen zum Beispiel im Bergbau, in anderen Betrieben, Mansfeld, die ausliefen, drei Jahre Möglichkeiten des **Überbrückungsgeldes** zu geben, dort, wo der Ausscheidende in seiner neuen Tätigkeit nicht den bisherigen Durchschnittslohn erreicht. Ich darf also sagen, es bezieht sich nicht auf alle. Es bezieht sich auf die, die in diese Lage kommen, denn zunächst kann man ja unterstellen, daß auch ein ganzer Teil eine ihrer Qualifikation entsprechende Tätigkeit findet und entsprechenden Durchschnittslohn erreicht.

Ich muß natürlich sagen, daß diese Problematik, die jetzt aufgeworfen wird, in Relation zum Arbeitsgesetzbuch, wo bekanntlich das auf ein Jahr begrenzt ist – – vielleicht darf ich noch sagen, daß in der Diskussion gesagt wurde, daß die Gewerkschaft anstrebt, generell eine längere Überbrückungszeit, und daß es deshalb legitim wäre, hier schon eine solche Regelung anzuwenden, wie gesagt auch in bezug auf andere schon vorher einmal getroffene Entscheidungen.

Also, kurz und gut, es ist notwendig, das ist der Standpunkt der Regierung, diese Hinweise, diese aufgeworfenen Fragen zum Anlaß zu nehmen, um das gemeinsam mit der Gewerkschaft noch einmal zu überprüfen.

Ich bitte, diese Antwort erst hier so entgegenzunehmen und wir werden Sie informieren, wie das weitergeht. Wir können jetzt allein keine Entscheidungen und hier in diesem Moment auch keine definitiven Aussagen der weiteren Schritte treffen. Danke schön.

Schult (NF): Ja, bloß wann haben Sie denn da die Absicht, uns zu informieren? Also, diese Zwischenfrage muß erst einmal gestattet sein.

Ziegler (Moderator): Herr Schult, darf ich Sie bitten, daß Sie auch abwarten, bis ich das Wort erteile, sonst geht das doch nicht. Sie können sich ja sofort melden zur Zwischenfrage, aber bitte – – ja. Und Sie möchten zu dieser Frage direkt [sprechen], aber noch nicht die Diskussion [eröffnen]? – Also Zwischenfrage.

Bitte schön, Herr Schult.

Schult (NF): Die Anfrage ist ja eine vom letzten Runden Tisch zu dieser Sache, und da dachte ich schon, daß es eine konkrete Auskunft gibt. Wenn Sie also da Rücksprache halten wollen, müßte doch zumindest ein Termin klar sein, bis zu welchem Zeitpunkt wir informiert werden, wie Sie sich dann entschieden haben. Sie werden ja wohl mitbekommen haben, daß es da sehr viel Unruhe gibt in den Betrieben, bis hin zu Streikdrohungen, daß es sich ja in konkreten Einzelfällen um monatliche Zulagen, was mir bekanntgeworden ist, von 800 bis 1 000 Mark handelt, die zusätzlich zum Gehalt gezahlt werden.

Hier werden also bei Ihrer Darstellung der Finanzen von rund **5 bis 6 Milliarden Defizit** am Jahresende mindestens **Hunderte von Millionen Mark an Mitarbeiter verschenkt**, die zum Teil doch überdurchschnittliche Gehälter empfangen haben, überdurchschnittliche Lohnsteigerungen hatten und deren berufliches Aufgabengebiet ja zumindestens stark umstritten ist. Ob das nun auch noch über Jahre hinaus weiter belohnt werden soll [ist die Frage].

Ziegler (Co-Moderator): Es geht jetzt um die Frage konkret, bis wann Sie diese Klärung herbeiführen können, weil das schon länger als Frage ansteht.

Herr Platzeck, auch [eine] Rückfrage, oder? Ja? Bitte.

Platzeck (GL): Eben ist mit drei Sätzen die Fragestellung, die schon zweimal hier am Runden Tisch geäußert wurde, abgehandelt worden, **Zuführung** aus dem **Staatshaushalt** für die **Altparteien**. Ich bin mit der Antwort keineswegs zufrieden. Es geht uns nicht darum, daß Sie hier als Staatssekretär die Finanzen der Parteien aufblättern sollen. Aber Sie müßten doch wissen als Vertreter des Ministerrates, welche Zuführung aus dem Staatshaushalt für die Parteien getätigt wurden.

Es kann doch nicht angehen, daß in einem Interview gestern von Professor Bisky im Namen der SED-PDS gesagt wird, wir geben nichts ab. Nicht nur die **Parteischulen** nicht, wie Herr Gysi neulich schon sagte, sondern jetzt auch keine **Gästehäuser**, die bis vor zwei Monaten ja speziell hier auch im Umland errichtet wurden. Hier muß doch einmal endlich geklärt werden, aus welchen Geldern ist das gemacht worden. Es gab ja eine Zeitungsmeldung, daß die CDU Gelder aus dem Staatshaushalt in Anspruch genommen hat. Und wir nehmen doch ganz stark an, daß das für die anderen Parteien genauso zutraf. Und das sollte hier geklärt werden.

Ziegler (Moderator): Das waren zwei Rückfragen.

Herr Dr. Siegert, würden Sie zu diesen beiden Rückfragen bitte gleich Stellung nehmen?

Siegert (Staatssekretär): Zur ersten Frage von Herrn Schult, ich muß leider sagen, wie am letzten Runden Tisch am 27. Dezember 1989, wo wir hier anwesend waren, oder 22. Dezember 1989, zählte die Frage nach dieser Vereinbarung nicht. Wir sind aus den von Ihnen zu Recht erwähnten Hinweisen, Protesten der Presse, auf diese Sache aufmerksam geworden. Das wird überprüft. Ich werde Ihnen in der nächsten Woche, wenn es dazu eine Antwort gibt, wenn die Verhandlungen mit der Gewerkschaft zu Ende sind, eine Antwort geben.

Zweite Bemerkung zu den Fragen **Parteienfinanzierung** aus dem **Staatshaushalt**. Ich habe diese Zahlen hier leider nicht im Kopf parat. Ich kann Ihnen nur so viel sagen, es hat sich um Zuwendungen gehandelt, die im Zusammenhang mit **Industriepreisänderungen** standen. Es ging also überhaupt nicht darum, überhaupt in Größenordnungen zu finanzieren. Und es ging um solche Dinge wie zum Beispiel Zuschüsse zu den Berufsschulen, die in den Druckereien der Verlage der Parteien sind und so weiter. Ich bitte, mir zu gestatten, dazu exakte Zahlen zu nennen.

Ziegler (Moderator): Die haben Sie jetzt aber nicht da, die können Sie erst nächstes Mal sagen.

Jetzt ist Herr Böhme [dran], auch dazu? Rückfrage, bitte.

Böhme (SDP): Wie ist eine Bilanzierung der Wirtschaft überhaupt möglich, wenn die Ministerien noch immer keine genauen Angaben über die Struktur und die **Finanzen von KoKo** machen können.

Ich möchte hier an einen Antrag erinnern, den Dr. Ullmann im Namen der Opposition bereits bei der ersten Runde vorgeschlagen hat, daß a) entweder Herr Schalck-Golodkowski hier angehört wird, oder b) angeregt wird, daß ein Regierungsvertreter eine Besuchserlaubnis in Moabit erlangt.

Weiter, wir hätten gern etwas nähere Ausführungen über die konkreten Schritte zu **Lohn- und Preisreformen**. Das, was bis dahin erschienen ist, ist uns zu allgemein, gerade in der Frage der sozialen Sicherstellung unserer Menschen, was für die nächste Zeit konkret geplant ist.

Und wie ist im Moment die **inflationäre Tendenz** zu sehen und zu bewerten? Gibt es Möglichkeiten einer künstlichen Deflation, die bereits angedacht worden sind? Stimmen diese Informationen?

Ziegler (Moderator): Wir möchten dann noch die beiden – auch wenn es sich um Rückfragen handelt – noch Wortmeldungen nehmen.

Herr Ullmann und Herr Schult. Und dann Sie, bitte.

Ullmann (DJ): [Herr] Staatssekretär Siegert, Sie haben zu Finanzfragen gesprochen, und ich habe daraus lernen können. Freilich stellt sich mir die Frage, und die möchte ich jetzt an Sie richten: In dem angesprochenen Fall der **Ausgleichszahlungen** an ehemalige **Mitarbeiter des Amtes für Nationale Sicherheit**, früheres Ministerium für Staatssicherheit, handelt es sich doch nicht um Bagatellfälle der alltäglichen Finanzpraxis. Ich denke, hier müßte man doch – auch wenn man im Finanzbereich tätig ist – die Frage der Rechtlichkeit dieses Vorgehens stellen. Und stellt sich die Frage für Sie gar nicht oder wie stehen Sie dazu? Das ist meine Frage.

Ich muß aber leider auch eine Bemerkung anschließen, nachdem Herr Böhme darauf hingewiesen hat, daß es sich hier um Fragen handelt, die die Verhandlungen des Runden Tisches von allem Anfang [an] begleitet haben. Und ich muß hier mit allem Nachdruck dem Eindruck entgegenstehen, als wolle die Opposition aufhalten und sei nicht willens, Antworten der Regierung anzuhören. Wir warten doch seit dem 7. Dezember [1989] auf Antworten. Und ich beklage es, daß in den wesentlichen Punkten, wo wir gefragt haben, immer noch keine Antwort da ist. Ich denke, das muß irgendwie bald geändert werden. Sonst verstehe ich allmählich die Unruhe in der Bevölkerung, die wissen will, wozu dieser Aufwand hier am Runden Tisch getrieben wird.

Ziegler (Moderator): Ja. Es ist zugesagt worden, nächste Woche. Wir bitten wirklich, daß das nächste Woche [geschieht], daß das nun nicht mehr aufgeschoben wird, der 8. [Januar 1990] wäre das.

Herr Schult, Sie sind dran.

Schult (NF): Ja, ich möchte darauf hinweisen, daß das also eine Anfrage vom 27. Dezember [1989] war. Und Herr Siegert, wenn der die nicht kennt, dann muß Herr Halbritter die beantworten. Das war eine konkrete Anfrage an die Regierung, an Herrn Modrow, gewesen – und nicht einfach nur an das Finanzministerium. Und die möchten wir bitte heute schon beantwortet wissen, wenn diese Sache überhaupt noch ernst genommen wird.

TOP 10: Justizfragen: Antworten der Regierungsvertreter auf Anfragen vom 27. 12. 89, insbesondere Stellungnahme von StS Halbritter zum Stand der Auflösung des Amtes für Nationale Sicherheit

Ziegler (Moderator): Ja. Dann schlage ich Ihnen jetzt vor, daß Herr Staatssekretär Halbritter, der ja bei dem Gespräch gestern auch dabei war, über den Stand der Auflösung des Amtes für Nationale Sicherheit berichtet und in diesem Zusammenhang noch einmal [auf] die konkreten Fragen, die letztlich auch schriftlich hier durch Beschluß festgehalten worden sind, eingeht.

Halbritter (Staatssekretär): Meine Damen und Herren, ich möchte zunächst zu der zuletzt hier sehr intensiv diskutierten Frage etwas sagen, was diese Vereinbarung der Regierung über die **Ausgleichszahlung** für die ausscheidenden Mitarbeiter des **Staatsapparates** anbelangt. Dieser Beschluß ist entstanden, das hat Herr Staatssekretär Siegert schon gesagt, in Vereinbarung mit der dafür zuständigen Gewerkschaft. Und die Gewerkschaft hat gefordert, daß diese Regelung, wie auch schon hier erwähnt worden ist, analog der bisherigen Regelungen erfolgte. Und dem hat die Regierung im Dezember zugestimmt.

Aufgrund der Diskussion, die es jetzt gibt, ich wiederhole mich hier ebenfalls, oder ich wiederhole diese Argumente, die schon gebracht worden sind, wird die Regierung in ihrer Sitzung am Donnerstag überprüfen, welchen Standpunkt sie dazu einnimmt, um dann erneut gewissermaßen, wie sich das nach unseren demokratischen Gepflogenheiten gehört, Tarifverhandlungen mit der Gewerkschaft aufzunehmen, um diese Frage so zu entscheiden, wie das auch Ihren Forderungen und auch, ich kenne auch die Kritiken, die es gibt in der Bevölkerung, entspricht, um hier eine Lösung zu finden, die sowohl den **ausscheidenden Mitarbeitern des Staatsapparates als auch den des ehemaligen Ministeriums für Staatssicherheit** [zukommt], also eine soziale Regelung getroffen wird. Man muß doch dabei sehen, es geht hier nicht nur einfach um Entlassung und Neueinstellung, es geht ja teilweise auch in Größenordnungen um eine Änderung der Berufsbilder, um eine Umschulung.

Und wir werden uns bemühen, auf dieser Basis eine Regelung zu treffen, die, ich möchte einmal so sagen, gerecht ist und auch alle Beteiligten in Größenordnungen – oder besser gesagt – einigermaßen entspricht. Und das kann die Regierung natürlich nicht allein machen, sondern dazu braucht sie die Zusammenarbeit mit der Gewerkschaft. Das wird erfolgen. Und Sie können die Gewißheit mitnehmen, daß wir diese Frage sehr ernst nehmen und daß die Regierung auch mit der Gewerkschaft entsprechende neue Vereinbarungen treffen wird.

Ich möchte weiter informieren über den Stand der Auflösung des Amtes für Nationale Sicherheit.

Das ehemalige **Amt für Nationale Sicherheit** als Nachfolgeeinrichtung des Ministeriums für Staatssicherheit hat seine Tätigkeit eingestellt. Es besteht in der Eigenstruktur nicht mehr.

Zu seiner endgültigen **Auflösung** wurde ein **Zivilbeauftragter** der Regierung, und zwar Herr Dr. Koch, eingesetzt. Wenn ich mich recht erinnere, war Herr Dr. Koch bereits hier schon einmal am Runden Tisch und hat sich vorgestellt. Nach dem Stand der Information ist es so, daß jetzt Herr Koch mit seinem Arbeitsstab arbeitsfähig ist. Unter seiner Verantwortung wird die Auflösung des ehemaligen Amtes für Nationale Sicherheit zu Ende geführt.

Eine Reihe von Funktionen, die vom ehemaligen Ministerium für Staatssicherheit in Verwirklichung einer falschen **Sicherheitspolitik** wahrgenommen wurden, sind nicht mehr Bestandteil staatlicher Tätigkeit. Funktionen, die im Interesse der Sicherheit der Deutschen Demokratischen Republik weiter auszuüben sind, werden **anderen staatlichen Organen** zugeordnet.

Dazu gehören: Erstens, die Aufgaben der Paßkontrolleinheiten und der Bereich Fahndung werden den **Grenztruppen** der Deutschen Demokratischen Republik zugeordnet.

Zweitens, die Übernahme der Untersuchungsstrafanstalten des früheren MfS und der **Strafvollzugseinrichtungen** sowie der **Antiterrorgruppe**, Kräfte des **Personenobjektschutzes**, ein Teil des Untersuchungsorgans, sind durch das Ministerium für Innere Angelegenheiten [wahrzunehmen], werden dem übergeben. Das wird gegenwärtig vollzogen.

Drittens, alles, was mit Militärtechnik, Bewaffnung und Ausrüstung [zusammenhängt] sowie die Nachrichtenausrüstung [betrifft] werden von der **Nationalen Volksarmee** beziehungsweise von dem Ministerium für Innere Angelegenheiten übernommen.

Viertens, Teilaufgaben des ehemaligen Amtes für Nationale Sicherheit wie **Spionageabwehr**, Schutz der verfassungsmäßigen Grundlagen der DDR, Spionageabwehr, Bekämpfung von verfassungsfeindlichen Handlungen, Abwehr von Angriffen auf die Wirtschaft, dafür soll ein neues Amt eingerichtet werden und die Aufklärungsaufgaben sollen durch den Nachrichtendienst der DDR vollzogen werden. Darauf komme ich später noch einmal zurück.

Die Bezirks- und Kreisämter des Amtes für Nationale Sicherheit haben ihre Arbeit eingestellt. Mit Stand vom 29. Dezember 1989 wurden insgesamt 304 **Objekte** an territoriale Organe und Einrichtungen übergeben. Weitere 467 Objekte sind übergabebereit. Bei den übergebenen 304 Objekten handelt es sich um 192 ehemalige Kreisämter, 67 Objekte der ehemaligen Bezirksämter, 27 rückwärtige Einrichtungen, 15 sonstige Dienstobjekte, zwei ehemalige Gästehäuser und ein Wohnheim. Die Übergabe der Objekte an territoriale Organe und Einrichtungen ist trotz des erreichten Fortschrittes noch nicht in jedem Fall mit exakten Festlegungen über deren weiteren **Nutzung** verbunden. Das hängt auch damit zusammen, daß gegenwärtig in den Bezirksämtern auch noch **tonnenweise Dokumente und Schriftgut** lagern, über deren Verwendung noch entschieden werden muß, weil dadurch natürlich die Räume blockiert sind und es nicht möglich ist, sie freizumachen und sie zur Verfügung zu stellen.

Ich möchte besonders hervorheben, daß **alles Schriftgut des ehemaligen Amtes für Nationale Sicherheit gesichert ist, und zwar unter Kontrolle der Staatsanwälte und der Volkspolizeiorgane in den Bezirken.** Die Unterlagen der ehemaligen Kreisämter sind im Bezirk konzentriert. Und wie ich schon sagte, muß über deren Behandlung noch entschieden werden.

Es gab zu dieser Problematik eine Anfrage vom Neuen Forum, daß also eine Weisung bestehen soll, dieses Schriftgut alles zu vernichten. Ich muß hier aufklärend sagen, es war zu einem bestimmten Zeitpunkt die Forderung aus Bezirken und Kreisen an uns gestellt worden [in] Übereinstimmung mit Bürgerrechtsvertretungen, mit dem Beginn der Vernichtung bestimmter Dokumente wie zum Beispiel **Dienstvorschriften** und allgemeines Schriftgut, was wirklich für die Zukunft also weder von Bedeutung ist noch für die **Geschichtsforschung** eine Rolle spielt, das zu vernichten, daraufhin wurde entschieden, das zu tun.

Wir haben dann gemerkt, daß aufgrund dieser Weisung Unklarheiten bestanden. Deshalb wurde festgelegt, gegenwärtig überhaupt **keine Vernichtungen** durchzuführen, sondern das Material weiter zu ordnen, zu sichten, um dann eine entsprechende Entscheidung zu vollziehen.

Gegenwärtig sind wir dabei, vor allen Dingen mit den Beauftragten des Ministerrates in den Bezirken, das mit dem Bezirksorgan, auch den in den einzelnen Bezirken bestehenden Runden Tischen oder anderen Bürgerrechtsvertretern zu diskutieren.

Es wird eine Ordnung geschaffen werden, welches Material man ohne weiteres vernichten kann, weil es sich um Doppelungen handelt, weil es teilweise in den Bezirken, Kreisen, auch noch in Berlin noch einmal besteht. Es wird festgelegt werden, welches Archivgut unbedingt aufbewahrt werden muß nach der bestehenden Archivordnung. Und ich würde Sie bitten, Verständnis zu haben, das ist eine sehr mühevolle Arbeit, und wenn wir – – wir brauchen dazu ungefähr noch eine Woche, und ich würde mich bereiterklären, dann noch den Runden Tisch zu informieren, wie das sortiert werden kann und welche Schritte man ohne **Vernichtung** wichtiger Akten gehen kann, um hier Ordnung zu schaffen und vor allen Dingen auch Räumlichkeiten freizugeben, die jetzt einfach blockiert sind.

Ich kann Ihnen hier sagen, ich habe mir das in einem ehemaligen Bezirksamt selbst angesehen. Es ist wirklich so, daß in den Zimmern ausgehend von der Auflösung der Kreisstellen, einfach säckeweise dort Dokumente, Papiere und alles mögliche liegt und man gar keinen richtigen Überblick hat und das auch nicht so bleiben kann. Wir müssen hier eine Lösung finden. Aber ich verstehe natürlich auch die Befürchtungen, die hier verknüpft sind, daß bestimmte Unterlagen, die man für bestimmte Zwecke noch braucht, erhalten bleiben müssen. Und deshalb werden wir hier versuchen, eine bestimmte Ordnung vor allen Dingen mit den Bezirken herauszuarbeiten und die wir dann eventuell hier noch einmal, wenn Sie einverstanden sind, auch zur Kenntnis geben und dazu Ihre Meinung hören.

Die übergebenen Objekte sind sehr unterschiedlich genutzt. Sie wurden überwiegend für Einrichtungen des sozialen Gesundheitswesens übergeben, und auch, es wurden ganze Komplexe herausgefunden, um daraus die Verbesserung der Dienstleistungen für die Bevölkerung zu erhöhen. Aber ich glaube, es würde jetzt zu weit führen, wenn man das also bezirksweise macht. Ich würde mich bereiterklären, zu einer gegebenen Zeit auch einmal eine Liste hier zu übergeben, was aus den Objekten geworden ist und wie sie jetzt genutzt werden, damit sich jeder am Runden Tisch informieren kann, wie das also entsprechend organisiert wurde und weiter organisiert wird.

Meine Damen und Herren, kein entwickeltes Land dieser Welt kommt ohne eine Struktur aus, die es vor Spionage, Terror und Versuchen schützt, seine verfassungsmäßige Ordnung zu untergraben oder gar zu beseitigen. **Staatliche Sicherheit** und Rechtsstaatlichkeit schließen sich auch keineswegs aus, wenn der **Verfassungsschutz**, wie es der **Ministerratsbeschluß** vorsieht und wie das Ziel aller mit seiner Bildung Beauftragten ist, streng auf dem Boden der Gesetzlichkeit tätig wird. Wenn er keinerlei exekutive Gewalt hat und seine Kontrolle durch einen noch zu schaffenden parlamentarischen Ausschuß und Öffentlichkeit jederzeit gewährleistet ist.

Die unverzügliche Schaffung eines solchen von Grund auf erneuerten Sicherheitsorgans liegt, so denke ich, im Interesse der Mehrheit der Bürger dieses Landes. Und viele erwarten völlig zu Recht, daß das auch bald wirksam wird. Die Regierung hält es deshalb für unbedingt notwendig, diesem Sicherheitsbedürfnis in unserem Lande schnell zu entsprechen. Und das entspricht auch eigentlich der Empfehlung des Runden Tisches vom Dezember 1989. Und aus diesem Grunde ist vorgesehen, ein Organ für den **Schutz der Verfassung** und einen **Zentralen Nachrichtendienst** einzurichten.

Diese Organe sollen, wie ich schon sagte, streng entsprechend den Gesetzen arbeiten und einer **parlamentarischen Kontrolle** durch einen Ausschuß der Volkskammer unterstellt werden. Mit dem Präsidenten der Volkskammer, Herrn Maleuda, ist die Bildung eines solchen Ausschusses bereits abgestimmt und wir sind auch der Meinung, das hatte auch gestern Herr Modrow in der Beratung vorgeschlagen, daß es zweckmäßig wäre, wenn in dem Arbeitsstab, den der Herr Koch zur Auflösung des ehemaligen Amtes leitet, vielleicht auch drei Vertreter des Runden Tisches mit ihre Tätigkeit aufnehmen und auf diesem Weg gewissermaßen direkt durch Vertreter des Runden Tisches in diese Arbeit mit einbezogen werden, damit immer die richtige Kenntnis besteht, wie die Auflösung durchgeführt wird, welche Entscheidungen vorbereitet und getroffen werden.

Ich erlaube mir, Ihnen folgenden Vorschlag für das weitere Vorgehen zu dieser Frage zu machen. Ich würde darum bitten, daß in einem besonderen Tagesordnungspunkt am Runden Tisch – der Termin müßte noch abgestimmt werden – diese Diskussion über die **Bildung der neuen Ämter** weitergeführt wird.

Und ich würde mich dafür einsetzen, das kann ich mit vollem Recht tun, daß dazu dann auch die vom Ministerrat vorbereiteten Beschlüsse zur Bildung dieser beiden Ämter hier dem Runden Tisch bekanntgegeben werden, daß sie hier noch einmal auch vor der Beschlußfassung zur Diskussion stehen, und daß bei diesem Tagesordnungspunkt dann auch der Beauftragte für die Auflösung des ehemaligen Amtes, Herr Dr. Koch, und die verantwortlichen Vertreter der neuen Organe hier bereitstehen, um Ihnen besser Auskunft zu geben, als ich das kann, der ich ja in dieser Frage auch nicht hundertprozentig kompetent bin.

Ich würde bitten, daß wir uns vielleicht auf einen solchen Konsens einigen und diese Frage dann in einem Komplex noch einmal diskutieren anhand der konkreten Vorstellungen, die es bei der Regierung dafür gibt. Danke schön.

TOP 11: Diskussion und Anfragen des Runden Tisches zum Bericht von StS Halbritter

Ziegler (Moderator): Ja, sofort. Ich möchte nur feststellen zu den Fragen, die hier aufgelistet waren, ist also geantwortet worden. Die **Vernichtungsanordnung** ist offensichtlich zurückgezogen. Der Ministerpräsident hatte ja gesagt, das war die Regierung. Also ist die zweite Frage, ob die anderen Parteien dabei sind, ja eigentlich mit beantwortet, denn wenn die Regierung diesen Beschluß gefaßt hat, sind ja die in der Regierung mitvertretenen anderen Parteien auch mit beteiligt.

Wir stellen weiter fest, die Regierung ist nicht bereit, bis zum 6. Mai 1990 die Bildung eines **Verfassungsschutzes** auszusetzen. So ist doch in nackten Worten die Antwort, nicht?

Dafür der Vorschlag, daß die Fragen, wie die beiden Organe gebildet werden sollen, die Vorschläge hier noch einmal diskutiert werden in Anwesenheit auch des Beauftragten Koch. Ich wollte das bloß zusammenfassen, damit das nicht alles unklar ist.

Und nun kamen die Wortmeldungen. Herr Böhme war der erste, und es geht die Reihe lang.

Herr Böhme, Sie sind dran.

Böhme (SDP): Als erstes möchte ich die Anfrage an Herrn Halbritter richten, diese drei Personen, die in diese Regierungskommission aufgenommen werden sollen, haben nichts zu tun mit der paritätisch gebildeten Arbeitsgruppe des Runden Tisches zur Kontrolle der Auflösung des Amtes für Nationale Sicherheit unter ziviler Aufsicht, unter ziviler Kontrolle. Das ist nicht identisch gemeint hier? Der Regierung ist diese Entscheidung des Runden Tisches für die eigene Arbeitsform bekannt.

Als zweites meinen wir, daß die **Ausgleichszahlungen an ehemalige Mitarbeiter des Ministeriums für Staatssicherheit** oder des Amtes für Nationale Sicherheit vor allem eine politische Entscheidung ist für die nächste Zeit und nicht Tarifverhandlungen schlechthin darstellen. Von der Seite her bitten wir zu überdenken, ob der Unmut in vielen Betrieben gegen ehemalige Mitarbeiter des Amtes nicht auch darauf beruht und darauf zurückzuführen ist.

Und dann hätten wir gern etwas gewußt über die konkreten Vorstellungen für einen **Datenschutz** sowohl hinsichtlich der alten Akten des Ministeriums für Staatssicherheit als auch der Akten und Unterlagen der neu zu bildenden Sicherheits-, ich verwende den Begriff [Sicherheits-]Organe noch einmal.

Ziegler (Moderator): Wir gehen jetzt einmal erst diese Liste der Wortmeldungen durch.

Jetzt ist Frau Köppe an der Reihe.

Frau Köppe (NF): Sie sagten, daß es sich bei dieser Vereinbarung zwischen Ministerrat und der Gewerkschaft der Mitarbeiter der Staatsorgane und Kommunalwirtschaft um eine gerechte Regelung handeln würde. Das muß ich stark bezweifeln.

Des weiteren sagten Sie, es ginge um soziale Absicherung. Diese Vereinbarung scheint mit nicht die soziale Absicherung zu gewährleisten, sondern **Privilegien** weiterhin zu garantieren. Das möchte ich noch einmal deutlich sagen.

Dann sagten Sie, daß nun entsprechend den demokratischen Gepflogenheiten darüber weiter beraten werden solle. Auch da möchte ich anmerken, der Runde Tisch hat am 7. Dezember 1989 in seinem Selbstverständnis formuliert, daß er von der Regierung fordert, vor wesentlichen Entscheidungen informiert und in diese mit einbezogen zu werden. Das hat also nicht bei dieser Vereinbarung stattgefunden und das hat auch nicht stattgefunden bei der Bildung eines **Verfassungsschutzes** und eines **Nachrichtendienstes.** Wir haben hier lediglich die Regierungsinformation auf den Tisch bekommen, daß das Amt für Nationale Sicherheit aufgelöst wird und gleichzeitig diese beiden neuen Ämter gebildet werden. Das ist nicht mit uns hier beraten worden.

Zum **Verfassungsschutz:** Es ist für breite Kreise in der Bevölkerung doch sehr erstaunlich, daß dieser Verfassungsschutz gebildet werden soll, bevor wir eine neue Verfassung haben, und auch, daß sich bereits jetzt schon in Einrichtungen der ehemaligen Staatssicherheit beziehungsweise des Amtes für Nationale Sicherheit dieser Verfassungsschutz meldet und daß da scheinbar dieser Verfassungsschutz schon in diesen alten Gremien eingezogen ist und wahrscheinlich auch Strukturen dieser alten Gremien übernimmt.

Des weiteren sagten Sie, es gäbe ein starkes Sicherheitsbedürfnis in der Bevölkerung und dem solle nun mit Verfassungsschutz und **Nachrichtendienst** entsprochen werden. Auch das scheint mir zu unkonkret zu sein.

Es wird in der letzten Zeit vor allem im Zusammenhang mit den Schmierereien am Treptower Ehrenmal offensichtlich eine große Kampagne geführt und der Ruf nach Sicherheit wird in diesem Zusammenhang immer lauter. Wir gehen davon aus, daß [eine] Auseinandersetzung mit **Rechtsradikalen** an der Basis vor allem geführt werden muß. Vor allem nach 40 Jahren DDR, in denen es einen verordneten Antifaschismus bisher gegeben hat, aber keine wahre Auseinandersetzung mit rechtsradikalen Tendenzen, fordern wir, daß diese Auseinandersetzung endlich stattfindet, daß diese Auseinandersetzung geführt wird in den Schulen, in den Wohngebieten, in Arbeitskollektiven.

Wir glauben, daß ein Verfassungsschutz nicht administrativ sein kann, daß er nicht durch eine Verwaltungsbehörde durchgeführt werden kann. Und wir denken weiterhin, daß der wirksamste Verfassungsschutz eine kritische und informierte Öffentlichkeit des Landes ist. Wir möchten uns nochmals gegen die Bildung des Verfassungsschutzes aussprechen.

Ziegler (Moderator): Ihre Stellungnahme ist klar. Ich möchte nur darauf aufmerksam machen, es ist so gekommen, wie es beinahe kommen mußte. Wir sind jetzt in den Tagesordnungspunkt 3 übergegangen. Wir müssen aber noch einmal zurück zur Wirtschaft.

Und ich möchte fragen, ob nicht dieses Angebot angenommen werden kann, daß diese Entwürfe, wie das laufen soll, dann der Anlaß sind, hier diese Fragen noch einmal grundsätzlich zu behandeln.

Wir gehen jetzt aber in der Reihenfolge der Wortmeldungen weiter. Ich sage noch, wer auf der Liste steht: Herr Poppe, Herr Ullmann, Herr Henrich, Frau Töpfer, Herr Jordan, Herr Gehrke. Das – – Herr Schult auch noch, ja? – Ja, Herr Schult. – Wie bitte? – Herr Schnur. Und dann möchte ich dann die Frage stellen, wie wir hier weiter verfahren.

Also, jetzt ist erst Herr Poppe an der Reihe.

Poppe (IFM): Ja. Ich würde mich zunächst all dem, was Frau Köppe eben gesagt hat, anschließen wollen.

Darüber hinaus wäre jetzt einmal die Frage zu stellen, was sind eigentlich die **Kompetenzen der Arbeitsgruppe,** die unter der Leitung des Herrn Dr. Koch steht. Was wären somit auch die Kompetenzen der drei Personen, die vom Runden Tisch aus in diese Arbeitsgruppe hineingehen würden? Ist diese Arbeitsgruppe daran beteiligt oder dazu befugt, ehemalige Mitarbeiter des Ministeriums für Staatssicherheit beziehungsweise Amtes für Nationale Sicherheit zu befragen, die Akten dort an Ort und Stelle zu sichten, und Entscheidungen über den Umgang mit den Akten herbeizuführen?

Mir war diese Formulierung „Sichten und dann eine Entscheidung vollziehen", viel zu verwaschen. Ich bin der Meinung, daß hier eine genauere Formulierung getroffen werden muß. Und im Zusammenhang mit diesen Kompetenzen der **von der Regierung gebildeten Arbeitsgruppe** wäre zu fragen, welches sind denn nun die Kompetenzen der vom Runden Tisch gebildeten Arbeitsgruppe, die ja nach unserem Verständnis die Befugnis erhalten müßte, genau diese Dinge der Untersuchung und der Entscheidung über die Akten und den weiteren Umgang damit ebenfalls zu vollziehen.

Wie sind diese beiden Arbeitsgremien voneinander abzugrenzen? Welche Kompetenzen erhält denn nun diese **Arbeitsgruppe beim Runden Tisch?** Also, ich würde damit direkt den Antrag verknüpfen wollen, daß diese vom Runden Tisch gebildete Arbeitsgruppe als kompetent dafür erklärt wird, auch weiter über den Umgang mit den Akten zu verfügen, daß nicht dann plötzlich stillschweigend doch wegen Platzmangels nun plötzlich wichtige Akten verschwunden gehen.

Dann noch einmal zu der gerechten Regelung, die da immer angeführt wird. Ich möchte hier einmal zu bedenken geben, das mag vielleicht polemisch klingen, aber ich möchte einmal zu bedenken geben, wie viele von den Mitarbeitern hier zum Teil am Runden Tisch und Freunden von uns jahrelang unter der Tätigkeit des ehemaligen Ministeriums für Staatssicherheit dergestalt gelitten haben, daß sie ihrer Berufe verlustig gingen. Diese Leute haben niemals eine **Entschädigungszahlung** bekommen. Im Gegenteil, sie sind also aus dem Berufsleben zum Teil ausgeschieden und haben überhaupt keine Chance mehr gehabt.

[Beifall]

Ich bin der Meinung, wir müssen hier zwei Grenzprobleme berücksichtigen, daß auf der einen Seite ungerechtfertigte soziale Probleme nicht entstehen dürfen, auch nicht ein Potential, was einen neuen Unruheherd in der Gesellschaft schafft. Deshalb bin ich dafür, daß den ehemaligen Mitarbeitern dieses Ministeriums eine Chance der **Umschulung** und auch eine für sie vielleicht zukunftsträchtige Arbeit geboten wird. Auf der anderen Seite möchte ich mich aber strikt gegen eine **Fortführung der Privilegien** aussprechen.

Ziegler (Moderator): Ja. Herr Ullmann.

Ullmann (DJ): Ich habe eine Anfrage und eine grundsätzliche Bemerkung.

Die Anfrage, Herr Halbritter, bezieht sich auf das zentrale Amt in Berlin. Nach den Informationen, die mir vorliegen, hat die Auflösung dort noch gar nicht begonnen, und ich wäre sehr dankbar für eine Klarstellung. Das ist meine Anfrage.

Und nun die grundsätzliche Bemerkung. Es tut mir außerordentlich leid, daß ich mich hier offenkundig in einem grundsätzlichen Dissens mit der Regierung befinde.

Die Regierung stellt die Lage so dar, als habe es in unserem Lande eine etwas extensive Auslegung gegeben zur Tätigkeit eines Staatsorganes, das ein ganz normales ist, das es ja auch in anderen Ländern gibt und so weiter. Und man beschränkt sich darauf zu versichern, diese extensive Auslegung des Sicherheitsverständnisses sei falsch gewesen und man habe sie abgeschafft. Das ist in jeder Hinsicht unbefriedigend.

Denn nach meinem Dafürhalten handelt es sich hier um eine Rechtspraxis, die verworfen werden muß. Und ich erwarte von unserer Regierung, daß sie eine solche Verwerfung ausspricht. Ich will mich deutlich ausdrücken, damit ich nicht wieder so mißverstanden werde wie gestern von Herrn Ministerpräsidenten Modrow, der mich so verstand, als hätte ich irgendeine geschichtliche Würdigung verlangt. Mir geht es darum [...] deutliche Rechtspraxis verworfen wird.

Und diese Rechtspraxis möchte ich demonstrieren am Artikel 31 unserer Verfassung. Da heißt es unter Ziffer 1, Post- und Fernmeldegeheimnis sind unverletzbar. So ist es auch in der Tat. Es handelt sich hier um ein Grundrecht unter den Bürgerrechten, wie es auch unsere Verfassung vorsieht. Schlimmerweise folgt dann aber gleich ein Absatz 2, sie dürfen nur auf gesetzlicher Grundlage eingeschränkt werden, wenn es die Sicherheit des sozialistischen Staates oder eine strafrechtliche Verfolgung erfordern. So daß also Absatz 2 des **Artikels 31** alle Türen aufmacht, um dieses Bürgerrecht wieder außer Kraft zu setzen. Und das ist geschehen.

Es durfte aber nicht geschehen. Und zu meinem Schrecken habe ich bemerkt, daß es auch schon wieder in dem neuen Strafgesetzbuchentwurf einen Paragraphen über unberechtigtes Abhören von Telefonen gibt. Daraus schließe ich, daß dieses Strafgesetzbuch den Tatbestand des berechtigten Abhörens voraussetzt. Ich habe auch ausdrücklich diese Frage gestellt und die anwesenden Juristen haben mir geantwortet, ja, so sei es. Woraus ich nur schließen kann, sie stehen nach wie vor auf dieser – nach meinem Dafürhalten – unhaltbaren Rechtsauffassung, daß es eben jederzeit möglich sei, dieses Grundrecht außer Kraft zu setzen.

Das einzige, was man juristisch hier doch tun kann, ist, daß eine solche Außerkraftsetzung, die ein außerordentlicher Akt ist, einen richterlichen Beschluß voraussetzt. Aber man darf doch nicht von vornherein den Tatbestand der Außerkraftsetzung gleich mit einplanen, sei es in der Verfassung oder sei es, wie jetzt, im Strafgesetzbuch. Und diese Rechtsauffassung bekämpfe ich. Und ich trete dafür ein, daß sie endlich in unserem Lande abgeschafft wird.

[Beifall]

Ziegler (Moderator): Ich möchte darauf hinweisen, daß jetzt mehrfach unterstrichen und auch darauf hingewiesen worden ist, daß es hier nicht um soziale Sicherungsmaßnahmen alleine geht, sondern um grundsätzliche politische Entscheidungen. Ich glaube, das braucht nun nicht jedesmal ausführlich neu begründet zu werden. Das genügt, wenn da verwiesen wird. Wir sehen das auch so.

Und nun Herr Henrich.

Henrich (NF): Also mein Vorschlag an den Runden Tisch ist – und wir werden den hinterher auch noch schriftlich einbringen, das ist bloß bisher noch nicht getippt worden –, diese Diskussion zu versachlichen. Und zwar brauchen wir einen Maßstab. Und der Maßstab, an dem wir uns alle orientieren sollten, kann nur die tatsächliche Gefährdung unserer Gesellschaft durch Kriminalität sein und nicht der Versuch, hier unberechtigte Ängste zu schüren.

Wir wollen die Regierung bitten, die Generalstaatsanwaltschaft und das Ministerium des Innern zu beauftragen, um kurzfristig einen **Bericht zur inneren Sicherheitslage** erstellen zu lassen. Das, denke ich, sollte dann die Grundlage sein, um darüber zu diskutieren, welche Apparate wir wie extensiv aufbauen und ausbauen.

Ich behaupte, die DDR gehört trotz aller Hysterie nach wie vor zu den Industrieländern auf dieser Erde, die die geringste **Kriminalitätsbelastung** zu tragen haben. Darauf können wir stolz sein. Dies ist eine Errungenschaft. Das stimmt nicht überein mit dem, was im Moment in der Presse läuft. Danach sieht es ja zum Teil so aus, als ginge eine Welle von **neofaschistischer Gewalt** über dieses Land nieder. So verabscheuungswürdig die Einzeltaten sind, [es] ist niemand berechtigt, von einer einzelnen Straftat auf die Gesamtkriminalitätsbelastung einen Rückschluß zu ziehen. Das vorab.

Ich bitte die Regierung, nachdem ich nun zur Kenntnis nehmen muß, daß dieses Amt noch vor dem Mai wieder aufgebaut werden soll, mit eben solcher Intensität den **Verfassungsgerichtshof** vorzubereiten. Denn der scheint mir mindestens ebenso wichtig zu sein, jedenfalls nach meinem Rechtsverständnis, für den Schutz der Bürgerrechte. Ich setze nämlich nicht nur auf den Gewaltapparat im engeren, habe aber den Eindruck, daß die derzeitige Regierung diesen Weg favorisiert, also auf den Gewaltapparat im engeren zu setzen und der Verfassungsgerichtshof, das kommt dann irgendwann einmal, wenn die Zeit dazu reif ist und die Bürger drängen.

Eine Frage betreffs des Auftrags des Herrn Koch. Nach der Mitteilung des Allgemeinen Deutschen Nachrichtendienstes „ADN" im „ND" [Neuen Deutschland] vom 2. Januar [1990] hat Herr Koch folgenden Auftrag, ich zitiere das wörtlich: „hat er den Auftrag, die vielfältigen Rechtsfragen zu lösen, die mit den praktischen Schritten zur Liquidierung des Amtes verbunden sind", Ende des Zitats.

Also, mit Verlaub gesagt, darum ging es nicht, eine Rechtsberatung des Amtes durchzuführen. Das Ziel der ursprünglichen Absicht, das Amt unter ziviler Leitung aufzulösen, bestand ja darin, zu verhindern, daß sich dieses Amt in der Tiefe des Raumes irgendwo organisiert, daß zum Beispiel geschlossene Abteilungen vielleicht zum Zoll gegeben werden oder ähnliches, die man dann von einem Tag zum anderen wieder rekrutieren kann. Das war das Ziel. Es war aber nicht das Ziel, eine Rechtsberatung dort zu installieren. Dazu sind Juristen da, die werden dafür bezahlt. Dies sollen sie tun.

Insoweit halte ich es auch für sinnlos, an dieser Arbeit teilzunehmen. Die muß natürlich verrichtet werden. Aber das ist nicht die Kontrolle, die dieser Runde Tisch durchführen sollte. Also hier bitte ich doch einmal um eine klare Auskunft, ob der Auftrag des Herrn Koch weitergeht, als in der „ADN"-Mitteilung dargestellt.

Und ich bitte auch, wie gesagt, um Mitteilung, ob denn der **Verfassungsgerichtshof** auch vorbereitet wird. Wenn ja, in welchem Umfang und mit welcher Geschwindigkeit.

Und noch einen letzten Vorschlag, es wird hier immer von den zivilisierten Nationen dieser Erde geredet, die alle so ihren Verfassungsschutz und ihren **Geheimdienst** haben. Ich will gar nicht bestreiten, daß dieses Leiden auch andere Völker zu tragen haben. Das will ich nicht bestreiten, aber dort ist es zum Beispiel üblich – und könnten wir uns nicht wenigstens, wenn wir dem anderen schon nicht entgehen, diese Erfahrung abgucken –, **zivile Personen an die Spitze dieser Ämter** zu stellen, unbescholtene Personen zu bitten, solche Funktionen auszuüben und nicht schlechthin, daß wir nicht schlechthin in die Situation kommen, vielleicht Generale aus dem alten Kollegium bitten zu müssen, mit dem wir ja in der Vergangenheit, also in den letzten Monaten, doch sehr schlechte Erfahrungen gemacht haben. Also, vielleicht könnte die Regierung solches tatsächlich einmal überlegen, ob man sich nicht auch da den Erfahrungen, wenn man da schon immer darauf verweist, anderer zivilisierter Völker anschließt.

Ziegler (Moderator): Es stehen auf der Tagesordnung Frau Töpfer, Herr Jordan, Herr Gehrke, Herr Schult und Herr Schnur.

Ich möchte darauf hinweisen, daß wir jetzt 15.00 Uhr haben. Ich bitte also, auch das zu berücksichtigen.

Jetzt ist Frau Töpfer an der Reihe.

Frau Döring (FDGB): Ja. Döring.

Ziegler (Moderator): Ach so, Frau Döring, ja.

Frau Döring (FDGB): Ich möchte erst einmal unterstreichen, was der Herr Henrich eben gesagt hat, nämlich kurzfristig die Verfassungsgerichtsbarkeit zu entwickeln. Da wären wir auch dafür.

Und ich möchte noch einmal etwas sagen zu diesem Vertrag, der hier auch eine Rolle gespielt hat. Erst einmal möchten wir vielleicht darstellen oder klarstellen, daß die **Mitarbeiter des ehemaligen Amtes für Staatssicherheit keine Gewerkschaftsmitglieder** sind und waren und deshalb natürlich auch nicht von der **Gewerkschaft Mitarbeiter der Staatsorgane und der Kommunalwirtschaft** vertreten wurden.

Dieser Vertrag oder diese Vereinbarung ist noch geltendes Recht in den Einzelgewerkschaften, die wir ja 15 haben in unserem Land, also IG Metall, Bau, Holz und so weiter, mit dem entsprechenden Ministerium Tarifvereinbarungen abschließen können. In so einem Sinne ist das geschehen. Wir möchten aber auch sagen als FDGB, daß wir natürlich nicht damit zufrieden sind, wenn das nur eine macht. Sondern wir sind eigentlich der Meinung, wie das hier heute auch gesagt wurde, daß das eigentlich alle unsere Werktätigen betreffen müßte und muß, die in Rationalisierungsfragen, Strukturveränderungen und so weiter eingeschlossen sind.

Ich denke an dieses Problem, die 150 Kollegen aus dem EAW [Elektro-Apparate-Werke Treptow???] hier in Berlin, wo das ja jetzt sehr breit in der Zeitung auch diskutiert wurde. Wir sind also dafür, eine gleiche Gesamtregelung analog zu veranstalten, wie das MSK [???] hier gemacht hat. Und wir sind auch dafür, Überbrückung, Umschulung, Qualifizierung, Recht auf Arbeit, eventuell auch Vorruhestandsregelung, das alles in so ein Paket zu packen und eventuell auch das Geld zu limitieren, denn wir können ja nicht hier irgendwelche Staatsgelder ins Unermeßliche hinaussteigern und das hier nun zu zahlen. Also, wir sind dafür, für alle, gleiches Recht für alle und dazu müssen die entsprechenden Bedingungen noch ausgehandelt werden.

Ziegler (Moderator): Danke. Herr Jordan.

Jordan (GP): Uns von der Grünen Partei fehlt bei der Frage der **Entwaffnung** des ehemaligen Ministeriums für Staatssicherheit beziehungsweise der Nachfolgeorganisation ein Termin. Und wir möchten deshalb hier am Runden Tisch vorschlagen, daß wir uns zu einem gewissen Termin auch hier verständigen, und ich möchte von seiten der Grünen Partei den 15. Januar [1990] vorschlagen, daß bis zu diesem Termin alle Waffen übergeben sind und daß zugleich auch ein Teil der Waffen unter öffentlicher Kontrolle beseitigt wird.

Ziegler (Moderator): Herr Jordan, darf ich einmal [unterbrechen], ich habe das nicht ganz verstanden. Wessen Waffen? Des aufgelösten Ministeriums für Staatssicherheit?

Jordan (GP): Des Amtes – –

Ziegler (Moderator): – des Amtes für Nationale – Ja, bloß damit das klar ist, ja.

Jordan (GP): Des weiteren, da hier so häufig von zivilisierten Völkern gesprochen wurde und deren Geheimdiensten, möchten wir den Vorschlag unterbreiten, daß ähnlich wie in anderen Ländern den Bürgern der DDR die Möglichkeit eröffnet wird, ihre persönlichen **Dossiers bei der Staatssicherheit** und den Nachfolgeorganisationen einzusehen und erst danach, nach einer gewissen Zeit, darüber entschieden wird, wie damit zu verfahren ist.

Ziegler (Moderator): Herr Gehrke.

Böhme (SDP): Ist eine Rückfrage erlaubt?

Ziegler (Moderator): Damit das geklärt wird, ja? Ja, bitte schön, Herr Gehrke, gestatten Sie, ja.

Gehrke (VL): Ja, ja.

Ziegler (Moderator): Bitte.

Böhme (SDP): Ich wollte meinen Freund Carlo Jordan fragen, ob wir da genügend Psychiater zur Verfügung haben.

Ziegler (Moderator): Herr Böhme, es ist notiert, aber darüber wird ja dann erst einmal gesprochen werden müssen, ob das ist, und dann kommen die Psychiater.

Jetzt ist aber Herr Gehrke dran.

Gehrke (VL): Also, ich würde die Vorschläge ja auch unterstützen, gut, aber lassen wir das. Bevor wir noch einmal – – wir hatten ja einen anderen Ausgangspunkt. Wir haben uns jetzt auf die **Stasi** eingeschossen und ich will da noch einmal darauf zurückkommen.

Aber ich habe eigentlich bei den Ausführungen von Dr. Siegert etwas zur Finanzlage vermißt, was wir angemahnt oder angefragt hatten am 22. [Dezember 1989], nämlich die Frage, wie stellt die Regierung sich für dieses Jahr die Lösung des erwarteten **Haushaltsdefizits von 17 Milliarden** vor, und zwar konkret. Sie haben ja einige Punkte genannt, wo man denken könnte und so weiter. Aber 17 Milliarden sind ja als Zahl genannt, und nun möchten wir eigentlich doch hören, wie, wenn jetzt über Subventionsabbau und ähnliche Dinge nachgedacht wird, wie also hier das sozialverträglich geregelt werden soll und wie sich die Regierung das vorstellt. Das ist eine grundsätzliche Frage, die, glaube ich, noch beantwortet werden sollte. Aber das nur vorweg.

Nun wollte ich auch noch auf etwas eingehen, was Herr Halbritter hier gesagt hat. Also, Herr Poppe hat vorhin schon bereits gesagt, daß auch diese Frage, wie wir **Überbrückungsgeld** bei der Stasi handhaben, eine politische Frage ist und daß wir uns durchaus zu **sozialer Sicherheit** bekennen. Aber ich denke, es ist doch wichtig, wir sitzen hier alle so freundlich und friedlich wie die Turteltauben, zu sagen, daß es sich hier um soziale Sicherheit für die Leute handelt, die **unser Volk über 40 Jahre unterdrückt** haben. Die hier also durchaus nicht nur Grund haben, vom Volk mit Mißtrauen behandelt zu werden, sondern von denen zu vermuten ist, daß etliche von ihnen noch vor Gericht landen müssen, weil sie nämlich gegen die Verfassung dieses Landes verstoßen haben. Das sollte also noch einmal klar gesagt werden, wenn wir hier über soziale Sicherheit reden.

Dann glaube ich, ist doch noch ein Punkt wichtig. Herr Halbritter hat davon gesprochen, daß es notwendig ist, unsere **Verfassung zu schützen**. Wir haben bereits bei der vorigen Sitzung darauf aufmerksam gemacht, und heute habe ich die Frau Luft wieder gefragt, nach unserer Auffassung hat die Regierung bereits selbst damit angefangen, die Verfassung zu brechen mit ihrer Anordnung nämlich bezüglich des Handwerks, wir haben schon beim letzten Mal darauf aufmerksam gemacht, daß es hier gar nicht um den Inhalt der Sache selbst geht, sondern darum, daß per Anordnung Verfassungen außer Kraft gesetzt werden. Und in diesem Zusammenhang machen sich dann doch Argumente, daß man **Verfassungsschutz** braucht, doch sehr merkwürdig aus.

Also, das würde ich doch einmal festgestellt haben. Und auch die Frage von vorhin wiederholen, wie sich das denn nun lösen soll. Und dann darf ich den Runden Tisch noch darüber informieren, daß sich der Herr Halbritter offenbar insofern geirrt hat, als daß der **Nachrichtendienst** nicht nur geschaffen werden soll, sondern daß es ihn bereits gibt. Und zwar habe ich hier eine Mitteilung bekommen, daß also im ehemaligen Bezirksamt NASI ein Teil des Objektes für die eigenen Mitarbeiter gesperrt ist, dort bereits ausgeschildert ist, und zwar in der Woche vor Weihnachten bereits, „**Nachrichtendienst der DDR**", und daß also auch Augenzeugen hier in diesem Raume sitzen.

Ziegler (Moderator): Können Sie die genaue Adresse noch einmal sagen, ja. Wo war das?

Wolf (Berater VL): Darf ich?

Ziegler (Moderator): Ja. Ausnahmsweise einmal, damit es schneller geht.

Wolf (Berater VL): Ich war zu dieser Zeit Mitglied des Kontrollausschusses beim Regierungsvertreter für die Auflösung des Bezirksamtes Berlin, Dr. Wenz [???], Mitarbeiter, soweit ich weiß, des Sekretariats des Ministerpräsidenten.

Ziegler (Moderator): Ja, wir brauchen bloß die Adresse jetzt.

Wolf (Berater VL): In Anwesenheit dieses Dr. Wenz hat uns der Leiter des **Nachrichtendienstes der DDR** im Bezirksamt Berlin, des ehemaligen Amtes für Nationale Sicherheit, in die Räume geführt und hat uns erläutert, daß er nahtlos die Tätigkeit auf diesem Gebiet der Aufklärung mit seiner Abteilung weiterführt, die er schon geführt hat zur Zeit, als es noch die Staatssicherheit war. Der Gebäudetrakt trägt ein Schild „Amt für Nachrichtendienst der DDR" und ist für die übrigen Mitarbeiter dieses Objektes gesperrt.

Es handelt sich um die ehemalige Bezirksverwaltung des MfS in Berlin in Altfriedrichsfelde dort, das vor vier Jahren neu gebaut worden ist – –

Gehrke (VL): Sie werden verstehen, daß wir Anlaß haben zu vermuten, daß auch der **Verfassungsschutz** in ähnlicher Weise bereits arbeitet. Und aus diesem Grund können wir eigentlich nur noch einmal erneuern, was hier vorhin gesagt wurde, und müssen doch darauf hinweisen, daß der Runde Tisch bereits beim vorigen Mal diese Dinge besprochen hat und hierzu einen klaren Standpunkt definiert hat.

Ziegler (Moderator): Danke. Es ist jetzt Herr Schult und dann noch Herr Schnur [an der Reihe]. Herr Platzeck, wir wollten eigentlich schließen. Aber Sie – –

Platzeck (GL): Noch speziell dazu: Wir waren damals der Anfang – zur Auflösung von – – Jetzt passiert genau das, was wir verhindern wollten, daß die alten Strukturen nicht zerschlagen werden, was dringend nötig gewesen wäre.

Ziegler (Moderator): Ja, das hat Herr Gehrke doch gesagt. Das hat Herr Gehrke und sein Berater gerade gesagt. Das ist noch einmal unterstrichen, nicht?

Jetzt ist Herr Schult dran, ja.

Schult (NF): Herr Halbritter hatte vorhin die Anfrage vom letzten Mal nicht konkret beantwortet. Die lautete: „Anfrage an die Regierung, ob die Informationen des Neuen Forums zutreffen, daß am 7. Dezember 1989 die Regierung Hans Modrow die Vernichtung von Unterlagen des ehemaligen MfS anordnete." Dieses möchte ich konkret jetzt beantwortet haben, und wann dieser Beschluß zurückgenommen worden ist.

Zweite Frage ist, ob es stimmt, daß tatsächlich die Mitarbeiter des Amtes immer noch über ihre Waffen verfügen. Wenn ja, warum die Mitarbeiter noch nicht entwaffnet worden sind.

Ziegler (Moderator): Danke, das sind die Fragen ja?

Schult (NF): Ja.

Ziegler (Moderator): Und nun noch Herr Schnur. Und dann bitte ich Herrn Halbritter, auf die Fragen, die er gleich beantworten kann, Antwort zu geben, und dann Herrn Dr. Siegert auf die eine Frage [zu antworten], die noch gestellt ist.

Jetzt Herr Schnur.

Schnur (DA): Ja. Ich möchte voll inhaltlich die Gedanken von Herrn Henrich hier unterstreichen und möchte noch auf unseren ersten **Rechtsstaatlichkeitsbeschluß** vom 7. Dezember 1989 zurückkommen. Dort haben wir in **Ziffer 2** eine konkrete Aussage getroffen.

Ich denke, die Regierung steht in der Pflicht, genau zu belegen, warum und weswegen die Dienste notwendig sind und kann uns nicht vorab irgendwelche Entscheidungen und Beschlüsse im Nachgang vorlegen, sondern sie hat hier dann zu begründen, warum diese Dienste notwendig sind, damit dann auch die Öffentlichkeit informiert werden kann.

Drittens, ich halte es für fatal und auch verantwortungslos, wenn hier damit begründet wird, daß die **Rechtsstaatlichkeit** oder die staatliche Sicherheit nicht gegeben ist, wenn wir nicht ein, sagen wir, Amt für Verfassungsschutz oder eine andere Dienststelle einrichten.

Ich denke, wir haben das Ministerium des Innern, haben eine Generalstaatsanwaltschaft mit den nachgeordneten Dienststellen, wir haben nach wie vor Untersuchungsabteilungen, die auf der Grundlage der Strafprozeßordnung und des Strafgesetzbuches der DDR arbeiten können.

Wir sind doch in der Lage, gegen Kriminalität in unserem eigenen Land vorzugehen. Ich wende mich tatsächlich gegen eine unterstellte Hysterie, wenn dieses Amt nicht geschaffen werde, seien wir nicht mehr regierbar. Ich glaube, wir müssen da zurückkehren, daß Rechtsstaalichkeit und Demokratie dadurch gegeben sind, daß tatsächlich die Strafprozeßordnung und das geltende Strafrecht dann auf solche Straftaten mit aller Konsequenz angewandt werden.

Ziegler (Moderator): Das war es, ja? Danke schön.

Also, ich möchte in Erinnerung rufen, daß das Angebot von Herrn Halbritter auch darin bestand, daß das noch einmal aufgegriffen werden muß und wir ja hier inhaltlich noch diskutieren müssen. Jetzt waren es Anfragen. Ich bitte Herrn Halbritter, was jetzt möglich ist, zu beantworten. Und dann müssen wir festsetzen, wann das weiter verhandelt wird.

Halbritter (Staatssekretär): Meine Damen und Herren, ich möchte folgendes hier erklären. Ich verstehe Ihre Stundpunkte zu all diesen Fragen. Ich muß Ihnen sagen, ich teile sie ebenfalls. Ich kann heute mein Angebot nur wiederholen, daß wir an einem besonderen Tagesordnungspunkt dieses Problem generell noch einmal behandeln auch unter Beteiligung dann der dafür kompetenten Vertreter der Regierung. Aber ich muß heute einiges sagen, damit wir nicht Irrtümern unterlaufen.

Also, erstens muß ich sagen, es gibt noch **keinen Beschluß des Ministerrates zur Bildung neuer Organe**. Es gibt dazu Vorstellungen.

Ich hatte hier erklärt, daß die Regierung bereit ist, diese Beschlüsse, bevor darüber entschieden wird, hier zur Diskussion zu geben.

Zweitens, die Mitarbeiter des ehemaligen Amtes für [Nationale] Sicherheit sind alle entwaffnet. Die **Waffen** sind bereits alle konzentriert und sind unter Gewahrsam der Nationalen Volksarmee oder von Organen des Ministeriums des Innern. Also auch hier gibt es Dinge, die sind abgeschlossen. Über die muß man nicht ständig neu reden, weil sie den Tatsachen nicht entsprechen.

Was diesen Fall anbelangt mit dieser – – was hier gesagt worden ist von Berlin, muß ich prüfen, ist mir völlig unverständlich, noch dazu also hier der Name auch des Regierungsbeauftragten mit ins Spiel gebracht wird – –

Aber das kann ich hier nur noch einmal sagen: Es gibt also keine neuen Organe. Es gibt Vorstellungen über diese. Und natürlich muß man, auch wenn jetzt darüber gesprochen [wird], sich vorher entscheiden, was nun geschehen soll und was nicht.

Ich habe meinen Standpunkt zu dem Problem der Sicherheitsbedürfnisse gesagt. Ich kenne das aus vielen Informationen auch aus den Bezirken und Kreisen. Aber darüber kann man natürlich unterschiedlicher Auffassung sein. Dagegen habe ich nichts. Im Gegenteil, darüber wollen wir ja sprechen, und dann eine Verständigung herbeiführen.

Schult (NF): Kann ich Sie noch einmal ganz kurz unterbrechen zu dieser konkreten Sache. Gestern war in „Kontraste" der Leiter der Bezirksverwaltung der Stasi in Gera. Und dort ist eindeutig gesagt worden, daß sie Zugang zu ihren **Waffen** haben.

Halbritter (Staatssekretär): Nein, das kann nicht wahr sein. Die Waffen sind alle versiegelt. Alle **Waffenkammern** sind versiegelt. Und ich muß Sie hier bitten, meine Damen und Herren, ja, ich kann ja nun nur eins machen.

[Zwischenrufe Schult (NF)]

Ich kann hier sprechen aus den Erkenntnissen, die die Regierung hat, die sie angewiesen hat und die sie kontrolliert und durchführt. Ich kann nicht eingehen auf sämtliche Pressemeldungen, Argumente und sonstigen Dinge, die es in der Welt gibt.

Das betrifft zum Beispiel auch die Vollmachten des Herrn Koch. Herr Koch ist der Zivilbeauftragte zur Auflösung des ehemaligen Amtes für Nationale Sicherheit. Und dabei spielen natürlich auch bestimmte Rechtsfragen eine Rolle. Das will ich gar nicht bestreiten, weil **Eigentumsverhältnisse** geklärt werden müssen, weil es eine ganze Reihe Dinge gibt, die wir noch rechtlich in Ordnung bringen müssen. Seine Hauptaufgabe besteht darin, das ehemalige Amt aufzulösen. Und wenn in der Zeitung etwas anderes gemeldet wird, so bitte ich dafür doch nicht also Verantwortlichkeiten zu suchen, die es dafür nicht gibt.

Ich muß da noch einmal etwas zu den Problemen sagen. Also, ich merke, die sogenannten **Ausgleichszahlungen** spielen ja wirklich eine große Rolle. Ich möchte auf jeden Fall hier richtig verstanden werden. Es geht keinesfalls darum, irgendwelche **Privilegien** zu erhalten oder neue zu schaffen. Ich sagte auch, daß aufgrund der eingetretenen Fakten und Tatsachen hier eine Überprüfung erfolgt mit dem Ziel, eine bestimmte gerechte Lösung zu finden, die wahrscheinlich anders aussehen muß als die heutige. Aber das ist wirklich eine Frage, die mit der Gewerkschaft diskutiert werden muß, das kann die Regierung nicht allein entscheiden.

Ich würde Sie bitten, doch meinen Vorschlag anzunehmen und über diese Grundprobleme noch einmal eine besondere Beratung durchzuführen, weil ich merke, wir kommen heute hier wirklich in viele, viele Einzelprobleme.

Ziegler (Moderator): Also, ich muß einmal sagen, Sie konnten doch auch ausreden, wenn Sie daran waren. Es hatte sich in der Zwischenzeit Herr Ullmann gemeldet. Und jetzt haben wir zwei Meldungen zur Geschäftsordnung. Da ist Frau Köppe und Herr Henrich. Herr Ullmann hatte sich vorhin zu Wort gemeldet. Die Geschäftsordnungsanträge haben Vorrang. Also hören wir jetzt erst die. Ich finde bloß, es muß auch die Möglichkeit bestehen, daß einer ausreden kann.

Aber bitte, Frau Köppe.

Frau Köppe (NF): Die Vertreter der oppositionellen Gruppen und Parteien wollen sich aufgrund der Aussagen von Herrn Halbritter, die jetzt eben gemacht wurden, zu einer kurzen Pause zurückziehen.

Ziegler (Moderator): Herr Henrich, was wollten Sie?

Henrich (NF): Dem schließe ich mich an.

Ziegler (Moderator): Das war dasselbe. Wir kommen gleich dazu. Ich muß jetzt aber noch fragen, weil Herr Ullmann sich ja vorher gemeldet hatte, ob er zu etwas anderem reden wollte.

Ullmann (DJ): Das hängt mit der Sache zusammen. Wir stehen ja jetzt vor der schwierigen Lage, daß hier offenkundig Aussage gegen Aussage steht.

Ziegler (Moderator): So ist es.

Ullmann (DJ): Woran das liegt, das können wir hier nicht entscheiden. Ich wollte nur Herrn Halbritter bitten, dann auch eine Information zu überprüfen, die mir hier vorliegt. Der ehemalige Pressesprecher des Amtes für Nationale Sicherheit, Herr Rohr [???], meldet sich am Telefon mit Pressesprecher **Amt für Verfassungsschutz**. Das setzte voraus, daß es schon gegründet wäre.

Ziegler (Moderator): Bei Ihnen, ja?

Ullmann (DJ): Ja.

Ziegler (Moderator): Also, hier ist jetzt der Geschäftsordnungsantrag gestellt, das heißt ja auf Unterbrechung, weil Sie sich beraten wollen.

Ich wollte Sie um eine Sache bitten, daß Herr Dr. Siegert, der eine konkrete Frage noch zu beantworten hatte, dies noch schnell tun kann. Das war nämlich die Frage, wie stellen Sie sich die Lösung des Haushaltsdefizits 17 Milliarden dieses Jahr vor. Daß wir dies vom Tisch kriegen und auch die Sachen nicht noch einmal hören.

Würden Sie sich damit einverstanden erklären, daß wir dann eine kurze Unterbrechung machen? Wir müssen die Wirtschaftsfragen noch wieder aufnehmen. Ich muß Sie daran erinnern. Sie können ja nicht einfach untergehen, ja.

Also, Herr Dr. Siegert.

Ich muß Herrn Halbritter fragen, waren Sie erst einmal fertig, ja?

Halbritter (Staatssekretär): Ja.

Ziegler (Moderator): Danke.
Dann Herr Dr. Siegert, bitte.

Siegert (Staatssekretär): Verehrte Damen und Herren, gestatten Sie bitte ganz kurz zu dieser Frage, 17 Milliarden, etwas zu sagen.

Es geht hier um den **Haushaltsansatz 1990**, da verstehen wir uns richtig. Zu diesem Problem vollzieht sich gegenwärtig eine sehr intensive Arbeit. Wir haben den Ministerien und auch den Bezirken Orientierungen gegeben. Das heißt also, die Regierung hat ihnen Orientierungen gegeben, die darauf hinauslaufen, eine Reihe von ganz konkreten Punkten zu prüfen, gründlich durchzuarbeiten, um Verbesserungen von Aufwand und Ergebnis zu erreichen. Ich darf einige nennen.

Es geht erst einmal, noch einmal um die **Investitionen** und ihre größeren Effekte beziehungsweise auch die Nichtdurchführung bestimmter nicht genügend effektiver Dinge. Dasselbe betrifft Maßnahmen der wissenschaftlich-technischen Arbeit, die Prüfungen, was ist effektiv, was muß man zurückstellen, wo kann man mehr erreichen oder wo kann man einsparen, weil die Effekte nicht nachgewiesen sind.

Es geht um Fragen der **Bestandswirtschaft**, der Logistik, wo wir ja in unserer Volkswirtschaft, leider muß ich das sagen, im Verhältnis zu internationalen Vergleichen mit wesentlich mehr Beständen, längeren Richttagen und so weiter arbeiten, also Reserven in der Bestandswirtschaft.

Es geht um die **Reduzierung von Verlusten** und Verlustbetrieben, das heißt also, Umstellungen zugunsten günstigerer Produktionen, effektiverer Produktionen, die Möglichkeit auch zu nutzen, schneller Rationalisierungslösungen durchzuführen, solche, die wir vorliegen haben und wo, das ist ja an anderer Stelle schon mehrfach gesagt worden, leider die Überleitung ungenügend schnell vonstatten geht.

Und es geht auch um Fragen des **Verwaltungsaufwandes**. Es geht auch um Fragen der Ausgaben für die Verteidigung und die Sicherheit.

Die Frage, Herr Henrich, wenn ich das richtig verstanden habe, die Sie stellen: „Und was bleibt dann, wenn das Problem nicht aufgeht?", das ist ja Ihr Endpunkt.

Ich darf dazu hier versichern, es kann auf keinen Fall so sein, daß die dann nicht gelösten Fragen mit Rotstift gelöst werden. Ich darf das hier in voller Verantwortung erklären, wir werden die sozialen Aufwendungen finanzieren, wir werden Bildungsfragen und Kultur und andere Dinge finanzieren und sichern. Es ist allerdings dann das Problem, das muß ich auch klar sagen, daß das dann auf der Basis eines **Kredites** oder anderer Finanzierungsmöglichkeiten geschieht, weil wir nicht – letzter abschließender Satz – das Haushaltsdefizit beseitigen können, indem wir rigoros, und das ist ja Ihre berechtigte Sorge, ich möchte sie hier ganz klar geben, die Antwort, zu Lasten also des Haushaltes lösen können. Was die Subventionsfragen betrifft, wir werden hier, Frau Professor Luft hat das schon einmal angedeutet, ich möchte es noch einmal unterstreichen, wir werden hier sehr sorgfältig vorgehen, und wir werden auf jeden Fall soziale Ausgleiche sichern, so daß dort diese Einsparungen nicht möglich sind.

Ziegler (Moderator): Wir schließen damit den Finanzbereich ab und müssen jetzt über diesen Geschäftsordnungsantrag befinden. Eine kurze Unterbrechung, weil Sie etwas beraten möchten: Wieviel Minuten?

Frau N.N.: Circa zehn Minuten.

Ziegler (Co-Moderator): Circa zehn Minuten. Dann bleiben uns noch 25 Minuten, wenn wir unsere Zeit bis 16.00 Uhr einhalten wollen. Das möchte ich nur sagen. Ich frage, Moment einmal, Frau Köppe, wir müssen ja erst einmal abstimmen über Ihren Geschäftsordnungsantrag, ob alle einverstanden sind. Wer ist einverstanden mit einer zehnminütigen Unterbrechung, um die Möglichkeit zur Beratung zu geben? Den bitte ich ums Handzeichen. – Ja, das ist die Mehrheit. Zehn Minuten [wird] unterbrochen. Wir treffen uns wieder [um] 15.34 Uhr.

[Pause]

Ziegler (Moderator): – Ich bitte nochmals die Teilnehmer, am Runden Tisch wieder Platz zu nehmen und bitte doch die Türen zu schließen, ja?

Ja, wenn Sie so nett wären hinauszugucken. Es sind ja noch nicht einmal die Hälfte. Ja, da kann man natürlich am schnellsten etwas schaffen, nicht? – gerade an einem Antrag formuliert – – aber trotzdem, wir wollen ja unsere eigenen Beschlüsse einhalten und darum sehen, so [gegen] 16.00 Uhr zum Schluß zu kommen.

Und darum schlage ich jetzt folgendes vor, daß wir diese Frage „Auflösung", die Fragen, die mit der Auflösung des Amtes für Nationale Sicherheit und dem Bericht von Herrn Staatssekretär Halbritter zusammenhängen, kurz unterbrechen und die Wirtschaftsfragen jetzt erledigen. Es ist hier noch folgendes zu tun. Über die **Vorlage [5/2] der Arbeitsgruppe „Wirtschaft"** muß noch befunden werden. Sicher soll sie, so habe ich das verstanden, als Empfehlung an die Regierung gehen. Es ist dazu [von der VL] auch ein **Dis-**

senspapier [**Vorlage 5/3**[12]] vorgelegt worden. Das müßte ja auch mitgegeben werden. Es liegt vor ein Antrag von der Gewerkschaft auf Ergänzung [**Vorlage 5/2a**[13], **Antrag FDGB: Soziale Sicherheit der Werktätigen**].

Und dann ist möglich, daß der Unabhängige Frauenverband ein Hearing beantragt [**Vorlage 5/5**[14], **Antrag UFV ein Hearing des Wirtschaftsausschusses der Volkskammer und der AG „Wirtschaft" des Runden Tisches zu veranstalten**]. Das hängt alles mit den Wirtschaftsfragen zusammen. Und schließlich, das geht nicht ganz in dieselbe Richtung, war noch die Aufforderung Parteienfinanzierung, die weiterzugeben wäre. Das ist so der ganze Komplex mit der Wirtschaft.

Dazu Herr Gehrke? Oder wozu?

Gehrke (VL): Zu – – und noch vorweg die schon zweimal gestellte Frage an den Regierungsvertreter oder an die Regierungsvertreter, was es denn nun auf sich hat mit dieser **Anordnung über die Handwerker** und dem **Verfassungscharakter**? Die ist unbeantwortet geblieben.

Ziegler (Moderator): Ja, die ist zweimal unbeantwortet geblieben, Herr Gehrke. Und daraus schließe ich, daß im Augenblick die Regierungsvertreter diese Frage noch einmal mitnehmen müssen, wie ja einige andere auch, zum Beispiel die unbefriedigende Sache mit dem sogenannten **Überbrückungsgeld**. Das muß ja auch noch einmal kommen. Wir müssen das feststellen, daß im Augenblick darauf keine Antwort gegeben worden ist.

Gehrke (VL): Oder gegeben werden soll.

Ziegler (Moderator): Also, wir wollen doch möglichst nicht mit Unterstellungen arbeiten.

Gehrke (VL): Deshalb habe ich noch einmal nachgefragt.

Ziegler (Moderator): Ja, also, wollen Sie sich doch noch dazu äußern, Herr Halbritter? Damit das bloß – –

Halbritter (Staatssekretär): Ich bitte darum, daß wir diese Frage wirklich beim nächsten Meeting behandeln, und ich bin dafür nicht – – Ich kenne diese – – [gemeint ist wohl: Anordnung über die Handwerker] eigentlich nicht. Wir müssen uns informieren – –

Ziegler (Moderator): Gut.

Halbritter (Staatssekretär): – beim zuständigen Minister informieren, daß sie eine Antwort geben. Ich kann es leider nicht.

TOP 12: Wirtschaftsfragen

Ziegler (Moderator): Gut. Ich bitte jetzt darum, daß wir zu den Wirtschaftsfragen kommen. Wir können uns nicht erlauben, die Zeit mit warten zu vertun. Herr Jordan – zu den Wirtschaftsfragen oder wozu?

Jordan (GP): Zu den Wirtschaftsfragen.

Ziegler (Moderator): Zu den Wirtschaftsfragen jetzt, ja? Und dann Frau Töpfer.
Ja, bitte.

---
[12] Dokument 5/5, Anlagenband.
[13] Dokument 5/4, Anlagenband
[14] Dokument 5/9, Anlagenband.

Jordan (GP): Wir haben noch eine Anfrage an den Vertreter der Staatsfinanzen in bezug auf **Parteien** und ihr **Eigentum**.

Ziegler (Co-Moderator): Ja.

Jordan (GP): Und zwar ist uns bekannt, daß der SED der weitaus größte Teil des **Verlagswesens** gehört und der **Polygraphie** und darüber hinaus noch viele andere Großbetriebe. Und wir hätten gern eine Offenlegung der Produktionsfondsabgaben, also der Steuerabgaben dieser Betriebe, um daraus zu schlußfolgern, wie groß der Umfang dieser parteieigenen Betriebe ist.

Ziegler (Moderator): Ja, wenn jetzt noch neue Fragen kommen, bitte ich im Interesse unserer Verhandlungsführung um folgendes: Das sind Fragen, über die sich auch die anwesenden Regierungsvertreter kundig machen müssen, daß sie aufgeschrieben werden und daß wir sie dann so für die nächste Sitzung mitgeben. Denn das ist nun aus dem Handgelenk immer wirklich schwer zu beantworten. Könnten Sie das bitte auch machen, Herr Jordan? Wir sind jetzt bei der – – Wie? Aufschreiben, bitte.

Und jetzt ist Frau Töpfer auch zur Wirtschaft [dran]. Wir verhandeln jetzt über die Wirtschaftsfragen. Bitte.

Frau Töpfer (FDGB): Wir haben eine Anfrage an die Regierung, und zwar, ob es Analysen gibt parallel zu den Analysen zur **Strukturveränderung in der Volkswirtschaft**, die die **Freisetzung von Arbeitskräften** in der Zukunft in der DDR betreffen und die Umqualifizierung, weil das für die Erhaltung des Rechts auf Arbeit in Zukunft von Bedeutung sein wird.

Ziegler (Moderator): Können Sie die bitte kurz formulieren, damit wir sie mitgeben können. Heute schaffen wir es auch wieder nicht.

Frau Töpfer (FDGB): Also, ob Analysen erarbeitet werden.

Ziegler (Moderator): Ja.

Frau NN: Aufschreiben.

Ziegler (Moderator): Schreiben Sie bitte kurz auf.

Frau Töpfer (FDGB): Soll ich aufschreiben? In Ordnung. Ich schreibe sie auf.

Ziegler (Moderator): Bitte. Wissen Sie, sonst wird unser Arbeiten völlig uneffektiv, wenn wir immer bloß hier in den Raum fragen und nachher unbefriedigt sind, wenn sie nicht präzise beantwortet sind. So. Und nun bitte ich Herrn Bein noch einmal zu der **Vorlage [5/2]** zu sprechen mit dem Ziel, wie soll sie der Regierung als Empfehlung übergeben werden. Bitte.

Bein (NDPD): Mein Vorschlag ist, heute wirklich dieses Papier anzunehmen und dazu nach der bisherigen Diskussion folgende Veränderung vorzunehmen. Auf der ersten Seite im dritten Absatz letzte Zeile anstelle von „Einleitung" „Ausarbeitung" zu schreiben.

Ziegler (Moderator): Das war der Vorschlag von Herrn Berghofer.

Bein (NDPD): Ja. Dann würde ich vorschlagen auf Seite 2 bei den Anstrichen oben unter erstens, den vierten Anstrich, folgende Passage dort zu streichen: „wenn nötig, durch weitere Futterimporte und materiell-technische Absicherung" und dafür zu setzen „und zur Sicherung der Frühjahrsbestellung". Und die Problematik der **Futterimporte** zu verweisen an die Arbeitsgruppe „Wirtschaft". Die wird die Regierung bitten, daß dort jemand kompetent die Notwendigkeit von Futterimporten erklärt, so daß das dann dem Runden Tisch erneut vorgelegt werden kann.

Ziegler (Moderator): Also, bitte die Veränderung noch einmal ansagen, damit nachher jeder auch weiß, worum es geht.

Bein (NDPD): Ich muß auf eine Veränderung noch aufmerksam machen, das ist auf Seite 4.

Ziegler (Moderator): Nein, zu Seite 2, bitte, damit der Text richtig ist.

Bein (NDPD): Zu zwei, ja, wiederhole ich noch einmal, das ist unter erstens der vierte Anstrich.

Ziegler (Moderator): Ja.

Bein (NDPD): Da heißt es jetzt: „Zur Sicherung der Versorgung der Bevölkerung mit Nahrungsmitteln". Das soll stehenbleiben.

Ziegler (Moderator): Ja.

Bein (NDPD): Und dann soll weitergeführt werden – „... und zur Sicherung der Frühjahrsbestellung".

Ziegler (Moderator): Ja.

Bein (NDPD): Und der Zwischensatz, „... wenn nötig, durch weitere Futterimporte und materiell-technische Absicherung" zu streichen.

Ziegler (Moderator): Ich hoffe, daß alle das mitbekommen haben. Ja, gut.

Bein (NDPD): Auf Seite vier wurde vorgeschlagen unter 10. nicht „Pachtrecht" zu sagen, sondern „Nutzungsrecht".

Ziegler (Moderator): Das war der Hinweis von Herrn Henrich, nicht? Nutzungsrecht, ja?

Bein (NDPD): Das war der Vorschlag vom Neuen Forum, ja. Das sind also alle Änderungen. Was die Anlage angeht, würde die Arbeitsgruppe „Wirtschaft" sich den **Arbeitsplan der Regierung** ansehen und außerdem auch den **Gesetzesplan** und danach entscheiden, in welcher Anlage dort ein Zeitplan für das weitere Vorgehen der Arbeitsgruppe „Wirtschaft" dort vorgeht.

Was die beiden anderen Anträge angeht vom FDGB, schlagen wir vor – und ebenfalls von der Vereinigten Linken –, das als eine Dissensauffassung der Regierung mit einzureichen und jetzt nicht mit aufzunehmen.

Ziegler (Moderator): Der Gewerkschaftsantrag sollte dann aber in der Arbeitsgruppe „Wirtschaft" noch einmal verhandelt werden, nicht?

Bein (NDPD): Der wird noch einmal beraten dort. Das ist richtig.

Ziegler (Moderator): Ja, gut so. Dazu gab es jetzt Wortmeldungen von Herrn Engel.

Engel (CDU): Ich würde darum bitten, auf der Seite 2 den Punkt 1 die „**materiell-technische Absicherung**" bestehen zu lassen, also diese Attributierung „materiell-technisch", weil uns das immens wichtig erscheint, da gerade dort in Zusammenarbeit Industrie [und] Landwirtschaft eine bedeutende Reserve liegt, um die Frühjahrsbestellung überhaupt sichern zu können. Es geht namentlich um Ersatz- und Zubehörteile für die Landwirtschaft.

Ziegler (Moderator): Ja, also – –

N.N.: Darf ich bitte gleich noch einmal sagen, wie Sie das dann formuliert haben wollen. Ich hatte gesagt, „... und zur Sicherung der Frühjahrsbestellung". Da beziehe ich das ein. Wie soll der Text genau lauten?

Ziegler (Moderator): Eigentlich ist das alles mit drin, Herr Engel. Und wenn wir, ich denke – –

Engel (CDU): Ich ziehe meinen Antrag zurück.

Ziegler (Moderator): Jetzt hatte sich Frau Röth [gemeldet], aber Sie wollten zu Ihrem Antrag sprechen?

Sofort. Wir wollen einmal dies bloß zu Ende bringen, ja? Es ist jetzt der Vorschlag gemacht, diese Vorlage – – Wir kommen schneller zum Zuge, wenn wir uns einen Augenblick um Konzentration bemühen, ja? – Es ist jetzt der Vorschlag gemacht, diese **Vorlage [5/2]** der Arbeitsgruppe „Wirtschaft" als Empfehlung mit diesen Änderungen, die eben angesagt worden sind, der Regierung zu übergeben. Gleichzeitig das **Dissenspapier der Vereinigten Linken [Vorlage 5/3**[15]**]**, weil da nicht überall Übereinstimmung zu finden war. Und informativ auch der **Ergänzungsantrag der Gewerkschaft [Vorlage 5/2a**[16]**]**. Bei der Gewerkschaft war das mit der Auflage verbunden, daß das noch einmal in der **Arbeitsgruppe „Wirtschaft"** verhandelt wird.

Möchte zu diesem Verfahren sich jemand äußern? Sonst möchte ich gerne darüber abstimmen lassen. – Es möchte sich im Augenblick dazu niemand äußern. Dann frage ich, wer mit diesem Verfahren einverstanden ist, daß diese drei Papiere der Regierung als Empfehlung übergeben werden, bei dem dritten Antrag der Gewerkschaft mit der Auflage „wird noch einmal beraten in der AG ‚Wirtschaft'", den bitte ich um das Handzeichen. - Danke schön. Das ist offensichtlich die Mehrheit. Wer ist dagegen? Nur damit wir klar sehen. – Gegenstimmen nicht. Enthaltungen? – 2 Enthaltungen.

Danke schön.

Jetzt bitte ich Frau Dr. Röth, den **Antrag des Unabhängigen Frauenverbandes** vorzutragen.

Frau Röth (UFV): Ja. Der Antrag liegt Ihnen auch auf dem Tisch, aber leider nicht mit der Unterschrift des Unabhängigen Frauenverbandes. Deswegen möchte ich ihn noch einmal vorlesen, und zwar haben wir ihn schon das letzte Mal vorgelegt, so daß ich ihn auch noch konkretisieren möchte, und zwar möchten wir den **Antrag [Vorlage 5/5**[17]**]** einbringen, daß der Runde Tisch beschließen möge, daß Vertreter der AG „Wirtschaft" und Vertreter des **Volkskammerausschusses** zu **Wirtschaftsfragen** eine gemeinsame **Expertenanhörung** machen.

Der heutige Tag hat uns, glaube ich, sehr verdeutlicht, daß wir uns außerhalb des Runden Tisches verstärkt den Wirtschaftsfragen zuwenden müssen, und die Zeit, die uns immer in dem Rahmen des Runden Tisches zur Verfügung steht also nicht ausreicht, um konkretere Aussagen und nach einer gemeinsamen Lösungsvariante zu suchen. Deshalb schlagen wir vor, und zwar auch beziehend auf den Ministerratsbeschluß, wo ja zur Konzeptionierung von **Wirtschaftsreformen** zehn Arbeitsgruppen gebildet worden sind – – Ich denke, daß jeder Gruppierung und alten Partei – –

---

[15] Dokument 5/5, Anlagenband.
[16] Dokument 5/4, Anlagenband.
[17] Dokument 5/9, Anlagenband.

Ziegler (Moderator): Augenblick einmal. Ich denke – – Bitte, hier scheint es Mißverständnisse zu geben. Ist das wirklich dieser kurze Antrag, den alle vor sich haben, ja?

Frau Röth (UFV): Ja, ich kann ihn noch einmal so vorlesen.

N.N.: Nein, nein, es geht darum, daß manche glauben, der lange Antrag, der von Ihnen verteilt wurde – –

Frau Röth (UFV): Nein, es ist der kurze Antrag.

N.N.: Es ist die Schwierigkeit, wenn was verteilt wird. Der kurze Antrag Runder Tisch, 5. Sitzung. So sieht er aus, damit sie nicht unnötig – –

Ziegler (Moderator): Gut. Danke. Das ist er.

Frau Röth (UF): Das ist er.

Ziegler (Moderator): Und nun bitte [ich] um Entschuldigung. Sprechen Sie bitte weiter.

Frau Röth (UFV): Und zwar – –

Ziegler (Moderator): Augenblick. Herr Engel, was ist?

Engel (CDU): Es wird ein Geschäftsordnungsantrag, weil man hier unter dem Papier sonst nicht mehr durchfindet. Ich bitte doch, ein System zu entwickeln, wonach man die [Anträge] zukünftig numeriert, damit wir nicht mehr heute, aber – –

Ziegler (Moderator): Sobald Sie mir Gelegenheit geben, einmal das Sekretariat einzurichten und nicht immer wieder vertagen, wird das alles passieren.

Frau Röth, Sie haben das Wort.

Frau Röth (UFV): Ja, ich fahre fort. Aufgrund des Ministerratsbeschlusses sind ja elf Arbeitsgruppen gebildet worden, die sich mit Fragen der Wirtschaftsreform beschäftigen, detaillierte Gruppen, und zwar sind wir der Meinung beziehungsweise beantragen, daß die Ergebnisse dieser Arbeitsgruppen in einem **Wirtschaftshearing** hier vorgetragen werden, und zwar öffentlich vorgetragen werden, wobei die Vertreter der Parteien und auch der oppositionellen Gruppierungen die Möglichkeit haben müssen, ihre eigenen Experten mitzubringen und wir sozusagen gemeinsam Wirtschaftsfragen in einem umfangreicheren Maße also hier diskutieren, als es derzeit am Runden Tisch möglich ist.

Ziegler (Moderator): Ja, Herr Bein, bitte schön.

Bein (NDPD): Ich möchte mich zu diesem Antrag melden. Offensichtlich gibt es doch wesentliche Informationsverluste. Ihre Vertreterin war ja bei der Beratung [der] Arbeitsgruppe „Wirtschaft" dabei. Die Regierung hat das Angebot unterbreitet, am 11. Januar [1990] über die Ergebnisse dieser Arbeitsgruppen zusammengefaßt zu informieren und hat es außerdem allen Bewegungen überlassen, an diesen Arbeitsgruppen teilzunehmen und hat auch darüber informiert, wo und wann und was dort also gemacht wird.

Ihre Vertreterin kennt das also, und ich würde doch darum bitten, daß wir dann nun auch am 11. Januar [1990], das wollen wir auch tun, uns das gemeinsam anhören und unsere Meinung dazu sagen. Ich will auch sagen, daß die Regierung angeboten hat, uns den Entwurf – das hat sie auch übergeben – einer ganz wichtigen Verordnung vorzulegen, nämlich diese **Ordnung über die Gründung und Tätigkeit von Unternehmen mit ausländischer Beteiligung in der DDR.** Deshalb haben wir im Umlauf als Arbeitsgruppe jetzt noch einmal herumgehen lassen, uns hierzu am 5. [Januar 1990] um 10.00 Uhr erneut zu treffen, und wir bitten die Regierung, daß wir Gelegenheit haben als Arbeitsgruppe beziehungsweise als Runder Tisch zu dieser ganz wichtigen Verordnung noch vorher Stellung zu nehmen, damit es auch hierzu Konsens gibt. Es gibt zu zwei, drei Problemen hier doch noch Fragen.

Ziegler (Moderator): Frau Röth, ich glaube, das ist nicht genau dasselbe, nicht?

Frau Röth (UFV): Ich denke, daß das eine das andere nicht ausschließt. Und vor allen Dingen, um Öffentlichkeit hier für diese ja doch für die DDR sehr bewegenden Fragen zu schaffen, denke ich schon, daß eine **Expertenanhörung,** wo die Vertreter der Opposition als auch die Altparteien ihre Experten mitbringen und wir sozusagen gemeinsam die Fragen noch einmal erörtern, auch der Bevölkerung insgesamt in der DDR eine Möglichkeit schaffen, in diese schwierigen gesellschaftlichen Zusammenhänge doch Einblick zu bekommen und sozusagen auch an diesem Prozeß also öffentlich-demokratisch mitzuwirken. Und deswegen möchte ich meinen Antrag hier noch einmal bekräftigen und untermauern.

Ziegler (Moderator): Ja, Herr Böhm, Sie hatten sich gemeldet.

Böhm (DBD): Ich halte es für durchaus möglich, ein solches öffentliches Hearing durchzuführen, wenn es außerhalb der Tagungsrunden des Runden Tisches verläuft. Ansonsten würden wir unsere Tagesordnung in Frage stellen. Ich halte es sogar für notwendig.

Ziegler (Moderator): Also, der Antrag lautet, ein Hearing, eine Expertenanhörung zu machen gemeinsam mit dem Ausschuß der Wirtschaft der Volkskammer und der Arbeitsgruppe des Runden Tisches. Ich schlage vor, daß wir da einmal jetzt fragen, wer dieses unterstützt, aber die Durchführung und die Fragen, wie das zu machen ist, der Arbeitsgruppe „Wirtschaft" übertragen. Dann kann auch das, was Herr Bein gesagt hat, noch einmal geprüft werden, ja?

Also wer stimmt dem zu, daß eine Expertenanhörung zu dieser Frage außerhalb der normalen Tagesordnung des Runden Tisches stattfindet? Den bitte ich um das Handzeichen. – Jetzt müssen wir wohl zählen, ja? Es ist die Mehrheit, und wir bitten die Arbeitsgruppe „Wirtschaft", und vielleicht könnten Sie sich dazugesellen, das zu organisieren und das Nähere zu klären, ja? So!

Und nun, damit sind wir mit den Fragen der Wirtschaft für den heutigen Tag bis aufs erste am Ende. Es gibt noch die Frage, Anregung oder Forderung von der AG „Wirtschaft" – Moment, Augenblick, Herr Holland, Sie kommen noch dran. Sie kommen noch dran. Ich wollte nur einen zweiten Antrag, auch leider nicht numeriert, das ist ein wirklicher Mangel, der hier auch von der AG „Wirtschaft" eingereicht wird – – Er fängt an:

> **[Antrag AG „Wirtschaft": Offenlegung der Finanzierung und wirtschaftlichen Tätigkeit der Parteien[18]]**
>
> Der Runde Tisch fordert die Regierung auf, die Prinzipien und Regelungen der bisherigen wirtschaftlichen Tätigkeit der Parteien und Organisationen offenzulegen.

---

[18] Dokument 5/6, Anlagenband.

Da hatte zwar die Regierungsvertreterin schon gesagt, daß das nicht Sache der Regierung ist. Es kann also nur um die Zuschüsse, war dann gesagt worden, die etwa aus dem Haushalt an die Parteien gehen, gehen. Und das ist noch nicht abgearbeitet.

Herr Raspe dazu.

Raspe (LDPD): Ja, ich glaube, auch hier müssen wir einmal an eine Verständigung hier am Runden Tisch erinnern, daß wir uns zu dieser Thematik in einer speziellen **Arbeitsgruppe „Parteien- und Vereinigungsgesetz"** verständigen wollen.

Ziegler (Moderator): Gut.

Raspe (LDPD): An dieser Stelle sollte diese Offenlegung geschehen. Morgen ist die nächste Beratung. Da werden wir dann zu diesen Dingen Stellung nehmen. Ich würde vorschlagen, daß wir bei diesem Beschluß bleiben. Ich wollte noch einmal daran erinnern.

Ziegler (Moderator): Gut. Dann lautet das, daß wir das zunächst überweisen an die Arbeitsgruppe „Parteien und Vereinigung", ja?

Raspe (LDPD): Ja, bitte.

Ziegler (Moderator): Findet das Widerspruch? Dann brauche ich nicht weiter abstimmen zu lassen. An [die] Arbeitsgruppe [überweisen] und dann wird es weiterbehandelt, nicht?

Und nun hat Herr Holland ganz mit Recht gesagt, wir haben an einer Stelle eine Zusage nicht eingehalten, nämlich die Liste, die vor dem Mittagessen aufgestellt war – Ullmann, Böhme, Töpfer, Bein, Holland, Engel, Gehrke, Dörfler, Köppe – war nicht abgearbeitet. Ich möchte aber nun einmal fragen, wer von den Genannten meint, ich muß heute damit noch drankommen, der muß drankommen, das ist ja zugesagt gewesen, nicht? Aber die Zeit ist 15.59 Uhr. Ich möchte das wenigstens auch noch dazu sagen. Ich bitte jetzt, daß die, die jetzt noch dazu das Wort nehmen wollen, zu Wirtschaftsfragen, sich dann noch melden.

Herr Ullmann meldet sich schon, ja? Bitte Knopf drücken, sonst können wir nicht [hören].

Ullmann (DJ): Ja, also auf die Wortmeldung kann ich jetzt nicht zurückkommen. Statt dessen möchte ich einen Antrag von Demokratie Jetzt einbringen. Er ist ausgeteilt, und jeder müßte ihn in der Hand – [**Vorlage 5/6, Antrag DJ: Offenlegung der Regierungspläne für den Bereich KoKo**]

Ziegler (Co-Moderator): Geht das um Wirtschaftsfragen jetzt? Oder warum?

Ullmann (DJ): Ja.

Ziegler (Co-Moderator): Um Wirtschaftsfragen?

Ullmann (DJ): Ja, um Wirtschaftsfragen.

Ziegler (Moderator): Ja, bitte, Herr Ullmann.

Ullmann (DJ):

[**Vorlage 5/6, Antrag DJ: Offenlegung der Regierungspläne für den Bereich KoKo**]

Minister Beil wird gebeten, das **Konzept** zur Auflösung des Bereiches KoKo, das er am 7. Dezember 1989 der Regierung vorlegte, am Runden Tisch vorzutragen. Ministerin Nickel wird gebeten, über das Ergebnis der **Revision** aller Konten des Bereiches Koko, das sie der Regierung am 6. Dezember 1989 vorlegte, am Runden Tisch zu berichten.

Zum Kommentar ist, glaube ich, nichts weiter zu sagen. Es sind alte Fragen, die auch heute eine Rolle gespielt haben. Aber die anwesenden Regierungsvertreter haben ja selbst gesagt, daß sie darüber zur Zeit noch keine vollständige Auskunft geben konnten. Darum der Antrag.

Ziegler (Moderator): Es sind die Fragen von heute vormittag, die schon angeschnitten worden sind im Zusammenhang mit KoKo. Herr Henrich, zu diesem Antrag jetzt? Können wir das denn erst einmal zu Ende bringen, damit wir das sehen.

Sie kommen mit Ihrer Erklärung ja noch dran. Wir haben die Frage mit der Auflösung ja noch nicht zu Ende gebracht. Also erhebt sich Widerspruch, daß dieser Antrag, diese Bitte an die Regierung gerichtet wird, darüber Auskunft zu geben? – Soviel ich sehe, haben wir das heute früh schon gestellt. Es ist nur jetzt in der Form bekräftigt. Erhebt sich dagegen Widerspruch? Möchte sich jemand noch enthalten? – Dann geben wir das so in dieser Form weiter, ja? Danke. An die Regierung. So!

Und nun muß ich fragen, wer von dieser Liste jetzt erst einmal noch [sprechen möchte]. Herr Böhme, ja, Sie waren auf der Liste. Ja, Frau Dörfler ist ja auch noch dabei.

Böhme (SDP): Ich verzichte auch auf eine Wortmeldung. Wir haben alle wahrscheinlich noch sehr viele Fragestellungen, und [ich] erneuere meinen Antrag, in der nächsten Woche einen weiteren Tag zu finden, um Wirtschaftspolitik und Wirtschaft zu behandeln. Ansonsten werden wir das Problem immer mit uns herumschleppen.

Ziegler (Moderator): Herr Böhme, ich bitte darum, daß Sie den Antrag noch einmal überprüfen und der Prioritätengruppe das doch überlassen. Denn nächste Woche, wie sollen wir das jetzt machen? Ja bitte, Sie antworten dann.

Böhme (SDP): Ich werde den Antrag [auf Fortsetzung der Fragen und Einräumung einer erneuten Wirtschaftsrunde] also nachher in der **Prioritätenkommission** neu stellen.

Ziegler (Moderator): Das wäre sehr nett. Ich glaube, dafür hatten wir uns verabredet.

Jetzt Frau Dörfler.

Frau Dörfler (GP): Das gleiche werden wir tun. Wir hatten als Grüne Partei ein Papier ausgeteilt, ein 4-Punkte-Programm zur Verbesserung der Energiesituation. [**Vorlage 3/4, Antrag GP/GL: 4-Punkte-Programm zur Verbesserung der Energiesituation**[19]]

Ziegler (Moderator): Ja.

Frau Dörfler (GP): Es hätte vorhin sehr schön gepaßt. Nun ist die Zeit fortgeschritten, und wir werden es auch erneut in die **Prioritätengruppe** einbringen.

Ziegler (Moderator): Ja, das fände ich gut, vor allen Dingen, weil wir auch noch andere ökologische Papiere hier haben. Sie bringen es neu ein, ja? Danke. So. Wer?

Herr Ebeling und dann Herr Berghofer.

---

[19] Vergleiche 3. Sitzung des Runden Tisches: Vorlage 3/4 sowie Dokument 7/4, Anlagenband.

Ebeling (DA): Das Mikro ist nicht eingeschaltet.

Ziegler (Moderator): Danke. Aber ich muß jetzt doch noch einmal der Ordnung halber sagen, diejenigen müssen noch an die Reihe kommen, und Herr Holland hat sich auf jeden Fall gemeldet. Ich muß Herrn Holland vornehmen, weil er nun wirklich an der Reihe ist. Sie kommen auch dran, Herr Engel. Und Herr Berghofer auch. Erst Herr Holland.

Holland (LDPD): Ich werde jetzt leider auch zurücktreten, obwohl ich mich schon seit heute vormittag gemeldet habe und der heutige Haupttagesordnungspunkt hier **Wirtschaft** heißt. Sie ist bisher leider sehr verschoben worden. Ich bin der Auffassung, daß wir nicht eine zusätzliche Tagung machen sollten am Runden Tisch, sondern das in die **Arbeitsgruppe** verweisen. Die Arbeitsgruppe hat bisher eine sehr ordentliche Arbeit geleistet. Sie hat ein Papier vorgelegt, das fast anstandslos angenommen worden ist, und ich bin der Auffassung, daß weitere Fragen, die die Wirtschaft betreffen, dann in der Arbeitsgruppe weiterverhandelt werden.

Ziegler (Moderator): Das geht eigentlich gegen den Antrag Böhme, nicht?

Holland (LDPD): Genauso ist es. Jawohl, das geht gegen den Antrag Böhme.

Ziegler (Moderator): Ja. Nur damit es einmal klar ist.
Herr Böhme, natürlich! Dazu? Sie wollen zur – –

Böhme (SDP): Also ich höre meinen Namen gern so dezidiert in Verbindung mit einem Antrag benannt. Aber ich möchte sagen, die Fragen, die hier gestellt worden sind, und das wendet sich nicht gegen die Arbeit, die die Wirtschaftsgruppe bisher geleistet hat, die Fragen, die hier gestellt worden sind, müssen hier ausgesprochen, ausdiskutiert werden.

Ziegler (Moderator): Gut. Herr Böhme.
Herr Holland ist – – Ich weiß nicht, ob [die Frage] heute in der **Prioritätengruppe** ist, da werden wir das dann noch einmal aufnehmen.
Jetzt sind Herr Berghofer und Herr Engel dran. Wahrscheinlich zu anderen Punkten, nicht?

Berghofer (SED-PDS): Im Interesse der weiteren Erhöhung der Effizienz unserer Arbeit wäre es denkbar, daß der Vorsitzende der **Prioritätenkommission** im Verlauf dieser Woche mit dem Beauftragten der Regierung die Fragen dann einmal alle durchgeht, damit eine solide Vorbereitung erfolgen kann, damit die Zeit begrenzt wird der Antworten und wir zum Wesen der Sache kommen. Ich denke immer mit Stirnrunzeln daran, was die Menschen denken, die uns zuhören.

Ziegler (Moderator): Ich auch, ja. Entschuldigung. Ich nehme das sehr gern auf, und die heutige Prioritätsgruppe wird noch einmal zusammenstellen, und dann werden wir das vorher klären.
Herr Engel.

Engel (CDU): Ich würde auch meine Wortmeldung zurückziehen wollen unter der Voraussetzung, daß wir uns in diesem Monat noch einmal mit der Wirtschaft beschäftigen, weil uns das Thema eigentlich nur zu wichtig erscheint, abgesehen von den Dingen, die wir zur Ökologie und zur Landwirtschaft ohnehin tun wollen.

Ziegler (Moderator): Herr Stief. Hatten Sie [sich gemeldet]? – Nein danke. Gut.

Wir nehmen diese Dinge auf, und ich darf dann davon ausgehen, daß Sie auch einverstanden sind, daß diese Liste der Wortmeldungen, die nicht vollständig abgearbeitet worden ist – Entschuldigung bei denen, die nicht drangekommen sind –, zur Seite gelegt werden kann, ja? Danke schön.

Dann kommen wir jetzt zu dem Punkt, zu dem Sie die Unterbrechung beantragten. Ich vermute, Sie wollten eine Erklärung dazu formulieren, nicht?

TOP 13: Verständigung über Justizfragen

Frau Köppe (NF): Die am Runden Tisch vertretenen oppositionellen Gruppen und Parteien protestieren dagegen, daß die Regierung, unberücksichtigt der Empfehlung des Runden Tisches vom 27. Dezember 1989, die Bildung von Verfassungsschutz und Nachrichtendienst bis 6. Mai 1990 auszusetzen, weiterhin beabsichtigt, diese Organe einzurichten. Wir haben dazu eine Erklärung vorbereitet.

Ziegler (Moderator): Ist die denn schon da?

Frau N.N.: Die wird Herr Schnur verlesen.

Schnur (DA): Ja, ich trage sie vor. Sie muß dann noch geschrieben werden: [**Vorlage 5/7, Erklärung der oppositionellen Gruppen zur nationalen Sicherheit**].

Ziegler (Moderator): Darf ich – – Bloß, damit das hier auch klar ist. Wir haben den Punkt Wirtschaft jetzt abgeschlossen und kehren eigentlich zu dem Punkt Justizfragen, soziale Sicherheit, also **nationale Sicherheit** zurück, ja? Also gut.
Herr Schnur, bitte schön.

Schnur (DA):

[**Vorlage 5/7, Erklärung der oppositionellen Gruppen zur nationalen Sicherheit**]

1. Die Teilnehmer der Opposition am Runden Tisch bekräftigen ihre Haltung zu dem Beschluß vom 27. Dezember 1989 über das Aussetzen der Bildung des Amtes für Verfassungsschutz und Nachrichtendienstes bis zum 6. Mai 1990 und fordern die Regierung auf, alle Handlungen zu unterlassen, die dem entgegenstehen.

2. Die Teilnehmer der Opposition am Runden Tisch fordern zur Realisierung des Beschlusses des Runden Tisches vom 7.12.1989 Ziff. 2, zur Rechtsstaatlichkeit, gleichberechtigt zum zivilen staatlichen Beauftragten der Regierung eine von der Opposition [benannte] Vertrauensperson für die Auflösung des Amtes für Nationale Sicherheit einzusetzen. Darüber hinaus werden mindestens drei weitere Vertreter der Opposition zur Mitarbeit entsandt.

3. Die Regierung wird aufgefordert, bis zum 8.1.1990 einen Nachweis über die Übergabe der Waffen an das Ministerium für Nationale Verteidigung und das Ministerium des Innern zu erbringen.

Diese Erklärung wird getragen vom Neuen Forum, der Grünen Liga, Grüne Partei, Demokratie Jetzt, Demokratischer Aufbruch, SDP, Unabhängiger Frauenverband, Initiative Frieden und Menschenrechte.

Ziegler (Moderator): Für die Verhandlung ist [es] natürlich ein bißchen schwierig, daß wir jetzt nichts vor Augen haben. Herr Berghofer hatte sich schon gemeldet.

Berghofer (SED-PDS): Ich möchte einen Standpunkt der Vertreter der SED-PDS hier abgeben. Der knüpft an die Ausführungen von Herrn Halbritter an.

Zunächst – und da sehe ich keinen Widerspruch zwischen dem, was bisher gesagt wurde – handelt es sich um das, oder eines der sensibelsten Themen, einer der auslösenden Faktoren für die Veränderung in unserem Land. Deshalb kann man das nicht wie eine Lapalie behandeln und jeder Widerspruch, der hier deutlich wird, das muß ich an die Regierung sagen, ist mit Ernsthaftigkeit zu überprüfen. Und hier wird eine ganze Reihe Widersprüche sichtbar. Das ist nicht akzeptabel.

Zweitens, Sicherheit ist eine existenzielle Frage für jedes Gemeinwesen. Auch da sehe ich keine Widersprüche zwischen dem, was hier gesagt wurde. Man muß sie allerdings in ganzer Komplexität behandeln. Insofern stimme ich in den Grundfragen mit Herrn Henrich und [Herrn] Schnur überein.

Drittens, dazu müssen kompetente Leute hier reden. Deshalb bin ich für den **Bericht zur Sicherheitslage** in der DDR, und zwar schnell. Im übrigen gilt das für alle Themen, die wir hier bereden. Wenn wir nicht objektive Analysen zur Beurteilung einer Lage vor uns haben, sind wir nicht in der Lage, richtige Entscheidungen zu treffen oder richtige Empfehlungen zu formulieren.

Viertens, ich sehe keinen Grund, warum die durch den Runden Tisch beauftragte Arbeitsgruppe nicht an der Seite von Herrn Koch in die Überprüfung oder Kontrolle der Auflösung des Amtes oder der Ämter einbezogen wird. Insofern könnte man den hier vorgetragenen Vorschlag erweitern.

Fünftens, ich bin dafür, daß in der nächsten Runde hier kompetente Vertreter, die zu sicherheitspolitischen Fragen Aussagen treffen können, das Wort nehmen und Positionen vortragen, sonst drehen wir uns ständig im Kreise.

Ende. Danke.

Ziegler (Moderator): Ich muß trotzdem fragen, was das bedeutet für den Antrag, den Herr Schnur vorgetragen hat. – Gar nichts? – Aha. Ich dachte, diesen Antrag, die Arbeitsgruppe „Sicherheit", die wird sich heute abend, soviel ich weiß, erst – Herr Böhme, das stimmt doch, daß sich diese Gruppe heute abend erst konstituiert? Und darum fände ich es gut, ehe wir solche Entscheidungsbeschlüsse fassen, daß dies in dieser Gruppe auch vorgearbeitet wird. Und dann die Dinge auch aufgenommen werden, die Herr Halbritter vorgeschlagen hat und angeboten hat, daß hier Leute, die von der Sicherheit [sind], besprechen, sofort, und Herr Berghofers Vorschlag dann auch aufgenommen wird.

Aber Herr Schnur.

Schnur (DA): Also, ich darf ausdrücklich für die Opposition erklären, daß es sich hier nicht um einen Antrag handelt, sondern daß wir die Unterbrechung ausdrücklich gemacht haben, und ich habe vorhin gesagt, ich gebe eine Erklärung für alle hier ab.

Ich darf nur ergänzen, diese Erklärung wird auch von einigen Linken mitgetragen, sie waren auf dem Zettel zunächst nicht mit erfaßt.

Denn wir wollen deutlich machen, daß es für uns um die Glaubwürdigkeit unserer Mitwirkung hier an dem Runden Tisch geht und [ich] will es auch hier nicht verhehlen, wenn weiterhin mit diesem Nichtverantwortbaren [weitergearbeitet wird], so wie es ja auch aus den Erklärungen von Herrn Berghofer deutlich geworden ist von seiten der Regierung, wir keine Möglichkeit mehr sehen, dann an diesem Tisch zu bleiben. Sondern hier muß jetzt mit Konsequenz deutlich gemacht werden, was stimmt, was gilt und wie weit auch die Regierung in der Lage ist, ihre eigenen Maßnahmen zu kontrollieren und sichtbar zu machen, daß nicht ein ehemaliger Leiter des Amtes für Nationale Sicherheit einer Bezirkseinrichtung Erklärungen zum Beispiel hinsichtlich des Zugangs von Waffen abgeben kann, was über Millionen von Fernsehzuschauern sichtbar wird und wir hier heute zusammensitzen und, sagen wir, eine solche Erklärung hatten.

Deswegen auch konkret die Forderung an die Regierung, zum 8. Januar 1990 dann zu sagen, wie kann das belegt werden, daß tatsächlich die Erklärung von Herrn Halbritter, die er heute ja hier für die Regierung abgegeben hat, tatsächlich stimmt und zutrifft.

Ziegler (Moderator): Danke schön. Das ist eine notwendige Berichtigung. Mir ist der Irrtum unterlaufen, ich habe das als Antrag verstanden. Wenn es eine Erklärung ist, können wir ja genau so verfahren, wie Herr Berghofer gesagt hat. Das ist eine große Erleichterung.

Herr Burghardt.

Burghardt (VdgB): Die VdgB schließt sich dieser Erklärung ebenfalls an. Ich möchte noch einmal hier nachdrücklich den Unmut vieler, vieler Genossenschaftsbauern zum Ausdruck bringen, die in unserem Lande sehr ungehalten sind, daß diese Fragen der Auflösung und alles, was damit zusammenhängt, der Ausgleichszahlung, immer wieder verschleppt werden. Wir möchten nachdrücklich darauf hinweisen, daß es hier Reaktionen geben muß.

Danke schön.

Ziegler (Moderator): Damit glaube ich, kann [das] dann aber hier abgeschlossen werden mit der Aufforderung, daß am 8. Januar 1990, das war ja diesmal nur terminiert worden, Herr Schnur, das stimmte, habe ich richtig gehört, ja, über diese Fragen, die heute hier gestellt sind, nun wirklich verbindlich geantwortet wird, auch was das **Überbrückungsgeld** und so weiter [betrifft], was die Regierung da neu bedenkt, und die Fragen der Entwaffnung und was alles war.

Und außerdem kann ich dann wohl vom Neuen Forum hinzunehmen den Vorschlag, Anforderung eines **Berichts zur inneren Sicherheit der DDR**, den kann ich doch dazunehmen, daß dieses ganze Paket dann nach dem Vorschlag von Herrn Berghofer vorbereitet wird und dann neu hier beantwortet wird, ja. Danke. Damit haben wir dann auch dies noch.

Nun bleibt hier noch ein Antrag von SED und PDS, Vorkommnisse in der Silvesternacht. Wer trägt denn den vor? Macht das Herr Bisky, oder? SED und PDS steht hier. Das geht um die Vorfälle am Brandenburger Tor. Ach, na ja, Sie merken, man wird schon etwas fusselig, nicht, ja. Sie waren nicht gemeint.

Machen Sie das bitte, Herr Bisky?

Bisky (SED-PDS): Der Antrag im Zusammenhang mit den Vorkommnissen in der Silvesternacht am Brandenburger Tor – –

Ziegler (Moderator): Ist nicht zu verstehen ..., ich weiß nicht ...

Bisky (SED-PDS):

> **[Vorlage 5/8, Antrag SED-PDS: Vorkommnisse in der Silversternacht am Brandenburger Tor]**
>
> Im Zusammenhang mit den Vorkommnissen in der Silvesternacht am Brandenburger Tor fordert der Runde Tisch eine öffentliche Untersuchung der Vorgänge und gegebenenfalls eine Bestrafung der Verantwortlichen.
>
> Die Teilnehmer des Runden Tisches erwarten eine sofortige Stellungnahme des Fernsehens der DDR.
>
> Die Teilnehmer des Runden Tisches fordern, daß Veranstalter aller Art Fragen der Gewaltfreiheit und der Sicherheit oberste Priorität beimessen, geltende Gesetze einhalten und eine Sicherheitspartnerschaft mit der Volkspolizei vereinbaren.

Dies ist der Antrag.

Ziegler (Moderator): Möchte sich dazu jemand äußern? Es ist also eine Aufforderung und eine Forderung: „Sofortige Stellungnahme des Fernsehens", nicht? Aufforderung zur Sicherheit, möchte sich dazu jemand noch äußern? Herr Ullmann.

Ullmann (DJ): Ich habe kein gutes Gefühl, das muß ich nun leider meinen Gesprächspartnern von der SED-PDS sagen, bei diesem Antrag. Ich verstehe nicht, wieso das Fernsehen hier zur Stellungnahme aufgefordert ist. Ich weiß natürlich, was da vorgekommen ist, aber ich muß gestehen, daß ich kein Verständnis dafür habe, daß das Fernsehen dazu hier von uns zur Rechenschaft gezogen werden soll, daß betrunkene junge Leute auf ein Gerüst klettern, das also notorisch nicht zum Besteigen des Brandenburger Tores dienen sollte.

Ziegler (Moderator): Weitere Wortmeldungen hierzu? Herr Schnur.

Schnur (DA): Also, nach meiner Kenntnis ist es doch so, daß gegenwärtig eine Untersuchung dort eingeleitet worden ist. Ich frage einfach, ob es nicht notwendig ist, vielleicht doch diesen Antrag zurückzustellen und daß gebeten wird, zunächst eine Auskunft des Präsidiums der Deutschen Volkspolizei hier einzuholen, welche **Sachstandsermittlung** dort vorliegt, weil ich einfach glaube, daß wir sonst wirklich auch wieder in die Situation einer Vorverurteilung insgesamt kommen.

Und ich meine, daß das andere, was im letzten Absatz steht, glaube ich, eine generelle Verpflichtung für jedermann in unserem Land sein und auch bleiben muß. Ich glaube, dies können wir aber nicht stets durch Akklamationen oder Beschlüsse erzwingen, sondern dies muß ein ständiges Anliegen von uns allen sein und bleiben.

Ziegler (Moderator): Herr Bisky.

Bisky (SED-PDS): Wir ziehen den Antrag zurück und warten auf die Ergebnisse.

Ziegler (Co-Moderator): Danke schön, wir warten auf Erklärungen der Untersuchung.

Damit, glaube ich, sind die Anträge, die heute hier so verteilt worden sind, erfaßt. Ich möchte zwischendurch jetzt zwei Dinge sagen: Sobald unser Sekretariat vollständig arbeitet, und dazu bitte ich dann heute doch noch, Entscheidungen zu treffen, geht das nicht so weiter, daß hier immerzu zwischendurch, ohne, daß eine Übersicht ist, Papiere verteilt werden. Dann haben wir alle den Schaden davon. Es geht manches unter. Anderes Wichtige wird dadurch überdeckt. Das wird dann geregelt werden müssen. Und Herrn Engels Hinweis ist völlig berechtigt, das muß numeriert werden, damit man [sich] dann auch zurecht findet.

Dann möchte ich noch für den Schluß übergeben an Herrn Dr. Ducke.

TOP 14: Verständigung über die Weiterarbeit des Runden Tisches, insbesondere über die Ordnung für ein Arbeitssekretariat

Ducke (Co-Moderator): Ja. Es wurde eben schon gesagt, wir müssen heute unbedingt eine Entscheidung treffen zur **Ordnung für das Arbeitssekretariat**. Der **Punkt 4** [der Tagesordnung] muß Ihre Zustimmung finden oder nicht, aber es geht um die Weiterarbeit. Es zeigte sich ja heute, wie dringlich das ist.

Sie haben alle handschriftlich den **Entwurf der Moderation [Einrichtung eines Arbeitssekretriats des Runden Tisches**[20]**]** vom 27. Dezember [1989] vorliegen. Die Bereitschaft derer, die angesprochen werden, liegt vor. Meine Frage ist: Gibt es zu diesem Entwurf von Ihnen Bemerkungen? Vorbereitete Bemerkungen möchte ich fast jetzt sagen, nicht, daß man erst durch das Lesen noch worauf gestoßen wird.

Dem ist nicht so. Könnten wir dann heute darüber abstimmen, daß dieses Arbeitssekretariat eingerichtet ist in der Weise, wie es in der Arbeitsordnung vorgesehen ist? Dann stimmen wir gleich darüber ab. Gibt es noch Rückfragen von Ihnen? – Nein. Also, dann stelle ich zur Abstimmung den Punkt 4 „Ordnung für ein Arbeitssekretariat". Dies umfaßt eine Arbeitsordnung und natürlich auch Vorschläge zur personellen Besetzung mit den Konsequenzen, die dann eingefordert würden.

Ich darf doch darum bitten, daß man die Verhandlungen am Runden Tisch nicht stört. Ich rufe auf zur Abstimmung den Punkt 4 „Ordnung für ein Arbeitssekretariat". Wer für die Einrichtung dieses Arbeitssekretariats ist, das wir ja provisorisch jetzt schon nutzen konnten, den bitte ich um das Handzeichen. – Dies ist die Mehrheit. Darf ich bitten, wer ist dagegen? – Keine Gegenstimme. Wer enthält sich der Stimme? – Ebenfalls nicht. Danke schön. Damit hätten wir Punkt 4 abgearbeitet.

Wir müßten jetzt noch Eingaben, Entscheidungen über die weitere Bearbeitung vorlegen. Ich denke, das sollten wir vertagen und uns nur noch den Vorschlag der Prioritätengruppe für die Tagesordnung zur nächsten Sitzung anhören. Liegt die vor oder kann das mündlich erfolgen?

Bitte.

---

[20] Dokument 5/10, Anlagenband.

TOP 15: Vorschlag der Prioritätengruppe für die Tagesordnung der nächsten Sitzung des Runden Tisches

Ziegler (Moderator): Das kann mündlich erfolgen. Allerdings muß die Prioritätengruppe jetzt im Anschluß an die Sitzung aufgrund der heutigen weiteren Anträge noch eine Überprüfung vornehmen. Und nach meiner Übersicht, die ich gewonnen habe während der Verhandlungen, die aber fehlerhaft sein kann, steht fest:

Wahlgesetz, dazu kommt ein Vertreter des Justizministeriums und wird uns auch den **Gesetzgebungsplan** vortragen. Das ist eine reine Information der Regierung. Und im Zusammenhang mit dem Wahlgesetz, **Parteien- und Vereinigungsgesetz**: Es war angemerkt, Verfassung nur insoweit, daß unter Umständen Bestimmungen der jetzt geltenden Verfassung tangiert sind.

Ich würde gleich vorschlagen, daß wir die **Medien** da herauslassen, es sei denn, sie hängen mit der Wahl zusammen.

Und dann ist eben gesagt worden, und das haben wir eben beschlossen, daß eine Möglichkeit sein muß für das nächste Mal, für den Vertreter der Regierung zu all den Fragen, die zusammenhängen mit der **Auflösung des Amtes für Nationale Sicherheit**, klare Aussagen und Berichte zu geben. Das war eben beschlossen worden.

Das wären die Punkte.

Ducke (Co-Moderator): Vielen Dank. Stichwort Medien, Herauslassung der Medien, meint nicht, daß die Medien hier nicht berichten können, sondern das **Mediengesetz**, wenn das richtig ist?

Ziegler (Moderator): So ist es.

Ducke (Co-Moderator): Erübrigt es sich dann?
Herr Böhme dazu.

Böhme (SDP): Es liegt von der SDP ein kurzer Antrag vor, den ich doch bitte, am 8.1. mit aufzunehmen. Es geht um Vorstellungen, wie die Opposition sofort in Medienmöglichkeiten hineingelangen [kann]. Der liegt vor und kann bis dahin durchgearbeitet werden. [**Antrag SDP: Gerechte Öffnung der Tagespresse für alle Parteien und Organisationen**[21]]

TOP 16: Verständigung über Konstituierung, Zusammensetzung und Arbeitspläne der Arbeitsgruppen

Ducke (Co-Moderator): Vielen Dank. Wird in die Prioritätengruppe kommen.

Dann müßten wir heute noch etwas machen, nämlich den **Punkt 7** [der Tagesordnung] unbedingt, daß wir nämlich erfahren, ob die Arbeitsgruppen sich konstituiert haben. Das war eine Forderung. Der müßten wir heute genügen. Kann

---
[21] Dokument 5/11, Anlagenband.

das in Kürze geschehen oder möchte der Runde Tisch darauf verzichten, daß wir das schriftlich dann haben am 8. Januar [1990]? Sollen wir das per Abruf einfach machen?

Ich rufe – – aber ich darf noch einmal bitten, daß wir private Verhandlungen am Runden Tisch jetzt unterlassen. Es ist fast unmöglich, jetzt noch zu moderieren. Ich möchte keine Namen aufrufen, aber genügt es nicht, wenn ich sage, bitte die privaten Verhandlungen zu unterlassen.

Herr Stief, bitte.

Stief (NDPD): Ich möchte den Vorschlag unterbreiten, daß wir bis zum nächsten Mal, bis zum 8. Januar [1990], eine Übersicht bekommen, wie die Arbeitsgruppen zusammengesetzt sind. Und möglicherweise in Umrissen etwa den Plan der Arbeitsgruppen für die nächsten beiden Runden. Das würde uns allen helfen.

Ducke (Co-Moderator): Ihr Vorschlag geht dahin, daß wir jetzt auf den Abruf der einzelnen verzichten, die ja nur ja oder nein sagen könnten. Wir nehmen das zur Kenntnis. Ich unterstütze diesen Vorschlag und meine, wir schlagen vor, bei der nächsten Sitzung des Runden Tisches, am 8. Januar [1990], mögen die Einberufer uns eine Mitteilung machen, eventuell schriftlich vorlegen, was besser wäre.

Nein? Herr Ziegler.

Ziegler (Moderator): Also, hier muß ich dann um Präzision bitten. Ich sage auch gleich, warum.

Wenn wir heute nicht mehr diesen Punkt im einzelnen verhandeln, brauchen wir am Morgen des 8. Januar [1990] die Liste der Mitglieder der Arbeitsgruppen und den [Namen des jeweiligen] Vorsitzenden, der als Ansprechpartner gilt. Denn es geht nicht, daß hier irgendwelche Sitzungen angesetzt werden, ohne daß das Sekretariat Bescheid weiß. Dieses Haus kann das nämlich dann nicht leisten. Und darum brauchen wir immer die Listen mit den Teilnehmern und dem Vorsitzenden, der verantwortlich ist, dann kann das Sekretariat das organisieren und Sie brauchen nur dann im Sekretariat zu sagen, wir möchten für so und so, dann und dann Sitzung haben, dann geht das.

Ducke (Co-Moderator): Gut, können wir so verfahren?
Frau Töpfer, Sie haben noch [eine Wortmeldung]?

Frau Töper (FDGB): Ich wollte nur noch einmal daran erinnern, daß sich morgen um 9.00 Uhr im Haus der Gewerkschaften die **Arbeitsgruppe „Recht"** konstituiert, damit alle wirklich dort einen Vertreter hinschicken, ja?

Ducke (Co-Moderator): Vielen Dank. Ich glaube, wir einigen uns jetzt. Bei der nächsten Sitzung liegen diese Listen vor. Ich nehme Ihr Kopfnicken als Zustimmung. Bitte die, die ihren Namen als Einberufer hergegeben haben, sich dafür verantwortlich zu fühlen. Das nächste Mal rufen wir auf.

Dann wäre noch etwas – –
Bitte, Herr Ziegler.

TOP 17: Freistellungen für die Tätigkeit am Runden Tisch

Ziegler (Moderator): Es kommen jetzt Bitten, daß Bescheinigungen ausgestellt werden für die **Freistellung** in den Betrieben. Wir brauchen dazu Angaben: Name, Adresse, Status am Runden Tisch, das heißt, Teilnehmer, Berater oder Beobachter, Arbeitsstelle, Partei, Gruppierung. Dann können diese Anträge hier vom Sekretariat oder die Freistellungsanträge ausgefertigt werden gemäß dem Beschluß der Regierung, der das ja geregelt hat. Aber ich müßte darum bitten, daß diese Angaben dem Sekretariat schriftlich am 8. Januar [1990] in Zimmer 110 mitgeteilt werden, damit diese Dinge ausgefertigt werden können.

Ducke (Co-Moderator): Danke schön. Das war, glaube ich, die letzte notwendige Entscheidung, die zu treffen ist.

Ich darf hiermit die Sitzung schließen und lade wiederum ein für die nächste Sitzung am Montag, den 8. Januar [1990] um 9.00 Uhr hier in dieses Haus. Ich wünsche Ihnen einen angenehmen Heimweg.

[Ende der Sitzung: 17.45 Uhr]

[Beginn der Sitzung: 8.58 Uhr]

TOP 1: Begrüßung, Vorstellung neuer Repräsentanten der Parteien und Gruppierungen

Ziegler (Moderator): Meine Damen und Herren, ich begrüße Sie zur 6. Sitzung des Runden Tisches. Ich wage kaum die Hoffnung auszusprechen, daß Sie am Wochenende etwas Ruhe hatten. Das wird sicherlich nicht der Fall sein. Aber vielleicht hatten sie doch ein paar Stunden der Entspannung, daß wir jetzt konzentriert und mit neuer Kraft an die Arbeit gehen können.

Wir haben heute eine Live-Übertragung des Fernsehens für die ganze Sitzung. Ebenso überträgt wieder „Radio DDR" unsere Verhandlung.

Wir haben eine Fülle von Zuschriften erhalten. Und ich möchte bei dieser Gelegenheit auch unsere Zuschauer und unsere Hörer begrüßen und danken für all die Zuschriften, die ja zuerst – ob sie kritisch oder ermutigend sind – ein Zeichen der Anteilnahme und des Engagements sind.

Zwei Dinge möchte ich dazu gleich sagen. Ich bitte, künftige Post an den Runden Tisch hierher an das jetzt gebildete Arbeitssekretariat Ossietzkystraße, Berlin 1100, zu senden, nicht mehr an das Sekretariat des Bundes der Evangelischen Kirchen in der DDR und auch nicht an den Ministerrat.

Das zweite: Da erst heute das **Arbeitssekretariat** sich konstituiert hat und mit Kräften besetzt werden kann unter der Leitung von Herrn Reichelt, der bereits hier vorgestellt worden ist, war es bisher nicht möglich, die Fülle der eingehenden Post zu beantworten. Und ich muß deshalb alle Zuschriften-Sender und alle Eingeber herzlich um Geduld bitten. Der notwendige, unbedingt notwendige Schriftwechsel konnte bisher nur von den Mitarbeiterinnen und Mitarbeitern des Sekretariats des Bundes in zusätzlicher Arbeit geleistet werden und erledigt werden. Die Eingaben sind an die zuständigen Arbeitsgruppen gegeben worden, das kann ich versichern, und werden dort mit in die Arbeit einbezogen. Einige Zuschriften aber können wir heute gleich beantworten.

Wir haben von mehreren Seiten die Aufforderung erhalten: Wir möchten gerne wissen, wer die Leute sind, die am Runden Tisch über unser Geschick verhandeln und beraten. Und es wird gefragt: Könnten dabei nicht auch der Beruf außer dem Namen und der Partei oder Gruppierung genannt werden, und das, was die Tätigkeit des einzelnen ist. Wegen der übervollen Tagesordnung können wir nicht eine vollständige Vorstellungsrunde hier vorschlagen, aber diejenigen, die nun heute erstmals als Vertreter ihrer Gruppierung oder Partei anwesend sind, die bitte ich, sich jetzt vorzustellen und dabei außer Name, Partei oder Gruppierung auch gleich etwas über ihren Beruf und ihre Tätigkeit zu sagen.

Darf ich bitten – –

Renatus (LDPD): Mein Name ist Christian Renatus, Mitglied des Zentralvorstandes und Sekretär, Diplom-Ingenieurpädagoge der Liberaldemokratischen Partei Deutschlands.

Ziegler (Moderator): Sind hier auf der linken Seite Neue?
Bitte, würden Sie – –

Frau Jürk (DBD): Meine Name ist Jürk, Juliane, Demokratische Bauernpartei Deutschland, Diplom-Philosoph, Abteilungsleiter beim Parteivorstand der Demokratischen Bauernpartei Deutschland.

Ziegler (Moderator): Die neu Anwesenden bitte ich, unseren Pressesprechern auf einem Zettel Name und Adresse und möglichst auch Telefonnummer gleich zu übergeben.
Darf ich dann fortfahren?

Eppelmann (DA): Rainer Eppelmann – –

Ziegler (Moderator): Herr Eppelmann, Sie müssen erst auf das Knöpfchen drücken.

Eppelmann (DA): Rainer Eppelmann, Demokratischer Aufbruch, Pfarrer.

Ziegler (Moderator): Bitte.

Schlüter (GL): Klaus Schlüter, Grüne Liga, Diplom-Ingenieur für Geodäsie, tätig bei der Gesellschaft Natur und Umwelt.

Templin (IFM): Wolfgang Templin, Philosoph, Mitbegründer und Vertreter der Initiative Frieden und Menschenrechte am Tisch. Durch die Praxis des Berufsverbots konnte ich den Beruf, den ich nannte, in den letzten Jahren in der DDR natürlich nicht ausüben.

Ziegler (Moderator): Gibt es weitere? Hatten Sie sich schon vorgestellt? – Ja, Sie hatten sich schon vorgestellt. Vielen Dank. Ich wiederhole die Bitte, die Namen schriftlich unseren Pressevertretern zu geben.

TOP 2: Beratung zur Tagesordnung

Wir haben aufgegriffen die Anregung vom letzten Mal, Vorlagen und Informationen sind numeriert. Und ich muß nun als erstes die **Vorlage 6/0**, die die **Tagesordnung im Vorschlag** enthält[1], aufrufen und weise auf folgendes hin:

Wir hatten gewünscht, daß wir mit Sacharbeit anfangen sollten, und darum hätte es nahegelegen, zuerst über das **Wahl-** und das **Parteien- und Vereinigungsgesetz** zu reden. Aber es scheint doch besser zu sein, erst einmal die anstehenden Fragen vom letzten Mal aufzugreifen. Darum finden Sie zuerst die Berichte zur **Auflösung des Amtes für Nationale Sicherheit** und zum **Gesetzgebungsplan** unter den Ziffern 2 und 3, weil das ja angefordert war.

In der Zwischenzeit ist eine Fülle von Anträgen eingegangen. Diese Anträge werden verhandelt, sofern sie nicht mit einem Tagesordnungspunkt im Zusammenhang stehen, unter der Ziffer 6. Dort ist der gegebene Ort, das alles abzuhandeln.

Und schließlich, unter Ziffer 7 [TOP: Bekanntgabe von Eingaben und Entscheidung über ihre weitere Bearbeitung] muß ich noch einmal darauf hinweisen, daß es notwendig ist, auch eine Reihe von Eingaben und Post hier bekanntzugeben.

Zu diesem Punkt, Herr Gehrke von der Vereinigten Linken, wollten Sie sich melden?

Gehrke (VL): Nein, nicht zu diesem Punkt. Ich bitte um das Wort für eine persönliche Erklärung.

Ziegler (Moderator): Darf ich Sie bitten, daß ich erst zu Ende eröffnen kann und Sie dann drankommen. Danke schön.

---

[1] Dokument 6/1, Anlagenband.

Ich frage, ob Sie zum vorgelegten Vorschlag der Tagesordnung – – wir sind hier ganz nach der von Ihnen beschlossenen Arbeitsordnung vorgegangen. Die Moderatoren bereiten es vor, schlagen vor, aber Sie entscheiden natürlich über die Tagesordnung, wie sie ablaufen soll und was darauf soll. Gibt es zur Tagesordnung, die in der Prioritätengruppe vorbereitet worden ist, noch weitere Hinweise oder Anträge?
Herr Klein und Herr Böhme.
Herr Klein von der Vereinigten Linken.

Klein (VL): Heute um 11.00 Uhr wird in der Volkskammer ein Ausschuß tagen, in dem über die **Vorlage der Regierung zur Volkskammer über das Joint-Venture-Gesetz** gesprochen wird. Auch von uns werden dort Gäste anwesend sein. Da dieser Termin um 11.00 Uhr in der Volkskammer Thema ist, möchte ich darum bitten, daß eine Vorlage unter Zeitdruck sozusagen außerhalb der hier vorgeschlagenen Tagesordnung zur Abstimmung gebracht wird. Ein Antrag [Vorlage 6/3²], den wir eingereicht haben und, wenn der Runde Tisch damit einverstanden ist, dann hier zur Vorlage gebracht wird.

Ziegler (Moderator): Herr Klein, ich schlage vor, wir werden mit der Zeit so steuern, daß das vor 11.00 Uhr drankommt, aber nach Ziffer 2, wenn das möglich ist.
Herr Böhme von der SDP.
Ich muß sagen, warum ich das jetzt immer dazu sage. Das ist ein Wunsch der übertragenden Rundfunkanstalt, die es sonst schwer hat, immer zu sagen, wer woher kommt.

Böhme (SDP): Unter dem Tagesordnungspunkt 6.1., **SDP, Öffnung der Tagespresse für alle Parteien und Organisationen:** Wir halten für möglich, daß die Tagesordnung es heute nicht schaffen wird oder der Verlauf es nicht schaffen wird, diesen Beschluß noch mit abzuhandeln. Im Interesse der Oppositionsgruppierung bitten wir, diesen kurzen Antrag der SDP unbedingt heute mit abzuhandeln. Es geht um unsere **Arbeitsmittel im politischen Kampf.**

Ziegler (Moderator): Herr Böhme, wir haben die Absicht, nach Möglichkeit doch alles zu schaffen, weil wir dadurch in immer neue Schwierigkeiten kommen, wenn wir unentwegt vertagen, aber es ist klar, es kommt dran.
Gibt es weitere Hinweise zur Tagesordnung?
Frau Köppe vom Neuen Forum.

Frau Köppe (NF): Wenn wir den Punkt 2 wörtlich nehmen, sind dann nicht enthalten im Punkt 2 **Aussagen zum derzeitigen Stand der Bildung des Verfassungsschutzes?** Sehe ich das richtig?

Ziegler (Moderator): Nein, das sehen Sie nicht richtig, dazu soll gesprochen werden.

Frau Köppe (NF): Gut.

Ziegler (Moderator): Frau Dörfler, Grüne Partei.

Frau Dörfler (GP): Ich kündige an, daß wir unter dem Tagesordnungspunkt 6 unser **Vier-Punkte-Programm zur Verbesserung der Energiesituation** [vgl. 3. Sitzung Vorlage 3/4] einbringen werden, was schon beim letzten Mal vertagt worden ist und was wir für sehr wichtig halten, weil jetzt die Weichen in dieser Sphäre gestellt werden.

---
² Dokument 6/2, Anlagenband.

Ziegler (Moderator): Sie brauchen das nicht besonders zu begründen. Sie hatten das letztens schon angekündigt. Es ist vorgesehen, es wird nur gerade im Büro vorbereitet als Antrag. Sonst noch Fragen?
Herr Schnur von Demokratischer Aufbruch.

Schnur (DA): Ich möchte darum bitten, ob es nicht sogar notwendig ist, vor Beginn in den Verhandlungen des Runden Tisches des heutigen Tages uns darüber zu verständigen, wie wir Demokraten miteinander in unserem Land umgehen.
Ich möchte dies deutlich sagen. Ich bin nicht bereit, mich eines **Rechtsradikalismus** bezichtigen zu lassen. Und es ist eine wichtige Beziehung, als politischer Demokrat an diesem Runden Tisch zu sitzen, wenn wir uns gegenseitig darüber verständigen, wie wir es miteinander halten sollen. Ich glaube, wir hatten eine Zeit, wo es genug **Feindbilder** gegeben hat – –

Ziegler (Moderator): Entschuldigen Sie bitte, wir sind bei der Tagesordnung. Wenn Sie eine Erklärung abgeben wollen, melden Sie das bitte an.

Schnur (DA): Nein, ich habe ausdrücklich gesagt, es muß einen Gesprächsgang geben. Denn ich bitte darüber zu handeln hinsichtlich der Einordnung des **Rechtsradikalismus.** Und ich kann an diesem Tisch, und das sage ich so deutlich aus Verantwortung für uns alle, die wir auch in der Opposition stehen – – Dieses Gespräch muß vor Beginn, wenn wir in die Tagesordnung in den einzelnen Punkten gehen, stattfinden.

Ziegler (Moderator): Also, ist Ihr Antrag, daß das etwa unter 1.4, bevor wir in die Tagesordnung zu Ziffer 2 eintreten, zur Sprache kommt, ja?

Schnur (DA): Ja.

Ziegler (Moderator): Es ist ein Ergänzungsantrag zur Tagesordnung, daß unter 1.5 eingetragen wird, ja, Stichwort, Umgang, **demokratischer Umgang miteinander.** Findet das Unterstützung? Den bitte ich um das Handzeichen, weil ja der Vorschlag verändert wird, bitte. Haben Sie das, ist das nicht verstanden? – Ich möchte darüber abstimmen lassen, ob der Antrag von Herrn Schnur Unterstützung findet, weil das eine Erweiterung der Tagesordnung sein muß, dieser Vorschlag. Darf ich bitten, einmal auszuzählen? – Es ist die Mehrheit. Wir werden es unter 1.5 verhandeln, Herr Schnur, ja.
Noch weitere Fragen zur Tagesordnung?
Herr Gysi, SED-PDS.

Gysi (SED-PDS): Ich wollte fragen, ob ich irgendwann Gelegenheit habe, etwas zu sagen zum Stand der **Zurverfügungstellung der Räume der ehemaligen Kreisleitung Berlin-Mitte für die Oppositionsparteien und Bewegungen.**

Ziegler (Moderator): Es ist schwer zu verstehen trotz Mikrofon.

Gysi (SED-PDS): Ich wollte fragen, ob ich etwas sagen kann, irgendwann, wann ist mir egal, zu den Fragen der Räume der ehemaligen Kreisleitung Berlin-Mitte, die also den Parteien und Bewegungen hier links von mir zur Verfügung gestellt werden sollen, weil der Umzug da heute beginnt.
Und das zweite ist, daß ich vorschlagen würde, eigentlich schon heute, also, aber spätestens nächste Woche, auf die Tagesordnung zu setzen, daß wir uns vielleicht verständigen,

welche **Forderungen oder Wünsche** der Runde Tisch **an Bundeskanzler und Ministerpräsident**, also Bundeskanzler der BRD, Ministerpräsident der DDR, bei der Fortsetzung der Verhandlungen Ende Januar 1990 stellt, also welche Vorstellungen wir haben, was dort besprochen, vereinbart, geregelt werden müßte und was nicht besprochen, vereinbart, geregelt werden müßte.

Ziegler (Moderator): Herr Gysi, ich werde Sie bitten, diesen letzten Antrag doch einmal schriftlich zu formulieren, damit er auch von der Prioritätengruppe auf die Tagesordnung gesetzt werden kann. Denn heute sehe ich es ziemlich schwierig an, das noch zu schaffen.

Zweitens würde ich Sie bitten, über diese Räume – – und das ist mein Vorschlag, das auch gleich unter 1.6 dann zu machen. Das ist ja eine Information, nicht? Findet dies Zustimmung? – – Ich frage einmal so herum: Erhebt sich dagegen Widerspruch? – Das ist nicht der Fall, dann sollten wir so verfahren.

Darf ich nun fragen, ob die Tagesordnung mit diesen Zusätzen ihre Zustimmung findet – Sie kommen ja gleich dran –, den bitte ich um das Handzeichen, wer der **Tagesordnung [Vorlage 6/0]** zustimmt. – Danke. Das ist auf jeden Fall die Mehrheit.

Herr Gehrke wollte eine persönlich Erklärung abgeben, die an dieser Stelle von Ihnen erbeten worden war. Bitte tun Sie das. Vereinigte Linke.

Gehrke (VL): Jawohl. Das ist meine **persönliche Erklärung**.

Meine Zustimmung zur Erklärung vom 3. Januar 1990 über das **Wahlbündnis 90** war ein Fehler, weil diese Erklärung weder inhaltlich vorbereitet noch von der Basis legitimiert war. Ich traf diese Entscheidung unter Zeitdruck und in der Absicht, der Initiative Vereinigte Linke und ihrem Ziel eines freiheitlichen Sozialismus in der DDR zu nutzen. Durch meine Entscheidung habe ich dem sowie mir selbst geschadet. Dafür übernehme ich die Verantwortung und entschuldige mich bei meinen Freunden. Als Zeichen dieser Verantwortung **trete ich als Teilnehmer am Runden Tisch** zurück.

Ich unternehme diesen Schritt nicht, weil in irgendeiner Form Druck auf mich ausgeübt wurde oder gar eine Art allbekanntes Parteiverfahren stattfand. Ich unternehme ihn im Interesse der Glaubwürdigkeit meiner Person, der Initiative Vereinigte Linke und im Interesse einer besseren politischen Kultur in der DDR.

Gestatten Sie bitte noch ein Wort, bevor ich diesen Tisch verlassen werde, ohne daß ich mich zu den Inhalten äußern möchte, die heute hier diskutiert werden. Ich möchte aber als einen, wirklich nur einen Punkt meiner Unterschrift unter das Dokument von neulich hervorheben, daß ein Konsens erzielt wurde darüber, daß für ein künftiges Wahlbündnis der oppositionellen Gruppierungen und Parteien es notwendig ist, daß auch ein **Wahlgesetz** verabschiedet wird, das die Wahl auch der unabhängigen Bürgerbewegungen und -initiativen möglich macht.

Dieser Konsens, daran möchte ich erinnern, der gilt natürlich auch heute hier bei der Tagesordnung, und ich denke, daß die Parteien der Oppositionsseite SDP und DA im Wort sind gegenüber den Bürgergruppierungen. Vielen Dank.

Ziegler (Moderator): Wir nehmen diese Erklärung zur Kenntnis. Die Vereinigte Linke wird uns sagen, wer dafür kommt. Ich bitte Sie dann, sich gleich vorzustellen, damit eben unsere Anwesenheitsliste dann auch exakt ist.

Würden Sie das bitte gleich tun, ja?

Frau Seelig (VL): Mein Name ist Marion Seelig. Ich bin freischaffende Autorin und gehöre zur Vereinigten Linken.

Ziegler (Moderator): Danke schön. Sie sind bitte auch so freundlich und geben einen Zettel an unsere Pressevertreter zur Aufnahme in die Adressenliste.

TOP 3: Anwesenheit von Medien am Runden Tisch

Wir müssen nun zu einer Entscheidung kommen, die die Moderatoren vorschlagen, weil es sich als äußerst schwierig erwiesen hat, hier eine Versammlung und Verhandlungsatmosphäre durchzuhalten, in der ruhige, ohne Ablenkungen – – dauernd beeinträchtigte Verhandlungen möglich sind.

Sie sehen selbst, was sich dann auch bei der zweiten Hälfte der Verhandlung beim letzten Mal erwies: Wir hatten zu Anfang entschieden, das **Fernsehen** der DDR und die Mediengruppe des Neuen Forums nimmt unsere Verhandlungen auf. Wir hatten weiter, das war Sache der Pressesprecher, erklärt, die Vertreter der **Agenturen** sind im Raum, aber alle anderen können die Verhandlungen in Raum 111 per Monitor verfolgen. Alle anderen **Medienvertreter** haben ihre Möglichkeit zu Interviews und Gesprächen draußen im Foyer. Wenn das nicht ausreicht, kann das Arbeitssekretariat, Herr Reichelt, jederzeit weitere Räume zur Verfügung stellen.

Es ist aber nicht möglich, unter diesen Umständen, wie wir sie jetzt ja auch zur Eröffnung wieder erleben, zu moderieren und eine ungestörte Verhandlungsatmosphäre zu sichern. Darum bitten die Moderatoren, daß Sie **Vorlage 6/1 [Anwesenheit von Medienvertretern]** vornehmen. Und da die Pressesprecher ständig Schwierigkeiten haben, sich mit den Medienvertretern klar zu einigen, bitten wir darum, daß der Runde Tisch eine klare Entscheidung fällt, die ich jetzt verlese:

> **[Vorlage 6/1, Antrag Moderatoren: Anwesenheit und Tätigkeit von Medienvertretern im Verhandlungssaal des Runden Tisches]**
>
> 1.) Zum Verhandlungssaal haben außer zu den besonders festgelegten Fototerminen nur das Fernsehen der DDR und die Aufnahmegruppe des Neuen Forums sowie die von den Pressesprechern des Runden Tisches zugelassenen Vertreter von Agenturen Zutritt.
>
> 2.) Interviews im Verhandlungssaal sind auch während der Pausen unzulässig.
>
> 3.) Für alle Medienvertreter werden die Verhandlungen des Runden Tisches per Monitor in Raum 111 übertragen.
>
> 4.) Für Interviews und Fototermine steht das Foyer zur Verfügung. Auf Anforderung werden darüber hinaus vom Leiter des Arbeitssekretariats weitere Räume für Interviews und Pressegespräche zur Verfügung gestellt.

Ich möchte besonders noch erläutern den Punkt 2: Es hat sich einfach erwiesen, daß wir ständig Schwierigkeiten haben, nach einer Pause wieder zu beginnen, weil bis in die Verhandlungsbeginne hinein und selbst während der Verhandlungen hier Interviews geführt worden sind mit Vertretern am Beratertisch. Infolgedessen bitten wir darum, daß der Runde Tisch diese in **Vorlage 6/1** erbetene Entscheidung trifft. Sie steht zur Aussprache.
Bitte, Herr Raspe.

Raspe (LDPD): Wir begrüßen diesen Vorschlag sehr, weil seine Verwirklichung unserer Auffassung nach zu einer weiteren **Versachlichung der Gespräche** führen wird und auch eine größere Effektivität unserer Beratung nach sich ziehen wird. Ich meine, daß wir mit der Live-Übertragung durch das DDR-Fernsehen ein Maximum an Öffentlichkeit erreichen und damit wurde ja auch ein Wunsch und eine Forderung – hier oft vorgetragen – verwirklicht. Ein Maximum an Öffentlichkeit mit einem Minimum an Unruhe. Und wir brauchen, glaube ich, vor allem Ruhe hier zu einer guten Verhandlungsatmosphäre.

Ziegler (Moderator): Herr Dr. Ullmann von Demokratie Jetzt.

Ullmann (DJ): Ich stimme der Vorlage zu und bitte um sofortige Abstimmung. Punkt 1 enthält nur eine vom Runden Tisch schon getroffene Festlegung. Die Punkte 2 bis 4 beinhalten meines Erachtens nichts, was unsere Arbeit hier in irgendeiner Form behindern könnte.

Ziegler (Moderator): Herr Böhm.

Böhm (DBD): Wir unterstützen die **Vorlage 6/1** mit Nachdruck, vor allem auch unter dem Gesichtspunkt, Zeit zu gewinnen für notwendige Verhandlungen hier am Runden Tisch.

Ziegler (Moderator): Dann, Herr Henrich, Sie hatten sich noch gemeldet, ja?

Henrich (NF): Ja. Wenn das Fernsehen der DDR anwesend ist, sind wir, und das ist ein Ergebnis unserer Erfahrung in den letzten Tagen, dann doch der Meinung, daß mindestens ein Fernsehteam der BRD anwesend sein soll, weil wir den Eindruck haben, daß das **Fernsehen der DDR** in den letzten Tagen **Wahlkampfpropaganda für die SED** betreibt. Wir sind also dafür, daß mindestens ein Fernsehteam der BRD ebenfalls mit aufnimmt.

Ziegler (Moderator): Herr Henrich, ich darf fragen, außer dem, was das Neue Forum aufnimmt, ja?

Henrich (NF): Ja. Das Neue Forum kann ja nun nicht senden, es kann nur aufnehmen.

Ziegler (Moderator): Ja, ist richtig, nur, damit es klar, klipp und klar ist. Bitte, ich bitte dazu jetzt Stellung zu nehmen.
Herr Schnur, bitte, von Demokratischer Aufbruch.

Schnur (DA): Ich will den Moderatoren danken, daß sie nach einer Form der effektiven Arbeitsmöglichkeit suchen. Aber ich kann hier voll nur Herrn Henrich unterstützen, daß [ich] aufgrund der mir **fehlenden objektiven Berichterstattung** und auch der letzten Erlebnisse, die sich dann in unseren Medien widerspiegeln, doch einfach bitte, daß wir eine Möglichkeit finden, daß Studio „ARD" und „ZDF" in einer Kopplung mit dem Fernsehen der DDR eine Vereinbarung treffen können, daß hier genau diese Aufnahmen dann auch gesendet werden können. Ich glaube, daß man damit auch einem allseitigen Informationsanspruch gerecht wird, und ich glaube, daß es dann auch nicht zu irgendwelchen Einschränkungen kommen wird.

Ziegler (Moderator): Herr Schnur, nur damit ich es richtig verstehe: Herr Henrich hatte gesagt, eine Fernsehanstalt, und Ihren Vorschlag verstehe ich so, die sollen sich untereinander einigen, oder wie?

Schnur (DA): Also, ich denke, sie sollen in einem Pool – – Ich denke, ich bin nicht der Techniker, der das unmittelbar beantworten kann. Ich denke, hier sollte die journalistische Fachkraft das zum Ausdruck bringen, daß die gemeinsam dann mit dem Fernsehen der DDR, sagen wir, die technischen Absprachen treffen.

Ziegler (Moderator): Gut. Ich lasse darüber gleich abstimmen, daß dann dies mit den Pressesprechern und den Vertretern unseres Rundfunks, unserem Rundfunk- und Fernsehreferenten in Einzelheiten geklärt werden muß, damit das dann heute noch zum Zuge kommt.
Herr Gutzeit, bitte schön.

Gutzeit (SDP): Um eine objektive Berichterstattung zu gewährleisten, denke ich, müssen wir den Antrag des Neuen Forums unterstützen.

Ziegler (Moderator): Bitte, Herr Krause von der CDU.

Krause (CDU): Die Mitglieder der Christlich Demokratischen Union unterstützen den Vorschlag von Herrn Henrich. Auch wir spüren in den Medien der DDR eine solche Isolierung, und ich halte diesen Vorschlag deshalb für richtig.

Ziegler (Moderator): Ich schlage Ihnen jetzt vor, daß wir nicht weiter Unterstützung – oder, wenn noch jemand dagegen reden will, dann muß er das jetzt tun – sammeln, sondern abstimmen, und zwar in der Weise, daß **zusätzlich eine Fernsehanstalt aus der Bundesrepublik** die Zulassung zur Live-Übertragung aus dem Verhandlungssaal bekommt, daß aber mit unserem Rundfunk- und Fernsehreferenten dies ausgehandelt wird, damit wir das hier nicht an Ort und Stelle machen müssen.
Herr Henrich, können Sie sich soweit damit einverstanden erklären?

Henrich (NF): Ja.

Ziegler (Moderator): Also, wer ist dafür, daß außer unserem DDR-Fernsehen und der Aufnahmegruppe Neues Forum **eine Fernsehanstalt aus der Bundesrepublik** die Möglichkeit bekommt, live aus dem Saal zu senden, den bitte ich um das Handzeichen. – Das ist die Mehrheit. Ich möchte aber doch noch einmal fragen, wer dagegen ist. – Keine Gegenstimme. Enthaltungen? – 7 Enthaltungen.
Dann ist der Antrag **Vorlage 6/1** um diesen Punkt erweitert. Und ich bitte Herrn von der Heid [?], mit den Vertretern von „ARD" und „ZDF" und dem DDR-Fernsehen die praktische Absprache zu treffen, wie das heute ab sofort möglich gemacht werden kann. Ist Herr von der Heid [?] im Raum?

So. Ich weise noch als letztes darauf hin, daß darum gebeten worden war, die Meldungen der Arbeitsgruppen und die Daten für die **Freistellungsanträge** dem Sekretariat, dem Arbeitssekretariat, zu geben, damit das in der Zwischenzeit das ausarbeiten kann.

Nun ist leider die Zeit schon 10.03 Uhr, und darum bitte ich Herrn Klein nun entgegen meiner früheren Ankündigung, weil es ja vor 11.00 Uhr sein sollte, diesen Antrag, **Vorlage 6/3**[3] **[Antrag VL an den Runden Tisch zur Vertagung der Beschlußfassung der Volkskammer über den Gesetzgebungsantrag der Regierung zur Änderung der Art. 12 und 14 in der Verfassung der DDR]**, der unter Zeitdruck steht, jetzt einzubringen und ganz kurz zu erläutern, und dann erst gehen wir zu Tagesordnungspunkt 2 über, sonst kann ich die Zusage, daß das vor 11.00 Uhr passiert, nicht einhalten.

TOP 4: Änderung der Art. 12 und 14 der Verfassung der DDR: Joint-Ventures

Klein (VL): Es geht um die **Vorlage 6/3 [Antrag VL zur Vertagung der Beschlußfassung der Volkskammer über den Gesetzgebungsantrag der Regierung zur Änderung der Art. 12 und 14 der Verfassung der DDR]**. Ich sagte schon, daß heute um 11.00 Uhr der zuständige Ausschuß der Volkskammer über eine Vorlage zur Joint-Ventures-Gesetzgebung im Sinne einer Verordnung und über eine Verfassungsänderung Artikel 12 und 14 im Paket diskutieren wird.

Wir sind der Meinung, und das geht aus der **Vorlage 6/3** hervor, daß es nicht möglich war, bisher zu diesem Thema hier am Runden Tisch erstens Informationen und zweitens eine Meinungsbildung herbeizuführen. Wir haben für die Wirtschaftskommission, die für den Runden Tisch arbeitet, im Zusammenhang mit dieser Problematik einen weiteren Antrag **[Vorlage 6/9, Antrag VL an den Runden Tisch zur Ablehnung des Gesetzesantrages der Regierung an die Volkskammer über die Änderung von Art. 12 und 14 der Verfassung der DDR]** vorbereitet, und wir bitten darum, daß im Zusammenhang mit dem, was die **Vorlage 6/3** aussagt, hier eine Entscheidung herbeigeführt wird, so daß in unserem Wirtschaftsausschuß hierzu gearbeitet werden kann.

Ziegler (Moderator): Herr Bein, NDPD.

Bein (NDPD): Ich möchte vorschlagen, diesen Antrag der Vereinigten Linken abzulehnen. In diesem Antrag wird zunächst gesagt, daß der Runde Tisch protestiert – zum wiederholten Male – dagegen, daß er nicht rechtzeitig über den Inhalt von Gesetzesinitiativen der Regierung informiert wurde.

Ich möchte hier den Runden Tisch noch einmal darauf aufmerksam machen, daß die Regierung den Entwurf dieser Verordnung der Arbeitsgruppe „Wirtschaft" am 29. Dezember 1989 zugeleitet hat und daß deshalb, um hier keinen Zeitverzug eintreten zu lassen, die Arbeitsgruppe „Wirtschaft" am 5. Januar sowohl die Verfassungsänderung als auch die Verordnung behandelt hat. Ich möchte auch darauf aufmerksam machen, daß am 3. Januar der Runde Tisch Wirtschaftsfragen behandelt hat. Dort hätte es auch Gelegenheit gegeben, zu dieser Frage Stellung zu nehmen.

Ich mußte aber zur Kenntnis nehmen, daß der Vertreter der Vereinigten Linken, der jetzt das letzte Mal an der Beratung teilgenommen hat, das war Herr [Wolfgang] Wolf, auch selbst in der Arbeitsgruppe „Wirtschaft", über den Entwurf dieser Verordnung nicht informiert war.

Was den Inhalt angeht, würde ich hier noch einmal kurz sagen, daß es ja darum geht: Schaffung von Rechtsgrundlagen für die Gründung und Tätigkeit von Unternehmen mit ausländischer Beteiligung in der Deutschen Demokratischen Republik. Und am 5. Januar 1989 hat sich – auch mit der Stimme von Herrn Wolf – die Arbeitsgruppe „Wirtschaft" mehrheitlich dafür entschieden, dort dieser Verordnung und auch der Gesetzesveränderung, also der Verfassungsänderung zuzustimmen und hat dort Forderungen aufgestellt. Die liegen schriftlich vor. Ganz entscheidende Forderungen, beispielsweise **keine Fremdbestimmung bei der Auslandsbeteiligung** zuzulassen.

Und man muß sicherlich sich dann noch einmal darüber unterhalten, was die Arbeitsgruppen eigentlich überhaupt für Aufgaben haben, wenn nicht klar ist, daß dort konstruktiv verhandelt werden kann.

Ich möchte eine Bemerkung zu dieser Gesetzesänderung sagen: Es gab ja hier darüber Konsens, in der Verfassung, nur das unbedingt Notwendigste zu ändern, um wirklich Raum zu geben für Notwendigkeiten, die ich im Interesse der Wirtschaft, im Interesse der Bevölkerung unseres Landes unbedingt für erforderlich halte, nämlich jetzt auch unsere Wirtschaft der internationalen Arbeitsteilung zu öffnen.

Was soll geändert werden?

Im Artikel 12, Absatz 1, der ja davon ausgeht, daß „die Bodenschätze, die Bergwerke, Kraftwerke, Talsperren und großen Gewässer", wenn ich das zusammenfassen kann, **Volkseigentum** sind und **Privateigentum** daran unzulässig ist, ist vorgesehen, in diesem Artikel 12, Absatz 1 dem letzten Satz folgende Fassung zu geben: „Abweichungen hiervon sind auf der Grundlage der Gesetze zulässig."

Und was den Artikel 14 [Abs. 1] angeht, der ja heißt: „Privatwirtschaftliche Vereinigungen zur Begründung wirtschaftlicher Macht sind nicht gestattet", hier einen Artikel 14a einzubringen, der dort heißt: „Die Gründung von Unternehmen mit ausländischer Beteiligung durch Betriebe, Einrichtungen, Genossenschaften, Handwerker und Gewerbetreibende sowie Bürger ist auf der Grundlage der Gesetze und anderen Rechtsvorschriften zulässig." Und: „Die Mitwirkung der Werktätigen an der Leitung der Unternehmen mit ausländischer Beteiligung wird gewährleistet."

Ich würde deshalb dem Runden Tisch vorschlagen, um hier wirklich keinen Zeitverzug zuzulassen, im Interesse der Wirtschaft, im Interesse der Bevölkerung, diesen Antrag abzulehnen. Und es wurde ja auch durch die Volkskammer gewährleistet, daß heute, wenn die Volkskammerausschüsse tagen, die Parteien, die neuen Parteien und Bewegungen daran teilnehmen, um ihre Auffassung dazu auch zu sagen, damit wirklich auch die demokratischen Erfordernisse dort entsprechend verwirklicht werden können.

Ziegler (Moderator): Ja, Frau Töpfer, FDGB.

Frau Töpfer (FDGB): Ich möchte mein Befremden zum Ausdruck bringen darüber – und im Gegensatz zu dem, was eben gerade geäußert worden ist –, daß die Artikel 12 und 14 in der Änderungsfassung nicht dem Runden Tisch vorher zur Verfügung gestanden haben; was nicht für diesen Gesetzesentwurf zum **Joint-Venture** ebenfalls gilt, denn das wurde ja im Wirtschaftsausschuß wenigstens beginnend beraten. Trotzdem bin ich der Meinung, daß das einschneidende Veränderungen in der **sozialistischen Gestaltung der**

---

[3] Dokument 6/2, Anlagenband.

Wirtschaft sind, die doch vorher einen Konsens hier am Runden Tisch erfordert hätten. Auch wenn eine Mitarbeit durch die Regierung angeboten worden ist für die Parteien und Gruppierungen, die hier sind, muß man doch davon ausgehen, daß es eine Voraussetzung gewesen wäre, daß die Gruppierungen sich hier in den zuständigen Ausschüssen, beispielsweise „Wirtschaft" und „Verfassung" dazu hätten eine Meinung bilden können. Und das konnten sie nicht, jedenfalls nicht für Artikel 12 und 14.

Das war alles.

Ziegler (Moderator): Herr Schult, Neues Forum.

Schult (NF): Ja, ich möchte noch einmal kurz das **Selbstverständnis** hier des Runden Tisches und der Ausschüsse klargestellt wissen. Also, für meine Begriffe ist der Runde Tisch hier die Diskussions- und Kontrollebene. Und [sind] nicht die **Ausschüsse [des Runden Tisches]** befugt, hier eigene Entscheidungen zu treffen, sondern nach meiner Ansicht sind die Ausschüsse dazu aufgefordert, Zuarbeit für den Runden Tisch zu leisten. Also, sie können hier den Runden Tisch nicht ersetzen. Ich muß für das Neue Forum sagen, daß wir also die Vorlage der Vereinigten Linken unterstützen, denn hier müssen die Sachen zur Sprache gebracht werden und diskutiert werden, und nicht nur in den Ausschüssen.

Ziegler (Moderator): Herr Ullmann, Demokratie Jetzt.

Ullmann (DJ): Ich kann nicht Stellung nehmen, Herr Bein, zu den komplizierten Verhandlungen zwischen Arbeitsgruppe „Wirtschaft", Volkskammerausschuß und so weiter. Was mich aber wirklich besorgt macht, ist, was Sie soeben gesagt haben. Ich denke, und da schließe ich mich dem Votum von Herrn Schult an, der Runde Tisch sitzt hier, um auch darüber zu entscheiden, was in einer neuer Verfassung statt dessen zu stehen hat, was wir in Artikel 12 und 14 der bisherigen Verfassung haben. Und ich bin auf das höchste besorgt, wenn wir jetzt wieder den Weg beschreiten der **Verfassungsänderung durch bloßes Gesetz**. Wir wissen doch, wohin uns das geführt hat. Und wir dürfen hier nichts tun, was eine künftige demokratisch legitimierte Regierung abhält, in einer künftigen Verfassung jene Grundaussagen zu treffen, die hier getroffen werden müssen hinsichtlich Artikel 12 und 14 der augenblicklichen Verfassung.

Ziegler (Moderator): Herr Klein, Vereinigte Linke. Dann stehen auf der Rednerliste Herr Templin und Herr Gutzeit. Vielleicht können wir uns dann doch einer Beschlußfassung nähern.

Herr Klein, bitte.

Klein (VL): Ich muß vielleicht noch einmal deutlich darauf hinweisen, daß der Antrag, **Vorlage 6/3**, Bezug nimmt in allererster Linie auf den Gesetzesantrag der Regierung zur Änderung der Artikel 12 und 14 der Verfassung. Die Arbeitsgruppe „Neue Verfassung" des Runden Tisches hat in Punkt 2 erklärt, daß die Verfassungskommission der Volkskammer über ihre Vorstellungen und Projekte zur Änderung der bestehenden Verfassung die Arbeitsgruppe des Runden Tisches ständig informieren sollte. Im übrigen wäre darauf hinzuweisen, daß ja der Gesetzesantrag der Regierung zur Änderung der Verfassung die Gesetzesklausel enthält, worauf Sie ja selbst hingewiesen haben, aber die **Joint-Venture-Problematik** auf dem Verordnungswege geregelt werden soll. Und ich meine, daß hier eine Menge von Problemen auf uns zukommen, Probleme, über die wir hier noch nicht gesprochen haben.

Ziegler (Moderator): Herr Templin, Initiative für Frieden und Menschenrechte.

Templin (IFM): Als Mitglied der Arbeitsgruppe „Verfassung" des Runden Tisches muß ich feststellen, daß entgegen der Vereinbarung dieser Arbeitsgruppe, daß nämlich notwendige Veränderungen der Verfassung über diese Arbeitsgruppe mit vorbereitet und diskutiert werden, das nicht geschehen ist. Es wäre ohne weiteres möglich gewesen, weil in dieser Arbeitsgruppe auch Mitglieder des Verfassungsausschusses der Volkskammer sind. Ich möchte hinzufügen, daß es mir bedenklich erscheint, wie hier in anderen gegenteiligen Voten immer wieder das Bevölkerungsinteresse herangeholt wird. Genau das Bevölkerungsinteresse, das wir mit vertreten, nötigt uns ja dazu, hier darauf zu drängen, daß diese Sachen nicht auf dem Verordnungswege und ohne die dazu notwendige Diskussion verabschiedet werden.

Ziegler (Moderator): Herr Gutzeit, SDP, und dann noch Herr Lucht von Grüner Liga. Ich schlage dann vor, daß wir zur Abstimmung kommen, da ja die Gründe genannt worden sind.

Aber bitte, Herr Gutzeit, Sie sind an der Reihe, ja.

Gutzeit (SDP): Ich möchte mich hier ganz energisch gegen die Unterstellung verwahren, wir würden nicht konstruktiv sein, und zwar gerade darin, indem wir versuchen, das von allen akzeptierte **Selbstverständnis des Runden Tisches** zu praktizieren, nämlich unsere Kontroll- und Anwaltsfunktion wahrzunehmen, indem wir nämlich alle Gesetzesvorhaben und auch gerade Verfassungsänderungen hier offen, in der Öffentlichkeit, diskutieren wollen.

Ich glaube, es ist eine grobe Verletzung eben dieser Auffassung der Funktion des Runden Tisches, die hier praktiziert wurde. Wir plädieren daher für eine **Vertagung dieser Verfassungsänderung**.

Über die Notwendigkeit kann man unterschiedlicher Auffassung sein. Ich denke, wir müssen handlungsfähig sein, gerade auf dem Felde der Wirtschaft, und können gewisse Dinge bis zum 6. Mai [1990] nicht verschieben. Aber wenn wir so gravierende Dinge verabschieden wollen für unser Land, dann muß hier diese Dinge diskutiert werden.

Ziegler (Moderator): Herr Lucht – und Herr Platzeck [GP] kommt noch –, Grüne Liga.

Lucht (GL): Herr Bein hat hier einen meines Erachtens nach unzulässigen Schluß gezogen. Wir haben in der Arbeitsgruppe „Wirtschaft", der auch ich angehöre, Konsens erzielt zum Entwurf über die Verordnung über die Gründung und Tätigkeit von Unternehmen mit ausländischer Beteiligung in der DDR. Es ist nicht Konsens erzielt worden, es ist darüber überhaupt nicht diskutiert worden, inwieweit sich daraus eine Verfassungsänderung automatisch ergibt.

Es gab auch keine Abstimmung zwischen der Arbeitsgruppe „Wirtschaft" und der Arbeitsgruppe „Verfassung". Ich glaube, wir müssen diese klare Trennung hier ziehen.

Ziegler (Moderator): Herr Bein ist mehrfach angefragt worden, er muß noch einmal das Wort haben.

Bein (NDPD): Ich wundere mich, daß Herr Dr. Lucht diese Feststellung jetzt trifft, denn er war ja von Beginn an an dieser Beratung gar nicht anwesend. Es ist ganz exakt über die Frage der Gesetzesänderung verhandelt worden. Ich möchte hier nur noch einmal feststellen, daß die Arbeitsgruppe „Wirtschaft" es für notwendig hielt, schnell über diesen Verordnungsentwurf, der seit dem 29. Dezember [1989] vorlag, im Interesse der Wirtschaft zu beraten. Das ist so schnell wie möglich gemacht worden.

Aber ich habe auch noch einmal die Bitte an alle Teilnehmer des Runden Tisches: Es muß doch zumindestens die Pflicht der Teilnehmer der **Arbeitsgruppe** sein, die Leitungen ihrer Bewegungen und Parteien über vorgelegte Materialien zu informieren. Ich mußte feststellen, daß das nicht der Fall war. Und das erschwert natürlich auch die Arbeit der Arbeitsgruppen. Deshalb habe ich noch einmal die Bitte an den Runden Tisch, auch festzulegen, welche **Arbeitsweise** die Arbeitsgruppen überhaupt an den Tag legen können.

Ich füge auch noch hinzu, wenn beispielweise bei der letzten Beratung die Grüne Liga und die Grüne Partei dort einen Antrag stellten, die „**Futterproblematik**" aus dem Konsenspapier herauszunehmen – – [Wenn] wir dann beim nächsten Mal in der Arbeitsgruppe darüber beraten, aber dort von diesen Bewegungen niemand mehr daran teilnimmt, dann ist es auch für die Arbeitsgruppe kompliziert, konstruktiv zu werden. Und die Absicht muß ja doch sein, konstruktiv auf jeden Fall auch in den Arbeitsgruppen zu werden.

Ziegler (Moderator): Dem werden wir alle zustimmen. Wir werden eine Gelegenheit, ich denke, in der Prioritätengruppe, suchen müssen, um diese Arbeitsweise der Arbeitsgruppen noch etwas näher zu regeln, damit sie effektiv werden können. Nach allem, was ich hier mitbekommen habe, geht es aber um den springenden Punkt, daß hier eine Verfassungsänderung angestrebt ist und diese Regierungsvorlage eben hier nicht hat diskutiert werden können. Damit wird begründet dieser Antrag auf Verschiebung, Verfassung.

Jetzt Herr Gysi, SED-PDS, und dann Herr Ullmann.

Gysi (SED-PDS): Also, für meine Partei ist am wichtigsten, daß in diesem Zusammenhang eben gleichzeitig die Fragen der **Arbeiterdemokratie** geklärt werden, also: **Betriebsräte**, alles was damit zusammenhängt. Das haben wir auch deutlich gesagt. Das ist auch eine Empfehlung an unsere Abgeordneten in der Volkskammer. Punkt 1.

Punkt 2: Wenn, wie ich jetzt höre, daß Konsens hinsichtlich der Verordnung bestand, dann geht es ja eigentlich nur um die Frage, ob diese Regelung erfordert, daß diese beiden Artikel in der Verfassung auf diese Art und Weise geändert werden. Da sind eben offensichtlich die Experten der Meinung, das ist erforderlich, sonst wäre die Verordnung nicht verfassungsmäßig.

So. Und wenn das noch nicht behandelt worden ist im Verfassungsausschuß, dann würde ich sagen, statt dieser Erklärung können wir doch etwas anderes machen: Es tagt doch heute nur der Ausschuß, nicht die Volkskammer, also es wird ja noch gar nichts entschieden, [so] daß wir sagen, diese beiden Verfassungsänderungen und die Frage, ist das nötig, um diese Verordnung dann beschließen zu können, gehen in unsere Arbeitsgruppe „Verfassung" und am 8. [Januar 1990] sind wir ja wieder – – nein, Quatsch, wann? – Ach so, Moment.

Ziegler (Moderator): – am 15. [Januar] sind wir nach der Volkskammer erst zusammen.

Gysi (SED-PDS): Ach so, Entschuldigung, ja. Ich muß jetzt gerade einmal rechnen. – Ja, das müßte morgen spätestens geschehen oder so, und daß dann dort also ein Vorschlag dazu erarbeitet wird, der also noch der Volkskammer übermittelt wird. Denn wenn es erforderlich ist, dann scheint es mir auch so zu sein, daß wir es machen müssen. Denn ich glaube nicht, daß wir in diesen **Wirtschaftsfragen** noch so viel Zeit haben. Denn wenn diese Verordnung nicht kommt, geht natürlich auch viel verloren. Das muß man eben einfach auch sehen.

Ziegler (Moderator): Jetzt Herr Ullmann, Demokratie Jetzt, und dann Herr Schult, und dann haben wir einen Geschäftsordnungsantrag. Die beiden müssen wir aber noch nehmen.

Herr Ullmann.

Ullmann (DJ): Herr Gysi, was Sie eben ausgeführt haben, ist meines Erachtens nur die eine Seite der Angelegenheit. Ich habe den Eindruck, daß **Artikel 12 und Artikel 14** unserer Verfassung schon seit langen Jahren – also mindestens – ständig umgangen worden sind. Und man kann jetzt durch irgendeine Verordnung, was ich auch bedenklich finde, oder durch ein Gesetz, was fast ebenso bedenklich ist, diesen Zustand irgendwie legalisieren.

Worum es doch aber geht, sind die Festlegungen: Was soll denn künftig in einer Verfassung in dieser Sache stehen? Und da muß ich begründen, daß ich für den Antrag der Vereinigten Linken bin, der meines Erachtens, Herr Bein, auch im Einklang steht mit der Vorlage der Arbeitsgruppe „Wirtschaft". Denn dort heißt es auf Seite 5, vorletzter Absatz über dieses Material hinausgehend „weiterführende Maßnahmen zur Wirtschaftsreform werden dem Runden Tisch nach Bearbeitung durch die Arbeitsgruppe ‚Wirtschaft' vorgelegt."

Und ich meine, genau das will der Antrag.

Ziegler (Moderator): Herr Schult.

Schult (NF): Ich denke, wir sollten uns hier nicht ständig durch den Zeitknüppel erpressen lassen, sondern wirklich hier auch in diesen wichtigen Fragen uns die Zeit nehmen, hier diese Vorlagen, die uns dann vorliegen müssen, auch zu beraten.

Dazu möchte ich also einen Zusatzantrag stellen, daß der Runde Tisch beschließt, daß die **Arbeitsgruppen des Runden Tisches beratende Funktionen** haben, keine beschließenden.

Für mich war das eigentlich selbstverständlich gewesen in der Voraussetzung der Arbeit hier, aber anscheinend muß das noch einmal extra beschlossen werden.

Ziegler (Moderator): Herr Schnur hat einen Geschäftsordnungsantrag gestellt.

Herr Schult, die Sache müßten wir ja in die Regelung für die Arbeitsgruppen mit aufnehmen, was Sie hier machen. Das müßte doch miteinander noch besprochen werden, wie wir das machen. Und da könnte das ja dann hineinkommen, nicht, Ihr Antrag.

Herr Schnur zur Geschäftsordnung.

Schnur (DA): Ja. Zur **Vorlage 6/3**, denke ich, ist es notwendig, wenn wir über diesen Antrag wirklich sachkonkret abstimmen wollen, daß noch ermittelt werden müßte, wie ein Zeitplan hier angesetzt ist und wie der **Gesetzgebungsplan** tatsächlich aussieht. Das ist die Frage hier, weil ich einfach auch denke, alleine zur Vertagung der Beschlußfassung der Volkskammer über den Gesetzesantrag der Regierung zur Änderung der Artikel 12, 14 der Verfassung der DDR läßt sich ja nicht alleine alles sagen.

Erstens gehe ich davon aus, daß es sich immer um Gesetzesentwürfe handelt. Das zweite, was hier dann auch notwendig ist, daß wir wirklich mit Name und Hausadresse die Dinge in diesem Antrag so direkt formulieren würden.

Ich würde vorschlagen, wenn der Vertreter der Vereinigten Linken konkret die Möglichkeit hat, hier dies zu spezifizieren – – sonst würde ich sagen, sollte man fünf oder zehn Minuten dies zurückstellen und sollte tatsächlich einmal dann im Präsidium der Volkskammer anrufen, wie tatsächlich der Behandlungspunkt dieser Sache erfolgen soll, damit dies dann auch sachgerecht in diesen Beschluß mit aufgenommen werden kann. Sonst ist dies zu allgemein.

Ziegler (Moderator): Also, das ist ein Geschäftsordnungsantrag, der darauf hinausläuft, daß dieser Antrag verändert werden muß, wenn er sinnvoll abgestimmt werden kann.

Zur Geschäftsordnung auch, Herr Bein? Hatten Sie sich dazu gemeldet, zur Geschäftsordnung?

Bein (NDPD): Nein, aber ich wäre jetzt einverstanden, daß dieser Antrag behandelt wird, der eben zur Geschäftsordnung gemacht worden ist.

Ziegler (Moderator): Es hatte sich noch jemand zur Geschäftsordnung gemeldet?

Herr Raspe, bitte.

Raspe (LDPD): Ich möchte vorschlagen, daß wir dem Ausschuß, von dem die Rede war, die starken Bedenken des Runden Tisches signalisieren, vollendete Tatsachen zu schaffen, und die Tagesordnung heute so zu verändern, daß wir heute noch Gelegenheit haben, mit kompetenten Leuten, beispielsweise mit dem Vorsitzenden dieses Ausschusses, hier diese Dinge zu behandeln, damit wir in der Tat, und das ist mein wesentlichstes Anliegen, keine weitere Zeit verlieren, damit es uns nach Möglichkeit möglich ist, in der Volkskammer die erste Lesung durchführen zu können, weil die Wirtschaft und das Land diese Beschlüsse braucht.

Aber ich gestehe zu, daß das unbefriedigend wäre, wenn wir uns hier über diese entscheidenden Dinge nicht noch vorher verständigt hätten.

Ziegler (Moderator): Soviel scheint mir jetzt klar zu sein, daß der Antrag in dieser Form soviel Unklarheiten enthält, daß er jetzt nicht unmittelbar zur Abstimmung gestellt werden kann. Vielleicht besteht die Möglichkeit entweder der Präzisierung oder der Rückfrage, damit eben keine Zeit verlorengeht, und dann etwa die Arbeitsgruppe „Verfassung" noch votieren kann. Das müßten wir jetzt sehen.

Herr Klein, Sie hatten sich gemeldet?

Klein (VL): Selbstverständlich haben wir im Zusammenhang mit dem Antrag **Vorlage 6/3** auch einen Antrag, der im Zusammenhang mit dieser Problematik unseren Standpunkt ebenfalls als Antrag formuliert, beinhaltet. Wir haben den hier nicht eingereicht, weil wir das im Zusammenhang mit der Abstimmung über den hier vorliegenden Antrag in die Kommission geben würden. Wenn das jetzt gewünscht wird, dann würden wir dem Runden Tisch auch diesen Antrag zur Verfügung stellen, der eben die geforderte Präzisierung enthält, von der hier die Rede war. Im übrigen steht dem Ausschuß für den Runden Tisch noch ein umfangreicheres Material zu eben dieser Problematik zur Verfügung. Nur, wir haben hier zu entscheiden, wie wir damit umgehen. Dieser Antrag [**Vorlage 6/9, Antrag VL: Zur Ablehnung des Gesetzesantrages der Regierung an die Volkskammer über die Änderung von Art. 12 und 14 der Verfassung der DDR**[4]], das heißt der Antrag, der die Position der Vereinigten Linken zu dieser Problematik beinhaltet, liegt vor.

Ziegler (Moderator): Ja, aber soviel steht doch fest, Herr Klein, daß in der knappen Fassung ohne diesen Hintergrund es sehr schwer ist, hier sachgemäß zu entscheiden. So ist mein Vorschlag, daß er im Augenblick nicht zur Abstimmung gestellt wird, sondern dieses Telefonat kann ja passieren zur Volkskammer. Das ist Nummer eins. Und, zweitens, Sie eine Pause, die sowieso bald fällig ist, benutzen, um noch einmal zu klären, ob Sie neu einbringen, und wir dann darüber weiter verhandeln. Denn jetzt schwimmen wir und kommen nicht weiter.

Herr Gutzeit.

Gutzeit (SDP): Ich möchte den Antrag von Herrn Raspe und diesen Vorschlag unterstützen. Er würde zeigen, daß wir hier versuchen, konstruktiv die Probleme, die anstehen, zu behandeln.

Ziegler (Moderator): Dann bitte ich, Herrn Poppe, Initiative Frieden und Menschenrechte.

Poppe (IFM): Ja, ich möchte noch einmal auf das eingehen, was Herr Gysi sagte. Die **Arbeitsgruppe „Verfassung"** tritt turnusgemäß erst am 12. Januar zusammen, so haben wir uns jedenfalls verabredet.

Wenn es möglich sein sollte, daß wir in der beschriebenen Weise die Information kriegen und auch in dieser Weise mit dem Volkskammerausschuß dort Kontakt kriegen, würde ich vorschlagen – und ich mache das deswegen hier, damit es tatsächlich noch möglich ist –, uns morgen hier in diesem Gebäude um 15.00 Uhr mit der Verfassungsgruppe noch einmal zu treffen.

Ich bitte jetzt darum, daß alle ihre jeweiligen Mitarbeiter in der Verfassungsgruppe davon informieren. Wenn wir nicht ganz vollständig sein können, so wäre es doch vielleicht möglich, daß wir uns dort in dieser Runde dann noch einmal verständigen.

Ziegler (Moderator): Die Schwierigkeit besteht nur darin, daß das dann dem Runden Tisch vor der Volkskammersitzung nicht mehr vorgelegt werden kann. Das müssen wir klar sehen. Ich schlage deswegen doch vor, daß jetzt in der Pause vielleicht Herr Bein, Herr Klein und Herr Poppe noch einmal beraten, wie das – und Herr Raspe, vielleicht dürften wir Sie noch bitten – beraten, wie wir damit weiter verfahren.

Jetzt aber [sollten wir] nicht weiter Zeit vertun, indem wir eine Sache, die noch nicht klar ist, versuchen, hier am Runden Tisch in der Vollversammlung zur Abstimmung zu bringen.

Herr Gysi noch, bitte, SED-[PDS].

Gysi (SED-PDS): Ja, ich stimme dem zu, jetzt nicht darüber abzustimmen, aber ich will nur sagen, es gibt offensichtlich auch ein Mißverständnis. Das hat ja mit der neuen Verfassung, die zu erarbeiten ist, glaube ich, nichts zu tun. Die muß ja sowieso erarbeitet werden. Sondern es geht eben darum, eine **verfassungsrechtliche Übereinstimmung** für diese gesetzliche oder Verordnungsvorlage herzustellen, unabhängig davon, daß die Verfassung insgesamt natürlich neu erfaßt und irgendwann auch ein Volksentscheid vorgelegt werden soll.

---

[4] Dokument 6/8, Anlagenband.

Das sind, glaube ich, zwei verschiedene Sachen, damit wird ja in dieser Hinsicht auch nichts präjudiziert, sondern jetzt soll eine verfassungsrechtliche Übereinstimmung hergestellt werden.

Das wollte ich nur dazu sagen. Da müssen wir auch nicht mit Mißverständnissen an die Sache herangehen. Während das inhaltliche Anliegen der Vereinigten Linken, also Fragen der **Arbeiterdemokratie** in diesem Zusammenhang, die sind natürlich wichtig und das muß auch entsprechend eben beraten werden. Aber wenn es da Konsens gibt, schauen wir uns das noch einmal an. Gut. Danke.

Ziegler (Moderator): Ich hatte schon einen Verfahrensvorschlag gemacht. Wir kommen natürlich jetzt wieder in die Sachdebatte.

Herr Henrich.

Henrich (NF): Bloß, dazu muß man nun aus fachlicher Sicht sagen, die gesamte **Eigentumsordnung** soll geändert werden, Herr Kollege. Das ist etwas ganz Entscheidendes. Und da können Sie nicht allein darauf hinweisen, daß die neue Verfassung ja erst ausgearbeitet werden soll.

Ziegler (Moderator): Eben. Ich mache erneut den Vorschlag, daß wir jetzt die Diskussion darüber abbrechen, Herrn Klein, Herrn Poppe, Herrn Raspe und Herrn Bein bitten, noch einmal zusammenzutreten, um uns einen Vorschlag zu machen, und zwar vor Ziffer 4 unserer heutigen Tagesordnung. Vielleicht kann das gelingen, was Herr Raspe sagt, wie mit dieser Sache weiter verfahren werden kann. Denn im Augenblick ist sie nicht abstimmungsreif.

Ich habe Ihren Namen doch schnell – – Frau Seelig.

Frau Seelig (VL): Ja, also ich sehe das nach wie vor anders. Ich würde beantragen, daß abgestimmt wird, weil wir ja nichts anderes wollen, als diesen Termin zu verschieben, der jetzt anliegt, um 11.00 Uhr dort im Hause. Also, ich denke, da müßte darüber abgestimmt werden: jetzt.

Und es geht ja nicht um die Inhalte der Wirtschaftsfragen, sondern es geht ja jetzt darum, ob man zulassen kann, daß zu diesem Zeitpunkt, wo wir noch nicht diskutiert haben über diese Dinge, über diese Inhalte bereits Verhandlungen vorangebracht werden. Und soweit ich gehört habe, soll am Donnerstag bereits die Volkskammer dazu tagen und nicht nur der Ausschuß.

Ziegler (Moderator): Aber heute um 11.00 Uhr tagt der Ausschuß, das ist gesagt worden, und nicht die Volkskammer. Und darum meinte ich, geht es in dem Verfahrensvorschlag doch so, wie ich vorgeschlagen habe.

Ich lasse jetzt abstimmen. Der Verfahrensvorschlag hat hier Vorrang. Und dann können Sie ja den Antrag stellen: sofortige Abstimmung über Ihren Antrag.

Also, der Geschäftsordnungsantrag war, die vier Genannten mögen bitte vor Eintritt in die Tagesordnung Ziffer 4 noch einen neuen Vorschlag machen oder einen neuen Antrag formulieren. Wer stimmt diesem Verfahren zu? – 21. Wer ist dagegen? – 4 Gegenstimmen. Wer enthält sich der Stimme? – Das ist der Rest, aber mit Mehrheit wird so verfahren.

Damit ist die Sache nicht vom Tisch. Und ich erinnere daran, der Vorschlag war, es sollte jetzt ein Telefonat auch mit der Volkskammer stattfinden.

Wir haben jetzt sehr viel – –

[Lücke in der Aufnahme]

– über die **Vorlage 6/1 [Anwesenheit von Medienvertretern]**, in dieser veränderten Fassung abstimmen lassen. – Wer ist dafür? Den bitte ich um das Handzeichen. – Wer ist dagegen? – Keiner. Enthaltungen? – 1 Enthaltung[5].

Damit ist die Vorlage angenommen, und ich bitte dementsprechend alle Medienvertreter außer den genannten Fernsehanstalten und den Agenturen, den Raum zu verlassen. Sie werden Gelegenheit bekommen, alle Informationen auch zugestellt zu bekommen.

Ist Herr von der Heid [???] immer noch nicht da? Nein. – Den bitte ich dann, das zu klären. –

[Zwischenruf]

– Natürlich, der Rundfunk also, Entschuldigung. Ich werde gerade darauf aufmerksam gemacht, daß ich den Rundfunk nicht erwähnt habe. Ich bitte dies zu entschuldigen. Natürlich soll der Rundfunk, der immer übertragen hat, hier drin bleiben. Wir müssen das korrekterweise noch nachtragen, sonst gibt es nachher Mißverständnisse.

So, dann bitte ich die Tür zu schließen.

TOP 5: Programmplanung des Runden Tisches

Ziegler (Moderator): [Wir kommen zum Tagesordnungspunkt] 1.4., es liegt Ihnen vor die **Information 6/1**. Das ist die **Programmplanung der Prioritätenguppe des Runden Tisches [am 3. 1. 1990]**. Damit ist unser Arbeitsprogramm vorgezeichnet[6].

Ich bitte Sie, wenn Sie jetzt weitere Anmeldungen für künftige Zeiten haben, wie das Herr Gysi eben schon gemacht hat, doch immer einen Blick auch auf dieses Programm zu werfen und dann anzumelden, wo das unter Umständen am besten eingefügt werden kann, was der Antragsteller möchte. Ich beschränke mich nur noch auf wenige Hinweise, nämlich alle Anträge werden nach dem Vorschlag, der letztlich hier am Tisch gemacht worden ist, durchnumeriert für jede Sitzung. Die Nummern verteilt das Arbeitssekretariat. Darum bitte ich, alle Anträge dem Arbeitssekretariat zu übergeben. Vorlagen laufen auf Beschlüsse hinaus. Dagegen gibt es manchmal Informationen, die Ihnen wichtig sind. Die bitte ich zu unterscheiden und auch das an das Arbeitssekretariat zu übergeben.

Und eine letzte Bitte: Es gibt nur ganz wenig große Künstler, die können Verhandlungen leiten, ohne überhaupt zu wissen, worum es geht. Mir ist diese Gabe nicht zuteil geworden. Ich weiß nicht, ob meinen Mitmoderatoren. Und darum ist es äußerst schwierig, wenn dahinten angefangen wird zu verteilen, und dann wird schon verhandelt.

Darum folgende Regelung: Die Verteilung von allen Vorlagen beginnt bitte hier, damit die Moderatoren erst einmal sehen können, wie sie das richtig und sinnvoll ins Programm einspeisen können. Bitte halten Sie diese Regel ein. Es wird Ihnen nichts vorenthalten.

---

[5] Die Vorlage 6/1 wurde mit dem Zusatz angenommen, daß auch „ein Kamerateam der BRD" Zutritt haben sollte. Die Übertragungen der Verhandlungen des Runden Tisches erfolgten in den Raum 111 des Tagungsgebäudes (Residenz Schloß Niederschönhausen).

[6] Dokument 6/3, Anlagenband.

Soweit diese Hinweise von meiner Seite, von unserer Seite; das ist von den Moderatoren abgesprochen.

Herr Dr. Ullmann hatte sich gemeldet, Demokratie Jetzt.

Ullmann (DJ): Ich bitte, was die Programmplanung anbelangt, in die Tagesordnung vom 15. Januar 1990 den Punkt **Entwurf eines Wahlgesetzes** aufzunehmen. Die **Erklärung der Arbeitsgruppe „Wahlgesetz" [Information 7/1[7]]** wird das begründen, wenn der Punkt in der Tagesordnung dran ist.

Ziegler (Moderator): Herr Dr. Ullmann, ich bitte, diesen Antrag zu wiederholen, wenn wir nachher bei Wahlgesetz sind, und Ihre Erklärung, ja? Das ist dann für uns leichter.

Nun bitte ich Herrn Schnur, seine Bitte und seinen Antrag zu erläutern, **demokratischer Umgang miteinander**. Wir hatten das so abgesprochen als [Tagesordnungspunkt] 1.5., ja.

TOP 6: Demokratischer Umgang miteinander: Die Demonstration am 3. Januar 1990 am sowjetischen Ehrenmal in Treptow und deren „antifaschistische" Instrumentalisierung

Schnur (DA): Danke dafür.

Mit Sorge hat der Parteivorstand Demokratischer Aufbruch die aktuelle politische Situation am Wochenende in unserem Land eingeschätzt, und wir müssen dabei feststellen, daß eine wichtige Situation durch die **Demonstration vom 3. Januar 1990** entstanden ist, indem einige Freunde aus der Opposition sich nicht unmittelbar beteiligt haben oder daß aus [dem] Fernsehen der DDR oder Zeitungen der Tagespresse der DDR zu entnehmen ist, daß die Einordnung zum **Rechtsradikalismus** erfolgt, weil man nicht bereit ist, sagen wir, sich zum Sozialismus zu bekennen, oder weil man zu einem Ja zur deutschen staatlichen Einheit findet, ohne daß dabei bisher tatsächlich die Medien der DDR wirklich die Möglichkeit eingeräumt haben, die wirklichen Programme, wie sie verabschiedet worden sind, zu veröffentlichen.

Wenn ich dann lese, daß auf der anderen Seite Freunde der SDP, oder auch des Neuen Forums zum Beispiel, in der „Märkischen Volksstimme" als „Unvernünftige" bezeichnet werden, weil es in einem Kommentar heißt, „Koalition der Vernünftigen", und die nicht am **3. Januar am Mahnmal in Treptow** dabei waren, plötzlich Rechtsradikale sein sollen.

Ich persönlich bin ausdrücklich beauftragt worden vom Parteivorstand, uns gegen jede Einordnung des Rechtsradikalismus zu wehren und zu wenden. Wir lassen uns nicht in die rechte Ecke schieben und üben klare Solidarität mit den Freunden, die möglicherweise beschuldigt werden, Rechtsradikale zu sein. Ich glaube, es geht einfach darum, wenn wir auf der einen Seite am 7. Dezember 1989 in einem gemeinsamen Beschluß festgestellt haben, daß unser Land in einer tiefen politischen und wirtschaftlichen Krise sich befindet und daß wir als Teilnehmer an diesem Runden Tisch dafür eine Verantwortung tragen wollen, daß sie sich nicht verschärft, halte ich es für richtig und notwendig, daß es **keine Feindbilder** hier **zwischen uns** gibt.

Mit allem Nachdruck unterstreiche ich auch für die Partei Demokratischer Aufbruch, daß wir uns ganz zu den Positionen der antifaschistischen Tradition stellen. Aber es ist doch unmöglich, wenn in einer Sendung AK 2 ein Mitglied der SED-PDS den Parteivorsitzenden Partei Demokratischer Aufbruch in die Rechtsecke rückt. Ich will das auch so deutlich sagen. Als die komplizierten Zeitsituationen dort gewesen sind, als es darum ging, das Leben von Mitarbeitern des ehemaligen Ministeriums für Staatssicherheit zu schützen in verschiedenen Orten, da waren die Kräfte der Opposition keine rechten Kräfte.

Ich meine, daß es der Anstand bei aller unterschiedlicher politischer Bewertung, die wir jetzt in dieser Zukunft vornehmen, gebietet und es niemandem ansteht, Demokraten so einzuordnen, daß daraus neue Feindbilder entstehen. Wir wehren uns ganz entschieden dagegen und ich denke, wir können nur an diesem Tisch bleiben, wenn eine klare Positionsbeziehung aller hier Anwesenden erfolgt.

Danke.

Ziegler (Moderator): Danke für Ihre Erklärung. Möchte dazu jemand Stellung nehmen oder noch etwas sagen?

Herr Böhme von SDP.

Böhme (SDP): Meine Damen und Herren, hier bestätigt sich das, worauf als eine Gefahr Dr. Ullmann von Demokratie Jetzt in einer unserer ersten Diskussionen über **Rechtsradikalismus/Neofaschimus** hingewiesen hat. Wir gehen bereits in der Öffentlichkeit zu locker und zu unüberlegt mit Begriffen wie „Rechts" und „Links" um.

Die SDP meint, daß solche Flugblätter, wie sie im Zusammenhang mit Treptow – und da unterstelle ich den Veranstaltern dieser Kundgebung nicht, daß sie dahinterstehen könnten oder sollten – wie sie von Gruppen, die unterzeichnet haben, verteilt werden, sind **Brunnenvergifterei** und helfen im Lande niemandem.

Wahrhaftigkeit kann auf einem demokratischen Weg nur garantiert werden, wenn man mit Augenmaß der wirklichen politischen Realität begegnet. Aus dieser Sicht unterstützen wir das, was Wolfgang Schnur gesagt hat.

Ziegler (Moderator): Herr Ullmann, Demokratie Jetzt. Und dann Herr Poppe, Initiative [Frieden und] Menschenrechte. – Wir notieren alles.

Ullmann (DJ): Ich pflichte den Ausführungen von Herrn Schnur zu und möchte die Gelegenheit ergreifen, mich von allen Versuchen zu distanzieren, besonders die Person von Herrrn Schnur in den Massenmedien anzugreifen.

Ziegler (Moderator): Bitte, Herr Poppe, Initiative für Frieden und Menschenrechte.

Poppe (IFM): Ja, auch ich unterstütze das, was Herr Schnur gesagt hat, sehr entschieden.

Mir ist aufgefallen, daß dem Runden Tisch in seiner Gesamtheit und insbesondere den **Vertretern der Opposition** in der letzten Zeit in den Medien **Destruktivität** vorgewor-

---

[7] Unter der Bezeichnung „Information 7/1" wurde am Runden Tisch neben der Stellungnahme der AG „Neue Verfassung" des Runden Tisches: Zum Gesetzentwurf der Regierung „zur Änderung und Ergänzung der Verfassung der DDR" auch die Erklärung der Arbeitsgruppe „Wahlgesetz" des Runden Tisches vom 11. Januar 1990 geführt. Dieses Dokument ist in dem Wortprotokoll der 7. Sitzung abgedruckt.

fen wird. Es wird dort so getan, als könnten wir jetzt nahtlos, ohne daß wir noch über das Vergangene reden, hier gemeinsam den Karren aus dem Dreck ziehen, wie man so schön sagt, und uns um diese Vergangenheit nicht mehr kümmern.

Ich denke, daß das angesichts dieser erwähnten Demonstration wie auch der Medienkampagne, die zur Zeit läuft, unbedingt notwendig ist, daß der Runde Tisch in seinem Selbstverständnis das vielleicht auch um eine solche Formulierung erweitern, klarstellen muß, daß er sich nicht nur jetzt zur Unterstützung der notwendigen Reformen versteht, sondern auch, um zu verhindern, daß undemokratische Strukturen wiederbelebt werden oder solche neu entstehen.

Ziegler (Moderator): Wenn ich eine Bitte äußern dürfte: Es ist verständlich, wenn Sie das unterstützen, aber Sie haben unsere Tagesordnung vor Augen. Es muß nicht alles wiederholt werden.

Herr Krause von der CDU.

Krause (CDU): Am vergangenen Wochenende fand der Parteivorstand der Christlich Demokratischen Union statt. Auch auf dieser Beratung äußerten viele Freunde ihr Unverständnis dazu, daß auch Christliche Demokraten in unserem Lande in Rechtspositionen eingeordnet werden.

Ich darf hiermit erklären, daß es zu den Traditionslinien auch in den Zeiten der Deformierung meiner Partei gehört hat, das Gedankengut **christlicher Antifaschisten** zu pflegen. Und wir verwahren uns, daß wir in eine rechte Ecke gedrängt werden. Niemand hat das Recht, uns als eine Rechtspartei oder unsere Freunde als solche zu bezeichnen.

Ziegler (Moderator): Frau Dörfler, Grüne Partei.

Frau Dörfler (GP): Ich verweise hier wieder auf unsere wirtschaftliche Situation und ich warne noch einmal dringend davor, soviel Zeit zu vergeuden mit dem Aufbauen und Abbauen und überhaupt mit der Beschäftigung von **neuen Feindbildern**. Wir haben wirklich ganz wichtige Dinge zu tun.

Ziegler (Moderator): Herr Raspe, LDPD.

Raspe (LDPD): Ich bin Herrn Schnur dankbar, daß er uns veranlaßt hat, über diese Frage des Umgangs miteinander zu diesem Zeitpunkt miteinander zu reden.

Ich war ein wenig verwundert, das muß ich auch sagen, daß, nachdem wir uns beim letzten Runden Tisch darauf verständigt hatten, früh zu schließen, damit wir möglichst dabei sein konnten, ich meine bei der Kundgebung in Treptow, daß unter den Rednern relativ wenig derer vertreten waren, die hier am Runden Tisch sitzen. Ich bin aber ganz sicher, daß viele Freunde aus den Reihen dieser Bewegungen und Parteien anwesend waren, und ich weiß auch, daß es für den Veranstalter nicht leicht war, all die, die reden wollten, reden zu lassen an diesem Tag.

Ich muß aber hier auch deutlich erklären, daß ich es im nachhinein bedauert habe, gesprochen zu haben, weil ich mich vereinnahmt und mißbraucht sehe in einer eindeutigen **Wahlkampfveranstaltung der SED-PDS**. Nur so kann ich mir es erklären, daß allein bei der Ankündigung des Vertreters der LDPD ein deutlicher Affront und ein deutlicher Protest zu spüren war, wobei ich doch nicht mehr wollte an diesem Tag, als deutlich zu machen: Im Kampf gegen die braune Gefahr, im Kampf gegen Neonazismus, kann man mit der LDPD rechnen. Bevor ich aber dazu kam, spürte ich sofort diesen Affront, und ich meine, dieses Thema darf nicht zum Wahlkampfthema werden. Und das habe ich sehr, sehr bedauert.

Und ich muß sagen, hinterher ist man immer schlauer, aber ich will hier eindeutig erklären und will diese Gelegenheit nutzen: Wir sind **gegen Rechtsradikalismus und gegen Linksradikalismus!**

Ziegler (Moderator): Ich möchte die Teilnehmer des Runden Tisches daran erinnern, daß wir einen klaren, eindeutigen Beschluß gemeinsam in dieser Sache gefaßt haben und es eigentlich schwer verständlich ist, daß solche Dinge, die jetzt angesprochen werden, noch einmal verhandelt werden müssen. Aber sie müssen es jetzt.

Und jetzt ist Herr Bisky, SED-PDS dran, oder wer von Ihnen spricht?

Herr Gysi spricht, ja?

Gysi (SED-PDS): Ja, weil es ja noch allgemeinere Fragen sind, die jetzt hier in diesem Zusammenhang mit diskutiert werden müssen, obwohl ich auch dafür bin, das möglichst kurz zu machen, damit wir zu den Sachfragen kommen.

Also, es ist ja so, wenn es solche Erscheinungen gibt und zu einer Kundgebung aufgerufen wird, und das wird jeder hier am Tisch wissen, bestimmen Sie nicht, wer kommt. Und Sie bestimmen auch nicht, was gerufen wird. Und es lagen keine Anträge vor, soviel ich weiß, von anderen Vertretern der Oppositionsgruppen, zu sprechen. Dies wäre auf jeden Fall geschehen. Die, die da waren, konnten auch sprechen.

Daß dann ganz verschiedene Leute – –

Ziegler (Moderator): Ich bitte einmal um Entschuldigung.

Gysi (SED-PDS): Ja.

Ziegler (Moderator): Wer sind die Fotografen, die hier jetzt hereinkommen und fotografieren? – Ach so, Sie sind von den Agenturen? Von welchen Agenturen? „ADN". Und Sie? – Ja. Gut. Danke schön.

Ich bitte die Unterbrechung zu entschuldigen, ja?

Gysi (SED-PDS): Vielleicht wäre es sogar anders gelaufen, wenn entsprechend der gemeinsamen Erklärung alle vom Runden Tisch daran teilgenommen und gesprochen hätten, so zumindest war es vorgesehen.

Es ist ja dort, soviel ich weiß, auch nichts gegen irgendeine Bewegung gesagt worden. Also wenn, dann also zumindest nicht durch mich, aber ich glaube, auch durch andere nicht. Wir haben auch deutlich gesagt, daß nicht alles, was dort gesagt oder gerufen wurde, uns gefallen hat. Das muß ich einfach auch so sagen. Aber das ist eben ja auch in diesem Sinne glücklicherweise nicht mehr zu steuern, nicht – das ist ja immer der Nachteil solcher Dinge.

Ich wollte etwas Zweites sagen in diesem Zusammenhang: Ich bin überhaupt der Meinung, daß wir uns einmal verständigen müßten über die **Kriterien eines fairen Wahlkampfes**. Das müßte auf einer der nächsten Sitzungen geschehen. Wie weit kann man da eigentlich gehen? Denn, also, ich meine, ich könnte jetzt natürlich auch ein Klagelied anstimmen, was über die Partei, die ich hier vertrete, alles gesagt und geschrieben wird und was da auch alles über die Medien geht und die Verteilung in den Medien, das ist – – was meinen Sie, wieviele Briefe ich bekomme, wo man sich beschwert, daß die anderen so bevorzugt werden, also zum Beispiel zwei Minuten Demons – –

[Gelächter]

– Ja, kann ich Ihnen zeigen, kann ich Ihnen zeigen, zwei Minuten Demonstration, anschließend sechs Minuten Gespräch mit einem Vertreter der Opposition und so, also ich messe das nicht, weil ich das auch gar nicht kann. Ich habe gar nicht die Zeit, mir das anzusehen.

Ich bin nur der Meinung, daß wir die **Frage des Zugangs zu den Medien** zum Beispiel für den Wahlkampf eben exakt regeln müssen, damit das aufhört gegenseitig. Da müssen wir das einfach wissen, welche Zeiten hat jede Partei, jede Bewegung, sich wie, in welcher Form darzustellen. Das ist das eine. Und das zweite ist eben, welche Kriterien für einen fairen Wahlkampf, also des Umgangs miteinander, so meine ich das jetzt, sollten wir hier aufstellen, ohne Diffamierung von Personen.

Nun kommt noch folgendes hinzu. Also, zum Beispiel sagt Herr Schnur, irgendein Mitglied meiner Partei hätte im Fernsehen irgend etwas gesagt. Wir müssen natürlich auch einmal einfach zur Kenntnis nehmen, es gibt nur wenige, die im Namen von Parteien und Bewegungen sprechen dürfen. Das ist auch bei uns so.

Und ich habe gehört, daß gestern Herr [Karl-Eduard] Schnitzler irgendwo gesagt haben soll, daß er auch als Vertreter unserer Partei spricht. Das ist natürlich ungeheuerlich. Er ist von niemandem dazu befugt worden. Ich will das einmal sagen. Er kann für sich sprechen, aber doch nicht für eine ganze Partei oder Bewegung, ohne daß ihn dazu jemand befugt hat. Also, das sind so Dinge, wo natürlich auch Klarheit geschaffen werden muß. Und wenn da ein Mitglied irgend etwas sagt, was seine Meinung ist, das kann ja auch gar niemand verbieten oder ausschließen, nicht.

Ansonsten werden Sie von dem Vorstand Diffamierung von Personen nicht gehört haben und auch **keine Einordnung irgendeiner Partei oder Bewegung,** die hier am Tisch sitzt, im Sinne von **Rechtsradikalismus.** Das hat es nicht gegeben, und das wird es auch nicht so geben. Und die Frage der Definition ist natürlich eine wichtige Frage, aber vielleicht mehr eine wissenschaftliche, die werden wir hier am Runden Tisch nicht klären.

Nur, ich bin eben sehr dafür, daß wir – das werden wir heute nicht schaffen, aber in Kürze einmal – Kriterien des fairen Umgangs miteinander aufstellen. Aber das muß dann gegenseitig gelten.

Ziegler (Moderator): Es wäre wahrscheinlich das beste, das im Zusammenhang auch mit den Überlegungen zum Wahlgesetz mit anzupeilen. Und wir werden ja sehen, wie das dann weitergeht.

Es sind jetzt noch zwei Wortmeldungen auf der Liste. Das ist Herr Meckel, der sich noch nicht vorgestellt hat heute. Früher waren Sie schon mal nachgerückt. Werden Sie sich jetzt, wenn Sie zu Wort kommen, noch gleich vorstellen? – SDP.

Meckel (SDP): Ich heiße Markus Meckel, SDP, von Beruf Theologe.

Ich möchte in dieser Frage auch Stellung nehmen, denn ich denke, das Thema des **Rechtsradikalismus** ist in den letzten Tagen und in der letzten Woche so in unserem Land thematisiert worden, wie wir es nicht akzeptieren können. Es wurde so getan, als wären bestimmte Leute die Einheitsfront gegenüber dem Rechtsradikalismus, und andere, unter anderem Sozialdemokraten, wurden in einem öffentlichen Klima Richtung rechts gerückt. Dagegen können wir nur in aller Eindeutigkeit protestieren.

Es ist klar, was Ibrahim Böhme eben gesagt hat: Wir identifizieren nicht solche Flugblätter, wie wir sie haben und wie sie in diesem Lande verteilt werden, die im Zuge dieser Demonstration und dieser Kundgebung am sowjetischen Ehrenmal verteilt worden sind mit dem, was in der SED gesagt wird. Aber daß dieses im Zuge mitgeschieht und in manchem dem Klima, das hier verbreitet wird, und einer gewissen **Hysterie** entspricht, das können wir immerhin sagen. Wenn es hier dann heißt, die **Sozialdemokratie ist das trojanische Pferd** der **Konterrevolution,** und ein namhafter SED-Vertreter – –

[Zwischenruf]

Gysi (SED-PDS): Ja, das haben die **Trotzkisten** verteilt.

Meckel (SDP): – Walter Sachs steht da drunter – dann muß ich sagen, ist da etwas schon dran, wo ich sagen müßte, da ist ein Dementi von seiten der SED dran.

Wir sind durchaus der Meinung, und dies hat die gemeinsame Erklärung gezeigt, daß wir uns gegenseitig anerkennen, jedenfalls die SDP erkennt von jeder hier am Tisch sitzenden Partei an, daß sie antifaschistisch ist. Dies sollten wir uns gegenseitig in aller Deutlichkeit sagen und vergewissern. Aber die Hysterie, die in diesem Lande hier gemacht worden ist, die hatte Zweckcharakter. Davon sind wir überzeugt. Die hat den Charakter und die Absicht, das Amt für Nationale Sicherheit umzuwandeln in einen Verfassungsschutz und dafür Begründungen zu liefern.

Und diesen Hintergrund, den wir sehr deutlich sehen, gegen den können wir auch nur protestieren. Wir werden in diesem Zusammenhang dann davon reden müssen. Wir denken auch, daß sich eine antifaschistische Haltung nicht zuerst in Methoden des Verfassungsschutzes, möglicherweise noch mit Methoden der Staatssicherheit und der Personen, die bisher in diesem Amt gearbeitet haben, zeigt und möglich sein kann.

Ziegler (Moderator): Sie können darauf zurückkommen bei Tagesordnungspunkt 2.

Jetzt hat sich noch Herr Schnur gemeldet und ich wäre wirklich dankbar, wenn das das Schlußwort zu diesem Punkt wäre, weil klar ist, worum es geht, und auch gezeigt ist, wann wir darüber über den Umgang im Wahlkampf weiterreden wollen.

Bitte, Herr Schnur, Demokratischer Aufbruch.

Schnur (DA): Ich denke, Herr Ziegler, daß man nicht einen Schlußpunkt und auch ein Schlußwort setzen kann. Ich glaube, wir dürfen uns die Augen nicht verwischen; ich glaube, so lange nicht die Frage der **Verantwortlichkeit der Chefredakteure** oder der Verantwortlichen im Fernsehen der DDR und Rundfunk der DDR gerade zu dieser spezifischen angesprochenen Situation auch durch die Parteien, die ihren Einfluß ja dort haben, nicht geltend gemacht wird, wirklich auf eine solche Kampagne zu verzichten.

Das zweite ist, ich werde eben gerade informiert, daß es einen **anonymen Brief** gibt, den verschiedene [Personen] zugestellt bekommen haben, wo wiederum auch mein Name persönlich enthalten ist und sofort die Einordnung in den **Rechtsradikalismus** erfolgt ist.

Ich betone das ausdrücklich und habe das am 27. Dezember 1989 auch in dieser Öffentlichkeit gesagt: Ich habe eine halbjüdische Mutter. Ich habe meinen Vater verloren durch die Ereignisse des Dritten Reiches. Ich verwahre mich ganz entschieden gegen eine solche Diffamierung und Diskriminierung in diesem Land, in dem ich leben will, in dem ich arbeiten will, in dem ich politisch dazu beitragen will, daß die Menschen eine Zukunft erlangen. Ich halte es für unerträglich, wirklich, so behandelt zu werden.

Ziegler (Moderator): Wir brechen die Aussprache über diesen Punkt ab.

Ich möchte nun Herrn Gysi, SED-PDS, bitten, über die Zurverfügungstellung der Räume kurz zu informieren.

TOP 7: Arbeitsbedingungen der Opposition: Räume

Gysi (SED-PDS): Ja. Also, den letzten Worten kann ich mich übrigens auch nur anschließen, und jetzt zu dieser Frage.

Also, der **Kreisvorstand Mitte** zieht ab heute um. Bis zum 14. Januar ist der Umzug abgeschlossen und dann können die Räume übernommen werden. Wir haben auch gebeten, ob sie möglicherweise – – dabei sind natürlich Aktentransporte, muß ich sagen, das geht alles in den Bezirksvorstand Berlin. Wenn Hilfe angeboten wäre, sind sie sehr damit einverstanden, da es viel Arbeit macht.

Jetzt muß ich noch etwas dazu sagen: In diesem Gebäude befinden sich insgesamt **54 möblierte Arbeitsräume** und **31 Telefonamtsanschlüsse**. Allerdings können nur **36 zur Verfügung gestellt werden,** weil die anderen 18 Räume vom Bund der Antifaschisten, dem Kreisvorstand Berlin-Mitte der Uranier, dem Kulturbund und dem Freidenkerverband genutzt werden.

Um insofern einen Ausgleich zu schaffen – – also, Moment, das sind jetzt wieviel? – 36 Arbeitsräume stehen damit schon erst einmal zur Verfügung. Die Versammlungs- und Beratungsräume können wechselseitig genutzt werden, das müßte unproblematisch sein.

Der Einzug selbst könnte am 15. Januar [1990] erfolgen. Und wir müßten dann Verträge abschließen. Dazu müßten irgendwie Vertreter benannt werden zur Nutzung dieser Räume.

Und darüber hinaus, um also für die Räume, die dann noch durch andere belegt sind, nicht durch uns, einen Ausgleich zu schaffen, bieten wir noch das Objekt Niederwallstraße 1 bis 5 an. Das ist bisher an den Bezirksvorstand Berlin vermietet gewesen. Diesen Mietvertrag würden wir lösen mit dem Ministerrat, der Rechtsträger ist, und dann könnten diese 20 Räume ebenfalls noch genutzt werden durch die Bewegungen und Parteien. Sie sind ebenfalls möbliert und fernmeldetechnisch versorgt.

So. Und nach unseren Vorstellungen, also, das wäre unser Vorschlag, wäre das so: [In] diese 36 Arbeitsräume könnten zum Beispiel, also im ehemaligen Kreisvorstand Berlin-Mitte, die SDP, der Demokratische Aufbruch, Demokratie Jetzt, Initiative für Frieden und Menschenrechte und Grüne Partei als Beispiel einziehen, und in die anderen Räume dann Vereinigte Linke, Grüne Liga, Neues Forum und Unabhängige Frauenbewegung in diese 20 Räume. Oder Sie teilen sich das anders auf.

Also, auf jeden Fall, daß wir Partner haben, mit denen wir den einen Vertrag oder den anderen Vertrag schließen. Ich meine, Sie können das auch anders machen. Das war nur so eine Art der Berechnung von uns, wie das mit den 36 und den 20 Räumen ist.

Gut. Und das Objekt in der Niederwallstraße wird bis zum 14. Januar ebenfalls geräumt, so daß es ebenfalls ab 15. Januar zur Verfügung steht. Aber die Bewegungen sollen das untereinander machen, wie sie denken. Wir hatten das bloß einmal so irgendwie versucht durchzurechnen. Nur, daß wir dann also entsprechende Verträge schließen können für die Nutzung ab 15. Januar.

Ziegler (Moderator): Vielen Dank für die Information. Ich möchte nur darauf hinweisen, daß hier ja entweder die Vermittlung des Arbeitssekretariats oder von Dr. Hegewald, der das ja auch gemacht hat, in Anspruch genommen werden kann.

Aber Frau Köppe hat sich zur Geschäftsordnung gemeldet, und vorher hatten Sie sich zu Wort gemeldet.

Frau Köppe (NF): Nein. Das ging auch darum. Ich wollte darum bitten, daß wir zur Tagesordnung kommen. Solche Sachen, die können wir doch außerhalb dieses Runden Tisches dann besprechen, nicht?

Ziegler (Moderator): Ja. Es muß aber [erörtert werden], da darum gebeten worden war, und wir hatten ja auch das zugelassen.

Frau Köppe (NF): Ja. Aber vielleicht sollten wir jetzt dann doch zur Tagesordnung übergehen.

Ziegler (Moderator): Ja. Darf ich Herrn Poppe, der sich noch vorher, ehe Sie diesen Antrag stellten, Übergang zur Tagesordnung, gemeldet hat, dann doch noch drannehmen, ja?

Bitte, Herr Poppe, Initiative Frieden und Menschenrechte.

Poppe (IFM): Ja. Eine kurze Bemerkung nur. Wir betrachten dieses Angebot als Übergangslösung.

Ich muß dazu sagen, wir sind immer davon ausgegangen, daß wir dieses Gebäude oder ein anderes gleichwertiges insgesamt benötigen. Das hat zu tun mit dem vorgesehenen Zweck dieses Gebäudes, es nämlich zu einem **Haus der demokratischen Bewegungen** zu machen, zu einem Haus, in dem die **Öffentlichkeitsarbeit** aller neun hier am Runden Tisch vertretenen **Oppositionsgruppierungen und -parteien** dann ihre Räume haben. Das sollen nicht einfach jetzt nur Büroräume sein, sondern es hat eben diesen Zweck, daß das Haus auf solche Weise genutzt werden kann für die Kommunikation, für die Öffentlichkeitsarbeit – –

[Lücke in der Aufnahme]

Ziegler (Moderator): – Es ist 10.33 Uhr. Ich weiß nicht, ob Sie noch die Konzentration haben, etwa den 20minütigen Bericht – so etwa, ja? – von Herrn Koch, dem Regierungsbeauftragten, zum gegenwärtigen **Stand der Auflösung des Amtes für Nationale Sicherheit** zu hören oder ob wir die Pause gleich machen. Sonst war mein Vorschlag, stellen Sie doch einen Antrag.

Bitte, Herr Gutzeit.

Gutzeit (SDP): Ich stelle den Antrag, daß wir jetzt gleich die Pause machen. Dieser Bericht ist zu wichtig, als das wir da eine Pause zwischendurch lassen. Wir müssen darauf gleich reagieren können.

Ziegler (Moderator): Ja. Das leuchtet mir auch ein. Erhebt sich dagegen Widerspruch, daß wir dann jetzt die Viertelstunde Pause – wieviel hatten wir immer?

Ducke (Co-Moderator): 15 Minuten.

Ziegler (Moderator): Fünfzehn Minuten, so daß jetzt, jetzt ist es 10.35 Uhr, wir um 10.50 Uhr die Sitzung fortsetzen. Bis dahin ist sie unterbrochen. Vielen Dank.

[Pause]

Ducke (Moderator): Meine Damen und Herren, darf ich Sie nun bitten, die Plätze einzunehmen. Wir möchten mit den Verhandlungen beginnen.

Meine Damen und Herren, ich darf informieren, daß „ZDF" und „ARD" ein gemeinsames Team gebildet haben und die Sitzungen am Runden Tisch übertragen. Danke schön. Dürfen wir Sie dann bitten? – Danke schön.

TOP 8: Auflösung des Amtes für Nationale Sicherheit

So. Meine Damen und Herren, ich rufe auf den Tagesordnungspunkt Nr. 2, überschrieben; **Zur Auflösung des Amtes für Nationale Sicherheit.** Dazu haben Sie auf Ihren Plätzen liegen ein Papier **Information 6/2**, betrifft **Anfragen des Runden Tisches vom 3. Januar 1990 zum Problemkreis Amt für Nationale Sicherheit und zu Finanz- und Wirtschaftsfragen.** Ich bitte Sie, dieses Papier bereitzuhalten[8].

Zweitens haben Sie vor sich liegen eine Information, die ist noch nicht numeriert, müßten wir jetzt handgeschrieben nachtragen, also ein Papier **Information 6/3**, nämlich **Information der Regierung der DDR zur Auflösung des MfS an den Runden Tisch**[9]. Diese beiden Papiere benötigen Sie jetzt für die Verhandlung

Darf ich dann noch einmal bitten, daß die nichtzugelassenen Fernsehteams den Raum verlassen und auch keine Interviews am Rande geführt werden beziehungsweise Aktivitäten von Gruppen, die nicht zum Runden Tisch gehören, stattfinden. Wir bitten Sie um Verständnis, daß wir mit den Verhandlungen fortfahren möchten. Bitte. Vielen Dank.

Zu diesen beiden Informationen wird nun Herr Ziegler eine kleine Erläuterung geben. Darf ich Sie vielleicht gleich bitten, bevor der Regierungsbeauftragte seinen Bericht beginnt.

Bitte, Herr Ziegler.

Ziegler (Co-Moderator): Es ist ganz kurz. Nach der Aussprache am 3. Januar [1990] habe ich die Fragen zusammengestellt. Darum ist das in **Information 6/2** auch mit meinem Namen gezeichnet. Ich hoffe, daß ich all die Fragen richtig erfaßt habe. Und sie sind am 4. Januar der Regierung übermittelt worden, Herrn Staatssekretär Halbritter, der [sie] noch einmal überprüft hat.

Sie sind die Grundlage für die Beantwortung, die in zweifacher Weise erfolgt durch die Information der Regierung schriftlich, und hier bitten wir, **Information 6/3** nachzutragen, und mündlich durch Herrn Koch.

Hier muß ich einen Fehler korrigieren, Herr Koch, bitte, daß in der Tagesordnung der Doktortitel da gestrichen wird, weil er Ihnen nicht zukommt.

Danke.

---
[8] Dokument 6/4, Anlagenband.
[9] Dokument 6/5, Anlagenband.

Ducke (Moderator): Danke schön.

Dann bitte ich nun um den **Bericht des Regierungsbeauftragten Herrn Koch zum gegenwärtigen Stand [der Auflösung des Amtes für Nationale Sicherheit].**

Herr Koch, darf ich Ihnen das Wort erteilen? Bitte.

Koch (Regierungsbeauftragter zur Auflösung des Amtes für Nationale Sicherheit): Meine sehr verehrten Damen und Herren, ich muß vorausschicken, daß ich dankbar bin, daß auch für die Medien zur Kenntnis gegeben wird, daß ich nicht Doktor bin. Ich weiß nicht, wie das in die Medien gekommen ist.

Die Regierung hat, ausgehend von der Anregung des Runden Tisches vom 8. Dezember des vergangenen Jahres, am 14. Dezember 1989 sich entschlossen, das Amt für Nationale Sicherheit umgehend aufzulösen und dafür einen zivilen Beauftragten einzusetzen. Ich habe meine Tätigkeit am 19. Dezember 1989 aufgenommen und einen Arbeitsstab gebildet.

Ich bin berechtigt, alle erforderlichen Maßnahmen und Entscheidungen zu treffen sowie die Öffentlichkeit fortlaufend über die Auflösung des ehemaligen Amtes zu informieren. Einzelentscheidungen sind, sofern das notwendig ist, dem Ministerrat vorzulegen. Die Auflösung ist in enger Zusammenarbeit mit den Leitern der zentralen Staatsorgane, und wenn das erforderlich ist, in Abstimmung mit den Räten der Bezirke sowie den offiziellen Vertretern politischer Gruppierungen vorzunehmen. Der Vorsitzende des Ministerrats hat mich mit einer solchen Vollmacht ausgestattet.

Ich bin gegenüber den Mitarbeitern des ehemaligen Amtes weisungsberechtigt zu Fragen der Offenlegung von Angaben zum personellen und materiellen sowie baulichen Bestand des ehemaligen Amtes, zu Fragen der Abforderung von Konzeptionen zur Durchführung der Auflösung, zur Einsichtnahme in Dokumente und Unterlagen, soweit das zur personellen und materiellen Auflösung erforderlich ist, und zum Einsatz von ehemaligen Mitarbeitern zur ordnungsgemäßen Auflösung.

Die Durchführung der Maßnahmen wird fortlaufend kontrolliert. Dabei ist mit den gesellschaftlichen Kräften des Runden Tisches, insbesondere der gebildeten Arbeitsgruppe „Sicherheit", zusammenzuwirken.

Unter Bezugnahme auf die Anfragen aus der Beratung des Runden Tisches vom 3. Januar 1990 kann heute hier folgendes ausgeführt werden. Ich spreche zur Frage zwei und verweise diesbezüglich auf die **Information 6/2** vom heutigen Tage. Die Frage lautet „Hinzuziehung einer von der Opposition benannten Vertrauensperson und drei weiterer Mitarbeiter für die Auflösung des Amtes für Nationale Sicherheit".

Eine **Vertrauensperson,** die nach Ansicht der Regierung von den Vertretern des Runden Tisches insgesamt bestimmt beziehungsweise akzeptiert werden sollte, kann sofort ihre Tätigkeit im Bereich des Regierungsbeauftragten aufnehmen. Gleiches gilt für die vorgesehenen drei weiteren Mitarbeiter.

Ich bitte die Damen und Herren des Runden Tisches, die Prinzipien zu klären und mir übermitteln zu lassen, nach denen sich die **Mitwirkung des Vertreters des Runden Tisches** praktisch gestalten soll. Insbesondere bitte ich um Klärung, ob der Vertreter lediglich eine Kontrollfunktion ausüben soll oder ob eine Mitarbeit einschließlich der damit verbundenen Übernahme von Verantwortung gegenüber der Öffentlichkeit beabsichtigt ist. Ich muß angesichts des

Umfangs der Arbeit Wert darauf legen, daß ich die mir übertragenen komplizierten und arbeitsaufwendigen Aufgaben erfüllen kann, und bitte sehr, dies dabei zu berücksichtigen.

Ich spreche jetzt zur Frage sieben: „Welche Möglichkeiten der Zusammenarbeit gibt es mit der Arbeitsgruppe „Sicherheit" des Runden Tisches?". Meine **Zusammenarbeit mit der Arbeitsgruppe „Sicherheit"** wird darin gesehen, die Mitglieder dieser Kommission kontinuierlich in die Vorbereitung von bestimmten Entscheidungen einzubeziehen, den Stand der Abarbeitung zu erfragen und die Kontrolle der Durchführung von Maßnahmen an Ort und Stelle zu gewährleisten.

Ich spreche jetzt zur Frage drei: „Nachweis über die Übergabe der Waffen der Mitarbeiter des Amtes für Nationale Sicherheit an das Ministerium für Nationale Verteidigung".

Unabhängig von den bereits erlassenen Weisungen des ehemaligen Amtes habe ich am 4. Januar 1990 gegenüber dem verantwortlichen Vertreter des ehemaligen Amtes festgelegt, daß, erstens, die **Waffen** unverzüglich **einzuziehen** und bis zum Abtransport durch die Deutsche Volkspolizei so aufzubewahren sind, daß ein selbständiger Zugriff durch ehemalige Angehörige dieses Organs ausgeschlossen ist; zweitens, zu **Wach- und Sicherungsaufgaben** des ehemaligen Amtes benötigte Waffen gesondert zu erfassen und nur für die Zeit der Dienstdurchführung zu übergeben sind. Der Vollzug dieser Festlegung wird stichprobenweise durch einen Vertreter des Regierungsbeauftragten kontrolliert.

Es ist vorgesehen, die Übergabe der Bewaffnung einschließlich der Bestände des **Wachregiments Feliks Dzierzynski** im Januar 1990 an die Nationale Volksarmee beziehungsweise das Ministerium für Innere Angelegenheiten vorzunehmen und die Öffentlichkeit bis zum 1. Februar 1990 über den Vollzug zu informieren. Nichtbenötigte militärische Technik, Bewaffnung und Ausrüstungen sind zu verschrotten. Die Verschrottung wird allerdings in kurzer Frist nicht zu bewältigen sein.

Ich spreche jetzt zur Frage Nummer fünf: „Liste der ehemaligen Objekte des Amtes für Nationale Sicherheit, die an andere Träger übergeben wurden oder übergeben werden sollen".

Die Ausarbeitung einer vollständigen Liste setzt voraus, daß sicher ist, welche **Objekte [des AfNS]** von den neuen Diensten übernommen werden. Die Bestimmung der zu übernehmenden Objekte ergibt sich aus den Aufgaben und der damit verbundenen Struktur der neuen Dienste, die gegenwärtig präzisiert werden. Die Übergabe freiwerdender Objekte erfolgt parallel zu diesem Prozeß.

Gegenwärtig erfolgt die Zusammenstellung, Bewertung und Entscheidung über solche Objekte, Ausrüstungen und Materialien, die infolge des Bruchs mit der falschen Sicherheitspolitik der alten Staatsführung zweifelsfrei nicht mehr benötigt werden. Dabei handelt es sich um wesentliche Größenordnungen. Über die zu übergebenden Objekte werde ich den Runden Tisch in der gewünschten Weise informieren.

Welchen Auftrag und welche Kompetenzen ich habe, also die Frage sechs, habe ich eingangs bereits erläutert.

Ich will einige Bemerkungen zum Stand meiner Arbeit machen.

Es wurde ein **Arbeitsstab** gebildet, der sich konstituiert und die materiell-technischen Bedingungen für seine Arbeitsfähigkeit geschaffen hat. Zur Zeit wird daran gearbeitet, einen Überblick über die zur Auflösung anstehenden Objekte und Ausrüstungen zu schaffen. Parallel dazu werden die ersten Entscheidungen zur Überführung von Produktionskapazitäten in die Volkswirtschaft und in Dienstleistungsbereiche für die Bevölkerung vorbereitet.

Für die ehemaligen **Ferienhäuser** besteht folgende politische Grundkonzeption: Erstens, freie Plätze sind unverzüglich entsprechend den Kapazitäten mit Urlaubern zu belegen. Zweitens, die künftige Nutzung soll durch den Feriendienst der Gewerkschaften und für den Tourismus erfolgen. In geringem Umfang sollen Objekte für den Valuta-Tourismus zur Verfügung gestellt werden.

Folgende konkrete Entscheidungen wurden bereits getroffen oder sind vorbereitet:

Erstens, die **Baukapazitäten** des ehemaligen Amtes wurden per 1. Januar 1990 dem Minister für Bauwesen und Wohnungswirtschaft unterstellt und werden voll von ihm eingesetzt mit allen Objekten, Technik, Material und Kadern.

Zweitens, die Ausgliederung produktiver Kapazitäten des ehemaligen Amtes ist zur Entscheidung vorbereitet. Es handelt sich dabei um eine Kfz-Instandsetzung im Objekt Freienwalder Straße, es handelt sich dabei um Produktionseinrichtungen dort in Berlin-Hohenschönhausen, eine Kfz-Instandsetzung für die Bevölkerung. Es handelt sich weiter um Baureparaturkapazitäten für den Stadtbezirk Lichtenberg per 1. März 1990. Hier werden ehemalige Handwerker des Amtes zum Einsatz kommen. Eine Gärtnerei Oberseestraße wurde an den Rat des Stadtbezirks übergeben. Ein Betrieb Technischer Gerätebau soll im Objekt Freienwalder Straße entstehen. Gearbeitet wird an einem Vorschlag zur Nutzung von Dienstleistungskapazitäten zur Reparatur von technischen Konsumgütern für die Bevölkerung.

Drittens, eine Vereinbarung zur **Wohnungsverwaltung** mit dem Magistrat ist ausgearbeitet. Der Wohnungsbestand des ehemaligen Amtes wird vollständig in die kommunale Wohnungsverwaltung überführt. Die Wohnungszuweisungen erfolgen künftig ausschließlich über die örtlichen Organe für diesen Wohnungsbestand. Alle Stützpunkte, Technik, vorhandenes Material und Kräfte werden den kommunalen Wohnungsverwaltungen zugeordnet.

Viertens, Einzelobjekte. Die **ehemalige Parteischule** in Hessenwinkel [???] wurde an den Magistrat zur Verwendung freigegeben. In der Tschaikowskistraße 13 wurden einzelne Räume einer Baracke bereits bezogen durch die Vereinigte Linke. In wenigen Tagen geht das gesamte Objekt an den Magistrat über. Ein Wohnheim wurde dem Magistrat für das Gesundheitswesen übergeben.

Einige Bemerkungen zum Stand der Auflösung der ehemaligen **Kreis- und Bezirksämter für Nationale Sicherheit.**

Alle ehemaligen Kreisämter, das sind 216, sind geräumt. Die Übergabe in eine **neue Rechtsträgerschaft** erfolgte bei 187 Kreisämtern, das heißt, ca. 85 Prozent aller ehemaligen Kreisämter haben einen neuen Rechtsträger. Bei den restlichen Kreisämtern stehen die Entscheidungen durch die örtlichen Organe über die neue Rechtsträgerschaft noch aus.

Geräumt sind auch die Kreisämter, die sich in der Umfriedung ehemaliger Bezirksämter befinden, zum Beispiel in Dresden, Berlin, Schwerin, Rostock. Hier kann eine Übergabe in eine neue Rechtsträgerschaft erst im Zusammenhang mit der Räumung der jeweiligen Bezirksämter erfolgen.

Mit Stand vom 5. Januar 1990 wurden den zuständigen örtlichen Organen beziehungsweise Betrieben und Einrichtungen annähernd 400 Objekte und Einrichtungen des ehemaligem Amtes für Nationale Sicherheit, darunter 187 Kreisämter, 125 weitere Objekte sowie je vier Wohnheime und Gästehäuser zur Nutzung übergeben. Diese Zahl genauer zu beziffern ist schwer möglich, weil Übergabe nicht gleichzeitig Übergang der Rechtsträgerschaft bedeutet.

Bis zum gleichen Zeitpunkt erfolgte die **Entlassung von insgesamt 25 965 Mitarbeitern**; davon [vom] Amt für Nationale Sicherheit Berlin 8 071, Bezirksämter 14 718, Wachregiment 3 176.

Mit Stand vom 5. Januar 1990 wurden darüber hinaus an örtliche Organe und Betriebe zur Nutzung unter anderem 299 Pkw, 5 Kraftomnibusse, 22 Nutzkraftwagen sowie Kleintransporter, 13 Zweiradfahrzeuge, 12 Pkw-Anhänger, 173 Schreibmaschinen, 8 Kopiergeräte, 11 Fernseher sowie 32 Radios übergeben.

Bei der praktischen Abwicklung der Auflösung und zur Entscheidungsfindung bestehen derzeit folgende Probleme:

Erstens, wir brauchen schnell und unverzüglich Vorschläge, welche Objekte und Ausrüstungen vom **Verfassungsschutz** und **Nachrichtendienst** benötigt werden und demzufolge nicht in den zivilen Bereich der anderen Organe übergeben werden können.

Zweitens, es muß eine politische und praktische Lösung für eine Entscheidung zu den **schriftlichen Unterlagen** des ehemaligen Amtes gefunden werden. Zur Zeit scheitern terminlich untersetzte Entscheidungen zur Auflösung an der **nichtgeklärten Frage des Schriftgutes**.

Abschließend eine Erklärung zu den **Übergangsregelungen.**

Die vom Ministerrat für ehemalige Mitarbeiter der Staatssicherheit beschlossene Zahlung eines **Überbrückungsgeldes zur Eingliederung** in den Arbeitsprozeß basiert auf bisher bereits praktizierten gesetzlichen Regelungen wie zum Beispiel bei der Wismut oder im Kupferbergbau.

Die getroffene Entscheidung ist ungünstiger als andere bereits angewandte Überbrückungszahlungen. Es sollten höchstens 80 Prozent des bisherigen Verdienstes gewährt werden.

Nach bisher vorliegenden Übersichten brauchen für 70 bis 75 Prozent der ehemaligen Mitarbeiter keine Überbrückungsgelder gezahlt zu werden, weil die Entlohung im neuen zivilen Arbeitsrechtsverhältnis entsprechend der Qualifikation im Rahmen der 80 Prozent des bisherigen Einkommens liegt.

Wegen der vorliegenden Proteste und kritischen Hinweise wird die bisherige Regelung überprüft und nicht so, wie bisher vorgesehen, durchgeführt – nicht so, wie bisher vorgesehen, durchführt. Die Regierung wird die notwendigen Maßnahmen neu konzipieren und das Ergebnis dem Runden Tisch am 29. Januar 1990 bekanntgeben.

Ich danke für Ihre Aufmerksamkeit.

Ducke (Moderator): Herr Koch, danke für diese Information in Ihrer Aufgabe als Regierungsbeauftragter.

Meine Frage wäre an Herrn Staatssekretär Halbritter, ob er diesen gegebenen Bericht noch ergänzen möchte oder Hinweise und Erläuterungen nötig sind.

Halbritter (Staatssekretär beim Ministerrat der DDR): Nein, ich glaube, der Bericht ist so gegeben, wie Herr Koch seine Funktion ausübt. Ich habe dem nichts hinzuzufügen.

Ducke (Moderator): Danke. Dann können wir zur Aussprache über den vorgelegten Bericht und die vorliegenden Informationen schreiten. Ich rufe [auf zu] Wortmeldungen zu diesem Bericht.

Herr Henrich als erstes, Herr Poppe und Herr Schnur. Herr Henrich, Neues Forum.

Henrich (NF): Ich bitte zunächst erst einmal darum, daß das vervielfältigte Fernschreiben vom 9. Dezember [**Information 6/3a: (Putsch-)„Aufruf zum Handeln" des Bezirksamtes AfNS Gera und der Kreisämter**[10] an alle Beteiligten des Runden Tisches ausgeteilt wird, damit ich dann darauf auch Bezug nehmen kann.

Ducke (Moderator): Das liegt vor und geschieht im Moment. Sie stellen Ihre Wortmeldung zurück?

Henrich (NF): Nein, nein, nein! Ich will dann nur darauf Bezug nehmen, ich will sicher sein, daß das jeder in der Hand hat, so daß ich da nicht allzuviel zitieren brauche.

Wir bitten darum, Herr Koch, daß sehr schnell überprüft wird – oder zunächst die Frage, ob Sie das vielleicht kennen –, ob tatsächlich das Amt für Nationale Sicherheit in Gera, das Bezirksamt und die Kreisämter dieses Telex abgesetzt haben. Das Telex ist überschrieben: „Heute wir, morgen Ihr. Genossen, Kampfgefährten, Patrioten im In- und Ausland, Bürger der DDR", und in diesem **Telex** werden alle Machtorgane aufgefordert – ich fasse das einmal zusammen –, die **Opposition zu paralysieren**. „Paralysieren" steht hier wörtlich.

Und dieses Telex, welches nach meiner Meinung inhaltlich zum Staatsstreich aufruft oder aufgerufen hat, wenn es sich herausstellt, daß dieses Telex tatsächlich abgesetzt wurde, soll gerichtet worden sein an den Ministerpräsidenten, den amtierenden Staatsratsvorsitzenden, das Präsidium der Volkskammer, Ministerium für Innere Angelegenheiten, den Minister für Verteidigung, Leiter des Amtes für Nationale Sicherheit, alle Bezirksämter und an die Vorsitzenden der in der Volkskammer vertretenen Parteien, angeblich auch an Fernsehen und Rundfunk der DDR.

Wir wollen wissen, ob dieses Fernschreiben tatsächlich dort eingegangen ist. Wenn ja, wie die einzelnen Adressaten darauf reagiert haben und, das ist jetzt sozusagen der Kern der Frage, wie Sie verhindern wollen, daß zukünftig solche Versuche gemacht werden.

Also, Frage Nummer eins, Herr Koch, nach Ihren Kompetenzen. In der Presse wurde berichtet, in der Presse „ND", Sie seien beauftragt, die vielfältigen Rechtsfragen zu lösen, die mit den praktischen Schritten zur Liquidierung des Amtes verbunden sind. Heute haben wir gehört, daß Ihre Kompetenzen darüber wohl hinaus gehen.

Meine Fragen: Stehen an Ihrer Seite Ermittler, Ermittler aus offiziellen Ermittlungsorganen?

Meine weitere Frage: Wie sichern Sie ab, daß die Mitteilungen, die Ihnen gegeben werden – Sie haben es ja hier nicht mit der Auflösung eines Mädchenpensionates zu tun –, daß das tatsächlich der Wahrheit entspricht?

Wie kontrollieren Sie also die Tatbestände, die Ihnen mitgeteilt werden? – Sie müssen ja irgendeinen **Kontrollmechanismus** jetzt eingebaut haben, denn ich kann mir nicht vorstellen, daß Sie einfach nur so die jeweilige Antwort des jeweiligen Amtes hinnehmen. Also, die Frage zielt auf den F [???] ab.

Eine weitere Frage: Wer hat wie den Umfang der verbleibenden **Waffen** bestimmt? Immer jetzt mit der Zusatzfrage,

---

[10] Dokument 6/6, Anlagenband.

ich möchte die dann nicht wiederholen, ob das Amt in Gera, wenn sich herausstellt, daß dieses Fernschreiben abgegangen ist, daran beteiligt ist. Also, das ist jetzt immer eine Zusatzfrage, die ich in Klammern bitte mitzudenken.

Das zielt darauf ab, ob dieses Amt, welches also noch am 9. Dezember [1989] – wenn sich herausstellen sollte, daß das Fernschreiben tatsächlich abgesetzt wurde – ob dieses Amt jetzt an der Auflösung beteiligt ist und ob wir, das wäre ja dann die Konsequenz, hinnehmen müssen, daß Mitglieder des Amtes, die noch am 9. Dezember versucht haben, in die politischen Verhältnisse einzugreifen, und zwar mit Gewalt – denn etwas anderes bezweckt ja der Aufruf nicht – daß die sozusagen weiterhin dann als **Verfassungsschutz** tätig sein sollen. Das bitte ich, jetzt jeweils dann auch mit zu beachten.

Noch eine Frage zu der **Vertrauensperson**. Sie haben da gleich zugestimmt. Gehen Sie davon aus, daß diejenige Vertrauensperson, die mit Ihnen jetzt zukünftig vielleicht mitarbeitet, dieselben Kompetenzen hat wie Sie, wenn Sie ausreichende Kompetenzen haben sollten? Oder gehen Sie davon aus, daß diese Vertrauensperson dann lediglich beratende Funktionen haben soll?

Das wären zunächst einmal meine Fragen. Ich bitte aber, wie gesagt, daß alle Beteiligten jetzt möglichst das Fernschreiben vom 9. Dezember zur Kenntnis nehmen. Das haben wir auch erst am Wochenende bekommen, und wir sind darüber sehr betroffen.

Ducke (Moderator): Danke, das waren sehr konkrete Anfragen und auch, glaube ich, Themen, über die nachzudenken ist.

Meine Frage wäre jetzt an die Wortmeldungen, zunächst einmal, daß Gelegenheit ist für die Regierungsvertreter, sich kundig zu machen. Deswegen meine Rückfrage an die weiteren Wortmeldungen, das ist Herr Poppe von Initiative Frieden und Menschenrechte, Herr Schnur, Demokratischer Aufbruch, und Herr Ullmann, Demokratie Jetzt. Geht das in die gleiche Richtung? – Sonst würden [wir] diese Fragen noch mit dazu gleich sammeln, ja?

Bitte, Herr Poppe.

Poppe (IFM): Also, es handelt sich auch um eine konkrete Anfrage jetzt, die im Grunde genommen dazu gehört.

Ducke (Moderator): Bitte, dann sind Sie dran, Herr Poppe.

Poppe (IFM): Ich beziehe mich auf ein Fernsehinterview, das Sie, Herr Koch, neulich gegeben haben.

Es ist jetzt hier die Rede von 25 000 **entlassenen Mitarbeitern der ehemaligen Staatssicherheit**, und Sie haben dort gesprochen von 85 000 Mitarbeitern insgesamt. Vielleicht könnten Sie hier diese Zahlen noch einmal bestätigen und erläutern.

Das würde also bedeuten, daß noch 60 000 Mitarbeiter des ehemaligen Amtes in diesen verbleibenden Objekten, und auch da hatten Sie eine Zahl genannt, noch sich aufhalten. Frage: Was machen die dort, 60 000 Leute, wenn also jetzt die Auflösung hier geschieht?

Zweite Frage: Welche Anzahl von Personen ist denn vorgesehen für die beiden Nachfolgeämter? – ungeachtet der Tatsache, daß wir sie nach wie vor ablehnen.

Ducke (Moderator): Danke.

Als nächster hatte sich gemeldet Herr Schnur, bitte, Demokratischer Aufbruch.

Schnur (DA): Ich darf ergänzend fragen, erstens, zu der Antwort auf Frage sechs: Gibt es dann einen **schriftlichen Beschluß** des Ministerrates? Ist dieser Beschluß über Ihre Dienstaufgabenstellung der **Arbeitsgruppe „Sicherheit"** des Runden Tisches zur Verfügung gestellt worden?

Die zweite Frage: Sie haben zur Frage fünf deutlich gemacht, daß bereits von einer **Präzisierung der neuen Dienste** gesprochen wird. Am 27. Dezember 1989, am 3. Januar 1990 sind dazu konkrete Bedenken von Teilnehmern des Runden Tisches geäußert worden und die Erklärung vom 3. Januar 1990 der Opposition ist klar und eindeutig. Noch einmal deutlich: Sind Sie aussagefähig, **wer kann Antworten geben?**

Dritte Frage: Es muß ja einen **Widerspruch** zu Ihrem Bericht und der Erklärung von Herrn Halbritter dahingehend geben, daß zumindestens die **Entwaffnung** erst jetzt tatsächlich eingeleitet worden ist. Wie kommt es dazu, daß Regierungsvertreter dazu unterschiedliche Aussagen machen? Wer gibt uns die Gewähr, daß tatsächlich eine **exakte Kontrolle** dieser Entwaffnung nicht nur durch den Vertreter der Regierung, sondern durch andere gesellschaftliche Einrichtungen – ich denke hier an die Bürgerkomitees oder andere gesellschaftliche Gruppierungen und Parteien – gewährleistet wird?

Die vierte Frage: Es ist noch einmal doch wichtig, darauf hinzuweisen, wenn Sie davon sprechen, daß einige Häuser, Feriendienst, FDGB, Tourismus, Valuta-Tourismus – – Gibt es dazu ebenfalls einen Beschluß der Regierung? Wer soll die **Rechtsträgerschaft** übernehmen? Wie wird dies abgesprochen? Wie wird überhaupt der Bürgerwille dort mit einbezogen?

Ducke (Moderator): Danke, Herr Schnur. Bevor ich Herrn Ullmann, Demokratischer Aufbruch, bitte, noch einen Hinweis für die Benutzung der Mikrofone: Wir werden von der Technik hingewiesen, nicht sie zu dicht zu besprechen, weil das dann die Qualität der Übertragung mindert.

Jetzt Herr Ullmann, Demokratischer Aufbruch.

Ullmann (DJ): – Jetzt.

Ducke (Moderator): Ah, ja, vielen Dank.

Ullmann (DJ): Demokratie Jetzt.

Ducke (Moderator): Danke für die Korrektur.

Ullmann (DJ): Ich teile die Betroffenheit, die hier über das Geraer Fernschreiben geäußert worden ist, und hoffe, daß dieser Fall aufgeklärt werden kann.

Aber nun, Herr Koch, meine Fragen. Ich vermisse in Ihrer Antwort eine Aussage, wie es um das **Zentrale Amt in Berlin**[11] bestellt ist. Hat hier die Auflösung überhaupt begonnen? Meines Erachtens ist das die zentrale Frage zum Thema Auflösung überhaupt.

Ferner wünschte ich mir eine Auskunft von Ihnen über die Logistik des ehemaligen Ministeriums, jetzigen Amtes für Staatssicherheit. Darüber sind wir bisher in keiner Weise informiert worden.

Sie haben ferner über die auf Papier gesammelten Daten gesprochen. Ich frage: Was geschieht hinsichtlich der **elektronischen Daten**, und wie wird verfahren mit den besonderen Befehlsstrukturen des **Amtes für Nationale Sicherheit,** die das Land durchziehen?

Letzte Frage: Wie verhält sich Ihre Tätigkeit zu den **Grundsätzen der Regierung,** die in der **Information [6/3=**

---

[11] Leitung des Ministeriums für Staatssicherheit: Dienstsitz: Berlin-Lichtenberg, Normannen-/Gotlindestraße.

Dokument 6/5], die uns heute ausgeteilt worden ist, enthalten sind?

Ich möchte jetzt schon sagen, daß ich die hier **geäußerten** [in der Information 6/3] Grundsätze unserer Regierung unakzeptabel finde, sowohl was die auf Seite eins enthaltenen Voraussetzungen wie die Bewertungen auf Seite zwei anbelangt und die Konsequenzen, die dann angedeutet werden hinsichtlich der Neubildung des Verfassungsschutzes.

Ich finde es besonders gravierend, daß als Alternative uns hier etwas angeboten wird, was meines Erachtens genau der Sachstand ist, daß die Auflösung des ehemaligen Amtes, ich zitiere Seite drei unten, „die Auflösung des ehemaligen Amtes für Nationale Sicherheit", und jetzt wandle ich den Text ab, unterbrochen ist, „und jene Bereiche weiter bestehen" bzw. profiliert werden, „die Aufgaben des künftigen Dienstes übernehmen bzw. fortführen müßten."[12]

Hier haben wir den Tatbestand, daß an Stelle der Auflösung des Amtes für Nationale Sicherheit eine **Teilauflösung** und eine **Kontinuität** angekündigt wird, die weithin, wie wir leider beobachten mußten, Tatsache ist. Dieser Zustand muß, wenn das **Vertrauen in die Regierung** nicht schweren Schaden nehmen soll, sofort geändert werden.

Ducke (Moderator): Danke für Ihre Meldung.
Jetzt Herr Eppelmann, Demokratischer Aufbruch.

Eppelmann (DA): Ich möchte als erstes auch meine große Betroffenheit über das mir hier bekanntgewordene Telex mitteilen, und ich bitte darum, daß nicht nur Herr Koch sich dazu äußert, sondern auch Vertreter der in der Volkskammer vertretenen Parteien, ob dieses Telex zu ihnen gekommen ist. Das würde mich sehr interessieren.

Das zweite ist: Wenn ich Sie richtig verstanden habe, Herr Koch, kann das ehemalige Ministerium für Staatssicherheit beziehungsweise die Folgeeinrichtung nur dann aufgelöst werden, wenn wir alle einer Einrichtung eines **Amtes für Verfassungsschutz** zustimmen. Da scheint offensichtlich, so habe ich Sie jedenfalls verstanden, ein Handlungsbedarf von uns auch zu bestehen. Ich würde in dem Zusammenhang darum bitten wollen, dringlich bitten wollen, daß die erste Frage dieses von Herrn Ziegler unterschriebenen Informationsblattes[13] eine Beantwortung findet. Noch scheint mir das nicht geklärt zu sein, daß wir das so brauchen.

Wie ist das mit der Fülle von Uniformierten im Ministerium des Inneren zum Beispiel? Können die solche Funktionen nicht auch wahrnehmen? Und ich möchte noch einmal anknüpfen an die Frage Nummer acht dieses Zettels. Erscheint es überhaupt möglich, in einer Zeit des Umbruchs, in der wir uns befinden, und des Neuanfangs, Mitarbeiter einer Einrichtung, die so ungeheuer belastet ist, mit der größten Selbstverständlichkeit zu nehmen als die zukünftigen Hüter einer neuen Verfassung der Deutschen Demokratischen Republik?

Ich halte das für völlig unmöglich und möchte dazu sagen: Nach meinem Eindruck ist **dieses alte Ministerium**, was seine Befehlsstrukturen angeht, fest **in der Hand einer einzigen Partei**. Ich kann mir kein Institut, das unsere neue Verfassung schützen soll, vorstellen, das fest in der Hand einer einzigen Partei ist.

Danke.

[Beifall]

Ducke (Moderator): Als nächster wird aufgerufen Herr Templin von Initiative Frieden und Menschenrechte, und danach wäre Frau Seelig dran.

Templin (IFM): Meine Frage und Bemerkung schließt an das von Rainer Eppelmann Gesagte an.

Ich sehe einen untrennbaren Zusammenhang zwischen dem **Personalbestand** und den direkten Aufgaben des ehemaligen Ministeriums für Staatssicherheit und seiner weitverzweigten direkten, auch **personellen Wirkung in andere Bereiche der Gesellschaft** hinein. Das hat mir im Bericht völlig gefehlt, der mir auch viel zu technisch angelegt ist und eine Reihe gravierender politischer Probleme dadurch natürlich verdeckt.

Ich würde zu diesen Problemen rechnen: Wie ist es mit den zum großen Teil verdeckten Arbeitsmethoden und **Arbeitsstrukturen des ehemaligen Ministeriums für Staatssicherheit in anderen Ministerien, in Einrichtungen der Volkswirtschaft**, in Betrieben? Ich erinnere nur an die Abteilung 1, an den massiven Eingriff von Mitarbeitern der Staatssicherheit, an die direkte Kopplung, also über Verbindungsleute, Verbindungsoffiziere in die Praxis der **Kaderabteilungen**. Wie weit ist also Ihre Kompetenz und ihre Arbeit auch auf diese Bereiche erstreckt?

Ein weiterer oder eigentlich der wichtigste Bereich müßte sein: Wie weit ist die Frage der **Zusammenarbeit des Ministeriums für Staatssicherheit** mit den **Abteilungen Sicherheit der SED** auf **Kreis-, Bezirksstrukturen** bis hin zur Frage der wechselseitigen Zusammenarbeit und Anleitung mit der Abteilung Sicherheit beim Zentralkomitee der SED? Der Leiter dieser Abteilung Sicherheit wurde uns ja im Dezember noch als Mitglied des Verfassungsausschusses der Volkskammer präsentiert. Ich nehme an, das hat sich inzwischen geändert. Aber das alles macht, denke ich, die Dringlichkeit dieser Frage nur um so deutlicher.

Eine letzte Frage, die auch auf die Konzentration beziehungsweise Abgrenzung Ihrer Aufgabe zu anderen neugeschaffenen Einrichtungen, die sich mit diesem Ministerium befassen, zielt: Wenn hier von Auflösung gesprochen wird, dann ist das ein gesellschaftliches Interesse.

Ein anderes, nicht weniger gravierendes ist, dafür Sorge zu tragen, daß die **unheilvolle Arbeit** dieses Ministeriums nicht etwa spurlos verschwinden kann, sondern **aufgearbeitet** werden kann. Und wenn man hier auf einmal nahezu zusammenhanglos Techniken der Auflösung bespricht und zum Beispiel Arbeitsgruppen im Ministerium für Justiz und unabhängige Arbeitsgruppen, die die Fragen der **Rehabilitierung** und der **Wiedergutmachung** und der ganzen rechtlichen Situation klären wollen, auf einmal mit einer Auflösungssituation konfrontiert, die ihnen wiederum die Arbeitsgrundlage nimmt, dann halte ich das eben für sehr bedenklich.

Meine Frage: Wie weit ist da die Zusammenarbeit gediehen, wie weit ist das gesichert, daß die unerläßlichen **Materialgrundlagen** da sind? Uns sind konkrete Informationen in letzter Zeit zugegangen, daß zum Beispiel DDR-Bürger und ausländische Mitbürger, die jahrelang unter Ausreise-

---

[12] Im Original lautet der Text: „... Wird die Neubildung der Dienste aufgeschoben, gibt es nur die Alternative, die Auflösung des ehemaligen Amtes für Nationale Sicherheit zu unterbrechen und jene Bereiche weiterbestehen bzw. profilieren zu lassen, die Aufgaben des künftigen Dienstes übernehmen bzw. fortführen müßten."

[13] Information 6/2: Anfragen des Runden Tisches vom 3. Januar 1990 zum Problemkreis „AfNS" und zu Finanz- und Wirtschaftsfragen; Dokument 6/4, Anlagenband.

beziehungsweise Einreiseverbot standen, also dem sogenannten **Landesarrest,** im Ministerium des Innern mit dem Hinweis abgefertigt wurden, darüber gäbe es überhaupt keine Unterlagen mehr. Das würde also heißen, daß man für diesen ganzen Komplex massiver **jahrelanger Rechtsbrüche** überhaupt keine **Aufarbeitung** mehr vornehmen kann.

Ducke (Moderator): Bevor ich Frau Seelig und dann Herrn Gutzeit aufrufe, liegt ein Geschäftsordnungsantrag vor.
Herr Eppelmann.

Eppelmann (DA): Ich bitte, darüber zu beschließen, daß wir zunächst Herrn Koch antworten lassen, sonst geht hier der Überblick verloren. Man kann nicht kontrollieren, ob die Fragen beantwortet werden, und vor allen Dingen diejenigen, die uns jetzt von außen zuhören oder zusehen, verlieren jeden Überblick. Ich meine, hier müßte in kürzeren Abständen konkret geantwortet werden.

Ducke (Moderator): Ich gebe diese Anfrage an den Runden Tisch zurück. Es war ja so, daß zunächst einmal gesammelt werden sollte, was an Fragen kam. Es stellt sich heraus, daß bei den Wortmeldungen nun sehr viele Sachthemen aufgearbeitet wurden. Das war nicht im Interesse dieses Rundgangs. Das ist schade, wenn dann solche Gedanken verlorengehen.

Meine Frage wäre jetzt, ob die anderen [damit] einverstanden wären, die sich jetzt zu Wort gemeldet haben, daß wir jetzt hier so verfahren und einen Schnitt machen und Herrn Koch fragen, ob [er und die anderen Adressaten] schon fähig sind, zu den ganz konkret gestellten Fragen vom Anfang, ich erinnere die Adressaten zu dem ganz konkreten Telex von Gera, dazu etwas sagen zu können. [Ich] würde dann gleich danach weitergeben diese Frage auch an die hier vertretenen Parteien, das heißt die hier in der Adressatenliste genannten. Ist nur zur Vorbereitung.

Bitte schön, Herr Koch, können Sie – –

Koch (Regierungsbeauftragter): Ich muß darauf verweisen, daß die schriftliche Information der Regierung [**Information 6/3**] vorliegt. In dieser schriftlichen Information der Regierung ist enthalten, daß am 29. Januar ein Bericht zur Sicherheitslage vorgelegt wird. Manches, was gefragt wird, und manches, was hier zur Debatte steht, hängt damit im Zusammenhang und ist nicht zu beantworten ohne diesen Bericht, so daß man zu dieser oder jener Frage davon ausgehen muß, daß wir sie entgegennehmen und sie im Ergebnis des Berichts zur Sicherheitslage am 29. Januar beantwortet werden muß.

Konkret zu dem, was ich jetzt zu sagen in der Lage bin, dabei muß ich auch auf die Dauer meiner Tätigkeit hinweisen. Ich habe am Freitag in einem Interview gegenüber „AK 2" die Gesamtzahlen offengelegt, um die es geht. Und jeder kann unschwer daraus ersehen, welchen Umfang sowohl die **materiell-technische Seite der Auflösung** als auch die **politische Seite,** die Frage der Aufarbeitung, in Anspruch nimmt.

Was die **Aufarbeitung** betrifft, wird man das von heute auf morgen nicht tun können, genausowenig, wie man das Amt von heute auf morgen auflösen kann. Aber die Auflösung dieses Amtes war eine Forderung des Runden Tisches, war eine Anregung des Runden Tisches. Und dieser Anregung, dieser Forderung ist die Regierung nachgekommen.

Was das **Fernschreiben vom 9. Dezember** betrifft, kenne ich dieses Fernschreiben nicht. Auch eine Rückfrage bei Herrn Halbritter hat nichts anderes ergeben, so daß das eine Frage wäre, die wir mitnehmen müssen und die überprüft werden muß, es sei denn, die Mitglieder des Runden Tisches auf der Regierungsseite könnten hierzu Aufklärung geben.

Zu den **Kontrollmechanismen** muß man sagen, daß ich angeregt und vorgeschlagen habe und auch insoweit der Forderung, der Anregung des Runden Tisches nachgekommen bin, die **Arbeitsgruppe „Sicherheit" des Runden Tisches** als Kontrollmechanismus in die Tätigkeit, in die Kontrolltätigkeit einzubeziehen, die durch meinen Arbeitsstab und mich persönlich erfolgt. Es gibt in den **Bezirken Regierungsbeauftragte,** auch vom Ministerpräsidenten dort eingesetzt, die auch mir als Möglichkeit dienen, Kontrolle wahrzunehmen.

Zu den Kompetenzen der **Vertrauenspersonen,** die vom Runden Tisch angeregt und von der Regierung aufgegriffen wurde, muß ich auf das verweisen, was ich in meinem Vortrag gesagt habe. Hier muß vom Runden Tisch Klarheit geschaffen werden, wie der Runde Tisch diese Kompetenzen sehen will. Das ist wichtig für unsere Entscheidungsfindung. Derzeit bin ich mit der Auflösung des Amtes vom Ministerrat beauftragt und habe demzufolge auch alleinige Kompetenz und auch alleinige Verantwortung zu tragen.

Zur **Mitarbeiterstärke** von 85 000: Über 85 000 habe ich mich am vergangenen Freitag in „AK 2" geäußert. Es ist klar, bei 85 000, wenn 25 000 weg sind, bleibt ein Rest von 60 000 [Mitarbeitern]. Wir lösen ja erst auf seit [dem] 14. Dezember. Mehr Zeit ist ja seitdem nicht vergangen. Und die Auflösung wird auch sicherlich in den nächsten Tagen und Wochen nicht abgeschlossen sein, und demzufolge [wird] auch die Mitarbeiterstärke nur schrittweise heruntergesetzt werden können.

Im übrigen wissen wir alle, daß die **Aufnahmemöglichkeiten in der Volkswirtschaft** nicht unproblematisch sind und sich auch dort nicht alles glatt gestaltet. Wir müssen auch davon ausgehen, daß ein Arbeitsstab von 20 Mitarbeitern nicht die sachliche, materielle Auflösung selbst vornehmen kann. Wir sind also auch auf insbesondere die Mitarbeiter der technischen Bereiche dort, der Mitarbeiter der rückwärtigen Dienste dort angewiesen, die uns zur Seite stehen und die das mit bewerkstelligen.

Ducke (Moderator): Herr Koch, das wären Ihre – –

Koch (Regierungsbeauftragter): Einen kleinen Augenblick, ich will durchsehen – –

Ducke (Moderator): Ja. Augenblick. Also, es war ja konkret die – –

Henrich (NF): Die Antwort ging absolut an der Frage vorbei. Es kann sein, daß ich mich völlig verquer ausgedrückt habe. Ich bin bereit, meine erste Frage zu wiederholen, wenn Herr Koch sie nicht verstanden hat.

Ducke (Moderator): Ich glaube aber, die Frage war beantwortet, daß er ein solches Fernschreiben nicht kennt. Deswegen wäre jetzt – –

Henrich (NF): Nein, nicht nur das Fernschreiben. Es ging darum, ob er **Ermittler** an seiner Seite hat.

Ducke (Moderator): Ja. Dies sind die Fragen, die noch nicht beantwortet sind, Herr Henrich. Deswegen meine Fragen: Wollen Sie jetzt erst einmal hier unterbrechen, die nächsten Fragen noch suchen, daß wir als nächsten Rundgang vielleicht einmal fragen, inwieweit die Parteien, die ja hier als

Adressaten dieses Fernschreibens genannt werden, eventuell Auskunft geben können.
Kommt, ja? Herr Koch.

Koch (Regierungsbeauftragter): Ja. Ich denke, wir unterbrechen jetzt und – –

Ducke (Moderator): Ja, ich warte, Ich habe Sie gefragt. Sind Sie damit einverstanden, erst einmal?

Koch (Regierungsbeauftragter): Ja, bitte.

Ducke (Moderator): Gut. Danke schön.
Dann sammeln wir bitte die nächsten konkreten Fragen.
Aber ich möchte doch meine Anmerkung von vorhin verdeutlichen: Gibt es unter den hier anwesenden Vorsitzenden der Parteien, die genannt werden als Adressaten – –
Das war gefragt worden, Herr Schnur.

Schnur (DA): Nein, zur Geschäftsordnung: Ich denke, wir können also jetzt nicht so miteinander umgehen.
Es ist ein Fragenkomplex gestellt worden. Wir haben aufgrund eines anderen Geschäftsordnungsantrages einen Einschnitt gemacht, damit Herr Koch fairerweise die Möglichkeit hat, zusammenfassend Antworten zu geben.
Ich glaube, es müßte jetzt so sein, daß die gestellten Fragen, die bisher noch nicht beantwortet [worden] sind, wirklich durch ihn versucht wird, sagen wir, dem Zuhörerkreis Rede und Antwort zu geben, und dann könnte erst eine zweite Fragerunde eingeleitet werden.

Ducke (Moderator): Ich sehe mich leider mißverstanden. Diese Pause, hatte ich den Eindruck, daß Herr Koch das noch braucht, um zu sortieren, welche Fragen er jetzt noch beantworten kann. In der Zwischenzeit bitte ich zu klären, inwieweit andere Adressaten, hier genannt, schon Auskunft geben können. Das war, glaube ich, notwendig, weil das in der ersten Frage enthalten ist.
Darf ich, bitte – –
Herr Böhm, bitte, von der Deutschen Bauernpartei.

Böhm (DBD): Also, wir haben von diesem hier vorliegenden **Telex keinerlei Kenntnis**. Wir lassen das zur Zeit noch prüfen, ob das eingegangen ist, ohne daß es uns zur Kenntnis gelangt worden wäre. Wenn ein solches Schreiben existieren sollte, distanzieren wir uns mit Nachdruck davon.

Ducke (Moderator): Danke, das war – – und dann Herr Raspe, bitte, LDPD.

Raspe (LDPD): Ja, ich muß auch sagen, also zunächst einmal macht uns so ein Fernschreiben genauso betroffen, wie alle anderen, die hier gesprochen haben. Mir ist so ein Fernschreiben nicht bekannt. Also, man kann davon ausgehen, wir hätten entsprechend reagiert. Ich habe die Frage – – Ich darf nur zu dieser Frage jetzt antworten, ja?

Ducke (Moderator): Ja, ja, nur – –

Raspe (LDPD): – Ja, dann will ich das tun.

Ducke (Moderator): Wir wollten nur dazwischen. Darf ich dann fragen – –
Es hatte sich noch von der NDPD gemeldet Herr Schlomann.

Schlomann (NDPD): Ja, wir sind in der gleichen Situation. Wir haben uns verständigt, kennen ein solches Fernschreiben nicht, haben aber jemanden hinausgeschickt, der es dann noch einmal abprüfen läßt. Ich wäre bereit, mich dann noch einmal zu äußern. Zum gegenwärtigen Stand kann ich nur auch eine solche Bewertung der Dinge vornehmen, wie sie hier getroffen worden ist.

Ducke (Moderator): Danke. Herr Krause von der CDU.

Krause (CDU): Wir haben von so einem Fernschreiben auch keine Kenntnis und sind ähnlich betroffen wie die anderen Mitglieder dieses Runden Tisches, bereits schon das dritte Mal. Erstens durch den Bericht, den wir am letzten Montag gehört haben, und zweitens durch die bisherigen Ausführungen.

Ducke (Moderator): Darf ich nur fragen, Herr Gysi, gibt es von der SED dazu eine Erklärung?

Gysi (SED-PDS): Ja, also ich kenne das Schreiben auch nicht. Also, jetzt habe ich es doch zur Kenntnis genommen soeben. Ich lasse das prüfen, ob so etwas am 9. Dezember, [das Fernschreiben] soll ja offensichtlich auch an uns geschickt worden sein, eingegangen ist. Aber ich gehe eigentlich davon aus, daß, wenn es uns auch vorgelegt worden wäre – aber das kann man natürlich nie ganz ausschließen – –
Also, auf jeden Fall kannten wir es bisher nicht.

Ducke (Moderator): Danke, das waren die möglichen Antworten, die hier am Runden Tisch gegeben werden können. Darf ich die Pressesprecher bitten, auch die Adressaten Fernsehen, Rundfunk der DDR und „ADN" zu befragen außerhalb unserer Runde, ob dort so etwas vorliegt.
Danke schön.
Jetzt kämen wir dann zur weiteren Beantwortung durch Herrn Koch, die Fragen, die noch offen gewesen sind. Und wir haben ja schon gemerkt, daß da noch einige Offenlegungen erwartet werden.
Bitte schön, Herr Koch.

Koch (Regierungsbeauftragter): Vielleicht noch einige Bemerkungen zur **Entwaffnung** – zu dem, was ich eben hier bereits dargestellt habe.
Es ist derzeit so, daß grundsätzlich **alle Waffen** der ehemaligen **Kreisämter** in Objekten der ehemaligen **Bezirksämter** bei der **Deutschen Volkspolizei** [VP] beziehungsweise in **NVA-Objekten** eingelagert und unter sicherem Verschluß sind. Das betrifft auch alle Waffen der ehemaligen Bezirksämter. Es besteht demzufolge keine Möglichkeit mehr, daß Mitarbeiter der ehemaligen Bezirksämter Zugang zu diesen Waffen haben.
Weiterhin mit dem **Schutz der Objekte befaßte Mitarbeiter** des ehemaligen Amtes für Nationale Sicherheit sind noch **Waffenträger**. Sie haben Pistolen. Ebenso andere Mitarbeiter der ehemaligen Ämter für Nationale Sicherheit, die in Übereinstimmung mit den **Bürgerkomitees** weiterhin tätig sind. Beispielsweise haben die ehemaligen Bezirksämter Rostock, Halle, Magdeburg, Leipzig und Neubrandenburg den gesamten Bestand der Waffen übergeben beziehungsweise unter Kontrolle der VP gestellt. So ist der konkrete Stand, was die Waffen betrifft.
Auch die **Staatsanwälte** und **Militärstaatsanwälte** üben hier ihre Funktionen aus. Diese Maßnahmen werden durch uns kontrolliert. Aber dazu muß ich auch noch einmal sagen, wir haben unsere Tätigkeit gerade erst aufgenommen.
Zu den Personen, die für die Nachfolgeämter vorgesehen sind, liegen mir jetzt keine aktuellen Informationen vor. Ich kann auch nicht sagen, ob und inwieweit der Runde Tisch eine Vorlage erhalten hat zu meinen Kompetenzen, die ich habe. Ich habe eine **Vollmacht von Herrn Modrow**, die

habe ich im wesentlichen fast wörtlich im Eingang meiner Erläuterung vorgetragen.

Vielleicht noch einmal zurück zu den **Ermittlern,** Herr Henrich. Ich verstehe nicht ganz, wie Sie das meinen mit dem Ermittler. Vielleicht könnten Sie das noch einmal deutlich sagen. Wir müssen uns natürlich bei der Auflösung auf die Angaben stützen und auf die Unterlagen stützen, die das ehemalige Amt für Nationale Sicherheit zur Verfügung hat.

Henrich (NF): Ja, das ist doch der Punkt.

Koch (Regierungsbeauftragter): Und das tun wir auch. Ich wäre dankbar für einen Hinweis, wie es anders ginge.

Henrich (NF): Also, das ist genau der Punkt. Sie haben es hier ja nun mit einem Amt zu tun, welches uns nicht nur einmal, um es jetzt ganz zart auszudrücken, enttäuscht hat. Und es wäre doch – ich schätze Sie nicht so ein –, es wäre doch wirklich naiv, darauf zu setzen, daß ausgerechnet dieses Amt nun ein gesteigertes Interesse an seiner Auflösung entwickeln könnte. Von daher ist es doch notwendig, nun jede Angabe zu prüfen.

Zum Beispiel: Ihnen wird der Waffenbestand eines Amtes übergeben. Das wäre ein Fall. Wie können Sie jetzt kontrollieren zum Beispiel, ob das der **vollständige Waffenbestand** ist? Sie müssen an Unterlagen herankommen. Und da kann doch der Fall eintreten, daß man Ihnen da zum Beispiel keinen Zugang zu Behältnissen gewährt.

Ich weiß gar nicht, ob Sie das dann überhaupt versuchen dann. Und da brauchen Sie dann, weil wir ja nach wie vor eine Strafprozeßordnung haben, einen Ermittler, oder es muß ein **Ermittlungsverfahren** eingeleitet werden, also es muß irgendein Rechtsakt kommen. Deshalb habe ich gefragt, ob an Ihrer Seite auch Ermittler, Ermittlungsbeamte tätig sind gleichzeitig, so daß Sie sofort zupacken können notfalls, meinetwegen einen Staatsanwalt.

Also, da gäbe es sicherlich unterschiedliche Varianten, da bin ich noch bereit, darüber nachzudenken und Ihnen dann eine genaue zu nennen. Aber ich will das sozusagen jetzt nicht weiter ausführen.

Ducke (Moderator): Gut. Das war, glaube ich, als Präzisierung Ihrer Frage zu verstehen.

Henrich (NF): Ich habe eine Frage an Sie, weil – – für mich geht es auch ein bißchen um Ihre Glaubwürdigkeit da. Wenn sich herausstellen sollte, daß dieses **Telex** echt ist, sind Sie dann bereit, eine **Strafanzeige** zu erstatten, und zwar gegen die, die das abgesetzt haben und damit im Bunde waren?

Ducke (Moderator): Herr Koch, bitte.

Koch (Regierungsbeauftragter): Unter Ermittlungsbeamten kann ich mir etwas vorstellen. Das ist bis jetzt noch nicht geschehen. Ich habe Verbindung zur **Militärstaatsanwaltschaft,** und wenn das notwendig ist, dann wird das eingeleitet.

Selbstverständlich bin ich bereit, **Strafanzeige** zu erstatten aufgrund eines solchen Telexes oder Telegrammes. Das gehört schon zu meinen Kompetenzen, meine ich.

Ducke (Moderator): Herr Koch, meine Frage: Haben Sie noch weitere Antworten auf gestellte Fragen?

Es ist noch eine Rednerliste.

Koch (Regierungsbeauftragter): Ich habe hier einen Anruf aus Oberhof bekommen, den ich gerne, wenn Sie einverstanden sind, beantworten möchte. Hier verfolgen 50 Bürger in Oberhof die Fernsehübertragung des Runden Tisches, und sie möchten von mir wissen, ob **DDR-Bürger weiter bespitzelt werden.** Für diesen Fall drohe eine neue Ausreisewelle, heißt es hier.

In erster Linie haben wir die technische Auflösung dieses Amtes begonnen, das ist schon richtig. Es ist schon richtig. Wir sind nicht überall, aber ich glaube, die neuen politischen Linien, die deutlich werden, müßten das ausschließen.

In allen Bezirken wird die Tätigkeit, soweit überhaupt eine Tätigkeit noch möglich ist, von **Bürgerkomitees** kontrolliert, von Bezirksarbeitsgruppen der **Runden Tische in den Bezirken kontrolliert.** Diese Kontrolle schließt meines Erachtens aus, daß nach wie vor Bespitzelungen in der alten Art und Weise praktiziert werden, wie das in den vergangenen Jahren gewesen ist – –

[Unruhe]

– Was die **Strukturen des ehemaligen Amtes** betrifft, bin ich in meiner Arbeit noch nicht so weit, daß ich hier konkret antworten kann. Das ist auch eine Frage, die ich von heute hier mitnehmen muß, um sie dann im Zusammenhang mit der Erstellung des Sicherheitsberichts zu beantworten.

Ducke (Moderator): Danke.

Dann würde ich jetzt vorschlagen – – Wir haben hier noch eine Liste, wir hatten unterbrochen – – Wenn Sie meinen, diese Runde beendet zu haben, gehen wir jetzt erst einmal in der vorgesehenen Rednerliste weiter. Ich bitte, weitere Wortmeldungen dann in der Reihenfolge so abzugeben.

Es hatte sich gemeldet Frau Seelig, Vereinigte Linke, dann käme Herr Gutzeit von SDP.

Bitte, Frau Seelig, Sie sind dran.

Frau Seelig (VL): Ja, also das scheint mir ja überhaupt das gravierende Problem zu sein, daß hier etwas stattfindet als technischer Vorgang, was also mit Inhalten gefüllt sein müßte.

Die Frage mit dem Ermittler, das ist einfach eine Frage der **Rechtsstaatlichkeit** bei so einem Vorgang, das ist also auch die Frage, daß man es in diesem Fall mit **Unrecht** zu tun hat – und wieweit dieses Unrechtsbewußtsein an der Stelle entwickelt ist.

Wir müssen also davon ausgehen, daß Ermittler dort ständig dabei zu sein haben, daß Kontrolle gewährleistet sein muß und nicht nur über die **Bürgerkomitees.** Sie müssen doch irgendeinen Mechanismus aus Ihrer eigenen Arbeitsgruppe heraus entwickeln, der dies sichert. Also, das erscheint mir also alles entschieden zu wenig. Und ich denke, **das ist keine Auflösung eines solchen Amtes,** sondern das ist wirklich nur eine technische Abwicklung von irgendwelchen Sachen.

Ich habe dazu auch zwei Anfragen. Es geht uns mit den Zahlen eben auch so, daß da pauschal Zahlen genannt werden und wir wissen nicht, was steckt dahinter.

25 bis 30 Prozent der ehemaligen Mitarbeiter des Amtes erhalten **Ausgleichszahlungen,** habe ich Ihren Ausführungen entnommen. Ist es richtig zu sagen, daß dies gerade vielleicht die Mitarbeiter sind, die politisch Verantwortung zu tragen haben, die also zu den höheren Chargen gehören, also mit den höheren Einkünften also auch bestallt waren? Das könnte man daraus entnehmen, wenn 70 bis 75 Prozent diese Überbrückungsgelder nicht nötig haben, weil sie in ihren Berufen schon entsprechend verdienen.

Dann würde uns auch interessieren eine Offenlegung dessen, wie viele von den 85 000 ehemaligen Stasimitarbeitern waren denn eigentlich für die **politische Überwachung** der Bevölkerung zuständig? Also, mich würde interessieren, wie viele gab es denn da eigentlich, die für militärische Aufklärung und Abwehr eingesetzt wurden, und wie viele waren also gegen den „inneren Feind" eingesetzt? Denn das ist ja auch entscheidend, wenn wir überlegen, was mit den Nachfolgeämtern und der personellen Zusammensetzung dieser Ämter passiert.

Ducke (Moderator): Danke schön. Ich würde bitten, daß wir die Fragen möglichst kurz, präzise, ohne große Erläuterung – –
Wir wissen ja die Thematik, damit die Antworten dann leichter möglich sind.
Es hat sich gemeldet Herr Gutzeit, SDP, danach Frau Dörfler von Grüne Partei, danach kommt Herr Jordan und Frau Köppe.

Gutzeit (SDP): Wie deutlich sein dürfte, besteht eine enge **Verbindung zwischen der SED und diesen Sicherheitsorganen**, um deren Auflösung wir uns jetzt bemühen. Daher fordern wir als SDP, daß sich diese Ermittlungen auch auf die Bereiche, [auf] die für Sicherheit Zuständigen in der **SED**, beziehen, daß gesichtet wird, ob auch dort **Akten** liegen, die zum Bereich Staatssicherheit gehören. Diese müssen genauso **gesichert** werden wie alle anderen Akten. Das heißt, der Auftrag der Untersuchungskommission muß unseres Erachtens erweitert werden.
Zudem meinen wir, daß der Aktenbestand so gesichert wird, daß eine Entscheidung über seine Verwendung nach dem 6. Mai [1990] erfolgen kann und nichts verschwindet.
Zudem fragen wir, welche Strategie, welche **Konzepte der Auflösung** bestehen tatsächlich? Nach dem, was wir heute hörten, geht es mit einem ganz kleinen Team an diese so schwierige Arbeit heran. 20 Mitarbeiter und 85 000 auf der anderen Seite. Wie soll das laufen?
Herr Koch, Sie haben gerade den Bürgern der DDR versichert, daß Sie keine Furcht mehr davor haben müssen, bespitzelt zu werden. Wie wollen Sie dies, diese Zusage, diese Versicherung glaubwürdig machen, wenn Sie eigentlich gar nicht die Voraussetzung haben, durch den Apparat, der Ihnen zur Verfügung steht, tatsächlich zu kontrollieren, daß hier nichts passiert?
Ich denke, diese Tätigkeit, die Sie ausüben, muß auf eine breitere, solidere Grundlage gestellt werden, daß die Bürger der DDR tatsächlich das Gefühl haben, in einem Rechtsstaat zu leben.

Ducke (Moderator): Ich nehme an, das, was Sie als Antrag formulierten, wird später noch einmal kommen. Die Anfrage an Herrn Koch war zum Schluß ja präzise formuliert. Es hatte sich gemeldet jetzt Frau Dörfler, Grüne Partei, danach Herr Jordan, Grüne Partei. Oder war das nur zur Unterstützung? – Nein. Dann Frau Köppe.
Zur Geschäftsordnung, Frau Seelig.

Frau Seelig (VL): Ich beantrage, daß immer nur drei Fragen gestellt werden und dann anschließend geantwortet wird, damit der Überblick deutlicher ist.

Ducke (Moderator): Ich könnte mich dem anschließen. Aber es sind so viele auf der Rednerliste. Aber wir können so verfahren, das ist nicht schlecht. Wenn sich alle wieder kurz fassen, geht es auch leichter. Und Anträge nicht als Anfragen bringen.
Also, ich bitte jetzt noch Frau Dörfler, weil sie schon aufgerufen ist.

Frau Dörfler (GP): Ich habe eine kurze Anfrage zur Frage der **Baukapazitäten** des ehemaligen **Ministeriums für Staatssicherheit**.
Wir hatten am 27. Dezember [1989] am Runden Tisch beschlossen, daß diese Baukapazitäten, die frei werden, grundsätzlich **für die ökologische Sicherheit und das Gesundheitswesen** umgesetzt werden. Ich höre jetzt, daß die Baukapazitäten dem Minister für Bau- und Wohnungswesen unterstellt werden, und habe die Frage, welche Vorstellungen es gibt über die Realisierung dieses Beschlusses. Das heißt: In welcher Form werden ökologische Prioritäten gewahrt bei dieser Verwendung?

Ducke (Moderator): Als letzte Wortmeldung in diesem Kreis dann Herr Jordan, ebenfalls Grüne Partei.

Jordan (GP): Herr Koch, auch in Ihrer zwischenzeitlichen Beantwortung vermissen wir wieder Angaben zur **Auflösung der Zentrale der Staatssicherheit,** und zwar auch zur Entwaffnung dieser Zentrale in der Magdalenenstraße.
Außerdem fehlen in Ihren Erläuterungen Angaben zum Umfang der nicht voll angestellten Mitarbeiter der Staatssicherheit, also das **vielschichtige Netz von Mitarbeitern in unseren Institutionen, Betrieben** und auch **Parteien** vielleicht. Wir möchten dazu auch ganz gerne eine zahlenmäßige Angabe wissen – und mit welchen Geldleistungen beziehungsweise anderen Privilegien dieser Personenkreis ausgestattet war.

Ducke (Moderator): Können wir?

Jordan (GP): Nein, es geht weiter.
Wir hätten dann weiterhin gern eine zeitliche Abfolge der Auflösung des Mitarbeiterbestandes von 60 000 bis zur endgültigen Auflösung von Ihnen und möchten in dem Zusammenhang an unseren Antrag von der letzten Veranstaltung hier erinnern, daß, wenn 60 000 Mitarbeiter dort im Ministerium weiterhin beschäftigt sind, es doch auch für diese Mitarbeiter leicht möglich sein muß, den DDR-Bürgern Einsicht in ihre **Personendossiers** zu gewähren.
Außerdem möchten wir darauf hinweisen, daß, wenn die Übergangsregierung Modrow ihre Vorstellungen zur sofortigen Umgestaltung der Staatssicherheit in das **Amt für Verfassungsschutz** beibehält, wir als Grüne Partei einen sofortigen **Volksentscheid** zu diesen Fragen fordern.

Ducke (Moderator): Danke, Herr Jordan.
Herr Koch, Sie haben die Fragen verstanden. Darf ich Sie bitten, soweit es Ihnen möglich ist, dazu zu antworten.

Koch (Regierungsbeauftragter): Ich muß die Mehrzahl der Fragen mitnehmen, weil ich nicht alle sofort beantworten kann.
Die Ermittlungen auf Mitarbeiter in der SED, die Frage der Akten in der SED, kann ich nicht beantworten. Das entzieht sich meiner Kenntnis.
Was den Umfang der Arbeit und die Größe meines Arbeitsstabes betrifft, auch die Frage der **Überführung der entlassenen Mitarbeiter in die Volkswirtschaft,** muß ich darauf verweisen, daß die **Kaderleitung des Amtes für Nationale Sicherheit** diese Dinge natürlich bearbeitet und daß der **Ministerrat eine Arbeitsgruppe „Arbeit und Löhne"**

gebildet hat – unter Leitung von Dr. Heinz Schmidt [???], Stellvertreter des Ministers für Arbeit und Löhne, wenn ich richtig informiert bin.

Zur Frage der **Bespitzelung** muß ich noch einmal sagen: Die Strukturen, die dafür da waren, sind nicht mehr da. Diese Strukturen sind aufgelöst.

Zu den **Baukapazitäten**: Die Baukapazitäten sind per 1. Januar 1990 an den Minister für Bauwesen übergeben worden und übergegangen. Da gehören sie hin. Und der Minister für Bauwesen muß entscheiden, wie diese Baukapazitäten eingesetzt werden. Ich gehe davon aus, daß er Kenntnis von der Anregung des Runden Tisches hat.

Was die **Entwaffnung** in der Magdalenenstraße betrifft, also in der Zentrale des Amtes, trifft auch auf diesen Komplex das zu, was ich generell zur Entwaffnung gesagt habe.

Alle anderen Fragen kann ich jetzt nicht beantworten. Die müßten dann am 29. [Januar 1990] beantwortet werden.

Ducke (Moderator): Gut. Danke, Herr Koch.

Ich glaube, es ist jetzt gut, daran zu erinnern, daß wir schon am Beginn informiert haben, die Fragen an die Regierung schriftlich zu formulieren, die auch jetzt nicht beantwortet werden. Das halte ich für sehr vernünftig von den einzelnen. Man kann nicht erwarten, daß wir mitschreiben und daß dann [nicht] etwas untergeht. Ich würde das auch für das Protokoll ganz gut halten, wenn man weiß, die Frage ist gestellt, die ist nicht gestellt. Kurze Formulierung, daß man das dann weitergeben kann – –

So, in der nächsten Gruppe würden jetzt sein Frau Köppe, Herr Ullmann und Herr Eppelmann.

Schult (NF): Ja, also haben Sie – –

Ducke (Moderator): – Frau Poppe, Sie sind danach erst dran, es tut mir leid, es ist – –

Schult (NF): Ja, also haben – – Herr Ducke, schreiben Sie sich das auf? Ich melde mich jetzt hier seit mindestens zehn Minuten. Schreiben Sie sich die Namen auf.

Ducke (Moderator): Ich schreibe immer in der Liste, wie es kommt.

Schult (NF): Nein, ich habe mich nach Frau Köppe gemeldet und erwarte, daß dann auch die Reihenfolge eingehalten wird. Da müssen Sie bitte mitschreiben.

Ducke (Moderator): Das tut mir leid, da waren vielleicht zwischendurch andere. Ich muß Herrn Ullmann fragen, er hatte sich gemeldet.

Schult (NF): Sie haben mir mehrfach zugenickt, daß Sie mich notiert haben.

Lange (Co-Moderator): Ich habe Sie auch notiert. Es ist genau die Reihenfolge, die Herr Ducke festgelegt hat.

Ducke (Moderator): Es tut mir leid, Herr Schult, ich nehme das zur Kenntnis. Ich bitte Sie, das doch auch so zu sehen.

Frau Köppe, bitte.

Frau Köppe (NF): Ich habe zunächst vier Fragen – –

Ducke (Moderator): Legen Sie bitte das Mikrofon vor sich.

Frau Köppe (NF): Die Anlagen zur **Telefonüberwachung**, sind die zerstört?

Die zweite Frage: Wo steht der **zentrale Datenspeicher** des Ministeriums für Staatssicherheit, und unter wessen Kontrolle befindet sich dieser Datenspeicher jetzt?

Die dritte Frage: Ist es wahr, daß es eine **Anweisung des Nationalen Verteidigungsrates** von Ende November gibt an die Bezirksleitungen der SED, daß die **Akten** der Bezirkseinsatzleitung, die ja gegenüber der Staatssicherheit auch weisungsberechtigt waren, **vernichtet** werden sollen?

Und die vierte Frage: Können Sie uns vorstellen den Beschluß des Ministerrates von Anfang Januar 1990, der beinhalten soll, daß **Akten über die Staatssicherheitsmitarbeiter** selbst und über die **Informanten** sofort vernichtet werden sollen?

Dann habe ich noch Fragen an vielleicht Herrn Halbritter.

Es ist mir unverständlich, daß die Regierung nicht Stellung bezieht auf unseren Protest, und ich verstehe eigentlich auch nicht, daß die Regierung uns nicht deutlich sagt, wie es überhaupt kommen konnte, daß wir über diese Regierungsinformation [**Information 6/3**[14]] erfahren, daß die Regierung die Absicht hat, [einen] **Verfassungsschutz und Nachrichtendienst** zu bilden, was vollkommen dem erklärten Selbstverständnis der Teilnehmer des Runden Tisches widerspricht.

Ich frage konkret: Ist die Regierung bereit, Stellung zu nehmen dazu, daß der Runde Tisch nicht einbezogen wird in Regierungsentscheidungen?

Und ein weiteres: In der Regierungsinformation, die wir heute erhalten haben [**Information 6/3**], ist wieder zu lesen, daß Verfassungsschutz und Nachrichtendienst eingerichtet werden müssen, da es ein Sicherheitsvakuum in unserem Land gebe. Wir haben beim letzten Mal gefordert, daß uns vorgelegt werden soll ein **Bericht zur inneren Sicherheit**. Da wird uns nun heute mitgeteilt, den erhalten wir erst am 29. Januar.

Für mich ist das alles unlogisch. Ich denke, man kann erst über einen Verfassungsschutz oder Nachrichtendienst überhaupt sprechen, wenn ein Bericht zur inneren Sicherheit vorgelegen hätte. Diesen Bericht gab es nicht, und es wurde einfach entschieden – und dazu auch noch ohne daß die Teilnehmer des Runden Tisches in diese Entscheidung einbezogen waren.

Und da verlange ich bitte Stellungnahmen.

Ducke (Moderator): Das waren sehr viele Fragen. Es kommt auch noch zur Geschäftsordnung eine Frage.

Herr Ullmann, darf ich Sie vorziehen?

Ullmann (DJ): Ich würde Herrn Koch bitten, sofort auf diese Fragen von Frau Köppe hier einzugehen.

Ducke (Moderator): Ja. Ich danke Ihnen. Dann brauche ich diesen Antrag nicht zu stellen.

Herr Koch, würden Sie gleich – – weil hier eine ganze Reihe gefragt wurde.

Darf ich die anderen Wortmelder – Sie wären dran, Herr Ullmann – dann um Geduld bitten? – O.k. – –

Herr Koch, bitte.

Koch (Regierungsbeauftragter): Die Anlagen zur **Telefonüberwachung** sind nicht mehr nutzbar und werden nicht mehr genutzt.

Zwischenruf Frau Köppe (NF): Können Sie bitte einmal genau erklären, was das heißt, wenn sie nicht mehr genutzt werden – –

Halbritter (Staatssekretär): Die werden ausgebaut.

---

[14] Dokument 6/5, Anlagenband.

Koch (Regierungsbeauftragter): Die werden ausgebaut, sind ausgebaut, werden vernichtet beziehungsweise solchen **Trägern der Volkswirtschaft** übertragen, in denen die elektronischen Teile nutzbar sind.

Die Frage **zentraler Datenspeicher** und Akten Bezirkseinsatzleitung muß ich mitnehmen. Zur Frage eines Beschlusses von Anfang Januar 1990 zur **Vernichtung von Akten** muß ich sagen, daß mir ein solcher Beschluß des Ministerrats nicht bekannt ist.

Frau Köppe (NF): Die Frage nach dem zentralen Datenspeicher, hatten Sie die jetzt schon beantwortet?

Koch (Regierungsbeauftragter): Nein, die muß ich mitnehmen.

Frau Köppe (NF): Sie wissen nicht, wo der zentrale Datenspeicher des Ministeriums für Staatssicherheit steht?

[Unruhe]

Halbritter (Staatssekretär): Also, meine Damen und Herren, auf diese Frage kann ich eine Antwort geben.

Ducke (Moderator): Herr Halbritter, Staatssekretär Halbritter, antwortet auf diese Frage.

Halbritter (Staatssekretär): Der ist in Berlin beim früheren ehemaligen Amt installiert, und die elektronischen Daten, diese Frage wurde vorhin ja auch hier schon einmal gestellt, sind genauso gesichert wie das Schriftgut, also versiegelt und unantastbar. Sie sind nach wie vor vorhanden, und es muß, genau wie über das **Schriftgut**, eines Tages entschieden werden, was mit diesen **elektronischen Datenträgern** geschieht. Aber das liegt hier in Berlin, und zwar nur in Berlin.

Ducke (Moderator): Eine Rückfrage dazu, Frau Köppe.

Frau Köppe (NF): Unter wessen **Kontrolle** steht jetzt dieser zentrale Datenspeicher?

Halbritter (Staatssekretär): Also, da kann ich Ihnen jetzt nichts sagen, weil ich davon ausgehe, daß eine – –

Frau Köppe (NF): Steht der unter gar keiner Kontrolle?

Halbritter (Staatssekretär): Nein, das will ich nicht sagen. Also, ich gehe davon aus, daß dieser zentrale Datenspeicher, ich habe es persönlich nicht gesehen, genauso versiegelt ist wie alle anderen Unterlagen. Das ist ja wie bei allen Ämtern und allen Zentralen.

Frau Köppe (NF): Was heißt jetzt, Sie gehen davon aus?

Halbritter (Staatssekretär): Ich kann es Ihnen nicht konkret sagen, entschuldigen Sie bitte, ich war nicht dort. Ich habe es persönlich nicht sehen können.

Frau Köppe (NF): Weder Herr Koch noch Sie wissen das, oder?

Halbritter (Staatssekretär): Ich weiß nur, daß der **zentrale Datenspeicher** in Berlin existiert und daß er, genau wie alles andere Schriftgut, auch durch Staatsanwälte und durch **Bürgerkomitees** versiegelt und gesichert ist. Mehr kann ich im Moment dazu nicht sagen, da muß ich mich sachkundig machen, um diese Fragen im Detail beantworten zu können.

Ducke (Moderator): Gut. Wir müssen das so zur Kenntnis nehmen. Herr Koch, dürfen wir bitten, daß Sie weiterfahren?

Koch (Regierungsbeauftragter): Ja, ich glaube, das war es im Prinzip, ja.

Frau Köppe (NF): Nein, das war es noch nicht. Ich hatte dann noch – –

Ducke (Moderator): Frau Köppe, würden Sie wiederholen?

Frau Köppe (NF): – an Herrn Halbritter, nicht?

Ducke (Moderator): Ah, ja.

Koch (Regierungsbeauftragter): Von meiner Seite war das alles.

Ducke (Moderator): Ja.
Herr Halbritter, Sie haben die Fragen von Frau Köppe?

Halbritter (Staatssekretär): Ja. Meine Damen und Herren, ich muß – – zu der **Information [6/3]** möchte ich hier folgendes sagen. Diese Information hat der Ministerrat übergeben, um Sie über den **gegenwärtigen Stand der Haltung der Regierung** zu diesen Fragen zu informieren. Und ich muß hier noch einmal betonen: Als im Dezember in der ersten Verständigung der Regierung empfohlen worden ist, das Amt für Nationale Sicherheit aufzulösen, gibt es in dem Papier auch gleichzeitig eine Festlegung, die, ich muß es aus dem Kopf zitieren, ungefähr besagt, daß die Regierung [über] mögliche **Ersatzinstitutionen** darüber entscheiden sollte.

Frau Köppe (NF): Nein, nein, die Öffentlichkeit informieren.

Halbritter (Staatssekretär): Beides steht darin. Ich meine, man kann das Papier ja holen. „Welche Dienste notwendig sind". So ist das.

Frau Köppe (NF): Ja, „welche Dienste notwenig sein sollten, darüber sollte die Öffentlichkeit informiert werden". Das ist nicht erfolgt. Sie haben uns darüber – –

Ducke (Moderator): Wir geben gerade den Beschluß durch, damit genau zitiert werden kann.

Halbritter (Staatssekretär): Hier steht: „Die Regierung wird aufgefordert, das Amt für Nationale Sicherheit unter ziviler Kontrolle aufzulösen und die berufliche Eingliederung der ausscheidenden Mitarbeiter zu gewährleisten. Über die Gewährleistung der eventuell notwendigen Dienste im Sicherheitsbereich soll die Regierung die Öffentlichkeit informieren."

Frau Köppe (NF): Ja. Das war: Über eventuell notwendige Dienste sollten wir informiert werden. Sie haben uns informiert mit dem Wortlaut, es werden gebildet **Verfassungsschutz und Nachrichtendienst** und haben uns damit doch vor vollendete Tatsachen gestellt, und nicht die Teilnehmer des Runden Tisches in diese Entscheidung einbezogen.

Halbritter (Staatssekretär): Nein, entschuldigen Sie bitte, wir haben die Teilnehmer des Runden Tisches informiert, daß die Regierung gegenwärtig diesen Standpunkt vertritt aus den in der Information dargelegten Gründen.

Ich muß auch hier noch einmal wiederholen: In der Information ist auch eindeutig gesagt, daß das alles unter ziviler Leitung erfolgen soll, daß natürlich auch eine **parlamentarische Kontrolle** notwendig ist und unbedingt sein muß, daß auch der Herr Präsident der Volkskammer bereits gebeten worden ist, möglichst bald eine solche parlamentarische Kontrolle zu installieren, natürlich in Zusammenarbeit mit allen am Runden Tisch teilnehmenden Vertretern. Und ich glaube, es wäre auch – da ich ja verstehe, daß dieses Bedürfnis der **Kontrolle** ein sehr erstrangiges ist – auch in Ihrem Interesse, daß man sicherlich auch in der Regierung bereit ist, festzulegen, daß auch dieser Ausschuß der Kontrolle natürlich aus **Teilnehmern des Runden Tisches** besteht.

Frau Köppe (NF): Herr Halbritter, Sie sagen „aus den genannten Gründen". Die genannten Gründe, da steht hier: „Sicherheitsvakuum". Wir haben gefordert einen **Bericht zur inneren Sicherheit,** daß der an den Runden Tisch geht. Und ich sagte vorhin, daß es doch nur logisch gewesen wäre, daß, bevor eine solche Entscheidung getroffen wird, dieser Bericht erst einmal gemacht wird. Warum ist nicht erst ein Bericht zur inneren Sicherheit angefertigt worden, dann gemeinsam mit der Öffentlichkeit über solche Organe beraten worden?

Halbritter (Staatssekretär): Wir haben festgelegt – –

Ducke (Moderator): Danke. Nur die Antwort noch dann.

Halbritter (Staatssekretär): – wenn ich nicht weiterreden darf, dann ...

Ducke (Moderator): Ja, bitte Herr – – Nur zu.

Halbritter (Staatssekretär): – daß zur Ausarbeitung dieser Sicherheitsanalyse, die kann man nach Einschätzung der Experten nicht innerhalb von einer Woche machen, deshalb ist der Terminvorschlag hier am 29. Januar, das hier am Runden Tisch zu verhandeln, und zwar mit den kompetenten Verantwortlichen, also mit dem **Minister des Innern** und dem **Generalstaatsanwalt.** Und bei dieser Gelegenheit wird dann sicherlich auch endgültig entschieden werden können, wie man sich in der weiteren Arbeit an der Bildung solcher Ämter dann entscheidet.

Also, das ist nach meiner Meinung eine Frage, die auch nicht nur, wie soll ich es einmal sagen, über Nacht geschehen kann. Das haben die Experten so dargelegt. Und ich glaube, man muß natürlich auch den Mitarbeitern, die diese Analyse machen müssen, Zeit und Raum geben, damit es eine sachliche, begründete Analyse wird, auf deren Basis dann auch Entscheidungen notwendig sind, wie sie Sie alle mit Recht hier erwarten.

Frau Köppe (NF): Hier scheinen doch aber schon Entscheidungen getroffen zu sein.

Ducke (Moderator): Darf ich Sie unterbrechen, Frau Köppe. Augenblick. Es liegt ein Antrag zur Geschäftsordnung vor. Herr Ullmann.

Ullmann (DJ): Die Gesprächsrunde hat gezeigt, daß die Regierung im Moment nicht in der Lage ist, die Fragen zu beantworten, die von der Opposition gestellt worden sind. Ich beantrage darum Unterbrechung der Verhandlung, damit die Opposition sich zur Beratung zurückziehen kann.

Ducke (Moderator): Dann müssen wir darüber abstimmen lassen.

Hier liegt noch ein weiterer Geschäftsordnungsantrag vor. Bitte, Herr Gysi.

Gysi (SED-PDS): Ja. Ich würde gerne, bevor sich die Opposition zurückzieht, aus diesem Grunde gerne noch ein Wort sagen.

Also, die Schwierigkeit besteht doch ganz offensichtlich darin, daß es in unserem Land zwei verschiedene Ängste gibt. Einmal die Angst davor, daß da irgend etwas installiert wird, was möglicherweise wieder in Richtung **MfS** geht. Und das ist doch eine ernstzunehmende Sorge. Und zum anderen gibt es auch Angst von Bürgern dahingehend, daß ein **Sicherheitsvakuum** eintreten könnte – –

Frau Köppe (NF): Herr Gysi, das ist doch jetzt kein Antrag zur Geschäftsordnung.

Gysi (SED-PDS): – Ja, jetzt, ich komme gleich zur Geschäftsordnung, deshalb nämlich.

Und das Problem, das entnehme ich aus allen Fragen, ist doch, wenn Herr Koch etwas sagt, daß Sie sagen: Wie können Sie das eigentlich prüfen, ob das stimmt, was Sie uns sagen, und so weiter, und wie können wir das prüfen?

Und deshalb meine ich, und damit komme ich zur Geschäftsordnung, daß wir eine Entscheidung treffen müssen zu der Frage, entsendet der Runde Tisch eine eigene **Kontrollgruppe** an die Seite von Herrn Koch, die also sozusagen von **Vertretern des Runden Tisches** [gebildet wird], wo alle Oppositionsbewegungen, Bewegungen, Parteien vertreten sind, die uns dann sagen kann: ja, das ist kontrollierbar, das ist nicht kontrollierbar, das ist auf diese Art und Weise möglich, diesen Zahlen kann man trauen, jenen kann man nicht trauen, oder es gibt gar keine andere Quelle, man muß sich darauf verlassen, und was weiß ich, was.

Also, die Fragen, die hier alle offen bleiben, erfahren wir doch am besten, wenn wir sozusagen **mitmachen,** denn sonst sind wir immer auf das Wort eines einzelnen Vertreters angewiesen. Und ansonsten wissen wir selbst nicht – –

Schult (NF): Also, das ist kein Antrag zur Geschäftsordnung. Was Sie hier vorschlagen, ist Beschäftigungstherapie, auch für die Opposition.

Gysi (SED-PDS): – Ja. Ich möchte gerne darüber, daß – – Was ist das?

Schult (NF): Das ist Beschäftigungstherapie für die Opposition.

Ducke (Moderator): Darf ich bitten, daß wir ausreden lassen?

Gysi (SED-PDS): Nein, ich möchte gerne, daß wir darüber entscheiden, ob der Runde Tisch eine solche Kontrollgruppe, wo alle Vertreter vertreten sind, auch aus allen Oppositionsbewegungen, schafft, die an die Seite des Herrn Koch gegeben wird, um diese ganzen Prozesse mit zu kontrollieren und hier den Runden Tisch dann auch aus den Vertretern des Runden Tisches selbst heraus zu informieren über das, was geschieht oder nicht geschieht

Ducke (Moderator): Ich verstand Sie so, daß Sie auch dafür sind demnach, Abbruch der Debatte und Beschluß herbeizuführen über eine solche **Mitarbeit.** Das wäre doch ganz konkret für die Veränderung der Geschäftsordnung.

Gysi (SED-PDS): Ja, eine Mitarbeit durch den Runden Tisch, um uns selbst die entsprechenden Kenntnisse zu verschaffen.

Ducke (Moderator): Ja, danke.

Jetzt noch Herr Krause ebenfalls zur Geschäftsordnung. Sie kommen dran.

Krause (CDU): Die Christlichen Demokraten stellen den Antrag, die **beiden Berichterstattungen zurückzuweisen,**

der beiden Vertreter, da sie in ihren Aussagen für uns unbefriedigend sind. Wir werden konfrontiert mit einer Vielzahl von Anfragen, die wir als der Koalition angehörige Partei nicht beantworten können. Also mein Antrag ist: Die beiden Berichte werden zurückgewiesen.

Ducke (Moderator): So. Jetzt haben wir drei Anträge zur Geschäftsordnung.

Das eine war schlicht, daß sich die Opposition zu einer Beratung zurückziehen möchte. Meine Rückfrage wäre jetzt – Herr Ullmann, Sie haben den Antrag gestellt – –: Wollen wir dies zuerst machen, daß Sie erst beraten und dies mit zur Kenntnis nehmen?

Es liegen die zwei anderen Dinge da vor, daß wir also sagen: Geht die Frage Kontrollgruppe mit hinein; geht die Frage der Zurückweisung mit hinein, oder sollen wir eine Unterbrechung erst abstimmen lassen.

Das war jetzt nur die sachliche Rückfrage.

Ullmann (DJ): Ja, wir bitten um eine Unterbrechung von einer halben Stunde.

Ducke (Moderator): Einverstanden. Wir haben die Information, die anderen Anträge da. Ich muß darüber abstimmen lassen.

Um 13.00 Uhr ist das Mittagessen angesagt. Sollen wir uns in jedem Fall vor dem Mittagessen noch einmal treffen? – Ich hielte das doch für wichtig, um zur Kenntnis nehmen zu können, wie es danach weitergeht. Sind Sie damit einverstanden, daß wir in jedem Fall uns vor dem Mittagessen, das würde dann bedeuten, daß wir uns um, ich schlage doch vor, vielleicht 12.45 Uhr [wieder treffen], die fünf Minuten schenken wir uns, wenn Sie damit auskommen, 25 Minuten Pause nur, damit wir noch Zeit haben, vor dem Mittagessen uns zu verständigen, wie es weitergeht.

Darf ich abstimmen – Ich muß darüber abstimmen lassen. Wer für die **Unterbrechung** ist, also, Annahme des Geschäftsordnungsantrages Unterbrechung und weitere Beratung um 12.45 Uhr, den bitte ich jetzt um das Handzeichen. Wer ist für diese Unterbrechung? – Das ist offensichtlich die überwiegende Mehrheit.

Ich darf die Sitzung unterbrechen. Wir fahren fort 12.45 Uhr, bis dann bitte auch Pause für die Hörerinnen und Hörer.

[Unterbrechung der Sitzung]

Ducke (Moderator): Darf ich vielleicht von hier aus bitten, daß man im Foyer Bescheid sagt, daß wir weiterführen möchten die Verhandlungen, und darf ich die Medien – – Es ist kein Interview – – danke schön.

Es liegt uns vor eine **Erklärung der Gruppen der Opposition,** die sich zurückgezogen haben. Ich bitte Herrn Meckel, diese Erklärung abzugeben.

Bitte, Herr Meckel.

Meckel (SDP): Die Opposition protestiert energisch gegen das Vorgehen der Regierung und die Informationen, die uns hier gegeben worden sind. Wir halten dies für völlig ungenügend.

Wir brauchen Zeit, um uns miteinander zu beraten und die Maßnahmen, die wir miteinander verabreden wollen, jetzt miteinander zu verabreden und nachher eine Erklärung abzugeben. Ich denke, daß wir dies in einer Stunde etwa schaffen werden.

Ich bitte darum, daß wir in einer Stunde, das heißt dann vermutlich nach dem Mittagessen, wieder hier zusammenkommen, um die Erklärung abzugeben, die wir dann abgeben werden.

Ducke (Moderator): Danke.

Ehe wir die weiteren Entscheidungen bekanntgeben, noch eine Erklärung von Herrn Ziegler, bitte.

Ziegler (Co-Moderator): Wenn die Opposition jetzt ihre Sitzung fortsetzen muß – so habe ich Sie doch richtig verstanden? –, schlage ich vor, daß jetzt die Übertragung im Rundfunk und im Fernsehen bis 14.00 Uhr unterbrochen wird.

Ducke (Moderator): Ja.

Ziegler (Co-Moderator): Ich bitte die Fernsehanstalten und den Rundfunk, mich zu informieren, ob das jetzt so geht, und wenn Sie soweit sind, mir Bescheid zu sagen.

Ducke (Moderator): Danke schön.

Das würde jetzt bedeuten, daß wir vor der Mittagspause keine weitere Sitzung mehr machen, und wir würden jetzt schon von hier aus beschließen, daß wir uns nach der Mittagspause um 14.00 Uhr wieder treffen.

Es liegt noch eine Information vor. Augenblick bitte.

Ziegler (Co-Moderator): Ich gehe davon aus, daß „ARD" und „ZDF" die Übertragung unterbrochen haben? Kann ich da die Bestätigung erhalten?

Ducke (Moderator): Ja, die Frage. Darf ich einen Vertreter des Teams „ARD"/„ZDF" bitten? Ist die Übertragung unterbrochen? Wer kann uns dazu etwas sagen? Ist der Reporter – – „ARD" und „ZDF" hören auf – – und Fernsehen der DDR auch, ja? – Rundfunk ist erledigt.

Danke.

Ziegler (Co-Moderator): Dann muß ich alle Teilnehmer des Runden Tisches bitten, jetzt zur Mittagspause ihre Aktentaschen mitzunehmen, denn wegen einer **anonymen Bombendrohung** muß eine Durchsuchung dieses Raumes stattfinden.

Ducke (Moderator): Die Sitzung ist dann für heute [morgen] geschlossen. Um 14.00 Uhr geht es weiter.

[Pause]

Ducke (Moderator): Meine Damen und Herren, wir wollen nach der Mittagspause wieder gleich beginnen, und ich möchte erinnern an unseren Beschluß von heute vormittag, daß im Raum während der Verhandlungen das Fernsehen der DDR zur Übertragung zugelassen ist, daß „ARD" und „ZDF" ein Gemeinschaftsteam hier drinnen im Raum haben und der Rundfunk live überträgt.

Darf ich deswegen nun alle Vertreter der anderen Medien bitten, den Raum zu verlassen – Sie hatten Ihren Fototermin –, damit wir dann die Sitzung wieder eröffnen können. Dürfte ich Sie bitten, den Raum wieder so zu verlassen. Vielen Dank für Ihr Verständnis.

Wir fühlen uns – – habe ich das gut – – Ich fühle mich verpflichtet, halt auf einen Beschluß hinzuweisen, den wir hier gefaßt haben und darf noch einmal bitten, liebe Vertreter der Medien, machen Sie es unserem Pressesprecher nicht schwer. Die sind nicht körperlich so stark, daß sie sich durchsetzen könnten. Danke schön. Ich merke, das klappt.

[Lücke in der Aufnahme]

Gutzeit (SDP): Ich möchte den Geschäftsordnungsantrag stellen, daß für diese kurze Erklärung, die jetzt stattfindet, die Medienvertreter, die gerade herausgeschickt wurden, [hier] drin bleiben dürfen.

Ducke (Moderator): Also, ich möchte darum bitten – – Wir haben die herausgeschickt, wir können hier nicht spielen. Das hätten Sie bringen können, Sie können den bringen nach der Eröffnung der Sitzung.

Ja, Herr Henrich noch dazu.

Ziegler (Co-Moderator): Wir haben doch noch nicht eröffnet.

Ducke (Moderator): Wir haben noch nicht eröffnet, deswegen können wir jetzt noch – –

Henrich (NF): Also, wenn Sie mir erlauben, noch eine ganz kleine Erklärung zum Schreiben vom 9. Dezember.

Ducke (Moderator): Nein, Herr Henrich, das kommt, sobald wir eröffnet haben – –

Henrich (NF): Das kommt dann, gut.

Ducke (Moderator): – ja, kriegen Sie sofort das Wort. Wir haben mit dem Beginn der Sitzung noch ein wenig gezögert, damit die Einschaltmöglichkeiten beim Rundfunk nach den Nachrichten gegeben sind. Ich glaube, wir sind soweit.

Ich eröffne nach der beantragten und beschlossenen Unterbrechung unsere Sitzung zum Thema **Auflösung des Amtes für Nationale Sicherheit.**

Zu Beginn eine Information: Der Raum und auch das ganze Gebäude wurden durch Polizei und Feuerwehr kontrolliert. Es ist nichts gefunden worden, was dieser anonymen Drohung entsprach, und wir können, glaube ich, hoffe ich, beruhigt so weitermachen.

Wir danken der Polizei und der Feuerwehr für diese Arbeit.

[Zustimmung]

– Dann haben wir viele Anrufe bekommen bezüglich der Vorlage dieses Briefes oder dieses Fernschreibens aus Gera.

Herr Henrich würde dazu noch eine Erklärung abgeben, bitte.

Henrich (NF): Ja. Wir legen Wert darauf, und ich wiederhole das hier, daß natürlich überprüft werden muß, ob dieses Fernschreiben tatsächlich abgesetzt wurde. Ich wiederhole das ausdrücklich. Das habe ich vorhin auch gesagt.

Und ein Zweites kommt hinzu: Es wurde angefragt, warum wir die Quelle hier nicht mitgeteilt haben. Angesichts eines solch heiklen Gegenstandes steht natürlich die Sicherheit der Person, die uns diesen Text in die Hand gegeben hat, auf jeden Fall im Vordergrund. Und da muß ich einfach auch um Verständnis bitten, daß wir den Namen der Person nicht mitteilen. Da bitte ich wirklich um Verständnis.

Ducke (Moderator): Danke, Herr Henrich, für die Erklärung dazu. Ich glaube, das nehmen wir so entgegen, und gegebenenfalls wird noch darauf zurückzukommen sein.

Nun liegt also ein Geschäftsordnungsantrag vor bezüglich der Medien bei der Erklärung. Ich muß darauf hinweisen, daß die Medienvertreter die Möglichkeit haben, alles mitzuverfolgen. Es wird also auch hier live übertragen von den Teams, und auch im Raum ist die Möglichkeit.

Ich weise darauf hin, halten Sie Ihren Antrag aufrecht, Herr Gutzeit? Halten Sie Ihren Antrag trotzdem aufrecht?

Gutzeit (SDP): Ja.

Ducke (Moderator): Geschäftsordnungsanträge müssen behandelt werden. Möchte jemand sich dazu äußern, Zulassung jetzt aller Medien, die sich im Vorraum nun noch befinden? Sonst lassen wir abstimmen.

Geschäftsordnungsanträge bedürfen der Zweidrittelmehrheit. Ich weise darauf hin, daß wir heute früh über die **Medienfrage** verhandelt haben aufgrund ganz bestimmter Konditionen. Wenn es nicht der Fall ist, daß noch jemand sich hier zu Wort melden möchte, steht der Antrag.

Ich stelle die Frage, ich bitte um Entschuldigung, ich stelle die Frage: Wer dafür ist, daß jetzt **alle Medienvertreter** mit ihren Kameras und dem ganzen technischen Aufwand hier hereinkommen, den bitte ich um seine Zustimmung mit dem Handzeichen. – Das sind – jetzt müssen wir zählen –, ich zähle 17 Stimmen. Sind das zwei Drittel?

– Damit hat der Antrag nicht die notwendige Mehrheit gefunden. Wir verbleiben bei der heute früh beschlossenen Regelung.

Wir kommen zum Punkt **Erklärung der oppositionellen Gruppen** [Vorlage 6/11: **Mißtrauenserklärung gegen den Zivilbeauftragten der Regierung zur Auflösung des AfNS**]. Ich rufe auf – – wer? – Es ist ausgeteilt, haben alle ihn in der Hand? – Trotzdem bitte ich, ihn mündlich vorzutragen. Wer wird das – –

Herr Schnur, sind Sie so nett und drücken?

Schnur (DA):

> Erklärung der oppositionellen Gruppen {– und Parteien ich bitte das zu ergänzen} gegen den Zivilbeauftragten der Regierung zur Auflösung des Amtes für Nationale Sicherheit und gegen den Regierungsbeauftragen für den Runden Tisch
>
> 1. Die Teilnehmer der Opposition am Runden Tisch sprechen dem Zivilbeauftragten des Ministerrates zur Auflösung des Amtes für Nationale Sicherheit und dem Regierungsbeauftragten Herrn Staatssekretär Halbritter das Mißtrauen aus, da sie nicht in der Lage waren, die von uns im Interesse der Bevölkerung gestellten Fragen zu beantworten.
>
> 2. Die Opposition setzt ihre Teilnahme am Runden Tisch bis 16.00 Uhr aus.
>
> 3. Die Opposition fordert den Ministerpräsidenten auf, unter Beteiligung des Generalstaatsanwaltes und des Ministers des Innern um 16.00 Uhr dem Runden Tisch einen Bericht über die innere Sicherheit zu geben.
>
> 4. Die Regierung wird aufgefordert, innerhalb der Unterbrechung zu überprüfen, ob das vorgelegte Telex des ehemaligen Bezirksamtes für Nationale Sicherheit Gera an die Empfänger abgesandt wurde.
>
> 5. Die Regierung wird aufgefordert, einen schriftlichen Zwischenbericht zur Auflösung des Amtes für Nationale Sicherheit unter Einbeziehung der Fragestellungen vom 8. Januar 1990 sowie einen Stufenplan über die weiteren

> Maßnahmen bis zum 15. Januar 1990 dem Runden Tisch vorzulegen.

Ducke (Moderator): Danke, Herr Schnur.
Es ist möglich, ja auch konkreter dazu zu sprechen, da diese Erklärung schriftlich vorliegt.
Diese Erklärung hat einige Konsequenzen so wohl für die konkrete heutige Arbeit. Deswegen würde ich doch bitten, bevor ein Beschluß gefaßt wird, daß wir die Möglichkeit der Aussprache darüber geben. Wären Sie damit einverstanden?
Herr Schult, bitte.

Schult (NF): Ich möchte nur noch einmal darauf hinweisen, daß es hier nicht darum geht, eine Beschlußfassung zu finden, sondern daß es sich um eine Erklärung der oppositionellen Gruppen handelt.

Ducke (Moderator): Ja. Nun hat das Konsequenzen., insofern – – Wenn bis 16.00 Uhr unterbrochen wird, hat das Konsequenzen für die anderen. Deswegen müssen wir beschließen, wie wir uns dann so verhalten.
Bitte, Herr Ziegler dazu.

Ziegler (Co-Moderator): Ich habe doch eine Anfrage, und zwar zu Ziffer 1. Da wird gesagt, „spricht das Mißtrauen aus". Soll das heißen also, sie haben uns nicht die Wahrheit gesagt? Das muß man ja so verstehen auch als – – wenn man normales Deutsch spricht. „Mißtrauen", oder soll das Mißfallen heißen? Das ist ja etwas anderes, nicht?

Ducke (Moderator): Möchte jemand?
Herr Schnur, Sie wollen dazu – oder?

Schnur (DA): Ich kann ganz kurz darauf antworten.
Ich glaube, der Text ist dort eindeutig. Hier sind viele Fragen gestellt worden, die nicht beantwortet werden konnten. Dies müssen wir seit mehreren Zusammenkünften feststellen, daß hier sachkonkrete Komplexe der Regierung immer wieder angetragen werden und daß dann vielfach gesagt wird: „Wir müssen es wieder mitnehmen", um dann, sagen wir, etwas vorzulegen.
Ich glaube, gerade deshalb hat unsere Bevölkerung einen Anspruch, exakt Auskunft zu erhalten über eine solche komplizierte politische Materie.

Ducke (Moderator): Das war eine Erklärung dazu.
Herr Krause, bitte.

Krause (CDU): Wir verstehen das Anliegen dieser Erklärung als Christliche Demokraten. Diese Erklärung könnte ja weitergereicht werden. Dennoch sollte man den Punkt 2 doch einmal überdenken. Wir können doch bis 16.00 Uhr arbeiten in der Zwischenzeit.

Ducke (Moderator): Herr Krause, ich würde sagen, das nehmen wir jetzt einmal zur Kenntnis, stellen es dann zur Debatte, sowie wir beschlossen haben, wie mit Punkt 3 zu verfahren ist, wer die Übermittlung übernimmt und wie wir uns verhalten wollen, bis wir eine Antwort erhalten können, ob diesem Anliegen stattgegeben werden kann. So verstehe ich die Ziffer 3.
Ist das so im Sinne der Opposition, Herr Schnur, wenn Sie – – Wir müssen ja eine Antwort erwarten, wenn die Nummer 3 übermittelt werden soll der Regierung, ja.

Schnur (DA): Ich denke, es ist eine notwendige Konsequenz. Es ist deutlich gemacht worden, es handelt sich hier um eine Erklärung und auch Entscheidung der Opposition am Runden Tisch, daß wir bis 16.00 Uhr unbedingt den heutigen Runden Tisch aussetzen lassen wollen, damit die Regierung in die Lage versetzt wird, tatsächlich unserem Anliegen Rechnung zu tragen.

Ducke (Moderator): Herr Ziegler, bitte, dann Herr Gysi.

Ziegler (Co-Moderator): Wir müßten uns natürlich erkundigen, ob der Ministerpräsident Modrow überhaupt im Lande ist. Diese Frage muß ja zunächst einmal geklärt werden. Soviel ich weiß, ist er nicht im Lande. Und davon wird ja die Entscheidung hier, ob die Forderung überhaupt erfüllbar ist, auch mit abhängen.

Ducke (Moderator): Ja. Danke.
Herr Gysi hatte sich gemeldet.

Gysi (SED-PDS): Na ja, ich wollte nur sagen, abstimmen kann man ja schlecht darüber, daß jemand sagt, er will bis 16.00 Uhr aussetzen. Ich meine, der Runde Tisch ist ja freiwillig – also daran eine Zeitlang nicht mehr sitzen, ist seine Entscheidung.
Die andere Frage wäre, was machen wir nun bis 16.00 Uhr?
– – Mit dem Ministerpräsidenten ist sicherlich zu prüfen und ob diejenigen, die also das jetzt erstmalig gehört haben, möglicherweise sich jetzt auch beraten, weil, das ist ja auch eine Zeitfrage sowohl was man innerhalb dieser Stunden macht und auch was danach an Zeit auf uns zukommt. Denn es standen ja wichtige Themen wie **Wahlrecht** und so weiter noch auf der Tagesordnung. Also, insofern würde ich einmal um eine kurze Unterbrechung bitten.

Ducke (Moderator): Ich würde gern diese Verfahrensweise trennen, die ja richtig ist. Wir können nicht darüber abstimmen, ob wir aussetzen oder wie das geschieht. Aber wir müssen ja darüber befinden, was machen wir bis zu einer Antwort.
Mein Vorschlag wäre folgendes. Dürften wir Herrn Staatssekretär **Halbritter** bitten, diese Erklärung der Opposition, diese – müßten wir vielleicht fragen, ob Sie von anderen noch unterstützt werden könnte? – der Regierung zu überbringen, und wir bitten auch um eine Antwort der Regierung, ob dieser Termin so wahrnehmbar ist, ob überhaupt das so möglich ist.
Das ist eine richtig gestellte Frage jetzt, also, wir müssen ja irgendwie weiterkommen. Dies wäre mein ganz konkreter Vorschlag, wie wir verfahren können. Wir würden Herrn Staatssekretär – –
Herr Staatssekretär, könnten Sie dazu etwas sagen?

Halbritter (Staatssekretär): Meine Damen und Herren, ich bedauere außerordentlich, daß es hier die Einschätzung gibt, daß Herr Koch und ich nicht in der Lage waren, alle Fragen, die heute hier gestellt worden sind, zur Zufriedenheit zu beantworten.
Ich muß dazu sagen, daß wir in die heutige Beratung gegangen sind mit dem Ziel, wirklich soweit **Aufklärung** zu schaffen, wie der gegenwärtige Stand der **Auflösung dieses ehemaligen Amtes** aussieht. Ich muß noch einmal sagen, und zwar sage ich das in voller Verantwortung: Die Regierung ist nicht daran interessiert, das Vertrauen der Regierung zum Runden Tisch in irgendeiner Weise zu beeinträchtigen. Wenn das heute so hier in Erscheinung getreten ist, muß ich noch einmal sagen, ist es für mich ein Beweis dafür, daß wir unsere Arbeit auf diesem Gebiet entschieden verbessern

müssen, vor allen Dingen auch, daß die Experten hier Rede und Antwort stehen sollten, die das tatsächlich besser beurteilen können.

Ich bin einverstanden, daß wir diese Erklärung hier – – wenn sie so entgegengenommen wird – – Ich versuche das mit Herrn Ministerpräsidenten Modrow zu klären, aber nach meinen Informationen findet eine Beratung der RGW-Länder [Rat für gegenseitige Wirtschaftshilfe] statt, und ich muß hier sagen, daß ich informiert bin, daß Herr Modrow zu diesem Zweck gegenwärtig nicht im Lande weilt, sondern daß er sich auf der Reise zu dieser Beratung befindet.

Im übrigen bitte ich doch zu beachten, meine Damen und Herren, ob es wirklich zweckmäßig und loyal ist, einen Ministerpräsidenten innerhalb von zwei Stunden aufzufordern, eine **Sicherheitsanalyse** hier vorzulegen. Ich nehme doch an, daß wir Verständnis dafür haben müssen, daß diese Problematik, obwohl sie, das sehe ich auch vollkommen ein, eine sehr komplizierte und auch sehr sensible Angelegenheit ist, daß man nicht doch also hier, wie soll ich einmal sagen, in der Kürze der Zeit Möglichkeiten schafft, die wahrscheinlich nicht zu realisieren sind.

Ich würde das auch bedauern, daß die Opposition mit dieser Argumentation die Sitzung hier unterbrechen möchte oder nicht mehr teilnehmen möchte. Ich würde doch bitten, daß wir zunächst klären, ob es überhaupt möglich ist, dieser Forderung in Ziffer 3 entgegenzukommen. Und wenn das nicht der Fall ist, sollte man die Frage vielleicht doch noch einmal neu stellen unter der Bedingung der Anwesenheit unseres Ministerpräsidenten.

Ducke (Moderator): Herr Staatssekretär, wir haben diese Probleme gehört. Sie haben selbst den Vorschlag gemacht, daß es möglich wäre, die Regierung in der Weise der Erklärung aber zunächst doch zu befragen. Sehe ich das so richtig? – Gut.

Dürfen wir das entgegennehmen, daß Sie jetzt bereit wären, diese Erklärung der Regierung zu übermitteln und uns dann eine Antwort zu bringen, ob es überhaupt technisch möglich ist wegen Anwesenheit, oder eben wie anders die Antwort lauten könnte.

Ist das so im Interesse der Teilnehmer des Runden Tisches, wenn wir so verfahren? – Ich höre hier, sehe einige nicken.

Herr Raspe dazu.

Raspe (LDPD): Ich muß einfach nur einmal darauf aufmerksam machen: Wir hatten heute morgen den Auftrag, eine Lösung zu finden, mit kompetenten Vertretern hier heute am Tisch noch über die Verfassungsänderungen zu reden, und wir haben hier etwas eingeleitet und haben Herren gebeten, möglichst gegen 15.00 Uhr – Herr Bein, so war es, glaube ich – hier an den Tisch zu kommen[15].

Wir müssen einfach real einschätzen, was heute noch möglich ist, was nicht, was wir eventuell dann doch auf den 15. Januar verschieben müßten.

Ducke (Moderator): Danke. Aber ich würde gern noch einmal trennen, was wir in der Zwischenzeit machen.

Zunächst einmal steht fest – – und dann würden wir Herrn Halbritter bitten, diese Erklärung der Opposition so zu übermitteln, faktisch auch als eine Äußerung der Notwendigkeit am Runden Tisch, denn sonst können wir gar nicht weiterarbeiten. Findet dies Ihre Zustimmung? – Ich nehme jetzt einmal das Nicken als Ihre Zustimmung.

Herr Halbritter, dürften wir Sie dann bitten, diesen Dienst für den Runden Tisch zu übernehmen?

Halbritter (Staatssekretär): Jawohl, mache ich. Selbstverständlich. Ich werde mich sofort informieren.

Ducke (Moderator): Danke. Und wir erwarten Ihre Antwort.

Darf ich jetzt alle die Fragen, die jetzt in dem Zusammenhang geäußert wurden – sagen wir einmal: Was machen wir in der Zwischenzeit? – bitten, daß die oppositionellen Gruppen und Parteien noch einmal den Punkt 2 gleichsam aussetzen im Sinne, daß diese Unterbrechung gefüllt werden könnte mit notwendigen Dingen, die noch sind.

Herr Schult, bitte dazu.

Schult (NF): Ja, ich denke, die Aussetzung ist eine klare Formulierung. Die Opposition wird jetzt diesen Raum bis 16.00 Uhr verlassen.

Ducke (Moderator): Augenblick. Darf ich noch einmal rückfragen? Wir haben noch nicht beschlossen, daß dann der Runde Tisch sich um 16.00 Uhr wieder trifft. Das müßte beschlossen werden.

Sie können ausziehen, aber das ist noch nicht der Beschluß, daß wir um 16.00 Uhr wieder weitermachen. Das ist ein Geschäftsordnungsantrag, das ist eine Änderung der Geschäftsordnung. Da muß ich darauf hinweisen. Dann müßten wir den Antrag stellen, wer dafür ist, daß wir um 16.00 Uhr weitermachen.

Ich schlage vor, um das vermittelnd, zu sagen – – Wir haben so viele Punkte, die noch zur Information notwendig sind, daß wir die Antwort der Regierung abwarten und in dieser Zwischenzeit zum Beispiel den Bericht entgegennehmen über die Gesetzesvorlagen, damit wir die Zeit sinnvoll nutzen können.

Hier ist noch zur Geschäftsordnung – –

Herr Gysi.

Gysi (SED-PDS): Ja. Na, das ist doch aber eine klare Formulierung der Opposition, daß sie jetzt ganz offensichtlich nicht weiter verhandeln will.

Ducke (Moderator): Ja. Ich mache nur auf die Konsequenz aufmerksam. Dann müssen wir beschließen, ob wir überhaupt weitermachen wollen.

Gysi (SED-PDS): Ja, ist richtig. Deshalb bitte ich immer noch, über meinen Antrag zu entscheiden, daß wir eine Aussetzungszeit kriegen, damit möglicherweise die anderen Parteien und Bewegungen dann auch unsere Stellungnahme dazu – – Wir haben das ja gerade erst gelesen, daß wir uns dazu verständigen, auch zu der Frage 16.00 Uhr, und daß wir hier, weiß ich was, in 20 Minuten uns noch einmal treffen, um unsere Erklärung nur entgegenzunehmen.

Das hat sozusagen mit der Aussetzung nichts zu tun. Damit wir dazu eine Stellungnahme abgeben.

Ducke (Moderator): Da müßte ich die Opposition faktisch bitten, ob sie sagen kann, daß wir uns in einer halben Stunde noch einmal treffen, um die Entscheidung entgegenzunehmen, ob wir ganz auflösen oder ob es heute noch zu einer Sitzung kommt.

Gysi (SED-PDS): Ja, 30 Minuten. Ob wir so weitermachen und überhaupt, wie wir uns dazu stellen. Vielleicht gibt es ja

---

[15] Vgl. Dokument 6/7, Anlagenband: Geschäftsordnungsantrag LDPD: Einbindung des Runden Tisches in die Willensbidung um Joint-Ventures.

auch Zustimmung. Ich meine, wir müssen uns einfach einmal unterhalten.

Ducke (Moderator): Gehe ich davon aus – – Herr Schnur, haben Sie – Sie haben das vorgetragen.

Darf ich Sie bitten, darüber – –

Schnur (DA): Ich glaube, es geht ja tatsächlich nur um die Information, und wir werden dann diese Information entgegennehmen, werden aber jetzt den Raum verlassen.

Ducke (Moderator): Dann würden wir gleich sagen – es ist 14.22 Uhr, um 15.00 Uhr – – Habe ich etwas übersehen? Was habe ich übersehen?

Ziegler (Co-Moderator): Ja, eine Sache hier.

Ducke (Moderator): Was bitte, was habe ich übersehen?

Ziegler (Co-Moderator): Mich.

Ducke (Moderator): Herr Ziegler, Entschuldigung.

Ziegler (Co-Moderator): Ich bitte Herrn Schnur, noch zu sagen, „Erklärung der oppositionellen Gruppen", ob das alle und welche das sind, weil das hier nicht darunter steht. In der Regel steht das darunter.

Schnur (DA): Ja. Ich werde das unbedingt nachholen[16].

Ziegler (Co-Moderator): Danke.

Ducke (Moderator): Danke. Dann würden wir uns wiedertreffen um 15.00 Uhr zur Entgegennahme der Entscheidung. Ich bitte auch die Opposition, diese Entscheidung entgegenzunehmen, mindestens durch Vertreter.

Danke.

[Unterbrechung der Sitzung ca. 14.30–15.00 Uhr]

Ducke (Moderator): Darf ich Sie bitten, wieder Platz zu nehmen. Ich bitte um Verständnis, daß uns Parteien, die in dieser Zeit noch Erklärungen vorbereiten, noch gebeten haben, daß sie die noch kurz abstimmen.

Wollen wir uns noch die Zeit gönnen, auch wenn es 15.00 Uhr ist, daß wir abwarten, bis die anderen Parteien wieder am Tisch sind. Ich bitte Sie aber, gleich im Raum zu bleiben.

Was war das jetzt hier?

Meine Damen und Herren, die Verzögerung ist jetzt technisch bedingt, da das Sekretariat die **Erklärungen** nicht ganz so schnell schreiben kann, vervielfältigen und zum Austeilen vorbereiten [kann]. Aber es ist alles in Arbeit. Ich schlage vor, daß wir, soweit nicht einzelne noch an Redaktionsarbeit gebunden sind, jetzt Platz nehmen am Runden Tisch, weil ja einige Erklärungen zuvor noch abgegeben werden können.

Darf ich einmal rückfragen, ob wir alle schon wieder da sind? Werde ich auch im Foyer gehört, damit wir eventuell Interviews abbrechen können? – Hier fehlt noch NDPD – SED kommt gerade – sind die Vertreter der Parteien nun am Runden Tisch versammelt? – Ich sehe, hier fehlt noch die – – bitte?

NDPD fehlt noch. Weiß jemand: Ist NDPD beteiligt mit – bei Ihrem gemeinsamen Votum, oder erstellen sie ein Minderheitenvotum? – Dann müßten sie ja eigentlich gleich kommen. Gut.

---

[16] Das „Ergebnisprotokoll" verzeichnet folgende Unterzeichner: VL, SDP, DJ, NF, IFM, GL, DA, UFV.

Ja, ja, das haben wir schon angekündigt. Nur, dann könnten wir in der Sitzung fortfahren.

Dürfte ich Sie dann wieder bitten, Platz zu nehmen und dürfte ich wieder bitten, daß die Presse bis auf die vereinbarte Regelung wieder den Raum verläßt?

Wiederum danke ich für – bitte? Es wird, glaube ich, schon gebracht, was geschrieben wird, wenn ich mich nicht irre ja, oder?

Danke.

Meine Damen und Herren, nach der Unterbrechung haben wir uns nun wieder versammelt. Und bevor wir weiterfahren in unserer Sitzung, muß ich um Ihre Geduld bitten für eine kleine **Erklärung der Moderatoren am Runden Tisch [zur Geschäftsordnung: Umgang mit „Erklärungen" der Guppierungen und Parteien]**. Ich tue das in unserer aller dreier Namen.

Ein erstes: Unsere Geschäftsordnung sieht Erklärungen in der vorgelegten Weise der Opposition eigentlich nicht vor, wenn sie solche Konsequenzen hat, wie sie für den ganzen Runden Tisch dann galten. Eigentlich hätten wir einen Geschäftsordnungsantrag stellen müssen. Wir hätten darüber abstimmen müssen. Der frühe Aufbruch einiger vom Runden Tisch hat das verhindert. Wir halten das für einen Vorgang, der die Arbeit erschwert am Runden Tisch und bitten doch, in solchen Fällen vorher mit den Moderatoren das Vorgehen abzusprechen.

Zweitens, wir fühlen uns verantwortlich für die Tagesordnung und auch den beschlossenen Zeitplan, nach dem wir Vertreter der Regierung oder auch Experten einladen. Wir bedauern, daß uns das wiederholt unmöglich gemacht worden ist.

Soweit unsere kleine Erklärung.

Nun liegen vor Erklärungen der Regierungsparteien, eine **Erklärung der CDU**, ein **Minderheitenvotum** – schauen Sie bitte einmal nach, ob Sie das dann alles auch schon haben – des Unabhängigen Frauenverbandes, ein **Votum des FDGB**. Das sind die mir jetzt bekannten – – Habe ich jemand – – ja, es wird noch verteilt.

Also, wenn Sie etwas noch nicht haben, dann bedeutet das zunächst einmal noch nichts. Das ist jetzt noch eine technische Frage. Nur, ob noch etwas anderes da ist.

Dann bitte ich in der Zwischenzeit, während noch ausgeteilt wird, Herrn Schnur noch, die Ergänzungsfrage zu beantworten, wer von den oppositionellen Gruppen diese Erklärung unterschrieben hat.

Schnur (DA): Ich bin gerade dabei, die Namen aufzuschreiben, um Sie Ihnen dann nachzureichen.

Ducke (Moderator): Wir können die Zeit doch jetzt nutzen, und Sie sagen uns das mündlich. Das genügt vollkommen.

Schnur (DA): Ja. Gut. Die Vereinigte Linke, die SDP, Demokratie Jetzt, Neues Forum, Initiative für Frieden und Menschenrechte, dann die Grüne Partei, Initiative für Frieden und Menschenrechte, dann die Grüne Liga. Aufgrund des Minderheitenvotums zu einem Punkt gehe ich auch davon aus: der Unabhängige Frauenverband, dann Partei Demokratischer Aufbruch...

Ducke (Moderator): Danke schön.

Dann schlage ich vor, daß wir jetzt zunächst das Minderheitenvotum des Unabhängigen Frauenverbandes hören. Darf ich um die neue Teilnehmerin bitten, Ihren Namen.

Frau Wunderlich (UFV): Mein Name ist Petra Wunderlich. Ich bin Geschäftsführerin des Unabhängigen Frauenverbandes.

Ducke (Moderator): Wir hatten ausgemacht heute früh, daß Sie auch noch Ihren Beruf uns sagen.

Frau Wunderlich (UFV): Von Beruf bin ich Heimerzieherin.

Ducke (Moderator): Danke.

Frau Wunderlich (UFV): Unser **Minderheitenvotum [zur Vorlage 6/11]** lautet:

> **[Erklärung (Minderheitenvotum) UFV: Zur Vorlage 6/11]**
>
> Der Unabhängige Frauenverband trug in der Abstimmung zu dieser Erklärung Punkt 3 nicht mit. Unser Vorschlag lief darauf hinaus, den heutigen Runden Tisch auf den Mittwoch, 10. Januar 1990, zu verlagern, um zusammen mit der Vorlage der Regierung zur inneren Sicherheit sowie der zum Zeitplan der Auflösung des Amtes für Nationale Sicherheit kompetentere Vertreter von Regierung und Staatsanwalt sowie des ehemaligen Amtes für Nationale Sicherheit zu den angesprochenen Sachfragen anzuhören.

Ducke (Moderator): Vielen Dank. Wünscht dazu noch jemand – – Dann ist das klar.

Dann gehen wir weiter. Ist die Erklärung der Regierungsparteien, die gemeinsame, liegt die schon vor? – Leider noch nicht.

Wie wollen wir verfahren? Ist der FDGB – liegt das schon vor? Würden Sie dann vielleicht – –

Vielleicht sind Sie einverstanden, daß wir aus Zeitersparnis jetzt nicht eine innere Ordnung einhalten, sondern uns dies in der vorliegenden Weise vortragen.

Bitte, Frau Töpfer. Zur Geschäftsordnung.

Schnur (DA): Wir hatten ausgemacht, daß wir die Vorlagen vorgelegt bekommen. Sie liegt uns hier nicht vor.

Ducke (Moderator): Das war meine Frage, ob sie vorliegt.

Schnur (DA): Nein.

Ducke (Moderator): Entschuldigung, dann haben wir hier ein Mißverständnis. Warten wir dies bitte auch noch ab, bis wir es alles schriftlich auf dem Tisch haben. Es kann jetzt nur eine Zeit zur Verteilung sein. Das war jetzt ein Mißverständnis.

Dann liegt vor, schriftlich, handgeschrieben, die Erklärung der CDU. Liegt die allen vor? – Dann würde ich bitten, daß wir diesen Punkt – – Ja, gucken Sie bitte dann bei sich nach, ausgeteilt ist es, bitte, Herr Gutzeit.

Bitte, Herr Krause.

Krause (CDU): Ja. In der **Erklärung [zur Vorlage 6/11] der CDU [Information 6/5]** heißt es:

> **[Erklärung CDU: Zur Vorlage 6/11 (Information 6/5)]**
>
> Die Vertreter der CDU sehen den Sachhintergrund der Erklärung der oppositionellen Gruppen in den Punkten (1) und (5) ähnlich und sprechen den Regierungsbeauftragten ihre Mißbilligung aus. Sie bedauern zugleich, daß durch den Auszug einiger Gruppen dem Eindruck Vorschub geleistet wurde, daß sich am Runden Tisch Blöcke gegenüberstehen.
>
> Aufgrund schlechter Erfahrungen mit Blockdenken haben sie sich an der Beratung der Koalitionsvertreter nicht beteiligt.
>
> Sie stellen den Antrag: Der Runde Tisch möge beschließen, sich nicht mehr durch Auszüge arbeitsunfähig zu machen. Berechtigte Forderungen an die Regierung müssen mit allem Nachdruck gestellt, sollten aber nicht durch Teilstreiks unterstrichen werden. Das widerspricht dem Selbstverständnis des Runden Tisches und den hohen Erwartungen der Bürger an ihn.
>
> In Anbetracht der dringend zu lösenden Probleme, insbesondere auf wirtschaftlichem und gesetzgeberischem Gebiet, plädieren die CDU-Vertreter für die Fortsetzung der Arbeit ohne Unterbrechung.

Ducke (Moderator): Danke für die Erklärung. Weitere Erklärungen liegen im Moment nicht vor. Dann könnten wir – –

Ja, sind Sie so nett und teilen das aus. FDGB liegt jetzt vor. Gibt es zunächst einmal zu dieser Erklärung der CDU Wortmeldungen?

Herr Krause, darf ich rückfragen, wie das ist mit den Anträgen. Wünschen Sie jetzt das als formelle Anträge, daß wir darüber abstimmen?

Krause (CDU): So hatten wir das gedacht, daß das gemacht wird.

Ducke (Moderator): Aha, dann könnten wir dies jetzt gleich anschließen. Oder brauchen wir erst noch eine Pause? Herr Schnur? – Lieber die anderen Erklärungen. Sie klinken sich aus, jetzt?

Schnur (DA): Also, ich persönlich muß doch mein Mißfallen über die Erklärung der CDU-Vertreter zum Ausdruck bringen.

Ich glaube, daß wir deutlich gemacht haben als Opposition, was unser Anliegen ist, nämlich wirklich dem Anliegen der Bevölkerung unseres Landes zu entsprechen, daß wir wirklich ein Auge darauf halten, wie die **Demokratisierung** in unserem Land wirklich durchgesetzt und fortgesetzt wird. Und hier hat es einen Anruf von 50 besorgten Bürgern über neue mögliche **Bespitzelung** durch eine Dienststelle gegeben, die es angeblich nicht mehr geben soll.

Ich glaube, es muß jedem zugestanden werden, an diesem Runden Tisch seine Position darzustellen. Es hat hier wieder den Eindruck, in der Optik zu erreichen: Wir sind die Guten; wir erreichen die Qualität nur dadurch, wenn wir nicht offen unsere Dinge ansprechen. Ich glaube, es muß zu unserem Selbstverständnis auch gehören, daß wir uns hier alles sagen, damit nicht hinter dem Rücken irgendwelche Probleme dann ausgefochten werden.

Ducke (Moderator): Danke, Herr Schnur.

Aufgrund dieser Bemerkung würde ich mir die Frage erlauben, ob die Opposition einverstanden ist, daß wir zunächst die anderen Erklärungen hören, und auch die CDU, daß wir keine Abstimmung jetzt darüber beschließen müssen, sondern daß wir zunächst die anderen Erklärungen hören und dann darüber die Opposition fragen, ob sie bei der

Aussetzung bis zu dem genannten Termin bleibt, falls überhaupt noch so lange Pause ist.

Könnten wir so verfahren, ja? Herr Krause? – Danke.

Es ist ausgeteilt das Votum des FDGB. Darf ich jetzt Frau Töpfer bitten, es uns vorzutragen?

Frau Töpfer (FDGB): Die **Erklärung der Gewerkschaften** [Information 6/7] lautet:

> [Erklärung FDGB: Zur Vorlage 6/11 (Information 6/7)]
>
> Die Gewerkschaften betrachten die Vorgehensweise sowie die Auskünfte der Regierungsvertreter zur Auflösung des Amtes für Nationale Sicherheit für unzureichend.
>
> Die Gewerkschaften drücken hiermit ihr Verständnis für die kritische Haltung der Opposition aus. Wir schließen uns der Forderung nach lückenloser Aufklärung der Auflösung des Amtes für Nationale Sicherheit an.
>
> Wir unterstützen jedoch im Interesse des zügigen Fortgangs der Arbeit am Runden Tisch nicht die Unterbrechung der Beratung.

Ducke (Moderator): Danke. Die Erklärung liegt vor. Gibt es dazu noch Wortmeldungen, Ergänzungen? Das ist nicht der Fall.

Jetzt wäre die Rückfrage noch einmal an das Sekretariat, ob das Votum der Regierungsparteien schon vorliegt? Es liegt noch nicht vor. Vielleicht schaut noch einmal jemand – – danke schön.

Bitte, Herr Raspe.

Raspe (LDPD): Weil wir offensichtlich ein bißchen Zeit haben, möchte ich doch die Gelegenheit nutzen, an die Adresse der Kollegen der CDU zu sagen, daß es bei unserem Gespräch kein **Blockdenken** gegeben hat. Dieses Blockdenken wird nicht mehr stattfinden, mit uns überhaupt nicht. Aber es hat eine Verständigung gegeben. Und dazu müßten wir auch heute noch in der Lage sein.

Ducke (Moderator): Eben wird berichtet, daß die **Erklärung der Regierungsparteien** im Kopierer ist. Gedulden wir uns, damit wir auch das schriftlich vorliegen haben.

Oder sollten wir jetzt diese Zeit nutzen, um doch noch vielleicht zu einer Information Gelegenheit zu geben?

Herr Ziegler, haben wir noch etwas, damit wir die Zeit effektiv nutzen können?

Frau Röth (UFV): Vielleicht können wir die Zeit nutzen, um noch einmal den Termin bekanntzugeben: Und zwar hatte der Unabhängige Frauenverband das letzte Mal beantragt ein **Wirtschaftshearing**, das heißt also: Anhörung von Wirtschaftsexperten des Volkskammerausschusses sowie des Ausschusses für Wirtschaftsfragen des Runden Tisches zu vereinen.

Und wir sind überein gekommen in der **Arbeitsgruppe „Wirtschaft"** des Runden Tisches, daß wir die Gelegenheit wahrnehmen am 11. Januar, 10.00 Uhr, wo der Regierungsbeauftragte Herr Krause die Möglichkeit wahrnimmt, die konzeptionellen Überlegungen zur Wirtschaftsreform vorzustellen.

Das ist ein Ergebnis der Klausurtagung vom 4. bis zum 10. Januar.

Und wir sind der Meinung, daß wir die Möglichkeit dort nutzen sollten, die Arbeitsgruppenleiter sowie die Grundzüge dieser **Wirtschaftsreform** anzuhören mit unseren Experten, das heißt also, [daß sowohl] Experten der oppositionellen Vertreter als auch der Altparteien, dort zu erscheinen und sozusagen gemeinsam die Konzepte zur Wirtschaftsreform zu diskutieren und das Pro und Contra mit Experten zu erörtern [haben].

Herr Bein möchte sicherlich noch nähere Ausführungen dazu machen.

Ducke (Moderator): Herr Bein, können Sie das noch erläutern?

Bein (NDPD): Das ist exakt das, was die Arbeitsgruppe „Wirtschaft" dort beraten hat, und wir empfehlen eigentlich nicht nur, daß Mitglieder der Arbeitsgruppe „Wirtschaft" daran teilnehmen, sondern daß wir auch noch einen größeren Kreis bilden, zumal wir in der Arbeitsgruppe „Wirtschaft" auch gesagt haben, daß das öffentlich stattfinden soll und auch darüber berichtet wird.

Unabhängig davon, und das ist unbenommen, müßte natürlich die Regierung dem Runden Tisch, wenn es soweit ist, die Vorstellung zum Wirtschaftsprogramm noch selbst vorstellen. Dazu ist natürlich die Arbeitsgruppe „Wirtschaft" nicht befugt!

Aber einen ersten Standpunkt sich zu erarbeiten, dazu schlagen wir vor, daß die Arbeitsgruppe „Wirtschaft" das am 11. Januar um 10.00 Uhr macht.

Frau Röth (UFV): Vielleicht darf ich noch einmal ergänzen, meine Information war nicht vollständig: also, 11. Januar, 10.00 Uhr, in der Parteihochschule der SED-PDS.

Ducke (Moderator): Dies wäre auch die Einladung.

Frau Röth (UFV): Das wäre die Einladung, und Pressevertreter sowohl also des Fernsehens als auch des Rundfunks sind schon von staatlicher Seite eingeladen worden, so daß wir davon ausgehen, daß also Öffentlichkeit für diese Anhörung auch gegeben ist.

Ducke (Moderator): Vielen Dank. Das genügt. Wenn Rückfragen sind, verweisen wir sie auf Sie, Frau Röth.

Hier war noch eine Wortmeldung von Vereinigte Linke, ein neuer Teilnehmer.

TOP 9: Bericht über die Beratungen in der Volkskammer zu den Artikeln 12 und 14 der Verfassung der DDR: Joint-Ventures

Wolf (VL): Wolfgang Wolf, Mitglied des Sprecherrats der Berliner Gruppe der Vereinigten Linken, Diplom-Ökonom.

Ich komme gerade von der Beratung des Wirtschaftsausschusses der Volkskammer. Vielleicht interessiert es, was sich dort ergeben hat im Hinblick auf das, was heute zwischen 10.00 und 11.00 Uhr diskutiert worden ist.

Ducke (Moderator): Da ja ein Antrag von Ihnen diesbezüglich vorlag, schlage ich vor, daß wir das hier zur Kenntnis nehmen. Es erhebt sich, glaube ich, kein Widerspruch.

Bitte.

Wolf (VL): Zunächst ist genau das eingetreten, was hier schon von meinem Freund Schult programmiert worden war.

Der Vertreter der Regierung hat dort erklärt, daß er das Votum, das Mehrheitsvotum der Arbeitsgruppe „Wirtschaft" als Beleg dafür ansieht, daß die Verpflichtung, es in der Öffentlichkeit zu diskutieren, erfolgt ist. Ich habe das im Auftrage der Gruppe, die ich vertrete, richtiggestellt, daß der Runde Tisch dazu noch nicht Gelegenheit hatte, sich zu äußern und daß die Arbeitsgruppe „Wirtschaft" diese Befugnisse nicht hat.

Das wesentlichste ist, daß der uns vorgelegte – – über die Arbeitsgruppe „Wirtschaft" vorgelegte Antrag zur **Änderung der Verfassung** erneut verändert worden ist und in dieser erneuten, veränderten Form nun das einstimmige Votum dieses Ausschusses „Industrie, Bauwesen, Handel" erhalten hat, und es muß natürlich angenommen werden, daß auch die übrigen Ausschüsse, die ja heute tagen, ähnlich votiert haben.

Diese Änderung betrifft folgende Geschichte: Es gab ja einen Zusatz in der ursprünglichen Fassung, in dem es hieß, Ausnahmen können durch Gesetz geregelt werden. Jetzt heißt es, Ausnahmen können geregelt werden durch Gesetz oder Rechtsbestimmungen des Ministerrats. Das heißt also, die **Auslegung der Verfassung** oder beziehungsweise die Möglichkeit, in der Verfassung vorgesehene Ausnahmen zu entscheiden, wird nunmehr in der nächsten **Volkskammersitzung** am Donnerstag oder Freitag mit aller Voraussicht verfassungsrechtlich verankert. Das ist schon sehr interessant.

Es ist so, daß die Regierung davon ausgeht, daß am 11. oder 12. [Januar 1990] – wie der Ablauf der Volkskammertagung ist, kann ich nicht vorhersehen – aber an dieser Tagung am Ende dieser Woche, diese Verfassungsänderung beschlossen wird.

Es ist so, daß in der Diskussion des Ausschusses dann zu der Verordnung über **Joint-Ventures**, um das einmal kurz zu sagen, die Verordnung hat ja einen längeren Titel, eine Fülle von **Änderungsvorschlägen** von den Abgeordneten gemacht wurden, die aber alle dahin gingen, diese Verordnung nicht etwa in Frage zu stellen, sondern zu verbessern.

Die Vertreter der Regierung haben zugesagt, das alles in die Endfassung aufzunehmen. Sie gehen davon aus, daß also am 18. [Januar 1990] der Ministerrat endgültig die Endfassung dieser Verordnung verabschieden wird.

Das heißt, wenn wir Einfluß nehmen wollen darauf als Runder Tisch, müßten wir einen Weg finden, ja, ich weiß nicht, also, zur Verfassungsänderung können wir uns überhaupt kaum noch äußern außer heute, und wenn wir uns zu der Verordnung noch äußern wollen, müßten wir das also noch vor dem 18. [Januar 1990] tun.

Ducke (Moderator): Danke. Ich erfahre eben, daß Herr Krause anwesend ist. Das betrifft die Geschäftsordnung, also zu diesem Antrag.

Wollen wir vielleicht gleich bitten, Herr Krause, könnten Sie dazu etwas sagen? – Dann bitte.

Krause (Regierungsbeauftragter): Ja. Ich bin der angesprochene Vertreter der Regierung, der heute im Ausschuß der Volkskammer für Industrie, Bauwesen und Verkehr eine Begründung gegeben hat für einen **Entwurf für ein Gesetz zur Änderung und Ergänzung der Verfassung der Deutschen Demokratischen Republik** mit der Absicht, eine Möglichkeit zu eröffnen für die **Gründung von Unternehmen mit ausländischer Beteiligung** durch Betriebe, Genossenschaften, Handwerker und Gewerbetreibende sowie Bürger auf der Grundlage der Gesetze.

Ich darf zunächst hier Herrn Wolf bestätigen, daß darüber eine sehr ausführliche und sehr konstruktive Aussprache stattgefunden hat.

Ich darf aber Herrn Wolf darin berichtigen, daß der Volkskammerausschuß so, wie es auch offensichtlich der Standpunkt und der Wunsch von Herrn Wolf ist, der dort auch gesprochen hat, nicht zugestimmt hat, daß der dort vorgesehene Satz heißt: „Abweichungen", gemeint sind Abweichungen von der Formulierung der Verfassung im Artikel 12 Absatz 1, „wonach Privateigentum daran", gemeint – „daran" – sind die Industriebetriebe, Bergwerke und ich zitiere das jetzt nicht vollständig, „nicht zulässig ist".

Es soll jetzt vorgeschlagen werden: „Abweichungen hiervon sind nur auf der Grundlage der Gesetze zulässig". Und zu der Beifügung, zu der Herr Wolf hier sprach, „oder Rechtsvorschriften des Ministerrates", habe ich im Auftrage der Regierung gesagt, daß wir dieses entsprechend dem dort gemachten Vorschlag streichen werden und diesen Vorschlag nur mit dem [Zusatz] „Grundlage der Gesetze zulässig" vorlegen werden.

Also, ich darf das Herrn Wolf – – Ich glaube, Herr Wolf, ich spreche richtig, so wie es gewesen ist. Ich danke Ihnen für Ihre eigene Korrektur an der nicht richtigen Aussage.

Zweitens möchte ich noch sagen, was die **Legitimation** und die Diskussion betrifft. Ich darf das hier auch als Vertreter der Regierung, aber auch als ein leidenschaftlicher Bürger unseres Landes einmal so sagen:

Wir hatten die Möglichkeit genommen – – Am 29. Dezember [1989] habe ich persönlich alle Vertreter der Arbeitsgruppe „Wirtschaft" des Runden Tisches informiert und habe ihnen schriftlich den Entwurf einer solchen Verordnung auch zu der **Beteiligung ausländischer Unternehmen** mit der Bitte übergeben, ihre Meinung zu erfahren.

Ich habe sie am 5. [Januar 1990] erfahren, auch in schriftlicher Form, habe sie sofort dem dazu beauftragten Vertreter des Amtes für Vermögensschutz, Professor Subranowitz [???], der im Auftrag der Regierung an dieser Formulierung arbeitet, übergeben. Und ich kann hier bestätigen, daß wir alle Hinweise, die dort gekommen sind, so eingearbeitet haben, daß ich keine Differenzen im Moment mit diesen Meinungen der Arbeitsgruppe „Wirtschaft" des Runden Tisches sehe.

Ich habe aber auch im Auftrag der Regierung heute gesagt, daß die Regierung diese Verordnung, von der die Rede ist, natürlich nur beschließen kann, wenn dazu überhaupt die Auflassung gegeben ist durch die Gesetzes- oder die **Verfassungsänderung** der Volkskammer, so daß auch im jetzigen Stadium dieser **Verordnungsentwurf** ein Entwurf ist, zu dem jeder seine Meinung sagen kann, und [ich] habe dort gesagt, daß es gut wäre, wenn man bis zum 18. Januar [1990], wo die Regierung eine Möglichkeit hat, [am Runden Tisch] wieder zu dieser Frage Stellung zu nehmen, wenn die Volkskammer dieser Verfassungsänderung zustimmt, alle Meinungen uns noch gegeben werden sollen.

Wir sind in intensiver Arbeit bemüht, das alles einzuarbeiten, was ich hiermit auch zustimmen möchte und versprechen möchte.

Danke.

Ducke (Moderator): Danke für die Antwort auf den **Geschäftsordnungsantrag [LDPD auf Einbindung des**

Runden Tisches in die Willensbildung um Joint-Ventures], den wir jetzt auch erst verteilen konnten, den Sie gerade haben als **Vorlage 6/10**[17] – – nämlich um 15.00 Uhr war dieser Bericht erbeten. Das ist hiermit geschehen.

Ich darf noch einmal fragen, ob die Vorlage da ist? – Nein. Wir wollen ja keine Sachdiskussion, wir nehmen das zur Kenntnis.

Dazu jetzt noch Wirtschaftsfragen.

Herr Poppe, bitte.

Poppe (IFM): Nur eine Information dazu: Wir hatten vorhin gesagt, daß wir eventuell die **Arbeitsgruppe „Verfassung"** vorziehen auf den morgigen Tag. Das erübrigt sich jetzt durch diese Information. Sie findet also turnusgemäß zum vorgesehenen Termin statt, wenn wir bis zum 18. Januar Zeit für unser Votum haben.

Ducke (Moderator): Hier gibt es Widerspruch.

Poppe (IFM): Oder habe ich das falsch verstanden?

Ducke (Moderator): Augenblick, Herr Poppe, hier gibt es Widerspruch. Wir geben Ihnen die Möglichkeit, das zu erläutern.

Herr Krause, oder?

Krause (Regierungsbeauftragter): Es geht hier um die Bemerkungen, Hinweise, Vorschläge zur weiteren Ausarbeitung, Verbesserung der **Verordnung**, die im Ergebnis einer Verfassungsänderung, die in einer kurzen Form zur Veränderung von zwei Paragraphen am 11. [Januar 1990] der Volkskammer vorliegt.

Also, es geht nicht um die Meinung zu der **Verfassungsänderung**, die vorgelegt worden ist. Der ist heute einstimmig in zwei Ausschüssen zugestimmt worden – dort auch. Sondern es geht um die Verordnung, die Hinweise zur Verordnung, die dann im Ergebnis durch die Regierung festgelegt werden.

Ducke (Moderator): Danke für die Klarstellung.

Templin: (IFM): Moment.

Ducke (Moderator): Ist das dazu?

Templin: (IFM): Ja.

Ducke (Moderator): Sonst hatte sich Herr Meckel gemeldet, wenn dazu – – Aber da Sie die Frage gestellt haben – –

Templin: (IFM): Genau, dann entsteht unsere Frage neu und deutlicher:

Soll das also heißen, daß den vorgeschlagenen **Verfassungsänderungen** durch den Volkskammerausschuß für Verfassungsfragen zugestimmt wurde? – Es gibt die klare Absprache des Arbeitsausschusses am Runden Tisch, daß auch die beabsichtigten Verfassungsänderungen in Zusammenarbeit mit der Arbeitsgruppe „Verfassung" am Runden Tisch erfolgen, und dort sind sie überhaupt noch nicht zur Sprache gekommen.

Ducke (Moderator): Danke.

Herr Meckel, bitte.

Meckel (SDP): Die Position der SDP ist eine andere.

Ich möchte mich jetzt nicht äußern zu der Verordnung. Das überschaue ich im Augenblick nicht, weil ich nicht zur Wirtschaftskommission gehöre. Ich denke aber, daß wir klar sagen können: Die Paragraphen 12 und 18 können in einer künftigen, 12 und 14, können in einer künftigen Verfassung der DDR, die die SDP mittragen will, so nicht stehen, da es hier nicht um eine Verfassungsänderung – außer um die Streichung – gehen soll, wenn ich es recht verstanden habe. Und darum möchte ich mich noch einmal vergewissern. Dann denke ich, ist es nicht notwendig, daß vorher der Verfassungsausschuß des Runden Tisches, der ja die Vorarbeit für eine neue Verfassung machen will, noch einmal zusammentreten will. Wenn es um eine neue Formulierung gehen sollte, wäre das etwas anderes.

Ducke (Moderator): Danke. Ja.

Es liegt vor und wird gerade zum Austeilen vorbereitet **Vorlage 6/9**, nämlich ein **Antrag der Initiative für eine Vereinte Linke auf Ablehnung des Gesetzesantrages der Regierung an die Volkskammer über die Änderung der Artikel 12 und 14 [der Verfassung der DDR**[18]**]**. Ich nehme an, sie stehen noch zu dem Antrag. Er wird jetzt ausgeteilt und dann können wir darüber abstimmen lassen.

Herr Wolf, bitte dazu noch. – Aber es wird erst noch ausgeteilt, es liegt noch nicht jedem vor.

Wolf (VL): Ich spreche jetzt nicht zu unserem Antrag, sondern noch einmal zu der Fragestellung der Tagung der Arbeitsgruppe „Recht", oder „Verfassung" vielmehr.

Ich halte es für unumgänglich, daß diese Arbeitsgruppe tagt, es sei denn, wir fassen heute dazu schon endgültige Beschlüsse; in Zusammenhang damit, daß nicht nur die Frage zu stellen ist, ob dieser Verfassungsänderung zugestimmt wird, sondern daß auch zu prüfen ist, ob nicht durch die Verordnung – darauf hat übrigens auch der Wirtschaftsausschuß oder Abgeordnete des Wirtschaftsausschusses in der Volkskammer heute aufmerksam gemacht, die Regierung hat das verneint –, ob nicht auch das **Außenhandelsmonopol**, das in der Verfassung festgeschrieben ist, durch die Regelungen der beabsichtigten Verordnung aufgehoben würde, so daß auch dieser Artikel eigentlich geändert werden müßte.

Ducke (Moderator): Danke.

Es hatte sich gemeldet Frau Dörfler, daß es nicht untergeht, hierzu? – Sonst bleiben wir hier lieber am Thema. Danke, Sie ziehen zurück.

Frau Töpfer hierzu unmittelbar, bitte.

Frau Töpfer (FDGB): Ich habe nun, wenn ich den Regierungsvertreter richtig verstanden habe, gehört, daß bei Artikel 12 Absatz 1 der letzte Satz gestrichen werden soll und dafür der **Gesetzesvorbehalt** eingefügt werden soll.

Nun frage ich mich – – Diese Verfassungsänderung soll ja getätigt werden, um die Verordnung – ich möchte sie auch einmal abgekürzt **Joint-Venture-Verordnung** hier nennen – praktisch in Übereinstimmung mit der Verfassung zu bringen.

Meine Bedenken sind aber dabei: Wenn ich jetzt die Änderung treffe, daß nur auf Grundlage von Gesetzen diese Eigentumsbestimmungen in Artikel 12 Absatz 1 verändert werden können, wären trotzdem die **Verfassungsbedenken** nicht ausgeräumt, weil diese Verordnung ja sich damit befaßt und kein Gesetz.

Da frage ich, es ist eine Anfrage an die Regierung, wie sie meint, dieses Problem dann lösen zu können, um Rechtsstaatlichkeit wieder herzustellen.

---

[17] Dokument 6/7, Anlagenband.

[18] Dokument 6/8, Anlagenband.

Ducke (Moderator): Ja. Wir sind jetzt in eine Sachdebatte hineingekommen.

Es liegt also der Antrag vor, es war jetzt eine konkrete Frage noch, da würde ich noch fragen, ob die Regierung jetzt schon etwas dazu sagen kann, sonst stellen wir das zurück, weil im Moment verteilt wird dann oder verteilt werden kann die Erklärung der anderen Parteien – daß wir dann vorziehen – und dann die Wirtschaftsanträge zurückstellen.

Während das ausgeteilt wird, weiß ich jetzt nicht – –

Herr Krause, haben Sie zu der letzten konkreten Frage von der Vertreterin des FDGB ganz kurz etwas zu sagen?

Krause (Regierungsbeauftragter): Ja.

Einmal wollte ich den Vorschlag machen, ich würde ihn gern aufgreifen, wenn es möglich ist, in ganz kurzer Zeit, vielleicht heute oder morgen, mit Ihrem Verfassungsausschuß oder Gruppe, ja, wie es genannt wird, also zusammenzutreffen und dort diese **gemeinsame Beratung über diese Gesetzesveränderung** nun noch zu machen. Wir wären also interessiert und bereit dazu, um also die Diskussion auch hier nicht über weitere, sagen wir einmal, Details und Fragen zu verlängern, ja?

Was die zweite Frage betrifft, ist es so: Es ist vorgesehen, daß diese **Verordnung**, die der Verfassungsänderung folgt, die die Möglichkeit geben soll, **Unternehmen mit ausländischer Beteiligung auf dem Territorium der DDR** zu gründen, eine solche sein soll, daß sie etwa im Oktober dann zu einem Gesetz erhoben wird, nachdem Erfahrungen auch weiter gesammelt wurden, aber in dieser Verordnung alles das festgelegt ist, was keinerlei dem entgegenstehen würde, wie die Verfassungsänderung vorgenommen ist.

TOP 10: Erklärungen zur Auflösung des Amtes für Nationale Sicherheit durch die Regierung Modrow

Ducke (Moderator): Danke für die Antwort. Wir unterbrechen jetzt die Sachdiskussion, in die wir schon hineingekommen sind über die Wirtschaftsfragen. Es liegt jedem vor die **Erklärung von Vertretern der Regierungsparteien** als Information.

[Zwischenruf]

– Ja, dann ist sie im Moment im Verteilen. Ehe Sie die Presse bedienen, würde ich doch bitten, daß die Vertreter am Runden Tisch – – Aber vielleicht ist hier etwas steckengeblieben. Kein Problem.

Vielleicht könnten Sie zu zweit einmal hineinschauen, daß [am unteren Ende des Tisches] auch noch etwas da ist. Vielen Dank.

Ich bitte jetzt, **Information 6/8** [**Erklärung DBD, LDPD, NDPD, SED-PDS, VdgB**] vorzunehmen. Wer trägt die Erklärung vor? – Herr Böhm von der Bauernpartei. Bitte.

Böhm (DBD):

[Erklärung DBD, LDPD, NDPD, SED-PDS, VdgB (Information 6/8)

Die Vertreter der DBD, LDPD, NDPD, SED-PDS und der VdgB geben trotz unterschiedlicher Auffassungen in bestimmten Fragen folgende gemeinsame Erklärung ab:

1. Die konkreten Fragen des Runden Tisches der letzten Tage sind heute von Herrn Koch nur zum Teil beantwortet worden. Die zusätzlichen Fragen, die heute gestellt wurden, wurden völlig unzureichend beantwortet. Insoweit teilen wir die Unzufriedenheit der anderen Parteien und Bewegungen. Es zeigt sich, daß unbedingt Sachverständige anwesend sein müssen.

2. Richtig ist, daß ein Bericht über die innere Sicherheit erforderlich ist. Dieser Bericht kann heute um 16.00 Uhr nicht vorliegen. Der 29. Januar 1990 ist nach unserer Auffassung aber zu spät. Wir erwarten diesen Bericht bis zur nächsten Tagung am 15. Januar 1990.

Wir sind dafür, daß das Angebot der Regierung, drei Vertreter der Arbeitsgruppe „Sicherheit" und eine weitere Vertrauensperson des Runden Tisches in die Kommission zur Auflösung des Amtes für Nationale Sicherheit einzubeziehen, unverzüglich verwirklicht wird. Nur so kann der Runde Tisch qualifiziert einschätzen, welche Informationen möglich sind, wie die Auflösung des Amtes und der Einsatz der ehemaligen Mitarbeiter vollzogen wird. Außerdem ist der Runde Tisch über die Arbeitsergebnisse der Arbeitsgruppe „Sicherheit" unter Leitung von Herrn Böhme (die nächste Tagung 10. Januar 1990) zu unterrichten.

3. In der Frage des Aufbaus eines Verfassungsschutzes ist vor allem die große Furcht von Teilen der Bevölkerung über das Wiederaufleben von alten Strukturen und Praktiken des ehemaligen Ministeriums für Staatssicherheit, aber auch die Sorge über ein entstehendes Sicherheitsvakuum zu berücksichtigen. Deshalb bleibt das Angebot, alle Fragen im Zusammenhang mit der Entscheidung über den Aufbau einer solchen Einrichtung demokratisch durch Vertreter des Parlamentes und des Runden Tisches zu kontrollieren. Eine endgültige Entscheidung über die Zustimmung zum Aufbau einer solchen Einrichtung ist erst nach Vorlage des Berichtes über die innere Sicherheit möglich.

4. Die Fortsetzung der heutigen Sitzung um 16.00 Uhr halten wir nicht für sinnvoll. Abgesehen davon, daß der Ministerpräsident nicht in dieser Art und Weise unter Druck gesetzt werden kann, haben wir uns alle auf die Festlegung zur Beendigung der heutigen Tagung um 17.00 Uhr eingestellt. Die aufgeworfenen Fragen lassen sich innerhalb einer Stunde nicht beantworten.

Wir schlagen deshalb die Fortsetzung der Tagung des Runden Tisches am 15. Januar 1990 über den angeforderten Bericht vor.

Ducke (Moderator): Vielen Dank, Herr Böhm, für das Vortragen.

Auch diese Erklärung wirft ja einige Fragen auf, die es nun zu entscheiden gilt, weil die weitere Arbeit davon betroffen ist. Wünscht jemand zu dieser Erklärung oder zu den anderen vorgetragenen Erklärungen das Wort? Den bitte ich jetzt, sich zu melden.

Herr Meckel, bitte. Herr Meckel, SDP.

Meckel (SDP): Ich möchte jetzt nicht zu den einzelnen Inhalten Stellung nehmen, sondern zum Verfahren. Wir haben, wenn ich auf die Uhr sehe, kurz nach 15.45 Uhr, das heißt, die Zwischenzeit, die wir erst vermuteten zu haben, haben wir ausgefüllt, womit auch immer, und wie effektiv oder uneffektiv auch immer, aber auch das steht jetzt nicht zu entscheiden.

Es ist jetzt 15.45 Uhr. Ich schlage unter diesen Bedingungen vor, da es jetzt wirklich fast 16.00 Uhr ist, rückzufragen, ob und welche Regierungsvertreter möglicherweise in zehn Minuten hier sein könnten. Dies würde ein unmittelbares Weiterarbeiten in der Tagesordnung möglich machen. Und ich frage deshalb die Parteien, die diese Erklärung hier vorgelegt haben, ob sie zu einem solchen Verfahren bereit wären.

Ducke (Moderator): Bevor wir darüber befinden, muß ich jetzt den Vertreter der Regierung, Herrn Staatssekretär Halbritter, fragen, ob überhaupt eine Antwort über den Vorschlag, ob jemand und wer hier an den Runden Tisch kommen könnte, schon vorliegt.

Herr Halbritter, bitte. – Darf ich um Aufmerksamkeit bitten für die Erklärung der Regierung.

Halbritter (Staatssekretär): Meine Damen und Herren, ich möchte Ihnen folgendes mitteilen: Herr Ministerpräsident Modrow befindet sich auf dem Flug nach Sofia zur Teilnahme an einer Tagung des Rates für Gegenseitige Wirtschaftshilfe. Seine Rückkehr ist für den 10. Januar 1990 abends geplant.

Unter diesen Bedingungen kann Ziffer 3 der Erklärung der oppositionellen Gruppe nicht erfüllt werden. In Anbetracht der Bedeutung dieses Themas, was heute hier ja eine große Rolle gespielt hat und das auch sehr richtig ist, gehe ich davon aus, daß ohne Herrn Modrow diese Frage heute nicht behandelt werden kann.

Danke schön.

Ducke (Moderator): Vielen Dank. Das war ein klares Wort. Wenn ich es richtig interpretiere, kann heute kein Vertreter, und damit wäre auch Ihre Frage, Herr Meckel, beantwortet, kein Vertreter der Regierung zu den aufgeworfenen Fragen Stellung nehmen. Das müssen wir im Moment zur Kenntnis nehmen. Sehe ich das richtig?

Es liegen jetzt die Vorschläge vor, daß wir diese Erklärung für den 15. [Januar 1990] erbitten.

Herr Schnur, bitte, Geschäftsordnung.

Schnur (DA): Ich würde doch vorschlagen – – Die oppositionellen Gruppen und Parteien haben ja ebenfalls hier eine Erklärung eingebracht. Ich würde darum bitten, daß wir wirklich uns für fünf Minuten zurückziehen können, um tatsächlich aufgrund, ja, auch der umfassenden Erklärung und der dort enthaltenen Vorschläge kurz unsere eigene Position zu besprechen.

Ducke (Moderator): Halten Sie auch eine solche Diskussion hier für öffentlich möglich, daß wir über das weitere Vorgehen hier am Runden Tisch sprechen?

Herr Ullmann hatte sich dazu gemeldet. Bitte, Herr Ullmann, Demokratie Jetzt – Jetzt – habe ich das richtig gesagt?

Ullmann (DJ): Ich denke, wir können das hier ausdiskutieren.

Ducke (Moderator): Danke. Wünscht jemand dazu noch das Wort? – Ich meine, wir sollten uns verständigen, wie wir jetzt mit diesen angeschnittenen Fragen umgehen, um auch hier gemeinsam, glaube ich, zu beschließen und auch in der Öffentlichkeit unsere Standpunkte darzulegen zu den angeschnittenen Fragen.

Herr Böhme von [der] SDP.

Böhme (SDP): Ja. Als erstes müssen wir erklären, daß sich unter Nichtbeteiligung, oder besser gesagt, daß nicht alle Vertreter, alle Parteien mit Vertretern und Gruppierungen mit Vertretern anwesend gewesen sind bei der ersten konstituierenden Zusammenkunft der **Arbeitsgruppe zur Auflösung des Amtes für Nationale Sicherheit** unter ziviler Kontrolle am 3. Januar, 20.00 Uhr.

Das war eine Konstituierung, die leider nicht in der Lage war, irgend etwas zu beschließen, weil sich da auch bereits Herr Koch selbst in vielen Fragen als unkompetent erklärte aufgrund der Kürze der Zeit und aufgrund des knappen Mitarbeiterstammes.

Die Arbeitsgruppe setzt ihre Arbeit fort und wird eine Beschlußvorlage diskutieren und vorlegen am 10. Januar, 18.00 Uhr. Der Einlader ist diesmal der Regierungsvertreter Herr Koch selbst, und er wird den genauen Ort den einzelnen Vertretern noch mitteilen.

Also am 10. Januar, 18.00 Uhr. Und da wird eine Beschlußvorlage für den Runden Tisch zugearbeitet.

Ducke (Moderator): Aha. Verstehe ich das jetzt als ein Votum, daß wir also mit einer solchen Vorlage für die nächste Diskussion rechnen können?

Böhme (SDP): Ich halte es jetzt nicht für möglich, noch eine halbe Stunde hin und her zu diskutieren, ob jemand kommt oder nicht – –

Ducke (Moderator): Nein, das ist auch entschieden. Es kommt niemand.

Böhme (SDP): – ob jemand kommt oder nicht, wir diskutieren sonst noch eine halbe Stunde darüber, und wir haben noch ganz wichtige Dinge auf dem Tisch liegen, die unbedingt beschlossen werden müssen, wenn die **Opposition** entsprechende **Arbeitsmittel** und **Arbeitsbedingungen** in der nächsten Zeit erreichen will für eine politische Arbeit.

Ducke (Moderator): Frau Köppe hatte sich zunächst gemeldet.

Frau Köppe, Neues Forum.

Frau Köppe (NF): Da der Ministerpräsident, der Generalstaatsanwalt und der Minister des Innern heute hier nicht erscheinen können, schlägt das Neue Forum die **Beendigung dieser Beratung** für heute vor, und wir würden darum bitten, daß zum 15. [Januar] zur nächsten Tagung, alle drei eingeladen werden und dann die Beratung an diesem Punkt weiter fortgesetzt [wird].

Ducke (Moderator): Frau Köppe, eine ganz kleine Rückfrage: Meinen Sie mit Beratung dieses Thema?

Frau Köppe (NF): Dieses Thema – –

Ducke (Moderator): Vielen Dank.

Frau Köppe (NF): – den Bericht zur inneren Sicherheit.

Ducke (Moderator): Also, Sie plädieren nicht dafür Schluß der Sitzung insgesamt, weil wir ja noch einige Tagesordnungspunkte haben?

Frau Köppe (NF): – doch. Nein: Schluß der Sitzung insgesamt.

Ducke (Moderator): Aha, das war meine Frage. Danke.

Frau Köppe (NF): – ja: Für heute Schluß.

Ducke (Moderator): Also. Es liegt jetzt auf dem Tisch – nein, Herr Meckel hat sich noch dazu gemeldet.
Bitte, Herr Meckel, SDP.

Meckel (SDP): Ich bin anderer Meinung.

Ich denke, die Haltung der Opposition zu den Fragen der Auflösung des Amtes für Nationale Sicherheit ist sehr deutlich geworden, und wir werden unsere Mittel und Wege finden, dieser Haltung auch in der nächsten Zeit noch deutlich Ausdruck zu verleihen. Dies soll hier gesagt werden. Wir haben – und es liegen ja dafür Erklärungen vor der SDP, auch des Neuen Forums – Aufrufe zu **Demonstrationen** und ähnlichen Handlungsformen. Wir werden uns vermutlich dazu demnächst einigen, noch heute.

Mein Vorschlag ist, daß wir hier weiterarbeiten, und zwar zum nächsten Tagesordnungspunkt übergehen, die Forderung über den Bericht am 15. Januar also vertagen, und jetzt hier zum nächsten Tagesordnungspunkt gehen, der die **Medien** angeht.

Ducke (Moderator): Ja. Wenn ich es richtig sehe, Herr Stief noch.
Herr Stief, NDPD.

Stief (NDPD): Nur eine Frage, die uns in den Stand setzen soll, gleich informiert zu sein: Ist es richtig, daß die **Arbeitsgruppe „Sicherheit"**, Herr Böhme, beschlossen hat, am 10. Januar sich zu verständigen über einen Rahmenplan für die Arbeitsweise der Regierungskommission, und ist es auch richtig, daß danach ein Arbeitsplan für die Handlungen der Arbeitsgruppe „Sicherheit" besprochen werden soll?

Ducke (Moderator): Herr Böhme, das war eine konkrete Frage. Darf ich Sie gleich um eine Antwort bitten?

Böhme (SDP): Am 10. soll ein Rahmenarbeitsplan vorgelegt werden, erarbeitet werden, der ja nur erstellt werden kann, wenn uns Herr Koch die entsprechenden Zusagen realisiert, das heißt also, einen Überblick über die **Wirkungsstrukturen des Zentralen Amtes für Nationale Sicherheit** zu gewähren und uns entsprechenden **Zugang zu den Räumlichkeiten** des Zentralen Amtes für Nationale Sicherheit mit entsprechender Terminierung vorschlägt. In unserem Beschluß werden außerdem die Kompetenzen vorgeschlagen werden und die sachlichen und materiellen Arbeitsbedingungen mit angegeben werden.

Ducke (Moderator): Danke.

Ich möchte nicht das Wort Anträge jetzt verwenden. Nach meiner Meinung liegen zwei Vorschläge auf dem Tisch:

Der eine Vorschlag, wir beenden mit dieser Vertagung des Tagungsordnungspunktes **Sicherheit** die gesamte heutige Sitzung [und vertagen] auf den 15. Januar. Der zweite Vorschlag, der auf dem Tisch liegt, daß wir diesen Tagesordnungspunkt abschließen auf den 15. Januar und noch eine Stunde, es ist gleich 16.00 Uhr, nutzen für die weiteren vorliegenden Tagesordnungspunkte, so wie sie vorgeschlagen sind.

Das sind meines Erachtens nach im Moment die Alternativen. Darüber möchte ich eigentlich, da wir uns so innerlich eingestimmt haben auf 17.00 Uhr, fast abstimmen lassen. Ich glaube, es spricht dafür und dafür etwas. Wollen wir es wagen, daß wir darüber abstimmen? Wer dafür ist – –
Herr Schult bitte noch dazu.

Schult (NF): Also, meines Wissens liegt die Frage von Herrn Schnur noch einmal an die Opposition selber vor nach einer fünfminütigen Beratungspause.

Ducke (Moderator): Da war – – ach so. Würden Sie diese noch aufrechterhalten oder genügt, daß wir uns hierzu verständigt haben?

Schnur (DA): Nein, ich denke um der eigenen Glaubwürdigkeit unserer abgegebenen Erklärung halte ich es schon für notwendig. Wir haben doch ganz klar etwas erklärt, das ist zum Ausdruck gebracht. Es ist jetzt eine Erklärung einer Regierungsbeteiligung, und auch unterzeichnet vom VdgB, und ich glaube, daß sie einfach so schwergewichtig ist, daß dazu eine kurze Positionsverständigung notwendig ist.

Ducke (Moderator): Das würde jetzt natürlich bedeuten, daß der Antrag auf Schluß der Debatte und der Sitzung der weitergehende Antrag ist, weil ja da nichts dagegen spricht, daß man sich hinterher noch versammelt und die Erklärung vorbereitet. Deswegen würde ich darüber als allererstes abstimmen.

Ich würde sagen, wir haben drei Anträge: Der erste Antrag ist, Schluß der heutigen Sitzung. Der zweite Antrag ist, Pause für Beratung der Opposition. Dritter Antrag, Schluß der Debatte zu diesem Tagesordnungspunkt und Weiterführung nach der Tagesordnung. So, darüber lasse ich jetzt abstimmen, oder gibt es noch eine Meldung? – Aber dann ist das auch das letzte.
Herr Meckel, SDP.

Meckel (SDP): Ich denke, dies ist eine Vorentscheidung, dieser letzte Antrag, und [ich] wäre dafür, daß wir – also ich würde die Bitte aussprechen –, daß wir sagen, wir brauchen uns an dieser Stelle nicht zurückziehen.

Wir sollten ein gemeinsames Interesse haben: die Frage der **Tagespresse**. Denn nächste Woche ist wieder eine Woche vergangen, in der die SED und die anderen Parteien uns die Zugänge zu der Tagespresse wegschieben. Wir graben uns hier an dieser Stelle selbst den Boden unter den Füßen weg. Wir müssen dies thematisieren.

Deshalb beantrage ich, daß wir hier ganz konkret weiterarbeiten und diesen Tagesordnungspunkt behandeln.

Ducke (Moderator): Ja. Sie haben dafür plädiert, daß meine dritte Frage positiv beantwortet werden wird. Ich nehme das zur Kenntnis.

Wir lassen abstimmen. Wer dafür ist, daß wir jetzt die Debatte abschließen und damit auch die gesamte Sitzung, die heutige Sitzung des Runden Tisches, beschließen, abschließen, den bitte ich jetzt um das Handzeichen, wer dafür ist. – Ich habe 24 gezählt. 24 Stimmen sind dafür.

Noch die Frage halt: Wer ist dagegen? – damit das feststeht. – Es sind 11 Stimmen dagegen. Wer enthält sich der Stimme? – Keine Stimmenthaltung.

Der Antrag hat trotzdem die Mehrheit gefunden. Wir haben noch eine ganze Menge an sich auf der Tagesordnung. Sie wissen das alle selbst, aber es ist vielleicht in der heutigen Situation das günstigste, daß wir diesen Vorschlag aufgreifen.

Ich beschließe deshalb jetzt die Sitzung dieser Runde am Runden Tisch und lade ein für Montag, den 15. – –

– aber zuvor noch Herrn Ziegler das Wort.

Ziegler (Co-Moderator): Sitzungen müssen ja vorbereitet werden, und nach dem heutigen Verlauf sehe ich keine andere Möglichkeit, als jetzt im sofortigen Anschluß die Prioritätengruppe in [Raum] 213 zusammenzubitten, damit wir uns klar werden, wie wir denn nun weiterverfahren wollen.

Ducke (Moderator): Danke. Wir nehmen das noch auf. Außerdem bittet hier die Arbeitsgruppe „Wirtschaft", den Umlauf bei ihnen enden zu lassen.

Danke.

[Schluß der Sitzung: 16.05]

[Beginn der Sitzung: 9.00 Uhr]

Lange (Moderator): Unser Gruß gilt heute in besonderer Weise Herrn **Ministerpräsidenten Modrow**, der für eine gewisse Zeit die Möglichkeit hat, hier unter uns zu sein und [von dem wir] **eine Erklärung [Information 7/10 des Vorsitzenden des Ministerrates der DDR, Hans Modrow, vor den Teilnehmern am Runden Tisch[1]]** entgegennehmen wollen. Ich begrüße weiter Herrn Ahrendt, Minister für Innere Angelegenheiten, Frau [Hannelore] Mensch, Minister für Arbeit und Löhne, und Herrn Joseph, Generalstaatsanwalt der DDR, sowie weitere Berater und Vertreter der Regierung.

Herr Ministerpräsident, wir freuen uns, daß die Möglichkeit besteht, daß Sie heute am Runden Tisch sein können. Wir bitten Sie, zu uns zu sprechen.

TOP 1: Erklärung des Vorsitzenden des Ministerrates, Hans Modrow

Modrow (Ministerpräsident):

> [Information 7/10: Erklärung des Vorsitzenden des Ministerrates der DDR, Hans Modrow, vor den Teilnehmern am Runden Tisch]
>
> Sehr geehrte Damen und Herren, es ist mir schwergefallen, Ihrer Einladung nachzukommen, und es ist unumgänglich, daß ich Sie etwa nach einer {knappen} Stunde verlasse, um bei der Neujahrsbegegnung mit dem Diplomatischen Corps anwesend zu sein {, was ohne Zweifel für unser Land nötig und erforderlich ist}.
>
> Nehmen Sie mein Kommen heute – einen weiteren Vorschlag werde ich Ihnen gleich machen – als Zeichen des guten Willens und vor allem der großen Sorge um die innenpolitische Situation.
>
> In der jüngsten Regierungserklärung habe ich von den Unruhigen im Lande gesprochen, die für eine weitere demokratische Entwicklung gebraucht werden. Zugleich sind, und das ist kein Widerspruch, Vernunft und Augenmaß erforderlich, damit die DDR nicht aus den Fugen gerät. Käme es dahin, und manche scheinen das zu wollen, würde den Bürgern dieser Republik wie denen der Bundesrepublik und der politischen Stabilität Europas der denkbar schlechteste Dienst erwiesen, ja, {es könnte} ein schwarzer Tag [bereitet sein] {bleiben}.
>
> Wir alle stehen in der Verantwortung, dies zu verhindern. Deshalb appelliere ich an die Bürger der DDR, Besonnenheit zu wahren. Ich fordere eine Reihe von Politikern und Medien der Bundesrepublik Deutschland noch einmal auf, die DDR nicht zum {Vorbereitungsplatz} [Tummelplatz] der Einmischung {für die Wahlen} zu machen. Und ich bitte, die Vertreter aller Parteien und Gruppierungen hier am Runden Tisch, den Ministerpräsidenten und seine Regierung an ihrer Aufgabe nicht zerbrechen zu lassen, sondern dafür zu sorgen, daß sie die notwendige Arbeit tun können.
>
> Jeder, der politische Verantwortung beansprucht, kann an einen Punkt kommen, an dem er sich zwischen allgemeinem Wohl und parteipolitischem Ziel zu entscheiden hat. Ich habe mich, mit Übernahme meines Amtes, für die Arbeit im Interesse <u>aller</u> Bürger unseres Landes entschieden. Es wäre ein Gebot der Fairneß, dies anzuerkennen. Es wäre den Bürgern der DDR dienlich, bei dieser Arbeit zu helfen.
>
> Ich hoffe, daß die heute zur Erörterung stehenden Sachfragen diesmal durch die Regierungsvertreter zufriedenstellend beantwortet werden können. Aus der am 8. Januar geäußerten Kritik habe ich Konsequenzen gezogen. Herr Koch wurde von seiner Funktion als Regierungsbeauftragter für die Auflösung des Amtes für Nationale Sicherheit entbunden.
>
> Ich nehme diese Gelegenheit wahr, den Vertretern der evangelischen und der katholischen Kirche sowie der Arbeitsgruppe christlicher Kirchen für ihr großes Bemühen um den Runden Tisch und den inneren Frieden der DDR {noch einmal herzlichst} zu danken.

[Beifall]

> – In meiner Erklärung in der Volkskammer am 11. Januar habe ich bereits die wichtige, ja unverzichtbare Arbeit des Runden Tisches hervorgehoben, die für die demokratische Erneuerung geleistet wird. Ich wiederhole und betone:
>
> Die Regierung braucht und sucht den Rat der am Runden Tisch beteiligten Parteien und Gruppierungen. Die Demokratisierung ebenso wie die Stabilisierung und {die} Reform der Wirtschaft erfordern den Konsens aller verantwortungsbewußten Kräfte. Daß er streitbar herbeigeführt werden muß, ergibt sich aus dem politischen Pluralismus, nicht nur an diesem Tisch, insbesondere aber aus der komplizierten Situation in der DDR. Ein anderes Verständnis zum Runden Tisch hatte und habe ich nicht.
>
> Mein Anliegen an Sie umfaßt drei Hauptsachen:
>
> <u>Erstens</u> und vor allem sollten wir gemeinsam dafür Sorge tragen, daß die weitere innenpolitische Entwicklung sich friedlich vollzieht, das humanistische Wort der im Oktober begonnenen Revolution „Keine Gewalt!" gültig bleibt. Das gebietet die Verantwortung für Leben und Gesundheit der Bürger ebenso wie unsere Verantwortung {für Europa} und vor der Welt.
>
> <u>Zweitens</u> bitte ich Sie mitzuhelfen, daß die Arbeit in allen Bereichen der Wirtschaft ungestört und so produktiv wie möglich geleistet werden kann, damit das tägliche Leben in normalen Bahnen verläuft und die Reformprozesse fortgesetzt werden können{; daß nicht Streiks dieses normale Leben belasten, die Wirtschaft schädigen, wofür am Ende alle auch Lasten zu tragen haben}. Dies sehe ich auch als notwendige Voraussetzung für eine hohe Wirksamkeit der von der Bundesrepublik [Deutschland] zugesagten solidarischen Unterstützung.
>
> <u>Drittens</u> bitte ich Sie, Ihren politischen Einfluß geltend zu machen, damit die Bürger der DDR in ihrer angestammten Heimat bleiben. Niemand kann nach rund acht Wochen Regierungsarbeit Wunder erwarten. Ich versichere jedoch allen Bürgern der DDR: Unser Land hat die realistische

---

[1] Der Vortrag wurde dem Runden Tisch als Information 7/10 schriftlich zu Protokoll gegeben. Die in { } gesetzten Ausführungen wurden von der schriftlichen Fassung abweichend nur mündlich vorgetragen. Die in [ ] gesetzten Textteile finden sich lediglich in der schriftlich zu Protokoll gegebenen Fassung.

Chance durch eigene Anstrengungen und Hilfen von außen, noch in diesem Jahr zu seiner Stabilisierung von materieller Produktion und Versorgung zu kommen, die den Beginn einer Prosperität einleitet.

{Wenn ich von der Hilfe von außen spreche, dann sehe ich darin die Voraussetzungen und Bedingungen für unsere stabile weitere Zusammenarbeit mit der Sowjetunion und den anderen Staaten des Rates für Gegenseitige Wirtschaftshilfe, mit denen wir nach wie vor zwei Drittel unseres Außenhandels abwickeln, genauso wie die mit der Volkskammer eingeleiteten Schritte und Maßnahmen zur umfassenden Einbindung und Teilnahme der DDR an der internationalen Arbeitsteilung mit dem Blick auf europäische Märkte. Die Zusammenkünfte, die es dazu am Wochenende mit Vertretern der Wirtschaft der Bundesrepublik gegeben hat, setzen dafür Zeichen. Anders gesagt:} Es lohnt sich, in der DDR zu bleiben.

Lassen Sie mich, von dem Dargelegten ausgehend, die Vorschläge hervorheben und ergänzen, die meine Regierung dem Runden Tisch gemacht hat.

Dies sind insbesondere:

- Unmittelbare und verantwortliche Teilnahme an der Regierungsarbeit durch kompetente Persönlichkeiten. {Wie dies im einzelnen zu geschehen hat, können wir miteinander diskutieren und dann vereinbaren}

- Mitwirkung in Kommissionen, Arbeitsgruppen und anderen Gremien der Regierung sowie ihrer Organe einschließlich des {in der Volkskammer neu bestätigten} Wirtschaftskomitees{, das an Stelle der ehemaligen Plankommission mit völlig neuem Inhalt für die Schaffung von Rahmenbedingungen der Entwicklung der Volkswirtschaft der DDR treten wird}

- Einbringung inhaltlicher Vorstellungen für mein nächstes Treffen mit dem Bundeskanzler der {Bundesrepublik} [BRD], insbesondere für den Inhalt der Vertragsgemeinschaft

- Teilnahme einer Gruppe von Vertretern des Rundes Tisches an dem Arbeitstreffen mit dem Kanzler der BRD

- Mitwirken an der Vorbereitung von Gesetzen sowie Verordnungen und anderen wichtigen Entscheidungen des Ministerrates mit dem Ziel, die Regierungsarbeit effizienter zu machen. Ich denke hier an die Mitarbeit zur Ausgestaltung notwendiger Reformen, die vor dem 6. Mai zum Tragen kommen sollen, sowie zur Arbeit der DDR im RGW, aber auch und besonders an ein Mitwirken an Regelungen und wirksameren Methoden für {die rasche Wiedereinbeziehung und} den [raschen] Wiedereinsatz freiwerdender beziehungsweise freigewordener Kräfte.

Gewünschte Offenlegung von wirtschaftlichen Zusammenhängen und Daten werden wir Ihnen nach rechtzeitiger Vereinbarung gewährleisten.

Was die Auflösung des Amtes für Nationale Sicherheit und die ursprünglich vorgesehenen beiden Ämter betrifft, verweise ich auf meine Ausführungen in der jüngsten Volkskammertagung. Danach wird es bis zum 6. Mai keine neuen Ämter geben. Über die weitere Auflösung des Amtes für Nationale Sicherheit wird die Regierung öffentlich informieren. Heute werden Ihnen die Regierungsvertreter anhand von Beschlüssen des Ministerrats bereits Einzelheiten erläutern. Ich bitte erneut um Ihre Mitarbeit bei der zivilen Kontrolle der Auflösung des genannten Amtes.

Es ist uns sehr daran gelegen, daß die Arbeit am Parteiengesetz und am Wahlgesetz von allen Beteiligten zügig vorangebracht werden. {Das ist eine Erwartung, die die Bürger unseres Landes an Sie und an das Parlament und – darin natürlich auch immer wieder einbezogen – an die Regierung richten.}

Ausgehend von den hier dargelegten Hauptanliegen der Regierung und von Vorschlägen des Runden Tisches, werden weiterhin Vertreter der Regierung mit Sachkompetenz und Vollmacht[en] den Beratungen am Runden Tisch zur Verfügung stehen.

Angesichts von Gewicht und Dringlichkeit der anstehenden Probleme schlage ich Ihnen vor, daß meine Stellvertreter[, Frau] Luft und [Herr] Moreth, [die weiteren] Mitglieder des Ministerrates [Herr] Fischer, [Herr] Meyer und [Herr] Wünsche sowie ich am 22. Januar am Runden Tisch ausführlich Gelegenheit haben, Ihre Ansichten zu erfahren, die eigenen Meinungen darzulegen sowie auf Fragen zu antworten.

{Ich bin also zu dieser Beratung des Runden Tisches am heutigen Tag gekommen, um uns gemeinsam eine konstruktive Arbeit für den 22. Januar zu ermöglichen. Daß beide Seiten alle Voraussetzungen für eine konstruktive Arbeit am Runden Tisch für den 22. Janauar schaffen, das sind Erwartungen, denen wir uns gemeinsam vor den Bürgern unseres Landes stellen sollten.}

Lassen Sie mich wiederholen: Es ist mein besonderes Anliegen, daß die Regierung mit Ihrer Unterstützung handlungsfähig bleibt und die Zustimmung, die die Volkskammer in der vergangenen Woche der Regierung für ihre Tätigkeit und der von mir abgegebenen Regierungserklärung gegeben hat, auch weiter tragfähig für Regierungstätigkeit in unserem Lande bleibt}.

Meine Damen und Herren!

Entsprechend der Tagesordnung werden Sie [nun] den Bericht der Regierung zur inneren Sicherheit, erstattet durch den Minister für Innere Angelegenheiten, Herrn Ahrendt, sowie den Zwischenbericht über den Stand der Auflösung des Amtes für Nationale Sicherheit {dann im zweiten Punkt der Tagesordnung} entgegennehmen. Dazu wird der von mir beauftragte Herr Manfred Sauer, stellvertretender Leiter des Sekretariats des Ministerrates, sprechen{, da selbstverständlich auch aus der Gruppe des Herrn Koch zunächst von uns kein kompetenter Mann damit beauftragt wurde. Die Verantwortung als Regierungsbeauftragter wird Herr Peter Steglich übernehmen, der heute bereits an der Beratung teilnimmt}.

Wenn Sie gestatten, möchte ich zum zweiten Bericht noch folgendes erklären:

1. Das Material, von dem Sie und über die Medien die Bürger unseres Landes Kenntnis erhalten werden, war Gegenstand mehrerer Beratungen, schließlich auch im Ministerrat am Wochenende. Dabei ging es vorrangig darum, bei der Erarbeitung des Zwischenberichtes all jene berechtigten Kritiken zu berücksichtigen, die sowohl hier am Runden Tisch als auch in der Volkskam-

mer an der ungenügenden Offenlegung der Tatsachen geübt worden sind. Das heißt, wir haben mit aller Entschiedenheit darauf gedrungen, daß hier eine intensive und gründliche Prüfung und Aufarbeitung erfolgt, entscheidende Voraussetzung für ein wirksames beschleunigtes Vorgehen bei der Auflösung des Amtes der Nationalen Sicherheit und bei der Beseitigung der alten Strukturen des ehemaligen MfS.

2. Gleichzeitig wurde und wird die Regierungskommission umgebildet; sie erhält einen neuen Leiter{, den ich Ihnen bereits nannte,} und wird durch Mitarbeiter mit Kompetenz verstärkt. Durch diese Maßnahmen sowie durch die Festlegung exakter Termine für die nächsten Etappen der Auflösung des Amtes für Nationale Sicherheit wird es möglich sein, diesen Prozeß früher abzuschließen als ursprünglich vorgesehen. Natürlich werden wir darüber den Runden Tisch und unsere Bürger stets auf dem Laufenden halten.

3. Schließlich möchte ich hier noch einmal die Kooperationsbereitschaft meiner Koalitionsregierung bekräftigen. Es sollte nicht nur zu einem engeren Zusammenwirken unserer Regierungsbeauftragten mit der Arbeitsgruppe „Sicherheit" des Runden Tisches kommen, sondern es steht auch – ich {will} [möchte] das noch einmal sagen – das Angebot an die Teilnehmer des Runden Tisches, ab sofort durch zivile Kontrolle an der Arbeit der Regierung zur Auflösung des Amtes für Nationale Sicherheit mitzuwirken. Wir sind auch bereit, wenn erforderlich, die Arbeitsgruppe „Sicherheit" des Runden Tisches durch Fachleute der Regierung zu unterstützen.

Um abzuschließen: Ich hoffe auf ein enges Zusammenwirken Regierung-Runder Tisch. Es geht nicht nur darum, auch auf diesem Gebiet die Vergangenheit aufzuarbeiten. Es geht auch und vor allem darum, die Ursachen für bestehende Ängste ein für allemal zu beseitigen und Vertrauen zueinander zu schaffen. Ohne dieses Vertrauen zueinander ist ein Vorankommen auf dem Wege der demokratischen Erneuerung nicht möglich. Darin sollte es – das ist mein sehnlichster Wunsch – nicht nur hier am Runden Tisch, sondern in unserem {gesamten} [ganzen] Land Einvernehmen geben.

Lange (Moderator): Wir danken Ihnen, Herr Ministerpräsident, für Ihre Ausführungen. Sie haben angeboten, daß wir die Möglichkeit haben, Rückfragen zu stellen. Von diesem Angebot wollen wir gern Gebrauch machen.

Ich bitte Herrn Ducke, diesen Gesprächsgang zu leiten.

Ducke (Moderator): Ja, meine Damen und Herren, wir haben jetzt noch etwa eine halbe Stunde Zeit, um Rückfragen zu stellen an Herrn Ministerpräsident.

Es ist ja angekündigt worden von Ihnen, daß am 22. Januar eine größere Aussprache zu den dargelegten Problemen stattfinden kann, so daß es jetzt vielleicht gut wäre, Stellungnahmen, Rückfragen, die weitergehen könnten, hier zu sammeln und vorzutragen. Soweit Sie die Möglichkeit haben zu antworten, besteht die Möglichkeit.

Darf ich dann um Wortmeldungen bitten.
Herr Schult, Neues Forum, bitte.

Schult (NF): Ich möchte nicht verhehlen, unserer Enttäuschung Ausdruck zu verleihen, daß der Ministerpräsident diese Runde nach einer Stunde schon wieder verlassen wird, obwohl dies, die Anwesenheit kompetenter und aussagefähiger Mitarbeiter der Regierung, hier immer wieder gefordert wurde.

Die Angebote, die hier gemacht worden sind, zur Mitarbeit und zur öffentlichen Kontrolle, sind Forderungen des Runden Tisches, die hier seit Wochen gestellt werden. Und wir werden ihre Realisierung und ihre Ernsthaftigkeit überprüfen müssen, weil es ansonsten zu einem **weiteren Vertrauensverlust** gegenüber dem Runden Tisch und gegenüber der Regierung kommen wird, wenn keine wirkliche Zusammenarbeit zustande kommt.

Die Opposition hat am letzten Runden Tisch Herrn Halbritter das Mißtrauen ausgesprochen. Herr Halbritter ist heute wieder da. Wir möchten gerne eine Stellungnahme von Ihnen haben, wie die Regierung mit diesem **Mißtrauen** und der mangelnden Kooperation von Herrn Halbritter umzugehen gedenkt.

Sie sprachen von der **Auflösung des Amtes für Nationale Sicherheit**, daß keine weiteren Ämter gebildet werden. Uns liegen zahlreiche Beweise vor, daß das **Amt für Verfassungsschutz** schon gebildet worden ist. Welche Maßnahmen gedenkt die Regierung zu treffen, um dieses Amt wieder aufzulösen? Und dies auch einer zivilen Kontrolle zu unterwerfen?

Seit Wochen fragen wir nach der Rolle der Regierung und auch Ihrer Rolle speziell bei den Anweisungen zur **Vernichtung der Akten** des **Ministeriums für Staatssicherheit** an. Bisher haben wir keine Antwort erhalten, inwieweit die Regierung hier Maßnahmen ergriffen hat beziehungsweise welche Personen dafür verantwortlich sind für diese Anweisung der Vernichtung der Akten; ob diese Anweisungen und wann wieder zurückgenommen wurden. Gleichzeitig liegen uns Informationen vor, daß auch die Akten in den **Bezirksverwaltungen** und **Kreisleitungen der SED**, die die **Befehlsstruktur zwischen MfS und SED** darlegen, vernichtet worden sind.

Sie haben nichts gesagt zur Abgabe der **Waffen**, und dies ist unsere Frage nicht nur im Bereich des Ministeriums, sondern unsere Anfrage geht auch, inwieweit die Waffenkammern des Zentralkomitees und anderer Institutionen der Parteien geleert worden sind.

Aufgrund der Verbindung zwischen SED und MfS stellt sich für uns die Frage, wessen Partei der neue zivile Beauftragte Hans-Peter Steglich angehört. Dies würden wir gerne erfahren. Und zum Schluß möchte ich im Namen des Neues Forums sagen, daß das Neue Forum bereit ist, das Amt des Leiters, des zivilen Leiters zur Auflösung des Amtes, zu übernehmen.

Ducke (Moderator): Könnte ich dann ihren Vorschlag erfahren, wen Sie dafür vorschlagen?

Schult (NF): Dieses wird im Landessprecherrat entschieden.

Ducke (Moderator): Danke schön.
Wollen wir vielleicht so vorgehen. Es liegen jetzt hier noch eine ganze Reihe Wortmeldungen vor.
Wenn wir alle erst einmal zu Wort kommen lassen, oder möchten Sie zu einigen Punkten gleich – –

Modrow (Ministerpräsident): – ich würde Ihrem Vorschlag folgen.

Ducke (Moderator): Gut, damit jeder die Möglichkeit hat – – Ich bitte dann vielleicht, daß wir uns kurzfassen. Vieles ist ja vielleicht auch schon gesagt. Man muß es nicht wiederholen.

Herr Eppelmann – –

Modrow (Ministerpräsident): Vielleicht darf ich eine Bitte äußern. Es ist angekündigt, daß zu all den Fragen, die den Sachbestand der einzelnen Probleme behandeln, **Waffen** und so weiter – das werden Sie in den Berichten alles hören. Ich greife jetzt dieser Berichterstattung nicht vor. Da bitte ich um Ihr Verständnis. Sie werden sämtliche Zahlen, wie viele Waffen es waren und und, werden Sie dann in den Berichten hören.

Ducke (Moderator): Gut. Danke schön.

Herr Eppelmann von Demokratischer Aufbruch.

Eppelmann (DA): Ich möchte auf dem Hintergrund der Erklärung unseres Ministerpräsidenten erstens der Hoffnung Ausdruck verleihen, daß es uns tatsächlich gelingen wird, die Ursachen für bestehende Ängste in unserem Land zu beseitigen. Darum möchte ich jetzt hier keinen Detailfragen nachgehen, sondern nur eine sehr, wie wir meinen, sehr grundsätzliche Frage stellen:

Aufgrund der innigen Verquickung von dem ehemaligen Ministerium für Staatssicherheit, speziell den leitenden Mitarbeitern in diesem Ministerium und der bisher führenden Partei in unserem Land, der SED, erscheint es uns unmöglich, daß an gewichtiger Stelle die Auflösung und die **Kontrolle der Auflösung dieses Ministeriums** durch Mitglieder der SED geleitet und geführt wird. Wir können uns eine solche Kontrolle nur durch **Zivilpersonen** vorstellen, [aber] diese Zivilpersonen dürfen keine Mitglieder der SED sein, oder es wird an dieser Stelle kein Vertrauen in unserem Land geben.

Danke schön.

Ducke (Moderator): Danke.

Ich rufe noch Herrn Krause auf, und dann würden wir vom letzten Mal die Anregung aufgreifen, daß wir nach drei Wortmeldungen Ihnen Gelegenheit geben, sich kurz zu äußern.

Herr Krause von CDU, bitte.

Krause (CDU): Herr Ministerpräsident, Sie haben drei wichtige Anliegen an die Vertreter des Runden Tisches getragen, und die Vertreter der CDU unterstützen und stellen sich diesem Anliegen. Sie wissen, daß wir Ihre Regierung mittragen, weil wir Sie für einen authentischen Demokraten halten.

Es gibt jedoch einige Fragen, die zu stellen sind, wenn wir selbst politisch wirksam werden: Schätzen Sie ein, daß das Tempo der Erneuerung auch wirklich groß genug ist, oder beobachten Sie zum Beispiel, wie wir in Leipzig, ich selbst bin Vorsitzender der Vorschlagskommission des Bezirkstages, daß gewisse Beschlüsse, Ihre Beschlüsse des Ministerrats, unterlaufen werden? Von wem auch immer, ich denke zum Beispiel [an] die **Abberufung des Generalstaatsanwalts**, oder ich denke an die verzögerte Auflösung des Amtes für Nationale Sicherheit. Das ist also eine zweite Frage – –

Und eine dritte [Frage]: Eine Ihrer Minister, Frau Nickel, kommt ja aus dem Bezirk Leipzig, war Ratsmitglied für Finanzen. Unser Ratsvorsitzender, Herr [Rolf] Opitz, ist ja im Dezember inhaftiert worden. In dieser Zeit sind **Unredlichkeiten auf finanziellem Gebiet** vorgekommen. Es wäre also auch eine wichtige Sache für die Lauterkeit dieser Regierung, wenn auch diese Kritik oder diese Vermutung der Bürger Leipzigs einmal bereinigt würden, damit wir eine Aussage dazu machen können, inwieweit keine Verfehlungen vorliegen von der Frau Finanzminister.

Ducke (Moderator): Danke, Herr Krause.

Herr Ministerpräsident, wenn Sie sich kurz dazu äußern möchten.

Modrow (Ministerpräsident): Erstens, was die gestellte Frage betrifft, das Angebot zur **Mitarbeit bei der Auflösung des Amtes** und die von Herrn Eppelmann darin einbezogene Problematik, die Auflösung nicht durch Mitglieder der SED – –

Ich glaube, wir sollten einen solchen Konsens suchen, daß die Kräfte am Runden Tisch nicht unbeteiligt sind, die hier den Runden Tisch miteinander gestalten, nicht um irgendwelche Dinge zu vertuschen, sondern man wird in bestimmten Bereichen, das werden Sie dann selber in der Mitarbeit feststellen, das ist nun einmal die Struktur, mit der wir es zu tun haben, dann Leute brauchen, die Auskunft geben, die Sachkenntnis zu den Dingen haben und einbringen, die hier auf diesem Gebiet erforderlich sind.

Sogleich werden wir in der Übereinstimmung mit Ihnen den Weg suchen und finden, denke ich, der eine solche Tätigkeit gewährleistet.

Die konkrete Frage nach der **Parteizugehörigkeit** von Herrn Steglich: Ich muß sie dahingehend beantworten, daß er Mitglied der SED-PDS ist. Wir haben ihn gewählt und vorgeschlagen als einen Mann, der im außenpolitischen Dienst tätig ist, der mit inneren Fragen unseres Landes keine unmittelbaren Beziehungen hat, der aber in internationalen Verhandlungen, das heißt in all den Fragen, die in Wien zur Debatte stehen, umfangreiche Erfahrungen besitzt.

Wir haben gehört, daß es hier von seiten des Neuen Forums eine Überlegung gibt. Wir werden, wenn wir Ihren Vorschlag kennen, uns dazu dann erneut verständigen.

Was die Problematik anbetrifft bezüglich der **Vernichtung der Akten**:

Hier ist folgender Umstand: Es gab in den Bezirken anfänglich unterschiedliche Auffassungen zum Verbleib und zum Umgang damit. So gab es im sächsischen Raum auch von Vertretern der Kirche die Auffassung, man solle vernichten. Andere hatten andere Auffassungen. Das war in den Bezirken ein sehr differenziertes Verhalten.

Es ist Fakt, daß aufgrund dessen auch von meiner Seite Zustimmung gegeben wurde, wenn man vernichten will, daß man es kann; **Bürgerkomitees, Staatsanwaltschaft**, wenn in Gemeinsamkeit solche Überlegungen bestünden.

Es zeigte sich, daß sich dann wiederum andere Vorgehensweisen herausbildeten, so daß alle Empfehlungen zur Vernichtung aufgehoben sind und daß nur dort solche Schritte vollzogen werden, wo die Bürgerkomitees nach Überprüfung irgendwelche Schritte einleiteten. Das ist nach meiner Kenntnis in Einzelfällen auch geschehen, generell ist keine Regierungsanweisung wirksam geworden, die gegen Bürgerkomitees und gemeinsame Arbeit vor Ort zur Vernichtung von Akten geführt hat. Diese Akten stehen weiter zur Verfügung.

Was die bezirklichen Verwaltungen anbetrifft und die Kreisverwaltungen: Sie wurden bereits darüber informiert, daß es keinerlei **Kreisdienststellen** mehr gibt, daß sich diese Akten in den Bezirksverwaltungen versiegelt befinden und daß auf dieser Grundlage die weitere Tätigkeit für ihre Archivierung und den Umgang mit diesen Akten durch Bürgerkomitees und durch Staatsanwaltschaft in den einzelnen Bezirken vollzogen wird.

Was die **Waffenkammern** anbetrifft vom Zentralkomitee der SED: Hier muß ich Ihnen sagen, daß Waffenkammern im Zentralkomitee der SED nicht vorhanden waren, sondern die Aufgaben zur Bewachung von Regierungsgebäuden und auch des Zentralkomitees der SED wurden vom **Wachregiment** wahrgenommen. Die Waffen sind im Besitz des Wachregimentes, und dazu wird es im Bericht Auskünfte geben, soweit Aufgaben auf diesem Gebiete nun von anderen Organen, was den Schutz der Regierungsgebäude betrifft, Parteigebäude werden von niemanden mehr, der im staatlichen Auftrage tätig ist, bewacht und geschützt.

Die drei Anliegen, die von seiten der Christlichen Demokratischen Union hier vorgetragen wurden: Es sei gesagt, daß selbstverständlich die Kritik des Runden Tisches und auch die Bemerkungen, die dazu in der Volkskammer gemacht worden sind, natürlich auch die Regierung treffen. Die Regierung ist deshalb gerade auch mit der heutigen Beratung dabei, alle Schritte einzuleiten, und das werden Sie den Berichten entnehmen, um hier Konsequenz walten zu lassen.

Was die Problematik der **Staatsanwaltschaft und des Gerichtes** angeht, so glaube ich, hat die Volkskammer zunächst dazu ihr Wort gesprochen. Zugleich möchte ich aber auch eines offen sagen: Die Rechtsstaatlichkeit in unserem Lande erfordert, daß wir das Verhalten eines Stellvertretenden Generalstaatsanwalts nicht auf jeden Staatsanwalt dieses Landes übertragen lassen, daß wir die Situation eines Richters nicht allen Richtern dieses Landes sozusagen dann auch nachtragen sollten.

Was wir brauchen ist, auch für die Rechtsstaatlichkeit im Lande, daß Staatsanwaltschaft und Gericht vor Ort in Bezirken und Kreisen ihre Arbeiten erfüllen, Unterstützung dabei finden und nicht, wie es in Einzelfällen, zum Beispiel in Rostock, geschehen ist, daß auch bis zu **Mordandrohungen** gegen einen Staatsanwalt die Dinge getragen werden. Das, glaube ich, ist der Rechtsstaatlichkeit im Lande nicht gut zuträglich. Ich habe in der Volkskammer auch zu dieser Frage meinen Standpunkt dargelegt.

Was das Vergehen und die Untersuchung zum ehemaligen Vorsitzenden des Rates des Bezirkes, [Rolf] Opitz, betrifft, so kann ich hier keinen Vorgriff tun. Ich muß auch davon ausgehen, daß die staatsanwaltschaftliche Untersuchung mir eine Übermittlung geben muß; eine solche liegt bei mir nicht vor.

Ducke (Moderator): Danke schön. In der nächsten Runde würden zu Wort kommen, Herr Meckel, Frau Dörfler und Herr Poppe.

Herr Meckel von der SPD[2], ab heute.

Meckel (SPD): Wir begrüßen es, daß Sie heute morgen hierher gekommen sind, obwohl Sie erst erklärt hatten, in der nächsten Woche zu kommen, und sehen das als einen Schritt an, den Runden Tisch in seiner Bedeutung so anzuerkennen, wie wir ihn auch sehen. Wir haben dies ja schon früher gesagt: Die Kritik an den Regierungshandelnden und auch Ihnen, den Runden Tisch ernstzunehmen, in der Vergangenheit haben Sie deutlich gehört.

Wir freuen uns, daß durch Ihre Erklärung sehr deutlich zum Ausdruck gekommen ist, daß dies künftig anders sein soll, und wir denken, daß dies, was Sie jetzt dargestellt haben, eine Grundlage sein kann, Regierungshandeln und -fähigkeit bis zum 6. Mai [1990] zu gewährleisten. Dies ist uns wichtig, wir hoffen, daß dem dann auch die praktischen Schritte der Zusammenarbeit folgen.

Wir unterstützen den Antrag vom Demokratischen Aufbruch, würden ihn aber in der Richtung doch präzisieren, daß man nur sagen muß: Alle wichtigen Schritte der **Auflösung des Amtes für Nationale Sicherheit** sollten nicht ohne Nicht-SED-Mitglieder erfolgen.

Der zweite Punkt, der uns wichtig ist, aber auch da haben Sie schon Vorschläge gemacht in konkreten Fragen, dies sollte aber grundsätzlich gesagt werden, daß auch das **Durchsichtigmachen von Regierungshandeln** – auch in der Vorbereitung von wichtigen Entscheidungen – am Runden Tisch mitgetragen und geteilt werden sollte. Und wenn dies so erfolgt, denken wir, ist eine Grundlage geschaffen für stabile Verhältnisse bis zu den Wahlen.

Ducke (Moderator): Danke, das war Herr Meckel von der SPD.

Ich habe noch neun Wortmeldungen liegen, und ich würde sagen, wir schließen dies jetzt ab. Ich bitte, das zu berücksichtigen in der Zeit. Wir haben nur noch bis um dreiviertel Zeit. Wir müssen das zur Kenntnis nehmen.

Ich gehe schlicht der Reihenfolge nach, um niemanden zu benachteiligen.

Frau Dörfler, Grüne Partei, bitte.

Frau Dörfler (GP): Ja, die Grüne Partei hat eine Anfrage an die Regierung:

Am 27. Dezember 1989 beschloß der Runde Tisch, daß die **Baukapazitäten** des ehemaligen Ministeriums für Staatssicherheit grundsätzlich für die **ökologische Sicherheit** und das **Gesundheitswesen** eingesetzt werden. Eine diesbezügliche Nachfrage des Runden Tisches vom 8. Januar 1990 wurde von Herrn Koch folgendermaßen beantwortet: Der Minister für Bauwesen habe die Verfügungsgewalt über die Baukapazitäten und wisse Bescheid über diese Anregung des Runden Tisches.

Die Grüne Partei stellt nun die Anfrage an den Minister für Bauwesen, für welche Projekte des Umweltschutzes und des Gesundheitswesens werden derzeit diese freigewordenen Baukapazitäten genutzt, und wie sollen sie in Zukunft eingesetzt werden? Wir sehen in dieser Frage eine ganz große Chance, etwas für den Umweltschutz zu tun.

Ducke (Moderator): Danke, Frau Dörfler von der Grünen Partei.

Herr Poppe, Initiative Frieden [und] Menschenrechte.

Poppe (IFM): Ja, ich greife hier vor auf eine Information, die später noch im Wortlaut gegeben wird und auf diesbezügliche **[Mißbilligungs-] Anträge [von IFM und UFV: Nr. 2 gegenüber der Regierung Modrow, betreffend Verfassungsänderungen ohne Beteiligung des Runden Tisches; Nr. 3 gegenüber der Volkskammer, betreffend deren Ablehnung des Rederechtes für die Opposition des Runden Tisches in der Volkskammer; Nr. 4 gegenüber Regierung und Volkskammer, betreffend unrechtmäßige Eigentumstransfers[3]]** und möchte mich hier auf ein Beispiel konzentrieren, was die Zusammenarbeit, die Sie, Herr Minister-

---

[2] Von der Berliner Delegiertenkonferenz (12.- bis 14. Januar 1990) wurde am 13. Januar 1990 die Umbenennung der SDP in SPD beschlossen.

[3] Dokument 7/1, Anlagenband.

präsident, hier doch vorgeschlagen haben, anzweifeln läßt, wenn zum gleichen Zeitpunkt, wo Sie ihre Erklärung in der Volkskammer geben, wo ja sinngemäß auch schon ähnliches gesagt wurde wie heute, wenn zum gleichen Zeitpunkt also in der Volkskammer ein Gesetz zur Verfassungsänderung vorgelegt und beschlossen wird, was vorher nicht an die Öffentlichkeit gekommen ist.

Wir kritisieren das ganz ausdrücklich, weil wir der Meinung sind, daß **verfassungsändernde Gesetze** und insbesondere auch solche, die die **Eigentumsverhältnisse** in der DDR grundsätzlich berühren, unbedingt der öffentlichen Diskussion bedürfen und damit auch der Diskussion am Runden Tisch, und wir bedauern außerordentlich, daß das nicht geschehen ist.

Wir haben also am 9. Januar in der **Arbeitsgruppe „Neue Verfassung"** des Runden Tisches den Wortlaut, der von der Regierung eingebracht wurde, zur Kenntnis bekommen, haben dazu eine Erklärung abgegeben, haben versucht, diese Erklärung in der **Volkskammer** unterzubringen. Das ist nun allerdings eine Kritik, die ich an den Präsidenten der Volkskammer richten muß. Wir sind dort nicht zugelassen worden, den Text vorzutragen, und er ist auch meines Wissens nicht in die endgültige Fassung dieses Gesetzes eingegangen.

Wir kritisieren auch, daß in Ihrem ursprünglichen Entwurf dieses verfassungsändernde Gesetz vorsieht, daß solche Bestimmungen, die also diese Eigentumsordnung grundsätzlich verändern durch Rechtsvorschriften, durch Verordnungen der Regierung beschlossen werden können, ohne daß da diesbezügliche Gesetze vorliegen müssen.

Ducke (Moderator): Danke Herr Poppe. Die Dreierrunde ist beendet.
Herr Ministerpräsident.

Modrow (Ministerpräsident): Im Prinzip Zustimmung und Übereinstimmung mit den Sprechern der Sozialdemokratischen Partei. Ich nehme so wohl Ihr Angebot an, und wir werden in dieser Übereinstimmung die Arbeit mit dem Runden Tisch gestalten.

Die Frage in bezug auf Einsatz der Baukapazitäten wird im Bericht mit behandelt, der Ihnen vorgetragen wird.

Und die Problematik, die die **Verfassung** anbetrifft: Hier ist zunächst zu sagen, vom Grundsatz ist in der Regierungserklärung auf der zwölften Tagung der Volkskammer das Prinzip dargestellt einer umfassenderen Einbeziehung der DDR in die internationale Wirtschaftsteilung. Der Weg zu einer **Vertragsgemeinschaft mit der Bundesrepublik** erfordert auch wirtschaftliche Zusammenarbeit in anderer Qualität, und mit der Beratung der Volkskammer sind dafür grundsätzliche Entscheidungen getroffen worden.

Ducke (Moderator): Danke schön.
In der nächsten Runde würden Frau Röth, Herr Ullmann und Herr Koplanski sich melden.
Frau Röth, Unabhängiger Frauenbund [gemeint ist: Frauenverband], bitte.

Frau Röth (UFV): Ja, der Unabhängige Frauenverband möchte noch einmal anmerken und betonen, daß wir es sehr begrüßen, daß der Ministerpräsident hier erschienen ist und uns Vorschläge zur Zusammenarbeit des Runden Tisches und der Regierung unterbreitet hat, und wir hoffen sehr, daß es nach den anfänglichen Schwierigkeiten der Zusammenarbeit jetzt zu einer konstruktiven Zusammenarbeit kommt, um dieses Land aus der Krise herauszubringen und politische und ökonomische Stabilität einzuleiten.

Unsere Anfrage zielt vor allem auf die Frage der **Sozialprogrammatik**. Wir können bisher verzeichnen, daß die Regierung sich sowohl Vorstellungen und Gedanken darüber macht, wie Wirtschaftsreformen einzuleiten sind. Uns fehlen aber als Unabhängiger Frauenverband insbesondere komplexe Maßnahmen zur Ausgestaltung sozialer Beziehungen in unserem Lande.

Maßnahmen, die ergriffen werden, oder Überlegungen wie das **Arbeitsbeschaffungsprogramm** sind immer nur Einzelmaßnahmen, die die Wirtschaftsreform tangieren, und wir möchten Sie bitten oder fragen, welche Vorstellungen von seiten der Regierung zu einer ausgearbeiteten **Sozialreform** Ihrerseits vorliegen und ob Sie uns nähere Vorstellungen am 22. 1. diesbezüglich unterbreiten können?

Ducke (Moderator): Danke Frau Röth.
Ich rufe Herrn Ullmann von Demokratie Jetzt.

Ullmann (DJ): Auch ich, Herr Ministerpräsident, möchte meinen Dank dafür aussprechen, daß Sie heute morgen trotz Termindrucks hierher gekommen sind und damit die Arbeit des Runden Tisches aufgewertet haben. Ich möchte eine kritische Bemerkung anschließen und dann eine grundsätzliche Feststellung treffen.

Die kritische Bemerkung bezieht sich auf den Personalvorschlag der Regierung für den Vorsitz der Regierungskommission Auflösung des Amtes für Nationale Sicherheit. Ich halte Ihren Vorschlag für keinen guten Vorschlag, weil Herr Steglich der SED angehört und, wie Sie hinzugefügt haben, aus dem diplomatischen Dienst stammt.

Mir liegt eine Information vor, daß Hunderte von hauptamtlichen Mitarbeitern des Ministeriums für Staatssicherheit beziehungsweise Amtes für Nationale Sicherheit in den diplomatischen Vertretungen der DDR im Ausland mit Wissen des Außenministers tätig sind und daß noch kein einziger bis jetzt zurückgezogen wurde. Herr Steglich wäre dann, wenn die Information zutrifft, der erste. Ich denke, daß würde die Arbeit des Ausschusses von vornherein wieder belasten.

Zweitens, meine grundsätzliche Bemerkung: Ihre Erklärung eröffnet die Möglichkeit, daß die Arbeit des Runden Tisches auf ganz neuen Grundlagen weitergeführt wird im Sinne Ihres Angebotes der Kooperation.

Ich sehe aber, daß für eine sinnvolle **Kooperation** Bedingungen erfüllt sein müssen. Es kann nicht darum gehen, daß aus der Arbeit des Runden Tisches einzelne Mitarbeiter, sei es von den Volkskammerparteien oder von den oppositionellen Parteien und Gruppierungen, herausgezogen werden. Eine Kooperation hätte nur dann Sinn, wenn dabei das Gewicht des Runden Tisches nicht gemindert würde. Und ich denke, damit das geschieht, wäre es nötig, daß Ihre Regierung bereit ist, daß die **Bedingungen der Mitarbeit** hier am Runden Tisch formuliert werden.

Ducke (Moderator): Danke, Herr Ullmann.
Herr Koplanski von der Deutschen Bauernpartei.

Koplanski (DBD): Ja, meine Damen und Herren, ich möchte darauf verweisen, daß es im Lande sehr viel Unzufriedenheit gibt, große Sorgen der Menschen, viele Fragen und hier und da auch ein kräftiges Durcheinander. In dieser Beziehung, meinen wir, setzt die Teilnahme des Ministerpräsidenten hier am Runden Tisch Zeichen, die wir alle nutzen sollten.

Wir haben auch Fragen; ich möchte sie hier nicht aufwerfen. Wir möchten ein paar kurze prinzipielle Bemerkungen machen.

Ich glaube, wir sind alle daran interessiert, und das Volk fordert es, daß wir ordentlich, rechtsstaatlich die **Wahlen** für den 6. Mai vorbereiten. Und da gehe ich hier mit einigen Herren sowohl von der Sozialdemokratischen Partei als auch mit anderen konform, daß wir alles tun müssen, um diese Wahlen sachlich ordentlich vorzubereiten.

Zu dem gehört, zweitens, dazu, daß wir uns bemühen, einen **Konsens** zu finden und nicht **Regierungskoalitionen** gegen den Runden Tisch dauernd ausspielen. Ich finde, es ist auch nicht seriös, wenn immer nach einem Runden Tisch einzelne Personen herausgegriffen werden und in der Öffentlichkeit eine andere Stellungnahme abgegeben wird als hier vor dem Runden Tisch. Das hilft uns nicht.

Es gibt viel **Mißtrauen**, und wir können das nur abbauen, indem wir zueinander finden aus gemeinsamer Verantwortung. Dann kommt erst später das gemeinsame Interesse. Ich glaube, in dieser Richtung sollten wir uns bemühen, und es hat auch wenig Sinn, Rechnungen aufzumachen, wer mehr legitimiert ist, ob die Kräfte der **Opposition oder die Regierung**, die Koalitionsregierung Modrow. Das wird uns nicht helfen.

Und ein dritter, ein letzter Vorschlag, in dem wir zur Besonnenheit mahnen: Vielleicht sollten wir den Weg gehen, daß wir einen **Dreierausschuß** bilden, Dreierleitung für diesen Ausschuß zur **Auflösung des Amtes für Nationale Sicherheit**. Wir würden die **Kirche** bitten, darin den Vorsitz zu übernehmen und dann einen Vertreter der Opposition, einen Vertreter der etablierten Parteien, und dann könnte man sich über die Zusammensetzung verständigen.

Wichtig ist, daß wir miteinander reden und nach Wegen suchen und nicht Dinge vorbauen, die uns nicht nach vorwärts helfen. Das verlangt das Volk auch von uns.

Ducke (Moderator): Danke schön.

Damit wäre diese Runde jetzt beendet. Wir haben schon die Zeit überschritten.

Herr Ministerpräsident, Ihr Schlußwort.

Modrow (Ministerpräsident): Gestatten Sie mir von folgendem auszugehen. Die Regierung ist zwei Monate im Amt. Der Runde Tisch arbeitet, wenn ich es richtig durchrechne, knapp anderthalb Monate. Wenn wir das zusammenlegen, glaube ich, ist in einer kurzen Frist von beiden Seiten Bemühung, große Anstrengung vorhanden gewesen, um der Verantwortung gerecht zu werden, für die wir uns alle, die wir hier gemeinsam – Sie am Runden Tisch, wir in der Koalitionsregierung – Verantwortung übernommen haben, nun uns auf den Weg gemacht haben.

Das alles erfüllt uns selber, die wir in diesem Prozeß stehen, ständig mit Unruhe. Wir arbeiten Tag und Nacht, Sie wie ich, wie meine Mannschaft, und ich glaube, es ist notwendig, daß wir gerade auch unter diesen Umständen und Bedingungen dieses nun mit unserer heutigen geführten Beratung in eine neue Qualität, in einen neuen Schritt führen, so wie das auch von verschiedenen Sprechern gesagt worden ist.

Wenn ich hier zu Ihnen heute früh mit dieser Erklärung gekommen bin, dann mit der Überlegung, daß wir mit dem heutigen Runden Tisch Zeichen für das ganze Land setzen und nicht nur für uns, die wir hier gemeinsam versammelt sind; gehe ich davon aus, daß wir auch in den nächsten Tagen Gelegenheit haben werden, nicht auf den Montag zu warten, sondern ich habe die dringliche Bitte, daß wir die jetzt vor uns liegende Woche nutzen und ich von Ihnen höre, welche Fragen Sie insbesondere für den 22. Januar beraten und diskutieren wollen; damit wir auch den Anfang zur Konstruktivität setzen; daß ich Ihnen Zusammenhänge zu ganz bestimmten Fragen schaffen zu.

Wird die Priorität sein die Vorbereitung des Besuches einer Delegation und des **Gespräches mit Bundeskanzler Kohl**? Wird das die **RGW-Problematik** sein? Weil ich sie für dringend notwendig halte, daß sie hier mit dargestellt wird.

Ich sage das in voller Verantwortung, denn Sie müssen natürlich verstehen, daß, je mehr man – – und ich bin in acht Wochen nun in Prozesse einbezogen worden, die ich vorher auch nicht kannte, die mir auch, sozusagen landläufig gesagt, ein böhmisches Dorf gewesen sind – und nun muß ich sehen, daß ich damit zu Rande komme. Daß ich diese Probleme erfasse, daß wir mit Kompetenz arbeiten, das ist in der Regierungserklärung als der Ausgangspunkt gesetzt, das ist in der Volkskammer in der Beratung in der vergangenen Woche erneut dargestellt und unterstrichen worden.

Ich gehe davon aus, daß wir auch mit der Behandlung des anstehenden Tagesordnungspunktes gewiß nicht alles, aber bestimmt einen bedeutenden Schritt auch zu dieser Problematik nach vorne tun können, damit es uns gelingt, auf diesem Weg voranzugehen.

Ich selber habe Ihnen meine Angebote gemacht.

Ich will noch einmal betonen, und wenn ich die Worte vom Herrn Schnur nehme, die da über die Medien gehen, als es darum ging, sich im Vorfeld bestimmter Dinge zu treffen, da kann man sich nachts anrufen, und man trifft sich sozusagen zu jeder Zeit. Jetzt ist scheinbar manches vergessen. Das alles ist doch kein Weg.

Entschuldigen Sie, alleine nur mit dem Vorwurf werde ich auch nicht existieren und auch nicht bereit sein zu wirken. Was ich erwarte, ist **bei Kooperationen** dann **auch Gegenseitigkeit**.

Zu einem anderen Ausspruch habe ich in der Volkskammer deutlich meinen Standpunkt gesagt. Menschen können sich irren, wer von uns irrt sich nicht? Aber andere Bezichtigungen tragen dann bereits einen ganz anderen Charakter. Man möge auch die **Kultur des Miteinanders** für uns gemeinsam so gestalten. Ich von meiner Seite, und ich spreche hier für die Koalitionsregierung in ihrer Gesamtheit, bin dazu bereit.

Ducke (Moderator): Vielen Dank. Herr Ministerpräsident, Sie merken noch an Wortmeldungen und Reaktionen, daß noch eine ganze Menge zu sagen wäre. Wir sind natürlich verwiesen auf die Tagesordnungspunkte danach.

Jetzt haben drei Leute sich noch ganz dringlich gemeldet, um wahrscheinlich zu reagieren auf Ihre Aussage. Die **Bürgerkomitees** sind eingeplant für später. Ich frage Sie jetzt nur, haben Sie noch zwei Minuten Zeit – –

– Dann würde ich in der Reihenfolge vorgehen: Frau Köppe, bitte dann ganz kurz noch Herr Böhme, SPD, und Herr Berghofer, SED.

Herr Jordan, jetzt mußte ich diese Liste abschließen. Es waren nur die drei dringlichen Wortmeldungen von den Parteien, die auch noch nicht zu Wort gekommen sind.

Neues Forum bat wegen Bürgerkomitees. Das ziehe ich jetzt einmal vor.

Frau Köppe (NF): Herr Ministerpräsident, Ihre Ausführungen zur **Aktenvernichtung** sind uns nicht ganz klar, sind etwas – –

Ducke (Moderator): Frau Köppe, könnten wir dies, weil das schon angekündigt zum Thema, weil Herr Ahrendt da ist – –

Frau Köppe (NF): – nein, könnten wir nicht. Ich möchte ganz konkret fragen.

Wir haben hier dieses Telex vom Ministerrat, vom 7. Dezember, in dem drinsteht: „Die Regierung beauftragt den Leiter des Amtes für Nationale Sicherheit, die unberechtigt angelegten Dokumente unverzüglich zu vernichten". Ein Telex vom 7. Dezember.

Wurden aufgrund dieses Telex Akten vernichtet? Wie können Sie gewährleisten, daß dort keine Akten vernichtet wurden, nach diesem Telex?

Modrow (Ministerpräsident): Dieses Telex von dem Sie sprechen – ich habe bereits gesagt, es ist kein Telex, das eine allgemeine **Aktenvernichtung** angewiesen und festgelegt hat. Es ist von seiten der Regierung auch an keiner Stelle örtlich eingegriffen [worden] in irgendeiner administrativen Weise, um Akten zu vernichten.

Das Problem ist immer das gewesen, was vor Ort **zwischen Bürgerkomitee und Staatsanwaltschaft** jeweils behandelt wurde. Von seiten der Regierung ist darauf in dieser Weise kein Einfluß genommen worden. Niemand ist angewiesen worden, etwas zu vernichten, wer es nicht will. Und niemand ist in dieser Phase auch mit einer Weisung daran gehindert worden, wo Bürgerkomitees es im einzelnen Fall tun wollten.

Ich kenne im Prinzip nur die Übereinstimmung vor Ort und keine gegenläufigen, protestierenden Dinge.

Ducke (Moderator): Ich würde bitten, dieses Thema dann noch einmal auf den Tisch zu bringen, wenn Herr Minister Ahrendt den Bericht gibt, denn wir müssen jetzt Rücksicht nehmen – –

Rogge [???]: Ich kann dazu eine ganz konkrete Antwort geben. Ich möchte micht erst einmal vorstellen: Mein Name ist Gerhard Rogge. Ich bin der autorisierte Vertreter – –

Ducke (Moderator): Darf ich Sie bitten? Dieses Thema müssen wir nachher, ich muß jetzt im Interesse auch unserer Zuhörer bitten – –

Rogge [???]: Ich bin der Vertreter der Bürgerkomitees, die vor Ort die Auflösung der Bezirksämter durchführen, und zwar koordiniert jetzt in der ganzen DDR.

Ich kann hier im Auftrag dieser Gruppen sagen: Es ist in den **Bezirksämtern** und damit auch in den **Kreisämtern** auf der Grundlage dieser Weisung, die vom Ministerpräsidenten ausgegangen ist am 7. Dezember, keine einzige Akte vernichtet worden, weil vor Ort die Vereinbarung diskutiert wurde und festgelegt wurde zentral, also in den einzelnen Stellen dezentral, daß keine Akte vernichtet worden ist.

Ducke (Moderator): Ich danke Ihnen.

Ich würde nur sagen, da das Thema ja so wichtig ist – und Sie haben ja auch eine Erklärung vorbereitet. Wir lassen nachher abstimmen, daß Sie auch zu Wort kommen, wenn das Thema behandelt wird.

Jetzt muß ich aber bitten, Herr Böhme und Herr Berghofer.

Böhme (SPD): Herr Ministerpräsident, ich möchte diese Meinung der Vertreter der SPD am Runden Tisch deshalb sagen, weil es mit Ihrer Personalentscheidung zusammenhängt.

Wir würden den Vorschlag von Herrn Koplanski unbedingt erst einmal unterstützen – vorbehaltlich der Abstimmung in der Opposition und ohne die Arbeit der Arbeitsgruppe am Runden Tisch damit, die damit beschäftigt ist, in irgendeiner Weise zu beeinträchtigen, und ohne die Frage der Wirkung der **Bürgerkomitees** in diesem Zusammenhang zu stellen; aber eine solche Konstellation eines **Dreierausschusses**, Kirche, Regierung, Opposition, schafft in der Bevölkerung erstens Vertrauen, und zweitens sichert es die Durchschaubarkeit des Prozesses.

Man müßte sich sicherlich einigen, wie die Konditionen wären im Zusammenhang mit der **Arbeitsgruppe zur Auflösung des Amtes für Nationale Sicherheit** und den **Bürgerkomitees**, die ja in einen rechtlichen Rahmen zu stellen sind in diesem Zusammenhang.

Ducke (Moderator): Danke, Herr Böhme.
Und jetzt Herr Berghofer, SED-PDS.

Berghofer (SED-PDS): Drei kurze Bemerkungen, Herr Ministerpräsident.

Ich bin der Meinung, es war eine gute Entscheidung, heute hierher zu kommen. Die Regierung hat dem Volk zu dienen und nicht Parteien.

Zweitens: Ich behaupte, der Runde Tisch wird an Gewicht gewinnen. Er muß einen maßgeblichen Beitrag zur Stabilisierung im Lande leisten.

Und daraus abgeleitet, drittens, bitte ich Sie, noch einmal zu überdenken, wer der **ständige Vertreter der Regierung an diesem Tisch** ist, welche Kompetenzen er hat, damit wir aus ständigen gegenseitigen **Mißtrauenserklärungen** in konstruktive Arbeit kommen.

Ducke (Moderator): Danke, Herr Berghofer.

Es liegen natürlich noch eine Fülle von Anträgen vor. Das – – Herr Jordan, bezog sich auf Nationales Amt.

Noch der letzte, aber bitte.

Jordan (GP): Herr Modrow, stimmt es, daß Sie veranlaßt haben, daß nachdem bekannt wurde, daß Mitarbeiter vom **Bezirksamt Gera** am 9. Dezember dieses Rundschreiben in Umlauf gesetzt haben, [Sie] nach Ihrer Rückkehr aus Sofia die sofortige Auflösung des Amtes in Gera veranlaßt haben? – und unsere weitere Frage als Grüne Partei: Sind auch **Strafverfahren** oder disziplinarische Maßnahmen gegen die Verantwortlichen im Amt in Gera eingeleitet worden?

Modrow (Ministerpräsident): Zu dieser konkreten Anfrage Gera wird im Bericht Stellung genommen. Es ist ein eigener Passus zu Gera im Bericht enthalten.

Ducke (Moderator): Ich muß dann danken, daß wir die Zeit so überziehen durften.

Herr Lange, Sie haben das Wort.

Lange (Moderator): Ich schließe mich dem Dank an und wir haben ja vorhin zur Kenntnis genommen, daß es eine Fortsetzung dieses Gespräches mit dem Ministerpräsidenten am 22. Januar geben wird. Vielen Dank, daß Sie hier gewesen sind.

[Beifall]

Lange (Moderator): Meine Damen und Herren, wir kommen zu dem **Vorschlag für die Tagesordnung [Vorlage 7/0[4]]**.

---

[4] Dokument 7/2, Anlagenband.

Ich möchte zu Punkt 1, **Eröffnung und Begrüßung**, noch einige Anmerkungen machen.

Wir begrüßen sehr herzlich die Teilnehmer und Gäste des Runden Tisches, alle Berater, die hier sind, und auch die Vertreter der Medien. Und obwohl die Medienvertreter im Augenblick sehr beschäftigt sind, erlaube ich mir doch, auf die am vergangenen Montag gefaßten Beschlüsse aufmerksam zu machen, daß wir dann eine geordnete Möglichkeit der Arbeit hier wahrnehmen können. Das heißt, der Fototermin würde enden nach Punkt 1.4, bevor wir dann zu den Sachproblemen des heutigen Tages komen.

TOP 2: Vorstellung neuer Repräsentanten der Gruppierungen und Parteien

Lange (Moderator): Ich möchte aber zunächst darum bitten, daß alle neuen Vertreter am Runden Tisch sich doch kurz vorstellen, wie wir das in der vergangenen Woche auch hatten, mit Name und Beruf, damit wir die Adressenliste für heute zusammenstellen können.

Welche Veränderungen hat es in den einzelnen Gruppen gegeben? – Ich sehe, es ist ein neuer Vertreter in der, Entschuldigung, ja, Liberal-Demokratischen Partei.

Nissel (LDPD): Reinhard Nissel. Ich bin Vorsitzender der Kommission „Staat und Recht" beim politischen Ausschuß der Liberal-Demokratischen Partei und mache das ehrenamtlich. Hauptberuflich bin ich als Hochschullehrer an der Akademie für Staats- und Rechtswissenschaften in Potsdam tätig.

Lange (Moderator): Vielen Dank.

Ich möchte gleich anfügen, daß wir alle bitten, ihren Namen, Anschrift und Beruf doch an die Pressesprecher zu geben.

National-Demokratische Partei.

Frau Künstler (NDPD): National-Demokratische Partei Deutschlands, Mitglied des Hauptausschusses, Elfgard Künstler mein Name, Beruf Diplomjurist.

Lange (Moderator): Danke.

Die Demokratische Bauernpartei.

Schimmank (DBD): Dr. Wilfried Schimmank, Mitglied des Präsidiums der DBD, Direktor der zentralen Bildungsstätte Thomas Münzer.

Lange (Moderator): Danke.

VdgB, gibt es da einen neuen Vertreter? – Bitte.

Mahling (VdgB): Jan Mahling, ich bin hier für die Sorben da, für den Runden sorbischen Tisch, Bautzen. Ich bin von Beruf Pfarrer.

Lange (Moderator): Entschuldigung, ich war gerade gestört. Würden Sie noch einmal bitte Ihren Namen sagen?

Mahling (VdgB): Jan Mahling.

Lange (Moderator): Sie vertreten – –

Mahling (VdgB): Die Sorben.

Lange (Moderator): Die Domovina – –

Mahling (VdgB): Na ja, annähernd. Es gibt da noch jetzt ein übergeordnetes Gremium dafür, einen sorbischen Runden Tisch. Ich habe in der Domovina selber keine Leitungsämter, aber es liegt das Einverständnis der Domovina vor, daß ich hier die Sorben vertrete.

Lange (Moderator): Ja, das ist meine Frage, ob Sie den Beschluß des Runden Tisches realisieren, daß ein Vertreter der Domovina hier am Tisch mit Stimme, aber nicht mit Abstimmungsmöglichkeit Platz nimmt.

Mahling (VdgB): Derselbe bin ich.

Lange (Moderator): Ja, gut, seien Sie uns herzlich willkommen.

SED-PDS, bitte.

Schoenenburg (SED-PDS): Dr. Arnold Schoenenburg, Mitarbeiter der Kommission Politisches System im Parteivorstand.

Lange (Moderator): Ja, Unabhängiger Frauenverband.

Frau Böhm (UFV): Tatjana Böhm, ich bin von Beruf Soziologin.

TOP 3: Organisation der weiteren Arbeit des Runden Tisches

Lange (Moderator): Gibt es weitere Veränderungen? – Das ist nicht der Fall.

An Änderungen sollte aber doch an dieser Stelle vermerkt werden, daß sich die Bezeichnung einer Partei verändert hat: Die SDP ist also zu einer SPD geworden, auch dies sollte hier zur Kenntnis genommen werden.

Vom Runden Tisch aus grüßen wir auch die Hörer und Hörerinnen des **Rundfunks** sowie die Zuschauer des **Fernsehens**, die direkt an unseren Beratungen teilnehmen.

Ich erwähne dies auch aus einem bestimmten Grund, den ich Ihnen optisch vorführen kann: Wir möchten ihnen danken für die zahlreichen Reaktionen; das sind die Postmappen der letzten Tage! Es ist eine Fülle von **Post** hier im Arbeitssekretariat eingegangen. Wir sind im Augenblick dabei zu prüfen, wie wir sinnvoll mit diesen Meinungsäußerungen umgehen.

Dazu ist zu sagen, daß ein Teil in die Arbeitsgruppen gegeben wird, weil es um sachliche Vorschläge geht, die dort weiter bearbeitet werden müssen. Es gibt darüber hinaus aber generelle Hinweise und Beurteilungen über die Arbeit des Runden Tisches. Diese werden wir in die **Prioritätengruppe** geben, die heute nach Schluß der Sitzung zusammenkommt.

Ich möchte an dieser Stelle allen danken, die ihr Interesse an der Arbeit des Runden Tisches zum Ausdruck gebracht haben und Ihnen versichern, daß wir mit all den Eingaben und Vorschlägen von Einzelpersonen und von Gruppen sehr sorgfältig umgehen werden.

Herr Reichelt vom Arbeitssekretariat wird dann noch einige technische Hinweise geben. Ich möchte ihn davon in Kenntnis setzen, daß wir ihn bitten, doch in unsere Sitzung zu kommen.

Sie haben den **Vorschlag der Tagesordnung** vor sich, es ist die **Vorlage Nr. 7/0**[5]. Unter 1.2 finden Sie **Beschlüsse der Prioritätengruppe**.

Zum ersten ist hier zu sagen, daß die Prioritätengruppe, und das ist eine **Tischvorlage**, die Ihnen bereits auch ausge-

---

[5] Dokument 7/2, Anlagenband.

händigt worden ist, am vergangenen Montag beschlossen hat, **eine zweite Sitzung in dieser Woche** anzusetzen, und zwar **am 18. Januar.** Das hängt mit dem Verzug in der Behandlung der von der Prioritätengruppe festgelegten Themen zusammen, die durch den vorzeitigen Abbruch in der vergangenen Woche eingetreten ist. Sie haben inzwischen auch die Einladung sicher auf dem Postweg bekommen.

Wir müßten aber darüber entscheiden, ob dieser Vorschlag der Prioritätengruppe angenommen wird, damit wir auch im Blick auf die Behandlung der anstehenden Themen hier weiterkommen. Darf ich dies zur Abstimmung oder zunächst zur Aussprache stellen? – Es ist der Vorschlag einer Gruppe, der Runde Tisch müßte hier votieren. Gibt es dazu Meinungsäußerungen? – Das scheint nicht der Fall zu sein.

Dann darf ich fragen, wer dafür ist, daß wir **am 18. Januar die nächste Tagung** des Runden Tisches halten, den bitte ich um das Handzeichen. – Darf ich Sie bitten zu votieren, weil das ein Geschäftsordnungsantrag ist? – Danke, das ist offensichtlich die Mehrheit. Wer ist dagegen? – Wer enthält sich der Stimme? – Niemand.

Einstimmig beschlossen, daß wir am 18. Januar die nächste Sitzung haben.

Und nun begrüße ich Herrn Reichelt, den Leiter des Arbeitssekretariates, und bitte ihn, uns einige notwendige technische Hinweise zu geben.

Reichelt (Leiter des Arbeitssekretariats): Wir haben ab sofort im Arbeitssekretariat, Raum 109, Postfächer eingerichtet, weil es doch eine ganze Reihe von Dingen gibt an die einzelnen Parteien und Gruppierungen. Ich bitte Sie also deshalb, vielleicht ein- oder zweimal täglich zu gucken, was dort darinliegt. Es ist für jede Partei beziehungsweise Gruppierung ein Fach eingerichtet. In die Fächer werden auch Materialien für die verschiedenen **Arbeitsgruppen** gelegt, das heißt eingehende Post, die zu den bestimmten Arbeitsgruppen ist, und zwar immer in die Fächer der **Einberufer** beziehungsweise ihrer jeweiligen Partei.

Es war, glaube ich, vor einer Woche, darum gebeten worden, daß die Listen, die Teilnehmerlisten der verschiedenen Arbeitsgruppen mit Name, Anschrift, Parteizugehörigkeit und so weiter dem Sekretariat zur Kenntnis gegeben werden. Es liegen uns bisher nur sehr wenige Listen vor, und ich bitte Sie herzlich darum, das doch in den nächsten Tagen zu tun.

Des weiteren bitte ich Sie, Arbeitsgruppen, Sitzungen die hier im Hause stattfinden sollen, uns rechtzeitig mitzuteilen, da die Vorbereitung gewährleistet sein muß, also das heißt, die Mitarbeiter des Hauses müssen sich darauf einstellen. Bitte nicht am Tag der Sitzung erst Meldung geben.

Darüber hinaus erhalten wir häufig Anrufe von Mitgliedern von Arbeitsgruppen, die hier anfragen, wann und wo sich Arbeitsgruppen treffen, als auch Arbeitsgruppen, die nicht hier im Hause tagen, deshalb wäre es günstig, wenn Sie uns auch Nachricht geben von Arbeitsgruppensitzungen, die außerhalb des Hauses stattfinden, daß wir dann entsprechenden Leuten, die anrufen, Mitteilung geben können. Da brauchen wir also Ort und Zeit jeweils, das reicht.

Und ein letztes: **Freistellungsanträge** können wir nur ausstellen oder ausstellen lassen, wenn wir die entsprechenden Angaben haben. Also, es muß uns neben dem Namen, der Anschrift die Arbeitsstelle – das sind Angaben, die hatten wir alle schon einmal gemacht – ins das Arbeitssekretariat gereicht werden. Wenn diese Angaben nicht vorliegen, können wir die Freistellungen nicht schreiben lassen. Ich bitte also alle, die einen Freistellungsantrag brauchen, diese Dinge zu uns zu reichen. Das war es.

Lange (Moderator): Vielen Dank Herr Reichelt. Ich nehme diese Gelegenheit gern wahr, um Herrn Reichelt und den Mitarbeitern im Arbeitssekretariats auch einmal den Dank des Runden Tisches auszusprechen für alle Arbeit, die hinter den Kulissen geschieht, die aber sehr wichtig ist und die sich in den letzten Tagen doch ziemlich ausgeweitet hat.

[Beifall]

– Bitte, dazu Herr Templin, [Initiative] Frieden und Menschenrechte.

Templin (IFM): Eine konkrete Anfrage im Sinne der Arbeitsfähigkeit des Runden Tisches und seiner notwendigen **Öffentlichkeitsarbeit:**

Ich bin in der letzten Woche, und das habe ich mit großer Freude registriert, vielfach angesprochen worden, direkt zur Arbeit des Runden Tisches aus der Bevölkerung, und es gab eine ganze Reihe von Anfragen, die die Möglichkeiten der direkten oder indirekten Kommunikation mit uns betreffen.

Eine der häufigsten dabei war die Möglichkeit, hier während der Sitzung des Runden Tisches anzurufen, um wichtige Hinweise, Stellungnahmen oder auch Kritiken einzubringen. Eine andere war die Möglichkeit, wie wir mit der eingehenden **Post** umgehen können.

Meine Anfrage: Wie ist das von den technischen Möglichkeiten her, von den Möglichkeiten des Arbeitssekretariats zu sehen? – Wir sind von uns als Initiative bereit, den dadurch natürlich anwachsenden Arbeitsanfall personell zu unterstützen, weil wir meinen, daß es eine erstrangige Aufgabe ist, um die Öffentlichkeitswirkung des Runden Tisches zu unterstützen.

Lange (Moderator): Vielen Dank für dieses Angebot. Ich unterstütze das ausdrücklich. Wenn man diese Mappe durchgesehen hat und alle Beiträge liest, kann man dieses nur unterstützen. Ich denke, die **Prioritätengruppe** wird sich mit dieser wichtigen Frage heute beschäftigen.

Templin (IFM): Das war aber eine konkrete Anfrage, was die **Kommunikationsmöglichkeiten** im Haus betrifft, weil ich der Meinung bin, zum Beispiel die Telefonverbindungen sind völlig unzureichend und stellen eben keine Arbeitsgrundlage dar, deswegen würde ich auch hier um Beantwortung bitten.

Lange (Moderator): Ja, dazu Herr Reichelt noch einmal.

Reichelt (Leiter des Arbeitssekretariats): Im Augenblick ist es so, daß vom Personalstand des Arbeitssekretariats wir das nicht leisten können. Das Telefon, das wir zur Verfügung haben, klingelt ständig, und wir versuchen, alle Anfragen, die wir bekommen, zu notieren und auch hier reinzureichen an den Tisch.

Es besteht aber seitens des Hauses die Möglichkeit, das zu erweitern, das heißt, es wäre möglich, daß man einen Raum einrichtet mit mehreren Telefonen, diese Nummern auch bekanntgibt in der Presse. Das bedeutet aber, daß man dafür dann Leute braucht, die an den Telefonen sitzen, und da wären wir, wenn man diese Möglichkeit angeht, für Personalvorschläge dankbar. Wenn Sie Leute haben, dann bitte bei uns nennen.

TOP 4: Festlegung der Tagesordnung

Lange (Moderator): Vielen Dank.
Zu den Beschlüssen der Prioritätengruppe gehört auch folgender Hinweis: Sie werden den **Gesetzgebungsplan**[6] ausgehändigt bekommen. Er liegt schriftlich vor. Darüber wird noch zu gegebener Zeit weiter zu reden sein. Ich füge an, daß ebenso der **Arbeitsplan des Ministerrates** allen Vertretern am Runden Tisch zur Verfügung gestellt wird.
Nun möchte ich Punkt 1.3 aufrufen: **Festlegung der Tagesordnung**. Sie haben den Entwurf vor sich. Gibt es dazu Änderungswünsche oder Ergänzungen?
Frau Dörfler, bitte.

Frau Dörfler (GP): Ja, für die Grüne Partei, und zwar in Anbetracht der ins Haus stehenden Erhöhung der Energiepreise, bitte ich dringend, unser **Vier-Punkte-Programm zur Verbesserung der Energiesituation**[7], das schon zweimal zurückgestellt worden ist aus Zeitgründen, vorzuziehen, weil das direkt zum Tagesproblem paßt. Ich stelle diesen Antrag an den Runden Tisch.

Lange (Moderator): Ja, Herr Ullmann, bitte. Herr Ullmann, Demokratie Jetzt.

Ullmann (DJ): Ein Änderungsvorschlag: Hinter Punkt 4 der Tagesordnung – wie ich erfahren habe, kann der verhältnismäßig kurz abgehandelt werden – und meine Bitte ist, daß der Punkt 5.4 als fünfter Punkt hochgezogen wird und ein **Entwurf für einen Beschluß der Volkskammer zur Gewährung der Meinungs-, Informations- und Medienfreiheit [Vorlage 7/7]** hier zur Information vorgestellt wird. Die Bitte ergeht deswegen, weil wir der Meinung sind, daß dieser Entwurf tatsächlich einen gewaltigen Schritt nach vorn bedeutet und dem Lande doch bei dieser Gelegenheit zur Kenntnis gegeben werden sollte.
Das würde dann so aussehen: 4 ganz kurz, danach 5, dieser Entwurf, – das ist auch nicht nur der von Demokratie Jetzt, sondern der neuen Gruppierungen – Mitarbeit der Volkskammerkommission, würde Punkt 5, und **Verschiedene Anträge** würde Punkt 6.

Lange (Moderator): Ja.
Frau Töpfer, FDGB.

Frau Töpfer (FDGB): Wir bitten darum, in den jetzigen Punkt 5 „Verschiedene Anträge", auch – egal ob das nun verändert wird in der Reihenfolge – einen weiteren **Antrag des FDGB** aufzunehmen **zu Preisveränderungen in der DDR**[8].

Lange (Moderator): Gibt es weitere Anmerkungen?
Herr Poppe, [Initiative] Frieden und Menschenrechte.

Poppe (IFM): Ich beantrage zum einen das, was ich vorhin an Bemerkungen gegenüber dem Ministerpräsidenten gemacht habe, als formulierten Antrag nachzureichen [**Vorlage 7/3**] und die dazugehörige Information über die **Arbeitsgruppe „Neue Verfassung" des Runden Tisches [Information 7/1, Stellungnahme der AG „Neue Verfassung" des Runden Tisches: Zum Gesetzentwurf der Regierung zur „Änderung und Ergänzung der Verfassung der DDR"**[9]].
Zweitens: An den Punkt 5.4, der hier von Demokratie Jetzt eingebracht wurde, steht zu den Medien mitzudiskutieren die **Beschlußvorlage zur Medienpolitik [Information 7/4]**, die von der Regierungskommission unter Einbeziehung von Mitgliedern der Opposition ausgearbeitet wurde.
Ein weiterer Antrag [**Vorlage 7/3, Antrag 3**] bezieht sich auf das Problem, das unter 5.2 **Rederecht in der Volkskammer** schon formuliert ist, und ich bitte darum, das dort, weil es zum gleichen Thema gehört, mit anzubringen.
Und schließlich gibt es noch einen von uns unterstützten **Antrag der Unabhängigen Untersuchungskommission zu Korruption und Amtsmißbrauch [Vorlage 7/3, Antrag 4 und Information 7/6, Presseerklärung der Unabhängigen Untersuchungskommission**[10]], der ebenfalls im Arbeitssekretariat vorliegt und den ich bitte, hier noch mit abzuhandeln.

Lange (Moderator): Das sollte ein Extrapunkt unter 5 dann sein?

Poppe (IFM): Ein Extrapunkt unter 5, wenn es noch möglich ist.

Lange (Moderator): 5.8, ja.
Bitte.

Schoenenburg (SED-PDS): Wir bitten um zwei Dinge.
Erstens bitten wir darum, den Punkt 5.5 von der heutigen Tagesordnung abzusetzen. Wir würden ihn für den 22. Januar dann wieder neu einreichen; also, **Vorschläge für die Verhandlung zwischen dem Ministerpräsidenten Modrow und Bundeskanzler Kohl** heute abzusetzen.
Und zweitens, für den Punkt 5.3 würden wir gerne die Behandlung eines **Antrages der SED-PDS [Vorlage 7/4a**[11]] einreichen mit der Forderung, in das zu erarbeitende Grenzgesetz gesetzliche Grundlagen einzuarbeiten über die **Bildung eines ökologischen Gürtels an der Staatsgrenze**, über die ökologische Gestaltung des Grenzgebietes. Dazu haben wir einen Antrag eingereicht, den würden wir gerne mit behandeln wollen.

Lange (Moderator): Das würde bedeuten, daß zu 5.3 jetzt noch eine Erweiterung kommt. Wir können diesen Punkt aber so belassen ja?

Schoenenbur (SED-PDS): So ist es richtig.

Lange (Moderator): Danke schön.
Herr Stief von NDPD.

Stief (NDPD): Ich möchte darum bitten, daß wir unter Punkt 5.5 – insofern würde ich es schon für richtig halten, den Antrag von SED-PDS zumindest zu beraten, was die Vorschläge für Verhandlungen zwischen Ministerpräsidenten Modrow und Kohl betrifft – einen Antrag [**Vorlage 7/8**[12]] hinzufügen über die **Einberufung oder Bildung einer**

---

[6] Dokument 7/3, Anlagenband.
[7] Siehe dieses auch in der 3. und 5. Sitzung.
[8] Siehe 8. Sitzung.
[9] Dokument 7/4, Anlagenband. Unter der Bezeichnung „Information 7/1" wurde am Runden Tisch auch die „Erklärung der Arbeitsgruppe ‚Wahlgesetz' des Runden Tisches vom 11. Januar 1990" geführt. Diese Dokument ist unten in dem Wortprotokoll dieser Sitzung abgedruckt.
[10] In der 7. Sitzung nicht mehr beraten.
[11] In der 8. Sitzung behandelt.
[12] In der 8. Sitzung behandelt.

Festlegung der Tagesordnung

Arbeitsgruppe „Internationale Politik", die sich zunächst aufgrund der Aktualität der Lage mit der Ausgestaltung der Vertragsgemeinschaft DDR-BRD befassen sollte. Es würde sinngemäß hinzugefügt werden können.

Und einen zweiten Antrag, der heute nicht behandelt werden muß, aber den wir einbringen werden: **Einberufung einer Arbeitsgruppe „Kunst und Kultur"** am Runden Tisch, weil die derzeitige Konzeptionslosigkeit auf diesem Gebiet dieses erfordern würde.

Lange (Moderator): Ja, vielen Dank.

Ich würde vorschlagen, da jetzt zwei gegenteilige Meinungen zu diesem Punkt 5.5 geäußert worden sind: Wir nehmen sie beide zur Kenntnis, und wir lassen diesen Punkt auch erst einmal so stehen, auch wenn vorgeschlagen worden ist, daß man am 22. Januar dann darüber spricht. Aber es könnte sein, daß sich schon heute eine notwendige Entscheidung hier anbahnt.

Herr Pflugbeil von Demokratie Jetzt, nein, Neues Forum, Entschuldigung.

Pflugbeil (NF): Ich möchte darum bitten, bei 2.2 **Anfragen zum Bericht innere Sicherheit** einen Antrag vortragen zu können, einen Antrag vom Neuen Forum **[Vorlage 7/5a, Antrag NF: Zur verfassungswidrigen Tätigkeit der Staatssicherheitsdienste]**.

Lange (Moderator): Zu 2.2 nach dem Bericht. Der kann dann an entsprechender Stelle vorgetragen werden.

Pflugbeil (NF): Ich möchte ihn nur anmelden, ja.

Lange (Moderator): Ja.
Und nun Herr Meckel, SPD.

Meckel (SPD): Im Zusammenhang mit den Preisen und zu Energiefragen, die vom FDGB vorgestellt, also auf die Tagesordnung gesetzt worden sind oder verhandelt werden sollen, denken wir, sollten wir grundsätzlich über die Frage der **Subventionen** und von **Ausgleichszahlungen** reden. Es geht ja hier bei beiden Fällen um das Wegnehmen von Subventionen entsprechend der Forderungen verschiedener oppositioneller Gruppen und Parteien. Die Frage ist aber die der Ausgleichszahlungen und ihrer sozialen Staffelung.

Lange (Moderator): Ja.
Frau Töpfer, FDGB.

Frau Töpfer (FDGB): Ich habe jetzt ein Problem anzusprechen, was nicht direkt mit dieser Tagesordnung zu tun hat, aber auf den 18. Januar Bezug nimmt. Und zwar wurde von Regierungspräsident Modrow vorhin angeführt, daß der Minister Wünsche uns am 22. Januar Antwort stehen will zu Fragen der **Gesetzgebung**.

Nun haben wir aber auf den Plan zum 18. Januar diese Fragen in der **Prioritätengruppe** beraten, und deshalb möchte ich anregen, ob geprüft werden kann, daß Minister Wünsche bereits am 18. Januar dazu Stellung nimmt, damit der Ablauf der Tagung dann sich auch vollziehen kann, wie es geplant worden ist.

Lange (Moderator): Das kann ich ganz schnell beantworten: Wir haben nach der letzten Sitzung Verbindung aufgenommen. Am 18. Januar ist dieses nicht möglich, weil da Ministerratssitzung ist, so daß wir mit diesem Thema auf den 22. Januar gehen müssen.

Herr Koplanski, Bauernpartei.

Koplanski (DBD): Wir unterstützen sehr den Vorschlag, was die **Energiepolitik** anbetrifft. Aber es wäre doch zu überlegen: Am 18. Januar werden Fragen der **Ökologie** beraten, und Ökologie ohne Energiekonzept ist schwierig möglich.

Wir könnten hier auch zusätzlich die verantwortlichen Minister für Fragen, die mit der Kohle zusammenhängen, also Schwerindustrie, herbitten, um dann im Komplex zu einem Konsens zu kommen. Ansonsten kann passieren, wir beschließen heute über einen Antrag, und hinterher müssen wir uns in irgendeiner Form korrigieren.

Ich glaube, es würde dem Ansehen des Runden Tisches dienen, wenn dieser Antrag jetzt noch in der Arbeitsgruppe vielleicht einen Konsens findet, damit er als gemeinsamer Vorschlag hier dem Tisch unterbreitet und dann in Anwesenheit autorisierter Vertreter – auch der Regierung – besprochen und entschieden wird.

Lange (Moderator): Dazu Frau Dörfler.

Frau Dörfler (GP): Das, was ich heute vorzubringen habe, ist bereits zweimal verschoben worden, und es ist von großer Dringlichkeit, und es geht nicht um eine Beschlußfassung des Runden Tisches. Es ist dem Runden Tisch zur Kenntnis, und es dauert zwei Minuten.

Ich finde es ganz wichtig, daß in der Bevölkerung nicht einseitig nur von Energiepreiserhöhungen gesprochen wird, sondern daß sie auch über die Vorstellungen, die flankierend sich darum ranken, informiert wird. Dieses also zur Kenntnisnahme des Runden Tisches und als Antrag an die Regierung.

Lange (Moderator): Sind Sie einverstanden, wenn wir Ihren Punkt unter Punkt 6 hier aufnehmen für die heutige Tagesordnung, oder wollen Sie das unter 5 anfügen?

Frau Dörfler (GP): Ich habe Bedenken, daß wir zu Punkt 6 nicht kommen.

Lange (Moderator): Gut, dann schreiben wir unter 5.8, soweit das dann Zustimmung findet, **[den 4-Punkte-Plan GP] zu Energiefragen**.

Geschäftsordnung, Herr Koplanski, bitte.

Koplanski (DBD): Meine Damen und Herren, ich sehe, da wird gerade ein **Plakat** gezeigt. Unsere Partei hat sich von den Praktiken distanziert des alten Amtes für **Verfassungsschutz**. Wir halten es nicht im Sinne der Arbeit des Runden Tisches, wenn jede politische Partei und Organisation hier mit ihren Losungen eintritt. Dann wird das eine **Stätte des Wahlkampfes** und nicht des Suchens eines Konsenses, das unser Volk von uns erwartet und fordert.

Ich bitte, daß diese Sache zurückgezogen wird, ansonsten bitte ich darum, daß unterbrochen wird, damit wir uns konsultieren können. Unter diesen Bedingungen des Wahlkampfes ist die DBD nicht bereit, an diesem Tisch weiterzuarbeiten. Das widerspricht auch der Geschäftsordnung, die wir angenommen haben.

Lange (Moderator): Ich nehme dieses zur Kenntnis und möchte hinzufügen, daß auch bei der letzten Sitzung ähnliches geschehen ist. Ich habe darauf hingewiesen, daß derartige Vorstellungen doch zunächst mit der Tagungsleitung abgesprochen werden müßten; wenn überhaupt dann eine solche Aktion zugelassen werden kann. Ich möchte Sie freundlich bitten, den Tagungsraum zu verlassen.

Ducke (Co-Moderator): Darf ich noch eine Ergänzung – – Es geht nicht, und es ist fast unmöglich, hier zu arbeiten, wenn jeder hereinkommt. Ich würde doch ganz herzlich bitten, daß entweder von den Pressesprechern – – die sind damit überfordert; daß von der Hausleitung jemand an der Tür steht – – und daß nicht hier so ein Betrieb sein kann. Dürfen wir um dieses Verständnis bitten?

Lange (Moderator): Herr Poppe – –
Entschuldigung, Sie hatten sich vorher gemeldet, Herr Klein, Vereinigte Linke.

Klein (VL): Ich habe zwei kurze Anfragen. Ist der Punkt 3.1 in der Tagesordnung so zu verstehen, daß über die **Vorlage der Arbeitsgruppe „Neues Wahlgesetz" [Information 7/1]** hinaus auch die anderen Anträge, von denen einer zum Beispiel von uns in der vorigen Sitzung schon eingereicht wurde, mit eingereicht werden?

Lange (Moderator): So ist es.

Klein (VL): Gut, danke.
Der zweite Hinweis: Uns sind einige konkrete Angaben zugegangen von Antifa-Basisgruppen über geplante Aktivitäten rechtsextremistischer Gruppierungen in der DDR. Das hängt unter anderem mit dem Tagesordnungspunkt zusammen, der hier etwas irritierend benannt worden ist. Ich würde, wenn die Aussprache über diesen Punkt stattfindet – sollten wir dazu kommen angesichts dieser Tagesordnung –, das Angebot machen, daß diese Informationen, die uns hier zugegangen sind, hier dargestellt werden. Wenn das nicht der Fall ist, möchte ich beantragen, daß die **Stellungnahme der Antifa-Gruppen**, die diese Information enthält, hier am Runden Tisch als Information ausgehändigt wird.

Lange (Moderator): Ich schlage Ihnen vor, daß wir zu diesem Punkt 5.6 Ihre Information dann entgegennehmen.
Herr Poppe.

Poppe (IFM): Ich möchte beantragen, daß die Tagesordnungspunkte 3 und 4 in ihrer zeitlichen Reihenfolge vertauscht werden, weil zur Behandlung des Wahlgesetzes meines Erachtens unbedingt erforderlich ist, eine Definition des Parteien- und Vereinigungsbegriffes zu haben, wie er in dem **Entwurf der Arbeitsgruppe zum Parteien- und Vereinigungsgesetz** gegeben wird.

Lange (Moderator): Ja, das sind eine Reihe von Äußerungen über die jetzt zunächst abgestimmt werden muß.
Der erste Punkt ist, Frau Dörfler, **Energieproblem** unter 5.8 aufzunehmen. Findet das die Zustimmung? – Wer dafür ist, den bitte ich um das Handzeichen. Wer ist dafür? – Das muß gezählt werden, weil wir eine Zweidrittelmehrheit benötigen. Wer ist dagegen? – 6. Wer enthält sich der Stimme?
Dann nehmen wir unter 5.8 das Stichwort **Energiefragen** auf.
Zweitens der Antrag von Herrn Ullmann.
Wären Sie so freundlich, diesen noch einmal zu benennen?

Ullmann (DJ): Ich wiederhole jetzt, ohne den neuen Vorschlag von Herrn Poppe zu berücksichtigen der Einfachheit halber: Der Gedanke ist der, daß nach Tagesordnungspunkt 4, der nach meinen Informationen kurz ausfallen kann, angehängt wird ein Tagesordnungspunkt 5, zum Zweck der Information über einen **Beschluß zum Mediengesetz [Vorlage 7/7]**, das entworfen worden ist **von den neuen Gruppierungen in Zusammenarbeit mit einem Volkskammerausschuß [Information 7/4]**.

Lange (Moderator): Wie sehen Sie jetzt die Zuordnung zu 5.4?

Ullmann (DJ): 5.4 würde dann herausfallen und würde Punkt 5, und die Tagesordnung ginge dann weiter: 6, und die Zählung wäre die gleiche, 6.1, 6.2 und so weiter.

Lange (Moderator): Vielen Dank.
Wer für diesen Antrag ist, daß wir unter Punkt 5 **Information Mediengesetz** aufnehmen, dann entsprechend den Punkt 5.4 streichen, wie er jetzt in der Vorlage enthalten ist, den bitte ich um das Handzeichen. – Das ist die Mehrheit. Wir nehmen Punkt 5 **Information Mediengesetz** mit auf.
Frau Töpfer, **Preise und Energie/Subventionen**, kann das alles unter diesen Punkt, den wir bereits jetzt unter 5.8 aufgenommen haben, oder möchten Sie einen extra Punkt? – Kann unter 5.8? – Dann hat sich dieses – – bitte.

Frau Töpfer (FDGB): 5.8 soll aber Energiefragen beinhalten, ja, oder?

Lange (Moderator): Energiefragen, „Energie- und Preis –" können wir dann gern so erweitern. Dann kommt Ihr Punkt mit vor.
Wir hatten uns vorhin darüber verständigt, 5.5 zunächst einmal zu belassen. Sind Sie damit einverstanden? – Daß wir an entsprechender Stelle dann eventuell diesen Antrag zur Abstimmung bringen.
Zu 5.6 brauchen wir jetzt, glaube ich, nicht zu votieren. Wir haben dies festgehalten, daß Herr Klein unter dem etwas verwirrenden Stichwort **Fußballturnier [Antifa-Gruppen, Vorlage 6/8**[13]**]** dann die entsprechenden Informationen uns weitergibt.
Es war aber vorgeschlagen worden, die beiden Punkte 3 und 4 auszutauschen, also an dritter Stelle **Parteien- und Vereinigungsgesetz**, viertens: **neues Wahlgesetz**. Wird dieser Vorschlag unterstützt?
Dazu, möchten Sie dazu, Herr Lucht?

Lucht (GL): Eine Bemerkung, bitte.
Ich möchte die Vertreter des Runden Tisches daran erinnern, daß wir eine Prioritätenkommission haben, und ich möchte einfach darum bitten, daß wir mit Änderungsanträgen hier sehr vorsichtig umgehen, sonst wird es uns in Zukunft nicht gelingen, auch nur annähernd unsere Tagesordnung einzuhalten, und wir werden hier nicht produktiv arbeiten können.
Danke.

Lange (Moderator): Ja, ich unterstütze das. Ich denke auch an die Vertreter, die wir unter uns haben, die wir ja hören wollen. Ich möchte so schnell wie möglich jetzt doch die Tagesordnung zur Abstimmung bringen.
Zunächst hatte sich aber Frau Poppe gemeldet, Demokratie Jetzt.

Frau Poppe (DJ): Die Arbeitsgruppe „Parteien- und Vereinigungsgesetz" legt heute ihren Entwurf noch nicht vor, sondern gibt nur eine Erklärung ab, warum.

Lange (Moderator): Ja gut, das wäre schon eine inhaltliche Ausfüllung dessen. Es geht jetzt um die Umstellung. Können wir das so annehmen, oder sollte es so wie hier in der Vorlage bleiben?
Bitte, Herr Raspe.

---
[13] Dokument 8/6, Anlagenband.

Raspe (LDPD): Ich kann den Sinn dann einer Umstellung nicht erkennen. Wenn – wie mir auch bekannt ist – heute die Vorlage nicht da ist, dann ist, meine ich, so eine Veränderung nicht erforderlich.

Lange (Moderator): Dann frage ich jetzt, ob wir die vorgeschlagene Reihenfolge beibehalten, Punkt 3: **Neues Wahlgesetz**.

Poppe (IFM): Ich ziehe das zurück aufgrund der Information, daß die Vorlage nicht vorgetragen werden soll.

Lange (Moderator): Danke schön, dann können wir dieses jetzt so belassen. Gibt es weitere Anmerkungen? – War ein Antrag übersehen?
Herr Poppe.

Poppe (IFM): Ja, Sie hatten übersehen meinen Antrag zur **Verfassungsänderung**, also, die geschehen ist, und dann befinde ich mich, glaube ich, in Übereinstimmung mit sehr vielen in diesem Raum hier, und ich bitte das unbedingt mit einzubeziehen.
Ein anderes, das, was ich – –

Lange (Moderator): Wie lautet ihr Antrag, Herr Poppe?

Poppe (IFM): Mein Antrag lautet, die Information hier zu geben über die **Stellungnahme der Arbeitsgruppe „Neue Verfassung" zur Veränderung der Verfassung der DDR** [Information 7/1], und, zweitens, **zwei diesbezügliche kurze Anträge** [Vorlage 7/3, Anträge 2 und 3] einzubringen.
Darüber hinaus hatte ich hier unter 5.8 angeboten **eine [Presse-] Erklärung der Unabhängigen Untersuchungskommission** [Information 7/6[14]]; die ist jetzt bei Ihnen in der Aufzählung unter den Tisch gefallen. Da geht es – kann ich vielleicht zur Erläuterung sagen – da geht es um rechtliche Vorbehalte bezüglich aller ab 7. Oktober 1989 erfolgten Verkäufe von Grundstücken, Betrieben und ähnlichen Sachwerten aus Volkseigentum sowie aus **strittigem Eigentum von Parteien und Organisationen** [Vorlage 7/3, Antrag 4]. Da gibt es also **eine Erklärung dieser Unabhängigen Untersuchungskommission gegen Amtsmißbrauch und Korruption**.

Lange (Moderator): Soll das ein extra Punkt sein, oder können Sie das unter **Verschiedene Anträge** mit aufnehmen lassen?

Poppe (IFM): Ja, also das ist – – Im Grunde genommen haben wir uns vorhin darauf geeinigt, daß wir es unter 5 mitlaufen lassen.

Lange (Moderator): Wir nehmen dies unter 5.9. Sie nennen uns bitte noch einmal das Stichwort 5.9 – 6.9, ja – 5 haben wir geändert auf 6. Ich bitte das gleich zu verändern. 6.9 würde dann lauten – –

Poppe (IFM): – das Stichwort **Erklärung und Antrag der Unabhängigen Untersuchungskommission Amtsmißbrauch und Korruption**.

Lange (Moderator): „Erklärung Unabhängige Untersuchungskommission", darüber muß jetzt zunächst abgestimmt werden.

---
[14] In der 8. Sitzung behandelt.

Poppe (IFM): Der Antrag wird eingebracht von der Initiative Frieden und Menschenrechte, damit also ein Einbringer vom Runden Tisch dafürsteht.

Lange (Moderator): Ja. Wollen Sie dazu – – Frau Köppe? – Nicht.
Wer dafür ist, daß wir unter 6.9 den genannten Punkt „Erklärung Unabhängige Untersuchungskommission" aufnehmen, den bitte ich um das Handzeichen. Wer ist dafür? – Überwiegend. Wer ist dagegen?
Wir haben dies unter 6.9 aufgenommen.
Frau Köppe, Neues Forum.

Frau Köppe (NF): Wir möchten beantragen, daß die heutige Beratung um 16.00 Uhr beendet wird, da wir um 17.00 Uhr eine **Demonstration** vor dem Hauptgebäude Staatssicherheit in der **Normannenstraße** durchführen wollen.

Lange (Moderator): Sie haben mir einen Punkt vorweggenommen. Ich wollte gern erst die Tagesordnung zur Abstimmung bringen und dann die zeitliche Begrenzung. Ich nehme diesen Antrag aber auf.
Können wir zunächst einmal jetzt die Tagesordnung beschließen? – Gibt es noch notwendige Hinweise?
Bitte, Herr Raspe.

Raspe (LDPD): Ich sehe voraus, daß im Punkt 6.8 **Energiefragen und Preise** das große Bedürfnis entsteht, daß ein Kompetenter in unserer Mitte ist oder bei uns ist. Entweder wir verständigen uns im Vorfeld so, daß im Ergebnis dieser Verständigung Fragen erarbeitet werden, die für den 22. Januar von den Experten hier zu beantworten sind; sonst würde ich daran denken, jetzt schon jemanden dazuzubitten, sonst erhitzen wir uns wieder unsere Köpfe und finden selbst nicht die richtigen Antworten, vor allem die Antworten und Lösungen.
Und was diesen Vorschlag anbetrifft, um 16.00 Uhr zu enden: Das sind natürlich zunächst einmal immer sehr populäre Vorschläge, relativ früh zu enden, und ich verstehe auch so ein spezielles Anliegen. Wir hatten ähnliches ja in der Vergangenheit. Nur würde ich zur Bedingung wohl machen wollen: Über das **Wahlgesetz** muß heute abschließend gesprochen sein. Wenn wir das nicht geschafft haben, dann haben wir unsere Hausaufgaben heute wieder nicht erledigt.

Lange (Moderator): Ja.
Herr Böhme, SPD.

Böhme (SPD): Also, ich bin der Meinung, eine Demonstration müßte auch laufen können ohne uns. Wir sollten nicht immer eine Zeitbegrenzung ansetzen und dann wichtige Themen nicht abarbeiten. Ich bin der Meinung, die hier am Runden Tisch sitzen, verzeiht das bitte, liebe Freunde vom Neuen Forum, sollten ihre vordringliche Aufgabe hier am Runden Tisch sehen.

Lange (Moderator): Ja, Herr Böhme, können wir dies eben noch einmal zurückstellen? – Es wird darüber noch abzustimmen sein.
Zu diesem konkreten Punkt „Preise" Frau Dörfler.

Frau Dörfler (GP): Zur Frage „Energie". Ich habe lediglich einen Antrag an die Regierung einzubringen zur Kenntnisnahme für den Runden Tisch, und ich betrachte das auch als eine Einstimmung für den Donnerstag, wo auf jeden Fall Energiefragen grundsätzlich behandelt werden. Und ich habe das heute deswegen eingebracht, weil im Radio schon Meldungen laufen über Energiepreiserhöhungen, und ich finde das einfach unverantwortlich, das so einseitig nur zu sehen.

Lange (Moderator): Ja, vielen Dank, das hat den Punkt doch geklärt, so daß wir wissen, was dann zur Verhandlung steht.
Bitte schön, Herr Meckel, SPD.

Meckel (SPD): Die Frage der Preise – und das hängt ja dann eng damit zusammen – die Frage der **Ausgleichszahlungen** und die Notwendigkeit der sozialen Staffelung dieser Ausgleichszahlungen müssen Thema am Runden Tisch sein. Ich glaube, da sind wir uns einig.

Ich denke aber, das muß entsprechend vorbereitet sein. Es soll in der Öffentlichkeit deutlich sein, hier läuft nichts, ohne daß es über den Runden Tisch gelaufen ist. Hier darf es nicht ohne dies laufen.

Ich bin für die Verschiebung, so wie es beantragt worden ist, damit es sachgemäß behandelt werden kann.

Lange (Moderator): Ja, vielen Dank.
Frau Töpfer, FDGB.

Frau Töpfer (FDGB): Wir sind prinzipiell damit einverstanden, daß dieses Thema noch einmal als komplexes Fragengebiet auf die Tagesordnung gesetzt wird. Wir sind aber trotzdem der Meinung, daß unser Antrag, den wir heute dazu eingereicht haben, behandelt werden sollte, weil es ja um eine sehr kurze Darstellung geht eines aktuellen Problems, was die Werktätigen generell im Moment bewegt, weil ja die Preis- und Subventionsveränderungen im Moment begonnen haben und auf der Tagesordnung stehen.

Ich glaube nicht, daß es soviel Zeit beanspruchen wird, daß man das heute nicht noch behandeln kann.

Lange (Moderator): Ja, wir haben uns darüber verständigt, wie dieser Tagesordnungspunkt dann verhandelt wird.

Dürfen wir jetzt zunächst einmal darum bitten, die **Tagesordnung [Vorlage 7/0]** zu bestätigen, so, wie wir sie jetzt verändert haben. Wer dafür ist, daß wir diese Tagesordnung für die heutige Sitzung annehmen, den bitte ich um das Handzeichen. – Wer ist dagegen? – Wer enthält sich der Stimme? Diese Tagesordnung ist einstimmig beschlossen.

In dem Zusammenhang möchte ich fragen, wie lange wir heute diese Sitzung durchführen wollen. Es ist ein konkreter Antrag bereits vorgetragen worden, daß wir 16.00 Uhr schließen. Und es gab dazu ein gegenteiliges Votum.

Wer dafür ist – – oder möchte zunächst noch jemand ein klärendes Wort sagen?
Herr Templin.

Templin (IFM): Ich denke, im Gegensatz zu der Erklärung von Herrn Böhme, daß man uns aus der Bevölkerung zu Recht verübeln würde, daß wir als Vertreter der neuen Bewegung, nicht nur des Neuen Forums, zu einer solchen Protestaktion einladen und uns dann in kabinettspolitischer Manier hier zurücklehnen, weil wir Wichtigeres zu haben und die Leute auf die Straße gehen lassen und wir dort fehlen.

Ich unterstütze also den Antrag der Vertreter des Neuen Forums.

Lange (Moderator): Herr Stief, NDPD.

Stief (NDPD): Ich möchte in Anbetracht der Aktualität zweier wichtiger Probleme die Beratung des Runden Tisches heute zumindest auf zwei wichtige Punkte ausdehnen, egal, wann wir dann zu Ende kommen: **Wahlgesetz und Parteien** und **Medien**. Das ist die Hausaufgabe für heute, und unter dem sollten wir nicht bleiben.

Lange (Moderator): Ja, Herr Meckel noch dazu, und dann wollen wir darüber befinden.

Meckel (SPD): Ich stimme dem, wofür dort demonstriert werden soll, inhaltlich natürlich zu, aber ich denke, es behindert unsere Arbeitsfähigkeit, wenn Organisationen und Parteien, die selbst am Runden Tisch sitzen, **Demonstrationen** auf eine Zeit legen, die dann die Arbeit am Runden Tisch behindern. Das muß dann innerhalb dieser Organisation selbst gelöst werden. Wir sollten unsere volle Zeit ausschöpfen.

Lange (Moderator): Der Antrag steht, die Sitzung heute 16.00 Uhr zu beenden. Wer dafür ist, den bitte ich um das Handzeichen. – 9. Wer ist dagegen? – Wer enthält sich der Stimme?

Dieser Antrag ist damit abgelehnt. Was bedeutet das praktisch? – Soll es ein Open-End werden, oder sollen wir uns auf 17.00 Uhr beschränken, oder sollten wir von der Behandlung der genannten Themen ausgehen bis diese abgehandelt sind?

Ich denke, das findet jetzt Zustimmung, wobei ich zu Herrn Stief doch nur klärend sagen möchte: Sie sind nicht dagegen, daß der Punkt 2 ausführlich behandelt wird. Sie haben nur 3 und 4 genannt. – Dann haben wir uns darauf verständigt.

Zu diesem Punkt 1 habe ich Ihnen jetzt noch mitzuteilen, wie das immer am Anfang der Sitzung der Fall ist, welche **Anträge auf Zulassung**, auf weitere Zulassungen zum Runden Tisch vorliegen. Wir haben folgende Anträge erhalten: von der Deutschen Sozialen Union, DSU; von der Freien Demokratischen Partei, FDP, und von der Deutschen Forumspartei, DFP.

Ich gebe Ihnen diese Anträge an der Stelle hier zur Kenntnis unter der Voraussetzung, die wir vereinbart haben, daß zunächst die Prioritätengruppe eine Vorklärung durchführen wird und wir also diese Anträge in die Prioritätengruppe geben.

Bitte schön, Herr Bein.

Bein (NDPD): In der vorigen Woche hat die Arbeitsgruppe „Wirtschaft" beraten. Es gab dort Übereinstimmung, daß heute hier der Antrag vorgelegt wird zu den Regelungen **über die Gründung und Tätigkeit von Unternehmen mit ausländischer Beteiligung** in der DDR. Ich sage das hier deshalb auch noch einmal, weil ich weiß, daß die Regierung darüber am 18. Januar verhandeln will, und wir waren uns in der Arbeitsgruppe einig, daß das heute vorgelegt wird.

Die Federführung in der Arbeitsgruppe „Wirtschaft" hat die Vereinigte Linke und die Liberal-Demokratische Partei Deutschlands. Ich möchte die Frage stellen, warum heute dieser Antrag nicht eingebracht wird? Zumal es nach meiner Auffassung – und das haben wir das letzte Mal schon zum Ausdruck gebracht – unbedingt notwendig ist, diese Regelungen kurzfristig im Interesse des Landes in Kraft zu setzen.

Lange (Moderator): Die Prioritätengruppe hat die Themen so festgelegt und unter anderem auch beschlossen, daß alle Themen, die eigentlich für den 15. Januar vorgesehen waren, aus den bekannten Gründen auf den 18. Januar verschoben werden. Und ich denke, wir sollten diesen Beschluß – – Das würde also bedeuten, daß wir am 18. Januar darüber zu

Innere Sicherheit

sprechen haben, wobei die Prioritätengruppe heute sicher noch einmal im einzelnen die Fragen klärt.

Wir haben jetzt den Punkt 1 unserer Tagesordnung beendet. Meine Frage an die Teilnehmer des Runden Tisches ist: Soll jetzt eine Pause sein, bevor wir zum Punkt 2 kommen? – Ich möchte Ihnen sagen, was als nächstes für diesen Punkt unter 2.1 – **Bericht der Regierungsvertreter** – geplant ist:

Herr Ahrendt, Minister für Innere Angelegenheiten, wird den Bericht zur inneren Sicherheit geben. Herr Sauer wird berichten über die Auflösung des Amtes für Nationale Sicherheit, und es stehen dann weitere Gesprächspartner zur Verfügung, wenn wir [Punkt] 2.2 **Anfragen zum Bericht** haben.

Was ist der Wunsch der Teilnehmer des Runden Tisches? – Jetzt eine kurze Pause zu haben? – Müssen wir darüber abstimmen? – Findet Zustimmung auf einstimmigen Beschluß von mir, werden wir jetzt bis 11.00 Uhr eine Pause haben.

[Pause]

Lange (Moderator): Darf ich bitten, daß wir unsere Plätze wieder einnehmen.

Ich bitte die Teilnehmer, ihre Plätze am Runden Tisch einzunehmen – wir wollen unsere Beratung fortsetzen –, die Interviews abzubrechen, damit die Sitzung fortgesetzt werden kann. Darf ich die Medienvertreter bitten, bis auf diejenigen, die die Erlaubnis haben, hier im Raum zu bleiben, dann doch bitte den Tagungsraum zu verlassen.

Ich möchte sehr dringend darum bitten, daß die Teilnehmer ihre Plätze einnehmen, damit wir in der Tagesordnung fortfahren können.

Bevor wir zu Punkt 2 kommen, einige kurze Ergänzungen: Unter Punkt 1.4 sind Ihnen vorhin die Parteien genannt worden, die den Antrag auf **Zulassung zum Runden Tisch** gestellt haben. Es muß unter 4 jetzt hinzugefügt werden – und das wird der Prioritätengruppe überwiesen – „**Fortschrittliche Volkspartei**". Die Moderatoren möchten zugleich zum Ausdruck geben, daß die Verteilung des Materials dieser Partei nicht mit ihnen abgesprochen war. Es muß zunächst dies in der **Prioritätengruppe** besprochen werden.

Die zweite Anmerkung: Wir sind Ihnen eigentlich noch eine Erklärung schuldig, warum nur zwei Kirchenvertreter hier vorn sitzen. Herr Ziegler ist heute dienstlich verhindert, das bedeutet, daß die Moderatoren um ein Drittel weniger belastbar sind.

Und dritte Bemerkung: Es war vorhin die Anfrage gestellt worden im Blick auf die Mitarbeit und Teilnahme von Herrn Halbritter.

Ich möchte Herrn Ducke bitten, dazu eine Erläuterung zu geben.

Ducke (Co-Moderator): Die Teilnahme von Herrn Staatssekretär Halbritter an den Beratungen des Runden Tisches bezieht sich auf seinen Kontakt zum Sekretariat des Ministerrates. Er hat beim letzten Mal versucht, den Referenten bezüglich der Auflösung oder dieser Untersuchungskommission, Herrn Koch, zu unterstützen und war dadurch mit in die Kritik gekommen.

Es ist ein Beschluß der Moderatoren gewesen, daß Herr Halbritter als Staatssekretär im Ministerrat uns erhalten bleibt als der **Kontaktmann [des Runden Tisches] zum Ministerpräsidenten**. Er ist nicht der immer wieder geforderte kompetente Regierungsvertreter, als solche werden jeweils immer die Minister gebeten. Ich habe das mit den Antragstellern so abgesprochen.

Hier nur, damit das deutlich wird. Danke schön.

TOP 5: Innere Sicherheit

Lange (Moderator): Wir kommen zu Punkt 2 unserer Tagesordnung: **Innere Sicherheit**. Am Tisch haben neben dem Minister für Innere Angelegenheiten, [Lothar Ahrendt], Platz genommen Herr Sauer, der im Blick auf [die] **Auflösung des Amtes für Nationale Sicherheit** berichten wird, außerdem als weitere Experten in Fragen der Sicherheit Herr Bäcker, Herr Menschel und Herr Neubert.

Wir hören zunächst den Bericht zur Lage der inneren Sicherheit vom Innenminister und danach Herrn Sauer zu Fragen der Auflösung.

Zur Geschäftsordnung bitte noch ein kurzer Hinweis: Es wäre gut, wenn die Berater während der Sitzung und der Präsentation hier von Erklärungen nicht ständig an den Tisch gehen. Es behindert etwas die Arbeit. Vielen Dank für Ihr Verständnis.

Ahrendt (Minister für Innere Angelegenheiten): Danke schön, sehr geehrte Damen und Herren.

Erlauben Sie mir, daß ich Ihnen zuerst die beiden Herren aus meinem Ministerium vorstelle, die mich heute hier begleiten. Es handelt sich um Herrn Winderlich, Stellvertreter des Ministers und Chef der Deutschen Volkspolizei. Sie wissen, daß wir seit kurzem diese beiden Funktionen, Minister und Chef der Volkspolizei, getrennt haben, und zweitens begleitet mich Herr Nedwig, Leiter der Hauptabteilung Kriminalpolizei im Ministerium für Innere Angelegenheiten.

Ich verlese Ihnen jetzt den

> [Vorlage 7/12,] Bericht der Regierung: Zur inneren Sicherheit
>
> Die öffentliche Ordnung und Sicherheit wurde aufrechterhalten und gewährleistet trotz vieler neuer Bedingungen, so unter anderem der Öffnung der Grenze im November vergangenen Jahres, der hohen Anzahl von öffentlichen Veranstaltungen einschließlich **Demonstrationen** oder des enorm angestiegenen **grenzüberschreitenden Reiseverkehrs**.
>
> 1989 wurden 129 846 **Ermittlungsverfahren** bearbeitet und dabei 94 925 Beschuldigte ermittelt. Davon sind unter anderem ca. 45 Prozent Eigentumsstraftaten, ca. 15 Prozent Straftaten gegen die Persönlichkeit, darunter unter anderem 131 vorsätzliche Tötungen, von denen 128 aufgeklärt wurden.
>
> Im vergangenen Jahr wurden ca. 24 000 Personenfahndungen und 84 000 Sachfahndungen durchgeführt. Es gab 48 101 Verkehrsunfälle, bei denen 1 624 Menschen getötet und 41 187 verletzt wurden. Bei den 5 133 Bränden entstand ein Gesamtschaden von 127 Millionen Mark, ohne die Folgeschäden mitzurechnen.
>
> Bezüglich der öffentlichen Veranstaltungen oder **Demonstrationen**, oft mit Massencharakter, sind besonders das in vielen Fällen praktizierte Zusammenwirken mit den Bürgern und insbesondere die in den letzten Monaten zustandegekommenen vielfältigen Sicherheitspartnerschaften mit

neuen gesellschaftlichen Gruppen und Parteien sowie mit **Bürgerkomitees** hervorzuheben. Sie erweisen sich als unerläßlich für die Gewährleistung der öffentlichen Ordnung und Sicherheit und vor allem auch für die Gewaltlosigkeit.

Allgemein ist ein großes Interesse an **Gewaltlosigkeit und Sicherheitspartnerschaft** vorhanden, jedoch sind die Verantwortlichen nur teilweise bereit, konkrete eigene Verantwortung zur Gewährleistung der öffentlichen Ordnung und Sicherheit zu übernehmen. Es wird auch sichtbar, daß sich in den Medien in den Bezirken die Problematik der Sicherheitspartnerschaft nicht immer sofort und nur einseitig widerspiegelt.

Die Anzahl der angemeldeten Demonstrationen nimmt zu. Bei einem Teil der Demonstranten verstärken sich aggressive Verhaltensweisen gegenüber Andersdenkenden. Notwendige Ordnungsmaßnahmen durch die Deutsche Volkspolizei werden zum Teil mißachtet. Wohin ungenügende Zusammenarbeit mit der Deutschen Volkspolizei führen kann, belegt das bekannte Beispiel der Silvesternacht am Brandenburger Tor.

Bei vielen Bürgern gibt es Verunsicherungen, ja teilweise auch Ängste über bestimmte und zum Teil neuartige Entwicklungstendenzen, die die öffentliche Ordnung und Sicherheit beeinträchtigen. Davon zeugt eine Vielzahl von Hinweisen und Eingaben, ob an die Staatsanwaltschaft oder das Ministerium für Innere Angelegenheiten.

Seit dem letzten Quartal 1989 zeichnen sich in der **Kriminalitätsentwicklung** vor allem folgende Erscheinungsformen ab:

- kriminelle Handlungen unter Anwendung gefährlicher Mittel und Methoden, darunter fällt Beschaffung, Besitz und Anwendung von Waffen, Sprengmitteln oder Gewaltandrohungen, die die öffentliche Ordnung und Sicherheit erheblich beeinträchtigen;

- Anzeichen der Rauschgiftkriminalität;

- organisierte Wirtschaftskriminalität, insbesondere bandenmäßig organisierte Spekulationen, einschließlich der Beteiligung von Ausländern unter Nutzung der gegenwärtigen Lage des Marktgeschehens, das betrifft solche Fragen wie die Währungsspekulationen;

- organisierter An- und Abkauf sowie Ausfuhr von Waren, Antiquitäten, Kunst- und Kulturgütern;

- Erscheinungsformen des Neofaschismus;

- grenzüberschreitende Kriminalität;

- Beschaffungskriminalität, also darunter zählen wir Diebstahl, Betrug, Glücksspiele, Prostitution und anderes.

Nach der **Grenzöffnung** ist festzustellen, daß durch stichpunktartige Zollkontrollen allein im Zeitraum vom 1. Dezember 1989 bis 6. Januar 1990 109 Feststellungen der illegalen Einfuhr von Suchtmitteln, davon 73 in Berlin, angetroffen wurden. Beteiligt waren daran 92 Ausländer und ein DDR-Bürger. Es ist damit zu rechnen, daß die illegale Einfuhr und die Verbreitung von Suchtmitteln eskaliert und durch die Täter konspirative Schmuggel- und Vertriebsnetze aufgebaut werden.

In 72 Fällen, ich beziehe mich auf den gleichen Zeitraum, wurden Feststellungen zur ungesetzlichen Einfuhr von Waffen und dazugehöriger Munition getroffen. Diese **Waffen** wurden überwiegend durch DDR-Bürger in der BRD käuflich erworben. Im Zusammenhang mit dem Besitz dieser Waffen wurden Straftaten begangen und Ermittlungsverfahren eingeleitet, insbesondere betrifft das Körperverletzungen, Bedrohungen, Erpressungen und wegen unbefugten Waffenbesitzes.

Seit Grenzöffnung erhöhte sich die Anzahl der **Vermißtenanzeigen** – insgesamt 59 – von Eltern- und Kinderheimen zu Minderjährigen. Zur Feststellung des Aufenthaltes dieser Minderjährigen mußte ein großer Aufwand an kriminalistischer Arbeit geleistet werden. In 35 Fällen wurden aus Berlin-West nach vermißten Minderjährigen Ersuchen gestellt.

Beunruhigend ist ein wesentlicher Anstieg bei Gewaltandrohungen, wo 1989 sich die Anzahl verdoppelte auf 221. Der bedeutendste Teil lag im Monat Dezember. Zunehmend sind **Gewaltakte politisch motiviert**. Hinzu kommt, daß Handlungen zur Gefährdung des Lebens und der Gesundheit von Personen angedroht wurden, zum Beispiel Haus der heiteren Muse, Leipzig, öffentliche Verkehrsmittel, Bahnhöfe insbesondere in Bezirks- und Großstädten, Betriebe und andere öffentliche Einrichtungen.

Auch wenn die angedrohten Handlungen mehrheitlich nicht ausgeführt wurden, hatten sie doch erhebliche psychische Auswirkungen. Darüber hinaus mußten zur Abwendung der Gefahrensituationen umfangreiche materielle und personelle Kräfte und Mittel mobilisiert werden.

Mindestens seit 1981 verfestigen sich zunehmend bei Gruppierungen junger Menschen, beginnend im **gewalttätigen Fußballanhang** und Teilen der Punkbewegung, **Nazi-Punk, Elemente rechtsradikaler, neofaschistischer Haltungen**. Aus ihnen rekrutierten sich Skinheads, die mit nationalistischen, rassistischen und antisemitischen Parolen auftreten und aus solchen Motivlagen öffentlichkeitswirksam Straftaten begehen. Ich nenne auch solche Gruppierungen mit dem Eigennamen „Fascho", die gleiche oder ähnliche Haltungen und Positionen vertreten und das Hauptziel „Neuordnung Deutschlands" auf faschistischer Grundlage verfolgen.

In diesem Sinne versuchen sie, in Schulen, Lehrlingsheimen und Jugendfreizeiteinrichtungen, Einfluß zu nehmen und Anhang zu gewinnen. Derartige Gruppen unterhalten überbezirkliche Verbindungen und insbesondere durch die Vermittlung ehemaliger DDR-Bürger Kontakte zu neofaschistischen Organisationen in der BRD und Berlin-West.

Ihr starkes Bestreben besteht darin, Waffen zu erlangen, sich auf mögliche Auseinandersetzungen mit Andersdenkenden vorzubereiten. Bei Hausdurchsuchungen wurden Hieb- und Stichwaffen festgestellt. Hinlänglich bekannt ist aus der jüngsten Vergangenheit eine **Verstärkung neofaschistischer Aktivitäten**, zum Beispiel in Gestalt von Gewalttätigkeiten, Schmierereien und anderen faschistischen Bekundungen in der Öffentlichkeit.

Es gibt also in unserem Land ein erhebliches Potential, von dem ernstzunehmende Gefahren für die Sicherheit der DDR, das Leben und die Gesundheit ihrer Bürger sowie der in ihr tätigen Ausländer und ausländischen Gäste ausgehen beziehungsweise ausgehen können.

Gegen die rechtsextremistischen, insbesondere neofaschistischen, antisemitischen und ausländerfeindlichen Erscheinungen gibt es Besorgnis und Protest, sowohl aus der Bevölkerung der DDR als auch aus dem Ausland, zum Beispiel aus der Sowjetunion.

Ende 1989 kam es erstmalig landesweit zu Arbeits- und Nahrungsverweigerungen in den **Strafvollzugseinrichtungen**. Diese waren verbunden mit massiven Forderungen bis hin zu Androhungen und Versuchen von Massenausbrüchen. Es ist der Besonnenheit der eingesetzten Kräfte des Strafvollzuges und der Volkspolizei sowie der beruhigenden Einflußnahme der Kirche, von Bürgerbewegungen, Vertretern der Justizorgane und Rechtsanwälten zu verdanken, daß es dabei zu keinen weiteren Eskalationen kam.

Die äußerst angespannte Situation wurde durch die am 6. Dezember 1989 vom Staatsrat der Deutschen Demokratischen Republik beschlossene **Amnestie** entschärft. Mit Stand vom 5. Januar 1990 sind von 13 293 aus dem Strafvollzug entlassenen Personen 10 540, gleich 79 Prozent, bei den örtlichen Räten zu den Wiedereingliederungsgesprächen erschienen. Bis zum gleichen Zeitpunkt wurden 135 amnestierte Personen erneut als Täter ermittelt.

Es gibt sowohl bei der Bereitstellung von Arbeitsplätzen als auch bei der Beschaffung von Wohnraum für Amnestierte Schwierigkeiten.

Mit Stand vom 11. Januar 1990 wurde beziehungsweise wird durch die Untersuchungsorgane des Ministeriums für Innere Angelegenheiten zu 136 Personen beziehungsweise Sachverhalten von **Amtsmißbrauch**, **Korruption** und persönlicher Bereicherung ermittelt. Dazu wurden bisher 67 Ermittlungsverfahren, davon 3 gegen Unbekannt, eingeleitet. 28 Beschuldigte befinden sich in Untersuchungshaft. Der Umfang der zu führenden Ermittlungen bedingt den Einsatz von ca. 400 Kriminalisten sowie anderen Angehörigen der Deutschen Volkspolizei.

Die Sicherheit in unserem Lande wird nicht nur durch innere Faktoren beeinflußt, sondern auch durch von außen wirkende.

Bisherige Erkenntnisse zwingen zu der Schlußfolgerung, daß gegenwärtig verstärkt westliche Geheimdienste gegen die DDR wirken. Davon zeugt unter anderem die Entlarvung von 22 Spionen in den letzten zwei Jahren. Zwangsläufig wächst unter den Bedingungen offener Grenzen die Möglichkeit **ausländischer Geheimdienste** zu Eigenerkundungen auf dem Gebiet der Deutschen Demokratischen Republik.

Intensivierung erfährt auch die funkelektronische Aufklärung gegen die Deutsche Demokratische Republik mit speziellen, auf modernster Technik beruhenden Aufklärungssystemen. Dem kann zur Zeit das Ministerium für Innere Angelegenheiten nicht entgegenwirken. Die Arbeit mit nachrichtendienstlichen Mitteln und Methoden zur Spionageaufklärung und -abwehr, der Terrorabwehr zur Verhinderung von Sabotage und Deportationen und anderen Aktivitäten zur Untergrabung der Wirtschaft, vor allem im Außenhandel, zur Bekämpfung des internationalen Terrorismus und Extremismus sowie des grenzüberschreitenden Drogenhandels und von Handlungen neonazistischer und antisemitischer Kräfte in der DDR ist eingestellt.

Im Interesse der Deutschen Demokratischen Republik trägt das **Aufklärungsorgan** eine besonders hohe Verantwortung für die Erfüllung der Bündnisverpflichtung. Charakterisiert wird die Sicherheitslage der Deutschen Demokratischen Republik gegenwärtig auch dadurch, daß westliche Geheimdienste ihre Tätigkeit zur Erlangung von Informationen aus politischen, ökonomischen und militärischen Bereichen der DDR wesentlich intensiviert haben. Spezielle Lagezentren, Krisenstäbe analysieren die Lage in der DDR und die der mit ihr verbündeten Staaten.

Detailliertere Angaben zu Aufklärungsergebnissen können beauftragten Vertretern des Runden Tisches unter Beachtung international üblicher Sicherheitsregeln zur Kenntnis gebracht werden.

Ausgehend von der vorgetragenen Einschätzung sollte Übereinstimmung zu folgendem erzielt werden:

1. Öffentliche Ordnung und Sicherheit als Voraussetzung für das Funktionieren der Wirtschaft, der Versorgung sowie für das Wohlbefinden der Bürger ist durch die Deutsche Volkspolizei weiter zu gewährleisten. Die **Präsenz der Volkspolizei**, insbesondere im Rahmen der Streifentätigkeit, ist unter Nutzung der Formen demokratischer Zusammenarbeit mit den Bürgern wie **Sicherheitspartnerschaft**, Bürgerinitiativen und Komitees stabil zu gestalten. Zur Verhinderung von Störungen der öffentlichen Ordnung und Sicherheit muß das Einschreiten der Volkspolizei und die Anwendung polizeilicher Zwangsmaßnahmen auf der Grundlage der Gesetze auch weiterhin gesichert werden.

2. Entsprechend dem Beschluß des Ministerrates zur **Auflösung des Amtes für Nationale Sicherheit** sind die Maßnahmen zur Übernahme folgender Aufgaben durch das Ministerium für Innere Angelegenheiten fortzusetzen. Untersuchungen von Straftaten, Untersuchungshaftvollzug, Personen- und Objektschutz, Antiterrorkräfte, Gewährleistung der Regierungsnachrichtenverbindung und der zentralen Chiffrieraufgaben.

3. Da die Entscheidung zur **Bildung des Verfassungsschutzes** aufgehoben ist, erhält das Ministerium für Innere Angelegenheiten weitere Aufgaben zur Spionageabwehr, Bekämpfung rechts- und linksextremistischer sowie antisemitischer und anderer rassistischer Aktivitäten, Abwehr des Terrorismus und der Sabotage gegen Einrichtungen aller Eigentumsformen. Die dazu erforderlichen Spezialisten sowie die materiellen und finanziellen Fonds werden übernommen.

Ich danke Ihnen für die Aufmerksamkeit.[15]

Lange (Moderator): Vielen Dank, Herr Minister Ahrendt. Wir schließen an Ihren Bericht den **Bericht** [der Regierung] von Herrn Sauer an: „**Auflösung des Amtes für Nationale Sicherheit**" [Vorlage 7/11]. Darf ich Sie bitten, Herr Sauer.

Dieser Bericht wird schriftlich vorgelegt, den wir eben gehört haben.

---

[15] Hervorhebung der Stichworte durch Fettdruck im Text durch den Herausgeber.

Sauer (Stellv. Leiter des Sekretariats des Ministerpräsidenten): Meine Damen und Herren, ich möchte den Zwischenbericht über den Stand der Auflösung des ehemaligen Amtes für Nationale Sicherheit hier vor dem Runden Tisch geben.

[Vorlage 7/11, Zwischenbericht der Regierung: Auflösung des Amtes für Nationale Sicherheit]

Das Ministerium für Staatssicherheit wurde durch ein Gesetz vom 8. Februar 1950 gebildet. Angehörige dieses Ministeriums hatten den **Fahneneid** zu leisten und waren zur bedingungslosen Erfüllung aller Befehle und Weisungen der jeweiligen Vorgesetzten und zur absoluten Verschwiegenheit verpflichtet. Aufgrund von Beschlüssen des ehemaligen nationalen **Verteidigungsrates** der DDR entspricht der Dienst im ehemaligen **Ministerium für Staatssicherheit** der Ableistung des Wehrdienstes.

Die ursprünglich beschlossene Hauptaufgabenstellung dieses Ministeriums für Staatssicherheit bestand insbesondere in der Aufklärung, das heißt im Gesamtkomplex der Maßnahmen des Auslandsnachrichtendienstes, in der Spionageabwehr, in der Sicherung der Volkswirtschaft sowie in der Bekämpfung von Angriffen gegen die Staatsorgane.

Das ehemalige Ministerium für Staatssicherheit wurde nach dem Prinzip der militärischen Einzelleitung geführt. Der ehemalige Minister hatte uneingeschränktes Weisungsrecht gegenüber allen Angehörigen, unabhängig von deren Dienststellung oder Unterstellung.

Gemäß dem Statut des Nationalen Verteidigungsrates war vorgesehen, im Verteidigungszustand durch die Bezirkseinsatzleitungen den Einsatz aller territorialen Kräfte zu koordinieren. Das hätte eingeschlossen auch die **Weisungsbefugnis gegenüber den damaligen Bezirksverwaltungen** beziehungsweise **Kreisdienststellen für Staatssicherheit**. Da der Verteidigungszustand zu keinem Zeitpunkt ausgerufen wurde, ist eine solche Weisung auch nicht erteilt beziehungsweise ausgeübt worden.

Zur Gewinnung von Informationen wurden die **Postkontrolle** und die **Abhörtechnik** genutzt sowie sogenannte Inoffizielle Mitarbeiter herangezogen. Zu Zahlen komme ich noch. In den siebziger Jahren setzte nach der Wahl Honeckers zum Generalsekretär der SED und Mielkes zum Kandidaten des Politbüros eine wesentlich intensivere **Arbeit gegen Andersdenkende** und ein rasches Anwachsen in diesem Zusammenhang des Mitarbeiterbestandes ein.

Bis in die achtziger Jahre hinein verdoppelte sich der **Mitarbeiterbestand auf 85 000 Angehörige**. Von diesen waren 21 100 unmittelbar operativ tätig; davon in der Telefonüberwachung 1 052, in der Postkontrolle 2 100 sowie in der Beobachtung und Ermittlung 5 000.

Der Ministerrat hat, wie inzwischen bekannt ist, beschlossen, das Amt für Nationale Sicherheit aufzulösen. Das hat rechtliche Konsequenzen, die den Forderungen und Erwartungen der Bürger der DDR entsprechen müssen. Sie verlangen berechtigt Gewißheit darüber, daß jegliche rechtswidrige Praktiken der ehemaligen Staatssicherheitsorgane ein für allemal beendet sind und notwendige Schlußfolgerungen gezogen wurden.

Das ist, so darf ich hier versichern, gewährleistet. Niemand darf mehr irgendwelche Rechte wahrnehmen, die dem Ministerium für Staatssicherheit beziehungsweise für Nationale Sicherheit früher zur Erfüllung seiner spezifischen Aufgaben aufgrund von Gesetzen, zum Beispel der Strafprozeßordnung oder anderen Rechtsvorschriften sowie von Beschlüssen oder Weisungen zustanden. Ein Verstoß dagegen zieht **strafrechtliche Konsequenzen** nach sich. Das ist der eindeutige Standpunkt der Regierung zu dieser Frage.

Rechtsstaatlichen Erfordernissen entspricht auch, daß bei der Auflösung des ehemaligen Amtes für Nationale Sicherheit auf allen Gebieten die geltenden Rechtsvorschriften exakt angewendet werden. Das muß ebenso für die Gewährleistung der Überführung der Mitarbeiter in ein neues **Arbeitsrechtsverhältnis** gelten wie für die ordnungsgemäße Übergabe der unter Verwaltung des ehemaligen Amtes für Nationale Sicherheit stehenden Grundstücke, Gebäude und Ausrüstungen an andere Nutzer.

Das Ministerium der Justiz bereitet ein Gesetz über die **Rehabilitierung** von zu Unrecht verfolgten Bürgern vor. Grundsätze für ein solches Gesetz wird der Ministerrat kurzfristig behandeln, damit der Gesetzentwurf erarbeitet, beraten und in der Öffentlichkeit diskutiert werden kann.

Mit wachsender Instabilität der DDR wurde eine Perfektionierung der Überwachungsmechanismen des Amtes für Staatssicherheit angestrebt und verwirklicht. Der ehemalige Minister forderte, den wachsenden Einfluß sogenannter **Andersdenkender** zurückzudrängen. Deshalb wurde **seit 1985**, man muß es so sagen, eine **totale flächendeckende Überwachungsarbeit** angestrebt. Grundlage dafür war die Dienstanweisung des ehemaligen Ministers Nummer 2 aus dem Jahre 1985 zur vorbeugenden Verhinderung, Aufdeckung und Bekämpfung politischer Untergrundtätigkeit.

Alle Weisungen gegen Andersdenkende, wie es formuliert war, wurden durch die Regierung Modrow mit Wirkung vom 29. Novembr 1989 außer Kraft gesetzt. Mit dem **Beschluß über die Auflösung des ehemaligen Ministeriums für Staatssicherheit** entsprach die Regierung den Forderungen breiter Bevölkerungskreise, die darin bestand und besteht, die Durchsetzung einer neuen Sicherheitspolitik zu beschleunigen.

Die Regierung verurteilte zugleich entschieden Amtsmißbrauch, falsche Befehle und Methoden, für die der ehemalige Minister für Staatssicherheit die politische Verantwortung trägt. Zu verurteilen ist insbesondere die Funktion des ehemaligen Ministeriums für Staatssicherheit bei der Verwirklichung der **falschen Sicherheitsdoktrin** der früheren Partei- und Staatsführung. Zu verurteilen ist weiterhin die **flächendeckende Überwachung** größerer Personenkreise und damit im Zusammenhang die Schaffung eines überdimensionierten Sicherheitsapparates. Zu verurteilen ist weiterhin das Ansinnen, **politische Probleme mit strafrechtlichen Mitteln zu lösen**. Und zu verurteilen ist schließlich die Beteiligung von Teilen des ehemaligen Ministeriums für Staatssicherheit am Schutz der Privilegien, die sich die ehemalige Führungsspitze angemaßt hat.

Meine Damen und Herren, ich möchte nun über die personellen Fragen informieren.

Von den **ehemals 85 000 Mitarbeitern** des sich in Auflösung befindlichen Amtes für Nationale Sicherheit sind 30 000 mit dem Stand von gestern entlassen. Bei weiteren 22 500 Mitarbeitern erfolgt gegenwärtig die Eingliederung in die Volkswirtschaft, das Gesundheitswesen beziehungsweise in bewaffnete Organe. Von den gegenwärtig damit noch beschäftigten 32 500 Mitarbeitern erfolgt die zügige Entlassung von weiteren 20 000 Mitarbeitern in allerkürzester Zeit.

Es verbleiben somit 12 500 Mitarbeiter, die für die weitere Auflösung des Amtes, für die beschleunigte Auflösung des Amtes erforderlich sind. Das betrifft solche Aufgaben wie den Schutz, die Erhaltung und die rechtsstaatlich korrekte Übergabe von Gebäuden, Einrichtungen, Fahrzeugen und anderen Sachwerten sowie die notwendige Abwicklung von personellen und finanziellen Angelegenheiten. Die damit beauftragten Mitarbeiter werden jeweils nach Beendigung ihrer konkreten Aufträge und Aufgaben entlassen.

Für das ehemalige **Amt für Nationale Sicherheit** waren ca. 109 000 inoffizielle Personen tätig. Im Inneren der DDR wird keine konspirative Arbeit mehr mit diesen Kräften durchgeführt.

Weiterhin möchte ich mitteilen, daß die im Beschluß des Ministerrates vom 14. Dezember 1989, **betreffend die soziale Sicherstellung** von Angehörigen des Amtes für Nationale Sicherheit, die mit der Auflösung ausscheiden, enthaltenen Festlegungen zur Übergangsbeihilfe beziehungsweise zur Gewährung sogenannter Überbrückungsgelder und zur Zahlung eines Einrichtungszuschusses bei erforderlichem Wohnortwechsel durch den Ministerrat aufgehoben wurden. Mit der Eingliederung der ehemaligen Angehörigen des Amtes für Nationale Sicherheit in eine zivile Tätigkeit werden sie demzufolge, entsprechend der übernommenen Arbeitsaufgabe, wie jeder andere Werktätige entlohnt.

Meine Damen und Herren, ich komme zu den Fragen der **Finanzen des ehemaligen Amtes für Nationale Sicherheit.**

Für das ehemalige Ministerium für Staatssicherheit beziehungsweise des Amtes für Nationale Sicherheit wurden 1989 aus dem Staatshaushalt Haushaltsmittel in Höhe von 3,6 Milliarden Mark bereitgestellt. Das sind **1,3 Prozent des Staatshaushaltes der DDR.**

Darin sind Aufwendungen für den Personalbestand von 2,4 Milliarden Mark sowie für Bauinvestitionen, Technik, Ausrüstungen, Energie und Treibstoff von 1,2 Milliarden Mark enthalten. Darunter befinden sich Importe aus dem sozialistischen Wirtschaftsgebiet in Höhe von 100 Millionen Mark. Valutamittel für operative Aufgaben wurden 1989 für das sozialistische Wirtschaftsgebiet in Höhe von 7,9 Millionen Mark und für das nichtsozialistische Wirtschaftsgebiet in Höhe von 29,9 Millionen Valuta-Mark abgerechnet.

Für 1990 werden keine materiellen Fonds bereitgestellt, keine materiellen Fonds. Finanzielle Mittel stehen nur auf der Grundlage von Ministerratsentscheidungen zur Verfügung und resultieren aus der Auflösung und Abwicklung des Amtes für Nationale Sicherheit. Die Summe beläuft sich voraussichtlich auf 500 Millionen Mark. Diese Mittel unterliegen einer strengen Kontrolle durch das Finanzministerium.

Eine abschließende Entscheidung wird durch die Volkskammer mit dem Volkswirtschafts- und Staatshaushaltsplan 1990 zu treffen sein.

Meine Damen und Herren, zur Bewaffnung des ehemaligen Amtes für Nationale Sicherheit möchte ich folgende Auskünfte erteilen:

Im ehemaligen Amt für Nationale Sicherheit einschließlich dem Wachregiment waren folgende **Waffen** zur Ausrüstung der Kräfte und als Reserve vorhanden:

– Pistolen und Revolver 124 593,

– Maschinenpistolen 76 592,

– Gewehre 3 611,

– leichte Maschinengewehre 449,

– schwere Maschinengewehre 766,

– Panzerbüchsen 3 537,

– Flak-MG Kaliber 14,5 mm 342,

– Abschußgeräte für spezielle Munition 103,

– Polizeiflinten 48 sowie

– Leuchtpistolen 3 303.

Mit der Auflösung des ehemaligen Amtes für Nationale Sicherheit begann die Abgabe der Waffen und Munition in die Waffenkammern und deren Sicherungen durch Kräfte der Deutschen Volkspolizei. Bis zum 13. Januar 1990 wurden alle Bestände aus den ehemaligen Kreis- und Bezirksämtern des Amtes für Nationale Sicherheit übernommen sowie die **Waffenkammern** des zentralen Objektes Normannenstraße und weitere 27 Objekte zentraler Diensteinheiten **geräumt.**

Die Übernahme der Waffen durch das Ministerium für Innere Angelegenheiten wird bis zum 25. Januar diesen Jahres abgeschlossen. Das schließt auch die Übernahme von polizeilichen Hilfsmitteln wie Schlagstöcken, chemischen Reizmitteln und Führungsketten ein.

Die in den Objekten noch zu Wach- und Sicherheitsaufgaben eingesetzten Kräfte des ehemaligen Amtes für Nationale Sicherheit und deren Bewaffnungen unterstehen der **Befehlsgewalt** des jeweiligen Einsatzleiters der **Deutschen Volkspolizei.**

Zu **Grundstücken, Gebäuden und Wohnungen:**

In Rechtsträgerschaft des ehemaligen Ministeriums für Nationale Sicherheit befanden sich insgesamt 2 037 Objekte unterschiedlicher Größe und Zweckbestimmungen, davon in den Bezirken und Kreisen 1 385 sowie in Berlin 652.

Übergeben sind bisher 468 solche Objekte. Für 539 Objekte ist die Übergabe, die Abgabe eingeleitet. Die verbleibenden 1 030 Objekte werden unverzüglich an andere Rechtsträger übergeleitet.

Zur vorgesehenen **künftigen Nutzung** möchte ich einige Ausführungen machen.

Am 12. Januar 1990 wurde mit dem **Feriendienst** des FDGB und dem Reisebüro der DDR vereinbart, 24 zentrale Erholungseinrichtungen mit einer Kapazität von 2 058 Betten zu übernehmen.

Es ist entschieden, in Berlin Handwerks-, Gewerbe- und **Baukapazitäten** an die örtlichen Räte, an die Stadtbezirke zu übergeben. Dazu gehören die gesamte Wohnungsverwaltung des ehemaligen Amtes für Nationale Sicherheit, mit Reparaturstützpunkten an den Magistrat, Baureparaturkapazitäten an den Stadtbezirk Lichtenberg, eine Gärtnerei an den Rat des Stadtbezirkes Hohenschönhausen.

An Betrieben stehen zur Übergabe bereit Instandsetzungskapazitäten für Aufzugsanlagen, der Kraftfahrzeuginstandsetzungsbetrieb Freienwalder Straße, die Fahrschule Siegfriedstraße, der Kraftfahrzeugpflegekomplex Ahrendsfelde.

Intensiv wird an Entscheidungsvorschlägen für die künftige Nutzung solcher Komplexe gearbeitet wie Normannenstraße, Magdalenenstraße, Bezirksverwaltung Berlin, Objekte in Gosen, Objekte in der Freiwalder Straße, Große-Leege-Straße, Wartenberger Straße, Liebermannstraße, Hans-Loch-Straße, Wuhlheide-Hemmerling-Straße, Hultschiner Damm und andere sowie das zentrale Versorgungslager des ehemaligen Amtes für Nationale Sicherheit.

Zum Gebäudekomplex **Normannenstraße** möchte ich sagen, daß er ein geschlossenes System von ca. 3 000 Verwaltungsräumen und verschiedenen Dienstleistungs- und Versorgungseinrichtungen darstellt. Mit seiner Nutzung als Verwaltung könnten in erheblichem Umfange bisher zweckentfremdet genutzter Wohn- und Gewerberaum insbesondere in den Stadtbezirken Berlin-Mitte und Lichtenberg freigezogen werden. Über die Nutzung der Gebäude der ehemaligen Bezirksverwaltung, des Amtes für Nationale Sicherheit, mit ihren rund 1 000 Räumen und verschiedenen Einrichtungen wird durch den Magistrat an Entscheidungen gearbeitet.

Jede **Übergabe und Übernahme**, davon gehen wir aus, erfordert eine korrekte und koordinierte Arbeit bei laufender Abstimmung unterschiedlicher Interessenlagen. Alle diesbezüglichen Unterlagen sind durch Vertreter des Runden Tisches jederzeit einsehbar. Ich möchte hier sagen, daß es eine Fülle von Anträgen gibt sowohl in Berlin als auch aus den Bezirken mit dem Vorschlag oder dem Antrag, ehemalige Einrichtungen oder Kapazitäten des Amtes für Nationale Sicherheit zu übernehmen. Nach unserer Auffassung ist es notwendig und richtig, hier einen komplexen Vorschlag unter Einbeziehung aller Gesichtspunkte und entsprechender Prioritäten zu setzen und nicht Einzelentscheidungen zu treffen, mal zu diesem, mal zu jenem Objekt, wo man dann vielleicht in vier Wochen sagt, es hätte bessere oder günstigere – aus Bürgerinteresse heraus gesehen – Entscheidungsmöglichkeiten gegeben.

Ich möchte auch sagen, daß die Anzahl der Anträge, davon muß man ausgehen, die Möglichkeiten, also das, was an Kapazitäten tatsächlich frei wird, natürlich übersteigt. Es wird also nicht alles auch realisierbar sein. Hinzu kommt, was ich sagte, die Gebäude hatten sehr unterschiedliche Nutzungs- und Verwendungszwecke. Nicht alles läßt sich in der gewünschten Form ökonomisch, ökologisch und sozial wirksam nutzen.

Es ist außerdem angewiesen worden, alle Nutzungsverträge für Objekte des vorgesehenen Verfassungsschutzes zu kündigen, das heißt, Objekte, die in Nutzung genommen werden sollen für den Aufbau dieses vorgesehenen Verfassungsschutzamtes. Des weiteren sind die durch die Verwaltung des ehemaligen Amtes für Nationale Sicherheit bewirtschafteten **Freizeitobjekte** ehemaliger Repräsentanten der Partei- und Staatsführung sofort, soweit das noch nicht erfolgt ist, den zuständigen staatlichen Organen zu übergeben.

Bisher, meine Damen und Herren, haben **Bürgervertreter** in Gegenwart der Militärstaatsanwaltschaft eine Vielzahl von Objekten des aufzulösenden Amtes für Nationale Sicherheit besichtigt. Es gibt Forderungen, weitere Objekte einzusehen. Unter ihnen befinden sich auch Objekte, die im Interesse der Nationalen Sicherheit der DDR strengster Geheimhaltung unterliegen. Im Namen der Regierung biete ich an, daß Vertreter des Runden Tisches, die bereit sind, Staatsgeheimnisse zu wahren, auch solche Einrichtungen prüfen können, um sich zu überzeugen, daß diese nicht gegen die Interessen der Bevölkerung gerichtet sind. In Berlin betrifft das zum Beispiel den Komplex Roederstraße.

Zu den Baukapazitäten des ehemaligen Amtes für Nationale Sicherheit:

Diese Baukapazitäten in Höhe von rund 110 Millionen Mark pro Jahr bestehen aus dem VEB Spezialhochbau Berlin und dem VEB Raumkunst Berlin. Sie sind mit Wirkung vom 1. Januar 1990, wie Ihnen bekannt ist, an das **Ministerium für Bauwesen und die Wohnungswirtschaft** übergeleitet worden.

Aus diesen Betrieben und anderen Kapazitäten des Bauwesens wird gegenwärtig der VEB Bau- und Montagekombinat Industriebau Berlin gebildet. Es ist festgelegt, daß zu seinen Hauptaufgaben Bauvorhaben zur Verbesserung der ökologischen Situation in der Berliner Industrie, zur Verbesserung der Telekommunikation und der sozialen Infrastruktur gehören.

Ich würde vorschlagen, daß die Bauvorhaben, die in diesem Spezialbaubetrieb vorgesehen sind, dem Runden Tisch konkret vorgelegt werden, damit man nicht allgemein über Arbeitsrichtungen redet, sondern konkret sagt: Was wird dieser Betrieb in diesem Jahr machen? Man muß dabei sicherlich auch bedenken, daß eine Reihe von Objekten in der Fertigstellung sind, die kann man nicht stehen lassen, die muß man fertigstellen und dann einer sinnvollen, zivilen Nutzung zur Verfügung stellen. Das schließe ich in diese Frage mit ein.

Begonnen haben die genannten Baukapazitäten bereits mit solchen Großvorhaben wie: die biologische Abwasserreinigung in VEB Berlin Chemie, die Rekonstruktion des Heizkraftwerkes Berlin-Mitte, das Sendezentrum Berlin Adlershof sowie eine Reihe von dringend benötigten Wohngebieten. Aber wie gesagt, wir werden dazu eine konkrete Liste vorlegen.

Bauvorhaben, die im Auftrage des ehemaligen Amtes für Nationale Sicherheit durchgeführt wurden und unmittelbar vor ihrer Fertigstellung stehen, werden, wie ich bereits gesagt habe, weitergeführt, um nach ihrer Fertigstellung zu entscheiden, in welcher Weise sie der Bevölkerung zur Nutzung übergeben werden. Das betrifft zum Beispiel den Wohnungsbau Berlin-Hansastraße und das Ferienobjekt in Templin.

Die Reparaturkapazitäten der Abteilung Bauwesen des ehemaligen Amtes für Nationale Sicherheit bestehen aus derzeit ca. 100 Personen einschließlich der materiell-technischen Basis. Sie befinden sich in der Übergabe an den Rat des Stadtbezirkes Lichtenberg. Aus ihnen wird bis 1. März diesen Jahres ein territorialer Baubetrieb gebildet. Weitere Baufachleute werden durch Betriebe der kommunalen Wohnungswirtschaft Berlins übernommen.

Meine Damen und Herren, was die **Fernsprech- und Fernschreibverbindungen sowie den Postverkehr** des ehemaligen Amtes für Nationale Sicherheit und die Aktivität des ehemaligen Ministeriums für Staatssicherheit und die Aktivitäten dieses Ministeriums in diese Richtung betreffen, möchte ich folgendes sagen:

Die Überwachung des **Postverkehrs**, da ist eingeschlossen Brief-, Post- und Paketsendungen, erfolgte in Räumen innerhalb der Dienststellen und Ämter der Deutschen Post, zu denen Mitarbeiter der Deutschen Post keinen Zutritt hatten. Diese Überwachung wurde am 8. November 1989 endgültig eingestellt.

Fernsprechabhör- sowie Fernsprech- und Fernschreibaufzeichnungsanlagen befanden sich außerhalb der Dienststellen der Deutschen Post in Objekten des ehemaligen Ministeriums für Staatssicherheit beziehungsweise in von diesem Ministerium genutzten Einrichtungen, sogar bis im ehemaligen Ministerium, in allen Bezirksverwaltungen und in ausgewählten Kreisdienststellen derartige Einrichtungen. Die Abhör- und Aufzeichnungseinrichtungen in den Bezirksverwaltungen und Kreisdienststellen wurden demontiert beziehungsweise die Räume, in denen derartige Technik noch vorhanden ist, durch die Staatsanwaltschaft versiegelt.

Das Abhören und Aufzeichnen von Telefongesprächen beziehungsweise des Fernschreibverkehrs ist mit der Trennung der Kabelverbindungen durch die Deutsche Post technisch nicht mehr möglich. Die im zentralen Objekt des ehemaligen Ministeriums für Staatssicherheit noch vorhandene, aber nicht mehr betriebsfähige derartige Technik befindet sich gegenwärtig in der Demontage. Bis zum 31. Januar 1990 wird die gesamte Abhör- und Überwachungstechnik restlos demontiert sowie durch die Deutsche Post über deren weitere Verwendung entschieden. Die nicht für den öffentlichen Fernmeldeverkehr verwendbare Technik wird verschrottet.

Von den durch das ehemalige Ministerium für Staatssicherheit genutzten Orts- und Fernleitungen wurden zwischenzeitlich mehr als 3 000 an die Deutsche Post zurückgegeben. Zur Aufrechterhaltung der Betriebsfähigkeit der Fernsprech- und Fernschreibverbindungen für die Regierung und die staatlichen Organe der Bezirke übernimmt das Ministerium für Innere Angelegenheiten in Objekten des ehemaligen Ministeriums für Staatssicherheit in Berlin und in den Bezirksstädten technische Anlagen und technische Kräfte. Die nicht mehr benötigten Orts- und Fernleitungen einschließlich Leitungen zur Datenübertragung werden bis zum 16. Januar 1990 der Deutschen Post übergeben.

Die Abschaltung von Fernsprechsonderverbindungen zu Dienstzimmern und Wohnungen ehemaliger Partei- und Staatsfunktionäre sowie zu den Parteivorständen der SED-PDS wird bis zum 16. Januar 1990 ebenfalls abgeschlossen sein.

Zu Verkehrsmitteln und Verkehrsanlagen möchte ich folgendes sagen, meine Damen und Herren:

Entsprechend der Ausstattungsnormative für das Ministerium und die Bezirksverwaltungen für Staatssicherheit und darauf folgend Nationale Sicherheit, waren insgesamt im **Fahrzeugbestand** per 31. Oktober 1989:

– 12 903 PKW,

– 2 179 Kleintransportfahrzeuge B 1 000 Barkers, 3 025 Kraftomnibusse Ikarus,

– 226 Kraftomnibusse Rogur und

– 2 124 Lastkraftwagen vorhanden.

Die technische Betreuung und Instandhaltung dieser Fahrzeuge erfolgten in eigenen Instandsetzungs- und Instandhaltungseinrichtungen. Jede Bezirksverwaltung und die Hochschule Potsdam des ehemaligen Ministeriums für Staatssicherheit verfügten über eigene Instandhaltungseinrichtungen unterschiedlicher Größe, zwischen 5 und 25 Kfz-Schlosser-Arbeitsplätzen.

Die Verantwortung für die Auflösung der bisherigen Strukturen und die Überführung der Kraftfahrzeuge liegt ausschließlich bei den örtlichen Räten. Die von dem Berliner Oberbürgermeister gebildete Arbeitsgruppe hat zum Beispiel folgende Grundsätze für die Nutzung dieser technischen Einrichtungen festgelegt:

1. Die Bereitstellung von Fahrzeugen für das Gesundheits- und Sozialwesen.

2. Die Bereitstellung von Fahrzeugen zur Verbesserung der Dienstleistungen und Reparaturen für die Bevölkerung.

3. Die Bereitstellung von Fahrzeugen für Bürger, die sich für den Erwerb eines Gebrauchsfahrzeuges angemeldet haben. Gegenwärtig werden Bestellungen auf Gebrauchsfahrzeuge aus dem Jahre 1970 realisiert; über den Maschinenbauhandel, muß man dazu sagen.

4. Bereitstellung von Fahrzeugen für Betriebe zur Sicherung von Beförderungs- und Transportaufgaben der Stadt. Der Verkauf der Fahrzeuge erfolgt entsprechend den Rechtsvorschriften.

Über diesen Weg wurden durch den Oberbürgermeister mit Stand vom 15. Januar 1990 132 Fahrzeuge übernommen. Davon wurden 55 Fahrzeuge dem Gesundheits- und Sozialwesen zugeordnet. Darüber hinaus wurden vor Konstituierung der Arbeitsgruppe des Oberbürgermeisters bereits 332 PKW, 50 Kleintransportfahrzeuge B 1 000, 280 LKW und 13 Kraftomnibusse Ikarus an andere bewaffnete Organe umgesetzt beziehungsweise dem VEB Maschinenbauhandel verkauft.

Die bisher noch nicht übergebenen ca. 6 500 Fahrzeuge in Berlin sind vollständig und kurzfristig den künftigen Nutzern zu übergeben.

Neben den in den Bezirken bestehenden **Instandhaltungseinrichtungen** sind in Berlin zentrale Einrichtungen vorhanden. Ihre künftige Verwendung wurde zwischenzeitlich wie folgt entschieden:

1. Ein zentrales Instandhaltungsobjekt in der Freienwalder Straße mit einer Kapazität von 10 000 PKW-Instandsetzungen pro Jahr wird an den VEB Autoservice Berlin zur Erhöhung seiner Kapazitäten für die Bevölkerung übergeben.

2. Zur Verbesserung der materiell-technischen Basis für den Handelstransport übernimmt der VEB Kombinat Großhandel, Waren des täglichen Bedarfs das Instandhaltungsobjekt Hultschiner Damm.

3. Zur Verbesserung des Angebotes an Dienstleistungen für die Bevölkerung in Form von Selbstfahrvermietungen, Fahrschulausbildung und technische Überprüfung von Fahrzeugen übernehmen das Kraftfahrzeugtechnische Amt und das Volkseigene Kombinat Berliner Verkehrsbetriebe das Dienstobjekt des ehemaligen Amtes für Nationale Sicherheit Siegfriedstraße.

4. Das Objekt des ehemaligen Personenschutzes in der Hans-Loch-Straße wird künftig durch das Volkseigene Dienstleistungskombinat beim Ministerrat der DDR genutzt.

5. Über die weitere Nutzung des Instandhaltungsobjektes in Ahrendsfelde ist noch zwischen den Ministern für Innere Angelegenheiten und für Verkehrswesen zu entscheiden, wobei ich davon ausgehe, daß diese Entscheidung in kürzester Frist erfolgt.

6. Über darüber hinaus noch bestehende Kleinstobjekte und Kapazitäten ist durch die Arbeitsgruppe beim Oberbürgermeister von Berlin zu entscheiden. Für diese Kleinstkapazitäten liegt eine Vielzahl von Anträgen vor.

Ergänzend zu diesem Komplex möchte ich noch sagen, meine Damen und Herren, daß im Bestand des ehemaligen Amtes für Nationale Sicherheit sich auch 230 Grenzkontroll-, Sport-, Motor- beziehungsweise Motorkajütboote befanden. Über ihre Verwendung ist eine Entscheidung getroffen worden. Sie werden an das Ministerium für Tourismus, an das Ministerium für Auswärtige Angelegenheiten sowie an die örtlichen Räte übergeben.

Die 17 Grenzkontrollboote nutzt künftig die **Grenzbrigade Küste der Nationalen Volksarmee.** Für die 4 Flugzeuge und die Anlagen des Fallschirmsportclubs der Sportvereinigung Dynamo in Eilenburg ist eine Weiternutzung durch die Sportvereinigung Dynamo für den Sport, also für rein sportliche Zwecke, vorgesehen.

Zum **Schriftgut und zu elektronischen Daten** möchte ich folgendes sagen:

Das gesamte **Schriftgut** der ehemaligen Kreisämter wurde in die Bezirksämter überführt und befindet sich dort **unter Verschluß**; ebenso das Schriftgut der ehemaligen Bezirksämter. Durch Angehörige des Ministeriums für Innere Angelegenheiten in Sicherheitspartnerschaft mit Vertretern der Bürgerkomitees sowie der Staatsanwaltschaft und eines Beauftragten der Regierung wird gewährleistet, daß das **Schriftgut sicher aufbewahrt** ist. Das trifft auch auf die Zentrale des Amtes für Nationale Sicherheit in Berlin selbst zu.

In **Zusammenarbeit mit Bürgerkomitees** wird an Lösungen zum weiteren Umgang mit dem Schriftgut gearbeitet. Herr Ministerpräsident Modrow hat hier heute früh auf eine diesbezügliche Frage bereits geantwortet. Die Maßnahmen sichern, daß das **Schriftgut zur Aufdeckung von Gesetzesverletzungen**, zur Rehabilitierung von Personen sowie zur historischen Dokumentation **erhalten bleibt**. Mit Bürgerkomitees besteht Übereinstimmung darin, daß der Quellenschutz gewährleistet werden sollte. Die **elektronisch gespeicherten Daten**, die entsprechend der falschen Sicherheitsdoktrin der früheren Partei- und Staatsführung gewonnen wurden, sind in Archiven eingelagert und durch die Staatsanwaltschaft **versiegelt**.

Das **Rechenzentrum** in der Normannenstraße in Berlin hat seine Arbeit eingestellt. In den anderen Rechenzentren werden noch Teilaufgaben der Bereiche Rückwärtige Dienste und Finanzen im Zusammenhang mit der Auflösung des Amtes für Nationale Sicherheit realisiert. Mit den Datenverarbeitungsprojekten der Aufklärung wird zentral noch gearbeitet.

Zum Wachregiment:

Das Wachregiment unterstand dem ehemaligen Minister für Staatssicherheit beziehungsweise Leiter des Amtes für Nationale Sicherheit. Die Personalstärke betrug 10 992 Angehörige, davon 1 748 Offiziere. Dieses Wachregiment war verantwortlich für die Sicherung von Objekten der ehemaligen Partei- und Staatsführung sowie für weitere Sicherungs- und Repräsentationsaufgaben. Wesentliche Teile des Personalbestandes erfüllten seit Jahren Schwerpunktaufgaben in der Energiewirtschaft sowie im Transport- und Dienstleistungswesen.

Waffen und Munitionen dieses Wachregimentes sind, mit Ausnahme der für die Wachaufgaben benötigten, zentralisiert, unter Verschluß aufbewahrt und versiegelt. Die Gesamtstärke dieses Regiments wurde bis zum jetzigen Zeitpunkt um 3 407 Angehörige reduziert. Als nächster Schritt ist bis zum 26. Januar diesen Jahres die weitere Verringerung um 2 608 Angehörige festgelegt.

Am heutigen Tage wird das Wachregiment dem Minister für Innere Angelegenheiten unterstellt. Zur Übernahme von Aufgaben in der Verantwortung des Ministeriums für Innere Angelegenheiten sind vorgesehen die Bildung einer Wachbereitschaft Berlin und – bedingt durch die vorgesehene Auflösung der Truppenübungsplätze Belzig, Neuruppin und Marwitz – die Schaffung eines Ausbildungszentrums. Dafür werden bis zu 2 500 Angehörige eingesetzt. Die Objekte Adlershof und Erkner dieses Regiments sind einer zivilen Nutzung zuzuführen, so ist es festgelegt.

Meine Damen und Herren, ich komme zu den Fragen des **medizinischen Dienstes** des ehemaligen Ministeriums für Staatssicherheit beziehungsweise Amtes für Nationale Sicherheit: Dieser medizinische Dienst umfaßte ein Krankenhaus mit 260 Betten, eine Poliklinik mit mehreren Ambulatorien beziehungsweise Sanitätsstellen sowie Ambulatorien in den Bezirken, im Wachregiment und an der

Hochschule des ehemaligen Ministeriums für Staatssicherheit in Potsdam. Darüber hinaus existierten einige spezielle Untersuchungsstellen, zum Beispiel auf den Gebieten der Lebensmittel- und Arbeitshygiene. Insgesamt waren im medizinischen Dienst des ehemaligen Amtes für Nationale Sicherheit 1 800 Mitarbeiter tätig, davon arbeiten gegenwärtig noch 1 100 in diesen Einrichtungen.

Es sind Entscheidungen zur Übergabe beziehungsweise Übernahme in folgenden Richtungen getroffen beziehungsweise vorbereitet: Das Krankenhaus in Berlin-Pankow, Hobrechtsfelder Chaussee, übernimmt der Magistrat von Berlin bis zum 31. März diesen Jahres. Es wird dem städtischen Klinikum Berlin-Buch zugeordnet.

Die Poliklinik Berlin-Lichtenberg, Ruschestraße, übernimmt bis zum 30. April 1990 ebenfalls der Magistrat von Berlin. Sie wird dem Oskar-Ziethem-Krankenhaus angeschlossen.

Das Haftkrankenhaus Berlin-Hohenschönhausen wird bis zum 31. Januar 1990 durch das Ministerium für Innere Angelegenheiten übernommen.

Die Lebensmittel- und Wasseruntersuchungsstelle in Berlin-Lichtenberg übernimmt bis zum 31. März 1990 das Ministerium für Gesundheitswesen zur Einordnung in das Zentralinstitut für Hygiene, Mikrobiologie und Epidemiologie.

Für weitere zentral geleitete Einrichtungen werden Entscheidungen zur konkreten weiteren Nutzung gegenwärtig vorbereitet. Das betrifft zum Beispiel die Arbeitsmedizinische Untersuchungsstelle und das Zentrum für Pharmazie in Berlin-Pankow, Arztstützpunkte, die in der Regel je einen ärztlichen und einen zahnärztlichen Arbeitsplatz enthalten, Betriebssanitätsstellen innerhalb verschiedener Objekte sowie Kur- und Genesungsheime.

Die Ambulatorien der ehemaligen Bezirksämter wurden beziehungsweise werden auf der Grundlage von Beschlüssen der örtlichen Räte durch das örtlich geleitete Gesundheitswesen übernommen.

Meine Damen und Herren, abschließend möchte ich noch eine Information zur **Sportvereinigung Dynamo** geben, an der ja das ehemalige Ministerium für Staatssicherheit ebenfalls beteiligt war.

Dieses Ministerium beziehungsweise das Amt für Nationale Sicherheit war eines der drei Trägerorgane der Sportvereinigung Dynamo, mit einem Anteil von 17 Prozent der Planstellen.

800 Mitarbeiter und Sportler befanden sich im Dienstverhältnis mit dem Amt für Nationale Sicherheit. Von ihnen wurden 175 inzwischen entlassen. 110 Sportler, Trainer und Sportfunktionäre übernimmt das Ministerium für Innere Angelegenheiten. Alle anderen Mitarbeiter gehen ein anderes Arbeitsrechtsverhältnis außerhalb der bewaffneten Organe ein.

Aufgelöst werden die Sportgemeinschaft Dynamo Hoppegarten und der Fallschirmsportclub Dynamo Eilenburg. Die Sport- und Trainingsstätten der Sportvereinigung Dynamo stehen künftig der Bevölkerung zur Mitnutzung zur Verfügung.

Meine Damen und Herren, ich bedanke mich für die Aufmerksamkeit für diesen Zwischenbericht der Regierung zum Stand der Auflösung des ehemaligen Amtes für Nationale Sicherheit.[16]

Lange (Moderator): Wir danken Ihnen, Herr Sauer, für diese ausführlichen Darlegungen.

Ich möchte die Teilnehmer des Runden Tisches davon in Kenntnis setzen, daß beide Berichte, der Bericht zur inneren Sicherheit und auch der Zwischenbericht über die Auflösung des Amtes für Nationale Sicherheit schriftlich Ihnen in die Hand gegeben werden.

Ich übergebe die Gesprächsleitung jetzt Herrn Ducke.

Ducke (Moderator): Meine Damen und Herren, ja, hier liegt eine Anfrage zur Gesprächsordnung vor.

Herr Templin, bitte.

Templin (IFM): Ja, ein Antrag. Im Interesse der produktiven Gesprächsführung und auch der Informationsvielfalt würde ich den Antrag stellen, nicht über die Gesprächsleiter den Gang der Anfrage zu führen, sondern nach Möglichkeit Direktbefragung. Das hat sich am letzten Termin des Runden Tisches schon als sehr produktiv erwiesen und gibt den Angefragten die Möglichkeit, direkt zu antworten, so daß sich nicht durch eine Vielzahl von Fragen wieder Mißverständnisse oder Lücken einschleichen.

Ducke (Moderator): Wir haben vorliegen: Anfragen zum Bericht, die wir in dieser Weise direkt stellen wollten – – wenn das so entspricht, Herr Templin, ja – – daß die Anfragen dann direkt beantwortet werden. Und wir haben dann unter 2.3 Vorschläge für die weitere Arbeit.

Es liegt Ihnen vor **als Vorlage [7/5] eine Stellungnahme der Arbeitsgruppe des Zentralen Runden Tisches „Auflösung des Amtes für Nationale Sicherheit der DDR" [Aufforderung an die Regierung Modrow, die Maßnahmen der Arbeitsgruppe des Runden Tisches durchzuführen[17]] und eine Stellungnahme der Bürgerkomitees der DDR [zur „Auflösung der Kreis- und Bezirksämter des ehemaligen MfS/AfNS", Vorlage 7/5b]**. Das sind die schriftlichen Anträge, die Ihnen vorliegen. Sie sind ausgeteilt.

Meine Frage wäre die: Wir müssen zunächst klären, daß wir die Bürgerkomitees zu Wort kommen lassen durch ihren Vertreter, weil sie ihren Antrag selbst vortragen möchten. Die Moderatoren möchten den Runden Tisch bitten, daß die Bürgerkomitees, die heute zu diesem Thema extra als Vertreter aller **Bügerkomitees** der DDR-Bezirke hier angereist sind, ihre Stellungnahme selbst am Runden Tisch vortragen dürfen. Das müssen wir zunächst einmal abstimmen, damit wir den Leuten Bescheid geben lassen.

Ich stelle also hiermit von seiten der Moderatoren den Antrag, daß die Bürgerkomitees in der eben beantragten Weise durch ihren Sprecher, Herrn Taut, ihre Stellungnahme direkt am Runden Tisch abgeben dürfen. Möchte jemand dazu das Wort, oder dürfen wir gleich abstimmen? – Dann stimmen wir ab. Wer dafür ist, daß der Vertreter der Bürgerkomitees der DDR-Bezirke hier das Wort für diese Stellungnahme erhält, den bitte ich um das Handzeichen. – Dieses ist die Mehrheit, brauchen wir nicht zu zählen. Die Bürgerkomitees machen sich dann schon bereit.

---

[16] Hervorhebung der Stichworte durch Fettdruck im Text durch den Herausgeber.
[17] Dokument 7/5, Anlagenband.

Jetzt ist meine Frage: Wollen wir diese beiden Anträge, die ja schon weitergehen, nämlich eigentlich schon [Punkt] 2.3 [der Tagesordnung] erfassen, im Hinblick auf Vorschläge erst hören, oder wollen wir – so habe ich Herrn Templin verstanden – jetzt erst eine Gesprächsrunde direkte Rückfragen zu den beiden Berichten, sowohl des Ministeriums des Inneren als auch den Bericht von Herrn Sauer, erst einmal kurze, sachliche Rückfragen als einen ersten Gesprächsgang?

Ich möchte Ihnen das fast vorschlagen, daß wir solche sachlichen Rückfragen erst machen können.

Herr Böhme dazu.

Böhme (SPD): Wir sind der Meinung, daß man, bevor man in einen Gesprächsgang einsteigt, dem Vertreter des Bürgerkomitees eine Berichterstattung ermöglicht, um dann nicht Dinge zu wiederholen. Und im Grunde genommen waren die Bürgerkomitees die ersten, die eine solche Sicherheitspartnerschaft bei der Lösung eingegangen sind. Sie verdienen es einfach, hier als erste zu Wort zu kommen.

Ducke (Moderator): Danke, Herr Böhme, das war ein konkreter Vorschlag. Beziehen sich die anderen Wortmeldungen auch darauf, oder sind das gegenteilige? – Dann Frau Köppe, Herr Dörfler Sie hatten dazu – –

Frau Köppe (NF): Ich stelle dann zurück und würde dann danach.

Ducke (Moderator): Danke.

Dann liegt ein konkreter Antrag vor, der auch den Wünschen der Bürgerkomitees entspricht. Wer ist dafür, daß zuerst jetzt die Bürgerkomitees ihre Stellungnahme abgeben dürfen? – Das ist die Mehrheit.

Herr Taut, darf ich Sie dann bitten, das Wort zu ergreifen. Sie haben ein Mikrophon dort. Herr Taut sitzt zwischen Bauernpartei und CDU und hat das Mikrophon, bitte. Nehmen Sie sich bitte das Mikrophon.

Taut (Bezirkskomitee Leipzig): Sie haben den Vorteil dadurch, daß ich es jetzt vortrage, daß ich die Punkte, die ich für nicht so wichtig halte, herauskürzen kann. Bitte informieren Sie sich dann trotzdem auf dem Blatt, das Ihnen ausgeteilt worden ist.

[Vorlage 7/5b, Stellungnahme der Bürgerkomitees „Auflösung der Kreis- und Bezirksämter des ehemaligen MfS/AfNS": Zur Vorlage der Arbeitsgruppen {sic} des Zentralen Runden Tisches „Auflösung des AfNS der DDR"]

Die Auflösung des Amtes für Nationale Sicherheit wurde in einem Ministerratsbeschluß vom 14. Dezember 1989 festgelegt.

Zum gegenwärtigen Zeitpunkt ergibt sich der folgende Stand:

– Alle Kreisämter sind DDR-weit aufgelöst.

– Der Prozeß der Auflösung in den Bezirksämtern und deren Kontrolle ist unterschiedlich.

– Im Gegensatz dazu hat die Auflösung des MfS/AfNS, (Zentrales Amt, Normannenstraße 22, Berlin) bis zum 14. Januar 1990 noch nicht begonnen. Diese Zentrale, die über eigene DDR-weite Strukturen verfügt, ist noch voll funktionsfähig, da sie keinerlei Kontrolle in Sicherheitspartnerschaft durch Bürgerkomitees, VP und Staatsanwaltschaft unterliegt.

{Hier muß ich also dem Regierungsvertreter widersprechen. Wir haben keine Kenntnis davon, daß eine Sicherheitspartnerschaft von den Bürgerkomitees in diesem Gebäude mitgetragen wird. Erst heute läuft diese Aktion überhaupt an, und wir wissen nicht, ob sie gelingt. Weiter im Text [der Vorlage 7/5b]}

Damit ist der Ministerratsbeschluß für diesen entscheidenden Bereich unterlaufen. Dies birgt die Gefahr einer DDR-weiten Reorganisation des MfS/AfNS in sich, und diese Möglichkeit hat eine massive Beunruhigung in der Bevölkerung ausgelöst, die zu unabsehbaren Folgen führen kann.

Deshalb fordern wir den sofortigen Beginn der Auflösung des MfS/AfNS – Zentrales Amt, Normannenstraße 22, Berlin – und aller damit zusammenhängenden Strukturen.

Für diesen Prozeß halten wir weiter für erforderlich:

1. Die sofortige direkte Kontaktaufnahme des Regierungsbeauftragten für die Auflösung des AfNS mit Vertretern der Bürgerkomitees aus den Bezirken in Zusammenarbeit mit der Arbeitsgruppe des Zentralen Runden Tisches.

2. Es ist ein Stab zu bilden für die Auflösung des ehemaligen MfS/AfNS (Zentrales Amt), bestehend aus den Vertretern der Bürgerinitiativen, der Staatsanwaltschaft, dem Regierungsbeauftragten, der VP und dem Beauftragten des AfNS.

3. Dieser Stab ist mit allen notwendigen Kompetenzen auszustatten und hat seinen Arbeitsplatz im zentralen Bereich der Leitung des ehemaligen AfNS.

[4. Im gesamten Ministeriumsbereich darf keine Beratung und Entscheidungsfindung ohne Anwesenheit o.g. Stabes stattfinden.]

In diesem Zusammenhang bestehen wir auf der Erfüllung der von den Bürgerkomitees der Bezirke sowie der Arbeitsgruppe des Zentralen Runden Tisches und in den Pressemitteilungen der Bürgerkomitees der DDR vom 4./5. Januar 1990 enthaltenen Forderungen.

Insbesondere verweisen wir nochmals auf die Verbindung zwischen dem Apparat der SED und der verfassungswidrigen Tätigkeit des MfS/AfNS. Namensänderung und der Austausch von Funktionären können die SED/PDS von dieser Verantwortung nicht entbinden. In diesem Zusammenhang ist es notwendig, Ermittlungen zu führen.

Den Beginn der Auflösung des AfNS – Zentrales Amt – [bis zum 17. Januar 1990 erachten die Bürgerkomitees der Bezirke als Voraussetzung für ihre weitere Arbeit] {halten wir als Voraussetzung für die weitere Arbeit der Bürgerkomitees für unerläßlich}.

Alle am Runden Tisch vertretenen Parteien und Bürgerbewegungen werden aufgefordert, die personelle Abdeckung der gemeinsam mit der VP und der Staatsanwaltschaft durchgeführten Sicherstellung des Objektes Normannenstraße 22 zu gewährleisten.[18]

---

[18] Die in { } gesetzten Ausführungen wurden, von der schriftlich zu Protokoll gegebenen Vorlage 7/5b abweichend, nur mündlich vorgetragen; in [ ] gesetzte Texte finden sich lediglich in der schriftlich zu Protokoll gegebenen Fassung.

Jetzt habe ich noch ein Problem. Wir haben natürlich eine andere Sicht als die der Regierungsvertreter, und wir hätten viele Punkte noch anzumerken, aber zwei Punkte, zwei kurze Punkte könnte ich mir vorstellen, würden Sie noch aushalten, trotz des langen Referats. Wäre das möglich?

Ducke (Moderator): Hängen Sie die zwei Punkte gleich an und eröffnen Sie damit die Aussprache bitte, Herr Taut.

Taut (Bezirkskomitee Leipzig): Es geht um die **Ausrufung des Verteidigungszustandes** beziehungsweise die Aktivierung der Bezirkseinsatzleitungen. Wir haben hier zwei Punkte:

Erstens: Wir wissen, daß von Egon Krenz ein Schießbefehl zurückgenommen worden sein soll, laut öffentlicher Bekanntmachung. Wie kann das ohne diese Aktivierung passiert sein?

Zweitens: Es gibt Dokumente, die den Bürgerkomitees bekannt sind von Schwerin. Dort ist sichtbar, daß eine Zusammenarbeit und in dem Sinne eine aktive Arbeit und Zusammenarbeit für die Bezirkseinsatzleitungen zwischen SED und MfS bestanden haben müssen.

Wir fordern, daß eine Übernahme von Strukturen des MfS an das MdI nicht stattfindet, auch personell nicht.

Ducke (Moderator): Danke, Herr Taut, das war als Sprecher, als Vertreter der Bürgerkomitees der DDR-Bezirke zur Auflösung – –

Hier waren schon zwei konkrete Anfragen. Wir wollen so verbleiben, daß die Regierungsvertreter gleich vielleicht die Möglichkeit haben sich direkt dazu zu äußern. Ist das Ihnen möglich?

Herr Taut noch.

Taut (Bezirkskomitee Leipzig): Wir möchten noch diese Erklärung von heute früh zurückziehen. Weil das bezirksweit so unterschiedlich ist, war sie nicht abgestimmt.

Ducke (Moderator): Danke, Herr Taut, noch für die Erklärung von heute morgen. Das ist sicherlich auch wichtig für die Hörerinnen und Hörer und auch die Fernsehzuschauer, dies zu wissen.

Möchten die Vertreter, möchte sich Herr Sauer gleich dazu äußern, oder sollen wir erst andere Rückfragen erlauben?

Es steht dann auch – – und ich muß fragen den Einbringer dieser Vorlage für den Arbeitsausschuß: Wollen wir das noch zurückstellen und erst allmählich die Rückfragen – – Danke.

Ist jemand bereit von den Vertretern – – oder ist das im Moment möglich – – Sonst sammeln wir auch erst einmal Fragen.

Herr Sauer, ja, zur Normannenstraße, bitte. Jetzt müßten wir sehen, daß die jeweiligen Vertreter ein Mikrophon bekommen; das wird wohl möglich sein. Könnten wir vielleicht – – daß jemand einmal den Platz für die jeweiligen Sprecher räumt.

Herr Bäcker zum Objekt Normannenstraße, bitte.

Bäcker (Ehemaliges Ministerium für Staatssicherheit [MfS]): Aus den Ausführungen von Herrn Sauer ist ja bereits hervorgegangen, daß die **Auflösung des ehemaligen Amtes für Nationale Sicherheit** begonnen hat. Ich bin nicht der Meinung, daß hier im Gegensatz zur Auflösung der ehemaligen Bezirksämter noch keine Aktivitäten eingeleitet wurden.

Die **Auflösung des ehemaligen Amtes für Nationale Sicherheit**, also dieses Zentralobjekt betreffend, bezieht sich in erster Linie natürlich auf die Entlassung von Mitarbeitern, dazu hat Herr Sauer Ausführungen gemacht. Und sie ist sichtbar darin, daß eine ganze Reihe von ehemaligen Hauptabteilungen nicht mehr existent ist.

Ich darf darauf hinweisen, daß in den Ausführungen des Herrn Sauer bereits gesagt wurde, wie es um die Abteilungen steht, die sich mit der Kontrolle des **Postverkehrs** befaßt haben beziehungsweise der **Telefonüberwachung**. Diese Diensteinheiten sind personell und auch von ihren Voraussetzungen her, hier im alten Stile weiterzumachen, liquidiert.

Ducke (Moderator): Danke.

Dann würde ich jetzt sagen, wir eröffnen die Aussprache, da die Einbringer dieser Vorlage diese zurückgestellt haben.

Es liegen noch Wortmeldungen vor von vorhin, die zurückgezogen hatten: Frau Köppe, Frau Dörfler oder Herr Jordan, da sind wir jetzt unsicher. Herr Jordan hatte [sich] gemeldet, Herr Böhme. Und jetzt bitte ich – ab jetzt wird eröffnet – um Wortmeldungen.

Herr Eppelmann, Herr Templin als nächster.

Templin (IFM): Ja, zur Klärung: Ich denke, daß es für die Öffentlichkeit sehr wichtig wäre, wenn sich der Vertreter des ehemaligen Ministeriums für Staatssicherheit vielleicht hier doch mit Funktionen- und Verantwortungsbereich vorstellen würde.

Ducke (Moderator): Danke für die Rückfrage.

Herr Bäcker, könnten Sie dazu etwas sagen?

Bäcker (Ehemaliges Ministerium für Staatssicherheit [MfS]): Ich war tätig im Bereich Dienstorganisation des ehemaligen Ministeriums für Staatssicherheit, war dort Leiter einer Arbeitsgruppe, habe 25 1/2 Dienstjahre hinter mir und bin vom Dienstgrad Oberst gewesen.

Ich hatte Gelegenheit, am 10. Januar vor der Arbeitsgruppe „Sicherheit" des Runden Tisches bereits diese Ausführungen zu machen und wundere mich nun ganz, daß ich völlig unbekannt bin in diesem Kreise.

Ducke (Moderator): Danke schön, Herr Bäcker.

So, wir eröffnen die Aussprache, das Wort hat Frau Köppe, Neues Forum. Danach ist Herr Jordan oder Frau Dörfler, das weiß ich jetzt nicht. – Herr Jordan, danke. – Ach, auch beide, aber wir machen Rückfragen – –

Bitte, Frau Köppe.

Frau Köppe (NF): Ich habe zunächst eine Anfrage zum Bericht zur inneren Sicherheit.

Wir alle wissen, daß in den letzten Tagen in den Medien und auch von der Regierung häufig das Wort „Sicherheitsvakuum" gebraucht wird. Ich möchte wissen, wo ist dieses **Sicherheitsvakuum**?

In diesem Zusammenhang möchte ich darauf hinweisen, daß der Runde Tisch ganz konkrete Anforderungen an den Bericht zur inneren Sicherheit gestellt hat, nämlich in diesem Zusammenhang.

Wir wollen, daß hier sachlich dargelegt wird, die **kriminelle Gesamtlast** ins Verhältnis gesetzt wird zur Größe des bestehenden **Polizeiapparates** zum Beispiel und auch, daß der Umfang und die Effektivität der vorhandenen Sicherheitskräfte ins Verhältnis gesetzt werden, zum Beispiel auf 1 000 Einwohner.

Konkret die Frage: Zählt die DDR wie bisher zu den Industrieländern mit der geringsten **Kriminalität**, oder ist diese Einschätzung jetzt nicht mehr zutreffend?

Ducke (Moderator): Ich bitte Herrn Ahrendt, gleich zu antworten.

Ahrendt (Minister für Innere Angelegenheiten): Diese Aussage, daß die DDR zu den Ländern mit der geringsten Kriminalität zählt, fußt auf entsprechenden Statistiken der UNO, die Kriminalität immer in den Vergleich zu einer bestimmten Einwohnerzahl setzt, nämlich konkret zu 100 000. Und da sieht die **Kriminalitätsentwicklung** bei uns so aus, daß wir im Jahre 1989 ca. 800 Straftaten haben, umgerechnet auf 100 000 Einwohner.

Nun gab es in der Vergangenheit, Sie alle kennen das, oftmals die, ich sage bewußt, propagandistischen Vergleiche zu Kriminalitätsbelastungen in der Bundesrepublik Deutschland beziehungsweise in Berlin-West. Man sprach von dem 10- bis 15fachen.

Das kann man einfach so nicht tun, sondern muß dabei natürlich beachten, daß es in der Beurteilung von Straftaten unterschiedliche Wertungen gibt, daß zum Beispiel Verfehlungen, die in der DDR keine Strafverfolgung nach sich ziehen, wo kein Ermittlungsverfahren eingeleitet wird, keine Anzeige aufgenommen wird, in einigen anderen Ländern der Welt auch schon als Straftat gewertet werden. Also ist ein derartiger Vergleich, ohne zu berücksichtigen, welche Besonderheiten stehen dort, welche Bedingungen stehen dort, nicht zulässig.

Nun bitte ich um Verständnis dafür, daß man einfach nicht sagen kann: Wir hatten 1989 so viel Kriminalität, und 1988 war es so viel; dann haben wir vielleicht 10 [Straftaten] mehr, oder 10 [Straftaten] weniger umgerechnet auf 100 000. Kriminalität ist eine gesellschaftliche Erscheinung, die man nur über Jahre hinaus verfolgen kann. Und wenn man diesen Trend über Jahre hinaus verfolgt, so ergibt sich in den letzten Jahren ein gewisser Anstieg.

Man müßte jetzt wieder Straftatengruppen sehen, beispielsweise habe ich trotz der über 100 vorsätzlichen Tötungen keine Veranlassung, das als besonders schwerwiegend herauszustellen. Das ist international gemessen noch gering. Aber es gibt auf anderen Gebieten doch einige Dinge, wo wir einfach sagen – ich darf vielleicht auf den Nenner zusammenfassen: Jede Straftat an sich ist eine zu viel. Denn wenn man mit den Betroffenen spricht, dann ist für ihn diese eine Straftat, die Leid, die Verlust auch an materiellen Werten gebracht hat, doch sehr bedeutungsvoll, wenn man das nur vom statistischen Wert hersieht, ist das natürlich ganz anders zu bewerten.

Genügt Ihnen diese Auskunft?

Ducke (Moderator): Frau Köppe dazu.

Frau Köppe (NF): Könnten Sie noch – – Bei unseren Anforderungen war deutlich formuliert worden, wir hätten gerne eine Auskunft darüber: die kriminelle Gesamtlast im Verhältnis zur Größe des bestehenden Polizeiapparates und damit dann verbunden die Frage: Sind unsere bestehenden Schutzorgane in der Lage, die Kriminalität in der Gesellschaft wirkungsvoll zu bekämpfen? Also **kriminelle Gesamtlast im Verhältnis zum Polizeiapparat** – –

Ahrendt (Minister für Innere Angelegenheiten): Wenn ich darauf gleich antworten darf. – Also, es ist unüblich, daß man Kriminalität in Beziehung setzt zur Stärke des gesamten Polizeiapparates – aber ich bin gerne bereit, Ihnen dazu auch einige Auskünfte zu geben.

Wir haben beispielsweise in der gesamten Deutschen Demokratischen Republik 8 443 Planstellen der Kriminalpolizei. Das heißt natürlich nicht, daß diese 8 443 Kriminalisten nun ausschließlich mit der Bearbeitung von Vorgängen befaßt sind. Im Durchschnitt können Sie rechnen, daß zwischen sieben bis zehn Vorgänge gleichzeitig von einem Kriminalisten in der DDR bearbeitet werden.

Man muß natürlich auch bestimmte Unterschiede sehen. Wir unterteilen unsere Volkspolizei-Kreisämter in **drei Kategorien**. Ich darf Ihnen einmal die kleinste Kategorie, die sogenannte Kategorie III, hier nennen. Da reichen die Planstellen der Kriminalisten von 8 bis 14 Planstellen, also für den gesamten Kreis. In der am meisten vertretenen Kategorie II differiert das zwischen 16 bis 59 Planstellen, und nur in den Volkspolizei-Kreisämtern der Kategorie I, ich nenne hier zum Beispiel Dresden als Großstadt, ja, oder Magdeburg, da haben wir Planstellen von 76 bis 267.

Aber wenn wir vielleicht – vielleicht genügt diese Antwort – einmal werten die personelle Stärke unserer Polizei und das ins Verhältnis setzen zu anderen entwickelten Ländern, gibt es keine wesentlichen Unterschiede. Wir liegen vielleicht etwas unter dem Durchschnitt, aber insgesamt ist das ungefähr vom Niveau gleich.

Ducke (Moderator): Frau Köppe noch. Ich habe noch viele Wortmeldungen jetzt.

Frau Köppe (NF): Die Frage, die ich gestellt hatte: Sind unsere bestehenden Schutzorgane in der Lage, die Kriminalität wirkungsvoll zu bekämpfen?

Ahrendt (Minister für Innere Angelegenheiten): Ja. Also, ich habe bewußt eine Trennung vollzogen zwischen der öffentlichen Ordnung und Sicherheit, für die der Minister für Innere Angelegenheiten zuständig ist, und anderer Kriminalität, die bisher durch andere Organe, also konkret das ehemalige Ministerium für Staatssicherheit, bearbeitet wird.

Was die Dinge anbetrifft, die ich zu vertreten habe, muß ich sagen: Jawohl, da reichen sowohl Kräfte, Qualifikation und Arbeitsweisen und Strukturen aus, um diesem Anspruch zu genügen. Lediglich entsteht jetzt ein Vakuum dadurch, daß bestimmte Dinge, beispielsweise **links- und rechtsextremistische Handlungen**, die bisher nicht in Verantwortung unseres Ministeriums bearbeitet wurden – dazu zählt auch die **Terrorbekämpfung**, dazu zählt auch die Bearbeitung besonders schwerer Straftaten, zum Beispiel in der **Wirtschaft** – wenn das nicht getan wird, entsteht natürlich ein Vakuum.

Irgend jemand muß es meines Erachtens, dessen bin ich überzeugt, weitermachen. Und es ist auch nicht Aufgabe der Polizei und kann es auch nicht sein, daß sie in bestimmten Fällen eine notwendige Arbeit, ich sage einmal, außerhalb der Öffentlichkeit durchführt. Also, wenn ich bestimmte Erscheinungen links- und rechtsextremistischer Dinge bekämpfen will, dann ist auch hier eine bestimmte Agenturarbeit notwendig, die das Ministerium für Innere Angelegenheiten in der Vergangenheit noch nie gemacht hat und die auch heute nicht gemacht wird. Und hier entsteht natürlich ein bestimmtes **Vakuum**.

Es ist bei uns exakt abgegrenzt, für welche Dinge wir bisher, ich muß dazu sagen, zuständig waren, und dafür kann ich erklären: Jawohl, da sind wir arbeitsfähig, und weiterhin haben wir alle Möglichkeiten, dort erfolgreich tätig zu sein.

Ducke (Moderator): Dürfen wir andere Mitfragen zu Wort kommen lassen, oder ist noch eine konkrete Rückfrage?
Ja, bitte.

Frau Köppe (NF): Kleinen Moment – – nur dazu. Im Dezember 1988 wurde eine **Sonderabteilung des MdI** aufgelöst, die sich speziell mit der Aufklärung **neofaschistischer** Verbrechen beschäftigt hat. Warum? Und warum wurden dann auch soziologische Untersuchungen auf diesem Gebiet verboten, und in wessen Interesse ist das geschehen? Sie sagen jetzt, daß das MdI dafür nicht zuständig war.

Ahrendt (Minister für Innere Angelegenheiten): Wenn Sie gestatten, darf die Frage der Leiter der Hauptabteilung Kriminalpolizei, Herr Nedwig, beantworten, ja?
Bitte.

Nedwig (Ministerium für Innere Angelegenheiten): Eine solche Sonderabteilung hat es im Ministerium für Innere Angelegenheiten nicht gegeben. So konnte sie auch nicht aufgelöst werden.

Wir haben, den Zeitpunkt kann ich jetzt nicht genau sagen, damals, als die Erscheinungen der **Skinheads** eskalierten, Arbeitsgruppen gebildet, die, soweit wir als Ministerium für Innere Angelegenheiten zuständig waren, wegen **Rowdytum** oder anderem zu ermitteln, in Arbeitsgruppen das ermittelt haben. Eine Sonderabteilung hat es nie gegeben.

Ducke (Moderator): Danke, das war eine klare Antwort. Sie wird sicher noch geprüft werden.

Frau Köppe (NF): Dann ist diese Arbeitsgruppe aufgelöst worden?

Ducke (Moderator): Frau Köppe, dann müßten Sie jetzt sagen: Sie haben eine Information, daß es so etwas gegeben hat?

Frau Köppe (NF): Ja, und er sagt nun, es war keine Sonderabteilung, sondern eine Arbeitsgruppe. Ist diese Arbeitsgruppe aufgelöst worden, oder?

Nedwig (Ministerium für Innere Angelegenheiten): Diese Arbeitsgruppe wurde nicht aufgelöst. Sie wurde jetzt erweitert, und wir haben jetzt für diese Probleme Arbeitsgruppen gebildet auch in den nachgeordneten Dienststellen mit einer Weisung des Ministers für Innere Angelegenheiten einschließlich Kontaktstellen, Kontakttelefonen und anderen, um uns dieser gesamten Problematik zu widmen.

Das bereitet uns gegenwärtig einige Schwierigkeiten, und wenn der Minister für Innere Angelegenheiten gestattet, würde ich nur diesen Halbsatz hinzufügen dürfen: Die Belastung der Kriminalpolizei ist nicht klein. Bisher wurde durchschnittlich 15 Prozent mehr Arbeitszeit aufgewendet als gesetzlich festgelegt ist, und das wird natürlich gegenwärtig noch in größeren Größenordnungen erfolgen müssen.

Ducke (Moderator): Danke für diese Antworten.
Als nächster hat das Wort Frau Dörfler, oder? – Herr Jordan von Grüne Partei, bitte.

Jordan (GP): Ich habe eine Anfrage an Herrn Sauer, und zwar bezüglich der 109 000 gedeckten Mitarbeiter der Staatssicherheit.

Wie wird dieser Apparat aufgelöst, bekommen diese Mitarbeiter jetzt ein Dankschreiben? Und ich meine, diese Mitarbeiter sind doch sicherlich aus einer Mischung von Privilegien und Angst dort in diesem Apparat gehalten worden und müßten doch erst einmal umgezogen werden.

Das Zweite – –

Ducke (Moderator): Wollen wir – – Dazu noch? Sonst lassen wir erst einmal die Frage beantworten.

Jordan (GP): Nein, ein Zweites noch: Wie wird abgesichert, daß Verhaltensweisen der Staatssicherheit, beispielsweise in der **Postkontrolle**, jetzt nicht übertragen werden auf die **Zollkontrolle**? Ich mache persönlich die Erfahrung, daß also wie zuvor bestimmte Schriftsachen verspätet bei mir eingehen, und das war bekanntlich auch die Taktik der Staatssicherheit, bestimmte Einladungen dann lange liegenzulassen und sie erst denjenigen nach dem Termin zu übermitteln, und so ist das bei mir jetzt auch wieder passiert.

Ducke (Moderator): Danke.
Herr Sauer.

Sauer (Stellv. Leiter des Sekretariats des Ministerpräsidenten): Was die erste Frage von Herrn Jordan angeht, möchte ich dazu folgendes sagen:

Die Zahl hatte ich genannt. Mit diesen sogenannten **Inoffiziellen Mitarbeitern** gibt es keine Kontakte mehr, sie bekommen keine Aufträge, sie sind nicht mehr aktiv. Ich möchte auch sagen, daß die Art und Weise ihrer Einbeziehung in Aufgaben des früheren Ministeriums für Staatssicherheit ja sehr unterschiedlich in der Intensität, auch im Inhalt war, so daß man das ohnehin nicht einheitlich hier klären kann. Sie sind in dieser Richtung, die hier genannt worden ist, und in dieser Zahl nicht mehr aktiv. Sie hatten ja kein Dienst- oder Arbeitsverhältnis in dem Sinne, so daß es auch nicht notwendig ist, hier irgendwie andere Verhältnisse einzugehen.

Was die zweite Frage betrifft: Ich gehe davon aus und bin überzeugt, daß es so ist, daß mit der vollständigen Einstellung der **Postkontrolle**, alles das, was ich vorhin im Bericht gesagt habe, selbstverständlich ist auch eingeschlossen die **grenzüberschreitende Kontrolle** – so habe ich die Frage von Herrn Jordan verstanden – – Wenn das nicht der Fall sein sollte und wenn es konkrete Fakten und Anhaltspunkte gäbe, daß so etwas weitergemacht wird, würde ich das für einen groben Verstoß gegen die Politik der Regierung auf diesem Gebiet und gegen die gefaßten Beschlüsse ansehen, gegen die man disziplinarisch und bei Erfordernis strafrechtlich vorgehen müßte. Aber das muß dann konkret gesagt werden. Ich schließe es nach Lage der Dinge und auch entsprechend den Beschlüssen, die es gegeben hat dazu, aus.

Ducke (Moderator): Danke. Wir nehmen zur Kenntnis, daß die Möglichkeit besteht, und das soll ja hier auch ganz konkret gesagt werden, daß eben solche Verstöße oder mögliche Verstöße oder Vermutungen solcher Verstöße, sagen wir es ganz vorsichtig, auch dann hier am Runden Tisch weiterhin offen mit vorgetragen werden können. Das nehmen wir so als Ihr Wort an.
Jetzt Frau Dörfler doch noch?

Frau Dörfler (GP): Ich habe zwei kurze Fragen.
Welche Aufgaben erfüllte das MfS bei der **Anleitung und Ausbildung ausländischer Gruppierungen und Geheimdienste**?
Und die zweite: Wie soll mit der **Juristischen Hochschule in Potsdam** verfahren werden?

Ducke (Moderator): Danke.
Ist jemand in der Lage, da sofort zu antworten?
Herr Bäcker, bitte.

Bäcker (ehemaliges MfS): Die **Juristische Hochschule Postdam** betreffend: Diese Hochschule wird aufgelöst. Es gibt entsprechende Abstimmungen mit der Pädagogischen Hochschule Potsdam zur Übernahme der Objekte und, soweit ich weiß, größtenteils derjenigen Mitarbeiter, die ehemals im rückwärtigen Bereich tätig waren. Alles andere verschwindet. Der Stand der Dinge ist bereits sehr weit gediehen.

Ducke (Moderator): Gut, danke.
Es hat das Wort Herr Meckel, wenn Herr Böhme zurückgetreten ist. Alles klar.

Jordan (GP): Zum ersten Teil fehlt noch – – der Frage.

Ducke (Moderator): – Ist noch nicht beantwortet? – Ich habe jetzt nicht [darauf] geachtet.

Frau Dörfler (GP): Die ausländischen Aktivitäten.

Ducke (Moderator): Ja, ausländische Aktivitäten.

Bäcker (ehemaliges MfS): Da kann ich soviel zu sagen: Ich habe darüber keine konkrete Kenntnis. Das liegt ganz einfach daran, daß ich hier vor allen Dingen sprechen muß für den sogenannten Abwehrbereich, und wir haben nicht die Möglichkeit, obwohl wir uns das ernst vorgenommen hatten für heute, einen entsprechenden kompetenten Vertreter des anderen Bereiches zu hören. Ich kenne solche Beispiele natürlich der Ausbildung, das ist klar, aber ich kann Ihnen keine konkreten Angaben dazu machen.
Vielleicht, ich würde Sie bitten, damit zufrieden zu sein.

Ducke (Moderator): Herr Sauer, dürften wir Sie bitten, dies als offene Frage wieder mitzunehmen und bei Gelegenheit – – Hier ist eine Meldung. Sie können – – Es meldet sich doch noch jemand zu dieser Frage.
Würden Sie sich dann vorstellen.

Devaux (Mitarbeiter in der Leitung der politischen Aufklärung der ehemaligen Hauptverwaltung Aufklärung): Guten Tag, meine Name ist [Ralph-Peter] Devaux. Ich bin seit einiger Zeit Mitarbeiter in der Leitung der politischen Aufklärung der ehemaligen **Hauptverwaltung Aufklärung**. Ich muß unseren Vertreter, der heute früh planmäßig erscheinen sollte, hier entschuldigen. Ich bin also kurzfristig an seiner Stelle gebeten worden, hier für Ihre Fragen zur Verfügung zu stehen.
Wenn ich die Frage beim Hereinkommen richtig verstanden habe, geht es um die Zusammenarbeit der ehemaligen Hauptverwaltung Aufklärung mit ausländischen Sicherheitsorganen. Habe ich die Fragen richtig verstanden?

Frau Dörfler (GP): Konkret war die Frage: Welche Aufgaben erfüllte das MfS bei der Anleitung und Ausbildung ausländischer Gruppierungen und Geheimdienste?

Ducke (Moderator): Also, es geht jetzt nicht so sehr um die Zusammenarbeit.

Sauer (Stellvertretender Leiter des Sekretariats des Ministerpräsidenten): Ich würde vorschlagen, daß ich die Frage mitnehme und beantworte.

Ducke (Moderator): Ja. Also bleiben wir dabei, daß Herr Sauer diese Frage mitnimmt.

Devaux (Mitarbeiter in der Leitung der politischen Aufklärung der ehemaligen Hauptverwaltung Aufklärung): Vielleicht kann ich doch hier versuchen, eine Antwort zu machen. Ich weiß nicht, ob sie befriedigend ausfallen wird.

Ducke (Moderator): Aber sind Sie – – Ja – –

Devaux (Mitarbeiter in der Leitung der politischen Aufklärung der ehemaligen Hauptverwaltung): Ich möchte dazu soviel sagen, daß es natürlich üblich ist, daß man internationale Verträge abschließt, auch **zwischen Sicherheitsorganen**, und im Rahmen dieser vertraglichen Regelungen prüft, ob bestimmte Bitten anderer Sicherheitsorgane erfüllt werden können. Dafür gab es im ehemaligen Ministerium eine internationale Abteilung, die diese Wünsche entgegengenommen hat und jeweils Entscheidungsvorschläge unterbreitet hat, wie zu verfahren ist im Rahmen der dafür geltenden Bestimmungen und unter Beachtung der internationalen Interessen der DDR.

Ducke (Moderator): Ich glaube, ich rede im Interesse der Fragestellerin, daß wir doch Herrn Sauer diese Frage noch weiter mitgeben, da die Antwort jetzt doch ein wenig zu allgemein ausfallen mußte, weil ja die Vorbereitung konkret gar nicht da sein konnte. Danke.
Jetzt – –

Böhme (SPD): Eine Zusatzbitte nur. Mit der Bitte: Offenlegung der Verträge.

Ducke (Moderator): Darum geht es.
Jetzt Herr Meckel von [der] SPD, bitte.

Meckel (SPD): Ich habe verschiedene Fragen – –

Ducke (Moderator): Machen Sie lieber nur eine konkrete Rückfrage. Wir haben eine ganze Latte, und es ist sicher auch von Interesse der anderen, zuzuhören oder sich zu Wort zu melden.
Bitte.

Meckel (SPD): Ich muß trotzdem verschiedene kurze Fragen nennen. Erstens: Ist es richtig, daß ich es richtig verstanden habe, daß alle bisherigen Mitarbeiter der Staatssicherheit von ihrem Eid entbunden sind, das heißt auch von der **Schweigepflicht** entbunden sind?

Ducke (Moderator): Danke. Wir hatten ausgemacht: lieber gleich Rückfragen. Ist es gleich möglich? Sonst vergessen wir nämlich wieder alles.
Kann jemand dazu etwas sagen?

Bäcker (ehemaliges MfS): Das entspricht nicht den Tatsachen. Sie haben ja gehört, daß ein großer Teil von Mitarbeitern noch Dienst tut im Zusammenhang mit der Auflösung. Der Akt der **Entlassung** und der **Entpflichtung** ist eben bei einer bestimmten Zahl noch nicht erfolgt.

Ducke (Moderator): Darf ich noch rückfragen: Mit dem Akt der Entlassung ist dann aber auch die Befreiung von diesem Eid – – So habe ich Herrn Meckel verstanden, oder – –

Bäcker (ehemaliges MfS): Das ist nicht so. Das ist mir nicht bekannt.

Ducke (Moderator): – würden wir auch wieder Herrn Sauer bitten, sich kundig zu machen. Ja, danke.
Herr Meckel, die nächste Frage.

Meckel (SPD): Zweite Frage: Gestern hatten wir eine Kundgebung auf dem Alexanderplatz. Es wurde beobachtet, daß die Kameras, die oben auf dem Haus für Elektronik sind, die bei solchen Anlässen in der Vergangenheit entsprechend auch benutzt wurden, auch gestern benutzt wurden. Ich möchte nachfragen: Wer saß dahinter, wo kam dieses Material hin? Ja, die Frage ist klar.

Ducke (Moderator) Danke. Kann jemand schon etwas sagen, oder müssen Sie es – – Herr Minister Ahrendt.

Ahrendt (Minister für Innere Angelegenheiten): Ich kann jetzt nicht konkret sagen, was den gestrigen Tag anbetrifft und diese Kameras, aber generell zu diesen **Kameras im Stadtzentrum**:

Das sind Einrichtungen des Präsidiums der Volkspolizei Berlin, und ich darf Ihnen hier wirklich versichern: Die dienen nicht der Überwachung – und haben nie gedient – von irgendwelchen Personen, sondern die dienen ausschließlich der Beurteilung der Lage in bezug auf die **Lösung von polizeilichen Aufgaben**. Das beginnt sowohl bei verkehrspolizeilichen Aufgaben und Sie werden, wenn das gestern so war, natürlich auch verstehen, daß eine außerordentlich hohe Menschenkonzentration unter einer bestimmten Beobachtung stehen muß, Panik und und und. Aber ich versichere hier in voller Bewußtheit meiner Verantwortung: Es handelt sich nicht um derartige Dinge, die Sie aus der Vergangenheit kennen.

Ducke (Moderator): Herr Meckel, ich werde von Wortmeldern aufmerksam gemacht, daß wir den anderen doch noch das Wort geben sollen. Haben Sie noch eine Frage? – Sie haben viele, aber noch eine, dann kämen die nächsten dran.

Meckel (SPD): Gut, noch eine. Es ist keine Frage, sondern eine Forderung, die wir haben, daß die **Entscheidung über das Schriftgut** und sämtliche Materialien, die in diesem Zusammenhang anfallen, erst nach dem 6. Mai fällt.

Ducke (Moderator). Wir bitten Herrn Sauer, dies zur Kenntnis zu nehmen und eventuell eine Antwort vorzubereiten.

Sauer (Stellvertretender Leiter des Sekretariats des Ministerpräsidenten): Da wird es sicher keine Probleme geben.

Ducke (Moderator): Als nächster hat sich gemeldet Herr Raspe.
Herr Raspe, bitte.

Raspe (LDPD): Bei aller Zeitnot möchte ich doch an dieser Stelle doch einmal feststellen, daß wir von der Regierung bisher nicht verwöhnt wurden, was die Berichterstattung anbetrifft, aber ich heute den Eindruck habe, daß es eine neue Qualität der Auskünfte ist, wenn auch noch viele Fragen offen bleiben, aber dazu sind wir ja zusammengekommen, um Fragen nachzuschieben.

Ich habe drei kurze Fragen:

Wir stimmen zu, daß das Ministerium für Innere Angelegenheiten im **Abwehr- und Aufklärungsbereich** bis zu den Wahlen bestimmte Aufgaben der bisherigen Sicherheitsorgane übernimmt. Wie wird gewährleistet, daß es ausgeschlossen bleibt, daß sich diese übernommenen Strukturen und Apparate wieder zu verselbständigen beginnen und neu zu formieren beginnen? Und wie wird die parteipolitische Zusammensetzung dieser Strukturen aussehen? Überläßt man das dem Zufall?

Ducke (Moderator): Danke. Kann schon jemand – – Das war die erste Frage. Kann jemand schon dazu etwas sagen?
Herr Minister Ahrendt.

Ahrendt (Minister für Innere Angelegenheiten): Also, wenn Übereinstimmung erzielt werden sollte – und davon müssen wir erst einmal ausgehen –, daß diese Bereiche meinem Ministerium zugeordnet werden, das ist zunächst einmal die Voraussetzung, dann darf ich Ihnen sagen, daß ich natürlich persönlich alles tun werde – und das kann ich nur tun, indem ich diese Einrichtungen unter eine volle demokratische Kontrolle stelle –, daß sie sich nicht zu dem entwickeln können, was Sie aus Ihrer Vergangenheit her ja zum Teil selbst am eigenen Beispiel kennen.

Dort ist auch daran gedacht, diese Bereiche als **zivile Bereiche** zu entwickeln. Das heißt, hier keine militärischen Dienstgrade zuzulassen. Ich denke auch nicht daran, daß der Leiter dieser Aufgaben zur **Spionageabwehr** und so weiter ein ehemaliger Leiter aus dem Bereich des ehemaligen Ministeriums für Staatssicherheit sein darf; das muß ein Zivilist sein.

Natürlich bitte ich um Verständnis, daß es Spezialisten dort in diesem Bereich geben muß, die man einfach übernehmen muß, denn ich kann keinen Verkehrspolizisten mit derartigen Aufgaben betrauen, das geht nicht. Aber die **demokratische Kontrolle**, über die man sich dann auch verständigen muß, wie sie erfolgt, die muß [man] von Anfang an sichern, daß es hier keine Auswüchse in dieser Hinsicht gibt.

Und ich werde alles, was möglich ist, auch tun, um diesen Bereich voll transparent zu machen. Und ich hatte vorhin in meinem Bericht auch genannt, daß es möglich ist, unter entsprechenden Verpflichtungen zur Sicherheit weiteren Einblick zu gewähren, und das könnte man dann auch in der künftigen Tätigkeit tun.

Ich muß aber auch hier darauf verweisen, daß diese Spezialisten, die hier übernommen werden würden, nicht aus den Bereichen kommen, die der Überwachung und so weiter der Bevölkerung dienten, sondern diese Bereiche haben stets eine andere Aufgabe schon in der Vergangenheit gehabt.

Genügt das?

Ducke (Moderator): Danke, ja.
Herr Raspe, Ihre zweite Frage, bitte.

Raspe (LDPD): Gibt es ein **Archiv** in dem die Ergebnisse des **Telefonabhörens** gespeichert sind? Was geschieht mit dem Archiv, wenn es das gibt?

Ducke (Moderator): Kann jemand dazu Auskunft geben?
Herr Sauer.

Sauer (Stellv. Leiter des Sekretariats des Ministerpräsidenten): Dieses **Archiv** wird genauso behandelt und ist genauso zu behandeln, wie ich das vorhin zu allen Dokumenten der **Elektronik** und so weiter gesagt habe: Es ist **versiegelt**, und es muß zum gegebenen Zeitpunkt darüber entschieden werden. So würde ich das sehen und beantworten. Man kann ja keine Sonderregelung für die eine oder andere Form von Datenträgern machen.

Ducke (Moderator): Genügt das, Herr Raspe? Dann Ihre dritte Frage.
Entschuldigung, Herr Minister möchte noch dazu – –

Ahrendt (Minister für Innere Angelegenheiten): Entschuldigung, ich hatte vergessen, einen Teil der Frage von Herrn Raspe zu beantworten. Es ging um die Frage der Organisation der Partei.

Ich darf hier allgemein erklären, daß die **Parteiorganisationen der SED-PDS** generell aus den Organen des Ministeriums für Innere Angelegenheiten hinausgehen. Das ist eine Sache, die man dann im Wohngebiet wahrnehmen muß, und das gilt natürlich auch für neue Mitarbeiter, soweit sie Mitglieder der SED-PDS sind.

Ducke (Moderator): Gut.
Herr Raspe, Ihre dritte Frage.

Raspe (LDPD): Das **Wachregiment** soll radikal reduziert werden. Bedeutet das auch, daß wir Schluß machen mit der **preußischen Traditionspflege**?

Ducke (Moderator): Würden Sie es bitte noch einmal wiederholen?

Raspe (LDPD): Ich bin davon ausgegangen, daß das Wachregiment radikal reduziert werden soll, und ich wollte wissen, ob das einschließt, daß wir Abschied nehmen von der preußischen Traditionspflege?

Ducke (Moderator): Herr Minister Ahrendt versucht zu antworten.

Ahrendt (Minister für Innere Angelegenheiten): Es ist beabsichtigt, dem Ministerium für Innere Angelegenheiten Teile des ehemaligen Wachregiments zuzuordnen. Das ergibt sich ganz einfach aus der Notwendigkeit, daß die Bewachung von bestimmten Gebäuden, zentralen Gebäuden, die bisher diesem Bereich oblag, jetzt durch unser Ministerium erfolgen muß.

Das werden dann Angehörige sein der Deutschen **Volkspolizei**, und in der Deutschen Volkspolizei werden alle – soweit es sie überhaupt gab und noch gibt – **militärischen Traditionen**, ich möchte mich direkt darauf sogar beziehen, **abgeschafft**. Wir haben zum Beispiel auch vor, um diesen militärischen Anstrich, den die Polizei doch noch da und dort hat, auch dadurch etwas einzudämmen, daß wir polizeiliche Dienstgrade wieder einführen. Das heißt, von militärischen Dienstgraden abgehen. Und das wird natürlich auch im Vollen gelten – um diesen zivilen Bereich anzusprechen – für die ehemaligen Angehörigen des Wachregiments.

Ich hatte neulich erklärt, in der Presse ist das zum Teil erschienen, daß wir uns verstehen als eine **zivile Einrichtung** und nicht als eine militärische. Da müssen wir natürlich künftig noch einiges tun, um bestimmte Dinge abzubauen, auch die Uniform abzubauen, aber das geht aus materiellen Erwägungen heraus vielleicht erst nach dem Zeitraum 1995.

Ducke (Moderator): Danke.
Als nächste hat das Wort Frau Seelig von der Vereinigten Linken.

Frau Seelig (VL): Ja also, ich habe eine Frage zum Bericht zur inneren Sicherheit und zwei an den Herrn Sauer.

In Ihrem Bericht ist sehr intensiv über die Aktivitäten der **Neonazis**, der **Rechtsextremen**, berichtet worden. Mir ist aufgefallen, daß in Ihrer Wortsetzung jetzt auch immer wieder **linksextremistische** Aktivitäten auftauchen, die mir aber in dem Bericht nicht untersetzt zu sein schienen. Ich würde da gerne nachfragen, was damit gemeint ist, weil da sehr schnell Verwaschungen und unkorrekte Zusammenhänge bei herauskommen.

Ducke (Moderator): Herr Minister Ahrendt dazu.

Ahrendt (Minister für Innere Angelegenheiten): Ich kann Ihnen jetzt nur einzelne Fälle nennen, die darauf hindeuten, daß es auch Bestrebungen des **Linksradikalismus** gibt, sich hier zu installieren.

Wir hatten zum Beispiel vor wenigen Tagen bei einer Hausdurchsuchung bei einem Bürger mehrere Waffen gefunden, und als Motiv hat er ausgesagt, er hätte vorgehabt, bei einer Wiedervereinigung Deutschlands sich dieser RAF anzuschließen, also diesen Linksextremisten da in der BRD. Und aus anderen einzelnen Beispielen heraus sind wir natürlich vorbeugend auf derartige Dinge eingestellt.

Also sich nur ausschließlich auf rechts zu orientieren – ich glaube, man muß beide Seiten dabei sehen, um nicht eines Tages Erscheinungen zu haben, die uns dann im nachhinein zu bestimmten Handlungen zwingen.

Ducke (Moderator): Frau Seelig, Sie haben noch zwei Fragen.
Oder eine Ergänzung, Herr Generalstaatsanwalt **Joseph** bittet um eine Ergänzung.

Joseph (Generalstaatsanwalt): Ja, ich möchte eine ganz konkrete Ergänzung dazu geben.

Mir liegt ein Schreiben vor vom 2. Dezember 1989. Da steht drin:

„Werter Herr Generalstaatsanwalt, sollten Sie nicht innerhalb einer Woche gegen die korrupten Verbrecher M. und E. Honecker, Mielke, Stoph, Kleiber und so weiter Haftbefehl erlassen und dieselben sofort in U-Haft setzen, werden Sie den 1. Januar 1990 nicht mehr erleben. RAF."

Ich wollte nur sagen, daß hier also ganz konkrete Hinweise auch vorliegen. Es betraf sicherlich den ehemaligen Generalstaatsanwalt.

Ducke (Moderator): Gut. Danke für die Ergänzung.
Frau Seelig, Sie haben noch eine Frage oder zwei?

Frau Seelig (VL): Die nächsten zwei Fragen betreffen den Zwischenbericht zur Auflösung der Nasi [Amt für Nationale Sicherheit].

Wie sieht es mit der **Strafverfolgung** aus? Das bleibt nach wie vor stehen. Wir haben das Gefühl, daß also im Grunde genommen dieser **Befehlsnotstand** wieder eingeführt wird. Sie haben das ja vorhin sehr genau konkret erläutert, wie das Unterstellungsverhältnis war. Wie sieht es aber mit der individuellen Strafverfolgung der jetzigen Mitarbeiter des Staatssicherheitsdienstes beziehungsweise des Amtes für Nationale Verteidigung aus? Nationale Sicherheit, Entschuldigung.

Ducke (Moderator): Ja, kann dazu jemand etwas sagen?
Herr Joseph, würden Sie das Mikrophon einschalten?

Joseph (Generalstaatsanwalt): Ich habe Ihre Unterlagen da – – daß bereits Ermittlungsverfahren eingeleitet worden sind gegen ehemalige Mitarbeiter des Ministeriums für Staatssicherheit. Es sind 22 Ermittlungsverfahren aus dem Bereich Militäroberstaatsanwaltschaft [???], und 64 Anzeigenprüfungen laufen da.

Reicht das erst einmal so?

Ducke (Moderator): Danke.
Frau Seelig, Ihre letzte Frage. Es ist noch eine lange Liste.

Frau Seelig (VL): Stimmt es – also uns sind Erkenntnisse zugegangen-, daß an der **Jugendhochschule der FDJ** im Bogensee Stasi-Mitarbeiter als **Skinheads** und andere Extremisten ausgebildet wurden und bis in die jüngste Zeit eingesetzt werden, also als V-Männer sozusagen, ja?

Ducke (Moderator): Danke. Dazu jemand konkret?
Herr Generalstaatsanwalt.

Joseph (Generalstaatsanwalt): Mir liegen solche Erkenntnisse nicht vor.

Ducke (Moderator): Danke für die Antwort.
Es hat als nächster das Wort Frau Töpfer vom Freien Deutschen Gewerkschaftsbund.

Frau Töpfer (FDGB): Herr Raspe hat unsere Bedenken schon zum Ausdruck gebracht, was die paritätische Zusammensetzung der neuzubildenen Abteilungen im MdI, die mit Verfassungsschutzcharakter arbeiten sollen, anbetrifft, so daß wir unsere Frage diesbezüglich zurückziehen.

Ducke (Moderator): Wäre als nächster Herr Poppe. Ihre Fragen, bitte.

Poppe (IFM): Ja, ich habe sowohl Fragen an Herrn Ahrendt als auch an Herrn Sauer. Erst die Frage an den Innenminister.

Herr Innenminister, Sie haben einige Absolutzahlen angegeben und dann daraus Trendangaben gemacht, zum Beispiel zur **Kriminalität** nach der **Öffnung der Grenzen** und zur Frage des **Rechtsextremismus** und **Neofaschismus**. Ich möchte fragen: Gibt es auch entsprechende **Analysen**, die also diesen Trend nachweisen, oder handelt es sich lediglich um die Verarbeitung subjektiver Eindrücke aus verschiedenen Bereichen Ihres Ministeriums?

Ich will einmal als Beispiel hier sagen: Sie nannten Zahlen von oder den Anstieg von rechtsradikalen Erscheinungen. Auf der anderen Seite sagten Sie, es gibt sie bereits seit 1981, aber da wurden sie nicht in Ihrem Bereich untersucht.

Kann es nicht nun auch sein, daß dort, in dem Ressort, in dem sich diese Handlungen befanden, also in dem sie untersucht werden sollten, seinerzeit rechtsradikale Erscheinungen gar nicht so interessant schienen, sondern eher Jagd auf demokratische Bewegungen gemacht wurde und infolgedessen eine tatsächliche analytische Untersuchung dieser Verhältnisse gar nicht klar ist?

Ducke (Moderator): Das war eine Frage an Herrn Ahrendt. Wollen Sie gleich, daß sie beantwortet wird? – Die nächste kommt dann. Bitte.

Ahrendt (Minister für Innere Angelegenheiten): Das läßt sich eindeutig nachweisen, daß in den letzten Monaten – auch mit Zahlen, mit statistischen Werten – diese **rechtsradikalen Tendenzen** vorhanden sind, und ich glaube, fast jeder hier in diesem Raum wird es auch aus eigenem Erleben da und dort bestätigen können. Wir haben natürlich im Interesse der Dichte der Ihnen vorliegenden Informationen darauf verzichtet.

Ich darf einmal folgende Zahlen nennen der letzten drei Monate: Wir hatten im November 32 derartige Handlungen, im Dezember 71 und im Januar bereits bis zum gestrigen Tag 52. Ich glaube, diese Zahlen sprechen für sich.

Ducke (Moderator): Danke.
Herr Poppe, Ihre zweite Frage bitte, noch vor dem Mittagessen.

Poppe (IFM): Eine Frage an Herrn Sauer oder zwei Fragen an Herrn Sauer.

Sie sprachen von 12 000 **verbleibenden Mitarbeitern** des ehemaligen Amtes für Nationale Sicherheit. Meine Frage ist: Was sind das für Mitarbeiter? Sind das ehemalige leitende Mitarbeiter? Können Sie etwas über die **Zusammensetzung dieses Mitarbeiterstabes** aussagen?

Eine weitere Frage: Schaffung eines **Ausbildungszentrums** bezogen auf das ehemalige Wachregiment – was ist das für eine Ausbildung, die dort angestrebt wird? Ist das irgendeine Spezialausbildung, wozu ausdrücklich das ehemalige Wachregiment herangezogen werden muß?

Ducke (Moderator): Danke.
Herr Sauer.

Sauer (Stellv. Leiter des Sekretariats des Ministerpräsidenten): Was die erste Frage angeht, so ist es so, daß diese rund 12 000 verbleibenden Mitarbeiter sich sehr unterschiedlich zusammensetzen, und zwar nach der Art der noch abzuwickelnden Aufgaben. Das sind sowohl Leiter, also Offiziere, als auch Mitarbeiter technischer und anderer Bereiche. Ich bin im Moment nicht im Detail in der Lage zu sagen, wieviel das von der jeweiligen Berufsgruppe oder Kategorie sind.

Aber wir gehen davon aus, das hatte ich auch vorhin im Bericht gesagt, es bleiben die im ehemaligen Amt, die dieses Amt so schnell wie möglich und ordnungsgemäß mit **Übergabe**, Übergabeprotokollen abwickeln müssen – das ist also eine reine Sachlichkeitsentscheidung, wer das ist – und werden dann sofort, wenn diese Aufgabe, die konkrete Aufgabe, die ihnen übertragen wurde, erfüllt ist, aus dem Dienst entlassen. Das läßt sich nicht in die Frage Leiter oder Mitarbeiter so einkategorisieren.

Ducke (Moderator): Herr Poppe, eine Rückfrage noch dazu?

Poppe (IFM): Eine Rückfrage noch dazu: Sind unter diesen 12 000 auch Mitarbeiter vorgesehen, die bisher zur Überwachung der Bevölkerung eingesetzt waren?

Sauer (Stellv. Leiter des Sekretariats des Ministerpräsidenten): Nein.

Ducke (Moderator): Danke.
Jetzt noch zur zweiten Frage, Herr Sauer.

Sauer (Stellv. Leiter des Sekretariats des Ministerpräsidenten): Zur zweiten Frage: Die könnte ich, falls nicht einer der Herren in der Lage ist, Auskunft zu geben, könnte ich sie nur mitnehmen jetzt.

Ducke (Moderator): Gut, dann – –
Herr Minister Ahrendt möchte etwas sagen.

Ahrendt (Minister für Innere Angelegenheiten): Ich kann jetzt nicht konkret werden, weil ich mich mit der Sache noch gar nicht befaßt habe. Es ist auch für mich neu, das alles zu übernehmen.

Aber es ist natürlich so, daß auch Kräfte, die **Objektbewachung** leisten, einer bestimmten Ausbildung bedürfen. Und wenn der **Personenschutz** auch zugeordnet werden soll zu unserem Bereich, natürlich mit einer viel geringeren Personenzahl als das früher der Fall war, dann müssen auch diese Leute des Personenschutzes ausgebildet werden, um beispielsweise in der Lage zu sein, hohe Gäste der Deutschen Demokratischen Republik – ich erinnere an die Besuche [von] Bundeskanzler Kohl und Mitterrand – auch entsprechend zu schützen.

Und ich kann mir auch vorstellen, wenn mir die **Terroristenbekämpfung** zuzuordnen wäre, daß ich dann natürlich auch über Möglichkeiten verfügen muß, bestimmte Spezialeinheiten zu trainieren, bespielsweise zur Beseitigung einer Geiselnahme in einem Flugzeug. Und da braucht man bestimmte Übungsplätze. Die sind dafür ganz einfach notwendig, aber es wird sich in keinem Fall um Aufgaben handeln, die im Sinne der vergangenen Tätigkeit des Ministeriums für Staatssicherheit dient.

Ducke (Moderator): Danke. Das waren Antworten.

Gibt es noch eine Ergänzung? – Herr – – Sie stellen sich bitte selbst vor.

Winderlich (Stellv. des Minister für Innere Angelegenheiten): Winderlich, Stellvertreter des Ministers. Ich wurde ja vorgestellt.

Wir übernehmen vom **Wachregiment**, von den über 10 000 an Personalbestand, was das Wachregiment hatte, rund 3 500 Planstellen. Das heißt, wir reduzieren dieses Wachregiment von über 10 000 auf 3 500 Mann. Inwieweit hier Spezialisten und so weiter übernommen werden müssen, so weit sind wir noch nicht.

Was das **Ausbildungszentrum** betrifft: Das Wachregiment Berlin hat ein großes Ausbildungszentrum, ein ehemaliges militärisches Objekt, das schon vor dem Kriege bestand und dann ausgebaut wurde, in Teupitz.

Es war in der Presse vermeldet, daß das Innenministerium die ihnen zugehörigen **Truppenübungsplätze** schließt. Es besteht die Absicht, diese dort vorhandenen Möglichkeiten – Schießplätze und so weiter – für die gesamte Ausbildung der Polizei im Raum Berlin einschließlich der Bereitschaftspolizei nutzbar zu machen. Das Wachregiment wird umfunktioniert, mit neuen Kräften gestärkt. Die Führung wird von uns übernommen. Es wird eine Wachbereitschaft Berlin geben, die dann hier zentrale Objekte von staatlicher Bedeutung wie Ministerrat, Volkskammer und so weiter sichert.

Ducke (Moderator): Danke schön.

Ich habe hier noch vorliegen neun Wortmeldungen, und auch der Vertreter des Bürgerkomitees möchte sich noch melden. Wir müssen aber unterbrechen, da wir schon vier Minuten nach eins haben, und es wäre unhöflich – – Wenigstens beim Essen da – –

Es müssen noch einige konkrete Ansagen gemacht werden. Ich schlage vor, vor diesen konkreten Ansagen, daß wir die Aussprache zu diesem Thema nach der Mittagspause fortsetzen. Gibt es dagegen Gegenstimmen? Sind die Vertreter der Regierung in der Lage, dieser unserer Bitte noch weiter zu entsprechen? – Ja, das ist der Fall.

Wir setzen die Aussprache fort um 13.45 Uhr.

Jetzt aber noch eine wichtige Ansage. Ich bitte noch um Disziplin für die Ansage vor Tisch.

Bitte, Herr Lange.

Lange (Co-Moderator): Wir möchten Sie freundlich bitten, die Vorschläge für das Mittagessen genau zu beachten, das heißt, alle Teilnehmer am Runden Tisch werden gegenüber in dem Gebäude ihr Mittagessen einnehmen. Alle anderen – Berater, Gäste, die Presse, Beobachter – werden in dem Haus 60 im Majakowskiring in der Kantine ihr Essen erhalten. Das gilt auch für die Beobachter. Nur die, die hier an diesem Tisch sitzen, sind für das Mittagessen gegenüber in dem Gebäude vorgesehen.

Bitte beachten Sie das, weil es sonst Schwierigkeiten gibt mit der Küche.

[Mittagspause]

Ducke (Moderator): Da die Mittagspause doch ein wenig zu kurz angesetzt war, waren einige, die sich noch nicht in Ruhe sättigen konnten. Das wird dazu führen, daß ich um Verständnis bitten muß, daß wir mit einer gewissen Verzögerung anfangen. Damit dann alle hier gesättigt und zur Verdauung aufgelegt hier sind, verlängern wir ein wenig die Mittagspause.

[Pause]

Ducke (Moderator): Wir haben die Mittagspause ein wenig verlängern müssen, weil die Küchen den Ansturm nicht gleich bewältigen konnten. Jetzt muß ich aber bitten, die Interviews zu beenden, und die Teilnehmer des Runden Tisches, Platz zu nehmen.

Meine Damen und Herren, bitte nehmen Sie Platz. Darf ich dann auch die Berater bitten? Meine Damen und Herren, es liegen neun Meldungen vor zu Anfragen zu den Berichten: Herr Eppelmann, Herr Böhme, Herr Platzeck, Herr Krause, Frau Walzmann, Frau Poppe, Herr Schult, Herr Templin und Herr Stief.

Ich möchte als erstes beantragen, daß wir jetzt den Schluß der Rednerliste beschließen. Wir nehmen noch entgegen eventuell, wenn noch dringliche Meldungen sind. Wir müssen heute, bitte schauen Sie auf die Uhr, noch zum **Wahlgesetz** kommen, und wenn schon alles gesagt wurde – – das Thema bleibt ja.

Also, ich möchte vorschlagen, daß wir jetzt den Schluß der Rednerliste bestimmen, und nur noch die Parteien und Gruppierungen, die sich jetzt noch nicht gemeldet haben, haben noch die Chance, noch in die Rednerliste aufgenommen zu werden, in der Weise.

Das wäre zunächst Frau – – bitte, ja, von VdgB und Herr Krebs und Herr – – von Domovina. CDU haben wir nun schon zwei Wortmeldungen liegen, also, da muß ich bitten, daß ich das nicht mehr beschließe. Und dann wäre noch Frau Böhm von Unabhängiger Frauenverband. Haben Sie eben einmal mitgeschrieben, daß wir jetzt keinen Fehler machen?

Dann stelle ich als erstes den Antrag, mit diesen letztgenannten Wortmeldungen, Namensmeldungen die Rednerliste zu schließen. Ich bitte um Ihr Handzeichen, wenn Sie mit diesem Vorschlag einverstanden sind: Schluß der Rednerliste. – Dies ist die überwiegende Mehrheit. Ich danke für Ihr Verständnis, und die anderen werden auch das verstehen können.

Wir hätten noch **Verfahrensfragen**, darf ich nur noch einmal sagen. Wir haben noch einige Vorlagen. Ich habe die Einbringer dieser Vorlagen gebeten, sie eventuell noch einmal zu überarbeiten, damit dann aufgrund des Berichtes konkrete Vorlagen vorgeschlagen werden können. Und dann müssen wir noch ganz konkret überlegen, wie wir vorgehen, was der Runde Tisch beschließen kann bezüglich der Vorschläge von Herrn Koplanski – – die konkreten Vorschläge der Mitarbeit gerade auch in diesen Fragen und mit der Regierung.

Da wäre jetzt mein Vorschlag, den wir noch nicht abstimmen wollten, sondern nur, damit man schon einmal nachdenkt, ob möglich wäre, daß uns der Rechtsausschuß vielleicht bis zum nächsten Mal, oder vielleicht auch heute einen konkreten Vorschlag machen könnte über diese Zusammenarbeit, die Zusammensetzung, die Vertrauenspersonen. Ob das möglich wäre, daß man da eine konkrete Vorlage – –

Ich muß jetzt gestehen, es sind so viele Vorschläge gekommen, daß es mir sehr schwerfällt, das jetzt ganz zu konkretisieren. Ob das wäre und auch vielleicht die Kommission oder die Arbeitsgruppe zur Sicherheit, daß da so eine Vorbereitung geschieht. Sie können es sich noch überlegen, wir brauchen jetzt noch keine Äußerung.

Dann schreiten wir fort in unserer Aussprache. Ich bitte Herrn Eppelmann, das Wort zu nehmen, bitte. Herr Eppelmann vom Demokratischen Aufbruch.

Eppelmann (DA): Ich habe eine kurze Bemerkung und zwei Fragen an den Zwischenbericht von Herrn Sauer.

Und zwar möchte ich zunächst unsere Betroffenheit darüber zum Ausdruck bringen, wieviel sich die regierenden Parteien in der DDR, insbesondere die **SED**, die **Überwachung** und **Einschüchterung** ihrer eigenen Bevölkerung haben kosten lassen, an Menschen, an Material und an Geld.

Und das zweite wäre ein Wort, ja, fast des Dankes dafür, daß erste konkrete Zahlen auf den Tisch gekommen sind. Mir fällt das mit dem Dank ein wenig schwer, weil ich nicht so genau weiß, was die Angaben, die ich heute hier gehört habe, tatsächlich wert sind, weil entscheidende Dinge für uns noch fehlen:

Etwa die Frage mit der Offenlegung der Strukturen, der Verflechtungen, **der Verbindungen der Staatssicherheit mit der SED**. Das gehört einfach mit dazu, wenn man über die Arbeit und den Stellenwert dieses Ministeriums berichtet, dann muß das deutlich gemacht werden. Es reicht nicht, daß die Spatzen von den Dächern pfeifen, daß Günter Schabowski in seiner Funktion als ein politischer Funktionär der SED Weisungsbefugnisse hatte über leitende Mitarbeiter der Staatssicherheit. Das muß für uns, für das Volk offengelegt werden. Da meine ich, sind Sie uns eine verbindliche, detaillierte Auskunft schuldig.

Das zweite ist, es geht nicht an, daß ehemalige Mitarbeiter dieses doch wohl zu Recht in Mißkredit geratenden Ministeriums, dieser Einrichtungen der DDR, auf die wir doch nicht verzichten können, zumindestens zur Zeit nicht verzichten können, wenn ich an die Nationale Volksarmee denke, aber ich denke auch an die Polizei und an Botschaften der DDR im Ausland, wenn dort ehemalige Mitarbeiter des Ministeriums für Staatssicherheitsdienst eingesetzt werden. Dann dürfen wir uns nicht wundern, wenn die Bevölkerung der DDR wenig Vertrauen zur **Nationalen Volksarmee**, wenig Vertrauen zur **Polizei** und wenig Vertrauen zu ihren diplomatischen Vertretungen im Ausland hat.

Und meine zweite Frage, die erste bezog sich auf die Strukturen und Verflechtungen von Staatssicherheit zur SED, und die zweite: Was meinten Sie vorhin mit „Geräten zum Abschuß spezieller Munition"? Sind damit **chemische Kampfstoffe** gemeint? Und welchen Sinn hatten solche chemischen Kampfstoffe bei der Staatssicherheit im Verhältnis zu ihrer eigenen Bevölkerung? Waren die dazu gedacht, bei uns eingesetzt zu werden?

Und eine Frage in dem Zusammenhang: Wir haben Informationen, daß Materialien – in der Menge, die in einen Güterzug hineinpassen – des Ministeriums für Staatssicherheit zur **Securitate** nach **Rumänien** verbracht worden sind, als es sie dort noch funktionstüchtig gab. Können Sie dazu etwas sagen, was das für Materialien sind und auf wessen Anweisung die zur Securitate nach Rumänien verbracht worden sind? Danke.

Ducke (Moderator): Danke, Herr Eppelmann.

Herr Sauer, könnten Sie zu den aufgeworfenen Fragen etwas sagen?

Sauer (Stellv. Leiter des Sekretariats des Ministerpräsidenten): Was die zuerst genannte Frage von Herrn Eppelmann angeht, die Verflechtungen der Staatssicherheit zu Parteien, speziell zur SED, kann ich dazu nur sagen: Seitdem es die Regierung Modrow gibt, ist jede Form von **Verflechtung von Staat und Parteien**, auch von Verflechtung zur SED-PDS, **unterbrochen**. Die alleinige Verantwortung für die Auflösung des Amtes für Nationale Sicherheit trägt die Regierung der DDR. Es gibt in diesem ganzen Prozeß, und nur für diesen Prozeß bin ich kompetent zur Aussage, keine derartigen Verflechtungen.

Zur zweiten Frage, da bitte ich, was diese **Geräte zum Abschuß spezieller Munition** angeht, daß sich da ein Experte äußert. Wenn das nicht möglich ist, würde ich das – – Ich sehe gerade, ich kann darauf antworten, ich bitte um Entschuldigung.

Was Materialien betrifft des ehemaligen Amtes für Nationale Sicherheit, die – wie Sie sagten – in Dimensionen eines Güterzuges nach Rumänien geschafft worden sind, so haben mir die Verantwortlichen für die Auflösung des Amtes versichert, und ich habe keinerlei Grund und keinerlei Informationen, ihnen zu mißtrauen, daß es eine solche Verbringung nicht gegeben hat und nicht gibt. Mehr kann ich dazu nicht sagen.

Was die Frage „chemische Mittel" und so weiter als Information zum Bestand an chemischen Mitteln des Amtes für Nationale Sicherheit angeht, also polizeiliche Hilfsmittel im Rahmen der Terrorabwehr: Hier geht es um Sprays vorwiegend aus CSSR-Produktion, Reiznebelwurfkörper und Reizwurfkörper – ich bitte um Verständnis, ich bin kein Experte auf diesem Gebiet, ich trage das vor, was mir soeben gesagt worden ist; ich bin weder ein Waffen- noch ein militärischer Experte – und auch Zerstäuber, also Druckbehälter mit überwiegend zwei Liter Volumen. Wenn dazu nähere Auskünfte erwartet werden, müßten das die Spezialisten machen. Ich bitte da wirklich in dieser Frage um Nachsicht.

Ducke (Moderator): Herr Eppelmann, dazu eine konkrete Rückfrage, bitte.

Eppelmann (DA): Was die verbrachten Materialien angeht, gibt es Funde von Materialien des Ministeriums für Staatssicherheit, die jetzt beim Auffliegen von Räumen und Einrichtungen der **Securitate** in **Rumänien** gefunden worden sind [Erklärung DA: So geht das nicht weiter![19]]. Das hat uns gestern glaubhaft ein Mitglied unseres Vorstandes versichern können, der mehrere Tage in Rumänien gewesen ist.

Das ist das eine, was ich sagen möchte, und das zweite ist: Wenn Sie persönlich keine Auskunft über die Verflechtung und **Verschmelzung von SED und MfS** geben können, dann meine ich, muß das durch einen anderen passieren. Zahlen sind sehr beeindruckend, aber entscheidend wird eine Sache erst dann, wenn man Strukturen erkennt, und die gehören auf den Tisch.

Ducke (Moderator): Danke.

Herr Sauer, dürften wir vielleicht auch diesen Einwurf und diese notwendige Rückfrage noch zur Überprüfung Ihnen noch wieder mitgeben? – Danke. Sind damit die Fragen zunächst beantwortet?

Dann muß ich darauf hinweisen für diejenigen, die jetzt vielleicht zu spät gekommen sind: Die Rednerliste war geschlossen. Sie müßten also dann noch versuchen eventuell, daß Ihnen jemand seine Stimme abläßt.

Herr Böhme, bitte, und der nächste wäre Herr Platzeck, daß man sich schon vorbereiten kann, dann Herr Krause.

---

[19] Dokument 7/6, Anlagenband.

Böhme (SPD): Als erstes meinen wir, daß die beiden gegebenen Berichte heute den **Bürgerkomitees** zugänglich gemacht werden sollten. Wir haben da volles Vertrauen, daß verantwortlich damit umgegangen wird, das haben die Bürgerkomitees in der letzten Zeit gerechtfertigt, dieses **Vertrauen**.

Als zweites sind wir nicht so sicher, was die Kontrolle der Auflösung in dem uns benannten Zeitraum anbelangt. Es heißt also, das Personaltableau, quantitativ und qualitativ, sollte den zivilen Komitees und der Arbeitsgruppe am Runden Tisch zugänglich gemacht werden.

Eine Frage habe ich: Erstens, ist die Übernahme der **Waffen** gesichert in der Hinsicht, daß auch eine genaue Bestandsaufnahme vorgelegen hat, die nicht erst in letzter Zeit gemacht worden ist und entstanden ist?

Einen zweiten Hinweis, den wir geben möchten: Man hat im Zuge des Ministerratsbeschlusses vom 21. Dezember den oppositionellen Gruppen und Parteien je zwei Citroën versprochen. Wir haben uns, wie Sie wissen, dagegen ausgesprochen, mit Citroën durch die Gegend zu fahren. Das überlassen wir denen, die das die ganzen letzten Jahre gemacht haben, möglichst noch mit einem besonderen Kennzeichen.

Wir möchten aus dem uns mitgeteilten noch bestehenden Bestand des MfS, ehemaligen MfS oder ehemaligen Amtes für Nationale Sicherheit – mitgeteilt von Ihnen etwa 6500, da werden auch PKW darunter sein als DDR-Marken – zwei DDR-PKW dafür haben.

Als nächstes möchte ich fragen, ob es für die jungen, ihre Wehrpflicht abdienenden Angehörigen des **Dzierzynski-Wachregimentes** besondere Dienst- und **Eidverpflichtung** gegeben hat, also erweiterte Eidverpflichtungen, Eidableistungen im Gegensatz zu anderen Wehrpflichtigen.

Als Nächstes möchten wir fragen: Inwieweit sind die **Speicher in der Normannenstraße** und an anderen Orten **plombiert** sichergestellt, daß kein weiterer Zugang dazu bis zum 6. Mai [1990] erfolgt?

Ducke (Moderator): Herr Böhme, im Interesse, daß man weiß, worauf jetzt die Antwort kommt – – Sie sind weiterhin dran. – Wollen wir das erst einmal zur Beantwortung geben?

Böhme (SPD): Gut, einverstanden.

Sauer (Stellv. Leiter des Sekretariats des Ministerpräsidenten): Ich darf vielleicht die ersten beiden Fragen beantworten.

Was meinen Bericht anbetrifft: Ja, volle Zustimmung, den den **Bürgerkomitees** zu übergeben.

Die zweite Frage, Übernahme der **Waffen**: Ich kann nachweisen, was ich übernommen habe. Mehr kann ich nicht.

Ducke (Moderator): Danke schön.
Jetzt war noch eine Frage noch im Raum, Herr Böhme, oder?

Böhme (SPD): Die Frage nach einer eventuellen besonderen Dienst- und **Eidverpflichtung** für Angehörige des **Wachregiments**.

Ducke (Moderator): Herr Sauer, ist das möglich, daß Sie antworten können?

Sauer (Stellv. Leiter des Sekretariats des Ministerpräsidenten): Das kann ich jetzt nicht beantworten. Ich nehme die Frage mit, wenn Sie einverstanden sind? Ich kenne eine gesonderte Verpflichtung in der Richtung nicht, aber das ist – – Ich werde es prüfen.

Was die beiden PKW betrifft, denke ich, da wird es keine Probleme geben.

Ducke (Moderator): Danke.
Bezüglich solcher Wünsche, weil das jetzt vielleicht andere animieren könnte, auch solche Wünsche zu äußern, liegt hier eine **Vorlage [7/5, Antrag der Arbeitsgruppe „Auflösung des AfNS" an die Regierung]** vor, da würde ich davon absehen, das dann einzeln zu machen.

Herr Böhme, noch eine Frage?

Böhme (SPD): Als Nächstes möchten wir dem, was Herr Eppelmann eben gesagt hat, Nachdruck verleihen, daß die Personalstrukturverbindungen MfS und Parteiapparat SED mit offengelegt werden.

Ducke (Moderator): Gut, das war schon weitergegeben.

Böhme (SPD): Und das letzte bitte, zur Frage der Abkehr von Extremismus:

Bestehen Kontaktaufnahmen fachlicher und sachlicher Art zu Polizeidienststellen in Berlin-West, die nach unserer Einschätzung einen bedeutend besseren sachlichen Umgang im Umgang mit **Extremismus** haben, daß die Zunahme, die hier beschrieben wurde, an Extremismus wirkungsvoll abgewehrt werden kann? Wir stellen fest, daß natürlich unsere Polizeidienststellen und dergleichen nicht in der entsprechenden Weise ausgebildet sind, sich mit diesen Dingen zu beschäftigen.

Ducke (Moderator): War das eine Frage oder eine Feststellung?

Böhme (SPD): Meine Frage ist, inwieweit eine sachliche Zusammenarbeit angestrebt wird.

Ducke (Moderator): Herr Minister Ahrendt.

Ahrendt (Minister für Innere Angelegenheiten): Ich habe mich Anfang Dezember an meinen Kollegen Schäuble in Bonn gewandt mit der Bitte, Arbeitskontakte auch diesbezüglich aufzunehmen. Ich habe eine Einladung, die kann in diesem Monat aufgrund von Terminschwierigkeiten des Herrn Schäuble nicht wahrgenommen werden. Ich nehme an, wir können uns im Februar treffen. Aber wir haben Anfang dieses Jahres **Arbeitskontakte** [mit der BRD] auf Abteilungsleiterebene weiter in Ministerien, und da spielen diese Fragen eine Rolle.

Ducke (Moderator): Danke.
Herr Generalstaatsanwalt, noch eine Frage dazu.

Joseph (Generalstaatsanwalt): Ja, ich könnte noch eine Ergänzung dazu geben.

Es gibt natürlich **Rechtshilfebeziehungen zu West-Berlin**, und da spielen auch diese Delikte eine Rolle. Unter anderem wurden Materialien übergeben im Zusammenhang mit dem Zions-Kirchen-Prozeß, und die West-Berliner Staatsanwaltschaft hat also Ermittlungen durchgeführt, allerdings ohne Ergebnis. Aber es gibt auch da Rechtshilfebeziehungen.

Ducke (Moderator): Danke.
Als nächster hat das Wort Herr Platzeck und dann Herr Krause.

Platzeck (GL): Herr Bäcker vom Ministerium für Staatssicherheit hat bereits am Mittwochabend während der Ausschußsitzung konzediert, daß diese **Befehlsstrukturen SED/MfS** vorhanden waren. Soweit war ja der Arbeitsstand schon gediehen. Ich vermisse das auch in dem Bericht, der heute gegeben wurde, und wir möchten dem die Fragestellung anschließen, wenn Sie das jetzt noch einmal überprüfen, diese Verflechtungsgeschichten, wie die Akten in den jeweiligen Abteilungen Sicherheit der Bezirksleitung der SED eigentlich behandelt und gesichert werden.

Ducke (Moderator): Danke, das war eine Zusatzfrage zu der Aufgabe, die Herrn Sauer noch gegeben wurde. Danke, Herr Platzeck.

Als Nächstes wäre Herr Krause dran.

Krause (CDU): Herr Taut hat in seiner Stellungnahme der Bürgerkomitees formuliert, daß der Ministerratsbeschluß für diesen entscheidenden Bereich, nämlich das Zentrale Amt Normannenstraße, scheinbar unterlaufen wird. Mir scheint, diese Frage sollte noch einmal beantwortet werden, dieses Problem. Teilen Sie also die Meinung dieses Herrn Taut? Das scheint auch für die Abgeordneten der Volkskammerfraktion der CDU wichtig zu sein, wieweit es ihnen möglich ist, auch diese Koalitionsregierung mitzutragen, damit nicht Beschlüsse, die gefaßt werden, der Festigung alter Strukturen dient.

Des weiteren hätte ich noch einen zweiten Vorschlag zu machen. Wir haben hier in der **Information 7/5 durch die Grüne Partei [Antrag zur Erarbeitung eines Integrationsprogramms für Bürger aus dem MfS/AfNS**[20]**]** eine Position gefunden, wie wir hier am Runden Tisch beitragen sollten, den Intregrationsprozeß der ehemaligen Mitarbeiter zu beschleunigen und zu unterstützen.

Ich finde diese Position sehr gut. Wir sollten vielleicht auch heute aufrufen hier auf diesem Forum, daß alle Bürger diesen Intregrationsprozeß dieser Mitarbeiter, ehemaligen Mitarbeiter, unterstützen. Das scheint mir wichtig zu sein, auch wenn ich weiß, daß so mancher bis an den Rand einer Toleranzschwelle gedrängt wird. Denn dieser nüchterne Bericht hat ja nicht vergessen gemacht, wieviel persönliches Leid der eine oder andere doch getragen hat.

Und noch einen weiteren Vorschlag: Es geht um die Auflösung des Wachregiments. Der Thomaskantor Rotsch [???] aus Leipzig, der bat mich, hier mitzunehmen: Das Wachregiment hat einen ganz hervorragenden Klangkörper, daß man diesen geschlossenen Klangkörper, der sicherlich für frohe Stimmung gesorgt hat, geschlossen einmal in den Bereich Kultur überträgt.

Also, ich kann die Qualität nicht einschätzen, aber der Thomaskantor ist sicherlich der geeignete Mann, der das kann. Also der Vorschlag, dieses geschlossene Ensemble auch einmal zur Arbeit kommen zu lassen. Zur Zeit geschieht dort wohl nichts.

Ducke (Moderator): Sie hatten zwei Vorschläge gemacht, die ja an die Adressaten weitergegeben sind. Und eine Frage, Herr Sauer, ist es möglich zum Thema Normannenstraße noch etwas zu sagen?

Sauer (Stellv. Leiter des Sekretariats des Ministerpräsidenten): Was das Thema **Normannenstraße** angeht: Es ist so, die Regierung hat beschlossen, das Amt für Nationale Sicherheit aufzulösen und zwar in der Gesamtheit seiner Strukturen.

Ich teile die Auffassung, daß, was Kreis- und Bezirksstellen betrifft, natürlich dieser Prozeß entweder abgeschlossen oder schon viel, viel weiter ist. Ich bin aber auch informiert und hatte das versucht vorhin darzustellen, es gab auch noch einen Hinweis dazu, daß auch in der Normannenstraße mit dem personellen Abbau doch im bedeutenden Umfange bereits begonnen wurde.

Es gibt Vorstellungen, ich hatte das auch in meinem Bericht gesagt, dieses Objekt, was ja auch über entsprechende Betreuungsbereiche verfügt für Mitarbeiter, daß man dieses Objekt geschlossen für die zivile Verwaltung unterschiedlicher Organe einsetzt, damit wir die vielen, vielen guten Gebäude, die wir im Zentrum verstreut haben, am Alexanderplatz und so weiter, dann nutzen für wirtschaftliche Zwecke, für soziale Zwecke, für die Bürger und so weiter.

Es wird dazu kurzfristig eine Entscheidung für die Regierung vorbereitet. Denn dieses Objekt ist ja auch ein Wert, und dieses Objekt beschäftigt ja auch technisches Personal, also von Küchenkräften bis Leuten, die mit der medizinischen Betreuung befaßt sind, die man erhalten und die man jetzt einer zivilen, einer sozialen Verwendung, wenn Sie so wollen, zuführen muß.

Ich betrachte die Sache so, daß im Zusammenhang mit der vom Ministerpräsidenten zugesagten Beschleunigung der Auflösung dieses Amtes, ja, auch hier kurzfristig entsprechende Festlegungen noch getroffen werden müssen.

Das ist mein Standpunkt.

Ducke (Moderator): Herr Sauer, darf ich nur sagen: An der Fragestellung merken Sie, daß das dringlich ist, und unser großes Interesse – – nein, daß wir eigentlich bitten oder fordern möchten, daß dieser von Ihnen jetzt erwähnte Vorschlag an die Regierung doch auch dem Runden Tisch vorgelegt wird.

Gibt es jetzt hier noch – – Habe ich jetzt nicht mitgekriegt. – Aha, es kommt noch eine konkrete Antwort. Herr Bäcker.

Bäcker (Ehemaliges MfS): Bezogen auf die Auflösung des Amtes hatte ich ja schon gesagt, daß bezogen auf die operative Arbeit, der Stand ähnlich ist wie in den Bezirken, von den Kreisen können wir hier überhaupt nicht sprechen, das ist sowieso als erstes tot gewesen.

Bitte bedenken Sie aber folgendes: Wir haben nur eine **Hauptabteilung Kader und Schulung** oder nur eine **Abteilung Finanzen**, und diese Abteilungen sind in erster Linie mit der **Entlassung der Mitarbeiter** befaßt. Das ist ein Eindruck, der dort entstanden ist, die Mitarbeiter seien ja noch tätig, der nicht den Realitäten entspricht im Sinne der Weiterführung der Aufgaben ehemals.

Und bitte nehmen Sie noch eines zur Kenntnis: Nach meinem Dafürhalten ist ein großer Mangel der gegenwärtigen Situation darin zu verzeichnen, daß – ich weiß nicht, worin der eigentliche Grund liegt – **daß das Bürgerkomitee bei uns nicht präsent ist**. Ja, wenn das gewesen wäre, seit vielleicht drei oder vier Wochen, die Möglichkeit hätte ja bestanden aus meiner Sicht, dann wären wir heute einen Schritt weiter. Bitte berücksichtigen Sie aber meine Ausführungen heute abend.

Ducke (Moderator): Danke für die Konkretisierung noch. Die Bürgerkomitees sitzen ja noch am Tisch und haben dann auch vielleicht die Möglichkeit, dazu Stellung zu nehmen.

---

[20] Dokument 7/8, Anlagenband.

Ich rufe jetzt auf Frau Walzmann, danach Frau Poppe.

Herr Templin, ich bitte um Entschuldigung, wir hatten die Rednerliste geschlossen, und ich rufe – – ja, Sie sind auch noch dran. Keine Sorge.

Ich sage jetzt einmal, damit keine Unsicherheiten entstehen, wer noch dran ist. Gut, also: Frau Walzmann, Frau Poppe, Herr Schult, Herr Templin, Herr Stief, das Bürgerkomitee, Herr Krebs, Herr Mahling, Frau Siegert und Frau Böhm. Das ist jetzt die Liste, die wir abgeschlossen hatten.

Frau Walzmann, bitte.

Frau Walzmann (CDU): Ja, ich habe zwei Anfragen an Herrn Sauer.

Die Vertreter der Christlich Demokratischen Union haben Hinweise aus Kreisen der Diakonie erhalten, die sich auf geplante **Internierungslager für Andersdenkende**, so auch Christen und kirchliche Mitarbeiter, beziehen, vornehmlich resultierend aus der Situation im Raum Gera. Wir hören dies verständlicherweise mit Betroffenheit und fordern dazu entsprechende Aufklärung.

Sind dazu Arbeiten der ehemaligen Organe geleistet worden? Das wäre die erste Frage.

Ducke (Moderator): Ja, Sie haben dann noch eine.

Frau Walzmann (CDU): Ja.

Ducke (Moderator): Gut, Frau Walzmann. Kann jemand schon dazu etwas sagen?

Herr Sauer, bitte.

Sauer (Stellv. Leiter des Sekretariats des Ministerpräsidenten): Ich würde darum bitten, daß ich diese Frage mitnehmen kann. Allerdings mit der Beantwortung, daß gegenwärtig und in jüngster Vergangenheit, so will ich es einmal sagen, solche Vorbereitungsarbeiten nicht getroffen worden sind. Aber ich bitte, daß ich die Gelegenheit habe, die Frage mitzunehmen.

Ducke (Moderator): Gut. Frau Walzmann, noch eine Frage bitte.

Frau Walzmann (CDU): Ja, die weitere Frage erstreckt sich noch einmal auf das schon von Herrn Raspe Angesprochene. Wir haben auch Hinweise erhalten, daß im Eichsfelder Raum unter Mitarbeitern der **Paß- und Grenzkontrolle** Mitarbeiter des ehemaligen Amtes tätig sind, die früher nicht dort angesiedelt waren. Ich möchte das also noch einmal verstärken, daß das unter eine starke Kontrolle genommen wird, daß wirklich nur die Mitarbeiter übernommen werden, die dort eh und je in diese Organe gehört haben.

Und zum weiteren möchte ich fragen: Sind diese Strukturen schon vollständig übernommen worden, und wer ist konkret dafür verantwortlich?

Ducke (Moderator): Das war noch eine konkrete Frage zu Strukturen und Auflösung. Herr Sauer, wollen Sie die mitnehmen? Oder kann dazu sofort eine Antwort gegeben werden?

Bitte, Herr Bäcker.

Bäcker (ehem. MfS): Bezogen auf die übernommenen **Mitarbeiter für die Paßkontrolle**, da ist folgendes zu konkretisieren: Das sind in jedem Falle Mitarbeiter gewesen, die nicht vorher gegen Andersdenkende gearbeitet haben. Sie haben sich bei uns im Prinzip mit den gleichen Aufgaben beschäftigt.

Ducke (Moderator): Gut, das war eine Antwort. Es wird vielleicht noch geprüft werden von den Fragenden. Frau Walzmann, Sie waren fertig.

Dann rufe ich auf Frau Poppe, danach Herrn Schult.

Frau Poppe, Demokratie Jetzt.

Ullmann (DJ): Wir haben uns abgesprochen – –

Ducke (Moderator): Gut, Herr Ullmann dann.

Ullmann (DJ): Drei Fragen. Erste Frage an Herrn Sauer betreffend die **Finanzen** des Amtes für Nationale Sicherheit:

Er hat mitgeteilt, es handelte sich um 3,6 Milliarden, das heißt 1,3 Prozent des Staatshaushaltes. Mir liegen Informationen von Bürgerkomitees vor, das **Amt für Nationale Sicherheit** habe über eine **eigene Bank** verfügt. Diese Bank befinde sich jetzt in Auflösung, und es werden Guthaben ausgezahlt. Es liegen Nachrichten vor, daß die Deutsche Volkspolizei von diesem ausgezahlten Guthaben siebenstellige Beträge festgestellt hat. Trifft diese Information zu, und wenn ja, was kann gegen solche Devisenverbringungen unternommen werden?

Ducke (Moderator): Danke, Herr Ullmann wir würden gleich um die Beantwortung bitten und dann die nächsten Fragen anschließen.

Ist das schon möglich, dazu etwas konkret zu sagen?

Herr Minister Ahrendt.

Ahrendt (Minister für Innere Angelegenheiten): Ich könnte nur sagen, daß die Volkspolizei das nicht bestätigen kann. Wir haben diesbezüglich keine Feststellungen getroffen.

Ducke (Moderator): Danke, das war eine konkrete Antwort.

Gibt es noch Antworten oder soll das mitgenommen werden, Herr Sauer?

Sauer (Stellv. Leiter des Sekretariats des Ministerpräsidenten): In gleicher Richtung, in gleicher Richtung. Es gibt von uns aus keinerlei Feststellung dieser Art.

Ducke (Moderator): [Es] gibt dieser Art keine Feststellung? – Gut.

Frau Poppe.

Frau Poppe (DJ): Die zweite Frage stelle ich, und zwar:

Hier war die Rede von 22 **Ermittlungsverfahren** gegen ehemalige Angehörige des MfS. Was für eine Art von **Gesetzesverletzungen** sind das? Bei diesen Post- und Fernmeldeaktivitäten des MfS ist doch massenhaft geltendes Recht gebrochen worden. Wie gehen Sie eigentlich als Generalstaatsanwalt damit um? Gibt es spezielle Prüfungsverfahren für diejenigen ehemaligen MfS-Mitarbeiter, die jetzt in andere Dienste übernommen werden, NVA oder Polizei?

Ducke (Moderator): Danke.

Kann darauf schon geantwortet werden?

Herr Generalstaatsanwalt Joseph.

Joseph (Generalstaatsanwalt): Ja, zu diesen Verfahren kann ich sagen: Das sind in der Mehrzahl Tatbestände des Paragraphen 165 [StGB der DDR], das ist Vertrauensmißbrauch, Untreue, aber auch Urkundenvernichtung, Mißbrauch von Dienstbefugnissen, Körperverletzung, Beleidigung, Nötigung. Ja, das ist so im wesentlichen erst einmal diese Information zu den vorher schon genannten Ermittlungsverfahren.

Was diese andere Frage betrifft: **Post- und Fernmeldegeheimnis** ist ja ein Tatbestand – wenn Sie im Strafgesetzbuch

Innere Sicherheit

nachsehen würden –, der also einfach gar nicht dieser Kriminalität gerecht wird. Es ist eine Strafe angedroht von zwei Jahren. Im Einzelfall wird also hier sicherlich geprüft werden müssen, wie da zu verfahren ist.

Ich kann hier an dieser Stelle sagen, daß mit Wirkung vom heutigen Tage die **Strafverfahren gegen Herrn Honecker und Herrn Mielke** erweitert worden sind, und zwar auf die Tatbestände des Paragraphen 96 und Paragraph 107 Strafgesetzbuch, um die Ermittlungsrichtung in etwa anzugeben. Die Tatbestände sind also Hochverrat, und der Paragraph 107 ist der Tatbestand des verfassungsfeindlichen Zusammenschlusses.

Reicht erst einmal diese Auskunft aus, oder...

Ducke (Moderator): Das war zu dieser Frage.
Frau Poppe, die nächste Frage bitte.

Frau Poppe (DJ): Der dritte Teil war der nach einem Prüfungsverfahren für diejenigen ehemaligen MfS-Mitarbeiter, die jetzt in andere Dienste übernommen werden. Werden die auf ihre **strafrechtliche Verantwortlichkeit** geprüft, und wenn ja, wie läuft das?

Ducke (Moderator): Diese Ergänzung schließen wir noch an. Kann dazu jemand etwas sagen?
Herr Generalstaatsanwalt.

Joseph (Generalstaatsanwalt): Ja also, es ist ja auch in der Presse bekanntgegeben worden, daß die Staatsanwaltschaft Arbeitsgruppen hat zu verschiedenen Tatkomplexen, unter anderem **Korruptions- und Amtsmißbrauch**, auch zu Übergriffen, die im Zusammenhang stehen mit dem 7. und 8. Oktober [1989].

Bei diesen Ermittlungen kristallisiert sich heraus, daß das ehemalige Ministerium für Staatssicherheit eine gewisse Dominanz hat, und in dieser Richtung betreiben wir schwerpunktmäßig die Ermittlungen.

Aber wir können natürlich jetzt nicht von vornherein sagen, es sind schon Strafrechtsermittlungen gegen alle eingeleitet worden. Wir müssen schwerpunktmäßig aufgrund unserer Kraftkapazitäten ausgehen. Wir sind 1 000 Staatsanwälte, und wir müssen hier also schwerpunktmäßig vorgehen. Aber das ist auch im Auge, was Sie angesprochen haben.

Ducke (Moderator): Gut, das waren Ihre Fragen.
Dann rufe ich auf Herrn Schult, danach Herrn Templin.

Schult (NF): Die Auflösung der Staatssicherheit und aller Nachfolgeeinrichtungen braucht die Autorität integrer Staatsanwälte. Uns ist bekannt, daß der **hier anwesende Generalstaatsanwalt Joseph Mitte Oktober Mitarbeiter des MfS war** und Vertreter der Opposition verhört hat. Ich möchte dazu um eine Stellungnahme bitten.

Joseph (Generalstaatsanwalt): Ich weise diesen Vorwurf entschieden zurück. In welchem Oktober soll das gewesen sein?

Schult (NF): Am 9. Oktober 1989.

Joseph (Generalstaatsanwalt): Das trifft auf keinen Fall zu. Ich war bis zum Mittwoch vergangener Woche Staatsanwalt beim Generalstaatsanwalt der DDR, Abteilung Internationale Verbindungen. Mein Hauptaufgabengebiet war der Rechtsverkehr mit der BRD und mit Berlin-West. Das können Sie also bei den Kollegen der BRD nachprüfen.

Ich habe also mit derartigen Ermittlungen nichts zu tun gehabt. Das weise ich entschieden zurück.

Ducke (Moderator): Gut, Sie haben eine klare Antwort gegeben. Ich bitte den Fragesteller, das so zu nehmen oder dann zu prüfen, inwieweit das erhärtet werden kann – die Frage, ja.

Schult (NF): Wir werden es prüfen müssen.

Ducke (Moderator): Ist klar, danke. Herr Schult, das war die Frage? – Nein.
Bitte.

Schult (NF): Nein, ich bin noch nicht fertig. Der Bericht von Herrn Sauer erscheint uns etwas geschönt beziehungsweise hat an verschiedenen Stellen, zumindest am Anfang, falsche Angaben.

Wenn Sie hier sagen, in dem ersten Teil Ihres Berichtes, daß die **Bezirkseinsatzleitungen** nur im **Verteidigungszustand** zum Einsatz gekommen und, da der Verteidigungszustand zu keinem Zeitpunkt ausgerufen worden ist, auch eine solche Weisung nicht ausgeübt worden ist, ist das einfach falsch.

Herr Bäcker vom Ministerium für Staatssicherheit hat am letzten Mittwoch der Kontrollgruppe gegenüber klar gesagt, daß bei allen **gesellschaftlichen Spannungsfeldern** oder Höhepunkten die Kreis- beziehungsweise Bezirkseinsatzleitungen zusammenkamen. Die bestanden aus dem Ersten Kreis- beziehungsweise **Bezirkssekretär**, dem Ersten Sekretär, also dem Leiter des Amtes der **Kreisdienststelle beziehungsweise Bezirksverwaltung des MfS**, der Chef des **Wehrkreiskommandos**, Chef des **VPKA** [Volkspolizeikreisamt] und Rat des Bezirkes oder Rat des Kreises.

Wenn Sie hier schreiben, daß dieses nie zum Einsatz gekommen ist, stimmt das einfach nicht. Hier gab es letzten Mittwoch andere Aussagen, und in diesem Zusammenhang ist natürlich auch die Frage zu stellen, warum Sie die heute nicht beantworten können, [die] das **Verhältnis SED/MfS** und die Befehlsstrukturen [betreffen]. Dieses ist hier öfter angefragt worden, dieses ist auch in der Kontrollgruppe öfter angefragt worden, dieses hätte heute hier beantwortet werden müssen.

Ich verstehe nicht, daß die alte Taktik hier wieder gefahren wird, Fragen aufzuschreiben, mitzunehmen und wieder zu vertagen.

Ducke (Moderator): Das war eine konkrete Anfrage und eine Ermahnung zu der angesprochenen Thematik der Verflechtung.

Zu der konkreten Anfrage, besteht da die Möglichkeit einer Antwort? Weil ja da offensichtlich eine Diskrepanz in den Informationen zwischen – Herr Schult, worauf bezog sich Ihres – – damit wir das andere auch wissen. Die Information von Herrn Bäcker bezog sich auf – sagen Sie einmal: welche Gruppe?

Schult (NF): – die Sitzung der letzten Gruppe Mittwoch, der **Kontrollgruppe, Arbeitsgruppe „Sicherheit"**.

Ducke (Moderator): Danke, damit wir das alle hören, vielen Dank.

Bäcker (ehemaliges MfS): Ich habe – am 10. Januar ist das gewesen – versucht zu erklären, in welcher Hinsicht sich eine solche Zusammenarbeit zwischen dem ehemaligen MfS und der Partei zeigte sowohl auf der Ebene des Kreises als auch auf der Ebene der Bezirke.

Ich habe Ihnen gesagt, und das entsprach unserem Verständnis für die Durchsetzung der damaligen Sicherheitspolitik, daß wir als ehemaliges MfS verpflichtet waren, eng mit der Partei zusammenzuarbeiten und die Partei sowohl im Kreis als auch im Bezirk und auch auf zentraler Ebene entsprechend zu informieren über die Lage in den jeweiligen Territorien.

Es gab hier eine sehr unterschiedliche Intensität, das ist auch klar. Diese Zusammenarbeit ist auch immer geprägt von dem **Verhältnis der jeweiligen Ersten Sekretäre zu den Leitern der Bezirksverwaltung beziehungsweise Leitern der ehemaligen Kreisdienststellen**. Und ich habe, und dazu stehe ich auch heute noch, Ihnen erläutert, daß, bezogen auf den militärischen Spannungsfall und bezogen auf den Verteidigungszustand, es gemäß einem existierenden Statut festgelegt war, daß der Erste Sekretär der Bezirksleitung und der Erste Sekretär der Kreisleitung Weisungsbefugnis hatten gegenüber dem Leiter der Bezirksverwaltung beziehungsweise dem Leiter der Kreisdienststelle.

Und wir haben diesen Sonderfall definiert. Es handelt sich für den **Spannungszustand** beziehungsweise für den **Verteidigungszustand** um eine regelrechte doppelte Unterstellung. Und weiter habe ich am 10. Januar gesagt, daß ich hinsichtlich von Verflechtungen – oder Sie haben mich gefragt: Wie ist Ihre Meinung bezüglich der Übergabe von **Akten**, Informationen über Personen? – keine konkreten Beispiele habe und darüber auch nicht Auskunft geben konnte.

Insofern habe ich jetzt eben nur noch einmal das wiederholt, was ich Ihnen am 10. Januar bereits gesagt habe. Danke.

Ducke (Moderator): Gut. Danke schön, noch eine Rückfrage bitte.

Schult (NF): Ja, sicherlich, um das noch einmal deutlich zu machen, gab es also diese Weisung nicht nur für den militärischen Fall, sondern auch für den gesellschaftlichen und politischen **Spannungsfall** innerhalb der Gesellschaft. Das heißt also, daß an den Vorkommnissen [des] 7. und 8. Oktober es hier klare Weisungen von seiten der SED, Bezirkseinsatzleitungen und Kreiseinsatzleitungen, gegeben haben muß. Sie wollten auch das Statut besorgen dieser Einsatzleitungen, das vom Nationalen Verteidigungsrat erarbeitet worden ist, also daß es hier klare Weisungen gegeben haben muß.

Ducke (Moderator): Das war eine klare Rückfrage. Herr Bäcker.

Bäcker (ehemaliges MfS): Ja, dieses Statut werde ich auch besorgen, und es wird Ihnen sicherlich auch in einem bestimmten Rahmen unter bestimmten Bedingungen dann, wenn die kompetenten Leute bestimmt sind, die dort Einsicht nehmen können, zur Verfügung gestellt.

Und wir waren uns einig am 10. Januar, daß das doch manchmal recht subjektiv ist: Wann ist denn nun eine militärische Spannungssituation oder überhaupt eine Spannungssituation? Und der Ausgangspunkt war Ihre Frage: Wie verhielt es sich bezogen auf den 7. beziehungsweise 8. Oktober?

Das ist der Sachverhalt gewesen, mehr kann ich auch heute nicht hinzufügen. Wenn jemand der Meinung gewesen ist, die Lage in der DDR verschärfte sich, dann bitte schön hat es diese Zusammenarbeit sicherlich auch am 6./7./8. Oktober gegeben. Das schließe ich nicht aus.

Soweit waren wir am 10. Januar Ihnen gegenüber gegangen, und dazu stehe ich auch heute noch.

Ducke (Moderator): Gut. Herr Schult, genügt das dazu? Noch eine Rückfrage.

Schult (NF): Nein. Um es noch einmal deutlich zu machen: Da gab es also eine klare **Weisungsstruktur**, die hier in Ihrem Sicherheitsbericht abgestritten wird, auch **für die innere Sicherheitslage, in Spannungssituationen innerer Gefahr**.

Das heißt natürlich, wie in dieser **Vorlage 7/5a [Antrag NF: Zur verfassungswidrigen Tätigkeit des MfS**[21]], hier mit drin ist im Punkt 5, daß wir Ermittlungsverfahren gegen die für die Einsätze der Staatssicherheitsorgane verantwortlichen Personen auf allen Leitungsebenen fordern einzuleiten. Denn mit der Regierung Modrow sind nach Ihren Angaben diese Strukturen ja aufgelöst worden, aber es gibt ja eine Vergangenheit, wo dieses aufzuklären ist.

Es ist ja nicht zu vergessen, daß auch Herr **Modrow 16 Jahre lang Erster Sekretär der Bezirksregierung in Dresden** war und nach dieser Logik ja verantwortlich ist für die Einsätze der Staatssicherheit und des MdI, zum Beispiel gegen die Demonstranten gegen das Siliciumwerk Dresden Gittersee, die ja im September 1989 noch zusammengeschlagen worden sind, wo Personen aus Rollstühlen herausgezerrt worden sind und so weiter. Hier diese klaren Verantwortlichkeiten aufzudecken ist unter anderem auch das Anliegen dieser Vorlage.

Und wir möchten darum bitten, daß hier, ich möchte nicht nur darum bitten, sondern fordern, daß hier klare **Auskünfte** gegeben werden und wir hier nicht mit solchen Albernheiten abgespeist werden, die also nur zur Verniedlichung dienen.

Eine weitere Unstimmigkeit war für meine Begriffe, daß Sie gesagt haben, daß noch 2 500, Herr Sauer, Planstellen übrigbleiben für die Wachbereitschaft Berlin. Ihr Innenminister hat gesagt, daß 3 500 Planstellen noch davon übrigbleiben. Aber diese Ungereimtheiten müssen Sie untereinander klären, ich will die jetzt nicht hochspielen.

Die dritte Zahl, die ich anzweifeln möchte, ist die Frage der **Inoffiziellen Mitarbeiter** von 109 000. Wenn die Bezirksverwaltung Berlin allein mit 2 500 offiziellen Mitarbeitern 10 000 inoffizielle hat, dann wäre dies im Prinzip, daß sich zehn Prozent der Spitzel auf Berlin konzentrieren. Es gibt aber 14 weitere Bezirksverwaltungen und das Ministerium, das auch inoffizielle Mitarbeiter beschäftigt hatte und vielleicht noch hat.

Wir möchten gerne, daß diese Zahl überprüfbar ist wie auch alle anderen Zahlen.

Noch eine Anfrage an den Generalstaatsanwalt: Letztes Mal ist hier bekannt geworden dieses Schreiben [**Putschaufruf**] **von Gera**, in dem zur Paralysierung von Oppositionellen mit aufgerufen worden ist. Ist gegen diese Verfasser dieses Schreibens ein Ermittlungsverfahren eingeleitet worden?

Ducke (Moderator): Das war die konkrete Frage? – Danke.

Schult (NF): Eine der konkreten Fragen!

Ducke (Moderator): Ja, ja. Herr Ahrendt, oder wünscht jemand das Wort dazu? Bitte, Herr Generalstaatsanwalt Joseph.

Joseph (Generalstaatsanwalt): Zu dem **Fernschreiben** kann ich folgendes sagen: Dieses Fernschreiben ist erst der Staats-

---

[21] Dokument 7/7, Anlagenband.

anwaltschaft am 5. Januar 1990 bekanntgeworden. Die Staatsanwaltschaft gehörte nicht zum Adressatenkreis. Ich habe auch das Fernschreiben hier. Danach wurden unverzüglich Prüfungen veranlaßt, und es wurde dabei festgestellt, daß es eine spontane Reaktion war auf Forderungen vom Runden Tisch vom 7. Dezember 1989.

Drei Mitarbeiter des Gerarer Amtes haben diesen Text ausgearbeitet und in einer Gruppe diskutiert, die nicht von allen gebilligt worden ist, auch nicht von dem Leiter dieses Amtes, der wußte das auch meines Erachtens nicht – ich möchte das jetzt nicht bestätigen – aber in diesem Zusammenhang hat der Leiter des Amtes, Dr. Schwanitz, als Reaktion auf dieses Fernschreiben angewiesen, derartige Aktivitäten zu unterlassen und sich diszipliniert den Regierungsbeschlüssen unterzuordnen.

Ich habe gestern diese Unterlagen übernommen und habe angewiesen – Sie wissen, daß ich erst am Donnerstag gewählt worden bin –, ich habe angewiesen, daß ein beauftragter Staatsanwalt heute in Gera vorstellig werden soll und verlangt, daß diese Mitarbeiter vom Dienst zu suspendieren sind. Die Autoren des Fernschreibens werden noch einmal, werden von Staatsanwälten gehört, um die Motivation zu klären, und über das Ergebnis dieser Anhörung durch die Staatsanwälte wird dann über die **strafrechtliche Verantwortlichkeit** entschieden werden.

Ducke (Moderator): Gut, das war dazu.

Schult (NF): Wieviele Fernschreiben dieser Art sind Ihnen noch bekannt?

Joseph (Generalstaatsanwalt): Also, mir sind persönlich keine weiteren Fernschreiben bekannt. Also, nur dieses Fernschreiben an den Adressatenkreis, den ich hier bekanntgeben könnte. Also „ADN" war dabei gewesen.

Schult (NF): Uns ist ein weiteres bekannt aus dem Raum Frankfurt von der Bezirksverwaltung an die Kreisdienststelle Luckau und andere Kreisdienststellen, die ähnlich sind. Die sind inzwischen aus der Kreisdienststelle abtransportiert worden, und jetzt liegt dieses Dokument in der Bezirksverwaltung Cottbus. Es gibt fünf Zeugen, die dieses Schreiben gesehen haben mit ähnlichem Inhalt.

Joseph (Generalstaatsanwalt): Das will ich nicht bestreiten. Es gab also bestimmte spontane Reaktionen auf diese Forderung vom 7. Dezember, und daß danach andere derartige Aktionen oder Aktivitäten entwickelt worden sind, das will ich also nicht in Abrede stellen, aber es entzieht sich meiner Kenntnis.

Ducke (Moderator): Gut. Wir haben noch eine Liste. Herr Schult, noch eine Frage? Bitte, ja.

Schult (NF): Sie müssen schon noch zwei Fragen sich gedulden.

In der Kreisdienststelle Brandenburg sind **Unterlagen** gefunden worden, **die das Wahlverhalten der Bürger aufzeichneten**, das heißt, wie, wann und ob jemand gewählt hat.

Das Neue Forum in Brandenburg hat bei der Staatsanwaltschaft dort Anzeige erstattet. Die Staatsanwaltschaft hat diese Anzeige nicht entgegengenommen, sondern die **Vernichtung dieser Unterlagen** angeordnet.

Joseph (Generalstaatsanwalt): Könnten Sie sagen, wann das war? Haben Sie da genauere Erkenntnisse?

Schult (NF): Dies war ungefähr vor zehn Tagen.

Joseph (Generalstaatsanwalt): Vor zehn Tagen? Das müßte ich überprüfen, ja.

Ducke (Moderator): Gut. Noch die letzte Frage.

Schult (NF): Was also hier heute überhaupt nicht zur Sprache gekommen ist, ist neben der Auflösung des Amtes für Nationale Sicherheit, die Frage der **Auflösung des Amtes für Verfassungsschutz**. Wer übernimmt denn das? Wer ist denn dafür zuständig? Unseres Wissens, und dafür gibt es Beweise, existiert dieses Amt.

Ducke (Moderator): Das war noch eine Rückfrage. Herr Bäcker.

Bäcker (ehemaliges MfS): Ich habe heute früh ähnliche Ausführungen von Ihnen, Herr Schult, im Fernsehen verfolgt, allerdings nicht mehr alles.

Ich möchte soviel dazu sagen wollen: Es ist bekannt, daß am 14. Dezember [1989] der Beschluß gefaßt wurde, der Regierung der DDR, der **Beschluß gefaßt wurde, das Amt für Nationale Sicherheit aufzulösen und den Verfassungsschutz beziehungsweise den Nachrichtendienst der DDR zu bilden**. Von dieser Tatsache, soweit meine Informationen stimmen, ist ja in Form einer Information der Runde Tisch auch am vorigen Montag informiert worden.

Soweit erst einmal der Ausgangspunkt. Und mit Beschluß der Regierung der DDR vom 14. Dezember hat es Überlegungen gegeben, Vorstellungen gegeben, wer könnte oder welche Aufgabenstellung könnte dieser Verfassungsschutz übernehmen. Auch darüber sind Informationen enthalten in der Sache, die Ihnen am 8. [Januar] übergeben wurde.

Es hat Überlegungen gegeben, wer Mitarbeiter dieses Verfassungsschutzes sein könnte. Die Überlegungen gingen von Anfang an davon aus, daß es kein Organ irgendeiner Partei ist, sondern das ist ein Organ der Regierung unter allen Umständen, und es steht auch Bürgern der DDR offen, die verfassungstreu sind, ja.

Und mehr als erste Überlegungen hat es zu diesem Problem nicht gegeben. Am 28. Dezember [1989] ist ein Fernschreiben hinausgegangen vom Amt für Nationale Sicherheit in Auflösung, wo also die bezirklichen Diensteinheiten, die noch verblieben sind, darum gebeten wurden, ihre Vorstellungen in dieser Hinsicht zu entwickeln. Wir hatten dazu ja die entsprechende Grundlage. Und mit der Verkündigung des Ministerpräsidenten, bis zum 6. Januar[22] keine weiteren Ämter zu bilden, ist das radikal unterbunden worden.

Das steht fest, und es hat keinen Verfassungsschutz gegeben. Ich kenne auch keinen Mitarbeiter des Verfassungsschutzes.

Frau Köppe (NF): Wie können denn dann Briefe existieren mit dem Absender Verfassungsschutz?

Bäcker (ehemaliges MfS): Ja, das halte ich, muß ich sagen, für einen Fehler.

[Gelächter]

– Bitte nehmen Sie das so zur Kenntnis.

[Unruhe]

---

[22] Vermutlich handelt es sich bei diesem Datum um einen Versprecher. Es dürfte der 6. Mai 1999 gemeint gewesen sein.

Ducke (Moderator): Darf ich dazu sagen: Wir haben zur Kenntnis genommen, daß mit der Erklärung heute des Ministerpräsidenten davon auszugehen ist – und Herr Minister Ahrendt bestätigt das vielleicht noch einmal –, daß es nichts zu einer Bildung eines solchen Amtes gibt. Wir haben jetzt zur Kenntnis genommen, mußten das zur Kenntnis nehmen, was Sie noch vorbrachten, Frau Köppe, Herr Schult, und auch Herr Meckel hat solch einen Beweis, daß es dazu gekommen ist. Genügt dies, daß das ein Fehler gewesen ist, als Eingeständnis? Mehr sehe ich im Moment nicht.

Schult (NF): Also nach unserer Kenntnis sind schon 400 [Mitarbeiter] im Januar beim Verfassungsschutz eingestellt worden in Dresden, das ist die Zahl, die wir aus Dresden haben von dem dortigen Bürgerkomitee.
Wir haben hier Schreiben einer **Diensteinheit 82/60** vom November 1989 vom **Ministerium für Staatssicherheit**. Dieselbe Diensteinheit war im Dezember beim **Amt für Nationale Sicherheit**, auch 82/60, und am 3. Januar war diese Diensteinheit 82/60 **Verfassungsschutz der DDR**.
Wir haben hier Umschläge einer Diensteinheit 84/50, Verfassungsschutz der DDR, und wir haben hier weitere Materialien, die deutlich zeigen: Dieser Verfassungsschutz existiert schon, und zwar unter der Leitung von Herrn Engelhardt, der, so wie wir erfahren haben, der ehemalige Leiter der Bezirksverwaltung MfS Frankfurt/Oder ist.

Ducke (Moderator): Ich wende mich direkt jetzt an Herrn Sauer, als den Beauftragten für die Auflösung. Herr Sauer, Sie nehmen das zur Kenntnis, was hier auf dem Tisch liegt und das Problem muß jetzt natürlich auch insofern beantwortet werden: Ist dies ein Faktum, wo wir davon ausgehen können, daß dies beseitigt wird, zumindest ab der Regierungserklärung von Herrn Ministerpräsidenten Modrow?
Herr Ahrendt, möchten Sie etwas dazu – – Bitte.

Ahrendt (Minister für Innere Angelegenheiten): Ja, wenn Sie gestatten, meine Damen und Herren, mag es Anfänge gegeben haben, das kann ich nicht beurteilen. Ich streite es nicht ab, die wird es mit Sicherheit nach diesem hier erwähnten Beschluß gegeben haben, von mir aus Briefkuvert und so weiter, aber ich darf Ihnen versichern, daß es seit der Erklärung des Ministerpräsidenten keine Arbeiten gibt, die auf die Bildung eines Verfassungsschutzes hinlaufen.
Und alles, was es in dieser Richtung vielleicht gab, das muß natürlich rückgängig gemacht werden, kontrollierbar rückgängig gemacht werden. Und dann müssen wir, wenn wir einen Konsens gefunden haben, wie bestimmte Elemente weitergeführt werden sollen, vielleicht in unserem Bereich, dann das beginnen, neu beginnen, sowohl personell als auch ansonsten von der Aufgabenstellung her zu formulieren.

Schult (NF): Unsere Frage ist nicht, wie es rückgängig gemacht wird, sondern wie dieses Amt unter ziviler Kontrolle aufgelöst wird. Wenn zum Beispiel derselbe Pressesprecher der **Bezirksverwaltung MfS-Berlin**, Oberst Raul [???], inzwischen Pressesprecher des Verfassungsschutzes ist, sind hier deutliche **Personalunionen** vorhanden.
Ich denke, wir sollten uns entschließen, **diesen Bericht zum Stand Auflösung von Nationale Sicherheit zurückzuweisen**. Da Herr Sauer heute wieder als Vertreter, als Nachfolger anscheinend von Herrn Koch oder zumindest als sogenannter kompetenter Berichterstatter sich in diesen Fakten, die anscheinend fast jeder andere hier weiß außer ihm, sich als nicht kompetent erwiesen hat.

Es reicht nicht aus, hier **halbseidene Berichte** abzuliefern und damit zu meinen, die Sache wäre erledigt. Hier geht es um viel zu wichtige Sachen, als daß wir uns mit so billigen Dingern hier abspeisen lassen können.

Ducke (Moderator): Ist das ein konkreter Antrag des Neuen Forums?

Schult (NF): Ja.

Ducke (Moderator): Dann müßten wir darüber abstimmen lassen oder auch nicht. Dann müßte die Zustimmung – –
Herr Meckel möchte sich dazu noch äußern.
Wir unterbrechen die Aussprache zu dem Thema und nehmen diesen Antrag hier zur Kenntnis. Wir müssen darüber abstimmen, ob der angenommen werden kann als Antrag, ja, ich stelle das fest, mit dreiviertel Stimmenmehrheit, ob darüber abgestimmt werden kann als Geschäftsordnungsantrag.
Bitte, Herr Meckel.

Meckel (SPD): Es liegen ja, das wurde deutlich gesagt, verschiedene Beweise dafür vor, daß es also diesen **Verfassungsschutz**, zumindest in Anfängen gibt mit Namensnennungen. Auch hier liegt etwas.
Ich bin nicht dafür, daß wir sagen, ein Bericht wird zurückverwiesen. Das geht nicht, und ich fand den in den Bereichen, in denen er gegeben wurde, relativ überzeugend. Man muß dann sehen, was dahintersteht, und es sind eine ganze Menge Fragen genannt worden, die zusätzlich kommen müssen. Darüber erwarten wir das nächste Mal einen Bericht, und wir brauchen das nächste Mal eine Konzeption: Erstens, daß offengelegt wird: Was hat es nun wirklich anfänglich gegeben in bezug auf Verfassungsschutz? Zweitens, mit welcher Konzeption wird dieses rückgängig gemacht und aufgelöst?

Ducke (Moderator): Gut, Herr Meckel, ich betrachte diese Wortmeldung als dagegen gesprochen, gegen die Annahme dieses Antrags.
Möchte sich noch jemand dafür aussprechen?
Herr Krebs, bitte dazu.

Krebs (DBD): Ich möchte das gleiche hier unterstützen, meine Damen und Herren. Ich bin der Auffassung, daß heute eine Reihe sehr wichtiger Fragen behandelt und beantwortet worden sind. Es gibt hier bei mir keinen Zweifel, bei uns keinen Zweifel, daß viele Fragen neu gestellt worden sind, sehr berechtigte Fragen sogar, die bisher hier heute erneut nicht ausreichend genügend beantwortet werden konnten. Deshalb ist unser Vorschlag, unsere Forderung, daß wir am 22. Januar, wenn der Ministerpräsident Modrow, er hat sich ja heute erklärt, hier am 22. erneut am Runden Tisch mit zu erscheinen, daß wir im Zusammenhang damit hier am 22. Januar einen **Sonderpunkt zu Fragen Stand Auflösung Amt für Nationale Sicherheit** hier aus ganz kompetenter Stelle entgegennehmen. Das wäre unser Vorschlag.

Ducke (Moderator): Herr Krebs, darf ich noch ergänzen, damit nicht noch eine Wortmeldung dann dazukommen muß: Es würde auch betreffen die **Auflösung dieses Amtes Verfassungsschutz**. So habe ich den Antrag verstanden.
Herr Jordan, jetzt noch eine Wortmeldung, dann lassen wir darüber abstimmen.

Jordan (GP): Wir Grünen sehen in diesem vorgelegten Bericht also einen Teilbericht und möchten den Vorschlag machen, daß hier noch einmal von allen Teilnehmern am Runden Tisch auch die Themen, die unbedingt zum nächsten Bericht ausgearbeitet werden müssen, aufgelistet werden. Und wir als Grüne sehen also eine ganz wichtige Aufgabe darin, auch die **Verfilzung mit der SED** offenzulegen und dazu einen detaillierten Bericht vorzulegen bis hin zu der Frage, wie die **Akten der Sicherheitsbeauftragten der SED** gesichert sind.

Ducke (Moderator): Danke. Das war ein Hinweis darauf, daß viele Fragen ja zurückgegeben sind, und es wird noch einmal eindringlich ermahnt, daß am 22. [Januar] das steht.

Es ist der Antrag gestellt worden, darüber abzustimmen. Ich bitte noch einmal – es ist ein Geschäftsordnungsantrag, muß mit Zweidrittel – – ob über diesen Antrag hier abgestimmt werden soll? – Neues Forum bleibt bei der Antragstellung? Sie bleiben bei der Antragstellung?

Schult (NF): Wieso ist das jetzt ein Geschäftordnungsantrag?

Ducke (Moderator): Ja, wir müssen darüber abstimmen, ob wir darüber abstimmen. Entschuldigung, das muß ich ja nun wirklich fairerweise machen.

Wer wünscht, daß wir über diesen Antrag – – Oder können wir direkt abstimmen, weil das jetzt die Rückfrage ist? – Wer kann uns jetzt direkt – Herr Ullmann, Sie wissen – –

Ullmann (DJ): Die Antragslage ist klar: Man kann abstimmen.

Ducke (Moderator): Gut, dann machen wir das gleich als normalen Antrag mit normalem Abstimmungsverhalten.

Wer für den Antrag Zurückweisung des Zwischenberichtes zum Thema Innere Sicherheit ist, den bitte ich um das Handzeichen. – Ich zähle 5 Stimmen dafür. Wer ist dagegen? – 23 Gegenstimmen. Wer enthält sich der Stimme? – Auch dies ist der Fall: 7 Stimmen.

Damit ist der Antrag zurückgewiesen.

Wir schreiten fort in der Aussprache.

Das Wort hat Herr Templin, nach ihm Herr Stief.

Templin (IFM): Ich wollte zunächst darüber informieren, daß von mir als Vertreter der Initiative Frieden [und] Menschenrechte ein Antrag vorbereitet wird, den **Komplex Normannenstraße** nicht einfach einer anderen technischen Aufgabe zuzuführen, sondern in diesem Komplex eine **Gedenkstätte für die Opfer des Stalinismus** einzurichten.

Ich denke, daß dort eines der dunkelsten Kapitel von DDR-Geschichte geschrieben wurde und das einfach zu löschen, das hat mit historischem Bewußtsein nichts zu tun und ist nicht damit vereinbaren. Dort könnte ein Museum eingerichtet werden, eine Bibliothek, ein Archiv, Arbeitsmöglichkeiten. Das muß sicher nicht im ganzen Gesamtkomplex geschehen, aber ich denke im Sinne der wirklichen Präsenz dieser Geschehnisse auch für das Bewußtsein späterer, sollte die Möglichkeit hier diskutiert werden.

Wir werden einen entsprechenden Antrag, auch in Zusammenarbeit mit Historikern, noch vorlegen.

Ducke (Moderator): Herr Templin, das war eine Information auf ein noch kommendes – – darüber brauchen wir jetzt nicht abzustimmen. Danke.

Templin (IFM): Jetzt eine Anfrage beziehungsweise ein Antrag auf Erweiterung des vorliegenden Zwischenberichts.

Ich sehe auch, daß die ganze Frage der übergreifenden Kompetenzen des Ministeriums für Staatssicherheit beziehungsweise der Kompetenzen von seiten der Partei immer noch ungenügend aufgeklärt ist und ich beantrage deswegen, daß zur Sitzung des Runden Tisches am 22. Januar der meines Wissens nach vorletzte verantwortliche **ZK-Abteilungsleiter für Sicherheit**, also **Dr. Wolfgang Herger**, der das ja auch genügend lange gemacht hat, um kompetent zu sein, hier mit geladen wird, weil ich denke, daß er am ehesten mit in der Lage sein wird, die genaue Sachlage darzustellen, auch über den Komplex: Was ist mit den Akten dieser Abteilungen, und was ist mit den anderen Parteiakten, und was ist mit der konkreten Verantwortlichkeit?

Im Zusammenhang damit noch zwei konkrete Anfragen.

Ist in der Arbeitsgruppe „Sicherheit" des Runden Tisches, beziehungsweise ist bei der Tätigkeit des Beauftragten für die Auflösung des Amtes für Nationale Sicherheit bereits geprüft worden, wieweit jetzt ja als verfassungsfeindlich eingestufte Aktivitäten der Staatssicherheit in Zusammenarbeit auch von **anderen staatlichen Dienststellen** direkt ausgeübt wurden? Ich meine jetzt für den Komplex, für den das Ministerium des Inneren zuständig zeichnete in eigener Verantwortung. Nämlich die Verhängung von Landesarrest gegen eine relativ große Anzahl von Personen über einen sehr langen Zeitraum, nämlich jahrelang.

Konkrete Anfragen, die es jetzt an das Ministerium des Inneren gab, wurden überhaupt nicht beanwortet. Es wurde darauf hingewiesen, daß die entsprechenden Akten nicht mehr zur Verfügung stünden. Meine Frage: Ist das so, beziehungsweise wie gedenken die Verantwortlichen des Ministerium des Inneren damit umzugehen?

Ducke (Moderator): Danke. Ich würde zunächst die Frage geben an Herrn Sauer, inwieweit es möglich ist, Herrn Herger von sich aus zu bitten. Oder sollen wir erst einen Beschluß herbeiführen, das wäre ja die Frage.

[Zwischenruf]

– Nein, ich meine, das muß ja [eine] Frage sein, ob der an den Runden Tisch – – Sehen Sie überhaupt eine Möglichkeit?

Sauer (Stellv. Leiter des Sekretariats des Ministerpräsidenten): Ich kann das entgegennehmen. Ich kann natürlich Herrn Herger nicht veranlassen, hier zu erscheinen.

Ducke (Moderator): Dann würde ich vielleicht doch bitten, den Antrag von Herrn Templin dahingehend zu erweitern. Findet der die Unterstützung der anderen Mitglieder? Denn das war jetzt nur ein Antrag von Initiative Menschenrechte.

Wollen Sie das als Antrag stellen, daß wir darüber abstimmen? Frage an Sie, Herr Templin.

Templin (IFM): Ja.

Ducke (Moderator): Gut, dann stimmen wir darüber ab, daß der Runde Tisch den Antrag von Herrn Templin unterstützt, zwecks Aufklärung beziehungsweise auch Licht in die Sache hereinzubringen – – Ja, genügt Ihnen dieser Name? Nicht, daß da noch jemand anders verlangt wird. Oder haben wir da ein Problem?

Herr Jordan, Sie hatten einen Geschäftsordnungsantrag, trotzdem erst die Frage.

Jordan (GP): Ja, wir möchten diesen Antrag erweitern dahingehend, daß wir auch hier vielleicht den Herrn **Krenz** hören, der ja bekanntlich **für Sicherheitsfragen im Politbüro** zuständig war.

Ducke (Moderator): Gut. Jetzt müssen wir über den weitergehenden Antrag – – also wir stimmen insgesamt ab.

Es wurden genannt die Namen Herger und Krenz. Ich frage: Wer unterstützt den Antrag?

Herr Templin, sind Sie mit dieser Erweiterung einverstanden? – Bringen Sie das gleich in Ihren Antrag.

Templin (IFM): Selbstverständlich.

Ducke (Moderator): Gut. In dieser erweiterten Form: Wer dafür ist [für den Antrag], daß die beiden Herren [Herger und Krenz] **hierher** [an den Runden Tisch] **gebeten** werden, um Licht in die Sache Staatssicherheit zu bringen, den bitte ich um das Handzeichen. – Der Antrag findet die Mehrheit, sogar einstimmig. Zustimmung des Runden Tisches.

Ich bitte Herrn Sauer, dies in dieser Weise zu übermitteln.

Jetzt die Anfrage an den Minister des Inneren, Herr Ahrendt.

Ahrendt (Minister für Innere Angelegenheiten): Aufgrund interner Festlegungen des Ministerrates, die wurden erstmals beschlossen am 16. Mai 1968, eine letzte Fassung gab es vom 20. März 1985, konnten der damalige Minister des Inneren, der Chef der DVP sowie der Minister für Staatssicherheit über Anträge auf **Ein-, Aus- und Durchreisesperren** entscheiden. Dabei mußten bestimmte Kriterien vorliegen, beispielsweise bei Einreisesperren waren Transitsperren gleichzeitig Einreisesperren.

Es konnte die Erteilung von **Genehmigungen zur Einreise in die DDR gesperrt** werden für Personen, die in der DDR eine Straftat begangen haben oder außerhalb der DDR eine Straftat begangen haben, die nach den Gesetzen der DDR ebenfalls als Straftat gilt, für Personen die vorsätzlich grobe Verstöße gegen die zum Schutz der Staatsgrenze oder der Währung, wie es hier noch hieß, der DDR erlassenen Rechtsvorschriften oder die Zoll- und Devisenbestimmung begangen haben. Darunter fielen dann Personen, denen man die Staatsbürgerschaft der DDR aberkannt hatte, Personen, die aus der DDR ausgewiesen wurden und so weiter und so fort.

Ich darf Ihnen sagen, daß diese Dinge gegenstandslos geworden sind. Bereits mit Inkrafttreten der **Verordnung vom 30. November 1988 über Reisen von Bürgern der DDR nach dem Ausland** wurden für Ausreisen erstmals Kriterien für die Ablehnung rechtlich verankert. Damit wurden **Ausreisesperren** bereits seit dem 1. Januar 1989 gegenstandslos, und die **Einreisesperren**, die dafür geltenen internen Regelungen, sind seit November/Dezember 1989 in der Praxis außer Kraft. Der noch formell geltende Ministerratsbeschluß wird bis Ende Januar diesen Jahres dem Ministerrat zur Aufhebung vorgeschlagen.

Templin (IFM): Ich danke, und ich würde meine Frage dahingehend präzisieren – – Ich würde mich vor allem zunächst auf den Personenkreis konzentrieren wollen, der als DDR-Bürger von der Ausreisesperre betroffen war, also das, was wir als **Landesarrest** im engeren Sinne selbst immer definierten.

Ist nach heutiger Rechtslage und nach heutigem Rechtsverständnis mit diesen Entscheidungen aus dem Kompetenzbereich des Ministeriums des Inneren eine korrekte Entscheidung getroffen worden, oder ist das nach heutigem Verständnis bereits eine Entscheidung, gegen die man auch im Sinne der dadurch eingetretenen Schädigung gerichtlich vorgehen kann beziehungsweise die dann auch in den Ermittlungsbereich des Staatsanwalts fällt? – Das wäre meine Frage.

Ducke (Moderator): Das war eine konkrete Rückfrage. Herr Minister, können Sie dazu noch etwas sagen? Oder vielleicht Herr Generalstaatsanwalt?

Ahrendt (Minister für Innere Angelegenheiten): Ja, ich würde doch die Beantwortung objektiverweise dem Generalstaatsanwalt überlassen.

Ducke (Moderator): Ja, Herr Generalstaatsanwalt Joseph, könnten Sie dazu etwas – –

Joseph (Generalstaatsanwalt): Ja also, wenn Bürger der DDR keine Bewilligung erhalten haben, in ein anderes Land auszureisen, dann war das natürlich eine Entscheidung, wie schon gesagt, des Ministeriums des Inneren beziehungsweise, wie wir auch gehört haben, des Ministeriums für Staatssicherheit. Das ist eine rechtliche Frage des Paß- und Meldewesens, also in der Zuständigkeit im strengsten Sinne natürlich der genannten Organe.

Inwieweit hier **strafrechtliche Konsequenzen** sich daraus ergeben – auf Anhieb kann ich das also nicht so beantworten. Da würde ich auch momentan jetzt keinen Straftatbestand sehen. Man könnte natürlich jetzt argumentieren, Fragen der **Freiheitsberaubung** und so weiter. Ob das hier zum Zuge kommt, das müßte also wirklich ein gründliches Rechtsgutachten erbringen.

Ducke (Moderator): Herr Generalstaatsanwalt, dürften wir Sie bitten – – Das ist ja doch eine wichtige Frage, bei der wir aus heutiger Position Dinge auch beurteilen lernen, und wir haben auch gerade das Problem der möglichen **Wiedergutmachung** ja vernommen.

Joseph (Generalstaatsanwalt): Könnte ich vielleicht noch eine Ergänzung dazu – –

Ducke (Moderator): Gern.

Joseph (Generalstaatsanwalt): Es ist Ihnen ja bekannt, daß das Ministerium für Justiz ein Gesetz erarbeitet zur **Rehabilitierung**. Inwieweit also da Fragen mit hineingehen, die diesen Sachgegenstand betreffen, kann ich nicht sagen. Aber das wäre vielleicht auch eine Möglichkeit. Man müßte versuchen, einen gemeinsamen Weg zu finden mit den Betroffenen gemeinsam mit der Justiz und mit den Rechtsetzungsorganen, daß wir also hier zu einem Konsens kommen.

Ducke (Moderator): Danke für die Ergänzung und damit auch für die weitere Beantwortung. Es hat jetzt das Wort – –

Templin (IFM): Eine abschließende Frage hatte ich noch.

Das geht um einen anderen Teil der Verflechtung des Ministeriums für Staatssicherheit mit zivilen Bereichen, nämlich die Frage: Wie weit wurde die direkte Einflußnahme beziehungsweise Zusammenarbeit mit den **Kaderabteilungen** beziehungsweise den sogenannten Abteilungen I in Betrieben und Institutionen realisiert?

Und als Zusatz zu dieser Frage: Sind die damit befaßten Mitarbeiter in Kaderabteilungen beziehungsweise in den Abteilungen I im Sinne der hier genannten Kategorisierung – – Nach meiner Vermutung sind das dann Mitarbeiter einer dritten Kategorie. Ich gehe nicht davon aus, daß Mitarbeiter der Kaderabteilung offizielle Mitarbeiter der Staatssicherheit waren. Ich würde genausowenig davon ausgehen, daß es einfach nur Inoffizielle Mitarbeiter waren. Nach meinen Einschätzungen und Informationen hatten diese Mitarbeiter einen Status, daß sie zur dauernden Zuarbeit und Zusammenarbeit mit der Staatssicherheit verpflichtet waren aufgrund der Spezifik ihres Arbeitsgegenstandes, also der Akteneinsichtnahme, daß es dort auch bestimmte Verpflichtungen und Vereinbarungen gab. Und meine Frage war: Welcher Art waren sie und welchen Typus von Mitarbeitern beziehungsweise Zuarbeitern stellt das nun dar?

Ducke (Moderator): Danke. Kann dazu jemand etwas sagen, Herr Sauer?

Sauer (Stellv. Leiter des Sekretariats des Ministerpräsidenten): Es ist ja eine sehr komplexe Frage. Ich kann sagen, was diese Abteilung I betrifft, daß die Tätigkeit dieser Abteilungen in zentralen und örtlichen Staatsorganen mit der Tätigkeit des ehemaligen Ministeriums für Staatssicherheit nicht in Zusammenhang gebracht werden können. Es handelt sich hierbei – oder es handelte sich hierbei ausschließlich um spezielle Arbeitsorgane staatlicher Leiter zur Sicherstellung von Aufgaben, zum Beispiel der Zivilverteidigung, die nicht Bestandteil des ehemaligen Ministeriums für Staatsicherheit waren.

Die Aufgaben des Staatsapparates und der Volkswirtschaft zur Sicherstellung der **Landesverteidigung** sind in den entsprechenden gesetzlichen Bestimmungen festgelegt, also veröffentlicht. Eine Verquickung oder Unterstellung gab es hier nicht zu dieser Frage.

Ducke (Moderator): Danke. Als nächster hat das Wort – –
Nun, wir müssen jetzt ein bißchen weitermachen.

Templin (IFM): Ich wollte den Teil, der die Kaderabteilung betraf, doch noch gerne in ein paar Sätzen wenigstens hier – –

Ducke (Moderator): Herr Templin, die Frage ist gestellt, und wir müssen es auf den 22. [Januar 1990] verweisen. Wir haben hier noch so eine Liste, und wir wollen das ja doch abarbeiten, wenn das Thema genannt ist.

Ich darf jetzt aufrufen Herrn Stief, dann den Sprecher der Bürgerkomitees, dann Herrn Krebs und Herrn Mahling.
Herr Stief, bitte.

Stief (NDPD): Ich habe eine Frage an Herrn Sauer. Ein Teil ist jetzt bereits beantwortet worden. Sie lag in der gleichen Richtung.

Vielleicht läßt sich Aufklärung darüber herbeiführen, welche Rolle in diesem Zusammenhang die **Arbeitsgruppe Dr. Möbis** gespielt hat; ob es da einen Zusammenhang gibt mit Organen des Amtes für Staatssicherheit in Betrieben, Kombinaten und Ministerien? Soweit wir informiert sind, waren in jedem Ministerium beispielsweise zwei bis drei Sekretäre mit dieser Art Tätigkeit beschäftigt.

Ducke (Moderator): Danke, das war – –
Sie haben noch weitere Fragen. Wollen wir erst einmal darauf antworten lassen? Bitte – –

Stief (NDPD): Eine zweite Frage an Herrn Minister Ahrendt:
Wir haben in der vergangenen Woche in der Volkskammerfraktion der NDPD mit Entschiedenheit uns gegen die Bildung des **Amtes Verfassungsschutz** und **Nachrichtendienst** gewendet und gefordert die Bildung einer **überparteilichen parlamentarischen Kontrollkommission**. Nun ist eine neue Situation eingetreten, wie wir der Regierungserklärung von Herrn Modrow entnommen haben.

Nun geht es aber um zwei Dinge, und wir würden gerne vorschlagen und das als Forderung anmelden, daß im Sinne des heute von der Demokratischen Bauernpartei eingebrachten Vorschlages unter Leitung von Vertretern der Kirche, jeweils der Parteien und der neuen Gruppierungen – – unter deren Kontrolle sowohl die Überstellung ganz bestimmter Spezialdienste in den Bereich des Ministeriums des Inneren erfolgt als auch die Wiederauflösung bereits im Ansatz erfolgter Gründungen der beiden genannten Ämter.

Das wäre unsere Forderung, die wir benennen wollten.

Ducke (Moderator): Gut. Herr Stief, noch eine?

Stief (NDPD): Ja, ich habe noch eine Kritik anzumelden.

Ducke (Moderator): Wollen Sie nicht erst die Frage beantworten lassen? Sonst wissen wir nicht mehr, was Sie gefragt haben.

Stief (NDPD): Ja, bloß das ist eine ganz kurze Bemerkung. Die verwässert die Frage nicht.

Ich bin der Meinung, daß es dem Runden Tisch guttun würde, wenn wir ungeprüfte Vorwürfe gegen Regierungsvertreter zur Ausnahme werden lassen und nicht zur Regel. Und zum anderen bin ich der Meinung, daß die **Arbeitsgruppe „Sicherheit"**, die wir haben, durchaus nicht ihrer Pflichten entledigt wird, die sie hat. Also, viele Fragen, die heute gekommen sind, Einzelfragen, spezielle Fragen – die Gruppe hat am 10. [Januar] getagt – sollten auch an die Gruppe verwiesen werden. Sie ist so hochkarätig zusammengesetzt, auch durch die Bereicherung durch einen Regierungsvertreter, daß wir hier nicht alles punktuell beantworten können. Wir haben noch viel zu tun.

Ducke (Moderator): Danke für die Kritik.
Es liegt noch eine Frage auf dem Tisch. Ist jemand in der Lage, die zu beantworten?
Herr Sauer, bitte.

Sauer (Stellv. Leiter des Sekretariats des Ministerpräsidenten): Was diese Frage betraf zu der Arbeitsgruppe oder **ehemaligen Arbeitsgruppe für Organisation und Inspektion** unter der Leitung von Staatssekretär Möbis. Diese Arbeitsgruppe ist gebildet worden auf der Grundlage von Verfügungen aus dem Jahre 1966, und dann präzisiert 1982, des ehemaligen Vorsitzenden des Ministerrates Stoph.

Diese **Inspektionen**, das stimmt, arbeiteten in Ministerien, anderen zentralen Staatsorganen, Kombinaten, Betrieben und Einrichtungen der Industrie, des Bauwesens und des Verkehrswesens. Sie waren den jeweiligen staatlichen Leitern, also beispielsweise den Ministern oder den Generaldirektoren, direkt unterstellt und hatten die Aufgabe, bei der Entscheidungsvorbereitung für die Leiter mitzuwirken sowie Kontrollen über die Durchführung von Entscheidungen, von Beschlüssen des Ministerrates – auf ökonomischem Gebiet insbesondere – zu führen und Kontroll- oder Inspektionsberichte für die Regierung vorzulegen. Es handelte sich dabei um Fragen – um die Schwerpunkte zu nennen – der Erfüllung von Volkswirtschaftsplänen oder staatlichen Zielen, der Durchsetzung von Ordnung und Disziplin, dem Umgang mit Staats- und Dienstgeheimnissen, der Auswertung von Bränden, Störungen und Havarien sowie um die Einflußnahme darauf, daß Kritiken, Eingaben, Hinweise von Kollektiven, aus Betrieben, aus Genossenschaften und so weiter in der Leitungstätigkeit Beachtung fanden, finden sollten und korrekt bearbeitet werden.

Zur Erfüllung dieser Aufgabe hatte die Inspektion einen kleinen zentralen Apparat im Rahmen des Ministerrates, das war diese selbständige Arbeitsgruppe. Sie hat diese Aufgaben, wie gesagt, auf der Grundlage von Beschlüssen der Regierung durchgeführt. Es handelte sich hier um **keine Aufgaben**, die in irgendeiner Weise **mit den Aufgaben des Ministeriums für Staatssicherheit verknüpft waren**. Es war eine Inspektion und Kontrolle der Regierung über die Durchführung ihrer eigenen Beschlüsse, um das einmal so zu sagen.

Ducke (Moderator): Danke.

Ich habe als Wortmeldung nun Herrn Taut von den Bürgerkomitees noch und dann Herrn Krebs.

Herr Stief, Sie hatten noch als Forderung – – sagen Sie bitte noch einmal. – Sehen Sie, das kommt, daß wir es vergessen haben.

Bitte.

Stief (NDPD): Es geht um die Kontrolle bei der Überführung der Spezialeinheiten zum MdI, und es geht um die Auflösung.

Ducke (Moderator): Herr Stief, da muß ich Sie bitten – das ist jetzt nicht Aufgabe, dies zu beantworten. Das hatten wir gleich am Anfang gesagt: Der Runde Tisch muß sich noch Gedanken machen, wie wir mit diesem Vorschlag umgehen wollen. Ich hatte gebeten, daß sich die Rechtskommission zum Beispiel schon mal Gedanken machen könnte oder auch die Gruppe „Sicherheit", wie das konkret aussehen kann. Ja? Vielen Dank.

Herr Taut, bitte. Danach Herr Krebs und Herr Mahling und Frau Siegert.

Taut (Bezirkskomitee Leipzig): Wir haben hier verschiedene Richtigstellungen erst einmal zu machen, das ist wohl unsere vordringliche Aufgabe.

Es wäre eine Frage an den Herrn Sauer: Wie können Sie sagen, daß eine **Sicherheitspartnerschaft** auch für die **Normannenstraße** besteht? – Sie haben das wohl indirekt so ausgedrückt.

Um 11.00 Uhr standen die Vertreter der Bürgerkomitees vor dem Objekt Normannenstraße. Sie sind erst 14.30 Uhr hineingekommen, und es hat Schwierigkeiten gegeben, einen Staatsanwalt heranzuzitieren. Offensichtlich war er doch nicht im Objekt.

Die nächste Sache wäre: Es kam in der Aussprache heraus, daß es nicht leicht war oder daß es Schwierigkeiten gibt, Zugang zu Akten zu finden, die für die Bekämpfung von **Rechtsradikalismus** nötig sind. Wir haben in dieser Hinsicht ganz andere Erfahrungen gemacht. In Schwerin wurden Akten deswegen aus dem versiegelten Bestand herausgelöst. An die Polizei sollten sie übergeben werden und das Ergebnis war, daß die Polizei diese Akten besaß.

Dritter Punkt: Wir als **Bürgerkomitee** bitten Sie darum, uns direkt einzuschließen in die Arbeit, die jetzt unter der Führung eines **Kirchenvertreters** stattfindet. Und wir würden auch bitten, daß, wenn in Zukunft ein Bericht vom Vertreter des MfS gegeben werden soll, daß auch wir gebeten werden, einen Bericht über unsere Arbeit abzugeben, beziehungsweise wäre es auch angenehm für uns, wenn wir vorher Einblick hätten in diesen Bericht, damit wir sachkompetent antworten können, was da drin steht, wie unsere Stellung dazu ist.

Und dann vielleicht noch ein letzter Punkt: Wie sind wir jetzt eingebunden, daß also zum Beispiel wie heute die Berichte nicht sofort an uns gehen konnten? Wer ist dann für uns zuständig?

Ducke (Moderator): Danke, die Frage wird aufgenommen, und ich darf noch einmal erinnern: Wir möchten am Ende dieser Aussprache dazu kommen, konkrete Vorschläge für das nächste Mal machen zu lassen. Darum würde ich bitten, damit wir mit der Aussprache fortkommen.

Herr Böhme dazu? – Nein, wir nehmen es uns zum Ende als Thema.

Ich rufe jetzt auf: Herrn Krebs, Herrn Mahling, Frau Siegert.

Krebs (DBD): Ja, meine Damen und Herren, wenn wir uns am 22. Januar, so werden wir uns ja sicherlich verständigen, erneut zu Fragen der Auflösung des Amtes für Nationale Sicherheit verständigen, dann würden wir bitten, daß die Regierungsvertreter im besonderen dann hier noch einmal auf zwei Komplexe am 22. antworten, damit wir möglichst am 22. weitgehendst alles abarbeiten können, denn viele Fragen, man muß das berechtigt hier noch einmal hervorheben, verhandeln und behandeln wir jetzt zum dritten, manches zum vierten Mal.

Wir wären der Auffassung, daß uns am 22. [Januar] verbindlich gesagt wird: Welche **Struktureinheiten** sind nun bereits aufgelöst worden, und welche Struktureinheiten werden bis wann aufgelöst? – Damit wirklich in der Folgezeit dann detailliert auch kontrollierbar die Sache gestaltet werden kann.

Wir würden in dem Zusammenhang auch bitten, daran zu denken nach Möglichkeit, nein, verbindlich am 22. [Januar] auch zu sagen, weil das in der Bevölkerung auch ein ganz sensibler Punkt ist, wann nun endlich **gegen** ehemalige **führende SED-Funktionäre, Staatsfunktionäre die Gerichtsverfahren** eingeleitet werden. Damit wir am 22., wie gesagt, diese Fragen nach Möglichkeit hier auch beantworten können.

Und wir würden hier zweitens sagen wollen: Mit gewissem Befremden und mit Unsicherheit wird bei Mitgliedern unserer Partei – aber auch wir wissen, daß das bei anderen Bürgern zum Teil auch zutreffend ist – aufgenommen, daß zum Beispiel Mitarbeiter des Ministeriums des Inneren nicht einschreiten; wir erinnern uns zur letzten Tagung bei der Volkskammer, als unmittelbar dort Flaggen heruntergerissen, Embleme herausgeschnitten wurden und andere Dinge mehr. Wir meinen, es trägt nicht zur Beruhigung bei, wenn gegen solche Maßnahmen nicht eingeschritten wird. Wir erwarten da entsprechende Maßnahmen der Ordnung durch die **Ordnungskräfte**, um also eine weitere Eskalation solcher Dinge zu vermeiden.

Ansonsten möchten wir dem **Antrag der Grünen Partei zu Fragen der Eingliederung ehemaliger Mitarbeiter des MfS [Information 7/5[23]]** unsere Zustimmung geben.

Ducke (Moderator): Die Adressaten Ihrer Forderungen sind klar, Herr Sauer und Herr Generalstaatsanwalt. Die Kritik ist auch weiterzugeben, da brauchen wir keine Debatte hier zu führen.

Das Wort hat Herr Mahling, Domovina, heute erstmals als Gast am Runden Tisch, bitte.

Mahling (Vertreter des Sorbischen Runden Tisches): Eine Sache, die bei uns zumindest die Leute auf dem Dorf sehr beschäftigt, ist immer noch die Frage des **Treptower Eh-**

---

[23] Dokument 7/8, Anlagenband.

renmals, wo immer mehr Leute, mit denen ich spreche, Zweifel an der offiziellen Version aussprechen über die Ursachen, Verursacher der Schmierereien. Da wurde ich dann auch gebeten, hier, wenn die Möglichkeit besteht, dazu Fragen zu stellen. Erstens: Wem ist oder war die Bewachung des Ehrenmals unterstellt? Zweitens: Wie war die Bewachung an dem bewußten Tag organisiert? Drittens: Wie weit sind die kriminalpolizeilichen Ermittlungen vorangeschritten?

Ducke (Moderator): Das waren konkrete Fragen zu einem konkreten Anlaß.
Herr Generalstaatsanwalt antwortet.

Joseph (Generalstaatsanwalt): Ja, zum Treptower Ehrenmal kann ich sagen, daß also Ermittlungsergebnisse insoweit vorliegen, daß **Spraydosen aus westlicher Produktion** vorliegen.
Ich habe gestern angewiesen, daß geprüft wird, inwieweit im Rechtshilfeverkehr mit der Generalstaatsanwaltschaft von Berlin-West beim Kammergericht Verbindungen aufgenommen werden können, und wie man gemeinsam also hier eine Aufklärung vornehmen kann.

Ducke (Moderator): Danke. Herr Mahling.

Mahling (Vertreter des Sorbischen Runden Tisches): Zur Frage der Bewachung – –

Ducke (Moderator): Kann das jemand beantworten im Moment?
Herr Minister – –

Ahrendt (Minister für Innere Angelegenheiten): Ja, die kann ich nicht generell beantworten. Dieses Objekt war mit einbezogen in die Streifentätigkeit durch die Deutsche Volkspolizei.
Seit diesem Vorkommnis ist das dort verstärkt worden, um zu sichern, daß sich derartige Dinge nicht wiederholen. Offensichtlich haben die Maßnahmen der Deutschen Volkspolizei nicht ausgereicht, um diese Dinge zu verhindern. Das muß man ganz eindeutig sagen. Und daraus wurden die Schlußfolgerungen gezogen, und auch entsprechend disziplinarisch.

Ducke (Moderator): Danke.
Ich rufe jetzt die letzten beiden Wortmeldungen auf, Frau Siegert und Frau Böhm.
Frau Siegert, VdgB, bitte.

Frau Siegert (VdgB): Am 12. Januar 1990 wurde eine Vereinbarung mit dem Feriendienst des FDGB und dem Reisebüro der DDR betreffend der Übernahme von 24 zentralen **Erholungseinrichtungen des ehemaligen MfS** abgeschlossen.
Unsere Frage: Warum wurde die VdgB nicht mit einbezogen? Wie ist deshalb zu verstehen, daß die Regierung, mit Schreiben vom 9. Januar 1990, in Beantwortung unserer Schreiben vom 4. und 13. Dezember 1989 an den Vorsitzenden des Ministerrates, uns die Zusage macht, daß unsere Anträge gewissenhaft geprüft und uns Vorschläge unterbreitet werden.
Die 80 000 **Genossenschaftsbauern** und Gärtner der DDR sowie die Mitarbeiter der VdgB-Genossenschaften haben nur rund 25 000 Urlaubsplätze jährlich in **Erholungseinrichtungen** der VdgB zur Verfügung. Das heißt, daß alle 30 Jahre ein Genossenschaftsbauer in den Genuß eines Urlaubsaufenthaltes kommt. Deshalb werden sie diese Entscheidung ohne Berücksichtigung der VdgB nicht akzeptieren.
Wir legen als ihre Interessenvertreter dagegen schärfsten Protest ein. Uns muß allen klar sein, daß wir zukünftig nicht mehr absolut sicher sein können, daß unsere Genossenschaftsbauern solche touristischen und Erholungseinrichtungen mit Nahrungsgütern versorgen werden, wenn sie auf diesem Gebiet ins gesellschaftliche Abseits gedrängt werden.

Ducke (Moderator): Das war die Erklärung des VdgB. Der Adressat ist auch bekannt. Eine Debatte erübrigt sich.
Ich rufe auf als letzte Frau Böhm von Unabhängiger Frauenverband.

Frau Böhm (UFV): Kann der Regierungssprecher hier definitiv garantieren, daß es keine **Geheimobjekte** des ehemaligen Ministeriums für Staatssicherheit gibt, die weiter bestehen?
Im Bericht sind im wesentlichen die Objekte, die auch der Bevölkerung bekannt waren, erwähnt. Es ist aber damit zu rechnen bei der Arbeitsweise dieses Ministeriums beziehungsweise dieses Amtes, daß es eventuell solche Geheimobjekte gibt.

Ducke (Moderator): Das war eine konkrete Frage.
Wer ist bereit, oder fähig, Herr Sauer?

Sauer (Stellv. Leiter des Sekretariats des Ministerpräsidenten): Ich möchte dazu sagen: Das, was ich hier genannt habe an Objekten, an der Anzahl und so weiter, das ist sorgfältig geprüft worden. Wir haben diejenigen Vertreter des ehemaligen Amtes für Nationale Sicherheit, die hier mitgearbeitet haben, was die Fakten betrifft, verpflichtet zu einer vollen Offenlegung.
Ich gehe davon aus, daß das so erfolgt ist. Ich habe keine anderen Angaben. Wir haben nichts vorenthalten in irgendeiner Weise. Und ich bin überzeugt, daß das auch seitens der Mitarbeiter des ehemaligen Amtes so gemacht worden ist.

Ducke (Moderator): Gut. Frau Böhm, erledigt.
Danke. Wir haben unsere Liste zur Aussprache abgearbeitet. Das ist schon einmal ein Erfolgserlebnis, und wir gehen nicht in eine Pause und zum nächsten Tagesordnungspunkt, ohne uns zu verständigen, wie es weitergeht.
Zunächst einmal haben wir gebeten jetzt auch die **Arbeitsgruppe „Sicherheit"** des Runden Tisches um einen Vorschlag für die konkrete Mitarbeit beziehungsweise Kontrolle zu dieser Thematik.
Herr Böhme hat dazu das Wort.

Böhme (SPD): Als erstes möchten die Vertreter der Sozialdemokratischen Partei vorschlagen, daß wir jetzt nicht unsere Sitzung durch eine lange Personaldebatte hinauszögern, sondern daß das der erste Beratungsgegenstand ist bei der Zusammenkunft am Mittwoch, 9.00 Uhr, und konkret bereits am Donnerstag so auf dem Tisch liegt, daß am 22. [Januar] damit schon bei der Tagesordnung sachlich umgegangen werden kann.
Im übrigen schließen wir uns den Ausführungen von Herrn Stief und von Herrn Krebs an in der Richtung hin, daß wir wirklich versuchen sollten, in der Zukunft bestimmte Dinge auch schon in der Arbeitsgruppe so vorzuklären, daß sie hier nicht über Stunden uns blocken.

Ducke (Moderator): Das ist ein konkreter Vorschlag. Ich veröffentliche ihn so: Die Arbeitsgruppe „Sicherheit", hier vertreten durch [den] Sprecher Herrn Böhme, sagt uns zu, daß bei der Sitzung des Runden Tisches am Donnerstag, dem 18. Januar, konkrete Namensvorschläge vorgelegt werden und wir dann darüber debattieren. Damit ist dieser Punkt abgeschlossen.

Wir haben weiter vorliegen die **Vorlage 7/5 der Arbeitsgruppe [„Auflösung des AfNS"**[24]**]** und eine **Vorlage 7/5a des Neuen Forums [Antrag zur verfassungswidrigen Tätigkeit des MfS**[25]**]**. Viele der dargelegten Dinge sind nun schon besprochen worden. Mein konkreter Vorschlag wäre, daß die darin gemachten Forderungen und Vorschläge überprüft werden.

Das gibt zwei Möglichkeiten: Entweder durch die Antragsteller für den 22. [Januar] oder sofortige Übergabe an die Arbeitsgruppe „Sicherheit", damit wir das noch einmal klären können. Wir könnten dann nämlich konkrete Vorschläge aufgrund dieser Sache haben.

Hier gibt es einen Antrag. Frau Seelig.

Frau Seelig (VL): Ich glaube, daß wir wahrscheinlich Verständigungsschwierigkeiten hatten. Ich hatte mich auch noch einmal gemeldet. Es ging um einen Antrag zur Weiterführung dieser Geschichte – –

Ducke (Moderator): Ach, Entschuldigung – – für die Rechtssicherheit. Oh, ich bitte um Entschuldigung.

Frau Seelig (VL): Ja. Sie guckten mich immer an, und ich dachte, damit wäre das registriert worden.

Ich denke, wir sollten die Öffentlichkeit dafür nutzen, deswegen möchte ich den Antrag eines Mitgliedes unseres Bürgerkomitees, also von der Vereinigten Linken, hier weitergeben:

Wir beantragen **für die Auflösung** der Bezirksämter und des zentralen Amtes für Nationale Sicherheit, neben den Vertretern der etablierten Parteien und der neuen Parteien und Bewegungen, zusätzlich **Bürger aus Betrieben und Einrichtungen der DDR zu gewinnen**. Das ist also sozusagen auch ein Aufruf, diese Komitees zu unterstützen, zu erweitern, denn wir wissen, die sind überfordert.

Wir hatten das jetzt auch noch mal abgesprochen. Die zu leistende Arbeit ist immens und bedarf eben nicht in jedem Fall [der] Spezialisten. Das würde eben im entscheidenden Umfang dazu beitragen, daß das nach wie vor große Mißtrauen in die Konsequenz der Auflösung abgebaut wird und die wirkliche Volkskontrolle damit gesichert ist.

Ducke (Moderator): Ich betrachte Ihre Wortmeldung als eine Unterstützung der Zusage, die schon von Herrn Böhme vorliegt. Das nur noch einmal – – Verstanden.

So, über diese beiden Vorlagen müssen wir uns jetzt noch verständigen. Mein Vorschlag liegt auf dem Tisch, daß wir diese zwei Vorschläge jetzt nicht in der Gesamtheit zum Thema Sicherheit wieder beantworten, sondern mein Vorschlag war: Die Antragsteller überprüfen nach dem heute Gesagten, was für den 22. [Januar] daraus wichtig ist und legen ihn uns am 18. noch einmal vor für den 22.

Könnten sich die Antragsteller damit einverstanden erklären? – Das würde uns jetzt die Arbeit sehr erleichtern. Herr Ullmann, damit sind Sie konkret gefragt, für den **Vorschlag 7/5 [der AG „Auflösung des Amtes für Nationale Sicherheit der DDR"**[26]**]** und **Neues Forum 7/5a [die Staatssicherheitsorgane zu einer verfassungswidrigen Organisation zu erklären**[27]**]**.

Könnten wir uns darauf verständigen? Weil heute ja aufgrund des Zwischenberichtes vieles aus den beiden Anträgen noch mal überarbeitet werden muß und wieder auf den Tisch kommen wird, daß wir uns am 18. [Januar] darüber verständigen, spätestens am 22. sie diskutiert werden.

Ullmann (DJ): Also, ich bin der Meinung, daß Information Nummer 7/5 ein ganz wichtiges – –

Ducke (Moderator): Nicht Information, ich bitte: **Vorlage 7/5**, damit wir uns richtig verständigen, worüber wir reden – – Informationen kein Problem.

Frau Köppe (NF): Meinen Sie **Vorlage 7/5a**, Neues Forum?

Ducke (Moderator): Und jetzt auch **Vorlage 7/5a**. Wenn Sie dazwischen reden, dann – –

Ullmann (DJ): **Vorlage 7/5a**?

Ducke (Moderator): Nein, ich meine **Vorlage 7/5**, und ich meine **Vorlage 7/5a**. 7/5a ist die **Vorlage Neues Forum**, und 7/5 ist **Vorlage der Arbeitsgruppe des Zentralen Runden Tisches „Auflösung des Amtes"**. Das sind zwei unterschiedliche Vorlagen, die aber aufgrund des heutigen Zwischenberichtes verändert werden müßten. Deswegen mein konkreter Vorschlag, diese beiden Dinge zu überarbeiten.

Frau Köppe, da Sie 7/5a konkreter jetzt parat haben. Dazu gleich?

Frau Köppe (NF): Wir würden **Vorlage 7/5a** überarbeiten und dann in die Sicherheitsgruppe mit hereinnehmen.

Ducke (Moderator): Ich danke herzlich – – und daß Sie aber dafür sorgen, daß das spätestens am 22. mit auf dem Tisch liegt.

Frau Köppe (NF): Aber ja.

Ducke (Moderator): Danke.

Wie ist das mit **Vorlage 7/5**? Herr Ullmann, können Sie sich mit dem auch einverstanden erklären?

Ullmann (DJ): Dasselbe.

Ducke (Moderator): Ich danke für das Verständnis. Damit hätten wir das Thema 2 an sich beendet.

Bitte, Frau Dörfler, noch ein Problem?

Frau Dörfler (GP): Wir haben die **Information 7/5 [Antrag GP: Zur Erarbeitung eines Integrationsprogrammes für Bürger aus dem MfS/AfNS**[28]**]** eingebracht, auf die schon mehrfach Bezug genommen wurde.

Ducke (Moderator): Passen Sie auf: Information ist schlicht – – dies liegt vor. Wir gehen davon aus – –

Ich bitte noch einmal jetzt vielleicht zur Arbeitsweise: Wir können nicht mehr ganz überschauen, was immer dann auch an Informationen gegeben wird. Ich gehe davon aus, daß alles das, was an Informationen herumgegeben wird, zur Kenntnis genommen ist und als solches festgestellt wird. Das ist den einzelnen Gruppen und den Teilnehmern zum Runden Tisch zur Information, und die müßten dann sehen, wie diese Dinge kommen.

So, jetzt war ein Geschäftsordnungsantrag von hier, Herr Lange.

---

[24] Dokument 7/5, Anlagenband.
[25] Dokument 7/7, Anlagenband.
[26] Dokument 7/5, Anlagenband.
[27] Dokument 7/7, Anlagenband.
[28] Dokument 7/8, Anlagenband.

Lange (Co-Moderator): Ja, ich möchte einen Geschäftsordnungsantrag stellen, daß wir unsere Sitzung für kurze Zeit jetzt bitte unterbrechen. Wenn die Medien dann abgeschaltet sind, würde ich gerne eine Erklärung dazu geben.

Ducke (Moderator): Meine Damen und Herren, wir haben das gehört. Wir sind sowieso eigentlich so weit, daß wir in die Pause gehen können.

Ich bitte darum, daß das Fernsehen abgeschaltet wird und auch der Rundfunk sich ausschaltet. – Ist dies der Fall? Ist dies der Fall, darf ich zurückfragen? – Ja, es ist der Fall. Fernsehen, bitte: Es ist der Fall. – Halt, danke schön.

Bitte, Herr Lange.

Lange (Co-Moderator): Vielen Dank.

Wir haben eben eine Information bekommen, daß für 15.30 Uhr eine **Bombendrohung** für dieses Objekt vorliegt, deshalb muß ich Sie bitten, aus diesem Saal herauszugehen. Wir haben das weitere schon veranlaßt.

Ducke (Moderator): Wir haben sowieso – – Wir gehen in die Pause.

15 Minuten Pause.

[Unterbrechung der Sitzung, der Tagungsort wird sicherheitstechnisch geprüft]

Lange (Moderator): Wir möchten die Sitzung fortsetzen, und ich darf Ihnen sagen, daß ich dies in der Hoffnung tue, daß wir sie in Ruhe fortsetzen können. Die Unterbrechung hatte ein gutes Ergebnis.

Ich möchte zunächst darauf hinweisen, daß am Runden Tisch der fliegende Wechsel sich nach wie vor eingestellt hat. Es gibt einige Veränderungen, nur um Ihnen dies deutlich zu machen.

Beim Neuen Forum haben jetzt Platz genommen Ingrid Brandenburg und Eberhard Seidel, bei der CDU Herr Horst Gust und bei dem Demokratischen Aufbruch Thomas Sell.

Bitte?

[Zwischenruf]

Lange (Moderator): Ja, würden Sie bitte so freundlich sein, uns das schriftlich nach vorne zu geben, daß wir Ihre Angaben dann hier vorliegen haben. Sagen Sie uns bitte Ihren Namen per Mikrophon. – Danke.

Dann rufe ich Punkt 3 unserer Tagesordnung auf: **Neues Wahlgesetz**.

TOP 6: Neues Wahlgesetz

Lange (Moderator): Ich weise Sie zunächst darauf hin und bitte Sie zu überprüfen, ob Sie die folgenden Unterlagen haben: Zu diesem Thema Wahlgesetz gibt es die **Information 7/1**, Erklärung der Arbeitsgruppe „Wahlgesetz" vom 11. Januar 1990, die **Information 7/1a NF, UFV, DJ, IFM, FDGB, Minderheitenvotum Arbeitsgruppe „Wahlgesetz"** und die **Vorlage**, die bereits unter dem Datum 8. Januar **von der Vereinigten Linken [Vorlage 6/7, Antrag VL: Bestandteile des Wahlgesetzes für den 6. Mai 1990**[29]**]** uns übergeben worden ist.

---
[29] Dokument 7/9, Anlagenband.

Einbringung der Vorlage der Arbeitsgruppe „Neues Wahlgesetz": Gehe ich recht in der Annahme, daß Sie, Herr Ullmann, dies tun?

Ullmann (DJ): Ja.

Lange (Moderator): Dann erteile ich Ihnen das Wort.

Ullmann (DJ): Ich spreche hier als Vertreter der Arbeitsgruppe „Wahlgesetz". Nach Absprache mit dem Miteinberufer, Herrn de Maizière, habe ich Ihnen hier vorzulegen: **Information 7/1**, dazu ein **Minderheitenvotum, Information 7/1a** und dazu eine **Erklärung des Unabhängigen Frauenverbandes**.

Ich verlese die Texte:

> **[Information 7/1: Erklärung der Arbeitsgruppe „Wahlgesetz**[30]**]**
>
> Die Arbeitsgruppe „Wahlgesetz" hat ihre Arbeit aufgenommen. Sie betrachtet den vom zeitweiligen Volkskammerausschuß vorgelegten Gesetzesentwurf „Gesetz über die Wahlen zur Volkskammer der Deutschen Demokratischen Republik vom – –" {es folgt das Datum} als Arbeitsgrundlage.
>
> Die Arbeitsgruppe hat Grundfragen des vorliegenden Entwurfes beraten und kam zu folgenden Resultaten:
>
> 1. Die Arbeitsgruppe hat die entgegen getroffener Vereinbarung erfolgte Veröffentlichungen von Teilen des Gesetzesentwurfes mißbilligt.
> 2. Die Arbeitsgruppe beschloß als Antrag an den Runden Tisch:
>   a) Eine Verabschiedung des Wahlgesetzes durch die Volkskammer hat im Einvernehmen mit dem Runden Tisch zu erfolgen.
>   b) Entsprechend ist bei der Verabschiedung der Wahlordnung zu verfahren.
> 3. Die Arbeitsgruppe beschloß zu Fragen der Wahlfinanzierung:
>   a) Der § 44 Abs. 2 wird ersatzlos gestrichen. {Es handelt sich um den Paragraphen des Wahlgesetzentwurfes, der die Annahme von Unterstützung aus anderen Ländern betrifft.}
>   b) Der § 44 Abs. 1 wurde mit einem Änderungsvorschlag an die Arbeitsgruppe „Parteien- und Vereinigungsgesetz" verwiesen. {Es handelt sich um den Paragraphen, der über Parteienfinanzierung spricht.}
> 4. Die Arbeitsgruppe schlägt vor, den § 45 Abs. 3 zu ergänzen mit der Festlegung, die Wahlordnung zu veröffentlichen. {Ich denke, das ist in sich verständlich.} Das konkrete Wahldatum 6. Mai 1990 ist im Paragraph 45 Abs. 3 aufzunehmen.
> 5. Die Arbeitsgruppe beschloß zu Fragen des Rechts auf Wahlvorschlag, daß § 8 Abs. 1 lauten soll: Wahlvorschläge können von Parteien eingereicht

---
[30] Die in { } gesetzten Ausführungen wurden, von der schriftlich zu Protokoll gegebenen Fassung abweichend, mündlich vorgetragen.

werden. {Dazu die Fußnote, die in das Wahlgesetz aufzunehmen wäre}:

> Parteien im Sinne dieses Gesetzes sind Vereinigungen von Bürgern {„Bürgern" steht im Text, Bürgerinnen sind natürlich mit gemeint}, die dauernd oder für längere Zeit für die DDR auf die politische Willensbildung Einfluß nehmen und an der Vertretung der Bürger {Bürgerinnen} in der Volkskammer mitwirken wollen. Eine Doppelmitgliedschaft in Parteien ist ausgeschlossen.

{Ende des Textvorschlages.}

Hierzu werden dem Runden Tisch ein Minderheitsvotum und eine zusätzliche Erklärung vorgelegt. {Ich werde sie anschließend verlesen.}

Weiterhin beschloß die Arbeitsgruppe, § 8 Abs. 2 – Ausschluß von Wahlvorschlägen – ersatzlos zu streichen. Eine entsprechende Regelung im Sinne von § 8 Abs. 2 wird im Parteien- und Vereinigungsgesetz erwartet.

6. Die Arbeitsgruppe beschloß zu § 5 und andere {das gleiche Thema behandelnden oder von ihm betroffenen Paragraphen} – Wahlsystem:

   a) Prinzipienentscheidung zugunsten des Verhältniswahlrechts.

   b) Anwendung des Verhältniswahlrechts in folgender Form: Der Wähler votiert mit einer Stimme für die Liste einer Partei und innerhalb dieser Liste für einen Kandidaten. In diesem Sinne gilt das Prinzip beweglicher Listen.

   c) Eine Unterarbeitsgruppe erarbeitet die Konsequenzen {aus a) und b)} für das Wahlverfahren.

   d) Die Problematik gemeinsame Listen beziehungsweise Listenverbindungen wurde an die Unterarbeitsgruppe verwiesen.

7. Die Arbeitsgruppe hat die Lesung {des Wahlgesetzentwurfes} bis § 12 durchgeführt und setzt die Lesung des Textes fort.

Das wird sich in der morgigen Sitzung der Arbeitsgruppe Wahlgesetz vollziehen

Und nun das **Minderheitenvotum [Information 7/1a]**. Ich erinnere daran: Das Minderheitenvotum bezieht sich auf Ziffer 5 des Textes der Arbeitsgruppe.

[Information 7/1a: Minderheitenvotum Arbeitsgruppe „Wahlgesetz" NF, UFV, DJ, IFM, FDGB vom 11. Januar 1990]

Die Unterzeichnenden können die Mehrheitsentscheidung der Arbeitsgruppe „Wahlgesetz", nach der nur Parteien das Recht haben sollen, Wahlvorschläge einzureichen, nicht mittragen, vgl. § 8 Abs. 1 des Gesetzentwurfes des zeitweiligen Volkskammerausschusses und die dazu von der Arbeitsgruppe formulierte Fußnote.

Dies ist faktisch ein Ausschluß der neuen Bürgerbewegungen von der Wahl zur ersten frei gewählten Volkskammer am 6. Mai.

Wir empfehlen dem Runden Tisch, die ursprüngliche Fassung des § 8 Abs. 1, Parteien- und politische Vereinigungen, ohne Klammer zu bestätigen, nach dem Parteien und politische Vereinigungen Wahlvorschläge einreichen können.

Und nun die Erklärung zum gleichen Thema:

[Information 7/1b, Erklärung UFV: Zum Wahlgesetz]

Sollten ausschließlich Parteien das Recht erhalten, Wahlvorschläge einzubringen, wird den Frauen von vornherein die Möglichkeit einer selbständigen Interessenvertretung im neuen Parlament der DDR genommen. Da wir diese jedoch für unabdingbar halten, plädieren wir für die Schaffung einer Sonderform der Interessenvertretung der Frauen im Parlament, zu deren konkreter Gestaltung wir Vorschläge einbringen werden.

Gestatten Sie mir, meine Damen und Herren, folgende abschließende Bemerkungen hier hinzuzufügen.

Ich möchte meinen Dank aussprechen für den vorgelegten **Wahlgesetzentwurf**. Er war eine gute Arbeitsgrundlage, weil er erstens Alternativvorschläge enthielt, weil er zweitens eine ganze Reihe wichtiger Entscheidungen anregte und auch Forderungen erfüllte, die etwa in dem **Papier der Opposition der Erklärung vom 4. Oktober vorigen Jahres** enthalten sind.

Ich möchte meinen Dank auch aussprechen für das ausgesprochen gute Arbeitsklima. Wir sind in den Sitzungen tief in den sachlichen Dialog eingetreten. Ich hoffe, daß Sie das unseren Arbeitsergebnissen abspüren, daß hier gewisse Schritte getan werden konnten, und zwar gemeinsam von allen, die in der Arbeitsgruppe vertreten sind.

Was nun der Runde Tisch zu tun hat, ist nach meinem Dafürhalten zweierlei. Er muß die Sachfrage diskutieren, die hier durch Ziffer 5, den Mehrheitsbeschluß, das Minderheitenvotum und die Erklärung des Unabhängigen Frauenverbandes signalisiert wird. Ich denke, das ist eine der Kardinalfragen, vor denen der Runde Tisch hier steht. Es ist eine Frage, in der es nach meinem Dafürhalten auch um Vorentscheidungen und Richtungsbeschlüsse im Blick auf eine künftige Verfassung geht.

Ich kann Ihrer Meinungsbildung hier nicht vorgreifen, möchte aber zweierlei Bemerkungen mir doch gestatten.

Ich denke, bei der Diskussion sollte zweierlei beachtet werden. Wir können nach meinem Dafürhalten kein Wahlgesetz verabschieden, das vorbeigeht an den geschichtlichen Erfahrungen der Bürgerinnen und Bürger dieses Landes, die im Oktober und November des vorigen Jahres gemacht worden sind. Wir können zweitens kein Wahlgesetz schreiben, das am Faktum und an der Zusammensetzung des Runden Tisches vorbeigeht.

Im übrigen bitte ich die Moderatoren, uns dabei zu helfen, daß wir Zeit und Ruhe gewinnen, diese Sachfrage zu diskutieren, aber auch zu einer Entscheidung zu bringen, die inklusiv ist und unserem Lande hilft, zu einer demokratischen Volksvertretung und einer neuen Verfassung zu kommen.

Was wir jetzt, meine ich, wirklich tun müssen, ist, den Antrag unter Ziffer 2 zu behandeln. Ich bitte, den Text wieder vorzunehmen.

Die Arbeitsgruppe beschloß als Antrag an den Runden Tisch: „a) Eine Verabschiedung des Wahlgesetzes durch die

Volkskammer hat im Einvernehmen mit dem Runden Tisch zu erfolgen. b) Entsprechend ist bei der Verabschiedung der Wahlordnung zu verfahren."

Ich habe die Ehre, diesen **Antrag** seitens der **Arbeitsgruppe „Wahlgesetz"** [vgl. **Information 7/1**] Ihnen hier vorzulegen. Danke.

Lange (Moderator): Vielen Dank, Herr Ullmann.

Darf ich zurückfragen: Ist es die Erwartung der Arbeitsgruppe, daß die von Ihnen genannten beiden Punkte in der heutigen Sitzung abzuhandeln sind? – Das heißt, daß wir jetzt Zeit und Ruhe für eine Diskussion zu dieser angeschnittenen Sachfrage Punkt 5 uns vornehmen. Der Punkt 2, Antrag ist gestellt, darüber muß nicht lange gesprochen werden. – Nur zur Vergewisserung für den weiteren Ablauf unserer Sitzung.

Ullmann (DJ): Mein Vorschlag ist, jetzt Antrag Ziffer 2 zu behandeln.

Lange (Moderator): Dieser Vorschlag liegt vor und ich möchte Sie bitten, dazu Stellung zu nehmen, wenn dies gewünscht wird.

Herr Bein von NDPD.

Bein (NDPD): Wir stimmen diesem Antrag zu, so wie er hier aufgeschrieben ist.

Lange (Moderator): Danke.
Gibt es weitere Meinungsäußerungen dazu?
Frau – – Entschuldigung, bitte.

Nissel (LDPD): Vom Grundsatz kann dem Vorschlag auch durch die LDPD zugestimmt werden.

Zu Buchstabe a) ein Vorschlag zur Ergänzung: „**Verabschiedung** des Wahlgesetzes durch die Volkskammer" „**nach vorheriger öffentlicher Diskussion in der Bevölkerung**". Der Bevölkerung sollte zumindestens zwei bis drei Wochen die Möglichkeit gegeben werden, auch zu diesem Wahlgesetz die Meinung zu äußern. Zeitlich ist das machbar.

Lange (Moderator): Vielen Dank.
Frau Seelig, bitte.

Frau Seelig (VL): Ja, ich möchte sagen, die Vereinigte Linke schließt sich dem Minderheitenvotum an.

Lange (Moderator): Ja, das müßten wir im Moment noch zurückstellen, weil wir eben bei Punkt 2 sind. Das würde dann Punkt 5 betreffen, ja?
Bitte.

Frau Döring (FDGB): Wir stimmen dem auch zu, wie das hier vorgesehen ist in Punkt 2, und wir möchten die Ergänzung unterstützen, die eben von der LDPD dazu gemacht wurde.

Lange (Moderator): Ja, danke schön.
Gibt es weitere Meinungsäußerungen dazu? – Dann würde ich vorschlagen, daß wir zunächst über diesen Vorschlag – –
Ja, ist das eine Anfrage jetzt an den Ausschuß?
Herr Ullmann, würden Sie dieses aufnehmen? Dann brauchten wir nicht darüber abzustimmen.

Ullmann (DJ): Vorschlag: Die Ergänzung wird aufgenommen, dann lautet es:
„a) Eine Verabschiedung des Wahlgesetzes durch die Volkskammer hat im Einvernehmen mit dem Runden Tisch nach angemessener **Diskussion in der Öffentlichkeit** zu erfolgen."

Lange (Moderator): Ja, Herr Meckel, SPD dazu.

Meckel (SPD): Wenn dies so beschlossen wird, muß gleichzeitig beschlossen werden, wie die Diskussion ausgewertet wird. Man kann nicht sagen, diskutiert einmal, und dann entscheidet die Volkskammer. Man muß dann die Rückkopplung über den Runden Tisch – – oder wie soll das funktionieren? Das muß dann gleichzeitig mit geklärt und beschlossen werden.

Lange (Moderator): Ja, dazu gibt es einen praktischen Vorschlag.

Nissel (LDPD): Das könnte in der vorgelesenen Variante abgesichert sein. Es wurde gesagt: „im Einvernehmen mit dem Runden Tisch nach der Diskussion der Bevölkerung". Das heißt, der Ausschuß der Volkskammer bringt dieses Ergebnis dann mit ein für den Runden Tisch und dann für die Endvorlage in der Volkskammer. So wäre die Variante auch abgesichert.

Ein **Volksentscheid** ist aus Zeitgründen nicht mehr möglich. Damit hat die Bevölkerung trotzdem die Möglichkeit, vor Beschlußfassung das Gesetz zu sehen und sich zu äußern.

Lange (Moderator): Ich denke, damit ist das Verfahren klar, und wir könnten dann diese Neuformulierung von Punkt a) so aufnehmen. Es heißt also jetzt: „Eine Verabschiedung des Wahlgesetzes durch die Volkskammer hat im Einvernehmen mit dem Runden Tisch **nach angemessener Diskussion in der Bevölkerung** zu erfolgen" – „der Öffentlichkeit", ja, gut.

Dann noch einmal eine Änderung, Herr Ullmann, bitte.

Ullmann (DJ): Formulierungsvorschlag: „Eine Verabschiedung des Wahlgesetzes durch die Volkskammer hat im Einvernehmen mit dem Runden Tisch nach angemessener öffentlicher Diskussion zu erfolgen".

Lange (Moderator): Danke.
Ja, Herr Templin.

Templin (IFM): Meine Anfrage wäre nur, ob die Diskussion in der Öffentlichkeit die Verabschiedung in der Volkskammer lediglich oder auch das Votum des Runden Tisches beeinflussen sollte?

Lange (Moderator): Ich hatte es so verstanden, daß der Runde Tisch diese Meinungen dann zur Kenntnis nimmt und mit aufarbeitet. Ist das der Fall? So haben Sie das auch aufgefaßt? – Können wir dann über diesen Punkt abstimmen?

Punkt 2 der vorgelegten Information, Antrag an den Runden Tisch. Wünschen Sie getrennt abzustimmen oder über Punkt 2 insgesamt? Ich denke, das ist keine Schwierigkeit, **Punkt 2 der Information 7/1 [Erklärung der AG „Wahlgesetz"]** insgesamt mit den Unterpunkten a) und b).

Wer dafür ist, den bitte ich um das Handzeichen. – Das ist die Mehrheit. Wer ist dagegen? – Stimmenthaltungen sind keine.

Dieser Punkt 2 ist einstimmig angenommen.

Das war Ihr erster Vorschlag Herr Ullmann? – Wie soll die Diskussion zu den Sachfragen unter Punkt 5 erfolgen?

Ullmann (DJ): Ich denke, man kann mindestens in der heutigen Sitzung eine Meinungsbildung herbeiführen und kann sehen, wie die einzelnen Parteien und Gruppierungen zu dieser Sachfrage stehen.

Lange (Moderator): Ja, vielen Dank.

Dann wollen wir über Punkt 5 in die Aussprache eintreten. Es liegt dazu, wie bereits erwähnt, ein Minderheitenvotum vor, und es wurde unterstützt von der Vereinigten Linken. Wollen Sie dazu noch eine Erklärung geben oder lediglich diese unterstützen?

Herr Klein, bitte.

Klein (VL): Die Vorlage von der sechsten Sitzung des Runden Tisches, also die hier als **Vorlage [6/]7 [Antrag VL: Bestandteile des Wahlgesetzes fr den 6. Mai 1990**[31]**]** vorliegt. Der zugängliche Text sagt eindeutig aus, daß wir diese Minderheitenerklärung unterstützen. Unser Vorschlag geht noch weiter, aber das schließt natürlich ein, daß wir dieses Minderheitenvotum unterstützen. Ich meine auch, daß die hier angesprochenen Fragen die zentralen Fragen der Aussprache sein müssen.

Lange (Moderator): Danke.

Gibt es weitere Meinungsäußerungen zu diesem Punkt 5? Herr Meckel.

Meckel (SPD): Ich möchte kurz begründen [**Information 7/9, Erklärung SPD: Zum Wahl- und Parteiengesetz**[32]], weshalb wir dafür sind, daß **Doppelmitgliedschaft** ausgeschlossen sein soll. Das heißt, daß wir genau ein Prinzip wollen, das der jetzigen Volkskammer widerspricht.

Es ist der Demokratiefehler der jetzigen Volkskammer, daß durch Doppelmandate, also durch Doppelmitgliedschaft, hier die SED sich eine absolute Mehrheit sichert. Also, wenn FDGB und andere Gruppierungen eine entsprechende Mitgliedschaft im Parlament haben, dann kann man FDGB-Mitglied und SED-Mitglied sein, und auf diese Weise hatte die SED bisher immer eine absolute Mehrheit gehabt – unabhängig davon, was an **Wahlbetrug** passierte, allein durch den Status.

Dies soll ausgeschlossen sein. Wir sagen: **nur Parteien**, wobei es egal ist, ob in Namen der Vereinigungen der Parteiname erfolgt, also in diesem Sinne kann „Neues Forum" auch eine Partei sein, wenn sie Kandidaten stellt.

Drei Bedingungen gibt es unserer Meinung nach dafür, in diesem Sinne „**Partei**" genannt zu werden:

Einmal, daß klare **Programmaussagen** gemacht werden, auf die der Wähler sich berufen kann.

Berufen kann man sich nur, wenn sie nicht ein einzelner sagt, sondern wenn sie wirklich verabschiedet sind von Delegiertenversammlungen, einem Parteitag oder so.

Das zweite ist, daß die Organisationsform der jeweiligen Gruppierung oder Vereinigung so sein muß, daß sie **Dauer** gewährleistet für die Zeit der Legislaturperiode. Also ein Freundeskreis kann dies nicht – wenn da irgend etwas anderes passiert –, in dem geht es nicht. Also es müssen klare Strukturen da sein.

Und das dritte ist eben die Frage der **Doppelmitgliedschaft**, die muß nicht nur bei den Kandidaten ausgeschlossen sein, unserer Meinung nach, sondern auch bei den Mitgliedern. Sonst können nämlich zwei Gruppen, die zu einem großen Teil identisch sind, antreten und auf diese Weise verschiedene Kandidaten hineinbringen und letztlich, auch wenn dies jetzt in unserem Fall vermutlich nicht gilt, aber wenn man es im Wahlgesetz festschreibt, man damit ja das Wählerergebnis verfälscht.

Deshalb sagen wir, diese drei Punkte müssen verbindlich festgeschrieben sein, egal wie der Name der Gruppe lautet.

Lange (Moderator): Vielen Dank. Frau Böhm vom Unabhängigen Frauenverband.

Frau Böhm (UFV): Ja, als erstes möchte ich in unserer Erklärung einfügen zwischen „selbständigen Interessenvertretungen" das Wort „politisch": „selbständige **politische Interessenvertretung**" in diesem Papier.

Und zum zweiten möchte ich mich gegen den letzten Satz „Doppelmitgliedschaft in Parteien ist ausgeschlossen" wenden. Zumindestens für unsere Vereinigung kann das nicht zutreffen. Wir schließen uns der Sache an „Ausschluß der Doppelmitgliedschaft bei Kandidaten". Aber ich gebe zu bedenken, daß wir gerade, indem wir die **Frauenfrage als politische Frage** stellen, Frauen aus den unterschiedlichsten Parteien bei uns im Dachverband vereinigen, auch vereinigen, und es trifft auch auf Frauen der SPD zu, genauso auf Frauen des Demokratischen Aufbruchs, die jetzt bei uns mitarbeiten.

Lange (Moderator): Ja, vielen Dank.

Ich möchte nur einmal eine Zwischenbemerkung machen. Herr Ullmann hat dies eingebracht. Ich gehe davon aus, daß er oder die anderen Mitglieder dieser Arbeitsgruppe alle geäußerten Meinungen jetzt zur Kenntnis nehmen, weil das nicht noch einmal von uns extra aufgelistet wird. Nicht, das war doch das Verständnis? Vielen Dank.

Es hatte sich gemeldet, Herr Seidel vom Neuen Forum.

Seidel (NF): Das Neue Forum und andere **politische Vereinigungen** und neu entstandene Parteien nach dem September 1989 haben ganz entscheidend dazu beigetragen, daß wir jetzt hier sitzen und über das Wahlgesetz sprechen können, erstens.

Zweitens, der Demokratiefehler der Volkskammer lag nicht darin – oder nicht nur darin – daß sich die SED eine absolute Mehrheit über FDGB, Kulturbund, FDJ und so weiter gesichert hat, sondern lag hauptsächlich daran, daß ein **uniformes Abstimmungsverhalten**, unabhängig davon ob Vereinigung oder Parteien gestimmt haben, vorherrschte.

Drittens, wir haben uns ganz ausdrücklich im Einvernehmen mit allen, die in der Arbeitsgruppe waren, festgelegt, daß es nur um ein Wahlgesetz für die Volkskammerwahl am 6. Mai gehen kann. Es geht uns nicht darum, prinzipielle Weichenstellungen für die nächsten Jahre in der DDR vorzunehmen. Wir wissen, daß die Demokratie, die seit September sich bei uns entwickelt, wachsen muß. In diesem Sinne, finde ich, ist eine Grundvoraussetzung dafür, daß sich **Demokratie in der DDR entwickeln** kann, daß die Gruppierungen, Vereinigungen, die so maßgeblich daran mitgewirkt haben, daß es überhaupt zu Volkskammerwahlen am 6. Mai kommen kann, sich an dieser Wahl mit eigenen Wahlvorschlägen beteiligen dürfen.

Das Selbstverständnis des Neuen Forums sieht vor, daß Mitglieder im Neuen Forum auch Mitglieder anderer Parteien und Vereinigungen sein können. Das ist unser Ansatz, Politik in der Gesellschaft zu realisieren. Andere haben andere Ansätze, beide sind gleichberechtigt, denke ich, beide haben gleich gute und gleich schlechte Seiten.

Ich denke also, daß man in Zusammenfassung dieser Punkte für dieses Wahlgesetz so votieren muß, daß Parteien und politische Vereinigungen Wahlvorschläge einbringen

---

[31] Dokument 7/9, Anlagenband.
[32] Dokument 7/10, Anlagenband.

können, daß eine weitere Ausgestaltung unserer Demokratie in der nächsten Legislaturperiode zeigen muß, ob dieses Modell auch bei einer nächsten Volkskammerwahl angewendet werden kann.

Lange (Moderator): Vielen Dank.

Als nächster hatte sich gemeldet Herr Beyermann von der Grünen Partei.

Beyermann (GP): Ja, meine Damen und Herren, wir haben es hier offensichtlich mit einer Grundfrage des Verfassungsrechts und des Staatsrechts zu tun, die nicht nur in der DDR und in der gegenwärtigen Situation eine Rolle spielt, sondern international immer wieder zu Diskussionen führt: Nehmen **Organisationen** direkt am parlamentarischen System teil, können sie **Kandidaten aufstellen**, können sie an Wahlen teilnehmen?

Die Grüne Partei vertritt den Standpunkt in dieser Diskussion hier in der DDR, daß **nur Parteien** Kandidaten zur Wahl stellen können, so wie es von der Kommission des Runden Tisches zum Wahlrecht mehrheitlich beschlossen wurde. Und diese Position der Grünen Partei bedeutet kein Abgehen von **basisdemokratischen Prinzipien** grüner Politik oder Befürwortung etwa des Parteienstaates, wie jetzt vielleicht argumentiert werden könnte.

Aber wir sind der Meinung, daß Transparenz des Parteienstaates, Transparenz des parlamentarischen Systems nicht dadurch erreicht wird, daß politische Vereinigungen direkt in das Parlament einsteigen, sich dort, weil sie den Zwängen des politischen Parlamentarismus unterworfen sind, wie Parteien verhalten müssen und somit also ihrer eigentlichen demokratischen Potenzen letztendlich im längeren Prozeß beraubt werden, das heißt, sie würden sich von Parteien kaum noch unterscheiden.

Deshalb ist unser Ansatz, daß bei Schaffung eines stabilen, **repräsentativen Systems** die Möglichkeiten der Einflußnahme über **Formen außerparlamentarischer Demokratie** bestärkt werden müssen, was bedeutet, daß der Rechtsstatus von politischen Vereinigungen, von Bürgerinitiativen so ausgestaltet werden muß, daß diese Einflußnahme möglich ist. Dazu bedarf es [der] Phantasie, da hier Lösungen gefunden werden müssen, die auch international noch nicht üblich sind. Es kommt also hier darauf an, eine günstige Verbindung von parlamentarischer und außerparlamentarischer Demokratie zu stellen.

Wenn man diese Frage nun stellen will, ob es also günstig ist, Organisationen und Vereinigungen an der Wahl selbst zu beteiligen, dann muß man die Frage stellen: Warum gibt es überhaupt Parteien? Wodurch unterscheiden sich Parteien von Vereinigungen? Und dann wird man zu der Schlußfolgerung kommen, auch in der historischen Betrachtung, daß Parteien entstanden sind eben mit dem Parlamentarismus aus den **Erfordernissen des Parlamentarismus** heraus; daß ein repräsentatives System, wie der Parlamentarismus es ist, stabile Strukturen verlangt, stabile Programme, worauf sich der Wähler verlassen können muß; und daß dazu Organisationen notwendig sind, die diese Stabilität in Programmatik und politischer Struktur aufweisen. Und deshalb kam es zu Entwicklungen von Parteien.

Die Funktionalität von Parteien im parlamentarischen System besteht also nach wie vor. Und deshalb sind wesentliche Punkte der Qualifizierung von Parteien so, wie der Kollege von der SPD es hier umrissen hat, und ein besonderes Moment dabei die Frage der **Doppelmitgliedschaft** oder des Ausschlusses der Doppelmitgliedschaft.

Denn politische Stabilität einer Organisation ist mit überparteilicher Arbeit, wie sie eine Organistion, eine politische Vereinigung voraussetzt, schwer zu vereinbaren. Das heißt also, eine Organisation ist immer stärker geneigt, politischen Schwankungen zu unterliegen. Es ist also für den Wähler ein nicht so verläßlicher Faktor wie Parteien.

Und diese Frage spielt auch, denke ich, insbesondere in der Gegenwart eine Rolle, in der Situation der DDR. Das Ziel der Grünen Partei ist vor allem, in dieser Wahl eine stabile Regierung zu erreichen, die **Stabilität** in die Entwicklung, in die weitere Entwicklung des Landes bringt. Und da ist also insbesondere notwendig, daß ein stabiles, repräsentatives System entsteht. Aber es ist auch notwendig, daß politische Kräfte, die existieren, sich nicht zu stark zersplittern.

Und ein weiterer Punkt ist, was schon angesprochen wurde, die Frage der **Schleppmandate**. Dazu sind schon Ausführungen gemacht worden.

Ich möchte dem nur noch hinzufügen, daß wir auch der Meinung sind, daß dieser **Ausschluß der Doppelmitgliedschaft** eben nicht nur für die Kandidatur gilt, sondern für die gesamte Organisation, die sich zur Wahl stellt, weil ansonsten eine Vorverlegung der parlamentarischen Auseinandersetzung der Parteien abzusehen wäre. Die Parteien würden sich in den Organisationen darum streiten und darum in die Auseinandersetzung gehen, wer in Organisationen, die vor allen Dingen auch für die Wahl die größten Chancen haben, bestimmenden Einfluß erlangen kann. Und diese Form der Vorverlagerung parlamentarischer Auseinandersetzungen kann aus unserer Sicht kein Beitrag zur Demokratisierung des Landes sein.

Lange (Moderator): Ja. Vielen Dank.

Ich möchte mir an der Stelle die Bemerkung erlauben, daß wir natürlich jetzt nicht die Diskussion der Arbeitsgruppe vorwegnehmen können. Es wäre also gut, wenn wir auf Bitten von Herrn Ullmann votieren, zur Meinungsbildung möglichst kurz auch unsere Beiträge bringen und, wenn möglich, auch von jeder Gruppierung nur einmal, damit wir dann doch auch die anderen Tagesordnungspunkte noch ausführlich behandeln können.

Bitte, Herr Ullmann.

Ullmann (DJ): Herr Lange, ich möchte aber jetzt ein nach Ihrer Rede mögliches Mißverständnis gerne ausgeschlossen wissen:

Wir können das nicht wieder an den Ausschuß zurückverweisen. Die Frage muß hier entschieden werden. Es kann natürlich sein, daß das heute nicht möglich ist. Aber sie muß hier entschieden werden, und die Arbeitsgruppe hat es hierher gebracht, damit der Runde Tisch in dieser Sache ein Votum abgibt, nicht? Das ist ja für die Volkskammer wichtig.

Lange (Moderator): Gut. Ja. Wir sind dabei.

Ich lese Ihnen die Liste derer, die sich gemeldet haben, [vor] und würde dann fragen, ob wir nicht damit diese Liste abschließen können. Es stehen auf der Rednerliste Frau Seelig, Frau Töpfer, Herr Stief, Herr Nissel, Herr Bein, Frau Döring, Herr Klein, Herr Poppe, Herr Schmidt, Herr Templin, Frau Walzmann, Herr Sell, Herr Pflugbeil. Das sind alle, die sich zu diesem Tagesordnungspunkt jetzt gemeldet haben.

Bitte – – Geschäftsordnung, bitte.

Meckel (SPD): Heißt das zu diesem Tagesordnungspunkt oder zu dem Punkt 5?

Lange (Moderator): Zu Punkt 5.

Meckel (SPD): Okay, dann ja.

Lange (Moderator): Ja. Zu Punkt 5.
– Herr Krebs. Können wir damit die Liste abschließen?
– Herr Jordan.
Dann bitte ich Frau Seelig – –

Frau Seelig (VL): Also, wir glauben, daß – –

Lange (Moderator): Moment, ja, Entschuldigung, ja, Entschuldigung. – Sind Sie damit einverstanden, daß wir jetzt die Liste abschließen? – Herr Bisky, Sie wollen sich noch melden, ja?

Frau Seelig (VL): Wir glauben, daß sich der authentische – –

Lange (Moderator): Ja, zur Geschäftsordnung – Entschuldigung, kleinen Augenblick – zur Geschäftsordnung: Ist das jetzt Einverständnis, daß wir damit die Rednerliste zu Punkt 5 abschließen? Gibt es Widerspruch? – Das ist nicht der Fall.
Dann haben Sie das Wort, Frau Seelig.

Frau Seelig (VL): Wir glauben, daß in den **Bürgerbewegungen** sich ein großer Teil des demokratischen Bewußtseins der Bevölkerung dieses Landes manifestiert, und sind für eine unbedingte Teilnahme der Bürgerbewegungen an den Wahlen.

Wir gehen davon aus, daß eine weitgehende, zersplitterte Parteienlandschaft nicht Ausdruck einer vermehrten Demokratie oder einer besonders hohen Demokratieform ist. Denn diese Gefahr besteht ja ganz ausdrücklich, daß natürlich eine Gründungsvielfalt von Parteien jetzt stattfinden kann, um sich dann diesem Gesetz unterzuordnen.

Wir gehen davon aus, daß bei freien Wahlen niemand zweifelhafte Gruppen zu wählen braucht. Insofern möchte ich also eine Sorge, die wir aus der alten Form von Wahlen oder der **Pseudowahlen** hier mit hinübergenommen haben, ausräumen.

Ich denke, daß sich diese Frage der Doppelmitgliedschaft doch vielleicht in dem Kompromiß finden könnte, daß ein Doppelmandat ausgeschlossen wird. Eine **Doppelmitgliedschaft** ist in den Bürgerbewegungen vorhanden, wird weiterhin vorhanden sein. Und die, denke ich, beeinflußt auch nicht das parlamentarische Geschehen. Ich denke, wir könnten vielleicht vorschlagen, ein Doppelmandat auszuschließen.

Lange (Moderator): Frau Töpfer.

Frau Töpfer (FDGB): Frau Döring wird anworten.

Frau Döring (FDGB): Ich werde antworten. Wir haben das Minderheitenvotum mit unterschrieben. Wir möchten aber den Standpunkt des FDGB zur parlamentarischen Tätigkeit hier sagen.
Die im FDGB vereinten Industriegewerkschaften und **Gewerkschaften** verstehen sich als freie, von Parteien und politischen Vereinigungen unabhängige Interessenvertreter der Werktätigen. Dazu gibt es eine Vielzahl von Anträgen an den außerordentlichen FDGB-Kongreß, der am Ende dieses Monats stattfindet. Und viele dieser Anträge gehen davon aus, daß freie und unabhängige Gewerkschaften den **außerparlamentarischen Kampf** als grundsätzliche Form der **Interessenvertretung** betrachten. Das schließt natürlich ein, daß die Gewerkschaften dann Parteien und politische Bürgerbewegungen an ihrem Eintreten für die Interessen der Werktätigen messen. Endgültig wird dann unser Kongreß darüber entscheiden.

Lange (Moderator): Herr Stief, NDPD. – Ist nicht da?
Ja, Herr Bein dafür, bitte.

Bein (NDPD): Ich werde für ihn sprechen. Wir sprechen uns aus für das, was in der Erklärung der Arbeitsgruppe hier gesagt worden ist. Auf eine Begründung will ich verzichten. Das ist ausreichend von der SPD und auch von der Grünen Partei gemacht worden.

Aber ehe wir überhaupt dieses Minderheitenvotum behandeln, haben wir die Bitte an den Einreicher oder an die Einreicher, entweder schriftlich oder heute mündlich doch zu sagen, was wir denn nun unter einer **politischen Vereinigung** zu verstehen haben. Das wäre doch zu definieren. Allein jetzt zu sagen seitens des Unabhängigen Frauenbundes [gemeint: Frauenverbandes], wir setzen einmal schnell den Namen „politisch" davor, ist doch noch keine Lösung. Ehe wir das überhaupt mit den politischen Vereinigungen diskutieren können, was wir sicherlich hier sollten aufgrund der Bedeutung, müßte es wirklich definiert werden.

Lange (Moderator): Das ist eine Frage für den nächsten Tagesordnungspunkt, denke ich. Parteien- und Vereinigungsgesetz, ja. Wollen Sie dazu jetzt?

Frau Böhm (UFV): Ich möchte nur die Unterstellung, das Wort „politisch" einfach dazwischen zu setzen, die möchte ich zurückweisen. In allen unseren Papieren und auch in den programmatischen Aussagen steht schon immer die **Frauenfrage als politische Frage**. Und der Unabhängige Frauenverband versteht sich als eine politische Organisation.

Lange (Moderator): Ja.
Jetzt ist an der Reihe Herr Nissel, LDPD.

Nissel (LDPD): Die LDPD hat ja im Dezember bereits einen **Diskussionsgesetzentwurf vorgelegt und in diesem Entwurf das Konzept aufgenommen, Verhältniswahlen** durchzuführen nur mit der Kandidatur und mit dem Recht der Parteien, Kandidaten vorzuschlagen. Die Begründungen dafür sind im wesentlichen deckungsgleich mit denen, die von der SPD und von der Grünen Liga vorgetragen wurden, so daß ich aus Zeitgründen das hier nicht auch noch einmal wiederholen möchte.

Uns geht es darum, oder uns ging es damals schon nicht darum und auch heute nicht darum, Bürgerbewegungen über dieses Wahlgesetz von der Möglichkeit, in der Volkskammer als Abgeordnete mitzuarbeiten, auszugrenzen. Nur sehen wir keine praktikable Möglichkeit, in ein Gesetz nur einige politische Vereinigungen wirklich aufzunehmen und andere ausdrücklich auszugrenzen.

Die Frage ist, die wir sicher heute hier nicht klären können: Was sind **politische Vereinigungen**? Denn die Frage ist sicher für den FDGB genauso wie für das Neue Forum wie auch für andere hier nicht vertretene Organisationen: Sind sie keine politischen Organisationen? Insofern würde sich die Vielfalt also noch erweitern, und ich denke an die Volkssolidarität, die die politische Willensbildung der Rentner sicher beeinflußt. Und ich will jetzt hier keine Liste aufzählen.

Aus diesem Grunde meinen wir, daß es sinnvoll wäre, für die Volkskammerwahl – ich betone auch unseren Standpunkt: nur für die **Volkskammerwahl**; damit sind nicht die Kandidatenmöglichkeiten, Vorschläge für eventuell dann im Herbst möglicherweise noch folgende Kommunalwahlen gemeint – nur für die Volkskammerwahl, auf **Parteien zu beschränken**.

Und ich glaube, soweit es die **Bürgerbewegungen** betrifft, ist ja aus Leipzig vom Neuen Forum ein Signal gegeben worden, auch hier einen Konsens zu finden.

Ansonsten haben wir Sorgen, daß das, was wir gegenwärtig in allen Parlamenten in der DDR haben, wiederfinden bis hin zu der Frage, daß die Regierbarkeit des Landes in Frage gestellt wird.

Soweit die Frage der Parteien mit einer **Zersplitterung** befürchtet wird, teilen wir nicht den Standpunkt. Wenn man dem im Entwurf des Gesetzes vorgesehenen Standpunkt folgt, müssen Parteien, bevor sie Wahlvorschläge einreichen können, 1 000 Unterschriften vorlegen, und an diesen 1 000 Unterschriften wird jede kleine Splitterpartei möglicherweise schon scheitern, die vielleicht nur aus wenigen Mitgliedern besteht.

Aus diesem Grunde, wie gesagt, plädieren wir für die Variante, daß nur Parteien für die jetzige Volkskammerwahlen Kandidaten benennen sollen.

Lange (Moderator): Danke.
Herr Klein.
Geschäftsordnung, bitte, Herr Templin.

Templin (IFM): Ich möchte mich dagegen wenden, daß durch die letzten Anfragen der Eindruck entsteht, als sei zum Problem der politischen Vereinigungen und ihre Qualifikation nicht hinlänglich Vorarbeitet geleistet worden.

Lange (Moderator): Entschuldigen Sie bitte, das ist kein Geschäftsordnungsantrag.

Templin (IFM): Doch, ich stelle den Antrag, daß zwar nicht der Tagesordnungspunkt, in dem der Begriff der politischen Vereinigung qualifiziert wird, hier vorgestellt wird. Es muß aber möglich sein, hier zu unterstreichen, daß dazu natürlich eine qualifizierte Bestimmung vorliegt, daß etwa nicht nur ein leerer Begriff existiert, wie hier vermutet wurde. Das ist ja nicht so. Das ist im anderen Ausschuß lange und qualifiziert behandelt worden.

Bein (NDPD): Dann kann man es doch vorlegen, genau wie es hier für die Parteien vorgelegt worden ist auf Seite zwei.

Lange (Moderator): Ja. Wir sprechen ja jetzt zu Punkt 5. Ich muß hier noch einmal zurückfragen, welchen Geschäftsordnungsantrag Sie jetzt eben gestellt haben.

Templin (IFM): Ich beantrage, daß, damit nicht das Abstimmungsverfahren durch die Unklarheit – gibt es eine **qualifizierte Bestimmung dieser Vereinigung** oder nicht –, daß, damit das nicht verfälscht wird, zwar nicht der andere Tagesordnungspunkt aus dem Parteiengesetz vorgezogen wird, daß aber der Vertreter des anderen Ausschusses klarmacht: Gibt es eine qualifizierte Bestimmung von Parteien, die uns hier die Entscheidung darüber ermöglicht? Denn das wurde ja in Frage gestellt.

Lange (Moderator): Das ist eine Anfrage, ob dazu eine Auskunft gegeben werden kann.
Bitte, Frau Poppe.

Frau Poppe (DJ): Ich will es versuchen, die Definition hier vorzulesen, wie wir sie in unserem Ausschuß „**Parteien- und Vereinigungsgesetz**" formuliert haben.

In unserem Entwurf steht: „Parteien sind politische Zusammenschlüsse der Bürger, die auf der Grundlage länger dauernder Tätigkeit Einfluß auf die politische Willensbildung nehmen und sich mit eigenen Kandidaten an Wahlen beteiligen."

Dann gibt es für dieses Gesetz eine Art Generalklausel, die heißt: „Dieses Gesetz gilt auch für politische Vereinigungen mit der Ausnahme der §§ 10, 11 und 12." Diese drei Paragraphen betreffen nur die innere Struktur der Parteien.

Alles übrige, also die Modalitäten, die Bedingungen, die erfüllt werden müssen, damit sich die politischen Vereinigungen zur Wahl stellen, sind hier formuliert.

Lange (Moderator): Ja, vielen Dank. Hat das zur Klarheit geholfen, Herr Templin?

Templin (IFM): Ja – –

Lange (Moderator): Danke.
Dann können wir zunächst in der Reihe fortfahren.
Es ist nächster Redner Herr Klein, Vereinigte Linke.

Klein (VL): Also, es ist sicherlich schon so, daß sich an dieser Frage, unter anderem an dieser Frage, schon das **Demokratieverständnis** aller, die sich hier äußern, deutlich macht. Also, was bedeutet im Sinne der Wahlen, der uns bevorstehenden Wahlen, **Volkssouveränität**? Und natürlich ist es nicht eine Frage der Kodifizierung. Selbstverständlich wissen zum Beispiel auch unsere Freunde von der SPD, was der Unterschied zwischen einer Partei und einer Bürgerbewegung ist.

Das festzuschreiben, zu definieren, ist die eine Sache, die andere Sache ist: Welches politische Verständnis von Volkssouveränität soll hier befördert werden? Und ich glaube, man muß hier klar feststellen, wenn beispielsweise im abgrenzenden Sinne gesagt wird, ein **parteienzentrierter Parlamentarismus** ist die einzige Garantie für die Verwirklichung von Volkssouveränität hier in dem Land, dann hat man entweder ignoriert oder vergessen, welche Bedeutung die **Bürgerbewegungen** in diesem Land hatten.

Ich meine, daß in diesem Zusammenhang abgelenkt wird mit der Diskussion über Doppelmitgliedschaften. Ich will darauf hinweisen, daß hier nicht mehr die Frage von **Doppelmandaten** in die Diskussion gebracht wurde, sondern sogar von **Doppelmitgliedschaft**; daß hier sich doch ein Wandel zum Beispiel auch der sich als Partei jetzt konstituierten Bürgerbewegung der Grünen Partei für mich deutlich wird.

Ich würde ernsthaft zu bedenken geben, welche Chance wir hier in der DDR haben, etwas zu tun, was mehr ist als das, was wir als Parlamentarismus lange kennen, auch aus dem Ausland kennen. Und ich bitte dringend, daß alle die, die hier am Tisch sitzen, besonders hier auf unserer Seite, das bedenken, was das politisch bedeutet, wenn man sich hier unklar verhält.

Lange (Moderator): Herr Schmidt, CDU.

Schmidt (CDU): In der Bundesrepublik sind wohl recht gute Erfahrungen mit **freien Wählergemeinschaften** gemacht worden, und zwar auf kommunaler Ebene.

Ich meine, daß das, was die Vereinigte Linke in ihrem Punkt 2 für **Betriebskollektive** und so weiter vorschlägt, weniger für die Volkskammer als für die **kommunale Ebene** geeignet ist. Vielleicht könnte man im Wahlgesetz diese Ebenen unterscheiden.

In der Volkskammer brauchen wir klare übersichtliche Verhältnisse, besonders beim ersten Mal. Ich denke, daß das Neue Forum sich so beteiligen sollte, daß es nach Analogie der Parteien verstanden werden kann. Niemand möchte die Rolle, die das Neue Forum in der jüngsten Geschichte der DDR gespielt hat, vernachlässigen und es an der Teilnahme in der Volkskammer hindern.

Lange (Moderator): Herr Templin, [Initiative] Frieden und Menschenrechte.

Templin (IFM): Ich möchte auch aus den Erfahrungen und bisherigen Arbeitsergebnissen oder Diskussionsergebnissen der **Arbeitsgruppe „Verfassung"** beim Runden Tisch hier mitsprechen und die Argumente von Herrn Seidel, Frau Seelig und Herrn Klein doch noch nach einer anderen Seite hin ergänzen.

Ich denke, daß wir eben nicht davon ausgehen können, in der gegenwärtigen Situation der DDR ein Modell, was uns woanders perfekt oder mehr oder weniger gut vorgeführt wurde als das parlamentarische System, zu kopieren, und ich könnte auch nicht davon ausgehen, daß die Zwänge des parlamentarischen Systems nun genau für die DDR zutreffen.

Im Verfassungsausschuß in unserer Arbeitsgruppe machen wir uns ja gerade Gedanken darüber, wie eine mögliche Stärkung der Legislative, des Parlaments, nach Befugnissen, nach Kontrollmöglichkeiten und nach Kompetenzen durchgeführt werden kann, und hier wollen wir gerade nicht nur aus den positiven, sondern auch aus den negativen Erfahrungen bürgerlicher parlamentarischer Demokratie, eben auch der Bundesrepublik mit ihrer Parteienlandschaft, lernen. Und ich denke, wir haben die gute Chance dazu.

Wenn wir ein **Konzept partizipatorischer Demokratie** vertreten, dann ist es natürlich nicht nur bedenklich, sondern für mich in der Argumentation fast unredlich zu sagen, wir wollen den Bürgerbewegungen nicht die Chance nehmen teilzunehmen, aber dann sie ihres wesentlichen Moments, ihres Strukturmoments und ihrer eigentlichen Zusammensetzung zu berauben, indem man ihnen empfiehlt, sich entweder analog wie Parteien zu strukturieren, oder aber die andere freundliche Empfehlung gibt, doch bitte die Finger von der Politik auf parlamentarischer Ebene zu lassen beziehungsweise dann auf andere Listen umzusteigen. Das heißt nämlich genau wieder in die aus der Erfahrung ja auch gut bekannten Fehler und Defizite einer reinen Parteiendemokratie zu verfallen, nämlich die Frage politischer Partizipationen mechanisch zu teilen. Bürgerbewegungen wären demnach auf die kommunale Ebene oder auf gewissermaßen Intervention oder Kontrolle von unten her beschränkt.

Natürlich gehen wir davon aus, daß **Bürgerbewegungen oder Vereinigungen** in unserem Sinne, wie unsere Initiative Frieden und Menschenrechte, ihr Schwergewicht in der **außerparlamentarischen Arbeit** haben und behalten werden. Und natürlich werden wir uns nicht auf einen Parlamentsbetrieb einstellen. Aber unser politisches Verständnis führt uns ebenso wie die anderen Bürgerbewegungen dazu, natürlich das Recht zu beanspruchen, um wirksam werden zu können, um politische Mitbeteiligung und Willensbildung auszuüben, im Parlament mitbeteiligt zu sein. Das ist aber nur dann möglich, wenn es zu den neuen Bedingungen der DDR – hier wurden historische Gründe genannt, ich würde also auch Demokratie, theoretische oder Erfahrungen von Demokratiepraxis aus anderen Ländern anführen wollen –, wenn es möglich ist, Bürgerbewegungen gleichberechtigt auch an der parlamentarischen Ebene zu beteiligen.

Lange (Moderator): Herr Poppe, ebenfalls [Initiative] Frieden und Menschenrechte.

Poppe (IFM): Ja, ich habe gegen den Absatz 5 hier zum einen Formulierungsbedenken und zum anderen rechtliche Bedenken.

Das ist also einmal die Definitionsfrage, die schon angesprochen wurde und die ich auch heute schon einmal versucht hatte anzusprechen. Es kann nicht so sein, daß es Parteien im Sinne dieses Gesetzes gibt, und dann gibt es noch einmal Parteien im Sinne des **Parteiengesetzes**.

Es kann zweitens auch nicht sein, es kann nicht Gegenstand des Wahlgesetzes sein, wer Mitglied einer Partei oder einer Vereinigung wird. Es kann also gar nicht um das Problem der Doppelmitgliedschaften gehen, sondern allenfalls darum, daß ausgeschlossen werden sollte, daß nicht **Doppelmitgliedschaften von Mandatsträgern** vorliegen.

Es ist eben gesagt worden, das Hauptgewicht von **politischen Vereinigungen** wird im allgemeinen in der außerparlamentarischen Ebene gesehen, in der Basisarbeit, in der Arbeit auch im kommunalen Bereich. Das ist sicherlich so richtig. Man sollte jedoch damit nicht automatisch den Ausschluß aus der parlamentarischen Arbeit verbinden. Wir haben eigentlich jetzt die einmalige Chance, sowohl durch eine neu formulierte Verfassung wie auch durch ein neu formuliertes Wahlgesetz und Parteien- und Vereinigungsgesetz ein **Demokratiemodell** zu entwickeln, was den historischen Gegebenheiten der DDR entspricht und nicht einfach abgekupfert ist aus einem **bürgerlichen Parlamentarismus**.

Ich würde Ihnen ganz dringend anraten, einmal nachzudenken, was denn die Demokratisierung hier in Gang gesetzt hat. Das ist ja nicht gestern passiert, das ist ein langer Weg, der dort gegangen wurde von zehn, von zwanzig Jahren. Diesen Weg sind gegangen die unabhängigen Friedens- und Ökologie- und Menschenrechtsbewegungen Anfang der achtziger, Mitte der achtziger Jahre, und dieser Weg ist weitergegangen worden dann durch die großen Bürgerbewegungen wie das Neue Forum und getragen von dem Volk, das in Leipzig demonstriert hat und anderswo. Und es würde heißen, daß man wirklich an dem Willen dieses Volkes und an diesen Bürgerbewegungen, die vom Volk getragen sind, vorbeigeht, wenn man die ausschließt, wenn man ihnen die Möglichkeit nimmt, auch im Parlament vertreten zu sein.

Es war ja nicht eine Wende der SED, die den Demokratieprozeß hier in Gang gesetzt hat. Es war auch nicht das neue Selbstverständnis der ehemaligen Blockparteien. Es war auch nicht eine Sozialdemokratische Partei, die erst gegründet wurde, als die Entscheidung ja bereits auf dem Höhepunkt war. Und es war natürlich auch keine liberale und konservative Partei oder sonst irgendeine, sondern es war eben diese **Bürgerbewegung**, die diesen langen Weg gegangen ist. Und deshalb ist es für mich einfach die einzige Möglichkeit, dem Rechnung zu tragen, was in diesem Lande passiert ist, wenn man diese Bewegung auch **zur Wahl zuläßt**.

Lange (Moderator): Frau Walzmann, CDU.

Frau Walzmann (CDU): Ja, ich denke im Beitrag von Herrn Schmidt kam deutlich die Position der CDU zur Frage der Zur-Wahl-Stellung von Parteien zum Ausdruck. Ich möchte eigentlich nur noch einen Satz nachschieben.

Parteien als stabile politische Vereinigungen stellen sich mit Programmen, Personen und Praxis den Wählern und müssen so ihre Vorstellungen von der Regierungskonzeption darstellen. Das erfordert ganz einfach die **Regierbarkeit**, insbesondere auf der Stufe zu einer Volkskammerwahl. Wir haben das angedeutet. Zu einer Länderkammer kann man das schon wieder anders regeln. Und ich würde das auch für sehr sinnvoll halten.

Diese Aufgabenstellung schließt automatisch die doppelte Abhängigkeit von Mandatsträgern aus. Und da möchte ich unserem Standpunkt nach wie vor, auch aus unserem Positionspapier, treu bleiben und ihn untermauern.

Lange (Moderator): Vielen Dank.
Herr Sell, Demokratischer Aufbruch.

Sell (DA): Der Demokratische Aufbruch schließt sich dem Votum an, daß nur **Parteien Wahlvorschläge** einreichen können.

Das wird damit begründet, daß wir aus der Geschichte dieser DDR unsere Lehren ziehen müssen. Diese Lehren sind einerseits daraus so zu ziehen, daß **Bürgerbewegungen** keinesfalls von der politischen Willensbildung ausgeschlossen sein sollen. Sie sind unverzichtbarer Bestandteil der Demokratie. Der andere Teil dieser Lehre ist aber der, daß wir lange Jahre eine Volkskammer hatten, die von einer einzigen Partei bestimmt war und nicht durch Mandate dieser Partei allein, sondern durch Mandate von Organisationen, zum Beispiel FDGB, Kulturbund, DFD und FDJ.

Wir sind vor der Situation, daß am 6. Mai [1990] das erste Mal seit langer Zeit eine freie Wahl in der DDR durchgeführt wird. Es muß für den Bürger eine durchschaubare Wahl sein, und es muß für ihn begreifbar sein, für welche politische Richtung er sich entscheidet. Deshalb ist die **Doppelmitgliedschaft** in Parteien und Vereinigungen auszuschließen, und zwar nicht nur für die Mandatsträger, sondern für alle Mitglieder der zur Wahl antretenden Partei.

Lange (Moderator): Herr Pflugbeil vom Neuen Forum.

Pflugbeil (NF): Ich glaube, es sind genug Wahlreden gehalten worden. Ich möchte nur drei kurze Punkte machen.

Zur Frage von **Schleppmandaten** schlage ich vor, daß der letzte Satz in der Fußnote so lauten sollte: „Die Doppelmitgliedschaft für Mandatsträger in Parteien und Vereinigungen ist auszuschließen".

Punkt zwei: Ich weiß nicht, in welchem Land mein Nachbar von der Grünen Partei lebt, der davon redet, daß Parteien stabile Programme haben. Ich lebe jedenfalls in diesem Land nicht.

[Beifall]

– Ich möchte keine Namen nennen.

Und Punkt drei: Ich denke, wir sind dabei, etwas zu vergessen. Wir haben im Herbst sehr viel erreicht, und ich denke, wir haben es erreicht, weil wir uns über Grundfragen einig waren. Wir fangen an, uns nicht mehr einig zu sein über Grundfragen, und ich denke, wir setzen sehr viel aufs Spiel dabei.

Lange (Moderator): Herr Krebs, DBD.

Krebs (DBD): Ja, ich möchte hier auch noch einmal unseren Standpunkt bekräftigen. Wir wären dafür, daß **nur Parteien Mandate** stellen.

Wenn wir zu nächstfolgenden Wahlen schreiten, dann wird die Problematik der Ausschaltung von Doppelmitgliedschaft noch schwieriger, weil ja die Anzahl der Mandate dann noch größer wird.

Also, ich würde hier auch unseren Standpunkt dahingehend nochmals bekräftigen wollen: Wir möchten Doppelmitgliedschaft über politische Organisationen ausschließen und deshalb dafür plädieren, daß nur Parteien Mandate vorschlagen.

Lange (Moderator): Vielen Dank.
Herr Jordan, Grüne Partei.

Jordan (GP): Wir halten von seiten der Grünen Partei die Beteiligung von Bürgerbewegungen und von Verbänden, Berufsverbänden, Bauernverbänden, Gewerkschaften im Parlament für möglich, und zwar in Form einer **zweiten Kammer**, in der diese Institutionen plus vielleicht Vertreter der Länder ihren Willen unmittelbar auch in den Ausschüssen mit einbringen können und sogar also im Parlament vielleicht ein **Vetorecht** eingerichtet wird, um also eben durch Verbände, durch Bürgerbewegungen Gesetze zu beeinflussen.

Lange (Moderator): Herr Bisky, SED-PDS.
Moment, war Geschäftsordnung? – Nein? – Danke.
Herr Bisky, Sie haben das Wort.
Geschäftsordnung? – Entschuldigung.

Frau Seelig (VL): Nur zum Verständnis. Es geht eigentlich darum: Worüber reden wir jetzt? Über die Wahlen am 6. Mai oder über die zukünftige – – Soll da nun schon die Zweite Kammer eingerichtet werden? – Ich habe immer den Eindruck, es wird jetzt so ein bißchen auch vermischt. Vielleicht sollte man das noch einmal deutlich machen, ja?

Lange (Moderator): Wir sprechen über Punkt 5, so, wie er uns hier vorliegt.
Herr Bisky.

Bisky (SED-PDS): Das Präsidium SED-PDS hat sich dazu erklärt, daß Parteien Kandidaten vorschlagen sollen. Dies geschah ausdrücklich mit einem einzigen Bezug, daß **unsere Partei nicht Doppelmitgliedschaft** in irgendwelchen Organisationen anstrebt, und es geschah in der Diskussion mit ausdrücklichem Bedauern, daß damit demokratische Bewegungen, die Wichtiges geleistet haben und wichtig sind für den demokratischen Prozeß in unserem Lande, dadurch möglicherweise ausgeschlossen werden könnten. Deshalb wären wir zu Kompromissen bereit und suchen nach Lösungen, wenn der Verdacht erschöpfend gelöscht werden kann, daß unsere Partei dadurch versucht, irgendeinen Vorteil zu erreichen.

Lange (Moderator): Frau Röth, Unabhängiger Frauenverband.

Frau Röth (UFV): Ja, wir möchten noch einmal zu bedenken geben, daß das Argument, das ja von den Parteien und auch von der Grünen Partei hier so treffend angeführt wurde, daß also nur Parteien garantieren können, daß parlamentarische Tragfähigkeit zustande kommt, und zwar mit dem Argument fundiert, daß sie garantieren für stabile Strukturen, für eine Praxis und für Programme, ja gerade in der Vergangenheit ad absurdum geführt wurde. Denn ich denke, daß die Altparteien, die hier sitzen, LDPD, CDU – was gibt es noch? –, DBD, NDPD, nun eigentlich bewiesen haben, daß sie ja gerade mit stabilen Strukturen, mit Programmatiken und mit gesellschaftlicher Praxis nicht eine Garantie für Demokratie in unserem Lande gewesen sind. Denn ich denke, wir sollten nicht so tun, als würde es nur an dem Kulturbund gelegen haben, am DFD oder an der Gewerkschaftsvertretung – –

[Beifall]

Frau Röth (UFV): – daß wir in unserem Lande keine Demokratie durchsetzen konnten. Das als erste Argumentation.

Als zweite Argumentation: Wenn es dazu kommt, daß ausschließlich Parteien am 6. Mai im Parlament vertreten sein werden, dann werden diese Parteien darüber entscheiden, wie die **außerparlamentarische Interessenvertretung**, Bewegungen, sich politisch in unserem Lande einbringen können. Und ich glaube, dieser Vorschlag von der Grünen Partei, eine zweite Kammer einzurichten, dürfte damit schon im Grunde genommen also beiseite gelegt sein. Denn ich kann es mir nicht vorstellen, daß diese Parteien es sich gefallen lassen werden, daß die Zweite Kammer, also sprich diese Bürgerbewegungen, ihnen sozusagen immer laufend ins Handwerkszeug flicken und sozusagen sie kontrollieren werden. Also, ich denke, daß dieser Vorschlag nicht realisiert werden kann nach dem 6. Mai.

Und dann möchte ich noch einmal zu bedenken geben, daß eine Partei, die 3 000 Mitglieder hat, darüber entscheidet oder stärkeres politisches Gewicht haben soll als eine Bürgerbewegung wie zum Beispiel das Neue Forum mit 200 000 [Mitgliedern] oder wie der Unabhängige Frauenverband – und in diesem Lande stärker in einem Parlament vertreten sein soll. Das leuchtet mir überhaupt nicht ein und uns als Unabhängiger Frauenverband überhaupt nicht.

Und deshalb plädieren wir dafür und schließen uns der Meinung der Vereinigten Linken, der Initiative Frieden und Menschenrechte und des Neuen Forums an, daß in dieser Klausel vereinbart wird oder festgehalten wird, daß die Mandatsträger dieser politischen Bewegungen keine Doppelmitgliedschaft vorweisen, daß es aber sehr wohl natürlich in diesen Bewegungen Doppelmitgliedschaften gibt – und da müssen sie sich selber darüber im klaren werden, ob sie Doppelmitgliedschaften zulassen oder nicht –, daß aber vereinbart wird, daß **nur die Mandatsträger parteilos sein müssen**.

Lange (Moderator): Danke.

Wir haben uns, und das war notwendig, sehr viel Zeit genommen für diesen wichtigen Punkt. Ich möchte Herrn Ullmann fragen, ob er jetzt nicht noch einmal reagiert als Einbringer dieses Papiers und uns helfen könnte im Blick auf das weitere Verfahren.

Ullmann (DJ): Das weiß ich nicht, ob mir das gelingt. Aber ich bin dankbar, daß Sie mir noch einmal das Wort gegeben haben.

Es geht hier um eine Sache, die uns wohl allen sehr am Herzen liegt. Das zeigte auch die Leidenschaftlichkeit der Diskussion, und es zeigte sich nicht zuletzt darin, daß jetzt jeder Redner und jede Rednerin seine [bzw. ihre] politische Philosophie offenbart hat. Die einen haben die Trefflichkeit der **Parteien** herausgestrichen, die anderen die unbestreitbaren historischen Verdienste der **Bürgerbewegungen**.

Was ich damit sagen möchte, meine Damen und Herren, ist: **Der Runde Tisch ist kein Parlament,** sondern **er ist eine Arbeitsgruppe**, die zum Kompromiß gezwungen ist. Und ich denke, daraus folgt einiges.

Die politischen Philosophien, die hier in der Diskussion entwickelt sind, sind kontrovers und zum Teil nicht versöhnbar. Das heißt aber, jede Seite muß jetzt zum Kompromiß bereit sein. Es geht nicht, daß die Vertreter der Bürgerbewegungen den Parteien schlechte Absichten unterstellen. Das sage ich als Sprecher einer Bürgerbewegung. Es geht aber auch nicht, und darum bitte ich die Damen und Herren, die jetzt das Parteiideal hochgehalten haben aus guten Absichten, wie ich sehr wohl weiß und verstehen kann, daß sie den anderen Organisationsstrukturen aufnötigen oder ihre politische Philosophie durch die Abstimmung durchsetzen. Es geht wirklich nicht.

Wenn die Abstimmung so oder so ausfällt, kontrovers durch Majorisierung, ich mache darauf aufmerksam, das schlägt zurück auf die Arbeit am Runden Tisch.

Und ich glaube, ich kann jetzt ganz offen reden, da ich kein Sprecher des Neuen Forums bin, ich kann mir nicht vorstellen, daß der Runde Tisch eine Entscheidung fällt gegen das Neue Forum. Das kann ich mir nicht vorstellen. Weil ich das für einen ganz gewaltigen Rückschlag der Demokratiebewegung in unserem Lande sehe.

Darum plädiere ich für den Kompromißvorschlag von Herrn Pflugbeil, zumal dieser Kompromißvorschlag im Einklang steht mit der Verfahrensweise des Runden Tisches. Und die sollten wir dann als etwas, was sich hier bewährt hat, in das Wahlgesetz hineinschreiben.

Das ist mein persönlicher Vorschlag.

Lange (Moderator): Ja. Wir hatten die Aussprache zu diesem Punkt abgeschlossen mit der Rednerliste. Und ich hatte Herrn Ullmann jetzt noch einmal das Wort gegeben, weil er die Vorlage eingebracht hat. Wir müßten überlegen, jetzt also noch einmal, neu die Diskussion zu eröffnen oder die Frage aufzunehmen, die Herr Ullmann doch gestellt hat. Er hat von dem Kompromiß gesprochen, der notwendig ist.

Wollten Sie noch einmal dazu eben – –

Ullmann (DJ): Ja, ich stelle den Änderungsvorschlag von Herrn Pflugbeil zur Abstimmung: Eine **Doppelmitgliedschaft** von Mandatsträgern ist ausgeschlossen.

Lange (Moderator): Das ist ein Antrag an den Runden Tisch.
Bitte, Geschäftsordnung.

Lindner (LDPD): Ich bin mir im Zweifel, ob wir imstande sind, darüber jetzt so mit dem Blick auf [ein] **Wahlgesetz** zu befinden, ohne eine Konkurrenz zu dem bevorstehenden Parteien- und Vereinigungsgesetz dabei herzustellen. Das müßte in beiden Fällen deckungsgleich sein, oder wir haben keine Rechtsstaatlichkeit.

Lange (Moderator): Zur Geschäftsordnung, Herr Mahling, bitte.

Mahling (Vertreter des Sorbischen Runden Tisches): Ich verstehe nicht, warum wir uns heute hier entscheiden müssen, wenn danach eine Diskussion in der Bevölkerung stattfindet und die dann hier ausgewertet wird und wir uns danach noch einmal entscheiden müssen.

Und der zweite Antrag zur Geschäftsordnung wäre, ob es möglich wäre, aufzunehmen einen Satz doch in der Richtung – also, wenn schon das **Parteienwahlrecht** hier favorisiert wird im großen und ganzen hier: Für politische Vereinigungen werden Möglichkeiten parlamentarischer Arbeit unabhängig vom Abgeordnetenstatus geschaffen. So eine Art, wie es bei der UNO gibt, [Non-Governmental Organizations] NGO's. Ich könnte das konkret am Sorbischen Beispiel, was das berührt, ausführen, aber will ich jetzt nicht machen.

Also, erster Antrag: Jetzt nicht entscheiden, sondern die Volksaussprache beachten, und zweitens, über Möglichkeiten der parlamentarischen Arbeit unabhängig vom Abgeordnetenstatus nachzudenken.

Lange (Moderator): Herr Ducke.

Ducke (Co-Moderator): Ich möchte jetzt einen Vorschlag der Moderatoren machen, weil wir aufgefordert waren, am Beginn Zeit zu lassen, aber auch irgendwo zu einem Kompromiß zu kommen.

Die Diskussion hat für mich gezeigt, daß wir im Moment nicht fähig sind, emotionslos abzustimmen, und es sind auch noch zuviel offene Fragen, die erst durch die Behandlung von **Parteien- und Vereinigungsgesetz**, das hat ja die Diskussion gezeigt, dargelegt werden müssen. Wir sind auch heute nicht im Zugzwang. Das möchte ich sagen, Herr Ullmann, den Zugzwang sehe ich nicht, daß heute Entscheidungen sind über die Weiterarbeit.

Deswegen schlage ich vor, nach dieser Meinungsbildung nicht zu warten bis nach der Volksaussprache, da muß vorher eine Meinungserklärung des Runden Tisches kommen. Aber ich schlage Ihnen konkret vor, jetzt die Diskusssion zu beenden, den Ausschuß doch noch einmal zu beauftragen nach dem heute Gesagten, nach echten Kompromißformeln [zu suchen], die jetzt nicht so schnell gemacht werden [können], auch mit den Mandaten das noch einmal zu überlegen. Bitte, wirklich, also erstens den Ausschuß noch einmal zu beauftragen, Kompromißformeln vorzulegen, und zweitens nach der Aussprache über das Parteien- und Vereinigungsgesetz noch eine Abstimmung zum Wahlgesetz zu machen.

Dies wäre mein ganz konkreter Vorschlag und den bitte ich jetzt eigentlich abstimmen zu lassen.

Lange (Moderator): Das ist ein Vorschlag zur Geschäftsordnung, über den wir sofort abstimmen müssen. Es ist allen klar, worum es dabei geht.

Es ist nicht klar? – Bitte, Herr Ullmann.

Ullmann (DJ): Ich will nur sagen auf den freundlichen Vorschlag von Herrn Mahling hin: Die Öffentlichkeit soll ja über das diskutieren, Herr Mahling, was wir hier dann hingeschrieben haben.

Ich stimme aber all denjenigen zu, die sagen: Es kann natürlich nur so hingeschrieben werden, daß unser **Wahlgesetz** und das **Parteien- und Vereinigungsgesetz** im Einklang sind. Da haben Sie völlig recht, und ich stimme allem zu, daß sich in diesem Fall allerdings die **Arbeitsgruppe „Wahlgesetz"** nach der Definition richten muß, die aus der **Arbeitsgruppe „Parteien- und Vereinigung[sgesetz"** hervorgegangen] ist. Das ist klar.

Lange (Moderator): Das ist ein Geschäftsordnungsantrag, der Vorrang hat. Haben Sie zur Geschäftsordnung jetzt – –

Gutzeit (SPD): Ja. Ich sitze in beiden Ausschüssen, habe in beiden Ausschüssen zwar das letzte Mal nicht mitgesessen, aber ich kenne den Diskussionsstand, zumindest vom Parteiengesetz.

Die Fragen, die wir jetzt hier diskutiert haben, diese Probleme, hängen nicht an den Entscheidungen des Parteiengesetzes, denn dieser Gesetzentwurf, soweit er durch diesen Ausschuß gegangen ist, hält beides offen, **Parteien und politische Vereinigungen** sind enthalten. Die Frage der Zulassung zur Wahl wird nicht in diesem Gesetz, nämlich in dem Parteien- und Vereinigungsgesetz, sondern im **Wahlgesetz** geregelt. Das heißt also, die Frage ist, an diesem Punkt zu entscheiden und nicht in diesem anderen. Wir können den zwar behandeln, aber der spielt für den Punkt der Diskussion, um den es hier geht – für diese Entscheidung – keine Rolle.

Ducke (Co-Moderator): Herr Gutzeit, ich muß präzisieren: Das war auch nie gemeint. Nur, die Diskussion hat doch gezeigt, und das gaben doch die Interventionen sehr deutlich [zu verstehen], wir müssen uns erst einmal verständigen: Was meinen wir mit Parteien, mit Vereinigung? – Wir können uns doch da nicht immer wieder Unterstellungen oder so etwas gefallen lassen. Danach wird der Tagesordnungspunkt **Wahlgesetz** wieder aufgegriffen und darüber abgestimmt.

Mein Antrag ist, daß wir diese Diskussion vorziehen, um danach zur Abstimmung über den Tagesordnungspunkt **Wahlgesetz** zu kommen. Wir brauchen einen Informationsvorlauf. Den Eindruck habe ich gewonnen, damit wir hier nicht in irgendwelchen Emotionen uns im Moment etwas blockieren, was hinterher nur sehr schwer wieder auszuräumen ist. Dies war mein Vorschlag. Und ich bitte, darüber abzustimmen.

Lange (Moderator): Das ist ein Antrag, der dem Runden Tisch vorgelegt wird, die Diskussion an dieser Stelle zu beenden. Wer für diesen Antrag ist, den bitte ich um das Handzeichen. – 27. Wer ist dagegen?

Ducke (Co-Moderator): 6.

Lange (Moderator): Ja. Damit ist dieser Antrag – – bitte schön?

Ducke (Co-Moderator): Enthaltungen.

Lange (Moderator): Entschuldigung, ja. Stimmenthaltung? – 2 enthalten sich der Stimme. Damit unterbrechen wir die Aussprache zu diesem Punkt.

TOP 7: Parteien- und Vereinigungsgesetz

Lange (Moderator): Die Frage ist an Dr. Ducke, ob sein Vorschlag in die Richtung geht, als nächsten Tagesordnungspunkt dann **Parteien- und Vereinigungsgesetz** jetzt auf die Tagesordnung zu setzen. Das würde bedeuten Punkt 4 unserer Tagesordnung.

Ducke (Co-Moderator): Natürlich, soweit die Vorlage jetzt da ist, damit wir uns informieren. Man muß überlegen, ob man eine Aussprache macht. Aber wir informieren.

Lange (Moderator): Ja, darf ich fragen, gibt es dazu eine schriftliche Vorlage?

Ducke (Co-Moderator): Wenn nicht, dann gehen wir zu Punkt 5.

Frau Poppe (DJ): Es gibt keine schriftliche Vorlage. Deshalb möchte ich kurz eine Erklärung abgeben im Namen dieser Arbeitsgruppe.

Lange (Moderator): Bitte schön.

Frau Poppe (DJ): Die **Arbeitsgruppe „Parteien- und Vereinigungsgesetz"** ist bisher in drei Sitzungen zusammengekommen und hat den **Entwurf eines vorläufigen Gesetzes über Parteien und politische Vereinigungen** beraten.

In diesem Gesetz werden die Rechte und Pflichten der Bürger bei der Gründung und Tätigkeit politischer Parteien geregelt. Mit Ausnahme von drei, die innere Struktur betreffenden Paragraphen, ich erwähnte das vorhin schon, gilt dieses Gesetz auch für politische Vereinigungen, die sich an der Wahl beteiligen wollen.

Die **Parteienfinanzierung** ist Bestandteil dieses Gesetzes und wahrscheinlich Kernstück. Die Diskussion darüber hat die Arbeitsgruppe noch ausgesetzt, bis die Parteien ihre bisherige Finanzierungspraxis und ihr Vermögen offenlegen. Das entspricht auch dem Auftrag des Runden Tisches.

Die **LDPD** [Erklärung: Parteifinanzen der LDPD[33]] hat bekanntlich als erste – – das liegt hier vor, ihr und ihre **Finanzierung** [offengelegt]. Die CDU hat versprochen, das also demnächst zu tun. Die NDPD will das auf ihrem Parteitag machen, 20./21. Januar, die Deutsche Bauernpartei am 27./28. Januar und die SED-PDS hat das zum Ende des Monats zugesagt.

Das ist natürlich eine sehr lange Zeit, und die Ausarbeitung dieses Gesetzes drängt. Wir sind in einer schwierigen Situation, weil wir diesen Gesetzentwurf eigentlich in Auseinandersetzung mit der bisherigen Praxis diskutieren wollen und nicht nur in der Theorie.

Lange (Moderator): Vielen Dank für diese Erklärung. Das würde bedeuten, daß wir in der Prioritätengruppe dann erfahren, wann dies erneut auf die Tagesordnung gesetzt werden kann.

Herr Ducke.

Ducke (Co-Moderator): Ich hätte jetzt eine konkrete Rückfrage: Sieht sich **die Arbeitsgruppe „Parteien und Vereinigungen"** in der Lage, unabhängig von den eben dargelegten Problemen, für den Runden Tisch im Hinblick auf das Wahlgesetz in der Art, wie es vorhin schon ein bißchen so extemporiert wurde, Parteien, Vereinigungen, uns eine kleine Hilfe zu geben? Das wäre meine konkrete Anfrage.

Frau Poppe – ach so.

Lange (Moderator): Herr Raspe hatte sich zunächst gemeldet.

Bitte.

Raspe (LDPD): Also, ich möchte zwei Bemerkungen machen, zunächst einmal mit Verweis auf die Darlegung der **Parteifinanzen der LDPD**.

Wir wollten hier einen Prozeß mit befördern, ein Beispiel geben. Hier wurde mit Akribie aufgezählt, wer wann etwas vorlegt. Ich finde, es gehörte zur Redlichkeit, wenn die Parteien auf der anderen Seite sich genauso verpflichtet fühlen, die **Offenlegung ihrer Parteifinanzen** vorzunehmen. Das hat möglicherweise alles andere Dimensionen. Aber hier geht es irgendwie um das Prinzip, was ich doch hier anmerken möchte.

Das andere ist etwas, was ich nicht im Auftrage der Arbeitsgruppe sage, sondern ein Vorschlag von unserer Seite.

Mir ist bekannt, daß sich jetzt erst eine Regierungskommission gebildet hat zur Ausarbeitung so eines Parteien- und Vereinigungsgesetzes. Hier hat der Runde Tisch also absolut einen großen Vorsprung, abgesehen von diesem Nadelöhr Parteienfinanzierung. Ich will genauer sagen: Die Arbeitsgruppe, nicht der Runde Tisch, sondern die Arbeitsgruppe hat einen großen Vorsprung.

Herr Dr. Ullmann merkte dankbar an, daß dieses Arbeitsmaterial des Volkskammerausschusses für ihn anregend war für die Arbeit dieser Arbeitsgruppe. Ich könnte mir denken, daß unser Vorlauf, das heißt der **Vorlauf der Arbeitsgruppe**, auch ohne daß er hier gewissermaßen schon abgesegnet wurde, weil dieser Arbeitsstand schon ziemlich reif ist, für die **Regierungskommission [Parteienfinanzierung]** große Anregung und Hilfe sein könnte. Und ich glaube, hier könnten wir auf diese Weise, wenn wir am Anfang der Arbeit dieser Regierungskommission unsere weit schon ausgereizten, in der Arbeitsgruppe zumindestens ausgereizten, Vorstellungen mit zur Diskussion stellen, einen Prozeß beschleunigen. Und um diese Prozeßbeschleunigung sollte es uns ja im gemeinsamen Interesse gehen.

Ich will, kurz gesagt, vorschlagen, daß wir das Arbeitsprodukt der Arbeitsgruppe, noch bevor es hier abgesegnet wurde, als unverbindliches Diskussionsangebot der Regierungskommission übergeben, einfach um den Prozeß der Arbeit dieser Regierungskommission zu befördern.

Lange (Moderator): Ja, danke schön.

Herr Meckel dazu noch.

Meckel (SPD): Zuerst eine grundsätzliche Bemerkung.

Ich weiß nicht, wie wir es künftig regeln wollen – ich halte es für problematisch, wenn es auch künftig in den nächsten Monaten so sein soll, daß wir also eine **Rundtischkommission** zu einem Thema haben und parallel eine **Regierungskommission** arbeitet. Dann müßten die Kompetenzen um die Frage gestellt werden, wer nun was eigentlich macht. Nach dem heutigen Morgen denke ich, gibt es die Möglichkeit, so schätze ich es jedenfalls ein, hier auch künftig zu mehr Absprachen zu kommen und zu der Klarheit der Mandate, weil die Regierung sich hier heute sehr kooperationsbereit gezeigt hat. Dies aber als allgemeine Bemerkung.

Ich denke, daß der Punkt, an den wir eben in der Diskussion zum Wahlgesetz gekommen sind, nicht daran liegt, daß wir sagen, wir sind nicht genug informiert über die einzelnen Fragen, sondern daß es hier wirklich um sehr große Unterschiede in der Frage des Demokratieverständnisses geht und darüber, wie ist eine Gesellschaft regierbar und wie kann ein Parlament so aussehen, daß es arbeitsfähig ist. Welche **Kriterien** gibt es **für Bürgerbewegungen**, die eine ganz wesentliche Rolle spielen in einer Gesellschaft?

Und – ich kann dies so sagen, ich meine, ich habe einige Jahre hinter mir – nicht in Parteien zu arbeiten, sondern eben in der **Friedens- und Menschenrechtsbewegung**, dies ist eine ganz wesentliche Aufgabe für eine Gesellschaft in verschiedenen Bereichen. Aber es ist nichts, was in ein **Parlament** gehört, außer wenn man dafür bestimmte Spuren schafft, ein **Petitionsrecht** oder dergleichen.

Insofern gibt es hier klare Unterschiede in bezug auf die Auffassung, was ein Parlament zu leisten hat und wie **Regierungsfähigkeit** erreicht werden kann. Unsere Position ist hierbei klar und entspricht übrigens allen anderen europäischen Ländern.

Lange (Moderator): Herr Ducke.

Ducke (Co-Moderator): Ich hatte eine konkrete Frage gestellt und bitte, damit wir nicht wieder die Diskussion aufflammen lassen, diese zunächst zu beantworten, damit die nächsten Schritte festgelegt werden.

Ist es möglich, daß die Arbeitsgruppe „Parteien- und Vereinigungsgesetz" im Hinblick auf die Meinungsbildung und das Verständnis, wie es eben jetzt anklang, darüber ließe sich sehr differenziert diskutieren – – Wäre das möglich?

Meine konkrete Anfrage: Wer könnte das beantworten, daß eine Erklärung dieser Arbeitsgruppe vorgelegt wird. Dann können wir auch darüber abstimmen, wie es mit dem Wahlgesetz ist. Werde ich so verstanden, ist das möglich?

---

[33] Dokument 7/11, Anlagenband.

Frau Poppe von der Arbeitsgruppe.

Lange (Moderator): Frau Poppe, können Sie dazu sich äußern?

Frau Poppe (DJ): Ja. Ich halte das schon für möglich, aber wir können natürlich dem **Wahlgesetz** die Entscheidung nicht abnehmen, nicht?

Ducke (Co-Moderator): Das ist, bitte, das ist etwas anderes.

Frau Poppe (DJ): Aber wir können natürlich unsere Definition dort einbringen.

Ducke (Co-Moderator): Dann könnten wir uns doch so einigen, daß wir bis zum nächsten Mal vielleicht bitten, daß Sie definitiv sagen: Nein, das hat damit nichts zu tun, das hat etwas damit zu tun. Dann können wir auch abstimmen.

Ist das so vernünftig, daß wir jetzt keine Fixierungen schaffen?

Lange (Moderator): Und das nächste Mal würde bedeuten der 18. [Januar 1990], ja?

Ducke (Co-Moderator): Ja, klar, wenn es geht.

Frau Poppe (DJ): Fragen Sie einmal Herrn Raspe, das ist der andere Einberufer.

Lange (Moderator): Herr Raspe.

Ducke (Co-Moderator): Das wär eine Hilfestellung von dieser **Arbeitsgruppe „Parteien/Vereinigungen"** für den 18. [Januar], um weiter darüber sprechen zu können.

Frau Poppe (DJ): Ich halte das für möglich.

Raspe (LDPD): Eine Anmerkung, daß, so wie ich informiert bin, die Arbeitsgruppe am 19. [Januar] erst zusammentritt. Das wäre nicht so ganz günstig. Am 22. [Januar] wäre es damit wohl denkbar.

Lange (Moderator): Vielleicht kann das noch einmal zwischen Ihnen geklärt werden.

Frau Poppe (DJ): Das habe ich nicht berücksichtigt. Ja, ja, er hat recht.

Lange (Moderator): Gut, das Datum werden wir dann noch klären, nachdem Sie das abgesprochen haben.

Es hatte sich zunächst noch Herr Seidel gemeldet.

Seidel (NF): Nein, ich ziehe zurück. Ich wollte das, was Herr Ducke gesagt hat, unterstreichen.

Lange (Moderator): Ja, Herr Ullmann.

Ullmann (DJ): Ich bin gar nicht für Drängelei, möchte nur die Damen und Herren, die hier sitzen, alle daran erinnern, daß unser, ich will vorsichtiger sagen, der Wahlgesetzentwurf der Volkskammer, den wir uns ja aber weitgehend zu eigen gemacht haben, vorsieht, daß die Wahlkommission am 18. März zu arbeiten beginnt.

Lange (Moderator): Ja, dann wären wir aber doch noch in etwa in der Zeit, wenn wir auch am 22. [Januar] diese Information bekommen.

Geschäftsordnung? – Herr Meckel.

Meckel (SPD): Ich möchte die Frage stellen, ob wir nicht trotzdem in diesem Punkt weiterverfahren können, nur den Punkt 5 jetzt damit aussetzen, aber die anderen Fragen zum Wahlgesetz jetzt immerhin doch weiter behandeln. Es sind ja

noch einige. Jedenfalls die zum Beispiel, zu denen ich etwas sagen würde.

Wir beantragen zum Beispiel, daß in das kommende Wahlgesetz, was nicht drin ist, eine **Drei-Prozent-Klausel** hineinkommt. Soll ich das kurz begründen? Oder ist das später der Fall.

Lange (Moderator): Ja, es ist, glaube ich, jetzt eine grundsätzliche Frage, ob wir dann generell die Behandlung dieses Papiers weiter fortführen oder ob wir dann im Paket, wenn dann die anderen Voten vorliegen, dies tun.

Herr Ullmann dazu.

Ullmann (DJ): In diesem Falle bin ich eigentlich der Meinung, daß der Vertreter der SPD das in der Arbeitsgruppe einbringen sollte. Und da wird es nach allen Seiten hin diskutiert.

Lange (Moderator): Ja. Vielen Dank. Herr Seidel.

Seidel (NF): Ja, ich wollte auch sagen, daß es für uns unmöglich ist, über das **Wahlgesetz** weiter zu sprechen, wenn wir noch gar nicht wissen, ob wir überhaupt Wahlvorschläge unterbreiten können. Das geht einfach nicht.

Lange (Moderator): Ja. Darf ich diese Stimmen so werten, daß wir jetzt nicht weiter über dieses **Papier „Wahlgesetz" [Information 7/1]** sprechen, aber diese Dinge im Blick sind, eben wie das von Herrn Ullmann auch benannt worden ist.

Die Frage war an Herrn Ullmann, ob es möglich ist, daß uns dann die Arbeitsgruppe noch eine Kompromißformulierung vorlegt. Das wäre jetzt praktisch die Bitte, die wir an Sie weitergeben.

Ullmann (DJ): Ja. Ich denke, wir müssen uns in der Arbeitsgruppe damit beschäftigen. Ich habe ja vorhin eine Kompromißformel zum Antrag gestellt. Aber ich denke, wir sind uns einig geworden. Jetzt wird darüber nicht abgestimmt.

Lange (Moderator): Ja, gut. Da müssen wir jetzt nicht darüber abstimmen.

Herr Meckel, Sie sind damit einverstanden, wie das jetzt vorgeschlagen worden ist? – Vielen Dank.

Das bedeutet, daß wir jetzt Punkt 3 und 4 der Tagesordnung zunächst verlassen und zu Punkt 5 kommen. Ich übergebe die Gesprächsleitung Herrn Ducke.

TOP 8: Medien

Ducke (Moderator): Ja. Punkt 5: **Medien**.

Wir haben, erinnern Sie sich bitte, aus der vorgelegten Tagesordnung den Punkt 5.4, **Vorlage 7/7 [Beschlußantrag (zu Information 7/4), DA, DJ, GL, GP, IFM, NF, SPD, UFV, VL: Mediengesetz]** Demokratie Jetzt – Medien, so kurz gefaßt, zum Tagesordnungspunkt 5 gemacht.

Darf ich bitten, daß dieser Vorschlag jetzt eingebracht wird? Wer wird ihn einbringen? – Herr Weiß.

Bitte schön, Sie haben das Wort.

Weiß (DJ): Ich bin Konrad Weiß. Ich bin Sprecher von Demokratie Jetzt, bin Regisseur im DEFA-Studio für Dokumentarfilme in Berlin.

Meine Damen und Herren, die Arbeitsgruppe „Medien" hat sich nicht konstituieren können. Die Einberufung der Vertreter der Regierungsparteien und der alten Organisationen ist nicht erfolgt. Als Einberufer war ein Vertreter der CDU beauftragt. Da es jedoch in den Fragen der Medien einen dringenden Handlungsbedarf gab, haben sich neun oppositionelle Parteien und Vereinigungen entschlossen, erstens, einen eigenen Entwurf zu erarbeiten, und, zweitens, konstruktiv in der Gesetzgebungskommission der Regierung mitzuarbeiten. Dies ist erfolgt.

Wir haben Konsens darüber erzielt, daß ein **Mediengesetz von der neuen Volkskammer** verabschiedet werden sollte auf der Grundlage einer neuen Verfassung, daß aber, um die anstehenden Fragen zu klären, die Volkskammer einen Beschluß zu Medienfragen verabschieden sollte.

Über diese Verfahrensweise wurde in der Gesetzgebungskommission bei der Regierung Übereinkunft erzielt.

Ducke (Moderator): Herr Weiß, darf ich noch ganz kurz unterbrechen, damit wir alle das gleiche vorliegen haben. Ich merke, es suchen noch einige. Wir beziehen uns auf – –

Weiß (DJ): – Gesetzgebungskommission „Mediengesetz" – –

Ducke (Moderator): – Genau.

Weiß (DJ): Beschlußentwurf der Volkskammer – –

Ducke (Moderator): vom 9. 1. 1990, daß Sie das alle vor sich liegen haben, damit Sie das alle vor sich liegen haben, damit wir dann nicht lange suchen.

Weiß (DJ): Und zunächst auch die Vorlage Runder Tisch von der 7. Sitzung, Beschlußantrag.

Ducke (Moderator): Vielen Dank. Für die Unterbrechung bitte ich um Entschuldigung.

Weiß (DJ): Ich fahre fort.

Ducke (Moderator): Bitte.

Weiß (DJ): Die Erarbeitung dieser **Beschlußvorlage**, die Sie jetzt vorliegen haben, erfolgte seitens von neun oppositionellen Parteien und Vereinigungen in enger Zusammenarbeit mit dem Verband der Journalisten, mit dem Schriftstellerverband der DDR und mit dem Verband der Film- und Fernsehschaffenden sowie unter Beratung von unabhängigen Wissenschaftlern. Er ist mehrheitlich verabschiedet worden und wird mitgetragen vom Demokratischen Aufbruch, von Demokratie Jetzt, von der Grünen Liga, von der Grünen Partei, von der Initiative Frieden und Menschenrechte, vom Neuen Forum, von der Sozialdemokratischen Partei Deutschlands, vom Unabhängigen Frauenverband und von der Vereinigten Linken. Er liegt Ihnen im Wortlaut vor. Ich schlage vor, angesichts der fortgeschrittenen Stunde, daß ich diesen Entwurf referiere.

Ducke (Moderator): Danke.

Weiß (DJ): In der Präambel wird der Beschlußentwurf für die Volkskammer in nationales und internationales Recht eingebunden. Im einzelnen ist im folgenden ausgeführt:

[**Information 7/4, Gesetzgebungskommission Mediengesetz: Beschlußentwurf der Volkskammer über die Gewährleistung der Meinungs-, Informations- und Mediengesetz**[34]]

---
[34] Dokument 7/12, Anlagenband. Im mündlichen Vortrag wurde das Dokument stark paraphrasiert.

1. das Recht jeder Bürgerin und jedes Bürgers der DDR auf freie Meinungsäußerung. Dieses Recht schließt auch die Freiheit an, Informationen zu empfangen.

2. werden ausgeschlossen die Medien für Kriegshetze und andere in der Verfassung der DDR verankerte.

Ducke (Moderator): Herr Bein, ein Antrag zur Geschäftsordnung

Bein (NDPD): Ich möchte einen Vorschlag zur Geschäftsordnung machen. Wir haben dieses Material jetzt eben gerade gelesen. Ich muß eigentlich um Entschuldigung bitten, wenn die Einladung nicht richtig erfolgt ist zur Arbeitsgruppe. Aber ich hätte doch dann die Bitte, daß wir hier heute Gelegenheit hätten und daß dann vielleicht die Prioritätenkommission sich darüber verständigt, daß wir dann am 18. [Januar] das hier dann zu einer Entscheidung bringen.

Ducke (Moderator): Herr Bein, ich würde Ihren Antrag so hinnehmen, daß wir jetzt dabei sind, uns darüber informieren zu lassen, was ich für gut halte, auch wenn wir ihn nicht lesen können. Und es wäre auch mein Vorschlag gewesen, daß wir nicht darüber abstimmen, sondern daß wir das dann noch weitergeben. Aber ich denke, wenn wir jetzt angefangen haben, damit wir uns verständigen und auch in der Öffentlichkeit ganz bestimmte Dinge im Moment bekannt werden, wäre ich doch dafür, daß wir das Referat vorführen. Würden Sie dem zustimmen, Herr Bein?

Bein (NDPD): Einverstanden.

Ducke (Moderator): Danke.
Herr Weiß, bitte.

Weiß (DJ): Ich sage zu diesem Tagesordnungspunkt anschließend noch etwas.

2. Es ist verboten, die Medien zu mißbrauchen. Das ist entsprechend der Verfassung der DDR ausgeführt.

3. wird festgestellt, daß aus der Wahrnehmung verfassungsmäßig garantierter Rechte auf freie und öffentliche Meinungsäußerungen den Bürgern keine Nachteile erwachsen dürfen. Unter

4. ist das Recht der Bürgerinnen und Bürger auf vielfältige und freie Information festgelegt und das Recht auf Gegendarstellung.

5. zitierte ich im Wortlaut: Jegliche Zensur der Medien der DDR ist untersagt.

6. referiere ich. Hier geht es um die Verantwortung der Medien gegenüber der Öffentlichkeit. Sie haben wahrheitsgemäß zu berichten und ihre Informationen zu prüfen.

7. regelt die Arbeit der Mitarbeiter in den Medien, ihre persönliche Verantwortung und schützt sie bei ihrer Arbeit. Unter

8. wird festgelegt, daß staatliche Organisationen, Betriebe, Genossenschaften, politische Parteien und gesellschaftliche Organisationen auskunftspflichtig sind gegenüber den Medien.

9. Ich verlese es im Wortlaut: Alle staatlichen Organe, politischen Parteien und sonstigen gesellschaftlichen Or-

ganisationen und Gruppen, die Kirchen und Religionsgemeinschaften sowie die sozialen Minderheiten haben das Recht auf angemessene Darstellung in den Medien. Die Massenmedien verleihen dem Meinungspluralismus ungehindert öffentlichen Ausdruck. Das Recht zur Herausgabe von Zeitungen, Zeitschriften und anderen Publikationen durch natürliche und juristische Personen der DDR ist zu gewährleisten. Der Ministerrat wird beauftragt, sofort für diesen Zweck im Interesse der Chancengleichheit einen öffentlich kontrollierten gesellschaftlichen Fonds für Druck- und Papierkapazitäten zu schaffen. Die Lizensierung im Bereich der Druckmedien ist aufgehoben. Es erfolgt lediglich eine Registrierung. Die Volkskammer beauftragt den Ministerrat, in Übereinstimmung mit dem Runden Tisch, die Möglichkeiten für die Herausgabe einer unabhängigen, überregionalen Tageszeitung umgehend zu schaffen.

10. regelt die Verpflichtungen des Postzeitungsvertriebes und sagt aus, daß Eigenvertrieb von Presseerzeugnissen zulässig ist.

11. Ich zitiere im Wortlaut: Rundfunk, Fernsehen und der Allgemeine Deutsche Nachrichtendienst sind unabhängige, öffentliche Einrichtungen, die nicht der Regierung unterstehen. Sie sind Volkseigentum. Bis zu ihrer Umgestaltung in öffentlich-rechtliche Anstalten garantiert der Staat ihre Finanzierung. Die Lizenzpflicht der Programmanbieter im Bereich von Film, Fernsehen und Rundfunk ist aufgehoben. Es erfolgt lediglich eine Registrierung. Zur Sicherung der Eigenständigkeit der Medien unseres Landes bedarf jede Eigentumsbeteiligung an Medien der DDR durch Ausländer der Genehmigung des Medienkontrollrates.

12. Ich zitiere weiter im Wortlaut: Zur Sicherung der Durchführung dieses Beschlusses bildet die Volkskammer auf Vorschlag des Runden Tisches einen Medienkontrollrat. Insbesondere die Generalintendanten von Rundfunk und Fernsehen sowie der Generaldirektor von ADN sind dem Medienkontrollrat berichtspflichtig. Die Generalintendanten des Rundfunks und des Fernsehens und der Generaldirektor von ADN werden vom Ministerpräsidenten berufen und vom Medienkontrollrat bestätigt. Unter

13. wird die demokratische Mitbestimmung der journalistischen und künstlerischen Mitarbeiter in den Medien geregelt. Es wird angeregt, beim Rundfunk, beim Fernsehen und beim ADN gesellschaftliche Räte zu bilden. Den anderen Medien wird die Bildung empfohlen.

14. zitiere ich wieder im Wortlaut: Der Ministerrat wird beauftragt, eine gesetzliche Regelung für die Produktenwerbung vorzubereiten und der neuen Volkskammer vorzulegen. Der Entwurf des Gesetzes ist öffentlich zu diskutieren. Bis zum Erlaß dieses Gesetzes ist eine Produktenwerbung in den elektronischen Medien nicht zulässig.

15. Ich referiere: Die Kommission beim Minister der Justiz soll weiterhin Vorschläge für eine Mediengesetzgebung erarbeiten. Der Gesetzentwurf für das endgültige Mediengesetz ist der Öffentlichkeit vorzutragen und durch die Öffentlichkeit zu diskutieren. Die Beschlußfassung zu der Mediengesetzgebung erfolgt erst nach Verabschiedung der neuen Verfassung.

16. regelt, daß die bisher geltenden Rechtsvorschriften auf ihre Vereinbarkeit mit diesem Beschluß überprüft werden und gegebenenfalls angepaßt werden müssen.

Ducke (Moderator): Vielen Dank, Herr Weiß, für die Vorlage dieses Gesetzes, das uns nun zur Kenntnis gebracht ist. Sie deuteten an, daß Sie noch etwas zum weiteren Vorgehen sagen möchten?

Weiß (DJ): Ja.

Ducke (Moderator): Da haben Sie jetzt die Möglichkeit.

Weiß (DJ): Die eben genannten neun oppositionellen Parteien und Vereinigungen haben auch einen **Beschlußantrag** vorgelegt, der Ihnen unter **Vorlage 7/7** vorliegt.

Hintergrund dieses Beschlußantrages ist erstens, daß nach unserer Kenntnis die Regierung der Deutschen Demokratischen Republik am kommenden Donnerstag über das eben vorgestellte Mediengesetz beraten wird und, zweitens, daß wir es für unabläßig halten für die Arbeit der Medien in unserem Land, daß auf der nächsten Volkskammersitzung über diesen Beschlußentwurf unbedingt beraten und entschieden werden muß. Der gegenwärtige Zustand ist unbefriedigend.

Deshalb darf ich den Beschlußantrag **Vorlage 7/7** verlesen.

[Vorlage 7/7, Beschlußantrag DA, DJ, GL, GP, IFM, NF, SPD, UFV, VL: Mediengesetz]

Der Runde Tisch übernimmt die Beschlußvorlage der Gesetzgebungskommission „Mediengesetz" über die Gewährleistung der Meinungs-, Informations- und Medienfreiheit vom 9. Januar 1990 und empfiehlt ihn der Volkskammer zur Annahme.

Es wird festgestellt, daß dieser Beschluß der Volkskammer gemäß Artikel 49 der Verfassung der DDR Gesetzeskraft haben soll und im Gesetzblatt der DDR zu veröffentlichen ist.

Ducke (Moderator): Gut.
Wir haben eine Information, und nun liegt dazu ein konkreter Antrag vor. Wünscht dazu jemand das Wort?
Die Pressevertreter sagen – –

Prälat Grande (Pressesprecher des Runden Tisches): Ich hätte eine Anfrage, warum im Artikel 15 bei den verschiedenen Gruppen, die zu der Kommission gehören, die **Kirchen** nicht mehr mit aufgeführt werden, die ja ursprünglich in dieser Kommission tätig waren.

Ducke (Moderator): Das war eine konkrete Anfrage.
Herr Weiß, gibt es eine Antwort?

Weiß (DJ): Das ist mißverständlich ausgedrückt. Natürlich sind auch die Kirchen damit gemeint.

Ducke (Moderator): Danke.
Es kommt ein Geschäftsordnungsantrag.
Herr Bein, bitte.

Bein (NDPD): Ich möchte mich zunächst dafür bedanken, daß diese Initiative hier mit diesem Material dort ergriffen wurde und das Ergebnis hier vorliegt.

Ich würde vorschlagen in Anbetracht der Wichtigkeit und der Dringlichkeit, daß wir dieses Material am 18. [Januar] im Beisein eines kompetenten Regierungsvertreters behandeln und dann der Regierung empfehlen, das der Volkskammer vorzulegen.

Ducke (Moderator): Ich habe nur eine ganz kleine Rückfrage dazu. Ich meine auch, wir sollten jetzt nicht unter Druck – – Und ich habe auch vergessen, wir hatten 4 und 5 beschlossen, nein, 3 und 4, daß wir das machen.

Wir haben die Zeit überschritten. Deswegen muß ich jetzt nur noch rückfragen: Herr Weiß, hat das bis dahin noch Zeit, daß wir am 18. [Januar] das noch beraten können?

Weiß (DJ): Das hängt sicher vom Zeitplan der Regierung ab. Ich weiß nicht, wann es dort auf der Tagesordnung stehen wird. Der Donnerstag ist, denke ich, der 18. – –

TOP 9: Reaktion des Runden Tisches auf die „Besetzung" des Zentralen Gebäudekomplexes des Ministeriums für Staatssicherheit in der Normannenstraße

Ducke (Moderator): So, jetzt wieder ein Geschäftsordnungsantrag.

Bitte, Herr Poppe.

Poppe (IFM): Ja. Ich würde vorschlagen, daß wir eine Pause machen.

Zum einen gibt es irgendwelche Ereignisse, die mit dem **Gebäude des ehemaligen MfS in Verbindung** stehen – –

Ducke (Moderator): Herr Poppe, das hat jetzt nichts damit zu tun.

Poppe (IFM): – wobei dringend eine Information geboten wäre.

Zum anderen sollte vielleicht Gelegenheit gegeben werden für diejenigen, die das wünschen, diesen Text noch einmal zu lesen, um dann anschließend hiermit fortzufahren. Denn die Regierungsvertreter waren ja, soviel ich weiß, hier auch bei der Ausarbeitung vertreten, nicht? Bei dieser Kommission. Insofern ist es nicht einzusehen, daß die nun extra dazu noch einmal Stellung nehmen müssen, wenn das Konsens ist.

Ducke (Moderator): Wir bitten um eine ganz kurze Pause zur Beratung der Moderatoren.

[Pause]

Ducke (Moderator): Meine Damen und Herren, ich muß jetzt wiederum bitten, daß wir die Medien abschalten. Wir müssen Ihnen eine Erklärung geben.

Sind Sie bitte so nett und teilen uns mit, wann Rundfunk und Fernsehen abgeschaltet sind.

Abgeschaltet Fernsehen? – Rundfunk? – Ebenfalls. Vielen Dank.

Bitte, Herr Lange.

Lange (Co-Moderator): Vielen Dank für diese Unterbrechung, die notwendig geworden ist.

Wir sind eben informiert worden, daß in der Normannenstraße bei der angekündigten Demonstration etwa 100 000 Menschen sind, die nicht mehr zurückgehalten werden konnten. Es sind Tausende in das Amt eingedrungen, und es ist auch die Sicherheit der dort Beschäftigten in großer Gefahr.

Die **Bitte** ist von **der Volkspolizei** an die Vertreter der oppositionellen Gruppen gerichtet worden – es stehen Fahrzeuge bereit –, ob Sie dazu beitragen könnten, beruhigend einzuwirken.

Wir haben eben eine kurze Beratung im Vorraum gehabt, und die Vertreter der **Oppositionsgruppen** waren der Meinung, daß angesichts dieser Sachlage die Beratung des Runden Tisches abgebrochen werden sollte, und sie wollen sich zur Verfügung stellen und **sofort in die Normannenstraße** fahren.

Ducke (Moderator): Ich glaube, dieser Antrag steht, und ich bitte um Verständnis. Ich sehe hier schon Nicken, daß wir jetzt die Sitzung abbrechen und ich – –

Lange (Co-Moderator): Hier ist noch ein Geschäftsordnungsantrag.

Ducke (Moderator): Herr Weiß.

Weiß (DJ): Ich würde vorschlagen, bevor wir abbrechen, eine entsprechende **Erklärung über die Medien** zu verbreiten.

Eppelmann (DA): Das möchte ich voll unterstützen.

Ducke (Moderator): Sagen Sie, was für eine entsprechende Erklärung?

Weiß (DJ): Daß die Vertreter der **Opposition** auf dem Wege zu dem Gebäude sind.

Ducke (Moderator): Vielen Dank. Darf ich fragen, ist das die Meinung auch der anderen Mitglieder des Runden Tisches, daß das jetzt erklärt wird über die Medien? – Darf ich um Handzeichen kurz bitten, damit kein Mißverständnis entsteht? – Danke.

Wer bereitet das vor? Den bitte ich dann hier nach vorn.

Eppelmann (DA): Ich meine, sollten wir nicht die Chance nutzen und gleich von hier aus noch ein Wort sagen, daß hier **keine Gewalt** – dieses Stichwort sollte doch herüberkommen – daß wir nicht bloß auf dem Wege sind, um da jetzt hinzugehen, sondern es gibt doch ein paar Leute, die uns jetzt noch zuhören und zusehen; daß man sofort sagt: keine Gewalt.

Lange (Co-Moderator): Herr Weiß, wäre das eine Möglichkeit, daß Sie als Vertreter der Opposition dies tun?

Ducke (Moderator): Herr Weiß, würden Sie im Moment das – –

Wir bitten Herrn Weiß um die Mitteilung für die Medien. Bitte, Herr Weiß.

Lange (Co-Moderator): Wo beides erwähnt wird, einmal, daß die **Oppositionellen** auf dem Weg in die Normannenstraße sind, und dann der **Aufruf**, doch **keine Gewalt** anzuwenden.

Ducke (Moderator): Dürfen wir wieder bitten, daß Rundfunk und Fernsehen auf Sender gehen? Für unsere Hörerinnen und Hörer und für die Zuschauer und Zuschauerinnen: Wir möchte eine Erklärung vom Runden Tisch jetzt hier verabschieden.

[Zwischenruf]

– Bitte?

[Zwischenruf]

– Wir müssen um Verständnis bitten, daß es beim Fernsehen jetzt nicht ganz so schnell geht.

Lange (Co-Moderator): Dürfen wir bitten, daß – –

Ducke (Moderator): Für unsere Hörerinnen und Hörer und die Fernsehzuschauerinnen und -zuschauer: Der Runde Tisch möchte Ihnen eine Erklärung vorlegen zu Ereignissen hier in Berlin. Wir haben Herrn Weiß gebeten, als Sprecher auch der Oppositionsgruppen, diese Erklärung kurz zu geben.
Bitte, Herr Weiß.

Weiß (DJ): Liebe Mitbürgerinnen, liebe Mitbürger!

Aufruf des Runden Tisches zur Gewaltlosigkeit in der Normannenstraße

Der Runde Tisch hat eben zur Kenntnis nehmen müssen, daß am Gebäude des ehemaligen Staatssicherdienstes in der Normannenstraße sich eine große Anzahl von Bürgern unseres Landes versammelt hat.

Wir haben mit Besorgnis zur Kenntnis nehmen müssen, daß es zu einer Anhäufung gekommen ist von Menschen, die jetzt dieses Gebäude betreten wollen, die in das Gebäude eingedrungen sind, und wir bitten Sie ganz eindringlich, bleiben Sie bei der Losung, mit der wir unsere Revolution bisher so erfolgreich durchgeführt haben: Keine Gewalt.

Ich appelliere als Sprecher der oppositionellen Parteien und Gruppierungen, und ich denke, ich befinde mich da voll in Einklang mit den anderen Damen und Herren von den anderen Parteien: Bitte keine Gewalt!

Die Vertreter der Opposition werden sich jetzt sofort in Fahrzeuge begeben und in die Normannenstraße kommen. Wir stehen Ihnen zum Gespräch zur Verfügung. Wir werden Ihre Beschwerden, Ihre Sorgen entgegennehmen, und wir werden selbstverständlich all das, was Sie uns vortragen, hier am Runden Tisch besprechen.

Noch einmal: Bitte keine Gewalt!

Ducke (Moderator): Vielen Dank, Herr Weiß.
Damit beende ich die heutige Sitzung des Runden Tisches und lade ein für Donnerstag zur nächsten Sitzung um 9.00 Uhr. Vielen Dank.

[Abbruch der Sitzung: 17.45 Uhr]

[Beginn der Sitzung: 9.00 Uhr]

Ducke (Moderator): Meine Damen und Herren, darf ich Sie bitten, wieder am Runden Tisch Platz zu nehmen.

Noch ist Phototermin für die Presse. Ich glaube, wir können beginnen.

TOP 1: Begrüßung, Vorstellung neuer Repräsentanten der Parteien und Gruppierungen

Meine Damen und Herren. Ich begrüße Sie hier am Runden Tisch zu unserer 8. Sitzung. Ich begrüße auch die Hörerinnen und Hörer im Rundfunk und die Zuschauerinnen und Zuschauer am Fernsehen, die diese Sitzung wieder miterleben können.

Daß wir hier am Runden Tisch sitzen und debattieren können, verdanken wir – und es sei an dieser Stelle gesagt – dem Volk, das sich machtvoll auf der Straße manifestierte, weil es demonstrierte. Manche können sagen: mit uns. Manche müssen feststellen: ohne uns. Und vielleicht müssen auch viele bekennen: gegen uns.

Der Runde Tisch versteht sich auch als ein Erfolg dieser Bewegung, und wir wollen uns am Beginn unserer Sitzung hier daran erinnern und darauf besinnen, daß hier nichts verspielt wird, indem wir anfangen könnten, über das Volk, womöglich gar gegen das Volk zu reden, sondern wir möchten, daß immer und in einer Gesellschaft, die es aufzubauen gilt, mit und für unser Volk gesprochen werde.

Dieser Verpflichtung wollen wir uns bewußt sein und in diesem Sinn in die Tagesordnung dieser Sitzung eintreten. Ich begrüße Sie dazu alle ganz herzlich.

Da wieder einige Delegationen die Mitglieder verändern mußten, bitte ich nun, daß sich die neuen Teilnehmer des Runden Tisches kurz uns vorstellen.

Darf ich wieder hier links von mir beginnen bei der Partei LDPD.

Behrendt (LDPD): Mein Name ist Armin Behrendt. Ich bin Sekretär des Zentralvorstandes der Liberal-Demokratischen Partei Deutschlands.

Ducke (Moderator): Danke.

Wolf (LDPD): Mein Name ist Hans-Peter Wolf, Abteilungsleiter im Zentralvorstand der LDPD.

Ducke (Moderator): Stellen Sie sich bitte gleich vor.

Succow (LDPD): Ja, mein Name ist [Michael] Succow. Ich bin jetzt seit drei Tagen Stellvertreter des Ministers für – ja wie heißt das – Naturschutz, Umweltschutz und Wasserwirtschaft noch der LDPD und Mitglied der Volkskammer. Ja, das reicht vielleicht.

Ducke (Moderator): Gibt es bei der NDPD neue [Mitglieder]? Bitte.

Möller (NDPD): Friedrich Möller. Ich vertrete die NDPD. Ich arbeite in der Arbeitsgruppe „Ökologischer Umbau".

Ducke (Moderator): Danke. Bei der Bauernpartei keine neuen Gesichter. Bei der CDU?

Ordnung (CDU): Ich bin Carl Ordnung und bin friedenspolitischer Mitarbeiter in der Geschäftsstelle der CDU.

Wiedemann (CDU): Ich bin Eberhard Wiedemann und Referent für Landwirtschaft und Umweltschutz.

Ducke (Moderator): Beim VdgB?

Hammer (VdgB): Ich bin Wolfgang Hammer, Vorsitzender der LPG Pflanzenproduktion Storgow [???] und vertrete die VdgB.

Ducke (Moderator): Bei der SED-PDS sehen wir auch neue Gesichter. Bitte.

Hegewald (SED-PDS): Meine Name: Helmar Hegewald, Mitglied des Präsidiums der SED-PDS und Leiter der Kommission Umweltpolitik. Ich bin Hochschullehrer an der TU Dresden und Bezirkstagsabgeordneter.

Ducke (Moderator): Danke.

Schieferdecker (SED-PDS): Helmut Schieferdecker, Sekretär für Umweltforschung in der Akademie der Wissenschaften. Ich bin hier Berater der SED-PDS.

Ducke (Moderator): Danke. Beim Demokratischen Aufbruch?

Nooke (DA): Mein Name ist Günter Nooke. Ich bin Vorstandsmitglied und auch in Sachen Umweltschutz hier.

Ducke (Moderator): Danke. Auch der Unabhängige Frauenverband schickt jemand Neues an den Tisch.

Frau Bluhm (UFV): Mein Name ist Katharina Bluhm. Ich bin in der Arbeitsgruppe „Medien".

Ducke (Moderator): Die Grüne Liga ist sehr feststehend. Wir kennen Sie. Sie waren schon einmal mit dran.

Bei den anderen Gruppierungen, Neue? Ich sehe bei Demokratie Jetzt oder bei der SPD – –
Bitte.

Brinksmeier (SPD): Ich heiße Dankward Brinksmeier. Ich bin Beauftragter vom Landesvorstand.

Ducke (Moderator): Danke.
Und bei der Vereinigten Linken.

Frau Müller (VL): Ich bin Silvia Müller. Ich bin von Beruf Kulturwissenschaftlerin, habe bis zum Schreibverbot bei der FF Dawai [???] gearbeitet und bin inzwischen Invalidenrentnerin.

Ducke (Moderator): Vielen Dank.
Damit haben wir uns vorgestellt.

Ich darf noch darauf hinweisen, daß heute Ministerratssitzung ist und deswegen, wie ja schon angekündigt, kein direkter Regierungsvertreter da sein kann.

Aber es ist hier der Vertreter im Hinblick auf die Diskussion um das Mediengesetz – vom Justizministerium, vielleicht stellen Sie sich selbst vor – –
Herr Dr. Lübchen.

Lübchen (Hauptabteilungsleiter im Ministerium der Justiz): Mein Name ist Gustav Adolf Lübchen. Ich bin Hauptabteilungsleiter im Ministerium der Justiz und Sekretär der Regierungskommission zur Ausarbeitung des neuen Mediengesetzes.

Ducke (Moderator): Vielen Dank.

TOP 2: Zur aktuellen Situation, zugleich Beratung und Festlegung der Tagesordnung

Meine Damen und Herren. Sie haben auf Ihren Tisch bekommen den **Arbeitsplan des Ministerrates** und die **Liste**, wie verlangt, **über die gesetzgeberischen Aktivitäten [Information 7/2 und Information 7/3[1]]**.

Ich rufe auf zum ersten Punkt, daß wir uns über die **Tagesordnung [Vorlage 8/0[2]]** verständigen. Der Vorschlag liegt Ihnen vor. Wir haben in Anbetracht dessen, daß wir doch immer wieder ändern, uns diesmal mit den Stichworten sehr kurzgefaßt. Und ich bitte, daß Sie Ihre Wünsche und Anträge jetzt einbringen, was zur Tagesordnung dazu soll oder gestrichen werden soll.

Es liegen Meldungen vor.

Herr Schult, Neues Forum, bitte.

Schult (NF): Ja, eine Erklärung des Neuen Forums zu den Ereignissen vom 15. Januar [1990].

Ducke (Moderator): Dürfen wir erst einmal sammeln, was anliegt. Hier ist eine Erklärung des Neuen Forums.

Herr Schmidt von der CDU hat sich gemeldet.

Schmidt (CDU): Die CDU möchte aus aktuellem Anlaß zwei Erklärungen abgeben.

Ducke (Moderator): Herr Koplanski, Bauernpartei.

Koplanski (DBD): Wir haben einen Antrag [DBD] im Zusammenhang mit den Ereignissen am 15. **[Vorlage 8/9]** mit der Bitte zur Ruhe und Besonnenheit zur Gewaltlosigkeit zu mahnen, und zum anderen möchten wir in Übereinstimmung mit der Grünen Liga darum bitten, daß der Punkt Ökologie von heute auf Montag vertagt wird aus folgendem Grund:

Es ist vorgesehen, daß ein Bericht der Regierung zur Lage auf diesem Gebiet gegeben wird. Da Regierungssitzung ist, können die Vertreter der Regierung nicht teilnehmen, und es wäre nicht gut, diese Frage ohne die kompetenten Vertreter der Regierung zu beraten.

Außerdem gibt es ein gemeinsames Papier, das durch die meisten Teilnehmer des Runden Tisches getragen wird; das ist gestern fertiggeworden, das wird heute verteilt, und die Teilnehmer des Runden Tisches müßten die Möglichkeit haben, sich mit dem Problem vertraut zu machen beziehungsweise sich auch noch mit Experten zu konsultieren.

Aus diesem Grunde möchten wir gemeinsam den Antrag stellen, das heute abzusetzen und am 22. [Januar] zu behandeln.

Ducke (Moderator): Danke. Das ist ein Antrag, den werden wir dann besprechen, wieweit wir dazu kommen.

Ich bitte jetzt nicht zu diesem Vorschlag, sondern zu weiteren Anträgen zur Tagesordnung.

Jetzt bitte ich um Entschuldigung – – die Reihenfolge: Ich sehe Frau Röth, Frau Töpfer, Herrn Böhm, Herrn Stief.

Frau Röth (UFV): Ja, ich möchte in Stellvertretung der Wirtschaftsgruppe des Runden Tisches zwei Anträge zur Abstimmung hier einbringen **[Vorlage 8/13: Zur Informierung der Öffentlichkeit über Maßnahmen der Wirtschaftsreform; und Information 8/4: Erklärung der AG „Wirtschaft". Dringlichkeit von Problemen der Wirtschafts-, Finanz- und Währungspolitik]**.

Ducke (Moderator): Danke. Sie melden das jetzt nur an. Wir notieren das und werden dann festlegen, wo wir es bringen. Frau Töpfer bitte, FDGB.

Frau Töpfer (FDGB): Ich möchte im Auftrag der Arbeitsgruppe „Recht" einen Antrag auch zu den Ereignissen vom 15. [Januar] einbringen **[Vorlage 8/8]**.

Ducke (Moderator): Danke.

Herr Böhm, bitte.

Böhme (SPD): Wir bitten darum, eine **Erklärung [zum Bestand der Koalitionsregierung und gegen eine Regierungsbeteiligung der SPD]** zur aktuellen Situation in Zusammenhang mit einem Gespräch, das wir gestern bei Herrn Modrow, beim Ministerpräsidenten, hatten, abgeben zu dürfen. Und wir bitten weiterhin, heute, so die Zeit noch ausreicht, einen Antrag zur Parteienfinanzierung gemeinsam mit der Initiative Frieden und Menschenrechte einbringen zu können **[Vorlage 8/10, Antrag SPD, IFM: Zur Parteienfinanzierung[3]]**.

Ducke (Moderator): Danke.

Es hatte sich, glaube ich, erst Herr Stief, dann Herr Templin gemeldet.

Stief (NDPD): Aus sachlichen Gründen wäre ja dem Antrag der Demokratischen Bauernpartei zuzustimmen, daß wir heute die Ökologiefragen aus genannten Gründen nicht verhandeln. Dennoch bitte ich darum, daß die heute morgen eingereichte Erklärung zu Sofortmaßnahmen auf dem Gebiet der Ökologie **[Vorlage 8/6, Antrag NDPD: Kurzfristige Maßnahmen innerhalb eines zu erarbeitenden Umweltkonzeptes[4]]** heute noch am Tisch verteilt wird und dann zur nächsten Beratung zur Verfügung steht.

Ducke (Moderator): Ja, darf ich Sie bitten, das nehmen wir dann noch einmal, wenn wir auch über den Punkt direkt sprechen.

Jetzt hatte sich Herr Templin noch gemeldet.

Templin (IFM): Wir möchten im Auftrag der **Arbeitsgruppe „Sozial- und Gesundheitswesen" zwei Anträge**, davon **einen Dringlichkeitsantrag**, einbringen **[Vorlage 8/11: Bildung zweier neuer Arbeitsgruppen des Runden Tisches; Vorlage 8/12: Situation im Gesundheitswesens]**.

Ducke (Moderator): Liegen weitere Anträge vor, die heute verhandelt werden sollen?

Frau Röth noch, bitte.

Frau Röth (UFV): Ja, ich möchte noch einmal bei den Vertretern der LDPD nachfragen. Der Dr. Littstedt [???] wollte Ihnen eigentlich auch noch Informationen beziehungsweise Anträge der Wirtschaftsgruppe übermitteln – ist das bei Ihnen nicht eingegangen – die hier noch einmal dem Runden Tisch vorgestellt werden sollten, Stellungnahmen zum Jointventure-Gesetz.

Ducke (Moderator): Das ist eine konkrete Rückfrage zur LDPD.

Bitte schön. Wer spricht?

---

[1] Dokument 7/3, Anlagenband.
[2] Dokument 8/1, Anlagenband.
[3] Dokument 8/2, Anlagenband.
[4] Dokument 8/4, Anlagenband.

Wolf (LDPD): Ich habe diese beiden Anträge mit und werde Sie bitten, hier auch verlesen zu können. Da wir aber hier nur als Mittler fungieren, möchte ich es jetzt nicht als Antrag betrachten.

Ducke (Moderator): Gut.

Ich schlage Ihnen vor, daß wir jetzt unabhängig von der Reihenfolge **die Erklärung [DBD] zur aktuellen Situation**, zum 15. dieses Monats, zwischen Punkt 1 und 2 vor der Beratung, daß wir dies gleich am Beginn dann machen.

Sind Sie damit einverstanden, daß wir diese Erklärung abgeben? Die anderen Erklärungen bitte ich, uns die Vorschläge zu machen. Auch die CDU würde sich dann anschließen.

Wir würden dann vielleicht so sagen, daß wir zunächst alle Stellungnahmen erbitten zu den Vorgängen am 15. [Januar] beziehungsweise zur aktuellen Situation, zur Sicherheit, wenn ich das richtig mitbekommen habe, und dann die Einzelerklärung der Parteien.

Einverstanden.

Bevor wir dazu kommen, müssen wir dann, würde ich vorschlagen, an dem jeweiligen Punkt darüber sprechen, was mit der **Ökologie** ist.

Ich muß noch etwas sagen, was auch für unsere Zuschauer wichtig ist – –

Die Post: Wir kriegen eine Fülle von Post, das wissen Sie. Und wir werden heute in der **Prioritätengruppe** darüber sprechen, wie ganz konkret mit den Anträgen und mit den Vorstellungen, mit den Briefen umgegangen werden kann. Die, die einen direkten Adressaten erkennen lassen, das wird ja schon weitergegeben in die Arbeitsgruppen beziehungsweise die einzelnen Parteien.

Soviel dazu.

Die **Anträge auf Neuzulassung zum Runden Tisch** von Parteien und politischen Gruppierungen können erst heute aufgrund der Vorgänge am 15.1. in die Prioritätengruppe gelangen und deswegen erst dann abgestimmt werden.

Ich darf jetzt schon bitten, daß die Prioritätengruppe sich zu einer ganz kurzen Verständigung sofort im Anschluß, also vor der Mittagspause, sich hier einmal trifft, damit wir uns dann kurz austauschen können, wie wir weiter verfahren wollen. Also die Prioritätengruppe zu einer ersten kurzen Absprache heute vor der Mittagspause hier oben bei uns am Tisch – –

Dann geht herum eine Liste für die Sitzordnung. Ich bitte Sie, die schnell auszufüllen, damit wir die dann für die Presse und auch für uns zur Verfügung haben.

Das waren so alle Ansagen.

Wir müßten noch diskutieren über die Vertagung des Punktes **Ökologie**, bevor wir dann die Anträge [durchgehen]. Wünscht jemand dazu das Wort? Ich habe festgestellt bei den Vorstellungen, daß sehr viele heute hier hergekommen sind, die das Interesse verraten am Thema Ökologie.

Ich bitte die Antragsteller, die dieses Thema ja hier mit eingebracht haben, sich vielleicht zu äußern. Steht also der Antrag, das Thema Ökologie heute ganz zu streichen mit den angeführten Gründen?

Gibt es dazu eine Meinung? – Also das ist nicht der Fall. Dann könnten wir darüber abstimmen lassen. Es liegt der Antrag vor – – das Thema Ökologie, wobei ich noch einmal ergänzen möchte, daß wir doch die aktuellen Anträge einmal vielleicht uns vergegenwärtigen müßten, was eigentlich dazu vorliegt. Aber wenn das nicht notwendig ist, lasse ich jetzt abstimmen.

Wer dafür ist, daß wir das Thema Ökologie heute von der Sitzung streichen und auf den 22. [Januar 1990] beziehungsweise auf später verschieben, den bitte ich um das Handzeichen. – Das ist die überwiegende Mehrheit.

Ich bitte dann, die dafür notwendigen Anträge im Laufe der heutigen Sitzung zu verteilen. Wir streichen das Thema Ökologie.

Dann habe ich noch vergessen, daß wir uns über die zeitliche Begrenzung der Sitzung einigen sollten. Ich schlage Ihnen heute vor eine Art Kompromiß, daß wir doch darauf orientieren könnten, daß wir gegen 16.00 Uhr schließen. Ich könnte mir denken, wenn ich jetzt so die Thematik sehe, daß wir das schaffen könnten, wenn wir konzentriert arbeiten.

Gibt es dazu Gegenmeinungen? – Oder könnten wir uns darauf verständigen, daß wir orientieren auf 16.00 Uhr, damit die weiteren Planungen dann vonstatten gehen können?

Wer ist gegen diese zeitliche Begrenzung? – Niemand? – Danke. Dann gehen wir zunächst einmal davon aus.

Meine Damen und Herren, wir beginnen mit den Erklärungen zur aktuellen Situation. Ich darf bitten – in der Reihenfolge, wie das hier sich gemeldet hat – den Vertreter oder die Vertreterin des Neuen Forums um die Erklärung.

Herr Schult vom Neuen Forum. Bitte.

Schult (NF): Ja.

Erklärung NF: Zur Demonstration am 15. Januar 1990

I.

Mit Demonstrationen und Streiks im ganzen Land protestieren die Bürger zu Recht gegen die undurchsichtige und schleppende Auflösung der Staatssicherheit und ihrer Nachfolgeeinrichtungen. Wir sind beunruhigt, daß der Verfassungsschutz schon arbeitet, obwohl seine Vollmachten völlig ungeregelt sind.

Auf unsere präzisen Fragen an dem Runden Tisch haben die Verantwortlichen nur ungenügend geantwortet.

Ministerpräsident Modrow hat dem Drängen der oppositionellen Gruppen und mehrerer Altparteien nachgegeben. Der Verfassungsschutz soll erst nach den Wahlen diskutiert werden.

Die Forderung nach Auflösung der bereits arbeitenden Dienststellen des Verfassungsschutzes blieb jedoch offen. Aus diesen Gründen haben wir in Berlin dazu aufgerufen, für die sofortige Einstellung aller Stasi-Aktivitäten zu demonstrieren. Symbolisch wurde versucht die Türen zuzumauern, und nur zu diesem Zweck wurden Kalk und Steine mitgebracht.

II.

Ein Vertreter des Neuen Forums hatte mit der VP-Inspektion Lichtenberg konkrete Absprachen zur gemeinsamen Sicherung der Demonstration getroffen:

– Ein ständiger Kontakt über Funk und Lautsprecher war geplant, wurde aber nicht realisiert.

– Das Tor zur Normannenstraße sollte durch Ordner des Neuen Forums gesichert werden. Vor dem Tor in der Ruschestraße sollte ein Lautsprecherwagen der VP stehen. Für die Sicherung des Innengeländes war die VP zuständig. Die Verbindung nach innen sollte ebenfalls über Funk hergestellt werden.

– Die Schnelligkeit, mit der die Tore von innen geöffnet wurden, hat unsere Ordner überrumpelt. Sie waren nicht mehr in der Lage, das Betreten des Geländes zu verhindern.

III.

Zu klären bleibt, wie die Tore geöffnet wurden.

Nach Angaben des Präsidenten der VP waren Wachmannschaften des ehemaligen MfS auf dem Gelände anwesend, die auch über die Schlüssel zu den Toren verfügten.

Die meisten Teilnehmer trieb Neugierde in die Gebäude. Empörung über den Luxus breitete sich aus. Den Ordnern des Neuen Forums gelang es jedoch, mit der Unterstützung durch viele besonnene Bürger das Gebäude bald wieder zu räumen. Während der ganzen Zeit wurde von Sprechern des Neuen Forums vor der Normannenstraße aus zur Gewaltlosigkeit aufgerufen. Als der Ministerpräsident am Ort eintraf, waren die Gebäude im wesentlichen geräumt.

Sicherheitspartnerschaft mit der VP ist ein gutes Instrument, mit dem beide Seiten sorgfältiger umgehen müssen.

Das Symbol der alten Macht hat seinen Schrecken verloren. Vierzig Jahre Verfassungsbruch, psychische und physische Gewalt gegen die Bürger der DDR durch die Staatssicherheit stehen gegen eine Stunde Sachbeschädigung. Auch diese eine Stunde war zu viel. Wir stehen zu der Tradition unserer friedlichen Revolution und lehnen jede Form von Gewalt ab.[5]

Ducke (Moderator): Ich danke Herrn Schult vom Neuen Forum für das Verlesen dieser Erklärung.

Als weitere Gruppe hatte sich gemeldet die CDU ebenfalls zu dieser aktuellen – – oder andere? Dann stellen wir es zurück, Herr Schmidt.

Dann wäre als nächstes die **Bauernpartei** dran mit ihrer Erklärung auch **zur aktuellen Situation [Vorlage 8/9]**.

Bitte, Herr Koplanski.

Koplanski (DBD):

[**Vorlage 8/9, Antrag DBD: Zur Kultur der Revolution nach dem 15. Januar 1990 (I)**]

Aus tiefer Sorge um das Schicksal der begonnenen Revolution, um die Weiterführung der grundlegenden gesellschaftlichen Umgestaltung und die öffentliche Sicherheit rufen die am Runden Tisch arbeitenden Parteien und gesellschaftlichen Gruppierungen angesichts der Ereignisse am 15. in der Normannenstraße alle Bürger unseres Landes auf, sich der Gewalt zu enthalten, keine Gewalt zu dulden und Aufrufen zur Gewalt entgegenzutreten.

Richtig ist, daß es zu langsam vorrangig mit der Beseitigung der alten Machtstrukturen vor sich geht. Wir verstehen den berechtigten Zorn des Volkes. Wir bekräftigen daher aber auch unsere Entschlossenheit, hier keinen Aufschub, keine Inkonsequenz, keine Halbheiten mehr zuzulassen. Doch Machtstrukturen zu überwinden, heißt nicht Möbel zu zerschlagen, Türen einzutreten und Fenster zu zertrümmern. Damit würde der ohnehin schon zu große Schaden noch größer.

Erhaltet die Kultur unserer Revolution. Laßt sie nicht in Ausschreitungen, Gewalt und Chaos untergehen. Es war die Besonnenheit des Volkes, die die Revolution so stark machte. Bewahrt ihr diese Kraft!

Ducke (Moderator): Das war die Erklärung der Demokratischen Bauernpartei. Herr Koplanski hat sie vorgetragen.

Ich rufe auf Frau Töpfer vom FDGB beziehungsweise für die Arbeitsgruppe „Recht", wenn ich das richtig sehe, ja?

Frau Töpfer (FDGB): Ja, es ist ein **Antrag [Vorlage 8/8, AG „Recht": Zur Handlungsfähigkeit der Polizei]**, der jetzt nicht direkt Bezug nimmt auf die Ereignisse am 15. als Wertung, sondern er beschäftigt sich mehr mit der Frage, was man in Zukunft unternehmen kann, um solche Ausschreitungen zu verhindern. Er wird getragen von Demokratie Jetzt, von der SED, der DBD, der Vereinigten Linken, dem FDGB und den unabhängigen Frauen.

[**Vorlage 8/8, Antrag AG „Recht": Zur Handlungsfähigkeit der Polizei**]

Durch die Ereignisse der letzten Zeit wurde deutlich, daß Demonstrationen und Kundgebungen eine neue Qualität erreicht haben. Die Gewaltfreiheit der Willensbildung und Bekundung auf der Straße ist für die Zukunft nicht mehr in jedem Fall gesichert. Deshalb erscheint es uns dringend notwendig, die Handlungsfähigkeit der Polizei zu gewährleisten.

Das bedarf einer klaren Stellungnahme aller politischen Kräfte zur Tätigkeit der Polizei.

Der Runde Tisch sollte Grundposition zur Sicherheitspartnerschaft, zur Gewaltfreiheit, zur Gewaltfreiheit und zum Schutz der friedlichen Demonstranten von anderen Personen und Sachen durch die Volkspolizei diskutieren und veröffentlichen.

[Wir empfehlen dem RT zu beschließen:]

1. Der RT unterstützt die Polizei bei Bemühungen, Gewalt gegen Gegenstände und Personen zu verhindern.

2. Bei angemeldeten Demonstrationen sollte automatisch die Sicherheitspartnerschaft zwischen den Organisatoren und der Polizei eintreten.

3. Die Sicherheitspartnerschaft sollte direkt auf die Ebene Runder Tische, einmal dieses Runden Tisches/Ministerium des Inneren, gehoben werden. Auf allen Ebenen sollten Gremien zwischen den politischen Kräften des Runden Tisches und der Polizei gebildet werden, die sich über Polizeieinsätze abstimmen können.[6]

Ducke (Moderator): Danke Frau Töpfer. Das waren nun einige Wünsche direkt an den Runden Tisch. Sie erklärten schon, daß das von einigen Gruppen mitgetragen wird.

---

[5] Siehe die hiervon abweichende schriftliche Version als Dokument 8/3 im Anlagenband.

[6] Dieser Antrag wurde später als Vorlage 8/15 verändert eingebracht. Die in [ ] gesetzten Teile wurden abweichend von der schriftlich zu Protokoll gegebenen Fassung nicht mündlich vorgetragen.

Wünschen Sie jetzt, daß wir hier darüber abstimmen lassen, ob noch weitere sich dem anschließen?

Frau Töpfer (FDGB): Wir würden im Interesse der jetzt zu beobachtenden Aktionsunentschlossenheit der VP eine Unterstützung des Runden Tisches dieses Antrages wünschen, um praktisch von hier aus deutlich zu machen, daß der Runde Tisch gegen Gewalt in jeder Form bei Demonstrationen eintritt und unterstützen will, daß in geeigneten Maßnahmen gegen solche Aktionen vorgegangen werden kann, die den Rahmen von friedlichen Demonstrationen sprengen.

Ducke (Moderator): Wir gehen davon aus, daß die konkreten Schritte und Vorschläge dann auch von der Arbeitsgruppe „Recht" vorgelegt werden könnten. Das wäre jetzt zunächst einmal nur, inwieweit sich die anderen Mitglieder dieses Runden Tisches diesem Appell anschließen möchten.

Noch eine Rückfrage, bitte.

Frau Töpfer (FDGB): Ich weiß jetzt nicht, ob das Papier, also dieser Antrag schriftlich ausgereicht worden ist. Sonst möchte ich nur sagen, daß der erste Punkt gestrichen worden ist, ja?

Ducke (Moderator): Es tut uns leid, dann ist das noch nicht verteilt, dann warten wir, bis das verteilt ist, bevor wir abstimmen. Der Punkt 1, das sei aber jetzt schon angemerkt, ist gestrichen. Danke.

Sie erinnern uns daran, daß wir dann, wenn das verteilt ist, noch abstimmen.

Können wir jemanden vom dem Arbeitssekretariat bitten, daß der Antrag verteilt wird, sobald er – – Vielleicht muß er noch geschrieben werden.

Dann rufe ich auf einen Vertreter der SPD zur Erklärung. Es ist Herr Böhme, SPD.

Bitte.

[Erklärung SPD: Zum Bestand der Koalitionsregierung und gegen eine Regierungsbeteiligung der SPD]

Böhme (SPD): Ich möchte im Namen unseres Vorstandes erklären, daß wir das Angebot von Ministerpräsident Hans Modrow abgelehnt haben, egal in welchem Amt, egal in welchem Ressort, in der derzeitigen Situation der Regierung Hans Modrow beizutreten.

Wir sehen nach wie vor die Regierung Hans Modrow als die geschäftsführende Übergangsregierung und als eine der Garantien dafür, daß am 6. Mai [1990] die ersten freien, geheimen und demokratischen Wahlen durchgeführt werden können. Deshalb wollen wir uns zur Regierung Hans Modrow loyal bis zum 6.5. verhalten.

Diese Loyalität steht aber in einem engen Zusammenhang mit der Art und Weise, wie die Regierung Modrow den Runden Tisch ernst nimmt und zur Zusammenarbeit mit diesem bereit ist. In dieser Hinsicht zeigte sich nach unserer Meinung das Auftreten des Ministerpräsidenten am 15. Januar 1990 am Runden Tisch als ein wichtiger Ansatz für eine Kooperation zwischen der Regierung Modrow auf der einen Seite und der Anwalts- und Kontrollfunktion des Runden Tisches auf der anderen Seite.

Meine Damen und Herren, die gestern über die Medien ausgestrahlte Absichtserklärung der Christlich-Demokratischen Union, sich von der Regierungskoalition zu lösen, schafft Beunruhigung und Verunsicherung in der Bevölkerung.

Wir fordern die in der Regierung vertretenen Parteien dazu auf, die Koalition bis zum 6.5. nicht zu verlassen und im Interesse der Bevölkerung, im Interesse unseres Landes, so kooperativ wie nur möglich mit Herrn Ministerpräsidenten Modrow zusammenzuarbeiten. Wenn das geschaffen werden soll, was der Gesetzgebungsplan vorsieht, muß die Regierung, müssen die Parteien, die in der Regierung vertreten sind, sich zu dieser Solidarität, in der sie ja auch vierzig Jahre gestanden gewesen sind, schon befleißigen.

Wir bitten ganz herzlich darum, daß alle in der Regierung vertretenen Parteien erkennen und nicht nur erkennen, sondern in der Art und Weise auch arbeiten, daß auf dem Weg in eine Demokratie die nächsten Monate die entscheidensten sind.

Wir sind wahrscheinlich in Übereinstimmung mit den meisten am Runden Tisch vertretenen Gruppierungen und Parteien, eine Zerfaserung der Regierung würde frühere Wahlen bedeuten. Es wäre für die Opposition natürlich eine gefährliche Situation, was unsere Strukturen anbelangt, was unsere ganze Infrastruktur, was unsere Wahlagitation anbelangt, was anbelangt, unsere Programmatik der Bevölkerung vorzustellen.

Eine Notregierung, die sich ergeben würde, wäre ein weiterer Unsicherheitsfaktor, der weitere Menschen aus unserem Land treiben würde.

Wir rufen alle zur Verantwortung auf, jetzt am Runden Tisch und in der Regierung Modrow das zu leisten, was wir, egal auf welcher Seite, selbst verantworten wollten oder schon verantwortet haben.[7]

Danke.

Ducke (Moderator): Das war die Erklärung der SPD. Wir haben damit die Ebene schon verlassen, nur zu den aktuellen Ereignissen zum 15. [Januar 1990 zu beraten].

Ich darf vielleicht nur ergänzen, daß wir doch davon ausgehen – das wäre eigentlich meine Bitte an Neues Forum, Bauernpartei und [AG] „Recht" – daß Ihre Erklärung schriftlich – – Liegt schon vor? – Vielen Dank – – damit das als Information und damit auch veröffentlicht und damit auch der Presse schriftlich übergeben werden kann.

Herr Koplanski.

Koplanski (DBD): Ja, meine Damen und Herren, gestatten Sie mir noch ein Wort zu der Erklärung des – –

Ducke (Moderator): Herr Koplanski, da muß ich Sie bitten, das kommt später, jetzt ist erst die CDU dran, weil sie sich gemeldet haben, damit wir nicht eine Debatte, sondern erst abrufen die vorgesehenen Erklärungen.

Ich wollte nur sagen, daß wir jetzt also nicht mehr nur zu dem aktuellen Stand, also vom 15. [Januar], jetzt die Erklärung, sondern weitergehen.

Das war die Erklärung der SPD. Jetzt rufe ich bitte den Vertreter der CDU. Es ist Herr Schmidt.

Zur Erklärung, bitte.

---

[7] Zu dieser Erklärung gab es keine schriftliche Vorlage.

Schmidt (CDU): Ich bin beauftragt, folgende Erklärung abzugeben:

Erklärung CDU: Zu den Äußerungen des Generalsekretärs Martin Kirchner [Information 8/2a]

Zu der am 17. Januar 1990 öffentlich geäußerten Meinung von Generalsekretär Martin Kirchner zu einem Austritt der CDU aus der Regierung Modrow ist von meiner Seite festzustellen, daß hier keinerlei Absprache vorausging und daß ich sie als ungedecktes, verfrühtes Vorpreschen empfinde. Über Koalitionsfragen entscheidet gemäß der Satzung das Präsidium des Parteivorstandes. Deshalb habe ich jede persönliche Äußerung dazu vermieden, die in den Geruch einer vorweggenommenen Entscheidung geraten könnte. Es trifft zu, daß von vielen CDU-Mitgliedern ein schneller Austritt aus der Koalition gewünscht wird. Nicht zuletzt im Blick auf den Beschluß des Parteivorstandes, nach dem 6. Mai auf keinen Fall gemeinsam mit der SED-PDS in eine Regierung einzutreten. Aber ich denke, Gewicht hat auch die von vielen ebenso nachdrücklich artikulierte Erwartung, daß die Partei sich jetzt ihrer Verantwortung für ein weiterhin regierbares Land, für lebensnotwendige Ordnung und Versorgung, für ungefährdete Vorbereitung freier Wahlen stellt. Deshalb ist es gewiß nicht sinnvoll, das Fortsetzen oder Aufkündigen der Mitarbeit nur unter einem Aspekt zu beurteilen.

Eine zweite **Erklärung**, die an das Problemgebiet anschließt, das wir am Anfang hier besprochen haben:

[Erklärung CDU: Zur Verdächtigung von Wolfgang Schnur als Mitarbeiter des MfS]

Verschiedenen Parteien, Tageszeitungen und kirchlichen Amtsträgern sind anonyme Briefe zugegangen, in denen leitenden Personen von Parteien und Gruppierungen unterstellt wird, sie seien als Spitzel des ehemaligen Ministeriums für Staatssicherheit tätig gewesen. Es gäbe sie in fast allen Parteien und oppositionellen Gruppen. Ein solches Schreiben bezieht sich auch auf den Vorsitzenden der CDU und Rechtsanwalt Wolfgang Schnur.

Die Absicht ist deutlich, mit derartigen naturgemäß schwer zu widerlegenden Verdächtigungen, Autorität und Vertrauen zu zerstören, Personen und Organisationen zu diskreditieren und in der Öffentlichkeit Irritationen zu erzeugen.

Weiterhin entsteht der Eindruck, daß die Urheber, die aus dem ehemaligen Ministerium für Staatssicherheit stammen, auch mit ihren jetzigen und angekündigten weiteren Aktionen noch einmal ihre Macht, die ihnen empfindlich beschnitten worden ist, demonstrieren wollen. Das darf nicht hingenommen werden.

Unbeschadet aller Meinungsgegensätze in politischen Fragen erklären wir in der Hoffnung, daß dies Konsens aller Partner am Runden Tisch sein kann: Wir lassen durch derartige Machenschaften keinen Keil in die notwendige und mögliche Zusammenarbeit treiben. Offenheit und Fairneß sind unerläßliche Merkmale des Wahlkampfes und der künftigen Demokratie.

Mit diesem Vorgang korrespondiert ein weiterer, ebenso bezeichnender:

Ein Vertreter der CDU am Runden Tisch hatte sich hier am 15. Januar dafür eingesetzt, daß ehemalige Mitarbeiter des Amtes für Nationale Sicherheit ohne Diskriminierung in ihre neuen Berufe und Kollektive integriert werden können. Daraufhin forderte telefonisch ein leitender Funktionär des ehemaligen Ministeriums für Staatssicherheit namens Warnke im Namen seiner Mitarbeiter, daß die CDU dieses Votum hier öffentlich zurückzieht. Er und seine Genossen lehnten es nachdrücklich ab, daß sich eine Partei für sie einsetzt, die den Weg des Sozialismus verlassen habe.

Die CDU-Vertreter erklären dazu, daß sie ihre Äußerung aufrechterhalten und gegen jede Diskriminierung sind.

Die Forderung des Anrufers wirft aber [ein] bezeichnendes Licht darauf, welch Geistes Kinder sich hier artikulieren. Das muß zu denken hier berücksichtigt werden, wenn es nach dem 6. Mai beim Aufbau von Sicherheitsdiensten darum geht, über die Verwendbarkeit ehemaliger MfS-Mitarbeiter zu entscheiden.

Ducke (Moderator): Das waren die Erklärungen von CDU. Herr Schmidt hat sie uns vorgetragen.

Ich glaube, Herr Schmidt, in Ihrer zweiten Erklärung wird ja deutlich die Sorge, die hier immer wieder auch schon am Runden Tisch geäußert wurde. Ich glaube, da gibt es einen Konsens.

Aber ich darf doch im Interesse der Zuhörer, und ich habe mich vergewissert, daß manche Unklarheiten waren, noch einmal nachfragen zu Ihrer ersten Erklärung. Ich muß gestehen, sie ist mir unklar geblieben:

Also ist nun Austritt oder nicht Austritt? Auch weil das über die Medien gegangen ist, erlaube ich mir, jetzt noch einmal konkret rückzufragen.

Schmidt (CDU): Es ist eine Diskussion darüber im Präsidium des Parteivorstandes der CDU vorgesehen, aber es ist keinerlei Beschluß gefaßt.

Ducke (Moderator): Vielen Dank. Das war ein klares Wort, weil das auch auf Ihren Vorredner sich dann mit bezog, und ich glaube, das hat ein wenig Klarheit gebracht.

Bitte, Herr Böhme.

Böhme (SPD): Wird das auch noch einmal in einer entsprechenden von Ihrem Vorstand autorisierten Erklärung dementiert? Oder ist das jetzt damit hier abgetan?

Scmidt (CDU): Es ist eine Presseerklärung vorbereitet, die, denke ich, schon unterwegs ist.

Ducke (Moderator): Danke. Wir erwarten sie.

Es hatten sich gemeldet Herr Koplanski und Herr Behrendt von der LDPD.

Herr Koplanski zuerst, bitte.

Koplanski (DBD): Meine Damen und Herren. Die Fraktion der Demokratischen Bauernpartei Deutschlands hat in der letzten Volkskammersitzung ihre prinzipielle Haltung zur **Koalitionsregierung Modrow** geäußert, auch mit dem Blick vor allem der Vorbereitung der Wahlen, der Aufrechterhaltung der Produktion, der Versorgung, also im Interesse unseres Landes.

Die in den letzten Tagen, vor allem gestern, entfachte Diskussion hat sehr viel Unruhe unter das Volk gebracht, und es liegt nicht im Interesse auch der Wähler, die der CDU die Stimme gegeben haben, daß eine solche Diskussion jetzt zusätzlich die Atmosphäre im Lande belastet.

Wir unterstützen das, was Herr Ibrahim Böhme hier gesagt hat von der Verantwortung der in der Regierung arbeitenden Parteien. Die Demokratische Bauernpartei Deutschlands hat gestern durch ihren Vorsitzenden erklärt, daß wir uns nach wie vor im Interesse des Volkes dieser Verantwortung stellen und daß wir alles tun werden, um mit allen Kräften des Runden Tisches die Wahlen am 6. [Mai] ordentlich vorzubereiten.

Diese Zusammenarbeit soll aller Welt, vor allem auch unserem Volk, sichtbar machen, daß wir lernen, Demokratie zu üben, uns gegenseitig zu respektieren, weil das nicht nur für die Wahlen wichtig ist. Das ist auch wichtig für das, was nach dem 6. Mai passiert. Das sind wir unserem Volk, das sind wir den Völkern Europas und auch schließlich dem Europäischen Haus verpflichtet, das wir gemeinsam bauen.

Ducke (Moderator): Das war eine Erklärung der Bauernpartei.

Ich darf noch einmal, bevor ich die nächsten Redner aufrufe, die Mitglieder am Runden Tisch bitten:

Es wird gerade ausgeteilt die **Vorlage 8/8 [Antrag AG „Recht": Zur Handlungsfähigkeit der Polizei]**, über die wir dann abstimmen müssen, und die **Vorlage 8/9 [Antrag DBD: Zur Kultur der Revolution nach dem 15. Januar 1990]**. Nämlich wir müssen auch über den Antrag, wenn ich Sie richtig verstanden habe, Herr Koplanski, auch der Bauernpartei würden wir die Zustimmung dann mit erbitten. Ihr Antrag, „die Teilnehmer des Runden Tischen mögen erklären" lassen wir auch abstimmen.

Dann rufe ich auf Herrn Behrendt von der LDPD; dann Herrn Stief, NDPD.

Behrendt (LDPD): Zu den Ereignissen am 15. Januar möchte ich im Namen der LDPD erklären, daß die bisher zögerlich verlaufene Auflösung des Amtes für [Nationale] Sicherheit der Nährboden für unkontrollierte Entwicklungen ist. Wir lehnen jede Form von Gewalt ab, erwarten aber, daß die Auflösung zügiger und demokratisch kontrolliert erfolgt.

Wir haben unsere Stellungnahme als Partei in unserer Presse veröffentlicht. Ich möchte der Vorlage 8/8 im Namen der LDPD zustimmen.

Was die **Koalitionsaussage** unserer Partei angeht, möchte ich darauf hinweisen, daß die Fraktion in der Volkskammersitzung hier eine eindeutige Erklärung abgegeben hat, daß sie bemüht ist, die **Regierung Modrow** auch mit ihren Ministern zu unterstützen, aber es abhängig gemacht hat davon, daß Positionen, liberale Positionen, in unserer Partei auch durchgesetzt werden.

Wir haben betont, daß der Vorrat an Konsens schmaler geworden ist und daß wir bemüht sein werden, die Punkte, um die es uns geht, schnell, zügig durchzusetzen. Es ist eine Frage natürlich, die die Partei insgesamt bewegt, und deshalb wird der Zentralvorstand unserer Partei sich morgen zu der Problematik Koalitionsaussage äußern.

Ducke (Moderator): Danke Herr Behrendt.

Es hat sich gemeldet Herr Stief von der NDPD. Dann haben wir die Erklärungen jetzt abgeschlossen. Wollte noch VdgB – –

Bitte, Herr Stief.

Stief (NDPD): Die Nationaldemokratische Partei bleibt bei ihrer Aussage zur letzten Volkskammersitzung, daß unsere Partei die **Koalitionsregierung** der DDR unter Führung von Herrn Modrow in allem unterstützt, was der Bewahrung von politischer Stabilität, der Aufrechterhaltung der Prinzipien der Volkswirtschaft, Handel und Versorgung und der verantwortungsbewußten Vorbereitung der Wahlen am 6. Mai dienlich ist.

Das ist nicht identisch etwa mit den zugleich getroffenen Aussagen während der Volkskammertagung, die unsere Abgrenzung gegenüber SED-PDS betreffen.

Ducke (Moderator): Danke schön.

Und jetzt noch Herr Hammer von VdgB.

Hammer (VdgB): Die VdgB unterstützt die Vorlagen zu den Ereignissen vom 15. Januar in unserem Land, die vom Neuen Forum, auch der DBD und hier bekannt worden sind.

Wir sind dafür, daß auch weiterhin nur durch eine enge **Sicherheitspartnerschaft** mit allen, die Verantwortung tragen, solche Ereignisse vermieden werden können. Wir ermahnen, daß die Ursachen für diese Demonstration schnellstens beseitigt werden müssen. Es geht also hier um die radikale Auflösung des ehemaligen Amtes, wozu es viele Fragen und auch Ungewißheit noch in unserem Lande gibt.

Wir stimmen also diesen Erklärungen zu.

Ducke (Moderator): Danke, Herr Hammer.

Es liegt Ihnen vor der **Antrag der Arbeitsgruppe „Recht"** zum Runden Tisch als **Vorlage 8/8 [Zur Handlungsfähigkeit der Polizei]**; es liegt Ihnen vor die **Vorlage 8/9 Antrag DBD [Zur Kultur der Revolution nach dem 15. Januar 1990]**. Darüber wollen wir die Zustimmung erbitten.

Es wird gerade noch gefragt, inwieweit auch die Erklärung – – brauchen wir nicht um Zustimmung bitten. Danke.

Ich rufe auf: Wer der **Vorlage 8/8** des Antrages der Arbeitsgruppe „Recht" Zustimmung gibt, den bitte ich um das Handzeichen.

Herr Ullmann.

Ullmann (DJ): Ich bitte um eine Diskussion. Es ist eine sehr wichtige Frage.

Ducke (Moderator): Bitte ich noch einmal – – Diskussion zum Antrag der Arbeitsgruppe „Recht". – Ich hatte gedacht, die Aussprache war schon beendet.

Ich nehme das gern auf. Dann, bevor wir darüber abstimmen, machen wir einen kleinen Durchgang Aussprache über die beiden Vorlagen?

Ullmann (DJ): Ich beantrage nur Aussprache **Vorlage 8/8.**

Ducke (Moderator): Aussprache **Vorlage 8/8** ist eröffnet. Ich bitte um Wortmeldungen.

Herr Henrich hatte sich zuerst gemeldet, dann Herr Ullmann, Frau Töpfer.

Henrich (NF): Es ist klar, daß Sicherheit und Ordnung für unser Land lebenswichtig sind. Das Neue Forum hat immer betont, daß die Arbeit der Deutschen Volkspolizei von größter Bedeutung für die Entwicklung unseres Landes ist. Insoweit haben wir von Beginn an Unterscheidungen getroffen zwischen dem Handeln der unterschiedlichen Sicherheits- und Schutzorgane.

Zur aktuellen Situation, zugleich Beratung und Festlegung der Tagesordnung

Sie werden sich an die Erklärungen des Neuen Forums erinnern. Diese haben stets die Art und Weise der Ausübung der Tätigkeit beim MfS unter Kritik gestellt, während dessen wir nie die legale Ausübung der **Polizeigewalt** in unserem Lande angezweifelt haben. Wir wissen selbstverständlich, daß es ohne eine funktionierende Polizei nicht geht. Insoweit stimmen wir der **Vorlage 8/8** selbstverständlich zu.

Ducke (Moderator): Danke.
Herr Ullmann, bitte.
Frau Töpfer, Herr Böhme dann.

Ullmann (DJ): Ich stimme der **Vorlage 8/8** in der Absicht zu, die in Absatz 2 formuliert worden ist. „Das bedarf einer klaren Stellungnahme aller politischen Kräfte zur Tätigkeit der Polizei."

Ich bin am Abend des 15. Januar im zentralen Gebäude des ehemaligen Amtes für Nationale Sicherheit gewesen und habe mit großer Beunruhigung festgestellt, in welch hohem Maße die dort anwesenden Angestellten der Volkspolizei verunsichert gewesen sind. Das ist ein Zustand, der nicht so bleiben kann, und darum unterstreiche ich das Recht der Aussage: Es bedarf einer klaren Stellungnahme aller politischen Kräfte zur **Tätigkeit der Polizei.**

Ich halte es ferner für richtig, was in Ziffer 1 formuliert worden ist: „Der Runde Tisch unterstützt die Polizei bei Bemühungen, Gewalt gegen Gegenstände und Personen zu verhindern" sowie Ziffer 2, „bei angemeldeten Demonstrationen sollte automatisch die Sicherheitspartnerschaft zwischen den Organisatoren und der Polizei eintreten". Ebenso verdient Zustimmung Satz 1 aus Ziffer 3.

Bedenken möchte ich anmelden gegenüber dem, was dann gesagt ist [**Ziffer 3, Satz 2**]: „Auf allen Ebenen sollten Gremien zwischen den politischen Kräften des Runden Tisches und der Polizei gebildet werden, die sich über Polizeieinsätze abstimmen können."

Dieser Vorschlag scheint mir nicht geeignet, das Ausmaß der Verunsicherung abzubauen. Wir würden noch einmal neue Gremien bekommen zu den schon vorhandenen hinzu. Das setzt wieder neue Kommunikationsstrukturen und alle ihre Probleme voraus.

Ich möchte darum statt dessen vorschlagen, daß wir sehr schnell zu klaren rechtlichen Regelungen über die **Kompetenzen der Bürgerkomitees** kommen, die ja zunächst betroffen sind von den Aufgaben der Sicherheitspartnerschaft, sie auch weitgehend schon wahrnehmen.

Ich mache ferner darauf aufmerksam, daß der Runde Tisch eine Arbeitsgruppe „Sicherheit" bereits besitzt, so daß die hier formulierte Aufgabe nach meinem Dafürhalten sich im wesentlichen darauf reduziert, daß Ansprechpartner gefunden werden, um die es geht, wenn man so verfahren will, was ich für berechtigt halte, wie es hier gesagt ist: „Die Sicherheitspartnerschaft sollte direkt auf die Ebene Runder Tisch – Ministerium des Inneren gehoben werden."

Es geht hier um die Frage der Ansprechpartner und des Kontaktes. Bitte aber hüten wir uns, wiederum neue Gremien und Institutionen zu errichten.

Ducke (Moderator): Das Wort hat Frau Töpfer, und ich habe dann noch eine Frage gleich.

Frau Töpfer (FDGB): Die Bedenken, die der Herr Ullmann eben genannt hat in bezug auf Punkt 3 letzter Satz muß ich allerdings teilen, und zwar möchte ich sagen, daß das Anliegen der Arbeitsgruppe war, diesen Satz so zu verstehen, daß, wenn eine Demonstration angemeldet wird von Gruppen, die nicht am Runden Tisch vertreten sind, also Gruppen, die wir nicht erfassen können im Moment, daß dann die Runden Tische sich trotzdem verantwortlich fühlen, um der Polizei Hilfestellung zu geben, um diese Verunsicherung, die jetzt bei der Polizei herrscht, abzubauen, damit tatsächliches Handeln eintreten kann im Interesse aller beteiligten Gruppen.

Ich möchte aber als Kompromiß sagen, daß wir auch auf diesen Satz verzichten würden, wenn es allgemeine Zustimmung findet.

Ducke (Moderator): Frau Töpfer, jetzt einmal eine Nachfrage. Es haben sich jetzt eine Unzahl gemeldet.

Ich wünsche eigentlich nicht, daß wir darüber jetzt debattieren. Unsere Zeit ist eigentlich zu kostbar für die nächsten Themen.

Sie haben die Bedenken, die sich wahrscheinlich jetzt alle wiederholen werden, gehört. Wäre es möglich, daß Sie den Antrag noch einmal zurückziehen aufgrund der Wünsche, die jetzt schon geäußert sind, und die dann – –

Ich bitte die einzeln, damit wir das nicht jetzt – – Wir diskutieren über einen Text, den kein Hörer oder irgend jemand vor Augen hat und machen Redaktionsarbeit. Ich würde die Wünsche bitte dann direkt bei Frau Töpfer anmelden.

Wäre so etwas möglich, daß wir vielleicht heute nachmittag noch einmal darüber abstimmen? Denn wir führen jetzt eine Debatte, die nicht vorgesehen ist, und wir müssen zu den anderen Gesetzen kommen.

Herr Ullmann, bitte.

Ullmann (DJ): Vorschlag: Antrag Streichung des letzten Satzes in **Vorlage 8/8.**

Ducke (Moderator): Herr Ullmann, ich würde nur bitten: jetzt keine Redaktionsarbeit am Runden Tisch. Es liegen so viele Meldungen vor, und dann wünscht wieder jemand, daß noch einmal gestrichen wird. Ich bitte um Überarbeitung des Textes.

Ist das möglich, Frau Töpfer? – Ich frage erst einmal.

Frau Töpfer (FDGB): Wenn das die Zustimmung der hier Anwesenden findet, ist das selbstverständlich möglich.

Ducke (Moderator): Dann lasse ich über den weitergehenden Antrag überhaupt abstimmen. Änderung des gesamten Antrages [**Vorlage 8/8**] im Sinne der genannten Meldung mit Streichung oder so, geht das? – Ist der Runde Tisch einverstanden mit diesem Verfahren? – Dann bitte ich um das Handzeichen kurz. – Danke.

Dann können wir so verfahren, und dieser Antrag wird zurückgestellt.

Es liegt der **Antrag der Bauernpartei [Vorlage 8/9: Zur Kultur der Revolution nach dem 15. Januar 1990]** vor. Hier wird um Zustimmung gebeten. Gibt es dazu Wünsche zur Debatte?

Ich bitte jetzt die anderen zu verstehen, daß wir jetzt einfach gestrichen haben, wenn der Antrag neu formuliert wird.

Gibt es dazu Wünsche? Dann stelle ich die Frage, wer den Antrag der Bauernpartei in dieser Weise unterstützt, den bitte ich um das Handzeichen. – Der liegt nicht vor?

Lange (Co-Moderator): Wird verteilt. Entschuldigung. Wird verteilt gerade.

Ducke (Moderator): Dann sind Sie die letzten. Dann müssen wir gerechterweise auch warten, bis Sie den einsehen konnten. Also auch da die Abstimmung zurückgestellt, und ich sage in der Zwischenzeit noch etwas an:

Es betrifft den **Telefondienst**.

Viele Anrufe gibt es zum Runden Tisch, und es gibt die Möglichkeit, noch mehrere Telefone zu schalten, wenn Parteien und Gruppen die Möglichkeit sehen, daß wir fünf bis zehn Personen für den Telefondienst bekommen können jeweils bei den Sitzungen.

Die Aufgaben wären, Anrufe entgegenzunehmen, zu notieren, für das Gespräch zur Verfügung zu stehen.

Schreibmaschinen und so weiter stehen zur Verfügung.

Es müßten für den Montag bis zum Mittag personelle Zusagen vorliegen. Deswegen stelle ich das jetzt als Bitte hier in den Raum an alle Gruppierungen. Wenn wir wünschen, daß die Öffentlichkeit durch Telefonanrufe direkt an der Arbeit des Runden Tisches sich mitbeteiligen kann, brauchen wir Leute, die am Telefon sitzen.

Sehen Sie eine Möglichkeit, könnten wir das hier schon einmal so erfragen, daß das von den Parteien geleistet wird? – Wir hatten schon eine Zusage von Initiative Frieden und Menschenrechte, daß jemand sich zur Verfügung stellen könnte. – Hier gibt es Zusagen. Kann ich nur einmal so kurz abfragen, daß solche Zusagen möglich sein werden? – Ja, das sehe ich.

Ich bitte dann folgendes, daß Sie bis Mittag dem Arbeitssekretariat konkret Partei, Name und die Zusicherung geben, daß am Montag früh dann jemand für die Telefondienste bereitsteht, daß Sie das im **Arbeitssekretariat** abgeben. Ich danke Ihnen dafür.

Können wir jetzt über den Antrag der Bauernpartei abstimmen?

Herr Schnur, noch eine Wortmeldung, bitte.

Schnur (DA): Ich frage direkt an die Vertreter der DBD zurück, ob es **[Vorlage 8/9]** nicht möglich ist, dies doch mit der **Vorlage 8/8** zu verbinden. Das ist ja doch das Grundanliegen der Arbeitsgruppe „Recht", hier zu einer klaren und deutlichen Aussage zu kommen. Wir wiederholen uns ja.

Ducke (Moderator): Danke, Herr Schnur.

Eine kurze Rückfrage. Herr Koplanski. Können Sie sich dazu schon äußern, oder könnten Sie das prüfen? – Dann brauchen wir jetzt nicht abzustimmen und machen das dann insgesamt.

Koplanski (DBD): Ich würde doch bitten, daß abgestimmt wird.

Ich stimme dem Vorschlag von Herrn Schnur zu, daß sich vielleicht zwei oder vier Damen und Herren finden, um das als ein Dokument zu machen.

Ducke (Moderator): Ja, also wir stimmen jetzt nicht eigens ab, sondern Sie sagen, wir machen das zusammen.

Ist es der Wunsch, so habe ich Sie jetzt verstanden?

Koplanski (DBD): Aber den Aussagen muß man zustimmen.

Ducke (Moderator): Ja, das müssen wir dann insgesamt.

Koplanski (DBD): Also dann noch einmal neu abstimmen.

Ducke (Moderator): Ja.

Stimmt der Runde Tisch zu, daß wir aus diesen beiden Anträgen **[Vorlage 8/8 und 8/9]** versuchen, einen Antrag zu machen? – Ist dafür Zustimmung – –

Nicken Sie einmal, oder heben Sie kurz die Hand. – Danke. Wunderbar.

Dann bitte ich die beiden Antragsteller, sich so zu verbinden.

Meine Damen und Herren, wir haben heute großzügigerweise, und ich glaube, auch im Interesse der Öffentlichkeit, damit diese Erklärungen von vielen gehört und gesehen werden konnten, einen längeren Fototermin erlaubt.

Darf ich nun wieder alle anderen nicht zugelassenen Teams bitten, den Saal zu verlassen. Auch die Fotoreporter. Sie wissen ja, Sie können die Sitzung live im Raum nebenan hören und sehen.

Darf ich Sie bitten, und danke für Ihr Verständnis.

Wir müssen noch abstimmen lassen – ich habe das vergessen vorhin –, daß wir den **Antrag zu Wirtschaftsfragen [Vorlage 8/13]** und den **Antrag Sozial- und Gesundheitswesen [Vorlagen 8/11 und 8/12]** noch mit aufnehmen. Ich schlage Ihnen vor unter 6.9 und 6.10 der Tagesordnung als Einzelanträge. Gibt es dazu Bedenken?

Frau Töpfer, bitte.

Frau Töpfer (FDGB): Das bezieht sich jetzt nicht auf diese beiden Anträge, aber wir haben vorhin bei der Tagesordnung übersehen, daß bei Punkt 6.7 steht: „FDGB, Energiefragen und Preise". Die Energiefragen hat aber die Grüne Liga oder die Grüne Partei eingebracht. Es war nicht unser Papier.

Ducke (Moderator): Gut. Vielen Dank für die Korrektur. Das werden wir dann sehen.

Hier war eine Wortmeldung zu den Anträgen. Ach, das waren Sie. Vielen Dank.

Können wir dann so verfahren, daß diese beiden Anträge daran – –

Herr Schult, bitte, und dann Frau Töpfer.

Schult (NF): Ja, wir sind dafür, aber wir hatten letztens eine Vorlage der Arbeitsgruppe „Sicherheit". Mir ist jetzt entgangen, daß sie nicht mit auf der Tagesordnung steht. Dazu liegt ein konkreter Vorschlag vor, der für die Arbeitsfähigkeit notwendig ist. Die müßte mit darauf noch.

Ducke (Moderator): Ich danke für die Erinnerung. Wir dachten das auch bei den Anträgen mit einzubringen. Und ich habe es selbst, ehrlich gesagt, vergessen.

Dann schlage ich vor, daß wir diese Thematik, weil das sehr wichtig ist, und es gibt ja da noch die konkreten personellen Vorschläge, und auch Ihr Antrag liegt ja neu formuliert dann vor...

Könnten wir das vor oder nach den **Bürgerkomitees** machen. – Vorher vielleicht, oder?

Schult (NF): Es hängt damit zusammen, mit der Arbeit.

Ducke (Moderator): Eben, ist es besser vorher oder danach? Das müßten Sie jetzt einfach entscheiden. Den Inhalt habe ich jetzt nicht so parat.

Schult (NF): Machen wir zusammen ruhig.

Ducke (Moderator): Machen wir es zusammen.

Also unter Punkt 4 orientieren wir jetzt Bürgerkomitees und alle Anträge zur Sicherheit, ja? Und die Vorlagen und die Vorschläge. Danke.

Frau Dörfler.

Frau Dörfler (GP): Ja, das hätte sich für uns jetzt schon erledigt. Dann würde sich das auch unter Punkt 4 eingliedern.

Wir hatten beim letzten Runden Tisch als Grüne Partei die **Information 7/5** eingebracht und möchten das heute als Antrag einbringen im Zusammenhang mit der Auflösung der Staatssicherheit **[Vorlage 8/16, Antrag GP, DJ: Integrationsprogramm für ehemalige Mitarbeiter des MfS]**.

Ducke (Moderator): Danke. Sie melden sich dann an entsprechender Stelle. Und es ist ja nun ein Tagesordnungspunkt auch zum Thema Sicherheit erweitert und gibt damit die Möglichkeit, daß Sie das dann vorbringen.

Vielen Dank für die Ergänzungsanträge.

TOP 3: Mediengesetz

Dann rufe ich auf den alten Punkt 2 unserer Vorlage 8/0 [Tagesordnung], das **Mediengesetz**. Es hatte das letzte Mal eingebracht Herr Weiß von Demokratie Jetzt. Er steht wieder zur Verfügung.

Bitte, Herr Weiß.

Zur Erinnerung: Sie haben die **Vorlage [7/7, Beschlußantrag (zu Information 7/4) DA, DJ, GL, GP, IFM, NF, SPD, UFV, VL: Mediengesetz]** vor sich. **Information 7/4** dazu ist der **Entwurf der Gesetzgebungskommission Mediengesetz vom 9. Januar 1990 [Beschlußentwurf der Volkskammer über die Gewährleistung der Meinungs-, Informations- und Medienfreiheit[8]]**. Haben Sie alle, nicht? So.

Bitte, Herr Weiß.

Weiß (DJ): Ja, meine Damen und Herren, ich darf das, was in der Sitzung am 15. Januar so schnell unterbrochen werden mußte, zu Ende führen.

Es liegt ein Beschlußantrag vor an den Runden Tisch, der getragen wird vom Demokratischen Aufbruch, von Demokratie Jetzt, von der Grünen Liga, von der Grünen Partei, von der Initiative Frieden und Menschenrechte, vom Neuen Forum, von der Sozialdemokratischen Partei Deutschlands, vom Unabhängigen Frauenverband, von der Vereinigten Linken.

> **Vorlage 7/7, Beschlußantrag [(zu Information 7/4) DA, DJ, GL, GP, IFM, NF, SPD, UFV, VL: Mediengesetz]**
>
> Der Runde Tisch übernimmt die Beschlußvorlage der Gesetzgebungskommission Mediengesetz über die Gewährleistung der Meinungs-, Informations- und Medienfreiheit vom 9. 1. 1990 und empfiehlt ihn der Volkskammer zur Annahme.
>
> Es wird festgestellt, daß dieser Beschluß der Volkskammer gemäß Artikel 49 der Verfassung der DDR Gesetzeskraft haben soll und im Gesetzblatt der DDR zu veröffentlichen ist.

Ich bitte um die Aussprache.

Ducke (Moderator): Gut, Herr Weiß, wir hatten ja das letzte Mal schon Ihre Interpretation zum Gesetzentwurf gehört. Wir erinnern uns kurz daran.

Sind heute neue Mitglieder da? – Aber ich hoffe ja, daß Sie sich haben informieren lassen.

---
[8] Dokument 7/12, Anlagenband.

Eine erste Wortmeldung von Herrn Mahling von Domowina. Bitte, dann Herr Stief.

Mahling (Vertreter des Sorbischen Runden Tisches): Zu dem Gesetz oder zu der Vorlage hier zwei Anmerkungen.

Eine Rückfrage zu Punkt 4 der Vorlage, das Recht auf Gegendarstellung bei Tatsachenbehauptungen ist zu gewährleisten. Das ist mehr ein Programm als eine klare Aussage. Wie ist das zu gewährleisten? Durch wen ist das zu gewährleisten? Das ist mir nicht ganz klar an der Sache.

Ducke (Moderator): Das wäre eine direkte Rückfrage an den Einbringer, nicht?

Mahling (Vertreter des Sorbischen Runden Tisches): Ja. Und eine zweite Rückfrage zu Punkt 9 der Vorlage:

In Zeile drei heißt es, die Kirchen und Religionsgemeinschaften sowie die sozialen Minderheiten haben das Recht auf angemessene Darstellung in den Medien. Mir [stellt sich] die Frage, wo die **ethnischen Minderheiten** bleiben. Ich denke nicht nur an die Sorben, sondern auch [an] Sintis und vor allem auch Ausländer etwa.

Ist das hier so gemeint, daß die nur die **sozialen Minderheiten** mit dem ausschließlichen Recht – – also das ist meine zweite Rückfrage.

Und das Dritte schließe ich jetzt an, das bezieht sich nicht auf die Vorlage, sondern auf eine Zeitungsmeldung gestern im „Neuen Deutschland", wo drin stand, daß westdeutsche Zeitungen/Zeitschriften importiert werden sollen, und daß die nur über Kioske verkauft werden sollen.

Und das widerspricht, diese **Anweisung des Postministers**, widerspricht ja dem hier geäußerten freien Zugang zu den Medien, denn die Landbevölkerung, zu der ich auch gehöre, ist damit völlig davon ausgeschlossen. Dem Land wird mit dieser Verordnung gestern im „Neuen Deutschland" oder der Bekanntmachung der Zugang zu einem breiten Spektrum an Medien verwehrt.

Ducke (Moderator): Danke, Herr Mahling.

Ich glaube, wir halten uns wieder an die Lösung, die wir das letzte Mal schon gefunden haben, daß es sinnvoll ist, bei so konkreten Rückfragen gleich antworten zu lassen.

Darf ich Sie um Verständnis bitten, Herr Stief, damit wir gleich die Möglichkeit haben zur Rückantwort.

Ich weiß nicht, Herr Lübchen. Sie sind in der Lage – –

Bitte.

Lübchen (Ministerium der Justiz): Vielleicht darf ich noch eine Vorbemerkung machen.

Ich möchte noch einmal darauf hinweisen, daß dieser Beschluß, den wir hier vorgelegt haben, im Ergebnis dieser Beratung in der Gesetzgebungskommission noch kein Gesetz ist und kein Gesetzestext ist, sondern der Beschluß soll dazu dienen, bis zu dem Erlaß einer **Mediengesetzgebung** Rechtsgrundlagen zu schaffen für die Gewährleistung der Meinungsfreiheit, Informations- und Medienfreiheit in der DDR.

Der Beschluß beinhaltet insoweit nach unserer Auffassung verbindliche Grundsätze für die Auslegung der **Verfassung**, die verbindlich sein sollen für alle staatlichen Organe, gesellschaftlichen Organisationen und die Bürger, das heißt alle derzeit bestehenden Rechtsvorschriften sind im Sinne dieses Beschlusses auszulegen und anzuwenden mit der Maßgabe, daß Rechtsvorschriften, die dem Beschluß widersprechen, kein geltendes Recht mehr sind. Und um das auch im Sinne der Rechtsstaatlichkeit klarzulegen, ist in Ziffer 16 des Beschlusses der Auftrag erteilt worden, unter diesen Gesichtspunkten alle geltenden Rechtsvorschriften zu überprüfen und sie, wo es notwendig ist, anzupassen beziehungsweise aufzuheben und außer Kraft zu setzen.

Und dieser Auftrag wird heute in der **Ministerratssitzung** an alle zentralen Staatsorgane der DDR erteilt, damit, wenn dieser Beschluß durch die **Volkskammer** erlassen wird, anschließend dann im Laufe des Monats Februar auf dem Gebiet der Mediengesetzgebung eine umfangreiche Rechtsbereinigung erfolgt und wir dann eine klare Rechtsposition in anderen Fragen haben.

Das vielleicht eine kleine Vorbemerkung.

Ducke (Moderator): Danke schön.

Lübchen (Ministerium der Justiz): Jetzt zu diesen Fragen, die konkret mit gestellt worden sind zu Ziffer 4.

Es handelt sich hier bei diesem Beschluß bewußt um eine Konzentration auf bestimmte Grundsätze, die Orientierung sein sollen für die Praxis auf diesem Gebiet.

Und was nun diesen Punkt 4 anbetrifft, so gehen wir davon aus, daß einmal dieses Recht auf **Gegendarstellung** bei Tatsachenbehauptungen durchgesetzt werden sollte in der Praxis im Wege der Zusammenarbeit zwischen den Betroffenen einerseits und dem Medium beziehungsweise dem Herausgeber des Mediums andererseits. Es besteht aber auch die Möglichkeit, daß auf der Grundlage der geltenden Rechtsvorschriften – ich möchte hier verweisen auf das Zivilgesetzbuch – die Gerichte im Streitfalle darüber rechtskräftig und endgültig entscheiden. Das heißt insofern eine Orientierung für die Praxis der Medien und der Bürger und gleichzeitig die Grundlage für die Gerichte, im Streitfalle darüber eine endgültige Entscheidung treffen zu können.

So hätten wir gern diesen Punkt 4, Satz 2 interpretiert und soll er auch in der Praxis angewendet werden.

Was nun diese Ziffer 9 anbetrifft, haben wir auch diese Vorstellung gehabt, die von Ihnen erwähnten Gruppen hier mit zu erfassen. Also dieses Wort sozial haben wir eigentlich etwas anders verstanden in der Kommission im Sinne von sozusagen gesellschaftlichen Gruppen, die also auch mit erfaßt werden sollten. Das war also die erklärte Absicht, also auch Ausländer und auch die von Ihnen erwähnten Gruppen sollen hier mit erfaßt werden.

Wenn wir uns auf eine Interpretation einigen könnten, können wir also erklären: Das war die erklärte Absicht jedenfalls der Mitglieder der Gesetzgebungskommission.

Ich danke.

Ducke (Moderator): Danke.

Ich frage nur einmal zurück an den Einbringer, Herrn Weiß. Würden Sie mit dieser Interpretation auch einverstanden sein?

Weiß (DJ): Ich würde mit dieser Interpretation natürlich übereinstimmen. Wir haben daran gedacht. Aber ich halte die Bedenken unseres sorbischen Freundes doch für gerechtfertigt, und ich würde vorschlagen, daß in dem Entwurf – ich denke, darüber ist sehr schnell Konsens zu erreichen – das Wort ethnische Minderheiten eingefügt wird.

Ducke (Moderator): Herr Mahling, können Sie damit zufrieden sein, daß also dieser Antrag behandelt wird? – Danke.

Dann war noch eine letzte Frage. – Ja? Ich bitte um Entschuldigung.

Jetzt hat Herr Stief [das Wort], dann Herr Günther, und jetzt muß ich wieder die Liste anfangen.

Bitte, Herr Stief.

Stief (NDPD): Ich habe eine Frage und eine Bitte an Herrn Weiß. Ich betrachte das als zur Aussprache zugehörig.

Wir hatten beim letzten Mal etwas unter Zeitdruck die erste Vorstellung dieses Textes zu hören bekommen, und ich möchte eigentlich fragen, wieso eigentlich nur von neuen Parteien und oppositionellen Gruppen dieser Entwurf, den wir übrigens für sehr gut und ausgereift halten, getragen wird, da es ja jetzt offiziell eine **Arbeitsgruppe „Medien"** gibt, und wir nach Rückauskunft verständigt wurden, daß die Vertreter der Regierungsparteien in dieser Arbeitsgruppe über den Mittler VDJ [???] wohl substantiell mitgearbeitet haben und diesen Entwurf voll tragen.

Das sollte zumindest erwähnt werden, damit nicht der Eindruck entsteht, als hätten wir uns aus dieser so wichtigen Arbeit ausgeklammert.

Ducke (Moderator): Herr Weiß.

Weiß (DJ): Ich würde gerne in einer kurzen Erklärung dazu Stellung nehmen.

Ich hatte bei der letzten Sitzung gesagt, daß die Arbeitsgruppe „Medien" sich nicht konstituieren konnte, weil der Co-Einberufer die anderen Gruppierungen und Parteien nicht angesprochen hat. Das beruht auf einem Mißverständnis.

Ich war davon ausgegangen, daß es da eine Parteien- oder eine Oppositions-/Regierungszugehörigkeit gibt. Das ist ein Irrtum gewesen. Dafür muß ich mich entschuldigen.

Ich denke, wir werden in der nächsten Zeit zusammenarbeiten, und bei der Erarbeitung des Mediengesetzes, die ja nun ansteht, wird es das also geben.

Ducke (Moderator): Hat Ihre Frage, Herr Stief, Einfluß auf die Unterzeichnung jetzt des Antrages?

Stief (NDPD): In keiner Weise. Ich bedanke mich nur für die Klarstellung.

Ducke (Moderator): Danke. Gut.

Herr Stief, Sie haben weiter das Wort, oder?

Stief (NDPD): Ich habe hier die **Vorlage 7/9 [Beschlußantrag DA, DJ, GL, GP, IFM, NF, SPD, UFV, VL an MP Modrow: Änderung der Medienpraxis]** auf dem Tisch liegen. Da ergibt sich eine Frage, weil das damit zusammenhängt.

Es ist hier formuliert in Punkt 2:

– – „alle seit dem 1. 1." und so weiter „in Angriff genommenen und beabsichtigten grundlegenden ökonomischen, personellen und organisatorischen Strukturveränderungen …" und so weiter „zu stornieren".

Es ergibt sich die Frage, was ist das Ziel dieses Antrages, und wie soll denn dann die Arbeitsfähigkeit von Rundfunk und Fernsehen gewährleistet werden bis zum 6. Mai?

Ducke (Moderator): Können wir das hier jetzt schon verhandeln?

Herr Poppe, möchten Sie direkt dazu – –

Poppe (IFM): Ja, ich würde vorschlagen, daß der Reihe nach vorgegangen wird. Diese Vorlage ist ja noch gar nicht vorgetragen, und dazwischen liegt auch noch eine, woraus vielleicht klar wird, was darunter zu verstehen ist.

Ducke (Moderator): Danke für die Erläuterung.

Herr Stief, sind Sie einverstanden, daß wir jetzt nur über die **Beschlußvorlage 7/7** beziehungsweise über die Vorlage des Entwurfs **[Information 7/4: Entwurf der Gesetzeskommission Mediengesetz vom 9. Januar 1990]** sprechen, ja?

Stief (NDPD): Einverstanden.

Ducke (Moderator): Danke.
Herr Günther hatte sich gemeldet, Pressesprecher. Bitte.

Günther (Pressesprecher): Zum Punkt 15 des Entwurfs der Volkskammer hätte ich die Frage: Wir waren ja bisher auch mit drei Vertretern der **Kirchen** an dieser Kommission beteiligt: Ist das nur im Eifer der Formulierung unterblieben?

Wir möchten natürlich auch weiterhin in dieser Kommission der Mediengesetzgebung mitarbeiten. Das würde bedeuten, daß in der fünften Zeile hinter „entsprechenden Verbände" „und die Kirchen" noch einzufügen wäre.

Ducke (Moderator): Sagen Sie uns noch einmal die Nummer?

Günther (Pressesprecher): Nummer 15 des Entwurfs. Da wird aufgeführt: „Der Kommission gehören kompetente Vertreter aller Parteien und gesellschaftlichen Gruppen sowie Wissenschaftler, Journalisten und Vertreter der entsprechenden Verbände und der Kirchen an".

Wir haben das schon einmal diskutiert in der Kommission und haben gesagt, wir sind zwar auch eine gesellschaftliche Kraft, aber es ist schon besser, wir definieren deutlich Kirche [als] „Kirche".

Ducke (Moderator): Da es eine konkrete Rückfrage ist, ist es möglich, Herr Lübchen, daß Sie antworten?

Lübchen (Ministerium der Justiz): Ja, ich darf dazu folgendes erklären:

Selbstverständlich arbeiten bei uns die Vertreter der Kirche sehr aktiv mit, insbesondere auch hier Herr Pfarrer Günther. Es sind insgesamt vier Persönlichkeiten, die Mitglied der Gesetzgebungskommission sind. Und da wir sowieso in einigen Formulierungen nun den Beschluß ändern, bin ich auch der Meinung, können wir auch diese Ziffer 15 ergänzen.

Aber ich würde vielleicht vorschlagen, daß wir die Kirche nicht so ganz hinten anfügen sollten, sondern vielleicht könnten wir sagen: „Vertreter aller Parteien und gesellschaftlichen Gruppen, der Kirchen sowie Wissenschaftler, Journalisten und Vertreter der entsprechenden Verbände".

Also, ich würde sie schon mindestens an dieser Stelle einrangieren.

Ducke (Moderator): Also es genügt den Kirchen, wenn sie mit drin sind. Die Stelle ist da nicht so wichtig. Aber wir nehmen zur Kenntnis, daß also das zur Klärung mit eingefügt wird.

Als nächstes Frau Bluhm, und dann Herr Wiedemann, dann Frau Döring.
Frau Bluhm, bitte.

Frau Bluhm (UFV): Ja, ich möchte zunächst etwas zu Punkt 4 sagen, daß ich bei aller Interpretation doch einen Präzisierungsvorschlag habe, daß man doch noch hinschreibt, das Recht auf Gegendarstellung bei Tatsachenbehauptung in demselben Medium, ja, weil es darum ja geht. Das wäre das erste.

Warum hier „soziale Minderheiten" steht, hat den Grund, wir wollten klar machen, daß es nicht primär oder nicht ausschließlich um politische Minderheiten geht. Ich schlage deshalb auch vor, daß wir „soziale und ethnische Minderheiten" hinschreiben werden.

Wir haben im Punkt 6 als einziges die Formulierung, daß die Bürger und Bürgerinnen, daß „Persönlichkeitsrechte der Bürger und Bürgerinnen zu respektieren" sind. Um das zu vereinheitlichen, schlage ich vor, daß man prinzipiell diese Sprachregelung für den gesamten Text übernimmt.

Ducke (Moderator): Das letztere, ja, brauchen wir eine Rückfrage? Ich glaube, das wäre grundsätzlich für unsere Anträge vielleicht nicht unwichtig, wenn wir uns das auch in aller Öffentlichkeit wieder in Erinnerung rufen, daß wir nicht sagen, wir schließen irgendwen mit wo ein, sondern daß wir uns daran, könnten wir uns daran gewöhnen, wenn also die Parteien und Gruppen solche Anträge vorbringen, daß wir davon ausgehen? Es betrifft ja nicht nur das Mediengesetz.
Danke.

Aber noch einmal zurück, ist es möglich hineinzuformulieren, und das scheint mir ja doch sehr wichtig, gleiche, in dem gleichen Medium, im gleichen, das scheint mir – –

Herr Weiß nickt und Herr Lübchen auch. Ist möglich? – Danke.

Es hat sich gemeldet Herr Wiedemann und hat das Wort. Und dann Frau Döring.

Wiedemann (CDU): Eine Frage nur zu Ziffer 7, zweiter Satz: „Die **Mitarbeiter der Medien** haben das Recht, die Ausarbeitung eines Materials zu verweigern".

Bezieht sich das ausschließlich auf die Ausarbeitung oder auch auf die Bearbeitung. Das war meine Frage.

Ducke (Moderator): Sagen Sie das bitte noch einmal ganz klar. Die Nummer – –

Wiedemann (CDU): Die Ziffer 7, zweiter Satz, der lautet: „Die Mitarbeiter der Medien haben das Recht, die Ausarbeitung eines Materials zu verweigern".

Bezieht sich das ausschließlich auf die Ausarbeitung oder auch auf die Bearbeitung, also auf redaktionelle Bearbeitung?

Ducke (Moderator): Aha, danke.
Dürfen wir das gleich weitergeben. Ist die Frage verstanden worden? Auch wahrscheinlich in ihren Konsequenzen. Kann jemand etwas dazu sagen?
Herr Lübchen.

Lübchen (Ministerium der Justiz): Ich darf dazu sagen, wir haben eigentlich dieses Wort „Ausarbeitung" im umfassenden Sinne verstanden. Also auf diese Feinheit, die Sie jetzt noch hier hingewiesen haben, waren wir eigentlich nicht eingestellt.

Wir dachten, alles, was sozusagen mit dem Auftrag zusammenhängt, den er bekommt, ist er berechtigt, nicht wahr, diesen Auftrag abzulehnen, wenn das seiner persönlichen Überzeugung widerspricht. Ob nun „Ausarbeitung" oder „Bearbeitung" oder „Überarbeitung", nicht wahr, oder vielleicht, das kann man ja noch beliebig ergänzen. Ich glaube, wir sollten es in diesem umfassenden Sinne verstehen.

Ducke (Moderator): Aber gerade natürlich bei Medien kommt es wirklich auf das Komma manchmal an.

Deswegen, Herr Wiedemann: Sie unterstützen sich selbst noch einmal?

Wiedemann (CDU): Ich darf aus meiner eigenen früheren journalistischen Praxis dazu etwas sagen und möchte sagen, daß das unter Umständen zur **Nachrichtenunterdrückung** dienen könnte.

Ich kann mir vorstellen, daß ein Journalist, ein Redakteur in seinen Moralvorstellungen sehr stark beeinträchtigt wäre, wenn er irgendwelche Dinge da ausarbeiten muß, zu denen er absolut nicht stehen kann. Vielleicht ein eingefleischter Atheist, der jetzt plötzlich einen Artikel über Kirchen schreiben muß, mit denen er sich absolut nicht identifizieren kann oder umgekehrt. Ich greife das hier bloß einmal auf, Sie verstehen mich, worum mir das geht.

Bei einer Bearbeitung, einer Nachricht, die auf der Seite eins oder zwei einer Zeitung kommt, da spielen solche Überlegungen keine Rolle. Also wenn er einen Artikel, wenn er Recherchen dazu machen muß und dergleichen mehr, dann ist es etwas ganz anderes, eine Ausarbeitung. Das würde ich hier sofort einsehen, das muß man hier mit reingeben.

Aber ansonsten könnte es unter Umständen ein redaktionelles Chaos geben, wenn man sich erst einmal einen Redakteur suchen muß, der irgendwie eine Ein-Spalten-Meldung redigiert, weil es ihm gerade nicht in den Kram paßt. Das war meine Befürchtung dabei, und deshalb war ich hier für sehr klare Verhältnisse.

Ducke (Moderator): Herr Wiedemann, aha, also Sie haben jetzt geklärt und mir erst einmal verständlich gemacht, Sie sind also dafür, das Wort „**Ausarbeitung**" im engen Sinne zu verstehen und nicht auf „**Bearbeitung**" zu beziehen.

Wiedemann (CDU): In ganz engem Sinne, und nicht auf Bearbeitung, auf redaktionelle Bearbeitung.

Ducke (Moderator): Ist das allen Beteiligten klar?

Herr Lübchen, so habe ich Sie verstanden. Sie hatten es vorhin mehr im weitesten Sinne gefaßt. Und das gibt jetzt einen ganz neuen Aspekt.

Lübchen (Ministerium der Justiz): Wir haben uns über diese Frage auch in der Medienkommission unterhalten und haben die Frage diskutiert, wie verträgt sich das mit dem **Weisungsrecht**, was es ja aufgrund des Arbeitsrechtes gibt.

Und da haben wir gesagt, na gut, er kann einmal verweigern und zweimal verweigern, aber wenn er ständig verweigert, na, dann ist eben festzustellen, daß dieser Redakteur und dieser Mitarbeiter dann nicht in dieses Medium gehört. Da muß er sich ein anderes Medium suchen, wo er dann im Sinne seiner politischen Überzeugung tätig sein kann. Insofern sind ja natürlich ihm nur die Grenzen gegeben.

Aber wir könnten uns auch darauf verständigen, wenn das die allgemeine Meinung ist der hier am Runden Tisch vertretenen Persönlichkeiten, daß wir dann in diesem Falle „Ausarbeitung" in diesem von Ihnen dargelegten engeren Sinne auch verstehen und interpretieren.

Ducke (Moderator): Ist das im Interesse der anderen Teilnehmer? Es genügt ein Nicken. – Ja, ich merke das, danke.

Oder müssen wir darüber – – Herr Wiedemann, es ist Ihr Antrag. Also, wenn Sie wollen, dann stimmen wir auch ab, wie Sie das verlangen. Also, ich merke hier, daß doch da auch etwas drin sein kann.

Herrn Henrich, ich merke, Sie geben uns eine Hilfe.

Henrich (NF): Ja, das läßt sich schlecht formulieren.

Also, die ratio legis, die dahintersteckt, ist ja, daß ein Redakteur oder ein Journalist zukünftig nicht im Hinblick auf seine eigene Meinung vergewaltigt werden soll. Das denke ich, ist sozusagen das Ziel, worauf wir uns alle verständigen können. Aber er soll sozusagen seine Arbeit auch verrichten müssen, er soll keine Gelegenheit erhalten, was weiß ich, nun sich hinter dieser Regelung zu verschanzen, um bestimmte Arbeiten nicht zu verrichten.

Insoweit würde mir eher eine Regelung gefallen, daß man ihm im Hinblick auf den Inhalt seiner Tätigkeit, also wie er ein solches Material bearbeitet, daß man ihm da keinerlei Vorschriften machen darf. Also sozusagen die **freie Meinungsäußerung** auch für ihn **im Hinblick auf die Bearbeitung des Materials**. Aber daß er sozusagen tätig werden muß als Journalist letztendlich, das ist ja seine Berufspflicht, da sollte man ihm keine Möglichkeiten geben, daß er sich sozusagen vor der Arbeit, ich sage es einmal etwas lax, letztendlich drücken kann, aus welchen Gründen auch immer, auch wenn die, sagen wir einmal nach außen hin, vielleicht als ganz wichtige Gründe dargestellt werden.

Da würde ich mir eine etwas andere Regelung wünschen. Also, in den Inhalt seiner Tätigkeit darf auf keinen Fall eingegriffen werden. Hier soll er ganz seinem eigenen Gewissen, seiner eigenen Überzeugung folgen, wenn ihm die Linie der Zeitung nicht paßt, dann muß er sich halt einen anderen Platz notfalls suchen, ja.

Von daher halte ich es auch für problematisch.

Ducke (Moderator): Ich glaube, das ist verständlich geworden, ja.

Ich frage ganz schlicht noch einmal an den Einbringer Herrn Weiß, sehen Sie eine Möglichkeit, dies in dieser jetzt eben am Runden Tisch geäußerten Weise zu interpretieren? Dann würden wir sagen, dann nehmen wir das so auf. Sehen Sie da eine Möglichkeit? Nicht jetzt uns vorzutragen, aber das Anliegen.

Weiß (DJ): Wir denken, daß wir uns da um eine präzisere Formulierung bemühen können.

Ducke (Moderator): Ja. Danke.

Als nächstes hat sich gemeldet Frau Döring. Bitte.

Frau Döring (FDGB): Der FDGB stimmt dieser Beschlußvorlage mit den hier genannten Ergänzungen zu und wir bestätigen damit natürlich auch die **Vorlage 7/7**.

Ducke (Moderator): Dann, es liegt noch eine Wortmeldung vor. Herr Frischmuth, Freimuth, Entschuldigung.

Herr Freimuth, Neues Forum.

Freimuth (NF): Ich wollte noch einmal auf den Punkt 9 zurückkommen, wo es um diese Minderheiten geht.

Also, entweder streichen wir den Begriff soziale Minderheiten oder wir erweitern das, damit es da also keine Ausschließungen gibt. Und das würde dann bedeuten, daß wir sagen „sowie die **politischen, sozialen, ethnischen und anderen Minderheiten**".

Also, das wäre mein Vorschlag. Entweder verzichten wir auf die Benennung der Minderheiten oder wir erweitern es.

Ducke (Moderator): Es war schon vorgeschlagen „soziale und ethnische Minderheiten". Sie ergänzen noch auf „politische" Minderheiten, wobei oben schon „politische Parteien und gesellschaftliche Organisationen" steht.

Ich würde da nicht unbedingt die politische unter Minderheiten nennen. Denn das ist eigentlich hier mit Minderheiten etwas anders gemeint. Das könnte dazu führen, daß hier oben etwas anderes gemeint ist.

Herr Freymuth.

Freymuth (NF): Ja. Also, ich würde vorschlagen, daß wir bei dieser Diskussion auch noch einmal die präzisere Formulierung suchen, ähnlich wie in dem anderen Punkt.

Ducke (Moderator): Einverstanden. Gut.

Herr Weiß, können Sie sich damit auch einverstanden erklären? – Vielen Dank.

Dann sind die Wortmeldungen beendet.

Wir können, glaube ich, über die **Vorlage 7/7** abstimmen lassen. Wer für die im unter **Vorlage 7/7** in vorliegendem Text, wer damit einverstanden ist, den bitte ich jetzt um das Handzeichen, wobei ich zu berücksichtigen gebe, daß die hier genannten Änderungswünsche, Ergänzungen hier berücksichtigt werden.

Also, ich rufe auf die **Vorlage 7/7** [**Beschlußantrag (zu Information 7/4): DA, DJ, GL;GP, IFM, NF, SPD; UFV, VL: Mediengesetz**]: Wer dafür ist, den bitte ich um das Handzeichen. – Dies ist, soviel wir hier – – einstimmig.

Wir können die Gegenprobe machen. Gibt es eine Gegenstimme? – Gibt es eine Stimmenthaltung? – Das ist nicht der Fall.

Einstimmig ist dieser Entwurf angenommen. Vielen Dank, damit haben wir den Punkt 2 [der ursprünglichen Tagesordnung], Mediengesetz, geschafft.

Den Punkt Ökologie hatten wir – –

Lange (Co-Moderator): Moment, Moment, Moment, 7a.

Ducke (Moderator): Danke, danke, ja, ja.

Poppe (IFM): Es gibt noch Zusatzanträge – –

Ducke (Moderator): Gut, ist schon aufmerksam gemacht – –

Poppe (IFM): Es gibt noch Zusatzanträge, die sich hierauf beziehen.

Ducke (Moderator): Jawohl, jawohl.

Dann haben wir jetzt die **Vorlage 7/7a, Antrag Neues Forum** [zur Konstituierung eines Medienkontrollrates]. Und dann, damit wir alle wissen, worum es geht, dann haben wir noch die **Vorlage 7/9**.

Und meine Frage wäre natürlich auch die, sollten wir hier dann gleich diskutieren den Punkt 6.1 zur Tagesordnung, inwieweit die SPD die Öffnung der Tagespresse hier noch – – Wollen wir das gleich bei Medienfragen mit dazu behandeln? Ja?

Matschi (SPD): Ich denke, daß es sinnvoll ist, daß in diesem Zusammenhang – –

Ducke (Moderator): Sie waren beim Vorstellen nicht dabei. Würden Sie sich jetzt noch einmal vorstellen? – Sie haben wir jetzt gerade nicht auf der Liste.

Matschie (SPD): Mein Name ist Christoph Matschie, ich gehöre zum Vorstand der SPD.

Ducke (Moderator): Danke. Sie schlagen das vor. Bringen Sie dann bitte den auch noch mit – –

Also, es liegt jetzt vor uns die **Vorlage 7/7 a, Antrag Neues Forum [Zur Konstituierung eines Medienkontrollrates]**. Wer bringt ihn ein?

Herr Freymuth, bitte.

Freymuth (NF): Also, um die eben verabschiedete Vorlage mit Leben zu erfüllen, möchten wir schnell einen arbeitsfähigen Kontrollrat konstituieren, wie er in Punkt 12 dieser Vorlage angesprochen ist.

Zu diesem Zweck bringt das **Neue Forum** folgenden **Antrag** ein:

[Vorlage 7/7a, Antrag NF: Zur Konstituierung eines Medienkontrollrates]

Die am Runden Tisch mit Stimmrecht vertretenen Parteien und Vereinigungen benennen je einen Vertreter für den Medienkontrollrat. Gleichfalls entsenden die Kirchen drei sowie die Jüdische Gemeinde einen Vertreter.

Der Medienkontrollrat wählt aus seiner Mitte den Vorsitzenden und gibt sich seine Geschäftsordnung. Die Konstituierung erfolgt bis zum 24. 1. 1990[9].

Die Regierung sichert die Arbeitsfähigkeit des Medienkontrollrates bis zur Inkraftsetzung einer umfassenden Mediengesetzgebung.

Ducke (Moderator): Danke.

Herr Freymuth, Sie haben noch Bemerkungen dazu. – Bitte.

Freymuth (NF): Ja. Also, um eventuellen Anfragen vorzubeugen: Selbstverständlich besteht die Möglichkeit, daß Vertreter weiterer Gruppen, die jetzt nicht mit Stimmrecht am Runden Tisch vertreten sind, also in den gesellschaftlichen Beiräten mitarbeiten können, die sich bei den einzelnen Medien gründen werden beziehungsweise schon gegründet haben.

Ducke (Moderator): Das betrifft es nicht.

Freymuth (NF): Ja.

Ducke (Moderator): Danke.

Herr Lange, bitte.

Lange (Co-Moderator): Ich hätte eine Rückfrage an Herrn Freymuth, ob das Datum nicht doch etwas sehr knapp gefaßt ist.

Wir hatten es ja für den 15. vorgesehen, es sind zwar auch nur ein paar Tage, aber ich würde Sie fragen, könnten Sie sich vorstellen, daß man das beispielsweise bis zum 29. Januar dann festlegt, wenn jetzt darüber abgestimmt werden soll?

Ducke (Moderator): Herr Freymuth.

Freymuth (NF): Also, es wäre wichtig, daß wir also unbedingt diese Abstimmung vor der nächsten Volkskammersitzung haben, damit das ganze Paket dann in die Beratung einfließen kann.

Ducke (Moderator): Aha. Aber nun haben wir heute Donnerstag. Es ist faktisch nur ein Arbeitstag bis zum 22. [Januar].

Freymuth (NF): Nein, das ist eine Woche.

---

[9] Im schriftlich zu Protokoll gegebenen Text: 22. Januar 1990.

Ducke (Moderator): Nein, heute ist der 18. [Januar]. Ich meine, Sie müssen das Wochenende bedenken. Wenn Sie meinen, das geht, also – –

Freymuth (NF): Also, ich hatte auch, ich hatte vorgelesen bis zum 24., nicht bis zum 22. [Januar]. Ich habe mich schon korrigiert.

Ducke (Moderator): Entschuldigung, dann ist das akustisch nicht angekommen. Danke. Bis 24., das ist o. k. Danke.

Freymuth (NF): Und ich denke, daß die versammelten Vertreter schon ihre Medienleute benennen können.

Ducke (Moderator): Ihr Argument ist auch vollkommen einleuchtend, wenn das vor der nächsten Sitzung – –

Gibt es dazu Wortmeldungen, zu diesem Antrag des Neues Forums? Es ist die **Vorlage 7/7a,** Medienkontrollrat.

Herr Koplanski, ein Problem? – Sie haben das nicht vorliegen?

Es müßte, dürfen wir das Arbeitsbüro – – Es ist beim vorigen Mal ausgeteilt worden.

Lange (Co-Moderator): Ja, es ist unter dem 15. Januar, **Vorlage 7/7a.**

Ducke (Moderator): Ja. Die anderen haben es alle. Es ist verteilt worden, ja. Sie haben es alle. Also, dann bitte ich, vielleicht einmal könnte jemand aushelfen, daß Sie es vorliegen haben.

Wünscht jemand das Wort zur Aussprache zu diesem Antrag? – Das ist nicht der Fall. Dann können wir darüber abstimmen lassen. Wer für die Errichtung in der vorgeschlagenen Weise eines **Medienkontrollrates** ist im Sinne **Vorlage 7/7 a,** den bitte ich jetzt um das Handzeichen. – Es ist auf Anhieb die Mehrheit. Darf ich fragen, Gegenstimmen? – Gibt es keine. Stimmenthaltungen? – Ebenfalls nicht. Einstimmig angenommen.

Danke.

Dann gibt es die **Vorlage 7/9.** Oder, Herr Poppe, war noch eine dazwischen? – Gut.

Vorlage 7/9, ebenfalls vom 15. Januar und dort schon ausgeteilt.

Wer trägt die Vorlage vor? – Herr Poppe, bitte.

Herr Poppe, Initiative Frieden und Menschenrechte.

Poppe (IFM):

[**Vorlage 7/9, Beschlußantrag DA, DJ, GL, GP, IFM, NF, SPD, UFV, VL an MP Modrow: Änderung der Medienpraxis**]

Beschlußantrag: Der Runde Tisch erwartet von Ministerpräsident Modrow als dem Dienstherrn der Generalintendanten von Rundfunk und Fernsehen und des Generaldirektors des ADN, diese unverzüglich anzuweisen:

1. alle seit dem 15. Dezember 1989 abgeschlossenen Vereinbarungen und Verträge, die der Beschlußvorlage für die Volkskammer widersprechen oder ihr nicht genügen, zu stornieren beziehungsweise entsprechende Verhandlungen vorerst abzubrechen;

2. alle seit dem 1. Januar 1990 in Angriff genommenen beziehungsweise beabsichtigten grundlegenden ökonomischen, personalen und organisatorischen Strukturveränderungen bis zur Einsetzung eines Medienkontrollrates zu stornieren beziehungsweise zu unterlassen.

Also, hier steht jetzt „bis zur Einsetzung eines Medienkontrollrates". Ich habe es jetzt erst einmal mit eingesetzt, damit es klarer wird.

Ducke (Moderator): Herr Poppe, noch einmal ganz genau, unter Nummer 1 – haben Sie das sofort eingesetzt unter?

Poppe (IFM): Nein, ich hatte jetzt hier das dazugedacht, ja, oder dazugesagt, unter 2, nicht.

Ducke (Moderator): Sagen Sie es uns noch einmal genau, an welchem Punkt.

Poppe (IFM): Unter 2, nicht? – Es geht nur um die Klarheit, also bis wann, daß, sonst würde es ja bis in alle Zeiten hier gelten.

Ducke (Moderator): Danke. Ja.

Poppe (IFM): Also, gemeint ist „bis zur Einsetzung eines Medienkontrollrates".

Ducke (Moderator): Aber sagen Sie es noch einmal ganz exakt, damit wir die Stelle wissen.

Poppe (IFM): Unter 2 die vorletzte Zeile, „Strukturveränderungen bis zur Einsetzung eines Medienkontrollrates zu stornieren beziehungsweise zu unterlassen".

Ducke (Moderator): Danke.

Poppe (IFM): Ein paar Bemerkungen dazu vielleicht noch.

Ducke (Moderator): Ja.

Poppe (IFM): Es liegen Informationen darüber vor, daß **beim Fernsehen** ein neuer **Strukturplan** entsteht. Dieser soll bereits am 16. Januar [1990] in Kraft treten – oder sollte. Das ist jetzt uns unklar, ob er nun schon in Kraft tritt oder nicht, oder getreten ist.

Dieser Strukturplan ist weder mit den künstlerischen noch mit den redaktionellen Beiräten dort abgesprochen. Es gibt dort keinerlei Mitbestimmung. Es wird vermutet, daß dieser Strukturplan mindestens Teilen des hier vorgelegten Beschlusses oder vorhin abgestimmten Beschlusses widerspricht.

Ein weiterer Punkt: Es gibt bereits Kontakte des Fernsehens zu **Werbefirmen,** um über Werbung zu verhandeln. Auch das würde dem hier vorhin abgestimmten Beschluß widersprechen.

Ducke (Moderator): Gut. Herr Poppe, Sie haben ein bißchen illustriert, was damit gemeint ist.

Wünscht jemand das Wort zur Aussprache? Gemeldet hat sich Herr Koplanski von der Bauernpartei.

Koplanski (DBD): Herr Poppe hat eine Reihe Fragen aufgeworfen, die berechtigt sind.

Ich muß hier für die Demokratische Bauernpartei Deutschland sagen, daß wir uns zum Beispiel mit Recht benachteiligt fühlen im Fernsehen. Das könnten wir vielseitig beweisen. Wir sind überhaupt nicht zufrieden. Aber dazu werden wir uns auch noch äußern.

Also, man kann da nicht von Chancengleichheit sprechen. Und es muß in dieser Richtung auch etwas geschehen.

Wir wären aber für einen Konsens, und zwar würden wir den Vorschlag unterbreiten, daß diese Vorlage an die Arbeitsgruppe „Medien" überwiesen wird, daß dort die Verantwortlichen von Fernsehen und so weiter eingeladen werden, Rede und Antwort stehen und daß wir auf dem schnellsten Wege dann dem Runden Tisch einen gemeinsamen Vorschlag machen, der den Konsens aller hier am Tisch Beteiligten findet.

Ich glaube, das wäre auch ein Schritt des Bemühens, gemeinsam nach vorn zu gehen.

Ducke (Moderator): Herr Koplanski, besteht Ihr Antrag darin, daß Sie den sozusagen inhaltlich auffüllen möchten? Denn hier ist ja an sich sehr formal etwas verlangt.

Koplanski (DBD): Inhaltlich auffüllen und dann genau zu wissen, was Tatsache ist.

Also, es sind ja – – Ich weiß nicht, inwieweit Herr Poppe das alles beweisen kann, ja, es ist immer so eine Sache. Und es wäre gut für den Runden Tisch, wenn die Verantwortlichen Rede und Antwort vor der Arbeitsgruppe stehen und dann aufgrund dieser Berichterstattung der Anhörung ein Konsens gefunden wird, den wir alle hier am Tisch brauchen.

Ducke (Moderator): Gut. Das ist, glaube ich, jetzt verständlich.

Ich rufe die nächsten Wortmeldungen erst auf und Herr Poppe wird dann noch Gelegenheit haben, dazu Stellung zu nehmen.

Frau Bluhm als nächstes, dann Herr Freymuth, Herr Bein, Herr Behrendt.

Frau Bluhm, bitte.

Frau Bluhm (UFV): Ja, ich glaube, es geht natürlich darum, sehr schnell arbeitsfähige Kooperationsbeziehungen und Kommunaktionsstrukturen zu schaffen. Und genau aus diesem Grunde ist ja dieser Medienkontrollrat als eine Übergangslösung bis zu einem Mediengesetz geplant worden.

Ich sehe also die Aufgabe, die Sie gerade skizziert haben, sehe ich gerade angesiedelt bei diesem **Medienkontrollrat**. Denn das soll ja dann das Organ werden, was solche Kontrollfunktion, Informationsfunktion und also Mitentscheidungsfunktion haben soll.

Deshalb unterstütze ich diese **Vorlage 7/9**, wenn der Zusatz drin ist, bis zur Arbeitsaufnahme eines Medienkontrollrates. Denn dann werden diese Strukturveränderungen dort diskutiert werden müssen. Und das ist auch zeitlich genau meines Erachtens dieser Punkt.

Danke.

Ducke (Moderator): Danke.

Herr Freymuth bitte, Neues Forum.

Freymuth (NF): Also, meine Wortmeldung ging genau in die gleiche Richtung.

Ducke (Moderator): Ach so, Entschuldigung, jetzt war ich hier abgelenkt.

Herr Bein, bitte.

Bein (NDPD): Ich stimme dem Vorschlag von Herrn Koplanski zu.

Aber bei der Vorlage ergibt sich für mich wieder die Frage, ist die **Arbeitsgruppe „Medien"** nun eigentlich arbeitsfähig oder ist sie nach wie vor nicht arbeitsfähig, weil ja diese Vorlage wieder nur von einem Teil der Teilnehmer am Runden Tisch getragen wird.

Ducke (Moderator): Das ist eine konkrete Rückfrage. Darf ich sie gleich weitergeben?

Herr Weiß.

Weiß (DJ): Ich muß mich da wiederholen. Die Arbeitsgruppe „Medien" des gesamten Runden Tisches ist nicht arbeitsfähig bisher. Deswegen steht hier auch „Arbeitsgruppe Medien von ..."

Wir haben uns als Arbeitsgruppe „Medien" der Opposition konstituiert.

Ducke (Moderator): Dazu gleich Rückfragen.

Herr Bein, dann Herr Koplanski.

Bein (NDPD): Darf ich bitte noch einmal fragen: Also, die Nichtarbeitsfähigkeit ist auf die CDU zurückzuführen, hatten Sie damals gesagt. – Ist es möglich, daß die Sprecher der CDU hierzu etwas sagen?

Ducke (Moderator): Während Sie sich vorbereiten, Herr Koplanski: Geht das in die gleiche Richtung, oder?

Koplanski (DBD): Die Frage geht in die gleiche Richtung.

Ducke (Moderator): Dann können wir es gleich anschließen, so meine ich. Gut.

Herr Weiß dazu.

Weiß (DJ): Ich hatte vorhin präzisiert, daß dieses Nichtzustandekommen der Arbeitsgruppe auf ein Mißverständnis zurückzuführen ist. Ich hatte versucht, das zu erklären. Wenn gewünscht wird, daß ich es noch einmal tue, dann – –

Ducke (Moderator): Nein.

Herr Weiß, gibt es hier aber jetzt die Möglichkeit, da das offensichtlich immer wieder kommt, gibt es jetzt noch die Möglichkeit, daß faktisch dieser Beschlußantrag von den anderen Mitgliedern sozusagen nachträglich noch mit unterzeichnet wird, so habe ich Ihre Frage verstanden.

Bein (NDPD): Ja, das ist richtig, also, daß das nicht ein gemeinsamer Antrag ist.

Ducke (Moderator): Daß nicht – – besteht diese Möglichkeit, Herr Weiß?

Weiß (DJ): Ich denke, dagegen spricht nichts.

Ducke (Moderator): Danke. Dann würden Sie das abfragen und dann würden wir das – – Sozusagen ist das dann von allen Gruppen.

War so Ihre Frage zu verstehen? Können wir so verbleiben?

Weiß (DJ): Ja, ich bin einverstanden.

Ducke (Moderator): Dazu unmittelbar? – Herr Gerber. Herr Gerber, SED-PDS.

Gerber (SED-PDS): Ich würde vorschlagen, diesen **Beschlußantrag 7/9** noch einmal in die dann sich zu konstituierende Arbeitsgruppe „Medien" zu verweisen, weil der dargelegte Sachverhalt zur Begründung des Antrages mir noch nicht ausreicht, um mir ein klares, eindeutiges Bild zu machen, wohin diese Veränderungen gehen.

Sollten die Veränderungen, die das Fernsehen beispielsweise im Augenblick anstrebt, dort hingehen, was im Beschlußentwurf für die Volkskammer angedeutet ist in Richtung einer öffentlichen Einrichtung oder einer öffentlich-rechtlichen Anstalt, müßte ich diese Entwicklung ja begrüßen. Sollten sie in eine [andere] Richtung gehen, müßte ich gegen sie sein.

Und dieser hier dargelegte Sachverhalt ermöglicht mir nicht eine Beurteilung der Situation. Deshalb würde ich bitten, diesen Sachverhalt in der Arbeitsgruppe erst noch einmal aufzuklären.

Danke.

Ducke (Moderator): Danke. Das war die Wortmeldung Herr Gerber, SED-PDS.

Herr Behrendt von Liberal-Demokratische Partei, dann Herr Schmidt, CDU.

Behrendt (LDPD): Wir haben sicherlich großes Interesse daran, an der Arbeitsfähigkeit des Mediums Fernsehen insonderheit. Aber ich möchte das unter diesem Aspekt sehen, unbedingte **Chancengleichheit** für alle.

Insofern glaube ich, müßten wir den Konsens erst selbst einmal herbeiführen, und dann käme diesem Kontrollinstitut Medienkontrollrat eine große Bedeutung zu.

Ducke (Moderator): Verstehe ich jetzt Ihre Wortmeldung im Sinne, was uns Frau Bluhm gesagt hat, daß das dann ja der **Medienkontrollrat** macht? – Nur wegen der Unterstützung, war nur eine Rückfrage.

Behrendt (LDPD): Er hätte dann die Kontrolle auszuüben, aber wir müßten uns ja selbst in diesem Kreise hier, glaube ich, erst einmal verständigen über die Voraussetzungen und Bedingungen. Und das geht aus dem **Antrag 7/9** mir auch nicht in der Klarheit hervor.

Aber ich möchte noch einmal betonen, ich plädiere für unbedingte Chancengleichheit. Aber auch für die Arbeitsfähigkeit dieses Mediums Fernsehen insonderheit, nicht?

Ducke (Moderator): Danke.

Herr Schmidt von der CDU, bitte.

Schmidt (CDU): Wie ich informiert worden bin, hat es hier Absprachen zwischen Herrn Weiß und Herrn Mugei [???], CDU, gegeben, die offenbar von beiden Seiten unterschiedlich interpretiert worden sind, so daß es bisher nicht geklappt hat. Ich möchte aber bei dieser Gelegenheit eine Bitte an die Medienarbeitsgruppe aussprechen.

Der Punkt 7 des Volkskammerentwurfs darf nicht dazu führen, daß – ich konstruiere einen Extremfall – die Mitarbeiter eines zentralen Mediums wie des Fernsehens erklären, daß sie es nicht mit ihrem Gewissen vereinbaren können, über den Runden Tisch zu berichten.

Wir müssen sichern, daß jedenfalls zentrale Medien ihre Nachrichtenpflicht in jedem Falle hier erfüllen. Möglicherweise muß dazu noch irgendein Punkt hinzu erfunden werden.

Ducke (Moderator): Danke.

Meine Rückfrage, die Liste der Wortmeldungen ist abgeschlossen. Meine Rückfrage wäre jetzt noch an Herrn Poppe als Einbringer des Antrages, ob es dazu jetzt noch Ergänzungen oder neue Vorschläge gibt?

Poppe (IFM): Ja, ich muß sagen, daß ich [die] Diskussion jetzt nicht so ganz verstanden habe.

Hier in dem Beschlußantrag steht eigentlich nichts anderes, als daß gleich so verfahren werden soll, wie wir vorhin abgestimmt haben über die **Vorlage 7/7** und daß man jetzt nicht lange Zeit verstreichen läßt und vielleicht noch vollendete Tatsachen in den verschiedenen Einrichtungen schafft, die unserem Beschluß widersprechen.

Ein anderer Vorschlag ist das nicht. Was ich da an zusätzlichen Informationen gegeben habe, illustriert das eigentlich nur.

Ducke (Moderator): Herr Poppe, darf ich das so also verstehen, daß Sie sagen, die vorgebrachten Vorschläge zum Beispiel zur inhaltlichen Füllung, das was hier von Chancengleichheit und so weiter genannt wurde, widerspricht nicht der Intension dieser Vorlage? – Einverstanden. Die anderen haben es mitgekriegt.

Dann würde ich darüber abstimmen lassen. Ich rufe auf **Vorlage 7/9**, Beschlußantrag ist klar, mit der Ergänzung – –

Bein (NDPD): Darf ich mich hier noch einmal melden?

Ducke (Moderator): Bitte, Herr Bein.

Bein (NDPD): Also, wir haben die Bitte, daß diese Vorlage noch einmal an eine arbeitsfähige **Arbeitsgruppe „Medien"** zurückverwiesen wird.

Ducke (Moderator): Gut. Das ist der weitergehende [Antrag], es bleibt dabei, bei dem Antrag.

Bein (NDPD): Ja.

Ducke (Moderator): Gut. Dann müssen wir über diesen Antrag als Gegenantrag zunächst abstimmen lassen.

Also, es liegt der Gegenantrag vor, die **Beschlußvorlage 7/9** noch einmal in die Arbeitsgruppe „Medien" zu überweisen und sie wann vorlegen zu lassen? – Sobald es geht, danke. Dieser Antrag steht.

Noch einmal zum Verständnis: Es ist der Antrag gestellt, diesen Beschlußantrag noch einmal in die Arbeitsgruppe „Medien" zu geben und dort diskutieren zu lassen und neu vorlegen zu lassen.

Frau Bluhm, eine Rückfrage? – Bitte.

Frau Bluhm (UFV): Ja, ich möchte dazu nur eine Bemerkung machen. Wenn man sich die zeitliche Grundlage dieser Vorlage anschaut, wird sie damit hinfällig, wenn sie noch einmal zurückgegeben wird.

Ducke (Moderator): Das war ein Votum gegen diesen Gegenantrag. Möchte jemand noch dafür sprechen, außer den Einbringern? – Das ist nicht der Fall.

Dann lasse ich abstimmen über den Gegenantrag. Wer dafür ist, daß diese **Beschlußvorlage 7/9** noch einmal in die Medien, in die Arbeitsgruppe „Medien" gegeben wird, den bitte ich um das Handzeichen. – Das sind, jetzt müssen wir zählen, 11 Stimmen dafür. Wer ist dagegen? – Ja, das ist – – Wer enthält sich der Stimme? – Ich glaube, das war die Mehrheit, eindeutig zu sehen.

Dieser Antrag ist also zurückgewiesen. Ich lasse abstimmen über die **Vorlage 7/9**. Wer für die **Vorlage 7/9** stimmt mit der Ergänzung, die jetzt Bestandteil ist, bis zur Installierung oder bis zur Konstituierung, bis zur Arbeitsaufnahme des Medienkontrollrates, den bitte ich nun um das Handzeichen. Wer für diese Vorlage stimmt, bitte ich um das Handzeichen. – Das ist jetzt – –

Lange (Co-Moderator): 24 [Stimmen].

Ducke (Moderator): 24, 25 [Stimmen] habe ich gezählt. Wer ist dagegen? – 11 Stimmen dagegen. Wer enthält sich der Stimme? – 1 Stimmenthaltung. Geht das auf? – Wahrscheinlich. Danke.

Damit ist dieser – –

Zur Geschäftsordnung, Herr Koplanski.

Koplanski (DBD): Ich möchte darum bitten, daß solche Fragen prinzipiell entsprechend der Geschäftsordnung, die wir angenommen haben, und des Selbstverständnisses vorher in den Arbeitsgruppen beraten werden, wo wir unsere Vertreter drin haben. Die haben mitgearbeitet.

Ich halte diese Sache nicht für gut im Interesse unserer Arbeit. Es ist eine Entscheidung gefallen, aber ich bedauere sehr, daß ein solcher Weg gewählt worden ist, weil er dem widerläuft, wo wir uns am Montag einig waren und was wir heute im guten Geist fortsetzen wollen. Das muß ich hier ganz deutlich sagen.

Ducke (Moderator): Herr Koplanski, wir nehmen diese Erklärung an.

Herr Weiß möchte sich dazu äußern.

Bitte, Herr Weiß.

Weiß (DJ): Ich möchte bitte auch wirklich noch etwas dazu sagen.

Alle, die hier am Runden Tisch vertretenen Parteien und Organisationen und politischen Vereinigungen haben an diesem Beschlußentwurf, über den wir heute abgestimmt haben, ja in der Gesetzgebungskommission mitgearbeitet.

Wir hatten es einfach im Interesse der Dringlichkeit dieses Beschlußentwurfes für richtig gehalten zu handeln, weil sich die Arbeitsgruppe nicht konstituieren konnte und weil es notwendig gewesen ist, für die Medien, die jetzt klare Richtlinien brauchen, Beschlüsse zu fassen. Deswegen haben wir die Initiative ergriffen.

Ich lasse jetzt ein Blatt herumgehen und werde also mich auch als Einberufer für den ganzen Runden Tisch betätigen.

Ducke (Moderator): Danke, Herr Weiß, für die Erklärung.

Herr Poppe noch dazu.

Poppe (IFM): Ich bin der Meinung, daß es prinzipiell möglich sein muß, wenn bestimmte Informationen in den Arbeitsgruppen nicht vorliegen oder sie aus anderen Gründen nicht vielleicht in dem gewünschten Maße arbeitsfähig sind, trotzdem am Runden Tisch Entscheidungen in Fragen getroffen werden können, in denen die Zeit drängt. Das sollte die Ausnahme bleiben. Aber es muß prinzipiell möglich sein.

Ducke (Moderator): Das war eine Erklärung, die uns deutlich macht, daß wir irgendwann noch einmal wirklich die Zeit finden müssen, uns über die ganzen Fragen der Arbeitsgruppen zu verständigen. Es gab ja schon einmal die Schwierigkeit, wie weit sie zum Runden Tisch zuarbeiten oder auch dann direkt. Wir nehmen diese Erklärung jetzt hier zur Kenntnis.

Damit haben wir diesen Punkt abgehandelt.

Ich würde vorschlagen, daß wir noch vor der Pause nun den Zusatzantrag vorziehen, damit wir die Medienfragen sozusagen ein bißchen im Block behandeln, der Ihnen unter der Tagesordnung Punkt 6.1 vorliegt, **SPD: Gerechte Öffnung der Tagespresse für alle Parteien und Organisationen [Vorlage 7/2]**. Herr Matschie bringt den Antrag ein. Sagen Sie uns noch einmal gleich die Nummer und wann es ausgeteilt wurde.

Matschie (SPD): Dieser Antrag liegt schon seit dem 3. Januar vor und ist hier nicht mit einer Nummer versehen. Sie müßten da noch einmal zurückblättern in Ihren Unterlagen.

Ducke (Moderator): Sagen Sie es uns einfach einmal.

Matschie (SPD): Ja. Ich denke, daß dieser Antrag immer noch aktuell ist, auch wenn er schon seit dem 3. Januar hier auf dem Tisch liegt. Ich lese den jetzt einmal so vor:

> **[Vorlage 7/2, Antrag SPD:] Gerechte Öffnung der Tagespresse für alle Parteien und Organisationen**[10]

---
[10] Dokument 5/11, Anlagenband.

> Gerechte Öffnung der Tagespresse für alle Parteien und Organisationen. Im Interesse ausgewogener Rahmenbedingungen für die Führung des politischen Meinungsstreites im Vorfeld der Wahlen müssen alle am Runden Tisch beteiligten Parteien und Organisationen die Möglichkeit erhalten, sich ab sofort öffentlich zu äußern. Es muß für jede Partei möglich sein, sich in der Tagespresse darzustellen. Dies ist bislang nicht der Fall. Aufgrund der Eigentumslage wird in den nächsten Wochen in der DDR keine unabhängige Tagespresse verlegt werden können. Deshalb unterbreiten wir dem Runden Tisch den Vorschlag, im Interesse eines fairen Wahlkampfes und eines wirklich politischen Dialogs folgenden Beschluß zu fassen.
>
> Allen Parteien und Gruppierungen des Runden Tisches, die über keine eigene Tageszeitung verfügen, wird das Recht eingeräumt, bei jeder der in der DDR verlegten Tageszeitungen eine oppositionelle Redaktion neben der Stammredaktion zu bilden. Diese oppositionellen Redaktionen arbeiten unabhängig und tragen die redaktionelle Verantwortung für einen zwischen der entsprechenden Redaktion und den neuen Parteien eigenständig auszuhandelnden Umfang der Zeitung. Die jeweilige Redaktion der oppositionellen Gruppen muß die Möglichkeit erhalten, bis zur Hälfte des politischen Teils einer jeden Tageszeitung einnehmen zu können.

Ich halte diesen Antrag weiterhin für wichtig, auch wenn jetzt in unserem Beschluß, den wir hier gefaßt haben, enthalten ist, daß eine unabhängige **überregionale Tageszeitung** entstehen soll. Ich denke, das wird nicht sehr schnell möglich sein. Das wird Zeit brauchen.

Und ich denke, daß wir sofort aber schon die Möglichkeit haben müssen, die Presse in einem größeren Umfang, als das bisher der Fall war, zu nutzen. Das wird auch in einigen Zeitungen sehr unterschiedlich gehandhabt. Einige Zeitungen haben uns die Möglichkeit gegeben zu veröffentlichen, andere schränken diese Möglichkeiten stark ein.

Ducke (Moderator): Ich glaube, das Anliegen ist allen verständlich geworden. In der Zwischenzeit hat sich natürlich manches so geändert, daß ich auch über den direkten Stand jetzt keine Auskunft geben könnte.

Deswegen wäre eigentlich, bevor wir die Aussprache eröffnen, noch einmal meine Rückfrage an die Mitglieder jetzt der Medien, der Arbeitsgruppe „Medien": Sollen wir das noch einmal überarbeiten lassen oder kann man so darüber abstimmen?

Während Sie noch überlegen, bitte ich – es hatte sich gemeldet Frau Töpfer –, aber ich würde Sie bitten, daß Sie dann von der Arbeitsgruppe – vielleicht, Herr Weiß, nicht – noch etwas uns sachlich dazu sagen, damit wir darüber abstimmen können.

Bitte, Frau Töpfer.

Frau Töpfer (FDGB): Im zweiten Absatz dieses Papieres heißt es, bei jeder der in der DDR verlegten Tageszeitung. Der FDGB als politisch unabhängige Gruppierung kann sich diesem Antrag in dieser Weise nicht anschließen, da wir bereits eine Meinungsvielfalt in unserem Blatt vertreten und deshalb es nicht für uns eine logische Überlegung ist, jetzt der Opposition dort noch weiter Sprachrecht einzuräumen.

Wir sind keine Parteizeitung, also nicht nur auf eine Parteirichtung ausgerichtet.

Und ich habe noch einen Zusatz dazu zu machen.

Ducke (Moderator): Bitte.

Frau Töpfer (FDGB): Da jetzt, soweit wir informiert sind, die SED-PDS dazu übergeht, das **Eigentum** an ihren **Medien** zu überprüfen, sollte vielleicht überlegt werden, ob Verträge direkt mit den oppositionellen Gruppen zu diesen **Druckereien** und anderen Medien Eigentum vereinbart werden können, so daß es eine zweckmäßigere Vereinbarung wäre als dieser Vorschlag.

Ducke (Moderator): Danke, Frau Töpfer.

Ich hatte Herrn Weiß gebeten, er hat sich auch schon gemeldet.

Bitte, Herr Weiß, dann Herr Gerber, Frau Bluhm und Herr Matschie.

Weiß (DJ): Meine Damen und Herren, ich denke, die Bürgerinnen und Bürger im Land haben nach 40 Jahren Parteipresse kein allzu großes Interesse mehr daran, neue **Parteimedien** entstehen zu lassen. Uns geht es darum, **unabhängige Tageszeitungen** zu schaffen, in denen sich die breite Meinungsvielfalt der ganzen Gesellschaft widerspiegelt.

Das ist die ureigene Angelegenheit der Parteien, denke ich, in welcher Weise sie für sich Propaganda macht, ob mit Tageszeitungen, ob mit **Wochenzeitungen,** ob mit Feuilletons. Es darf da auf jeden Fall **kein Meinungsmonopol** geben.

Deswegen ist unsere Bitte, ich kann es hier nur als Bitte formulieren, aber dahinter steht sicher auch das Bedürfnis von vielen, daß die SED-PDS, die ja in der Vergangenheit über die Mehrzahl der Zeitungen in unserem Land verfügt hat, die Politik, die sie begonnen hat, weiterführt, Zeitungen der gesamten Gesellschaft zur Verfügung zu stellen.

Und wir haben die Vorstellung, da es bis zu den Wahlen zumindest in so kurzer Zeit keine eigene Tageszeitung aus dem Boden zu stampfen ist, das ist einfach nicht machbar, daß die SED-PDS überlegen möge, ob sich nicht die „**Berliner Zeitung**" dafür eignen würde, als eine überregionale unabhängige Tageszeitung zu erscheinen, die allen Bürgerinnen und Bürgern offen steht und allen hier am Runden Tisch vertretenen Parteien und Vereinigungen, aber darüber hinaus auch noch den jetzt hier nicht vertretenen Parteien.

Ducke (Moderator): Das war eine grundsätzliche Bemerkung und ein konkreter Vorschlag.

Herr Gerber, SED-PDS, hatte sich gemeldet. Ich weiß nicht, ob Sie auch schon auf den Vorschlag eingehen können.

Bitte schön, Herr Gerber.

Gerber (SED-PDS): Ich möchte dann zu beiden Aspekten eingehen. Einmal zu dem Antrag und der Begründung des Antragstellers und zu dem Vorschlag von Herrn Weiß.

Meine Damen und Herren, ich möchte Sie noch einmal darauf aufmerksam machen, wer es noch nicht ganz verfolgen konnte, weil es ja ein republikweiter Prozeß ist, die **Medienlandschaft** hat sich in dieser Woche, für meine Begriffe zumindest, in der DDR grundlegend verändert. Um es zumindest aus meiner Sicht und der Sicht meiner Partei deutlich zu sagen, ich würde es so sehen, daß das **Meinungsmonopol,** das bisher die SED-PDS hatte, mit diesen Schritten, die sich vollzogen haben, eigentlich vorüber ist. Denn Sie haben sicher verfolgt, daß die überwältigende Mehrheit der bisherigen Zeitungen ihre Unabhängigkeit erklärt hat.

Im Zusammenhang mit dem von dem Präsidium unserer Partei am vergangenen Wochenende gefaßten Beschluß, einen Großteil der **Verlage** und **Druckereien in Volkseigentum überzuführen,** trifft das auch auf Verlage und Druckereien zu. Überlegungen, Verlagsgesellschaften zu bilden und anderes sind im Gange. Das heißt, daß wir jetzt die weitgehende Mehrheit der Zeitungen unabhängig haben – von Zeitungen, die eine entschieden größere Reichweite haben als sie überregionale Zeitungen haben.

Bitte bedenken Sie das: Eine **überregionale Zeitung** hat bisher in der DDR vielleicht eine Million Leser gehabt, die Bezirkszeitung über fünf Millionen. Es verändern sich hier wirklich Informationsmöglichkeiten im Sinne eines Bruchs des Meinungsmonopols in einem sehr großen Maße.

Zu dieser Situation gibt es natürlich das Erfordernis unsererseits, eine Interpretation, eine weitere Erklärung oder auch ein Angebot zu machen, damit wir diese Situation, wie sie jetzt entstanden ist, real einschätzen. Ich hatte bereits gesagt, wir haben zur Kenntnis genommen, daß der Großteil sich zu unabhängigen **Massen-** beziehungsweise **Heimatzeitungen** erklärt hat. Damit ist natürlich selbstverständlich, daß zu diesem Zeitpunkt, wo diese Erklärung der Redaktion erfolgte, die **Eigentumsfragen** als solche noch nicht geregelt sind.

Unabhängig von der noch zu klärenden neuen Herausgeberschaft, die selbstverständlich geklärt werden muß, wer ist denn eigentlich Herausgeber dieser Zeitung, ist die SED-PDS bereit, als ein Angebot, wenn es gelingt, in Übereinstimmung mit der Regierung und entsprechenden Maßnahmen, die dort beim Amt für Preise zu treffen sind, daß per 31. März gewährleistet [werden] könnte, daß alle diese Zeitungen zu kostendeckenden Preisen erscheinen, damit sie wirklich eigenständig sind, sonst sind sie nicht eigenständig, daß wir bis zu diesem Zeitpunkt ihr Weiterbestehen noch garantieren können durch die Fortführung der **Subventionen,** wo es notwendig ist.

Das ist einfach ein Angebot. Ansonsten könnten wir natürlich als Herausgeber und Besitzer sagen, bei diesen Unabhängigkeitserklärungen bedauern wir, wir können nicht mehr. Das ist also die ökonomische Seite. Und wir würden damit erst auch einmal garantieren, daß trotz dieser Unabhängigkeitserklärungen die soziale Sicherheit der Beschäftigten in Redaktionen, Verlagen und Druckereien gewährleistet ist, die natürlich auch dann bei den Überführungsprozessen in Volkseigentum gewährleistet bleiben sollte und müßte.

Wir gehen davon aus, daß die vom Präsidium unseres Parteivorstandes am vergangenen Wochenende in dem Beschluß enthaltene Überführung des Eigentums der Verlage und Druckereien in Volkseigentum auf vertraglicher Basis auf schnellstem Wege erfolgen sollte. Wir hatten ja dort einen Zeitpunkt gesetzt. Wenn es sich schneller machen läßt, sind wir selbstverständlich dazu auch bereit.

Und wir würden den Teilnehmern am Runden Tisch als Vorschlag unterbreiten, daß **die regionalen Runden Tische** in den einzelnen Bezirken mit allen beteiligten politischen Kräften, Kirchen und **Religionsgemeinschaften** dort Vorschläge unterbreiten, wie die Herausgeberschaft dieser einzelnen Zeitungen künftig aussehen könnte. Ob man dort Herausgeberkreise bildet, die im Rahmen der Unabhängigkeit dann Beratungen machen und anderes.

Wir schlagen deshalb solche **Herausgeberkreise** vor, weil natürlich bei dem jetzigen Status, der eintreten würde, in denen sich die Redaktionen als solche befinden, ja auch wie-

Mediengesetz

der die Gefahr von Monopolbildung besteht. Um das ein für alle Mal auszuschließen, dieser Vorschlag.

Ich danke Ihnen für Ihre Aufmerksamkeit.

Ducke (Moderator): Danke schön.

Meine Rückfrage ist jetzt zunächst einmal an die SPD, bleibt trotzdem der Antrag noch bestehen nach dem Gehörten? Sie brauchen nur ja oder nein sagen.

Matschie (SPD): Ja.

Ducke (Moderator): Ja. Wir diskutieren weiter. Gut.

Frau Bluhm wäre dann und dann Herr Matschie, Herr Mahling, Herr Schmidt, dann Herr Henrich.

Danke.

Frau Bluhm (UFV): Es ist wohl eine Tatsache, daß wir erst am Anfang der Schaffung einer **pluralistischen Medienlandschaft** stehen. Trotzdem halten wir vom Frauenverband diesen Weg, den die SPD vorgeschlagen hat, nicht für den richtigen.

Pluralistische Medienlandschaft heißt ja nicht, daß das alles in einer Zeitung stattfinden soll. Wir fürchten einfach, daß auf diese Art und Weise die Arbeit in den Redaktionen in einer unerhörten Weise erschwert wird und das sozusagen auch nicht der Ansatz ist, eine solche pluralistische Medienlandschaft zu schaffen. Wir lehnen daher diesen Antrag ab.

Wir möchten diese Vorstellung noch einmal bestärken. Also, wenn wir – – natürlich, der Frauenverband hat auch in dem Sinne keine Zeitung und gilt sicher deshalb nicht als ein Betroffener, der jetzt seine Redaktion verteidigen muß. Aber der Weg über einen gesellschaftlichen Fonds, eine Umverteilung schnell zu erreichen, halte ich für den richtigen. Und zum anderen möchten wir diese Problematik einer **überregionalen Tageszeitung** unterstützen, unterstreichen.

Wir halten das nicht für eine langfristige, sondern für eine äußerst dringliche Aufgabe. Zum einen für die Schaffung also dieser pluralistischen Medienlandschaft, auch im Hinblick, wenn also jetzt hier ausländische Medien stärker, auch Printmedien, stärker einfließen werden, ist es einfach ein **Kulturfaktor**, daß wir eine auf unserem Boden produzierte überregionale Tageszeitung haben, die sich als unabhängige versteht. Und von daher möchte ich diese Vorstellung unterstützen.

Also, man muß überlegen, über welchen Weg kann man das jetzt am schnellsten machen. Und die Übergabe von Verlagen in **Eigenfinanzierung** ist sicher die eine Seite. Die andere Seite [ist], daß man vielleicht einmal überlegen sollte, inwieweit man nicht für einen Verlag oder für eine Printmedienkonstruktion so etwas versucht wie eine **öffentlich-rechtliche Anstalt**. Genau um tatsächlich auch von der **Eigentumsstruktur**, von der **Mitbestimmungsstruktur** her eine wirklich unabhängige überregionale Tageszeitung zu sichern.

Das ist einmalig, so etwas gibt es, soweit ich weiß, nicht. Aber nur sozusagen auf Eigenfinanzierung die Sache zu überstellen und das damit zu bewenden lassen ist, glaube ich, nicht die Lösung.

Ducke (Moderator): Danke. Das war Frau Bluhm, Unabhängiger Frauenverband.

Wir kommen in eine Diskussion über die Tagespresse. Wir sind nur bei der Diskussion über den Antrag. Und ich nehme natürlich, hoffe, daß die Medienarbeitsgruppe zur Kenntnis nimmt, was da an Vorschlägen gutes kommt, denn da müßten wir sicher noch einmal darüber diskutieren.

Jetzt aber zum Antrag.

Es hat sich gemeldet – – Herr Matschie wäre als nächster dran.

Bitte.

Matschie (SPD): Ich möchte auch noch einmal darauf hinweisen, daß es hier jetzt nicht um die Frage einer unabhängigen Presse geht. Es ist ganz klar, daß wir in jedem Fall dafür sind, eine unabhängige Presse zu schaffen.

Hier geht es zunächst einmal um eine **Übergangsregelung**, die absichern soll, daß möglichst ab sofort auch die neuen Parteien und Gruppen gleiche Chancen in der **Medienlandschaft** haben. Und das möchte ich hier noch einmal betonen. Deshalb auch noch einmal eingehend auf die Angebote, die von seiten der SED-PDS gekommen sind. Ich halte diese Angebote für gut, denke aber, daß so etwas nicht sofort zu realisieren ist.

Und ein zweiter Punkt auf den ich noch hinweisen möchte, wenn wir versuchen, unabhängige Zeitungen zu schaffen oder wenn uns Papierkontingent zur Verfügung gestellt wird, es braucht Zeit, um Redaktionen aufzubauen. Was schnell möglich wäre, wäre eine kleine Redaktion den jetzigen Redaktionen zur Seite zu stellen, die in der Lage ist, die entsprechenden Sachen für die neuen Parteien und Gruppen einzubringen.

Ducke (Moderator): Das war ein Wort noch einmal konkret zum Antrag.

Ich bitte, sich auch bei dieser Antragstellung jetzt damit zu begnügen bei den Wortmeldungen. Es geht alles auf Kosten unserer Pause. Wir machen nämlich in zwei Minuten in jedem Fall Pause. Und ich lasse also – Sie ziehen schon zurück. Das finde ich gut, daß – – Zieht noch jemand zurück? Sonst hat Herr Mahling das Wort.

Mahling (Vertreter des Sorbischen Runden Tisches): Nur einen Satz.

Ducke (Moderator): Also, es geht um diesen.

Mahling (Vertreter des Sorbischen Runden Tisches): Die unabhängige Tageszeitung, die überregionale, bitte nicht die „Berliner Zeitung" nehmen. Das hat etwas Provinzielles.

Ducke (Moderator): Ja. Wir diskutieren nicht über die Tagespresse, sondern nur über den Antrag – – habe ich noch einmal gebeten darum.

Herr Matschie, Sie haben das Wort, ein klärendes.

Matschie (SPD): Ich möchte noch etwas zu dem Antrag sagen. Ich möchte das aufnehmen, was hier von seiten des FDGB gekommen ist und würde den Antrag dahingehend verändern, daß es bei diesen Zeitungen um die **parteigebundenen Zeitungen** und nicht um alle Tageszeitungen geht.

Ducke (Moderator): Gut. Danke, das war eine Klärung.

Herr Schmidt von der CDU noch, dann – Herr Henrich hat zurückgezogen – Herr Templin, Herr Stief.

Schmidt (CDU): Ich verstehe, daß die neuen Parteien und Organisationen nicht in einer allgemeinen Meinungsvielfalt untergehen wollen, sondern im eigenen Namen an die Öffentlichkeit treten wollen und daß es jetzt nicht anders geht. Ich denke, die CDU hat wohl relativ früh angefangen, oppositionellen Gruppen ihre Spalten auch zu öffnen. Aber sicherlich nicht bis zur Hälfte der Ausgabe. Darüber müßten konkrete Vereinbarungen getroffen werden.

Und ich denke, daß die Mediengruppe noch einmal gemeinsam beraten sollte, nicht im Gegeneinander von alten und neuen [Parteien und Gruppen], sondern wie man das am besten regeln kann. Es ist ein selbstverständliches Recht und notwendig für unsere politische Kultur, daß die neuen Gruppen sich nicht bloß über Anschläge und Zäune und so weiter und hier über den Runden Tisch, sondern auch über die Zeitungen zu Wort melden können. Da sind wir sehr dafür und möchten nur eine tragbare und verkraftbare Regelung für alle finden.

Ducke (Moderator): Also, Sie sind grundsätzlich dafür, aber wir müßten darüber abstimmen.

Herr Templin, dann Herr Stief. Aber bitte nur zu diesem Antrag **Redaktionsbeteiligung**, nicht zur Tagespresse jetzt bitte oder zur unabhängigen Tageszeitung.

Templin (IFM): Also, ich denke, daß man den Antrag im Sinne der hier gemachten Ausführung vor allem auch von Frau Bluhm doch noch einmal in den Ausschuß zurückgeben sollte, um ihn wirklich zu präzisieren.

Ducke (Moderator): Danke.
Herr Stief, bitte.

Stief (NDPD): Ich knabbere an der Pause, mir ist das bewußt.

Ich möchte nur deutlich machen, wir fangen nicht bei Null an. Auch die „Nationalzeitung" hat bereits vor acht Wochen wöchentlich eine Seite angeboten, und das wird weidlich genutzt. Ich glaube, daß das in dieser Übergangszeit eine durchaus praktikable Lösung sein kann, die man weiter nutzen sollte, unabhängig von allen anderen Dingen, die ich auch meine, in der Arbeitsgruppe „Medien" bündig zu beraten.

Ducke (Moderator): Also, wir stellen fest, daß es schon Realisierungen gibt, die hier erst vorgeschlagen werden sollen.

Hier ein Antrag zur Geschäftsordnung. Nach der Pause macht er das.

Dann würde ich sagen – – Wie? – Aha, dann würde ich fast vorschlagen, wir stimmen ab, wenn der Antrag weiter auf dem Tisch liegt.

Der weitergehende Antrag war, diesen Antrag in die Arbeitsgruppe „Medien" zu überweisen. Wir lassen darüber abstimmen.

Der Antrag [Vorlage 7/2], der hier von der SPD vorgeschlagen ist, in die Arbeitsgruppe „Medien" zu überweisen – wer dafür ist, den bitte ich um das Handzeichen. – Das ist die überwiegende Mehrheit.

Wer ist dagegen? Bitte, 2 Gegenstimmen zu haben. – Ja. Die haben wir. Und wer enthält sich der Stimme? – 3 Enthaltungen.

Damit haben wir diesen Punkt beendet und er geht in die Kommission „Medien".

Jetzt ist noch ein Antrag zur Geschäftsordnung.

Wolf (LDPD): Die LDPD hat ja den Auftrag, der **Arbeitsgruppe „Wirtschaft"** hier noch eine **Erklärung abzugeben über die Verordnung [zur] Gründung, Tätigkeit [von] Unternehmen ausländischer Beteiligung**. Das würde ich vorschlagen, damit Sie es auch alle auf dem Tisch haben. Es liegt jetzt in den Fächern.

Ich möchte nur darauf aufmerksam machen, daß in der Pause entgegengenommen wird, so daß dann zum gegebenen Zeitpunkt, den Sie bitte berücksichtigen würden, dann diese Erklärung von uns gegeben werden kann im Auftrag der Arbeitsgruppe „Wirtschaft". [Dazu auch **Information 8/4, Erklärung AG „Wirtschaft": Zur Dringlichkeit von Problemen der Wirtschafts-, Finanz- und Währungspolitik**.

Ducke (Moderator): Sie knabbern an der Pause.

Hiermit gehen wir in die Pause für 15 Minuten, oder machen wir gleich bis 11.20 Uhr.

11.20 Uhr, bitte ich Sie, dann wieder die Plätze eingenommen zu haben.

TOP 4: Umwelt

Lange (Moderator): Wir wollen unsere Sitzung fortsetzen.

Ich möchte zunächst zwei Informationen weitergeben. Wir hatten vorhin bei der Festlegung der Tagesordnung, Punkt 3, festgestellt, daß dieser Punkt heute von der Tagesordnung abgesetzt werden soll, daß aber vorhandene Anträge zu verteilen sind. Es liegen zwei Papiere vor, die in die Fächer gegeben werden. Und ich möchte Sie bitten, daß sie dort von Ihnen abgeholt werden.

Es ist einmal der **Bericht der Arbeitsgruppe „Ökologischer Umbau"** vom 12. Januar, und es ist zweitens ein **Beschlußantrag der NDPD „Kurzfristige Maßnahmen innerhalb eines zu erarbeitenden Umweltkonzeptes" [Vorlage 8/6**[11]**]**. Diese beiden Dinge liegen in den Fächern für Sie bereit, damit sie weiter bedacht werden könnten.

Frau Dörfler, bitte, Grüne Partei.

Frau Dörfler (GP): Und dazu noch ein Antrag der Grünen Partei, den ich jetzt vervielfältigen lasse. Den legen wir dann mit dazu.

Lange (Moderator): Ja, ist in Ordnung. Danke schön.

Ja, und von Ihnen kommt auch noch einer. Gut.

Der zweite Hinweis: Ich bin vom Arbeitssekretariat noch einmal darauf hingewiesen worden, daß Sie doch bitte bis Mittag Vorschläge von Personen unterbreiten sollten, die bereit sind, am kommenden Montag den Telefondienst hier mit zu übernehmen. Es sind nur zwei Vorschläge bisher eingegangen.

Und ich möchte allen sagen, damit es keine Unklarheit gibt, diese abgesprochene Vereinbarung gilt also nicht heute, sondern erst ab Montag. Aber die Voraussetzung ist, daß wir personell dies absichern können. Deshalb die herzliche Einladung an Sie, mögliche Kandidaten oder Kandidatinnen dafür zu benennen.

TOP 5: Bürgerkomitees

Wir kommen zu Punkt 4 unserer Tagesordnung: **Bürgerkomitees**. Und es war das Verständnis, daß dazu Anträge in Fragen der Sicherheit mit einbezogen werden, die **Information 7/5 [Antrag GP: Zur Erarbeitung eines Integrationsprogramms für ehemalige Mitarbeiter des MfS/AfNS**[12]**]** und dann auch Vorschläge personeller Art.

Zunächst Bürgerkomitees.

Die Ordnung, die uns schon beschäftigt hat, ist im Rechtsausschuß beraten worden. Dazu gibt es einen **Standpunkt des Rechtsausschusses zur Ordnung der Bürger-**

---
[11] Dokument 8/4, Anlagenband.
[12] Dokument 7/8, Anlagenband.

komitees[13]. Ich muß mich aber zunächst einmal vergewissern. Hat jeder von Ihnen dieses Papier in der Hand? Es ist datiert vom 10. Januar, Standpunkt des Rechtsausschusses des Runden Tisches zur Ordnung über die Bürgerkomitees.

Ich habe mir sagen lassen, es ist am letzten Montag über die Fächer verteilt worden[14]. Und ausgeteilt ist inzwischen die **Beschlußvorlage 8/5 der AG „Auflösung MfS/AfNS"**.

Sie hat auch am 15. 1. die gleiche Ziffer gehabt. Ist die Stellungnahme des Rechtsausschusses in Ihren Händen? Dann würde ich Frau Töpfer bitten, dazu Erläuterungen zu geben.

Frau Töpfer, FDGB.

Frau Töpfer (FDGB): Dieser Standpunkt des Rechtsausschusses wird getragen von Demokratie Jetzt, vom DBD, von dem Unabhängigen Frauenverband, von der SED und dem FDGB.

Dieses Papier ist auf Grundlage unserer ersten Diskussion zu den Bürgerkomitees entstanden, als wir feststellten, daß die Ordnung, die die Regierung als Entwurf vorgelegt hatte, hier nicht als Redaktionsbearbeitung am Runden Tisch bearbeitet werden könnte, sondern daß es verwiesen werden sollte an den Rechtsausschuß. Das ist erfolgt.

Und wir haben, weil es damals Probleme gab zu der Aussage, was sind **Bürgerkomitees im Verhältnis zum Runden Tisch**, im Verhältnis zu den örtlichen Volksvertretungen und auch in bezug auf die jetzt aktiv werdenden Bürgerkomitees im Zusammenhang mit der Auflösung des Amtes für Nationale Sicherheit. Zur Klärung dieses Sachverhaltes haben wir dem Standpunkt etwas vorangestellt, wo wir Bürgerkomitees juristisch eingeordnet haben als **Bürgerinitiativen**.

Das liegt vor. Das heißt, da sind aber nur darunter diese Bürgerkomitees zu fassen, die jetzt aktiv sind, die sich also spontan gebildet haben, die nicht gewählt worden sind, sondern die direkt jetzt Aufgaben im Rahmen der Erhaltung der Sicherheit oder beziehungsweise bei Auflösung des Amtes für [Nationale] Sicherheit und des MfS wahrnehmen oder andere kurzfristige begrenzte Zielstellungen verfolgen. Das ist aber dem Papier zu entnehmen.

Es gab den Vorschlag, der vor allen Dingen von der Vereinigten Linken getragen worden ist, ein weitergehendes Papier zu den Bürgerkomitees zu machen, in dem Bürgerkomitees als eine zukünftige demokratische oder **basisdemokratische Einrichtung** offengelegt werden sollten, die bestimmte Rechte haben unterhalb der Ebene der **örtlichen Volksvertretungen** und mit diesen zusammenarbeiten, um sozusagen die parlamentarische Arbeit dieser örtlichen Volksvertretungen zu bereichern.

In diesem Standpunktpapier sind wir davon ausgegangen, daß die Möglichkeit der Bildung solcher Komitees erst einmal durch die Verfassung auch jetzt bereits gedeckt ist, daß aber das notwendig wäre, dort eine gesonderte Vorschrift über die Arbeit – wenn das der Runde Tisch wünscht – auszuarbeiten.

Das kann man also nicht zusammenfassen, diese zeitweilig auf ein bestimmtes Ziel gerichteten Bürgerkomitees, die wir als Bürgerinitiativen fassen, und direkt gewählte, also sich irgendwie statt [dessen] als basisdemokratische Einrichtungen im Zusammenhang mit der parlamentarischen Arbeit auf den Ebenen der Volksvertretungen bildenden Bürgerkomitees, die sozusagen die Wohngebietsausschüsse der Nationalen Front irgendwo ersetzen sollen oder dort eine neue Möglichkeit der Arbeit auf unterer Ebene bilden sollen.

Wir haben nicht den Versuch unternommen, eine neue Rechtsvorschrift vorzulegen. Wir haben nur den Vorschlag gemacht, daß die Ordnung in den Rang einer Verordnung gehoben werden sollte, damit es Klarheit über ihren rechtlichen Charakter geben sollte.

Wir haben einen Mindestforderungskatalog erarbeitet für Bürgerinitiativen, also Bürgerkomitees im Sinne von Bürgerinitiativen, um zu gewährleisten, daß die jetzt aktiv werdenden Gruppen einen Mindestschutz oder eine Mindestkompetenz im Rahmen ihrer Arbeit innehaben können.

Auf vielleicht jetzt dargelegte Probleme hinsichtlich der Arbeitsfähigkeit örtlicher Volksvertretungen, daß diese Bürgerinitiativen diese behindern würden, möchte ich sagen, daß das Recht oder [die] Rechte, die hier statuiert sind, eigentlich den Bürgern, die eine Eingabe an örtliche Organe richten, auch gewährleistet sind oder auch eingeräumt werden, daß es diese aber auch für Kollektive, die sich für ein bestimmtes Ziel einsetzen, geben muß. Aber ich stelle das zur Diskussion.

Unser Ziel mit dieser Vorlage ist es eigentlich, daß dieser Standpunkt dem Ministerrat zugeleitet wird als ein Standpunkt des Runden Tisches, als eine Forderung für die weitere Gesetzgebung auf diesem Gebiet bis zu den Wahlen.

Lange (Moderator): Vielen Dank, Frau Töpfer.

Ich denke, es ist notwendig, daß wir uns einmal ein klein wenig Klarheit über Begriffe verschaffen. Wir haben Informationen, wir haben Erklärungen, wir haben Vorlagen. Jetzt kommt als neuer Begriff ein Standpunkt dazu.

Ich verstehe es doch richtig, wenn ich Ihr Votum so interpretiere, daß von Ihrer Seite jetzt dem Runden Tisch eine Vorlage vorgelegt wird, zu der der Runde Tisch insgesamt eine Meinungsbildung durchführen müßte und dann darüber abstimmt, daß der Runde Tisch dies als eine Empfehlung an den Ministerrat weitergibt. Ist das so korrekt?

Frau Töpfer (FDGB): Das ist völlig korrekt.

Lange (Moderator): Ja. Dann darf ich vorschlagen, daß wir dies als eine Vorlage jetzt zur Aussprache stellen und dann darüber befinden, inwieweit diese Vorschläge des Rechtsausschusses als unsere gemeinsame Absicht und unsere gemeinsamen Vorschläge dem Ministerrat zugestellt werden.

Findet das Ihre Zustimmung? – Wer möchte sich dazu äußern?

Herr Ducke.

Ducke (Co-Moderator): Ich habe noch ein Problem. Sie haben jetzt gerade gesagt, daß wir dies faktisch, diesen Standpunkt, dann dem Ministerrat zuschicken. Damit könnte ich mich sehr einverstanden erklären.

Nur der letzte Satz nimmt eigentlich das auf, was beim letzten Mal die Kritik eigentlich war: Wir sind hier nicht dazu da, Redaktionsarbeit zu machen. Also nicht der Runde Tisch soll formulieren, sondern wir geben dieses als Standpunkt. Stimmt das so?

Frau Töpfer (FDGB): Ja. Es ging nur darum, daß wir vielleicht als Runder Tisch Vorstellungen haben zur weiteren Entwicklung der Basisdemokratie und das mit einbringen könnten als Vorstellung, aber nicht als ausformuliert.

Ducke (Co-Moderator): Danke, also dann kann ich mich einverstanden erklären, aber wenn ich formulieren soll – –
Danke.

---

[13] Dokument 8/5, Anlagenband.
[14] Wird von anwesenden Mitgliedern bezweifelt.

Lange (Moderator): Ja. Nachdem einer der Moderatoren von einer Schwierigkeit befreit worden ist, nicht formulieren zu müssen, darf ich Sie bitten, dazu sich jetzt zu äußern.

Gibt es Vorschläge, gibt es Meinungsäußerungen, kann das so weitergegeben werden oder sind Änderungen gewünscht? – Das scheint im Augenblick nicht der Fall zu sein.

Herr Klein, Vereinigte Linke, bitte.

Klein (VL): Das ist jetzt ein Hinweis für die Empfehlung, die mit diesem Papier verbunden sein soll. Und es betrifft das **Verhältnis** der **örtlichen Volksvertretungen** und der **Bürgerkomitees**.

In der Diskussion, die wir zu der Vorlage, dem Entwurf der Ordnung über die Tätigkeit der Bürgerkomitees geführt haben, in dieser Diskussion ist deutlich geworden, daß eine Frage im Zusammenhang mit Formen direkter Demokratie und insonderheit hier der Bürgerkomitees im Mittelpunkt stehen wird, nämlich die Frage, welche **Rechte** und welche **Aufgaben** Bürgerkomitees im Zusammenwirken mit den örtlichen Volksvertretungen haben.

Insofern halten wir es für zweckmäßig, daß in einer **Regelung** diese Zusammenarbeit betreffend, deutlich gesagt wird, und das im Ergebnis der Entwicklung der letzten drei Monate, daß die örtlichen Volksvertretungen die Chance haben, über Bürgerkomitees und ihnen zugewiesene weitgehende Rechte und entsprechende Verpflichtungen der Volksvertretungen in bezug auf die Unterstützung der Öffentlichkeitsarbeit dieser Bürgerkomitees, daß hier die Möglichkeit besteht, eine unmittelbare Verbindung von Volksvertretungen und ständig arbeitenden Bürgerkomitees herzustellen.

An einem solchen orientierenden Papier müßte also deutlicher, als ich es hier lese, enthalten sein, daß sich die örtlichen Volksvertretungen auf die Tätigkeit von Bürgerkomitees stützen sollen in allen, und das finde ich richtig beschrieben, in allen hier den Bürgerkomitees zugewiesenen **Aufgabenbereichen**. Daran wären wir interessiert.

Lange (Moderator): Vielen Dank, Herr Klein.

Frau Töpfer kann darauf antworten. Frau Töpfer, FDGB.

Frau Töpfer (FDGB): Als einer der Einberufer dieser Arbeitsgruppe möchte ich darauf hinweisen oder noch einmal darauf hinweisen, daß es sich hier bei den Vorschlägen um die kurzfristig oder begrenzt arbeitenden Bürgerkomitees handelt und daß der letzte Satz sich darauf bezog, daß man für diese Gruppen, die ständig arbeiten werden und die also Bürgerkomitees nach unserem Rechtsempfinden dann sein müßten und nicht **Bürgerinitiativen**, daß man für die ein gesondertes Papier entwickeln müßte, was aber noch, wie gesagt, auszuarbeiten ist.

Wir wollten nicht, daß es dort eine Vermischung gibt, weil die ja auch einer gewissen **demokratischen Legitimierung** bedürfen im Gegensatz zu den Initiativen, die praktisch spontane Bewegungen sind. Also, daß, wenn sie feste Zusammenarbeit mit den Parlamenten mit einer konkreten Regelung der Rechte und Pflichten haben, müßten sie auch zwingend von den Parlamenten eine, ich möchte das jetzt hier nicht weiter ausführen, also von den Parlamenten bestimmte Pflichten außer der Informations- und der hier offengelegten Pflichten beinhalten.

Dann müßten sie auch demokratisch legitimiert sein, das heißt, es müßte auch eine direkte Ordnung dafür geben oder eine neue Ausregelung. Da müßte aber erst Klarheit also durch die Mitarbeit der anderen Gruppierungen und Parteien hier im Rechtsausschuß darüber beraten werden, wie man das regeln könnte.

Wir wollten das aber trennen, dieses Problem der **Basisdemokratie**, von diesen Dingen.

Lange (Moderator): Sagen bitte noch einmal Ihren Namen? SPD.

Brinksmeier (SPD): Ich heiße Dankward Brinksmeier.

Lange (Moderator): Brinksmeier, danke.

Brinksmeier (SPD): Die Vertreter des Bürgerkomitees der DDR, die im Moment die Objekte der Normannenstraße sichern, saßen gestern mit dabei, als diese Beschlußvorlage besprochen wurde.

Ich möchte Ihnen noch einmal die Dringlichkeit des Problems klarmachen. Die Leute sind seit Tag und Nacht dort im Einsatz, die kontrollieren an den Eingängen, wer hinein kommt und an den Ausgängen, wer wieder hinaus geht. Sie können aber nicht mehr kontrollieren – wenn die Leute mit irgendeiner Bescheinigung irgendeinen Trakt der Gebäude betreten –, ob sie dort wirklich nur das machen, was sie machen dürfen.

Das heißt, es geht um dringlich schnelle Lösungen, wenn wir vor der Bevölkerung unseres Landes glaubwürdig machen wollen, daß alle Bewegungen, alle Veränderungen und aller Personeneintritt in diesen Gebäuden des ehemaligen Amtes kontrolliert sind. So wie der jetzige Zustand ist, kann man nur sagen, der äußere Bestand ist ein bißchen gesichert.

Und dem soll das helfen. Und ich habe die Sorge, daß hier im Moment eine perfekte Lösung gesucht wird, die viel Zeit braucht. Und während dieser Zeit sind alle Betroffenen durch eigene Inkompetenz gehindert, wirklich aktiv zu arbeiten. Und dort wird viel guter Wille und einige Erfahrungen aus dem Lande schon mitgebracht.

Ich würde also bitten, mit Annahme der **Beschlußvorlage Nummer 5** einfach die Arbeitsfähigkeit zu gewährleisten. Danke.

Lange (Moderator): Danke.

Herr Schult, Neues Forum.

Schult (NF): Ja, ich wollte noch einmal fragen, ob diese Beschlußvorlage, die wir jetzt hier haben, den Bürgerkomitees bekannt ist.

Die ist mit denen zusammen diskutiert und erarbeitet worden? Habe ich Sie jetzt richtig verstanden?

Brinksmeier (SPD): Die saßen doch gestern mit dabei, ja.

Schult (NF): Nein, also diese – – Moment, wir reden jetzt aber über unterschiedliche Papiere dann wahrscheinlich.

Lange (Moderator): Wir reden jetzt über den Standpunkt, so steht es hier noch, des Rechtsausschusses des Runden Tisches zur Ordnung der Bürgerkomitees.

Brinksmeier (SPD): Entschuldigung, ich meine – – da habe ich wirklich was anderes. Ich habe die **Vorlage 8/5**.

Lange (Moderator): Ja, das kommt, das kommt anschließend, ja.

Gut, dann ist die Klärung.

Herr Schult.

Schult (NF): O.k., dann möchte ich also den Antrag stellen, diesen Standpunkt den Bürgerkomitees zur Kenntnis zu geben und ihre Meinung dazu [zu] befragen, weil sie damit arbeiten müssen. Und diesen Antrag heute zurückzustellen und Montag nach Einholung dieser Antwort da zu einer Entscheidung zu kommen.

Lange (Moderator): Das heißt, Sie würden jetzt den vorliegenden Antrag verändern, nicht daß wir darüber befinden, daß dieses Papier, was hier unter **Standpunkt** läuft, was eine Vorlage sein soll, an den Ministerrat weitergegeben wird, sondern daß dieses Papier den Bürgerkomitees zur Kenntnis und zur Beratung gegeben wird.

Ist das so richtig?

Schult (NF): Ja. So richtig.

Lange (Moderator): Dieser Antrag ist gestellt. Wer möchte dazu sprechen?

Frau Töpfer, wollen Sie sich dazu äußern, bitte?

Frau Töpfer (FDGB): Als Einbringer würden wir diesen Vorschlag begrüßen, daß wir das, diese Bürgerkomitees noch einmal hören, und das Papier dann anschließend abgestimmt mit ihnen einbringen.

Lange (Moderator): Ja. Vielen Dank. Das ist eine Zustimmung von denen, die dieses Papier vorbereitet haben.

Können wir dann dieses zunächst einmal zur Abstimmung stellen? Wir beschließen jetzt, oder steht zur Frage, daß wir diese vorliegende Meinung des Rechtsausschusses an die Bürgerkomitees weitergeben und um Stellungnahme bitten, die dann wieder an den Rechtsausschuß zurückgegeben würde, und dann liegt das erneut dem Runden Tisch hier zur Beratung vor.

Wer dafür ist, den bitte ich um das Handzeichen. – Wer ist dagegen? – Stimmenthaltungen?

Wir haben dies so beschlossen.

Dann kommen wir zu **Vorlage 8/5, Beschlußvorlage der Arbeitsgruppe des zentralen Runden Tisches „Auflösung des Amtes für Nationale Sicherheit der DDR"** für die Sitzung des zentralen Runden Tisches am 18. Januar, **Vorlage 8/5,** das war die gleiche Nummer schon am 15. Januar.

Wer bringt diese Beschlußvorlage ein? – Arbeitsgruppe „Sicherheit", vertreten durch – –

TOP 6: Sicherheit, Auflösung von MfS/AfNS

Schult (NF): Ja, Herr Ullmann ist jetzt nicht da, also – –

Lange (Moderator): Herr Ullmann sollte das eigentlich tun. Können Sie uns helfen?

Bitte.

Schult (NF): Ja, ich mache das.

Also, diese Beschlußvorlage soll also sowohl die Arbeitsfähigkeit überhaupt der Arbeitsgruppe „Sicherheit" dort in der Normannenstraße gewährleisten und auch Möglichkeiten geben für die Bürgerkomitees, dort aktiv zu werden. Also mit entsprechenden Möglichkeiten an Informationen und Kompetenz heranzukommen und Kompetenzen zu erhalten. Speziell Punkt 7 ist also dafür mit vorgesehen.

Punkt 8 ist noch eine Erweiterung, die gestern noch für dringende Anfragen und Bitten der Bürgerkomitees mit in diese Beschlußvorlage mit hereingenommen worden ist. Der andere Text wurde ja letztes Mal schon einmal verteilt.

Lange (Moderator): Der Text ist bereits am 15. Januar in unseren Händen gewesen. Darf ich aber trotzdem fragen, ob er zur Kenntnis genommen worden ist, denn es sind ja in all den Punkten eine Reihe von sehr wichtigen Fragen angesprochen, so daß mein Vorschlag fast wäre, könnten wir uns nicht doch noch einmal Punkt für Punkt diese Dinge vornehmen, damit wir auch die Garantie haben, daß jeder wirklich weiß, was jetzt zur Abstimmung steht. Findet das Ihre Zustimmung?

Herr Schult, darf ich Sie bitten?

Schult (NF): Ja, also:

[**Vorlage 8/5 AG „Auflösung des Amtes für Nationale Sicherheit der DDR" für die Sitzung des Zentralen Runden Tisches am 18. Januar 1990**]

[Der Zentrale Runde Tisch stimmt der Darlegung der Arbeitsgruppe „Auflösung des Amtes für Nationale Sicherheit der DDR" zu, und fordert die Regierung Modrow auf, die sich daraus ergebenden Entscheidungen und Maßnahmen zu treffen.

1. Grund der ersatzlosen Auflösung des Amtes für Nationale Sicherheit der DDR]

Das Amt für Nationale Sicherheit als institutionalisierte und personelle Nachfolgeeinrichtung des Ministeriums für Staatssicherheit ist ersatzlos aufzulösen.

Das Vorhandensein und dessen Arbeit in der Vergangenheit, Gegenwart und Zukunft wird in höchstem Maße als Gefahr für die gesellschaftliche Entwicklung sowie den inneren und äußeren Frieden eingeschätzt.[15]

Lange (Moderator): Ich würde jetzt gern fragen, wollen wir an der Stelle erst einmal einen Einschnitt haben und Meinungsäußerungen dazu, daß es nicht zuviel ist, daß wir uns Punkt für Punkt vornehmen? – Ja, das findet Ihre Zustimmung.

Gibt es dazu Äußerungen zu Punkt 1, wie er eben vorgetragen wurde? – Keine Meinungsäußerungen?

Dann gehen wir zu Punkt 2.

Schult (NF):

2. Kompetenz der Rundtisch-Arbeitsgruppe:

Die Mitglieder der Arbeitsgruppe erhalten in Form eines Dienstausweises die Berechtigung, die Arbeit der Regierungskommission „Auflösung des Amtes für Nationale Sicherheit der DDR" zu beobachten und zu kontrollieren.

Vierzehntägig ist die Öffentlichkeit über den Stand der Arbeit in einer gemeinsamen Erklärung von Rundtisch-Arbeitsgruppe und Regierungskommission zu informieren.

Mit der Arbeitsgruppe arbeitet ein Staatsanwalt zusammen, welcher das Vertrauen der Mitglieder der Arbeitsgruppe genießt.

Soweit die Arbeitsgruppe sich nicht für einen tätigen Staatsanwalt entscheidet, schlägt sie dem Generalstaatsanwalt selber eine juristisch qualifizierte Vertrauensperson vor, welche als Staatsanwalt berufen werden soll.

---

[15] Der in [ ] gesetzte Text findet sich, abweichend vom mündlichen Vortrag, nur in der schriftlich zu Protokoll gegebenen Fassung der Vorlage 8/5.

Lange (Moderator): Danke.
Dazu hatte sich Herr Bein, NDPD, gemeldet.

Bein (NDPD): Mit dem Inhalt bin ich einverstanden. Ich würde aber darum bitten hinzuzufügen, wer diesen **Dienstausweis** ausstellt. Wer ist dafür verantwortlich?

Lange (Moderator): Ist das eine Verfahrensfrage? Sollte das hier schon mit festgelegt werden nach Ihrer Meinung?
Herr Ducke.

Ducke (Co-Moderator): Ich glaube, das steht eigentlich im ersten Satz. Es ist eine Forderung an die Regierung Modrow.
Beinhaltet das dann auch, daß von dort aus die Ausweise ausgestellt werden? Ist das die Intention der Einbringer? Zumindest nach dem Text jetzt so, würde ich sehen, ja.

Lange (Moderator): Die Zuständigkeit ist damit klar formuliert, ja.

Schult (NF): Zuständigkeit ist klar.

Lange (Moderator): Gibt es weitere Meinungsäußerungen zu Punkt 2? – Das ist nicht der Fall.
Punkt 3.

Schult (NF):

> 3. Die materielle und personelle Unterstützung ist durch die Regierungskommission sicherzustellen.
>
> Die Rundtisch-Arbeitsgruppenmitglieder sind berechtigt, Fachleute Ihres Vertrauens für die Ausübung der Kontrollfunktion hinzuzuziehen.

Zur Erläuterung ist hier noch daran gedacht an Archivare und Archivmitarbeiter und ähnliche Personen.

Lange (Moderator): Ja. Äußerungen dazu liegen nicht vor.
Punkt 4.

Schult (NF):

> 4. Informationspflicht der Regierung
>
> Die Regierung verpflichtet sich, den Rundtischarbeitsgruppenmitgliedern in Schriftform alle im Zusammenhang mit der Arbeit und mit der Auflösung des Amtes für Nationale Sicherheit der DDR stehenden Unterlagen umgehend zur Verfügung zu stellen:
>
> a) alle Beschlüsse des Ministerrates zur Auflösung und Überleitung des Amtes;
> b) Bau-, Lage- und Funktionspläne der Gebäude nebst Etagenplänen der Zentrale und der zugeordneten Einrichtungen;
> c) Strukturplan des Amtes mit Funktionsplan und das Stellungsverhältnis, Querverbindungen, offizielle und inoffizielle Mitarbeiter;
> d) Angaben zur Beschaffung und Finanzierung;
> e) Angaben zum ehemaligen Fahrzeugpark, Grund- und Arbeitsmittelbestand und deren weitere Verwendung;
> f) Angaben betreffs Gehälter und Zuwendungen, Haushaltspläne der einzelnen Referate, Devisen;
> g) Bilanzierungspläne der ehemaligen Baukapazitäten;
> h) Auflistung des zur Aufrechterhaltung der Gebäude und Einrichtungen notwendigen Wartungspersonals.

Zur Erläuterung vielleicht noch:
Es war also in der Arbeitsgruppe mit Herrn Koch, der inzwischen abgelöst worden ist, abgesprochen, und mit den Vertretern des Ministeriums, des ehemaligen, abgesprochen worden, daß zum gestrigen Treffen der Arbeitsgruppe „Sicherheit" ein Großteil der **Materialien** zur Verfügung gestellt werden sollte. Also, diese Forderungen sind beim letzten Mal schon gestellt worden.

Herr Bock, der gestern anwesend war als ein Mitarbeiter dieser Arbeitsgruppe, sagte, ihm wäre es zugesagt worden, aber seit Montag wäre der Kontakt zum MfS abgebrochen. Und demzufolge lag also nichts dieser geforderten Papiere beim Treffen der gestrigen Arbeitsgruppe auf dem Tisch.

Ducke (Co-Moderator): Ich übernehme einmal. Gibt es zu diesem Punkt Rückfragen?
Hier Herr Mahling von Domovina, bitte.

Mahling (Vertreter des Sorbischen Runden Tisches): Zu Punkt c) habe ich die Rückfrage, wie ist das gemeint, sollen die offiziellen und Inoffiziellen Mitarbeiter (IM) zur Verfügung gestellt werden oder die Namenslisten.
Und wenn, zweitens, die **Namenslisten** – ist auch an eine Veröffentlichung gedacht? Ein Problem, was sehr ethische Bedenken auslösen würde.

Schult (NF): Ist weder gesagt noch gedacht, also es geht darum, so ähnlich wie bei der Bezirksverwaltung es gemacht worden ist, überhaupt eine Erfassung der Struktur, der Zusammenhänge und der Zahlen. Also, wie viele waren dort beschäftigt? – Also von der Bezirksverwaltung wissen wir es, da waren 10 000 **Inoffizielle Mitarbeiter**, die sind dort mit angeleitet worden bei 2 500 Mitarbeitern.
Dies ist also das Ziel auch für das Ministerium, dies zu erfahren und durchsichtig zu machen.

Mahling (Vertreter des Sorbischen Runden Tisches): Also, wenn ich richtig verstehe, geht es hier nur um Zahlenangaben und um Strukturen. Ja, weil das nicht ganz klar aus der Vorlage hervorgeht.

Lange (Moderator): Herr Brinksmeier, SPD.

Brinksmeier (SPD): Ich muß ergänzen, es geht natürlich um die Möglichkeit der **Arbeitsgruppe**, kontrollieren zu können. Da muß nötigenfalls auch eine Namensliste her. Dabei ist nicht an Veröffentlichungen gedacht, sondern an **Arbeitsfähigkeit** zur Gewährleistung der **Kontrolle**.
Hier im Text steht drin, daß Personen- und **Datenschutz** von uns auch mit getragen sein muß, also Vereidigung für solche Daten, natürlich.

Lange (Moderator): Vielen Dank. Damit ist diese Frage beantwortet.
Gibt es weitere Anmerkungen zu Punkt 4?
Herr Koplanski, DBD.

Koplanski (DBD): Ich habe noch eine Frage. Uns fehlt der kompetente **Vertreter der Regierung**, der das hier mitträgt. Ansonsten müßten wir das anders formulieren.
Also, wir waren gestern bei der, also ich war gestern bei dieser Zusammenkunft nicht zugegen, ja. Wir formulieren

hier, die Regierung verpflichtet sich, dann müßte ja eigentlich, müßten die Vertreter der Regierung hier sein, anwesend sein, die das auch mittragen. Ansonsten müßten wir das anders, irgendwie anders ausdrücken.

Schult (NF): Ja, dann müssen wir das formulieren: „Der Runde Tisch verpflichtet die Regierung".

Lange (Moderator): Kleinen Augenblick.
Herr Böhme bitte, SPD.

Böhme (SPD): Ich glaube, aus den Ausführungen vom vergangenen Montag war zu ersehen, daß die Regierung sich schon selbst dazu verpflichtet hat. Außerdem nimmt an den Beratungen der Regierungsvertreter mit teil.

Lange (Moderator): Herr Koplanski, ist das die Antwort auf Ihre Frage? – Ja. Das ist schön, wenn wir Vertrauen zueinander haben.
Herr Ducke dazu.

Ducke (Co-Moderator): Also, Ihr Vertrauen ist gut, Herr Koplanski. Aber es steht im Text, der Runde Tisch fordert die Regierung auf. Und darüber haben wir heute abzustimmen, nicht, ob die Regierung schon zustimmt. Wobei ich die Zustimmungserklärung auch so sehen würde, aber zunächst heißt es im Text ausdrücklich: „Der Runde Tisch stimmt zu und fordert die Regierung auf, die Maßnahmen zu treffen". Gleich wieder der erste Satz, alles andere bezieht sich dann darauf.

Lange (Moderator): Also, vor Punkt 1 diese Präambel, wenn man sie so bezeichnen will, das steht ja mit zur Abstimmung.
Ja, können wir dann Punkt 4 abschließen?
Punkt 5.

Schult (NF):

> 5. Entwaffnung der ehemaligen und noch im Dienst befindlichen Mitarbeiter.
>
> Alle oben genannten Mitarbeiter haben bis zum 31. 01. 1990 die in ihrem Besitz oder in ihrem Zugriff befindlichen Waffen und Kampfmittel an die Dienststellen der Ministerien des Innern und der Verteidigung zu übergeben.
>
> Für Zuwiderhandlungen gelten die strafrechtlichen Bestimmungen.

Lange (Moderator): Dazu Äußerungen? – Das ist nicht der Fall.
Punkt 6.

Schult (NF):

> 6. Personen- und Datenschutz.
> Die Mitglieder der Arbeitsgruppe „Auflösung des Amtes für Nationale Sicherheit der DDR" verpflichten sich zum Personen- und Datenschutz.

Lange (Moderator): Ja bitte, Herr Wiedemann, CDU.

Wiedemann (CDU): Ja. In der Überschrift müßte das „und" raus. Es soll ja nicht „Personenschutz" heißen. Das könnte mißverständlich sein.

Lange (Moderator): Ja, vielen Dank für den Hinweis.

Herr Mahling? – Ja, hat sich erledigt.
Dann können wir zu Punkt 7 gehen.

Schult (NF):

> 7. Zur Gewährleistung der direkten Kommunikation zwischen der praktischen zivilen Kontrolle (Bürgerinitiativen) und der Gesamtkontrolle (Arbeitsgruppe) schlägt die Arbeitsgruppe folgende Struktur vor.
>
> Der Koordinierungsstab der Arbeitsgruppe „Sicherheit" möge sich wie folgt zusammensetzen:
>
> – zwei Vertreter des Bürgerkomitees Normannenstraße
>
> – zwei Vertreter der Arbeitsgruppe „Sicherheit" beim Runden Tisch
>
> – ein beauftragter Regierungsvertreter mit allen nötigen Entscheidungsbefugnissen.

Lange (Moderator): Das sind konkrete Vorschläge für die Realisierung der Beschlüsse und Vorschläge.
Gibt es dazu Äußerungen? – Das ist nicht der Fall. Dann gehen wir zu Punkt 8.
Entschuldigung, Herr Jordan, Grüne Partei.

Jordan (GP): Beim letzten Runden Tisch hat die Bauernpartei den Vorschlag eingebracht, Vertreter der Kirchen daran zu beteiligen. Und wir als Grüne Partei schließen uns dem an und möchten dann auch darauf dringen, daß also in dieser **Koordinierung zur Auflösung Kirchenvertreter** mit einbezogen werden.

Lange (Moderator): Ja, das ist jetzt die Frage an Herrn Koplanksi. Er hatte diesen **Dreiervorschlag** unterbreitet.
Würden Sie das in dem Zusammenhang sehen, Herr Schult?

Schult (NF): Nein, ich möchte das nur richtigstellen.
Also, dieser Vorschlag tangiert die alte Fassung nicht. Hier am Runden Tisch beim letzten Mal war ja vorgesehen, daß statt ein Regierungsleiter oder ziviler Leiter der Auflösung drei Personen dieselben Rechte und [die]selben Funktionen haben sollen: ein **Vertreter hier Runder Tisch**, einer **Kirche**, soweit wie der Vorschlag war, und einer **Regierung.**
Also, das sind die eigentlichen Funktionsträger, die gleichberechtigt nach unserer Ansicht hier die Leitung der Auflösung übernehmen. Diese Gruppe soll im Prinzip Bindeglied sein zwischen Bürgerkomitees, Regierungskommission und **Arbeitsgruppe „Sicherheit"** als Koordinierungsgruppe, die sich relativ schnell zusammenfindet. Das tangiert also den Beschluß vom letzten Mal nicht.

Lange (Moderator): Das heißt also, Ihr Vorschlag unter Punkt 7 bezieht sich nicht auf den Vorschlag von Herrn Koplanski. Über den müßten wir dann gesondert befinden.
Ist das so richtig, ja?

Schult (NF:) Ja, das ist extra.

Lange (Moderator): Gut. Dazu noch Meinungen? – Das ist nicht – –
Bitte schön, Herr Behrend.

Behrend (LDPD): Damit das in Punkt 7 Gesagte auch funktioniert, weil wir ja jetzt von Herrn Schult gehört haben, daß die Verbindungen, die Kommunikation, abgerissen ist zwischen Regierungsbeauftragten oder seinem Vertreter und dem Amt nach den Ereignissen, müßte dringlich darauf hingewiesen werden, daß erst einmal diese Verbindung wiederhergestellt wird. Und die kann nur von der **Regierung** aufgenommen werden.

Schult (NF): Ja, ich denke, das ist nicht so ein Problem. Also, wenn da Fragen sind, da – –

Lange (Moderator): Herr Brinksmeier, bitte.

Brinksmeier (SPD): Der Herr Block ist gestern mit der Information zur Regierung Modrow zurückgegangen, daß wir sie legitimieren, einen politisch beauftragten, kompetenten Mann zu dieser Arbeit zu benennen.

Am Nachmittag ist Dr. – jetzt habe [ich] mit [dem] Namen Schwierigkeiten – Dr. [Peter] Moreth gekomen und hat auch schon um konkrete Anfragen gefragt, das heißt, dieser Faden läuft, diese Kommunikation ist nicht unterbrochen.

Lange (Moderator): Damit ist diese Frage beantwortet. Vielen Dank.

Wir kommen zum letzten Punkt.

Schult (NF):

> 8. Zur Gewährleistung der Sicherung der Akten, Bereich Nationaler Verteidigungsrat ZK, Abteilung Sicherheit, sowie der Abteilung Sicherheit der Bezirks- und Kreisleitung der SED-PDS und der persönlichen Akten der ehemaligen ZK-Sekretäre und Abteilungsleiter für Sicherheitsfragen in diesen Parteieinrichtungen der SED-PDS fordern die Bürgerkomitees der DDR die Staatsanwaltschaft dringend auf, gemeinsam mit den Bürgerkomitees und den zuständigen VP-Organen die entsprechenden Archiv- und Büroräume zu versiegeln.

Lange (Moderator): Herr Ducke hat eine Anfrage.

Ducke (Co-Moderator): Da der Punkt 8 ja nachgeschoben ist, müßte man vielleicht sehen, daß nicht die Bürgerkomitees auffordern, sondern ist das nicht der Runde Tisch, weil wir doch darüber abstimmen, ja, Herr Schult?

Danke.

Lange (Moderator): Herr Hegewald, SED-PDS.

Hegewald (SED-PDS): Ich denke, daß das ein schwerwiegender Schritt ist, der dringend notwendig ist. Es darf keine Verzögerungstaktik zugelassen werden.

Ich denke, daß dieser saubere Schritt lebensnotwendig ist. Ansonsten könnte sich auch diese Partei nicht erneuern. Es hat keinen Sinn, die Dinge immer wieder hinzuhalten, und mir scheint, das muß geschehen. Im Interesse dieses Landes muß eine saubere Abrechnung kommen, um auch wieder neu beginnen zu können. Ansonsten ist das eine Last, die uns zu Boden drücken würde.

Ich denke, daß dieser Standpunkt akzeptiert werden könnte.

Lange (Moderator): Ja. Vielen Dank.

Herr Templin, [Initiative] Frieden und Menschenrechte.

Templin (IFM): Ja. Also, ich nehme Ihr klares Votum in dieser Frage mit Befriedigung zur Kenntnis, nur leider ist die gestrige Anhörung von verantwortlichen SED-PDS-Funktionären, also die Herren Schabowski und Krenz, vor dem Berliner Untersuchungsausschuß wohl völlig unbefriedigend verlaufen.

Wir haben ja für den nächsten Montag ebenfalls zwei verantwortliche Sicherheitsfunktionäre gebeten, und unsere dringende Anfrage und Bitte an Sie als Vertreter der PDS wäre, in der verbliebenen Zeit dafür zu sorgen, daß wir dort wirklich umfassende Auskunft bekommen und daß vor allem im Sinne dieses Punktes 8 auch die Grundlage, um das zu erfassen, geklärt wird.

Sind diese **Akten** beispielsweise immer noch im Gebäude des ehemaligen **Zentralkomitees**, sind sie, wie aus Zeitungsmeldungen zu übernehmen, teilweise oder ganz dem Zentralen Parteiarchiv einverleibt worden? Und vor allem, wie sieht es dann [aus] mit den doch wohl komplizierten juristischen Fragen, was davon ist **Organisationseigentum**, also parteiintern, beziehungsweise was davon ist, ja – da die **SED** keine Partei im normalen Sinne war, sondern quasi Regierungsfunktionen hatte, im Sinne des Antrages tatsächlich an die Regierung hier auch, weil es um Regierungshandlungen geht und nicht um Handlungen einer Partei – der Öffentlichkeit oder hier den entsprechenden Untersuchungsorganen zur Verfügung zu stellen? Und wie soll das technisch gesichert werden?

Das wären unsere Anfragen dazu.

Lange (Moderator): Wollen Sie noch einmal darauf reagieren, Herr Hegewald?

Bitte.

Hegewald (SED-PDS): Ja. Wir nehmen diese Anfragen entgegen und ich darf Ihnen hier zumindestens einmal meinen persönlichen Standpunkt sagen:

Diese Art des Herumeierns von Herrn Krenz und Herrn Schabowski teile ich nicht. So kann man nicht mit Bürgern sprechen. Und wenn man sich da immer auf Recht und Gesetz nur beruft, wenn man es so tut, dann hätte die Revolution oder die Oktober-Revolution bei uns überhaupt nicht stattfinden können, weil das laut Gesetz nicht zulässig war.

Insofern sind wir auch gehalten, die Interessen der Bürger konsequent durchzusetzen. Und das heißt, daß hier offen die Karten auf den Tisch gelegt werden. Und ich werde auch die Möglichkeiten, die ich besitze, dazu nutzen.

Lange (Moderator): Herr Schult.

Schult (NF): Ja. Ich möchte dazu einen konkreten **Antrag vom Neuen Forum [Vorlage 8/14]** formulieren, der lautet:

> Der Runde Tisch fordert die Regierung der DDR auf, die Herren Krenz und Herger von ihrer Schweigepflicht zu entbinden, bevor sie am 22.01. vor dem Runden Tisch aussagen.

Hegewald (SED-PDS): Sehr einverstanden.

Schult (NF): Der Antrag wird gerade geschrieben.

Lange (Moderator): Ja, gut. Können wir dann warten, bis wir ihn alle vorliegen haben? Das wäre ja ein zusätzlicher Antrag jetzt, über den wir dann zu gegebener Zeit entscheiden müssen.

Ich habe es so verstanden, daß jetzt die Antwort von Herrn Hegewald noch einmal eine Bestätigung dessen war, was in Punkt 8 aufgenommen ist.

Gibt es weitere Äußerungen zu diesem Punkt?

Bitte, Herr Koplanski, Bauernpartei.

Koplanski (DBD): Wir waren uns am Montag einig, daß die Auflösung unter der paritätischen Leitung der Kirchen, eines Vertreters des Runden Tisches und der Regierung erfolgt. Und wenn wir jetzt einen solchen prinzipiellen Beschluß fassen, dann wären wir dafür, daß wir im ersten Satz mit aufnehmen die Rolle, die die hier Genannten bei der ganzen Auflösung spielen. Daß sie nicht neben oder irgendwo stehen, sondern daß sie praktisch die Oberhoheit haben, ja. Die Vertreter der Kirche, [der] Runde Tisch und so weiter.

Dem Vorschlag ist voriges Mal zugestimmt worden, aber ich glaube, es ist zweckmäßig, das in diesem Beschluß hier zu verankern.

Lange (Moderator): Das ist ein Vorschlag. Wer kann sich dazu äußern?
Herr Schult hatte sich gemeldet und dann Herr Templin.

Schult (NF): Ich denke, daß die Auflösung des Amtes eine Aufgabe der **Regierung** ist und nicht die der Arbeitsgruppe oder der **Bürgerkomitees**, dessen Aufgaben hier in dieser Beschlußvorlage beschrieben werden. Und daß wir beim letzten Mal beschlossen haben, dieser Regierungskommission statt einem Leiter drei Leiter zuzuordnen, die gleichberechtigt hier Anweisungen ausüben – also, ich weiß nicht, ob man diese beiden Sachen miteinander vermischen sollte.

Lange (Moderator): Es erhebt sich kein Widerspruch zu dem beschlossen Antrag. Wir müssen nur fragen, soll er noch mit hier aufgenommen werden oder wollen wir ihn gesondert behandeln? Das steht jetzt zur Diskussion.
Dazu Herr Templin.

Templin (IFM): Ich würde im Sinne des Antrages doch noch einmal nachfragen wollen, ob die Regierung berechtigt ist, **Akten** aus dem Bereich **Nationaler Verteidigungsrat** zur Verfügung zu stellen. Ist dann hier im Sinne des Antrages nicht eine Erweiterung vorzunehmen, die auch den **Staatsratsvorsitzenden** einbezieht? Nach meiner Sicht ist der Nationale Verteidigungsrat ja nicht der Regierung unterstellt.

Lange (Moderator): An welcher Stelle würden Sie meinen, daß hier eine Ergänzung notwendig [ist], an welchem Punkt?

Templin (IFM): Ich würde erst einmal um eine Klärung bitten. Und wenn sich herausstellt, daß es nicht so ist, müßte man bereits zum Anfang dann wahrscheinlich auch den Staatsratsvorsitzenden damit ansprechen. Denn von dem muß dann ja auch eine Zustimmung vorliegen.

Lange (Moderator): Herr Henrich, Neues Forum.

Henrich (NF): Also, nur eine ganz kleine Anmerkung. Die ist nicht inhaltlicher Art:
Bei diesen Fragen muß man jetzt einfach prüfen auch, wer ist wofür zuständig. Also, wer kann wen von welcher Schweigepflicht entbinden. Das geht mir jetzt im Moment zu schnell. Da muß eine kleine Prüfung sein. Ansonsten hakt das nämlich außerhalb des Runden Tisches wieder.
Wir sollten also da beschließen oder jemand beauftragen, das sehr kurzfristig zu prüfen. Das dauert nicht lange, aber es muß abgeprüft werden.

Lange (Moderator): Vielen Dank für diesen Hinweis.
Herr Böhme, SPD.

Böhme (SPD): Wir sind der Auffassung, daß man tatsächlich diese Personalentscheidung von der Vorlage, die hier ansteht, trennen sollte und daß diese Personalentscheidung vom Runden Tisch direkt ausgehen sollte.

Lange (Moderator): Ja. Das ist ein klares Votum.
Bitte, Herr Behrend, LDPD.

Behrend (LDPD): Meines Erachtens ist der **Nationale Verteidigungsrat** jetzt der Regierung Modrow zugeordnet. Das ist neu jetzt.

Henrich (NF): Ja, gut. Das wird ja geprüft.

Lange (Moderator): Ja. Könnten wir dies dann aber doch im Sinne von Herrn Henrich als einen Punkt nehmen, der doch noch einmal zu überprüfen ist, bevor wir jetzt weiter darüber sprechen?
Herr Brinksmeier.

Brinksmeier (SPD): Ich bin der Meinung, daß hier ein klarer Auftrag für die Regierung vorliegt. Und die Frage, wie und was geprüft werden sollte, denke ich, ist nicht unser Problem.
Hier ist eindeutig: Wir müssen arbeitsfähig werden. Und die Prüfung, denke ich, wirkt wie eine Herauszögerungstaktik. Ich würde das gerne anders sehen.

Henrich (NF): Ich habe gesagt, das kann sehr schnell geschehen. Ich spreche aus Erfahrung. Das klemmt dann plötzlich wieder an anderer Stelle. Und eh das wieder auf dem Runden Tisch ist, dauert es wieder eine Woche. Das ist die Erfahrung. Das kann ja in zwei Stunden geschehen.
Wir brauchen einen Juristen, der an die notwendigen gesetzlichen Unterlagen herankommt. Diesen Auftrag kann man sofort an das Ministerium für Justiz erteilen. Die haben genügend qualifizierte Kräfte. Es könnte eventuell die Humboldt-Uni beauftragt werden, da gibt es eine ganze juristische Fakultät.
Das muß doch nicht lange dauern, eine solche Sache. Nur wenn es außerhalb des Runden Tisches klemmt, braucht es wieder eine Woche.

Lange (Moderator): Ich würde den Vorschlag machen, ob dies nicht eine Aufgabe für den Rechtsausschuß ist, der sich hier einmal kurz einschalten könnte, um diese Klarstellung herbeizuführen. Er meldet sich bereits. Sie meldet sich bereits.
Frau Töpfer, FDGB.

Frau Töpfer (FDGB): Ich sehe gerade hier im Raum Frau Rosi Will, Frau Professor Rosi Will, die da vielleicht kompetent sein könnte, das kurz hier nebenbei zu klären, da sie ja ein kompetenter Jurist ist. Da wir das hier am Tisch jetzt – – also da wir ja hier sitzen und handeln müssen. Und daß wir vielleicht in einer halben Stunde, wenn sie sich darüber ein Bild gemacht hat, uns das mitteilen könnte.

Frau Will (SED-PDS): Also, „nebenbei kompetent zu klären" möchte ich nicht. Ich würde aber den Vorschlag von Herrn Henrich gern an die Humboldt-Universität mitnehmen und dann wirklich die Dinge hier darlegen. Also, das muß nicht lange dauern, aber nebenbei ist das nicht zu machen.

Lange (Moderator): Gut, vielen Dank. Könnten Sie uns aber sagen, bis wann das möglich ist?

Frau Will (SED-PDS): Montag.

Lange (Moderator): Also, nicht bis zum Ende der heutigen Sitzung?

Frau Will (SED-PDS): Also, ich bin eigentlich jetzt hier noch zu dem Verfassungspunkt. Ich könnte nicht augenblicklich hier verschwinden. Aber Montag ist real.

Lange (Moderator): Herr Böhme, SPD, bitte.

Böhme (SPD): Ich bin auch der Meinung, daß man eine solche Sache nicht nebenbei klären kann, zumal uns ja Rolf Henrich sehr deutlich auf das Haken außerhalb des Runden Tisches hingewiesen hat. Und es wird auch Konsequenzen nach sich ziehen.

Kann man sich aber darauf verständigen, daß man diesen Punkt herauslöst, diesen Punkt ausgesondert stehen läßt und heute unbedingt wegen der Arbeitsfähigkeit des Ausschusses oder der Arbeitsgruppe die Vorlage verabschiedet?

Lange (Moderator): Danke.
Herr Ducke.

Ducke (Co-Moderator): Ich würde lieber so vorschlagen, daß wir eine Klausel einfügen. „Bezüglich der Adressaten ist eine Klärung herbeizuführen und wird Montag nachgereicht".

Ist das so möglich juristisch? Dann können wir nämlich über das Ganze abstimmen, brauchen nicht Punkt 8 herausnehmen oder was weiß ich nicht, einzelne Punkte, die dann wieder Unsicherheiten bringen. Und wir bitten, sowohl die **Vorlage 8/5** als auch die **Vorlage 8/14** im Hinblick auf die dafür Verantwortlichen noch juristisch abzuklären. Aber über die Sache selbst sollten wir heute abstimmen.

Ist so was möglich?

Lange (Moderator): Herr Weiß, Demokratie Jetzt.

Weiß (DJ): Ja. Wenn die Diskussion über den Punkt 8 beendet sein sollte – – nicht? – Pardon. Dann ziehe ich meine Wortmeldung zurück.

Lange (Moderator): Ja. Ich denke, wir sind noch bei Punkt 8, und es ist jetzt die Frage, ob ein Satz angefügt werden sollte in Richtung einer Überprüfung.

Ducke (Co-Moderator): Also, jetzt müssen wir einfach einen Juristen fragen. Geht so eine Klausel? Wir stimmen ab – und die Adressatenliste, also hier wenden wir uns an die Regierung oder müssen wir uns an den **Staatsratsvorsitzenden** wenden und so weiter.

Kann das nicht als Klausel nachgereicht werden?

Henrich (NF): Sind Sie bitte noch einmal so freundlich – es scheint hier im Moment etwas durcheinander zu gehen – genau zu definieren, worüber Sie jetzt reden im Moment und – –

Ducke (Co-Moderator): Über die Adressaten der Vorträge.

Henrich (NF): – und worüber wir – – Die Adressaten?

Ducke (Co-Moderator): Der Adressaten – –

Henrich (NF): Adressieren können Sie einen Antrag an jeden, das ist wurscht.

Ducke (Co-Moderator): Also wo ist das Bedenken dann?

Henrich (NF): Er kann dann höchstenfalls plaziert sein. Das ist jetzt im Moment nicht das Problem gewesen. Unser Problem war oder mein Problem ist, das war ja auch nur eine Anmerkung, es ging vorhin zum Beispiel um die **Entbindung von Schweigepflichten**. Da muß man dann jeweils erst einmal prüfen: Wer kann wen von welcher Schweigepflicht entbinden und wie geschieht das. – Auch das kann man nicht so en passant machen. An wen so was geschickt wird – –

Ducke (Co-Moderator): Sehen Sie, Herr Henrich, das war genau meine Frage, [wie man] bei der **Vorlage 8/14** ja sieht, da wenden wir uns an die Regierung und bitten um die Entbindung von Schweigepflicht. Aber das müßte doch geklärt werden. Deswegen sagte ich, der Adressat – –

Henrich (NF): Ja, ja, dann ist [es] richtig. Ich wollte bloß noch einmal wissen, ob wir hier nicht aneinander vorbeisprechen.

Lange (Moderator): Herr Mahling, bitte.

Mahling (Vertreter des Sorbischen Runden Tisches): Ja, ich weiß nicht, in der **Vorlage 8/5** sehe ich eigentlich gar nicht das Problem der Schweigepflicht, oder?

Lange (Moderator): Implizit.

Mahling (Vertreter des Sorbischen Runden Tisches): Ja, aber es ist nicht ausdrücklich hier darin [enthalten], nicht? – Dann müßte das noch meines Erachtens, wenn man das hier ansprechen will – – Aber dann genügt die **Vorlage 8/14** nicht, wo man nur zwei [Personen] von der Schweigepflicht entbinden will.

Lange (Moderator): Gut. Können wir das dann noch einmal einen Moment eben zurückstellen, ob die **Namensliste** ausreichend ist?
Herr Böhme.

Böhme (SPD): Ich ziehe zurück. Ich wollte nur sagen, die **Vorlage 8/14** sollte man sowieso gesondert abstimmen. Wir können die **Vorlage 8/5** heute verabschieden, damit die Arbeitsgruppe arbeitsfähig wird.

Lange (Moderator): Ich denke, das ist wichtig. Und ich habe auch Übereinstimmung in den verschiedenen Voten hier festgestellt. Deshalb frage ich jetzt, ob wir die **Vorlage 8/5** so, wie wir sie jetzt ausführlich besprochen haben, zur Kenntnis genommen haben, nun zur Abstimmung stellen können und dann weiterführende Anträge danach stellen?
Herr Weiß dazu noch einmal.

Weiß (DJ): Ich würde gern noch einen Punkt 9 als Gedanken einbringen. Ich kann das natürlich auch als gesonderten Antrag tun.

Lange (Moderator): Nennen Sie uns bitte erst einmal den Inhalt?

Weiß (DJ): Ich möchte die Regierung bitten oder verpflichten, gemeinsam mit der Arbeitsgruppe des Runden Tisches und unter Herbeiziehung von kompetenten Beratern ein **sozialtherapeutisches Programm** erarbeiten zu lassen, das der **Wiedereingliederung der ehemaligen Mitarbeiter des Ministeriums für Staatssicherheitsdienst** in unsere Gesellschaft dient. Wir möchten anregen, **Patenschaften** von Bürgerinnen und Bürger über ehemalige Mitarbeiter des MfS einzurichten, die deren Resozialisierung unterstützen.

Ich muß Ihnen zum Hintergrund sagen, ich bekomme sehr viele Anrufe von ehemaligen Mitarbeitern dieses Ministeriums, aus denen auch eine große, tiefe menschliche Not erkennbar wird. Viele sagen mir, daß sie jetzt vor einem Nichts stehen, daß es ein Chaos ist, und bei vielen spüre ich auch durch diesen tiefen Einschnitt ganz einfach eine Neupositionierung. Und ich fürchte manchmal, daß manche davon auch nach rechts abwandern könnten. Deswegen dieser unser Vorschlag.

Lange (Moderator): Ja. Dazu haben sich jetzt Herr Böhme, SPD, und Frau Dörfler, Grüne Partei, gemeldet.
Bitte, Herr Böhme.

Böhme (SPD): Ich teile von Grund auf die Bedenken des Freundes Konrad Weiß.

Ich möchte aber sagen, daß das ein so umfänglicher Prozeß ist, daß er an einem längeren Zeitraum von der Arbeitsgruppe in Verbindung mit entsprechenden Medizinern, Psychologen und dergleichen zu erstellen ist. Wir sollten das im Auge behalten – der Antrag ist ja bereits am vergangenen Montag vorgeschlagen worden – und die Arbeitsgruppe beauftragen, gemeinsam mit der Regierungskommission das anzudenken und vorzubereiten.

Lange (Moderator): Sie plädieren dafür, nicht einen neuen Punkt noch anzufügen?

Böhme (SPD): Das hier nicht mit aufzunehmen.

Lange (Moderator): Gut.
Frau Dörfler.

Frau Dörfler (GP): Ja, dazu wollte ich sagen, wie schon erwähnt wurde, daß am 15., nein am, wann war, am 15. Januar die **Information 7/5**, die vorliegt **von der Grünen Partei**, eingegangen war. Das ist schon fertig formuliert und das hat jeder. Und wir wollten das heute diesbezüglich als Antrag [**Vorlage 8/16: Zum Integrationsprogramm für ehemalige Mitarbeiter des MfS**] an den Runden Tisch formulieren.

Und ich kann das vorlesen:

[**Vorlage 8/16, Antrag GP, DJ: Integrationsprogramm für ehemalige Mitarbeiter des MfS**]

„{Die Grüne Partei in der DDR} [Der Runde Tisch] ist der Meinung, daß die gegenwärtigen Strukturveränderungen in den Staatsorganen und die Auflösung des Staatssicherheitsdienstes, Amt für Nationale Sicherheit, verbunden werden müssen mit einem Integrationsprogramm für die aus ihren Arbeitsplätzen freigesetzten Bürger.

Das betrifft die bereits in der Öffentlichkeit diskutierten Lohnfragen – in Klammern Überbrückungsgeld – als auch Programme zur Arbeitsbeschaffung, {der sozialen Integration und Fragen der Öffentlichkeitsarbeit} [der beruflichen Qualifizierung sowie eines sozialtherapeutischen Programms zur Eingliederung der ehemaligen Mitarbeiter des MfS in unsere Gesellschaft.]

Es muß sich in der gesamten Gesellschaft der Gedanke durchsetzen, daß die Grund- und Menschenrechte auch für diesen Personenkreis vollinhaltlich Gültigkeiten haben.

{Die Grüne Partei in der DDR} [Der Runde Tisch] ist der Meinung, daß Defizite auf diesem Gebiet und eine massenhafte Abdrängung von Menschen an den Rand der Gesellschaft zu ihrer Radikalisierung führen kann, deren Folgen für die Stabilität der Gesellschaft nicht abzusehen sind. [Es wird angeregt, daß auf Wunsch geeignete Bürgerinnen und Bürger Patenschaften über ehemalige Mitglieder des MfS übernehmen, die zu deren Resozialisierung beitragen.]

{Die Grüne Partei fordert den Runden Tisch und} [Der Runde Tisch fordert] die Regierung der DDR auf, gemeinsam ein derartiges Integrationsprogramm für diese Bürger zu erarbeiten.[16]

Das wäre dann zu überlegen, ob die Gruppe „Sicherheit" das übernehmen kann.

Lange (Moderator): Ja, vielen Dank. Herr Poppe, hatten Sie sich dazu auch gemeldet? – Danke. Bitte, da ist eine weitere Wortmeldung.
Herr Schieferdecker, SED-PDS.

Schieferdecker (SED-PDS): Ich schlage vor, den Antrag von Herrn Weiß hier aufzunehmen als Punkt 9 in einer solchen Fassung, die das Anliegen klarmacht, ohne auf Details einzugehen und ohne daß dadurch etwa eine Verzögerung dieses Antrages hervorgerufen wird.

Ich halte das für wichtig, unabhängig von dem, was eben vorgetragen wird, weil die verschiedenen Papiere doch an ganz verschiedene Adressaten in ganz verschiedenen Institutionen kommen. Und ich halte diese moralisch-ethische Betonung dieses Punktes in einer ganz kurzen Fassung, Herr Weiß, für notwendig und würde Ihnen vorschlagen, einen Satz vorzubereiten, dem wir alle vorbehaltlos zustimmen können, ohne daß das Papier verzögert wird. Und das unabhängig von einem gesonderten, ausführlichen und prinzipiellen Antrag, den eben Frau Dr. Dörfler vorgetragen hat.
Danke.

Lange (Moderator): Frau Töpfer, FDGB.

Frau Töpfer (FDGB): Der FDGB unterstützt selbstverständlich diesen Antrag der Grünen Partei. Aber aus sachlichen Gründen finden wir es nicht richtig, diesen mit der **Beschlußvorlage 8/5** zu verbinden als Punkt 9. Das war ja der Vorschlag von der SED-PDS, das anzufügen.

Das ist hier eine **Arbeitsordnung** für die **Bürgerkomitees** oder eine Unterstützung der Arbeit der Bürgerkomitees, die jetzt praktisches Handeln vorbereiten soll. Während diese Frage der Humanisierung des Umgangs mit ehemaligen MfS- beziehungsweise Mitarbeitern des Amtes für [Nationale] Sicherheit ein ganz wesentliches Problem unserer jetzigen Gesellschaftsentwicklung ist, zu dem wir wirklich eine so komplette oder so, ich würde sagen, doch konstruktive Vorlage, wie sie von der Grünen Partei gekommen ist, für den gesamten Runden Tisch verabschieden sollten, damit das Anliegen auch in seiner ganzen Brisanz der Gesellschaft klar wird.

Lange (Moderator): Ja.
Herr Eppelmann, Demokratischer Aufbruch.

Eppelmann (DA): Ich möchte bloß noch eine Bitte um einen Zusatz machen bei grundsätzlicher Zustimmung dieses Antrages der Grünen Partei, und zwar daß deutlich für jeden hörbar so ein Begriff wie „**qualifizierungs- oder berufsbegleitende Maßnahmen**" mit aufgenommen wird, weil ja ein Teil der Mitarbeiter so speziell ausgebildet worden ist, daß sie wahrscheinlich neue Berufe erlernen müssen.

Lange (Moderator): Ja, vielen Dank.
Herr Henrich, Neues Forum.

---

[16] Der in { } gesetzte Text wurde, abweichend von der schriftlich vorliegenden Fassung, nur mündlich vorgetragen, der in [ ] gesetzte Text findet sich lediglich in der schriftlichen Fassung.

Henrich (NF): Wir unterstützen auch den Antrag, noch in einem kleinen Zusatzpunkt dieses Problem mit aufzunehmen. Dabei wäre es sicherlich sinnvoll, den Gedanken aufzugreifen, der eben hier geäußert wurde, zu betonen, daß also auch die Einhaltung der Menschen- und Bürgerrechte selbstverständlich gewährleistet sein muß.

Die Integration ist wichtig.

Eines steht fest, das wollte ich nur noch ganz kurz anmerken, die Radikalisierung dieser Menschengruppe würde uns als erste treffen. Sie trifft uns ja auch schon.

Lange (Moderator): Herr Koplanski, Bauernpartei.

Koplanski (DBD): Wir würden vorschlagen, daß wir zehn Minuten diesen Punkt zurückstellen, daß Herr Weiß die empfohlene Formulierung bringt, damit wir das als Punkt 9 aufnehmen können.

In der Zwischenzeit hätte auch die Grüne Partei die Möglichkeit, die veränderte Formulierung zu bringen. Und dann könnten wir das verabschieden.

Lange (Moderator): Ja. Ich muß zunächst die Einbringer fragen, ob sie diesen Vorschlag aufnehmen, einen neunten Punkt anzufügen. Ich denke, das ist die Grundsatzentscheidung, über die wir jetzt einmal Auskunft haben möchten.

Ich habe verstanden, daß wir alle der Meinung sind, zu dieser wichtigen Frage sollte der Runde Tisch sich äußern. Es ist aber wohl zu überlegen, wenn ich da einen Kompromißvorschlag machen darf, daß wir den Vorschlag der Grünen Partei dann eben nicht in dieser vorliegenden Fassung hier zur Abstimmung bringen, sondern in einer Form, die deutlich macht, es ist ein Beschluß des Runden Tisches. Und von daher würde ich eine Möglichkeit darin sehen, wenn die Grüne Partei und Herr Weiß eine Formulierung nehmen und wir dies als einen gesonderten Antrag dann hier vorlegen und zur Abstimmung stellen.

Das würde aber bedeuten, das ist mein Eindruck, daß wir, da ja ohnehin hier genügend Punkte aufgeführt sind, dieses Papier so, wie es jetzt ist, vorlegen. Das ist mein Eindruck.

Aber ich würde gern hören, ob die Einbringer damit einverstanden sind.

Frau Dörfler (GP): Ich wäre damit einverstanden, diesen Antrag gesondert zu formulieren zusammen mit Demokratie Jetzt. Und wir das Papier gesondert verabschieden.

Lange (Moderator): Ja.

Herr Schult, ich hatte die Einbringer gefragt.

Schult (NF): Ja, ich bin mit einverstanden, daß wir über dieses Papier jetzt so, wie es ist, abstimmen.

Lange (Moderator): Ja.

Herr Brinksmeier?

Brinksmeier (SPD): Wenn dieser neunte Punkt bedeuten würde, den Charakter der Arbeit zu beschreiben, wäre ich einverstanden.

Wenn dieser neunte Punkt bedeutet, da muß eine neue Arbeitsaufgabe mit hinzugenommen werden, müßten wir es ablehnen.

Lange (Moderator): Gut. Ich habe jetzt festgestellt, daß die Einbringer mit diesem Vorschlag einverstanden sind. Das würde heißen, es steht jetzt zur Abstimmung zunächst die **Beschlußvorlage 8/5** mit einer Änderung, und zwar unter Punkt 8 in der viertletzten Zeile heißt es: „der SED-PDS fordern der Runde Tisch die Staatsanwaltschaft dringend auf ..."; also nicht „... die Bürgerkomitees der DDR", [sondern] „... fordert der Runde Tisch die Staatsanwaltschaft dringend auf ...".

Diese Änderung war vorgeschlagen worden und hatte doch wohl auch Zustimmung gefunden.

Herr Schult, bitte.

Schult (NF): Und bei Nummer 6, Personendatenschutz, da das „und" dann gestrichen.

Lange (Moderator): Personendatenschutz. Das „und" wird gestrichen. Vielen Dank.

Können wir dann diese **Vorlage 8/5 [Antrag AG „Auflösung des Amtes für Nationale Sicherheit der DDR" für die Sitzung des Zentralen Runden Tisches am 18. Januar 1990]** zur Abstimmung stellen? – Wer dafür ist, den bitte ich um das Handzeichen. – Wer ist dagegen? – Stimmenthaltungen?

Diese **Vorlage 8/5** ist einstimmig vom Runden Tisch angenommen.

Wir kommen zu dem zweiten Vorschlag. Müssen wir jetzt darüber abstimmen oder können wir so verfahren, daß wir die Einbringer Grüne Partei und Herrn Weiß bitten, uns eine Formulierung dann nach der Mittagspause vorzulegen? – Dann müssen wir das nicht gesondert jetzt noch einmal abstimmen.

Vielen Dank.

Gibt es zu diesem Punkt jetzt weitere Meinungsäußerungen?

Bitte, Herr Ducke.

Ducke (Co-Moderator): Schweigepflicht.

Lange (Moderator): Ja, es kommt jetzt die Frage **Vorlage 8/14**. Die ist in Ihren Händen. Das Neue Forum bringt einen Vorschlag.

Darf ich bitten, daß Sie ihn kurz vorstellen? – **Neues Forum, Vorlage 8/14**, „Der Runde Tisch möge beschließen ..."

Schult (NF): Also, der Runde Tisch möge beschließen:

> **[Vorlage 8/14, Antrag NF: Entbindung der Herren Krenz und Herger von der Schweigepflicht]**
>
> „Der Runde Tisch fordert die Regierung der DDR auf, die Schweigeverpflichtung für die Herren Krenz und Herger aufzuheben, bevor sie am 22. 1. 1990 vor dem Runden Tisch ihre Aussagen machen."

Lange (Moderator): Herr Mahling, bitte.

Mahling (Vertreter des Sorbischen Runden Tisches): Ob es nicht günstiger wäre zu formulieren: „Der Runde Tisch fordert die Regierung der DDR auf, alle notwendigen Schritte einzuleiten, damit die Schweigeverpflichtung für die Herren Krenz und Herger aufgehoben wird, bevor sie am ...". Daß wir nicht festlegen als Runder Tisch durch diese Formulierung, daß das die Regierung machen muß. Wir entgehen damit dem Dilemma festzustellen, wer dafür zuständig ist. Das mag doch die Regierung machen.

Lange (Moderator): Herr Stief, NDPD.

Stief (NDPD): Ich glaube, das trifft sich mit dem Vorschlag oder dem Bedenken von Herrn Henrich. Hier ist offensichtlich auch die Volkskammer betroffen. Und wenn wir diesen Einschub machen, müßte es funktionieren.

Lange (Moderator): Sie sind einverstanden damit? Könnten wir noch einmal die veränderte Fassung hören?
Oh Entschuldigung.
Bitte, Herr Schieferdecker.

Schieferdecker (SED-PDS): Im Interesse der Sache fehlt hier dann noch ein Punkt. Auch wenn die Formulierung hier so genannt wird, wenn die Regierung aufgefordert wird. Die Regierung hat keine Möglichkeiten, auf den Parteivorstand der SED-PDS Einfluß zu nehmen. Dort gibt es spezielle Schweigepflichten.
Also, wenn Sie nicht erleben wollen, daß das wieder hier steht, müßte da stehen: „die Regierung der DDR und den Parteivorstand der SED-PDS".

Templin (IFM): Das war ja auch der Sinn meiner Anfrage.

Hegewald (SED-PDS): Ich werde diesen Auftrag mitnehmen. Wenn wir jetzt Parteivorstandssitzung haben, werde ich in diese Richtung wirken, daß das geschieht von seiten der Partei, damit es zu keinen weiteren Verzögerungen kommt.

Lange (Moderator): Ja, vielen Dank.
Ich möchte trotzdem zurückfragen. Meinen Sie, daß das nicht aufgefangen wird mit der veränderten Fassung, daß wir die Regierung bitten, die notwendigen Maßnahmen einzuleiten. Das kann doch bedeuten – – Das geht nicht? Ich frage jetzt nur zur Klarstellung.

Schieferdecker (SED-PDS): Regierung ist nicht Partei nach dem neuen Verständnis.

Lange (Moderator): Ja, das ist richtig, ja.
Gut, Herr Mahling dazu noch einmal.

Mahling (Vertreter des Sorbischen Runden Tisches): Ja, dann fügt man das ein, der Runde Tisch fordert den Parteivorstand der SED-PDS und die Regierung der DDR auf, alle notwendigen Schritte einzuleiten, damit die Schweigeverpflichtung – –

Lange (Moderator): Das ist eine Alternativformulierung.
Herr Wolf dazu, LDPD.

Wolf (LDPD): Das entspricht auch unserer Auffassung, daß es hier eine staatliche Leitungslinie gibt und es gibt eine politische Verbindung: Runder Tisch – Vorstand SED-PDS. Und deswegen müssen beide Adressaten hier angesprochen werden.

Lange (Moderator): Herr Henrich dazu.

Henrich (NF): Aber auch hier nur eine Anmerkung, eine Partei kann natürlich nicht außerhalb eines Gesetzes Schweigepflichten gesetzlich begründen. Sie kann es bestenfalls moralisch. Aber das ist nicht verbindlich für diesen Ausschuß. Da muß der sich nun wirklich nicht daran halten an Parteidisziplin und Parteistatuten, ja. Die haben keine Gesetzeskraft. Das muß man nun einmal eindeutig sagen. Das tangiert uns hier nicht, was da in der SED gemacht wurde. In dieser Frage nicht.

Lange (Moderator): Ja, das ist die Auskunft eines Juristen gewesen.
Welchen Vorschlag haben sie jetzt?

Henrich (NF): Da brauchen wir uns nicht darum zu kümmern. Nur das, was die Ergänzung [betrifft] – ich habe Ihren Namen leider vergessen – –

Lange (Moderator): Herr Mahling.

Henrich (NF): – die finde ich sachlich richtig. An den Vorstand der Partei müssen wir uns nicht wenden. Das ist jetzt eine moralische Frage, eine Frage der Parteidisziplin. Und das muß der Vorstand selber entscheiden.

Lange (Moderator): Herr Mahling hatte aber vorgeschlagen, daß der Parteiname hier aufgenommen wird, wenn ich das richtig verstanden habe.
Herr Ducke.

Ducke (Co-Moderator): Ich möchte doch sehr den Vorschlag von Herrn Henrich unterstützen.
Wir gehen hier nach Recht und Gesetz vor und können nicht mit Sondervollmachten – – – Da müßten wir überall Klauseln einfügen, also bei jeder Partei oder bei jeder Gruppierung dann noch einen Kniefall machen.
Also, ich würde hier sagen."Der Runde Tisch fordert die Regierung auf, die notwendigen Schritte..."
Wenn die Regierung es für notwendig erachtet, daß er auch von Parteidisziplin entbunden wird, müssen die sich darum kümmern.

Lange (Moderator): Dann haben wir eine Formulierung, die jetzt zunächst aber erst einmal vom Neuen Forum bestätigt werden müßte, daß Sie als Einbringer diese aufnehmen. Können wir davon ausgehen? „Der Runde Tisch fordert die Regierung der DDR auf, die notwendigen Schritte zu unternehmen, die Schweigeverpflichtung für die..."
Bitte?

Mahling (Vertreter des Sorbischen Runden Tisches): – „damit die Schweigeverpflichtung für die Herren Krenz und Herger aufgehoben wird."

Ducke (Co-Moderator): Nein. Das geht so – –

Lange (Moderator): Können wir das nicht doch so lassen, wie da der Satz steht? – „die notwendigen Schritte zu unternehmen, die Schweigeverpflichtungen" – oder ist da der Singular ausreichend? – „die Schweigeverpflichtung für die Herren Krenz und Herger aufzuheben – „Ja, kann das so stehen? Bevor sie am 22. 1. 1990 vor dem Runden Tisch ihre Aussagen machen.
Das ist ein Änderungsvorschlag.
Dazu Herr Schmidt, CDU.

Schmidt (CDU): Ich würde vorschlagen, „daß die Schweigeverpflichtung für die Herren Krenz und Herger aufgehoben wird". Dann ist nicht ausgesagt, wer hier aufzuheben hat. Wenn wir den Satz so lassen, wie er da steht, könnte der Eindruck entstehen, daß die Regierung nun automatisch aufzuheben hätte.

Lange (Moderator): Gut. Die sprachliche Formulierung, die Sie vorschlagen, macht das etwas deutlicher: „... die notwendigen Schritte zu unternehmen, daß die Schweigeverpflichtung..." –
Können wir dann über diesen **Antrag 8/14**, Vorlage Nummer 14 in der veränderten Fassung abstimmen? Wer dafür ist, den bitte ich um das Handzeichen. – Wer ist dagegen? – Gibt es Stimmenthaltungen?
Dieser Antrag ist einstimmig angenommen worden.

Unter diesem Punkt Nummer 4, **Bürgerkomitees**, hatten wir vorhin festgelegt, alle Anträge zur Sicherheit mit abzuhandeln. Sehe ich das richtig, daß wir jetzt die vorliegenden Anträge verhandelt und abgestimmt haben?

Die andere Frage kann ich jetzt nur als eine Information weitergeben. Es war unser Verständnis, daß wir an dieser Stelle auch die Vorschläge vom letzten Montag noch einmal zur Diskussion stellen. Das heißt, Personalvorschläge.

Wir hatten einmal darum gebeten, daß die Arbeitsgruppe „Sicherheit" Vorschläge unterbreitet für die Teilnahme von Vertretern des Runden Tisches in der genannten Arbeitsgruppe. Und es war der Vorschlag von Herrn Koplanski. Beides ist aber offensichtlich nicht möglich gewesen.

Ich habe mich vorhin noch mit Herrn Ullmann verständigt. Er sagt, es liegen keine **Personalvorschläge** vor. Deshalb ist jetzt die Frage, wie wir damit umgehen.

Wollen Sie jetzt noch einmal auf Ihren Vorschlag kommen oder vertagen wir das auf Montag?

Herr Ducke, bitte, dazu.

Ducke (Co-Moderator): Soviel ich weiß, hatte doch Herr Böhme für heute einen Vorschlag machen wollen, damit das klargeht.

Bitte, der Vertreter der SPD?

Lange (Moderator): Ja, ich bin davon ausgegangen. Aber ich habe kein Signal bekommen, ob dies möglich ist.

Brinksmeier (SPD): Ich kann das im Moment auch nicht genau sagen. Wir müssen abwarten, bis der Herr Böhme wiederkommt.

Lange (Moderator): Dann würde ich vorschlagen, daß wir diesen Punkt „Personalvorschläge" jetzt zurückstellen und in der Mittagspause klären, ob es solche Vorschläge gibt, die wir dann hier beraten können.

Herr Jordan, Grüne Partei, bitte.

Jordan (GP): Wir haben uns seitens der Kirche auch bemüht, aber haben auch noch keine Rückmeldung.

Lange (Moderator): Würden Sie das eben noch einmal ein klein wenig verdeutlichen, welche Bemühungen in Richtung Kirche gegangen sind?

Jordan (GP): Wir haben eine bestimmte Person angefragt. Diese Person hält sich aber gegenwärtig im Ausland auf. Und insofern haben wir noch keine Rückmeldung.

Lange (Moderator): Ach so, verstehe, ja. Ja, gut, danke.

Das war noch eine Zusatzinformation. Dann setzen wir dieses erst einmal aus.

Gibt es zu diesem Punkt Nummer 4 jetzt weitere Vorschläge oder Äußerungen? Wenn das nicht der Fall ist, schließen wir diesen Punkt in unserer Beratung ab und müßten überlegen, was wir in der verbleibenden Zeit uns jetzt noch vornehmen können.

Da wir auf die Mittagspause zugehen: Soll Punkt 5 jetzt zur Verhandlung gestellt werden?

Bitte, Herr Poppe, [Initiative] Frieden und Menschenrechte.

Poppe (IFM): Also der Punkt 5 [**Verfassung**] ist so kurz eigentlich, daß er vor der Pause abgehandelt werden könnte. Allerdings sehe ich bisher noch keine der Papiere, obwohl die lange Zeit schon im Arbeitssekretariat liegen.

Lange (Moderator): Ja. Ich glaube, die Papiere zum Thema Verfassung sind noch nicht verteilt. Sie liegen aber vor. Sie haben sie noch nicht in der Hand, ist das richtig?

Poppe (IFM): Also, ich habe persönlich ein Exemplar, aber verteilt sind sie noch nicht.

Lange (Moderator): Dann stellen wir diesen Punkt zurück.

Wollen wir einen anderen von den verschiedenen, von den Einzelanträgen jetzt uns noch einen vornehmen bis zur Mittagspause? Gibt es hier Vorschläge?

Bitte schön.

TOP 7: Schutz des bisherigen Grenzstreifens an der innerdeutschen Grenze

Schlüter (GL): Wir könnten die Sache, die schon seit dem 3. 1. anliegt, über den Grenzstreifen schon vorliegend, bringen. Das wäre keine langwierige Sache. Wenn damit Einverständnis vorhanden ist?

Lange (Moderator): Der Antrag müßte in Ihren Händen sein. Es ist hier die Nummer 6.3, [**Vorlage 7/4**] **Grüne Liga/ Grüne Partei, Schutz des bisherigen Grenzstreifens an der innerdeutschen Grenze**. Wir genehmigen uns anderthalb Minuten Zeit zum Suchen dieses Papiers.

Ducke (Co-Moderator): Es ist die **Vorlage 7/4** vom 15. Januar.

Lange (Moderator): Unterzeichnet Grüne Liga/Grüne Partei.

Schlüter (GL): Ich beginne meinen Vortrag.

Lange (Moderator): Herr Schlüter, wollen sie dazu bitte sprechen?

Schlüter (GL): Ja.

[Vorlage 7/4, Antrag GL, GP: Schutz des bisherigen Grenzstreifens an der innerdeutschen Grenze]

Gemeinsamer Vorschlag der Grünen Liga und der Grünen Partei für eine Erklärung des Runden Tisches zum Schutze der Fläche des bisherigen Grenzstreifens an der innerdeutschen Grenze.

Die Flächen beiderseits der innerdeutschen Grenze, die bisher kaum einer wirtschaftlichen Nutzung unterliegen, stellen den größten naturnahen Biotop innerhalb der beiden deutschen Staaten dar. Wahrscheinlich sind hier in den letzten Jahrzehnten einmalige natürliche Lebensräume entstanden. Eine Vermutung, die jedoch zunächst noch durch eine genaue Untersuchung der bisher unzugänglichen Gebiete verifiziert werden müßte.

Die derzeitige Öffnung dieser Räume bringt die Gefahr einer unkontrollierten Nutzung, verbunden mit einer Zerstörung der Biotope mit sich.

Der Runde Tisch wendet sich mit der Bitte an die Regierungen beider deutscher Staaten, für diese Gebiete ein einstweiliges ökonomisches Nutzungsverbot auszusprechen. Gleichzeitig wendet er sich an die Öffentlichkeit, diese Unterschutzstellung zu kontrollieren.

> Fachleute aus den Bereichen des Natur- und Umweltschutzes in beiden deutschen Staaten sollten schnell eine gemeinsame Kommission bilden, die diese Flächen kartiert und dokumentiert. Davon ausgehend sollte den Regierungen beider deutscher Staaten ein Vorschlag über Status und Territorium dieses ersten gesamtdeutschen Schutzgebietes übergeben werden.
>
> Der Runde Tisch bittet alle, die den Schutz unserer natürlichen Umwelt als gemeinsame Überlebensfrage betrachten, dieses bereits von mehreren Gruppen angeregte Projekt zu unterstützen.

Vielleicht will ich dazu sagen, daß in den Kreisen und Bezirken dazu umfangreiche Vorarbeiten bereits laufen.

Lange (Moderator): Vielen Dank.
Frau Dörfler, Grüne Partei.

Frau Dörfler (GP): Ich möchte diesen Antrag noch einmal dadurch erhärten, daß ich eine Menge Post bekomme in dieser Sache.

Es geht zum Beispiel um den unkontrollierten oder in diesem Sinne ungenehmigten Bau von Straßen an neueröffneten Grenzübergängen zum Teil in Naturschutzgebieten. Und die Menschen, die sich um diese **Naturschutzgebiete** verdient gemacht haben, sind in ernster Sorge, daß das also unkontrolliert verläuft.

Wir möchten also als Grüne Partei diesen Antrag unterstützen.

Und ich habe noch einen Zusatz. Anstelle des Wortes „Nutzungsverbot" schlagen wir vor, dieses Nutzungsverbot zu verändern in „keine unkontrollierte Nutzungsänderung". Denn in diesem Grenzstreifen wird Landwirtschaft betrieben, ja. Also, keine Nutzungsänderung der bisherigen Nutzungsform.

Lange (Moderator): Können Sie uns noch einmal bitte die Stelle nennen, wo das steht.

Schlüter (GL): Das ist der dritte Absatz, dritte Zeile.

Lange (Moderator): Im dritten Abschnitt?

Schlüter (GL): Dritte Zeile.

Lange (Moderator): „... ökonomisches Nutzungsverbot ..." möchten Sie jetzt verändert haben in – –

Frau Dörfler (GPi): In „keine unkontrollierte Nutzungsänderung".

Schlüter (GL): Also zweite Zeile dann: „... für diese Gebiete keine unkontrollierte Nutzungsänderung ..."?

Frau Dörfler (GP): Ja.

Lange (Moderator): Ja, danke.
Herr Succow von der LDPD.

Succow (LDPD): Ja. Ach so.
Vielleicht noch ein paar weitere Anfragen dazu? Und dann kann ich im Komplex antworten, das ist vielleicht am sinnvollsten.

Lange (Moderator): Ja, bitte. Sie drücken aufs Knöpfchen?

Succow (LDPD): Ja. Ich wollte an sich Sie bitten, die anderen Anfragen noch – damit ich das zusammenfasse – –

Lange (Moderator): Sie wollten jetzt nicht reden?

Succow (LDPD): Ja, ja.

Lange (Moderator): Ja gut.
Herr Jordan, ebenfalls Grüne Partei.

Jordan (GP): Eine Erweiterung. Bundesumweltminister Töpfer hat uns gestern darauf aufmerksam gemacht, daß die **Kompetenzen für diese Grenzstreifen** nicht direkt bei der Bundesregierung liegen; sondern bei den **Landesregierungen**. Insofern müßten wir hier in diesem Papier die Landesregierungen auch mit aufführen als angefragte Partner.

Lange (Moderator): Auch hier wäre es gut, wenn wir eine Stelle gleich benennen könnten, wo dies in den Text aufzunehmen ist.

Ist das auch der dritte Abschnitt mit der Bitte an die Regierungen beider deutscher Staaten?

Schlüter (GL): – „... und der Bundesländer ..." vielleicht, nicht?

Lange (Moderator): „... die Regierung beider deutscher Staaten und der Bundesländer"?

Schlüter (GL): – „und der Bundesländer".

Lange (Moderator): Wollten Sie dazu sprechen? Bitte. Ja?
Bitte, Herr Hegewald.

Hegewald (SED-PDS): Wir unterstützen diesen Antrag und möchten um eine Ergänzung bitten.

> **[Vorlage 7/4a; Antrag SED-PDS: Zur ökologischen Gestaltung des Grenzgebietes]**
>
> Der Runde Tisch erwartet von der Regierung, bei der Ausarbeitung des neuen Gesetzes über die Staatsgrenze, das sogenannte Grenzgesetz, gesetzliche Grundlagen zu schaffen über die Bildung eines ökologischen Gürtels an der Staatsgrenze, über die ökologische Gestaltung der Grenzgebiete.
>
> Die zentralen und örtlichen Staatsorgane werden aufgefordert, in Zusammenarbeit mit den demokratischen Kräften der DDR, Initiativen zur ökologischen Sicherung der Grenzgebiete zu beraten und einzuleiten.

Das wäre unsere Ergänzung.

Lange (Moderator): Sie möchten, daß aber diese Ergänzung hier in den Text mit aufgenommen wird, ja? – Dann müßten wir darüber befinden. Es wäre ja gut, daß wir das dann auch schriftlich vorliegen haben. Vielen Dank.
Dazu Herr Koplanski, Bauernpartei.

Koplanski (DBD): Wir unterstützen diesen gemeinsamen Vorschlag der Grünen Liga und der Grünen Partei, würden im Absatz drei empfehlen, doch bei der jetzigen Formulierung zu bleiben, ein „... einstweiliges ökonomisches Nutzungsverbot auszusprechen ..." und dann eine Einfügung machen: „... das über die bisherige Nutzung hinausgeht ...". Ich glaube, das ist deutlicher und entspricht auch Ihrem Anliegen.

Frau Dörfler (GP): Ja.

Lange (Moderator): Herr Möller, NDPD.

Möller (NDPD): Ich habe eine Anfrage an die Einreichenden dieses Papieres.

Hier wird von der Wahrscheinlichkeit gesprochen, daß in den letzten Jahrzehnten einmalige, **natürliche Lebensräume** entstanden sind. Und die konzipierten Schutzmaßnahmen müssen sich doch daran orientieren, ob es sich hier wirklich um wertvolle Naturräume im Sinne einer bisher praktizierten Unterschutzstellung handelt.

Können Angaben darüber gemacht werden über die Gesamtfläche des hier unter Schutz zu stellenden Geländes, und wieviel davon als naturschutzwürdig oder dem gleichgestellt zu gelten haben?

Lange (Moderator): Das ist eine Anfrage an die Einbringer. Herr Jordan dazu, bitte.

Jordan (GP): Dazu können jetzt im Detail noch keine genauen Angaben gemacht werden. Bekannt ist nur ein Plan, im Bereich **Schaalsee** ein Naturschutzgebiet einzurichten. Von diesen Kommissionen, die die Grenzstreifen untersuchen, werden dann entsprechende Vorschläge für einzurichtende Naturschutzgebiete vorzulegen sein.

Frau Dörfler (GP): Das ist in dem vorletzten Abschnitt ja enthalten, daß diese Flächen kartiert werden sollen. Das wäre meiner Meinung nach zum Beispiel eine Aufgabe für das neugegründete unabhängige **Öko-Institut in der DDR**, nur als Vorschlag.

Und was die Fläche dieser Grenzstreifen angeht, möchte ich die Frage an Professor Succow weitergeben. Ich denke, daß da Zahlen bekannt sind.

Lange (Moderator): Ja. Er wird sich dazu noch äußern. Herr Möller, Sie hatten noch eine Rückfrage.

Möller (NDPD): Ja. Ich muß noch einmal präzisieren. Es geht also hier um die Etablierung einzelner Schutzgebiete und nicht um die Etablierung eines Schutzstreifens entlang der Gesamtgrenzführung?

Frau Dörfler (GP): Es geht um die Verhinderung ungezielter ökonomischer Aktivitäten in diesen Gebieten, bei denen wertvollste ökologische Zonen zerstört werden könnten. Das hat also einstweiligen Charakter, bis die Fachleute diese Flächen kartiert haben und dann neue Bestimmungen erlassen werden über **Unterschutzstellung**.

Möller (NDPD): Danke.

Lange (Moderator): Herr Schmidt, CDU.

Schmidt (CDU): Es geht nicht um ein „... Nutzungsverbot, das über die bisherige Nutzung hinausgeht...", sondern um das „... Verbot, eine Nutzung, die über die bisherige Nutzung hinausgeht...".

Lange (Moderator): Frau Döring, FDGB.

Frau Döring (FDGB): Wir unterstützen als FDGB das Anliegen von Grüne Liga/Grüne Partei und möchten noch einmal darauf hinweisen, das werden wir ja erst beim nächsten Mal beraten, aber die **Arbeitsgruppe „Ökologie"** hat in ihrem sehr aussagefähigen Papier auch auf diese wichtige Frage hingewiesen, so daß das durchaus beides im Zusammenhang steht.

Lange (Moderator): Ja, danke. Herr Hammer, VdgB.

Hammer (VdgB): Es wäre eine Frage von Interesse, wem diese Gebiete gehören. Sind sie **Staatseigentum**, oder sind sie noch im **juristischen Eigentum** der damaligen **Bauern**, die diese Flächen genutzt haben? Daraus würden sich weitere Entscheidungen auch, müßten weitere Entscheidungen mitgetragen werden. Wobei ich persönlich auch zustimmen würde, wenn wir dort die **Freiräume für Ökologie** lassen würden.

Lange (Moderator): Ich habe ja immer noch die Hoffnung, daß wir diesen Antrag vor der Mittagspause noch abstimmen können. Aber ich will Sie nicht drängen. Wir haben das Thema Ökologie ja noch vor uns. Aber es ist ein Teilantrag, der sich mit einer sehr wichtigen Frage beschäftigt.

Ich habe jetzt notiert Herrn Schlüter, und es steht immer noch die Meinungsäußerung von Herrn Succow aus.

Dazu jetzt Frau Töpfer und Herr Schieferdecker.

Schlüter (GL): Ich muß dazu sagen, daß Untersuchungen bereits gelaufen sind, und zwar das Gebiet **Schaalsee** war vorher schon als ein Naturschutzgebiet zwischen den beiden deutschen Staaten vorgesehen. Und es sind im letzten Jahr Untersuchungen gerade im Kreis Gadebusch, also im Mecklenburger Raum, gemacht worden und diese Untersuchungen rechtfertigen auf jeden Fall eine **Unterschutzstellung**.

Es wird dann zu entscheiden sein, ob es Landschaftsschutzgebiete oder Naturschutzgebiete werden.

Lange (Moderator): Danke schön. Frau Töpfer.

Frau Töpfer (FDGB): Die in Kraft sich befindende **Bodennutzungsverordnung** sieht ja schon Nutzungsbeschränkungen aus verschiedensten Gründen vor, so daß eigentlich jetzt der von dem VdgB vorgebrachte Grund, daß die **Eigentümer** dort erst noch befragt werden müßten oder daß diese Eigentumsverhältnisse gesondert zu klären sind für Sofortmaßnahmen, die ja nur Überbrückungscharakter haben, eigentlich nicht zum Tragen kommen sollte.

Wir sollten dieses Papier jetzt verabschieden, um zu ermöglichen, daß wirklich wertvolle Naturräume kurzfristig geschützt werden können. Und die Klärung, was mit dem gesamten Grenzstreifen passiert, das ist ja dem Papier zu entnehmen, könnte dann zu einem späteren Zeitpunkt, wo ökologische grobe Eingriffe in die bestehende Umwelt dann ausgeschlossen sind, in Ruhe geklärt werden oder vorgenommen werden.

Lange (Moderator): Ja, danke. Herr Schieferdecker, SED-PDS.

Schieferdecker (SED-PDS): Als Mitglied der **Arbeitsgruppe „Ökologischer Umbau"** plädiere ich dafür, unabhängig von der nächste Woche zu diskutierenden Ökologievorlage, diesem Antrag heute zuzustimmen, da wir wirklich zu Sofortmaßnahmen übergehen müssen. Es herrschen zum Teil chaotische Verhältnisse nicht nur am Grenzstreifen, sondern am **Küstenstreifen**. Das ist ein anderes Thema. Ich bitte das also nicht zu koppeln mit der Frage der Ökologievorlage. Danke.

Lange (Moderator): Ja. Herr Succow.

Succow (LDPD): Gut, jetzt also, ja? Zunächst mein Standpunkt LDPD:

Wir haben am 13. Dezember [1989] eine Begegnung gehabt mit **Bundesumweltminister** Töpfer aus verschiedenen Gruppierungen, die Grünen, die Basisgruppen, verschiedene Parteien. Und das Ergebnis war, daß schnell Handlungsfähigkeit [für die] grüne Grenze erreicht werden muß. Wir müssen dort einen großen Schutzstatus in großen Räumen schaffen.

Inzwischen – – jetzt möchte ich kurz die wesentlichsten Ergebnisse bringen, die wir erreicht haben.

Es ist so, wir hatten am Dienstag eine Beratung mit den Experten des Naturschutzes aus dem Bundesumweltministerium und haben folgende Festlegungen getroffen:

Eine gemeinsame Expertengruppe wird am 13. Februar [1990] sich treffen, um schon bestimmte Vorabarbeiten, die jetzt zu leisten sind, zu beschließen. Wir werden Ende Januar oder in den ersten Februartagen sämtliche Kreise, die an der Grenze sind, einladen den Naturschutzreferenten, das ILN [???], und es wird dann eine Kartierung begonnen, die die wertvollen Biotope ausgliedert.

Wir haben die Vorstellung, **Flächennaturdenkmale, Naturschutzgebiete, Landschaftsschutzgebiete, Naturparke** zu schaffen. Die Bundesrepublik wird in allen Grenzkreisen jeweils auch Beauftragte und Basisgruppen gründen, die mit uns gemeinsam diese **Kartierungen** machen.

Wir haben die Vorstellungen, mehrere grenzüberschreitende Naturparke zu schaffen, die zum Beispiel im Bereich des Harzes, im Bereich **Drömling** [???], im Bereich der **Rhön**, im Bereich des **Eichsfeldes** [???], **Lauenburg**, Schaalseegebiet, also hier größere Landschaften, die als gemeinsame Räume dann erhalten sind oder erhalten werden. Wir haben zum zweiten vor, auch den Grenzraum Berlin schnell zu kartieren, auch hier eben die wertvollen Lebensräume zu erhalten.

Es werden also Landschaften gesichert durch eine einstweilige Unterschutzstellung als Landschaftsschutzgebiet noch im März. Und dann wird festgelegt, ob hier landwirtschaftliche Nutzung als Extensivnutzung erfolgt, ob keine Nutzung, also welche Form des Schutzes wir erreichen wollen.

Die Bundesrepublik bot an, in einem Schnellverfahren den ganzen Streifen zu befliegen, um die Kartierung leichter zu machen. Wir meinen, das Geld können wir für andere Zwecke sinnvoller gebrauchen. Die Kartierungen sind von uns mit unseren guten Kräften leicht machbar, aber dieses Geld brauchen wir unbedingt, um erfahrene **Landschaftsplaner** bei uns anzusetzen. Und es war Übereinstimmung, so etwa 15 Landschaftsplaner der BRD werden in diesen Projekten der Naturparke bei uns wirken für ein bis zwei Jahre. Sie werden also die Rahmenplanung realisieren helfen.

Ja, vielleicht so viel als allgemeine Information zu diesem Grenzstreifen.

Lange (Moderator): Vielen Dank.

Es bietet sich an, daß wir natürlich bei diesem Thema eine Grundsatzdiskussion, die wir eigentlich verschoben hatten, jetzt doch hier miteinander führen, weil es auch eine sehr lebenswichtige Frage ist. Ich muß dennoch auf die Uhr schauen und daran erinnern, daß 13.00 Uhr die Mittagspause sein soll.

Es haben sich gemeldet Herr Nooke, Herr Weiß, Herr Koplanski. Habe ich jemanden übersehen? Diese drei würde ich jetzt gern bitten, noch ihre Meinung zu äußern. Und dann wollen wir überlegen, wie wir mit diesem Papier vorgehen.

Bitte schön, Herr Nooke, Sie haben das Wort.

Nooke (DA): Ja. Ich würde es bloß ganz kurz noch einmal unterstützen von seiten des Demokratischen Aufbruchs und wollte eigentlich noch etwas sagen, ähnlich wie Herr Succow, daß man doch die Verbindungen zur Bundesrepublik und zu den Ländern nutzen sollte, weil ich gar nicht glaube, daß das fachgerecht jetzt von unserer Seite getan werden kann und auch die **Bürgerbewegungen** auf der anderen Seite mit einbezieht. Das ist ja hier auch zum Teil ausgedrückt. Also bei der Öffentlichkeit auch ganz bewußt die Umweltbewegungen in der Bundesrepublik, weil da auch auf viele Dinge hingewiesen wird, was uns vielleicht noch gar nicht so bewußt ist, ja.

Lange (Moderator): Danke.

Herr Weiß.

Weiß (DJ): Ja, ich möchte gerne hier für die Interessen der Berlinerinnen und Berliner eintreten und schlage vor, in diesen Vorschlag aufzunehmen, daß auch der Grenzstreifen innerhalb Berlins zunächst freigehalten wird, nicht bebaut werden darf, damit aus dem Grenzstreifen ein Grünstreifen werden kann. Entsprechende Vereinbarungen müßten mit dem Senat von Berlin getroffen werden. Auch das sollte in diesem Papier verankert werden.

Vielen Dank.

Lange (Moderator): Herr Koplanski.

Koplanski (DBD): Wir sollten die Ausführungen von Herrn Succow zur Kenntnis nehmen. Trotzdem sind wir dafür, daß aufgrund der Situation der Vorschlag der Grünen Liga und der Grünen Partei unsere Zustimmung findet als Sofortmaßnahme.

Außerdem sollten wir uns eigentlich bei den beiden entschuldigen. Der Antrag liegt seit 3. Januar [1990] hier und ist immer wieder geschoben worden. Sie haben sicherlich nicht die Ellbogenfreiheit sich verschafft wie andere.

Es wäre im Interesse der Sache wichtig, daß wir das verabschieden, auch mit dem Hinweis, mit der Ergänzung, die Herr Weiß gemacht hat. Das ist durchaus so richtig.

Lange (Moderator): Ja. Das ist genau noch einmal die Frage, in welcher Fassung soll dieser Vorschlag jetzt zur Abstimmung gebracht werden.

Herr Jordan dazu.

Jordan (GP): Ich meine für die Grüne Partei, in der hier vorliegenden und etwas überarbeiteten Fassung, ohne das Problem des Grenzstreifens zwischen beiden Teilen Berlins miteinzubeziehen, weil das von der Problematik etwas anders gelagert ist. Und dazu liegt meines Wissens auch schon ein Vorschlag auf dem **Berliner Runden Tisch**, und die Grüne Partei hat hierzu eine Initiative eingebracht, und das wird gegenwärtig in den Presseorganen bei uns und auch in West-Berlin diskutiert.

Lange (Moderator): Könnten wir uns darauf verständigen, daß der vorliegende Vorschlag der Grünen Liga und der Grünen Partei mit einigen wenigen Veränderungen jetzt abgestimmt wird? Daß einige wichtige Punkte wie der zuletzt genannte von Herrn Weiß, diese Berlin-Problematik, doch der Grünen Partei und der Grünen Liga und allen Ökologieexperten doch noch einmal mit auf den Weg gegeben wird, damit wir diesen Antrag jetzt zunächst einmal, und es ist richtig, er lag schon einige Male vor, hier zur Abstimmung bringen können. Wenn das Ihre Zustimmung findet – –

Ich sehe zunächst eine Veränderung, die genannt worden ist für den dritten Abschnitt, die Erweiterung, nicht nur „... die Regierungen der beiden deutschen Staaten ...", sondern hinzugefügt „... und der Bundesländer ...". Das sollte so aufgenommen werden?

Schlüter (GL): Ja, und dann für die Gebiete – –

Lange (Moderator): Ich habe noch eine zweite. Darf ich das eben einmal noch nennen?

Es war die Frage, wie mit dieser **unkontrollierten Nutzungsveränderung** oder „ökonomisches Nutzungsverbot" umgegangen werden soll. Da hatte sich die Grüne Partei dafür ausgesprochen, daß es bei der vorliegenden Fassung bleiben sollte.

Frau Dörfler?

Frau Dörfler (GP): Da hatte die Bauernpartei eingebracht als Vorschlag, zu schreiben „... ein einstweiliges ökonomisches Nutzungsverbot, das über die bisherige Nutzung hinausgeht, auszusprechen ...". Und dem würde ich mich anschließen.

Lange (Moderator): Dann wird Herr Schmidt dazu noch ...

Schmidt (CDU): Also, ich hatte vorhin kurz die sprachliche Verbesserung gemacht. Ein Verbot kann nicht über eine Nutzung hinausgehen, sondern es geht um das Verbot einer Nutzung, die über die bisherige Nutzung hinausgeht.

Lange (Moderator): Ja. Ich mache Ihnen jetzt folgenden Vorschlag, daß sich diejenigen, die Änderungen vorgetragen haben, wie eben die genannte, sich doch noch einmal mit den Antragstellern in Verbindung setzen und in der Mittagspause eine Formulierung uns dann vorbereiten, die es uns erleichtert, diesen vorliegenden Antrag abzustimmen. Sind Sie damit einverstanden?

Frau Dörfler dazu. Herr Schlüter.

Schlüter (GL): Das müßte eigentlich klar sein. Wir haben zwar Einschübe. Der eine betrifft beide deutsche Staaten und der Bundesländer im Absatz drei – –

Lange (Moderator): Nein, bitte, Herr Schlüter, nehmen Sie das doch einmal bitte mit jetzt für die beiden Einbringer zur Kenntnis, daß wir jetzt nicht zu weit in den Aussagen gehen, sondern daß wir die vorliegende Fassung in einigen Punkten, die notwendig sind, verändern oder ergänzen und Sie nach der Mittagspause uns diese Form vortragen.

Ich möchte noch eine ganz kurze Ansage durch meinen Co-Moderator machen lassen.

TOP 8: Parteien und Vereinigungen

Ducke (Co-Moderator): Das ist kein Antrag, der schon seit dem 3. Januar vorliegt, sondern seit dem 8. Januar nur und nie ausgeteilt werden konnte.

Zur Bearbeitung vorliegender Anfragen bitten wir die Parteien, politischen Gruppierungen um die Beantwortung der Fragen, die Sie schriftlich finden. Es sollte bis zum 15. Januar abgegeben sein. Vielleicht wäre es möglich, bis zum 22. [Januar], daß Sie das abgeben können.

Und nur eine Korrektur hätte ich anzubringen bei der **Vorlage 6/4** vom 8. Januar [**Anfrage der Moderatoren: An alle Parteien und Gruppierungen am Runden Tisch**[17]: Das sind die „Moderatoren"[18]. Wir sind moderat mit weichem „d". So hart sind wir gar nicht.

Also ändern Sie das bitte in der Weise, und ich wäre dankbar, wenn der Rücklauf baldigst erfolgen kann.

Lange (Moderator): Das bedeutet, daß der Punkt 6.6 unserer Tagesordnung damit abgehakt ist mit der freundlichen Bitte um Berücksichtigung, daß Sie uns also sehr schnell dies zurückgeben.

Ich wollte nur noch ergänzen, die **Vorlage 7/4a** von SED-PDS [**Zur ökologischen Gestaltung des Grenzgebietes**] wird natürlich dann im Anschluß an die Vorlage 7/4 [**Antrag GL und GP: Schutz des bisherigen Grenzstreifens an der innerdeutschen Grenze**] zur Abstimmung gestellt.

Wir unterbrechen an dieser Stelle unsere Sitzung und gehen jetzt zum Mittagessen nach den bekannten Regulierungen: Die Teilnehmer am Runden Tisch gegenüber, alle anderen Gäste, Berater und die Presse in der Kantine im Majakowski-Ring.

Wir setzen unsere Beratungen um 14.00 Uhr fort.

Frau Röth noch zur Geschäftsordnung?

Frau Röth (UFV): Ja. Treffen wir uns jetzt in der **Prioritätengruppe** kurz?

Lange (Moderator): Ganz schnell die Prioritätengruppe zu einer kurzen Verständigung hierher.

[Mittagspause]

Lange (Moderator): Wir wollen unsere Sitzung fortsetzen mit dem Punkt, der uns vor der Mittagspause beschäftigt hat. Ich rufe noch einmal auf die **Vorlage 7/4 [Antrag GL und GP], Vorschlag für eine Erklärung des Runden Tisches zum Schutz der Fläche des bisherigen Grenzstreifens an der innerdeutschen Grenze**. Hier waren einige Änderungswünsche vorgetragen worden. Und wir bitten darum, daß Sie uns jetzt informieren, in welcher Fassung der vorliegende Vorschlag zur Abstimmung kommen soll.

Frau Dörfler hat das Wort, Grüne Partei.

Frau Dörfler (GP): Ja. Die beiden Änderungsvorschläge beziehen sich auf den dritten Abschnitt, den dritten Absatz, und zwar „Der Runde Tisch wendet sich mit der Bitte an die Regierungen beider deutscher Staaten ...". Hier wird eingefügt „und der Regierungen der Bundesländer...".

Und die zweite Änderung wird auch in diesen Satz eingefügt. „... und die Regierungen der Bundesländer, für diese Gebiete ein einstweiliges ökonomisches Nutzungsverbot ...": „ökonomisches Nutzungsverbot" wird gestrichen, und dafür wird gesetzt „Verbot einer Nutzung, die über die bisherige Nutzung hinausgeht, auszusprechen", das bleibt dann.

Lange (Moderator): Ja. Vielen Dank. Das sind die beiden Veränderungen.

Frau Dörfler (GP): Ja.

Lange (Moderator): Ich darf darauf hinweisen, dieses Papier ist aus Ersparnisgründen, auch aus ökologischen Gründen, nicht noch einmal geschrieben worden. Das ist mir von der Grünen Partei gesagt worden, so daß ich Sie bitten möchte,

---

[17] Es handelte sich um einen Fragenkatalog zur Struktur und zu den Programmen der Parteien und Vereinigungen. Später wurde wiederholt Klage geführt, daß diese nicht reagiert hätten.

[18] Die Vorlage war versehentlich so anstelle von „Moderatoren" unterzeichnet.

diese kleinen Änderungen jetzt einzutragen, damit wir dann über diese Vorlage abstimmen können.

Es handelt sich also um zwei Änderungen, die beide den dritten Abschnitt betreffen:

„Der Runde Tisch wendet sich mit der Bitte an die Regierungen beider deutscher Staaten und die Regierungen der Bundesländer, für diese Gebiete ein einstweiliges Verbot einer Nutzung, die über die bisherige Nutzung hinausgeht, auszusprechen." Ist das so richtig?

Frau Dörfler (GP): Ja, das ist so richtig.

Lange (Moderator): Ja, bitte, Herr Schieferdecker.

Schieferdecker (SED-PDS): Ich hatte eigentlich vorgeschlagen, den SED-Antrag extra zurückzuziehen mit der Einfügung der **grenzgesetzlichen Regelung.**

Darf ich einmal erfahren, aus welchen Gründen Sie das nicht berücksichtigen konnten?

Frau Dörfler (GP): Wir hatten eben darüber noch gesprochen draußen, und da waren Sie auch dabei und waren der Meinung, daß das eine gesonderte Fragestellung, die Frage der Grenzgesetze, daß das eigentlich mit den Naturschutzgebieten nichts zu tun hat.

Und Sie könnten ja jetzt Ihren Vorschlag noch zur Diskussion stellen.

Lange (Moderator): Ich bin eigentlich davon ausgegangen, daß wir Ihren Antrag anschließend extra doch noch einmal behandeln, als **Vorlage 7/4 a.** Wollten Sie nicht?

Schieferdecker (SED-PDS): Den wollten wir aus Zweckmäßigkeitsgründen, um nicht zu viele Anträge hier zur selben Thematik [zu haben], den wollten wir zurückziehen mit der einzelnen Vokabel. Aber, wie es von Ihnen entschieden wird. Bitte.

Lange (Moderator): Frau Dörfler, können Sie uns noch einmal helfen?

Frau Dörfler (GP): Es kann diskutiert werden. Herr Schieferdecker hatte vorgeschlagen, die Einfügung, auch im dritten Absatz: „Der Runde Tisch wendet sich ..." – jetzt die Einfügung – „... in Vorbereitung von grenzgesetzlichen Regelungen mit der Bitte an die Regierungen ..." und so weiter.

Also, „in Vorbereitung von grenzgesetzlichen Regelungen".

Also, mir ist – – ich könnte das akzeptieren.

Lange (Moderator): Und Sie könnten uns bitte noch einmal die Stelle bezeichnen, wo dieser Satz einzufügen ist.

Frau Dörfler (GP): Auch im dritten Absatz. „Der Runde Tisch wendet sich ..." – dann kommt die Einfügung – „... in Vorbereitung von grenzgesetzlichen Regelungen ...".

Lange (Moderator): „Der Runde Tisch wendet sich in Vorbereitung von grenzgesetzlichen Regelungen ..." – und dann weiter – –

Frau Dörfler (GP): – „... mit der Bitte an die Regierungen ..."

Lange (Moderator): Ja. Ist das jetzt allen klar?
Herr Poppe, bitte.

Poppe (IFM): Ja. Ich bin der Meinung, das gehört hier eigentlich nicht herein, sondern das ist ein Papier, was die Ökologie und die Ökonomie betrifft und nicht irgendwelche Grenzregelungen eigentlich.

Lange (Moderator): Sie sprechen sich dagegen aus.

Poppe (IFM): Ich spreche mich dagegen aus, daß diese Einfügung da hineinkommt.

Lange (Moderator): Ja.
Herr Blahnik, bitte.

Blahnik (DBD): Ja, ich wäre auch nicht dafür, diese Einfügung hier zu treffen, weil das einen Zusammenhang herstellt, der mit dem Sofortcharakter dieses Papiers nicht in Zusammenhang gebracht werden sollte.

Lange (Moderator): Gut.
Herr Schieferdecker hatte – –
Herr Wiedemann vorher, Entschuldigung.

Wiedemann (CDU): Na, ich wollte das gleiche sagen. Das würde das zu sehr einschränken.

Lange (Moderator): Gut. Ja.
Herr Schieferdecker.

Schieferdecker (SED-PDS): Wir akzeptieren das und ziehen unseren Zusatzantrag zurück.

Lange (Moderator): Sie würden also dann **Vorlage 7/4a** auch grundsätzlich zurückziehen oder extra zur Abstimmung stellen?

Schieferdecker (SED-PDS): Ja, extra zur Abstimmung stellen.

Lange (Moderator): Gut.

Dann steht jetzt zunächst der **Antrag 7/4** mit der von Frau Dörfler genannten Veränderung im dritten Abschnitt. Können wir darüber jetzt abstimmen oder gibt es noch weitere Äußerungen? – Das ist nicht der Fall.

Wer dafür ist, daß wir diese **Vorlage 7/4 [Antrag GL, GP zum Schutz des bisherigen Grenzstreifens an der innerdeutschen Grenze]** annehmen, den bitte ich um das Handzeichen. – Das ist die Mehrheit.

Wir brauchen – ich frage aber trotzdem: Wer ist dagegen? – Gibt es Stimmenthaltungen? – Dann ist dieser Antrag einstimmig angenommen, und es steht jetzt der **Antrag**

> **[Vorlage 7/4a, Antrag SED-PDS: Zur ökologischen Gestaltung des Grenzgebietes]:**
>
> Der Runde Tisch erwartet von der Regierung bei der Ausarbeitung des neuen Gesetzes über die Staatsgrenze (Grenzgesetz), gesetzliche Grundlagen zu schaffen über die Bildung eines ökologischen Gürtels an der Staatsgrenze, über die ökologische Gestaltung des Grenzgebietes.
>
> Die örtlichen Staatsorgane werden aufgefordert, in Zusammenarbeit mit den demokratischen Kräften der DDR Initiativen zur ökologischen Sicherung der Grenzgebiete zu beraten und einzuleiten.

Wollen Sie dazu noch einmal eine Erläuterung geben? – Es verändert sich im Text nichts, Sie legen ihn so vor, wie wir ihn in der Hand haben?

Bitte schön, Herr Schieferdecker.

Schieferdecker (SED-PDS): Im zweiten Absatz, der beginnt mit „Die örtlichen" sollte zwischen „Die" und „örtlichen" eingefügt werden: „Die zentralen und örtlichen Staatsorgane", denn das ist ja in allererster Linie für die Berliner zentralen Staatsorgane bestimmt.

Lange (Moderator): Wir fügen das ein: „Die zentralen und örtlichen Staatsorgane".

Schieferdecker (SED-PDS): Danke.

Lange (Moderator): Ja. Gibt es dazu Änderungswünsche?
Herr Wiedemann, CDU.

Wiedemann (CDU): Vor allen Dingen eine Frage:
Ich sehe hier keinen wesentlichen Unterschied zu dem, was wir gerade beschlossen haben. Wir wollen hier einen **ökologischen Gürtel** aufbauen. Der kann ja auch nicht durchgängig sein. Das kann ich mir nicht vorstellen. Dann können wir also auch gleich den Zaun dort vorne stehen lassen. Denn dieser ökologische Gürtel würde mitten in Europa das Europa sozusagen teilen. Solche Vorbehalte haben wir nicht nur, sondern die haben wir auch zusammen mit anderen schon diskutiert.

Ich weiß nicht, inwieweit der Vorschlag über den anderen hinausgehend gemeint ist jetzt.

Lange (Moderator): Herr Schieferdecker, würden Sie noch einmal die Notwendigkeit begründen für diesen Antrag?

Schieferdecker (SED-PDS): Ich bin in einer etwas peinlichen Lage, das in der Öffentlichkeit sagen zu dürfen, weil ich hier einen Antrag verlese, der mir selbst vorhin erst in die Hand gedrückt worden ist.

Ich sehe aber darin folgenden Sinn, in die juristische Gesetzgebung für das **zukünftige Grenzgesetz der DDR** von vornherein die ökologischen Aspekte mit einfließen zu lassen. Insofern nehme ich an, auch meine Kollegen von der Grünen Partei haben nichts dagegen, wenn das doppelt noch einmal im Grenzgesetz auftaucht.

Zweitens, wenn der ökologische Gürtel wiederum im Sinne der alten Sprachregelung verstanden werden soll als ein verschleierter grüner Grenzzaun, dann ist das eindeutig hier damit nicht gemeint. Dann bitte ich um Vorschläge, um das semantisch, sprachlich in etwas elegantere Formulierungen zu bringen, wenn dieses Grundanliegen überhaupt geteilt wird hier am Tisch.

Danke.

Lange (Moderator): Darf ich zurückfragen, Herr Schieferdecker, würde es eine Änderung bedeuten, wenn man nicht sagt, „erwartet" sondern „empfiehlt der Regierung", daß dieses noch einmal überdacht wird.

Zur Geschäftsordnung? – Bitte.

Templin (IFM): Wir sind der Meinung, daß mit dem ersten Antrag wirklich alle relevanten Fragen beantwortet sind und würden die Diskussion des zweiten Antrages demzufolge also zurückstellen wollen.

Lange (Moderator): Herr Schieferdecker.

Schieferdecker (SED-PDS): Ich bin prinzipiell einverstanden, drücke nur meine Verwunderung aus, daß mehrere Kollegen am Tisch genau vor drei Minuten gesagt haben, das gehört nicht hier herein, das ist extra zu befinden. Und jetzt haben fast dieselben Fraktionen gesagt, das ist identisch mit dem ersten Antrag.

Die SED-PDS zieht diesen Antrag zurück.

Lange (Moderator): Sie ziehen zurück. Danke.

Dann steht er nicht mehr zur Diskussion. Dann haben wir diesen Punkt jetzt erledigt.

Ich habe noch den Hinweis zu geben, daß eine weitere offene Frage von heute vormittag jetzt noch nicht zur Abstimmung gestellt werden kann, hängt noch mit Sicherheit zusammen. Diese veränderte Fassung wird eben geschrieben. Wir sollten warten, bis wir sie alle dann in der Hand haben.

Und ich stelle fest, daß wir wieder einige Veränderungen an unserem Tisch haben. Darf ich bitten, daß die neu hinzugekommenen Austauschdelegierten sich doch bitte kurz vorstellen.

Unabhängiger Frauenverband.

Frau Schmidt (UFV): Gertraude Schmidt, ich bin in der Arbeitsgruppe „Ökologischer Umbau".

Lange (Moderator): Ja. Vielen Dank.
Sagen Sie bitte auch noch einmal Ihren Namen?

Brandenburg (NF): Dr. Klaus Brandenburg, Arbeitsgruppe „Wirtschaft".

Lange (Moderator): Sie waren schon da, aber für heute noch nicht. Gut. Sie sind so freundlich und schreiben bitte Ihren Namen auch.

Dann hier – –

Frau Braband (VL): Ich heiße Jutta Braband, bin hier für die Vereinigte Linke. Noch etwas? Fehlt noch etwas?

Lange (Moderator): Ja, den Beruf wollen wir immer gern hören.

Frau Braband (VL): Ich bin Modegestalterin und arbeite im Ausschuß für Gleichstellungsfragen.

Lange (Moderator): Danke. Und auch Sie bitten wir, für unsere Anschriftenliste Ihren Namen und die Anschrift hier nach vorn zu geben.

Bitte schön.

Frau Will (SED-PDS): Mein Name ist Rosemarie Will für SED-PDS. Ich bin Jurist und arbeite als Hochschullehrer an der Humboldt-Universität.

Lange (Moderator): Ja. Danke.
An dieser Stelle übergebe ich die Gesprächsleitung Herrn Ducke.

TOP 9: Wahlgesetz

Ducke (Moderator): Es wird gerade ausgeteilt der **Beschlußantrag zum Wahlgesetz** von heute früh, die Zusammenfassung **von Arbeitsgruppe „Recht" und DBD [Vorlage 8/1]**. Wenn das ausgeteilt ist, werden wir darüber abstimmen.

Wir gehen sonst zum Tagesordnungspunkt 5 über, **Verfassung**.

Ich bitte Herrn Poppe um Einbringung der Vorlagen. Das handelt sich jetzt um die Ihnen vorliegenden Papiere, **Vorlage 8/1 [der AG „Neue Verfassung" vom 18. Januar 1990: Zum passiven Wahlrecht, ferner um Vorlage 7/3 IFM: Zur Volkskammer-Sitzung am 11./12. Januar]** und eine Information 7/1, Stellungnahme Arbeitsgruppe „Neue Verfassung" [zum Gesetzentwurf der Regierung „Zur Änderung und Ergänzung der Verfassung"]. Ich hoffe, alles gesagt zu haben.

Bitte, Herr Poppe.

Poppe (IFM): Ja. Ich möchte beginnen mit der **Vorlage 8/1** von der heutigen Sitzung, also die hier mit 18. Januar 1990 beschrieben ist.

Um das kurz zu kommentieren, das ist also zur einen Hälfte ein Antrag, zur zweiten eine Information, die sich an das anschließt, was beim vorigen Mal hier zum Wahlgesetz gesagt wurde, daß wir der Meinung sind, daß das heute besprochen werden muß hier hat damit zu tun, daß für die nächste Tagesordnung wahrscheinlich ja doch das Wahlgesetz wieder eine Rolle spielen wird. Und da müssen dann bestimmte Vorklärungen getroffen werden, die sich aus diesem Antrag ergeben.

Ich lese den einmal vor:

> [Vorlage 8/1, Antrag AG „Neue Verfassung der DDR": Zum passiven Wahlrecht]
>
> Die Arbeitsgruppe „Neue Verfassung" der DDR des Runden Tisches setzt sich dafür ein, daß am Runden Tisch verfassungsrechtliche Bedenken zum Entwurf des Wahlgesetzes von Experten vorgetragen werden können. Im Zusammenhang mit der Diskussion über Grundlinien eines neuen Menschenrechtsverständnisses gab es in der Arbeitsgruppe Übereinstimmung, daß im Entwurf der Arbeitsgruppe „Wahlgesetz" des Runden Tisches das passive Wahlgesetz

– das **passive „Wahlrecht"** müßte es hier heißen, bitte korrigieren Sie das –

> unangemessen eingeschränkt wird. Deshalb schlagen wir vor, daß Dr. Hans-Jürgen Will und Dr. Kuhlke als Sachverständige am Runden Tisch gehört werden.

Das betrifft also den Tag, an dem das Wahlgesetz wieder auf der Tagesordnung steht.

Der zweite Teil dieser Vorlage ist im Grunde genommen eine Information, die vielleicht die Arbeitsgruppe „Wahlgesetz" auch schon zur Kenntnis erhalten sollte sowie auch natürlich die Teilnehmer der Diskussion vom Montag hier.

> Die Arbeitsgruppe setzt sich dafür ein, daß Paragraph 8 Absatz 2 des Vorschlags, Gesetz über die Wahlen zur Volkskammer der DDR, mit einer Textänderung bestehen bleiben soll. Der letzte Satz soll lauten: Die Entscheidung darüber trifft für die Volkskammerwahl am 6. Mai 1990 die Wahlkommission der Republik, da bis dahin noch kein Verfassungsgericht existiert. Die Arbeitsgruppe „Neue Verfassung" der DDR hält für den 6. Mai 1990 ausschließlich ein Verhältniswahlrecht mit geschlossenen Listen für praktikabel.

Ducke (Moderator): Danke, Herr Poppe. Hierzu vielleicht die Bemerkung, es geht also – nur zum Verständnis – es ist hier keine Vorlage bezüglich der Diskussion einer neuer Verfassung, sondern eine **Stellungnahme der Arbeitsgruppe „Verfassung"** zu dem am letzten Mal diskutierten **Entwurf des Wahlgesetzes.**

Und wir müßten befinden, inwieweit der Runde Tisch ihre Vorschläge an die Gruppe „Wahlgesetz" weitergibt.

Sehe ich das richtig, Herr Poppe?

Poppe (IFM): Nein, wir müßten hier nur – – Ich würde den zweiten Teil einfach als eine Information ansehen. Wir müßten darüber befinden, ob die beiden Experten hier an dem betreffenden Termin gehört werden können.

Ducke (Moderator): Ich möchte die Entscheidungsfrage nicht stellen, bevor wir jemanden von der Arbeitsgruppe „Wahlgesetz" gehört haben. Ist das möglich, daß da jemand schon etwas dazu sagen kann? Ist jemand von der Arbeitsgruppe „Wahlgesetz" da? Denn wir können schlecht vielleicht da etwas beschließen, was diese Gruppe dann tangiert.

Ist jemand von der **Arbeitsgruppe „Wahlgesetzgebung"** hier? – Nein. Also, was machen wir jetzt?

Herr Poppe.

Frau Töpfer, helfen Sie uns.

Frau Töpfer (FDGB): Ich weiß nicht, ob ich jetzt endgültig helfen kann. Aber ich würde vorschlagen, daß der Antrag auf Anhörung von Experten zu den Verfassungsbedenken, die es zum Wahlgesetz gibt, eben vom Runden Tisch verabschiedet wird, weil es ja nur eine Verfahrensfrage des Wahlgesetzes betrifft und nicht die Wahl an sich. Also, es ist nicht was, was die Arbeitsgruppe „Wahl[gesetz"] direkt tangiert.

Ducke (Moderator): Gut. Ich sehe hier zustimmendes Nicken. Dann wären diese Bedenken – damit wir niemand übergehen, das wollte ich doch wenigstens gefragt haben – ausgeräumt.

Dann könnten wir darüber abstimmen, daß wir bei der Behandlung des Wahlgesetzes jetzt – unabhängig von der Festlegung durch die Prioritätengruppe, wann das wieder drankommen kann – diesen Vorschlag hier unterstützen. War das so exakt?

Wünscht noch jemand das Wort dazu? Also, es geht konkret um Expertenanhörung zu diesem Thema, Verfassungsbedenken zum neuen Wahlgesetz. Wünscht noch jemand das Wort dazu, sonst lassen wir abstimmen. – Das ist nicht der Fall. Dann bitte ich um Abstimmung.

Wer dafür ist, daß bei der Diskussion Wahlgesetz die beiden hier genannten Experten angehört werden am Runden Tisch auf Vorschlag der Arbeitsgruppe „Verfassung", den bitte ich um das Handzeichen. – Das ist die – – ja, sogar Einstimmigkeit. Vielen Dank. Damit ist dies beschlossen.

Das war dieser Antrag.

Bitte weiter, Herr Poppe, die nächsten Anträge.

TOP 10: Änderung der Artikel 12 und 14 der Verfassung der DDR: Joint-ventures

Poppe (IFM): Ja. Zum nächsten Antrag müßte man die **Information 7/1** der 7. Sitzung vom 15. Januar [**Erklärung der AG „Wahlgesetz"**] dazuziehen. Ich will die hier nicht vollständig verlesen, sondern nur kommentieren.

Also, den ersten Absatz [**Information 7/1**] werde ich verlesen. Es geht auch hier um eine **Stellungnahme der Arbeitsgruppe „Neue Verfassung"**, und sie betrifft die in der vorigen Woche beschlossene, das in der vorigen Woche beschlossene Gesetz zur Änderung und Ergänzung der Verfassung der DDR.

Zu dem Zeitpunkt, als diese Diskussion in der Arbeitsgruppe „Neue Verfassung" stattfand, war das Gesetz noch nicht beschlossen. Wir haben den Gesetzentwurf am 9. Januar erhalten. Am 11. wurde er bereits in die Volkskammer eingebracht. Wir haben in der **Arbeitsgruppe „Neue Verfassung"** nicht gleichzeitig erhalten die vorgesehene Regierungsverordnung zur Ermöglichung von Joint-ventures. Und wir haben uns da in der Arbeitsgruppe dann zu einer, haben zu einer Stellungnahme gefunden, die im ersten Absatz hier zu folgendem Ergebnis kam:

[Vorlage 7/3, Mißbilligungsantrag Nr. 2 und Nr. 3 IFM und UFV gegenüber Vorhaben und Vorgehen von Regierung und Volkskammer bei der Neufassung von Art. 12 und 14 der Verfassung der DDR]

Es kann nicht akzeptiert werden, daß die Regierung ein verfassungsänderndes Gesetz ohne vorherige öffentliche Diskussion am 11. Januar 1990 durch die Volkskammer beschließen lassen will.

Im dritten Punkt haben wir festgestellt, daß der Vorschlag der Regierung, der ursprüngliche Vorschlag der Regierung rechtsstaatliche Mängel aufweist. Er ist dann in der gleichen Form nicht beschlossen worden, daß ich also mich auf die Änderung des Artikels 12 der Verfassung hier nicht beziehen möchte. Es ist aber darüber hinaus eine Einfügung eines Artikels 14 a) beschlossen worden, die von unserer Seite ebenfalls diese rechtlichen Bedenken hervorrief.

Wir haben dann zu beiden geplanten Veränderungen einen Wortlaut vorgeschlagen, den die **Arbeitsgruppe „Neue Verfassung"** akzeptiert hätte. Und da wäre also zum Artikel 12 gesagt worden, Ausnahmen von dem **Artikel 12**, der also Volkseigentum festschreibt für bestimmte Bereiche der Wirtschaft und das Verkehrswesen, und die wirklich wichtigen Bereiche der Wirtschaft müssen durch Gesetz mit Zweidrittelmehrheit geregelt werden.

Das war der eine Vorschlag. Und zu dem anderen haben wir festgestellt, es müßte bei der **Gründung von Unternehmen mit ausländischer Beteiligung** ebenfalls, die müßten ebenfalls auf der Grundlage von Gesetzen geschehen. Das ist also anders in der endgültigen Formulierung. Dann sind die, sind dort, ist auch dort die Möglichkeit geschaffen worden, das auf der Grundlage von Verordnungen zu tun.

Wir wollen jetzt nicht im einzelnen noch einmal diesen Vorgang kommentieren, also die einzelne, weil das jetzt nicht die Tagesordnung ist. Es geht uns hier um die Verfahrensweise an dieser Stelle jetzt. Und darauf bezieht sich eben auch der Antrag, der jetzt von der Initiative Frieden und Menschenrechte auch am 15. Januar eingebracht worden ist.

Das ist hier der Antrag Nummer 2 vom 15. Januar [**Vorlage 7/3, Antrag Nr. 2 IFM: Mißbilligungserklärung zur VK-Sitzung am 11./12. Januar**]. Die Formulierung lautet:

[Vorlage 7/3 Mißbilligungsantrag Nr. 2 und Nr. 3 IFM gegenüber Vorhaben und Vorgehen von Regierung und Volkskammer bei der Neufassung von Art. 12 und 14 der Verfassung der DDR]

Der Runde Tisch mißbilligt, daß die Regierung ein verfassungsänderndes Gesetz ohne vorherige öffentliche Diskussion der Volkskammer zur Beschlußfassung am 11./12. Januar 1990 vorgelegt hat.

Der Runde Tisch fordert die Regierung auf, Gesetzentwürfe, insbesondere auch solche, die die Verfassung sowie die Eigentumsverhältnisse in der DDR grundsätzlich berühren, vor der Beschlußfassung durch die Volkskammer dem Runden Tisch zur Stellungnahme zuzuleiten und ausreichende Zeit für die öffentliche Diskussion zu garantieren.

Ducke (Moderator): Danke, Herr Poppe, das war zunächst die Information, die wir zur Kenntnis nehmen. Darüber brauchen wir nicht abzustimmen.

Aber der Antrag Nummer 2 [**Vorlage 7/3**] liegt vor. Auch wieder aus ökologischen Gründen steht schon ein zweiter Antrag unten, der aber jetzt nicht zur Debatte steht, der wird nachher im Zusammenhang mit dem Antrag Unabhängiger Frauenverband kommen. Nur daß Sie das Papier nicht gleich wegwerfen, deswegen sage ich das. Also, jetzt gilt nur die obere Hälfte dieses Blattes Papier.

Der Antrag liegt vor, dieses Vorgehen der Volkskammer beziehungsweise der Regierung zu mißbilligen und die Aufforderung, Gesetzesentwürfe langfristiger zu diskutieren. Dazu jetzt die Aussprache.

Bitte, Herr Koplanski.

Koplanski (DBD): Ich möchte dazu, meine Damen und Herren, eine kurze Erklärung abgeben.

Im Zusammenhang mit diesem Gesetz und der Verfassungsänderung hat es im Präsidium, den Fraktionen und in den Ausschüssen der Volkskammer ernste Auseinandersetzungen kritischer Art gegeben. Das ist, wenn Sie die Beratung verfolgt haben, auch über die Medien gegangen.

Die Vorlage ist sehr kurzfristig den Fraktionen und den Ausschüssen zur Verfügung gestellt worden, so daß eine Diskussion in dem Maße, wie hier gefordert, nicht mehr möglich war. Andererseits standen wir alle ein wenig unter Druck in Anbetracht der Verhandlungen, die mit der Bundesrepublik bevorstanden. Es hat dann prinzipielle Diskussionen gegeben, und ich bin überzeugt, daß es mit Blick auf bevorstehende Gesetze entsprechende Lehren geben wird.

Ich bin am 11.1. mit Herrn Poppe zusammengetroffen, wo er den Antrag gestellt hat, daß er darum bittet, in der Volkskammer zu sprechen. Bei dieser Gelegenheit hat er mir die Stellungnahme des Runden Tisches übergeben.

Zu diesem Zeitpunkt war bereits festgelegt, das ist ein paar Tage geschehen, daß **die neuen politischen Parteien und Gruppierungen zur Volkskammer eingeladen** werden, daß sie zu den Ausschüssen eingeladen werden, in den Ausschüssen auch einbezogen werden, bei der Diskussion auch die Möglichkeit haben, sich voll gleichberechtigt an der Diskussion zu beteiligen.

Das war ein neuer Schritt, der erst einmal gegangen wurde. Und dann sollte im Zusammenhang mit dem Wahlgesetz im Präsidium die Diskussion stattfinden, daß auch **die neuen politischen Parteien und Gruppierungen** bei der **Diskussion über das Wahlgesetz** in der Volkskammer die Möglichkeit haben, das Wort zu nehmen. Das zum ersten.

Zum zweiten ist durch den Präsidenten der Volkskammer der von Herrn Poppe eingereichte Vorschlag allen Fraktionen, den Mitgliedern des Präsidiums und den Ausschüssen zur Kenntnis gegeben worden. Die haben sich bei der wiederholten Beratung zu dieser Problematik auch dazu geäußert. Das Ergebnis ist bekannt.

Ich hielt es für zweckmäßig, dies hier entsprechend zur Kenntnis zu geben. Es waren teilweise Umstände, die nicht anders zu beeinflussen waren.

Ducke (Moderator): Danke für die Erklärung.
Es liegt ein Antrag zur Geschäftsordnung vor.
Herr Poppe, bitte.

Poppe (IFM): Ja. Ich glaube, hier liegt eine Verwechselung vor. Wir wollten jetzt diskutieren den Antrag Nummer 2. Was Herr Koplanski jetzt kommentiert hat, ist, glaube ich, wäre eher interessant in Zusammenhang mit dem darunterstehenden Antrag 3 [beide auf der Vorlage 7/3]. Denn hier geht es – –

Ducke (Moderator): Nicht ganz so, sondern er hat uns dargelegt, warum es zu dieser Kurz – –

Poppe (IFM): Nein, hier geht es, im Antrag 2 geht es darum, geht es um die Regierung. Es geht um die Vorlage der Regierung und die Kurzfristigkeit und die Unmöglichkeit, diese Vorlage noch in dem Zeitraum bis zur Volkskammertagung zu diskutieren, weder in der Öffentlichkeit noch hier, nicht?

Das, was Herr Koplanski jetzt geäußert hat, bezieht sich eigentlich schon auf das Darunterstehende.

Ducke (Moderator): Das zur Erklärung.
Frau Will, bitte, von SED-PDS.

Frau Will (SED-PDS): Die Mißbilligung an der Verfahrensweise zum verfassungsändernden Gesetz von Artikel 12 und 14 teilen wir. Auch die Aufforderung an die Regierung, künftighin solche Gesetzentwürfe einer öffentlichen Diskussion zugänglich zu machen.

Wir verstehen sehr wohl, daß die Regierung unter dem Druck steht, schnelle Entscheidungen für das Land zu treffen. Aber diese Entscheidungen dürfen nicht grundsätzliche Dinge verbauen oder vorwegnehmen. Wenn so etwas, und dabei handelt es sich, wenn es um **Artikel 12 und 14** geht, gemacht wird, ist dafür Zeit und eine öffentliche Debatte zur Konsensfindung nötig.

Insofern ist das, was die Initiative Frieden und Menschenrechte hier beantragt, für alle zukünftigen verfassungsändernden Gesetze richtig.

Ducke (Moderator): Danke.
Wünscht noch jemand das Wort, sonst stimmen wir über diesen Antrag ab. Es ist nicht der Fall. Es ist dafür gesprochen worden, auch Erklärungsversuche. Dann steht der Antrag zur Entscheidung an.

Ich rufe auf **Vorlage 7/3, Antrag IFM: Zur VK-Sitzung am 11./12. Januar:** „Der Runde Tisch mißbilligt …" in der vorliegenden Form. Wer dafür ist, diesen Antrag Initiative Frieden und Menschenrechte anzunehmen, den bitte ich um das Handzeichen. – Das ist die überwiegende Mehrheit.

Jetzt frage ich aber trotzdem. Ist jemand dagegen? – Das ist nicht der Fall. Enthält sich jemand der Stimme? – Na, diesmal nicht. Also einstimmig von allen Anwesenden angenommen. Danke schön.

Damit wäre der Punkt – sehe ich das richtig, Herr Poppe? -, was heute zum Thema Verfassung vorzubringen war, abgehandelt.

TOP 11: Rederecht der Parteien und Gruppierungen des Runden Tisches in der Volkskammer und Beobachterstatus bei Regierungssitzungen

Dann rufe ich auf als nächsten Tagesordnungspunkt Punkt **6.2** unter der **Tagesordnung,** Unabhängiger Frauenverband. Und dazu behalten Sie bitte dieses Papier eben von Initiative Frieden und Menschenrechte auch bei der Hand, denn jetzt gilt der untenstehende Antrag von UFV dafür auch noch.

Für das, was die Frau Röth vom Unabhängigen Frauenverband vortragen will, liegt Ihnen vor vom 15. Januar **Vorlage 7/3,** die ersten beiden Absätze.

Frau Röth (UFV): Wir reichen nur noch den ersten Absatz zur Antragstellung und zur Abstimmung ein.

Ducke (Moderator): Gut. Das ist Ihre – – nur damit wir alle das haben.

Sie erinnern sich, das war so ein – – das Papier mit den vielen – –

Also ich rufe auf, bitte, Frau Röth, Unabhängiger Frauenverband.

Frau Röth (UFV): Der Antrag war vom 3. Januar, nicht vom 15. Januar. Und der Antrag, den wir einbringen, ist also deckungsgleich mit dem Antrag, den die Initiative Frieden und Menschenrechte einbringt.

Wir hatten damals – der Antrag kam durch widrige Umstände nicht zur Abstimmung hier am Runden Tisch – wir hatten aber durch Herrn Ziegler eruieren lassen, ob es möglich ist, daß wir also ein Rede- und Anfragerecht in der Volkskammer bekommen.

Es ist abschlägig also beschieden worden. Und wir möchten deshalb hier noch einmal am Runden Tisch unseren Antrag **[Vorlage 7/3: Rederecht Rederecht der Vereinigungen und Parteien des Runden Tisches vor der Volkskammer]** einbringen, der lautet wie folgt:

> Der Runde Tisch möge beschließen, daß die als Gäste zur Volkskammersitzung am 11. und 12. Januar 1990 geladenen Vertreter der neuen Gruppierungen mit beschränkten parlamentarischen Rechten, das heißt dem Recht zur Rede vor der Volkskammer und zur Anfrage an die Regierung, ausgestattet werden.

Ducke (Moderator): Wünschen Sie noch Erklärungen dazu? – Meine Frage ist jetzt, Frau Röth: Wir müßten ja jetzt ersetzen, 11./12. Januar – – ist nun vorbei. Ist der Antrag für die kommenden Volkskammersitzungen?

Frau Röth (UFV): Für alle kommenden Volkskammersitzungen bis zum 6. Mai.

Ducke (Moderator): Dann bitten wir, das sofort zu ändern. Statt „am 11./12. Januar" für – –

Frau Röth (UFV): – einfach ganz global „an den Volkskammertagungen" oder „-sitzungen" – –

Ducke (Moderator): – „daß die als – –", sagen Sie, aber noch eine Frage.

Frau Röth (UFV): – „daß die als Gäste zur Volkskammersitzung geladenen Vertreter der neuen Gruppierungen mit beschränkten..." und so weiter.

Ducke (Moderator): Aha.

Frau Röth (UFV): Also, nicht diese terminliche Beschränkung.

Ducke (Moderator): Das heißt, die Gäste sind damit genau fixiert?

Frau Röth (UFV): Die Gäste, die Einladungen wurden uns durch den Volkskammer-Präsidenten Dr. Maleuda – –

Ducke (Moderator): Nein, nein, ich meine, es ist deutlich, daß Sie das **Rederecht** nur für die Gäste wollen, die Mitglieder des Runden Tisches sind. Denn ich könnte mir vorstellen, es waren ja auch andere Gäste in der Volkskammer anwesend.

Frau Röth (UFV): So ist es, ja.

Ducke (Moderator): Danke. So.

Allen klar, worum es geht? – Die Forderung nach beschränkten parlamentarischen Rechten, wie es hier heißt, für die neuen Gruppierungen. Das heißt, zu sprechen, sprechen zu dürfen und Anfragen zu stellen, steht hier im Raum, muß debattiert werden. Der Runde Tisch wird um seine Zustimmung gebeten.

Wünscht jemand dazu das Wort? – Ich eröffne die Aussprache.

Oder, Herr Poppe, wollen Sie gleich Ihren Antrag auch gleich hier mit – –

Poppe (IFM): Also, ich würde das für sinnvoll halten, weil es ja um den gleichen Sachverhalt geht. Und daß wir uns jetzt nicht lange damit aufhalten.

Ducke (Moderator): Natürlich.

Bitte gleich den Antrag Initiative Menschenrechte, der – –

Poppe (IFM): Also, den, worum es ging, hatte Herr Koplanski vorhin schon erzählt. Also, **[Vorlage 7/3, Antrag Nr. 3, Antrag IFM]** Rederecht bei der Volkskammer eben im Zusammenhang mit dieser Verfassungsänderung.

> **[Vorlage 7/3 Mißbilligungsantrag Nr. 3 IFM, UFV: Rederecht der Vereinigungen und Parteien des Runden Tisches vor der Volkskammer]**
>
> Der Runde Tisch mißbilligt, daß das Präsidium der Volkskammer es abgelehnt hat, Teilnehmer des Runden Tisches mit Rederecht zur 14. Tagung der Volkskammer am 11. und 12. Januar 1990 zuzulassen.
>
> Der Runde Tisch fordert das Präsidium der Volkskammer auf, zu allen weiteren Volkskammertagungen bis zum Zeitpunkt der Volkskammerwahl Mitglieder aller am Runden Tisch vertretenen Parteien und Gruppierungen mit Rederecht einzuladen.

Ducke (Moderator): Das ist im zweiten Teil inhaltlich deckungsgleich mit dem vorher eingegangenen Antrag.

Die Frage, Herr Poppe: Nur der erste Teil, die Mißbilligung halten Sie aufrecht, oder würden Sie jetzt nur das Rederecht verlangen? Denn dann müßten wir das als extra – –

Poppe (IFM): Nein. Da wir uns sehr eindringlich bemüht haben, möchte ich das auch gerne aufrechterhalten.

Ducke (Moderator): Danke. Das würde dann sozusagen als eigener Antrag stehen, ja? Gut.

Wir eröffnen die Aussprache zu den beiden Anträgen. Darf ich um Wortmeldungen bitten, sonst lassen wir abstimmen.

Bitte, Herr Matschie, SPD.

Matschie (SPD): Ich denke, daß es wichtig ist bei diesem Antrag zu beachten, daß wir nicht Diskussionen, die hier am Runden Tisch vor der Öffentlichkeit geführt werden müssen, in die Volkskammertagung verlagern, wo sie vielleicht nicht der Öffentlichkeit zugänglich ist. Dann müßte auf jeden Fall gesichert werden, daß diese Diskussionen auch weiterhin der **Öffentlichkeit** zugänglich sind. Sonst wird erstens die Öffentlichkeit an dieser Stelle von wichtigen Dingen ausgeschlossen und zweitens die Arbeitsweise des Runden Tisches hier in Frage gestellt.

Ducke (Moderator): Herr Matschie, nur zur Erklärung, die Volkskammer wird auch live übertragen. Wir werden damit noch Terminprobleme kriegen.

Herr Weiß, bitte, Demokratie Jetzt.

Weiß (DJ): Ich würde vorschlagen, um das Verfahren zu vereinfachen, hier das **Delegierungsprinzip** anzuwenden, daß der Runde Tisch delegiert zu bestimmten Sachfragen seine Mitglieder oder einige Mitglieder. Damit nicht jeder, der nun hier ist und hier debattiert hat, dann dort auch noch einmal debattiert. Das würde sicher die Arbeit der Volkskammer und unsere Arbeit auch erleichtern.

Ducke (Moderator): Gut. Ich habe da noch eine Rückfrage. Aber Frau Röth hatte sich direkt gemeldet. Bitte.

Frau Röth (UFV): Also, ich denke, das sollten wir doch den einzelnen Gruppierungen und Parteien überlassen, wen sie zu den Volkskammertagungen entsenden. Und das Problem ist ja sozusagen, daß die Vertreter der etablierten Parteien hier ein Rederecht haben und auch in der Volkskammer. Und wir haben, die letzte Sitzung hat uns ja gezeigt, daß es sehr günstig gewesen wäre, wenn der Vertreter des Verfassungsausschusses des Runden Tisches sich dort hätte zu Wort melden können. Dann hätte man bestimmte Verfahren also unterbinden können beziehungsweise hätte dort Kritiken anmelden können.

Ducke (Moderator): Herr Weiß, noch einmal nur die Rückfrage. Meinten Sie Delegierung des gesamten Runden Tisches für den, der dort spricht, oder, ich hatte Sie so vielleicht verstanden, Delegierung der einzelnen Gruppierungen, das, was Frau Röth eben noch sagt?

Weiß (DJ): Also, ich denke, es ist ja so, daß die Vertreter der, ich sage das einmal, alten Parteien, ja ohnehin in der Volkskammer vertreten sind. Da erübrigt sich das. Aber um das Verfahren zu vereinfachen, denke ich, und um zu gewährleisten, daß dann auch wirklich Sachkompetenz dort zu Wort kommt, sollte ein solches Prinzip der Delegierung von uns selbst uns auferlegt werden.

Ducke (Moderator): Das ist ein weitergehender Antrag, wenn Sie den stellen. Ich stelle mir das nur ein bißchen sehr schwierig vor, wie der gesamte Runde Tisch delegieren soll, wer bei der nächsten Volkskammersitzung zu welchem Thema reden soll. Ich wollte das nur einmal sachlich rückfragen. Ich merke das hier am Kopfschütteln, daß – – Herr Weiß, halten Sie das als einen Antrag?

Weiß (DJ): Das ist kein Antrag, das ist eine Anregung.

Ducke (Moderator): Also gut.

Dann geht doch der Antrag, also Frau Röth, Sie haben doch Chancen, daß Sie dann damit einfach durchkommen. Es steht der Antrag im Raum, wie vorgelegt.

Wünscht noch jemand dazu das Wort? Habe ich jemanden übersehen? – Ist nicht der Fall.

Dann Herr Koplanski, bitte.

Koplanski (DBD): Zum Punkt 3 habe ich meine Auffassung dargelegt. Wenn das nicht gebilligt wird, dann muß ich das hinnehmen – –

Ducke (Moderator): Herr Koplanski, was ist Punkt 3?

Koplanski (DBD): Dieser Antrag Nummer 3 **[Vorlage 7/3]**.

Ducke (Moderator): Danke, ja, Antrag Nummer 3. Die Mißbilligung, ja.

Koplanski (DBD): Was jetzt den Antrag anbetrifft in der Volkskammer, zu allen Punkten, die interessieren, anwesend zu sein und zu sprechen und Anfragen zu stellen, so muß ich sagen, dieses Problem muß sicherlich mit dem Präsidenten und dem Präsidium debattiert werden.

Meiner Meinung nach kann und sollte der Kern darauf gelegt werden, hier am Runden Tisch die Probleme vorher auszudiskutieren, so wie wir das versucht haben, auch mit Herrn Poppe übereinzukommen. Aber die Zeit war knapp, das war dann nicht möglich.

Ansonsten, wenn wir 16 Gruppierungen, das sind ja dann praktisch 20 in der Volkskammer, ich sehe darin eine Reihe Schwierigkeiten, also muß ich ernsthaft sagen. Echte Probleme, und man müßte sich die **Geschäftsordnung der Volkskammer** ansehen. Es gibt ja auch analoge Probleme in anderen Parlamenten. Also, wir sollten uns hier auch nicht überfordern.

Aus dem Grunde bitte ich wirklich, daß diese Frage noch einmal erörtert wird, vielleicht auch in der zuständigen **Arbeitsgruppe**, um dann mit dem Präsidenten beziehungsweise mit dem Präsidium einen Konsens zu finden.

Ducke (Moderator): Es ist richtig, Herr Koplanski, nur das kann ja in dem Antrag jetzt nicht schon klargestellt werden. Der Antrag steht, daß dies eben von der Volkskammer, ja, wie auch immer entschieden werden muß.

Herr Matschie, dann Frau Köppe.

Matschie (SPD): Also, ich möchte auch noch einmal sagen: Das habe ich vorhin auch mit gemeint, daß die wichtigen Entscheidungen, die auch in der Volkskammer getroffen werden, vorher hier am Runden Tisch diskutiert werden sollten. Das war auch eine Entscheidung, die zum **Selbstverständnis** dieses Runden Tisches gehört.

Vielleicht wäre es aber wichtig, wenn wir die hier diskutierten Beschlüsse auch dort in der Volkskammer noch einmal argumentativ vertreten können, so daß bei Strittigkeiten noch einmal Leute hier vom Runden Tisch auch in der Volkskammer Stellung dazu nehmen könnten.

Ducke (Moderator): Danke.

Frau Köppe, bitte, Neues Forum.

Frau Köppe (NF): Es hat sich ja nun erwiesen, daß wir nicht alle diese wesentlichen Fragen hier am Runden Tisch ausdiskutieren konnten. Zum Beispiel diese Verfassungsänderung, weil sie einfach hier nicht zugänglich war.

Und schon aus diesem Grund halte ich es für unbedingt notwendig, daß wir dieses Rederecht dort fordern, damit wir in Zukunft diese Möglichkeit dann auch haben.

Ducke (Moderator): Das war ein klares Votum dafür.

Herr Schieferdecker, SED-PDS.

Schieferdecker (SED-PDS): Bevor ich mir eine klare Meinung bilden kann, und ich habe meine Zweifel über die erhebliche Tagesordnungsausdehnung in der Volkskammer, hätte ich gerne die persönliche Meinung von Herrn Minister Succow, der ja Mitglied der Volkskammer ist, über die Machbarkeit dieses Vorschlages.

Ducke (Moderator): Sie sind direkt gefragt. Sie kriegen das Wort, bitte.

Succow (LDPD): Ja, danke. Ich möchte mich Herr Koplanski anschließen.

Dieselben Sorgen haben wir in der Volkskammer oft, möchten gern auftreten, möchten was sagen und wir finden keine Zeit, die Zeit ist um und vieles bleibt unausgesprochen. Und ich halte hier den Runden Tisch für etwas ganz Wesentliches und das beides zusammen, glaube ich, bringt uns die Demokratie, die wir da brauchen.

Danke.

Ducke (Moderator): Danke.

Herr Templin, Initiative Frieden und Menschenrechte.

Templin (IFM): Ich möchte die Erheblichkeit dieser Einwände schon in Zweifel stellen. Es ist in Vorbereitung der letzten Volkskammertagung gesagt worden, ein auch nur begrenztes Rederecht auf diesen Punkt bezogen sei nicht möglich. Die Tagesordnung der Volkskammer würde überquellen. Es sei absolut kein Platz dafür.

Tatsache war, daß an diesem Donnerstag, also dem ersten Tag der Volkskammersitzung, die Sitzung bereits um halb fünf geschlossen wurde. Wenn ich davon ausginge, daß sie zwischen neun und zehn begann, dann hat die zeitige Schließung der Volkskammer wohl kaum zum Ausdruck gebracht, daß die Geschäftsordnung so gefüllt war, daß dort kein Rederecht technisch möglich gewesen wäre.

Ducke (Moderator): Danke. Wir haben Bedenken und so weiter gehört.

Frau Will noch, SED-PDS. Dann Herr Koplanksi noch.

Frau Will (SED-PDS): Also, vielleicht könnte man folgenden Vorschlag einbringen. In den Fällen, wo in den Arbeitsgruppen des Runden Tisches andere Standpunkte entstehen als in den entsprechenden Ausschüssen der Volkskammer – es ist ja offenbar so, daß andere **Mehrheitsverhältnisse am Runden Tisch** existieren als in der Volkskammer – in diesen Fällen wäre es doch für die Suche nach einem neuen Konsens ratsam, einen Vertreter der Arbeitsgruppe mit dem Arbeitsgruppenstandpunkt dann in der Volkskammer sprechen zu lassen.

Ducke (Moderator): Ich verstehe Ihre Wortmeldung dahingehend, daß das eine Differenzierung nicht des Antrages ist, sondern eine Differenzierung der möglichen Antwort vonseiten der Volkskammer auf den Antrag des Runden Tisches hin.

Gut. Herr Koplanski hatte sich noch gemeldet. Oder hat sich das jetzt – –

Koplanski (DBD): Ja, ich gehe mit dem konform, was Frau Will sagte. Ich kann nicht hinnehmen, was Herr Templin gesagt hat.

Es stimmt, daß die Volkskammer um die Zeit die Beratung beendet hat. Es hat aber anschließend Beratung der Ausschüsse und sehr lange Beratung der Fraktionen gegeben. Die gehören ja bekanntlich auch zur **parlamentarischen Arbeit,** und in anderen Ländern spielt sich zum größten Teil die Arbeit vor allem in den **Ausschüssen** und den **Fraktionen** ab.

Ich muß das hier sagen, damit kein falscher Eindruck entsteht. Einige Fraktionen haben abends um zehn und elf noch Beratungen durchgeführt. Das ist nachprüfbar.

Ducke (Moderator): Ich glaube, wir haben genug darüber debattiert. Die, sagen wir einmal, die Intention dieses Antrages ist uns deutlich geworden. Die Bedenken sind auch klar zum Ausdruck gekommen. Nichts spricht dagegen, daß die Volkskammer im Sinne dieser Bedenken auch antwortet beziehungsweise in dieser differenzierten Weise.

Es steht also jetzt zur Abstimmung der **Antrag des Unabhängigen Frauenverbandes [Zum Rederecht in der VK]** und der zweite Teil des **Antrages** beziehungsweise als Unterstützung durch **Initiative Frieden und Menschenrechte [Vorlage 7/3 Nr. 3]** hier förmlich vorliegend, liegt auf dem Tisch.

Ich schlage vor, wir stimmen darüber ab. Die Frage der Mißbilligung wird dann als Eigenantrag, so habe ich das verstanden, noch einmal eigens – – den möchte ich jetzt nicht mit verknüpfen.

Herr Poppe, ist das in Ihrem Sinn? – Sonst müssen wir das sofort verknüpfen, aber dann müßten wir erst die Frauen fragen, ob das geht.

Poppe (IFM): Nein, aber vielleicht ist das mit der Mißbilligung der weitergehende Antrag hier, daß man darüber zuerst abstimmt.

Ducke (Moderator): Also, wollen Sie beides zusammen, Ihren Antrag als Ganzes?

Poppe (IFM): Ich bestehe nicht darauf. Von mir aus kann man das auch trennen, ja.

Ducke (Moderator): Mir ist das ganz egal. Sie können das sagen. Herr Poppe, was schlagen Sie vor?

Dann schlage ich vor, daß wir über das Rederecht der Volkskammer gesondert von der Mißbilligung bei der Sitzung vom 11./12. abstimmen. Sind Sie damit einverstanden? Danke.

Wir stimmen ab **über das prinzipielle Rederecht** der Teilnehmer des Runden Tisches von seiten der nicht **in der Volkskammer** vertretenen Parteien. Wer für den Antrag **[Vorlage 7/3 Nr. 3, Abs. 2]** ist, der durch **Unabhängigen Frauenverband** eingebracht und von Initiative Frieden und Menschenrechte unterstützt wird, den bitte ich um das Handzeichen. – Jetzt müssen wir, wie das so ist – – Ich habe 26 Ja-Stimmen gezählt. Wer ist dagegen? – Das ist 1 Gegenstimme. Wer enthält sich der Stimme? – Das wird jetzt, 7 Enthaltungen.

Damit ist der Antrag angenommen und wird an den Präsidenten, nein, an das Präsidium der Volkskammer weiterzuleiten sein.

Jetzt der zweite **Antrag [Vorlage 7/3 Nr. 3, Abs. 1, IFM].** wenn er auch weitergehend war, haben wir ihn jetzt dahinterverschoben, **die Mißbilligung,** daß an der **Volkskammersitzung am 11./12. Januar** ein Rederecht nicht ermöglicht wurde.

Wünscht noch dazu jemand das Wort? Wir haben das ja erklärt, auch die Erklärung durch Herrn Koplanski.

Dann stimmen wir darüber ab. Sind Sie damit einverstanden? – Ja.

Dann bitte ich jetzt, wer für die **Mißbilligung** des Vorgehens des Präsidiums der Volkskammer am 11./12. Januar im Sinne des Antrages ist, den bitte ich jetzt um das Handzeichen. – Das müssen wir zählen. 18 Stimmen zähle ich, 18 Ja-Stimmen. Wer ist dagegen? – 6 Stimmen dagegen. Wer enthält sich der Stimme? – Das sind – – 11 zähle ich. Sind Sie einverstanden? – Danke.

Was heißt das jetzt konkret? Der Antrag ist nicht angenommen? Hat er die notwendige Mehrheit bei 18 Stimmen? Hat er nicht die notwendige Mehrheit?

Lange (Co-Moderator): Das ist ja keine Zweidrittelmehrheit.

Ducke (Moderator): Einfache Mehrheit müßte es aber trotzdem sein. Dann müßten wieviel Stimmen – –

Lange (Co-Moderator): Dann ist es.

Ducke (Moderator): Wer hilft uns jetzt ganz schnell? 18 ja, jetzt haben wir, wir können nicht so schnell jetzt rechnen. Doch. Ja, danke.

Der Antrag ist angenommen, die Mißbilligung wird ausgesprochen.

Ich danke für die Hilfe beim Rechnen. Ich habe nämlich, ich gebe zu, hier anders gerechnet, gut. Damit hätten wir auch den Punkt 6.2 abgehandelt.

Es liegt Ihnen nun vor, und ich ziehe diesen Antrag vor: Heute zu den Erklärungen zur aktuellen Situation war der Auftrag des Runden Tisches, einen gemeinsamen **Antrag der Arbeitsgemeinschaft „Recht" und der Demokratischen Bauernpartei** vorzulegen. Er liegt Ihnen vor, Beschlußantrag, **Vorlage 8/15 [Zur Kultur der Revolution nach dem 15. Januar 1990 (II)].** Wünscht jemand bei der Einbringung uns zu sagen, was wir neu lesen müssen? Wer bringt den Antrag ein, wer macht sich zum Sprecher? Herr Blahnik.

Blahnik (DBD): In Abstimmung mit der Arbeitsgruppe „Recht" des Runden Tisches möchten wir den Beschlußantrag **[8/15, erste Version = 8/9]** sicherheitshalber noch einmal vollständig vortragen, weil es doch eine ganze Reihe von Veränderungen gegeben hat.

[Vorlage 8/15, Antrag AG „Recht" und DBD: Zur Kultur der Revolution nach dem 15. Januar 1990 (II)]

Die Teilnehmer des Runden Tisches erklären:

Aus tiefer Besorgnis um das Schicksal der begonnenen Revolution, um die Weiterführung der grundlegenden gesellschaftlichen Umgestaltungen und der öffentlichen Sicherheit angesichts der Ereignisse vom 15. 1. 1990 in Berlin, rufen die am Runden Tisch vertretenen Parteien und gesellschaftlichen Gruppierungen alle Bürger unseres Landes auf, sich der Gewalt zu enthalten, Aufrufen zur Gewalt entgegenzutreten und keine Gewalt zu dulden.

Richtig ist, daß es mit der Beseitigung alter Machtstrukturen, insbesondere auch des ehemaligen Amtes für Nationale Sicherheit, zu langsam vorangeht. Das ruft den berechtigten Unmut der Bevölkerung hervor.

Wir bekräftigen daher unsere Entschlossenheit, keinen Aufschub, keine Inkonsequenz, keine Halbheiten mehr zuzulassen. Doch Machtstrukturen zu überwinden heißt nicht, Gewalt gegen Personen und Sachen anzuwenden. Damit würde der ohnehin schon zu große Schaden nur noch größer.

Deshalb erscheint es dringend notwendig, die Handlungsfähigkeit der Polizei zu gewährleisten.

Das bedarf einer klaren Stellungnahme aller politischen Kräfte zur Tätigkeit der Polizei.

Der Runde Tisch beschließt:

1. Der Runde Tisch unterstützt die Polizei bei Bemühungen, Gewalt gegen Personen und Sachen im Zusammenhang mit angemeldeten Demonstrationen zu verhindern.
2. Mit der Anmeldung von Demonstrationen sollten konkrete Vereinbarungen über die Sicherheitspartnerschaft zwischen den Organisatoren und der Polizei getroffen werden.
3. Die Sicherheitspartnerschaft sollte direkt auf die Ebene Runder Tisch/Ministerium für Innere Angelegenheiten gehoben werden.
Die Arbeitsgruppe „Sicherheit" des Runden Tisches wird beauftragt, konkrete Vorschläge zur Ausgestaltung der Sicherheitspartnerschaft zu unterbreiten.

Ducke (Moderator): Danke, Herr Blahnik.
Der Antrag liegt vor. In der Formulierung gibt es von Ihnen noch kommentierende Bemerkungen? – Das ist nicht der Fall. Wünscht jemand noch das Wort dazu?
Bitte, Herr Klein, Vereinigte Linke.

Klein (VL): Im Sinne dessen, was Rolf Henrich vorhin gesagt hat bei der kurzen Diskussion um diesen Antrag, möchte ich diesem Antrag zustimmen, aber eines zu bedenken geben:
Der Punkt 1 in der jetzt hier vorliegenden Fassung sagt aus, daß der Runde Tisch „die Polizei bei Bemühungen, Gewalt gegen Personen und Sachen im Zusammenhang mit angemeldeten Demonstrationen zu verhindern" [unterstützt]. Das versteht sich von selbst, aber im Zusammenhang mit dem Satz zuvor, „Das bedarf einer klaren Stellungnahme aller politischen Kräfte zur Tätigkeit der Polizei", möchte ich hier noch folgendes anmerken:
Es ist mehrfach gesagt worden, daß die Verunsicherung bei der Polizei in der gegenwärtigen Situation sehr groß ist. In diesem Zusammenhang wurde hier mit Recht und im Konsens mehrfach darauf hingewiesen, daß Fragen der **Sicherheitspartnerschaft** eine große Rolle spielen.
Anzufügen wäre hier aber, daß die Konzeption der **Polizei** im Zusammenhang mit den jetzt neu, für die Polizei auch neu auf der Tagesordnung stehenden Fragen, daß die meiner Ansicht nach nicht geklärt ist. Daß wir alle nicht wissen, jedenfalls nicht hinreichend gut genug, nach welcher Konzeption die Polizei in Zukunft zu verfahren gedenkt. Daß das auch eine große Rolle spielt bei der von uns begrüßten Sicherheitspartnerschaft; und daß es also nicht nur einer klaren Stellungnahme aller politischen Kräfte zur Tätigkeit der Polizei bedarf, sondern daß auch die Konzeptionen der Polizei zum Gegenstand von Überlegungen, nicht nur des Runden Tisches übrigens, gemacht werden muß.

Das ist eine Anmerkung. Der Text kann diese Überlegung nicht mit verarbeiten, nicht mit tragen. Es wäre zu überlegen, ob man in diesem Zusammenhang nicht noch weitere Überlegungen hier anstellt. Mit einem Satz, daß die Unsicherheit auch bei uns [besteht] über die **Sicherheitskonzeption der Polizei** selbst. Dieses Defizit muß auch geklärt werden.

Ducke (Moderator): Herr Klein, könnten Sie uns einfach schlicht helfen, daß Sie sich jetzt noch verpflichten, eventuell noch solch einen Antrag nachzuschieben?

Klein (VL): Ich weiß nicht, ob man so etwas mit einem Antrag erledigen kann. Wir werden allerdings sehen, ob man in dieser – –

Ducke (Moderator): Sie können ja beantragen, daß die Sicherheitskonzeption vorgelegt werden soll.

Klein (VL): Das wäre ein Weg, aber wir werden sehen, ob man, ja – –

Ducke (Moderator): Sie überlegen.
Frau Töpfer, bitte.

Frau Töpfer (FDGB): Vielleicht könnten die Bedenken von Herrn Klein ausgeräumt werden, wenn wir anfügen, daß wir die Arbeit der Polizei, „auf rechtsstaatlicher Grundlage..." diese Gewalt gegen Personen und Sachen im Zusammenhang mit Demonstrationen zu verhindern, unterstützen. Und dann natürlich zusätzlich Sie noch einen Antrag einbringen und sagen, wir möchten die offengelegt haben, die **Konzeption zur Sicherheitspolitik der Polizei**.

Ducke (Moderator): Herr Eppelmann, ist das direkt dazu?
Ich merke, Herr Henrich meldet sich. – Gut, dann sind Sie erst dran, dann Herr Henrich.
Bitte.

Eppelmann (DA): Ich möchte diese Anfrage unterstützen und eindeutig Herrn Klein darum bitten, daß er einen solchen Antrag formuliert, daß die Sicherheitskonzeption der Polizei uns dargelegt werden wird.
Ich möchte in dem Zusammenhang, weil das etwas mit dem Vertrauen zwischen Polizei und Bevölkerung zu tun hat, nochmals auf den Hinweis verweisen, es sollten in **die Polizei keine Offiziere des ehemaligen Ministeriums für Staatssicherheit** übernommen werden. Und ich meine auch, auf dem Hintergrund und unter dem Eindruck der Ereignisse vom Montag im Objekt **Normannenstraße**, sollte die Gelegenheit genutzt werden, der Polizei einmal ein Dankeschön zu sagen. Für meinen Eindruck ist das Verhältnis zwischen Polizei und Bevölkerung seit einigen Wochen wohltuend ein anderes geworden. Und das sollten die Mitarbeiter der Polizei einfach auch einmal hören.
Danke schön.

Ducke (Moderator): Herr Eppelmann, das wäre fast schon ein Vorschlag, auch einen Antrag zu formulieren.

[Beifall]

Ducke (Moderator): Das Klopfen gibt mir Recht.
Jetzt Herr Henrich.

Henrich (NF): Also, wir können uns ja im Moment alle gar nicht genug darin tun, der Polizei hier Komplimente zu machen. Ich will da nicht noch ein weiteres nachschieben.

Ich habe bloß ein bißchen Bedenken, ob wir hier nicht kontraproduktiv wirksam werden. Wenn wir nämlich immer wieder der Polizei bestätigen müssen, daß sie weiterhin Polizei sein darf, dann tragen wir wahrscheinlich eher zur Verunsicherung unserer Polizei bei, als daß wir so den Zustand der Unsicherheit beenden.

Also, kurz gesagt, mir geht es darum, wir sollten schlichtweg feststellen, daß bei uns die **Offizialmaxime** herrscht. Wir haben entsprechende gesetzliche Bestimmungen. Die mögen ja im Einzelfall überarbeitungsbedürftig sein. Gleichwohl ist es ja nicht so, daß die Polizei im Moment nicht weiß, wann sie politisch, wann sie handeln darf. Entschuldigen Sie.

Worum es geht, ist nur, daß sich die **politische Führung dieses Landes deutlich vor die Polizei** stellen muß und daß man der Polizei klar sagt, sie ist eindeutig für Polizeiaufgaben und nie wieder dafür da, in die politische Auseinandersetzung einzugreifen.

Aber ich denke, wir sollten nicht ständig jetzt neue Erklärungen nachschieben, sondern wir sollten einmal den Versuch machen, wieder zu dieser Offizialmaxime zurückzukommen.

Ducke (Moderator): Das würde ich so richtig verstanden haben, daß Sie also einen Zusatzantrag für Sicherheitskonzept der Polizei vorlegen, nicht für ganz dringlich halten? – Danke.

Herr Schieferdecker, SED-PDS, dann Herr Mahling.

Schieferdecker (SED-PDS): Ich möchte Herrn Henrich nicht ausdrücklich widersprechen, nur den Akzent etwas anders sehen.

Es geht doch nicht nur darum, daß wir die Polizei immer wieder beruhigen, und meines Wissens hat es dieser Tisch mit einem offiziellen Papier noch nicht getan, sondern es geht auch darum, daß wir die verunsicherten Bürger mit dem Wort dieses Tisches noch einmal überzeugen, daß die Polizei im Krisenfalle etwas zu sagen hat. Deshalb bin ich für diesen Antrag.

Ducke (Moderator): Danke.
Herr Mahling, Domovina.

Mahling (Vertreter des Sorbischen Runden Tisches): Noch eine Frage zum Verständnis dieses Papieres. Der letzte Punkt, Punkt 3: „Die Sicherheitspartnerschaft sollte direkt auf die Ebene Runder Tisch/Ministerium für Innere Angelegenheiten gehoben werden". Ist dort die gleiche Sicherheitspartnerschaft gemeint wie in Punkt 2, oder ist das eine neue Qualität der Sicherheitspartnerschaft oder was heißt das „gehoben werden" hier?

Ducke (Moderator): Das ist eine konkrete Rückfrage an den Text. Ist jemand von den Redakteuren in der Lage, gleich eine Antwort zu geben, sonst vergessen wir, was gefragt ist.
Frau Töpfer, bitte.

Frau Töpfer (FDGB): Das heißt, daß es neben dieser in Punkt 2 angeführten und auch unter der weiter auszugestaltenden, was die **Bürgerkomitees** anbetrifft, dieser **Sicherheitspartnerschaft** auch eine Verbindung oder auch eine direkte Beziehung geben sollte zwischen diesem **Runden Tisch zu Sicherheitsfragen**, wenn es akut wird, wie das ja auch letztens am 15. Januar der Fall war, und dem Ministerium des Inneren beziehungsweise der Volkspolizei.

Ducke (Moderator): Nach Frau Töpfer, FDGB, nun Herr Klein, Vereinigte Linke.

Klein (VL): Da das vielleicht doch nicht ganz klar gesagt worden ist, muß ich noch einmal eine Anmerkung machen.

Wir haben – und darauf ist zu Recht verwiesen worden – in den letzten Jahren erlebt, daß sich die, insbesondere auch die **Schutzpolizei** zum **Handlanger** gemacht hat **von politischen Strafaktionen**. Das ist klar, daß das nie wieder vorkommen kann, darf. Aber wenn die gegenwärtig zu lösenden Aufgaben auch von der Polizei gelöst werden sollen, dann bedarf es einer neuen Konzeption. Und damit ist offensichtlich die Polizei gegenwärtig überfordert. Das sieht man überall.

Das ist eine Frage, die doch etwas über das, was Rolf Henrich hier angemerkt hat, hinausgeht. Es ist ja nicht nur so, daß wir von der Polizei verlangen, sie soll nun generell unpolitisch sein. Sondern ich meine, daß das neue **Demokratieverständnis** auch ein neues staatsbürgerliches Bewußtsein und ein **neues Selbstverständnis der Aufgaben der Polizei** verlangen. Das heißt, sie muß auch politischen Instinkt haben. Und dazu gehört eine Sicherheitskonzeption. Und die sehe ich bei der Volkspolizei gegenwärtig nicht. Und diese Frage kann von eminenter Bedeutung werden.

Ducke (Moderator): Gut, Herr Klein, Sie haben noch einmal Ihr Anliegen verdeutlicht. Das ist aber nicht Gegenstand des Papieres, sondern betrifft die Diskussion.

Es hat nun das Wort Herr Weiß von Demokratie Jetzt, dann Frau Köppe, Neues Forum.

Weiß (DJ): Ich möchte zum Punkt 1 Stellung nehmen.

Ich denke, diese Einschränkung, die da gemacht wird im Zusammenhang mit angemeldeten Demonstrationen, ist unzulässig. Wenn wir die Arbeit der Polizei unterstützen wollen, so wie das hier ausgedrückt ist, um Gewalt gegen Personen zu verhindern, dann darf man nicht eine solche Einschränkung machen, schon gar nicht eine so globale. Ich denke also, wir sollten streichen „im Zusammenhang mit angemeldeten Demonstrationen", und der Passus würde dann heißen: „Der Runde Tisch unterstützt die Polizei bei Bemühungen, Gewalt gegen Personen und Sachen zu verhindern".

Ducke (Moderator): Danke.
Können sich die Einbringer dazu verständigen? Dann brauchen wir nämlich nicht extra darüber abzustimmen. Frau, Herr Blahnik? – Die Einbringer sind einverstanden, kann also angenommen werden.
Frau Köppe, dann Herr – –
Bitte, Frau Köppe, Neues Forum, und Herr Brinksmeier.

Frau Köppe (NF): Auch noch zu Punkt 1.
Mich hatte auch diese Formulierung mit den angemeldeten Demonstrationen gestört. Aber ich muß sagen, insgesamt dieser Punkt 1, wenn wir uns überlegen, da steht nun: „Der Runde Tisch unterstützt die Polizei bei Bemühungen, Gewalt gegen Personen und Sachen im Zusammenhang mit Demonstrationen zu verhindern".

Das ist eine solch allgemeine Absichtserklärung. Das sieht aus, als würde der Runde Tisch, als würden die Teilnehmer zu jeder Demonstration mit hineilen, um die Polizei zu unterstützen. Mehr kommt dabei nicht heraus.

Ich schlage vor, daß wir diesen ersten Punkt streichen einfach, weil er wirklich nur diese Absicht da enthält, mehr nicht.

Ducke (Moderator): Ein klarer Antrag.

Ich frage, bevor wir darüber abstimmen lassen, schlicht die Einbringer. Sie können sich während der nächsten Wortmeldungen überlegen, ob Sie gleich so mit streichen. Sonst lassen wir darüber abstimmen.

Herr Brinksmeier, SPD.

Brinksmeier (SPD): Ich denke, daß der letzte Satz unter Punkt 3 auch nicht gut ist: „Die Arbeitsgruppe „Sicherheit" des Runden Tisches wird beauftragt, konkrete Vorschläge zur Ausgestaltung der Sicherheitspartnerschaft zu unterbreiten".

Das ist nicht ihre Aufgabe. Die Aufgabe der Arbeitsgruppe „Sicherheit" ist die **Kontrolle der Auflösung des ehemaligen Amtes für Nationale Sicherheit.** Uns fehlen auch, dieser Arbeitsgruppe, die konkreten Erfahrungen der **Bürgerinitiativen.** Und ich denke jetzt, eine Regelung, die irgendwo das festschreiben will, verhindert, daß vor Ort unter unterschiedlichsten Bedingungen schnell reagiert werden kann.

Ich bitte, diesen Satz ersatzlos zu streichen.

Ducke (Moderator): Der letzte Absatz wird gestrichen. So.

Jetzt hätten wir zwei Anfragen an die Einbringer, bevor wir abstimmen. – Gibt es dazu schon Meinungsäußerungen? Frau Töpfer, bitte, FDGB.

Frau Töpfer (FDGB): Wir wären damit einverstanden, diesen letzten Satz zu streichen, wenn die **Arbeitsgruppe „Sicherheit"** sich nicht damit befaßt. Das war nur vorhin aus der Diskussion anders hervorgegangen, daß man dort Konkretisierungen wollte.

Und bei diesem ersten Punkt gebe ich zu bedenken, daß das natürlich eine Sache ist, daß jeder Bürger die Polizei bei der Arbeit eigentlich unterstützen sollte, aber in der gewaltsamen, na, gewaltsamen nicht, in der **revolutionären Umgestaltung,** die unser Land erfahren hat, hat sich ja, wie wir hier festgestellt haben, auch die Stellung der Polizei verändert, so daß auch der Bürger wieder und auch wir hier als Vertreter am Runden Tisch ein neues Verständnis unseres **Verhältnisses zur Polizei** gewinnen müssen und uns wieder zu dieser Polizei auch mit den notwendigen, oder mit der Notwendigkeit ihrer Wandlung und dieses neuen Sicherheitskonzepts – – aber trotzdem zu der Frage, daß wir eine Polizei brauchen, um Gewalt in diesem Land zu verhindern, daß wir uns dahinter stellen müssen.

Deshalb steht hier dieser Punkt 1 als eine moralische Appellation des Runden Tisches zur Unterstützung der Polizei.

Ducke (Moderator): Frau Töpfer, was Sie jetzt gesagt haben, müßte dann aber heißen: „Der Runde Tisch bittet alle Bürger, die Polizei bei der Verhinderung ..." und so „... zu unterstützen".

Aber Frau Köppe, bitte, direkt.

Frau Köppe (NF): Also jedenfalls denke ich, kann dieser Punkt 1 nicht so formuliert sein, nicht mit „unterstützt die Polizei", weil das wirklich dieses Aktive auch mit beinhaltet.

Was jetzt hier überall gesagt wird, heißt eigentlich nur, der Runde Tisch akzeptiert die Polizei als Polizei. Und ich bitte doch zu überdenken, ob wir so eine Sache hier herausgeben sollten, ja.

Ducke (Moderator): Das war eine sehr freie Übersetzung des Textes. Aber vielleicht auch zulässig.

Frau Köppe (NF): Aber das ist der gesamte Inhalt. Mehr ist nicht darin. Und wir sollten überlegen, inwieweit solche Erklärungen denn nun wirklich notwendig sind.

Ducke (Moderator): Gut. Darf ich noch einmal die Einbringer bitten, sich zu äußern? Herr Blahnik.

Blahnik (DBD): Ich sehe im Moment nur, daß alles dagegen spricht, irgend etwas zu formulieren, was das Bemühen der Polizei unterstützt, diese Fragen zu gewährleisten.

Ducke (Moderator): Nein, nein.

Blahnik (DBD): Entschuldigen Sie bitte, wenn ich das so sehe. Natürlich ist dieser Punkt 1 ein, ich sage einmal, ein allgemein gehaltener Appell. Es beinhaltet keine konkreten Maßnahmen. [Ich] möchte auch nicht um diese konkrete Formulierung streiten. Wir sollten aber doch deutlich zum Ausdruck bringen, daß der Runde Tisch und die hier am Runden Tisch vertretenen politischen Kräfte hinter der Polizei bei der Aufrechterhaltung von Ordnung und Sicherheit stehen.

Ducke (Moderator): Gut, Herr Blahnik. Ich mache nur aufmerksam, daß das in dem vierten Absatz an sich steht.

Herr Eppelmann hat aber das Wort.

Eppelmann (DA): Ich möchte auch darauf hinweisen, daß das, was Sie eben noch einmal gesagt haben, eigentlich im ersten Abschnitt ja schon drinsteht. Sehr grundsätzlich und sehr gut. Wenn dieses „1. Der Runde Tisch beschließt ..." überhaupt einen Sinn haben soll, und ich meine, es kann einen Sinn haben, dann müßte das heißen: „Der Runde Tisch unterstützt durch ..." – und jetzt müßte bitte kommen Pünktchen, Pünktchen, Pünktchen – „... die Polizei bei Bemühungen ...".

Ich würde also bitten wollen, daß sie das noch einmal einen Augenblick hintanstellen und jetzt sehr konkret sagen, auf welche Art und Weise der Runde Tisch das unterstützen könnte, und es dann noch einmal vorlegen.

Ducke (Moderator): Danke.

Das Wort hat – – Das war ein klare – – gut, Sie haben es mitbekommen.

Dann Herr Wolf, bitte, LDPD.

Wolf (LDPD): Die LDPD ist der Auffassung, daß es richtig und notwendig ist, die Arbeit der Polizei in dieser schwierigen Zeit moralisch-politisch zu unterstützen. Das tun wir uneingeschränkt.

Wir haben die zweite Auffassung mit Blick auf diesen Antrag oder auf diese Vorlage, daß es nicht Anliegen des Runden Tisches sein kann, staatliche Arbeit an dieser Stelle zu leisten, in eigener Kompetenz oder mit jemandem.

Und drittens sind wir der Auffassung, daß es sogar gut wäre, wenn wir einen entsprechenden neuen sicherheitspolitischen, einen sicherheitspolitischen Ansatz in unserem Land haben, in den auch die Polizei einbezogen sein muß, daß sie dann sogar ihre darauf beruhenden Rechte und Pflichten mit Nachdruck wahrnimmt.

Ducke (Moderator): Das war noch eine grundsätzliche Erklärung einmal.

Herr Bein, NDPD.

Bein (NDPD): Ich würde vorschlagen, wenn dieser Text noch einmal verändert wird, daß wir hier unsere Forderung zum Ausdruck bringen, daß wir ein **Polizeigesetz** brauchen, in dem die Rechte und Pflichten der Polizei konkret festgelegt werden.

Ich glaube, das würde auch dem entsprechen, daß wir hier eine Sicherheitskonzeption brauchen – oder angesprochen wurde.

Ducke (Moderator): Danke für den Hinweis. Ich bitte nur, es geht um eine Erklärung zu den Vorgängen am 15. Januar und nicht um alles daraus Weiterführende.

Ich weiß nicht, wollten Sie – – Sonst hat Herr Weiß das Wort.

Herr Weiß.

Weiß (DJ): Ja. Ich möchte meinem Unbehagen über diese Diskussion, die jetzt hier geführt wird, Ausdruck geben. Ich denke, sie ist in der Form, wie das jetzt hier geschieht, kontraproduktiv.

Ich glaube, es besteht kein Dissens darüber, was wir wollen. Wir wollen die **Autorität der Polizei** stärken. Aber wenn wir jetzt hier endlos über Formulierungen vor der Öffentlichkeit, und die Bürgerinnen und Bürger im Land hören und sehen uns zu, wenn wir endlos über solche an sich ja ganz einfachen Formulierungen streiten, wirkt das genau unserem Anliegen entgegen.

Ich würde deshalb als Verfahrensweise vorschlagen, daß dieser Beschlußantrag zurückgezogen wird, daß wir künftig in solchen Fällen so verfahren, daß sich die **Prioritätenkommission** darüber einigt, eine solche Erklärung den Vorsitzenden zu übertragen. Es ist ja im Grunde genommen heute morgen auch geschehen. Wir haben ja heute morgen da eindeutig auch dazu Stellung genommen. Und dann werden solche Anträge und solche Diskussionen, die eigentlich nur zur Verwirrung beitragen und die nicht konstruktiv sind, überflüssig.

Ducke (Moderator): Danke.
Es liegen noch eine Wortmeldung vor.
Frau Töpfer, bitte.

Frau Töpfer (FDGB): Das Anliegen von Herrn Weiß haben wir nun zur Kenntnis genommen. Ich möchte aber trotzdem noch sagen, daß es aus unserer Sicht, der Einbringer, des DBD und der Arbeitsgruppe Recht, ein Bedürfnis gegeben hat, nach den **Ereignissen am 15.** [Januar 1990] eine klare Stellungnahme auch dieses Runden Tisches zur weiteren Vorgehensweise der Polizei zu verabschieden. Und wir werden, ich möchte eigentlich darauf dringen, daß dieser Antrag trotzdem zur Beschlußfassung vorgelegt wird. Wenn er abgelehnt wird, ist es eine andere Sache.

Und daß dieser Punkt 1 gestrichen wird – – Das würden wir zurückziehen.

Ducke (Moderator): Na, wunderbar. Das ist Ihr gutes Recht, daß der Antrag stehen bleibt. Sie haben eben erklärt, daß der Punkt 1, hier eingeführt, gestrichen wird. Der dritte Absatz ist schon gestrichen. Die Vorlage ist damit erkennbarer.

Ich schlage vor, daß wir hier nicht mehr debattieren, sondern abstimmen. Das Anliegen ist uns klar, das hier zum Ausdruck gebracht werden soll. Es ist auch deutlich gemacht, daß es nicht darum geht und gehen kann, der Polizei ihre Daseinsberechtigung zuzusprechen, sondern aus diesen klaren Erkenntnissen für eine Sicherheitspartnerschaft einzutreten.

Ich schreite zur Abstimmung. Der Antrag [**Vorlage 8/15, Antrag AG „Recht" und der DBD: Zur Kultur der Re**volution nach dem 15. Januar 1990 (II)] liegt vor. Wer dafür ist, den Antrag in der veränderten Form – also Streichung Absatz eins, Punkt eins, und Absatz zwei, Punkt drei, zu streichen – dieser Streichung, wer dafür ist, den bitte ich jetzt um das Handzeichen.

Ist das eine Meldung? – Nein.
War das eine Meldung? – Gut.

Lange (Co-Moderator): Es wird abgestimmt jetzt.

Ducke (Moderator): Ich bitte um Aufmerksamkeit. Wir müssen leider noch einmal – – wir sind ein bißchen gestört worden. Ich bitte die Berater vom Tisch zu gehen. Das sage ich jetzt in aller Ausdrücklichkeit! Wir können nicht abstimmen, wenn das immer wieder geschieht.

Ich bitte noch einmal um Abstimmung. Wer für den Antrag ist, den bitte ich jetzt um das Handzeichen. – 23 Ja-Stimmen. Wer ist dagegen? – Eine Gegenstimme. Wer enthält sich der Stimme? – Das sind 13 Enthaltungen. Vielen Dank. Der Antrag ist angenommen.

Meine Damen und Herren, ich muß noch einmal aufrufen. Wir hätten jetzt noch an Vorlagen für heute den Antrag SED-PDS, der zurückgezogen war, bezüglich der Verhandlungen Ministerpräsident Modrow und Bundeskanzler Kohl.

Aber da liegt ein Antrag, **Vorlage 7/8**, von der NDPD [und DJ: Zur Bildung einer AG „Internationale Politik"] vor, oder von der Gruppe – – Da bin ich mir jetzt nicht ganz im klaren – – Wissen Sie das? – Der liegt vor, gilt also zu behandeln.

Dann haben wir Vereinigte Linke zur Gewalt [**Vorlage 6/8, Erklärung VL: Gegen Gewalt von rechts bei Fußballtunier**]. Liegt das noch vor? – Der Antrag war schon ausgeteilt, weil das jetzt zum – –
Bitte, Herr Jordan. – Dann?
Bitte.

TOP 12: Integration ehemaliger Mitarbeiter des MfS

Jordan (GP): Der **Antrag der Grünen Partei** und jetzt von **Demokratie Jetzt** noch außerdem [**Vorlage 8/16, Antrag GP, DJ: Integrationsprogramm für ehemalige Mitarbeiter des MfS/AfNS**].

Ducke (Moderator): Bitte?

Frau Dörfler (GP): Der Antrag der Grünen Partei und von Demokratie Jetzt liegt jetzt fertig geschrieben vor. Der kann dann eingeschoben werden.

Ducke (Moderator): Vielen Dank, und wird dann ausgeteilt. – Ist schon ausgeteilt? – Dann lassen wir doch gleich darüber abstimmen.

Dann haben wir den nächsten Punkt, weil er ausgeteilt ist. Vielen Dank für den Hinweis.

Frau Dörfler (GP): Das ist **Vorlage 8/16**.

Ducke (Moderator): **Vorlage 8/16** liegt vor, nur mir einmal wieder nicht. Doch, mir auch, danke.

Das ist also jetzt der neugeschriebene Antrag. Wir haben heute früh darüber debattiert.

Wir können sofort zur Abstimmung – oder wünscht jemand das Wort?
Bitte, Frau Döring, FDGB.

Frau Döring (FDGB): Mit dem Anliegen gehen wir natürlich mit, das haben wir heute früh bekundet, aber wenn es so schriftlich vorliegt, möchte ich doch noch einiges zu bedenken geben.

Im zweiten Absatz steht: „Wiedereingliederung in unsere Gesellschaft". Ich würde dafür vorschlagen: „Eingliederung in das zivile Arbeitsleben".

Und ich gebe zu bedenken den vorletzten Absatz, wo es um Patenschaften und **Resozialisierung** geht. Ich meine, daß wir hier doch den Anstrich der **Diskriminierung** haben, wenn wir eine potentielle Gleichstellung aller dieser ehemaligen Angehörigen des MfS mit ehemaligen **Kriminellen** in Verbindung bringen.

Ducke (Moderator): Sie beziehen sich auf den vorletzten Absatz, **Patenschaften**. Wie kommen Sie jetzt auf die Kriminellen?

Frau Döring (FDGB): Diese Frage vorneweg, „Wiedereingliederung", und hinten kommt dann „Resozialisierung", also das im Zusammenhang zu sehen – –

Ducke (Moderator): Danke.
Weitere Wortmeldungen bitte zum Antrag.
Hier frage ich natürlich die Einbringer. Wären Sie mit dem Ersatz für „ – – Wiedereingliederung – –" in der vorgeschlagenen Weise einverstanden? Dann brauchen wir nicht lange debattieren. Überlegen Sie es noch einmal.

Frau Dörfler (GP): Bitte, wie war da noch einmal die Formulierung?

Ducke (Moderator): Bitte, Frau Döring. Statt „Wiedereingliederung" im zweiten Absatz – –

Frau Döring (FDGB): – statt „Wiedereingliederung in die Gesellschaft" würden wir vorschlagen „Eingliederung in das zivile Arbeitsleben".

Ducke (Moderator): Es heißt nicht „Wiedereingliederung in die Gesellschaft", bitte ich Sie zu berücksichtigen.

Frau Döring (FDGB): Doch, „in unsere Gesellschaft" steht darunter.

Ducke (Moderator): Ja, gut.
Ich lasse zum Überlegen Zeit für die Einbringer.
Es hatte sich gemeldet Herr Templin.

Templin (IFM): Ja. Also ich würde beim Durchlesen des Textes genau umgekehrt reagieren. Für mich hat der Begriff „Resozialisierung" nichts mit **Kriminalisierung** zu tun, sondern bezeichnet den Prozeß der notwendigen Reintegration eigentlich sehr gut und auch die psychischen Probleme, die damit auftreten und auch die notwendigen Betreuungs- und Hilfsmaßnahmen.

Große Schwierigkeiten macht mir dabei im Gegensatz dazu der Begriff, ob nun „Wiedereingliederung" oder „Eingliederung". Genau das ist für mich ein Begriff, der eher einen anderen Gesellschaftszustand charakterisiert als der, den wir anstreben. Da würde ich mir einen besseren Begriff wünschen, ohne daß ich ihn im Moment benennen könnte. Aber ich denke, wer den Begriff nachvollzieht, wird merken, daß genau das Problem der „Eingliederung" eigentlich nicht sein darf. Denn das wünschen wir uns nicht.

Ducke (Moderator): Danke.
Als nächste Rednerin hat sich Frau Köppe gemeldet, dann Herr Eppelmann.

Frau Köppe (NF): Zu dem, was vorhin von Frau Töpfer, glaube ich, oder vom FDGB gesagt wurde.

Ich glaube schon, daß es sich da um eine „Eingliederung in unsere Gesellschaft" handeln muß und nicht nur in das zivile Arbeitsleben. Uns sind gerade in den letzten, bei uns sind gerade in den letzten Tagen sehr viele Briefe eingegangen auch von ehemaligen **Mitarbeitern der Staatssicherheit**, die deutlich ihre Situation schildern und daß es da also nicht jetzt nur um eine Eingliederung in das Arbeitsleben geht, sondern die eben auch geschildert haben, daß sie vorher am Rande der Gesellschaft existiert haben und auch wenig Kontakt hatten eigentlich zur breiten Gesellschaft.

Ich schlage vor, daß wir anstatt „Wiedereingliederung" „Integration" einsetzen und dann aber, daß stehenbleibt „Integration der ehemaligen Mitarbeiter des MfS in unsere Gesellschaft".

Ducke (Moderator): Das ist ebenfalls ein ganz klarer Vorschlag. Den gebe ich auch den Einbringern gleich zu bedenken, und sie werden uns dann sagen – –
Aber das Wort hat jetzt zunächst Herr Eppelmann.

Eppelmann (DA): Ich möchte diesen zuletzt gemachten Vorschlag von seiner Begründung und von seiner Formulierung her unterstützen und möchte die Bedenken von FDGB und IFM miteinander verbinden und vorschlagen, daß der vorletzte Passus heißt: „Es wird angeregt, daß auf Wunsch geeignete Bürgerinnen und Bürger...".

Ducke (Moderator): Aha. Danke.
Wir beziehen uns auf den vorletzten Absatz, für alle, die mit – – und es wird angeregt, auch dies an die Einbringer, „auf Wunsch" [einzufügen].

So, jetzt gebe ich einfach alle die Wünsche an die Einbringer zurück und frage, können Sie sich mit den Vorschlägen einverstanden erklären?

Frau Dörfler (GP): Also, wir haben uns als Einbringer jetzt entschlossen, im zweiten Abschnitt statt des Wortes „Wiedereingliederung" das Wort „Eingliederung" zu schreiben.

Ducke (Moderator): Statt – – also auch nicht „Integration", wie als anders vorgeschlagen war?

Frau Dörfler (GP): Das ist das gleiche, das ist nur ein anderes Wort für „Eingliederung".

Ducke (Moderator): Na ja. Danke. Und auch „in unsere Gesellschaft" soll bleiben?

Frau Dörfler (GP): „In unsere Gesellschaft", ja, weil das das Weitergehende ist. Und dieses „auf Wunsch", sind wir auch dafür, das zu übernehmen: „Es wird angeregt, daß auf Wunsch geeignete Bürgerinnen und Bürger Patenschaften ... übernehmen".

Ducke (Moderator): Gut. Wir hätten den Vorschlag nun in der Weise der Einbringer neu formuliert vorliegen.
Ich frage: Bestehen Sie auf „Integration", Frau Köppe?

Frau Köppe (NF): Nein.

Ducke (Moderator): Danke. Alles klar.
Ich frage FDGB: Bestehen Sie auf Ihrer Formulierung „Eingliederung ins zivile..."? – Nein.
Dann kann über die Vorlage in der nun korrigierten Fassung abgestimmt werden, wenn nicht noch jemand das Wort wünscht. Aber ich glaube, wir haben ausführlich schon darüber diskutiert.

Dann lassen wir abstimmen. Ich beziehe mich auf **Vorlage 8/16**, Beschlußantrag, wer für diesen Vorschlag der **Grünen Partei** und **Demokratie Jetzt** [Integrationsprogramm für ehemalige Mitarbeiter des MfS] in der korrigierten Fassung ist, den bitte ich um das Handzeichen. – Das ist die überwiegende Mehrheit. Ich frage: Stimmt jemand dagegen? Stimmt jemand dagegen? – Danke. Enthält sich jemand der Stimme? – Das ist auch nicht der Fall. Einstimmig angenommen. Vielen Dank.

Außerdem ist Ihnen jetzt verteilt worden – ich bitte das nur, daß Sie das weglegen und nicht zur Abstimmung – **Informationen 8/2 und 8/2a**, die Erklärungen der CDU [Zu den Äußerungen des CDU-Generalsekretärs Martin Kirchner bzgl. Austritt aus der Koalitionsregierung] liegen nun auch schriftlich vor.

TOP 13: Gewalt von Rechts

Ich würde jetzt vorschlagen, die Gewalt noch mit wegzumachen jetzt: Punkt 6.5 der Tagesordnung, **Vereinigte Linke, Gewalt**.

Herr Klein oder Frau – –

Frau Braband (VL): Es handelt sich um einen **Antrag**, um einen **Brief der Autonomen Antifa**, die der **Vereinigten Linken** angehören, der bereits zur 6. Sitzung vorgelegen hat.

Frau Köppe (NF): Können Sie bitte noch einmal sagen, welche Nummer?

Frau Braband (VL): Ja, das ist die **Vorlage 6/8** vom 8. Januar, [Erklärung VL gegen Gewalt von Rechts bei Fußballturnier].

Ducke (Moderator): Das bezog sich auf das Fußballspiel, nicht? Das finden wir dann vielleicht leichter, danke.

Frau Braband (VL): Ja. **Vorlage 8/6** vom 8. Januar.

Ducke (Moderator): Haben das alle, ja? – Gut. Bitte.

Frau Braband (VL): Dieser Antrag dreht sich um das geplante **Fußballturnier** in der Werner-Seelenbinder-Halle vom 18. bis 20. Januar.

Ich möchte noch darauf hinweisen, daß die **Arbeitsgruppe „Ausländer"** ebenfalls in einem Papier an den Runden Tisch einen Absatz diesem Fußballturnier widmet. Wir haben erfahren, daß ein Fußballereignis in der Werner-Seelenbinder-Halle zwischen dem 18. und 21. Januar von Rechtsradikalen benutzt werden soll, um gegen Ausländer und Minderheiten vorzugehen.

Der Antrag folgt jetzt, das Papier liegt Ihnen vor:

> [Vorlage 6/8, Erklärung VL: Gegen Gewalt von Rechts bei Fußballturnier]
>
> Der Runde Tisch teilt die beschriebenen Befürchtungen {der **Vorlage 6/0**[19]} und fordert angesichts dieses Umstandes,
>
> – dieses Turnier abzusagen
>
> – bei künftigen Sportveranstaltungen dieser Art die Veranstalter zu verpflichten, derartige Umstände rechtzeitig zu bedenken und entsprechende Vorkehrungen auf der Basis der Sicherheitspartnerschaft gemeinsam mit Vertretern der Öffentlichkeit zu treffen.

---

[19] Einfügung des Herausgebers.

Ducke (Moderator): Danke.

Nun ist heute der 18. Januar. Weiß jemand, ob das stattfindet? Ist das gegenstandslos geworden? Kann uns jemand dazu eine Auskunft geben? – Das ist nicht der Fall.

Also, es geht um das Absagen, nicht, was heute stattfindet. Was sagen die Antragsteller?

Frau Braband (VL): Es ist problematisch, der Antrag liegt seit der 6. Sitzung vor – –

Ducke (Moderator): Es gibt kein Problem. Es wurde abgebrochen und wir mußten das letzte Mal abbrechen. Es tut uns leid, das ist nicht – –

Frau Braband (VL): Ja. Es ist einfach so, daß die **Autonome Antifa** dieses Anliegen an uns herangetragen hat, und wir glauben, daß es zu Recht besteht.

Die Zahlen, die Sie hier entnehmen können – sie haben uns gesagt, daß etwa 4 000 Fußballanhänger zusammenkommen, die sich vor allem aus der rechten Szene zusammensetzen.

Ducke (Moderator): Es geht hier ganz konkret um die Antragstellung.

Frau Braband (VL): Ja.

Ducke (Moderator): Wissen Sie, was sollen wir jetzt beschließen? Ganz einfach. Was sollen wir beschließen? – Zu beschließen, das Turnier abzusagen, wie Sie hier vorschlagen, ist zum Zeitpunkt hinfällig. Etwas zu bedenken ist auch klar. Das haben wir heute über Sicherheit gefragt.

Bestehen Sie auf dem Antrag oder wünschen Sie einen neuen? – Über den Antrag in der vorliegenden Weise können wir als Moderatoren nicht abstimmen lassen. Sie müßten entweder noch einen neuen Antrag . . . .

Frau Braband (VL): Ja, ist klar. Das ist richtig.

Ducke (Moderator): Wir nehmen das an. Ich würde Sie darum bitten, können wir den Antrag umfunktionieren zur Information, dann wissen wir Bescheid und es wird auch bei den nächsten Dingen – – Dann läge dieses hier als Information dem Runden Tisch vor. Dann wird auch dem Anliegen der Gruppe Rechnung getragen. Einverstanden?

Frau Braband (VL): Ja. Ich möchte auch zum Schutz dieser Gruppe noch einmal darauf hinweisen, daß diese **Antifa-Basisgruppen** eine Stellungnahme erarbeitet haben. Sie liegt hier vor und kann bei Bedarf sicherlich auch vervielfältigt werden.

Ducke (Moderator): Jawohl. Danke schön.

Wir hätten dies als Information und teilen, ganz sicher darf man das hier sagen, alle Bedenken, die in dieser Weise zum Ausdruck bringen, daß Gewalt irgendwo angewendet wird. Ich verweise in diesem Zusammenhang auf unsere eben abgegebene Erklärung beziehungsweise die Beschlußvorlagen über die **Sicherheitspartnerschaft zur Polizei**. Ich glaube, das gilt auch für diese Veranstaltung. Danke.

Ich rufe auf – wie war das jetzt? – 6.4, SED-PDS? Der war von der SED zurückgezogen, aber NDPD hatte dazu einen konkreten Vorschlag.

Darf ich Sie bitten, Herr Bein.

TOP 14: Wiedervereinigung/ Vertragsgemeinschaft

Bein (NDPD): Ja, wir haben ja die **Vorlage 7/8** vorgelegt. Die Begründung ist hier aufgeschrieben.

> [**Vorlage 7/8, Antrag NDPD, DJ: Bildung einer Arbeitsgruppe „Internationale Politik"**]
>
> Der Runde Tisch möge in Übereinstimmung mit einer am 8. Januar 1990 dem Sekretariat des Runden Tisches signalisierten Initiative die Bildung einer Arbeitsgruppe „Internationale Politik" beschließen. Die Arbeitsgruppe sollte sich <u>zunächst</u> mit Fragen der Ausgestaltung der Vertragsgemeinschaft DDR/BRD befassen.
>
> <u>Begründung:</u>
>
> Die Notwendigkeit einer Vertragsgemeinschaft auf dem Weg zu einer deutschen Konföderation ergibt sich daraus, daß seit Öffnung der Grenzen eine spontane Zunahme der bilateralen Kontakte und Beziehungen in einer Vielzahl von Bereichen ohne übergreifende Koordination erfolgte und objektiv in Richtung einer „Wiedervereinigung" in kurzer Zeit tendiert.
>
> Eine <u>**Wiedervereinigung jetzt**</u> entspricht nicht unserer Auffassung. Die angestrebte Vertragsgemeinschaft sollte sich deshalb ausdrücklich auf den Grundlagenvertrag von 1972 beziehen. Es darf nicht zugelassen werden, daß der Grundlagenvertrag durch die Vertragsgemeinschaft aufgehoben wird.

Es wird vorgeschlagen, daß die Nationaldemokratische Partei und Demokratie Jetzt hierzu einberuft.

Ducke (Moderator): Der Antrag liegt Ihnen vor. Wünscht jemand das Wort? Jetzt habe ich die Reihenfolge leider – – Helfen Sie mir?

Herr Templin, Herr Hegewald, Herr Behrend, dann Herr Weiß. Bitte. – Herr Wolf, ja.

Bitte, Herr Templin.

Templin (IFM): Ja. Ich denke, daß man da zwei Möglichkeiten hat, mit diesem Antrag umzugehen.

Entweder man nennt das einen Antrag auf Bildung einer Arbeitsgruppe **„Vertragsgemeinschaft"**. Dann kann man so, wie die Vorlage ist, darüber diskutieren.

Oder es besteht das Bedürfnis, eine Arbeitsgruppe **„Internationale Politik"** zu gründen. Das Bedürfnis würde ich sehr unterstützen. Das hätte dann allerdings andere Schwergewichte und dürfte keinesfalls wieder unter diesem Namen – und sei es, daß man das nur „zunächst" benennt – etwa eine Beschränkung auf die deutsch-deutsche Thematik oder Problematik bedeuten.

Ich denke, daß gerade die Frage der internationalen Politik und der Beziehung zu unseren **europäischen Nachbarn,** gerade auch den ostmitteleuropäischen Nachbarn, ein erstrangiges Problem ist, dem wir uns in den letzten Wochen und Monaten viel zu wenig gewidmet haben.

Die Einrichtung einer solchen Gruppe würde ich sehr unterstützen. Dann müßte man allerdings diesen Antrag anders formulieren.

Ducke (Moderator): Danke.

Herr Hegewald, SED-PDS, bitte.

Hegewald (SED-PDS): Ich möchte mich diesen Ausführungen meines Vorgängers anschließen. Mir scheint auch, daß wir diese Arbeitsgruppe „Internationale Politik" sehr nötig haben, um uns verständlich zu machen, um uns zu positionieren im europäischen Raum. Und da ist nicht nur die **Ost-West-Kooperation** wichtig, sondern auch die **Ost-Ost-Kooperation.** Und wir wären sehr dafür, daß da etwas sehr schnell passiert und daß da ein Forderungskatalog aufgemacht wird an den Ministerpräsidenten, wie wir konkret Verhandlungen zu führen haben, welche Konzepte da von uns befürwortet werden. Also, eine konstruktive Ausgestaltung.

Und man müßte entscheiden, da weiß ich jetzt nicht genau, wie wir da verbleiben sollten, daß entweder in dieser Arbeitsgruppe „Internationale Politik" dann auch der ganze Bereich Vertragsgemeinschaft als ein Sofortprogramm zunächst kommt, oder ob man das als ein gesondertes, eine gesonderte Arbeitsgruppe fassen sollte.

Aber ich bin auch dafür, es darf nicht herauskommen, daß wir eine internationale Politik machen und dann reduziert sie sich auf deutsch-deutsche Verhältnisse. Das darf dabei nicht passieren. Ich würde also begrüßen, internationale Politik und dort ein Aspekt deutsch-deutsche Beziehung, aber doch viel größer gesehen im europäischen Raum. Darüber müßte verhandelt werden, wie das nun im einzelnen auszugestalten ist.

Ducke (Moderator): Als nächster hat das Wort Herr Wolf, LDPD, dann Herr Weiß, dann Frau Töpfer.

Wolf (LDPD): Wenn ich von dem Selbstverständnis des Runden Tisches ausgehe, vor allem, bitte korrigieren Sie mich – – die Zeit bis zu den Wahlen und unmittelbar danach, aber bis zur Bildung einer neuen Regierung, politisch zu motivieren und zu unterstützen und ihr die notwendige Richtung zu geben, so glaube ich, daß der, glauben wir, daß der Begriff **„Internationale Politik"** zu weit ist. Und wir meinen schon, daß die Problematik **„Vertragsgemeinschaft"** oder etwas weiter, aber ähnlich gefaßt, genau das umfaßt, was diese Zeit jetzt bis zu den Wahlen angeht, wo das Leben teilweise wiederum viel weiter ist, deshalb ja das Anliegen einer solchen Vorlage, als unsere Fähigkeiten, gemeinsame wie eigene, das befriedigend zu regeln.

Also, den Namen sollte man in dieser Richtung schon bedenken, „Vertragsgemeinschaft" oder ähnlich, und auf einen bestimmten nicht spezifischen Zeitabschnitt, der mit der Tätigkeit des Runden Tisches in unmittelbarer Verbindung steht und dabei zu begrenzen.

Was die Begründung angeht, glaube ich, sollten wir uns gemeinsam einig werden, noch einmal nachzudenken und vielleicht neu zu formulieren.

Angesichts der Tatsache, daß täglich nach wie vor über 1 000 Menschen das Land verlassen, kann man in einigen Punkten nicht schnell genug handeln, nicht nur **nationale Probleme,** sondern wohl auch **internationale,** vor allen Dingen aber **gesamtdeutsche,** also BRD und DDR betreffende, vertraglich zu lösende Fragen zu klären. Das ist offensichtlich zu langsam und deswegen haben wir täglich diese Probleme.

Wir wollen für die thematische Skizzierung dieser Thematik vorschlagen, daß wir auf der einen Seite trennen in das, was schnell zu lösen ist, was schneller als bisher gelöst werden muß, die Fragen der **wirtschaftspolitischen Zusammenarbeit,** der **währungspolitischen Zusammenarbeit,** auf dem Gebiete der Ausgestaltung von **Rechtsbeziehungen, Vermögensbeziehungen** und viele andere Dinge, und auf der anderen Seite nicht mit hineinbringen die Dinge, die auch in der internationalen Politik unbedingt bedacht werden müssen, nämlich die Fragen des nationalen Status, der staatlichen Weiterentwicklung der **Konföderation.** Hier meinen wir, ist die Behutsamkeit geboten.

Aber auf der anderen Seite sollten wir an die dringlichen Fragen des Lebens mehr denn je und schneller denn je denken.

Ducke (Moderator): Frau Töpfer von FDGB, bitte.

Frau Töpfer (FDGB): Wir unterstützen das Anliegen, das in diesem Antrag zum Ausdruck auskommt, unabhängig von dem Namen, den diese Arbeitsgruppe erhalten soll, weil wir davon ausgehen, daß ja die **Prioritätengruppe** beraten und beschlossen hat, zum Thema der Vertragsgemeinschaft zwischen beiden deutschen Staaten demnächst eine Sitzung des Runden Tisches abzuhalten. Und diese Vorbereitung dieser Sitzung ist doch nur denkbar, wenn wir eine Arbeitsgruppe haben, die dieses Thema konzeptionell bearbeitet, um eine entsprechende Beschlußvorlage oder überhaupt Vorlagen für diese Beratung zu haben. Und deshalb würde ich das unterstützen.

Ducke (Moderator): Danke.
Herr Schmidt von CDU, bitte.

Schmidt (CDU): Ich habe den Eindruck, daß mehrere Voten eben auf den Zusammenhang von nationaler und internationaler Politik hingewiesen haben gerade in den Fragen, die uns jetzt bewegen. Könnte man nicht die Arbeitsgruppe dann eben auch ausdrücklich so nennen, „nationale und internationale Politik", dann können beide Fragebereiche in der notwendigen Verknüpfung hier behandelt werden.

Ducke (Moderator): Das ist eine konkrete Frage an die Einbringer. Ich gebe sie hin zum Bedenken.
Das Wort hat zunächst Herr Eppelmann.
Dann liegen keine weiteren Wortmeldungen vor?

Eppelmann (DA): Ich habe den Eindruck, wir können nicht alles auf einmal machen. Und aus dem Grunde möchte ich mich zumindest vom Ansatz her dem Votum der LDPD anschließen, daß es schwergewichtig um die Frage der **Vertragsgemeinschaft** zwischen beiden deutschen Staaten gehen sollte. Hier rennen uns die Leute und die Probleme weg.

Von daher würde ich es also dahingehend benennen wollen, würde das Wort „zunächst" streichen wollen, weil für mein Verständnis diese Arbeitsgruppe nur eine begrenzte Zeitdauer zum Arbeiten hat, und zwar bis zum 6. Mai [1990]. Dann gibt es eine demokratisch gewählte Regierung und dann sollte die unser Mandat haben.

Von daher bin ich dafür, diesen Antrag, so wie er hier formuliert ist, zurückzuziehen und ihn in dem eben angedeuteten Sinne neu zu formulieren.

Ducke (Moderator): Das war fast ein ganz konkreter Antrag.
Es gibt noch zwei Wortmeldungen. Frau Köppe und Herr Templin.

Frau Köppe (NF): Ich wollte auch vorschlagen, daß der Antrag zunächst zurückgezogen wird, einfach, weil da gewisse Widersprüche ja nun offenbar geworden sind, und daß wir ihn dann später noch einmal beraten, wenn er neu formuliert uns dann vorliegt, daß wir das jetzt hier verschieben.

Ducke (Moderator): Ja.
Herr Templin.

Jetzt keine Wortmeldung mehr, wir haben Anträge. Ich wollte nur noch abarbeiten. Wenn das noch einen neuen Gedanken gibt, gut.
Herr Templin und dann noch Frau Poppe.

Templin (IFM): Ich würde sicher auch davon ausgehen, daß die komplexe **Vertragsgemeinschaft** und **Internationale Politik,** also Beziehungen zu anderen europäischen Nachbarn, mit unterschiedlicher Intensität angegangen werden müssen. Aber mir sind die Sorgen gerade unserer osteuropäischen Nachbarn nur zu gut bewußt geworden. Stimmen aus **Polen,** die wir selber deutlich aufnehmen konnten. Uns liegt großes Interesse aus der **Sowjetunion** vor. Wir wollen als neue demokratische Kräfte auch dorthin Einladungen wahrnehmen und wenn wir uns da nicht am Runden Tisch dafür aussprechen, die Bedeutung, die diese Frage hat und die diese Beziehung für uns hat und auch nach dem 6. Mai behalten wird, hier deutlich mit zu unterstreichen, dann beweisen wir, denke ich, nur unseren Provinzialismus.

Ich wäre dafür, diesen Antrag in Richtung Vertragsgemeinschaft zu präzisieren. Ich könnte mir auch die Verbindung, wie sie vom Vertreter der CDU genannt wird, vorstellen. Dann müßte aber klar sein, daß die Dimension internationaler Politik nicht nur ein Zusatz ist, sondern, wie gesagt, und sei es mit im Moment geringerer Intensität aber gleichgewichtig dort aufgenommen wird, und zwar mit den Leuten, die sich diesem Ansatz verpflichtet fühlen.

Ducke (Moderator): Das war noch einmal eine Verstärkung der Problematik.
Frau Poppe, bitte, noch. Aber dann fragen wir die Einbringer.

Frau Poppe (DJ): Demokratie Jetzt steht hier als Einberufer darunter.
Ich möchte vorschlagen, den Antrag noch einmal zurückzuziehen und noch einmal zu überdenken.

Ducke (Moderator): Das war schon eine halbe Stimme der Einberufer. Ich frage die anderen.
Herr Bein, bitte.

Bein (LDPD): Ich würde vorschlagen, daß wir vielleicht Konsens finden würden.
Wir ziehen den noch einmal zurück und unter dem Gesichtswinkel, das würde ich aber gleich ankündigen, doch diese **Arbeitsgruppe „Nationale und Internationale Politik"** zu benennen, aber uns doch darüber im klaren zu sein, daß jetzt auch in Anbetracht der jetzt bevorstehenden Verhandlungen diese Arbeitsgruppe sich zunächst mit der Frage der **Vertragsgemeinschaft** schon in kürzester Zeit befaßt.

Ducke (Moderator): Ich glaube, auch deutlich wurden die Dringlichkeiten, aber auch, ich weise noch einmal [darauf hin], ich möchte sehr unterstützen, diese Blickrichtung nach **Osten** im Sinne, wenn wir von international sprechen, daß das nicht unterschlagen wird und auch für die Öffentlichkeit sehr deutlich wird, wenn wir so eine Arbeitsgruppe des Runden Tisches gründen. Danke.
Damit ist der Antrag zurückgezogen.
Ich weiß nicht, ob es Ihnen auch so geht, aber wir ersticken hier ein bißchen in Papier. Aber das macht vielleicht auch nichts. Dann enden wir schneller. Es ist 15.35 Uhr.
Wir haben noch drei Anträge, wenn ich es richtig sehe, vorliegen. Ich habe jetzt ein Problem: **[Top] 6.7, Energiefragen/Preise, Grüne Liga,** ist das möglich, liegt das da?

TOP 15: Energiefragen und Preise

Ducke (Moderator): Aha.

Lange (Co-Moderator): **Vorlage 7/6,** ja?

Ducke (Moderator): Das ist die **Vorlage 7/6 [Antrag FDGB: Preis- und Subventionspolitik].** Können wir das dann so machen? Was war Grüne Liga dann, bitte? – Oder habe ich das mißverstanden, denn Sie haben sich heute früh beschwert.

Frau Dörfler (GP): Das war unser – –

Ducke (Moderator): Aha. Für die Energie Grüne Liga. Haben Sie da? – Das fällt weg, oder wer macht das?

Frau Dörfler (GP): Das ist die Vorlage vom 3. Januar. Die ist ausgeteilt worden und – –

Ducke (Moderator): Nehmen wir sie zur Kenntnis. Sie hatten schon mehrfach darauf hingewiesen.

Frau Dörfler (GP): Zur Kenntnisnahme, ja, lediglich zur Kenntnisnahme, ohne Diskussion.

Ducke (Moderator): Danke.

Wir erinnern uns, das hier ist es. Dann rufen wir jetzt nur die Preise auf. Die **Energie** bitte ich in Ihren Unterlagen zu forschen. Zur Gedächtnisstütze: Das war ein handschriftlich vervielfältigter Antrag. – Sie merken, daß ich mich noch erinnern kann.

Bitte **Preise.** Es meldet sich Frau Döring von **FDGB.** Das ist die Vorlage Nummer – – bitte noch einmal geben, **Vorlage 7/6.** Das ist nämlich schon wieder verschwunden gewesen.

Frau Döring (FDGB): Es gibt eine Vielzahl von Meinungsäußerungen und Befürchtungen aus der Bevölkerung zur **Preis- und Subventionspolitik.** Deswegen hatten wir am 15. [Januar] diesen Antrag eingebracht.

Ich möchte sagen, daß uns sehr daran liegt, daß wir heute den beschließen sollten oder darüber abstimmen sollten, so daß die Möglichkeit besteht, daß die Regierungsvertreter eventuell schon am nächsten kommenden Montag am Runden Tisch dazu Stellung nehmen können.

[Vorlage 7/6, Antrag FDGB: Preis- und Subventionspolitik]

Der Runde Tisch möge beschließen:

Auf Anfrage des FDGB am 22. Dezember 1989 an die stellvertretende Ministerratsvorsitzende Frau Professor Luft, ist zugesagt worden, Grundzüge eines Gesamtpaketes der Veränderungen der Preis- und Subventionspolitik vorzulegen.

Die ersten Preisveränderungen sind beschlossen. Wir erklären unmißverständlich: Wir sind für eine Preisreform. Bei weiteren Preisveränderungen, die folgen werden, muß aber gesichert sein, daß sie in ihrer Gesamtheit dazu führen, daß besonders Bürger und Familien, die ohnehin schon über geringe Einkommen verfügen, oder die durch Familiengröße ein sehr niedriges Einkommen pro Kopf der Familie haben, nicht an den Rand des Existenzminimums geraten.

Deshalb wird gefordert, daß die am 22. 12. gegebene Zusage der Regierung eingelöst wird, bevor weitere Preiserhöhungen in Kraft gesetzt werden.

Wir erwarten ebenfalls von der Regierung eine Berechnung des Preisindexes, die die reale Preisentwicklung widerspiegelt sowie Aussagen auch zum Existenzminimum.

Ducke (Moderator): Das ist eine konkrete Erinnerung an Anfragen, die schon gestellt sind.

Verstehe ich Sie richtig, daß dies nun wieder am 22. Januar [1990] vorgetragen werden soll beziehungsweise jetzt überdies als Wunsch des Runden Tisches, nein als Forderung des Runden Tisches, übermittelt, daß wir am 22. [Januar] darauf eine Antwort erwarten? Ist das so richtig? Müssen wir dazu dann noch eine Aussprache führen?

Herr Eppelmann.

Eppelmann (DA): Angesichts der Tagesordnung, die wir am 22. [Januar] haben – ich denke daran, daß wir hier Besuch bekommen werden, wo wir die Gelegenheit nutzen wollen zu fragen, und heute **Ökologie** schon wieder verschoben worden ist – halte ich es für nicht gut, das auch noch am 22. [Januar] zu machen. Wir würden sonst sehr, sehr unverantwortlich arbeiten.

Ducke (Moderator): Das ist nun ein konkreter Vorschlag, das zu einem anderen Zeitpunkt.

Ich meine, wir könnten es trotzdem Frau Minister Luft vorlegen, und sie muß dann selbst entscheiden, ob sie dies in ihrer Vorstellung am 22. [Januar] mit einbringt oder dazu verschiebt. Das wäre mein konkreter Vorschlag.

Aber es sind Wortmeldungen, die ich alle jetzt übersehen habe.

Herr Templin, Frau Röth, Frau Braband.

Templin (IFM): Also, wir haben zum Vorschlag, zum Antrag Formulierungsveränderungen beziehungsweise Ergänzungen, die ich auch begründen möchte.

Damit die Vorstellung von Grundzügen eines Gesamtpakets der Veränderungen der **Preis- und Subventionspolitik** hier einen Sinn ergibt, ist die **Offenlegung der konkreten Wirtschaftslage** auf diesem Gebiet erforderlich, das heißt des Grades der Subventionierung. Es ist notwendig die Unterscheidung von Umverteilung von Subventionen, direkten und indirekten, und die Unterscheidung, wo setzt Abbau von Subventionen ein.

Deswegen Formulierungsvorschläge:

Also vor dem ersten Absatz, vor „Auf Anfrage" der Einschub „Der Runde Tisch erinnert an die bisher noch immer unbefriedigende Offenlegung der Wirtschaftslage durch die Regierung, wie sie am 7. Dezember 1989 und am 3. Januar 1990 gefordert wurde".

Und dann der konkrete Einschub zwischen dem ersten und zweiten Absatz des Antrages, der lauten würde: „In diesem Zusammenhang ist die Unterscheidung in Umverteilung und Abbau von Subventionen erkennbar zu machen".

Ducke (Moderator): Danke schön. Das war konkret. Ich frage die Einbringer, wie sie dann damit umgehen können.

Frau Röth, bitte. – Hat sich zurückgezogen.

Dann wären Herr Berghofer noch – – Habe ich jetzt jemanden übersehen? – Herr Brandenburg.

Oh, Entschuldigung, Frau Braband zunächst, dann Herr Brandenburg.

Frau Braband (VL): Ich möchte nur vortragen, daß die Vereinigte Linke – und ich hoffe zusammen mit dem Unabhängigen Frauenverband – am Montag einen Antrag einbringen werden, der sich auf diesen Antrag auch bezieht.

Für die Vereinigte Linke ist es nicht akzeptabel, einfach dabei stehenzubleiben bei der Formulierung, bei folgenden Preisveränderungen muß anders gehandelt werden, sondern die Preisveränderungen, die es bereits gegeben hat, sind unserer Ansicht nach, decken die Subventionen, ah Moment, jetzt muß ich sortieren, die Subventionen, die abgebaut worden sind, wurden nach den Aussagen der Regierung direkt verteilt durch die Zuschüsse zum **Kindergeld.**

Nach unseren bisherigen Berechnungen ist das nicht der Fall. Es gibt dort eine erhebliche Diskrepanz, so daß wir uns wirklich dagegen verwahren müssen, daß ausgerechnet die ersten **Umverteilungen der Subventionen** auf die abgeladen werden, die die geringsten Einkommen in diesem Lande haben, die **Mütter** mitgenannt.

Ducke (Moderator): Das war sozusagen jetzt schon die Voranmeldung für einen Kanonenschlag.

Frau Braband (VL): Ja.

Ducke (Moderator): Ja. Danke.
Herr Brandenburg, bitte.

Brandenburg (NF): Ja. Ich unterstütze, daß wir immer noch nicht genügend Informationen auf dem Tisch haben.

Ich habe auch meine Bedenken, was diese **Ausgleichszahlungen** anbelangt. Die Bedenken gehen aber noch weiter, daß auch – sollten die Ausgleichszahlungen genau das auffangen, was bei den Subventionen weggefallen ist – natürlich die **Spareinlagen** unterminiert werden.

Ducke (Moderator): Danke für die Hinweise.

Ich frage die Einbringer. Können Sie das noch sozusagen inhaltlich mit aufnehmen, was jetzt gesagt wurde, ohne daß wir umformulieren? Und wir würden dann abstimmen, daß der Runde Tisch Ihren Antrag in der jetzt auch noch erweiterten beziehungsweise noch verstärkten Weise unterstützt.

Frau Döring (FDGB): Ja, völlig einverstanden.

Ducke (Moderator): Danke. Dann lassen wir darüber abstimmen.

Es liegt vor der **Antrag des FDGB [Zur Preis- und Subventionspolitik],** und zwar **Vorlage 7/6** unter 7. Sitzung vom 15. Januar.

Wissen Sie, wir kommen mit den Nummern der Vorlagen durcheinander, weil wir verschiedene Sitzungen heute zusammenziehen.

Also, 7. Sitzung, 15. Januar, lag vor als Vorlage Nummer 6, heute vorgetragen in der erweiterten Form, wie sie Herr Templin, wie sie Frau Braband und Herr Brandenburg vorgeschlagen haben.

Würden die anderen Mitglieder des Runden Tisches dieses unterstützen? Wer dafür ist, den bitte ich um das Handzeichen. – Diese Unterstützung geschieht mehrheitlich. Ja, wir müssen immer fragen: Gegenstimmen? – Enthaltung? – Vorhin hatte ich eine übersehen. Nein? – Diesmal keine.

Bitte, der Text wird gemacht. Danke. Damit hätten wir diesen Punkt auch weg. Die Preise geschafft, die Energie auf der Strecke geblieben.

Ich rufe auf [Top] **6.8, Initiative Frieden und Menschenrechte, Erklärung Unabhängige Untersuchungskommission.** Herr Poppe hat das Wort. Das ist die Vorlage – – sind Sie so nett?

Lange (Co-Moderator): **Information 7/6** vom 15. Januar.

TOP 16: Widerrechtlicher Verkauf von Grundstücken, Betrieben und anderen Sachwerten

Ducke (Moderator): Ach so, das ist die **Information 7/6,** ist gar kein Antrag?

Poppe (IFM): Dazu gehört der **Antrag Vorlage 8/4 [Antrag IFM und im Namen der Unabhängigen Untersuchungskommission: Zum Verkauf von Betrieben, Grundstücken etc.]** [am 15. Januar **Vorlage 7/3, Antrag Nummer 4**[20]].

Ducke (Moderator): Danke.

Poppe (IFM): Ich muß aber einiges aus der **Information [7/6 Presseerklärung der Unabhängigen Untersuchungskommission]** vortragen dazu, damit das klar wird.

Die Unabhängige Untersuchungskommission gegen Amtsmißbrauch und Korruption bezieht sich auf Regierungsbeschlüsse, die am 14. Dezember durch den Ministerpräsidenten unterzeichnet werden.

[**Information 7/6, UUK: Presseerklärung zum widerrechtlichen Verkauf von Grundstücken, Betrieben, Sachwerten**]

[Diese UUK sieht ihre Aufgabe darin, den Abbau jener Privilegien zu kontrollieren, die nicht auf der Leistung und Schöpferkraft einzelner Personen beruhen, sondern fast automatisch von höheren Funktionären der SED und des Staatsapparates in Anspruch genommen wurden.

Während wir zu den zahlreichen Eingaben aus der Bevölkerung zu ermitteln versuchen, die Privilegien von Funktionären verhindern sollen, hat die Regierung folgende Beschlüsse erlassen:]

1. Beschluß über den Verkauf von Einfamilienhäusern, die sich in Rechtsträgerschaft der ehemaligen Versorgungseinrichtung des Ministerrates befinden.

– Hier wird den jetzigen Mietern, zum Beispiel Herrn Krenz, das Vorkaufsrecht zu Kreditbedingungen von 75 Prozent erteilt. Abgeschlossen werden sollen diese sehr günstigen Käufe bis zum 31. Januar 1990!

2. Beschluß über Festlegungen zur sozialen Sicherstellung von Angehörigen des Amtes für Nationale Sicherheit.

– Auch den Angehörigen des Amtes werden ähnlich günstige Vorkaufsrechte für Häuser des ehemaligen MfS geboten.

3. Beschluß zur Information über Ferienheime und Gästehäuser des Ministerrats.

– Dieser Beschluß enthält lediglich eine Kann-Bestimmung für die Nutzung durch die Bevölkerung.
Ich fahre einmal fort hier im Text.
Gleichzeitig bleibt die SED-PDS Eigentümer der Gästehäuser und Ferienheime, die nunmehr in Form von Hotels Einnahmen für die Parteikasse erwirtschaften.

---

[20] Dokument 7/1, Anlagenband.

Diese Beschlüsse [wurden] also am 14. Dezember unterzeichnet und [sind] seitdem in Kraft. Es gab dazu keine öffentliche Information.

Das ist also die Kritik der Unabhängigen Untersuchungskommission.

Sie erklären nun, daß sie Forderungen gestellt haben am 4. Januar und 9. Januar, Vorschläge unterbreitet haben der Regierung zum Abbau sämtlicher ungerechtfertigter Privilegien. Zum Beispiel wird genannt:

- sofortiger Verkaufsstopp der betreffenden Häuser
- Überführung der Betriebe in kommunales Eigentum, die bisher hauptsächlich zur Realisierung von Privilegien der Funktionäre dienten.

Diese Vorschläge wären unberücksichtigt geblieben, auch in der Regierungserklärung am 11. 01. nicht berücksichtigt worden. Ich zitierte wörtlich:

... Wir haben die Erfahrung machen müssen, daß Ermittlungen massiv verhindert werden. Bis heute werden Versuche gemacht, Strukturen zu verheimlichen und Zusammenhänge zu verwischen. Wir fragen, ist es ein Zufall, daß alle Regierungsbeauftragten zur Aufdeckung von Amtsmißbrauch und Korruption in den Bezirken Mitglieder der SED-PDS sind?

Wir waren am 4. Dezember 1989 bereit, zur Sicherung von Volksvermögen und zum Abbau von Privilegien mit der Regierung ein Zweckbündnis einzugehen. Wir müssen feststellen, daß unsere Arbeit als Unabhängige Untersuchungskommission zur Beruhigung der Bürger ausgenutzt wurde und wird.

Bis jetzt haben wir keine Unterlagen über den Besitz der SED, keine Kenntnis über die Revision aller Konten des Bereiches Kommerzielle Koordinierung und wir wissen nicht, ob die Devisen jetzt tatsächlich in den Staatshaushalt fließen. Die Einsicht in die vorhandenen Unterlagen über Grundstücke, Gebäude und Betriebe der SED und des Ministerrats wurde uns verweigert. Der Demokratisierungsanspruch der SED und der anderen alten Parteien wird sich daran messen lassen, ob diese Parteien bereit sind, ihre Vermögensverhältnisse öffentlich und nachprüfbar zu machen.

Soweit also die Erklärung der Unabhängigen Untersuchungskommission, die mit einem Antrag verbunden ist. Dieser Antrag [Vorlage 7/3, Nr. 4] wird von der **Initiative Frieden und Menschenrechte** unterstützt und hier eingebracht.

Bezug nehmend auf die Information Nummer 8/6 fordert der Runde Tisch die Regierung beziehungsweise Volkskammer auf, einen rechtlichen Vorbehalt zu fixieren bezüglich aller ab 7. Oktober 1989 erfolgten Verkäufe von Grundstücken, Betrieben und ähnlichen Sachwerten aus Volkseigentum sowie aus strittigem Eigentum von Parteien und Organisationen. Dieser Vorbehalt muß es ermöglichen, nach entsprechender Überprüfung solche Verkäufe rückgängig zu machen.

Ducke (Moderator): Danke. Das war eine klare Information und ein Antrag.

Wünscht jemand zu diesem Antrag das Wort? Sonst lassen wir darüber abstimmen, denn an sich liegen die Sachverhalte ja klar, und wir wollen uns nicht unnötig in die Diskussion verwickeln. Die Information war sehr ausführlich.

Herr Brinksmeier, SPD, bitte, dann Herr Henrich.

Brinksmeier (SPD): Ich hätte noch eine Sachfrage. Was ist unter **strittigem Eigentum von Parteien und Organisationen** zu verstehen in diesem Zusammenhang?

Ducke (Moderator): Eine klare Anfrage.

Herr Poppe, bitte.

Poppe (IFM): Also, ich will vermuten, daß es sich um Eigentum handelt, wo also der Nachweis nicht geführt worden ist, daß es tatsächlich Eigentum ist, oder, ich kann nicht hieraus entnehmen, daß dazwischen irgendwelche gerichtlichen Vorgänge existieren. Also muß ich es erst einmal bei dieser Information belassen, die uns hier übermittelt worden ist.

Ducke (Moderator): Es geht um eine Vermutung, die deutlich gesagt wurde.

Herr Henrich, dann Herr Weiß, bitte.

Henrich (NF): Ich unterstütze diesen Antrag in seiner Zielrichtung, das möchte ich ausdrücklich erklären, habe aber Bedenken, ob wir den Ministerrat auffordern können, oder die Regierung beziehungsweise die Volkskammer, einen rechtlichen Vorbehalt zu fixieren bezüglich aller ab **7. Oktober 1989 erfolgten Verkäufe.**

Also, da hätte man dann vorher irgend etwas regeln müssen, entweder der Verkauf ist rechtswirksam oder er ist es nicht. Ist er es nicht, muß er natürlich, dann muß das aufgedeckt werden und dann muß das Ganze rückgängig gemacht werden oder anders gesagt, dann ist das Eigentum nicht übergegangen.

Also wenn hier, ich sage es einmal ein bißchen lax, getrickst wurde, dann muß darauf reagiert werden. Das ist klar.

Nur das kann nicht in dieser Weise erfolgen. Ich schlage also vor, daß man hier alle Verkäufe – vielleicht könnte man das so machen, wenn ich das einmal gleich so reinformulieren darf – also, alle ab 7. Oktober 1989 erfolgten Verkäufe auf ihre **Rechtmäßigkeit** hin überprüfen läßt von, sagen wir einmal, einer Kommission von drei unabhängigen, ausgewählten Juristen.

Das wäre zum Beispiel eine Möglichkeit, um diesem Ziel gerecht zu werden.

Eine Frage habe ich aber, also, das wäre mein Vorschlag dazu – –

Ducke (Moderator): Danke. Wir geben das an die Einbringer zurück und sie werden sie in der Zwischenzeit – – Lassen Sie, machen Sie sich erst Gedanken, erst Gedanken machen. Schalten Sie wieder aus, Herr Poppe, es kommt noch eine Frage, ja?

Bitte, Herr Henrich.

Henrich (NF): Ja, ich habe noch eine Frage an die Einbringer, was ist damit gemeint? Eins, erster Stabstrich, daß hier jetzigen **Mietern** – – wird denen ein Vorkaufsrecht eingeräumt oder ist da bereits eins eingeräumt? Und was heißt das, das Vorkaufsrecht zu Kreditbedingungen von 75 Prozent? Das ist hier etwas mißverständlich ausgedrückt. Ich bitte nur um eine Klärung.

Ducke (Moderator): Herr Henrich, nur, das ist Information, wird hier nicht debattiert. Sie fragen das die Einbringer. Darüber verhandeln wir hier nicht.

Henrich (NF): Ja, aber die Information muß doch so sein, daß sie nachvollziehbar ist. Ansonsten brauchen wir sie uns doch nicht geben zu lassen.

Ducke (Moderator): Danke. Ja.
Wollen gleich die Einbringer [etwas] dazu sagen, sonst hat Herr Weiß das Wort.

Poppe (IFM): Wir möchten uns dazu jetzt nicht äußern, dann müßte man noch einmal rückfragen bei der Untersuchungskommission selbst.

Ducke (Moderator): Ja. Zu dem Stabstrich, und die andere Sache, die Veränderung Ihres Antrages?

Poppe (IFM): Wird von uns akzeptiert.

Ducke (Moderator): Danke.
Herr Weiß, haben Sie jetzt noch das Wort?

Weiß (DJ): Ich beziehe mich auf den letzten Absatz, darauf – –

Ducke (Moderator): Der Information oder des Antrages?

Weiß (DJ): Der Information.

Ducke (Moderator): Danke.

Weiß (DJ): – darauf, daß es keine Unterlagen über den Besitz der SED gibt.
Es gibt Hinweise darauf, daß sich unter diesem **Besitz der SED** und der anderen Parteien auch **Vermögen, Grundstücksvermögen** aus dem sogenannten **arisierten** Eigentum unserer **jüdischen Mitbürger** befindet und daß da sehr viele Rechtsunklarheiten bestehen.
Es ist so gewesen, daß ein Teil dieses Eigentums nach dem Kriege, was ja dann zwangsenteignet worden war nach dem Kriege, übergeben worden ist von der **Sowjetischen Militäradministration** an die genannten Parteien. Ich denke, im Interesse einer Klärung unseres Verhältnisses zu **Israel**, aber auch zur Aufarbeitung unserer Geschichte gehört es, hier auch ganz gründlich nachzuforschen und hier ganz ehrlich darüber zu befinden. Und wir müssen uns sicher auch der Mühe unterziehen, nach Erben, die unter Umständen im Ausland noch leben, zu forschen.

Ducke (Moderator): Das war eine konkrete Bitte noch einmal auch an die Unabhängige Untersuchungskommission. Ich denke, daß das zur Kenntnis genommen ist.
Herr Wolf, LDPD, zum Antrag selbst.
Bitte.

Wolf (LDPD): Wir würden die von Herrn Henrich vorgebrachte exaktere Formulierung zum Antrag Rechtmäßigkeit unbedingt unterstützen und machen noch einmal darauf aufmerksam, daß die Problematik der **Offenlegung des Eigentums der Parteien** dringlich ist.

Ducke (Moderator): Danke. Das letztere steht ja noch als Tagesordnung uns bevor.
Jetzt hatte noch jemand – –
Frau Will, bitte, SED-PDS.

Frau Will (SED-PDS): Ich möchte nur noch einmal sagen, daß Herr Bisky beim vorigen Mal für die SED-PDS die Offenlegung für Ende des Monats angekündigt hat, und ich bitte auch darum, wegen der Fairneß alle Vorwürfe diesbezüglich des **Parteivermögens** und aller Vermutungen, die es gibt, dann an dieser Stelle hier offen zu diskutieren.

Ducke (Moderator): Danke.
Ich glaube, diese Klarstellung und notwendige Information ist wichtig zur Information. Es liegt der Antrag vor. Wer liest ihn uns jetzt exakt vor? – Wir machen es noch einmal, versuchen:
„Bezug nehmend auf die Information Nummer 6 fordert der Runde Tisch die Regierung beziehungsweise Volkskammer auf, einen rechtlich", nein, das geht ja nicht – –

Poppe (IFM): – „... alle ab 7. Oktober 1989 erfolgten Verkäufe von Grundstücken, Betrieben und ähnlichen Sachwerten aus Volkseigentum sowie aus strittigem" – hatten wir das gelassen jetzt? – „Eigentum von Parteien und Organisationen zu überprüfen".

Ducke (Moderator): – „... auf Rechtmäßigkeit..." – –

Poppe (IFM): – „... rechtlich zu überprüfen", hatte ich geschrieben.

Ducke (Moderator): – Nicht „rechtlich", „... auf Rechtmäßigkeit...".

Poppe (IFM): – „... auf Rechtmäßigkeit...".

Ducke (Moderator): Danke. In dieser korrigierten Fassung steht nun der Antrag.
Ich bitte um – –

Eppelmann (DA): Ist der letzte Satz gestrichen?

Ducke (Moderator): Die Verkäufe rückgängig zu machen haben wir ja gelernt, daß das gar nicht geht. Der letzte Satz ist nach der neuen Formulierung für mich gestrichen.
Herr Poppe, der muß ja gestrichen sein.

Eppelmann (DA): Da würde ich gerne Herrn Henrich auch noch einmal zu hören. Das war mir jetzt nicht deutlich. Darum mußte ich dazu rückfragen.

Ducke (Moderator): Nein, weil wir das Wort Vorbehalt, wir können ja da nicht sagen, „der Vorbehalt".

Henrich (NF): Der letzte Satz kann gestrichen werden.

Ducke (Moderator): Wie?

Henrich (NF): Der letzte Satz kann gestrichen werden.
Ich hatte nur empfohlen, aber das ist jetzt nur eine reine Anregung, daß man dazu gleich, damit man Nägel mit Köpfen macht eben, drei Juristen, also Unabhängige ansetzt, die alle diese Kaufverträge sich vornehmen und überprüfen. Dann hat man sozusagen gleich Leute, die tätig werden.

Ducke (Moderator): Gut. Aber das muß nicht der Runde Tisch – –

Henrich (NF): Nein, das ist klar, außerhalb des Runden Tisches.

Ducke (Moderator): Gut. Also, der letzte Satz ist gestrichen.
Herr Eppelmann, bitte.

Eppelmann (DA): Ich würde gern auch noch einmal fragen wollen, ob es eine Möglichkeit gibt, das Anliegen von Herrn Weiß hier tatsächlich auch verbal zu benennen. Das ist in der jetzigen Formulierung nicht mit drin.

Wirtschaft

Ducke (Moderator): Herr Eppelmann, das geht deswegen nicht, weil das sich auf die Information bezog, nicht auf den Antrag.

Eppelmann (DA): Ah ja. Und ich möchte auch einfach noch einmal meine Betroffenheit darüber zum Ausdruck bringen, daß es solche Anträge überhaupt geben muß.

Ducke (Moderator): Danke. Aber der liegt nun vor und wir gehen damit um.

Ich stelle ihn zur Abstimmung. Wer in der korrigierten Fassung, wer für den Antrag in der korrigierten Fassung ist, den bitte ich um das Handzeichen. – Dies ist die Mehrheit. Wir lassen fragen: Wer ist dagegen? – Wir fragen: Wer enthält sich der Stimme? – Nicht.

Also: Einstimmige Annahme des Antrages. Damit ist dieser Tagesordnungspunkt auch beendet.

Ich rufe auf Top **6.9, Wirtschaft**.

Es hat das Wort Herr Wolf, LDPD.

TOP 17: Wirtschaft

Wolf (LDPD): Hier übernehmen wir gewissermaßen eine Dienstleistung auf Bitte der Arbeitsgruppe „Wirtschaft".

Ihnen liegt vor eine Erklärung und eine Information. Ich möchte die Erklärung vorlesen. 1. Die Arbeitsgruppe – –

Frau Köppe (NF): Welche Nummer bitte?

Ducke (Moderator): Sagen Sie bitte noch einmal genau, worauf wir uns beziehen.

Wir haben hier vorgelegt **Vorlage 8/13, Antrag AG „Wirtschaft" [Zur Informierung der Öffentlichkeit über Maßnahmen der Wirtschafsreform]**. Und die Information?

Wolf (LDPD): Ich darf sagen, es ist die Erklärung von der 8. Sitzung, 18. Januar 1990.

Ducke (Moderator): Erklärung Nummer 4 vom 15. Januar. Bitte – – vom 18 – –

Wolf (LDPD): Die ist nicht numeriert, ich habe sie von der Arbeitsgruppe so übernommen, und sie ist nicht numeriert worden. Sie ist verteilt worden.

Ducke (Moderator): Bitte lesen sie vor.

Wolf (LDPD):
Erklärung AG „Wirtschaft" zu Joint-ventures
1. Die Arbeitsgruppe „Wirtschaft" des Runden Tisches empfiehlt, dem Entwurf der Verordnung über die Gründung und Tätigkeit von Unternehmen mit ausländischer Beteiligung in der DDR mit folgenden Änderungen zuzustimmen: Paragraph 17 – Streichung der Worte „volkseigene" in beiden Absätzen, Ergänzung des Absatzes eins um die Sätze „Grundstücke mit dem Marktwert in die Bilanzen aufzunehmen".

Frau Köppe (NF): Moment einmal, offensichtlich suchen alle noch und haben nicht das Material.

Frau Röth (UFV): Wir haben das nicht. Diese Erklärung lag in den Fächern der einzelnen Parteien und Gruppierungen?

Frau Köppe (NF): Ja, ist offensichtlich jetzt nicht da.

Lange (Co-Moderator): Wir entwickeln uns zu einer Gruppe von Pfadfindern, finde ich. Es ist eine Erklärung, wir haben sie eben auch erst bekommen, die von der LDPD direkt verteilt worden ist, wenn ich das richtig sehe, ja? – In die Fächer.

Wolf (LDPD): Ich betone noch einmal, es gibt ein Arbeitsergebnis der Arbeitsgruppe „Wirtschaft". Das ist nicht ein Arbeitsergebnis der LDPD, [es ist ein] Arbeitsergebnis der Arbeitsgruppe „Wirtschaft".

Und wir sind aus bestimmten Umständen gebeten worden, heute das dem Runden Tisch vorzutragen.

Ducke (Moderator): Sagen Sie, wir haben hier noch vorliegen **Erklärung der Arbeitsgruppe „Wirtschaft"** unter **Information 4**. Ist das das gleiche?

Wolf (LDPD): Nein.

Frau Röth (UFV): Das ist nicht das gleiche.

Vielleicht darf ich einmal ein bißchen behilflich sein.

Sie übernehmen hier auch keine Dienstleistung der Vertreter der LDPD, sondern das ist der Auftrag Ihres Parteifreundes gewesen, das das letzte Mal eigentlich schon einzubringen. Das hat er nicht getan. Also ziehen Sie im Grunde genommen bloß nach in Ihrer Tätigkeit. Und in dem Sinne mißbraucht die Arbeitsgruppe „Wirtschaft" nicht die LDPD.

Wolf (LDPD): Das habe ich auch nicht so gesehen.

Frau Röth (UFV): Na ja.

Ducke (Moderator): Gut. Also, nach diesen Erklärungen und daß wir gleich Schluß haben, es ist 15.59 Uhr, bitte ich, jetzt die Erklärung weiter zu verlesen.

Wolf (LDPD): Also, zum Paragraph 17 hatte ich schon Ausführungen gemacht. Folgende weitere Änderung:

> Paragraph 31, Absatz eins, Ergänzung um den Satz „Alle nachfolgenden Rechtsvorschriften, die Mitbestimmungsrechte der Werktätigen berühren, müssen Gegenstand des Gesellschaftsvertrages werden."
>
> Zweitens: Abweichende Auffassungen bestehen seitens der Vertreter der CDU, LDPD und Neues Forum zum Paragraph 16. Sie halten die festgelegte Höhe des Stammkapitals einer GmbH von 200.000,– Mark im Hinblick auf kleine Betriebe, Handwerker oder Bürger für zu hoch.
>
> Weitere abweichende Auffassungen seitens des Vertreters der Initiative **Vereinigte Linke** mit Bezug auf die **Information** seiner Organisation für die 6. Sitzung des Runden Tisches vom 8. Januar 1990. Einwände zu Detailfragen haben sich durch die veränderte Fassung des Verordnungsentwurfes und die oben genannten Veränderungsvorschläge der Arbeitsgruppe „Wirtschaft" erledigt.

Dazu gibt es noch eine **Information der Arbeitsgruppe „Wirtschaft"**, die **Fragen des Exports und Imports von landwirtschaftlichen Produkten** betrifft. Darauf mache ich nur aufmerksam. Die liegt vor, die möchte ich hier nicht verlesen.

Ducke (Moderator): Danke schön. Das war die Information beziehungsweise Erklärung zum Thema Wirtschaft, das ja nächstens beschrieben wird. Und das müssen wir noch in der **Prioritätengruppe** beraten.

Frau Röth, noch eine Erklärung?

Frau Röth (UFV): Ja, ich möchte einfach weitermachen mit den Wirtschaftsfragen, und da liegt den ...

Ducke (Moderator): Jetzt kommt Ihre Erklärung?

Frau Röth (UFV): Ja. Also, es kommt nicht meine Erklärung, sondern es kommt die

> **Information 8/4, [Erklärung AG „Wirtschaft" zur Dringlichkeit von Problemen der Wirtschafts-, Finanz- und Währungspolitik].**
>
> Die Arbeitsgruppe „Wirtschaft" des Runden Tisches hat auf ihrer Beratung am 17. Januar 1990 übereinstimmend festgestellt, daß die Behandlung dringender Probleme der Wirtschafts-, Finanz- und Währungspolitik am Runden Tisch ungenügend Berücksichtigung findet. Von der Prioritätengruppe vorausschauend vorgeschlagene Tagesordnungspunkte müssen durch ständigen Übertrag offener Probleme und durch Zusatzanträge auf nachfolgende Sitzungen übertragen werden. Daraus ergibt sich die Befürchtung der Arbeitsgruppe „Wirtschaft", daß die dringend erforderlichen Beratungen zu dieser Thematik nicht wie vorgesehen, umfassend erfolgen können. Die Arbeitsgruppe „Wirtschaft" schlägt daher vor, daß auf der Sitzung des Runden Tisches am 5. Februar 1990 ausschließlich das Konzept der Regierung zu Wirtschaftsreformen[21] einschließlich der sozialen Absicherung von der Regierung vorgestellt und am Runden Tisch beraten wird.

Jetzt eine Erläuterung:

> Die Arbeitsgruppe „Wirtschaft" ist nicht in der Lage, dem Runden Tisch am 22. Januar 1990 ihren Standpunkt zum Gesamtkonzept der Regierungskommission zur Wirtschaftsreform vorzulegen, da das Gesamtmaterial zur Beratung der Arbeitsgruppe „Wirtschaft" am 17. Januar 1990 nicht zur Verfügung stand.

Es gibt hier noch ein **Minderheitsvotum der Vereinigten Linken**, die es erforderlich hält, die Behandlung der **Wirtschaftsreform** am Runden Tisch mit dem Schwerpunkt **der sozialen Sicherung** durchzuführen.[22]

Als Information möchte ich gleich noch weitergeben, daß bitte alle, die hier am Runden Tisch sitzen, ihre Wirtschaftsvertreter informieren, daß morgen in der Zeit von 12.00 bis 16.00 Uhr beim Ministerrat das Material über die **Wirtschaftsreform** abgeholt werden kann, und zwar in der Poststelle des Ministerrates in der Stralauer Straße.

Ducke (Moderator): Danke, Frau Röth.

Frau Röth (UFV): Und ich möchte auch noch einmal darum bitten, daß das Wirtschaftsmaterial, was jetzt in den Fächern der einzelnen Parteien und Gruppierungen war, dort herausgenommen wird und Ihren Vertretern, die in der Arbeitsgruppe „Wirtschaft" sitzen, zugänglich gemacht wird. Das ist ganz dringlich erforderlich, sonst ist die Wirtschaftsgruppe nicht arbeitsfähig.

Und als Antrag

---

[21] In der schriftlich zu Protokoll gegebenen Fassung im Singular: „zur Wirtschaftsreform".

[22] In der schriftlich zu Protokoll gegebenen Fassung heißt es: „Votum: Die Vereinigte Linke hält es für erforderlich, die Behandlung der Wirtschaftsreform am Runden Tisch mit dem Schwerpunkt der sozialen Sicherung durchzuführen."

> **[Vorlage 8/13, Antrag AG „Wirtschaft" zur Informierung über Maßnahmen der Wirtschaftsreform]:**
>
> Der Runde Tisch möge beschließen:
>
> 1. Die Öffentlichkeit ist umfassend rechtzeitig über Vorhaben der Regierung in Umsetzung der Wirtschaftsreform vor Entscheidungsfindung zu informieren. Der Runde Tisch erwartet, daß die Regierung ihn rechtzeitig, das heißt vor Veröffentlichung mit entsprechenden Materialien ausstattet.
>
> 2. Der Runde Tisch fordert von der Regierung, beginnend noch im Monat Januar, regierungseigene Publikationen sowohl für Beschlüsse als auch für Diskussionsmaterialien einzurichten, die öffentlich vertrieben werden.

Diesen Antrag stellen wir jetzt für heute zur Abstimmung hier.

Ducke (Moderator): Danke, Frau Röth.

Zunächst einmal müssen wir sehr unterstützen, auch von seiten der Moderatoren, daß die **Prioritätengruppe** nicht dauernd unterlaufen werden darf durch Anträge, die dann am Runden Tisch dann sozusagen noch einmal nachgeschoben werden. Da stimmen wir sehr dafür.

Außerdem müssen wir lobend hervorkehren, daß so langfristig geplant wird. Für den 5. Februar [1990] haben wir noch kaum Schwierigkeiten. Also, diese Verschiebung dorthin, ich halte das auch für wichtig, daß wir das wissen für den 22. Januar, daß da nicht das Thema Wirtschaft allumfassend behandelt werden kann. Es hätte Konsequenzen für den FDGB bezüglich seines Antrags der Preise, daß man sich da mit einer knappen Information begnügen kann, um das dann auch noch mit zu behandeln.

Es steht jetzt konkret der Antrag Nummer 13, das entspricht ja eigentlich vielen Dingen, die wir heute schon beschlossen haben. Können wir dieser Vorlage zustimmen?

Frau Röth (UFV): Also, wir hatten da an so etwas gedacht wie so ein **Regierungsanzeiger**, um das jetzt einfach einmal mit einem Schlagwort zu benennen.

Ducke (Moderator): Also, können wir diesem Antrag jetzt zustimmen sozusagen, oder brauchen wir keine große Debatte, glaube ich. Das Anliegen ist uns klar. Wir haben es heute schon mehrfach unterstrichen. Wir brauchen die Information und wir möchten auch ganz konkrete Information zur Arbeit. Wünscht jemand trotzdem noch das Wort? – Tatsächlich.

Frau Köppe, bitte.

Frau Köppe (NF): Beim ersten Punkt, der Satz „Der Runde Tisch erwartet, daß die Regierung ihn rechtzeitig, das heißt vor Veröffentlichung, mit den entsprechenden Materialien ausstattet" – das ist doch das, was wir sowieso im Selbstverständnis gefordert haben. Das fordern wir hier nun wieder. Warum, ist zu verstehen. Aber, ich weiß nicht, ob wir das jetzt hier noch einmal so formulieren sollten.

Ducke (Moderator): Wir haben es heute sogar schon mehrfach [erwähnt]. Deswegen habe ich gesagt. Können wir den ganzen ersten Absatz streichen?

Frau Köppe (NF): Den ersten Punkt.

Ducke (Moderator): Dann ist der zweite Punkt als einzige Antragstellung, Frau Röth, eigentlich gewichtiger.

Aber Frau Köppe hat dazu auch noch eine Bemerkung.

Frau Röth (UFV): Das kann Herr Bein – –

Ducke (Moderator): Aha.
Herr Bein, bitte.

Bein (NDPD): Ich wäre einverstanden, den Punkt 1 zu streichen, weil er auch nicht exakt ist. Denn wir wollen ja schon vor Entscheidungsfindung hier beraten. Also, man könnte das auf jeden Fall streichen.

Ducke (Moderator): Ja. Danke.
Frau Köppe noch dazu? – Danke.
Dann steht jetzt von diesem Antrag der Punkt 2, der wird gar kein Punkt, sondern nur dieser Absatz. Er liegt allen vor. Lassen wir darüber abstimmen.
Wer für den **Antrag der AG „Wirtschaft" [Vorlage 8/13]** ist, den bitte ich um das Handzeichen. – Müssen wir zählen oder sind einige noch nicht ganz fit, daß jetzt Abstimmung ist? – Ja, ich merke das schon.
Hat jemand Gegenstimmen? – Enthaltung? – Ich stelle fest, daß einige nicht an der Abstimmung teilgenommen haben.
Damit ist auch dieser Antrag beendet, und ich rufe den letzten Punkt [der Tagesordnung] auf, 6.10, **Sozial-/Gesundheitswesen**. Wer ist der Einbringer?
Hallo! – Herr Templin.

TOP 18: Sozial und Gesundheitswesen

Templin (IFM): Das kommt auch von uns.

Ducke (Moderator): Danke. Es geht um den Tagesordnungspunkt 6.10. Unter dem Stichwort „Sozial- und Gesundheitswesen" ist uns ein Antrag vorgelegt, Antrag, **Vorlage 8/11 und 8/12**. Er ist verteilt.
Bitte, Herr Templin.

Templin (IFM): Ich trage zunächst den Beschlußantrag vor.

> [Vorlage 8/11, AG „Sozial- und Gesundheitswesen" zur Bildung zweier neuer Arbeitsgruppen des Runden Tisches]
>
> Die Arbeitsgruppe „Gesundheits- und Sozialwesen" stellt an den Runden Tisch den Antrag [...] bestehenden Arbeitsgruppe zwei zu bilden:
>
> 1. Sozialpolitik mit der Konzentration der Arbeit auf die Problemfelder Recht auf Arbeit, Vollbeschäftigung, soziale Sicherheit.

Hier verbleibt Herr Pawliczak als Einlader.

> 2. Gesundheits- und Sozialwesen mit einem Aufgabenbereich, der dem des Ministeriums entspricht.

Als Einlader wird vorgeschlagen: Dr. Jobst Meißner – und dann kommen Angaben zur Adresse, Telefonnummer, Erreichbarkeit, Verband der Ärzte und Zahnärzte der DDR. Arbeitsgruppe „Sozial- und Gesundheitswesen" als Einbringer.

Ducke (Moderator): Danke schön.
Können wir – – damit wir uns nicht erst verwirren, jetzt haben wir das vor uns liegen, da es von der AG selbst kommt und sie wahrscheinlich einfach davon ausgeht, daß die Arbeit gar nicht zu schaffen ist. Müssen wir doch zur Kenntnis nehmen, daß dies ein sachbegründeter Antrag ist. Kann ich das so voraussetzen?
Wünscht jemand das Wort? – Sonst lassen wir darüber abstimmen, da konkrete Vorschläge gemacht werden – –
Bitte, Herr Möller, ja, Entschuldigung bitte, NDPD.

Möller (NDPD): Zum Punkt 1 möchte ich darauf hinweisen, daß das, was wir heute meiner Ansicht nach zu Recht haben vertagen müssen, **Umweltschutz**, eine sehr wichtige wesentliche soziale Komponente hat, so daß man also in die Aufgabenstellung – – Das bedeutet, ich bin für die Trennung dieser beiden Gruppen – – in die Aufgabenstellung auch die mit Ökologie und Umweltschutz bezugnehmenden **sozialen Aspekte** aufnehmen sollte.

Ducke (Moderator): Wir geben diese Anregung an die Einlader weiter. Es hat für die Abstimmung selbst keinen – – ja, Sinn hat alles, aber ich glaube nicht, daß das Abstimmungsverhalten verändert wird.
Noch eine Meldung? – Frau Braband, bitte.

Frau Braband (VL): Ich habe ein kleines Problem mit der ersten Arbeitsgruppe insofern, ich halte das für ein sehr wichtiges Thema. Der erste Eindruck ist jetzt aber, daß der **Ausschuß „Gleichstellungsfragen"** sich sehr ausgiebig damit befaßt, und da dort vor allem die Bedingungen von Frauen, aber auch von Männern untersucht werden, genau in dieser Hinsicht, nicht nur, aber auch hier, sollten wir doch überlegen, ob man da nicht etwas Gemeinsames daraus machen kann.

Ducke (Moderator): Ich schlage vor, daß, sobald diese beiden Gruppen gebildet sind, sie sich zusammensetzen beziehungsweise die eine neugebildete mit ihrer schon bestehenden, und überlegen, wie gemeinsame Arbeit geleistet wird.
Ich schreite zur Abstimmung. Der Antrag [**Vorlage 8/11**] liegt vor, die Begründungen sind da. Wer für den Antrag ist eventuell, nein, im Sinne auch der notwendigen Ergänzungen, stimme mit ja, hebe die Hand. – Das ist die Mehrheit. Gegenstimmen? – Enthaltungen? – Keine. Danke.
Der zweite Antrag der AG „Sozial-/Gesundheitswesen".
Bitte, Herr Templin. Es ist als Dringlichkeitsantrag gekennzeichnet, Nummer 12.
Bitte.

Templin (IFM): Ja:

> [Vorlage 8/12, Antrag AG „Sozial- und Gesundheitswesen": Dringlichkeitsantrag zur Situation im Gesundheitswesen]
>
> Die Arbeitsgruppe „Sozial- und Gesundheitswesen" legt dem Runden Tisch einstimmig folgenden dringlichen Beschlußantrag vor:
>
> 1. Der Runde Tisch fordert den Ministerrat auf, bei der Verteilung des Staatshaushaltes den Anteil des Gesundheits- und Sozialwesens dem Standard vergleichbarer entwickelter Industrieländer anzugleichen, das (?) zur materiellen und personellen Absicherung der gegenwärtigen und zukünftig notwendigen Leistungen erfordert dies dringend.

Hier ist eine Formulierungsunklarheit im Text, aber das muß dann ausgeglichen werden.

[Zwischenfrage]

Templin (IFM): – Nein, nein. Also hier ist entweder ein Tippfehler oder es fehlt ein Wort. Aber das muß dann mit dem Ursprungstext verglichen werden.

> Insbesondere müssen die materiellen und sozialen Bedingungen des medizinischen Personals, vorrangig der Schwestern und des Pflegepersonals, entschieden und sofort verbessert werden.
>
> 2. Die Arbeitsgruppe „Sozial- und Gesundheitswesen" hat sich aufgrund von Erkenntnissen des Verbandes der Ärzte und Zahnärzte der DDR die Meinung gebildet, daß offensichtlich Vorstellungen und Festlegungen des Ministers für Gesundheits- und Sozialwesens auf Bezirks- und Kreisebene unterlaufen werden. Sie erwartet vom Minister Auskunft, wie seine Festlegungen insbesondere hinsichtlich
>
> – der Umsetzung von Ärzten aus dem Verwaltungsbereich und aus nichtpatientenwirksamem Betreuungsbereich in die medizinische Betreuung;
>
> – der Einstellung von Fachärzten und Weiterbildungsassistenten aus der BRD, West-Berlin dort, wo wirklich Not ist, ohne Arbeits-, Betreuungs- und Ausbildungsbedingungen von Ärzten der DDR zu verschlechtern,
>
> umgesetzt werden.
>
> In diesen Fragen muß klar und eindeutig die Entscheidungs- und Weisungsbefugnis beim Minister liegen.

Ducke (Moderator): Danke, Herr Templin. Der Antrag ist zur Kenntnis gebracht.
Gibt es dazu Meinungsäußerungen? Sonst stimmen wir darüber ab. Er ist ja ziemlich eindeutig formuliert.
Bitte, Herr Mahling.

Mahling (Vertreter des Sorbischen Runden Tisches): Nur eine ganz kleine Sache. Hier steht „dem Standard vergleichbarer entwickelter Industrieländer". Das bedeutet doch wohl im Klartext: Bundesrepublik Deutschland. Oder hat man auch noch andere?

Ducke (Moderator): Also, vermuten dürfen Sie hier nichts, sondern den Text zur Kenntnis nehmen.

Mahling (Vertreter des Sorbischen Runden Tisches): Na ja, also ich bin dagegen, daß man unter solchen verdeckten Formulierungen, wenn man das meinen würde, ich nehme es beinahe an, daß man das meint, dann kann man es auch gleich hineinsetzen.

Ducke (Moderator): Ich frage die Antragsteller, was damit gemeint ist. Das kann [man] aber vielleicht doch nicht machen, also. Es gibt vielleicht doch noch mehr entwickelte Industrieländer, werde ich gerade aufmerksam gemacht.
Also, ich bin eigentlich dafür, daß dies – – Was sagen die Einbringer? – Kann bleiben.

Templin (IFM): Nein. Die Formulierung sollte so bleiben. Man kann ja im europäischen Standard durchaus vergleichbare Industrieländer finden.

Ducke (Moderator): Sie spüren am Nicken vieler, daß wir meinen, es gibt eine ganze Fülle.

Templin (IFM): Zum Beispiel Italien oder Großbritannien.

Ducke (Moderator): Gibt es noch weitere Wortmeldungen? Frau Döring, FDGB, bitte.

Frau Döring (FDGB): Nur ganz kurz:
Als Vorsitzende der **Gewerkschaft Gesundheitswesen** hier von Berlin möchte ich das also ganz eindeutig unterstützen. Das Gesundheits- und Sozialwesen hat wirklich einen ganz schlimmen und letzten Stellenwert. Wir müssen ihn generell anheben. Und es geht natürlich besonders auch um **tarifliche Fragen,** die ja hier eingebunden sind, bis hin zu Streiks, die schon in der letzten Woche waren.

Ducke (Moderator): Danke. Ich glaube, uns allen ist das ein wichtiges Anliegen, und das sollten wir auch bekunden durch die Unterstützung. Wenn ich auch nicht dafür reden soll, aber wir stimmen ab.
Wer für den Antrag **[Vorlage 8/12]** ist, den bitte ich um das Handzeichen. – Das ist die Mehrheit. Wer ist dagegen? – Keine Gegenstimme. Wer enthält sich der Stimme? – Auch keine Enthaltungen.
Meine Damen und Herren, ich habe Ihnen die freudige Mitteilung zu machen, daß wir heute die Sitzung nur, wenn ich noch vier Sekunden warte, um 15 Minuten überzogen haben, was wir uns vorgenommen haben. Und ich danke Ihnen für die konzentrierte Arbeit.
Wir verabschieden uns von unseren Hörerinnen und Hörern und von den Zuschauerinnen und Zuschauern. Ich bitte Sie aber alle, noch den Platz zu behalten wegen einer wichtigen Mitteilung, technischen Ansage, die für die nächsten Sitzungen von Wichtigkeit sein wird. Vielen Dank.
So, die Medien sind abgeschaltet, ja? – Danke.
Wir sind noch nicht so weit? – Warum nicht? – Danke. Ich bitte Herrn Lange ums Wort. Darf ich jetzt sagen?
Es ist jetzt eine wichtige Mitteilung vom Arbeitssekretariat, die in der Mittagspause mit der **Prioritätengruppe** abgestimmt wurde. Es geht um die Sicherheit bei den Tagungen.

Reiche (Arbeitssekretariat): Ja. Wir hatten in der **Prioritätengruppe** abgesprochen, daß wir für die Sitzung ab Montag für alle Teilnehmer, Beobachter, Berater und so weiter so ein festches Kärtchen ausgeben, weil vorne am Eingang eine Kontrolle stattfindet, und dann eben nur die Leute hereinkommen, die so ein Kärtchen haben, und alle anderen Leute in Abstimmung mit dem Arbeitssekretariat erst hereinkommen. Und ich wollte eigentlich darum bitten, daß jede Partei, Gruppierung, Organisation die Kärtchen jetzt entgegennimmt. Es sind immer so viel Kärtchen wie Teilnehmer am Runden Tisch sitzen beziehungsweise Berater dahinter sitzen, ja?
Das war eigentlich alles.

Ducke (Moderator): Das war alles zur Ansage. Sie haben Verständnis dafür, damit wir hier ruhiger arbeiten können.

Reiche (Arbeitssekretariat): Ja. Die Kärtchen müßten bitte jetzt entgegengenommen werden, weil das für Montag schon gilt.

Ducke (Moderator): Also, jede Partei und Gruppierung nimmt so viel Karten wie Teilnehmer am Runden Tisch. Diese Karten sind weiter übertragbar und auch für die Berater. Bitte jetzt hier bei Herrn Reiche.
Wir laden die Prioritätengruppe ein, Zimmer 213, in zehn Minuten.

[Ende der Sitzung: 17.30 Uhr]

Begrüßung und Festlegung der Tagesordnung

[Beginn der Sitzung: 9.00 Uhr]

TOP 1: Begrüßung und Festlegung der Tagesordnung

Ziegler (Moderator): – auch bitte hinter uns, ja. Ich bitte, die Tür zu schließen.

Ich erinnere vorneweg an den Beschluß des Runden Tisches, daß nur Vertreter der Agenturen, das Fernsehen der DDR und eine Fernsehanstalt der Bundesrepublik und die Mediengruppe des Neuen Forum während der Verhandlung am Tisch und im Raum sein darf. Während der Eröffnung wollen wir jetzt nicht darauf bestehen, daß das durchgeführt wird. Nach der Eröffnung muß ich darauf bestehen, damit eine ruhige Verhandlungs- und Beratungsatmosphäre gegeben ist.

Meine Damen und Herren, ich begrüße Sie zur 9. Sitzung des Zentralen Runden Tisches. Ich begrüße auch die Hörer im Rundfunk und die Zuschauer an den Fernsehapparaten, die unserer Beratung heute wieder folgen werden.

Wir haben eine dicht gefüllte, ja wenn ich es genau sage, überfüllte Tagesordnung. Wir müssen uns ihr stellen, denn die Zeit drängt, und die Bürger unseres Landes drängen, die demonstrieren, die unsere Verhandlungen verfolgen, die uns anrufen und die uns schreiben. Und ich füge ein, wir haben wieder solch eine Fülle von Post bekommen, daß es bisher nicht zu bewältigen war mit der Beantwortung, und ich muß erneut um Geduld bitten. Wir sind herausgefordert, zweierlei gleichzeitig zu bewältigen. Die Vergangenheit muß aufgearbeitet werden, und Sie alle wissen, das hat uns in den letzten Sitzungen sehr stark in Anspruch genommen.

Aber es muß vor allen Dingen für die Zukunft gearbeitet werden. Zunächst im Blick auf den 6. Mai [1990], aber auch darüber hinaus. Und was von uns erwartet wird am Runden Tisch – das zeigen alle Zuschriften – sind konstruktive Vorschläge, die den nächsten Weg ein wenig genauer markieren. Darauf wird das Schwergewicht liegen müssen. Denn wir müssen uns darüber klar sein, nicht nur was jetzt entschieden wird, sondern auch das, was jetzt unterbleibt, hat Auswirkungen nicht nur bis zum 6. Mai, sondern auch darüber hinaus.

Wir begrüßen es sehr, daß wir heute unsere Beratungen beginnen können mit einer **gemeinsamen Beratung mit der Regierung.** Als sichtbares Zeichen für die Bereitschaft der Regierung, hier mit uns zu beraten und gemeinsam nach Wegen zu suchen, haben wir den Vorsitzenden des Ministerrates, Herrn Dr. Modrow, zu begrüßen. Ich begrüße Sie herzlich und danke, daß Sie gekommen sind.

[Beifall]

Ziegler (Moderator): Ich begrüße ferner Frau Minister Dr. Luft, Herrn Minister Dr. Moreth, Herrn Minister Fischer und in Vertretung des Justizministers Herrn Staatssekretär Dr. Wittenbeck.

Ich begrüße ferner den Sprecher der Regierung, Herrn Meyer, und ich begrüße Herrn Manfred Sauer, den stellvertretenden Leiter des Sekretariats des Ministerpräsidenten, der in Nachfolge von Herrn Staatssekretär Halbritter jetzt ständiger Vertreter hier am Runden Tisch sein wird für die Regierung. Und darüber hinaus begrüße ich alle weiteren Mitglieder, Vertreter der Regierung, die ich jetzt nicht namentlich aufführen will.

Die Fülle der Aufgaben und das Zusammenwirken mit der Regierung erfordert von uns eine straffe Zeitdisziplin, und es erfordert von uns das Einhalten der verabredeten Tagesordnung. Und darum schlagen die Moderatoren vor, die Sitzungszeit heute gleich bis etwa 18.00 Uhr ins Auge zu fassen. Und sie schlagen weiter vor, daß wir jetzt keine große Debatte über die Tagesordnung am Anfang haben. Sie sehen, was auf der Tagesordnung steht. Die Möglichkeit, Ergänzungen zu geben und anzuregen, sollten wir erst nehmen nach dem Gespräch mit dem Herrn Ministerpräsidenten, weil er uns hat wissen lassen, seine Zeit ist begrenzt [auf] etwa zwei Stunden.

Und darum bitte ich auch den Vorschlag zu akzeptieren, daß die Anhörung und Befragung der Herren Krenz und Herger ab 14.00 Uhr, also nach dem Mittagessen, erfolgt und wir den Vormittag zur Beratung mit der Regierung benutzen. Sie sehen, daß auch auf der Tagesordnung steht, daß heute zu verhandeln ist über die Zulassung weiterer Parteien, die sich inzwischen gebildet haben. Ich bitte auch dafür um Verständnis, daß wir das dann erst am Nachmittag entscheiden.

Ich muß nun bitten zur Tagesordnung, wenn das gewünscht wird, Stellung zu nehmen. [**Vorlage 9/0 Entwurf Moderation: Tagesordnung der 9. Sitzung des Runden Tisches**[1]] Sonst bitte ich darum, wenn das jetzt nicht unbedingt der Fall ist, sie vorläufig zu bestätigen mit der Zusage, daß wir nach dem Tagesordnungspunkt 2 oder 3, je nachdem, noch einmal darauf zurückkommen. Gibt es hierzu Wortmeldungen? – Das ist nicht der Fall. Ich danke Ihnen und gehe davon aus, daß die Tagesordnung vorläufig so festgestellt ist.

Und nun bitte ich all die Journalisten und Medienvertreter, die ich vorhin nicht erwähnt habe, den Raum zu verlassen. Ich wiederhole noch einmal, damit jeder weiß, wer gemeint ist. Es kann hierbleiben das Fernsehen der DDR, nach Verabredung eine Fernseheinrichtung aus der Bundesrepublik, die Mediengruppe des Neuen Forums und die Vertreter der Agenturen. Ich bitte jetzt alle anderen, den Raum zu verlassen, und bitte die Pressesprecher, uns ein bißchen dabei zu helfen, damit auch jeder weiß, wer gemeint ist. Bitte, verlassen Sie den Raum. Ach, Sie sind von den Agenturen, dann tun Sie uns den Gefallen, im Augenblick einmal nicht zu fotografieren, ja.

So, Herr Günther, Herr Grande. Allen, die sich schnell entscheiden, unserer Bitte zu folgen, den sage ich einen doppelten Dank. Drohen wollen wir nicht, nein, wir drohen nicht, aber wir bitten herzlich darum. Es entgeht Ihnen ja nichts, Sie können das alles am Monitor mit verfolgen. Ich bitte nun, die Tür zu schließen. Herr Günther, würden Sie bitte die Tür schließen lassen, ja?

Ich danke Ihnen für Ihr Verständnis, und ich möchte nun keine weitere Zeit vergeuden und gleich Herrn Ministerpräsident Dr. Modrow bitten, das Wort zu ergreifen.

TOP 2: Beratung mit der Regierung

Modrow (Ministerpräsident): Ich würde Ihnen zunächst in meinen Ausführungen eine Übersicht zu den Fragen und Standpunkten geben, die ich als Vorsitzender des Minister-

---
[1] Dokument 9/1, Anlagenband.

rates, oder, wie man sagt, Ministerpräsident zu übermitteln habe. Herr Peter Moreth wird zu Fragen, die uns sehr, sehr am Herzen in unserer Arbeit liegen, der örtlichen Volksvertretungen sprechen. Oskar Fischer wird Ihnen eine Information zur Außenpolitik geben, Frau Christa Luft insbesondere zu den Wirtschaftsfragen, die sich im Rahmen weiterer Arbeit zur Profilierung des RGW in seiner Er[neuerung [er]geben, wo wir um Mitarbeit bitten, und Herr Wittenbeck wird informieren und um Mitarbeit bitten bei der weiteren Vorbereitung der Gesetzgebung.

[Information 9/5, Erklärung des Vorsitzenden des Ministerrats, Ministerpräsident Modrow]

Verehrte Anwesende, meine Damen und Herren!

Wie Sie bereits aus den Medien erfahren haben, ist am Wochenende gegen ein Mitglied meiner Regierung, Frau Uta Nickel, Ministerin der Finanzen und Preise, ein staatsanwaltliches Ermittlungsverfahren eingeleitet worden. Sie wird beschuldigt, in ihrer früheren Funktion im Bezirk Leipzig, Untreue zum Nachteil sozialistischen Eigentums begangen zu haben, indem sie für Zahlungen aus der Staatskasse Unterschriften leistete, die sie hätte verweigern müssen. Persönliche Bereicherung wird ihr nicht vorgeworfen. Frau Nickel bestreitet die Beschuldigungen energisch.

Der Generalstaatsanwalt der DDR hat mich von dem durch den zuständigen Bezirksstaatsanwalt eingeleiteten Verfahren unterrichtet. Zugleich hat Frau Nickel ihren Rücktritt erklärt, den ich akzeptiert habe. Ich werde dem Präsidenten der Volkskammer heute davon offiziell Mitteilung machen.

Die Verpflichtung zur Rechtsstaatlichkeit, die ich mit meinem Amt übernommen habe, gebietet diese Konsequenzen.

Weitere Mitteilungen und die Entscheidungen in dieser Sache obliegen selbstverständlich den Justizorganen.

Werte Anwesende!

Vor einer Woche habe ich an dieser Stelle bereits betont, welche Bedeutung die Regierung dem Runden Tisch für den Fortgang der demokratischen Erneuerung beimißt. Ich habe ebenso hervorgehoben, daß meine Regierung die konstruktive Zusammenarbeit mit dem Runden Tisch braucht, um sich Rat zu holen, an der Kritik ihre eigene Entscheidung [zu] überprüfen und wichtige Schritte der Regierungsarbeit im Konsens vorbereiten zu können.

Zugleich betone ich: In meiner Tätigkeit als Ministerpräsident sehe ich mich ausschließlich in meiner Verantwortung gegenüber dem Volk und nicht gegenüber einer Partei.

Deshalb brauche ich den Rat, und das ist mein Wunsch, die Unterstützung aller Parteien und nicht nur einer Partei.

Um es noch einmal und deutlich zu sagen: In meiner Verantwortung vor dem Volk sehe ich mich nicht an eine Partei gebunden, obwohl ich einer Partei angehöre. Das gilt auch für die anderen Mitglieder meiner Partei in der Regierung.

Ich habe den Eindruck, daß die günstige Aufnahme der Beratung vom vorigen Montag sowohl durch die hier vertretenen Parteien und Gruppen als auch durch eine breite Öffentlichkeit sich positiv auf das politische Klima in der DDR auswirkt.

Dies bestärkt mich in der Absicht, die Zusammenarbeit mit Ihnen in solcher neuen Qualität fortzusetzen. Die Anwesenheit von Mitgliedern und weiteren Vertretern der Regierung, die Ihnen Informationen geben sowie Rede und Antwort stehen wollen, die von Ihnen konstruktive Ratgebung erwarten, unterstreicht diese gute Absicht.

Heute vor einer Woche hat sich dann, wie Sie alle wissen, am Nachmittag in der Lichtenberger Normannenstraße eine Situation ergeben, die erkennen ließ, wie verletzlich der innere Frieden ist, wie rasch eine politische Demonstration in Akte der Gewalt, des Vandalismus umschlagen kann. Aber die Unruhigen im Lande, von denen die demokratische Revolution ausgegangen ist und getragen wird, wollen doch keine Unruhen im Land, die sich gegen Recht und öffentliche Ordnung, gegen Sachen und schließlich gegen Menschen richten! Wenn es unser gemeinsames Anliegen ist, Besonnenheit zu wahren, damit die DDR unbeschädigt den 6. Mai 1990 erreicht, sollten die möglichen Folgen jeder politischen Aktion genau bedacht werden. Bitte, helfen Sie alle mit, daß die Ereignisse von Lichtenberg sich nicht wiederholen. Das würde nur Angst verbreiten und weitere Menschen zum Verlassen der DDR bewegen, würde auch großen außenpolitischen Schaden verursachen, denn international wird auf solche Vorgänge in der DDR sehr sensibel reagiert.

{Eine Meldung in der „Bild"-Zeitung von heute muß ich mit aller Entschiedenheit als Provokation zurückweisen. Darin heißt es: „Putsch – Stasi gibt Waffen aus! Elitetruppen des Staatssicherheitsdienstes und Teile der Nationalen Volksarmee bereiten sich offensichtlich auf einen Putsch, eine Machtübernahme in der DDR, vor. Wie ‚Bild' von oppositionellen Gruppen aus der DDR erfuhr, ist seit dem Freitag ein zentraler Alarmplan ausgelöst worden. Stasi-Truppen sind bewaffnet worden, üben gemeinsam mit Teilen der NVA, bereiten sich auf einen Bürgerkrieg vor." An anderer Stelle heißt es, daß oppositionelle Gruppen einen Generalstreik für den kommenden Mittwoch vorbereiten, und damit wären dann sozusagen Stasi und NVA zur Machtausübung vorbereitet. Ich habe noch in dieser Nacht den Minister für Nationale Verteidigung und den Minister für Innere Angelegenheiten gehört und die Lage prüfen lassen. Die Waffen sind eingelagert und Übungen hat es nirgendwo gegeben. So gehe ich auch davon aus, daß es keine Vorbereitung zu einem Generalstreik von seiten der Kräfte der Opposition gibt. Wir sollten dieses hier auch heute mit aller Deutlichkeit gemeinsam bekunden. Ich habe heute früh Herrn Seiters über meine Überprüfungen informiert und gebeten, daß der Herr Bundeskanzler in gleicher Weise eine Information zu diesem Stand meiner Überprüfungen erfährt. Ich würde bitten, daß die oppositionellen Gruppen, die hier, ich nehme an, in gleicher Weise verleumdet sind, auch das heute an diesem Tisch in gleicher Weise bekunden.}

Ich wende mich in diesem Zusammenhang auch mit einer Bitte an die Gewerkschafter und ihre Gewerkschaften. In dieser Situation nützt ein Streik niemandem und schadet allen. Das gilt selbst für einen scheinbar kleinen Warnstreik, der schon dazu führen kann, daß Kinder keine Milch bekommen oder ein Produktionsausfall mit Kettenreaktion viele Industriebereiche betrifft und an anderer Stelle keine Arbeitsmöglichkeiten für Werktätige gegeben sind[2].

Die Arbeiter, die Bauern, die Angestellten, ja, alle ehrlich arbeitenden Leute, haben mit Schwierigkeiten zu kämpfen, und das gilt ebenso für die Rentner. Das Leben in der DDR ist wahrhaftig nicht leichter geworden in diesen Monaten. Wir brauchen alle Kraft für das Überwinden von Schwierigkeiten. Deshalb sollte ein Streik nicht das erste, sondern wennschon, nur das {aller-}allerletzte Mittel sein, Probleme zu klären. Besser ist es, wenn Lösungswege in den Betrieben, von den Gewerkschaften aufgezeigt und ausgehandelt werden.

{Ich habe bereits bei der Übernahme meines Amtes als Ministerpräsident dieses Landes eines deutlich gesagt: Wir haben keine Möglichkeiten für sofortige umfangreiche Lohnmaßnahmen. Jedem muß verständlich sein, daß jeder Schritt in diese Richtung am Ende auch die Preisspirale in Bewegung bringt. Hier bestehen direkte und unmittelbare Zusammenhänge. Ich muß darauf verweisen, dem Runden Tisch und der Volkskammer wird noch in dieser Woche eine gründliche Analyse der wirtschaftlichen Lage des Landes übergeben. Darin wird sichtbar, daß in dem Verständnis früherer Sozialpolitik dem Bürger der DDR neben seinem unmittelbaren Einkommen durch Subventionierungen und andere Maßnahmen etwa 40 Prozent seines sozialen Standes gewährleistet worden ist aus diesen Quellen. Und es ist nicht möglich, dort unmittelbar und sofort Veränderungen vorzunehmen. Hier ist Behutsamkeit, hier ist Verantwortung in jedem Schritt gefragt.}

Wenn die Regierung auf unangenehme Tatsachen hinweist, wird nicht selten behauptet, sie wolle ein Schreckensgespenst an die Wand malen. Nun, heutzutage geht mancher mit unbewiesenen Behauptungen sehr leichtfertig um, ja sogar mitunter verantwortungslos. Ich muß hier auf Tatsachen aufmerksam machen und eindringlich vor einer Gefahr warnen, vor der Gefahr des Extremismus. Damit meine ich linken Extremismus und Anarchismus genauso wie Rechtsextreme. – Tatsache ist:

Die sogenannten Republikaner haben auf ihrem Parteitag jetzt angekündigt, daß sie sich verstärkt in den Wahlkampf in der DDR einmischen wollen, und zwar materiell, also mit Propagandamaterial, wie es ja schon in Leipzig und anderswo verteilt wurde, sowie finanziell und personell. Den Geltungsbereich ihres veränderten Parteiprogramms haben sie auf die DDR ausgedehnt, und vom Bundeskanzler Kohl wurde gefordert, die Zulassung der REPs in der DDR zu unterstützen. Was sich da andeutet und zusammenbraut, muß sehr ernst genommen werden. Niemand sollte Wasser auf die Mühlen dieser Leute geben, indem er – gewollt oder ungewollt – zusätzlich innenpolitische Konflikte schafft.

Die Bürger der DDR haben Anspruch darauf, in Ruhe arbeiten und von der Arbeit ausspannen zu können. Das ist wohl das mindeste, was sie mit Recht verlangen können.

Nach außen – nach Ost und West – ist die Regierung bemüht, ein berechenbarer Partner zu bleiben. Nicht zuletzt dafür brauche ich die Unterstützung vom Runden Tisch. Die hier zu leistende Arbeit hat auch unmittelbare Wirkung über die DDR hinaus.

Mitte Februar wird das vorgesehene weitere Arbeitstreffen mit Bundeskanzler Kohl in Bonn sein. Zuvor werde ich sicherlich Gelegenheit haben, mit Herrn Kohl anläßlich der Jahrestagung des Weltwirtschaftsforums in der Schweiz zu sprechen. Bereits vereinbart ist dort eine Begegnung mit dem Staatspräsidenten von Mexiko.

Ich habe für das Treffen in Bonn die Teilnahme einer Gruppe der am Runden Tisch vertretenen neuen Parteien angeboten und bin bereit, Sie rechtzeitig über das Arbeitsprogramm zu informieren. Ich bitte darum, daß der Runde Tisch mir diese Persönlichkeiten bis Ende der Woche auch personell benennt.

Zu dem Bonner Treffen sollte sich Außenminister Fischer hier dann gesondert äußern.

Über zwei wichtige Punkte der Außen- und der Außenwirtschaftspolitik möchte ich Sie, damit zugleich auch die Öffentlichkeit, bei dieser Gelegenheit unterrichten.

Der erste Punkt: Morgen findet die erste Beratung der Wirtschaftskommission DDR/BRD unter Leitung der Minister Beil und Haussmann statt. Ich habe den Außenhandelsminister bevollmächtigt, dabei die Inanspruchnahme der ERP-Mittel für die Gründung von kleinen und mittleren privaten Unternehmen in der DDR sowie für die Modernisierung und Erweiterung solcher bereits bestehender Betriebe zu beraten.

Dies zügig zu realisieren hält die Regierung für wichtig zur Verbesserung des Warenangebotes auf dem Binnenmarkt sowie von Dienstleistungen. Es sind auch Bemühungen im Gange, die Bereitstellung von mehr Ware für den Binnenmarkt zu erreichen, und ich hoffe hier ebenfalls, daß die BRD Entgegenkommen zeigen wird.

Der zweite Punkt: Ein erfolgreicher Verlauf des Demokratisierungsprozesses in der DDR muß einhergehen mit der Öffnung nach Westeuropa und einer Annäherung in ihre Integrationsorganisationen. Deshalb hat die Regierung der DDR bereits am 17. November letzten Jahres in einer Botschaft an die Staats- und Regierungschefs der EG-Staaten die Bereitschaft zur umfassenden Zusammenarbeit mit der EG signalisiert.

Das wurde positiv aufgenommen und hat offenbar den Prozeß der Meinungsbildung in der EG über die Beziehungen DDR/EG beschleunigt. So hat die EG noch im Dezember ihre Bereitschaft erklärt, unverzüglich über ein Handels- und Kooperationsabkommen mit der DDR zu verhandeln. Die DDR wird alles tun, um diese Verhandlungen zügig abzuschließen. Durch eine weitere Annäherung an die EG erwachsen unserer Volkswirtschaft Impulse und zugleich bedeutende Herausforderungen.

Die Demokratisierung und das neu gewonnene Verständnis für Menschenrechte in unserem Land stellen auch die Haltung zum Europarat in ein neues Licht. Wir sind daran interessiert, mit und in dieser ältesten westeuropäischen Institution zusammenzuwirken. Vorstellbar ist zum Beispiel ein Gästestatus, auch eine Mitgliedschaft.

Soweit zur Außenpolitik.

---

[2] In der schriftlich zu Protokoll gegebenen Erklärung lautet dieser Satz lediglich: „Das gilt selbst für einen scheinbar kleinen Warnstreik, der schnell dazu führen kann, daß Kinder keine Milch bekommen oder ein Produktionsausfall mit Kettenreaktion eintritt."

Was die notwendige und offenbar allgemein angestrebte konkrete Zusammenarbeit vom Runden Tisch und Regierung betrifft, so habe ich meine Hauptanliegen schon am vorigen Montag zum Ausdruck gebracht. Ich erinnere daran und wiederhole insbesondere den Vorschlag einer Beteiligung an der Regierungsarbeit. Ich ersuche alle am Runden Tisch vertretenen neuen Parteien, mir Persönlichkeiten zu benennen, die bereit sind, als Mitglieder des Ministerrates in die Regierung einzutreten, um in der Regierung der großen Koalition, die gegenwärtig tätig ist, auch ihre Arbeit aufzunehmen[3]. Damit ich noch in dieser Woche Koalitionsgespräche führen kann, bitte ich, daß wir dazu die notwendigen Arbeitsschritte in den nächsten Tagen unmittelbar vereinbaren.

Die revolutionäre Umgestaltung tritt in einen neuen Abschnitt ein. Das Aufarbeiten der Vergangenheit wird weiterhin ein unverzichtbares Element demokratischer Aktivitäten sein. Entscheidend ist jedoch nun, durch verantwortungsbewußtes Handeln für Stabilität in Stadt und Land zu sorgen.

In diesen Tagen und Wochen werden wir alle – Parteien und Gruppierungen am Runden Tisch, Parlament und Regierung – daran gemessen, was wir tun, damit in der Wirtschaft ordentlich gearbeitet werden kann und eine politische Atmosphäre erreicht wird, in der freie, geheime und gleiche Wahlen in Ruhe durchgeführt werden können.

Dafür will die Regierung mit ihren Möglichkeiten sorgen. Damit sie in diesem Sinne voll handlungsfähig ist, braucht sie die Unterstützung aller Parteien und politischen Gruppierungen, die hier vertreten sind.

{Wir stehen an der Schwelle einer neuen Etappe der tiefgreifenden Umwälzung, die sich in unserem Lande vollzieht.}

Niemand wird sich vor unserem Volk morgen noch auf die Schuldigen von gestern berufen können. Jeder muß sich heute der Verantwortung für diesen Tag und für die nächsten Tage stellen. Jeder wird morgen gefragt werden, was hast du in dieser revolutionären Übergangszeit wirklich getan, um den Menschen die Mühseligkeiten ihrer Existenz zu erleichtern und ihnen Hoffnung zu geben? Was hast du getan, um allen Mut zu geben, im Land zu bleiben, wo sie so dringend gebraucht werden[4]?

{Wer war von uns bereit, auch die Last des anderen zu tragen?}

Wir brauchen eine Zusammenarbeit, die sich auf die Lösung der bis zu den Wahlen anstehenden Fragen konzentriert. Hierfür ist die am Runden Tisch erzielte Übereinstimmung zu begrüßen, die auf eine gesellschaftliche Eingliederung der ehemaligen Mitarbeiter des Amtes für Nationale Sicherheit gerichtet ist.

Eine handlungsfähige Regierung, für die sich der Runde Tisch ausgesprochen hat, muß das Hauptfeld ihrer Arbeit in der Wirtschaft sehen. Dieser Bereich ist entscheidend für das gesamte Leben in der DDR und deshalb sollte sich, so

meine dringende Bitte, der Runde Tisch in Zusammenarbeit mit der Regierung hier auch in die Vorbereitung wichtiger Entscheidungen einbinden. Das betrifft zum Beispiel die Währungspolitik, ein für Millionen Bürger äußerst wichtiges Stichwort; ebenso die Steuerpolitik, aber auch das weitere Vorgehen in der Subventionsfrage. Hier sind Entscheidungen notwendig und dringend. Aber sie müssen dennoch sehr genau bedacht und dürfen nicht übereilt getroffen werden.

Dringend ist es, den Entwurf des Wahlgesetzes fertigzustellen, damit er öffentlich diskutiert werden kann. Es liegt nicht an der Regierung, daß dieser Entwurf noch immer aussteht {und nicht der Öffentlichkeit übergeben ist}.

In diesem Zusammenhang sollten die vielen Vorschläge berücksichtigt werden, die darauf gerichtet sind, die Volksvertretungen aller Städte und Gemeinden ebenfalls am 6. Mai zu wählen, dies zu berücksichtigen macht gesetzestechnisch keine Schwierigkeiten. Die Abgeordneten in diesem Bereich brauchen für ihre wichtige kommunalpolitische Arbeit ebenfalls dringend eine Legitimation durch freie Wahlen.

{Wir müssen davon ausgehen, daß Stabilität im Land nur dann gesichert und gewährleistet ist, wenn Bürgermeister und Volksvertretungen ihre Arbeit durchführen können. Nur so wird jeder Bürger die Chance und die Möglichkeit haben, seine Fragen, seine Anliegen mit dem Staat direkt und unmittelbar besprechen und klären zu können. Nur so wird es in Städten und Dörfern ein Leben geben, das in Ruhe und in Ordnung verläuft, ja wo der sonntägliche Kirchgang auch unbeschadet immer wieder vonstatten geht.}

Es stehen zwei weitere Gesetzentwürfe an, die Ihnen das Präsidium der Volkskammer übergeben wird, für das Richtergesetz und für das Strafrechtsänderungsgesetz. Ferner erinnere ich Sie daran, daß Ihnen seit Dezember vorigen Jahres die Verordnung über Bürgerkomitees vorliegt.

Im Interesse einer ebenso gründlichen wie zügigen Behandlung von Gesetzentwürfen wird Ihnen der Staatssekretär im Justizministerium einen Vorschlag machen.

Ich habe nur einige wenige wichtige Beispiele angedeutet, welche Erfordernisse ich für eine Zusammenarbeit mit den speziellen Gremien des Runden Tisches sehe. Auch dabei ist die Regierung keineswegs zögerlich, wie dies bisweilen behauptet wird. Angesichts der Fülle von Entscheidungen, die in kurzer Zeit zu treffen waren und getroffen worden sind, braucht meine Regierung keinen internationalen Vergleich auf diesem Gebiet zu scheuen.

Insgesamt also geht es den Mitgliedern des Ministerrates und mir um Kooperation zum Nutzen des Landes. Der Runde Tisch kann der Regierung bei ihrer Arbeit auch dadurch erheblich helfen, daß Versuchen entgegengetreten wird, die Regierung zu verschleißen.

Nicht zuletzt ist es für die innere Stabilität, Sicherheit und Ordnung außerordentlich wichtig, daß unser Staatswesen funktioniert, und zwar von den großen Städten bis zu den kleinen Städten und Gemeinden. Erscheinungen des Verfalls staatlicher Funktionen, die dazu führen, daß Bürgerinteressen nicht mehr ausreichend wahrgenommen wer-

---

[3] In der schriftlich zu Protokoll gegebenen Erklärung endet der Satz mit „... einzutreten". Von einer „Regierung der großen Koalition" ist dort nichts geschrieben.

[4] Unterstreichungen in der schriftlich zu Protokoll gegebenen Erklärung.

den, sollte gemeinsam entschieden entgegengewirkt werden.

Die Bürger wollen im Alltag Sicherheit und geordnete Verhältnisse haben. Auch und nicht zuletzt an diesem berechtigten Anspruch messen sie die demokratischen Veränderungen, für die wir alle gemeinsam wirksam sind.

Deshalb bitte ich alle am Runden Tisch vertretenen politischen Kräfte, gemeinsam mit der Regierung unsere Polizei zu unterstützen. Sie leistet eine unverzichtbare Arbeit und verdient dafür Achtung, Anerkennung, ja auch Ermutigung.

Ich bitte Sie alle, zusammen mit der Regierung, für die Bürger der DDR das Bestmögliche zu tun. Das schließt den sachbezogenen Streit ein. Vor allem aber sollte die sich entwickelnde konstruktive Zusammenarbeit in einem gemeinsamen Verantwortungsverhalten wurzeln, in der Verantwortung gegenüber dem Volk, dem jeder zu dienen hat, der politische Verantwortung beansprucht und der sie trägt[5].

Ich danke für Ihre Aufmerksamkeit[6].

[Beifall]

Ziegler (Moderator): Herr Ministerpräsident, wir danken Ihnen für Ihre Ausführungen. Ich habe die Frage, möchten Sie, daß erst die Minister, wie angekündigt, jetzt sprechen – –

Modrow (Ministerpräsident): Das wäre günstig.

Ziegler (Moderator): – und dann die Aussprache ist, ja?

Modrow (Ministerpräsident): Das wäre günstig, jawohl. Das wäre günstig.

Ziegler (Moderator): Dann sagen Sie bitte, wer als nächster das Wort ergreifen soll.

Modrow (Ministerpräsident): Also, in der Reihenfolge Herr Peter Moreth, dann der Herr Außenminister, dann Frau Professor Luft und dann Herr Wittenbeck.

Ziegler (Moderator): Darf ich dann so bitten, Herr Minister.

Moreth (Minister): [Erklärung des stellvertretenden Vorsitzenden des Ministerrats, Moreth] Verehrte Anwesende, meine Damen und Herren! Ich möchte Sie mit Absichten der Regierung vertraut machen, die eine **Vertiefung der Zusammenarbeit der örtlichen Staatsorgane mit Parteien, gesellschaftlichen Organisationen und politischen Gruppierungen des Runden Tisches** ermöglichen. Es handelt sich um Vorschläge zur Überwindung der Krise aus Sorge um unser Land und seine dauerhafte Entwicklung.

Der Ministerrat hält es für unerläßlich, daß die DDR **regierbar** bleibt, und daß im Interesse der Bürger geltendes Recht gewahrt und durchgesetzt wird. Unser Herangehen ist von der Verantwortung aller getragen, die tägliche Versorgung der Bürger aufrechtzuerhalten, darauf hinzuwirken, daß Züge, Busse und Straßenbahnen fahren, daß Transporte, Energieversorgung und Dienstleistungen gewährleistet sind, daß Ältere und Kinder, Kranke und Behinderte betreut werden. Bürgermeister, Abgeordnete und Mitarbeiter der örtlichen Staatsorgane sind mit großer Bereitschaft bemüht, dafür alles in ihren Kräften stehende zu tun, wofür ihnen sicher unser aller Dank gebührt.

Unter größten Anstrengungen gewährleistet die Mehrheit der **örtlichen Volksvertretungen** und ihrer Organe Handlungsfähigkeit. Dennoch zeigt sich eine deutliche Tendenz des Infragestellens staatlicher Autorität und Zuständigkeit. Eine Tendenz, daß Bürgermeister und Räte immer weniger Unterstützung erfahren. In deren Ergebnis sind zahlreiche Volksvertretungen gezwungen, neue Personalentscheidungen zu treffen. So erklärt sich auch die Forderung Tausender Abgeordneter der Kreis-, Stadt- und Gemeindeparlamente, zum frühestmöglichen Zeitpunkt Wahlen auch zu den Volksvertretungen der Kreise, Städte und Gemeinden durchzuführen. Erwartet wird eine unverzügliche, eine eindeutige Entscheidung.

Bis zu freien, demokratischen und geheimen Wahlen muß jedoch alles getan werden, die **Arbeitsfähigkeit der örtlichen Staatsorgane** zu gewährleisten. Die inzwischen vorliegenden Erfahrungen bestätigen das mit der Regierungserklärung empfohlene Vorgehen bei einer vertrauensvollen Zusammenarbeit an den Runden Tischen. In allen Bezirken und fast allen Kreisen und Städten berät man am Runden Tisch. Der Dialog neuer Parteien, politischer Gruppierungen und Vereinigungen mit den Volksvertretungen, den Räten und ihren Vorsitzenden ist, wie man so sagt, in Gang gekommen.

Im Bezirk Schwerin zum Beispiel werden zur Lösung von Aufgaben in den Bereichen Kultur und Tourismus, im Bezirk Frankfurt/Oder auf Bezirks- und Kreisebene besonders zur Bildung, Kultur und zum Umweltschutz die Runden Tische wirksam. In die Vorbereitung von Leitungsentscheidungen des Rates des Bezirkes Karl-Marx-Stadt für die Verbesserung der Dienstleistungen und Reparaturen wurden Vertreter einer Arbeitsgruppe „Handwerk" des Neuen Forums einbezogen. An den Bezirkstagen Dresden, Halle, Karl-Marx-Stadt und Suhl sowie den Stadtverordnetenversammlungen Rostock und Dresden nehmen Vertreter neuer Parteien und Gruppierungen teil. In den Bezirkstagen Gera und Karl-Marx-Stadt, den Kreistagen Borna und Leipzig sowie in der Stadtverordnetenversammlung Leipzig wirken Vertreter neuer Parteien und Gruppierungen in ständigen Kommissionen mit. Vertreter neuer Parteien und Gruppierungen nutzen im Kreis Fürstenwalde und in der Stadt Ribes die Beratungen der Räte zur Information und Diskussion. In Eisenach und Zittau sind Vertreter der SPD beziehungsweise des Neuen Forums zu Mitgliedern der Räte gewählt worden.

All diese Beispiele, meine Damen und Herren, zeigen, was möglich ist, zeigen, daß eine solche Zusammenarbeit dem Bürgerwohl dient und den gewaltfreien Verlauf der grundlegenden Umgestaltung sichern hilft. In einem gegenseitigen Lernprozeß werden Mißtrauen und Vorbehalte abgebaut. Es kommt zur Annäherung von Standpunkten und Auffassungen. Vertreter der neuen Parteien und Gruppierungen übernehmen Mitverantwortung für die Lösung politischer, ökonomischer und sozialer Probleme in den Territorien. Sie folgen der einfachen Logik, daß der, der Stabilität erwartet, sie auch gewährleisten muß, daß man dies nur kann, wenn die Städte und Gemeinden nach Recht und Gesetz geführt werden. Sie folgen aber auch einer solchen Logik, daß der, der auch künftig der Achtung vieler Bürger sicher sein will,

---

[5] In der schriftlich zu Protokoll gegebenen Erklärung endet der Satz mit „... und zu tragen hat."
[6] Die in geschweifte Klammern { } gesetzten Textpassagen wurden abweichend von der verteilten schriftlichen Version vorgetragen.

zu jeder Zeit, und damit auch jetzt, jedweder **Anarchie** entgegenzutreten hat. **Streikandrohung** oder Streik, Lahmlegung des Berufsverkehrs und der Versorgungstransporte, Bombendrohung und anderer Terror machen unsere Heimat nicht wohnlicher. Sie machen Angst und verbreiten Unsicherheit. Dem entgegenzuwirken stehen wir alle in der Pflicht. Sie wahrzunehmen ist offensichtlich dort möglich, wo Volksvertretungen arbeitsfähig bleiben, Räte konstruktiv tätig sein können und dort, wo den staatlichen Organen Unterstützung gegeben wird.

Dennoch, die Zusammenarbeit vollzieht sich zwischen den örtlichen Volksvertretungen und neuen Parteien, politischen Gruppierungen und Vereinigungen noch äußerst differenziert. Mancherorts bedauern wir Zurückhaltung. Bereitschaft zur praktischen Lösung dringender kommunaler Aufgaben müßte meines Erachtens stärker zum Tragen kommen. Unsere Position dazu soll hier ausgesprochen sein. Ohne jeden Vorbehalt ist den örtlichen Staatsorganen anempfohlen, alle positiven Erfahrungen mit den Runden Tischen konsequent anzuwenden, zu verallgemeinern und weitergehende Angebote zur Mitarbeit zu unterbreiten.

Das Präsidium der Volkskammer hat unlängst darauf verwiesen, **frei gewordene Abgeordnetenmandate** ausschließlich durch gewählte Nachfolgekandidaten zu besetzen. Aber die Lage im Lande veranlaßt uns, darüber hinausgehende Möglichkeiten zur **Mitarbeit der neuen Parteien, politischen Gruppierungen und Vereinigungen** in den örtlichen Staatsorganen gemeinsam zu erschließen. Dreh- und Angelpunkt aller Überlegungen bleibt die politisch verantwortungsbewußte Verwaltung in den Bezirken, Kreisen, Städten und Gemeinden. Ihre Zustimmung, meine Damen und Herren, vorausgesetzt, ist die Regierung bereit, in **Erweiterung des Gesetzes über die örtlichen Volksvertretungen** in der DDR der Volkskammer folgende Vorschläge zur Beschlußfassung zu unterbreiten.

Erstens, örtliche Volksvertretungen werden ermächtigt, a) Vertreter aus neuen Parteien, Vereinigungen und politischen Gruppierungen in die örtlichen Parlamente zu kooptieren und b) über neuzubildende Fraktionen zu entscheiden.

Zweitens [werden örtliche Volksvertretungen ermächtigt], Bürgerversammlungen zu berechtigen, weitere Legitimationen für eine Abgeordnetentätigkeit in solchen örtlichen Volksvertretungen zu erteilen, deren Beschlußfähigkeit jetzt nicht mehr gegeben ist.

Drittens, haben wir allen örtlichen Räten empfohlen, interessierte Bürger aus den neuen Parteien, Vereinigungen und politischen Gruppierungen den Volksvertretungen zur Kooptierung in Kommissionen oder Arbeitsgruppen vorzuschlagen. Denkbar sind auch Beiräte zur Vorbereitung von Leitungsentscheidungen der Räte.

Und schließlich viertens, könnten wir uns vorstellen, daß Runde Tische von der Möglichkeit Gebrauch machen, örtlichen Volksvertretungen Vorschläge zur Wahl von haupt- und ehrenamtlichen Ratsmitgliedern aus den Reihen der neuen Parteien, politischen Gruppierungen und Vereinigungen zu unterbreiten.

Im Hinblick auf die **Sitzung des Ministerrates am 25. Januar [1990]** wären wir heute an ersten Meinungsäußerungen dazu interessiert. Und ein übriges, meine Damen und Herren, eine jede staatliche Verwaltung braucht Fachleute. Aus diesem Grunde berät der Ministerrat demnächst über die **Schaffung einer Hochschule für Recht und Verwaltung** sowie einer adäquaten Fachschule, an denen Juristen vor allem für die staatliche Verwaltung aus- und weitergebildet werden. Wir gehen davon aus, daß auch Sie für Ihre Mitglieder mit Blick auf die Zukunft an einer solchen Aus- und Weiterbildung und an den Regeln für die Zulassung zum Studium interessiert sind. Erlauben Sie mir bitte die Einladung, an der Ausarbeitung des Profils dieser Bildungseinrichtung teilzunehmen und über die Art und Weise der Zulassung von Studenten mitzubestimmen. Benennen Sie uns bitte unverzüglich dafür Ihre bevollmächtigten Beauftragten.

Alles in allem, der Arbeit der örtlichen Staatsorgane soll die Aufmerksamkeit und die Unterstützung all derer gelten, denen die Gegenwart und die Zukunft dieses Landes und seiner Menschen am Herzen liegt. **Bürgerwohl und Bürgerinitiative,** das sind Werte, die es gerade in den Städten und Gemeinden zu erhalten und zu vergrößern gilt. Ich danke Ihnen für Ihre Aufmerksamkeit.

Ziegler (Moderator): Danke, Herr Minister.

Es war hier zu keinem Widerspruch gekommen, daß wir gleich fortfahren, damit wir erst das gesamte Angebot, die gesamte Stellungnahme der Regierung haben.

Dann wäre jetzt Herr Minister Fischer zu bitten, zur außenpolitischen Frage Stellung zu nehmen.

Fischer (Minister): [**Erklärung des Ministers für Auswärtige Angelegenheiten, Fischer**] Meine Damen und Herren, zunächst danke ich Ihnen für die Möglichkeit, hier vor Ihnen Ausführungen machen zu können. Ministerpräsident Hans Modrow hat, und das ist das erste, bereits darauf verwiesen, daß die demokratische Erneuerung in der Deutschen Demokratischen Republik von Beginn an untrennbar mit einer Öffnung nach außen, vor allem gegenüber Europa, verbunden ist. Der Ministerrat hat dafür eine konzeptionelle Orientierung vergangenen Dezember beschlossen.

Deutlich spürbar ist, daß die Entwicklung des **demokratischen Dialoges** im Inneren unseres Staates, die Gewaltfreiheit der Revolution, die außenpolitischen Positionen bekräftigt. Das hilft, außerhalb der Staatsgrenzen das Vertrauen in die Berechenbarkeit der DDR in den internationalen Beziehungen zu stärken. Dieses so notwendige Vertrauen können wir nur erhalten und mehren, wenn innere Stabilität, Sicherheit und Ordnung gewährleistet sind und mit weiterer Öffnung und konstruktiver Kooperationspartnerschaft nach außen parallel gehen.

Das verlangt ein starkes Engagement der DDR in den internationalen, vor allem in gesamteuropäischen Entwicklungen. In **Europa** bedeutet das enge Beziehungen zur **UdSSR**, zu den Nachbarstaaten **Polen** und **ČSSR** sowie zu anderen osteuropäischen Staaten; bedeutet das Zugehörigkeit zum **Warschauer Vertrag** und Mitarbeit an der Erneuerung des **Rates für Gegenseitige Wirtschaftshilfe**; allseitige Entwicklung der Beziehungen ebenso zu allen westlichen **KSZE-Staaten** und deren ökonomische und politische Gruppierungen.

Zweitens, bei meinem Besuch am Wochenende in Moskau, war ich mir mit Außenminister Schewardnadse darüber vollkommen einig, daß die **UdSSR und DDR** füreinander verläßliche Partner und Verbündete bleiben. Als größter Außenhandelspartner ist und bleibt die Sowjetunion unverzichtbar für die Gewährleistung des sicheren Funktionierens unserer Wirtschaft. Die Bezüge an Roh- und Brennstoffen aus der UdSSR sind nicht zu ersetzen. Die Sowjetunion bleibt auch unser wichtigster Absatzmarkt. Das gilt dann auch für die anderen osteuropäischen Staaten. Da in der mir zur Verfügung stehenden Zeit nicht auf weitere Staaten eingegangen werden kann, noch einige zusammenfassende Bemerkungen: a) Der sich in allen osteuropäischen Staaten vollziehende Demokratisierungsprozeß schafft neue Möglichkeiten, uns in die gesamteuropäische Entwicklung einzuordnen und sie mitzugestalten; b) in die zwischenstaatlichen Beziehungen werden weit mehr politische Kräfte als in der Vergangenheit einbezogen.

Schließlich, dem Ausbau von Kontakten zwischen den Menschen oder Familien stehen keine politischen Schranken mehr entgegen. Es gibt hier keinerlei staatliche Bevormundung und Reglementierung mehr.

Drittens, die Begegnungen unseres Ministerpräsidenten sowie des Außenministers mit führenden Vertretern westlicher Staaten – ich verweise hier auf USA-Außenminister Baker, Präsident Mitterrand, Österreichs Bundeskanzler Vranitzki, BRD-Bundeskanzler Kohl, den Außenminister Belgiens, in wenigen Stunden trifft der britische Außenminister ein – dienten dem Ziel, die bilateralen Beziehungen zu diesen Staaten eben in dieser für uns so entscheidenden Zeit zu vertiefen. In allen Begegnungen wurde die Gewaltlosigkeit der Revolution in der DDR gewürdigt und die Notwendigkeit unterstrichen, die DDR keinesfalls Ausgangspunkt neuer gefährlicher Instabilität in Europa werden zu lassen. Über alle Besuche und Vereinbarungen wurde die Öffentlichkeit informiert. Diese Arbeit wird fortgesetzt.

Gleichzeitig wurden die **Beziehungen zu den westeuropäischen Integrationsformen** verstärkt. Sie beschleunigten sich nach der bereits erwähnten Botschaft des Ministerpräsidenten an den Straßburger EG-Gipfel. Der Besuch des Vizepräsidenten der EG-Kommission und Kommissars für Außenangelegenheiten, Andriesen, vorher Bangemanns und demnächst von Jacques Delors brachten Einigung über die Aufnahme der Verhandlungen über ein Handels- und Kooperationsabkommen. Sie beginnen noch Ende Januar, und wir sind für zügigen Abschluß.

Zum Europarat darf ich noch ergänzen, daß gegenwärtig noch geprüft wird, welchen seiner Konventionen die DDR beitreten kann. Repräsentanten des Europarates und der parlamentarischen Versammlung haben Einladungen zu uns angenommen.

Viertens, die Koalitionsregierung bekennt sich vorbehaltlos zur **Verwirklichung der KSZE-Dokumente.** Unsere Vertreter wirken im KSZE-Rahmen besonders bei den Wiener Verhandlungen für baldige erste Vereinbarungen über die Reduzierung konventioneller Streitkräfte in Europa sowie über weitere vertrauens- und sicherheitsbildende Maßnahmen. Von der DDR erbrachte und noch geplante einseitige Vorleistungen kennen Sie. Gegenwärtig werden die bevorstehenden KSZE-Treffen über wirtschaftliche Zusammenarbeit in Bonn sowie über die menschliche Dimension in Kopenhagen vorbereitet.

Den sowjetischen Vorschlag für ein KSZE-Gipfeltreffen 1990, also Helsinki II, unterstützt unser Staat. Es wäre gut, auf diesem Treffen erste Vereinbarungen auf sicherheitspolitischem Gebiet zu verabschieden und über die Zukunft des KSZE-Prozesses zu beraten. Es ist klar, daß der Aufbruch in Europa eine neue Herausforderung ist. Wir stehen dazu mit den Außenministerien aller KSZE-Staaten in engem Kontakt.

Meine Damen und Herren, ein zentrales Element der gesamteuropäischen Sicherheit sind die **Beziehungen zwischen beiden deutschen Staaten.** Und das ist der fünfte Punkt. Sie sind wesentlicher Teil des von Ost und West anerkannten und geforderten europäischen Gleichgewichtes. Überall in der Welt wird die Frage gestellt, wie es mit den Deutschen weitergeht. Ihr Streben, sich als eine Nation zu begreifen, deren Staaten eben im nationalen Interesse auf das engste zusammenarbeiten wollen, wird verstanden und unterstützt.

Es gibt gegenwärtig kaum Stimmen, die unserer Nation das Recht auf **Selbstbestimmung** bis hin zum Recht im Rahmen des europäischen Einswerdens etwa in der Art einer **gesamteuropäischen Konföderation,** wie sie Frankreichs Präsident Francois Mitterrand anregte, zu einem deutschen staatlichen Gemeinwesen zusammenzuwachsen, bestreiten. Die von der Regierung der DDR vorgeschlagene Vertragsgemeinschaft DDR/BRD wird als wohlüberlegter erster Schritt deutschen Zusammengehens verstanden, der das im gegenwärtig noch von der Existenz der Militärblöcke geprägten Europa Machbare darstelle, der allmählich zu einer Konföderation beider deutscher Staaten ausgebaut werden [kann], und der vor allem die deutsch-deutsche Gemeinschaft organisch und ohne Störungen, ohne Besorgnisse der anderen Staaten zu negieren oder gar zu mehren, in das einheitliche Europa von morgen einfügen läßt. Anders ausgedrückt, die Gestaltung der Einheit Europas muß mit der Annäherung und Zusammenarbeit der beiden deutschen Staaten einhergehen und umgekehrt. Alles andere müßte zur Instabilität führen, Argwohn und auch Ängste wecken.

Die auf dem **Dresdner Treffen** erzielten Vereinbarungen erweisen sich als gute Grundlage für eine Intensivierung und neue Qualität der Beziehungen, zu denen diese Regierung unverändert steht. Herr Kohl ist bekanntlich wieder vom Termin der Vertragsunterzeichnung abgerückt. Mit dem bevorstehenden nächsten Treffen in Bonn, vielleicht auch in **Davos,** wie vom Ministerpräsidenten Modrow gesagt, wollen wir weitere Voraussetzungen für den möglichst baldigen Abschluß eines Vertrages über Zusammenarbeit und gute Nachbarschaft schaffen. Wir sind dafür, jeden Schritt in den deutsch-deutschen Angelegenheiten so zu tun, daß allen europäischen Völkern die Überzeugung ungeschmälerter Sicherheit gegeben wird. Dazu gehören auch eindeutige Aussagen zur **polnischen Westgrenze,** obwohl die Deutsche Demokratische Republik dies bereits 1950 im Görlitzer Abkommen völkerrechtlich verbindlich getan hat.

In den letzten acht Wochen gab es eine Vielzahl von Begegnungen zwischen Regierungsvertretern, Wirtschaftlern, Bankiers, Politikern, ja selbst hohen Offizieren der Armeen beider Staaten. Über alles wurde in den Medien ausführlich berichtet. Am 25. Januar [1990], wie Ihnen bekannt, wird Kanzleramtsminister Seiters zu weiteren Sondierungsgesprächen erwartet. Der Runde Tisch, also Sie, werden über den Fortgang der Arbeiten informiert.

Sechstens, noch eine abschließende Bemerkung. Ich habe mich in meinen Darlegungen bewußt auf Europa beschränkt, weil hier das Hauptinteresse und Hauptwirkungsfeld unserer Außenpolitik liegt und liegen muß. Wir leben auf diesem Kontinent. Das bedeutet jedoch nicht, daß wir unseren Beitrag zur Lösung globaler Probleme in unseren Beziehungen zu den **Entwicklungsländern** einschränken. Wir müssen entsprechenden Befürchtungen dieser Länder entgegenwirken. Es geht hier um das für die DDR aber Machbare. Das gilt auch für die Staaten, in denen wir in diesem Jahr unsere diplomatischen Missionen oder konsularischen Vertretungen, es sind durchweg Kleinstvertretungen, schließen. Von 18 zu schließenden Vertretungen befinden sich 16 in Staaten Asiens, Afrikas oder Lateinamerikas.

Die Beziehungen zu diesen Ländern werden über Zweitakkreditierungen weitergeführt und gepflegt.

Ich danke Ihnen sehr für Ihre Aufmerksamkeit.

Ziegler (Moderator): Haben Sie Dank, Herr Minister.

Ich schlage Ihnen jetzt vor, daß wir noch Frau Minister Dr. Luft hören und dann einen Einschnitt machen, damit es nicht zuviel wird, und dann die Möglichkeit ist, auch Stellung zu nehmen, Fragen zu stellen und ins Gespräch einzutreten, und wir dann mit den Fragen der Justiz, mit Herrn Staatssekretär Dr. Wittenbeck, einen neuen Einstieg machen, wenn diese Fragerunde vorbei ist.

Frau Minister, darf ich bitten.

Frau Luft (Ministerin): [Erklärung der Wirtschaftsministerin, Frau Luft, zu den Ergebnissen der 45. Tagung des Rats für Gegenseitige Wirtschaftshilfe am 9. und 10. Januar 1990 in Sofia] Danke schön.

Meine Damen und Herren, nach meiner Kenntnis wird Anfang Februar zu Wirtschaftsfragen eine spezielle Beratung am Runden Tisch angesetzt. In Vorbereitung darauf werden Sie am Mittwoch, also übermorgen, einen schriftlichen Bericht erhalten über die Lage der Volkswirtschaft und Schlußfolgerungen zur Stabilisierung. Dieser Bericht wird eine prinzipielle Einschätzung über den Zustand der Volkswirtschaft der DDR geben und auch die 1989 erreichten Ergebnisse in der Volkswirtschaft detailliert interpretieren. Ihnen werden auf der genannten Beratung mehrere Fachminister zur Kommentierung der schriftlich vorgelegten Berichte zur Verfügung stehen. Sie werden Ihnen auch zu allen anderen, Sie interessierenden Fragen zum Bereich der Wirtschaft Rede und Antwort stehen.

Heute beschränke ich mich auf eine Information über die **Ergebnisse der 45. RGW-Tagung,** die am 9. und 10. Januar in Sofia stattgefunden hat, und ich werde diese Information zuspitzen auf die Konsequenzen, die sich für unser Land daraus ergeben, und (für) die Aufgaben, an deren Lösung teilzuhaben ich Sie einladen möchte. Der Vorsitzende des Ministerrates hat ja bereits angeboten, daß sich der Runde Tisch an der Ausarbeitung von Vorschlägen zur künftigen Mitarbeit der DDR im Rat für Gegenseitige Wirtschaftshilfe beteiligt. Ich möchte in meiner Funktion als Vertreter der DDR im RGW erste Vorstellungen dazu darlegen.

Erstens: Bei der stärkeren Einbindung der Volkswirtschaft der DDR in die weltweite Arbeitsteilung bildet die Zusammenarbeit mit der UdSSR und den anderen RGW-Ländern, das wurde soeben von Herrn Minister Fischer bereits unterstrichen, einen wesentlichen Bestandteil unserer **Außenwirtschaftsbeziehungen.** 90 Prozent des Importes an Rohstoffen und Energieträgern kommen gegenwärtig aus RGW-Ländern, ein Drittel unseres gesamten Primärenergiebedarfs decken wir aus diesen Quellen. Zugleich finden wir einen aufnahmefähigen Absatzmarkt für unsere Erzeugnisse, das trifft insbesondere zu auf Erzeugnisse des Maschinenbaus, wobei hinzuzufügen ist, daß dieser aufnahmefähige Absatzmarkt in seinen Qualitätsansprüchen ständig fordernder wird. Für den Zeitraum bis 1995 gibt es Vorabstimmungen mit den RGW-Ländern, die die Weiterführung der Rohstofflieferungen, insbesondere aus der UdSSR, im wesentlichen im bisherigen Umfang vorsehen. 1990 sollen verbindliche Vereinbarungen darüber herbeigeführt werden.

Für die in diesem Zusammenhang übernommenen Exportverpflichtungen der DDR müssen den Betrieben unseres Landes entsprechende Aufträge erteilt werden. Im Interesse der Stabilisierung unserer Volkswirtschaft gibt es dazu auch für die nächste Zeit keine Alternative. Doch langfristig muß damit gerechnet werden, daß aufgrund der Rohstoffsituation in der UdSSR selbst bei einigen Rohstoffen, und dies trifft insbesondere für Erdöl zu, ein Rückgang des Imports eintreten kann. Wir sind dabei, durch Vertiefung der internationalen Kooperation, neue Möglichkeiten für eine effektivere Nutzung der eigenen Kapazitäten und für eine bessere Versorgung zu suchen. Für eine verstärkte Ost-West-Kooperation bietet unser Land dabei günstige Voraussetzungen.

Zweitens: Auf der **RGW-Tagung am 9. und 10. Januar** in Sofia bestand Übereinstimmung, daß die Zusammenarbeit im RGW einer radikalen Veränderung bedarf. So, wie die Mehrheit der Länder im Inneren zur Marktwirtschaft übergeht, muß auch die Zusammenarbeit auf eine solche Grundlage gestellt werden. Das schließt die schrittweise Liberalisierung des Handels und die Reduzierung der Abstimmung von gegenseitigen Lieferungen auf staatlicher Ebene ein. Künftig werden die Wirtschaftsorganisationen Hauptakteure auch der Zusammenarbeit im RGW sein. Ihre ökonomischen Interessen bestimmen die Maßstäbe für die internationale Spezialisierung und Kooperation. Vorgesehen ist die Übernahme der Bedingungen des Weltmarktes auf den Handel der RGW-Länder untereinander.

Das bedeutet den schrittweisen Übergang zur Verrechnung in konvertierbaren Währungen und damit die Einschränkung der Verrechnungen in transferablen Rubeln. Das bedeutet auch die Anwendung aktueller Weltmarktpreise anstelle der bisherigen Praxis, die RGW-Preise als langjährigen Durchschnitt der Weltmarktpreise zu bilden. Der Einsatz konvertierbarer Devisen in den gegenseitigen Verrechnungen ist ebenfalls mit der Anwendung international üblicher Zahlungsbedingungen anstelle des bisherigen Sofortbezahlungsverfahrens verbunden. Das heißt, Rohstoffe, Brennstoffe werden cash zu bezahlen sein, wohingegen Maschinen und Ausrüstungsexporte gegen mehrjährige Zahlungsziele, also auf Kredit zu vollziehen sein werden.

Da die DDR, und darüber ist häufig auch an diesem Tisch gesprochen worden, Nettoexporteur von Maschinen und Ausrüstungen ist und auf lange Sicht bleiben wird, bedeutet ein solches verändertes System in der gegenseitigen Verrechnung eine erhebliche Kreditbelastung unseres Landes. Das heißt, produziertes Nationaleinkommen steht zeitweilig nicht im Lande für Akkumulations- und Konsumtionszwecke zur Verfügung. Es bestand insofern Übereinstimmung, daß angesichts der weitreichenden Konsequenzen einer solchen Umstellung schrittweise vorgegangen werden muß.

Die konkreten Bedingungen werden dabei zwischen den einzelnen Ländern zweiseitig vereinbart. Damit soll einem Rückgang im gegenseitigen Handel sowie einseitigen Vorteilen und Nachteilen der einzelnen Partner entgegengewirkt werden. Auch bei einem schrittweisen Übergang zu aktuellen Weltmarktpreisen muß aber für die nächsten Jahre mit einer Erhöhung der Rohstoffpreise, vorrangig wahrscheinlich bei Erdöl, und einer Reduzierung unserer Exportpreise für einige Maschinenbauerzeugnisse gerechnet werden.

Für die Betriebe bedeutet die Angleichung der Bedingungen des RGW-Handels an die des Weltmarktes, daß eine wesentlich intensivere Bearbeitung des RGW-Marktes als bisher erforderlich ist. Aufgrund der jahrzehntelangen administrativen Steuerung des Außenhandels mit den RGW-Ländern stehen die Betriebe hier zum Teil vor völlig neuen Aufgaben der Marktbearbeitung.

Drittens: Die RGW-Zusammenarbeit ist nicht auf regionale Autarkiebestrebungen gerichtet. Dies war ein Grundzug, auf den sich alle in Sofia versammelten Länder geeinigt haben. Im Gegenteil, es wird von einer konsequenten **Einbindung der RGW-Länder in die Weltwirtschaftsbeziehungen** ausgegangen. Für die europäischen Mitgliedsländer spielt dabei die Einordnung in eine gesamteuropäische Technologie- und Wirtschaftsentwicklung sowie die Herstellung enger Verbindungen zu der europäischen Gemeinschaft und zur **EFTA** eine entscheidende Rolle.

Notwendig ist eine Koordinierung von Investitionen im gesamteuropäischen Raum insbesondere auf dem Gebiet der Infrastruktur und des Umweltschutzes. Dabei sind auch Möglichkeiten einer gemeinsamen Finanzierung zu erschließen. Orientiert wird [sich] auf zwei- und mehrseitige Kooperationsmöglichkeiten mit Firmen westlicher Länder, unter anderem auch zur Nutzung der sich aus Strukturveränderungen und der Konversion ergebenden freien Kapazitäten.

Viertens: Wir sind jetzt dabei, die **Ziele, Funktionen, Struktur und das Statut des RGW** in Übereinstimmung mit den tiefgreifenden demokratischen Veränderungen und den Wirtschaftsreformen in den Ländern neu zu bestimmen. Wir gehen davon aus, den RGW als eine **offene Wirtschaftsorganisation** mit vorwiegend Konsultations- und Koordinierungsaufgaben neu zu formieren. Als mögliche Aufgaben könnten wir uns zum Beispiel vorstellen, daß im Rahmen des RGW Abstimmungen erfolgen, wie in den Ländern die günstigsten Bedingungen für die Zusammenarbeit auf Ebene der Wirtschaftsorganisationen geschaffen werden. Man könnte sich auch konsultieren zu Grundfragen der Wirtschafts- und Sozialpolitik. Gemeinsam ausgearbeitet werden könnten Programme und Projekte für ausgewählte Aufgaben von gesamtvolkswirtschaftlicher und gesamteuropäischer Bedeutung wie beispielsweise auf dem Gebiet der Energieversorgung, des Verkehrswesens, des Nachrichtenwesens, der Informatik und des Umweltschutzes.

Ein solches Herangehen wird dazu führen, mit der bürokratischen Arbeitsweise im RGW Schluß zu machen, die Strukturen zu vereinfachen und insgesamt operativer zu arbeiten. Gebildet worden ist in Sofia eine **Kommission von Vertretern aller RGW-Länder,** die bis Mai 1990 Vorschläge zur Erneuerung des RGW unterbreiten soll. Diese Vorschläge sollen dann von einer außerordentlichen Ratstagung im Jahre 1990 beraten werden.

Von seiten der DDR arbeite ich in dieser Kommission mit. Die Konzeption für die DDR-Mitarbeit habe ich für die Arbeitsgruppe „Wirtschaft" des Runden Tisches mitgebracht. Ich würde mich sehr freuen, wenn kompetente Vertreter der Arbeitsgruppe „Wirtschaft" ab sofort zur Mitarbeit benannt werden könnten. Ich bedanke mich.

Ziegler (Moderator): Frau Minister, meine Herren, wir danken Ihnen für diesen umfassenden Bericht, wir machen jetzt diesen versprochenen Einschnitt, damit reagiert werden kann.

Ich möchte nur, damit es nicht untergeht, noch einmal ins Bewußtsein bringen, daß auch zu einigen Punkten heute auch direkte Stellungnahmen von uns erbeten worden sind. Zur Frage des Streiks, zum Angebot, bis Ende der Woche Teilnehmer zu benennen für die Mitbeteiligung an dem Treffen mit Kohl, das Angebot der Mitarbeit an der Regierungsarbeit mit der Benennung von Personen und schließlich das Angebot oder die Bitte, Meinungsäußerungen auch zur Regelung der Arbeit der örtlichen Organe zu geben und schließlich das letzte soeben, also auch Anregungen, wenn die heute nicht kommen, dann wenigstens aus der Arbeitsgruppe „Wirtschaft" für die Konzeption, die da erarbeitet werden soll für den RGW. Nur als Erinnerung.

Wir haben jetzt nun schon eine ganze Reihe Wortmeldungen. Herr Raspe, Herr Schmidt, Herr Böhme, Herr Gysi, Herr Schnur, Herr Koplanski. Also, jawohl, es wird jetzt alles aufgeschrieben, ich brauche das jetzt nun nicht alles zu sagen.

Ich bitte Herrn Raspe zu beginnen.

Raspe (LDPD): Meine Damen und Herren, aus Verantwortung für dieses Land und seine Bürger stellen sich die Liberaldemokraten hinter den Appell der Regierung, die friedliche demokratische Erneuerung nicht durch vermeidbare Streiks zu gefährden. Der Streik kann auch im liberalen Selbstverständnis nur das allerletzte Mittel zur Durchsetzung der Forderung der Werktätigen sein. In dieser Frage gibt es, glaube ich, auch einen weitgehenden Konsens in der Bevölkerung.

Die LDPD empfindet Genugtuung darüber, daß Herr Ministerpräsident Modrow vereinbarungsgemäß zwei Forderungen aufgegriffen und hier am Runden Tisch vertreten hat, die ihm im Ergebnis unserer 9. Zentralvorstandssitzung am Freitagabend übermittelt worden sind. Ich meine hier das Angebot an die neuen Parteien und Bewegungen, sich an der Regierungsarbeit auf erster, auf höchster Ebene zu beteiligen.

Wir meinen hier nicht Kosmetik oder Symbolik, und ich unterstelle das auch dem Ministerpräsidenten, er hat es ja auch deutlich gesagt, daß er so nicht denkt. Er hat hier von der Einordnung in den Ministerrat gesprochen. Also, er hat hier offensichtlich Ministerpositionen im Auge, und das, meine ich, sind auch seriöse Angebote. Wir meinen also Inanspruchnahme und nicht Ausgrenzung der zweifellos vorhandenen großen Fach- und Sachkompetenz auch in den Reihen der Opposition, und wir meinen die überfällige Korrektur der personellen Dominanz der SED-PDS in der jetzigen Regierung, die angesichts der dramatischen Verfallserscheinungen dieser Partei durch nichts mehr zu rechtfertigen wäre. Genau das ist es, meine ich, was heute von großen Teilen der Bevölkerung so gefordert wird.

Wir bitten also die neuen [Parteien], aus Verantwortung für dieses Land, die anderen Regierungsparteien dabei nicht allein zu lassen. Die Opposition könnte noch vor dem 6. Mai die in der Bevölkerung oft gestellte Frage, ob die neuen [Parteien] denn auch zur Regierung fähig wären, in der Praxis beantworten.

Und was den 6. Mai anbetrifft, meine Damen und Herren, hier darf ich daran erinnern, daß die LDPD als einzige Partei von vornherein darum bemüht war, an diesem Tag bereits die **Kommunalwahlen** durchzuführen. Wir haben uns bisher Mehrheiten beugen müssen, aber die Situation ist eine andere geworden. Hunderte von Briefen und Anrufen, die uns täglich erreichen, aber auch persönliches Erleben bezeugt den Verfall der kommunalen Strukturen in dramatischen Formen. Und viele Bürgermeister und Ratsmitglieder sagen uns, sie halten noch durch, weil sie fest daran glauben, daß am 6. Mai [1990] auch Kommunalwahlen sein werden.

Wir sollten durch ein übereinstimmendes Votum hier diese Hoffnung heute nicht enttäuschen, zumal der Ministerpräsident gesagt hat, daß es keine gesetzgeberischen

Schwierigkeiten gibt. Das sehen auch wir so. Unser Entwurf für ein neues Wahlgesetz, der von Anfang an auf dem Tisch lag, sah auch diese Möglichkeit vor, und ich meine, die Zeit zwischen der ersten und zweiten Lesung in der Volkskammer sollte ausreichen, um hier nachzubessern, um auch Kommunalwahlen zu ermöglichen.

Nach unserer Auffassung könnte sich also folgender Wahlkalender ergeben. 6. Mai: Wahl zur Volkskammer und Kommunalwahlen. Herbst 1990: Volksentscheid über die neue Verfassung und eine direkte Wahl, eine durch das Volk vorgenommene direkte Wahl eines parteiunabhängigen Präsidenten. Das würde voraussetzen, daß dieses Amt auch mit soviel Kompetenz ausgestattet wird, daß so eine direkte Wahl durch das Volk gerechtfertigt wäre. Und 1991: Wahl von Länderparlamenten, gegebenenfalls auch auf Kreisebene.

Ich bitte Sie sehr darum, daß wir uns heute darauf verständigen, daß vor allem in den Kommunen wieder Ruhe und Zuversicht eintritt.

Vielen Dank.

Ziegler (Moderator): Danke, Herr Raspe.

Über diese Frage wird ja nachher auch noch im Zusammenhang mit den Wahlen weiter gesprochen werden müssen.

Jetzt Herr Schmidt von der CDU.

Schmidt (CDU): Ich möchte auf ein Grundproblem und einen Zusammenhang hinweisen, der offenbar für die Herstellung der Stabilität der Regierungsarbeit wichtig ist.

Einerseits: Die CDU hat in der vergangenen Woche für Unsicherheit in der Koalitionsfrage gesorgt. Andererseits: Herr Böhme von der SPD hat hier erklärt, zwar Loyalität gegenüber der Regierung, aber keine Mitarbeit in ihr. Einzig die alten Parteien sollten in der Regierung verbleiben.

Dazu stellt die CDU fest: Einseitiges Beharren auf dem Unterschied zwischen alten und neuen Parteien übersieht, daß die Mitglieder der alten Parteien durch ihre Parteiführungen nicht mehr und im Prinzip nicht anders belastet sind, als das ganze Volk der DDR durch seine bisherige Staatsführung. Von Einzelpersonen abgesehen, die sich außerhalb und innerhalb der Parteien finden, steht das ganze Volk der DDR unter der gleichen Last der Vergangenheit, auch die Mitglieder der neuen Parteien.

Deshalb sollten sich jetzt auch alle gemeinsam an der Last der **Übergangsregierung** beteiligen. Wir unterstützen das, was Herr Raspe eben gesagt hat. Die Probleme, die die CDU in ihren Reihen um die Frage der weiteren Mitarbeit in der Regierung hatte, waren die gleichen Probleme, die die neuen Parteien bisher veranlaßten, sich nicht an der Regierung zu beteiligen. Der Entschluß der CDU, die Mitarbeit in der Regierung fortzusetzen, verbindet sich deshalb mit der Bitte und Aufforderung an alle Kräfte des Runden Tisches, alle sich ergebenden Möglichkeiten der aktiven Beteiligung an der Arbeit und an der Verantwortung für dieses Land zu nutzen. Darunter auch den Eintritt in die Regierung.

Dadurch wird der Neubeginn am 6. Mai [1990] nicht beschädigt, sondern vorbereitet. Wir brauchen tatsächlich eine große Koalition des Übergangs.

Vielen Dank.

Ziegler (Moderator): Herr Böhme, bitte.

Böhme (SPD): Verehrte Anwesende, Herr Ministerpräsident, wir bedanken uns vor allem dafür, daß Sie in Ihren Ausführungen betonten, daß Sie sich in dieser Situation, in der unser Land, unsere Bevölkerung steht, nicht als der Mandatsträger einer Partei, Ihrer Partei, sehen, sondern als der Ministerpräsident, der bis zum 6. Mai die Verantwortung wahrnehmen will, die die Situation erfordert.

In diesem Sinne erklären wir Ihnen unsere volle Loyalität unter den Voraussetzungen, die wir in unserer Erklärung am Donnerstag und auch am Montag schon benannten. Wir brauchen Sie, das betonen wir, wir brauchen die Regierung Hans Modrow, eine **stabile Regierung Hans Modrow**, wenn wir am 6. Mai unsere ersten freien, demokratischen, geheimen Wahlen durchführen wollen. In diesem Zusammenhang wenden wir uns gegen jegliche Horrorstories, die von egal wem in unserem Land oder außerhalb unseres Landes herumgetragen werden, Menschen Angst machen und verunsichern.

Das in der „Bild"-Zeitung abgedruckte Horrorgemälde über einen Putschversuch untergräbt nicht nur das Vertrauen in die Situation und das Vertrauen in die Regierung Hans Modrow, es untergräbt auch das Vertrauen in das, was die Arbeitsgruppe zur **Auflösung des Amtes für Nationale Sicherheit** geleistet hat, und es untergräbt das Vertrauen vor allem in die Bürgerkomitees, die von Anfang an an einer friedlichen Auflösung des Amtes interessiert gewesen sind.

Da wir für eine **Mediendemokratie** sind, muß ich es den Presseorganen, egal wo sie sind, überlassen, welche Schlagzeilen sie finden. Da sich aber die „Bild"-Zeitung auf Informationen aus der Opposition berufen hat, möchte ich, und ich glaube im Namen der gesamten Opposition hier sprechen zu dürfen, die Vertreter, die das von sich gegeben haben, bitten, sich in den nächsten Tagen zu erklären und eindeutig im Interesse des Vertrauens für die Arbeitsgruppen, die an der Auflösung des Amtes arbeiten, das zu dementieren, oder aber ihre Quellen verifizierbar offenzulegen.

Verehrter Herr Ministerpräsident, wir haben mit Interesse zur Kenntnis genommen, daß Sie dem Runden Tisch, also auch der Opposition, eine **Beteiligung an der Verantwortung im Ministerrat** angeboten haben. Ich glaube, daß eine solche Beteiligung für Parteien und Gruppierungen der Opposition nur dann möglich ist, wenn alle Parteien und Gruppierungen des Runden Tisches in einer Notsituation bereit sind, ohne langwöchige Koalitionsverhandlungen, die unserem Land weiteren Schaden zufügen würden aufgrund des Zeitverlustes, in die Regierung einzutreten. Dazu ist notwendig, daß die Kriterien einer solchen Notsituation benannt werden müssen.

Die SPD schlägt, sofern das Zeitbudget des Herrn Ministerpräsidenten und seiner Mitarbeiter es zuläßt, für die nächste Zeit ein Gespräch vor, um diese Kriterien zu benennen, von einer Analyse auszugehen und gemeinsam mit den Gruppierungen und vertretenen Parteien am Runden Tisch das Notwendige einzuleiten.

Auch wir waren davon ausgegangen, daß **Kommunalwahlen** als eine der ersten Maßnahmen zu benennen sind von der Volkskammer und hatten uns hier eine lange Debatte mit den Freunden vom Neuen Forum geliefert. Die Situation der Zerfaserung, die Zerfaserung in den Räten der Gemeinden, der Städte, der Kreise und Bezirke ist in einer solchen Geschwindigkeit begriffen, daß auch wir da unseren Standpunkt überdenken werden, inwieweit Kommunalwahlen nicht nur neben den Wahlen zur höchsten Volksvertretung zu leisten sind, sondern zu leisten notwendig sind.

Das, was Ministerpräsident Hans Modrow zur Frage einer **Sicherheitspartnerschaft** mit der einzigen noch wirksamen Ordnungskraft, der Volkspolizei, gesagt hat, möchten wir aus der Sicht unterstützen, daß von der Opposition Herr Dr. Ullmann und meine Wenigkeit bereits im Dezember [1989] angeboten haben, nicht nur mit den Herren von der Volkspolizei zusammenzuarbeiten, was die damalige beginnende Auflösung des Amtes [für Nationale Sicherheit] anbelangt, sondern uns auch wahrscheinlich mit vielen Freunden aus der Opposition zur Verfügung [zu] stellen, um mit in Veranstaltungen der Volkspolizei zu reden, um unser Verständnis von Sicherheitspartnerschaft und von Ordnungskraft im Lande darzustellen.

Wir sprechen uns als sozialdemokratische Partei eindeutig gegen den **Generalstreik** aus in dieser Situation. Wir haben uns in unseren in Schwande festgeschriebenen Programmansätzen zu freien Gewerkschaften, zum Streikrecht erklärt auf der Basis des Urabstimmungsprinzips, auf der Basis eines Betriebsverfassungsgesetzes. Wir haben dieses noch nicht. Wir halten Warnstreiks für notwendig, um bestimmten Demokratisierungsprozessen den entsprechenden Nachdruck zu verleihen. Aber auch das ist das letzte Mittel, weil eine Streikbewegung ohne Urabstimmungsprinzip und Betriebsverfassungsgesetz sich so verselbständigen könnte, daß unsere Wirtschaft zusätzlich entscheidend geschädigt werden könnte. In diesem Zusammenhang glauben wir, sollten alle Menschen in unserem Lande verantwortlich überlegen, welche Mittel der Demokratie sie tatsächlich einsetzen.

Ich bedanke mich.

Ziegler (Moderator): Herr Böhme, nur eine Rückfrage. Sie erwarten zu dem Gespräch über die Möglichkeiten und Kriterien eine Einladung des Ministerpräsidenten, ja?

Böhme (SPD): Gestatten Sie den Zusatz, wir würden uns über eine Einladung durch den Ministerpräsidenten freuen. Auf jeden Fall begleiten wir mit von uns benannten Personen die Verhandlungsdelegation des Ministerpräsidenten Hans Modrow in den Gesprächen zu Helmut Kohl nicht als zuerst sozialdemokratische Parteizugehörigkeit, sondern als Berater und Begleiter der Regierung Modrow.

Ziegler (Moderator): Danke für diese noch spezielle Erklärung.

Jetzt hat das Wort Herr Gysi, SED-PDS.

Gysi (SED-PDS): Wir bedanken uns hier auch für die Erklärung der Regierung.

Ich möchte selbst nicht die Gelegenheit nutzen, um hier eine längere Erklärung abzugeben. Wir haben dem Runden Tisch angeboten, Mitglieder von nicht der Koalition angehörenden Parteien und Bewegungen zur **Übernahme von Ministerfunktionen,** die bisher von Mitgliedern unserer Partei eingenommen werden, in der Regierung Modrow zu benennen. Wir sind da in jeder Hinsicht offen, und ich will das aber auch ausdrücklich sagen, das ist eine **Einladung,** das ist ein Angebot. Wir wären dankbar, wenn die Opposition es annehmen würde, aber ich möchte jede Formulierung vermeiden, die in Richtung etwa Nötigung geht, wie ich zum Teil den Eindruck habe, das fände ich nun auch nicht fair, es soll ein Angebot und eine Bitte sein.

Das zweite, was ich gerne sagen möchte, ist eine Frage an Frau Professor Luft. Es hat mich irritiert, daß durch ein Mitglied des Ministerrats, damals zumindest, Frau Nickel, die Frage der **Subvention der Mieten** plötzlich in die Diskussion gebracht wurde. Nach unserer Auffassung steht die gegenwärtig überhaupt nicht zur Diskussion, und ich würde gerne wissen, ob das auch die Auffassung der Regierung ist.

Natürlich müssen Subventionsfragen besprochen werden, aber wieso gerade bei Mieten ist uns völlig unklar, denn die sind im Augenblick überhaupt durch die Reisetätigkeit in beiden Richtungen gar nicht belastet. Und das hat wieder zu neuen Ängsten geführt, die wir zumindest für völlig überflüssig halten. Ich hätte dazu gerne ein klärendes Wort.

Ansonsten können wir uns dem hier auch schon bisher Gesagten insoweit anschließen. Wir sind sehr daran interessiert, den Erneuerungs- und Demokratisierungsprozeß in unserem Land zu unterstützen. Es gibt eine Erklärung [**Information 9/3, SED-PDS: Zur Bewältigung der erweiterten Demokratisierung**] an den Runden Tisch, die ich jetzt hier nicht vorlesen will, die ich aber gerne verteilen möchte. Da wird auch etwas dazu gesagt, wie wir uns das vorstellen. Und wir sind neben der Beteiligung der neuen Parteien und Bewegungen auf allen Ebenen an der Ausübung staatlicher Funktionen auch daran interessiert, daß der **Staatsrat** wieder gestärkt wird und daß eine parteiunabhängige Persönlichkeit gebeten wird, für das Amt des Staatsratsvorsitzenden zu kandidieren, zumal wir auch glauben, daß der Staatsrat für die Durchführung der Wahlen benötigt wird.

Und wir würden uns sehr freuen, wenn hier ein gemeinsamer Vorschlag mit den anderen Parteien und Bewegungen der Opposition möglich wäre, damit dies hier nicht irgendwelche, nein, nicht irgendeine Art von Gerangel gibt oder einseitigen Vorschlägen, sondern daß wir uns möglicherweise auf eine Persönlichkeit verständigen können.

Das wäre es, was ich dazu sagen will, und ich bedanke mich ebenfalls für Ihre Aufmerksamkeit.

[Das als **Information 9/3** dem Runden Tisch vorgelegte, nicht verlesene Schreiben hat folgenden Wortlaut:]

An die Teilnehmer des Runden Tisches

Sehr geehrte Damen und Herren!

Das Interesse unseres Volkes und Landes steht höher als das der Partei. Das beziehen wir selbstverständlich auch auf unsere Partei des demokratischen Sozialismus.

Nach dem Aufbruch zur Erneuerung des politischen Lebens in unserem Land haben wir jetzt den Übergang zu einer für alle erlebbaren erweiterten Demokratisierung zu bewältigen.

Angesichts der Situation im Lande halten wir es für notwendig, der Polarisierung Einhalt zu gebieten. Sie reicht bekanntlich stellenweise soweit, die Auflösung unserer Partei ultimativ zu fordern und teilweise mit Streiks erzwingen zu wollen. Wir dagegen wollen die radikale Erneuerung unserer Partei verstärken und als eine Partei unter anderen wirken. Und wir meinen, es liegt im Interesse unseres Volkes, wenn alle Parteien und Organisationen, die Verantwortung in diesem Land tragen, wenn wir alle es lernen, miteinander auszukommen statt einander gegenseitig auszugrenzen. Das Verschwinden unserer Partei käme einer Verfälschung der demokratischen Verhältnisse der geistigen und politischen Kräfte in unserem Land gleich. Wir setzen uns dafür ein, daß die politischen Parteien, Bewegungen und Organisationen unter würdigen kultvollen Bedingungen ihre Auseinandersetzung führen.

Die SED-PDS spricht sich dafür aus, daß in diesem Geist

erstens Mitglieder von nicht der Koalition angehörenden Parteien und Bewegungen zur Übernahme von Ministerfunktionen, die bisher von Mitgliedern unserer Partei eingenommen werden, in der Regierung Modrow eingeladen werden,

zweitens Mitglieder von nicht der Koalition angehörenden Parteien und Bewegungen eingeladen werden, einen Teil der Verantwortung für die Führung des Landes auf allen Ebenen zu übernehmen und

drittens eine parteiunabhängige Persönlichkeit gebeten wird, für das Amt des Staatsratsvorsitzenden zu kandidieren.

Die Lebensbedürfnisse der Bürgerinnen und Bürger wollen wir in allen Gremien der politischen Beratung und Entscheidungsvorbereitung mehr wahrnehmen. Darin sehen wir einen wesentlichen Punkt unserer Verantwortung.

Berlin, 20. Januar 1990   Vorstand der SED-PDS[7]

Ziegler (Moderator): Herr Gysi, wären Sie bitte so freundlich, dann, wenn Sie die Erklärung herumgeben wollen, sie in der üblichen Form als Information über das Arbeitssekretariat hier verteilen zu lassen, damit wir nachher nichts durcheinander bringen. Vielen Dank.

Herr Schnur vom Demokratischen Aufbruch.

Schnur (DA): Sehr geehrter Herr Ministerpräsident, meine Damen und Herren, ich möchte zunächst Ihnen danken, Herr Ministerpräsident, daß Sie uns in einer kurzen sachlichen Information einen Einblick über die kritische politische Situation unseres Landes gegeben haben.

Wir halten es deshalb [für] notwendig, auf folgendes hinzuweisen:

[Information 9/11, DA: Erklärung zur innenpolitischen Lage]

1. Die Partei Demokratischer Aufbruch spricht sich entschieden gegen Gerüchte aus, die einen Putschversuch durch Stasiangehörige oder Teilen der NVA in der DDR ankündigen.
Wir unterstützen alles, was dem Frieden in unserer Gesellschaft dient[8].
Wir bitten gerade deshalb in dieser Situation alle Angehörigen der Deutschen Volkspolizei und der NVA, sich nicht durch solche Horrormeldungen verunsichern zu lassen[9], sondern sich der großen Demokratiebewegung in unserem Land anzuschließen.

2. Die Partei Demokratischer Aufbruch verkennt nicht die geschilderte komplizierte politische Situation in unserem Land, muß jedoch mit Bedauern feststellen, daß die Regierung der DDR nicht auf einen Vorschlag des DA von Mitte Dezember 1989 reagiert hat, eine große Koalition der politischen Vernunft in unserem Land zu bilden.

Im weiteren wird auf die Stellungnahme Ibrahim Böhmes, SPD, Bezug genommen[10]
Die Kommunalwahlen sollten nicht am 6. Mai 1990 erfolgen, weil die Partei DA die Auffassung vertritt, daß die objektiven Vorzeichen dafür fehlen. Es sollte der Vorschlag von Dr. Moreth gründlich geprüft werden, um die Wirksamkeit der Kommunalarbeit zu gewährleisten[11].

3. Die Partei DA schlägt vor[12], daß die sachliche und politische Kompetenz des Runden Tisches erweitert wird, indem die wichtigsten Regierungsentscheidungen auf der Grundlage[13] der Prioritätenliste nur durch diesen verbindlich verabschiedet werden.

4. Die Regierung und die Volkskammer werden aufgefordert, daß das vorliegende Richtergesetz vor dem 6. Mai 1990 nicht verabschiedet wird, weil feststeht, daß die überwiegende Mehrheit der Richter Mitglied der SED-PDS ist[14].

---

[7] Unterstreichungen, Orthographie und Zeichensetzung sind aus dem Original übernommen.

[8] Abweichend vom Vorlagentext fügte Schnur hinzu: „Wir betonen ausdrücklich, Gewaltfreiheit ist hier [in] Vorrang vor allen anderen Dingen zu setzen."

[9] Abweichend vom Text formulierte Schnur: „Wir bitten gerade deshalb in dieser Situation ..."

[10] Abweichend vom Vorlagentext formulierte Schnur: „An dieser Stelle möchte ich ausdrücklich mich den Worten von Ibrahim Böhme der SPD anschließen, weil ich glaube, es geht nicht darum, Regierungsverantwortung abzulehnen, sondern es muß deutlich geklärt werden, ist die jetzige Regierung nicht in der Lage, für unser Volk die Verantwortung wahrzunehmen?
Zum anderen glaube ich reicht es nicht aus, zu sagen, es werden Ministerposten angeboten. Dann sollte klar und deutlich der Opposition benannt werden, in welchem Umfang eine solche Beteiligung vorliegt."

[11] Abweichend vom Vorlagentext formulierte Schnur: „Es ist hier auf Problem und Durchführung der Kommunalwahlen hingewiesen worden. Auch hier sind wir der Auffassung, daß darüber sehr sachlich nachgedacht werden muß. Aber ich denke, wir sollten zunächst den Gedanken des Herrn Minister Moreth doch folgen und Überlegungen anstellen, wie wir tatsächlich im Blick auf den 6. Mai 1990 eine entschiedene Doppelbelastung auch für die neuen gesellschaftlichen Gruppierungen und Parteien verhindern. Denn immerhin müssen wir aus unserer Sicht betonen, daß uns wesentliche Strukturen in unserer Partei fehlen, um diese doch erheblichen Aufgaben in einer doppelten Art und Weise abzusichern, sondern wir würden ebenfalls vorschlagen, in dieser Hinsicht die Bedeutung der Runden Tische und andere demokratische Mitwirkungsmöglichkeiten zu finden, die tatsächlich auch eine Regierbarkeit auf allen Ebenen in unserem Land sichern."

[12] Abweichend vom Vorlagentext formulierte Schnur: „Mir scheint aufgrund der abgegebenen Erklärung von Herrn Ministerpräsident Modrow es notwendig zu sein, und wir schlagen deshalb vor, ..."

[13] Abweichend vom Vorlagentext formulierte Schnur: „einer abgestimmten Prioritätenliste nur durch diesen Runden Tisch dann verabschiedet werden, ..." und ergänzte: „... um damit die hohe politische Verantwortung, die wir mit unserer Selbstverständniserklärung vom 7. Dezember 1989 abgegeben haben, zu unterstreichen."

[14] Abweichend vom Vorlagentext formulierte Schnur: „Herr Ministerpräsident, Sie haben die Verabschiedung des Richtergesetzes noch vor dem 6. Mai 1990 angekündigt. Ich glaube, es ist vielleicht hier notwendig darauf hinzuweisen, daß auch diese Gesetzesverabschiedung nicht vor dem 6. Mai 1990 erfolgen sollte, weil ich es doch für sehr bedenklich halte, denn immerhin haben Analysen im ganzen Land ergeben, daß gerade die Richterfunktionen doch weitestgehend zumindestens mit Mitgliedern der SED-PDS gegeben waren. Und ich glaube, bevor wir nicht auch die Möglichkeit haben, hier eine neue Entwicklung mit vorzunehmen, sollten wir darauf bedacht sein, doch sehr sorgfältig dieses Gesetz auch nach dem 6. Mai dann zu verabschieden."

> 5. Die Partei DA fordert den Ministerpräsidenten auf, daß die Regierung der DDR eine endgültige Erklärung dazu abgibt, daß das Ergebnis der duchgeführten Wahlen zu den örtlichen Volksvertretungen am 7. Mai 1989 auf der Grundlage eines Wahlbetrugs beruht[15].

Ziegler (Moderator): Herr Schnur, Sie sind am Ende?

Schnur (DA): Danke. Ja. Danke.

Ziegler (Moderator): Wir danken Ihnen.
Ich muß jetzt noch einmal an einer Stelle Ihr Einverständnis erbitten. In der Regel haben wir um diese Zeit herum eine Pause gemacht. Aber wir haben noch acht Wortmeldungen, und ich hatte Ihnen gesagt, der Ministerpräsident und die Minister haben eine begrenzte Zeit, so daß ich Ihnen vorschlage, daß wir die Pause jetzt noch nicht machen, sondern noch weiter bereit sind, hier zu sprechen, ja. Einverständnis?
Danke.

Modrow (Ministerpräsident): Wenn mir eine Zwischenbemerkung gestattet ist: Ich glaube, der bisherige Ablauf erfordert nicht, daß ich jetzt zwischenzeitlich etwas sage, sondern ermöglicht, daß die weitere Diskussion läuft, um dann zu den Fragen sich grundsätzlich zu äußern.

Ziegler (Moderator): Ja, gut. Es geht nur um eine kurze Frage, die meist dann in der Regel untergeht. Frau Minister Dr. Luft, könnten Sie diese kleine Frage mit den Subventionen vielleicht doch zwischendurch beantworten, damit wir die weg haben?

Frau Luft (Ministerin): Ja, es ist ja leider keine kleine Frage.
Ich möchte in aller Kürze heute folgendes sagen und schlage vor, daß ein prinzipieller Meinungsaustausch auch in der speziellen Beratung zu Wirtschaftsfragen erfolgt, wobei ich in aller Verantwortung erklären kann, niemand soll Sorge haben, daß bis zu der Beratung irgend etwas zwischendurch passiert und irgendwer überrascht ist. Lassen Sie mich heute folgendes sagen.
Erstens: Eine **Preisreform** und die **Reformierung der Subventionspolitik** sind natürlich wichtige Schwerpunkte in der Wirtschaftsreform, weil im Interesse des Volkes Maßnahmen ergriffen werden müssen gegen Abkäufe, gegen Spekulation, gegen Verschwendung.
Weil aber auch mit einem Subventionsabbau eine bedeutende Anhebung der Löhne, Gehälter, Stipendien, Renten und aller Einkommen verbunden sein soll, und ich persönlich halte dieses für einen ganz entscheidenden Schritt, um zu einer Höherbewertung der lebendigen Arbeit in unserem Lande zu kommen und damit systematisch dem entstandenen Eindruck, bei der DDR handele es sich um ein Billiglohnland, entgegenzuwirken. Ganz bewußt solche Schritte zu tun.

Zweitens: Das Prinzip des Subventionsabbaus, das diese Regierung verfolgt, lautet: Überführung produktgebundener Subventionen in personenbezogene Ausgleichszahlungen, so daß keine soziale Belastung der Menschen entsteht.
Drittens: Unser Prinzip ist, öffentliche Diskussion zu diesem sensiblen Thema. Dies ist auch eine Schlußfolgerung, abgesehen davon, daß wir das ohnehin vorhatten, ist aber auch eine Schlußfolgerung aus den erfolgten Maßnahmen bei der Kinderbekleidung.
Viertens, und dazu bin ich ermächtigt durch die Leitung des Ministeriums der Finanzen und Preise: Ich möchte folgendes ausdrücklich hier erklären, auch in Anwesenheit der Medien, damit es zu einer Beruhigung in unserem Lande kommt. Die Leitung des Ministeriums der Finanzen und Preise stellt fest, daß zur Diskussion der **Konzeption einer sozialgerechten Mietpreisgestaltung** noch weitere Vorarbeiten notwendig sind.
Bei der großen sozialen Bedeutung der **Mieten** hält es das Ministerium für unerläßlich, der Bevölkerung solche konzeptionellen Vorschläge zu unterbreiten, die in ihrer differenzierten, sozialen und ökonomischen Wirkung noch mehr untersetzt sind. Von einer Veröffentlichung, die für heute angekündigt war, wird deshalb gegenwärtig Abstand genommen.
Ich hoffe, daß das für heute ausreichend ist und möchte noch einmal sagen, wir sollten uns so vereinbaren, daß für die speziell angesetzte Beratung zu Wirtschaftsfragen dieser ganze Subventionskomplex ein Schwerpunkt sein soll. Und bis dahin, der Ministerpräsident ist auch anwesend, er kann mich korrigieren, aber bis dahin werden wir auf dem Gebiet der Subventionen nichts verändern.

Ziegler (Moderator): Das wird dann am 5. Februar [1990] sein. Wir merken das vor. Vielen Dank für Ihre Erklärung. Wir fahren jetzt in der Liste fort.
Das ist Herr Koplanski von der Demokratischen Bauernpartei.

Koplanksi (DBD): Herr Ministerpräsident, meine Damen und Herren, die Demokratische Bauernpartei Deutschlands möchte der Regierung für die hier durch den Ministerpräsidenten dargelegte Lage recht herzlich danken.
Die Lage ist ernst, kritisch. Wir meinen, hier ist nichts dramatisiert worden. Hier ist das Leben so angesprochen worden, wie es ist, und es sind eine Reihe Gedanken und Vorschläge unterbreitet worden, die konkrete Schritte aus dieser sehr ernsten Situation bedeuten könnten.
Wir sind der Auffassung, daß es an erster Stelle vor allem darum geht, alles zu unterlassen, was die Situation verschärft destabilisiert. Und da hat jeder in diesem Lande, auch die Medien, Verantwortung. Man muß sich fragen, was soll eine solche Story in der „Bild"-Zeitung? Das ist doch wohl kein Ausdruck des Interesses an der **Stabilisierung der DDR**! Und leider verbreiten auch andere unbewiesene Tatsachen und bringen zusätzlich Unruhe unter der Bevölkerung und unter den politischen Kräften. Dazu dienen solche Fragen wie Streik, Streikandrohungen, und der Vertreter der CDU hat hier erklärt, daß die CDU selbst auch für Unruhe gesorgt hat. Da muß ich Ihnen sehr Recht geben.
Wie soll eine **große Koalition** unter Ministerpräsident Modrow funktionieren, wenn Vertreter der Regierung bei jeder passenden oder unpassenden Gelegenheit drohen, das Schiff zu verlassen? An der Spitze einer solchen Regierung zu stehen, Herr Ministerpräsident, das ist eine schwierige

---

[15] Abweichend vom Vorlagentext formulierte Schnur: „Ich denke, Herr Ministerpräsident, es wäre eins ganz wichtig, daß die Regierung der DDR eine eindeutige Erklärung doch zum Wahlbetrug der örtlichen Volksvertretungen am 7. Mai 1989 abgibt. Denn nur so, glaube ich, kann Vertrauen auch in Ihre wertvolle verantwortungsvolle Arbeit gesetzt werden, damit wirklich die Rudimente der Vergangenheit und der politischen Verantwortungslosigkeit so deutlich benannt werden und auch Sicherheit damit eintritt, daß endlich zugestanden wird, daß die örtlichen Volksvertretungen nicht auf realer Grundlage gewählt worden sind."

Lage. Ich kenne Sie ein wenig und weiß um Ihre Verantwortung für unser Volk. Aber eine Regierung, ein Ministerpräsident muß auch eine Regierung und Minister haben, auf die er sich verlassen [kann], die bereit sind, Probleme zu lösen im Interesse der Menschen, und das Land aus dieser schlimmen Krise herauszuführen.

Drittens: Die Demokratische Bauernpartei Deutschlands würde es sehr begrüßen, wenn die Vertreter der neuen Parteien und Bewegungen in die Regierung Modrow, in eine große Koalition, eintreten würden, weil wir der Auffassung sind, daß dadurch ein wichtiger Schritt getan würde, um Veränderungen herbeizuführen. Ein Zeichen dieser Mitarbeit wäre die Begleitung des Ministerpräsidenten bei seiner Reise in die Bundesrepublik Deutschland. Auf alle Fälle sollte unabhängig auch der bevorstehenden Gespräche des Ministerpräsidenten mit den neuen Parteien alles getan werden, um bei den anstehenden Fragen einen Konsens zu suchen, der von allen tragbar ist.

Wir unterstützen den Vorschlag, den **Staatsrat** zu stabilisieren und eine Persönlichkeit, die vom Volk angenommen wird, als Vorsitzenden des Staatsrates zu unterbreiten. Im Zusammenhang mit der Ausarbeitung der **neuen Verfassung** ist die Demokratische Bauernpartei Deutschlands dafür, daß Voraussetzungen geschaffen werden, daß im Ergebnis der Wahlen am 6. Mai [1990] das neue Parlament einen Präsidenten wählen kann und damit auch der Staatsrat abgeschafft wird.

Viertens unterstützen wir die Initiativen der Regierung hinsichtlich der aktiveren Teilnahme an der **internationalen Arbeitsteilung** sowohl hinsichtlich im RGW [als auch] mit der Bundesrepublik Deutschland; wir sind dafür, daß die Verbindung zur EG und zum Europaparlament zielstrebig fortgeführt wird. Wir bitten jedoch die Regierung, der Bevölkerung deutlich zu sagen – – auch jene Fragen, die sich für die Bevölkerung ergeben, zum Beispiel durch einen europäischen Binnenmarkt. Die Bauern zum Beispiel haben große Sorgen, daß es für sie Nachteile geben wird – und nicht nur die Bauern. Wenn wir also für Ruhe und Besonnenheit sorgen wollen, da sollten wir hier auch rechtzeitig die Bevölkerung über die Konsequenzen informieren.

Und schließlich zu einem letzten Gedanken. Die Menschen leben und arbeiten in den Städten und Dörfern. Hier verbringen sie ihre Freizeit, hier finden auf vielfältige Weise die Begegnungen der gesellschaftlichen Kräfte, der Kirchen und so weiter statt. Es ist so, daß die Lage in zahlreichen Städten und auch Gemeinden sich weiter zunehmend destabilisiert. Stellenweise gibt es Zustände, die kann man nicht länger tolerieren. Der Vorschlag des Herrn Moreth ist ein Ausweg, der uns für Wochen und Monate vorwärts bringt. Aber eine Lösung für längere Zeit kann es nicht sein.

Deshalb ist die Demokratische Bauernpartei Deutschland, wie sie im Dezember erklärt hat, dafür, daß gemeinsam nach Wegen gesucht wird, um am 6. Mai zugleich auch **Kommunalwahlen** durchzuführen und hier Stabilität zu schaffen, denn das Wohlbefinden, das Sicherheitsbedürfnis und so weiter hängt von der Gemeinde, von der Stadt ab, damit uns nicht noch mehr Bürger verlassen.

Deshalb sollten wir wirklich gemeinsam prüfen, welche Möglichkeiten [es gibt], was notwendig ist, um auch in den Kommunen die **Wahlen** durchzuführen, damit wir hier diesen negativen Entwicklungen, die es gibt, Einhalt gebieten. Und es wäre auch zu überprüfen, ob wir die Vorbereitung der Wahlen, die die Bevölkerung der Deutschen Demokratischen Republik, aber auch die Nachbarn in Ost und West mit den unterschiedlichsten Gedanken und Vorstellungen verfolgen, vielleicht doch anbieten sollten, sie **unter internationaler Beobachtung** durchzuführen durch die Teilnehmer des KSZE-Prozesses.

Danke schön.

Ziegler (Moderator): Frau Köppe, Neues Forum.

Frau Köppe (NF): Zu dem „Bild"-Artikel möchten wir erklären, daß wir, das Neue Forum, keine Informationen über Putschversuche haben und also auch solche Informationen nicht weitergegeben haben können.

Auch haben wir nicht zum **Generalstreik** für Mittwoch aufgerufen. Wir erklären allerdings in diesem Zusammenhang, daß wir den Streik als letztes Mittel akzeptieren, aber wir haben nicht zu einem Generalstreik aufgerufen.

Zum Vorschlag zur **Beteiligung der neuen Gruppen und Parteien an der Regierungsarbeit:** Wir glauben, daß es wichtig ist, daß Sie, Herr Modrow, diesen Vorschlag hier begründen, damit er für die Öffentlichkeit und auch für uns verständlicher wird.

Wir gehen davon aus, daß es sich bei diesem Vorschlag nicht nur um eine freundliche Geste handeln soll, und wüßten gern die Gründe für diesen Vorschlag. Gehen Sie davon aus, daß es sich jetzt um eine Notsituation handelt, die unsere Mitarbeit in der Regierung erforderlich macht?

Des weiteren würden wir Sie bitten, diesen Vorschlag etwas zu präzisieren. Bedeutet dieser Vorschlag die Bildung einer neuen Übergangsregierung? Und wir würden Sie bitten, uns mitzuteilen, an welche Funktion Sie gedacht haben.

Zum Problem **Kommunalwahlen** möchte ich daran erinnern, daß das Neue Forum immer davon ausgegangen ist, Kommunalwahlen vor Volkskammerwahlen durchzuführen. In diesem Zusammenhang erschien uns von Anfang an der Wahltermin für die Volkskammerwahlen zum 6. Mai [1990] etwas zu früh. Uns ist das Überleben und das Funktionieren der Gemeinden wichtiger als jeder Wahlkampf.

Auch gehen wir davon aus, daß sich Staatsaufbau und Demokratisierung von unten her entwickeln müssen. Deswegen möchten wir noch einmal betonen, wir treten ein für schnellstmögliche Kommunalwahlen.

Ziegler (Moderator): Vielen Dank, Frau Köppe.

Ich möchte Ihnen sagen, daß doch noch auf der Liste neun Redner stehen und der Herr Ministerpräsident und die Minister müssen auch die Möglichkeit haben, noch einmal auf die gestellten Fragen einzugehen. Ich bitte also um Kurzfassung und Prüfung, ob noch weitere Meldungen unbedingt notwendig sind. Sie sind aufgenommen, Herr Böhme.

Und jetzt bitte ich Frau Dörfler von der Grünen Partei.

Frau Dörfler (GP): Die Grüne Partei ist daran interessiert, daß das Leben an sich und das Leben in diesem Lande erhalten bleibt, das ist selbstverständlich für uns. Deshalb wenden auch wir uns wie die Vorredner gegen die Gerüchte, die die „Bild"-Zeitung verbreitet hat, sprechen uns gegen den **Generalstreik** aus und halten auch den Warnstreik für das letzte aller Mittel.

Jetzt, wo die Weichen für die künftige wirtschaftliche Entwicklung gestellt werden, sehen wir es einfach als unsere Pflicht an, unsere Erfahrungen einzubringen. Das betrifft für uns besonders die Fragen zum **ökologischen Umbau** der Gesellschaft, die ja eng verflochten sind mit ökonomischen Fragen, verflochten sind mit Fragen der Energieversorgung. Wir sind bereit, unsere Mitarbeit anzubieten, um den Stopp der Müllimporte durchzusetzen, der immer noch nicht gelungen ist, und für ähnliche Aufgaben. Denkbar wäre für uns auch die Mitarbeit in Regierungskommissionen zur Rettung der Altstädte zum Beispiel oder ähnlich wie im Raum Leipzig schon praktiziert, die Hilfe beim Umbau der Großindustrie in Umweltkrisengebieten.

Sehr am Herzen liegt uns für die morgige wirtschaftliche Begegnung mit Vertretern der BRD, daß die Frage der **Kernkraft** auch von einer anderen Seite gesehen wird, als es bisher üblich gewesen ist.

Wir haben nun ein Papier **[Information 9/9, GP: Anfragen an die Regierung zur Energiepolitik**[16] vorbereitet, was ich jetzt in der Kürze der Zeit nicht verlesen will. Es beinhaltet neun Fragen zum Gegenstand Kernkraft. Ich möchte Ihnen das, Frau Professor Luft, gern übergeben, denn es betrachtet die Kernkraft wie gesagt in einer anderen Weise, als wie wir es bisher gewohnt sind.

Ziegler (Moderator): Lassen Sie bitte die neun Fragen vom Arbeitssekretariat schreiben, damit auch die Mitglieder des Runden Tisches diese Fragen dann kennen, damit wir sie am 5. [Februar 1990] mit Frau Dr. Luft wieder aufnehmen können.

Nun Herr Dr. Ullmann von Demokratie Jetzt.

Ullmann (DJ): Herr Vorsitzender, Herr Ministerpräsident, meine Damen und Herren, der Vorschlag des Herrn Ministerpräsidenten zu einer **Regierungsumbildung** unter **Mitwirkung der Opposition** hat eine neue Lage in unserem Lande geschaffen.

In meinen Augen handelt es sich hier nicht nur um ein Angebot, sondern um eine Umverteilung der Verantwortung von schwerwiegendem Ausmaß, und ich denke, daß die Opposition das in vollem Gewicht würdigt und entsprechend beantwortet. Ich sehe dabei folgende wichtige Fragen auf uns zukommen.

Das erste sind **Verfassungsprobleme**. Die Tatsache, daß der Vorschlag des Herrn Ministerpräsidenten gleichzeitig von der SED bestätigt wird in Form von Angeboten, zeigt, daß ein Verfassungsproblem in unserem Lande noch nicht gelöst ist. Der Führungsanspruch der SED im Artikel 1 unserer Verfassung ist außer Kraft gesetzt. Die andere Frage ist, ob die Verfassungswirklichkeit in unserem Lande dieser Außerkraftsetzung bereits entspricht. Ich denke, daß hier ein Schnitt nötig ist, und es schmerzt mich persönlich, daß ich hier einem Manne, den ich sehr schätze und respektiere, wie Gregor Gysi, widersprechen muß.

Nach meinem Dafürhalten kann es nicht Interesse unseres Landes sein, den **Staatsrat** zu stärken. Er ist das Instrument der Verbindung von Staat und Partei und auf verfassungsrechtlich fragwürdige Weise zustandegekommen. Wir sollten an dieser Stelle nicht aktiv werden, sondern andere Lösungen suchen.

Ich spreche hier, das ist das zweite Problem, als Vertreter einer Bürgerbewegung. Wenn die Opposition hier Verantwortung übernimmt, dann wird sie das einzubringen haben, wofür sie angetreten ist, und das heißt, daß die Verfassung in unserem Lande eine neue Gestalt bekommt, in die Elemente der Basisdemokratie einbezogen sind. Ich denke, das ist eine der Bedingungen, unter denen die Opposition an der Regierungsarbeit mitwirken kann.

Damit bin ich beim zweiten Thema. Ich stimme allem, was der Herr Ministerpräsident und Minister Moreth hier gesagt haben zu. Ich denke, die Demokratisierung in unserem Lande wird auf der unteren Ebene entschieden. Und ich glaube, die Einschätzungen, die Sie gegeben haben, sind alle so, daß ihnen niemand widersprechen kann. Und ich habe das Gefühl, daß wir der Notwendigkeit von **Kommunalwahlen** nicht ausweichen können.

Freilich, Herr Ministerpräsident und meine Herren Minister, die Gesetzgebungsarbeit ist darin der kleinere Teil. Als Mitarbeiter in der Arbeitsgruppe „Wahlgesetz" weiß ich, das geht ziemlich schnell. Was aber nicht schnell geht, ist die Vorbereitung für Kommunalwahlen. Und hier müssen wir darauf achten, und als Vertreter der Opposition müssen wir es auch beanspruchen, daß das Gleichgewicht nicht zerstört wird und die Opposition, die den Vorlauf der alten Parteien [beansprucht], Herr Schmidt, darf ich das noch einmal sagen, nicht ins Hintertreffen gerät. Das wäre nicht in unserem gemeinsamen Interesse.

Und damit bin ich beim letzten Teil meines Votums, jene Meldung der „Bild"-Zeitung. Ich sagte, ich spreche hier als Vertreter einer Bürgerbewegung. Und darum ist meine Betrachtungsweise die der Bürgerkomitees, die den großen Teil der wirklich erschöpfenden Arbeit der **Auflösung des Amtes für Nationale Sicherheit** zu betreiben haben. Die Journalisten der „Bild"-Zeitung sind aufgefordert, sich mit diesen Bürgerkomitees zu unterhalten, und sie werden von dort einen guten Einblick in die Lage in unserem Lande bekommen. Und ich denke, sie werden von dort aus bessere Vorschläge zu hören bekommen als den eines das Chaos befördernden Generalstreikes. Ich frage mich in diesem Zusammenhang, welchen außenpolitischen Sinn solche Meldungen zum gegenwärtigen Zeitpunkt haben.

Und ich habe in diesem Zusammenhang zwei Fragen an den Herrn Außenminister. Die erste Frage ist die: Wie steht die Regierung der DDR zu den Äußerungen von Bundeskanzler Kohl, die ein deutliches Abrücken vom **Konföderationsgedanken** auf der Basis der staatlichen Selbständigkeit beinhalten?

Zweitens: Wie steht die Regierung der DDR zu Meldungen von Überlegungen westlicher Politiker, daß gegenüber der DDR die **Vier-Mächte-Verantwortung** kombiniert mit einer besonderen Verantwortung der Bundesrepublik gegenüber der DDR in Anwendung zu bringen sei? Wenn solche Nachrichten mit dem Namen eines Politikers, der ein liberaler Politiker ist wie George Kennan, verbunden sind, dann entsteht bei mir die Sorge, daß nichtliberale Politiker noch ganz andere Gedanken hegen. In meinen Augen handelt es sich hier um Gefahren für die Selbständigkeit unseres Landes und das Selbstbestimmungsrecht der Bürgerinnen und Bürger unseres Landes. Wie ist die Stellung der Regierung solchen Tendenzen und Nachrichten gegenüber?

Danke.

Ziegler (Moderator): Danke.
Es ist Herr Stief an der Reihe von der NDPD.

Stief (NDPD): Herr Vorsitzender, Herr Ministerpräsident, meine Damen und Herren, die Nationaldemokratische Partei dankt ausdrücklich für die sachliche Darstellung der Lage im Lande und unterstützt den Appell des Ministerpräsidenten, der hierzu formuliert wurde.

Wir unterstützen auch das Erfordernis, auf kommunaler Ebene rasche Entscheidungen zu treffen, um Destabilisierungen vorzubeugen. Die von Herrn Dr. Moreth genannte Mitwirkung von Teilnehmern der Runden Tische und der Bürgerkomitees begrüßen wir, halten sie aber auch für eine

---
[16] Dokument 9/2, Anlagenband.

Übergangslösung und sind in diesem Zusammenhang für frühestmögliche **Kommunalwahlen**.

Aus verwaltungstechnischen Gründen sehen wir aber einen Termin vor dem 20. Mai [1990] nicht für realistisch an. Sobald wie möglich nach den Volkskammerwahlen, aber nicht vor dem 20. Mai. Ich möchte hinzufügen, daß wir der Auffassung sind, daß die Wahlen für Landtage und Kreise später stattfinden müssen, aber noch 1991.

Ich möchte die Auffassung unserer Partei bekräftigen, daß wir für die Auflösung des Staatsrates uns einsetzen und dafür einen **frei gewählten Staatspräsidenten** für die bessere Lösung halten. Wir sehen den Vorwurf der CDU gegenüber den neuen Parteien nicht, daß sie an der Last, die bislang in 40 Jahren im Lande aufgehäuft wurde, mitzutragen hätten.

[Vereinzelt Beifall]

Wir sind aber ohne Einschränkungen dafür, daß kompetente Vertreter, die aus der Demokratiebewegung erwachsen sind und sich inzwischen profiliert haben, an der Regierung beteiligt werden. Wir erneuern im Ergebnis auch unseres gestern zu Ende gegangenen 14. Parteitages in aller Eindeutigkeit unsere Aussage zur **Koalition**. Wir werden die Regierung Modrow in diesen schweren Wochen, wo es um die Stabilisierung oder das Stabilhalten der Lage geht, unterstützen. Wir begrüßen außerordentlich die Bereitschaft der neuen Parteien und Bewegungen, sich bei der Gestaltung einer Sicherheitspartnerschaft mit größter Aktivität zu engagieren.

Wir begrüßen die hier ausdrücklich verdeutlichte Position von Herrn Außenminister Oskar Fischer, daß die Koalitionsregierung trotz einer Reihe anderer Sorgen, das möchte ich einmal in Klammern setzen, die mindest gleichwertig sind, mit aller Konsequenz und vorbehaltlos für die **Realisierung der in den KSZE-Dokumenten enthaltenen Maßnahmen** eintritt und verwendet.

Zur **Subventionspolitik**, Frau Minister Professor Luft, ich freue mich, daß Sie aufgrund dieser Rückfrage gleich eine Erklärung gegeben haben. Wir schlagen vor, um diese Dinge voranzutreiben, weil sie wirklich eine der Hauptsorgen der Bevölkerung im Lande sind, daß die Arbeitsgruppe „Wirtschaft" bis zum 23. Januar 1990 eine Stellungnahme zu diesen sehr, sehr komplizierten Fragen abzugeben versucht.

Das wäre unser Vorschlag. Danke.

Ziegler (Moderator): Das ist eine Selbstverpflichtung bis morgen, nicht?

Vielen Dank.

So, ich bin jetzt in einer etwas schwierigen Lage. Ich muß sagen, wer noch auf der Liste steht, denn dann muß ich doch bitten, daß der Einschnitt gegeben wird zur Antwort der Regierungsvertreter. Herr Mahling von der Domowina käme jetzt an die Reihe, dann Herr Klein, Vereinigte Linke; Frau Döring, FDGB; und dann haben sich noch gemeldet Herr Krause, CDU; Herr Böhme, SPD; und Herr Poppe, Initiative für Frieden und Menschenrechte.

Ich wäre dankbar, wenn wir hier einen Schnitt machen könnten, ja, also? Sie hatten sich noch gemeldet? Können Sie das einmal aufschreiben? Aber dann müßte Zeit sein, damit die Vertreter der Regierung antworten können, sonst wird es schwierig. Also, wir nehmen die beiden Wortmeldungen noch auf. Das eine ist, könnten Sie Ihren Namen sagen? Ich bitte um Entschuldigung. Hammer, VdgB; und von der Grünen Liga, wer ist das? Schlüter, danke.

Böhme (SPD): Da Herr Böhme von der SPD sich schon einmal geäußert hat, tritt er gerne im Interesse eines anderen Freundes aus der Opposition zurück.

Ziegler (Moderator): Wir danken sehr.

Und nun Herr Mahling, bitte.

Mahling (Vertreter des Sorbischen Runden Tisches): Ich möchte hier zu einem Problem sprechen, welches jetzt etwas lokalen Charakter trägt, aber nicht nur.

Es geht um eine mögliche Gefahr für die innere Sicherheit, die durch den Amnestiebeschluß vom 6. Dezember 1989 entstanden ist. Die Leitung des **Strafvollzugs Bautzen I** – also nicht des Staatssicherheitsgefängnisses – hat mich dringend gebeten, heute hier in der Anwesenheit der Regierung zu sprechen. Seit dem 18. Januar streiken die Gefangenen wieder und sie erwarten, daß bis zum 23., also das heißt bis morgen, kompetente Vertreter da sind. Die Anstaltsleitung schloß einen Hungerstreik mit Einschluß von Diabetikern nicht aus und eventuell sogar einen Ausbruchsversuch. Insbesondere bittet sie um die Legitimierung, falls Gewaltanwendung erforderlich ist, und sie bittet die Anstaltsleitung, also die Strafvollzugsleitung, auch darum, umgehend aufzuklären die Geschichte des Bautzener Strafvollzugs nach 1945. Das alles geht Ihnen als Information [**Information 9/8, Sorbischer Runder Tisch: Informationen zur Strafverfolgungseinrichtung Bautzen I**[17]] zu.

Ich danke.

Ziegler (Moderator): Sie lassen es bitte auch in der gebührenden Form schreiben, damit wir [uns] dann zurecht finden, ja? – Vielen Dank. Sonst ist das noch möglich im Rahmen der Justizfragen.

Herr Klein, Vereinigte Linke, bitte.

Klein (VL): Wir haben heute einen dringenden Appell der Regierung an die Opposition gehört, an der Stabilisierung mitzuwirken.

Ich will dazu zwei Bemerkungen machen.

Es wurde im Zusammenhang mit der Begründung dieses Appells unter anderem gesagt, daß **Streiks**, insbesondere politische Streiks, als letztes Mittel abzulehnen sind. Die Frage, die hier eigentlich zu beantworten ist, ist natürlich die Frage, wie man die Anwendung dieses letzten Mittels abwendet, also mit anderen Worten, wie man zum Beispiel die Ursachen für Streiks in den letzten Wochen von seiten der Regierung besser hätte abwenden können. Und wir finden heute, daß eine Antwort der Regierung auf diese Frage darin besteht, daß weitgehende Angebote der Zusammenarbeit auf kommunaler, auf regionaler, sogar auf höchster Ebene an die Opposition gemacht werden, bis hin zum **Regierungseintritt**.

Ich möchte hier nur ganz nüchtern fragen, welche Grundlage kann eine solche Mitarbeit haben? Auf welcher Grundlage kann eine solche Mitarbeit stattfinden? Es muß hier erlaubt sein, in diesem Zusammenhang kritisch an zwei Punkten nachzufragen. Es ist bekannt, daß der Runde Tisch über mehrere Mißbilligungsvoten, die von der Regierung mit abhängige inhaltliche Arbeitsgrundlage des Runden Tisches zu erzwingen, im Begriff ist – – und wohl auch erkämpft hat. Das letzte Mal hat der Runde Tisch im Zusammenhang mit der Verfassungsänderung [des] Artikels 12 und 14 eine Mißbilligung ausgesprochen, weil die Meinungsbildung hier am Runden Tisch zu Fragen, die die Eigentums-

---

[17] Dokument 9/3, Anlagenband.

ordnung des Landes betreffen, hier eine Meinungsbildung nicht möglich war.

Ich möchte unter diesen Umständen daran erinnern, daß das hier vom Runden Tisch her beanspruchte **Rederecht in der Volkskammer**, das in diesem Zusammenhang sicher eine Minimalforderung unter diesen Umständen war, daß das abgelehnt wurde. Das heißt, daß die Frage des Rederechts in der Volkskammer zu solch wichtigen Fragen, insbesondere zu Fragen, die nicht vorgeklärt werden konnten am Runden Tisch, noch nicht entschieden ist, wie ich inzwischen weiß. Wir haben die Situation, daß Regierungsmitarbeit angeboten wird in einer Situation, wo die Frage der inhaltlichen Klärung von wichtigen Fragen des Landes noch nicht geklärt ist.

Diese, meine ich, diese Problematik muß im Blick bleiben, wenn man sich mit solchen Angeboten auseinandersetzt. Es muß, wenn solche Angebote gemacht werden und andererseits solche Erfahrungen vorliegen, unbedingt verhindert werden, daß in der Öffentlichkeit der Eindruck genährt wird, daß die erklärte Absicht der Opposition, mitzuwirken, eine Destabilisierung im Lande zu verhindern, daß diese Absicht instrumentalisiert wird. Daß also Angebote derart, wie wir sie hier hören, in dieser Richtung mißverstanden werden. Und um das zu verhindern, daran können, denke ich, insbesondere die Vertreter der Regierung, aber auch die Verantwortlichen der Volkskammer mitwirken.

Wir sehen mit großem Interesse der Erklärung von Frau Luft entgegen im Zusammenhang mit den geplanten Maßnahmen über den **Subventionsabbau.** Wir hoffen, daß in diesem Zusammenhang auch etwas gesagt wird über die jetzt in Umrissen deutlicher werdenden Konsequenzen der regulierenden Maßnahmen bei den Preisen für Kinderbekleidung. Es zeichnet sich ab, das ist also eine Alltagserfahrung, daß die Mehrausgaben, die die Familien mit Kindern belasten, in keiner Weise durch die Zuschüsse abzudecken sind. Man muß also die Frage stellen, ob die Versicherung der Regierung, daß einerseits die abgebauten Subventionen nicht zu einer Quelle von Mehreinnahmen des Staatshaushalts führen und andererseits natürlich auch nicht zugelassen werden kann, daß der Handel auf Kosten insbesondere der sozial Schwachen hier Vorteile erhält. Wir würden es begrüßen, wenn zu dieser Frage, die Diskussionen in der Bevölkerung dazu sind ja bekannt, noch etwas gesagt wird.

Danke.

Ziegler (Moderator): Danke, Herr Klein.
Ich bitte Frau Döring vom FDGB.

Frau Döring (FDGB): Die Gewerkschaften unterstützen die Regierung Modrow und alle politischen Kräfte des Runden Tisches in dem gemeinsamen Bemühen um die Sicherung der friedlichen Arbeit, die Gewährleistung von Recht und Ordnung und die demokratische, gleichberechtigte Vorbereitung freier Wahlen am 6. Mai 1990.

Im Namen von Millionen Gewerkschaftern wenden wir uns gegen ein verantwortungsloses Herbeireden eines **Generalstreiks,** der die Existenzgrundlagen der Familien zerrütten würde. Wir weisen alle politischen Kräfte des Landes nachdrücklich darauf hin, daß außer den Gewerkschaften niemand das Recht hat, Streikaktionen einzuleiten und durchzuführen. In Übereinstimmung mit dem Ministerpräsidenten betrachten wir den Streik als das letzte Mittel zur Durchsetzung berechtigter Forderungen.

In diesem Zusammenhang müssen wir die Regierung erneut mit Entschiedenheit darauf hinweisen, daß sie Maßnahmen und Vorhaben in der Wirtschafts- und Sozialpolitik wiederholt ohne Absprache mit den Gewerkschaften eingeleitet hat. Das betrifft insbesondere Maßnahmen zur **Preis- und Subventionspolitik** sowie zur Lohnpolitik. Zur Sicherung des demokratischen Mitsprache- oder Mitwirkungsrechts der Gewerkschaften und zur Vermeidung unnötiger Konflikte fordern wir die Regierung auf, umgehend einen ständigen, im Bereich der Wirtschafts- und Sozialpolitik verantwortlichen Partner für die Leitung der Gewerkschaften zu benennen, damit die gesetzlich gesicherte gewerkschaftliche Interessenvertretung in Staat, Wirtschaft und Betrieb auch praktisch wahrgenommen werden kann. Wir haben heute mit Interesse vernommen, daß Frau Professor Luft am Freitag zu uns ins Kongreßvorbereitungskomitee kommt.

Ziegler (Moderator): Danke.
Wir gehen zügig weiter. Herr Krause, CDU.

Krause (CDU): Ja, ich spreche in meiner Eigenschaft als Mitglied des Präsidiums der CDU.

Wir haben ja unsere Schwierigkeiten mit dieser Regierungskoalition gehabt. Aber das liegt nicht daran, daß wir bei jeder passenden und unpassenden Gelegenheit vielleicht austreten wollten, sondern es entspricht dem Selbstverständnis. Wir sagen Ja, und diese Frage wird sicherlich auch vor den Damen und Herren der Opposition stehen, wir sagen Ja zu einer solchen **großen Koalition,** wenn gewährleistet ist, daß Beschlüsse dieser Regierung nicht unterlaufen werden.

Ich denke an die **Überbrückungszahlung** und ihre Ausdehnung auf einen längeren Zeitraum. Ich denke an die verzögerte **Auflösung des Amtes für Nationale Sicherheit,** oder ich denke auch an das zögernde Vorgehen in den Fällen von **Amtsmißbrauch und Korruption.** Das sind doch sicherlich Beweggründe, die man beachten sollte, wenn man eine solche Koalition auch mitträgt. Also, es geht nicht darum, bei jeder passenden oder unpassenden Gelegenheit diese Frage zu stellen. Uns geht es auch um die Redlichkeit der Minister in dieser Regierungskoalition.

Deshalb die Frage am vergangenen Montag auch von mir zu der Frau Minister Nickel, weil es Fragen sind, die nicht nur unsere Wähler stellen, sondern – ich komme aus Leipzig – speziell auch in der Vorschlagskommission gestellt werden. Das vielleicht zur Erklärung.

In diesem Zusammenhang werden mir als Vorsitzender der Vorschlagskommission des Bezirkstages Leipzig auch Fragen gestellt, die ich hier einmal ansprechen wollte im Blick auf den Herrn Minister Beil. Und zwar die Frage: In den Siegelstellen des Ministeriums des Bezirkes, der Behörde für Genehmigung und Siegelung der Ex- und Importverträge werden doch **KoKo-Geschäfte** gesondert per Kartei ausgewiesen und per Berichterstattung an das Ministerium weitergeleitet? So war das in der Vergangenheit. Und die Bürger Leipzigs stellen sich wirklich die Frage, ob wirklich eine **totale Isolierung zwischen dem Ministerium und dem Bereich KoKo** bestand oder ob es doch Informationsverbindungen gegeben hat.

Eine zweite Frage hätte ich an den Herrn Moreth. Der **Bezirkstag Leipzig,** dem ich angehöre, hat in der ersten Sitzung in der ersten Woche des Dezembers [1989] einen Beschluß gefaßt, freiwerdende Mandate denjenigen Bürgern verschiedener oppositioneller Gruppen zur Verfügung zu stellen, die bereits in den verschiedensten Kommissionen tätig geworden sind für die Prozesse der Erneuerung. Dieser Beschluß ist angenommen worden, und es ist ein Schreiben aus Ihrem Haus gekommen, daß dieser Beschluß aufgehoben würde, wenn er tragkräftig würde, also wenn er umgesetzt würde. Nun höre ich mit Freude, daß an eine Erweiterung des Gesetzes über die örtlichen Staatsorgane nachgedacht wird.

Es ist sicherlich nicht ein Zeichen neuer Demokratie, sondern ein Zeichen des großen Vertrauensverlustes, den alle staatlichen gewählten Einrichtungen in diesen Tagen erleben. In Leipzig – speziell am letzten Freitag durch den Bericht des Staatsanwalts des Bezirkes – sind Fälle von Mißbrauch und **Wahlbetrug** deutlich geworden, speziell in der Stadtmitte, im Südosten Leipzigs und in der Stadt.

Und es liegen also auch Namen vor, wo ein ganzes System von Hinweisen existiert, daß programmiert war, daß eben nicht unter 3 Prozent die Gegenstimmen sein durften. Und es ist natürlich die Frage, die auch unsere Mitglieder uns stellen, ob es angebracht ist, in dieser Koalition zu sein. Das muß ich also sagen.

Wir stellen uns dieser Koalition, weil wir der Meinung sind, wir brauchen freie, geheime, gleiche Wahlen, und wir möchten unser Land ohne Blutvergießen zu diesen Wahlen führen. Die Bemerkung vorhin von Herrn Schmidt bezüglich der Verantwortung aller Bürger unseres Landes für die vergangenen Jahre und für die Prozesse, die sich hier abgespielt haben, möchte ich doch auch an die Opposition weitergeben, denn ich beobachte in Leipzig auch durchaus diese Schwierigkeiten, die sie selbst haben mit dem Neuzuwachs von Mitgliedern in ihren Reihen, denn sie sind ja irgendwo einmal gesellschaftlich engagiert gewesen, auch in der SED.

Ziegler (Moderator): Ich hoffe in Ihrer aller Interesse jetzt zu reden, wenn ich sage, ich kann keine weiteren Wortmeldungen zulassen vor der, nachher können Sie kommen, vor der Antwort von den Regierungsvertretern. Und wenn ich noch einmal die Bitte um Kurzfassung ausspreche, sonst müssen die Vertreter der Regierung gehen und wir haben die Antworten nicht. Ich bitte um Verständnis.

Jetzt Herr Poppe.

Poppe (IFM): Als Vertreter einer Bürgerbewegung der Initiative Frieden und Menschenrechte halte ich die **Übernahme von Regierungsfunktionen durch Vertreter der Opposition** für mindestens problematisch, zumal ihr die Zusammensetzung der verschiedenen Verwaltungen, der Volkskammer und anderer Vertretungen in unserem Lande in keiner Weise entspräche. Die Verhältnisse in der Volkskammer würden sich auch im Falle der Kooptierung einzelner Mitglieder oppositioneller Gruppierungen und Parteien nicht wesentlich verändern.

Das heißt, bei der Beschlußfassung noch vor den Wahlen notwendiger Gesetze wären die dann in der Regierung vertretenen oppositionellen Kräfte nicht beteiligt. Deshalb wäre nach meiner Auffassung eine erhebliche **Kompetenzerweiterung des Runden Tisches** eine unabdingbare Voraussetzung für die Übernahme von Regierungsfunktionen seitens der Opposition.

Ich bin der Meinung, daß es übergangsweise möglich sein sollte, das Votum des Runden Tisches, wenngleich auch dieser keine von der Bevölkerung legitimierte Instanz ist, auch rechtlich dem der Volkskammer gleichzusetzen. Demgemäß wäre eine Beschlußfassung über neue Gesetze in der **Volkskammer ohne das Votum des Runden Tisches unzulässig**.

Und sinngemäß denke ich, sollte eine vergleichbare Regelung auch für andere Instanzen erfolgen, also auch auf den weiteren Ebenen mit den dortigen Runden Tischen und auch mit den unabhängigen Untersuchungskommissionen, deren Kompetenzen auch unbedingt erweitert werden sollten.

Ziegler (Moderator): Danke.
Herr Hammer von der VdgB.

Hammer (VdgB): Herr Ministerpräsident, meine Damen und Herren, die VdgB begrüßt im Namen, und ich möchte das noch einmal deutlich machen, von 800 000 Genossenschaftsbauern und 26 000 Mitarbeitern der BHG [Bäuerlichen Handelsgenossenschaften], daß Sie, Herr Ministerpräsident, erneut am Runden Tisch gemeinsam über den Fortbestand unseres Landes beraten.

Wir sind für den Erhalt der Arbeitsfähigkeit der derzeitigen Regierung bis zur Wahl am 6. Mai [1990] und begrüßen auch die Vorschläge, die hier unterbreitet worden sind, die Opposition an der Regierungsarbeit zu beteiligen. Die **Regierungsarbeit** unseres Landes ist unter allen Umständen zu gewährleisten.

Dabei verfolgen wir drei Ziele: Stabilisierung der Wirtschaft im Interesse aller, besonders aber unserer Bauern, wir wollen keine Streiks; die Gewährleistung der sozialen Sicherheit im Lande und auf dem Lande; die Gewährleistung von Ordnung und Sicherheit sowie Rechtsstaatlichkeit im Lande. Wir bringen unser Unverständnis zum Ausdruck über das Gerücht über einen beabsichtigten **Staatsstreik** in der DDR.

Wir wollen Verantwortung übernehmen, bei der Gewährleistung der Versorgung unserer Bevölkerung auch unter veränderten Bedingungen. Die Landwirtschaft hat ihre Versorgungsaufgaben im vergangenen Jahr erfüllt im Inland und auch im Export.

An die Regierung stellen wir die Forderungen, Rahmenbedingungen zu schaffen für die Erfüllung unserer Aufgaben im Jahre 1990 und darüber hinaus, was besonders die materiell-technische Basis betrifft in Vorbereitung besonders der Frühjahrsbestellung, wo es erhebliche Ersatzteile- und Baugruppenprobleme gibt, die Voraussetzung zu schaffen für eine ökologiegerechte Landwirtschaft sowie dazu beizutragen, die Differenziertheit von Stadt und Land zu reduzieren.

Es geht uns da hauptsächlich um Probleme der **Entlohnung**, der **Urlaubsgestaltung** und der **Versorgung auf dem Lande**.

Wir sind dafür, daß die Regierbarkeit der örtlichen Parlamente gewährleistet wird und erhalten bleibt und unterstützen alle Initiativen, die auf schnelle mögliche Wahlen der Parlamente in den Gemeinden hinzielt.

Herr Ministerpräsident, wir sehen uns aber auch noch einmal gezwungen, erneut auf die Problematik aufmerksam zu machen, die hier am Tisch schon behandelt worden ist. Dazu liegt die Erklärung 9/2 der VdgB [**Information 9/2, VdgB: Erklärung zur Vergabe der Objekte des MfS/AfNS**[18]] auf dem Tisch und es geht hier noch einmal um die Übergabe der Objekte des ehemaligen Amtes für Nationale Sicherheit, wo die VdgB meint, daß sie unangemessen dabei berücksichtigt [wird].

Danke.

Ziegler (Moderator): Diese Erklärung werden wir schriftlich kriegen. Das ist dann nachzulesen.

Jetzt als letzter Redner vor den Regierungssprechern – –
Frau Dr. Röth, Sie sind aufgeschrieben für nachher, ja.
Herr Schlüter, Grüne Liga.

---

[18] Dokument 9/4, Anlagenband.

Schlüter (GL): Verehrter Herr Ministerpräsident, meine Damen und Herren, zu den Fragen „Bild"-Zeitung und Generalstreik möchte ich nichts sagen, das ist hier von der Opposition bereits reichlich getan.

Zu der Einladung, **Mitbeteiligung an der Regierung:** Die Grüne Liga als Aktionsbündnis für Umwelt und Naturschutz wird sich nicht direkt an der Regierung beteiligen wollen. Wir möchten aber die Möglichkeit der Beratung, die wir nicht nur für möglich, sondern für dringend notwendig halten, dann auch verwirklichen. Das ist für uns wesentlich günstiger und ergänzt unsere Maßnahmen auf der Straße, sei es die Sperrung der Müllimporte, sei es der KKW-Ausbau oder die Probleme, die im Leipziger Raum ökologisch anliegen.

Wir sind [über den] kritischen Wirtschaftszustand [unterrichtet] und die Analyse haben wir gesehen. Wir haben auch gehört, wie es weitergehen soll, wir haben aber das Wort **Ökologie** in dem Rahmen völlig vermißt. Wir meinen, daß die Ökologie nicht nur in das Umweltministerium gehört, sondern auch in das Wirtschaftsministerium, wenn es um einen ökologischen Umbau geht, dann zuerst im Bereich der Wirtschaft.

Das Stichwort **Subventionen** ist kurz gefallen. Subventionsabbau ja, wir sind immer dafür gewesen, wenn es sich um die Vergeudung von Nahrungsmitteln handelt oder um die Verschwendung von Energie und Wasser. Wir möchten aber berücksichtigt haben, daß die Fahrpreise für den Personennah- und -fernverkehr dann belassen bleiben und daß dort nicht zusätzlich zum Beispiel der Autoverkehr gefördert wird.

Die Probleme, die dann wirtschaftlich anliegen, möchten wir doch kurz andeuten, wenn es nämlich darum geht, den westlichen Markt für uns zu erschließen. Wir haben arge Befürchtungen, daß wir Industriestandorte kriegen, die woanders nicht genehmigt werden. Wir haben Befürchtungen, daß wir alte Technologien einkaufen, die dann nicht so umweltverträglich sind, wie wir uns das wünschen, und möchten dort in diesen Richtungen schon unsere Mitarbeit dann bei der Problematik anbieten.

Danke schön.

Ziegler (Moderator): Wir danken.

Wir unterbrechen hier also die Rednerliste und bitten nun, ja, vielleicht, Herrn Außenminister Fischer zuerst, weil da zwei direkte Fragen gestellt wurden. Und dann würden Sie, Herr Ministerpräsident, eingehen auf die vielen Anfragen, die gestellt sind, ja.

Modrow (Ministerpräsident): Ja.

Ziegler (Moderator): Danke. Herr Minister.

Fischer (Minister): Danke schön.

Zu den beiden von Herrn Ullmann aufgeworfenen Fragen. Die **Außenpolitik** kann natürlich keine Aussage des Staatsmannes eines anderen Staates verhindern. Wir gehen aus von der Stabilität und Sicherheit im Herzen Europas und wissen um die Bedeutung dieses geographischen Raumes und sagen, daß dies zugleich die Sicherheit für den Kontinent ist. Und in diesem Zusammenhang spielt die Schlußakte von Helsinki eine verbindliche Rolle. So wird das in Ost und West in der übergroßen Mehrheit gesehen. Und ich meine, wir können uns diesem nur anschließen.

Zur zweiten Frage: Auf der Pressekonferenz in Moskau wurde mir die gleiche Frage gestellt. Ich verweise es in den Bereich des **Nichtmachbaren,** den **Vier-Mächte-Status** in Verbindung mit der BRD gegen die DDR anzuwenden, und ich kann Ihnen sagen, daß mein sowjetischer Kollege darüber auch nur herzlich gelacht hat. Worauf es für uns ankommt ist, alles zu tun, damit wir unsere Umgestaltung weiter friedlich vollziehen, und die Außenpolitik muß und sieht ihre Aufgabe darin, diesen äußeren Rahmen mit sichern zu helfen.

Ziegler (Moderator): Danke.

Herr Ministerpräsident.

Modrow (Ministerpräsident): Es sind sehr grundlegende Fragen von Ihnen aufgeworfen, die sich auch mit dem grundsätzlichen Herangehen der Regierung zunächst decken. Ich danke für Ihre Debatte mit dieser Ernsthaftigkeit, die uns, glaube ich, so wie ich es versucht habe auszudrücken, gemeinsam in eine neue Etappe unserer Arbeit führt.

Ich gehe auch noch einmal davon aus, was ich in meinen Ausführungen betont habe, in meinem Verständnis stehen wir jetzt an einem Punkt, wo der **demokratische Erneuerungsprozeß** in unserem Lande in eine neue grundlegende Etappe seiner Entwicklung eintritt. Das ist die Voraussetzung, von der ich in meinem Verständnis zu allen Fragen ausgehe.

Ich betone auch noch einmal, ich halte es für notwendig, daß wir **Vergangenes weiter aufarbeiten,** uns aber voll darüber im Klaren sein müssen, daß wir jetzt in der Verantwortung für Gegenwart und Zukunft gemeinsam stehen.

Ich bin auch voll in Übereinstimmung, wenn hier darauf verwiesen wird, und das fand ja sozusagen auch im Raum die Zustimmung, daß es nicht einfach darum geht, nun zu sagen, alle sollten sich der Last sozusagen des Vergangenen stellen, aber zugleich ganz objektiv. Niemand von uns kommt sozusagen aus dieser Last heraus. Nicht daß damit Schuldzuweisung oder irgend etwas verbunden ist, nur der Fakt und der objektive Tatbestand ist der, daß wir nichts anderes haben als das, was wir gegenwärtig besitzen. Niemand kann es sich einfacher machen, und niemand kann es sich einfacher vorstellen, was auch alles sozusagen in dieser Basis enthalten ist. Sie ist so, wie sie ist. Und wir stehen nun vor der Verantwortung, so zu handeln, daß alles das, was nun vor uns liegt, auch unsere gemeinsame Verantwortung ist. Ich beziehe mich voll dabei in dem ein, was die Vergangenheit betrifft, aber ich muß zugleich auch davon ausgehen, daß ich mich jetzt vor allem in der Verantwortung der Gegenwart und der Zukunft sehe. Ein anderes Wirken ist mir persönlich nicht denkbar.

Damit zu den **Kriterien der Regierungsbeteiligung,** und wo liegen meine Motive. Sie haben selber in den zurückliegenden Tagen erlebt, wie sensibel die Situation dieser Koalitionsregierung geworden ist. Es ist sozusagen keine Freundlichkeit, um die es geht, sondern es ist die reale Situation, in der wir uns gegenwärtig bewegen. Wenn sozusagen in kurzen Zeitabständen Fragestellungen zur gegenwärtigen Koalitionsregierung auftauchen, gibt es doch nur zwei Möglichkeiten. Entweder wir bilden eine Koalition, ich nahm schon einmal den Begriff der großen Koalition. Sie müßte also, wenn eine solche Situation gegebene Sensibilität verstärkt, größer sein, als sie gegenwärtig ist. Eine andere Voraussetzung gibt es dann nicht. Nicht die Freundlichkeit, sondern der objektive Umstand ist hier der Ausgangspunkt.

Ich verweise und bin sehr einverstanden mit dem Vorschlag, den Herr Böhme von der Sozialdemokratischen Partei unterbreitet hat, daß wir uns sehr rasch darüber verständigen, welche Kriterien könnten dann den Anspruch erheben, daß wir in dieser Weise, die ich vorgeschlagen habe, verfahren. Ich bin bereit, daß das bereits in dieser Woche geschieht. Ich biete Ihnen auch an den 24. Januar, entweder früh um 8.00 Uhr oder am Abend, damit wir uns zusammensetzen, um über solche Kriterien zu sprechen.

Dabei gehe ich aber davon aus, daß wir ein Verständnis dafür haben sollten, wir sind dann bei einem solchen Vorgehen, die am Runden Tisch sozusagen [vertretenen] Parteien, Gruppierungen auch unter dem Verständnis dessen, was mit einem neuen **Wahlgesetz** ja zugleich auch beabsichtigt ist. Daß wir das Prinzip und den Grundsatz des neuen Wahlgesetzes dabei gemeinsam im Auge haben. Denn sonst gibt es nachher neue Fragestellungen. Das müßte berücksichtigt sein.

Und wir sollten auch in diesem Gespräch dann die konkrete Frage, die vom Neuen Forum aufgeworfen worden ist, an welche **Regierungsposten** wäre dann zu denken, [klären,] nicht damit ich erneut in den Vorwurf komme, ich suche aus und Sie sollen sich damit abfinden. Das ist nämlich dann die Umkehrung der ganzen Sache, sondern daß man in diesem Gespräch sich zugleich auch über die mögliche Kompetenz verständigt, mit der man Voraussetzungen in der Mitarbeit hat. Denn auch das ist ja eine Voraussetzung, die hier zu sehen ist.

Ich verweise in diesem Zusammenhang noch einmal auf meine Haltung und auf meinen Standpunkt, was ein **Vetorecht** betrifft, das am Ende gegenseitiges Blockieren schafft. Wir tolerieren hier eine Frage miteinander und [wir] sollten in dieser Position nicht das Problem der Legitimität aufwerfen, sondern sollten hier von der Verantwortung ausgehen, die wir dann miteinander tragen. Und ich meine, es gibt nur die Möglichkeit der Toleranz in konkreter Gegenseitigkeit und Gemeinsamkeit in der Verantwortung. Gehen wir noch nicht oder brauchen wir überhaupt nicht einen solchen Schritt, wenn Sie meinen, daß Ihnen Mitarbeit in einer Koalitionsregierung des Ausmaßes, was ich anbiete – –

Aber jeder muß sich auch dann, wenn wir diese Kriterien diskutiert haben, in Bereitschaft sehen, das Eine dann zu tun, wenn es erforderlich ist, und in der anderen Phase die Toleranz von Gegenseitigkeit und Gemeinsamkeit miteinander aufzubauen und zur Entfaltung zu bringen. Das glaube ich, sind wir dann gemeinsam dem Volke, vor dem wir alle in Verantwortung stehen und bleiben, gegenüber schuldig.

Zur zweiten Problematik, was die **örtlichen Wahlen** anbetrifft. Ich persönlich bin sehr dafür und unterstütze die hier genannten Überlegungen, am 6. Mai so zu verfahren, wie es konkretisiert von Herrn Raspe zum Ausdruck gebracht worden ist. Ich halte einen solchen Schritt für sehr sinnvoll und habe ihn von meiner Seite auch angeboten.

Wir sollten gemeinsam prüfen, und damit möchte ich Herrn Schnur eine Antwort geben, mit welcher Aussage wir auf die durch Sie aufgeworfene Frage antworten, da es sich dabei nicht um die Möglichkeit handelt, es alleine durch die Regierung zu tun. Die Regierung ist nicht der Veranstalter von **Wahlen**. Die Regierung schreibt keine Wahlen aus. Hier ist notwendig, im Interesse der Stabilität, die wir gemeinsam in den örtlichen Organen erreichen wollen, daß eine Aussage geschieht, die der Runde Tisch dann auch genauso eindeutig mitträgt, daß wir damit klären, uns geht es jetzt nicht darum, nach hinten große weitere Untersuchungen anzustellen, die ja im Lande im Gang sind.

Uns geht es darum, eine Situation herbeizuführen, die für die nächsten drei, vier Monate sichert und gewährleistet, daß **örtliche Volksvertretungen** ihrer Tätigkeit nachgehen können und zugleich der ganze Komplex gegenwärtiger Prüfungen, die auch juristischerseits laufen, die Beunruhigung, die in all diesen Fragen liegt, vielleicht in gemeinsamer Übereinstimmung und Verantwortung so aufzuheben und zu gestalten, daß wir in der Tat für den 6. Mai [1990] zur Vorbereitung und Durchführung nicht nur der **Volkskammerwahlen**, sondern auch der **Wahlen zu den Städten und Gemeinden** schreiten.

Ich verstehe, daß darin Probleme für Einzelne liegen, aber sie sollten nicht übersehen, auch die etablierten Parteien, beobachten Sie es alle genauer, sind jetzt an einem Punkt, wo die Problemfragen ja nun wohl sich – aus den verschiedensten Ursachen auch immer – aufbauen und verteilen. Die Lage ist nicht mehr so, wie sie etwa im Dezember des vergangenen Jahres war. Die Lage ist auch in dieser Beziehung so, daß hier ein solcher Entscheid außerordentlich wichtig für künftige Stabilität und weitere Entwicklung ist.

Zu dem nächsten Problem. Es hat sich die Sozialdemokratische Partei zu der Frage einer Begleitung zur **Reise in die Bundesrepublik** bei den Verhandlungen mit Herrn Bundeskanzler Kohl geäußert. Andere haben dazu keine Aussagen getätigt. Ich wiederhole hier meine Bitte, vielleicht kann man es einbeziehen bei dem angeregten Gespräch, wo wir zu Regierungsfragen miteinander reden, daß auch dort dieses Problem dann in eine Übereinstimmung gebracht wird.

Notwendig ist aber ein grundsätzliches Verständnis zur Sache. Die Herren der Sozialdemokratie haben sich so geäußert, daß sie sich in Begleitung der Regierung bei den Verhandlungen sehen. Ich bitte, daß wir auch dieses Verständnis dann als das allgemeine betrachten, damit ich mich klar und eindeutig ausdrücke, daß **die Regierung** weiter in voller **Verantwortung** die Vorbereitung dieser Verhandlungen trägt und daß die Regierung dann von einer Gruppe der hier am Runden Tisch vertretenen Opposition begleitet wird. Denn sie selber ist als **Koalitionsregierung** ja getragen. Aus dieser Sicht ist auch notwendig, das grundsätzliche Verständnis herbeizuführen.

Denn eines, meine ich, werden wir gemeinsam gewiß verstehen und nicht im Widerspruch stehen. Es kann eine solche Sache nicht vorbereitet werden vor Medien hier in Besprechung von Einzelheiten. Es ist nur machbar und möglich, daß wir entweder den Status der Begleitung nehmen oder daß eine Gruppe von Personen auch in derselben Pflicht wie die Regierung steht, in hoher Vertraulichkeit die Dinge zu behandeln. Anders sind solche Vorbereitungen nicht zu tätigen. Auch darüber muß es ein Verständnis geben, damit auch dieses Problem uns dann nicht nachträglich weiter beschäftigt.

Das nächste, ich bedanke mich für die von Herrn Böhme und Herrn Ullmann hier ausgesprochene Bereitschaft, die **Sicherheitspartnerschaft** weiter zu vertiefen. Auf dieses Angebot werde ich sehr gerne zurückkommen, und wir werden Ihnen Vorschläge unterbreiten, wie wir auch in dieser Weise weiter wirksam und tätig sind.

Ich halte das für außerordentlich wichtig, auch in bezug darauf, daß wir alles das, was in der nächsten Zeit weiter nicht nur in den Demos an den verschiedenen Tagen der Wochen geschieht, sondern wir müssen uns ja auch darüber im klaren sein, **Wahlen** brauchen Sicherheitspartnerschaft. Und die momentane Situation, ich will Ihnen mein Verständnis zur Lage so offen sagen, besteht doch darin, daß wir das Artikulieren politischer Positionen und Standpunkte im

Prinzip nur über **Demonstrationen** gegenwärtig betreiben. Wie soll sich aber der Bürger dann am Ende eine gute und gründliche Meinung über Programme von Parteien und so weiter, Bewegungen bilden, wenn wir nicht auch den Schritt finden, daß wir in der Tat nicht nur in den Medien, sondern im direkten Gespräch miteinander stehen? Und das geht ohne Sicherheitspartnerschaft dann gewiß nicht.

Und wir brauchen hierzu auch das gemeinsame Wirken, so wie es sich durch Bürgerkomitees und Zusammenwirken mit den Kräften, die unsere **Polizei** repräsentieren, auch dazu wirksam machen. Ich will Ihnen auch eine Sorge des Ministers für Innere Angelegenheiten in diesem Zusammenhang hier übermitteln.

Natürlich ist aufgrund der Situation eine große Überbelastung der Kräfte der Polizei entstanden, da ja nun auf der einen Seite alles das, was bestimmte Einrichtungen anbetrifft, weiter in Kontrolle zu halten ist. Entscheidungen, daß Waffen konzentriert wurden an ganz bestimmter Stelle durch die Volkspolizei, bedeutet, daß sie dafür Kräfte einsetzen müssen. Wir müssen uns also auch zu dieser Frage ein Verständnis schaffen, wie wir mit all den Dingen weiter umgehen, damit auch die Voraussetzungen da sind, daß Sicherheitspartnerschaft, die auch für Ordnung und Sicherheit im Lande [sorgt], auf notwendiger Repräsentanz auf den Straßen und ähnliches zurückzuführen ist, damit auch der Bürger hier das richtige Empfinden von Ausgewogenheit in allen Fragen sieht und empfindet.

Was die Problematik des **Staatsrates** anbetrifft, so habe ich dazu gemachte Vorschläge und Überlegungen, die mir von vielfältiger Seite angetragen sind in Debatten und Diskussionen, so verstanden, daß man zunächst die Frage eines **Präsidenten** ja mit der **neuen Verfassung** nach der Wahl verbindet und nicht mit einer gegenwärtigen sozusagen Entscheidung.

Es ist aber unter breiteren Kreisen der Bevölkerung, so habe ich es aufgenommen, der Wunsch da, daß gegebenenfalls bis zu einem solchen Zeitpunkt, der ja dann frühestens im späten Herbst des Jahres läge, dem gegenwärtig existierenden Staatsrat ein stärkeres Vertrauen für seine Wirksamkeit gegeben wird, wenn eine unabhängige Persönlichkeit anstelle des gegenwärtig amtierenden Vorsitzenden bereit wäre, diese Verantwortung als Vorsitzender zu übernehmen, um für die Zeit, bis die neue Verfassung Wirksamkeit besitzt, dieses Vertrauen im Lande mit einer solchen Funktion zu verbinden.

Das ist sozusagen aber eine Frage, die nicht ein Regierungsproblem ist. Ich sage hier nur noch einmal mein Verständnis zur Sache, und von meiner Seite aus würde ich sagen, auch eine solche Lösung wäre ohne Vorbehalt zu sehen. Aber das ist schon ein Problem, was gewiß, wenn wir es so betrachten, nicht lange mehr hinschiebbar ist, sonst regelt die Zeit die Frage von alleine. Dann muß es halt bis zu einem solchen Zeitpunkt gehen.

Und selbst, wenn die **Volkskammer** dann neu gewählt wird, steht sie ja in dem Zwang am 6. Mai [1990] und danach. Sie kann doch nicht – – der Präsident soll mit der neuen Verfassung bestimmt werden, sie lebt mit der alten Verfassung. Es ist also auch von allen Kräften bedenkbar, welche Position wir dazu einnehmen, damit wir dieses Problem doch noch einmal bedenken, und das wäre meine Bitte, damit man sich dazu auch in einem bestimmten Verständnis trifft, um innerhalb [eines bestimmten Zeitrahmens], sagen wir einmal bis Anfang Februar [1990], auch gegenüber der Volkskammer so etwas zum Ausdruck zu bringen.

Es sind weitere Fragen, auf die ich mit Kürze nur antworten möchte, damit ich auch die Zeit nun nicht über Gebühr ziehe. Es ist die Frage gestellt von der Grünen Partei in bezug auf verschiedenste Probleme der Umwelt und des Umweltschutzes.

Ich möchte hier um eines bitten. Die Regierung erarbeitet sehr umfangreiche Analysen, aus denen Entscheidungen erwachsen können. Wir werden auch dem Arbeitskreis, der sich mit ökologischen Fragen beschäftigt, jetzt ein sehr umfangreiches, sehr deutliches Material zur **Umweltsituation der DDR** übergeben. Es ist von dort aus auch die Möglichkeit [gegeben], daran zu wirken. Aber ich bitte wirklich herzlichst darum, zu all diesen Fragen Augenmaß zu bewahren, weil folgendes Problem besteht:

Niemand wird diese Milliarden und Übermilliarden, die dafür notwendig sind als Investition, bis zum 6. Mai [1990] nicht einmal herausarbeiten können. Sie selber stellen die Frage, nichts zu tun, was vor dem 6. Mai liegt und etwa das Jahr 2000 angeht. Es ist also notwendig, hier mit großem Bedacht zu handeln. Und es ist auch erforderlich zu wissen, daß wir dabei an Grenzen stoßen, die, überziehen wir die gegenwärtigen Möglichkeiten, Menschen zur Arbeitslosigkeit bringen, wenn ununterbrochen weiter aus irgendwelchen Gründen heraus, die bislang und in zurückliegenden Jahren nicht gelöst wurden, **Stillegungen** entstehen in Kettenreaktion, die dann keine Arbeit mehr geben.

Die Regierung stellt sich all diesen Fragen aus den sofort durch sie machbaren Möglichkeiten. Aber sie kann nicht Zukunftsfragen in die Gegenwart ziehen, aus der dann ein Arbeiten, ein Produzieren nicht möglich ist. Auch hier bitte ich, daß wir es so, wie es begonnen hat, in konstruktiver Arbeit fortsetzen.

Was die Probleme anbetrifft, die der Vertreter der Domowina aufgeworfen hat, würde ich vorschlagen, darüber hier heute nicht weitere Diskussionen zu führen, sondern daß unmittelbar der Minister noch heute von mir den Auftrag hat, so wie gebeten, unmittelbar vor Ort in diese Diskussion einzutreten.

Was die Probleme der **Kinderbekleidung** anbetrifft, ich muß Ihnen sagen, aus dem Staatssäckel ist in bezug auf die Kinderbekleidung an die Familien, die hier betroffen sind, etwas mehr an Geld gegeben, als der Staat für **Subventionierung** ausgegeben hat. Es ist nicht so, daß der Staatshaushalt sich dadurch in irgendeiner Weise saniert, sondern der Staatshaushalt ist mit diesem Schritt um Millionengröße mit belastet worden. Und kein umgekehrtes Verhältnis haben wir zu dieser Position eingenommen.

Die Bemerkung, daß die Mitarbeit am Runden Tisch sozusagen durch Mißbilligung Regierungsarbeit hat einfordern müssen: Wir unterbreiten Ihnen heute einen exakten Vorschlag, wie wir diese gemeinsame Arbeit führen und gestalten wollen. Ich bitte, daß Sie auch darüber dann befinden, weil ich genauso dem Runden Tisch den Vorwurf machen kann, ich wiederhole das, was die **Bürgerkomitees** anbetrifft, haben wir im Dezember [1989] Ihnen einen Vorschlag unterbreitet. Wir sind Ende Januar und wir haben vom Runden Tisch sozusagen keine Möglichkeit, daß wir damit nun umgehen. Wir sollten also hier in Gründlichkeit genau diese Dinge bedenken, wie wir sozusagen unsere Tätigkeit in eine **Konstruktivität** bringen, die ich Ihnen anbiete, um die ich auch kritisch in meiner Regierung [bitte], und ich werde keinen schonen, wenn es um diese Fragen geht, daß wir hier mit- und zueinander finden.

Der Bitte der Gewerkschaften wird unbedingt entsprochen. Sie haben bereits gehört und Sie brachten es selber zum Ausdruck, daß hier Gespräche angeboten sind. Wir haben natürlich gegenüber den Gewerkschaften auch eine Bitte auszusprechen. Die Zeit ist vorbei, wo gewissermaßen der FDGB darüber stand und über die Verhandlungen durch den FDGB sich viele Fragen regelten. Sie selber sind in der Situation, daß die **Gewerkschaften** heute ein ganz anderes autonomes Leben führen und gestalten, und wir müssen uns gemeinsam bemühen, dem auch gerecht zu werden. Anders wird es nicht gehen, so daß die Vielfalt der Zusammenarbeit der Ministerien zu den Industriegewerkschaften auch mit Hilfe des ja bevorstehenden, außerordentlichen gewerkschaftlichen Kongresses weiter befördert und unterstützt wird und wir in dieser Beziehung also auch bemüht sein sollten, unser weiteres Wirken zu gestalten.

Die hier aufgeworfene Frage in bezug auf das Unternehmen **KoKo**, es ist dem Runden Tisch bereits übermittelt und gesagt, daß bis zum 28. Februar [1990] eine umfassende, abschließende Revision erst möglich ist. Ich bitte nach dieser Revision, die exakte und klare Auskünfte erteilt, weil wir ohne diese Grundlagen auch immer wieder nur halbe Wahrheiten [haben], die eine und dann die andere, niemand kann sozusagen jetzt eine Aussage tätigen, mit der dann nicht morgen wieder einer kommt und sagt, aber das war doch nur wieder ein ganz bestimmter Gesichtspunkt dieser Dinge. Sondern hier halte ich es für notwendig, daß das dann zu dem Zeitpunkt geschieht.

Was mir bis jetzt aus bestimmten Ergebnissen bekannt geworden ist, ich kann dazu noch keine abschließenden und absoluten Summen sagen, ist folgender Tatbestand, daß die öffentlich bekanntgegebene **Schuldsumme**, die mit **20,6 Milliarden Mark** ja kein Geheimnis ist, eventuell sich nach einer vollen Revision nicht um Größenordnungen, aber vielleicht um eine gewisse Summe von einigen hundert Millionen [Mark] reduzieren läßt, weil aus dieser Revision dann Klarstellungen kommen, daß hier sozusagen getrennte Kassen vorhanden waren. Sie müssen mir sozusagen diesen Ausdruck gestatten, denn auch ich selber habe mit diesem Unternehmen zu keiner Zeit irgendeinen Kontakt gehabt, kenne sozusagen Zusammenhänge der ganzen Geschichte nicht, und warte wie Sie darauf, daß nun endlich auch dieser Schritt vollzogen wird.

Die hier ausgesprochene Aufforderung an die Regierung, sich dafür einzusetzen, daß Untersuchungen beschuldigter Persönlichkeiten sozusagen in einem größeren Umfang vor sich gehen, das ist unsere Haltung. Ich habe sie mit Deutlichkeit in der jüngsten Tagung der Volkskammer ja auch ausgesprochen.

Aber ich bitte auch hier am Tisch um Ihr Verständnis. Nicht die Regierung ist hier anzusprechen. Anzusprechen sind das **Gericht** und die **Staatsanwaltschaft**. Denn ich muß mit aller Entschiedenheit darauf verweisen, daß jedes andere Denken und Vorgehen dazu führt, als würde die Regierung sozusagen in dieser Sache hängen. Das ist nicht rechtens und es wäre umgekehrt ein Verstoß gegen das Recht, wenn die Regierung in irgendeiner Weise in diese Verfahren eingreift.

Das, was die Regierung zu tun hat, war und bleibt, daß sie all das ausräumt, woraus solche Dinge erwachsen und entstehen. Und auf jeden Hinweis, den es dazu gibt, werden wir immer mit großer Konsequenz und Entschiedenheit weiter reagieren.

Ich habe alle Veranlassung, Ihnen für die große Sachlichkeit, mit der wir heute diese Diskussion führen konnten, zu danken. Auch für die Kompetenz, mit der hier an diesem Tisch der Regierung, wie ich es erbeten hatte, Rat gegeben wird und die Regierung auf dieser Grundlage auch ihre Wirksamkeit weiterführen und gestalten kann. In diesem Sinne bitte ich, daß wir aus den heutigen konkreten Ableitungen schon die nächsten Schritte unserer Arbeit vollziehen. Mein Angebot lag terminlich vor. Fragen, zu denen wir uns weiter verständigen müßten, wären dann Gegenstand der Beratung.

Ziegler (Moderator): Herr Ministerpräsident, wir danken Ihnen und den Mitgliedern Ihrer Regierung für die Auskünfte, für die Einführung in die Probleme, die Sie uns gegeben haben.

Es bleibt noch eine Frage offen, die direkt an Herrn Minister Dr. Moreth gestellt worden ist. Wenn Sie erlauben, müßte das noch gleich gemacht werden, weil das ja nicht so im Raum stehen bleiben soll.

Darf ich Sie bitten?

Moreth (Minister): Herr Krause, ich hatte den Vorschlag unterbreitet, daß die Regierung vom Recht der **Gesetzesinitiative** Gebrauch macht und das geltende Gesetz über die örtlichen Volksvertretungen in der DDR durch die Volkskammer verändern läßt. Das heißt, bis zur Stunde ist geltendes Recht, daß Abgeordnete in Volksvertretungen nicht kooptiert werden können, sondern ihr Mandat nur durch Wahlen entsteht.

Wenn zu diesem Zeitpunkt eine solche Gesetzesinitiative der Regierung ergriffen wird, so ist das begründet in der Lage, die der Ministerpräsident hier dargelegt hat. Ich muß aber auch darauf verweisen, daß zu jeder Zeit vorher alle diejenigen, die das Recht der Gesetzesinitiative besitzen, einen solchen Vorschlag der Volkskammer hätten unterbreiten können.

Ziegler (Moderator): Wir danken auch für diesen Hinweis, für diese Erklärung noch. Insgesamt danken wir, daß Sie über die angekündigte Zeit fünf Viertelstunden hinzugesetzt haben.

Herr Ministerpräsident, Frau Minister, meine Herren Minister, wir wissen, in welcher angespannten Situation Sie auch zu arbeiten haben und wissen darum zu schätzen, daß Sie das zusätzlich hier für uns investiert haben an Zeit. Ich danke und bitte, daß wir nun doch zu einer Pause kommen. Ich schlage dem Runden Tisch vor, daß wir eine Viertelstunde Pause machen, dann noch die Fragen vornehmen von der Justiz, daß Herr Dr. Wittenbeck noch vor der Mittagspause, die um 13.00 Uhr sein soll, zu Worte kommt. Die Sitzung ist unterbrochen bis 12.30 Uhr.

[Unterbrechung der Sitzung 12.15–12.30 Uhr]

Lange (Moderator): Ich möchte die Teilnehmer, die noch nicht ihre Plätze eingenommen haben, doch bitten, in den Tagungsraum zu kommen, da wir nicht zu viel Zeit haben bis zur Unterbrechung durch die Mittagspause.

Meine Damen und Herren, wir setzen unsere Beratungen fort. Wir sind bei **Punkt 3** der vorläufig bestätigten Tagesordnung, **Justizfragen**. Ich begrüße dazu noch einmal herzlich Herrn Dr. Wittenbeck, und ich kann dies nicht tun, ohne darauf hinzuweisen, daß Dr. Wittenbeck heute zum dritten Mal hier am Runden Tisch ist, aber erstmalig die Möglichkeit bekommt, daß er das Wort ergreift. Wir mußten ihn zweimal wieder nach Hause schicken, weil die Planung es nicht zuließ. Deshalb freuen wir uns, daß er nun die Gelegenheit hat, uns Informationen zu geben zum Gesetzgebungsplan der Regierung aus dem Justizministerium und weitere Vorschläge unterbreiten wird.

Herr Dr. Wittenbeck, Sie haben das Wort.

TOP 3: Justizfragen

Wittenbeck (Staatssekretär): Meine Damen und Herren, es liegt Ihnen der **Plan der Gesetzgebung [Information 9/1, AG „Recht": Zustimmung Rechtsausschuß zum Gesetzgebungsplan der Volkskammer**[19]] vor, und zwar als Beschluß des Präsidiums der Volkskammer vom 4. Januar 1990 über Maßnahmen zur Vorbereitung von Gesetzen für den Zeitraum bis zur Wahl der Volkskammer der DDR. Dieser auf Vorschlag der Regierung erlassene Beschluß enthält die Gesetze, die für die Vorbereitung der Wahlen am 6. Mai [1990] unerläßliche Voraussetzung sind und die den Prozeß der tiefgreifenden Erneuerung rechtlich unterstützen und absichern sollen.

Der Plan der Gesetzgebung enthält vier Abschnitte:

1. Zum Ausbau der **verfassungsmäßigen Ordnung** der DDR. Dazu gehören unter anderem Änderungen und Ergänzung der Verfassung, das **Wahlgesetz** und das Gesetz über den Verfassungsgerichtshof.

2. Zur umfassenden Verwirklichung der Grundfreiheiten und Grundrechte der Bürger. Dazu gehören unter anderem das **Parteiengesetz, Vereinigungsgesetz, Versammlungsgesetz,** das **Strafrechtsänderungsgesetz** und das **Rehabilitierungsgesetz.**

3. Zur Unterstützung der **Verwaltungsreform.** Es soll das Gesetz über die gerichtliche Nachprüfung von Verwaltungsentscheidungen neugefaßt und ein Gesetz über die Aufgaben der Mitarbeiter im Staatsdienst ausgearbeitet werden.

4. Schließlich sind im Abschnitt 4 die Gesetze zur Durchführung der **Wirtschaftsreform** enthalten. Unter anderem Gesetze über den **Gewinntransfer** und über die **Gewerbetätigkeit** sowie ein Gesetz zur Änderung des **Arbeitsgesetzbuches.**

Zum Stand der Realisierung des Planes: Die Volkskammer hat bekanntlich das **Reisegesetz** beschlossen und das Gesetz über den **Zivildienst** in erster Lesung behandelt. Weitere Gesetze und Beschlüsse sind dem Präsidium der Volkskammer durch die Regierung überwiesen worden, so der Beschluß über die Gewährleistung der **Meinungs-, Informations- und Medienfreiheit,** der demnächst in der Volkskammer behandelt werden soll. Weiterhin wurden dem Präsidium der Volkskammer das **Strafrechtsänderungsgesetz** und das **Richtergesetz** vorgelegt.

Für eine Reihe weiterer Gesetze liegen Entwürfe vor, die zur Zeit in den Kommissionen diskutiert werden. So zum Beispiel das Gesetz über die **Volkskontrolle** und das Gesetz über die Aufgaben und Befugnisse der Deutschen **Volkspolizei.** Besonders dringlich, und das wissen wir alle, ist die Behandlung und Verabschiedung des **Wahlgesetzes** und des **Parteiengesetzes.** Beide müßten Mitte Februar in erster Lesung und Anfang März in zweiter Lesung in der Volkskammer verhandelt werden. Zur Ausarbeitung des Gesetzes über die Durchführung von **Volksabstimmungen** und zur Bildung eines **Verfassungsgerichtshofes** müßte die Volkskammer die vorgesehenen Ausschüsse beziehungsweise Kommissionen noch bilden.

Die Regierung geht davon aus, daß der Prozeß der Ausarbeitung der Gesetze nur gemeinsam mit allen am Runden Tisch vertretenen Parteien und Gruppierungen und in enger Zusammenarbeit mit ihnen gestaltet werden kann. Auf der Suche nach den dafür geeigneten Formen und Methoden haben sich unterschiedliche Praktiken entwickelt.

In Verallgemeinerung der Erfahrungen möchten wir folgendes vorschlagen:

Erstens: Von entscheidender Bedeutung ist, daß das Zusammenwirken zum frühestmöglichen Zeitpunkt einsetzt. So hatte das Ministerium der Justiz Vertreter des Runden Tisches gebeten, an der Ausarbeitung des **Strafrechtsänderungsgesetzes** und des **Mediengesetzes** mitzuarbeiten. Im Ergebnis konstruktiver Beratungen, die in einer sachlichen Arbeitsatmosphäre stattfanden, war es möglich, zu allen Fragen einen Konsens zu finden. Der **Beschlußentwurf** der Volkskammer über die **Gewährleistung der Meinungs-, Informations- und Medienfreiheit** wurde bekanntlich bereits in der Regierung und am Runden Tisch beraten. Regierung und Runder Tisch haben dem Entwurf grundsätzlich zugestimmt. Es gab nur wenige Änderungsvorschläge. Die Behandlung solcher Rechtsvorschriften, die nicht gemeinsam erarbeitet worden sind, wird sich sicherlich weitaus komplizierter gestalten.

Das Ministerium der Justiz hat die Vertreter des Runden Tisches für morgen zu einer Beratung der **Regierungskommission,** und zwar zu einer ersten Beratung über das **Parteiengesetz** eingeladen. Es existieren zwei Entwürfe des Gesetzes, und zwar des Runden Tisches und der Regierungskommission. Wir schlagen vor, bei den Beratungen auch in der Regierungskommission vom Entwurf des Runden Tisches auszugehen.

Dazu ist Ihre Zustimmung, meine Damen und Herren, erforderlich. Die Arbeitsgruppe, an deren Tätigkeit auch unser Vertreter mitgewirkt hat, konnte eine solche Entscheidung nicht treffen. Wir wären also sehr erfreut, wenn hier und heute noch eine solche Entscheidung getroffen würde, weil, wie gesagt, schon morgen diese Beratung stattfindet.

Zweitens: Von grundsätzlicher Bedeutung ist die Klärung der Frage, in welchem **Stadium der Ausarbeitung von Gesetzen diese am Runden Tisch behandelt werden sollen.** Aus der Sicht der Regierung schlagen wir folgendes vor:

Nach Beschlußfassung durch den Ministerrat wird der jeweilige Gesetzesentwurf durch den Ministerpräsidenten gleichzeitig dem Präsidium der Volkskammer und allen Vertretern des Runden Tisches über die Moderatoren zugeleitet.

Das würde es ermöglichen, daß sich vor der ersten Lesung im Plenum der Volkskammer sowohl der Runde Tisch als auch die Abgeordneten beziehungsweise die Ausschüsse oder Fraktionen der Volkskammer damit befassen könnten und ausreichend Zeit für die Erörterung der Entwürfe zur Verfügung steht, so wie das ja auch in der letzten Beratung des Runden Tisches anhand der Verfassungsänderung gefordert worden ist.

Im Sinne dieser Überlegungen wird das von der Regierung behandelte **6. Strafrechtsänderungsgesetz,** das einer grundlegenden Reform des politischen Strafrechts dient,

---

[19] Dokument 9/5, Anlagenband.

und das **Richtergesetz,** mit dem umfassende Garantien für die Unabhängigkeit der Richter geschaffen werden sollen, dem Runden Tisch zugeleitet. Wir bitten darum, daß diese Gesetze behandelt werden.

Drittens: Im Interesse einer zügigen Weiterführung der Gesetzgebungsarbeiten wäre es von großem Nutzen, wenn der Runde Tisch, bezogen auf die einzelnen Gesetzgebungsvorhaben, erklären würde, in welcher Form er sich jeweils beteiligen möchte, ob durch direkte Mitarbeit und Beratung der Entwürfe am Runden Tisch oder durch Konsultation und Information.

Meine Damen und Herren, wir sind uns darüber im klaren, daß die Realisierung eines so umfassenden **Gesetzgebungsprogrammes** höchste Anstrengungen erfordert. Die Regierung stellt sich diesen hohen Anforderungen und bittet um Unterstützung bei der Verwirklichung dieser weitreichenden Rechtsreform. Die Gesetzgebungsvorhaben zeigen, daß es inhaltlich vor allem darum geht, den Erneuerungsprozeß rechtlich abzusichern und unumkehrbar zu machen. Darüber hinaus können viele der bestehenden Gesetze, so zum Beispiel auf den Gebieten des **Zivil-, Familien-, Arbeits- und Verwaltungsrechts,** auch weiterhin Bestand haben.

Entscheidend ist jedoch, daß das Recht in seiner Gesamtheit strikt eingehalten und durchgesetzt wird. Das ist im Interesse des Schutzes der Rechte und Interessen der Bürger und zur Sicherung des Erneuerungsprozesses unerläßlich. Bestehendes Recht bleibt geltendes Recht, solange kein neues geschaffen wurde.

Leider bestand wiederholt Veranlassung, vor Übergriffen und Tendenzen der **Willkür** und der **Anarchie** zu warnen, gleich, ob sie in gewaltsamen Angriffen gegen Personen und Objekte oder in **Bombendrohungen** bestanden. Auch mit dem Blick auf die Tätigkeit der Justizorgane sehen wir uns veranlaßt, auf gefährliche Tendenzen bei der Regierung [Ausführung?] bestehenden Rechts hinzuweisen. So wurden Mitarbeiter der Justizorgane diffamiert und beleidigt, ja auch bedroht, behindert und angegriffen.

Nicht selten bereitet die Durchsetzung rechtskräftiger Entscheidungen der Gerichte, so zum Beispiel im Zivil- und Familienrecht, Schwierigkeiten. Bestimmte Bürger ignorieren das Recht, indem sie sich nicht mehr an ihre Verpflichtungen zur Zahlung von Unterhalt, Schadenersatz und so weiter gebunden fühlen. Solche Auffassungen und Verhaltensweisen müssen im Interesse der Bürger entschieden zurückgewiesen werden.

Wir bitten den Runden Tisch, uns bei diesen Anliegen zu unterstützen. Das Funktionieren der Justiz ist unerläßlich für das Funktionieren des demokratischen Gemeinwesens, für den Schutz der Rechte und Interessen der Bürger, für die Durchsetzung der ihnen zustehenden Ansprüche und nicht zuletzt für den Schutz vor kriminellen Angriffen.

Meine Damen und Herren, ich bin gebeten worden, zwei Fragen zu beantworten, die sich aus dem Beschluß des Runden Tisches vom 7. und 8. Dezember 1989 ergeben, also schon von Anfang Dezember.

Die erste Frage lautet: Jede Person, die **Amtsmißbrauch und Korruption** begangen hat, wird auf der Grundlage des geltenden Strafgesetzbuches zur Verantwortung gezogen. Bei der Durchführung von Ermittlungsverfahren beziehungsweise Strafverfahren werden die Bestimmungen der Strafprozeßordnung angewandt. Dies bedeutet erforderlichenfalls den Erlaß von Haftbefehlen und nicht die Anordnung ungesetzlichen Hausarrestes. Das ist hier zwar nicht in die Form einer Frage, sondern bereits einer Aussage gekleidet. Ich möchte aus meiner Sicht dazu folgendes sagen:

Das **Strafgesetzbuch** enthält nach unserer Auffassung ein ausreichendes Instrumentarium, um die Handlungen, um die es hier geht, zu erfassen – also solche Tatbestände wie Untreue, Unterschlagung, Vertrauensmißbrauch bis hin zum Hochverrat. Also, das geltende Recht hindert nicht, die anhängigen Verfahren zügig zu Ende zu führen. Ein anderes Problem ist, daß, wie ich bereits angedeutet habe, wir es für notwendig erachten, das politische Strafrecht, niedergelegt im 2. und 8. Kapitel des Strafgesetzbuches, gründlich zu reformieren. Und daß es darüber hinaus notwendig sein wird, allerdings bedarf das eines längeren Zeitraumes, ein grundsätzlich neues Strafgesetzbuch zu erarbeiten.

Selbstverständlich, meine Damen und Herren, müssen die Bestimmungen der Strafprozeßordnung auch uneingeschränkt auf die hier in Rede stehenden Verfahren angewandt werden. Das gilt auch für den Erlaß von Haftbefehlen. Um es klar zu sagen, Hausarreste sieht die Strafprozeßordnung nicht vor. Entweder ist ein Beschuldigter haftfähig, gegebenenfalls unter den Bedingungen eines Haftkrankenhauses, oder er ist es nicht.

[Die] zweite Frage, die sich aus dem gleichen Beschluß von Anfang Dezember ergibt: Die Regierung der DDR wird aufgefordert, eine spezielle Untersuchungsabteilung für die **Aufklärung** der Vorgänge von **Amtsmißbrauch und Korruption** zu bilden. Diese Untersuchungsabteilung wird für die Dauer ihrer Tätigkeit unmittelbar dem Ministerpräsidenten unterstellt. Die Aufgabenstellung dieser Untersuchungsabteilung wird öffentlich bekanntgemacht. Diese Untersuchungsabteilung beim Ministerpräsidenten ist gebildet worden, und zwar unter Leitung des Strafrechtsprofessors Dr. Ulrich Dehn von der Akademie für Staats- und Rechtswissenschaft in Potsdam-Babelsberg.

Diese Untersuchungsabteilung hat ihre Tätigkeit aufgenommen. Über ihre Aufgabenstellung ist auch öffentlich berichtet worden, zumindest kann ich mich erinnern, in der Presse darüber gelesen zu haben. Ob das den Anspruch erfüllt, wie hier formuliert [wird], daß die Aufgabenstellung öffentlich bekanntzumachen ist, vermag ich im Moment nicht zu sagen. Man sollte das nochmals nachprüfen. Gegebenenfalls könnte es notwendig sein, die Aufgabenstellung dieser Abteilung, die der Aufgabenstellung des Parlamentarischen Untersuchungsausschusses, der von Herrn Dr. [Heinrich] Töpels [CDU] geleitet wird, ähnlich ist. Sie untersucht also Fälle von Korruption und Amtsmißbrauch und überweist ihre Untersuchungsergebnisse, wenn sich der Verdacht einer Straftat bestätigt, an die Staatsanwaltschaft zur Einleitung eines Ermittlungsverfahrens.

Ich danke für Ihre Aufmerksamkeit.

Lange (Moderator): Wir danken Ihnen, Herr Staatssekretär, für Ihre Darlegungen.

Wir haben jetzt die Möglichkeit, Rückfragen zu stellen. Die angesprochene Problematik im Blick auf das Parteiengesetz, was ja mit dem Wahlgesetz zusammenhängt, das sei mir an dieser Stelle erlaubt [zu sagen], wird uns ja heute nachmittag ohnehin noch beschäftigen. Sie finden das ja auf der Tagesordnung vermerkt. Das heißt aber nicht, daß Sie nicht dazu auch Fragen stellen können. Wer möchte dazu das Wort nehmen?

Frau Töpfer, FDGB, bitte.

Frau Töpfer (FDGB): Wir vermissen auf dem gegenwärtigen **Gesetzgebungsplan** die Inangriffnahme der rechtlichen

Regelung von Fragen, die im Zusammenhang mit zu befürchtender **Arbeitslosigkeit** in diesem Land stehen, mit Sicherung von Strukturmaßnahmen in der Volkswirtschaft, die auch für die Arbeiter eine Arbeitsplatzsicherung beinhalten müssen. Da sind Umschulungsmaßnahmen, Qualifizierungsmaßnahmen und ähnliches denkbar. Und das sollte auch durch rechtliche Regelungen sowohl finanziell als auch materiell abgesichert werden.

Weiterhin möchte ich die Frage stellen, inwieweit jetzt nach der bisher restriktiven Praxis bei der **Zulassung von Anwälten** in der DDR daran gedacht worden ist, die Anwaltschaft frei zugänglich zu machen entsprechend der Qualifizierung von Juristen.

Lange (Moderator): Herr Wittenbeck, ist es Ihnen möglich, direkt darauf zu antworten? Ich habe den Eindruck, wenn so eine Fülle von Fragen kommt, ist es immer sehr kompliziert. Aber ich überlasse es Ihnen.

Möchten Sie direkt reagieren, ja?

Wittenbeck (Staatssekretär): Ja, ich würde gleich darauf antworten.

Lange (Moderator): Bitte schön.

Wittenbeck (Staatssekretär): Ich möchte gleich darauf antworten.

Ich glaube, daß die erste Frage aufzugreifen wäre im Zusammenhang mit **dem Änderungsgesetz zum Arbeitsgesetzbuch**. Mir ist bekannt, daß das Ministerium für Arbeit und Löhne daran arbeitet. Es haben mehrere Beratungen stattgefunden. Und wenn ich den Beratungsgegenstand jetzt richtig im Kopf habe, sind solche Fragen dort mit erfaßt. Aber ich werde die Anregung hier entgegennehmen, um sie nochmals weiterzuleiten mit dieser ganz spezifischen Ausrichtung, wie das hier von Ihnen gesagt worden ist.

Was das **Problem Rechtsanwaltschaft** betrifft, so ist das nach unserem Dafürhalten ein wesentlicher und wichtiger Bestandteil einer notwendigen Justizreform. Es gibt sicher viele Punkte, über die hier zu sprechen wäre, aber wir glauben in Übereinstimmung mit den Kollegen der Rechtsanwälte und mit dem Rat der Kollegen der Rechtsanwälte, daß man diese Fragen prinzipiell aufwerfen und anpacken muß, daß die Rechtsanwaltschaft zu einem selbständigen Rechtspflegeorgan hin entwickelt wird. Es gibt Überlegungen für **ein neues Anwaltsgesetz**. Es gibt Überlegungen, Anwaltskammern zu schaffen, und wir sind der Auffassung, daß die, wie Sie zu Recht sagen, sehr restriktive bisherige Auffassung des Justizministeriums zur Zulassung von Rechtsanwälten, auch von Einzelanwälten, die sich nicht in Kollegien organisieren, aufgegeben werden soll. In jedem Falle muß man natürlich fordern, daß ein Jurist, der Rechtsanwalt wird oder Rechtsanwalt werden will, auch eine entsprechende spezifische Ausbildung absolviert haben muß. Das ist im Interesse der ratsuchenden Bürger, die die Anwälte vertreten, unumgänglich.

Lange (Moderator): Herr Eppelmann, Demokratischer Aufbruch.

Eppelmann (DA): Ich möchte die Gelegenheit nutzen und Sie nach dem in Arbeit befindlichen Richtergesetz fragen.

Wir unterstützen das Bemühen der Regierung, daß wir eine **unabhängige Richterschaft** in der DDR haben sollten. Sehen Sie das bei der gegenwärtigen Situation gewährleistet, wenn zum Beispiel in Berlin von 122 Richtern 119 der SED-PDS angehören? Wir haben an der Stelle ganz, ganz große Probleme und meinten, dieses Gesetz sollte vor dem 6. Mai [1990] nicht zur Vorlage kommen.

Wittenbeck (Staatssekretär): Das sind sicher viele Fragen.

Der Ausgangspunkt für uns und das Entscheidende ist zunächst einmal, daß wir – und das glaube ich auch in Übereinstimmung mit vielen Parteien und demokratischen Gruppierungen sagen zu dürfen – ein Richtergesetz brauchen als Grundlage für die Absicherung der richterlichen Unabhängigkeit, für die Schaffung von Garantien für die richterliche Unabhängigkeit.

Das **Richtergesetz** müßte Stellung nehmen zu solch grundsätzlichen Fragen, ob die Richter weiter wie bisher von den örtlichen Volksvertretungen gewählt werden oder nicht, das heißt, ob sie ernannt werden sollen, ob es weiterhin so sein soll, daß Richter auch Abgeordnete von Volksvertretungen sein können und vieles andere mehr. Also, ein solches Richtergesetz muß die Stellung des Richters nach allen Seiten hin ausregeln.

Ich will zumindest zu der Hauptfrage, die Herr Eppelmann offenbar meint, sagen, daß wir der Auffassung sind, daß es in Zukunft nicht verbleiben kann bei der Wahl der Richter durch die Volksvertretungen, weil eine solche Wahl auf der örtlichen Ebene auch Abhängigkeiten schafft.

Denn wir müssen bedenken, daß die Gerichte ja auch dazu übergegangen sind auf der Grundlage der entsprechenden Rechtsvorschriften, die Entscheidungen der Verwaltungsorgane zu überprüfen. Sie haben die Möglichkeit, diese Entscheidungen gegebenenfalls aufzuheben, eventuell auch andere Entscheidungen an dieser Stelle zu treffen.

Das heißt, die Situation ist entstanden und wird noch zunehmend entstehen, wenn wir die Verwaltungsgerichtsbarkeit weiter ausbauen, daß die Gerichte von der Volksvertretung gewählt werden, gleichzeitig aber die Entscheidungen des Apparates dieser Volksvertretungen überprüfen. Wir meinen also, daß ein solches Richtergesetz geschaffen werden muß.

Eine andere Frage ist natürlich die des Zeitpunktes. Wenn Sie hier darauf verweisen, daß eine große Anzahl der Richter Mitglied der SED-PDS sind, so ist das richtig. Die von Ihnen angegebenen Zahlen stimmen aber zum gegenwärtigen Zeitpunkt bei weitem nicht mehr. Das sind sicher Zahlen, die Sie von vor vielen Monaten haben. In diesem Gesetzgebungsplan ist das Richtergesetz mit enthalten. Auf der Grundlage dieses Gesetzgebungsplanes haben wir einen Entwurf erarbeitet, der Regierung vorgelegt. Die Regierung hat diesem Entwurf zugestimmt. Und wenn Sie mit der Verfahrensweise einverstanden sind, die wir Ihnen generell vorschlagen wollten, dann ist das in diesem Falle eben auch so gelaufen, daß dieses Gesetz dem Präsidium der Volkskammer übermittelt wurde. Und soweit ich weiß, will das Präsidium dieses Gesetz gemeinsam mit dem Strafrechtsänderungsgesetz dem Runden Tisch überweisen. Alles andere ist dann nicht uns – oder in Kompetenz der Regierung – –

Lange (Moderator): Darf ich noch eben einmal zurückfragen. Das letztere ist aber noch nicht geschehen offensichtlich?

Wittenbeck (Staatssekretär): Nein, das ist eine Entscheidung vom vergangenen Freitagabend.

Lange (Moderator): Ja. Danke schön. Es hatte sich als nächster gemeldet Herr Böhme, SPD.

Böhme (SPD): Ich möchte gern die Frage stellen, ob im Gesetzgebungsplan etwas angedacht ist hinsichtlich des **Personendatenschutzes.** Das wäre meines Erachtens notwendig, auch wenn eine endgültige gesetzliche Regelung sicherlich erst nach dem 6. Mai [1990] getroffen werden kann.

Uns geht es dabei vor allem um den Umgang mit den **Akten des ehemaligen Ministeriums für Staatssicherheit,** um den Umgang mit den – –. Ich glaube, daß eine vorübergehende Regelung unbedingt getroffen werden müßte. Zu der Frage Umgang mit den Personalakten bringen wir einen Extraantrag ein, der dann schriftlich vorgelegt wird [**Vorlage 9/8, SPD: Antrag zur Neuregelung im Umgang mit Kader- bzw. Personalunterlagen**[20]].

Wittenbeck (Staatssekretär): Ja, wenn ich auch hier gleich antworten darf.

Der Plan enthält ein solches Gesetz oder eine solche Rechtsvorschrift nicht, obwohl die Forderung besteht. Ich muß dazu sagen, daß es über die hier festgehaltenen Gesetze hinaus vielfältige und zahlreiche Anregungen für weitere Gesetzgebungsmaßnahmen gibt, Gesetze, auch Verordnungen der Regierung. Dazu zählt auch ein solches Datenschutzgesetz. Dazu zählt aber zum Beispiel auch eine neue Strafprozeßordnung. Dazu zählt ein Gengesetz und vieles andere mehr. Es ging hier darum, Prioritäten zu setzen. Das ist eine Auswahl. Also, für die Zukunft, ich stimme Ihnen voll zu, steht diese Frage. Sie steht sogar sehr dringend. Aber in diesen Plan bis zum 6. Mai [1990] ist es nicht mit aufgenommen worden.

Lange (Moderator): Frau Röth, Unabhängiger Frauenverband.

Frau Röth (UFV): Ja.

Ich möchte einleitend noch einmal die Gelegenheit nutzen – da mir ja als einzige vorhin sozusagen die Möglichkeit nicht mehr gewährt wurde, mich zu der Erklärung von [Herrn] Modrow und Frau Luft zu äußern – [und] bemerken, daß wir als Unabhängiger Frauenverband noch einmal unsere Frage bekräftigt hatten, die wir beim letzten Erscheinen von Ministerpräsident Modrow schon gestellt hatten, und zwar die Frage nach einem **Gesamtkonzept von Sozialreformen.**

Dies erscheint uns also unumgänglich, denn die Verunsicherung in der Bevölkerung ist sehr groß und wir wissen, daß sich also nicht nur einschneidende Veränderungen im politischen Leben ergeben werden und eine legitimierte Regierung gewählt werden muß, sondern daß wir in der Zukunft mit tiefen Einbrüchen und auch mit einschneidenden Wirkungen im persönlichen Leben zu rechnen haben, die einfach nicht abgetan werden können mit bestimmten Einzelmaßnahmen wie **Subventionsveränderung** und dergleichen.

Deshalb noch einmal unsere Forderung, im Zusammenhang mit der intensiven Diskussion zu den Wirtschaftskonzepten Sozialreform, und zwar Maßnahmepakete für Sozialreformen in unserem Lande öffentlich zu diskutieren, die Bevölkerung einzubeziehen, damit mit dieser gemeinsamen Diskussion auch ein gemeinsames Mittragen von diesen Maßnahmen gewährleistet wird.

Und in diesem Zusammenhang möchte ich die Frage an Sie stellen: Welche Überlegungen hat die Regierung seitens einer **Sozialgesetzgebung,** die unseres Erachtens unumgänglich ist? Welche Maßnahmen werden Sie einleiten?

Und die anschließende Frage bezieht sich auf die **Veränderung zum AGB**: Welche Maßnahmen will die Regierung einleiten, um das derzeitige AGB in seiner Wirkung und Gesetzmäßigkeit abzusichern?

Und als dritter Punkt und letzte Frage: Welche Überlegungen führen zu einer Veränderung des **Arbeitsgesetzbuches** Ihrerseits und welche konkreten Maßnahmeschritte bietet die Regierung an, daß auch die Vertreter des Runden Tisches in die Diskussion zur Veränderung des Arbeitsgesetzbuches miteinbezogen werden können?

Lange (Moderator): Können Sie gleich darauf kurz reagieren bitte?

Wittenbeck (Staatssekretär): Ja.

Das sind jetzt im Prinzip Anregungen, die ich weitervermitteln muß. Was also die Sozialgesetzgebung betrifft, Sie sprachen von einem **Gesamtkonzept der Sozialgesetzgebung,** so kann das natürlich nicht in der Zuständigkeit des Justizministeriums liegen, sondern es ist eine Frage der Regierung, glaube ich, in ihrer Gesamtheit und zugleich auch eine Frage, die einen bestimmten Zeitraum in Anspruch nimmt.

Also, auch hier gilt im Hinblick auf bestimmte Prioritäten, daß man einzelne Aufgaben aus diesem Gesamtkonzept zur Sozialreform anpacken kann und anpacken muß. Aber ein solches Gesamtkonzept, glaube ich, müßte einer Regierung überlassen bleiben, die nach dem 6. Mai [1990] gewählt worden ist.

Was das Arbeitsgesetzbuch betrifft, so geht es jetzt hier nicht um eine – und kann es nicht gehen in der Kürze der Zeit – um eine umfassende Neukodifizierung des geltenden Arbeitsrechts. Hier sind Arbeiten in Gang gesetzt worden unter Leitung des **Ministeriums für Arbeit und Löhne,** die einige Problemkreise und Punkte des Arbeitsgesetzbuches betreffen. Es geht also – –

Frau Röth (UFV): Würden Sie die bitte einmal konkret nennen, welche Probleme.

Wittenbeck (Staatssekretär): – Ja, ich möchte sie konkret nennen. Es geht einmal um einige Fragen, die mit dem Charakter und mit den Rechten der Gewerkschaften zusammenhängen. Es geht um folgendes praktische Problem:

Es gibt in einigen Betrieben Gewerkschaften, es gibt in anderen Betrieben Betriebsräte, und es gibt zum Teil **Gewerkschaften und Betriebsräte** und ausnahmsweise auch keines von beiden. Und nun sind, wie Sie wissen, im Arbeitsgesetzbuch ja eine Fülle von Zustimmungsrechten – ich hoffe, ich sage das hier auch richtig im Interesse der Gewerkschaften – von Zustimmungsrechten, von Mitwirkungsrechten der Gewerkschaft geregelt. Und da aber nun diese Situation entstanden ist, wie ich sie geschildert habe, muß man das Arbeitsgesetzbuch entsprechend ändern, um dieser konkreten Gegebenheit Rechnung tragen zu können.

Zweitens geht es um die **Erweiterung bestimmter Rechte der Betriebsleiter.** Es geht also um die mit der Durchführung der **Wirtschaftsreform** unbedingt notwendige Erhöhung der Effektivität der Arbeit, und dazu gehört auch, daß sich Betriebsleiter schneller oder eher oder früher, als das bisher der Fall war, von Werktätigen trennen können müssen, deren Leistungsfähigkeit nicht den Anforderungen des Betriebes entspricht.

---
[20] Dokument 9/6, Anlagenband.

Drittens sind einige Fragen aufgeworfen worden, die die **Einseitigkeit in der Sozialpolitik** betreffen, also, wo also bestimmte Regelungen ausschließlich auf die Mütter abgestellt sind. Das soll nivelliert werden. Also, zum Beispiel bei Krankheit der Kinder, Babyjahr und so weiter wurde die Frage aufgeworfen, ob solche sozialen Errungenschaften nicht auch in Absprache mit der Mutter der Vater wahrnehmen kann.

Und heftige Auseinandersetzung gab es zu den Beschlüssen der Regierung hinsichtlich der **Übergangsregelungen.** Sie wissen das alle und haben das ja hier ausgiebig behandelt für die Mitarbeiter des Amtes für Nationale Sicherheit und auch für die Mitarbeiter des Staatsapparates. Hier müßte es jetzt darum gehen, im AGB partiell eine Oberbestimmung, eine einheitliche Regelung zu finden, die alle Werktätigen betrifft. Es gibt da einen Ansatz dazu im Arbeitsgesetzbuch. Aber solche unterschiedlichen, differenzierten Regelungen, wie wir sie in der Vergangenheit vorgefunden haben, sollen durch zumindestens eine einheitliche Basisregelung ausgeschieden oder nivelliert werden. Das sind die vier Punkte, die mir bekannt sind, so wie sie bisher diskutiert worden sind. Ich schließe nicht aus, ich gehöre dieser Kommission nicht an, daß weitere Fragen dazukommen.

Lange (Moderator): An dieser Stelle möchte ich Sie darauf hinweisen, daß wir mit unserer Zeitplanung ziemlich in Verzug sind. Und da die Moderatoren auch für Ihr persönliches Wohl verantwortlich sind und die Mittagspause eingehalten werden sollte, muß ich fragen, ob alle die, die sich jetzt noch gemeldet haben, das Wort hier nehmen müssen oder die angeschnittenen Fragen dann auch in der Arbeitsgruppe weiter zu bedenken wären.

Es hatten sich gemeldet Herr Jordan, Herr Templin, Frau Töpfer, Herr Mahling, Herr Gysi, Herr Pflugbeil und, Ihren Namen kenne ich nicht – Frau Kögler. Das ist die Liste derer, die sich noch gemeldet haben. Was ist Ihr Verständnis? Herr Mahling zieht zurück? Vielen Dank.

Herr Jordan, Sie möchten? – Bitte. Grüne Partei.

Jordan (GP): Ich habe eine Frage zum Zivildienstgesetz.

Dieses Gesetz hier ist zum ersten Mal am 11. Januar in der Volkskammer gelesen worden. In der Öffentlichkeit ist jedoch dieser Gesetzentwurf nicht vorgelegt worden. Wir kritisieren als Grüne insbesondere an diesem Gesetzentwurf, daß die **Dienstzeit der Zivildienstleistenden** um sechs Monate verlängert werden soll und daß in diesem Entwurf nicht vorgesehen ist, daß Zivildienstleistende auch **im Umweltschutz** eingesetzt werden können. Wir möchten von Ihnen gerne wissen, wie in Zukunft also auch dieses Gesetz durch eine öffentliche Diskussion vorangebracht werden kann.

Lange (Moderator): Ich möchte Ihnen vorschlagen, daß wir jetzt die restlichen Fragen, die noch zu stellen sind, doch im Paket zunächst einmal entgegennehmen.

Herr Templin, Initiative Frieden und Menschenrechte, bitte.

Templin (IFM): Für uns wäre wichtig zu wissen, in welche Richtung Ihre Überlegungen gehen bei dem gravierenden Problem, was eine Reihe von Gesetzgebungsmaßnahmen, aber auch die gesamte gesellschaftliche Situation im Land betrifft, nämlich was ist mit der Unzahl von Fällen, in denen von Staatsanwälten, Richtern und anderen juristischen Personen und Funktionsträgern nach heutigem Verständnis gravierendes **Unrecht** ausgesprochen wurde, aber auf der Grundlage der alten Gesetzesvoraussetzung immer angeführt werden kann, daß das den alten Gesetzesvorstellungen, vor allem des politischen Strafrechts entspricht.

Ich denke, daß die Verabschiedung eines **Rehabilitierungsgesetzes** – die Verabschiedung wird hier in einem Antrag sogar noch gefordert vorzuziehen auf das erste Quartal –, daß diese Verabschiedung und die Verabschiedung vieler anderer Gesetze ohne die Klärung dieser Frage, wie geht man damit nicht nur juristisch, das wäre im Kern juristisch, aber würde weit darüber hinausgehen, wie geht man mit diesem Problem um. Hat man hier dann eine Verantwortlichkeit doch herauszuarbeiten, die nicht dadurch erlischt, daß sich der Verantwortliche an damals geltendes Recht klammert? Sind nicht hier auch Maßstäbe **menschenrechtlicher Art** anzuwenden gegen die natürlich gravierend verstoßen wurde? Das ist von unserem Arbeitsansatz aus besonders wichtig.

Ich möchte zum Vorredner noch erwähnen, wir bringen zur Fragestellung **Zivildienstgesetz** einen Antrag ein. Und im Zusammenhang mit meiner Anfrage noch einen konkreten Zusatz. Um genau die Probleme dieser Verantwortlichkeit auf verschiedenen Ebenen Generalstaatsanwaltschaft, Sicherheitskräfte aber auch andere Bereiche im gesellschaftlichen Überbau zu klären, wäre die immer noch eingeschränkte **Zugänglichkeit der Akten** noch einmal zu überprüfen, natürlich vor allem in den Fragen und Bereichen, wo es mittlerweile Bürgerkomitees gibt und beauftragte Arbeitsgruppen des Runden Tisches, die für die Erledigung ihrer Aufgaben unbedingt volle Akteneinsicht brauchen.

Lange (Moderator): Frau Töpfer, FDGB.

Frau Töpfer (FDGB): Die von der Regierung angestrebte **Wirtschaftsreform** muß ja auch durch eine entsprechende Änderung der geltenden rechtlichen Regelungen untersetzt werden. Insbesondere ist da wohl vorgesehen, soweit wir informiert sind, daß das Staatliche Vertragsgericht umgewandelt wird in ein Wirtschaftsgericht. Aber das spiegelt sich in diesem Gesetzgebungsplan nicht wider.

Ebenfalls fragen wir, wie die Betriebe weiter mit Rechten ausgestaltet werden sollen, wenn es keine Änderung zum Beispiel der Vertragsabschlußpflicht, [der] Gestaltungsverfahren und ähnlicher prozeßrechtlicher Regelungen im Moment gibt. Und da fragen wir, wie sich die Regierung da die weitere rechtliche Regelung vorstellt.

Lange (Moderator): Herr Gysi, SED-PDS.

Gysi (SED-PDS): Also, meine Frage an den Vertreter des Justizministeriums würde ich aus zeitlichen Gründen, Sie hatten darum gebeten, zurückziehen.

Und nur eins, ich bitte doch einmal darum, auch einmal zu überprüfen diese Personalbögen für die Einstellung eines Bürgers in einen Betrieb. Sie scheinen mir meines Erachtens in keiner Hinsicht mehr zeitgemäß zu sein. Da werden Fragen gestellt, die, glaube ich, niemand zu beantworten braucht, nur um eine Arbeit aufzunehmen.

Lange (Moderator): Vielen Dank für diesen Hinweis.

Möchten Sie, Herr Pflugbeil, Ihre Frage noch stellen? – Danke.

Frau Kögler, Demokratischer Aufbruch.

Frau Kögler (DA): Die Diskussion zeigt ja, daß eine ganze Reihe von Forderungen anstehen, Gesetze zu ändern. Also, da kommt eine ganze Menge zusammen.

Und es ist also die Frage, welche gesetzlichen Regelungen Vorrang haben. Und da muß man sich konkret dazu äußern, was wichtig ist bis zum 6. Mai [1990]. Und das sehe ich so, das wäre also das **Wahlgesetz**, das wäre ein **Parteiengesetz**, das wäre die **Verfassung**. Aber solche Regelungen wie das **Richtergesetz**, wie das **Anwaltsgesetz** und anderes, das muß einfach [bis] nach dem 6. Mai Zeit haben, um ordentliche Gesetze zustandezubringen von einer legitimierten Regierung.

Wichtig ist natürlich auch, und das wird die Wirtschaftsleute interessieren, und in der prekären Situation, in der wir uns befinden, muß an das **Steuerrecht** vordergründig gedacht werden und auch an die **Eigentumsverhältnisse**. Es wäre aber Flickschusterei, wenn wir jetzt fordern würden, das **ZGB [Zivilgesetzbuch]**, in dem das Eigentumsverhältnis erfaßt ist, nun von heute auf morgen neu zu gestalten. So schnell geht es nicht. Es muß eine Übergangsregelung gefunden werden für die wirklich wichtigen Dinge im Lande. Und das wäre also Wirtschaft und die drei Gesetze, die ich nannte.

Ich danke.

Lange (Moderator): Vielen Dank für diese Beiträge.

Sie haben deutlich gemacht, daß es gut war, daß wir [den Punkt] Beratung auf unsere Tagesordnung genommen haben. Es sind ja nicht nur Fragen gestellt worden. Wir geben auch einige Anregungen Herrn Wittenbeck jetzt mit für die weitere Bearbeitung. Aber Sie möchten jetzt sicher noch einmal kurz reagieren zu einigen Fragen.

Bitte schön, Herr Böhme.

Böhme (SPD): Ich stimme der Vertreterin vom Demokratischen Aufbruch im Prinzip zu, daß tatsächlich die von ihr genannten Gesetzgebungen oder vorübergehenden Gesetzgebungen Vorrang haben, um die Wahlen am 6. Mai [1990] zu leisten.

Ich bin aber trotzdem der Auffassung, daß nach dem 6. Mai so viel zu leisten ist, daß jetzt viele Dinge parallel dazu vorgedacht und vorgearbeitet werden müssen, wenn wir in einen nahtlosen Übergang steigen wollen und nicht erst einmal einen Bruch in der Wirklichkeit erzielen wollen.

Lange (Moderator): Herr Wittenbeck, dürfen wir Sie bitten?

Wittenbeck (Staatssekretär): Ich stimme Ihnen zunächst zu, daß wir aus dieser Beratung eine ganze Reihe von Anregungen mitnehmen konnten.

Was die jetzt noch gestellten Fragen betrifft, möchte ich dazu folgendes sagen: Ich bitte um Verständnis, was das **Zivildienstgesetz** betrifft, daß natürlich die Volkskammer darüber entscheiden muß, ob ein Gesetz öffentlich diskutiert wird oder nicht. Das ist also nicht Sache der Regierung, aber ich glaube, das ist eine wichtige Anregung, die hier, für mich zumindest, auch hinreichend begründet worden ist. Wir sollten sie an die Volkskammer weitergeben.

Eine außerordentlich wichtige Frage ist die der **Rehabilitierung**. Danach ist hier gefragt worden. Wir sind der Meinung, daß, und das ist auch Bestandteil dieses Planes, neben dem Strafrechtsänderungsgesetz – und übrigens im Zusammenhang damit – auch ein Rehabilitierungsgesetz vorbereitet und verabschiedet werden muß. Und ich würde es zu den hier aufgezählten Prioritäten Wahlgesetz, Parteiengesetz und so weiter noch mit hinzurechnen.

Ich glaube, wir müssen noch vor dem 6. Mai [1990] ein solches Gesetz vorlegen. Wir haben als Justizministerium eine Konzeption für ein solches Rehabilitierungsgesetz erarbeitet, der Regierung vorgelegt, die Regierung hat diese Konzeption in ihrer letzten Sitzung bestätigt. Es gibt einige Verfahren, die auch auf der Grundlage anderer Rechtsvorschriften durchgeführt werden können, also auf der Grundlage der Kassationsvorschriften. Ich erinnere Sie an das Verfahren gegen [Walter] Janka. Aber das sind wenige. Das sind Verfahren, die auf der Grundlage von falschen Anschuldigungen oder Rechtsbeugung zustande gekommen beziehungsweise abgeschlossen worden sind.

Woran wir denken, ist eine umfassende **Rehabilitierung**, die aber zur Voraussetzung haben müßte eine Entscheidung über das politische Strafrecht, weil dort für die Rehabilitierung der Ansatzpunkt ist. Und deshalb möchten wir, und wenn der Runde Tisch dem auch zustimmt, noch eben in dieser Periode bis zum 6. Mai [1990] vorschlagen, daß man sowohl diese grundsätzliche **Reform des politischen Strafrechts** durchführt – hier wird also in dieser Woche noch der Gesetzentwurf dem Runden Tisch zugeleitet – wir haben ihn ja auch mit einigen Vertretern des Runden Tisches beraten.

Es waren nicht alle unserer Einladung gefolgt. Also, hier gibt es zumindest mit einigen Gruppen und Parteien einen Konsens. Also, wir möchten vorschlagen, daß wir vielleicht doch versuchen, neben diesen richtigen Prioritäten, die hier von Frau Kögler gesetzt worden sind, auch dieses komplizierte Problem alsbald und bis zum 6. Mai [1990] noch mit in Angriff zu nehmen und zum Abschluß zu bringen. Wir brauchen ein Rehabilitierungsgesetz, um diese Fälle, die Sie offensichtlich im Auge haben, einer Rehabilitierung zuführen zu können.

Es wurde noch die Frage gestellt nach **Wirtschaftsgerichten**, also nach der Frage Vertragsgerichtsbarkeit, Wirtschaftsgerichtsbarkeit. Es ist in der Tat so, obwohl das hier in diesem Plan nicht enthalten ist, weil die Sache meines Erachtens auch nicht bis zum 6. Mai [1990] geschafft werden kann, daß unter den Bedingungen einer marktwirtschaftlich orientierten Wirtschaft Vertragsgerichte keine Existenzberechtigung mehr haben, weil ja Vertragsgerichte im eigentlichen Sinne wirtschaftsleitende Organe sind, die unmittelbar in die Vertragsgestaltung eingreifen können.

Und das kann man natürlich nicht in solchen Fällen machen, wo sich Privatbetriebe bilden oder **ausländisches Kapital** sich an Betrieben, gleich welcher Eigentumsform, beteiligt. Deshalb brauchen wir Wirtschaftsgerichte. Das heißt Gerichte, die wie ordentliche Gerichte arbeiten und als solche auch angerufen werden können. Ob man die Zuständigkeit für solche Entscheidungen in die bestehenden Gerichte eingliedert, wie wir das mit der Verwaltungsgerichtsbarkeit gemacht haben, oder eine besondere, danebenstehende Gerichtsbarkeit bildet, ist noch nicht entschieden. Aber das zentrale Vertragsgericht hat auf jeden Fall bereits einen ersten Entwurf für die Bildung eines Gesetzes für die Bildung von Wirtschaftsgerichten erarbeitet.

Lange (Moderator): Herr Wittenbeck, vielen Dank für Ihre Beiträge für diesen ersten Teil des Gespräches.

Es wird eine Fortsetzung geben mit Ihrem Ministerium, und wir sind natürlich in der Situation, daß wir dann immer wieder Kontakt aufnehmen und die anstehenden Fragen beraten. Vielen Dank, daß Sie hier gewesen sind. Ich verweise die Teilnehmer auf die verteilte **Information 9/1 [AG „Recht": Zustimmung Rechtsausschuß zum Gesetzgebungsplan der Volkskammer**[21]**]**.

---
[21] Dokument 9/5, Anlagenband.

Bevor wir jetzt unterbrechen für die Mittagspause, hat Herr Gysi noch um eine Erklärung gebeten. Darf ich Sie bitten, diese jetzt zu geben.

Gysi (SED-PDS): Da ich nicht mehr zurückkomme nach der Mittagspause, also, weil ich andere Verpflichtungen habe, wollte ich noch einmal auf unsere Information verweisen, die hier vorliegt, und damit zugleich ein Mißverständnis ausräumen, weil ich gehört habe, daß Herr Ullmann vorhin darauf hinwies, daß ich irgendwie den **Staatsrat** wiederbeleben will und das mit bestimmten Strukturen oder so verbunden ist.

Um es deutlich zu sagen, es ging mir um den Zeitraum bis zur Änderung der Verfassung, die die Wahl eines Präsidenten ermöglicht. Und ich will hier nicht ansonsten alte [Strukturen], und ich habe schon mehrfach gesagt, daß ich dafür bin, daß wir künftig einen Präsidenten wählen und nicht mehr einen Staatsrat haben. Aber bis dahin meine ich schon für die Durchführung der Wahlen und auch zur internationalen Repräsentanz der DDR brauchten wir einen stabileren Staatsrat, bis eben die Verfassungsänderung vorliegt, mit einer parteiunabhängigen Persönlichkeit.

Ich möchte auch noch darauf hinweisen, daß unser Brief an den Runden Tisch [**Information 9/3, SED-PDS: Zur Bewältigung der erweiterten Demokratisierung**[22]] sehr ernst gemeint ist, so wie auch alle Erklärungen, die am Sonnabend von uns beschlossen worden sind hinsichtlich auch des Abbaus jeder Polarisierung und der tiefen Erkenntnis bei uns, daß wir in Gegenwart und Zukunft zusammen leben müssen und dafür Bedingungen schaffen sollten, die in einem demokratischen, gleichberechtigten Miteinander und nicht in einer Ausgrenzung oder Existenzkrise irgendwelcher Teile der Bevölkerung bestehen können. Zumal das, was mit unserer Partei, die ja eine neue werden will, geschieht, wenn sie weg ist, auch einer Verfälschung der demokratischen Verhältnisse der geistigen und politischen Kräfte in unserem Lande wäre.

Ich hoffe, daß es hier Konsens geben kann, damit im Interesse der Stabilität unseres Landes Möglichkeiten geschaffen werden, diese demokratischen Verhältnisse tatsächlich zu gestalten.

Und als letzten Satz dazu möchte ich noch sagen, daß wir davon ausgehen, daß es möglich sein wird, nein, wir bitten sogar alle anderen Parteien und Bewegungen darum, unseren Erneuerungsprozeß so aufmerksam und kritisch wie möglich zu begleiten, ob wir es tatsächlich schaffen, eine neue Partei zu werden, aber nicht einen Existenzkampf mit uns zu führen, damit wir eben zu keiner Polarisierung in dieser Gesellschaft kommen. Das wollte ich noch sagen.

Danke schön.

Lange (Moderator): Danke.

Diese **Information** liegt unter Nummer **9/3** uns allen vor. Dann können wir an dieser Stelle unsere Beratung unterbrechen für die Mittagspause. Das Mittagessen wird wie in den letzten Sitzungen eingenommen, das heißt, die Teilnehmer des Runden Tisches gegenüber, alle anderen in der Kantine. Wir setzen unsere Sitzung fort [um] 14.00 Uhr.

[Unterbrechung der Sitzung]

Ducke (Moderator): Herr Lange hat mutig gesagt, daß wir um 14.00 Uhr weitermachen möchten, aber ich bitte um Ihr Verständnis, wir müssen die Mittagspause, weil wir zu spät angefangen haben und manche noch nicht mit dem Essen fertig sind, ein wenig verlängern.

Und außerdem bitten die Oppositionsgruppen noch, eine kleine Beratung abhalten zu dürfen. Das haben wir auch gestattet. Also, zehn Minuten haben Sie jetzt noch Geduld zu haben, ganz sicherlich nur, damit Sie die Kameras von der Schulter wegnehmen können. Na, war das nicht wieder sozial für die Medien, nicht?

Also, bitte.

[Unterbrechung der Sitzung]

TOP 4: Anträge zur Tagesordnung

Ducke (Moderator): Meine Damen und Herren, ich darf Sie bitten, nach der Mittagspause wieder am Runden Tisch Platz zu nehmen.

Für die Medien gibt es noch einen Fototermin. Und danach würden wir Sie dann bitten, wieder den Saal zu verlassen. Sie kennen ja die Konditionen, unter denen wir hier die Verhandlungen führen können, daß die Öffentlichkeit daran teilnehmen kann, aber auch eine größtmöglichste Ruhe hier am Runden Tisch gewährleistet sein muß.

Meine Damen und Herren, liebe Hörerinnen und Hörer und auch liebe Zuschauerinnen und Zuschauer, wir beginnen am Nachmittag mit unserem Tagesordnungspunkt Befragung zu Sicherheitsproblemen. Zu dieser **Befragung zu Sicherheitsproblemen** haben sich angesagt und Platz genommen hier am Runden Tisch Herr Krenz und Herr Herger.

Bevor [wir] in diesen Tagesordnungspunkt eintreten können, muß ich noch das nachholen, was wir heute früh uns vorgenommen hatten, nämlich an einem bestimmten Punkt unserer Tagesordnung den Schnitt zu machen, daß noch Anträge, weitere Anträge zur Tagesordnung möglich sein müssen. Zweitens habe ich eine Information der Israelitischen Synagogengemeinde, Adass Isroell, davon zu berichten. Und außerdem hat noch die NDPD die Möglichkeit zu einer Erklärung. In dieser Reihenfolge wollen wir auch so verbleiben. Ich rufe auf Anträge zur Tagesordnung.

Bitte, Herr Ziegler und Herr Poppe.

Ziegler (Co-Moderator): Ich muß dazu mitteilen, daß die Volkskammer, der Jugendausschuß, eine Einladung übersandt hat zu einer Besprechung über den Arbeitsplan des Jugendausschusses. Die nächste Beratung findet schon am 23. Januar [1990] um 10.30 Uhr, also morgen, statt. Und es wäre gut, wenn wir diesen Tagesordnungspunkt kurz beraten könnten, wer daran teilnimmt, um festzulegen, wer daran teilnimmt.

Zweitens: Vom Minister für Innere Angelegenheiten ist ein Vorschlag gekommen zu einem Gespräch über Fragen der Gewaltlosigkeit und der **Sicherheitspartnerschaft**. Es werden zwei Termine unterbreitet. Am 24. oder 26. Januar [1990], jeweils 14.00 Uhr. Auch darüber müßte unter Punkt 8 noch eine Verständigung herbeigeführt werden.

Ducke (Moderator): Danke schön. Das waren die beiden Anträge. Sie haben notiert, wir haben [TOP] **8.1** und **8.2**. Können wir das, ich muß Sie fragen, können wir diese beiden Anträge annehmen? Sie haben die Begründungen gehört. Darf ich darum um Ihre Abstimmung jetzt bitten?

---
[22] S. o. unter TOP „Beratung mit der Regierung".

Wer dafür ist, daß diese beiden Anträge zur Tagesordnung hinzugezählt werden, den bitte ich um das Handzeichen kurz. Bitte, darf ich um Ihr Handzeichen bitten? Darf ich um Abstimmung bitten? Die beiden Anträge. – Danke, das ist die Mehrheit.

Bitte, Herr Poppe.

Poppe (IFM): Ja, zwei Punkte.

Zuerst bitte ich zu klären, ob zum Tagesordnungspunkt **Wahlgesetz** die beiden eingeladenen Experten anwesend sind.

Zum Zweiten bitte ich einzufügen einen Antrag zum Zivilgesetz, und zwar unmittelbar im Anschluß an das Thema Wahlgesetz, also **Zivildienstgesetz**, da auch, wie im Falle des Wahlgesetzes, am 29. [Januar 1990] die Volkskammer darüber tagt.

Ducke (Moderator): Herr Poppe, Sie haben die Dringlichkeit dieses Tagesordnungspunktes erwähnt, am 29. [Januar 1990] die Tagung der Volkskammer, soll das Zivildienstgesetz verabschiedet werden, wenn ich das richtig Ihrem Antrag entnehme. Wer dafür ist, daß wir diesen Antrag noch als einen Punkt hineinnehmen in unsere heutige Tagesordnung, und zwar unter Punkt 6 nach Wahlgesetz, ja, also 5 bleibt, und unter 6 dann Zivildienstgesetz. Oder machen wir 5.a Zivildienstgesetz, ja. Wer dafür ist, den bitte ich um das Handzeichen. – Dies ist die Mehrheit. Ich danke.

Darf ich Herrn Jordan bitten? Noch [ein] Antrag zur Tagesordnung?

Jordan (GP): Ich bitte noch einmal die Frage mit den Experten.

Frau Röth (UFV): Also, die Experten sind anwesend und befinden sich bereits in den Räumen des Gebäudes.

Jordan (GP): Danke schön.

Ducke (Moderator): Vielen Dank, Frau Röth, daß jemand das übernommen hat. Sind Sie dann auch bereit, sobald die da sind, [daß sie] zu Wort kommen können, die Vermittlung zu übernehmen?

Danke schön. Herr Jordan, bitte noch Anträge zur Tagesordnung?

Jordan (GP): Die Grüne Partei stellt den Antrag [**Vorlage 9/5, GP: Antrag zur Einrichtung einer Gedenk- und Forschungsstätte zum DDR-Stalinismus**], daß unser Vorschlag, eine Gedenk- und Forschungsstätte zum DDR-Stalinismus einzurichten, im Zusammenhang mit der Befragung zu Sicherheitsproblemen behandelt wird.

Ducke (Moderator): Danke, so war es auch vorgesehen, unter Sicherheitsfragen und da kommen die ganzen Fragen mit dazu. Danke, Herr Jordan.

Herr Pflugbeil, bitte.

Pflugbeil (NF): Ich möchte bitte zwei Anträge anmelden, [**Vorlage**] **9/3** [**NF: Antrag betr. Maßnahmen zur Auflösung des MfS**] und [**Vorlage**] **9/4** [**NF: Antrag betr. leerstehende Objekte des MfS**], zu dem Tagesordnungspunkt 4 [Befragung zu Sicherheitsproblemen].

Ducke (Moderator): Einverstanden. Das liegt ja vor, weil Sicherheit ist. Die Anträge liegen Ihnen vor.

Weiter?

Pflugbeil (NF): Und wir haben einen Augenzeugenbericht von Dr. Tondeur [vgl. **Information 9/12, NF: Schreiben H. Tondeur zur Demonstration in der Normannenstraße**] zu den Vorkommnissen um die Normannenstraße am vergangenen Montag. Und wir möchten bitten, daß er hier vortragen darf.

Ducke (Moderator): Das müßten Sie uns noch ein wenig näher erläutern.

Darf ich bitten noch einmal, Herr Pflugbeil? Es ist ein Augenzeugenbericht. Sollen wir – – ich stelle zur Diskussion, ob ich es richtig verstanden habe. Zu den Vorgängen am 15. Januar [1990] in der Normannenstraße liegt ein Augenzeugenbericht vor, der auf Ihren Antrag hin hier vorgetragen werden soll.

Ist das so richtig?

Pflugbeil (NF): Ja, das ist richtig.

Ducke (Moderator): Ich frage das Plenum, oder Herrn Hegewald, Sie hatten dazu – – Nein. Möchte jemand dazu sich äußern? Ich frage das Plenum, sind Sie einverstanden?

Ich muß natürlich dazu sagen, daß wir jetzt [das] Rederecht jemanden anderem gewähren, aber das Neue Forum verantwortet sozusagen für sich und daß es kurz ist, ja? – Gut. Darf ich das Plenum fragen, ob Sie dafür sind, daß dieser Augenzeugenbericht hier, soweit es dann die Zeit erlaubt, damit wir im Plan ein bißchen bleiben können, verlesen wird. Darf ich um Ihr Handzeichen bitten, wer dafür ist? – Dies ist die Mehrheit.

Ich danke.

Herr Pflugbeil, Sie würden dann dafür sorgen, daß das rechtzeitig dann da ist? – Danke. Liegen weitere Anträge zur Tagesordnung vor? – Das ist nicht der Fall. Dann habe ich eine Mitteilung zu machen. Uns liegt ein Telex von der Israelitischen – – Teilnehmern des Runden Tisches hier in den Umlauf zur Information – –

Wir bitten um Verständnis, daß wir das jetzt nicht für jeden einzelnen abgelichtet haben. Es liegt zu Ihrer Information [aus]. Wollen wir das jetzt hier herumgeben? Ist vielleicht das einfachste. Sonst können Sie es auch dann einzeln nachlesen. Bitte schön.

Und drittens bittet die NDPD um das Wort zu einer Erklärung.

Bitte, Herr Dr. Stief.

Stief (NDPD): Meine Damen und Herren, im Zusammenhang mit dem am 20. und 21. Januar 1990 stattgefundenen 14. Parteitag der NDPD und mit der Absicht, weiteren Irritationen im Lande vorzubeugen, möchte ich folgende Erklärung abgeben[23]:

> Erstens: Der Vorschlag zum Achtstufenplan zur Herstellung der deutschen Einheit ist von den Delegierten des 14. Parteitages unterbreitet worden mit dem Auftrag an die Programmkommission, ihn in das weiter zu vervollkommnende Wahlprogramm einzubeziehen. Dieser Vorschlag wurde vom Parteitag mehrheitlich bestätigt. Derzeit gibt es darüber heftigste Auseinandersetzungen in der Partei. Endgültig wird erst über den heute vorgezogenen Wahlparteitag im Februar entschieden.
>
> Zweitens: Das Schlußwort des Parteivorsitzenden wird von weiten Teilen der Partei und von den gestern bisher

---

[23] Diese Erklärung wurde dem Runden Tisch nicht schriftlich vorgelegt.

> gewählten stellvertretenden Parteivorsitzenden nicht geteilt. Der Vorsitzende der Partei distanziert sich von diesem Schlußwort.
>
> Drittens: Im Zusammenhang mit der Sicherheitslage in der DDR erklären wir: Die von Delegierten des 14. Parteitages der NDPD erhobene Forderung nach einer spontanen Demonstration der Teilnehmer zum und durch das Brandenburger Tor wurde durch besonnene Kräfte des 14. Parteitags verhindert.

Danke.

Ducke (Moderator): Danke, Herr Stief.

Das war die Erklärung.

Nun muß ich wieder die Medien um ihr Verständnis bitten, wenn sie jetzt bitte den Raum verlassen würden. Sie wissen, es wird alles übertragen durch das Fernsehen der DDR, durch die Fernsehanstalt der Bundesrepublik. Zugelassen zum Fotografieren sind nur die Agenturen. Darf ich Sie bitten, daß alle anderen den Raum nun verlassen, damit wir in die Tagesordnung eintreten beziehungsweise fortfahren können.

Bitte, haben Sie Verständnis. Sonst müssen wir um entsprechende Ordner bitten. Und dann darf ich bitten, daß die Teilnehmer des Runden Tisches einen „fliegenden Wechsel" nach Möglichkeit vermeiden möchten am Runden Tisch. Es ist uns unmöglich zu leiten, wenn wir nicht wissen, wer daran sitzt.

Ich bitte die dafür Verantwortlichen, sofort uns den Namenszettel nach vorn zu reichen.

Bitte, sind Sie so nett - - Ach, Sie haben das schon geändert? Heute nachmittag auch? - Nein.

Bitte sofort. Oder wer sitzt da am Runden Tisch?

Schulze (GP): Ich darf mich kurz vorstellen. Andreas Schulze, Grüne Partei in der DDR.

Ducke (Moderator): Ja, machen Sie bitte.

Ich würde dann immer die jeweiligen Parteien oder Gruppen bitten, uns das vorher mitzuteilen.

Bitte.

Mitter (IFM): Dr. Armin Mitter, Initiative für Frieden und Menschenrechte.

TOP 5: Staatssicherheit in der DDR

Ducke (Moderator): Danke.

Sind Sie bitte so nett und machen sofort Ihren Namenszettel - - und zur Presse - -

Danke.

Meine Damen und Herren, ich rufe auf den **Punkt 4 der Tagesordnung, Befragung zu Sicherheitsproblemen,** und erteile zunächst das Wort - - oder hier ist eine Rückfrage?

Herr Pflugbeil, bitte.

Pflugbeil (NF): Ich möchte bitte wissen, ob ein verantwortlicher Beamter der Regierung für die Auflösung des Amtes jetzt hier anwesend ist. Ich denke, es wäre wichtig für den Verlauf der Diskussion.

Ducke (Moderator): Das ist nicht der Fall.

Wir würden, wir müßten - - ich habe jetzt auch die Frage nicht ganz verstanden, weil ja das Dreierkollegium erst dann noch heute beschlossen wird. Wissen Sie, das ist das Problem dabei gewesen. Wir hatten ja den Beschluß gefaßt, daß dieses unter ziviler Kontrolle in einem Dreierkollegium - - Darüber ist noch nicht beschlossen, weil der Namensvorschlag noch nicht daliegt.

Pflugbeil (NF): Ich denke, Herr Sauer ist der verantwortliche Mann.

Ducke (Moderator): Nein, Herr Sauer ist der Beauftragte der Regierung, der heute mit der Regierung dagewesen ist. Jetzt ist [die] Befragung von Herrn Krenz und Herrn Herger angesetzt. Das war der Tagesordnungspunkt, wozu wir die anderen Punkte rechnen. Vielen Dank, daß Sie uns dann darauf aufmerksam gemacht haben.

Ich darf zunächst bitten, Herr Krenz, um Ihr Wort. Bitte.

Krenz (ehem. Vorsitzender des Staatsrates und des Nationalen Verteidigungsrates sowie ehem. Generalsekretär des ZK der SED):

> **[Erklärung Egon Krenz zur Beziehung von SED und Sicherheitsapparat[24]]**
>
> Meine Damen und Herren!
>
> Wir haben zu sprechen über die Beziehungen von Partei- und Sicherheitsapparat bis Oktober 1989. Dies ist der Bericht von zwei Personen, die seit 1984 beziehungsweise 1985 im Zentralkomitee der SED politische Mitverantwortung für die Sicherheitspolitik trugen, nunmehr als Bürger sprechen und weder in Parteifunktionen stehen noch ein Arbeitsrechtsverhältnis haben. Wir sprechen in unserer beider Namen, ohne den Bericht einer Partei vorzulegen. Was mich betrifft, bin ich seit gestern parteilos, werde mich aber dennoch nicht aus der Verantwortung stehlen. Wir fühlen uns keiner Schweigepflicht unterworfen und sind bereit, über alles rückhaltlos Auskunft zu geben, was uns bekannt ist. Bevor wir auf den unmittelbaren Zusammenhang von SED und Ministerium für Staatssicherheit eingehen, gestatten Sie uns einige Vorbemerkungen, die uns für das Verständnis des Sachverhaltes notwendig erscheinen.
>
> Zu den Ursachen der Krise in der Gesellschaft haben wir unseren Standpunkt auf der damaligen 9. und 10. Tagung des Zentralkomitees dargelegt der SED. Dabei haben das Zentralkomitee der damaligen SED, sein Politbüro und wir beide persönlich {die politische Mit-}Verantwortung für die verfehlte Politik der Partei- und Staatsführung übernommen. Nicht unerwähnt möchten wir dabei lassen[25], daß wir zu den Initiatoren gehören, die gemeinsam mit anderen die Ablösung Erich Honeckers und weiterer Mitglieder der alten Führung betrieben. Dies geschah vor allem in der Einsicht, daß eine Fortsetzung der Politik der alten Partei- und Staatsführung zu schwer kalkulierbaren Folgen geführt hätte. Wir gingen davon aus, daß politische Fragen nur mit politischen Mitteln gelöst werden können. Ge-

---

[24] Der Text dieser Rede wurde erst in der 10. Sitzung als „Information 10/1" vorgelegt. Rechtschreibung, Interpunktion, Gliederung und Hervorhebungen folgen der schriftlichen Fassung. Passagen in geschweiften Klammern {} sind nur im mündlichen Vortrag enthalten.

[25] Abweichend vom Vorlagentext sagte Herr Krenz: „... wir in diesem Zusammenhang lassen, ...".

waltsame Zusammenstöße zwischen Bürgern und Staatsmacht, wie sie in den ersten Oktobertagen dieses Jahres[26] stattfanden, und die allgemein von der damaligen Partei- und Staatsführung als konterrevolutionäre Aktionen betrachtet wurden, hätten unser Land und unsere Verbündeten in ein tiefes Chaos gestürzt. Während die demokratische Volksbewegung auf {die} Erneuerung {der Gesellschaft} drängte, hielt fast die gesamte Partei- und Staatsführung an alten Denkschemata und[27] einer falschen Sicherheitskonzeption fest und stellte sich gegen die Einführung radikaler Reformen. Dieser Widerspruch wurde durch die damalige Führung der SED mit der 9. Tagung des ZK zu lösen begonnen. Unsere Haltung zur politischen Mitverantwortung an der verfehlten Politik haben wir in einem Material an den damaligen Sonderparteitag unter anderem mit folgenden Worten umrissen: Wir, „die zu den Mitverfassern dieses Berichtes gehören, empfinden die Notwendigkeit und das Bedürfnis sich bei den Mitgliedern der SED und bei allen Bürgern für die entstandene Lage zu entschuldigen." Wir möchten diese Entschuldigung gerade hier am Runden Tisch und damit vor der gesamten Öffentlichkeit noch einmal aussprechen, besonders gegenüber allen, die unter der alten Sicherheitsdoktrin gelitten haben. Wir bitten sie alle, unsere Entschuldigung anzunehmen. Wenn auch viel zu spät, das ist der Hauptvorwurf den wir uns machen, haben wir mit unserer Initiative zur Durchführung der 9. Tagung des Zentralkomitees gemeinsam mit anderen politischen Freunden dazu beigetragen, den friedlichen Verlauf der Revolution in unserem Lande zu unterstützen. Seit meiner Wahl zum Vorsitzenden des Staatsrates und des Nationalen Verteidigungsrates hat es keinerlei Zusammenstöße dieser Art mehr gegeben. Wenn wir über die Verbindung von SED und Sicherheitsapparat sprechen, dann muß unbedingt darauf verwiesen werden, daß sich diese Strukturen seit über 40 Jahren herausgebildet haben. Bei der Aufnahme unserer Arbeit im Zentralkomitee sind wir bereits auf diese Strukturen gestoßen. Die Verselbständigung des Machtapparates infolge des Anspruches der alten Partei- und Staatsführung auf Lenkung aller Prozesse im Lande führte zu einer sich immer mehr abschließenden und schließenden Gesellschaft. Die damalige SED vergaß, ihre Rolle als politische Partei wahrzunehmen. Die Parteibasis wurde nicht selten reglementiert, die Gesellschaft verwaltet, die Bürger wurden entmündigt. Wir wollen hier hervorheben, daß hierfür[28] nicht die Mitglieder der SED und die Mehrheit der Mitarbeiter[29] der Schutz- und Sicherheitsorgane die politische Verantwortung tragen. Die trägt die Führung. 1960 wurden in der SED-Führung Beschlüsse gefaßt, wonach der Staatsapparat die Beschlüsse des Zentralkomitees der SED zu verwirklichen habe. Diese Tatsache führte verstärkt zu der verhängnisvollen Verbindung von SED, Partei- und Sicherheitsapparat. Das Statut der SED sah vor, daß die Parteimitglieder in den gewählten Organen des Staates, ich zitiere, „die Durchführung der Parteien- und Regierungsdirektiven zu sichern" {, Ende eines Zitats,} haben. Das Fehlen demokratischer Kontrolle in Ökonomie, Politik,

Öffentlichkeit, Justiz und Sicherheitsapparat erzeugte geradezu in den alten Strukturen Subjektivismus, wachsende Unfähigkeit zur Selbstkorrektur und zur notwendigen inneren Reform[30]. Es führte zur Problemverdrängung. Das Hineinregieren in alle Bereiche des gesellschaftlichen Lebens schränkte Kreativität und Individualität ein, führte zu Opportunismus, Doppelzüngigkeit, Passivität und Resignation. Parteimitglieder der SED, die ihre berechtigte Kritik kundtaten, bekamen die Allmacht genauso zu spüren wie kritische Stimmen Andersdenkender, die sich nicht im verordneten Tätigkeitsrahmen der Parteien und Organisationen bewegten. Das alles führte zu schweren politischen, ökonomischen und moralischen Belastungen für unsere Gesellschaft. Davon hat sich die SED seit Oktober 1989 zu trennen begonnen. Vor dem Hintergrund der über 40jährigen Verselbständigung des Sicherheitsapparates konnten jene Dinge geschehen, über die vor einer Woche am Runden Tisch[31] berichtet wurde und über die die Bevölkerung unseres Landes zu Recht außerordentlich empört ist. Lassen Sie uns nach unserem heutigen Erkenntnisstand folgendes darlegen. Ich möchte betonen, nach unserem heutigen Erkenntnisstand.

1. Das Verhältnis von SED und Ministerium für Staatssicherheit widerspiegelt sich besonders klar in der vom Ministerium für Staatssicherheit verwandten Losung „Schild und Schwert der Partei" zu sein. Darin drückte sich in Worten ein Führungsanspruch der Partei gegenüber dem Ministerium für Staatssicherheit aus und zum anderen die Forderung an die prinzipielle Treue der Mitarbeiter zur Partei[32]. In Wirklichkeit entwickelte sich das Ministerium für Staatssicherheit {zunehmend} zu einem {nach außen hin} abgeschirmten Staat im Staate, der selbst Mitglieder der Partei unter Kontrolle nahm. Im Ministerium für Staatssicherheit gab es den Grundsatz, daß jeder nur das wissen darf, was für seine Arbeit benötigt wird. Dieses Prinzip wurde auch für die Übergabe von Informationen an unterschiedliche Personen in Partei und Regierung angewandt, so daß die konspirative Arbeit auch auf diesem Teil der Funktionäre übertragen wurde. Diese Entwicklung war verhängnisvoll. Unter Verletzung jeglichen demokratischen Prinzips wurden Fragen der staatlichen Sicherheit, der konkreten operativen Arbeit des Ministeriums für Staatssicherheit mit Ausnahme von Kaderentscheidungen und Investitionen im wesentlichen zwischen dem Vorsitzenden des Nationalen Verteidigungsrates und dem Minister für Staatssicherheit beraten und entschieden. Auf keiner Ebene waren die gewählten Leitungen der SED, die Sekretariate der Kreis- und Bezirksleitungen und auch nicht das Sekretariat des Zentralkomitees und das Politbüro mit der operativen Tätigkeit und dem Einsatz der bewaffneten Organe direkt befaßt. In keinem Fall waren Funktionäre der SED außerhalb ihrer staatlichen Funktionen, z. B. Vorsitzender des Nationalen Verteidigungsrates oder Minister, weisungsbefugt gegenüber den Schutz- und Sicherheitsorganen. Sie waren keine Dienstvorgesetzten. Bis zu seiner Ablösung als Vorsitzender des Nationalen Verteidigungsrates hat sich Erich Ho-

---

[26] Abweichend vom Vorlagentext sagte Herr Krenz: „... 1989...".
[27] Abweichend vom Vorlagentext sagte Herr Krenz: „... Denkschemata, an...".
[28] Abweichend vom Vorlagentext sagte Herr Krenz: „... dafür...".
[29] Abweichend vom Vorlagentext sagte Herr Krenz: „... auch nicht alle Mitarbeiter...".
[30] Abweichend vom Vorlagentext sagte Herr Krenz: „... zu notwendigen inneren Reformen.".
[31] Abweichend vom Vorlagentext sagte Herr Krenz: „... vor dem Runden Tisch...".
[32] Abweichend vom Vorlagentext sagte Herr Krenz: „... der Partei. ...".

necker vorbehalten persönlich über Erkenntnisse des Ministeriums für Staatssicherheit informiert zu werden. In der Regel gab es jeden Dienstag nach der Sitzung des Politbüros eine Beratung zwischen ihm und dem Minister für Staatssicherheit.

Wolfgang Herger und ich können erklären: an diesen Besprechungen waren wir nicht beteiligt. Die Informationen des Ministeriums für Staatssicherheit betrafen sowohl außenpolitische und[33] innenpolitische Vorgänge. Sie wurden vom Minister für Staatssicherheit, dem Generalsekretär und je nach Arbeitsgebiet auch anderen Mitgliedern des Politbüros, Abteilungsleitern des Zentralkomitees und zuständigen Ministern der Regierung geheim übergeben. In den Monaten August und September wurde über die außergewöhnliche Lage, in der sich die Republik befand, mehrmals durch das MfS informiert. Aus Gesprächen mit dem Minister für Staatssicherheit wissen wir, daß der Generalsekretär {des ZK} der SED regelmäßig über die sicherheitsmäßigen Aspekte in der Wirtschaft, in der Politik, in der Kultur und in anderen gesellschaftlichen Bereichen informiert wurde. Eine Information über Stimmungen in der Bevölkerung{, besonders} über Fragen des Reiseverkehrs, der ständigen Ausreise, der Bildung neuer Bewegungen und der Lage unter der Jugend, die wir dem Generalsekretär am 11. August vorgelegt hatten, damit sie noch unter seiner Leitung im Politbüro mit den entsprechenden politischen Schlußfolgerungen behandelt werden sollte, wurden von ihm unter persönlichen Verschluß genommen und nicht freigegeben. Die sich aus den Beratungen des Vorsitzenden des Nationalen Verteidigungsrates mit dem Minister für Staatssicherheit ergebenden Schlußfolgerungen wurden als sogenannte „zentrale Entscheidungen" jenen übergeben, die für ihre Durchführung verantwortlich waren. Durch den Minister für Staatssicherheit wurden Weisungen nach dem Prinzip der militärischen Einzelleitung gegeben. Es ist eine Tatsache, daß das Ministerium für Staatssicherheit außerhalb jeder parlamentarischen und Regierungskontrolle stand. Der Minister unterstand als Mitglied des Politbüros dem Generalsekretär {des ZK} der SED, als Minister für Staatssicherheit dem Vorsitzenden des Nationalen Verteidigungsrates, was meistens in Personalunion war und eigentlich nur der Form nach dem Vorsitzenden des Ministerrates. Die inzwischen bekannt gewordenen Tatsachen aus der Arbeit des Ministeriums für Staatssicherheit resultierten aus der falschen politischen Auffassung, daß Andersdenkende antisozialistische oder gar feindliche Kräfte seien und deshalb unter Kontrolle gehalten werden müssen[34]. Dies, das ist heute unsere feste Überzeugung waren eindeutige Menschenrechtsverletzungen.

2. Im Zentralkomitee der SED gab es eine Abteilung für Sicherheitsfragen, der 37 politische Mitarbeiter angehörten. Als Leiter wurde im März 1985 auf meinen Vorschlag hin erstmalig mit Dr. Wolfgang Herger, ein Zivilist eingesetzt, der nicht den Schutz- und Sicherheitsorganen angehörte. Die Abteilung für Sicherheitsfragen war für die politische Anleitung und Führung der Parteiorganisationen der SED in der Nationalen Volksarmee und in Grenztruppen der DDR im Ministerium der Inneren, im Ministerium für Staatssicherheit, in der Zollverwaltung sowie der Gesellschaft für Sport und Technik zuständig. Zur Verantwortung der Abteilung für Sicherheitsfragen gehörte, militärpolitische Entwicklungen zu verfolgen, Vorschläge zum KSZE-Prozeß[35], die Abrüstungsverhandlungen und die Dialogpolitik zu unterbreiten. Probleme der Dienst-, Arbeits- und Lebensbedingungen der Berufssoldaten, der Wehrpflichtigen, der Angehörigen des MDI, des Zolls sowie die Einflußnahme auf die Sicherung des Nachwuchses für militärische Berufe waren besonderes Anliegen. Die politische Anleitung der Kampfgruppen, die wehrpolitische Massenarbeit der Partei und die Vorbereitung der SED auf einen möglichen Verteidigungszustand gehörten gleichfalls zum Aufgabenbereich. Ich kann hier mit Nachdruck erklären: die Abteilung für Sicherheitsfragen verfügte über keinerlei Weisungsrechte gegenüber den staatlichen Leitern in diesem Bereich. Auf der Grundlage des Beschlusses des Sekretariats des ehemaligen Zentralkomitees vom 24. 9. 1980 über die Tätigkeit und den Aufbau der Parteiorganisation der SED im Ministerium für Staatssicherheit wurde diese direkt vom Sekretariat des ehemaligen ZK politisch angeleitet. Der Beschluß regelte, daß im Ministerium für Staatssicherheit eine eigene Kreisleitung der SED arbeitet und die Abteilung für Sicherheitsfragen ihr gegenüber anleitende Tätigkeit wahrnimmt. Für diese Tätigkeit gab es in der Abteilung einen Sektor, der aus 4 politischen Mitarbeitern bestand. Ihre Aufgaben bestanden auf der Grundlage der Arbeitsordnung des Zentralkomitees vor allem darin:

a) den Inhalt der Beschlüsse der Partei in den Parteikollektiven zu erläutern und den gewählten Parteileitungen zu helfen, sie in der politischen Arbeit zu verwirklichen. Die Abteilung für Sicherheitsfragen konnte keine eigenen Beschlüsse fassen oder irgendwelche Direktiven von sich aus herausgeben.

b) Bei der Vorbereitung von Kaderentscheidungen mitzuwirken, die vom Ministerium für Staatssicherheit vorgeschlagen und vom Politbüro bzw. vom Nationalen Verteidigungsrat bestätigt wurden.

c) An politischen Grundsätzen und Grundfragen mitzuarbeiten. Die Ableitung von fachlichen Aufgaben aus den politischen Grundsätzen lag ausschließlich in der Verantwortung des Ministers für Staatssicherheit.

d) Eingaben von Bürgern und Mitgliedern der SED zu bearbeiten, in denen Bezugspunkte zur Tätigkeit des ehemaligen Ministeriums für Staatssicherheit sichtbar wurden. Wir nahmen mehrmals entsprechend unseres Verantwortungsbereiches auf die Vorbereitung grundsätzlicher Gesetze und Beschlüsse Einfluß. Um das Ausmaß deutlich zu machen ein paar Beispiele dafür: Gesetzentwurf zur Abschaffung der Todesstrafe, Gesetz zur Durchführung einer umfassenden Amnestie, Gesetzentwurf zur gerichtlichen Nachprüfbarkeit von Verwaltungsentscheidungen, Vorschläge zum Reiseverkehr im Zusammenhang mit den Wiener Verhandlungen, Klärung von humanitären Fragen, die vor allem von westlichen Politikern in Gesprächen an Funktionäre der Partei und des Staates herangetragen wurden, Unterstützung bei der Lösung von gesetzlichen Regelungen für Bürger der DDR.

---

[33] Abweichend vom Vorlagentext sagte Herr Krenz: „... wie ...".
[34] Abweichend vom Vorlagentext sagte Herr Krenz: „... müßten.".
[35] Abweichend vom Vorlagentext sagte Herr Krenz: „... und Vorschläge für den KSZE-Prozeß, ...".

Ähnliche Aufgaben wie die Abteilung für Sicherheitsfragen im Zentralkomitee hatten die gleichen Abteilungen in den Bezirksleitungen der SED. Die Zahl ihrer Mitarbeiter lag zwischen 5 bis 10. In den Kreisleitungen der SED gab es in der Regel einen persönlichen Mitarbeiter des 1. Sekretärs, der für Sicherheitsfragen zuständig war. In Grenzkreisen waren es zwei. Dieser war dem 1. Kreissekretär gegenüber vor allem verantwortlich für die Arbeit mit den der Kreisleitung direkt unterstehenden Parteiorganisationen der Volkspolizeikreisämter, der Kreisdienststellen des Ministeriums für Staatssicherheit und den Parteiorganisationen der Zollverwaltung. Darüber hinaus war er verantwortlich für die parteipolitische Zusammenarbeit mit den im Kreis befindlichen Dienststellen der Nationalen Volksarmee und den Grenztruppen der DDR. Zu seinem Aufgabengebiet gehörte auch die politische Arbeit mit der Grundorganisation des Kreisvorstandes der GST. Der persönliche Mitarbeiter des 1. Kreissekretärs für Sicherheitsfragen hatte weder Weisungsrecht noch Befugnisse hinsichtlich der operativen Arbeit der bewaffneten Organe. Die Zusammenarbeit mit den Leitern der Volkspolizei-Kreisämter, der Kreisdienststellen des Ministeriums für Staatssicherheit und des Wehrkreiskommandos wurde durch den 1. Kreissekretär persönlich als Vorsitzender der Kreiseinsatzleitung wahrgenommen. Zur Praxis gehörte, daß dem Vorsitzenden der Kreiseinsatzleitung ausgewählte Informationen zur Bewertung der Sicherheitslage im Territorium durch den Leiter des VPKA und den Leitern[36] der Kreisdienststellen des Ministeriums für Staatssicherheit gegeben wurden.

2. Zum Nationalen Verteidigungsrat und zu seiner Verflechtung mit der SED

Der Nationale Verteidigungsrat existiert seit März 1960 nach dem Gesetz über die Bildung des Nationalen Verteidigungsrates vom 10. 2. 1960. Sein Vorsitzender war in der Regel der Vorsitzende des Staatsrates, der in Personalunion die Funktion des 1. Sekretärs bzw. des Generalsekretärs des ZK ausübte. Eine Ausnahme gab es in den Jahren 1973 bis 1976. Dem Nationalen Verteidigungsrat oblag die zentrale Leitung der Verteidigungs- und Sicherheitsmaßnahmen, insbesondere die Gewährleistung der Landesverteidigung und die Vorbereitung des Landes auf einen möglichen Verteidigungszustand. Entsprechend dem Verteidigungsgesetz mußte der Nationale Verteidigungsrat aus seinem Vorsitzenden und mindestens 12 Mitgliedern bestehen. Zu den Mitgliedern, die vom Staatsrat berufen wurden, zählten: der Präsident der Volkskammer, der Vorsitzende des Ministerrats und beide ersten Stellvertreter, der Minister für Nationale Verteidigung, der Minister des Inneren, {und} der Minister für Staatssicherheit, der Sekretär des Zentralkomitees der SED für Wirtschaft, der Sekretär des Zentralkomitees der SED für Landwirtschaft sowie der für Sicherheit und der für Ideologie, zwei Vorsitzende von Bezirkseinsatzleitungen zuletzt aus Suhl und Magdeburg, die Chefs des Hauptstabes und der politischen Hauptverwaltung der Nationalen Volksarmee, der Leiter der Abteilung für Sicherheitsfragen des Zentralkomitees der SED. Auf Beschluß des Nationalen Verteidigungsrates wurden in den Bezirken und Kreisen der DDR Bezirks- und Kreiseinsatzleitungen gebildet, die die Aufgabe hatten, die Planung, Kontrolle und Realisierung der Maßnahmen der Landesverteidigung zu koordinieren und einheitlich durchzusetzen. Entsprechend dem vom Nationalen Verteidigungsrat erlassenen Statut der Einsatzleitungen der DDR waren diese verpflichtet, die durch den Vorsitzenden des Ministerrates, dem Minister für Nationale Verteidigung, dem Minister für Staatssicherheit und dem Minister des Inneren und Chef der Deutschen Volkspolizei ihren Nachgeordneten in den Bezirken direkt oder über Beauftragte gestellten Aufgaben, die einer Koordinierung bedurften, durchzusetzen. Die Bezirkseinsatzleitungen setzten sich wie folgt zusammen:

Aus dem 1. Sekretär der Bezirksleitung der SED als Vorsitzenden, dem 2. Sekretär der Bezirksleitung der SED als Mitglied, zugleich Vertreter des Vorsitzenden im Amt, dem Chef des Bezirkswehrkommandos[37] der Nationalen Volksarmee als Mitglied, zugleich Stellvertreter des Vorsitzenden, dem Leiter der Bezirksverwaltung für Staatssicherheit als Mitglied, dem Chef der Bezirksbehörde der Deutschen Volkspolizei als Mitglied, dem Vorsitzenden des Rates des Bezirkes und Leiter der Zivilverteidigung als Mitglied, dem Leiter der Abteilung für Sicherheitsfragen der Bezirksleitung der SED als Mitglied und zugleich als Sekretär. Die Vorsitzenden der Bezirkseinsatzleitungen unterstanden unmittelbar {dem} Vorsitzenden des Nationalen Verteidigungsrates der DDR. Diese Zusammensetzung galt analog für die Kreiseinsatzleitungen. Die Hauptaufgaben der Einsatzleitungen waren auf die Vorbereitung von Maßnahmen in einer militärischen Spannungsperiode bzw. im Verteidigungszustand gerichtet. Die Einsatzleitungen führten jährlich 4 bis 6 Sitzungen durch, in deren Mittelpunkt vorwiegend standen: Stand der Vorbereitung der Territorien auf einen möglichen Verteidigungszustand, Führung der wehrpolitischen Arbeit, Gewinnung des militärischen Berufsnachwuchses, ökonomische Sicherstellung der Landesverteidigung. Die Bezirkseinsatzleitungen führten periodische Ausbildungs- und Überprüfungsmaßnahmen zur Landesverteidigung mit den Kreiseinsatzleitungen durch. Mit Befehl 16/89 des Vorsitzenden des Nationalen Verteidigungsrates wurde die Tätigkeit der Einsatzleitungen der DDR mit Wirkung vom 30. November 1989 eingestellt. Im gleichen Befehl wurde festgelegt, die für die Tätigkeit der Einsatzleitungen erlassenen bzw. durch sie erarbeiteten Dokumente bis 31. 12. 1989 zu archivieren und in den Wehrkommandos der Nationalen Volksarmee zu hinterlegen.

3. Nationaler Verteidigungsrat und Ministerium für Staatssicherheit

[Obwohl der Minister für Staatssicherheit seit Bildung des Nationalen Verteidigungsrates dessen Mitglied war, wurden vom[38]] Nationalen Verteidigungsrat keine speziellen Aufgaben dieses Ministeriums beraten. Zu den Aufgaben des MfS und seiner Organe, zu deren strukturelle Entwicklung zur Bewaffnung und Ausrüstung sowie zu finanziellen Aufwendungen für das MfS wurde nie im Nationalen Verteidigungsrat entschieden. Durch das Ministerium für Staatssicherheit wurden keine Zuarbeiten

---

[36] Abweichend vom Vorlagentext sagte Herr Krenz: „... und den Leiter...".

[37] Abweichend vom Vorlagentext sagte Herr Krenz: „... Wehrbezirkskommandos...".

[38] Im Tonbandprotokoll nicht verständlich. Ergänzt nach der schriftlichen Fassung.

zum jährlichen Plan der Maßnahmen des Nationalen Verteidigungsrates geleistet und keine eigenen Vorlagen außer denen zum Einsatz, zur Ernennung, zur Beförderung, zur Auszeichnung oder zur Abberufung von leitenden Kadern eingebracht. Zuarbeit durch das Ministerium für Staatssicherheit wurde zu Vorlagen des Ministers für Nationale Verteidigung über NATO-Übungen, den Stand der Entwicklung der Streitkräfte der NATO bzw. die militärische Vorbereitung des zivilen Bereiches der NATO-Staaten geleistet. Auch in den Einsatzleitungen der Bezirke und Kreise wurden durch die Chefs der Bezirksverwaltungen bzw. Leiter der Kreisdienststellen des MfS in der Regel keine speziellen Vorlagen eingereicht. Sie informierten über ausgewählte Probleme und nahmen zu Vorlagen anderer Stellung. Ein Weisungsrecht der Vorsitzenden der Einsatzleitungen gegenüber den Leitern der MfS-Dienststellen bestand nur im Rahmen der Koordinierung zentral gestellter Aufgaben bei der Vorbereitung des Landes auf den Verteidigungszustand bzw. im Verteidigungszustand. Der Leiter der Kreisdienststelle des MfS war dem Leiter der Bezirksverwaltung bzw. dem Minister unterstellt. Dieses Verhältnis wurde in keiner Weise aufgegeben.

{Meine Damen und Herren, wir stehen zur Beantwortung Ihrer Fragen zur Verfügung.} Ich danke für Ihre Aufmerksamkeit.

Ducke (Moderator): Danke, Herr Krenz, für Ihre Ausführungen.
Es hat nun um das Wort gebeten Herr Wolfgang Herger für eine Ergänzung.
Bitte, Herr Herger.

Herger (ehem. Leiter der Abteilung Sicherheitsfragen des ZK der SED):

[**Erklärung Wolfgang Herger zur Politik der SED unter Leitung von Erich Honecker**[39]]

Meine Damen und Herren!

Ich möchte hier am Runden Tisch, ehe ich auch Fragen beantworte, folgende persönliche Erklärung in Ergänzung zu dem abgeben, was Herr Egon Krenz gerade gesagt hat.

Ich bekenne mich wie Egon Krenz eindeutig dazu, daß ich die Gesamtpolitik der SED und seit 1985 die aus ihr abgeleitete Militär- und Sicherheitspolitik mit getragen, mit ausgearbeitet und mit vertreten habe, weil ich der Meinung war, das sie dem Wohle des Volkes dient{e}. Das Wesen der Arbeit der Parteiorganisationen in den bewaffneten Organen auch im Ministerium für Staatssicherheit bestand darin, alle Mitarbeiter mit der Politik der SED vertraut zu machen und sie zu aktiven Verfechtern dieser Politik zu erziehen. Sie sollten in dem Bewußtsein leben: alles, was ich tue, tue ich im Interesse der Partei und damit im Interesse des Volkes. Ich habe diese politische Linie aktiv vertreten und aktiv beeinflußt. Diese Erklärung bin ich {auch} den vielen Genossinnen und Genossen, auch in den Schutz- und Sicherheitsorganen und vielen Bürgerinnen und Bürgern dieses Landes schuldig, mit denen ich jahrzehntelang zusammengearbeitet habe.

Ich bin Ihnen aber auch folgende Erklärung schuldig. Besonders unter dem Eindruck der gewaltsamen Niederschlagung der demokratischen Bewegung in China geriet meine humanistische Grundauffassung, mein Verständnis von politischer Moral mehr und mehr in Widerspruch zu der Art und Weise, wie das alte Politbüro unter Leitung von Erich Honecker seine Macht mit allen Mitteln halten wollte. Aus Informationen der Parteiorganisationen und von vielen Bürgern, auch aus Informationen des MfS, wußte ich, daß die Unzufriedenheit und der Widerstand gegen diese Politik in der Partei und im gesamten Volke immer größer wurde. Ich befürchtete, wie Egon Krenz auch, daß es zu gewaltsamen Entwicklungen in unserem Lande kommen könnte. Aus meinem veränderten Grundverständnis heraus und aus der Sorge um unser Land und seine Menschen habe ich mit Egon Krenz und anderen Mitgliedern des Zentralkomitees, auch aus den Schutz- und Sicherheitsorganen, die Ablösung Erich Honeckers aktiv betrieben.

Ich sah darin die einzige Möglichkeit, den Weg für eine wirkliche Demokratie auch für den kulturvollen Umgang zwischen politisch Andersdenkenden, freizumachen und vor allem eine gewaltsame Auseinandersetzung mit unabsehbaren Folgen für unser Land zu verhindern.

Heute habe ich die große Hoffnung, wie Millionen anderer Bürger auch, daß es gelingen möge, die demokratische Revolution des Volkes friedlich fortzusetzen. Ich danke Ihnen.

Ducke (Moderator): Danke, Herr Herger.
Das waren die beiden Erklärungen von Herrn Krenz und Herrn Herger, die wir gebeten hatten, eingefordert hatten, daß die zentrale Befehls- und Weisungsstrukturen der damaligen SED-Partei- und Staatsführung hier offengelegt werden können. Dies ist auch im Hinblick auf eine wichtige Konsequenz sehr wichtig, nämlich daß dies zur **Entlastung von örtlichen Weisungsempfängern** dient, wie uns in mehreren Telex oder in einem Telex hier ganz konkret von Leipzig erbeten wurde. Ich möchte die beiden Herren fragen, verstehen Sie Ihre Ausführung auch in dieser Weise?

Krenz (ehem. Vorsitzender des Staatsrates und des Nationalen Verteidigungsrates sowie ehem. Generalsekretär des ZK der SED): Unbedingt.

Ducke (Moderator): Danke.
Es wird bestätigt, daß diese Ausführungen zur Entlastung örtlicher Weisungsempfänger dienen. Damit wäre eine konkrete Information gegeben.
Es liegen konkrete Anträge vor, aber ich würde doch zuvor sagen, wir eröffnen eine Aussprache, das heißt konkrete Rückfragen, die nun gestellt werden können, damit wir der Wahrheit näher kommen. Ich verweise auch auf die Aussagen der beiden Herren vor dem Untersuchungsausschuß der Volkskammer. Wir nehmen uns dafür sicher noch eine Stunde Zeit, damit wir dann die Sachverständigen für die Wahlgesetzgebung nicht länger warten [lassen] müssen.
Die Anträge und die Anfragen. Ich bitte nun und eröffne die Aussprache. Ich habe hier gesehen Herrn Klein, Herrn

---

[39] Der Text dieser Rede wurde erst in der 10. Sitzung als „Information 10/2" vorgelegt. Rechtschreibung, Interpunktion, Gliederung und Hervorhebungen folgen der schriftlichen Fassung. Passagen in geschweiften Klammern {} sind nur im mündlichen Vortrag enthalten.

Ullmann, Frau Köppe, Herrn Weiß, in dieser Reihenfolge, Herrn Eppelmann. Sind Sie einmal so nett und haben das jetzt eben mit notiert. Vielen Dank.

Bitte, Herr Klein.

Herr Klein, Vereinigte Linke. Bitte.

Klein (VL): Herr Krenz, können Sie folgende Fragen beantworten:

Wir möchten wissen, wann sich die von Ihnen geschilderte Arbeitsweise, also die ausschließliche Regelung, daß Absprachen nur zwischen **Erich Honecker und Erich Mielke** getroffen worden sind, wann die sich herausgebildet hat. Erst mit dem Beschluß vom 24. September 1980 oder schon vorher?

Können Sie Auskunft geben darüber, wer die Verantwortung trägt für die Anweisung, **Wolf Biermann** auszuweisen und die uns allen bekannten, sich daran im Anschluß entwickelnden disziplinierenden Maßnahmen, wer die Isolierung **Robert Havemanns** veranlaßt hat und wer den Abschiebungsdruck auf **Rudolf Bahro** ausgeübt hat?

Und können Sie, das ist die letzte Frage, etwas sagen zu den Umständen, die die Kommunalwahl am 7. Mai 1989 begleitet haben?

Ducke (Moderator): Bei den letzten Befragungen hat sich als vorteilhaft erwiesen, daß wir sofort antworten lassen, sofern die Befragten dazu in der Lage sind. Wir möchten dieses Verfahren beibehalten.

Das waren die Fragen.

Bitte, wenn Sie so nett sind, das Mikrofon einzuschalten.

Krenz (ehem. Vorsitzender des Staatsrates und des Nationalen Verteidigungsrates sowie ehem. Generalsekretär des ZK der SED): Ich möchte erstens etwas zu der Arbeitsweise sagen. Ich habe vorhin angedeutet, daß ich seit 1984 diese Funktion im **Zentralkomitee** ausübe. Als ich diese Arbeit begann, bestand diese Arbeitsweise bereits. Ich kann also nicht sagen, ist sie zehn Jahre vorher, fünf Jahre vorher oder wieviel Jahre vorher eingeführt worden. Also, als ich im Zentralkomitee zu arbeiten begann, war das schon Praxis.

Zweitens, was die Verantwortung für jene betrifft, die gemaßregelt worden sind, **Wolf Biermann, Robert Havemann, Bahro,** möchte ich sagen, daß dies geschah, als ich noch nicht in dieser Funktion war. Ich war damals noch 1. Sekretär des Zentralrates der Freien Deutschen Jugend. Aber ich will auch hier ganz offen sagen, das damalige Verständnis hätte offensichtlich auch bei mir keinen Protest hervorgerufen. Das sage ich der Wahrheit halber.

Drittens, was die **[Fälschung der] Kommunalwahlen [1989]** betrifft, möchte ich diese Frage teilen in einen formalen und in einen politischen Teil. Was den formalen Teil betrifft, möchte ich hervorheben, daß die Wahlkommission der Republik entsprechend dem Wahlgesetz die ihr von den örtlichen Wahlkommissionen übermittelten Ergebnisse ohne jegliche Veränderungen zusammengefaßt und veröffentlicht und darüber dem Staatsrat berichtet hat.

Als Belege lagen ihr dafür die amtlichen Schlußberichte der Wahlkommissionen aller 227 Kreise vor. Diese Berichte waren jeweils von den Mitgliedern dieser Wahlkommissionen unterzeichnet. Die Wahlkommission der Republik, der [der] stellvertretende Vorsitzende der damaligen Blockparteien, maßgebliche Vertreter der Gewerkschaft und anderer gesellschaftlicher Organisationen sowie weitere namhafte Persönlichkeiten angehörten, konnte also zu diesem Zeitpunkt zu keinem anderen als dem veröffentlichten Ergebnis gelangen.

Die bis in jüngste Zeit vorgebrachten Eingaben und Hinweise von Gruppen und einzelnen Bürgern haben jedoch die Vermutung verstärkt, daß nicht allerorts die Wahlergebnisse korrekt festgestellt und wahrheitsgemäß an die Zentrale übermittelt worden sind. Mir liegt aber eine Erklärung verschiedener Herren vor, die unmittelbar mit diesen Fragen beschäftigt waren. Zum Beispiel eine Erklärung des Leiters der Staatlichen Zentralverwaltung für Statistik, des Generaldirektors des VEB Kombinat Datenverarbeitung und des Betriebsdirektors des VEB Datenverarbeitungszentrum Berlin, die folgenden Wortlaut hat:

> Es wird bestätigt, daß am 7. Mai 1989 und am 8. Mai 1989 im VEB Datenverarbeitungszentrum Berlin als Rechenzentrum der Wahlkommission der DDR die von den Wahlkommissionen der Kreise und der Bezirke übergebenen Ergebnisse der Wahlen zu den Volksvertretungen der Gemeinden, Stadtbezirke, Städte und Kreise über die EDV-Anlagen ordnungsgemäß, exakt, ohne jegliche Fehler oder Manipulation aufbereitet und der Wahlkommissionen der DDR übergeben wurden. Die verwandten EDV-Programme sind archiviert sowie dem Rechenzentrum übergebene Meldedaten stehen zur Nachprüfung bereit.

Ich hatte in Vorbereitung auf die Wahlen in einem Brief des Vorsitzenden der Wahlkommission an die Vorsitzenden der Bezirkswahlkommissionen einen Brief geschrieben, in dem es wörtlich heißt:

> Die Zusammenkünfte mit den Vorsitzenden der Wahlvorstände sollten zugleich genutzt werden, um nochmals die Aufgaben der Wahlvorstände am Wahltag gründlich zu beraten, auftretende Fragen zu klären und notwendige Festlegungen für das einheitliche und besonnene Handeln aller Beteiligten zu treffen. Insbesondere sollte darauf orientiert werden, daß die wahlrechtlichen Bestimmungen über die Einrichtung der Wahllokale, den Verlauf der Wahlhandlung und die Ergebnisermittlung strikt einzuhalten sind.

Soweit die formale Seite, und das ist belegbar.

Was die politische Seite betrifft, möchte ich auch aus heutiger Sicht sagen, hat das Wahlgesetz, das bis zu diesem Zeitpunkt ja noch Gültigkeit hatte, überhaupt erst solche Möglichkeiten geschaffen. Und wenn man zum Wesen der Sache vordringt, dann sage ich Ihnen, die hier am Runden Tisch sitzen, nichts Neues, aber für mich ist das eine Erkenntnis erst der letzten Monate, dann waren **in den 40 Jahren zuvor niemals freie Wahlen in unserem Lande, sondern hat es ein Zettelfalten gegeben.**

Und wenn man davon ausgeht, war nicht die Frage – aus heutiger Sicht muß ich das sagen, weil bis zu dem Zeitpunkt, als ich das Ergebnis bekanntgegeben habe, waren mir die Punkte hinter dem Komma nicht bekannt – waren aus heutiger Sicht nicht wesentlich, ob nun einige Stimmen weniger oder mehr, sondern wesentlich war, daß die gesamte Wahl nicht eingeordnet werden konnte in den Begriff freie und geheime Wahlen.

Und aus dieser Erkenntnis heraus, das ist nachzulesen in meiner Erklärung vom 24. Oktober [1989] vor der Volkskammer, als ich zum Vorsitzenden des Staatsrates gewählt wurde, aus dieser Erkenntnis heraus habe ich damals gesagt, da heute im Detail nicht mehr nachprüfbar ist, wie das alles zustande gekommen ist, müßte man bei der Vorbereitung der neuen Gesetzgebung für die Wahlen alles, aber auch alles so machen, daß **wirklich freie Wahlen** möglich sind, die auch unter der Kontrolle der Öffentlichkeit stattfinden.

Soweit zu den gestellten Fragen.

Ducke (Moderator): Danke.

Das Wort hätte nun Herr Ullmann, Demokratie Jetzt. Danach Frau Köppe, Neues Forum.

Herr Ullmann, bitte.

Ullmann (DJ): Ich habe vier Fragen zu stellen. Ich will sie Herrn Krenz stellen, obwohl ich nicht weiß, ob vielleicht auch Herr Herger hier antworten könnte. Ich beginne vor den Fragen aber mit einer persönlichen Erklärung.

Obwohl ich im Gegensatz zu vielen der hier sitzenden Damen und Herren der Opposition nicht in dem Maße von **Bürgerrechts- und Menschenrechtsverletzungen** des ehemaligen Ministeriums für Staatssicherheit betroffen gewesen bin und darum hier nur für mich persönlich sprechen kann, möchte ich, nachdem Sie hier um Entschuldigung gebeten haben, Herr Krenz, für mich persönlich als Bürger und Christ öffentlich erklären, ich nehme Ihre Entschuldigung an.

Und jetzt stelle ich meine Fragen. Diese Fragen beziehen sich auf Ziffer 68 des jetzt nicht mehr gültigen Statuts der Sozialistischen Einheitspartei vom Mai 1976, Artikel 68: „Die Parteiorganisationen in der Nationalen Volksarmee, den Grenztruppen, der Deutschen Volkspolizei und im Eisenbahnwesen arbeiten nach besonderen vom Zentralkomitee bestätigten Instruktionen. Ihre Politabteilungen und Parteileitungen sind verpflichtet, enge Verbindung mit den örtlichen Parteileitungen zu unterhalten."

Ich frage, was ist der Inhalt der besonderen vom Zentralkomitee bestätigten Instruktionen?

Was ist gemeint mit jener engen Verbindung mit den örtlichen Parteileitungen?

Frage drei: Wie verhalten sich diese besonderen Instruktionen und jene genannten Verbindungen zu den Aufgaben und Befehlsstrukturen des ehemaligen Ministeriums für Staatssicherheit?

Und ich frage Sie persönlich, Herr Krenz, und Sie, Herr Herger, haben Sie sich Gedanken gemacht, wie sich das, worüber ich und wonach ich hier frage, verhält zur Verfassung unseres Landes, die noch immer in Kraft ist?

Danke.

Ducke (Moderator): Das waren konkrete Fragen. Ist es möglich, daß Sie gleich darauf eingehen? Wer möchte? Herr Herger zuerst?

Bitte.

Herger (ehem. Leiter der Abteilung Sicherheitsfragen des ZK der SED): Ja, ich möchte auf die Fragen eingehen.

Auf der Grundlage des von Ihnen zitierten Statuts der alten SED hat es solche **Parteiinstruktionen** gegeben. Es gab zum Beispiel eine Parteiinstruktion für die Arbeit der SED in der Nationalen Volksarmee, gültig von 1976. Es gab eine ähnliche Instruktion für die Parteiarbeit und für die politische Arbeit im Ministerium des Innern und in den Organen des Ministeriums des Innern. Es gab einen speziellen Beschluß über die Arbeit der Partei im Ministerium für Staatssicherheit, den Herr Krenz vorhin schon zitierte, von 1980. Es gab auch einen ähnlichen Beschluß über den Parteiaufbau in der Zollverwaltung der DDR. Alle diese Parteiinstruktionen sind jederzeit einsehbar.

Sie haben, weil das im Statut nicht ausgeregelt werden konnte, zum konkreten Inhalt, welchen Inhalt die Parteiarbeit in der Nationalen Volksarmee und in den anderen **bewaffneten Organen** haben soll, welche Methoden dort angewendet werden und so weiter. Aber das sind alles Inhalte und Methoden, die auch im Programm der SED oder in anderen Dokumenten, Beschlüssen der SED standen, die jederzeit zur Verfügung gestellt werden könnten.

Die Beziehung zu den **örtlichen Parteileitungen** hängt damit zusammen, zum Beispiel die Nationale Volksarmee war strukturiert in der SED außerhalb der Struktur der Bezirks- und Kreisleitung der Partei. Das war gewissermaßen eine eigene Parteiorganisation. In dieser Parteiinstruktion für die Nationale Volksarmee stand zum Beispiel, daß Parteimitglieder der Nationalen Volksarmee sich zur Wahl stellen können auch in den örtlichen Parteileitungen, Kreisleitungen, Bezirksleitungen und ähnlichen. Und das gilt auch für die **Instruktionen** oder Beschlüsse **für die Arbeit der Partei im Ministerium für Staatssicherheit.**

Die – weil Sie nach den Strukturen gefragt haben – **die Parteistrukturen in den bewaffneten Organen,** auch im Ministerium für Staatssicherheit, folgten, nach dem sogenannten Produktionsprinzip oder Dienstprinzip, den dienstlichen Strukturen. Ich möchte aber hier eindeutig erklären, was das Ministerium für Staatssicherheit betrifft, waren die Parteistrukturen oder waren die Inhalte der Parteiarbeit streng getrennt von der operativen Tätigkeit. Auch in Parteiversammlungen im Ministerium für Staatssicherheit war es nach den Regeln der Konspiration untersagt, zu spezifischen operativen Arbeitsweisen der Mitarbeiter des Ministeriums für Staatssicherheit zu sprechen.

Was die **Verfassungsfrage** betrifft, muß ich folgendes sagen: Ich, wie auch Herr Krenz, wir sind immer davon ausgegangen, das muß ich so sagen, daß die Mitarbeiter des Ministeriums für Staatssicherheit wie auch die Mitarbeiter in anderen bewaffneten Organen auf der Grundlage der Verfassung und der damaligen Gesetzgebung gehandelt haben. Ich muß sogar sagen, daß gerade die Erziehung zur Verfassungstreue, die Erziehung zur Gesetzestreue, zur Korrektheit im Umgang mit Bürgern einer der Grundgegenstände der Parteiarbeit und der politischen Arbeit insgesamt, auch im MfS, gewesen ist.

Allerdings vertrete ich heute die Auffassung, daß in einem demokratischen Rechtsstaat eine solche Einrichtung wie das damalige Ministerium für Staatssicherheit absolut keine Existenzberechtigung hat.

Ducke (Moderator): Noch eine Ergänzung, Herr Krenz.

Krenz (ehem. Vorsitzender des Staatsrates sowie des Nationalen Verteidigungsrates sowie ehem. Generalsekretär des ZK der SED): Da ich mit Wolfgang Herger übereinstimme, möchte ich nur noch zur Verfassung sagen, man ist allgemein von der Tatsache ausgegangen, daß ja im Absatz 1 der Verfassung die führende Rolle der SED vereinbart oder verankert war.

Aus heutiger Sicht war es ein Fehler, diese Verankerung überhaupt vorzunehmen. War das noch verständlich für Staaten, wo es nur ein [Ein]Parteiensystem gab, beispielsweise Sowjetunion, so muß man sagen, daß es heute unverständlich ist, daß in einem Staat, wo mehrere Parteien existierten, ein solcher Verfassungsparagraph überhaupt aufgenommen werden konnte. Aber er ist inzwischen gestrichen, und man kann sich darauf nicht mehr berufen.

Ducke (Moderator): Danke.

Das Wort hat nun Frau Köppe, Neues Forum. Danach Herr Weiß, Demokratie Jetzt, dann Herr Eppelmann.

Frau Köppe, bitte.

Frau Köppe (NF): Ich möchte mich wenden an Herrn Krenz.

Herr Krenz, ich glaube, daß viel, viel wesentlicher und wichtiger als Ihre Entschuldigung die Offenlegung der Strukturen wäre. Das ist das, wonach immer wieder alle fragen.

Und Sie wissen sicherlich auch, daß Tausende Menschen im Land einfach nicht glauben können, daß für die verfassungsfeindliche Tätigkeit der Staatssicherheit allein zwei Menschen, nämlich Herr Mielke und Herr Honecker, verantwortlich sein sollen. Um diese Strukturen geht es, und da erwarten wir präzise Aussagen.

Jetzt meine Frage: Sie sprechen davon, daß es ein **Weisungsrecht** gegeben **hat für den Verteidigungsfall**, den Verteidigungszustand. Dann muß es doch eine Definition gegeben haben für diesen Verteidigungszustand beziehungsweise Verteidigungsfall. Und es muß doch auch jemanden gegeben haben, der dann die jeweilige Situation eingeschätzt hat und beurteilt hat, ob es sich um einen Verteidigungszustand handelt. Ist das lediglich eine Ermessensfrage gewesen oder wie war das?

Dann ganz konkret: Wann sind die **Bezirkseinsatzleitungen** tätig geworden? Zum Beispiel interessiert mich da auch, ob sie im Zusammenhang mit den gesellschaftlichen Höhepunkten und Feiertagen tätig geworden sind.

Ducke (Moderator): Danke, Frau Köppe.

Das waren ganz konkrete Fragen. Vielleicht aber auch noch einmal die Rückfragen nach den Strukturen, so dies mehr allgemeinere, was Sie an den Anfang stellten. Wer möchte dazu antworten, meine Herren?

Herr Krenz, bitte.

Krenz (ehem. Vorsitzender des Staatsrates sowie des Nationalen Verteidigungsrates sowie ehem. Generalsekretär des ZK der SED): Was die Strukturen betrifft der Verbindung von Partei und Staatssicherheit, dazu haben wir versucht, in unseren Darlegungen die Dinge auszuführen. Ich kann dazu keine weiteren Strukturen nennen. Sie müßten dann direkt vom ehemaligen Ministerium für Staatssicherheit hier dargelegt werden. Aber ich habe ja die letzte Sitzung des Runden Tisches verfolgt. Dort sind ja die Dinge genannt worden.

Was jetzt die Fragen betrifft, die mit dem **Verteidigungszustand** zusammenhängen und wie er definiert wird und wie die Einsatzleitungen gearbeitet haben. Es hat im Grunde genommen drei Hauptbegriffe gegeben bei Fragen der Landesverteidigung.

Das ist einmal der Begriff B-Arbeit oder an seine Stelle wurde auch manchmal verwandt der Begriff **Vorbereitungsarbeit,** die ursprünglich von B-Berechnung, Plan als Ermittlung des Bedarfs der Streitkräfte, Volkswirtschaft und Bevölkerung für den Verteidigungsfall abgeleitet war.

Später wurde die Bezeichnung verwandt in allen stabsmäßigen Arbeiten, und zwar zur Vorbereitung auf eine Spannungsperiode beziehungsweise den Verteidigungszustand, wobei Spannungsperiode, das möchte ich in diesem Rahmen ganz eindeutig sagen, niemals bezogen war auf innerpolitische Vorgänge. Sondern Spannungsperiode in unserem Verständnis und im Verständnis des Nationalen Verteidigungsrates immer bezogen war auf eine bestimmte Stufe der Vorbereitung auf eine mögliche Aggression von außen, mit der ja in bestimmten Zeiten gerechnet worden war.

Es gibt dann den Begriff **Spannungsperiode,** den ich noch etwas definieren möchte. Dieser Begriff wurde in allen Dokumenten der Landesverteidigung für einen gewissen Zeitraum, das konnten mehrere Tage bis Wochen sein, vor Beginn einer möglichen militärischen Aggression verwendet. Dieser Zeitraum ist militärisch dadurch charakterisiert, daß verbündete Staaten und Armeen ihre Verteidigungs- und Gefechtsbereitschaft erhöhen, vielfältige Anstrengungen zur Verhinderung des bewaffneten Konflikts unternehmen und mit der Umstellung auf Verteidigungsbedingungen Mobilmachung beginnen. Für innere Spannungs- und Konfliktsituationen wurde dieser Begriff nie genutzt. Für solche Situationen wurden durch die Organe der Landesverteidigung auch keine Pläne und Dokumente vorbereitet, also durch den Nationalen Verteidigungsrat.

Es gab dann drittens den Begriff **Ausnahmezustand.** Ich will ihn definieren, weil es ihn bei uns eigentlich gar nicht gibt. Als Besonderheit der Machtausübung im Sinne des Artikels 48 der Weimarer Verfassung beziehungsweise der Notstandsverfassung der BRD ist der Begriff Ausnahmezustand weder in der Verfassung noch in anderen Rechtsvorschriften der DDR vorgesehen. Gemäß Verfassung der DDR verwenden wir nur den Begriff Verteidigungszustand im Falle eines bewaffneten Konflikts. Daher [ist] jegliche Vorbereitung der DDR nur auf Verteidigungszustand und nicht auf einen durch innere Spannung oder Konflikte bedingten Ausnahmezustand gerichtet. So ist auch in der Regel verfahren worden, und so ist es auch geübt worden.

Ich wurde mehrmals gefragt, unter anderem im Untersuchungsausschuß in Berlin, wie es kam, daß bestimmte Funktionäre bestimmte Uniformen getragen haben, wenn bestimmte Arbeiten, Vorbereitungsarbeiten durchgeführt wurden, so wurden sie unter militärischen Bedingungen, auch unter militärischen Lebensbedingungen in Zelten etc. pp. durchgeführt. Und da hatten auch die Teilnehmer an den Übungen einschließlich der Parteifunktionäre die Uniform der Nationalen Volksarmee, aber ich betone, ohne Rangabzeichen. Es gab keinerlei Dienstgrade dabei. Das war lediglich eine Kleidung für die Zweckmäßigkeit der Übung.

Was die **Arbeit der Bezirkseinsatzleitungen** betrifft, so muß man natürlich sagen, daß die Methoden sehr unterschiedlich gehandhabt worden sind und daß es natürlich manchmal notwendig war, bei politischen Höhepunkten auch bestimmte Fragen zu koordinieren. Vom Politisch-Ideologischen her, aber auch vom Organisatorischen her. Ich will das, damit das am Beispiel am besten wirkt, an einer Sache deutlich machen. – – [Oberst] Grabowsky [Chef der Verwaltung I im Militärbereich der Staatlichen Plankommission] betrifft das, obwohl wir am 8. Oktober [1989] nur spärliche Informationen hatten, was sich nach den Zuführungen ergeben hatte. Diese Informationen kamen dann erst später durch Eingaben an das Zentralkomitee oder auch durch Anrufe oder durch Informationen. Uns haben aber die Kundgebungen, die stattgefunden haben, beziehungsweise die Demonstrationen stark beunruhigt.

Und in dieser Zeit am 8. Oktober [1989] um 11.00 Uhr haben Wolfgang Herger und ich dem Generalsekretär, dem damaligen Generalsekretär Erich Honecker, ein Fernschreiben vorbereitet. Das ging aber eindeutig an die 1. Sekretäre der SED-Bezirksleitung mit dem Ziel, unverzüglich gemeinsam mit Parteien, Gewerkschafts- und FDJ-Funktionären sowie der Mitarbeiter der staatlichen Organe über die Lage im Kreis und im Bezirk zu sprechen zur offensiven politisch-ideologischen Arbeit in allen Bereichen des gesellschaftlichen Lebens. Das war eindeutig darauf orientiert, und dafür könnte ich weitere Beispiele anführen, daß mit diesem **Fernschreiben am 8. Oktober [1989]**, 11.00 Uhr, das Erich Honecker unterzeichnete, die Orientierung genommen worden ist auf den friedlichen Verlauf der darauf folgenden Demonstrationen.

Vielleicht, wenn Sie einverstanden sind, darf ich das auch an weiteren Beispielen erläutern, weil ich annehme, daß diese Fragen **Leipzig** und **Berlin** ohnehin kommen werden. Was die Frage **Leipzig** betrifft, möchte ich folgendes rekonstruieren: Am **9. Oktober**, Montag, am 9. Oktober [1989] um 9.00 Uhr, war der Direktor des Instituts für Jugendforschung, Professor Walter Friedrich, bei mir im Arbeitszimmer und brachte seine außerordentliche Besorgnis zum Ausdruck über einen möglichen Zusammenstoß zwischen Staatsmacht und Demonstranten am selben Abend in Leipzig. Daraufhin habe ich verschiedene Telefonate geführt, unter anderem mit Wolfgang Herger, aber auch mit dem damaligen Minister für Staatssicherheit, und es wurde Übereinstimmung erzielt, absolute Zurückhaltung zu üben.

Ich wurde dann am Abend angerufen vom amtierenden Leiter der Bezirkseinsatzleitung, dem damaligen 2. Sekretär der SED-Bezirksleitung Leipzig, Hackenberg, der mir mitteilte, daß eine Gruppe von Leipziger Persönlichkeiten unter Leitung von Kurt Masur zur **Gewaltlosigkeit** aufgefordert hat. Obwohl ich keinerlei Mandat meiner Führung hatte, habe ich Hackenberg angerufen und gesagt, diese Initiative ist unbedingt zu unterstützen. Ich muß hinzufügen, weil manchmal gefragt worden ist, warum zwischen dem Anruf von dem 2. Sekretär bis zu meiner Antwort eine gewisse Zeit verging, das hing damit zusammen, daß ich mich natürlich, bevor ich eine solche Zusage geben konnte und damit das keine leeren Worte waren, vorher in Verbindung setzen mußte mit den zuständigen Ministern. Und es gab volle Übereinstimmung, daß keinerlei Gewalt aufgrund auch des Aufrufes in Leipzig angewandt wird.

Da uns die Sache aber bis dahin nicht befehlsmäßig oder beschlußmäßig festgelegt war, sind am Freitag, dem 13. Oktober [1989], der Sekretär des Nationalen Verteidigungsrates, [Fritz] Streletz, der Stellvertreter des Ministers für Staatssicherheit, [Rudi] Mittig, der Stellvertreter des Ministers des Innern und Chef des Stabes der Deutschen Volkspolizei, Wagner, der Leiter für Sicherheitsfragen des ZK, Wolfgang Herger, und ich nach Leipzig geflogen, haben dort eine Beratung mit der Einsatzleitung geführt, und im Ergebnis haben wir zwei Festlegungen getroffen: Erstens: Polizeiliche Mittel dürfen nur angewandt werden zum Schutz von Personen und Objekten, wenn Gewalt von der anderen Seite eingesetzt wird. Zweitens: Der Gebrauch der Schußwaffe ist unter allen Bedingungen zu verhindern, zu verbieten.

Das war Freitag, der 13. Oktober [1989]. Daraufhin sind wir zurückgeflogen, haben in meinem Arbeitszimmer in Berlin gemeinsam mit dem Sekretär des Nationalen Verteidigungsrates, Fritz Streletz, einen Befehl des Vorsitzenden des Nationalen Verteidigungsrates vorbereitet, und um 17.00 Uhr hat Erich Honecker uns empfangen, und wir haben ihm diesen Beschluß vorgelegt mit der Begründung, daß eine andere Lösung für die DDR nicht möglich ist. Daß eine chinesische Lösung für die DDR aus fester politischer Überzeugung nicht in Frage kommen kann.

Und Erich Honecker hat diesen Befehl dann auch unterschrieben, und ich wurde mit seiner Verwirklichung beauftragt. Und damit keinerlei Leute ausbrechen konnten, damit einheitlich und geschlossen geführt werden konnte, sind wir an dem besagten Montag, dem 16. Oktober [1989], im Arbeitszimmer des Innenministers gewesen – und zwar der damalige Staatssicherheitsminister, der damalige Innenminister, der damalige Sekretär des Nationalen Verteidigungsrates und ich. Und kurz bevor ich wegfuhr, hat auch Erich Honecker mich informiert, daß er zu dieser Besprechung kommen wollte.

Wir sind dann im Zimmer des Innenministers gewesen, und besonders Fritz Streletz und [Friedrich] Dickel haben sehr beruhigend auf Erich Honecker Einfluß genommen, und wir haben dafür gesorgt, daß auch an diesem 16. [Oktober 1989], wo ja zum ersten Mal, soweit ich das noch in Erinnerung habe, über 200 000 [Demonstranten] in Leipzig waren, diese Demonstration seitens der Staatsmacht so verlief, daß keinerlei Zwischenfälle zustande gekommen sind. Und ich habe mehrmals am gleichen Abend auch mit dem 2. Sekretär in Verbindung gestanden und ich kann Ihnen sagen, daß hier wirklich alles, aber auch alles getan wurde von unserer Seite, daß es zu keinerlei Gewaltanwendung kommen konnte.

Allerdings auch das will ich hier sagen: Als wir nach Hause gingen und ich mich von Erich Honecker verabschiedete, habe ich Wolfgang Herger informiert und gesagt, wir müssen handeln. Es kann nicht weitergehen. Morgen, das war dann der bekannte 17. Oktober [1989], muß alles getan werden, daß wir einen neuen Generalsekretär und damit Oberbefehlshaber der Streitkräfte haben.

Ducke (Moderator): Sie haben diese Fragen beantwortet mit der Schilderung konkret der Ereignisse aus Ihrer Sicht in diesen Oktobertagen.

Ich würde sagen, im Moment [gibt es] keine Rückfragen, sondern wir gehen weiter in der Befragungsliste. Oder, das waren Ihre zwei Fragen gewesen, nicht, Frau Köppe?

Danke.

Frau Köppe (NF): Nein, mir geht es eigentlich da um konkretere Sachen.

Wenn ich von diesen Strukturen spreche, nehmen wir doch jetzt einmal konkrete Fälle. Wer hat denn festgelegt, welche Personen überwacht werden? Haben damit die Bezirkseinsatzleitungen oder die Kreiseinsatzleitungen auch zu tun gehabt oder waren das Entscheidungen Einzelner?

Ducke (Moderator): Sie meinen das jetzt konkret oder generell, nicht nur in diesen Tagen?

Frau Köppe (NF): Ja.

Ducke (Moderator): Danke, Frau Köppe, für die Rückfrage.

Frau Köppe (NF): Ja, insgesamt. Also, überwacht und auch zugeführt, ständige Überwachung.

Das müssen doch Entscheidungen gewesen sein, die von einem Gremium gefällt wurden. Da hat doch nicht sicherlich einer gedacht, so: Diese Person, die überwache ich jetzt einmal.

Krenz (ehem. Vorsitzender des Staatsrates sowie des Nationalen Verteidigungsrates sowie ehem. Generalsekretär des ZK der SED): Da kann ich Ihnen absolut sagen, daß das nicht

Entscheidungen der Bezirkseinsatzleitungen oder der Kreiseinsatzleitungen waren. Das sind Entscheidungen gewesen der entsprechenden Struktureinheiten im Ministerium für Staatssicherheit.

Frau Köppe (NF): Und die waren auch nicht darüber unterrichtet? Die wußten nicht, welche Personen?

Ducke (Moderator): Die Bezirksleitungen meinen Sie jetzt?

Frau Köppe (NF): Ja.

Krenz (ehem. Vorsitzender des Staatsrates sowie des Nationalen Verteidigungsrates sowie ehem. Generalsekretär des ZK der SED): Da bin ich überzeugt von, weil, ich sage hier noch einmal, die Partei hat alles getan, was Wolfgang Herger gesagt hat, im Sinne der Instruktion, der politischen Leitung, der Parteiorganisation.

Es ist nicht richtig, anzunehmen, daß die Einheiten, Struktureinheiten des Ministeriums für Staatssicherheit im Kreis oder im Bezirk oder in der Zentrale einem Sekretär oder einem 1. Sekretär in der Kreisleitung oder in der Bezirksleitung dienstlich unterstanden hatten.

Sie hatten kein Dienstverhältnis, sondern ein politisches Verhältnis zueinander.

Ducke (Moderator): Danke.

Lassen wir es, ja - - bitte, Herr Herger, noch ergänzend.

Herger (ehem. Leiter der Abteilung Sicherheitsfragen des ZK der SED): Ich kann vielleicht noch eine Ergänzung dazu machen.

Informationen über die Ergebnisse des Ministeriums für Staatssicherheit haben Parteifunktionäre bekommen, auch 1. Sekretäre von Bezirks- und Kreisleitungen und auch Funktionäre im Zentralkomitee der Partei. Ergebnisse zum Beispiel über **die Entwicklung von oppositionellen Bewegungen** im Lande. Das war ja eine ihrer Grundaufgaben mit.

Ducke (Moderator): Danke für die Ergänzung.

Es hat jetzt das Wort Herr Weiß, Demokratie Jetzt.

Weiß (DJ): Herr Krenz, ich beziehe mich auf Ihre Aussage, daß es **im Ministerium für Staatssicherheit** eigene **Kreisleitungen der SED** gegeben hat. Ich habe hierzu folgende Fragen:

Hat es solche Kreisleitungen nur in der Zentrale gegeben oder auch in den Bezirken und in den Kreisen?

Zweitens: Welche Weisungsbefugnisse hatten die Mitarbeiter dieser Kreisleitungen gegenüber den Mitarbeitern des Ministeriums für Staatssicherheit?

Drittens: Wer hat zuletzt diese Funktion in der Zentrale eingenommen?

Viertens: Ist es denkbar, daß es vorgekommen ist, daß persönliche Mitarbeiter der 1. Sekretäre der Kreisleitungen oder Bezirksleitungen, die, wie wir gehört haben, besondere Kompetenzen hatten, in Personalunion **Mitarbeiter** auch **des Ministeriums für Staatssicherheit** gewesen sind?

Ein zweiter Fragenkomplex: War die Mitgliedschaft in der SED Voraussetzung für eine hauptamtliche Mitarbeit im Ministerium für Staatssicherheit? Wenn ja, welcher Prozentsatz – Entschuldigung, wenn es nicht so war – welcher Prozentsatz von Mitarbeitern des ehemaligen Ministeriums für Staatssicherheit gehörte der SED an?

Und drittens eine Frage, die sich auf eine Aussage von Herrn Herger bezieht. Sie sagten, daß der Inhalt oder daß es zum Inhalt der Parteiarbeit gehörte, zu einem der hauptsächlichsten Inhalte, die Erziehung zur Rechtsstaatlichkeit und zur Verfassungstreue Ihrer Mitarbeiter. Wie erklären Sie es, daß diese Erziehung so wenig Erfolg hatte?

Ducke (Moderator): Danke. Bitte.

Krenz (ehem. Vorsitzender des Staatsrates sowie des Nationalen Verteidigungsrates sowie ehem. Generalsekretär des ZK der SED): Vielleicht dürfen wir uns die Aufgaben teilen.

Was die **Kreisleitung der SED** betrifft, so gab es sie nur in dem Ministerium für Staatssicherheit. Diese Kreisleitung hatte auch keinerlei Befugnisse für die Parteileitungen in den Bezirksverwaltungen oder in den Kreisdienststellen. In den Kreisdienststellen unterstanden sie direkt der Kreisleitung der Partei, in der Anleitung, in der politischen Anleitung, muß ich immer sagen. Und in den Bezirksstellen den Bezirksleitungen der Partei. Der letzte 1. Sekretär der Kreisleitung der Sozialistischen Einheitspartei Deutschlands im Ministerium für Staatssicherheit war Mitglied des Zentralkomitees, [Horst] Felber.

Ducke (Moderator): Ja. Herr Herger, Sie ergänzen.

Herger (ehem. Leiter der Abteilung Sicherheitsfragen des ZK der SED): Ja.

In den Bezirken- und Kreisdienststellen des Ministeriums für Staatssicherheit gab es selbständige Grundorganisationen der SED, die der jeweiligen Bezirks- oder Kreisleitung unterstellt waren. Die Anleitung für die Arbeit der Partei in den Bezirksverwaltungen für Staatssicherheit wurde angeleitet vom Sekretariat der Bezirksleitung und im Auftrag des Sekretariats der Bezirksleitung von der jeweiligen Abteilung für Sicherheitsfragen, wo es in der Regel einen Mitarbeiter gab, der sich auch mit der Parteiarbeit im Ministerium für Staatssicherheit beschäftigt hat.

Auf der Kreisebene ähnlich, also in der Kreisdienststelle des MfS eine Grundorganisation der SED selbständig, ebenfalls der Kreisleitung unterstellt. Betreut wurde sie in der Regel von den Mitarbeitern für Sicherheitsfragen beim 1. Kreissekretär der SED.

Die Parteifunktionäre, das entspricht dem, was Herr Krenz schon im Bericht gesagt hat, hatten keinerlei **Weisungsbefugnis**, ich muß das immer wieder betonen, in bezug auf die operativen Fragen. Es galt hier das Prinzip der strengsten Trennung zwischen Parteiarbeit, politischer Arbeit auf der einen Seite und spezifischer operativer Arbeit auf der anderen Seite.

Zu den Mitarbeitern in der Abteilung Sicherheitsfragen im Zentralkomitee in den Bezirks- und Kreisleitungen: Alle 37 Mitarbeiter in der Abteilung Sicherheitsfragen des Zentralkomitees waren natürlich Mitarbeiter des Zentralkomitees der SED und als solche mir unterstellt. Aber die Mitarbeiter im Sektor Nationale Volksarmee zum Beispiel waren Offiziere der Nationalen Volksarmee oder einer der Grenztruppen.

Die Mitarbeiter im Sektor des Ministeriums des Innern waren Offiziere des Ministeriums des Innern. Und auch die Mitarbeiter im Sektor MfS waren Offiziere des Ministeriums für Staatssicherheit, wurden von dort auch bezahlt, waren aber, ich muß das noch einmal sagen, ordentlich berufene politische Mitarbeiter des Zentralkomitees und mir unterstellt, waren also nicht dem zuständigen Minister unterstellt, in keinem Falle, und hatten keinerlei Weisungsrecht gegenüber irgendeinem Mitarbeiter oder Offizier des Ministeriums für Staatssicherheit.

Mitarbeiter im Ministerium für Staatssicherheit, was Offiziere betrifft, waren alle Mitglieder der SED. Es gab Mitarbeiter zum Beispiel zeitweilig im Wehrdienstverhältnis stehend im Wachregiment, die waren natürlich nicht alle Mitglied der SED.

Ja, was die Erziehung zur **Verfassungstreue** betrifft, ich kann das nur bestätigen, ich könnte hier viele Beweise anführen für Reden, die ich selber gehalten habe, auch für Reden, die Horst Felber gehalten hat, andere Parteifunktionäre, das war ein ständiges Thema, Erziehung zur Verfassungstreue, Erziehung zur Einhaltung der Gesetzlichkeit, ein ständiges Wort auch in den Grußadressen zum Beispiel des Generalsekretärs an die Mitarbeiter des Ministeriums für Staatssicherheit, war die Erziehung zur, ich muß das so sagen, weil das die Linie war, zur bürgernahen Arbeit.

Ja, aber wie sich zeigt, hat es leider eben offensichtlich auch viele Verstöße gegeben.

Ducke (Moderator): Danke.

Ich bin mir bewußt, daß gerade bei dieser Materie mein Aufruf, sich in der Fragestellung so knapp wie möglich zu fassen, und vielleicht auch bei den Antworten nach den grundsätzlichen Erklärungen sich einer Knappheit zu befleißigen – – Wir haben 15.36 Uhr, wir müssen dann rigoros abbrechen, weil wir ja die anderen nicht warten lassen können, die hier zum Anhören für das Wahlgesetz [sind].

Als nächster hat das Wort Herr Eppelmann, Demokratischer Aufbruch, dann Herr Böhme, SPD.

Bitte, Herr Eppelmann.

Eppelmann (DA): Meinen Fragen muß ich doch einen Satz vorausschicken.

Das, was ich von Herrn Krenz gehört habe, das war für mich eine politisch-moralische **Bankrotterklärung der Staatssicherheit und der SED.** Hier ist offensichtlich jahrelang Partei mit Volk verwechselt worden. Das hat mich sehr betroffen gemacht.

Ich möchte aber nicht nur nach Strukturen von gestern fragen, und da habe ich auch den Eindruck, da wird jetzt bloß zur Hälfte gefragt, sondern auch nach denen von heute. SED ist ja nicht nur mit Staatssicherheit verflochten, sondern, wenn ich das richtig sehe, mit dem **Zoll**, mit der **Polizei,** mit der **Nationalen Volksarmee,** mit der **GST,** mit den **Kampftruppen.**

Und auf diesem Hintergrund meine erste Frage.

Wieviele Mitarbeiter der Staatssicherheit hat es nach Ihrer Kenntnis vor dem 9. November [1989] in den eben von mir genannten Einrichtungen gegeben und wieviele gibt es vermutlich heute? Ich frage auf dem ganz konkreten Hintergrund; ich hatte das das letzte Mal schon gesagt, daß gegen den Willen des Offizierskorps von Straußberg 800 Offiziere der Staatssicherheit dort eingesetzt worden sind. Mir ist gesagt worden, nach dem hier öffentlich Bekanntmachen sei diese Entscheidung rückgängig gemacht worden. Wer gibt solche Befehle, wer bestimmt das?

Und sind wir uns dabei einig, Herr Krenz, wir beide, daß wir auch nach dem 6. Mai [1990] Zoll, Polizei und Armee brauchen und daß sie nach dieser politisch-moralischen Bankrotterklärung der Staatssicherheit keine Einrichtung sein können, die jetzt mit ehemaligen Mitarbeitern der Staatssicherheit aufgefüllt werden?

Ducke (Moderator): Danke.

Eppelmann (DA): Die zweite Frage.

Ducke (Moderator): Ach so.

Eppelmann (DA): Sind wir uns darin einig, Herr Krenz, daß es zumindestens politisch ungeschickt ist, wenn ehemalige Mitarbeiter der Staatssicherheit im Krankenhaus Köpenik nicht ans Krankenbett gestellt werden, sondern in die Kaderabteilung?

Ducke (Moderator): Danke, Herr Eppelmann.

Eppelmann (DA): Ich habe noch eine Frage, wer kann – –

Ducke (Moderator): Herr Eppelmann, bitte.

Eppelmann (DA): Ja, andere haben viel länger gefragt.

Wer kann Auskunft darüber geben, was in Sachen Waffen „Schockbeutel" sind? Davon sind der Nationalen Volksarmee bei der Auflösung des Ministeriums für Staatssicherheit eine ganze Reihe von Dingen übergeben worden. Die Waffenspezialisten der Polizei, unserer Polizei, und unserer Nationalen Volksarmee wissen nicht, was das ist.

Und eine letzte Frage zum Komplex SED, Staatssicherheit und Nationale Volksarmee. Wer trägt die politische Verantwortung für einen Befehl – der sich nannte „Volle Gefechtsbereitschaft für die 1. Motorisierte Schützendivision Potsdam", 5 000 Soldaten sollen das sein mit Schützenpanzerwagen – am 11. November [1989], am 11. November nach Berlin zu ziehen? Und wem haben wir es zu verdanken, daß dieser Befehl wieder zurückgezogen worden ist?

Danke.

Ducke (Moderator): Die Fragen sind gehört worden. Wer möchte antworten?

Bitte, Herr Krenz.

Krenz (ehem. Vorsitzender des Staatsrates sowie des Nationalen Verteidigungsrates sowie ehem. Generalsekretär des ZK der SED): Herr Eppelmann, es tut mir sehr leid, daß ich auf einen Teil Ihrer Fragen sagen muß, das kann nicht sein oder ich kenne es nicht.

Also, vom 11. November [1989] einen Befehl nach Berlin zu geben, das müßte ich kennen. Das war in der Zeit, meinen Sie dieses Jahr, vergangenes Jahr? Das tut mir leid, kenne ich nicht, kann ich auch nicht sagen und muß ich als unbeantwortet zurücklassen. Auf meinen Befehl hin ist das auf keinen Fall geschehen. Denn spätestens seit dem 4. November [1989], spätestens seit dem 4. November, hatten wir auch hier in Berlin den Begriff **Sicherheitspartnerschaft.**

Eppelmann (DA): Entschuldigen Sie, könnten Sie mir sagen, wer mir diese Frage beantworten kann?

Krenz (ehem. Vorsitzender des Staatsrates sowie des Nationalen Verteidigungsrates sowie ehem. Generalsekretär des ZK der SED): Der Minister für Nationale Verteidigung.

Ducke (Moderator): Ja.

Eppelmann (DA): Danke.

Krenz (ehem. Vorsitzender des Staatsrates sowie des Nationalen Verteidigungsrates sowie ehem. Generalsekretär des ZK der SED): Wenn ich überlege, es gab in der Zeit ja eine freudige Überraschung für alle, die Situation an der Grenze. Ich weiß nicht, ob es mit dem Schutz der Grenze zusammenhängt. Aber, wie gesagt, ich kann Ihnen die Frage nicht beantworten.

Die zweite Frage, ich bin mit Ihnen vollkommen einverstanden, Herr Eppelmann, daß wir nicht nur nach dem 6. [Mai 1990], sondern daß wir auch jetzt zuverlässig und im Dienste des Volkes handelnde Schutz- und Sicherheitsorgane brauchen. Die Begründung brauche ich Ihnen nicht zu geben. Ich habe den Runden Tisch verfolgt. Ich teile diese Argumentation.

Was den **Einsatz von Mitarbeitern des Staatssicherheitsdienstes in verschiedenen Funktionen** betrifft, ich muß sagen, ich bin seit dem 1. Dezember [1989] außer Funktion und dann seit dem 6. [Dezember 1989] außer Funktion als Vorsitzender des Staatsrates. Ich kann also zu den konkreten Dingen nichts sagen. Ich meine aber, Herr Eppelmann, sicherlich sind wir uns auch in einer Frage einig, man sollte altes Unrecht nicht mit neuem Unrecht ausgleichen. Sondern man sollte versuchen, die Dinge so zu lösen, daß alle Arbeit haben.

Was die Ungeschicklichkeiten dabei betrifft, von denen Sie sprachen, die kann ich nicht beurteilen. Aber ich empfinde es als eine menschlich sehr tragische Sache, auch wenn das früher Leute waren, die auf anderen Gebieten gearbeitet haben, daß aber manche so lange ohne Arbeit sein müssen.

Ducke (Moderator): Danke.
Das Wort hat nun Herr Böhme, SPD.

Ducke (Moderator): Ist nicht da? Dann hat das – –

Ziegler (Co-Moderator): Doch, die SPD.

Ducke (Moderator): Bitte, wer spricht?

Brinksmeier (SPD): Ich heiße Dankward Brinksmeier und nicht Ibrahim Böhme.

Ducke (Moderator): Herr Brinksmeier.

Brinksmeier (SPD): Welche Kenntnisse haben Sie über legale und illegale **Finanzierungsmöglichkeiten der Staatssicherheit?**

Wo sind die Gelder geblieben, die bezahlt wurden über Freikauf von unbequemen Leuten?

Wer trägt die Verantwortung, daß Leute abgeschoben wurden?

Mit wem wurde Rücksprache gehalten?

Und ich möchte von Ihnen beiden gerne wissen aus Ihrer heutigen Sicht, was Sie sagen würden, was nötig ist, um eine parlamentarische Kontrolle zu den Sicherheitsfragen dieses Landes zu gestalten.

Ducke (Moderator): Danke schön.
Bitte, wer wird dazu antworten? Herr Herger?
Herr Herger hat das Wort.

Herger (ehem. Leiter der Abteilung Sicherheitsfragen des ZK der SED): Zur zweiten Sache, **parlamentarische Kontrolle**, möchte ich folgendes sagen.

In der Volkskammer gibt es bis dato einen Ausschuß für Nationale Verteidigung, in dessen Kompetenz allerdings bisher nie lag, Probleme der inneren Sicherheit zu kontrollieren. Also, weder im Bereich der Polizei noch im Bereich des ehemaligen Ministeriums für Staatssicherheit. Deshalb hatte ich im November vorigen Jahres auch vorgeschlagen, den Ausschuß für Nationale Verteidigung in der Volkskammer umzuwandeln, natürlich auch völlig neu zusammenzusetzen in einen Ausschuß für Nationale Sicherheit und Verteidigung. Das wäre eine mögliche Variante auch in einem neuen Parlament. Aber man kann auch nach meiner Meinung einen ganz speziellen parlamentarischen Kontrollausschuß bilden, der künftige Schutz- und Sicherheitsorgane demokratisch kontrolliert.

Zu Herrn Eppelmanns Bemerkung möchte ich auch sagen, ich gehe davon aus, daß – ich persönlich gehe davon aus, jetzt meine ganz persönliche Meinung –, daß man nach den freien Wahlen zu einem Zustand kommen muß, daß im Grunde genommen Angehörige der Armee oder auch von Schutz- und Sicherheitsorganen in gewisser Weise gar nicht parteipolitisch gebunden sind. Es gibt solche Modelle zum Beispiel in Schweden und anderswo, und nach meiner Meinung könnte man darüber diskutieren.

Auch so, was die erste Frage betrifft, legale oder illegale **Finanzierungsmöglichkeiten** muß ich hier wieder sagen, kenne ich nicht, war wieder eine ausschließliche Angelegenheit im Bereich des Ministeriums für Staatssicherheit selbst. Ich betone noch einmal, nach dem Prinzip, was ja eigentlich jeder Geheimdienst hat, der strengsten Konspirativität und der Abschottung nach außen.

Ducke (Moderator): Ich denke, wir sollten so verfahren, daß diese Fragen, die jetzt konkret den **Untersuchungsausschuß** betreffen, dann auch von dort gestellt werden, wir uns hier an die politische Linie [halten] und immer im Hintergrund die Verflechtung zwischen SED und MfS Berücksichtigung findet.

Als nächster hat das Wort Herr Schulze, Grüne Partei.

Ducke (Moderator): Ach, Herr Krenz, bitte, Entschuldigung.
Bitte.

Krenz (ehem. Vorsitzender des Staatsrates sowie des Nationalen Verteidigungsrates sowie ehem. Generalsekretär des ZK der SED): Also, mit den Fragen des sogenannten Freikaufs war ich nicht beschäftigt. Ich weiß aber, es gibt auf dem Büchermarkt der BRD ein Buch über diese Fragen. Ich weiß nicht, inwieweit sie den Realitäten entsprechen.

Ich muß allerdings sagen, es hat auch humanitäre Fälle gegeben, wo wir geholfen haben. **Bischof [Gottfried] Fork** hatte sich in verdienter Weise an den Vorsitzenden des Staatsrates gewandt, als es um die **Wiedereinreise von Bärbel Bohley und** Herrn **[Werner] Fischer** ging. Und obwohl es bei den Sicherheitsorganen keine große Freude gab, habe ich mich sofort mit Wolfgang Herger an den Staatsratsvorsitzenden gewandt, und es wurde eine Lösung gefunden, die human und ordentlich abgelaufen ist. Und es gab auch solche Fälle beispielsweise, als das **Buch von** Rechtsanwalt **[Rolf] Henrich** erschien[40], hat man sich allgemein gewundert, daß er kein Strafverfahren bekommen hat. Das sind Dinge, die auch durch uns beeinflußt worden sind.

Ducke (Moderator): Danke.
Das Wort hat jetzt Herr Schulze, Grüne Partei, dann Herr Poppe.
Bitte, Herr Schulze.

Schulze (GP): Zunächst einmal möchte ich sagen, daß ich sehr enttäuscht bin, vom ehemaligen Sicherheitsbeauftragten des Zentralkomitees und vom ehemaligen Leiter des Nationalen Verteidigungsrates die Aussage hier zu hören, daß keine Kenntnisse über Strukturen und Unterstellungsverhältnisse innerhalb des Ministeriums für Staatssicherheit bekannt sind.

Ich möchte Sie fragen, ob die **falsche Sicherheitskonzeption**, die hier immer wieder angesprochen wird, in Verbindung steht mit der internationalen Verflechtung des Ministeriums für Staatssicherheit im Hinblick auf Ausbildung und Anleitung ausländischer Geheimdienste und Gruppierungen?

---

[40] Rolf Henrich: Der vormundschaftliche Staat, Rowohlt Verlag, Reinbek bei Hamburg 1989.

Erstens: Ich möchte Sie fragen, am 8. November [1989] erließ die Regierung Modrow die Weisung, die Abhörung einzelner Telefonanschlüsse einzustellen. Ich möchte Sie fragen, was geschah innerhalb Ihrer Amtszeit bis zum 8. November [1989]? Zu welchem Zweck wurde abgehört? Was geschah mit den Erkenntnissen bis zum 8. November [1989]?

Ich möchte Sie fragen, welche Weisungen bestanden bis zum **Verbot der Aktenvernichtung** im Dezember 1990 während Ihrer Amtszeit als Vorsitzender des Nationalen Verteidigungsrates? Ich möchte Sie darauf hinweisen, daß Ihre Aussagen zur Unterstellung der Staatssicherheitsorgane sich nicht decken mit den Aussagen von Herrn Becker [?] am 10. Januar [1990] vor der Arbeitsgruppe „Sicherheit" des Runden Tisches, in der er auf ausdrückliche Anfrage noch einmal betonte, daß die **Organe der Staatssicherheit doppelt unterstellt** waren, und zwar dem Minister und dem Generalsekretär der SED. Er hatte diese Sache weiter herunterstrukturiert auf die Bezirks- und Kreisebenen, wobei ganz deutlich herauskam, daß der 1. Sekretär der Bezirksleitung jeweils der oberste Dienstherr der Bezirksleitung der Staatssicherheit war, analog die Kreisleitungen.

Und ich möchte die Frage noch mit anschließen an die Kreisleitungen. Ich selbst hatte die Möglichkeit gehabt, die Waffenkammer der SED-Kreisleitung des Ministeriums für Staatssicherheit aufzulösen. Meine Frage geht nach dem Personalbestand. Ich habe dort 96 Maschinenpistolen, 77 Pistolen, 2 Büchsen und diverse chemische Kampfstoffe vorgefunden. Zwingend ergibt sich daraus für mich die Frage, welche Aufgabe hatte diese SED-Kreisleitung? Wozu wurden derartige Bewaffnungen gebraucht?

Ducke (Moderator): Danke.
Das war Herr Schulze.
Herr Herger.

Herger (ehem. Leiter der Abteilung Sicherheitsfragen des ZK der SED): Ich möchte noch einmal etwas zu den Strukturen sagen.

Wir haben ja nicht gesagt, daß wir die Strukturen im groben nicht kennen. Natürlich weiß ich, welche Grundabteilungen es im Ministerium für Staatssicherheit gegeben hat. Aber ich hatte keine konkreten Kenntnisse, wie diese Strukturen weiter organisiert sind. Was die Unterstellung betrifft, das haben wir eindeutig gesagt, der Minister für Staatssicherheit war unterstellt dem Vorsitzenden des Nationalen Verteidigungsrates und in Personalunion dadurch auch dem Generalsekretär des ZK der SED. Aber zum Beispiel nicht dem Sicherheitssekretär und erst recht nicht dem Abteilungsleiter. Und in den Bezirks- und Kreisleitungen war das genauso. Der Leiter der Bezirksverwaltung für Staatssicherheit ist eindeutig, nach dem Prinzip der militärischen Einzelleitung, dem Minister für Staatssicherheit unterstellt, und sonst niemandem. Außer in diesen Koordinierungs - -

Ducke (Moderator): Gut. Ja.

Herger (ehem. Leiter der Abteilung Sicherheitsfragen des ZK der SED): Und was die **Waffenkammern** betrifft, da kann ich nur dazu sagen, da die Mitarbeiter der Kreisleitung der SED Offiziere des Ministeriums für Staatssicherheit waren, waren sie genauso ausgerüstet und bewaffnet wie alle anderen Offiziere für Staatssicherheit auch.

Ducke (Moderator): Danke. Als nächstes Herr Poppe und dann Herr Krause.

Bitte, wir wollten keine Befragungen zur Auflösung Staatssicherheit. Dafür liegen konkrete Anträge vor.
Sie hatten noch eine Frage? – Bitte?
Es geht noch einmal um die **internationale Verflechtung** des Geheimdienstes. Vielen Dank für diese Nachfrage.

Herger (ehem. Leiter der Abteilung Sicherheitsfragen des ZK der SED): Also, zur internationalen Verflechtung kann ich nur sagen, daß das Ministerium für Staatssicherheit gute Arbeitsbeziehungen hatte zur Staatssicherheit in der Sowjetunion vor allen Dingen und auch Verbindungen zu anderen Staatssicherheitsorganen, in den sozialistischen Ländern selbstverständlich.

Ducke (Moderator): Danke.
Das Wort hat nun Herr Poppe, Initiative Frieden und Menschenrechte, danach Herr Krause.
Bitte, Herr Poppe.

Poppe (IFM): Ja, ich habe zwei oder genauer drei Fragen.
Sie sind, Herr Krenz, eingegangen auf das Ende dieser Affäre um Mitglieder der Initiative Frieden und Menschenrechte, die Anfang 1988 verhaftet wurden und dann zum Teil ins Ausland abgeschoben beziehungsweise genötigt [wurden], zeitweise die DDR zu verlassen.

Ich frage jetzt einmal nach dem Anfang dieser Ereignisse und dem Vorläufer.

Schon im November 1987 hat es **Übergriffe der Staatssicherheit in der Zionskirche**, in Räumen der Zionskirchgemeinde gegeben. Anfang Januar dann, oder am 17. Januar [1988], die **Luxemburg-Liebknecht-Demonstration** mit einer Reihe von Verhaftungen und acht Tage später danach die Verhaftung von fünf Mitgliedern der Initiative Frieden und Menschenrechte. Ich möchte in diesem Falle von Ihnen wissen, in welcher Weise Sie persönlich an diesen Entscheidungen beteiligt sind beziehungsweise welche Entscheidungen im **Politbüro** getroffen wurden, da immerhin diese Festnahme oder Verhaftung acht Tage nach den aufsehenerregenden Vorgängen der Luxemburg-Liebknecht-Demonstration ja immerhin auch ein politischer Akt war, der nicht einfach so zufällig entstehen konnte auf der Grundlage jetzt einer Entscheidung eines einfachen Mitarbeiters der Staatssicherheit.

Zum zweiten haben Sie immer gesprochen von den offiziellen Befehlsstrukturen, also Kreisdienststellen und so weiter bis nach oben auf der einen Seite und Entsprechendes in der Partei. Sie haben also gesagt, da gibt es keine Querverbindungen. Es ist aber bekannt, daß es ja auch eine ganze Reihe **inoffizieller, verdeckt arbeitender Mitarbeiter** gegeben hat, die ja vielleicht genau gerade für diese Art von Verbindung zuständig waren oder gewesen sind.

Können Sie etwas dazu sagen? Sie haben gesagt, es hätte Überwachungen der Bevölkerung nur durch die entsprechenden Struktureinheiten des Ministeriums für Staatssicherheit gegeben. Die Ergebnisse, die dort geliefert worden wären, wären in die Arbeit der Partei eingeflossen. Meine Frage, welche politischen Schlußfolgerungen oder sonstige Schlußfolgerungen wurden dann von der **Bezirks- oder Kreisleitung** der Partei in den jeweiligen Fällen gezogen und welche Folgen hatten die gezogenen Schlußfolgerungen nun ihrerseits wiederum auf die Anleitung der Mitarbeiter des MfS?

Und schließlich eine letzte Frage: Sie sprachen vorhin von den Vorgängen um die **Kommunalwahlen.** Sie haben gesagt, von den Wahlkreisen an stimmen die Ergebnisse, das wäre also auch von den entsprechenden Rechenzentren bestätigt. Wir haben von Mitarbeitern von Untersuchungskommissionen, die sich mit den Vorgängen des Wahlbetruges befassen, also auch heute noch befassen, Informationen erhalten, daß die Fälschungen tatsächlich genau an dieser Stelle vorgekommen wären, dafür würde es Zeugen geben, daß aufgrund einer **Wahldirektive,** die als geheime Verschlußsache an die Wahlkreise gegangen wäre, dann die Ergebnisse verändert worden wären und diese neue Auflistung dann an die Bezirke weitergegangen wäre und von dort aus wieder normal ausgewertet.

Wir haben zum zweiten die Information, daß die Auszählung in den einzelnen Wahlbüros korrekt war, daß andererseits aber die **Sonderwahllokale** nur sehr unvollkommen und teilweise gar nicht ausgezählt wurden. Welche Kenntnis haben Sie darüber, und von wem stammt die geheime Direktive, die an die Wahlkreisleitungen gegangen ist und auf welche Weise ist diese Direktive, die dann gleichzeitig als letzten Punkt die Aufforderung enthielt, sie innerhalb von zwei Tagen zu vernichten, in die Wahlkreise gekommen?

Ducke (Moderator): Das war eine lange Fragestellung. Ich hoffe, wir wissen noch, was am Anfang gefragt wurde. Aber Sie haben mitgeschrieben.

Herr Krenz, bitte.

Krenz (ehem. Vorsitzender des Staatsrates sowie des Nationalen Verteidigungsrates sowie ehem. Generalsekretär des ZK der SED): Vielleicht beginne ich mit der letzten Frage. Ich kann nur das wiederholen, was ich zu den **Kommunalwahlen** gesagt habe.

Alle Direktiven, die nach unten gegangen sind in die Kreise oder in die Bezirke, sind in der zentralen Wahlkommission behandelt worden. Wir haben andere Direktiven nach unten nicht gegeben. Eine solche **Direktive zur Manipulierung** hätte ich niemals unterzeichnet und auch niemals bestätigt. Dazu waren damals bereits meine Auffassungen andere, weit andere als beispielsweise vor fünf Jahren noch. Ich hatte schon damals in der Führung meiner Partei darauf aufmerksam gemacht, daß wir gerade unter den gegenwärtigen politischen, unter den gegenwärtigen politischen sowohl nationalen wie internationalen Entwicklungen nichts nötiger brauchen als eine ganz exakte Einhaltung der wahlrechtlichen Bestimmungen.

Also, in diesem Fall kann ich nichts weiter sagen. Ich muß hier einfach darauf verweisen, daß dann das dort geklärt werden muß, wo das aufgetreten ist.

Zweitens, was die Ergebnisse betrifft von **Analysen,** wie sind sie eingegangen, welche Schlußfolgerungen wurden gezogen. Ich habe bereits vorhin darauf verwiesen, daß es Analysen gab sowohl, die internationale Tendenzen enthielten – das wird es wahrscheinlich auch immer geben und muß auch sicherlich so sein – und daß es Informationen gab, die bestimmte Bereiche des gesellschaftlichen Lebens betrafen. Ich möchte hier sagen – –

Poppe (IFM): Aber ich meinte jetzt diejenigen, die sich auf die **Überwachung der Opposition** beziehen.

Krenz (ehem. Vorsitzender des Staatsrates sowie des Nationalen Verteidigungsrates sowie ehem. Generalsekretär des ZK der SED): Ich möchte hier noch einmal betonen, daß Fragen von Verhaftungen, Fragen des eigentlichen Geheimdienstes tatsächlich nicht in unserem Kenntnisbereich, im Kenntnisbereich der Partei- oder Staatsführung waren. Das waren Dinge, die im Bereich des Ministeriums für Staatssicherheit entschieden und behandelt wurden. Das hängt zusammen mit der Frage der Strukturen, über die ich bereits das dritte Mal gesprochen habe, wie auch Wolfgang Herger. Was die **Inoffiziellen Mitarbeiter** betrifft, da muß ich auch sagen, Herr Poppe, vielleicht verstehen Sie, sie waren ja gerade deshalb inoffiziell, damit sie offiziell nicht bekannt gewesen sind. Also, ich kann Ihnen über diese Art der Mitarbeiter keine Auskunft geben.

Ducke (Moderator): Das würde bedeuten, daß diese Fragestellung bleibt und an die Verantwortlichen noch einmal dann für die Auflösung dann noch zu berücksichtigen ist. Sind Sie soweit?

Danke. Es hat jetzt das Wort Herr Krause und dann die Vertreter der Bürgerkomitees.

Herr Krause, bitte, CDU.

Krause (CDU): Ja. Herr Krenz, Sie trugen als Vorsitzender der Wahlkommission, der zentralen Wahlkommission ja erhebliche Verantwortung. Hatten Sie denn eine solche Ferne zum Volk und zur Volksmeinung, daß Sie das eigene Wahlresultat nicht selbst angezweifelt haben?

Das zweite, Sie sagten, das Wahlgesetz selbst wäre Ursache dafür gewesen, daß diese Wahl im Resultat so deformiert worden ist. Ist das denn nicht nur die halbe Wahrheit? Aus den ersten Ermittlungsverfahren wegen **Wahlbetrugs** im Bezirk Leipzig wird etwas Ähnliches deutlich, wie Herr Poppe formuliert hat, daß nämlich die Bürger, die es betrifft, Mitarbeiter von Stadtbezirken und auch ein Ratsmitglied der Stadt Leipzig, deutlich werden lassen, das ist eine Aussage des Bezirksstaatsanwalts, daß sie veranlaßt worden sind, die Wahlbeteiligung zu manipulieren, die Zahl der Gegenstimmen nicht über drei Prozent anwachsen zu lassen.

Also, irgend jemand muß ja diese Direktive durchgegeben haben. Wer hätte das sein können? Insbesondere wurde deutlich, daß die Wahlmanipulationen in den Sonderwahllokalen durchgeführt worden sind. Gab es vielleicht eine Weisung der 1. Sekretäre der Kreisleitung der SED, bestimmte Ergebnisse zu erzielen im Sinne eines ehemaligen sozialistischen Wettbewerbs etwa?

Ducke (Moderator): Herr Krause, das waren noch Rückfragen zur Wahl. Gibt es dazu noch Antworten? Ich weise darauf hin, wir haben 16.00 Uhr und ich habe noch sieben Wortmeldungen dazu.

Ich bitte alle, zu überprüfen, was Sie fragen wollen und präzise zu sagen.

Krenz (ehem. Vorsitzender des Staatsrates sowie des Nationalen Verteidigungsrates sowie ehem. Generalsekretär des ZK der SED): Herr Krause, ich kann Ihnen aus meiner Sicht sagen, daß es eine solche Direktive der zentralen Wahlkommission nicht gegeben hat.

Zweitens, was den **Wettbewerbsgeist** betrifft, schließe ich nicht aus, und da muß ich sagen leider, daß die Berichterstattung auch in den Massenmedien stattgefunden hat, wo schon 100 Prozent gewählt hatten und so weiter und so fort, daß die einen möglichen Wettbewerbsgeist entfacht hatte. Aber als ich am Abend das Ergebnis bekanntgegeben habe, mußte ich, hätte ich entweder das Ergebnis, so wie ich es bekommen habe, bekanntgeben können oder ich hätte vor den Fernseher treten müssen und sagen müssen, ich zweifle die ganze Wahl an, sie ist ungültig. Und ehrlich gesagt, zu dieser Erkenntnis war ich in der Tat an dem Abend um 21.45 Uhr oder 21.50 Uhr wirklich noch nicht gekommen.

Wenn wir aus heutiger Sicht die Dinge einschätzen, ist das noch etwas anderes, als wenn man sie aus der Sicht von damals einschätzt. Aber Sie könnten viele meiner politischen Freunde fragen, ich habe noch am Vortage gesagt, hoffentlich kommen wir mit ein paar Prozenten niedriger, hoffentlich kommen wir mit ein paar Prozenten niedriger als sonst. Ich habe sogar gesagt, wir könnten gut mit 75, 80 Prozent leben, das wäre ein Ergebnis gewesen zum damaligen Zeitpunkt, wo uns hätte noch die ganze Welt beneiden können, weil solche Wahlergebnisse nicht vorhanden sind. Also, insofern, verehrter Kollege, bin ich mit Ihnen einverstanden. Aber es gibt auch zu unterschiedlichen Zeiten unterschiedliche Erkenntnisprozesse. Und daß ich in meinem Erkenntnisprozeß heute weiter bin als damals, das ergibt sich aus vielerlei Dingen.

Ducke (Moderator): Gut. Danke.
Das Wort haben nun Vertreter des Bürgerkomitees. Dann danach Frau Kögler. Ich weiß nicht, wer spricht. Herr Schullcke[41]?
Herr Schulze, bitte.

Schulze (Vertreter des Bürgerkomitees): Ja, mein Name ist Schulze. Schulze, Walfried [???]. Ich komme aus Dresden, bin jetzt hier in Berlin im Bürgerkomitee.
Herr Krenz, ich wende mich an Sie. Sie sprachen vorhin davon, daß zwischen dem Herrn Honecker und dem MfS Auskünfte ausgetauscht wurden speziell vom MfS an Herrn Honecker, die dieser persönlich unter Verschluß genommen hatte. Diese Unterlagen hatten zumindest das Thema **Reisen und die neuen Bewegungen** zum Inhalt. Sie sagten, Sie könnten darüber keine Auskünfte geben, weil Herr Honecker das gleich an sich genommen hatte und weggenommen. Habe ich das richtig verstanden?

Krenz (ehem. Vorsitzender des Staatsrates sowie des Nationalen Verteidigungsrates sowie ehem. Generalsekretär des ZK der SED): Nein, da liegt offensichtlich ein – entweder habe ich mich nicht klar genug ausgedrückt oder – ein Mißverständnis vor. Ich hatte davon gesprochen, wenn ich das noch einmal wiederholen darf, daß am 11. August [1989] eine Analyse, die Wolfgang Herger und ich gemacht hatten über **Reisefragen**, Erich Honecker übergeben worden ist mit der Bitte, daß sie in der darauffolgenden Sitzung des Politbüros noch behandelt werden sollte. Das war die Sitzung, bevor er ins Krankenhaus zur Operation ging. Und er hat diese Vorlage von mir entgegengenommen und sie sozusagen unter Verschluß genommen. Und erst später, ohne Schlußfolgerungen, da war er aber schon aus dem Krankenhaus gekommen Mitte Oktober [1989], da war das schon, oder Anfang Oktober, da war das schon längst unaktuell, ohne Schlußfolgerungen wieder verteilt.
Da muß es ein Mißverständnis geben.

Ducke (Moderator): Gut.

Schulze (Vertreter des Bürgerkomitees): Es ist nicht so.

Ducke (Moderator): Das nächste, bitte.

Schulze (Vertreter des Bürgerkomitees): Ich muß das jetzt fragen.

---
[41] Unklar blieb bei der Verschriftung, warum die nächsten Wortmeldungen unter dem Namen „Schulze, Walfried" aufgerufen wurden. Bernd Schullcke ist im Protokoll als NF-Berater verzeichnet.

Es ist nicht so, daß diese Dinge mit der wöchentlichen Zusammenkunft von Herrn Mielke und Herrn Honecker in Zusammenhang stehen, die Sie auch erwähnten?

Krenz (ehem. Vorsitzender des Staatsrates sowie des Nationalen Verteidigungsrates sowie ehem. Generalsekretär des ZK der SED): Nein.

Schulze (Vertreter des Bürgerkomitees): Gut. Dann ist die Frage hinfällig. Die zweite.

Ducke (Moderator): – ich aufmerksam machen, es liegt ein Antrag zur Geschäftsordnung vor.
Kommen Sie zu Ende, ja, bitte.

Schulze (Vertreter des Bürgerkomitees): Die zweite Frage, was wissen Sie über das zentrale Parteiarchiv in Potsdam?
Danke.

Krenz (ehem. Vorsitzender des Staatsrates sowie des Nationalen Verteidigungsrates sowie ehem. Generalsekretär des ZK der SED): Soweit ich weiß, gibt es in Potsdam ein **zentrales Staatsarchiv**, kein zentrales **Parteiarchiv**. Und dieses zentrale Staatsarchiv untersteht dem Ministerium des Innern.

Schulze (Vertreter des Bürgerkomitees): Und es ist kein Bestandteil des Parteiarchivs dort mit integriert? Das können Sie aus Ihrer Sicht so definitiv sagen?
Wir haben andere Informationen.

Krenz (ehem. Vorsitzender des Staatsrates sowie des Nationalen Verteidigungsrates sowie ehem. Generalsekretär des ZK der SED): Also, ich könnte es nicht unter Eid nehmen, aber soweit ich weiß, ist das ein zentrales Staatsarchiv. Denn das Parteiarchiv ist in Berlin, und verantwortlich ist das ehemalige Institut für Marxismus-Leninismus dafür.

Ducke (Moderator): Gut. Genügt dies als Antwort? – Ja. Es liegt ein Antrag zur Geschäftsordnung vor.
Ich bitte Herrn Meckel, SPD.

Meckel (SPD): Die Zeit ist sehr vorangeschritten, und wir beantragen Abschluß dieses Tagesordnungspunktes wegen der vorangeschrittenen Zeit. Auch die für diesen Tagesordnungspunkt vorgesehene Zeit ist überschritten, denn wir haben noch wichtige Tagesordnungspunkte.

Ducke (Moderator): Das war einmal ein Antrag zur Unterstützung der Moderatoren sozusagen. Vielen Dank. Ich glaube, wir könnten noch vieles befragen. Wir müssen das hier zur Kenntnis nehmen und darüber abstimmen lassen, ehe wir weiter diskutieren. Der Antrag liegt vor.
Ich habe noch Wortmeldungen. Vielleicht verzichten Sie auch vorher. Frau Kögler, Herr Klein, Herr Mahling, Töpfer, Schult, Schimmank und Jordan hatte ich noch als Wortmeldungen. Nur damit man weiß, wieviel noch käme, wenn wir, wie auch immer, abstimmen. Trotzdem müssen wir darüber abstimmen.

Meckel (SPD): Abschluß der Debatte, sofortige.

Ducke (Moderator): Ja, ja, ich weiß schon. Ich habe nur kundgetan, was noch an Wortmeldungen [vor]liegt, damit das vielleicht das Abstimmungsverhalten mit beschäftigt. Ich lasse darüber abstimmen.
Es steht der Antrag Schluß der Debatte in Anbetracht der noch wichtigen Fragen und ja auch die weitere Möglichkeit noch, das Thema nicht fallen zu lassen.

Wer dafür ist, daß wir jetzt mit dieser Debatte schließen, den bitte ich um das Handzeichen. Ich weise darauf hin, ein Antrag zur Geschäftsordnung braucht Zweidrittelmehrheit. Ich bitte also um exakte Abstimmung und Zählung. Wer dafür ist, daß wir die Debatte schließen, der hebe die Hand. Das müssen wir zählen. – 20. Sie waren noch für? Kollegen auch noch, ja. Bitte? – 20. Ist das schon, genügt das? Gegenstimmen – bitte. – 7, ja. Und wer enthält sich der Stimme? – 10 Stimmenthaltungen.

Das bedeutet, daß der Antrag nicht die nötige Zweidrittelmehrheit gefunden hat, und wir fahren fort mit der Rednerliste. Das Wort hat Frau Kögler. Aber ich bitte zu bedenken, was der Antrag bedeutete und daß wir nicht in die Untersuchungskommission fallen.

Frau Kögler (DA): Danke. Ich begrenze auch meine Frage. Aber auch eine Frage noch zur Einstimmung auf das nächste Thema ist das ohnehin.

Herr Krenz, bevor ich meine Frage stelle, darf ich noch einmal erinnern an unseren demokratischen Zentralismus, an dem wir ja bisher festgehalten hatten. Noch etwas zur **Wahlkommission.** Es gab 27 Persönlichkeiten. Sie waren Vorsitzender der zentralen Wahlkommission. Es gab zahlreiche **Eingaben** nach der Wahl.

Wer war in dieser Wahlkommission verantwortlich für die Bearbeitung dieser Eingaben? Erste Frage.

Zweite Frage: Warum wurden Eingaben nicht bearbeitet, nicht beantwortet?

Ducke (Moderator): Herr Krenz, das waren konkrete Fragen an Sie.

Darf ich – –

Krenz (ehem. Vorsitzender des Staatsrates sowie des Nationalen Verteidigungsrates sowie ehem. Generalsekretär des ZK der SED): Die Eingaben wurden, wie das auch bei anderen Eingaben der Fall ist, immer dort bearbeitet, wo der konkrete Zustand sich vollzogen hat.

Ich will zugeben, daß es keine exakte Kontrolle gegeben hat über die exakte Bearbeitung dieser Eingaben. Denn sonst hätte man früher darauf aufmerksam werden müssen, was sich abgespielt hatte.

Frau Kögler (DA): Meine Frage ist noch nicht beantwortet.

Die erste Frage war: Wer hatte das Weisungsrecht dann eben für eine Weiterbearbeitung in den unteren Organen? Wer hat darüber entschieden? Ich komme aus Jena. **Jena ist die Hochburg der behaupteten Wahlfälschung** gewesen. Es hat ja da Jugendliche gegeben, die alles überprüft haben, oder ein Großteil, so daß man statistische Hochrechnungen machen konnte. Und die Eingaben, die hier vorgelegen haben, sind eben nicht beantwortet worden. Wer ist verantwortlich?

Sie waren der Vorsitzende, Herr Krenz.

Krenz (ehem. Vorsitzender des Staatsrates sowie des Nationalen Verteidigungsrates sowie ehem. Generalsekretär des ZK der SED): Wenn es um die politische Verantwortung geht, verehrte Kollegin, dann hat immer der Vorsitzende die Verantwortung. Das ist völlig klar.

Aber ich muß auch sagen, daß es nie eine Weisung gegeben hat, diese Eingaben nicht zu behandeln. Aber es war entsprechend dem Wahlgesetz auch so, daß Einspruch der Nationalrat der Nationalen Front zum Wahlergebnis machen konnte innerhalb von 14 Tagen. Dieser Wahleinspruch ist nicht gemacht worden. Leider gibt es nach dem Wahlgesetz keine anderen Institutionen, die das hätten machen können.

Ducke (Moderator): Ich bitte noch einmal, sich ganz kurz zu fassen bei der Fragestellung. Herr Klein, bitte, Vereinigte Linke. Bitte sofort.

Der Nächste ist dann Herr Mahling. Sie hatten zurückgezogen? – Gut. Danke. Dann Frau Töpfer.

Klein (VL): Eine Zusatzfrage zum Problem der einsamen Abstimmung zwischen Mielke und Honecker. Sie sagten vorhin, daß Sie dieses Regime erst seit 1984 als existent feststellen könnten und hatten vorhin die Frage nach den Vorgängen des Zeitraums 1976 bis 1979 so beantwortet, daß Sie damals nicht diese Funktion hatten. Sie waren damals 1. Sekretär des Zentralrats der FDJ und Kandidat des Politbüros. Darf ich aus dieser Antwort schließen, daß über solche Fragen im Politbüro nicht gesprochen wurde?

Krenz (ehem. Vorsitzender des Staatsrates sowie des Nationalen Verteidigungsrates sowie ehem. Generalsekretär des ZK der SED): Ja, ich war einmal in der Woche in der Sitzung des Politbüros, und solche Fragen, die direkt zwischen verschiedenen hauptamtlichen Funktionären im Politbüro behandelt worden sind, sind damals nicht zur Debatte gewesen.

Ducke (Moderator): Danke. Das Wort hat Frau Töpfer. Danach Herr Schult, Neues Forum.

Frau Töpfer, bitte.

Frau Töpfer (FDGB): Herr Krenz, Sie haben vorhin ausgeführt, daß der Verteidigungsfall sich nur auf Probleme der äußeren **Spannungslage** bezogen hat. Und Sie haben gesagt, daß es innerhalb der DDR keine Vorbereitungen gab für innere Konflikte.

Nun ist es uns bekannt, daß seit einigen Jahren die **Kampfgruppen** für den inneren Konfliktfall ausgebildet wurden beziehungsweise dort Vorbereitungen für Übungen gelaufen sind in dieser Richtung, was Empörung bei den Mitgliedern der Kampfgruppe hervorgerufen hat. Wie erklären Sie sich das? Das ist die erste Frage.

Zweitens hat Herr Herger vorhin ausgeführt, daß das ZK, Abteilung Sicherheit, nur also politische Anleitung getätigt hat, aber keine operativen Aufgaben wahrgenommen hat, was auch für die Bezirkseinsatzleitungen gelten soll. Deshalb hätte ich gerne erläutert, was Sie [unter] **operativen Aufgaben** verstanden haben in diesem Zusammenhang. Und wie erklären Sie sich, daß jetzt außerhalb von rechtlich geregelten Weisungsbefugnissen, daß zum Beispiel der Abteilungsleiter des ZK für Wirtschaftsfragen, der Herr Mittag, weisungsberechtigt war im Bereich der Wirtschaft und dort seine Entscheidungen sofort wahrgenommen worden sind, was man auch für den Bereich Wissenschaft sagen kann, daß dort Planungen für Forschungsthemen vorgenommen worden sind, und ausgerechnet für die Abteilung Sicherheitsfragen dort keinerlei Kompetenzen bestanden haben sollen für den Sicherheitsapparat.

Krenz (ehem. Vorsitzender des Staatsrates sowie des Nationalen Verteidigungsrates sowie ehem. Generalsekretär des ZK der SED): Was die Sicherheitsfragen betrifft, um bei der letzten Frage zu bleiben, so hat es in der Tat im Rahmen des Nationalen Verteidigungsrates Beauftragte gegeben. Und da war Herr Mittag zum Beispiel Beauftragter für die Wirtschaftsfragen, während ich der Leiter der Führungsstelle für das Zentralkomitee der Partei war. Dadurch die unterschiedlichen Aufgabenbereiche. Und für **Wirtschaftsfragen** ging das aber um die Fragen, wie die Wirtschaft zu organisieren sei unter den Bedingungen einer kriegerischen Auseinandersetzung.

Ducke (Moderator): Eine Rückfrage.
Frau Töpfer, bitte.

Frau Töpfer (FDGB): Es ging um die vergleichende Frage, daß dort praktisch Weisungsrechte von Herrn Mittag und von Abteilung Wissenschaft [beim] ZK wahrgenommen worden sind außerhalb des Verteidigungsfalls für alle Fragen, die diese Bereiche angegangen sind.

Das ist allgemein bekannt, sonst hätte es ja diese rechtlichen Vorwürfe gegen Herrn Mittag heutzutage nicht gegeben.

Krenz (ehem. Vorsitzender des Staatsrates sowie des Nationalen Verteidigungsrates sowie ehem. Generalsekretär des ZK der SED): Ich verstehe.

Frau Töpfer (FDGB): Ist das nicht vergleichbar mit den Beständen in der Abteilung Sicherheit?

Ducke (Moderator): Gut. Die Rückfrage ist verstanden worden.

Krenz (ehem. Vorsitzender des Staatsrates sowie des Nationalen Verteidigungsrates sowie ehem. Generalsekretär des ZK der SED): Was Sie hier im Zusammenhang mit Herrn Mittag sagen, hat nur indirekt etwas mit diesem Thema zu tun, über das wir heute sprechen. Es gab tatsächlich im Zentralkomitee viele Jahre eine Wirtschaftskommission, die sich anmaßte, mehr Entscheidungen zu treffen als die Regierung selbst.

Es gab tatsächlich auf diesem Gebiet Entscheidungen, die eigentlich Entscheidungen der Regierung waren. Aber das hat nichts mit dem Teil Sicherheitsfragen zu tun, das ist etwas, was die direkte Arbeit auf dem Gebiet der Wirtschaft betraf.

Ducke (Moderator): Gut. Herr Schult hatte [seine Frage] zurückgezogen. Dann wäre Herr Schimmank – – Ach Kampftruppen?
Ja, Herr Herger, bitte.

Herger (ehem. Leiter der Abteilung Sicherheitsfragen des ZK der SED): Zu den **Kampfgruppen** ganz kurz. Die Hauptaufgabe der Kampfgruppen war die Erfüllung von Aufgaben zur Landesverteidigung in einem Verteidigungsfall. Ich muß noch einmal sagen, der **Verteidigungsfall** war klar definiert, ist auch überall nachlesbar in den offenen und auch in den Geheimdokumenten als Fall einer Aggression von außen. Das war die Definition des Verteidigungsfalls im Moment.

Aber es [ist] richtig, daß in den letzten zwei, drei Jahren etwa die Kampfgruppen auch ausgebildet worden sind für die Wahrnehmung von polizeilichen Aufgaben im Innern, zum Beispiel beim Schutz der Betriebe und auch bei Ordnungseinsätzen, bei nichtangemeldeten Demonstrationen zum Beispiel. Das ist wahr, und es ist auch wahr, daß sich Angehörige der Kampfgruppen vor allen Dingen seit Sommer vorigen Jahres mehr und mehr dagegen gewandt haben. Das war auch mir bekannt. Und deswegen waren wir im Zusammenhang mit der damals geplanten Vorbereitung des 12. Parteitages der SED bereits dabei, die Direktive für die Kampfgruppen zu überarbeiten.

Und die zweite Sache noch einmal, damit es da keine Mißverständnisse gibt. Wenn ich über **operative Aufgaben** spreche im militärischen Bereich, meine ich immer diejenigen Aufgaben, die an Befehle gebunden sind, und Befehle konnte nur der jeweilige Minister oder der jeweilige Dienstvorgesetzte geben.

[Zwischenfrage Frau Töpfer]

Ducke (Moderator): Ich bitte, diese Detailfragen vielleicht doch – –
Gut, Herr Herger.

Herger (ehem. Leiter der Abteilung Sicherheitsfragen des ZK der SED): Vielleicht noch einen Satz dazu, damit es wirklich [klar wird], mir liegt sehr viel daran, daß gerade hier absolute Klarheit herrscht.

Im Bereich des Ministeriums für Nationale Verteidigung, im Bereich des MdI, auch im Bereich des Zolls konnten wir Einfluß nehmen. Der Minister für Nationale Verteidigung hat zum Beispiel in der Abteilung mehrfach grundsätzliche, auch Befehle zur Abstimmung geschickt. Aber beim Ministerium für Staatssicherheit ist das nicht in einem einzigen Fall so gewesen. Sie können sich in der **VS-Stelle** in der ehemaligen Abteilung Sicherheitsfragen davon überzeugen, daß solche Dinge nicht in der Abteilung vorlagen.

Ducke (Moderator): Danke.
Es liegt wieder einmal ein Antrag zur Geschäftsordnung vor. Wir haben noch zwei Wortmeldungen, wenn die nicht zurückgezogen werden.

N. N.: Kein Antrag, eine Bemerkung. Ich wundere mich sehr, daß ausgerechnet zu diesem Tagesordnungspunkt so viele Vertreter oppositioneller Gruppen und Parteien den Saal verlassen.

Ducke (Moderator): Entschuldigen Sie, das war kein, ja, gut. Das Wort hat Herr Schimmank von – –

Schimmank (DBD): Ja, Schimmank, DBD.

Ducke (Moderator): Herr Schimmank, Entschuldigung.

Schimmank (DBD): Ich möchte mich auf einen Fragenkomplex begrenzen in Anbetracht der Zeit.

Welche Begründung gab es für den Beschluß, die flächendeckende Überwachung ab 1985 einzuführen? Was hat Sie, Herr Krenz, bewogen, diesem Beschluß eigentlich zuzustimmen?

Und dazu die Frage, welche Rolle spielte dabei die SED in Verbindung zu den Abteilungen I der Einrichtungen [und] Betriebe?

Und zum Schluß, inwieweit ist dieser Beschluß nun verwirklicht worden, gibt es dazu Aussagen ganz konkret?

Ducke (Moderator): Danke.
Herr Krenz, würden Sie?

Krenz (ehem. Vorsitzender des Staatsrates sowie des Nationalen Verteidigungsrates sowie ehem. Generalsekretär des ZK der SED): Im Politbüro ist dieser Beschluß nie gefaßt worden.

Ducke (Moderator): Gut.
Und jetzt die letzte Wortmeldung.

Herger (ehem. Leiter der Abteilung Sicherheitsfragen des ZK der SED): Ich muß noch einmal ergänzen.

Ducke (Moderator): Ach so, Herr Herger.

Herger (ehem. Leiter der Abteilung Sicherheitsfragen des ZK der SED): Das ist ein solches konkretes Beispiel, daß solche grundsätzlichen **Weisungen des Ministers für Staatssicherheit** nie in einer Abteilung oder beim Sekretär des Zentralkomitees vorgelegen haben.

Und was die Abteilung I betrifft in den Betrieben, das sind Abteilungen, die gebildet worden sind im Zusammenhang mit der Vorbereitungsarbeit, das heißt mit der Vorbereitung auf einen möglichen Verteidigungszustand.

Ducke (Moderator): Das Wort hat jetzt Herr Jordan, Grüne Partei.

Bitte, wir haben erfahren, daß das Politbüro damit nicht befaßt war. Das war die Antwort.

Herr Jordan, bitte, Grüne Partei, letzte Wortmeldung.

Jordan (GP): Herr Krenz, bis zum 8. November [1989] wurde in der DDR **abgehört**, also auch zur Zeit Ihrer Machtausübung. Welche Analysen sind Ihnen in dieser Zeit zugegangen?

Zum zweiten eine Frage zu den **Akten der Sicherheitsbeauftragten der SED**. Wo sind diese Akten jetzt? Sind diese Akten dem Regierungsbeschluß zur Auflösung des Ministeriums für Staatssicherheit entsprechend gesichert worden oder liegen diese Akten noch in den Kreisleitungen?

Und drittens noch einmal eine Nachfrage, wer hatte damals den Befehl erteilt, die Mitglieder der **Umweltbibliothek in der Zionskirche** in der Nacht durch die Staatssicherheit überfallen zu lassen und festnehmen zu lassen? Und wer im Politbüro veranlaßte im Januar 1988 die Abschiebung der Mitglieder der Initiative Frieden und Menschenrechte und einige Angehörige der Umweltbibliothek?

Ducke (Moderator): Bitte, gibt es zu diesen konkreten Anfragen eine Antwortmöglichkeit? Es sind hier konkrete Fakten, die wahrscheinlich auch nicht im Politbüro behandelt wurden. Aber es war die konkrete Frage, wer zeichnet dafür verantwortlich.

Herger (ehem. Leiter der Abteilung Sicherheitsfragen des ZK der SED): Bezüglich der Akten der Mitarbeiter für Sicherheitsfragen gehe ich einfach davon aus, daß sie noch in den ehemaligen Kreisleitungen da sind. Solche **Akten werden ja nicht vernichtet**. Was die Mitarbeiter für Sicherheitsfragen der Zentralkomitees betrifft, die sind alle da, die Akten, in den Archiven jetzt.

Ducke (Moderator): Genügt – –

Krenz (ehem. Vorsitzender des Staatsrates sowie des Nationalen Verteidigungsrates sowie ehem. Generalsekretär des ZK der SED): Was **Verhaftungen** betrifft, möchte ich nochmals unterstreichen, haben sie nie in irgendeiner Leitungsebene des Zentralkomitees, ob im Sekretariat oder im Politbüro eine Rolle gespielt.

Ducke (Moderator): Gut. Das waren Ihre Antworten zu den Fragen, die die politische Verantwortung – –

Jordan (GP): Es fehlt noch die Abhörung.

Ducke (Moderator): – betrafen und manche konkrete Frage. – Bitte?

Jordan (GP): Die Abhörung fehlt noch, die Erkenntnisse aus der **Abhörung** bis zum 8. November [1989].

Ducke (Moderator): Entschuldigung. Gut, daß Sie sich melden, ja. Sind Ihnen, Herr Krenz, so war die Frage, aus den Abhörmechanismen Informationen zugegangen? Das war die konkrete Frage, nicht?

Herger (ehem. Leiter der Abteilung Sicherheitsfragen des ZK der SED): Die kann ich so beantworten, wie ich sie vorhin auch schon beantwortet habe. Ergebnisse von Untersuchungen des MfS sind Funktionären der SED übergeben worden. Wie lange, kann ich jetzt nicht beantworten, aber auch in der Zeit, als Egon Krenz Generalsekretär war und ich damals auch Sekretär kurzzeitig im Politbüro. Einzelne Informationen. – –

Krenz (ehem. Vorsitzender des Staatsrates sowie des Nationalen Verteidigungsrates sowie ehem. Generalsekretär des ZK der SED): – wobei, am 8. November [1989], da war ich Generalsekretär, ist das Abhören – –

[Lücke in der Aufnahme]

Ducke (Moderator): – jetzt sagen, daß wir Sie beide verabschieden könnten. Es sind noch zwei, drei Vorlagen zu behandeln und die Frage des Verlesens.

Herr Pflugbeil, Sie hatten den Antrag dieser Augenzeugenberichte. Ob wir daran noch festhalten? Ich muß sagen, wir haben 16.20 Uhr. In Anbetracht der Tatsache bitte ich um schriftliche Information dieser Vorgänge. Den Antrag würde ich jetzt stellen. Würden Sie, Herr Pflugbeil, sich damit, Sie haben den Antrag hereingebracht, einverstanden erklären können?

Pflugbeil (NF): Na, ich fände es schon besser, wenn ein kurzer mündlicher Bericht kommt.

Ducke (Moderator): Bitte?

Pflugbeil (NF): Ich fände es schon besser, wenn ein kurzer Bericht kommt.

Ducke (Moderator): Ja, aber Sie schauen auf die Zeit. Wir haben [das Thema] Wahlgesetz heute noch, und das muß sein. Überlegen Sie bitte.

In der Zwischenzeit möchte ich danken und verabschieden Herrn Krenz und Herrn Herger. Wir danken, daß Sie am Runden Tisch gewesen sind.

Meine Damen und Herren, es liegen vor, ich rufe auf **Vorlage 9/3**, Antrag des Neuen Forum, **Vorlage 9/4**, Antrag Neues Forum, **Vorlage 9/5**, Antrag Grüne Partei bezüglich Einrichtung. Und dann muß noch unbedingt vom 18. Januar die **Vorlage 8/7**, nämlich das Dreierkomitee zu benennen und zu bestimmen, sein. Das sind noch die Dinge, die über die Informationen, die Ihnen schon vorliegen, hinausgehen, jetzt zu besprechen sind.

Meine Damen und Herren, wir haben 16.22 Uhr. Ich rufe diese Vorlagen auf. In der Zwischenzeit, Herr Pflugbeil, entscheiden Sie wegen der Dinge. **Vorlage 9/3 [NF: Antrag betr. Maßnahmen zur Auflösung des MfS]**, wer bringt sie ein?

Neues Forum, bitte.

Pflugbeil (NF): Ich glaube, ich brauche nach der Anhörung keine großen Vorbemerkungen zu machen.

Ducke (Moderator): Na. Danke.

Pflugbeil (NF): Ich weise auf einige Schwerpunkte hin, die uns nach all diesen Diskussionen in den letzten Wochen immer noch und immer mehr wichtig erscheinen.

Erstens: **Schweigeverpflichtungen** und andere Abhängigkeiten aufzuheben, damit ungehinderte Ermittlungen möglich werden. Es ist bisher immer noch schlecht möglich, von Mitarbeitern der ehemaligen Staatssicherheit authentische Informationen zu bekommen. Und was heute nachmittag hier war, das möchte ich nebenbei sagen, hat mich schon ganz schön frustriert. Ich denke, daß die Partei sich darum gekümmert hat, daß die Verfassung eingehalten wird, wie wir das vorhin gelernt haben, das ist ein ganz neuer Aspekt in der Geschichte dieses Problems.

Ducke (Moderator): Es geht – nur noch für die jetzt Kommenden – um die **Vorlage 9/3,** Antrag Neues Forum.
Herr Pflugbeil gibt noch einige Erläuterungen dazu.

Pflugbeil (NF): Der zweite Punkt: Ich denke, daß wir **Rechtsfolgen für Falschaussagen** gegenüber den an den Ermittlungen beteiligten Personen unverzüglich zu definieren und in Kraft zu setzen haben.

Wir hören so viel Zeug, von dem wir alle wissen, daß es ein ganzes Stück von der Realität entfernt ist, und können uns dagegen nicht wehren, so daß dafür Schritte zu ergreifen sind. Die Strukturen und die Arbeitsweisen des ehemaligen MfS sowie dessen Vernetzung mit den anderen Staatsorganen und dem Apparat der SED ist uns immer noch nicht durchsichtig. Ich denke, das ist detailliert offenzulegen und nicht von uns im Nebel zu erfischen.

Viertens: Die gegenwärtige Befehlslage der – –

Ducke (Moderator): Herr Pflugbeil, Sie brauchen nicht vorlesen. Nur, wenn noch Schwerpunkte, wenn Sie – – Wir haben ja die Vorlage.

Pflugbeil (NF):

[Vorlage 9/3, Antrag NF betr. Maßnahmen zur Auflösung des MfS[42]]

Der Frieden in unserem Land hängt im Moment in entscheidendem Maße von der Glaubwürdigkeit der Regierung ab. Das trifft besonders für die Maßnahmen bei der Auflösung des Staatssicherheitsdienstes zu.

Bisher gibt es jedoch seitens der Regierung keine selbständige Offenlegung der Strukturen und der Arbeitsweisen des ehemaligen MfS. Somit wurde keine effektive Kontrolle der Auflösung des MfS/AfNS durch die Bürgerkomitees immer noch nicht ermöglicht. Trotz wiederholter dringender Anfragen und Forderungen der Bürgerkomitees und der Opposition wird auch über die bisherige Vernetzung des MfS mit anderen staatlichen Organen und dem Apparat der SED nur stückweise und mit großer Verzögerung Auskunft gegeben. Somit kann immer noch nicht der Verdacht ausgeräumt werden, daß die derzeitige Regierung die verfassungswidrigen und menschenfeindlichen Praktiken des MfS vertuschen oder gar gegebenenfalls reaktivieren will. Die bisherige Verzögerungstaktik der Regierung bei der Offenlegung der Strukturen und Arbeitsweise des MfS hat auch zu einer undifferenzierten Vorverurteilung aller ehemaligen MfS-Mitarbeiter in der Öffentlichkeit geführt und erschwert deren Integrationsprozeß.

Eine friedliche und demokratische Zukunft unseres Landes ist ohne vollständige und wahrheitsgetreue Offenlegung der Vergangenheit und Gegenwart nicht denkbar. Deshalb fordern wir die Regierung dringend dazu auf,

1. Schweigeverpflichtungen und andere Anhängigkeiten aufzuheben, damit ungehinderte Ermittlungen möglich werden,
2. Rechtsfolgen für Falschaussagen gegenüber den an Ermittlungen beteiligten Personen unverzüglich zu definieren und in Kraft zu setzen,
3. die Strukturen und die Arbeitsweisen des ehemaligen MfS sowie desssen Vernetzung mit anderen Staatsorganen und dem Apparat der SED detailliert offenzulegen,
4. die gegenwärtige Befehlslage der noch tätigen Mitarbeiter des ehemaligen MfS offenzulegen,
5. eine zentrale und bezirkliche Finanzrevision zu einer umfassenden Kontrolle und Aufdeckung der Finanzen und Finanzierungsarten des ehemaligen MfS/AfNS einzusetzen,
6. die Offenlegung und Sicherstellung der Archive und Akten der SED(-PDS) und ihrer für die innere Sicherheit zuständigen Gremien auf allen Leitungsebenen zu veranlassen,
7. die die innere Sicherheit betreffenden Akten und Materialien des Nationalen Verteidigungsrates und der Bezirks- und Kreiseinsatzleitungen offenzulegen und sicherzustellen,
8. Ermittlungsverfahren wegen Vernichtung von Beweismitteln gegen alle Personen einzuleiten, die für die Vernichtung bzw. Verbringung von Akten des MfS und der SED-Sicherheitsabteilungen verantwortlich sind,
9. keine grundsätzlichen Entscheidungen zur Auflösung des AfNS ohne die Zustimmung der Arbeitsgruppe Sicherheit des Runden Tisches zu treffen.

Neues Forum

Pflugbeil (NF): Ja, ich denke, die gegenwärtige Befehlslage der noch tätigen Mitarbeiter des ehemaligen MfS ist unklar.

Ducke (Moderator): Ja. Deutlich geworden.

Pflugbeil (NF): Es gibt, wir haben am Freitag in einem **Rechenzentrum des MfS,** auf das ich noch zu sprechen kommen werde, Leute gefunden, die mit den **Dienstausweisen des MfS** nach wie vor ungestört dort gearbeitet haben. Es wäre schon wirklich wichtig zu wissen, in wessen Auftrag sie was dort gemacht haben.

Ich möchte das zu dieser Vorlage bewenden lassen.

Ducke (Moderator): Danke, Herr Pflugbeil.
Ich glaube, die Vorlage ist eindeutig und gerade die Anhörung, so würde ich jetzt rein aus meiner Sicht jetzt auch sagen, hat gezeigt, daß die Fragen, die hier formuliert sind, nicht vom Tisch sind. Wir haben ja in einzelnen Punkten immer wieder darauf hinweisen müssen, daß eben da noch Dinge aufgelegt werden.

---

[42] Der vollständige Text der Vorlage wurde redaktionell eingefügt.

Könnte ich denn, wenn keine Wortmeldungen mehr dazu sind, dazu jetzt abstimmen lassen?

Bitte, hier kommt noch eine Rückfrage.

Bitte, Herr Lindner, bitte.

Lindner (LDPD): Ich habe eine Frage an Herrn Pflugbeil.

In der Ziffer 9 wird gesagt, keine grundsätzlichen Entscheidungen zur Auflösung des AfNS ohne die Zustimmung der **Arbeitsgruppe „Sicherheit"**. Nun habe ich ein bißchen Sorge, mit Recht drücken wir, daß hier schneller vorgegangen werden muß. Auf der anderen Seite könnte das zu einem zeitlichen Hemmnis werden, dem ich gerne entgehen möchte.

Ducke (Moderator): Das war eine konkrete Rückfrage an Neues Forum. Wer antwortet?

Herr Pflugbeil hatte sich gemeldet.

Pflugbeil (NF): Ich verstehe Ihre Bedenken.

Ich bitte, den Begriff „grundsätzlich" unterstrichen zu denken. Wir haben in der nächsten **Vorlage 9/4** ein ganz konkretes Beispiel, wo ein solches grundsätzliches Problem vorliegt, das, wie wir denken, keinesfalls am Runden Tisch oder an der Sicherheitsgruppe des Runden Tisches vorbei hätte entschieden werden dürfen und wo vollendete Tatsachen geschaffen wurden, die unbedingt wieder zu revidieren sind. Ich denke, aus der nächsten Vorlage ergibt sich die Begründung für die – –

Ducke (Moderator): Jetzt haben wir die **Vorlage 9/3**. Das war eine Antwort darauf.

Kann ich zur Abstimmung schreiten, daß wir diese – – wir haben noch mehrere Vorlagen, die diesen Bereich [berühren]. Sie wollten noch etwas melden?

Bitte, Herr Ullmann.

Ullmann (DJ): Ja, ich empfinde die Probleme ähnlich wie Herr Pflugbeil, habe aber eine gewisse Schwierigkeit mit dieser Vorlage, weil die Forderungen, die hier aufgezählt werden, sehr ungleicher Art sind.

Es sind manche dabei, die wir schon, ich weiß nicht wie oft, beschlossen haben. Andere, wie Nummer 7, sind ihrer Natur nach Dinge, die lange Zeit brauchen, wie jeder weiß, der mit den Dingen zu tun gehabt hat. Also, ich bin in einer Schwierigkeit, weil ich nicht richtig weiß, wie ich damit umgehen soll. Es ist vieles ohnehin klar, daß wir dieser Meinung sind. Aber von anderen weiß ich, wenn wir uns das jetzt zur Forderung machen, dann übernehmen wir die Verpflichtung, die innere, auch das einzuklagen. Und ich weiß jetzt schon, das wird lange dauern, was hier gefordert wird.

Das ist die Schwierigkeit.

Ducke (Moderator): Ja. Das war etwas zu schwer.

Herr Hegewald, PDS.

Hegewald (SED-PDS): Mir erscheint diese Darstellung hier durchaus berechtigt, daß es zu langsam geht mit der Offenlegung der Struktur und Arbeitsweise des MfS und daß da durchaus berechtigte Bedenken entstehen.

Und meine Bitte wäre zu überdenken, ob wir nicht den **Bürgerkomitees** ganz andere Vollmachten geben sollten, damit das schneller geht, damit das transparent wird. Ich würde, um vielleicht im Tagesordnungspunkt schon vorweg zu nehmen, ich würde es begrüßen, wenn also die Bürgerkomitees hier an diesem Tisch entsprechenden Platz hätten, damit sie auch in diesem Prozeß, das Ganze transparent [zu] machen, wirksamer eingreifen könnten.

Ducke (Moderator): Es geht jetzt ganz schlicht um das Abstimmen, ob der Runde Tisch diese Vorlage, also mit diesen Forderungen, unterstützt.

Oder gibt es vom Neuen Forum noch einen Kommentar? Was ist mit der **Vorlage 9/4 [Antrag NF: Leerstehende Objekte des MfS]**? Ergänzt sich das? Und **9/7 [Erklärung AG „Sicherheit": Vorkommnisse am 15. Januar 1990]**? Ich muß auch jetzt sagen, wir haben jetzt so eine Auflistung verschiedenster Dinge. Könnten wir das zusammenfassen oder – –

Wissen Sie, also ich teile jetzt auch, wenn ich jetzt einmal genauer hingucke, ein wenig die Bedenken von Herrn Ullmann, daß sich Wiederholungen – – Aber wir können über alle drei jetzt extra abstimmen lassen. Ich meine, es kann sich auch einmal etwas wiederholen. Das ist nicht das Problem.

Herr Pflugbeil, können Sie auf die Schnelle so etwas sagen?

Pflugbeil (NF): Ich wäre doch dafür, das extra abzustimmen, weil der nächste Punkt wirklich ein ganz spezieller Fall ist, auf den ein gehöriger Akzent käme.

Ducke (Moderator): Natürlich, war nur eine konkrete Rückfrage. Gibt es noch Wortmeldungen? Bitte, **Vorlage 9/3**, und ich bitte, schauen Sie auf die Zeit, wir haben [das Thema] Wahlgesetz heute noch zu machen. Ich bin dafür, daß wir die Vorlagen abstimmen. Aber bitte in den Wortmeldungen wirklich nur Konstruktives.

Bitte, Frau Walzmann.

Frau Walzmann (CDU): Ja, ich habe noch eine Rückfrage zum Punkt 2, „Rechtsfolgen für Falschaussagen gegenüber den an Ermittlungen beteiligten Personen".

Ich habe da ein bißchen Probleme mit dem Verständnis. Das kann ja nur eine Falschaussage und die Verfolgung im Sinne des Strafgesetzbuches sein. Soll jetzt etwas Neues, neue Tatbestände dafür definiert werden oder wie ist das?

Vielleicht können Sie noch etwas dazu sagen.

Ducke (Moderator): Ist jemand – – Herr Pflugbeil bitte.

Die Rückfrage dazu.

Pflugbeil (NF): Wir sind doch alle unbefriedigt darüber, daß wir Antworten kriegen, von denen wir wissen anhand vieler persönlicher Erlebnisse, daß sie nicht stimmen. Wir sind aber nicht in der Lage, im Moment zu beweisen, daß sie nicht stimmen. Was macht man mit den Leuten, die solche Falschaussagen machen. Bisher kann man eigentlich das Blaue vom Himmel heruntererzählen an diesem Runden Tisch und vor den Untersuchungskommissionen. Das ärgert mich, und wir suchen nach Möglichkeiten, um das – –

Ducke (Moderator): Ich glaube, die Ebenen muß man hier unterscheiden.

Hier geht es nicht um den allbekannten Vorgang, daß man vor Gericht zu gehen hat. Darauf wurden wir heute schon einmal aufmerksam gemacht. Sondern ich würde hier dies auch in die politische Frage einordnen, daß hier eine Durchschaubarkeit deutlicher wird, wenn ich Sie richtig verstanden habe. Dann, daß das hier jedem klar wird, wie man dann gerichtlich vorgeht. Gut.

Noch Rückfragen dazu, sonst lassen wir über den – –

Bitte, Herr Pflugbeil.

Pflugbeil (NF): Also, diese Frage spielt insbesondere eine Rolle für die Bürgerkomitees, denen gegenüber niemand zu wahrheitsgemäßen Aussagen verpflichtet ist bis jetzt. Sie sind völlig hilflos und können die Leute, die sie vorladen und die sie vernehmen, nicht dazu bringen, wirklich die Wahrheit sagen zu müssen.

Ducke (Moderator): Gut. Der Antrag liegt vor. Wir wissen um seine Verflechtungen.

Ich werde eben aufmerksam gemacht auf die **Ordnung der Bürgerkomitees**. Da müßten wir rückfragen, bei welcher Gruppe der [Antrag] jetzt liegt und schmort. Denn eigentlich sollte er sofort wieder auf den Runden Tisch nach Rücksprache mit den Bürgerkomitees. Wir erinnern uns, daß wir hier eine konkrete Vorlage hatten, eine Aussage der Rechtsabteilung. Dann wurde das zurückgegeben mit dem Vorschlag, daß die Bürgerkomitees befragt werden sollen, damit wir nicht über sie etwas abstimmen, was dann nicht ordentlich und konsequent durchgeführt werden kann. Wer bringt den [Antrag] wieder ein? Ich bin jetzt nicht sicher, wer den hat. Vielleicht können Sie sich das auch noch mit überlegen.

Meine Damen und Herren, **Vorlage 9/3** liegt auf dem Tisch. Wortmeldungen dazu gab es. Das Verständnis, die Sinnspitze ist uns klar. Der Adressat ist benannt insofern, [als] daß die Regierung hier um Präzisierung gebeten wird.

Wer, ich lasse jetzt abstimmen, wer dafür ist, den bitte ich um das Handzeichen. [Das] müssen wir doch zählen, oder? – Es ist die erkennbare Mehrheit. Ich frage dann, wer stimmt dagegen? – Es gibt keine Gegenstimme. Wer enthält sich der Stimme? – Es gibt 3, 4 Stimmenthaltungen. Das halten wir fest. Vielen Dank. Die **Vorlage 9/3** wird damit als solche der Regierung zu überweisen sein.

Ich rufe **Vorlage 9/4** [Antrag NF: Leerstehende Objekte des MfS] auf, einen konkreten Punkt. Wie Herr Pflugbeil sagte, möchte das Neue Forum dazu etwas sagen.

Bitte.

Pflugbeil (NF): Ich bitte darum, das verlesen zu dürfen, weil es sich hier um eine brandneue Geschichte handelt, die kaum bekannt sein dürfte, deren Konsequenzen aber sehr weitreichend sind.

Ducke (Moderator): Ach nein. Herr Pflugbeil, ich muß jetzt wirklich sagen, wir haben es gelesen. Wir möchten hier nicht den Runden Tisch dazu benutzen, Einzelfälle mit Druck zu versehen.

Wenn uns das einleuchtet, können Sie jetzt sicher sein, daß hier auch darüber abgestimmt wird.

Pflugbeil (NF): Ich denke, es handelt sich hier wirklich um einen Präzedenzfall für die **Auflösung des Amtes für Nationale Sicherheit,** wie sie nicht passieren darf. Und ich denke, die Bevölkerung, die jetzt zuhört, hat ein Recht darauf, das zu hören.

Ich würde wirklich darum bitten, das vorlesen zu dürfen.

Ducke (Moderator): Ich weise darauf hin, welche Konsequenzen dies hat.

Bitte, Herr Pflugbeil.

Pflugbeil (NF): „Seit dem 21. Dezember [1989] wurde vom Berliner Runden Tisch – –

Ducke (Moderator): Es liegt ein Antrag zur Geschäftsordnung vor. Wir müssen es jetzt abstimmen lassen.

Bitte, der Antrag.

N. N.: Also ich möchte doch dafür sein, daß wir das nicht vorgelesen bekommen, was wir schon andauernd vorliegen haben. Wir sind alle alt genug und können selber lesen.

Ducke (Moderator): Das war ein Antrag, ja.

Wir lassen darüber abstimmen, wer dafür ist, daß der Antrag nicht vorgelesen wird, den bitte ich um das Handzeichen. – Na, das ist wieder einmal keine Zweidrittelmehrheit, nein, nein. Zählen wir einmal bitte. Zählen Sie bitte. – 14 Stimmen. Also ist der Antrag nicht durchgekommen, ist keine Zweidrittelmehrheit.

Bitte, Herr Pflugbeil. Aber vielleicht können Sie sich selbst entscheiden, daß wir es schon gelesen haben. Bitte.

Pflugbeil (NF): – Auf die Androhung eines Warnstreikes wurde am Berliner Runden Tisch schließlich eine Liste von **600 Objekten des ehemaligen Ministeriums für Staatssicherheit** auf dem Gebiet Berlin vorgelegt. Diese Adresse war interessanterweise dem Regierungsbeauftragten für die Auflösung des Amtes, des Berliner Bezirksamtes, nicht bekannt.

In der Folge ergaben sich zwei wichtige Erkenntnisse, die ich hier darstellen möchte. Wir haben nach dem letzten Berliner Runden Tisch, Donnerstag abend, operativ beschlossen, am Freitag früh etwa 150 Dienstobjekte von diesen 600 Adressen aufzusuchen, um festzustellen, worum es sich handelt.

Dabei ist herausgekommen, daß ein Ingenieurbetrieb für **Wissenschaftlichen Gerätebau** am Freitag früh um 9.00 Uhr gegründet wurde aus einem ehemaligen Objekt des Ministeriums für Staatssicherheit. Dieser Betrieb hat etwa 600 Beschäftigte, hat Telefonüberwachungsanlagen entwickelt und gebaut, und die Übernahme in den zivilen Bereich erfolgte lediglich durch den Einsatz eines neuen Betriebsleiters. Die gesamte Struktur dieses Betriebes einschließlich aller leitenden Mitarbeiter des ehemaligen MfS blieb völlig unverändert.

In analoger Weise wird das Rechenzentrum des MfS mit der Abkürzung **RZ WTI [Rechenzentrum Wissenschaftlich-Technische Informationstätigkeiten]** mit unveränderter Personalstruktur und ohne Veränderung der Hardware in den zivilen Bereich übernommen. Die Mitarbeiter werden zur Zeit mit neuen Dienstausweisen des Ministeriums für Wissenschaft und Technik ausgestattet. Bis zum 19. Januar [1990], dafür liegen Unterlagen vor, arbeitete dieses Rechenzentrum aktiv für das MfS. Die Mitarbeiter besitzen Dienstausweise des Ministeriums für Staatssicherheit, die noch für Januar 1990 abgestempelt worden sind. Beide Einrichtungen können jederzeit für ihre alten Aufgaben reaktiviert werden.

Wir halten diese Vorgehensweise für fatal und leiten daraus folgende Forderungen ab:

Erstens: Die Rücknahme des Ministerratsbeschlusses, in dem diese Art der Überführung von Betrieben oder Betriebsteilen des Ministeriums für Staatssicherheit in zivile Bereiche überführt wird.

Zweitens: Die Übergabe der Betriebe an die territorialen Wirtschaftsorgane.

Drittens: Umsetzung aller ehemaligen Mitarbeiter des MfS in andere Betriebe.

Viertens: Die Verteilung der Großrechner des Rechenzentrums in verschiedene Einrichtungen und irreversible Demontage der Kommunikationsmöglichkeiten in andere Bezirke – einschließlich der Richtfunkeinrichtungen auf dem Gelände.

[Vorlage 9/4, Antrag NF: Leerstehende Objekte des MfS[43]]

Seit dem 21. Dezember 1989 werden vom Berliner Runden Tisch ein vollständiges Verzeichnis der Objekte der Staatssicherheit auf dem Territorium von Berlin gefordert. Erst die Drohung mit Warnstreik in Berlin führte am 18. Januar 1990 dazu, daß eine Liste von 600 Adressen dem Berliner Runden Tisch vorgelegt wurde.

Ein operativ gebildeter Ausschuß beschloß, daß am folgenden Morgen die als Dienstobjekt gekennzeichneten Adressen von Bürgervertretern und Staatsanwälten aufgesucht werden, um einen Eindruck von der Art der Einrichtung zu bekommen und eventuell sofort Maßnahmen zu ergreifen.

Freitag morgen, als diese Aktion im Roten Rathaus begann, wurde vom Minister für Wissenschaft und Technik, Prof. Buldig (LDPD), der VEB Ingenieurbetrieb für Wissenschaftlichen Gerätebau gegründet. Dieser VEB besteht aus mehreren Teilen, von denen uns bekannt ist, daß sie bis Freitag früh zum MfS bzw. zum AfNS gehört haben.

Der Betriebsteil in der Freienwalder Straße mit gegenwärtig etwa 600 Beschäftigten hat u. a. die Telephonüberwachungsanlagen entwickelt und gebaut. Die Übernahme in den zivilen Bereich erfolgte durch den Einsatz eines neuen Betriebsleiters aus Dresden – die gesamte Struktur des Betriebes einschließlich aller leitenden Mitarbeiter des MfS blieb unverändert.

In analoger Weise wird das Rechenzentrum des MfS - RZWTI - mit unveränderter Personalstruktur und ohne Veränderung der Hardware in den zivilen Bereich übernommen. Die Mitarbeiter werden z. Zt. mit neuen Dienstausweisen ausgestattet. Bis zum 19. Januar 1990 arbeitete dieses Rechenzentrum aktiv für das MfS (die Mitarbeiter besitzen Dienstausweise, die noch für Januar 1990 abgestempelt worden sind).

Beide Einrichtungen können jederzeit für ihre alten Aufgaben reaktiviert werden.

Wir fordern:

1. Rücknahme des Ministerialbeschlusses
2. Übergabe der Betriebe an die territorialen Wirtschaftsorgane
3. Umsetzung aller ehemaligen Mitarbeiter des MfS in andere Betriebe
4. Verteilung der Großrechner des Rechenzentrums in andere Einrichtungen und irreversible Demontage der Kommunikationsmöglichkeiten in andere Bezirke (einschließlich der Richtfunkeinrichtungen auf dem Gelände)

Ducke (Moderator): Danke.
Das Wort, es hat sich gemeldet Herr Brinksmeier von [der] SPD.

Brinksmeier (SPD): Die Arbeitsgemeinschaft „Sicherheit" des Runden Tisches hat getagt und hat die Namensvorschläge für die Dreiergruppe mitgeteilt.

---
[43] Text der schriftlichen Vorlage vom Herausgeber eingefügt.

Ducke (Moderator): Nein, bitte, jetzt nur zum Antrag. Ich bitte um Entschuldigung.
Hängt das damit zusammen?

Brinskmeier (SPD): Ich möchte das dazu beantragen, weil morgen sich das Bürgerkomitee der DDR trifft in Koordinierung und weil morgen sich die Arbeitsgemeinschaft „Sicherheit" des Runden Tisches treffen wird, und weil dann die Kommunikation zur Regierung da ist.

Ducke (Moderator): Ja, ja, Herr Brinksmeier, ich bitte, Sie sollten jetzt nur zu dem Antrag Neues Forum sprechen. Wir haben jetzt einen Antrag auf dem Tisch, Ihren Antrag werden Sie noch los. Verspreche ich Ihnen. Jetzt liegt ein Antrag Neues Forum – –
Wir werden ein bißchen durch so Detailgeschichten und Anträge verwirrt, habe ich den Eindruck. Ich bitte noch einmal um Konzentration. Wir stimmen darüber ab.
Wer ist dafür, diesen Antrag zu unterstützen? Möchte noch jemand das Wort dazu?
Ja, ich sage ja, kein Problem.
Herr Lindner, Frau Töpfer und, jetzt gucke ich doch hier nach – –

Lindner (LDPD): Ich habe noch in Erinnerung aus dem vorgelegten Bericht der Regierung, daß eine ganze Reihe von Objekten mit der Zustimmung des Runden Tisches für zivile Nutzung übergeben worden sind. Kraftfahrzeugreparaturwerkstätten, ich freue mich gerade als Mitglied der LDPD darüber, daß diese Kapazitäten damit erweitert werden, Reparaturkapazitäten und so weiter und so fort.
Ich wage hier die Frage, ob es sinnvoll ist, einen Übernahmebeschluß oder Übergabebeschluß für Wissenschaftlichen Gerätebau, so wie es im Antrag formuliert ist, rückgängig zu machen, und ob es nicht besser ist, zu sagen, daß diese **zivile Nutzung unter Kontrolle** stattzufinden hat und im Laufe dieser Nutzung auch eine solche hier eingeklagte Strukturveränderung.

Ducke (Moderator): Gut. Sie sprachen sozusagen dagegen.
Frau Töpfer [hat] bitte das Wort, dann Herr Schieferdecker.
Frau Töpfer, FDGB.

Frau Töpfer (FDGB): Ich möchte mich an meinen Vorredner anschließen, und zwar möchte ich nur nachfragen, ob die Mitarbeiter in diesem **Rechenzentrum** vorher auch zivile Aufgaben, ich meine jetzt zivile in Anführungsstrichelchen, mit MfS-Hintergrund erledigt haben, so daß sie im Prinzip nur normale Rechentätigkeit ausgeführt haben, daß man sie auch weiter beschäftigen kann.
Wir müssen uns darüber klar werden, daß wir nicht jeden Monteur, der jetzt ein Auto repariert hat für das MfS, auf die Straße setzen können. Wir müssen auch die Leute weiter beschäftigen in Form mit ziviler Kontrolle.

Ducke (Moderator): Danke, Frau Töpfer.
Herr Schieferdecker, PDS, bitte.

Schieferdecker (SED-PDS): Als ich heute mittag dieses Blatt das erste Mal flüchtig überlas, war ich genau so empört wie viele von Ihnen.
Der jetzt nicht mehr anwesende Herr Rechtsanwalt Gregor Gysi belehrte mich nach zweimaligem Überprüfen und sagte, es handele sich hier um einen Baubetrieb.

Zweitens, das wird der Normalfall sein. Wenn wir dieses riesigverzweigte Netzwerk auflösen, dann sind auch ganz normale technische Bau- und Entwicklungsfirmen dabei.

Und drittens sagte er, das ist das eigentlich Wesentliche, da hat keine Geheimhaltung mehr stattzufinden, das hat in Zukunft nur mit in die Öffentlichkeit getragen zu werden.

Das könnte sofort in der Zeitung stehen und hat in Zukunft eigentlich nur mit Zustimmung der örtlichen Bürgerbewegungen stattzufinden, so daß wir nicht jedes Mal mit derlei Anträgen hier zu tun haben.

Ducke (Moderator): Für mich stellt sich jetzt nach diesen Wortmeldungen die Frage, ob wir solche Anträge doch an den Berliner Runden Tisch, wo es um die konkreten Dinge geht, eventuell überweisen könnten mit der Zustimmung, das in diesem Sinne vielleicht zu tun. Das war eine Kompromißfrage.

Aber der Antrag liegt auf dem Tisch und es kann darüber abgestimmt werden.

Es hat noch einmal das Wort Herr Pflugbeil, Neues Forum.

Pflugbeil (NF): Ich bin mir nicht sicher, ob hier verstanden worden ist, daß die **Auflösung des Ministeriums für Staatssicherheit** an diesen beiden Beispielen nichts weiter ist als ein Auswechseln von Türschildern und von zwei Personen, die jeweils die Direktorenposten bekommen.

Alles andere bleibt wie gehabt und kann wirklich mit einem Fingerschnippsen wieder scharfgemacht werden. Und das ist das, worauf wir aufmerksam machen möchten und was, denke ich, bei der Auflösung des Ministeriums für Staatssicherheit beachtet werden muß.

Das ist eine reale Gefahr.

Ducke (Moderator): Also, wir haben noch in diesem Bereich unheimlich viele Anträge hier, keine Sorge.

Wir lassen jetzt darüber abstimmen. Wer diesen Antrag des Neuen Forum, **[Vorlage] 9/4**, vorgelegt, eben noch einmal konkret erörtert, auch in seinen Konsequenzen uns allen deutlich vor Augen gestellt, unterstützt, den bitte ich nun um das Handzeichen. Ich bitte, es wird abgestimmt, und alle Beratungen haben dann zu unterbleiben. Bitte zählen Sie einmal. Ich kann schon nicht mehr. – Es gibt 17 Stimmen dafür. Wer ist dagegen? 9, wenn ich das richtig sehe? – 9 Stimmen dagegen. Wer enthält sich der Stimme? – Das sind 8 Stimmenthaltungen, 9, danke für das nachträgliche – – 10 sogar, ja.

So. Jetzt ist das damit durch, oder wie ist das. Ich habe jetzt nicht gezählt. – Wie? Bitte? – 17 zu 19, damit ist dem Antrag, hat nicht die erforderliche einfache Mehrheit erhalten.

Ich rufe auf die **Vorlage 9/7 [NF: Antrag im Auftrag des Berliner Runden Tisches zur Übergabe von Listen aller Rechenzentren, Objekte u.ä. des MfS]**. Da geht es um eine Hilfe für den Berliner Runden Tisch. Es geht um vollständige Listen. Der Antrag liegt vor. Das Neue Forum bringt ihn ein.

Ja, ja, Sie kommen auch, keine Sorge. Nur, wir gehen jetzt, arbeiten einmal die Vorlagen ab, die wir ja alle auf dem Tisch liegen haben, zu diesem Bereich Sicherheit. Und Sie kommen auch noch dran.

Möchte jemand dazu etwas sagen? Hier geht es also um eine Hilfe für den Berliner Runden Tisch, die um vollständige Listen bis zum 25. Januar [1990] bitten. Hier geht es um einen Warnstreik eventuell, da vorgeschlagen am 29. [Januar 1990]. Hier geht es also um die Unterstützung des Berliner Runden Tisches, übermittelt durch das Neue Forum. Die Sache ist klar. Möchte jemand noch das Wort dazu?

Bitte, Herr Pflugbeil.

Pflugbeil (NF): Ich spreche hier als Vertreter vom Berliner Runden Tisch und habe den Auftrag, diese Forderungen hier an den großen Runden Tisch zu tragen, mit der Bitte um Unterstützung.

Wir haben schlechte Erfahrungen gemacht mit den Verhandlungen zu diesem Punkt und denken, daß wir anders nicht weiterkommen.

Ducke (Moderator): Das geht ziemlich klar hervor.

Möchte jemand noch das Wort? Es wird hier also um eine konkrete Unterstützung des Runden Tisches für den Berliner Tisch mit all den Konsequenzen, die hier aufgezeigt sind, gebeten.

Bitte, die **Vorlage 9/7** ist gerade ausgeteilt worden.

> **[Vorlage 9/7, NF: Antrag im Auftrag des Berliner Runden Tisches: Übergabe von Listen aller Rechenzentren, Objekte u.ä. des MfS[44]]**
>
> Im Auftrag der am 18. Januar 1990 gebildeten operativen Arbeitsgruppe des Berliner Runden Tisches werden die folgenden Forderungen an die Regierung dem großen Runden Tisch mit der Bitte um Unterstützung übermittelt:
>
> 1. Die Vorlage einer <u>vollständigen</u> Liste aller Rechenzentren des MfS
> 2. Die Vorlage einer <u>vollständigen</u> Liste aller Objekte
> 3. Die Vorlage einer <u>vollständigen</u> Liste aller Kommunikationsmittel des MfS
> 4. Die Vorlage einer <u>vollständigen</u> Liste der Telefon-Überwachungsanlagen und ihres Funktionszustandes
> 5. Die Vorlage einer <u>vollständigen</u> Liste aller verwanzten Räume (z. B. in Privatwohnungen, öffentlichen Einrichtungen, Hotels)
>
> Falls diese Angaben dem Berliner Runden Tisch am 25. Januar 1990 nicht vorgelegt werden, wird die operative Arbeitsgruppe über den Vorschlag, einen zweistündigen Warnstreik am 29. Januar 1990 in Berlin durchzuführen, befinden.
>
> Neues Forum
> im Auftrag der operativen
> Arbeitsgruppe des Berliner
> Runden Tisches

Ich bitte Herrn Hammer von VdgB.

Hammer (VdGB): Ja, wir stimmen der Vorlage vom Neuen Forum, **9/7**, zu, wir denken aber, daß deshalb nun nicht mit einem Warnstreik gedroht werden soll.

Ich glaube, im Laufe der Verhandlungen hier am Runden Tisch haben wir doch gemerkt, daß da viele Dinge, die jetzt noch unklar sind, doch so nach und nach aufgeklärt werden. Manches nun vielleicht nicht so schnell, so daß wir eigentlich einen Warnstreik deshalb nicht befürworten.

---

[44] Text der schriftlichen Vorlage vom Herausgeber eingefügt. Alle Unterstreichungen im Original.

Ducke (Moderator): Herr Hammer sagt also seine Zustimmung zu, wenn die Klausel oder die Bedingung mit dem **Warnstreik** sozusagen gestrichen wird. Habe ich Sie so richtig verstanden?

Könnten die Antragsteller sich damit einverstanden erklären mit der Streichung?

Dann hat das Wort, helfen Sie mir einmal, Herr Glaeser [NDPD], ja?

Willich (NDPD): Willich.

Ducke (Moderator): Ja. Sie sitzen, ja.
Herr Willich, bitte.

Willich (NDPD): Ich wollte nur sagen, wir schließen uns diesen Bedenken an, die eben geäußert wurden.

Ducke (Moderator): Ja, danke.
Herr Brinksmeier, SPD.

Brinksmeier (SPD): Aus Kenntnis der Details möchte ich dazu sagen, es ist nur zu unterstützen, daß an der Stelle mit Druck gearbeitet werden muß, daß konkrete Unterlagen da sind.

Es ist allerdings dazu zu sagen, wenn es nicht möglich ist – weil hier überall das vollständig unterstrichen ist – diese vollständigen Listen zu erstellen aufgrund der Tatsache, daß die jetzt zum Teil an ganz vielen Stellen dezentral unter Siegel stehen; daß dann kontrollierbar nachgewiesen werden muß, weshalb in dem Zeitraum der Forderung bis zu dem Zeitraum, wann es da sein soll, die Listen nicht erstellt werden können.

Ducke (Moderator): Das war ein konkreter Hinweis auf mögliche Modifizierung des Antrags.

Herr Pflugbeil, können Sie sich einverstanden erklären, daß Sie diese Modifizierung dann an den Runden Tisch so tragen? Also, was jetzt das Wort „vollständig" betrifft, ist das ja wichtig für die Unterstützung.

Pflugbeil (NF): Also, ich kann jetzt nichts Wesentliches ändern, weil ich das Mandat habe, das hier vorzutragen.

Ducke (Moderator): Nein, aber Sie würden vortragen, was unter „vollständig" jetzt zu verstehen ist.

Pflugbeil (NF): Ja.

Ducke (Moderator): Danke. Das Wort hatte noch Herr Ullmann, Demokratie Jetzt.
Bitte.

Ullmann (DJ): Also, mir liegt auch nichts daran, daß jetzt Streiks entstehen. Aber ich denke, wir sind nicht befugt, hier zu befinden über eine Absicht, die die operative Arbeitsgruppe hat.

Ducke (Moderator): Nein. Es geht darum, daß wir erklären, daß wir den Teil nicht unterstreichen. Gut.

Meine Frage wäre, ob die Einbringer sich einverstanden erklären können, daß sie diese Einschränkungen, die jetzt hier geäußert sind, dort vortragen.

In der Zwischenzeit hat das Wort Frau Schmidt, Unabhängiger Frauenverband.

Frau Schmidt (UFV): Wir würden uns dem auch anschließen, wenn die zweistündige **Warnstreikandrohung** herausgenommen wird.

Ducke (Moderator): Wie gesagt, wir können das nicht herausnehmen. Uns wurde das eben gesagt. Es geht jetzt nur darum, daß wir dies also bitten, daß das dort so [vor]getragen wird.

Bitte, Herr Pflugbeil.

Pflugbeil (NF): Also, unser Anliegen ist, daß der große Runde Tisch diese fünf Punkte unterstützt. Das ist der Punkt.

Ducke (Co-Moderator): Na ja, das ist doch ein Wort.

Ziegler (Moderator): Das wollte ich meinen. Dann muß eben abgestimmt werden über den ersten Teil und im zweiten Teil kann gesagt werden: Aber wir unterstützen die Drohung mit dem Warnstreik nicht.

Das muß ja dann auch der Berliner Runde Tisch zur Kenntnis nehmen unter Umständen.

Ducke (Moderator): Also, das scheint mir ein sehr sinnvoller Vorschlag, Herr Pflugbeil.

Pflugbeil (NF): Dieser Schlußsatz ist gar nicht hier ein Antrag an den Runden Tisch, das ist nur die Erklärung unserer Absichten, ja, wie wir weiter vorgehen. Eine Information, ja.

Ducke (Moderator): Aber wir können ja mit, wenn so etwas vorgelegt wird, ich lasse doch über beide Absätze unterschiedlich [abstimmen], damit Sie auch eine Vollmacht und eine Legitimation vom Runden Tisch haben, dazu etwas sagen zu können. Ist das so richtig?

Ich lasse abstimmen über die Punkte 1 bis 4, über die vollständige Vorlage unter dem Gesichtspunkt, was wir unter – 1 bis 5 – was wir unter „vollständig" können.

Wer dafür ist, daß in dieser Weise der Antrag unterstützt wird, den bitte ich um das Handzeichen. – Das ist die überwiegende Mehrheit. Ich frage, wer ist dagegen? – Keine Gegenstimme. Wer enthält sich der Stimme? – Es gibt auch keine Stimmenthaltungen. Einstimmig.

Ich lasse über den letzten Absatz abstimmen, damit Herr Pflugbeil dazu etwas sagen kann zur Androhung des Warnstreikes.

Wer dafür ist, daß Herr Pflugbeil diese unsere Meinung in der Weise bringt, daß der Warnstreik nicht unterstützt wird, denn das war der Antrag, über den wir abstimmen, den bitte ich um das Handzeichen. Dies nicht unterstützt wird, daß der Warnstreik vom Runden Tisch nicht unterstützt wird, oder die Forderung. – Dies sind 17 Stimmen, wie? – 19, Mehrheit. Wer ist dagegen? – Wer enthält sich der Stimme? – Das sind die restlichen [Teilnehmer].

Vielen Dank. Damit wäre auch der **Antrag 9/7** abgearbeitet.

Ja, jetzt kriege ich hier plötzlich einen Antrag, was ist denn das? – **Kader- und Personalunterlagen.** Hängt das noch damit zusammen?

Jordan (GP): Nein, [Vorlage] 9/5 fehlt noch.

Ducke (Moderator): Ja, ja. Das ist klar. Danke.

Dann lassen wir erst einmal, bis wir prüfen, ob [Vorlage] 9/8 [**Antrag SPD: Antrag zur Neuregelung der Arbeit mit Personal- bzw. Kaderunterlagen**] jetzt zur Sicherheit gehört oder woanders – –

Dann rufe ich jetzt auf den Antrag [Vorlage] 9/5 [**Antrag GP: Zur Einrichtung einer Gedenk- und Forschungsstelle zum DDR-Stalinismus**], Beschlußantrag. Wer bringt ihn vor?

Bitte, Herr Jordan von der Grünen Partei. Das Anliegen ist uns ja schon einmal vorgetragen worden.

Jordan (GP): [Es] muß aber dennoch verlesen werden, weil einige Abschreibfehler in der Vorlage sind.

Ducke (Moderator): Die **Vorlage 9/5**, es geht um eine Gedenk- und Forschungsstätte zum DDR-Stalinismus.
Bitte, Herr Jordan.

Jordan (GP):

> [Vorlage 9/5, Antrag GP: Zur Einrichtung einer Gedenk- und Forschungsstelle zum DDR- Stalinismus]
>
> Die Grüne Partei schlägt vor, im Gebäudekomplex der ehemaligen Zentrale des Ministeriums für Staatssicherheit am Berliner U-Bahnhof Magdalenenstraße eine
>
> Gedenk- und Forschungsstätte zum DDR-Stalinismus
>
> einzurichten. Als besonders geeignet erscheint nach der Begehung im Zusammenhang mit den Ereignissen vom 15. Januar 1990 das Gebäude mit dem ehemaligen Sitz des Ministers für Staatssicherheit, Erich Mielke.
>
> In diesem Gebäude können die MfS-Archivmaterialien der zeitgeschichtlichen Forschung zur Verfügung gestellt werden. Ebenso kann diese Gedenk- und Forschungsstätte interessierten Bürgern und Bürgerinnen Einblick in die vom MfS über sie angelegten Akten ermöglichen und Rehabilitierung vorbereiten.
>
> Von dieser Forschungsstätte sind bislang verdeckte Rechtsverletzungen durch Mitarbeiter des ehemaligen MfS aufzuklären und strafrechtliche Konsequenzen vorzubereiten. Zum Beispiel bei Verletzung des Paragraphen 4 des Strafgesetzbuches, dem Schutz der Würde und der Rechte des Menschen.
>
> Die Grüne Partei setzt sich dafür ein, daß bei der persönlichen, juristischen und zeitgeschichtlichen Aufarbeitung der in den MfS-Archiven gesammelten Informationen die Persönlichkeitsrechte der Bürger sowie die Grundsätze des Datenschutzes zu gewährleisten sind.

Ducke (Moderator): Danke, Herr Jordan.
Das Anliegen ist uns klar. Wir hatten darüber – – immer noch das Wort, sonst lasse ich darüber abstimmen. – Es ist nicht der Fall. Wir können darüber abstimmen.
Wer sich diesem Antrag der Grünen Partei anschließt, es ist die **Vorlage 9/5** über eine Gedenk- und Forschungsstätte zum DDR-Stalinismus, es gilt der vorgetragene Wortlaut, den bitte ich nun um das Handzeichen. – Dies ist auf jeden Fall die Mehrheit. Darf ich bitten, wer stimmt dagegen? – Das ist nicht der Fall. Wer enthält sich der Stimme? – Es gibt 5 Stimmenthaltungen. Danke. Damit ist der Antrag angenommen.
Ich möchte doch die **Beschlußvorlage 9/8 [Vorlage 9/8, Antrag SPD: Antrag zur Neuregelung im Umgang mit Personal- bzw. Kaderunterlagen**[45]**]** noch aufrufen, da sie in Konsequenz zu den heute vorgelegten Befragungen und Unterlagen da ist. Und dann kommt der Antrag mit dem Dreierkollegium, ja, Herr Brinksmeier, daß Sie [ihn] schon vorbereiten. Danach dann der Antrag Dreierkollegium.
Die **9/8-Vorlage** ist klar, es geht um Kader- beziehungsweise Personalunterlagen, diese ist grundlegend neu zu än-

---
[45] Dokument 9/6, Anlagenband.

dern. Wer trägt sie vor, SPD? Aber brauchen Sie vielleicht nicht vorlesen, denken Sie an die Zeit.

N. N.: Ja, also nur ganz grundsätzlich dazu. Wir sind der Auffassung, daß im Zusammenhang mit einer neuen Sicherheitspolitik und im Zusammenhang auch mit dem erforderlichen **Personendatenschutz** die gesamte Handhabung der Kader- und Personalunterlagen in den Betrieben und Einrichtungen neu zu regeln ist, und wir haben hier fünf Punkte zusammengestellt, wie das nach unserer Meinung zu geschehen hat.

Ducke (Moderator): Danke.
Jetzt waren wir hier ein bißchen abgelenkt, aber das Anliegen haben wir trotzdem verstanden.
Gibt es dazu Wortmeldungen? Wir wissen, es kam heute schon mehrfach ja zur Sprache und hängt auch in enger Weise mit der Befragung und von heute früh zusammen. Darf ich bitten, gibt es Wortmeldungen? Sonst lassen wir darüber abstimmen.
Es gibt eine Wortmeldung von Herrn Klein, dann Herr Ullmann, dann Herr Ziegler. – Nein, Entschuldigung, das war – – Sie wollten schon abstimmen? – Gut.
Herr Klein, bitte.

Klein (VL): Es hat doch den Anschein, als ob das hier zum Thema eines neuen Arbeitsgesetzbuches gehört.

Ducke (Moderator): Was hat das jetzt Konsequenzen für Sie? Was stellen Sie als Antrag?

Klein (VL): Ich meine, daß man darüber nicht abstimmen kann.

Ducke (Moderator): Sie stimmen nicht ab. Und was machen wir dann mit dem Antrag? Sollen wir ihn ablehnen oder [der] SPD empfehlen, ihn zurückzuziehen und in den größeren Zusammenhang einzubauen? Dann könnte das ein Antrag sein.
Aber Herr Ziegler.

Ziegler (Co-Moderator): Also, ich meine, man kann, wenn man in der Sache zustimmt, doch darüber abstimmen, man muß nur sagen, was damit werden soll, und man muß es überweisen an einen Ausschuß.
Und wenn Sie sagen, was ja einleuchtet, mit dem **Arbeitsgesetzbuch,** müßte es an die Regierung gegeben werden zur Berücksichtigung bei der Erarbeitung des Arbeitsgesetzbuches.

Ducke (Moderator): Könnten die Einbringer sich in dieser Weise mit den Vorschlägen einverstanden erklären und das uns dann nach der Abstimmung auch so formulieren?

N. N.: Ja, also ich denke, wir sollten über diese Vorlage abstimmen und dann also mit dem Abstimmungsergebnis weiter arbeiten, damit das dann an der entsprechenden Stelle eingearbeitet [wird].

Ducke (Moderator): In dieser Weise. Vielen Dank. Jawohl. Uns ist klar, in welche Richtung die Abstimmung zu gehen hat. Gibt es noch Wortmeldungen?
Dann lasse ich abstimmen. Wer diesen Antrag der SPD bezüglich Kader- und Personalakten, **Vorlage 9/8**, unterstützt, den bitte ich um das Handzeichen. Achtung! Wir stimmen ab. – Das ist zunächst die Mehrheit. Wer ist dagegen? – Keine Gegenstimme. Wer enthält sich der Stimme? – Das sind 3 Stimmenthaltungen. Der Rest hat einfach nicht mit abgestimmt. Danke.

Auch dieser Antrag ist angenommen.

So. Jetzt müssen wir noch das Dreierkollegium [behandeln]. Auch hier wieder bitten wir die SPD, die Vorlage einzubringen. Wir erinnern uns, das ist Runder Tisch, 8. Sitzung, 18. Januar 1990, **Vorlage 8/7 [Erklärung AG „Sicherheit": Zu den Vorkommnissen am 15. Januar 1990 und zur Bestätigung des Dreierkomitees**[46]**]**, Absatz 3. Die Arbeitsgruppe bittet den Runden Tisch, das am 15. Januar [1990] vereinbarte Dreierkomitee sofort zu bestätigen.

Und jetzt kommt der Vorschlag.

Herr Brinksmeier.

Brinksmeier (SPD): Die Arbeitsgruppe schlägt **Bischof Fork**, den Bischof der [Ev.] Berlin-Brandenburger Kirche vor, Herrn Böhm von der Demokratischen Bauernpartei Deutschlands und Herrn Werner Fischer der Initiative für Frieden und Menschenrechte. Bei allen dreien haben wir gesagt – wenn sie selber nicht können – oder einen [Vertreter] ihres Vertrauens.

Wir bitten Sie um Bestätigung dieser drei, damit wir morgen, 9.00 Uhr, kompetent unsere Arbeit beginnen können.

Ducke (Moderator): Herr [Brinksmeier], sagen Sie uns bitte noch einmal den dritten Namen.

Brinksmeier (SPD): Werner Fischer.

Ducke (Moderator): Werner Fischer, Initiative Frieden und Menschenrechte.

Meine Rückfrage, die drei Herren sind befragt und haben ihre grundsätzliche Zustimmung erteilt?

Brinksmeier (SPD): Ja.

Ducke (Moderator): Bitte.

N. N.: Ich möchte den Vorschlag für Herrn Böhm zurückziehen. [Ich] würde dafür Dr. Heinz Strom vorschlagen.

Ducke (Moderator): Dr. Heinz – –

N. N.: – Strom.

Ducke (Moderator): Ist das abgesprochen? Können die Einbringer sich damit einverstanden erklären?

N. N.: Ja.

Ducke (Moderator): Heinz Strom.

N. N.: Heinz Strom.

Ducke (Moderator): Heinz Strom, also. Heinz Strom, DBD. Danke.

Damit liegt ein konkreter Vorschlag vor. Wir hatten darum ja gebeten und müssen ihn jetzt hier bestätigen, damit morgen dann das klargehen kann.

Herr Schult, bitte das Wort, Neues Forum.

Schult (NF): Ja. Ich denke, daß noch einmal zu überlegen ist die Funktion, die ja die drei Regierungsbeauftragten übernehmen sollen, wie diese **Regierungskommission** da dann definiert ist. Ob in diese Regierungskommission vom Runden Tisch oder in verschiedenen Gruppierungen des Runden Tisches noch weitere Personen hineindelegiert werden können.

Ich halte es also für schwierig, wenn zum Beispiel aus den Reihen der **Opposition** nur eine Person dort mit drin ist.

Ducke (Moderator): Zwei.

---

[46] Dokument 9/7, Anlagenband.

Ach so, nein, ja.

Schult (NF): Ja, eine Person dort mit drin ist, die diese ganze Arbeit dann koordiniert und kontrolliert.

Ducke (Moderator): Das war eine konkrete Anfrage noch einmal zur konkreten Aufgabenstellung.

Schult (NF): Wäre [es möglich], daß die Regierungskommission offen ist für weitere Delegierungen vom Runden Tisch?

Ducke (Moderator): Hat das mit der Regierungskommission überhaupt zu tun?

Das war doch die übergreifende Sicht überhaupt.

Schult (NF): Nein, nein, das sind die drei Leiter, drei zivilen Leiter der zivilen Auflösung dieses Amtes.

Ducke (Moderator): So ist es.

Schult (NF): Ja.

Ducke (Moderator): Sie machen Bedenken geltend, daß Sie sagen würden, wir müßten zunächst prüfen, ob noch weitere in dieses Kollegium [sollten], ja.

Schult (NF): Die Möglichkeit müßte zumindestens offen sein.

Ducke (Moderator): Das ist jetzt ein Vorschlag. Wer hilft uns da inhaltlich weiter? Was sagen die Einbringer dazu?

Wir hatten uns allerdings auf diesen Vorschlag so geeinigt, daß unter diesen dreien das geleitet wird.

Bitte, Herr Ullmann, können Sie uns helfen?

Ullmann (DJ): Ja.

Das bedürfte dann eines Antrages an die Regierung, denn es ist ein ausdrücklicher Vorschlag der Regierung. Und ich mache darauf aufmerksam, aus juristischen Gründen, wenn man es erweitert, Herr Schult, müßte man es dann auf fünf erweitern. Das ist meines Erachtens eben – –

Ducke (Moderator): Gut.

Herr Schult, bestehen Sie auf Abstimmung, auf Erweiterung? Wir hatten schon einmal festgelegt, dies ist ein Dreierkollegium und hatten heute um die Namensnennung gebeten.

Schult (NF): Ja, mir geht es nicht um die **Erweiterung des Dreierkollegiums**, das ist ja vereinbart.

Aber Herr Koch hat ja einen Arbeitsstab gehabt von 17 Personen, die er sich selber zusammengesucht hat.

Also, es müßte also möglich sein, diesen Arbeitsstab zu erweitern.

Ducke (Moderator): Herr Schult, jetzt wird uns, glaube ich, allen klar, daß es um den Arbeitsstab geht, unabhängig jetzt von dem Dreierkollegium. Darüber könnten wir dann eventuell sogar noch abstimmen beziehungsweise das mit in die Gruppe zurückgeben.

Jetzt steht zur Debatte der **Dreiervorschlag** für die Leitung, und dann wird Neues Forum noch sagen, diese Gruppe muß natürlich erweitert werden. Sehe ich das so richtig? – Einverstanden. Oder lassen wir das denen?

Also, wir lassen jetzt abstimmen. Oder gibt es noch Wortmeldungen zu den drei Namen? – Das ist nicht der Fall. Ich rufe zur Abstimmung. Wer im Sinne des früheren Beschlusses, daß unter ziviler Leitung das Ministerium für Staatssicherheit aufzulösen ist, mit Vorschlag, der hier **durch die Arbeitsgruppe „Sicherheit" eingebracht wird**, Bischof

Fork, Dr. Heinz Strom, Herr Fischer, sich einverstanden erklärt, den bitte ich um das Handzeichen. – Also, auf Anhieb ist das die Mehrheit, und ich bitte [um] Gegenstimmen. – Das ist nicht der Fall. Wer enthält sich der Stimme? – Auch das ist nicht der Fall. Einstimmig ist dieser Vorschlag angenommen.

Wollen wir den anderen Antrag jetzt gleich nachschieben, Herr Schult, ja? Um – – die Regierung wird gebeten?
Bitte.

Schult (NF): Nein, nein, also die drei Leiter werden befugt, ihre Berater sich selber mit auszusuchen und ihre Arbeitsgruppe selber zu bilden.

Ducke (Moderator): Ach so, ja, das ist, glaube ich, da drin. Müssen wir abstimmen?

Schult (NF): Nein, weiß ich nicht.

Ducke (Moderator): Nein, ich glaube nicht. Mir wird hier zugesagt, daß wir uns darauf verlassen können, daß sie das mitmachen können.
Herr Ullmann?

Ullmann (DJ): Also, ich denke, man sollte ruhig darüber abstimmen. Das gibt der Sache einen größeren Nachdruck und ist wichtig für die Arbeitsgruppe „Sicherheit".
Probleme sehe ich in der Sache gar keine.

Ducke (Moderator): Gut.
Würden Sie bitte jetzt den Antrag konkret formulieren?

Schult (NF): Also, dann würde ich sagen, kann man den auch noch mit an die **Vorlage 8/7** als Punkt – –

Ducke (Moderator): Nein, brauchen wir nicht. Machen Sie ruhig den Antrag als solches.

Schult (NF): Also, die drei Leiter des **Dreierkomitees** werden befugt, jeweils sich selbst die Arbeitsgruppe zusammenzustellen.

Ducke (Moderator): Also, es geht darum, daß diesen Leitern die Befugnis eingeräumt wird, die Arbeitsgruppe selbst zu bestimmen, sowohl größenmäßig als auch personell. Der Antrag ist klar.
Wer unterstützt diesen Antrag? Den bitte ich um das Handzeichen – Ja, das ist die überwiegende Mehrheit, wenn nicht gar einstimmig. Wer ist dagegen? – Niemand. Wer enthält sich der Stimme? – Auch niemand.
Einstimmig angenommen. Ich bitte Herrn Brinksmeier, diesen Antrag, wie wir ihn jetzt abgestimmt haben, mit dazu durch die Arbeitsgruppe „Sicherheit" dann den dreien zu übermitteln, ja. Danke.
Also, wenn mich jetzt nicht alles täuscht, haben wir das Thema, das wir einmal unter das Stichwort stellten, zur Sicherheit, mit allen Anträgen jetzt hier, mit allen Vorlagen abgehandelt. Es ist noch die Information oder war das ein Antrag bezüglich Bautzen – – War eine Information. Ich bitte Sie, diese mit zu berücksichtigen bezüglich der Strafvollzugsanstalt in Bautzen.
Dann schließen wir diesen Tagesordnungspunkt mit einer Stunde eine Minute Verspätung. Das geht eigentlich noch. Trotzdem glaube ich nach jetzt so drei Stunden, auch wenn die Zeit drängt und das Wahlgesetz wirklich dringlich ist, müssen wir uns eine kleine Pause gönnen. Wenn ich zehn Minuten sage, wird eine viertel Stunde [daraus]. Aber es hat ja gar keinen Zweck, wir müssen gleich – –
Bitte, Herr Schult.

Schult (NF): Ja. Sie haben auf dem Tisch liegen eine **Information 9/12 [NF: Schreiben H. Tondeur zur Demonstration in der Normannenstraße**[47]**]**. Wir möchten diese Information, die wir in diesen Details als Angriff auch gegen die SED, als unsachlichen Angriff gegen die SED sehen, zurückziehen und bitten hier...

Ducke (Moderator): – Herr Schult, ist das von heute eine Information? Vielen Dank, ich habe sie noch nicht. Die wird hier schon [vor]liegen, danke. Neues Forum?
Bitte.
Bitte, Herr Schult.

Schult (NF): Ja, und daß die Unterschrift also Neues Forum gestrichen wird, weil Herr Tondeur ja nicht Mitglied des Neuen Forums war, uns aber gebeten hat, daß er zu den Vorkommnissen Stellung beziehen kann, wir aber nicht informiert waren, daß es außer inhaltlichen Sachen also eine konkrete Polemik gegen eine Partei hier ist.

Ducke (Moderator): Also, ich, wir hatten vorhin den Antrag gestellt, daß durch Neues Forum beantragt wird, daß diese Information zugänglich gemacht wird. Wir hatten sogar daran gedacht, daß sie vorgelesen wird. Jetzt im Rahmen der Zeit würde ich das sowieso bitten, daß wir das nicht machen. Sie liegt jetzt schriftlich vor.
Das Neue Forum distanziert sich vom Ganzen oder von den Angriffen zur SED?

Schult (NF): Wir distanzieren uns von der Polemik gegen eine Partei, um diesen Vorgang zu benutzen, um hier für unsere Begriffe auf eine unfaire Art und Weise Wahlkampfpolitik zu betreiben.

Ducke (Moderator): Damit ziehen Sie die **Information 9/12** zurück?

Schult (NF): Wir ziehen speziell zurück die Unterschrift Neues Forum. Diese Information ist nicht zur Verbreitung an die Öffentlichkeit gedacht.

Ducke (Moderator): Danke. Damit ist die Information als offizielle Information des Runden Tisches zurückgezogen. Sie wird zur Kenntnis genommen mit der Unterschrift Tondeur. Ist das so richtig? – Also, sie ist nicht zur Kenntnis zu nehmen, so meine ich.
Ja, bitte, Herr Ziegler.

Ziegler (Co-Moderator): Also, das widerspricht dann aber doch allen Gepflogenheiten. Wir können hier nicht irgendwelche Dinge weitergeben mit dem Namen des Runden Tisches. Entweder sie ist zurückgezogen oder sie ist nicht zurückgezogen.

Ducke (Moderator): Doch, ist zurückgezogen.

Ziegler (Co-Moderator): Dann auch nicht mit, dann ist sie auch nicht mit der Unterschrift Tondeur hier von uns weiter zu verbreiten, sie ist einzuziehen.

Ducke (Moderator): Einverstanden. Ich bitte, diese Information als nicht gegeben anzusehen. Danke.

[Zwischenruf Tondeur]

Ducke (Moderator): Herr Tondeur, niemand widerspricht Ihnen, daß Sie das dem Neuen Forum übergeben.

---
[47] Dokument 9/8, Anlagenband.

Dies ist geschehen.

[Zwischenruf Tondeur]

Ducke (Moderator): Ja. Herr Tondeur, Sie legen es hiermit vor, und wir werden es prüfen, ob es bei einer nächsten Sitzung angenommen [wird].

Wir können natürlich nicht über etwas abstimmen, was wir jetzt eben auf den Tisch bekommen haben und das dann als Information des Runden Tisches [verbreiten]. Dürfen wir so verfahren?

Sie haben aber eben gehört, daß die Vermittlerinstanz Neues Forum sich aus dieser Vermittlungsinstanz zurückzieht. Wir nehmen es jetzt zur Kenntnis wie sonst auch die Post, die an den Runden Tisch geht. Wir sind das allen anderen, die uns schreiben und um Anträge bitten, verpflichtet, egal wieviel Unterschriften dahinter stehen. Bitte ins Arbeitssekretariat [abgeben].

Vielen Dank, Herr Tondeur, vielen Dank, Herr Tondeur. Vielen Dank.

Nein. Ja.

[Zwischenruf Tondeur]

Ducke (Moderator): Herr Tondeur, wir haben eben gesagt, daß Sie das beim Arbeitssekretariat hinterlegen, und der Runde Tisch wird sehen, was damit möglich ist.

[Zwischenruf Tondeur]

Ducke (Moderator): Das haben wir natürlich nicht gegeben, sondern Neues Forum hatte sich als Vermittler erboten.

Ich habe Ihnen nie eine Zusage gegeben, daß Sie das verlesen dürfen, denn Sie wissen, daß wir das mit anderen Anträgen bei uns genauso handhaben. Wir müssen das jetzt so zur Kenntnis nehmen. Ich bitte Sie, es im Arbeitssekretariat wie vereinbart unter die Post [zu legen], und wir werden sehen, was wir damit machen können. Punkt.

Und jetzt kommt die Pause. Wir machen eine viertel Stunde Pause.

Ja, bitte.

[Pause]

TOP 6: Parteien- und Vereinigungsgesetz

Ziegler (Moderator): Ich möchte jetzt vorneweg ansagen, daß erstens nach Schluß der Sitzung die **Prioritätengruppe** zusammenkommen muß, um die weiteren Planungen und weitere Anträge auf Zulassungen zu beraten. Wann das sein wird, kann ich noch nicht sagen. Das wird abhängen von der Behandlung der jetzigen Punkte.

Zweitens, seit heute früh sind nach meinem Wissen **elf Telefone hier im Haus** besetzt. Wir erhalten unentwegt Anrufe von engagierten Bürgern, die die Verhandlungen hier verfolgen. Sie stellen auch Fragen, und wir kriegen auch die Aufforderung, Hörerfragen sind zu beantworten.

Ich muß nun allerdings sagen, daß wir kein öffentliches Forum sind, das Hörerfragen beantworten kann. Dazu sind wir schlechtweg nicht in der Lage, und ich bitte die Anrufer, das zu verstehen. Wenn Sie Anliegen an den Runden Tisch haben, können Sie das in Form von Eingaben machen, die dann an die entsprechenden Arbeitsgruppen weitergegeben werden. Sonst können Sie schreiben, wobei ich noch einmal sagen muß, daß wir mit der jetzigen Besetzung des Arbeitssekretariats auch nicht versprechen können, daß wir sehr schnell [auf] all die viele Post antworten können. Wir haben nur begrenzte Kräfte. Ich hoffe auf das Verständnis aller unserer Zuschauer und unserer Hörer.

Wir haben jetzt noch folgendes zu erledigen: Wir treten jetzt ein in den **Tagesordnungspunkt 5 [Parteien- und Vereinigungsgesetz]**, und dabei ist folgender Dreischritt vorgesehen.

Auf Antrag der Arbeitsgruppe „Verfassungsrecht" werden **Bedenken zum Entwurf des Wahlgesetzes** von Experten zunächst vorgetragen. Das war so beschlossen worden.

Zweitens, bitten wir dann die **Stellungnahme der Arbeitsgruppe „Parteien- und Vereinigungsgesetz"**, soweit es das Wahlgesetz hier mit berührt. Und in diesem Zusammenhang muß dann auch heute vormittag dieser Entschluß gefaßt werden, daß der Ausgangspunkt für das Parteien- und Wahlgesetz genommen werden kann von dieser Vorlage. Sie kommen gleich dran, jetzt rede ich noch.

Drittens, es kommt dann die **Vorlage [9/1] der Arbeitsgruppe „Wahlgesetz"**, und darüber haben wir dann zu beschließen.

Herr Poppe hatte dann beantragt, daß gleich im Anschluß daran der Antrag **Zivilgesetz [Vorlage 9/10, Antrag IFM: Aussetzung der 2. Lesung des Zivildienstgesetzes[48]]**, weil das auch am 29. [Januar 1990] in die Volkskammer gehen soll, bearbeitet wird.

Und schließlich muß ich daran erinnern, daß wir heute früh vom Ministerpräsidenten daran erinnert worden sind, wir blockieren die Weiterarbeit an der Frage **Bürgerkomitees,** wenn wir nicht unsere Stellungnahme abgeben. Es würde uns gut anstehen, wenn wir dies heute wenigstens noch mit einer Äußerung versehen weitergeben können.

Schließlich sehen Sie, daß unter Ziffer 6 die **Anträge auf Zulassung** sind und die Arbeitsgruppe „Wirtschaft/Landwirtschaft" ist, soviel ich weiß, inzwischen schriftlich eingebracht worden, so daß das nicht mehr heute verhandelt werden muß.

Und nun, Herr Poppe hatte einen Antrag zur Geschäftsordnung angemeldet.

Poppe (IFM): Ja.

Da die Version des Entwurfes zum **Wahlgesetz** oder der Änderung zum Wahlgesetz hier gegenüber der, die wir am vorigen Montag gehört haben, unterschiedlich ist, wäre es da nicht vielleicht besser, man stellt diese Änderung kurz vor, bevor man die Experten zu Wort kommen läßt.

Ziegler (Moderator): Also, das betrifft auch die Punkte, die die Experten beantworten sollen, ja?

Poppe (IFM): Ja sicher.

Ziegler (Moderator): Aha. Dann müssen wir so wohl verfahren, aber ich muß sagen, daß unsere Experten, die wir hiermit herzlich begrüßen und ihnen danken, daß sie sich dafür Zeit genommen haben, daß sie gesagt haben, sie müssen zu einem bestimmten Zeitpunkt weg und haben nicht unbegrenzt Zeit.

Wer würde dann die Vorlage Wahlgesetz vortragen?

---

[48] Dokument 9/9, Anlagenband.

Wer? – Herr Ullmann?

Ullmann (DJ): Ja. Also ich bin eigentlich geneigt, Ihrem Verfahren eher zuzustimmen. Herr Poppe möge mir das nachsehen.

Denn ich denke, die jetzige Vorlage ist so, daß sie den **verfassungsrechtlichen Bedenken** der Experten Rechnung trägt. Es spricht aber nichts dagegen, daß wir sie vorher hören. Und die Verhandlungsführung ist, glaube ich, dadurch übersichtlicher.

Ziegler (Moderator): Es ist ja üblich, bei einem Geschäftsordnungsantrag pro und contra zu reden. Sie haben dagegen gesprochen. Herr Poppe hat dafür gesprochen.

Ich stelle jetzt Herrn Poppes Geschäftsordnungsantrag zur Abstimmung. Wer dafür ist, daß erst die Vorlage vorgetragen wird, ehe die Experten sich zu Wort melden, den bitte ich um das Handzeichen.

Na, Herr Poppe, Sie doch, nicht?

Poppe (IFM): Ich würde noch einmal etwas sagen.

Ich würde es, vorausgesetzt, die Experten haben dieses Papier schon gesehen, zurückziehen.

Ziegler (Moderator): Gut. Dann geben wir das einmal – – das ist die **Vorlage 9/1**, die meinen Sie doch sicher. Können wir das da ein – –

Ich weiß, daß Sie sich geeinigt haben, einer wird erst einmal sprechen und der andere ergänzen.

Ich mache Ihnen folgenden Vorschlag, daß Sie unabhängig von dieser Vorlage das vortragen, was Sie vortragen wollten, und in der Zwischenzeit der zweite Kollege das einmal durchliest und das denn nachträgt, ja.

Vielleicht darf ich Sie vorstellen, darf ich Sie bitten, sich selbst vorzustellen, dann mache ich keinen Fehler.

TOP 7: Anhörung der Experten zur Wahlgesetzgebung

Will (Experte): Meine Name ist Dr. Hans-Jürgen Will. Ich bin Dozent für Staatsrecht an der Akademie für Gesellschaftswissenschaften und nehme in der Arbeitsgruppe „Neue Verfassung" teil als Verfassungsrechtsberater des Unabhängigen Frauenverbandes.

Neben mir sitzt als Experte Dr. Hans-Jürgen Kuhlke. Er ist ebenfalls Staatsrechtler von der Universität Jena und ist Leiter der Expertengruppe, die im Auftrage des zeitweiligen Ausschusses der Volkskammer zur Ausarbeitung eines neuen Wahlgesetzes die Arbeit der Expertengruppe geleitet hat und insofern einer der Mitautoren des vorliegenden Wahlgesetzentwurfes des Volkskammerausschusses ist.

Ziegler (Moderator): Würden Sie sich auch gleich noch vorstellen, weil Sie – –

Kuhlke (Experte): Ich glaube, ich bin gerade mit vorgestellt [worden].

Ziegler (Moderator): Nein, nein, nein, Ihr Nachbar, ich meine Ihren Nachbarn, weil Sie doch da sind wegen dieser Entscheidung, die Herr Modrow heute früh von uns erwartet hat, oder nein, Herr Wittenbeck.

Christoph [Ministerium der Justiz]: Mein Name ist Karl-Heinz Christoph. Ich bin Leiter der Hauptabteilung Verwaltungsrecht im Ministerium der Justiz und hier in der Funktion vor allen Dingen als Teilnehmer avisiert in der Funktion als Sekretär der Regierungskommission für das Parteiengesetz.

Diese Kommission wird sich morgen früh konstituieren und die Frage, die heute früh durch Dr. Wittenbeck gestellt worden ist, interessiert uns natürlich da als Voraussetzung für die Tätigkeit.

Danke.

Ziegler (Moderator): Vielen Dank.

Dann bitte ich Sie, Herr Dr. Will, Sie wollten ja wohl anfangen, nicht.

Will (Experte): Ja.

Ich möchte, meine Damen und Herren, ich möchte meinen Bemerkungen vorausschicken, daß ich heute vormittag Gelegenheit hatte, den **Antrag 9/1 [Vorlage 9/1 Beschlußvorlage AG „Neues Wahlgesetz" zum Entwurf des Neuen Wahlgesetzes**[49]**]** zu lesen, und er enthält tatsächlich sehr weitgehende Veränderungen zum ursprünglichen Antrag der **Arbeitsgruppe „Wahlgesetz"**, oder den Protokollfestlegungen der Arbeitsgruppe „Wahlgesetz" und die Beratung, die die **Arbeitsgruppe „Neue Verfassung"** in der vergangenen Woche am Mittwoch durchgeführt hat, bezog sich auf das Vorhergehende, auf die vorhergehenden Protokollfestlegungen.

Dennoch in aller Kürze möchte ich folgende Auffassungen der Arbeitsgruppe „Neue Verfassung" vortragen: Zunächst als Vorbemerkung, daß die **Wahlgesetzgebung** in erheblicher Weise, da es eines der bedeutendsten Gesetze darstellt für die Herausbildung demokratischer Verhältnisse in unserem Land, die Frage der Ausarbeitung einer neuen Verfassung berührt und insofern die Arbeitsgruppe „Neue Verfassung" auch gezwungen ist, sich selbstverständlich mit den Gesetzgebungsprojekten zu befassen und ihre Bedeutung für die Fragestellungen, mit denen sich die Arbeitsgruppe befaßt, ständig zu prüfen.

Die Arbeitsgruppe „Neue Verfassung" hat sich am vergangenen Mittwoch mit Grundlinien des **Menschenrechtsverständnisses**, das einer neuer Verfassung der DDR zugrunde zu legen ist, befaßt. Dabei sind wir übereinstimmend der Auffassung, daß diese Verfassung, die ja eine Verfassung eines Rechtsstaates sein soll, ausgehen muß von einer konsequenten, juristisch verbindlich und exakten Verankerung der Menschenrechte und der Gewaltenteilung. Das heißt, es erhebt sich das Problem der radikalen Abkehr von der bisherigen Praxis der Eingriffe in Menschenrechte und in Menschenrechtsbereiche durch Rechtsvorschriften, die in der Regel unterhalb der Gesetze gelegen haben und noch liegen.

Die Arbeitsgruppe „Neue Verfassung" ist zu der Auffassung gelangt, daß aber bereits in unserer geltenden Verfassung es als Grundrecht der Bürgerinnen und Bürger dieses Landes verankert ist, daß sie einen Anspruch haben auf allgemeine, freie, gleiche und geheime Wahlen. Diese Wahlgrundsätze sollen auch einem neuen Wahlgesetz zugrunde liegen.

Dabei muß aber deutlich hervorgehoben werden, daß Träger dieses fundamentalen **Bürgerrechtes** die Bürgerinnen und Bürger dieses Landes sind, die Menschen dieses Landes. Das heißt, daß die Ausgestaltung des aktiven und passiven Wahlrechts Maßstab sein muß für die Prüfung der Verfassungsmäßigkeit aller wahlorganisatorischen und

---

[49] Dokument 9/11, Anlagenband.

wahltechnischen Festlegungen einschließlich der Festlegung des **Wahlsystems**.

Das heißt, das **Allgemeinheits-, Gleichheits-, Freiheits- und Geheimheitsgebot** muß bei allen wahlorganisatorischen und wahltechnischen Festlegungen ständig mit bedacht werden und die Entsprechung festgeschrieben werden.

Das heißt, Eingriffe in das aktive und passive Wahlrecht der Bürger bedürfen ständiger Beachtung, daß es sich dabei um Eingriffe in ein tatsächlich fundamentales Bürgerinnen- und Bürgerrecht handelt.

Die Diskussion, die auch schon in der **Öffentlichkeit** geführt wird, wer Berechtigter sein soll, um Wahlvorschläge einzureichen, ob **nur Parteien oder auch politische Vereinigungen**, hat diesen Aspekt bisher nicht berücksichtigt. Unsere verfassungsrechtlichen Bedenken beziehen sich also auf den Menschenrechtsaspekt des Wahlrechts, daß dieser bisher nicht ausreichend beachtet wurde.

Selbstverständlich geht es im Wahlrecht auch darum, das Wahlrecht so auszugestalten, daß ein **arbeitsfähiges Parlament** und eine arbeitsfähige Regierung aus den Wahlen hervorgehen. Aber der Hauptaspekt für die Wahlen am 6. Mai 1990 ist, daß dieses Parlament so oder so auch an der **Verfassungsgebung** in einer bedeutsamen Position teilhaben wird.

Daher hält es die Arbeitsgruppe „Neue Verfassung" für ihre Pflicht, darauf aufmerksam zu machen, daß in diesem Parlament ein möglichst breites Spektrum, natürlich entsprechende Mehrheiten vorausgesetzt, aber ein breites Spektrum der demokratischen Kräfte des Volkes vertreten sein soll. Daher haben wir darauf aufmerksam zu machen, daß der Ausschluß **politischer Vereinigungen** ein ähnliches Verfahren darstellt, nämlich daß durch gesetzgeberische Prozesse, durch Gesetzgebungsfestlegungen Einfluß genommen wird auf die Ausübung des passiven Wahlrechts durch Bürgerinnen und Bürger. Dieser Aspekt – – Antrag 9/1 oder in der **Vorlage 9/1** sind verschiedene Varianten aufgeführt. Diese Varianten beziehen sich aber nicht ausreichend genug auf einen **Parteienbegriff** und einen **Begriff der politischen Vereinigung**, wie er in einem Parteiengesetz zu verankern wäre.

Dort sollten sowohl Parteien wie auch politische Vereinigungen in einer solchen Weise auch im Parteiengesetz verankert sein, daß die Hauptkriterien einer Partei, sowohl von Parteien, die sich Parteien nennen, wie auch von politischen Vereinigungen, zu erfüllen sind. Das heißt, der Wahlgesetzentwurf, wie er vom Volkskammerausschuß ausgearbeitet wurde, enthält eine juristische Sicherung dagegen, daß über die Listen von politischen Vereinigungen sich bestimmte Parteien mehr Mandate erschleichen könnten – ich will das ruhig so deutlich auch als Jurist sagen – als sie nach der Wahlentscheidung des Bürgers haben. Diese Sicherung ist im Wahlgesetz eingebaut, im Parteiengesetz sind weitere inhaltliche Kriterien aufzustellen, die selbstverständlich auch von politischen Vereinigungen zu erfüllen sind, um an Wahlen wie Parteien teilnehmen zu können.

Zu einem zweiten Aspekt hat die Arbeitsgruppe „Neue Verfassung" Stellung genommen. Das betrifft den Vorschlag, das Verhältniswahlsystem, also die im Wahlgesetzentwurf durchgearbeitete Variante A zu bevorzugen, dabei aber eine **bewegliche Liste** aufzustellen. Zu dieser beweglichen Liste muß man so viel ausführen, daß sie so, wie sie heute in der Beschlußvorlage steht, doch eine starre Liste ist, die nur unter bestimmten Umständen durch Bürgerentscheidung verändert wird. Bei allen Wahlsystemen sollte aber Berücksichtigung finden, daß das neutralste Wahlverfahren das **reine Verhältniswahlrecht** ist, ohne Einteilung des Wahlgebietes in starre Wahlkreise. Der Wahlgesetzentwurf sieht bereits eine Einteilung des Wahlgebietes in starre Wahlkreise vor, enthält also insofern mehrheitsbildende Elemente. Aber die Zahl der Wahlkreise ist noch so hoch, daß die Zahl der Mandate, die in jedem Wahlkreis zu besetzen sind, das müßten annähernd zwanzig sein, das differiert sicherlich von 12, 13 bis 35 Mandate zwischen den Wahlkreisen.

Und wenn wir davon ausgehen, daß 20 Parteien sich an den Wahlen beteiligen werden oder vielleicht auch mehr Parteien und politische Vereinigungen, dann würde das bedeuten, daß wir den Wähler – und ich bitte, meinen Ausgangspunkt zu beachten, daß wir ein Wahlgesetz für die Bürgerin und für den Bürger machen müssen, daß er sich am 6. Mai [1990] politisch klar entscheiden kann, würde das bedeuten –, daß der Wähler konfrontiert wird mit einem Stapel von Stimmzetteln, auf denen vielleicht 200 bis 400 Namen stehen, und er soll sich dann darin zurechtfinden.

Man kann eine bewegliche Liste vielleicht auch auf zentraler Ebene handhaben. Ich will das nicht theoretisch ausschließen. Aber in der jetzigen Situation dieses Landes halten wir als Experten es für dringend geboten, darauf aufmerksam zu machen, daß man alle Komplizierungen durch Wahlsysteme vermeiden sollte, um sowohl die klare politische Entscheidung der Bürgerin und des Bürgers nicht zu erschweren, wie auch das doch von allen eingeforderte Verfahren der Nachprüfbarkeit bei der Stimmauszählung und bei der Feststellung des Wahlergebnisses nicht zu erschweren, daß auch diese Schritte im Wahlverfahren **unter öffentlicher Kontrolle**, so daß [dies] für jedermann einsichtig und nachprüfbar ist, vonstatten gehen können.

Und diesem kann nur ein **reines Verhältniswahlsystem** entsprechen. Das bedeutet nicht, daß in späterer Zeit in unserem Land unter sich entwickelten demokratischen Verhältnissen auch andere Wahlsysteme den Vorzug erhalten sollten, auch andere Wahlgesetze denkbar sind, die dann vielleicht den politischen Verhältnissen besser entsprechen könnten.

Zu einem weiteren [Aspekt] möchte ich mich nur sehr kurz äußern. Die Arbeitsgruppe „Wahlgesetz" hat die Streichung des Paragraphen 8, Absatz 2 aus dem Wahlgesetzentwurf zurückgezogen. Allerdings, so ist unsere Meinung, also von Dr. Kuhlke und mir, ist die Übergabe der Entscheidung über den Ausschluß von Parteien oder politischen Vereinigungen von den Wahlen, also die Nichtregistrierung des Wahlvorschlages im Kern einer solchen politischen Partei oder Vereinigung hier auf ein Präsidium der Wahlkommission der Republik zu übertragen.

Wir halten die Bildung eines solchen Präsidiums vielleicht nicht für so glücklich, weil es eigentlich am Verfahren nichts ändert. Wir würden doch vorschlagen, dann zwingend in den Wahlgesetzentwurf aufzunehmen, daß die **Wahlkommission** der Republik, die ja Staatsorganqualität erhält, wenn sie durch die Volkskammer gewählt wird, hauptamtlich tätig sein muß, um diese Arbeit tatsächlich leisten zu können, vollziehen zu können, daß zwingend vorgeschrieben wird, daß sie Amtshilfe vom Ministerium für Innere Angelegenheiten, von der Generalstaatsanwaltschaft und vom Obersten Gericht verpflichtet ist oder berechtigt ist, besser gesagt, in Anspruch zu nehmen, so daß rechtsstaatliche Garantien in einer bestimmten Art und Weise möglich sind und der Grundsatz der Rechtsstaatlichkeit nicht unterschritten wird.

Ich bedanke mich für Ihre Aufmerksamkeit.

Ziegler (Moderator): Der Dank ist auf unserer Seite.

Darf ich nun fragen, ob Sie gleich auch Ergänzungen haben, nachdem Sie das noch einmal durchgesehen haben, was hier in **Vorlage 9/1** steht?

Kuhlke (Experte): Ja, vielleicht nur eine kurze Anmerkung zunächst zur **Vorlage 9/1, Ziffer 1**.

Es ist ja bekannt, die unterschiedlichen Wahlsysteme haben Vor- und Nachteile. Ein Nachteil des Verhältniswahlsystems, für das sich hier ausgesprochen wurde, liegt eben darin, daß der Wähler, wenn er sich für eine bestimmte Partei oder politische Vereinigung entscheidet, weiter keinen Einfluß auf die **personelle Zusammensetzung des** von ihm gewählten **Wahlvorschlages** hat. Das soll offenkundig damit ausgeglichen werden. Das halte ich für eine zukünftig interessante Überlegung. Ich glaube nicht, daß das mit diesem Vorschlag möglich ist, daß man also eine Stimme innerhalb der Liste hat, sondern dann müßte dem Wähler schon die Möglichkeit eingeräumt werden, in der von der Partei oder Vereinigung vorgeschlagenen Reihenfolge eine generelle Umstellung vorzunehmen.

Das hätte aber große Konsequenzen. Erst einmal kompliziert dies das Wahlsystem und eventuell auch das Wahlverhalten. Das müssen wir bedenken. Und zweitens kompliziert es natürlich die Auszählung in einem hohen Maße. Auch das sollte man bedenken, so daß ich aus meiner Sicht vorschlagen würde, darauf bei dieser Wahl zu verzichten und das vielleicht als eine Überlegung aufrechtzuerhalten für ein künftiges Wahlrecht. Auch hier muß man Erfahrungen sammeln.

Und die Vor- und Nachteile des Wahlsystems oder der unterschiedlichen Wahlsysteme kommen auch in unterschiedlichem Maße zum Tragen je nachdem, welche Volksvertretung, also auf welcher Ebene man wählen wird. Deshalb haben wir uns bei den Beratungen in diesem Ausschuß auch bei den unterschiedlichen Ebenen für unterschiedliche Wahlsysteme entschieden. Unser Entwurf für ein **Kommunalwahlrecht** geht von anderen Grundsätzen aus. Ich möchte nur darauf aufmerksam machen. Auch wenn heute nur der Entwurf für ein Gesetz zur Wahl zur Volkskammer zur Debatte steht.

Soviel zunächst.

Ziegler (Moderator): Vielen Dank.

Ich möchte daran erinnern, daß der Beschluß lautete, daß hier eine Anhörung stattfinden sollte. Wir diskutieren jetzt im Augenblick noch nicht die **Vorlage 9/1**. Das kommt ja dann sofort. Jetzt wäre nur noch die Möglichkeit, Fragen an die Experten zu richten, die vielleicht für die Beurteilung für uns wichtig sind.

Wer möchte davon Gebrauch machen?

Herr Holland, bitte.

Holland (LDPD): Ich habe den ersten Experten so verstanden, daß er sich dafür ausspricht, daß Wahlvorschläge von Parteien und politischen Vereinigungen gemacht werden sollen, weil er ja die Frage stellte, daß wir sonst, oder aufwarf, daß wir sonst einen Teil der Bürger ausschließen würden.

Darf ich ihn fragen, ob er das Wahlrecht der BRD, das Wahlrecht Großbritanniens und das Wahlrecht anderer europäischer Länder für undemokratisch hält, weil diese Länder nicht diese Möglichkeit vorgesehen haben. Das ist die erste Frage, die ich habe.

Und die zweite, ich habe entnommen, daß die Einteilung in Wahlbezirke entfallen soll, wenn wir das reine Verhältniswahlrecht machen. Das würde ich sehr begrüßen. Aber ich wollte mich noch einmal verständigen, habe ich ihn richtig verstanden, daß also die fünfzehn **Wahlbezirke** entfallen werden, oder **Wahlkreise,** und sozusagen ein einheitlicher Wahlbezirk Republik geschaffen werden soll, wenn dieses Verhältniswahlrecht kommt.

Ziegler (Moderator): Wir sammeln vielleicht noch, falls noch weitere Anfragen sind.

Ja, das ist Herr – – Ach so, Herr Beyermann für Frau Dörfler.

Beyermann (GP): Herr Beyermann, Grüne Partei. Ich hätte zu dem ersten Komplex die Frage, auch in bezug auf den vorliegenden Entwurf zum Parteiengesetz, worin die Experten den **Unterschied** nun festmachen würden **zwischen Partei und politischer Vereinigung,** denn aus dem Parteiengesetz geht nur hervor, daß also sie sich insofern unterscheiden, daß bestimmte Paragraphen, also ich glaube die Paragraphen 10, 11 und auch ein weiterer, die Strukturfragen behandeln, nicht für politische Vereinigungen gelten und daran nun der Unterschied festgemacht wird.

Können die Experten darüber hinaus etwas sagen, ob sie für politische Vereinigungen und Parteien auch von der Stellung innerhalb der Gesellschaft und von der Aufgabe in der Gesellschaft, die sich aus ihrer Zusammensetzung und eben auch aus strukturellen Unterschieden zur Partei ergeben, ob also dort auch Unterschiede festzumachen wären, die dann für die Frage des Wahlgesetzes und für die Rolle im politischen System von Bedeutung wären.

Ziegler (Moderator): Ja, danke. Herr Meckel noch. Und dann, denke ich, ist es gut, wenn Sie erst einmal antworten.

Ja, sofort.

Meckel (SPD): Ich schließe mich der Frage nach dem Verhältnis von Parteien und politischen Vereinigungen an.

Sie haben ja in der Vorlage, die Sie jetzt von der Wahlkommission haben, vier verschiedene Varianten. Wir als Sozialdemokraten denken, daß es nicht undemokratisch ist, wenn nur **Parteien** kandidieren können oder nur Parteien Listen einreichen können, da es ja um das Verhältnis einer **stabilen Demokratie- und Regierungsfähigkeit** geht. Und es muß dann jeweils klargemacht werden, welche Kriterien müssen erfüllt werden. Wir haben hier schon mehrfach davon gesprochen in bezug auf eine verbindliche Programmatik, auf Mandatsträger und auf die Verbindlichkeit einer Struktur, die dasein muß über die Legislaturperiode hinweg. Dies sind Voraussetzungen, die mit eingebracht werden müssen. Und da würde ich Ihre Stellungnahme gerne hören, was Sie auch in der Frage der **Doppelmitgliedschaft** dann benennen wollen.

Wir haben ja solche Erfahrungen gemacht in den letzten 40 Jahren und müssen die als sehr undemokratisch beschreiben. Die Frage, die sich hier stellt, ist ja nicht die, wie es oft diskutiert wird: Wird hier eine Organisation, die am Runden Tisch sitzt, ausgeschlossen? Sondern wird hier durch eine grundsätzliche Entscheidung es offengehalten, daß solche Verhältnisse wieder eintreten oder daß nicht irgendwer plötzlich sich auch innerhalb einer Partei – ich meine, man könnte ja einfach sagen, einer SED oder auch anderen Gruppierungen – man sich zusammenschließt, sagt: Wir bilden eine neue Vereinigung, stellen uns zur Wahl und haben das Recht, gleichzeitig Kandidaten mit zu benennen.

All diese Fragen sind nicht ausgeschlossen, wenn nicht hier klare Kriterien benannt werden. Die Frage Parteien oder Vereinigungen sagt es nicht, die Kriterien wollen wir wissen, an denen Sie es festmachen, daß stabile demokratische Verhältnisse möglich sind für eine künftige Regierungsfähigkeit dieses Landes.

Ziegler (Moderator): Die Frage ist verstanden.

Da ich nur noch eine Wortmeldung sehe und ich – –

Herr Dr. Gruhl, ja – – ach, sind noch mehr [Wortmeldungen]. Dann müssen wir doch eine zweite Runde noch machen. Also, dann bitte ich Sie doch erst zu antworten, nicht, sonst wird das zu viel.

Kuhlke (Experte): Vielleicht kann ich gleich einmal auf die letzten Fragen antworten.

Sie haben angesprochen, daß der entscheidende Gesichtspunkt für eine Wahl eine **stabile Regierungsmehrheit** sein sollte. Damit wäre für mich der Blick auf die Wahl doch eingegrenzt. Sicherlich soll das eine Rolle spielen. Aber das kann wohl nicht der einzige Gesichtspunkt sein, unter dem Wahlen durchzuführen sind.

Es wurde ja schon begründet, daß ein anderer Gesichtspunkt mindestens die gleiche wenn nicht sogar eine dominierende Rolle spielt, daß das breite Spektrum an **Anschauungen**, politischen Interessen möglichst eine **Widerspiegelung** findet – und das gerade in einem Prozeß, in dem so viel in Aufbruch und auch in Bewegung ist, auch politisch in Bewegung. Deshalb würde mich der Vergleich zu Praktiken in anderen Parteien, Verzeihung, in anderen Ländern, die ja etwas für sich haben, auch nicht so überzeugen.

Hier ist zunächst einmal eine andere Situation. Das war unsere Ausgangsüberlegung, die wir hatten. Wenn man das Verhältnis von Parteien zu politischen Vereinigungen sich einmal anschaut, so kann man in der Tat es unterschiedlich bestimmen. Und hier gibt es auch ein paar Koordinierungsschwierigkeiten, ich will es einfach so sagen, mit den anderen Gesetzgebungsarbeiten. Uns lag zum Zeitpunkt, als wir den Entwurf erstellt haben, kein Entwurf eines Parteien- oder Vereinigungsgesetzes vor. Das muß ich einfach so sagen. Natürlich kann man auch die Definition einer Partei soweit fassen, daß darunter politische Vereinigungen fallen können, die an den Wahlen teilnehmen, ohne daß sie sich als Partei bezeichnen.

Ich würde aber zu bedenken geben, daß man vielleicht doch unterscheiden sollte zwischen Parteien und Vereinigungen, wenn ich das etwas holzschnittartig einmal sagen darf. So ist eine **Partei** für mich **eine politische Vereinigung**, die sozusagen ein Gesamtprogramm für die Politik und politisches Wirken auf allen Gebieten hat. Und ich könnte mir vorstellen, daß Vereinigungen, die sich punktuellen, aber durchaus sehr wichtigen Problemen zuwenden, ebenso ihren Platz in der Gesellschaft, auch im politischen Leben und auch in den Vertretungen haben sollten.

Auch die Erfahrungen haben gezeigt, wenn schon auf internationale Erfahrungen angespielt wird, daß es politischen Parteien nicht immer ganz leicht gefallen ist, gesellschaftlich relevante Probleme rechtzeitig aufzunehmen. Gerade da sind ja neue Bewegungen, Vereinigungen entstanden. Auch das ist ein Gesichtspunkt, den man aus meiner Sicht mit berücksichtigen sollte. Wie gesagt, man kann das unterschiedlich regeln. Aber das waren unsere Überlegungen, die dazu geführt haben.

Danke.

Will (Experte): Wenn ich – – Darf ich, bitte? Daß wir erst die Fragen abarbeiten?

Koplanski (DBD): Eine Zusatzfrage dazu, weil eben der Begriff punktuell – also auf die Sache bezogen verstehe ich das – fiel, wollte ich gern wissen, welche Rolle spielt für die Experten die Tatsache, daß, wenn ich es richtig überschauen kann, in der politischen Landschaft der DDR, es eine ganze Reihe Vereinigungen gibt, die auch nur territorial unterschiedlich angesiedelt sind und gar nicht auf dem gesamten Territorium der DDR existieren, teilweise auch gar nicht existieren wollen. Welche Rolle würde das bei Ihren Überlegungen mitspielen?

Ziegler (Moderator): Sie nehmen das bitte gleich mit herein, nicht.

Kuhlke (Experte): Das hat auch eine Rolle gespielt, und zwar in der Diskussion mit dem **Kommunalwahlrecht**. Hier würden wir den Kreis der Nominierungsberechtigten noch weiter ziehen wollen, um gerade auch auf örtlicher Ebene regionalen Initiativen, Bewegungen das einzuräumen. Bezogen auf die Wahl zur **Volkskammer** müßte man schon einmal überlegen, daß das landesweit wirkende Gruppierungen sein sollten.

Und ich hatte noch vergessen, eine Frage mit zu beantworten. Das ist sozusagen die Möglichkeit, daß Vertreter von Parteien über Vereinigungen in die Volkskammer hineinkommen. Das ist im Entwurf, den wir erstellt haben, in Paragraph 8, Absatz 3 ausgeschlossen worden. Ich möchte bloß darauf verweisen.

Ziegler (Moderator): Herr Dr. Kuhlke, Sie wollten auch gleich noch auf die weiteren Fragen eingehen?

Kuhlke (Experte): Das wollte mein Kollege Dr. Will.

Will (Experte): Herr Holland hatte gefragt, ob ich das Wahlrecht anderer Länder nicht für undemokratisch halte, welches auch politische Vereinigungen nicht an Wahlen beteiligt.

Ich möchte hier, da die Bundesrepublik angesprochen wurde und ich im Kopf nur die bundesrechtlichen Regelungen parat habe, darauf verweisen, daß Paragraph 2 des **Parteiengesetzes der Bundesrepublik** Deutschland den Oberbegriff politische Vereinigungen verwendet, Parteien sind also allemal politische Vereinigungen, da sie privatrechtlich gesehen Vereine des privaten Rechts sind, und insofern der Vereinigungsbegriff auch auf politische Parteien zutrifft.

Ich möchte meine anfangs gemachten Bemerkungen noch einmal rechtsdogmatisch unterstreichen. Beim **Wahlakt** handelt es sich darum, daß vom Bürger ausgehend die **Legitimation** staatlicher Machtausübung festzulegen ist, darüber zu entscheiden ist, wer legitimiert sein soll, politische Macht auszuüben, staatliche Macht im Lande.

Und das muß von der Bürgerin und vom Bürger ausgehend gesehen werden. Man kann nicht gleichgewichtig das Argument der Regierungsstabilität oder anderer hier einführen. Das rechtsdogmatisch erstrangige Argument ist das Wahlrecht des Bürgers. Leider hat unser Land keine ausgesprochene Dogmatik auf dem Gebiet des Verfassungsrechts, aber wenn ich hier im internationalen Rechtsvergleich mir die Rechtsprechung westeuropäischer Länder und der USA anschaue, so ist dies eindeutig.

Es gibt dort eine eindeutige Entscheidung. Das durchzieht die Verfassungsrechtsprechung der USA seit 200 Jahren, daß ganz am Beginn das Wahlrecht des Bürgers steht.

Und das möchte ich hier doch, wenn schon **Internationales** angeführt wird, bemerken, und daß man verfassungspolitisch in einer Situation, in der sich Parteien und politische Bewegungen noch entwickeln und auch viele Parteien, also politische Vereinigungen, die sich Parteien nennen, noch keine festgeschriebene, beschlossene Programmatik haben, noch kein endgültiges Statut haben und anderes, es das **Gleichheitsgebot** unterläuft, wenn in einem sehr hohen Maße durch politische Diskussion die Berechtigung für politische Bewegungen auch noch in einem solchen Formierungsstadium zu sein, unterlaufen wird und allein aus der Bezeichnung, nämlich dem Namen Partei eine Privilegierung abgeleitet wird, die ich aus verfassungsrechtlichen Gesichtspunkten nicht stützen könnte.

Ziegler (Moderator): Wir haben jetzt – – Ja, vielen Dank, wir haben jetzt folgende Wortmeldungen. Ich weiß nicht, ob das richtig ist, Gruhl, hier steht das auf meinem Zettel, Sie sind auf dem Platz von Herrn Gysi.

Halm (SED-PDS): Das ehrt mich sehr, aber ich bin Dr. Fritz Halm und komme von der Karl-Marx-Universität Leipzig.

Es ging mir um die Frage dieser einen **Präferenzstimme**, also der Möglichkeit der Wähler, neben einer Partei auch noch auf der Liste dieser Partei eine Person anzukreuzen.

Es wurde in den Ausführungen vom Kollegen Dr. Will gesagt, daß trotz dieser Regelung die Listen nach wie vor starr bleiben. Ich kann dem nicht ganz folgen und möchte gerne um eine Begründung bitten, denn wenn der Wähler von dieser Möglichkeit Gebrauch macht, würde nach meinem Verständnis ja die Liste neu geordnet nach dem Grundsatz, derjenige, der die meisten Präferenzstimmen hat, tritt an [die] erste Stelle der Liste und dann die folgenden, und damit könnte der Listenvorschlag des Parteivorstandes oder der Delegiertenkonferenz, je nachdem, wer das aufstellt, total auf den Kopf gestellt werden.

Ich bin mir allerdings der anderen Problematik bewußt, daß das wahltechnisch ein großes Problem wird durch die Vielzahl der Namen. Aber ich kenne kein Wahlgesetz, das ein reines Wahlgesetz ist, weil jedes Vor- und Nachteile hat, und gerade solche Präferenzstimmen sind ein gängiges Instrument, den Nachteil der Verhältniswahl, nämlich personenunbezogen zu sein, also eigentlich dem Wähler nur eine neutrale Liste zu präsentieren, etwas zu kompensieren. Und ich glaube, wenn die Listen ja in 15 **Wahlbezirken** aufgestellt werden, wird die Zahl der **Kandidaten** nicht ganz so groß, wie angenommen wurde.

Aber mir geht es im wesentlichen erst einmal um die Begründung, der ich nicht ganz folgen konnte: Warum bleibt es dennoch eine starre Liste?

Ziegler (Moderator): Anfragen an die Experten. Wir sammeln erst einmal.

Ich möchte zwischendurch sagen, es ist 18.05 Uhr. Wir haben also unsere Zeit überschritten und werden nun sie weiter überschreiten müssen. Vielleicht hilft es uns aber zur Kurzfassung.

Jetzt ist Herr Willich an der Reihe.

Willich (LDPD): Wie beurteilen Sie die Möglichkeit, daß sich neben Parteien unabhängige Kandidaten bewerben?

Ziegler (Moderator): Ja, bitte.
Frau Kögler, bitte.

Frau Kögler (DA): Danke. Das ist ein bißchen schwierig, die Fragen an Herrn Dr. Kuhlke zu richten. Ich habe ja in der gleichen Arbeitsgruppe mitgesessen. Aber das schließt ja nicht aus, daß ich eine unterschiedliche Auffassung zu verschiedenen Punkten habe. Ich will das deshalb einmal ganz kurz [und] prägnant, ohne die Zuhörerschaft hier zu überfordern, in Stichworten sagen.

Also, Verhältniswahlrecht ist eine Position, die wir als Demokratischer Aufbruch haben, die ich auch persönlich habe. Etwas, worüber noch nicht gesprochen wurde: Weshalb **400 Abgeordnete der Volkskammer?** Dazu meine Position: Also 400 maximal, möglichst 300, ein Kompromiß wäre 350. Meine Begründung dazu: Die kleinen Parteien – nehmen wir an, nur Parteien sind berechtigt anzutreten – die kleinen Parteien werden Schwierigkeiten haben bei einer höheren Anzahl von Abgeordneten, die Stellen zu besetzen. Das ist das entscheidende Argument dafür.

Im Entwurf ist auch eine Regelung über die **Abberufung der Abgeordneten,** worüber ein Gremium entscheidet. Das würde bedeuten, daß keine unabhängigen Abgeordneten vorhanden sind. Das wäre eigentlich ein Rückfall vor die 48er Revolution. Ein Abgeordneter kann auch nicht mit einer Stimmensammlung abberufen werden. Das geht nicht, meine ich. Das würde den Medien Tür und Tor offen lassen. Ein anderer Gesichtspunkt, Paragraph 8, daß die Wahlkommission entscheidet – –

Ziegler (Moderator): Stellen Sie Fragen oder reden Sie zur Vorlage!

Frau Kögler (DA): Ja, ja. Als, nein – – Als Fragestellung an Herrn Dr. Kuhlke, dann die – –

Vielleicht erst einmal so weit, um die Position dazu formulieren zu können, weil es dazu unterschiedliche Auffassungen gibt, damit es nicht unübersichtlich wird.
Bitte?
Erst einmal am Ende? Ich würde dann gern noch, ja – –

Ziegler (Moderator): Sie können ja nachher, Ihre Argumente können Sie gerne zum Vorschlag machen, nicht?
Dann Herr Gutzeit, ja.

Gutzeit (SPD): Ich möchte zu zwei Punkten reden.

Erstens geht es um diese **Unterscheidung politische Vereinigung/Parteien.** In dem Entwurf dieses Gesetzes über politische Parteien und Vereinigungen hatten wir ja einen Kompromiß versucht, aber einen Kompromiß, der dem **Gleichheitsgrundsatz** meines Erachtens widersprach. Sie haben ja rechtsdogmatisch immer von Gleichheit geredet. Wenn wir politische Vereinigungen und Parteien so auffassen, wie wir das jetzt versucht haben, gehen wir an der Gleichheit vorbei, denn es werden den Parteien Dinge abverlangt, die natürlich den politischen Vereinigungen, was die Strukturierung betrifft, nicht abverlangt werden.

Das betrifft Paragraph 1, Absatz 2 [des Entwurfs eines Parteien- und Vereinigungsgesetzes], weil dort eben festgelegt wird, daß gewisse Paragraphen für politische Vereinigungen nicht gelten.

Wenn man diesen breiten Zugang zu Wahlen zuläßt, ist die Rede von einem Parteiengesetz im eigentlichen Sinne gar nicht mehr sinnvoll. Dann kann man nur von politischen Vereinigungen reden. Die Frage, ob sich jemand Partei nennt, ist dann eine Privatangelegenheit der entsprechenden politischen Vereinigung, die dann Parteinamen trägt. Das heißt also, dann braucht man den Schein nicht aufrichten, als befände man sich in dieser Tradition politischer Strukturierung. Das ist das erste. Ich denke, da müßten die Sachen geklärt werden.

Man muß dann natürlich fragen, weshalb wird in gewissen Demokratien, politischen Vereinigungen, die zur Wahl antreten, entsprechendes abverlangt. Entsprechende Strukturen, Entsprechende Öffentlichkeit und so weiter, von Beschlußfassung. Weshalb diese Anforderungen an **innerparteiliche Demokratie** und so weiter? Ich denke, das ist wichtig besonders auf dem Hintergrund der Erfahrungen von Diktatur und entsprechenden Sachen, auch wenn man sich, wenn diese Regelungen auch für Parteien in der DDR in den letzten 40 Jahren gegolten hätten – – Parteien auferlegt werden, müßten auch heute den politischen Vereinigungen auferlegt werden.

Ziegler (Moderator): Was wollen Sie fragen, Herr Gutzeit? Wir machen doch Anfragen.

Gutzeit (SPD): Ich wollte fragen, wie Sie den Gleichheitsgrundsatz bei Ihrer Anschauung, die Sie vorgetragen haben, wahren wollen.

Und das ist ein zweites. Zum Beispiel in der Bundesrepublik hat man eine **Fünfprozentklausel.** Das Mehrheitswahlrecht, wie es in England ist, hat ja noch eine viel höhere Klausel im eigentlichen Sinne, weil bedeutend mehr Stimmen noch wegfallen. Ich denke, daß dies dem Gleichheitsgrundsatz von Wahlen nicht widerspricht, denn es geht darum, daß Wähler die Möglichkeit haben, entscheidungsfähige Konstellationen in Parlamenten zu installieren, die Stabilität zu bewahren. Und die Möglichkeit ist natürlich für jede Stimme, also jedem Wähler in gleicher Weise gegeben, eine Konstellation zu erreichen. Weshalb widerspricht das dem Gleichheitsgrundsatz?

Ziegler (Moderator): Herr Ullmann.

Ullmann (DJ): Eine Frage an Herrn Dr. Kuhlke bezüglich der Ziffer 3 der **Beschlußvorlage 9/1.**

Herr Dr. Kuhlke, Sie haben einen Einwand erhoben, mir aber nicht deutlich gemacht, was eigentlich Ihr verfassungsrechtliches Bedenken ist. Sie haben einen Gegenvorschlag gemacht, der bei mir wieder deutlich die schmerzliche Empfindung aufkommen ließ, daß wir eben kein oberstes Verfassungsgericht haben. Aber Ihre Vorschläge zeigen die ganze Problematik an dieser Stelle und sind just der Grund, aus dem heraus wir einen ganz anderen Vorschlag gemacht haben. Man kommt nicht herum um die ganz schwierige Frage der **Prüfungskriterien,** die hier vorliegen.

Ich habe schon wieder einen Antrag von der CDU bekommen, die mit einem durchaus einleuchtenden Recht unzufrieden ist mit der Liste der Kriterien, die im Wahlgesetzentwurf Paragraph 8, Absatz 2 stehen. Ich denke aber, es können alle möglichen Bürgerinnen und Bürger noch andere Kriterien verlangen. Und angesichts dieser Lage halte ich es nicht für praktikabel, also in Richtung Ihrer Vorschläge zu denken.

Ich wäre dankbar, das wäre auch wichtig für die Arbeitsgruppe „Wahlgesetz", wenn Sie noch einmal ganz präzise Ihr verfassungsrechtliches Bedenken gegen den Vorschlag unter Ziffer 3 namhaft machen könnten.

Ziegler (Moderator): Wir haben noch zwei Wortmeldungen, Herr Beyermann und Herr Kochan, ja. Und dann würde ich vorschlagen, daß die Antwort kommt und wir die Befragung dann abschließen, weil dann viele Dinge, die jetzt schon sehr in Ausführungen zum Vorschlag noch gebracht werden können.

Also bitte, Herr Beyermann.

Beyermann (GP): Ja.

Ich möchte mich auch versuchen, wirklich auf Fragen zu beschränken und noch einmal die Frage stellen, die ich vorhin schon gestellt habe: Worin nun also auch funktional am politischen System die Experten den Unterschied zwischen politischen Parteien und politischen Vereinigungen sehen und diese Funktionalität also auch im Zusammenhang steht mit bestimmten **Eigenschaften von Parteien und politischen Vereinigungen,** in denen sie sich unterscheiden oder ob sie da keine Unterschiede sehen?

Zum zweiten die Frage der Einschränkung des **passiven Wahlrechts,** ob es hier nicht eben mehr oder überhaupt grundsätzlich um die Frage geht, ob in der Gesellschaft dem Bürger die Möglichkeit genommen wird, sich zur Wahl zu stellen und das nicht die Frage betrifft, ob über Parteien oder über politische Vereinigungen, sondern daß die Frage ist, ob er sich eine Form geben kann, in der [er] sich zur Wahl stellen kann. Denn Einzelpersonen bleiben ja, auch wenn man politische Vereinigungen zuläßt, nach wie vor dann ausgeschlossen, so daß also diese Frage auch von der Rechtsdogmatik her mir wenig zugkräftig zu sein scheint hier in der Beweisführung.

Und zur Frage der **losen Listen** möchte ich insofern Bedauern ausdrücken, daß zum einen die Frage der direkten Demokratie hier doch angedeutet wurde im Zusammenhang mit den politischen Vereinigungen und insofern also **Elemente direkter Demokratie** gefordert werden – wobei ich der Meinung bin, daß also durch die Wahl von Vereinigungen ins Parlament noch keine direkte Demokratie verwirklicht ist, weil dadurch Organisationen nur in einen Parteienstatus reingedrängt werden und dadurch ihrer Möglichkeiten direkter Demokratie beraubt werden.

Aber andererseits wird hier eben gegen die lose Liste argumentiert, wo eigentlich eben im Wahlverfahren dem Wähler, dem Bürger, – und Sie sagten ja, der Bürger sei das Wichtigste in der Wahl – ein höherer Rang beigemessen wird und hier in der DDR also damit der Versuch unternommen wird, ein höheres Maß an Demokratie in Wahlverfahren einzubringen und hier faktisch mit technischen Fragen beziehungsweise der Fähigkeit des Bürgers [argumentiert wird]. Denn man schließt ja nicht grundsätzlich aus, man sagt, zu einem späteren Zeitpunkt wäre es durchaus möglich, wenn der Bürger faktisch sich an bestimmte demokratische Umgangsformen gewöhnt hat. Also, es wird unterstellt, daß eine gewisse **Demokratieunfähigkeit** besteht, um ein komplizierteres Wahlverfahren als das einfache Verhältniswahlverfahren zu bewältigen.

Und insofern meine Frage zu den **Mehrheitsproblemen,** die Sie sehen – daß die Mehrheiten beeinflußt werden durch die Aufstellung von Wahlkreisen, ob Sie das also etwas stärker untermauern könnten.

Ziegler (Moderator): Danke.
Letzte Wortmeldung zu dieser Anfragenrunde.
Herr Kochan.

Kochan (DBD): Ich kann mich den Argumenten mit der Wahlbeteiligung der politischen Vereinigungen hier noch nicht ganz anschließen. Ich habe da folgende Frage dazu.

Erste Frage: Wie sehen Sie als Rechtswissenschaftler die Tatsache an, wenn eine politische Vereinbarung sich erklärt, daß sie nur **parteilose Kandidaten** aufstellt? Wo bleibt das Gleichheitsprinzip bei den parteigebundenen Mitgliedern dieser Vereinigung? Also, **passives Wahlrecht** hätte dann nur der Teil der parteilosen Mitglieder der Vereinigung. Das leuchtet mir nicht ein, daß man so etwas gutheißen kann.

Zweite Frage: Wo haben wir denn die Gewähr, daß die Mitglieder der politischen Vereinigung, die als parteilos gewählt wurden, in den vier oder fünf Jahren, wo sie tätig sind, parteilos bleiben oder nachher die Fraktion von Parteien stärken. Also, ich glaube, aus dieser Sicht gesehen waren Ihre Argumente für mich nicht einleuchtend.

Und ich würde plädieren, das will ich jetzt hier kurz sagen, doch nur Parteien zuzulassen.

Ziegler (Moderator): Wir haben die Fragen verstanden. Sie haben sie gehört. Sie haben die letzte Wortmeldung hier für diese Runde. Das schließt nicht aus, daß Sie herzlich bei der weiteren Debatte dann dabei sein sollen.

Kuhlke (Experte): Da ich von Frau Kögler direkt angesprochen worden bin, möchte ich versuchen, darauf zu antworten, auch wenn wir die Probleme ja schon diskutiert haben in unserem Ausschuß.

Weshalb **400 Abgeordnete?** Wir sind davon ausgegangen, daß eine Reduzierung der Zahl der Abgeordneten der Volkskammer, übrigens nicht nur hier, wir haben es dann auch für die Kommunalparlamente vorgeschlagen, möglich und sinnvoll ist und es dennoch gewährleistet ist, daß ein arbeitsfähiges Parlament zustande kommt. Wir wollten zunächst einmal unter die Zahl nicht weiter heruntergehen, weil das für kleinere Gruppierungen größere Hürden dann bedeuten würde, um ins Parlament zu kommen. Das war die Überlegung, die dahinter stand.

Frau Kögler, Sie wissen, daß wir um die Frage des Mandates, seiner Ausgestaltung, lange diskutiert haben, weil damit generelle Überlegungen zur Demokratieproblematik verbunden sind. Wenn ein Abgeordneter gewählt wurde, woran soll er dann gebunden sein? Wir wollten nicht, das will ich so deutlich sagen, daß er dann in seinen Entscheidungen völlig frei ist. Hier wäre eine **Bindung an die Partei** beziehungsweise seine Fraktion möglich. Auch das kann Gefahren in sich bergen, weil er gewählt wurde von seinen Wählern und nicht von seiner Partei. Das sind Fragen, die einer näheren Ausgestaltung, glaube ich, in der Geschäftsordnung beziehungsweise in einem Abgeordnetengesetz bedürfen.

Aus diesem Grunde haben wir die Möglichkeit vorgesehen, daß auch Wähler tätig werden können, um einen **Abgeordneten abzuberufen**, nein, das ist falsch, um ein Abberufungsverfahren in Gang zu setzen. Wenn Sie nachschauen in unserem Entwurf, ist das im Paragraph 42, Absatz 5 geregelt worden. Es ist also nur die Möglichkeit gegeben, eine bestimmte Initiative zu starten, zu entscheiden hätte in diesem Fall die Volkskammer. Bestimmte inhaltliche Kriterien sind angedeutet. Es ist sogar hier eine qualifizierte Mehrheit vorgeschlagen, damit auch parteipolitische Manipulationen, ich will es einmal so salopp sagen, ausgeschlossen werden sollen.

Es wurde die Frage nach unabhängigen Kandidaten gestellt. Das würde in einem Verhältniswahlsystem, das auf Listen basiert, nicht möglich sein. Aus diesem Grunde ist in dem Entwurf eine andere Variante vorgesehen, die ein **Mischwahlsystem** vorsieht. Ich möchte das jetzt nicht erläutern. Und in diesem System wäre es denkbar und möglich. Hier gab es auch bei uns im Ausschuß unterschiedliche Vorstellungen. Deshalb haben wir uns für Varianten entschieden, um auch der Diskussion eine größere Möglichkeit einzuräumen.

Und das ist eben ein Nachteil, weil auch da nachgefragt wurde, des Mehrheitswahlsystems. Ich will einfach nur daran erinnern, daß, wenn in einem Wahlkreis gewählt wird, die Stimmen, die nicht auf den siegreichen Kandidaten fallen oder abgegeben worden sind, verfallen, unter den Tisch fallen. Und das ist unter Umständen doch eine große Beeinträchtigung der **Wahlgleichheit.** Deshalb haben wir es hier allenfalls als Mischwahlsystem vorgesehen. Und was die Parteien und Vereinigungen anbelangt, so würde nach meinen Vorstellungen, aber die sind unmaßgeblich, es sinnvoll sein, sowohl ein Parteiengesetz als auch ein Vereinigungsgesetz zu verabschieden, unabhängig davon, wie man sich hinsichtlich des Nominierungsrechts entscheiden wird.

Soviel, mein Kollege macht vielleicht weiter.

Will (Experte): Ja, ich möchte fortsetzen, wobei die Fragen sehr vielfältig gewesen sind.

Herr Dr. Halm hatte gefragt, warum ich dazu kam, die doch bewegliche Liste, wie sie bezeichnet wird in der **Vorlage 9/1**, doch im Prinzip als starre zu bezeichnen. Das liegt meines Erachtens darin, daß die Liste ja nicht in alphabetischer Reihenfolge die Namen der Kandidaten aufweist, sondern daß die Liste schon eine Rangfolge aufweist, die von der Partei oder politischen Vereinigung festgelegt ist und der Wähler ja hier nur unter dem Vorbehalt, daß er das überhaupt macht, eine bestimmte Entscheidung hat, die Vorentscheidung aber doch bei der Partei oder politischen Vereinigung liegt. Soviel vielleicht deshalb, warum ich das sagte.

Zu anderen Problemen hat mein Kollege Dr. Kuhlke schon geantwortet. Ich möchte darauf aufmerksam machen, daß viele Wahlgesetze im internationalen Vergleich oft nur formale **Kriterien** beinhalten, um **politische Parteien** zu unterscheiden von anderen **politischen Vereinigungen,** und keine inhaltlichen Kriterien aufweisen, während dessen berechtigt darauf hingewiesen wurde, daß das Demokratieprinzip, wenn man es ernst nimmt, gebietet, inhaltliche Kriterien aufzustellen. Und daher wäre die Frage von Herrn Gutzeit, wie denn der Gleichheitsgrundsatz zu wahren sei hinsichtlich von Parteien und Vereinigungen, tatsächlich zu diskutieren, und es müßte im Parteiengesetz ein vernünftiger Kompromiß gefunden werden, der dem Demokratieprinzip Genüge tut.

Aber ich möchte noch einmal darauf hinweisen, daß der gesetzliche Ausschluß, wenn in einem Wahlgesetz den doch jetzt existierenden demokratischen Bewegungen in diesem Land das Recht genommen wird, Wahlvorschläge einzureichen, daß damit schon wieder durch ein Gesetz sich entwickelnde demokratische Verhältnisse begrenzt werden.

Und ich halte es in der momentanen Situation daher nicht für berechtigt, ein solches vorzunehmen, da es viele tausend Bürger gibt, die in dieser Weise ihr passives Wahlrecht wahrnehmen wollen. Und der Wille, an der politischen Willensbildung in dieser Art und Weise teilzunehmen, ist auch eines der Hauptkriterien, das im Parteiengesetz für die Parteien zu regeln ist. Es ist ja gerade dieser Wille der Mitglieder einer solchen politischen Vereinigung an der Willensbildung im gesellschaftlichen Rahmen, also an der **politischen Willensbildung** wie auch im **Parlament** teilzunehmen, also Verantwortung zu übernehmen. Und das sollte man meines Erachtens nicht begrenzen.

Ziegler (Moderator): Herr Gutzeit, hatten Sie eine Zwischenfrage oder was war?

Gutzeit (SPD): Ich wollte einen Geschäftsordnungsantrag stellen, und zwar Abbruch der Debatte – –

Ziegler (Moderator): Das ist keine – – Moment, Moment. Das geht jetzt nicht, es ist die Beantwortung – –

Gutzeit (SPD): – denn die Befragung ist meines Erachtens – – Wir haben erwartet, daß dort ein Experte sitzt, aber augenscheinlich ist es ein Interessenvertreter einer ganz bestimmten Sicht – –

[Zustimmung]

Ziegler (Moderator): Herr Gutzeit – –

Gutzeit (SPD): – und ich denke, wir haben lange darüber diskutiert und müssen langsam entscheiden.

[Beifall]

Ziegler (Moderator): Herr Gutzeit, das geht nun nicht.
Wir sind so angetreten, daß hier Leute befragt werden sollen, so haben Sie es beschlossen das letzte Mal. Nun müssen wir das zu Ende führen. Vielleicht kann es gekürzt werden und dann kommen die Entscheidungsfragen.
Sie haben weiter das Wort.

Will (Experte): Ja. So, ich möchte das also sehr kurz jetzt machen.
Ich möchte aber auf den Einwurf von Herrn Gutzeit doch reagieren dürfen, das sei mir gestattet. Es ist sicherlich immer schwierig bei einer solch politischen Materie wie Verfassungsrecht, politische Auffassungen, die das Subjekt [hat], das diese vorträgt, ganz beiseite zu lassen. Insofern gebe ich Ihnen Recht, möchte aber deutlich machen, daß das eine Auffassung ist der Arbeitsgruppe „Neue Verfassung", und daß die Arbeitsgruppe „Neue Verfassung" diesen Ausgangspunkt setzt, daß jedes Gesetz, das nunmehr zu verabschieden ist, gemessen werden muß an der Verfassung. Und der inhaltliche Hauptmaßstab von Verfassungen der Welt sind die Grundrechte. Und insofern also solche Bedenken.
Es gab die Frage von Herrn Dr. Ullmann wegen des Paragraphen 8, Absatz 2. Die von mir damals vorgetragenen verfassungsrechtlichen Bedenken betrafen die Streichung. Nunmehr ist der Paragraph 8, Absatz 2 nicht gestrichen, sondern er bleibt drin. Und über verfahrensrechtliche Fragen sollten wir sicherlich im Expertenkreis zunächst diskutieren und nicht hier am großen Runden Tisch.
Insofern hatte ich auch nur sehr kurze Bemerkungen gemacht, möchte aber auf Artikel 6, Absatz 5 der geltenden Verfassung verweisen, die zwingend vorschreibt, daß militaristische und revanchistische Propaganda in jeder Form, Kriegshetze und Bekundungen von Glaubens-, Rassen- und Völkerhaß als Verbrechen zu verfolgen sind. Dieses verfassungsrechtliche Gebot muß hier natürlich auch bedacht werden.
Ja, die Frage, die – – ich hoffe, daß ich auch Probleme, die Herr Beyermann und der nachfolgende Redner angesprochen hat, ja Herr Kochan, schon mit beantwortet habe. – Eigentlich noch nicht? – Nein?

Ziegler (Moderator): Ja, dann müssen wir da noch eine weitere Runde eröffnen. Sonst, aber da steht die Geschäftsordnungsfrage dagegen.
Jetzt müßten nur zunächst die Fragen beantwortet werden, die gestellt worden sind. Und wo bleibt das Gleichheitsprinzip, hatten Sie gefragt, wenn die Parteilosen bei den Vereinigungen aufgestellt werden. Das war noch nicht so beantwortet, soviel ich sehe, ja.
Die anderen Fragen kommen sofort, wenn diese Antwort gegeben ist, dran. Dann kommt der Geschäftsordnungsantrag von Herrn Ullmann. Moment, Herr Ullmann, Sie sind noch nicht dran, weil ich ja den Redner unterbrechen mußte, weil die Fragen noch nicht beantwortet waren, ja. Dann sofort.

Will (Experte): Die Beteiligung der Mitglieder von Parteien und politischen Vereinigungen an der **Aufstellung der Kandidaten** kann vom Verfassungsrecht nur prinzipiell vorgegeben werden. Es muß in der Autonomie der Partei oder der Vereinigung liegen, solche demokratischen Verfahren statutarisch zu entwickeln. Das Verfassungsrecht sollte hier nicht zu weit in die Freiheit der Betätigung politischer Parteien und Vereinigungen eingreifen.
Ich würde keinen Verstoß dagegen sehen, daß Mitglieder von Parteien in politischen Vereinigungen sich beteiligen an der Aufstellung von **parteilosen Kandidaten.** Warum sollte das das Gleichheitsgebot berühren? Das berührt es meines Erachtens überhaupt nicht. Denn sie sind in einer politischen Vereinigung statutarisch gleichgestellte Mitglieder. Nur das Wahlrecht gebietet, daß der Wahlvorschlag nur parteilose Kandidaten umfaßt, oder exakter ausgedrückt, Kandidaten, die nicht einer Partei angehören, die sich ebenfalls an den Wahlen beteiligen. Das ist meines Erachtens kein Verstoß gegen das Gleichheitsprinzip. Das ist ausschließlich eine Sache dann der inneren demokratischen Verhältnisse.
Was den Wechsel anbelangt, weil Sie einen Zweifel aufkommen lassen über die Stabilität solcher politischen Vereinigung, so halte ich eine solche Hypothese für einen Gesetzgebungsprozeß für nicht berechtigt, da wir aus der Parlamentsgeschichte auch den Wechsel von Mitgliedern von Parteien, also den **Fraktionswechsel** kennen, und es auch bei Parteien nicht ausgeschlossen ist, daß sie innerhalb einer Legislaturperiode zerfallen oder sich anderweitig umgründen.

Ziegler (Moderator): Wir danken für Ihre Darlegungen. Wir haben Ihre profilierte Meinung gehört, die uns dann hoffentlich hilft, die eigenen Entscheidungen zu treffen, denn darauf kommt es ja nun an. Vielen Dank.
Ich möchte noch sagen, daß Herr Dr. Kuhlke den Zug wohl kriegen mußte [und] unbedingt weg mußte. Er bittet darum, das nicht als unhöfliches Verlassen des Runden Tisches zu sehen.
Und nun kommt der Geschäftsordnungsantrag als erstes daran von Herrn Ullmann.

Ullmann (DJ): Ich mache darauf aufmerksam, daß der Runde Tisch hier in einer Zeitplanung steht. Die erste **Lesung des Wahlgesetzentwurfes** wird am 29. Januar [1990] **in der Volkskammer** stattfinden. Herr Dr. Eberle, der Vorsitzende des zeitweiligen Ausschusses, hat den Runden Tisch, das heißt in diesem Falle die Arbeitsgruppe „Wahlgesetz", zu dieser Lesung eingeladen, in der Meinung, daß dabei eine Stellungnahme des Runden Tisches bekanntgegeben werden kann.
Ich denke, wir sind an diesen Plan gebunden. Angesichts der **Fristen, die die Wahl uns setzt** am 6. Mai [1990], muß man ihn einhalten. Und ich denke, entweder wir kommen jetzt zu einem Beschluß aufgrund unserer Beschlußvorlage oder der Runde Tisch muß eine Sondersitzung einberufen

zum Zweck eines neuen Beschlusses, denn wenn wir am 29. [Januar 1990] nicht in der Lage sind zu votieren, wird uns dasselbe passieren wie mit [dem] dringend nötigen Gesetzesvorhaben für Bürgerkomitees, das wir beinahe im Dezember [1989] schon hätten verabschieden können, wenn wir es nicht an den Ausschuß verwiesen hätten, bei dem es jetzt offenbar noch liegt oder irgendwo sonst.

Ich mache darauf aufmerksam.

Ziegler (Moderator): Wenn ich Sie richtig verstehe, heißt das Schluß der Beratung an dieser Stelle, und jetzt wäre der nächste Schritt fällig.

Das heißt, keine weiteren Wortmeldungen hierzu, zur Expertenbefragung, und wir gehen über zum Parteiengesetz, wie angekündigt, und dann zur Beschlußfassung über das Wahlgesetz. Das ist der Antrag.

Das heißt also, daß Herr Jordan nicht mehr dran kommt und Herr Meckel auch nicht. Ich lasse jetzt abstimmen, aber das heißt Schluß der Beratung zu dieser Befragung, zur Expertenbefragung. Ich nehme an, Herr Ullmann ist damit einverstanden.

Ich frage also, wer dafür ist, Schluß der Beratung zu dieser Expertenanhörung, der hebe die Hand. – Danke, das ist ganz klar die Mehrheit.

Wir gehen zu dem zweiten Schritt über mit einem herzlichen Dank an Sie und bitten Herrn Gutzeit, die notwendigen Erläuterungen, sofern es notwendig ist, zur Vorlage dieses Entwurfes eines Parteien- und Vereinigungsgesetzes [**Vorlage 9/0, AG „Parteien- und Vereinigungsgesetz": Entwurf eines Parteien- und Vereinigungsgesetzes**[50]] **für die Beratung des Runden Tisches am 22. Januar 1990** zu geben. Eine Vorlagennummer hat diese Vorlage nicht gekriegt. Das weiß ich nicht, wie das gekommen ist.

Oder wollten Sie gar keine [Erläuterung] geben? Ich hatte das so angekündigt und das fand auch Zustimmung, daß wir so verfahren wollten. Wir wollten vom Parteiengesetz nur hören, was das Wahlgesetz mit berührt. Oder ist – –

Wenn nichts zu sagen ist, dann können wir das auch lassen.

Gutzeit (SPD): Also, was diese Vorlage betrifft, so ist sie ein Kompromiß, der also in der Breite dieser Arbeitsgruppe getragen wurde.

Ich als Vertreter der SPD habe natürlich an gewissen Punkten Bedenken gehabt. Sie können das im Paragraphen 2, Absatz 2 in der Anmerkung sehen. Ich habe diese Bedenken vorhin vorgetragen. Sie betreffen den Gleichheitsgrundsatz in der Behandlung von Parteien und politischen Vereinigungen. Diese Bedenken konnten sich in dieser Arbeitsgruppe nicht durchsetzen.

Demzufolge kann man diese Vorlage erst einmal als Kompromiß akzeptieren. Ich akzeptiere das hier auch, denke aber, daß mit dem, was dieses Gesetz, dieser Gesetzesentwurf enthält, die Frage der Zulassung zur Wahl ja nicht geklärt ist. Das ist eine gesonderte Frage, die wir am Wahlgesetzentwurf entscheiden müssen.

Dieser Gesetzentwurf wurde ja von dieser Arbeitsgruppe nicht bis zum Schluß behandelt, einige Paragraphen wurden ja ausgegliedert. Ich denke aber, daß, abgesehen von den Paragraphen, die die Finanzierung betreffen, der Rest hier erst einmal so durchgehen könnte.

Ziegler (Moderator): Also, wir wollten nicht das ganze Parteiengesetz heute verhandeln, sondern nur, soweit es das Wahlgesetz berührt. Und soviel ich sehe, Herr Gutzeit, ist das vor allen Dingen die Ziffer 4 von dieser eben zitierten Vorlage, wo Sie die Gesichtspunkte geben, von denen da ausgegangen wird. Vorne das Vorsatzblatt, nicht, das vordere Blatt, wo das darauf steht, ja. Und wir brauchten – –

Das ist dann eine Stellungnahme, die berücksichtigt werden muß, und wir hatten heute nur noch zu entscheiden über die Frage, die Dr. Wittenbeck hier angeschnitten hat, nämlich ob das die Zustimmung findet, daß die **Diskussion über das Parteiengesetz ausgeht von diesem Entwurf,** den der Runde Tisch vorlegt. Das war die Frage heute früh, nicht.

Möchte sich dazu noch jemand äußern? Sonst – – ich finde, man kann sich ja nur freuen, wenn die Volkskammer bereit ist, von diesem Entwurf auszugehen, und auf das Wahlgesetz kommen wir gleich noch.

Herr Weißhuhn, bitte.

Weißhuhn (IFM): Ich möchte nur darauf hinweisen, daß dieser Entwurf des Parteiengesetzes zwei entscheidende Aussagen zum Wahlgesetz, synchron zum Wahlgesetzentwurf macht, nämlich einmal die Aussage, daß **sowohl politische Vereinigungen als auch Parteien** oder auch umgekehrt gekennzeichnet sind durch ihren Anspruch, sich an Wahlen zu beteiligen. Das ist die eine [Aussage].

Und die andere, daß **Kandidaten von politischen Vereinigungen für Wahlen parteilos sein müssen.** Also, die Frage der Doppelmitgliedschaft von Kandidaturen, für Kandidaten, wie sie eben auch im Zusammenhang mit dem Wahlgesetzentwurf bereits angefangen wurde, behandelt zu werden. Insofern besteht also seitens des Entwurfs des Parteien- und Vereinigungsgesetzes kein Widerspruch zur Diskussion des Wahlgesetzes.

Danke.

Ziegler (Moderator): Danke schön. Das war noch einmal eine Hervorhebung der entscheidenden Punkte. Vielen Dank dafür.

Ja, da ich keine Wortmeldung im Augenblick sehe, möchte ich jetzt nur die Zustimmung erbitten, daß nach dem Vorschlag von Dr. Wittenbeck verfahren werden kann. Daß also die Diskussion im Volkskammerausschuß über das Parteiengesetz von diesem Entwurf ausgeht, so lautet ja der Vorschlag.

Gibt es da Widerspruch? Möchte sich jemand da vorsichtig enthalten? – Nicht. Dann stimmen wir dem zu. Herr Dr. Christoph, das ist also die Freigabe für Sie, damit Sie damit umgehen können. Schön.

Wir kommen jetzt nun zu der entscheidenden Vorlage mit all dem, was Herr Dr. Ullmann eben gesagt hat, daß wir da nun wirklich Zuarbeit leisten müssen. Und ich bitte Sie dann also vorzunehmen die **Vorlage 9/1 [Beschlußvorlage AG „Neues Wahlgesetz": Zum Entwurf eines Wahlgesetzes**[51]**]** und Sie müssen dazu nehmen die **Vorlage 9/1a [Änderungsantrag CDU: Zur Vorlage 9/1 der AG „Neues Wahlgesetz"]**, damit wir darüber verhandeln können. Wenn wir abstimmen, werden wir nachher über [Vorlage] 9/1a zuerst und dann so weiter abstimmen müssen. Aber jetzt erst einmal die Aussprache.

Herr Meckel, bitte.

Meckel (SPD): Wir haben zu der **Vorlage 9/1** Wahlgesetz folgende Anträge, die wir als SPD als Änderungsanträge einbringen.

---

[50] Dokument 9/10, Anlagenband.

[51] Dokument 9/11, Anlagenband.

Zu 1. wollen wir streichen die Zeilen – –

[Lücke in der Aufnahme]

– eine **Dreiprozentklausel** hineinbringt, um künftig in einem Parlament eine regierungsfähige Mehrheit zu haben und nicht eine Vielzahl von Parlamentariern, die einer großen Zahl von Parteien angehören, so daß eine Regierungsbildung erschwert wird. Der dritte Punkt bezieht sich – –

[Zwischenfragen]

Meckel (SPD): Das muß als Punkt 6 dann in die Vorlage eingefügt werden, Einführung einer Dreiprozentklausel in das Wahlgesetz.

Und zu Punkt 2, der strittige Punkt, der eben behandelt worden ist: Hier sind vier Varianten vorgeschlagen, die Varianten A und B bringen das bloß noch einmal sprachlich auf den Punkt, die lassen wir unberücksichtigt. Wir denken, wir sollten von Variante C ausgehen, da sie die **Kriterien** benennt und nicht fragt nach dem Namen der jeweiligen Organisation, denn der ist uns auch egal. Wichtig sind die konkreten Kriterien.

Hier wollen wir in die Variante C, da steht hier vorliegend: „Eine Doppelmitgliedschaft von Mandatsträgern ist ausgeschlossen". Ich will **Mandatsträger** interpretieren. Das heißt alle die, die als Kandidaten vorgeschlagen sind. Wir wollen hinzufügen: „und Funktionsträgern ist ausgeschlossen".

Das heißt, innerhalb der jeweiligen Partei können zwar Mitglieder, das wäre unser Kompromiß in dieser Frage, können zwar Mitglieder anderer Parteien angehören, aber jeder, der eine Funktion hat und jeder Delegierte schon kann nicht Mitglied einer anderen Partei sein. Also, diese **Doppelmitgliedschaft** soll ausgeschlossen sein.

Wenn dies nicht aufgenommen wird, könnten wir nur für die Variante B stimmen.

Also, diese drei Anträge sind klar, Variante 1, Verhältniswahlrecht, geschlossene Listen, drei Prozent, Funktionsträger.

Ziegler (Moderator): Wir reden darüber erst und dann stimmen wir darüber ab.

Und jetzt ist erst Herr Seidel dran, ja.

Seidel (NF): Bevor ich zum eigentlichen Thema spreche, möchte ich um die Erlaubnis bitten, einen Satz vorzulesen, ein Satz, den mir ein Gast unserer Beratung, der hinter mir sitzt, in die Hand gedrückt hat, das ist ein Rentner, 75 Jahre alt, aus einer Ortschaft bei Weißenfels. Er hat geschrieben und ich denke, ich muß das hier vorlesen. Er hat geschrieben: „Ich will, daß keiner mehr die DDR verläßt und die anderen wieder zurückkommen." Ich denke, das sollte der Hintergrund unserer Beratung sein.

Doch nun zum **Wahlgesetz**. Ich bin sehr froh über das, was uns die Experten gesagt haben. Über einen Satz besonders, ich will ihn wiederholen, weil er mir elementar und wichtig erscheint. Herr Will hat gesagt, das Ziel einer Wahl kann nicht sein, stabile regierungsfähige Mehrheiten zu erreichen, sondern das Ziel einer Wahl muß sein, eine Repräsentanz der Bürger in den Parlamenten zu erreichen. Ich denke, das ist ganz wichtig, und ich möchte es wirklich den Kollegen der SPD sozusagen ins Stammbuch schreiben.

Zu dem, was die SPD als Anträge eingebracht hat: Zum Problem der **beweglichen Listen.** Ich sehe wohl, das Neue Forum sieht wohl, daß bewegliche Listen ein Wahlverfahren komplizieren. Das ist unbestritten. Aber auf dem Boden dessen, was ich eben gesagt habe, daß ein Wahlgesetz den Wähler- und somit Bürgerwillen möglichst unverfälscht in parlamentarische Gegebenheiten umsetzen soll, frage ich mich, ob man sich wirklich von dem Argument der Kompliziertheit oder der schweren Handhabbarkeit so absolut leiten lassen soll.

Ich denke, wir sollten überlegen, wie dieses zugegebenermaßen komplizierte Verfahren vereinfacht werden kann. Eine Möglichkeit ist, die Wahlkreise zu verkleinern. Ideen, Vorschläge dafür liegen vor. Wir haben in der Arbeitsgruppe „Wahlgesetz" eine Untergruppe gebildet und sind also jetzt schon über die Zahl von fünfzehn Wahlkreisen hinaus. Das ist also eine Variante, ich will sie nicht näher ausführen. Ich möchte bloß das Argument, daß bewegliche Listen zu kompliziert seien, relativieren. Ich denke, daß bewegliche Listen die Möglichkeit geben, die vorgegebene Kandidatenreihung zu verändern. Das ist das positive Argument, das wiegt für mich, und das wiegt für das Neue Forum schwerer.

Zur **Dreiprozentklausel:** Der Ruf nach einer Dreiprozentklausel ist wieder geprägt von dem Gedanken, stabile regierungsfähige Mehrheiten im Parlament zu erreichen. Ich habe dazu gesprochen und möchte aus den genannten Gründen dafür votieren, die Dreiprozentklausel bei dieser Wahl nicht einzuführen.

Und zum Punkt C oder zum Absatz 2, zur Variante C, welche die Sozialdemokraten eben als Kompromißvariante favorisiert haben, dem können wir weitgehend folgen. Natürlich nicht mit der Bemerkung, daß bei Funktionsträgern eine **Doppelmitgliedschaft** ausgeschlossen sein soll. Ich kann überhaupt nicht verstehen, daß immer in die inneren Strukturen politischer Vereinigungen von außen reingeredet wird. Das finde ich unredlich.

Wir machen das ja auch nicht, wir reden ja auch nicht rein in die inneren Strukturen anderer Parteien. Wir bewerten nicht die Zusammensetzung von Vorständen, wir bewerten nicht die innerparteiliche Demokratie, und ich finde, wir sollten uns einfach davon lösen, von außen immer reinzureden. Das ist analog zu den Vorschlägen der Arbeitsgruppe des Runden Tisches zur Ausarbeitung des Parteien- und Vereinigungsgesetzes, wo nachzulesen auf der nicht numerierten Vorlage steht, daß die Frage der Doppelmitgliedschaft ausschließlich in den jeweiligen Satzungen geregelt wird. Ich denke, wir sollten uns einfach darauf verständigen.

Danke.

Ziegler (Moderator): Ich bitte alle Redner, doch nun auch immer Bezug zu nehmen auf die Vorlage, die wir jetzt verhandeln. Denn wenn Sie jetzt allgemeine Grundsätze nur vortragen, hilft uns das nicht. Sie müssen schon einmünden in Vorschläge in die Vorlage, sonst kommen wir heute überhaupt nicht mehr weiter.

Jetzt ist Dr. Ullmann an der Reihe.

Ullmann (DJ): Ich bedanke mich für diesen Hinweis und hoffe, daß ich ihn jetzt strengstens befolge.

Erste Anmerkung, meine Damen und Herren, damit hier keine falschen Eindrücke entstehen, ich weise ausdrücklich darauf hin, die Beschlußvorlage **9/1** ist von der Arbeitsgruppe „Wahlgesetz" ausgearbeitet worden in Kenntnis der Standpunkte, die von den Experten hier vorgetragen wurden. Was die Herren hier vorgetragen haben, hat uns im Ausschuß vorgelegen, so daß also eine erneute Diskussion in

Anhörung der Experten zur Wahlgesetzgebung 539

dieser Position hier nicht nötig ist, wenn Sie Ihre Arbeitsgruppe soweit respektieren wollen, freundlichst.

Nun zu dem Verfahren mit dem vorliegenden Text: Ich bin der Meinung, die Änderungsanträge der SPD und ein Änderungsantrag der CDU, den ich Ihnen gleich zu Gehör bringen werde, sind schwerwiegender Art. Sie betreffen das Wahlrecht. Ich stelle den Antrag, daß über diese Änderungsvorschläge, die hier gemacht werden, mit Zweidrittelmehrheit abgestimmt wird, und denke, daß man vorgehen kann in der folgenden Reihenfolge:

Erst wird abgestimmt über den SPD-Vorschlag feste Liste, Listenverbindungen.

Ich erlaube mir hier, eine Meinung zu äußern. Ich denke, man sollte an dieser Stelle die Experten sehr ernst nehmen. Ich favorisiere selbst die bewegliche Liste. Daraus will ich gar keinen Hehl machen. Aber, meine Damen und Herren, wir gehen nach allem, was wir jetzt wissen, wahrscheinlich auf eine **Kombination von Volkskammer und Kommunalwahlen** zu. Und wenn wir dann auch noch das Riesen-Komplikationsverfahren der offenen Liste haben, ich glaube, dann müssen wir sämtliche Wahlexperten der Welt zusammenrufen, um das durchführen zu können. Das spricht meines Erachtens für den Vorschlag der SPD.

Zweitens: Das Votum von Herrn Meckel zu Punkt 2 scheint mir auf einem Mißverständnis zu beruhen. Die Arbeitsgruppe „Wahlgesetz" verlangt jetzt nicht eine Abstimmung über die Varianten A bis D. Sondern der Sinn ist, der Runde Tisch möge einen Text abliefern mit diesen vier Varianten und in die öffentliche Diskussion geben.

Und dann kann die SPD und jeder, dessen politische Philosophie es verlangt, mit allen Kräften im Wahlkampf Variante A, Variante B, Variante C oder Variante D favorisieren. Die Volkskammer hat uns schon eingeladen, an der Auswertung der **öffentlichen Diskussion** teilzunehmen. Und dort können noch einmal die politischen Standpunkte zu A, B und C zur Geltung gebracht werden.

Das gleiche gilt nun für den Beschlußantrag der CDU, den ich Ihnen jetzt verlese:

> **[Vorlage 9/1a, Antrag CDU: Änderungsantrag zur Vorlage 9/1 der AG „Neues Wahlgesetz"]**
>
> Der Runde Tisch wolle beschließen:
>
> Der Punkt 3 der Beschlußvorlage erhält folgende Fassung, das ist 9/1a.
>
> Zum Paragraphen 8 Absatz 2 des Wahlgesetzentwurfes empfiehlt der Runde Tisch, die Ausschlußgründe werden erweitert, um:
>
> „die eine Einschränkung der Demokratie oder die Diktatur einer gesellschaftlichen Gruppe beziehungsweise einer Person anstreben"

Mein Vorschlag ist jetzt Abstimmung mit Zweidrittelmehrheit, erst feste Liste, Listenverbindungen, Abstimmung über den CDU-Ergänzungsvorschlag. Ich denke auch hier mit Zweidrittelmehrheit, denn er ist schwerwiegend genug. An dritter Stelle Abstimmung über den Zusatzantrag der SPD, Einfügung einer Dreiprozentklausel.

Soweit mein Vorschlag.

Ziegler (Moderator): Ja, also wie wir verfahren, Bruder Ullmann, vielleicht können Sie der Leitung auch noch etwas überlassen, aber wir nehmen die Hinweise gerne auf.

Jetzt haben wir erst einmal einen Geschäftsordnungsantrag, nicht.

Meckel (SPD): Ich möchte nur darauf hinweisen, daß der Vorschlag ein Antrag sein muß zur Geschäftsordnung mit den zwei Drittel, bloß daß der dann auch mit zwei Drittel nur durchkommen kann.

Ziegler (Moderator): Ja, das ist so. Das ist ja aber doch beantragt von Herrn Ullmann. Das ist doch so. Nun gehen wir aber erst noch in der Aussprache weiter, weil ja noch neue Gesichtspunkte kommen können, und dann kommen die Abstimmungsverfahren über die **Vorlage 9/1**.

Herr Raspe.

Raspe (LDPD): Entschuldigung. Klares Votum für den Änderungsvorschlag, vorgetragen von der SPD im Punkt 1. Was die Varianten anbetrifft, ich bin schon der Meinung, daß wir uns heute hier auf eine Variante verständigen. Ich weiß nicht, wie wollen wir denn praktisch so eine Zweidrittelmehrheit im Rahmen einer **Volksaussprache** objektivieren. Wie soll das eigentlich geschehen? Ich wäre schon dafür, daß wir uns hier für eine Variante entscheiden. Meine Variante ist die Variante B. Wir sind darüber hinaus dafür, diesmal keine Prozentklausel einzuführen, diesmal noch nicht, auch im Interesse und vor allem im Interesse der werdenden und wachsenden Parteien und Bewegungen.

Ziegler (Moderator): Frau Kögler.

Frau Kögler (DA): An sich muß ich meine Ausführungen, die ich vorhin begonnen hatte, fortsetzen.

Ich bin mir völlig bewußt, daß es ganz schwierig ist, in diesem Gremium über bestimmte Dinge, die unbedingt nach meiner Ansicht noch der Klärung bedürfen, wirklich konstruktive Standpunkte darzustellen. Aber gestatten Sie mir bitte, daß ich auch etwas weiter aushole.

Ich habe nämlich in der Vergangenheit versucht, einmal als Expertin in dem Ausschuß bei der Volkskammer zu arbeiten, andererseits habe ich einen Entwurf des Demokratischen Aufbruch der Wahlkommission eingebracht und finde leider das, was auch vorher, ich darf das noch hinzufügen, mit einem französischen Experten, Professor Audexié von der Universität Straßburg, durchgearbeitet wurde und mit einem ungarischen Kollegen eben nicht mit berücksichtigt worden ist. Und ich denke, da wir schon die Möglichkeit hatten, völlig neutrale Experten dazu zu hören, daß man auch dem etwas mehr Gewicht beimessen könnte.

Und die entscheidenden Fragen sind also tatsächlich **Verhältniswahlrecht**, ich denke, daß man sich ziemlich darüber einig ist. Das wird von allen Experten befürwortet.

Das zweite Problem ist, man muß wirklich darüber nachdenken, ob man in einer Volkskammer eine Zersplitterung haben möchte. Eine Regierung, die dann nicht regierungsfähig ist, und das würde eben dann dazu führen, wenn alle möglichen Gruppierungen Sitz und Stimme bekämen. Es muß also beschränkt sein. Und ich meine auch, eine Differenzierung hinsichtlich Parteien für die Volkskammer, weitere Vertretungen, Vereinigungen, aber für die anderen örtlichen Volksvertretungen. Darin sollte ein Unterschied gesehen werden. Es wird also in der **Volkskammer** sicher auf **Berufsabgeordnete** hinausgehen.

Das weitere ganz ernsthafte Problem ist, den **Umfang der Abgeordneten** möglichst, das ist mein Anliegen auch, das ist ein Ergebnis dieser Beratungen, auf möglichst **300 zu beschränken.** Gut, man kann 400 gerade noch so akzeptieren. Aber so wenig wie möglich. [Dies] berücksichtigt die Größe des Landes, berücksichtigt aber auch die Zersplitterung der Parteien.

Etwas anderes, der Paragraph 8, Absatz 2: Es gibt, Sie haben es gesehen, unterschiedliche Standpunkte. Ich bin der Meinung, dieser Absatz 2 sollte vollständig gestrichen werden, weil nämlich ein entscheidender Mangel vorhanden ist. Es gibt kein Gremium, das letztendlich darüber entscheidet. Es ist damit einer Kampagne für irgendeine Gruppierung, es könnte bitte schön die SED sein, gegen die eine Klassenhetze verbreitet wird, es könnte auch jede andere Partei sein, die davon betroffen ist.

Es sollte weggelassen werden, daß bei uns Rassenhaß und ähnliches nicht zugelassen wird, daß das auch in der **Menschenrechtskonvention** geregelt ist und anderweitig, das wissen wir alle, das gehört meiner Ansicht nach nicht in dieses Wahlgesetz, weil es, wie gesagt, keine Instanz gibt, die bei einem Widerspruch, Einspruch darüber entscheiden könnte. Das ist überhaupt nicht geregelt. Also, warum lassen wir das nicht weg?

Etwas anderes Wesentliches ist Paragraph 42, glaube ich, 42, Absatz 3 – Absatz 5.

Ziegler (Moderator): Sagen Sie bitte dazu, von welchem Entwurf Sie ausgehen, vom Volkskammerentwurf?

Frau Kögler (DA): Von dem Entwurf der Volkskammer.

Ziegler (Moderator): Gut. Ja.

Frau Kögler (DA): Wenn das bleibt, würde das bedeuten, daß damit ein Schußfeld für die Medien und den Volkszorn vorhanden ist. Ich bin also für **freie Mandate,** für freie Abgeordnete.

Mein Hinweis ist, das wurde bereits in der 48er Revolution abgeschafft, und es kann nicht sein, daß eine Volksabstimmung eine Stimmensammlung von 5 000 oder – – wieviel drin? – Ja 15 – – was?

15 000, muß man sich vorstellen, wie das vor sich gehen soll. Nur einmal die praktische Situation überlegen. Das ist nicht gangbar. Meine dringende Bitte, das auch zu streichen, ersatzlos zu streichen. Das ist ein Rückfall, das hat nichts mit Demokratie zu tun.

Das sind einmal zusammengefaßt ganz wesentliche Dinge, die ich nicht hier unausgesprochen lassen kann, die ich mit der Bitte an alle herantragen möchte, daß man da wirklich, vielleicht auch noch einmal mit anderen Experten, darüber nachdenkt und sich die Zeit dafür nimmt.

Dann zu der **Quotenregelung** drei Prozent oder fünf Prozent, das sollte nicht drin sein, ist ja wohl auch herausgekommen. Es muß aber möglich sein, dann bei der Kostenerstattung, das ist aber eine Frage der Wahlordnung, bei der Kostenerstattung hinsichtlich der Wahlkosten eine Begrenzung festzulegen. Ein Prozent, und damit ist also auch eine Zersplitterung bis ins Kleinste vermieden. Man kann das also anderweitig absichern in der Wahlordnung, aber eben nicht hier im Gesetz.

Ich danke.

Ziegler (Moderator): Ja, das ist ja gut, wenn Sie das hier vortragen. Wirksam wird es nur, wenn Sie das in Anträge zur Erweiterung des Vorschlages der Vorlage 9/1 kleiden.

Dann, mit der Sperrklausel können Sie ja dann Ihre Meinung bei der Abstimmung einmal sagen. Wenn Sie [Paragraph 8,] Absatz 2 voll gestrichen haben wollen, dann müßten Sie dies, da das hier so nicht drin steht, bitte beantragen und formulieren, bitte schriftlich, und dann wird darüber abgestimmt.

Wenn Sie zu weiteren Paragraphen hier noch Aufnahme finden wollen, was die Arbeitsgruppe nicht aufgenommen hat, bitte ich um Anträge, sonst können wir es ja nicht weitergeben, sonst ist es hier nur eine Meinungsäußerung.

Frau Kögler (DA): Darf ich noch einmal eine technische Frage zurückformulieren. Nun ist das ja jetzt nicht sofort schriftlich zu machen, es wäre – –

Ziegler (Moderator): Warum? Können Sie doch jetzt gleich machen, nicht.

Frau Kögler (DA): Gut. Danke.

Ziegler (Moderator): Ist jetzt Herr Beyermann auf der Liste? Herr Beyermann, ja.

Beyermann (GP): Ja. Also ich würde mich zunächst der Verfahrensweise, so wie Dr. Ullmann sie vorgeschlagen hat, zur Verfahrensweise mit diesem Papier anschließen wollen.

Wenn wir jetzt in dieser Runde hier das ganze Wahlgesetz durchdiskutieren wollen und jede Partei, die ja ihren Vertreter, wie schon gesagt wurde, in der Wahlgesetzkommission [gemeint AG „Neues Wahlgesetz"] drin hat und somit also ja der dort den Auftrag haben sollte, die Position der Partei einzubringen und nicht eine ganz eigene Position, dann sollte man davon ausgehen, daß dieses Papier hier zur Verhandlung steht und nicht das gesamte Wahlgesetz.

Und deshalb möchte ich zu den Fragen etwas sagen, die also hier als Änderung beantragt wurden. Also, ich persönlich stehe voll hinter dem Papier, so wie es hier liegt. Auch zur Verfahrensweise, wie mit den Varianten umzugehen sei. Und zu den Zusatzanträgen, die Position der Grünen Partei, daß also eine Sperrklausel, eine Prozentklausel, in welcher Höhe auch immer, abzulehnen ist, weil dadurch die Entwicklung politischer Minderheiten und die Möglichkeit, daß politische Minderheiten in die Öffentlichkeit treten, in die Parlamente treten und sich auch darüber entwickeln können, nicht nur für diese Wahl, sondern grundsätzlich beschränkt wird und damit also gewisse politische Zementierungen und Verkrustungen sozusagen vorauszuberechnen sind.

Zur Frage der Ziffer 1 dieses Entwurfes finde ich das bedauerlich, habe ich vorhin schon ausgedrückt, daß auch die Experten hier gegen die Position, die hier mehrheitlich gefunden wurde, also in der Wahlgesetzgruppe [gemeint AG „Neues Wahlgesetz"] mehrheitlich gefunden wurde, votiert haben; und Sie werden sicherlich hier ein offenes Ohr gefunden haben, denn diese Frage, daß eben in der Liste durch den Wähler keine Veränderungen mehr vorgenommen werden können, trifft sich ja mit traditioneller Parteienmentalität; und insofern ist es bedauerlich, daß diese Frage eben auch von verschiedenen Vereinigungen hier unterstützt wird, denn die Frage der technischen Machbarkeit kann, wenn es um Demokratie geht, nicht das Primäre sein, sondern man muß sich überlegen, wie ist es technisch machbar zu machen.

Es ist ja durchaus so, daß im Ausland Bürger in anderen demokratischen Systemen mit viel komplizierteren Wahlverfahren konfrontiert sind und durchaus in der Lage sind, diese zu bewältigen; und weil immer jeder ja hier jetzt auch einen Experten anführen kann, also ich kann sagen, daß ich auch mit Experten aus der Bundesrepublik, auch Staatsrechtlern, dazu konsultiert habe, wie sie die Frage sehen, ob der Wähler also damit überfordert wird zum Beispiel im Kommunalwahlrecht, wo er dort teilweise 40 Stimmen zur – –

Ziegler (Moderator): Könnten Sie sagen, wofür Sie sind?

Beyermann (GP): Ja. Ich bin für den Antrag, so wie er hier vorliegt, für **lose Liste**. Ich wollte das allerdings nur noch einmal untermauern und begründen, so wie es andere hier auch getan haben.

Und ansonsten zu der Variantenfrage möchte ich mich nicht äußern, weil ich für die Verfahrensweise bin, so wie sie hier vorgeschlagen ist.

Ziegler (Moderator): Danke.

Jetzt haben wir einen Geschäftsordnungsantrag von Frau Köppe.

Frau Köppe (NF): Ich möchte beantragen, daß wir uns zunächst darüber einigen und dann auch abstimmen, ob wir insgesamt diese Vorlage bewerten wollen oder auch abstimmen wollen über die einzelnen Varianten. Das scheint mir auch wichtig zu sein jetzt für die Diskussion.

Und ich glaube, wir müssen jetzt einmal hier vorankommen, daß wir uns entscheiden entweder über die ganze Vorlage oder auch uns für eine dieser Varianten hier am Runden Tisch entscheiden. Ich denke, wenn wir das machen, behindert das ja nicht die öffentliche Aussprache, die ja trotzdem dann noch folgen kann.

Ziegler (Moderator): Ja, aber wir haben das angekündigt, wir sind noch in der Aussprache, wo wir Gesichtspunkte sammeln, sonst ist das nur ja dankenswert, wenn Sie vorantreiben. Aber wir stimmen nicht ab, weil verschiedene Abänderungsanträge gesagt sind, können wir nicht so abstimmen. Wir müssen über einzelne Dinge der Vorlage schon abstimmen, nicht.

Herr Halm.

Halm (SED-PDS): Ich möchte noch einmal zu der Dreiprozentklausel sprechen.

Ich glaube, wir sollten entschieden dagegen sein. Also, ich bin es zumindestens. Wir müssen ausgehen von der Situation, in der wir uns befinden. Wir befinden uns in einer Zeit, in der wir um eine neue demokratische Identität ringen. Und da sollten wir nicht damit beginnen, daß wir sofort wieder Klauseln und Hintertürchen suchen, wie wir demokratische Regelungen umgehen können. Das sind diese Klauseln. Das Bundesverfassungsgerichtsurteil zur **Fünfprozentklausel** besagt, daß es eine Einschränkung des Gleichheitsgrundsatzes bei den Wahlen ist.

Und wir müssen uns überlegen, wenn wir von **400 Abgeordneten** ausgehen, würde eine Partei, die 2,9 Prozent der Stimmen bekommt, immerhin 11 Abgeordnete bekommen können. Und sie würde keinen bekommen, weil ihr ein Zehntel Prozent an der Dreiprozentklausel fehlt. Das ist der eine Gesichtspunkt, den ich hier gerne ins Feld führen möchte.

Das zweite ist: Ich kenne kein Land, in dem nicht ständig bestimmte Veränderungen an Wahlgesetzen vorgenommen werden. Das hängt ab von Erfahrungen, das hängt auch ab von konkreten inneren Situationen. Wir befinden uns in einer Situation des Umbruchs. Wir haben hier kein stabiles Parteiensystem, sondern wir haben hier ein Parteiensystem, das sich gewissermaßen im **statu nascendi** befindet. Wir wollen die Vorherrschaft einer Partei brechen. Und dazu brauchen wir alle demokratischen Kräfte. Auch wieder bezogen auf das Bundesverfassungsgerichtsurteil zur **Fünfprozentklausel**, es wird dort ausdrücklich begründet, daß diese Prozentklausel in Abwägung der Güter, nämlich Durchbrechung des Gleichheitsgrundsatzes oder stabile Regierungsmehrheit zugunsten der stabilen Regierungsmehrheiten, nämlich zu einem stabileren Zwei-Parteien-System führt. Das bedeutet also, solche Regelungen führen genauso wie das Mehrheitswahlrecht, das ja schon zweimal versucht wurde in der Bundesrepublik in bestimmten Varianten einzuführen, zu **Zweiparteienherrschaft** und auch wieder zu der Gefahr einer Unterdrückung oder einer Ausschaltung demokratischer kleinerer Gruppierungen vom gesellschaftlichen Willensbildungsprozeß.

Deshalb bin ich dafür, daß – oder sprechen wir dafür, daß die **Dreiprozentklausel** nicht unserer jetzigen gesellschaftlichen Situation entspricht.

Ziegler (Moderator): Ja. Ist verstanden.

Es gibt noch eine Wortmeldung oder zwei, Frau Walsmann. Und dann schlage ich vor, daß wir doch übergehen zu der Vorlage, um sie festzustellen, und da werden wir dann nun die einzelnen Varianten durchnehmen.

Jetzt hat sich Frau Walsmann gemeldet. Bitte.

Frau Walsmann (CDU): Ja. Ich möchte einen praktischen Vorschlag zum Punkt 2 machen. Ich meine eigentlich, wir sollten dazu kommen, daß wir uns auf eine Variante einigen. Ich würde da die Argumente von Herrn Raspe, LDPD, unterstützen, denn ich sehe Probleme, zu einer endgültigen Entscheidung und zu einem Votum zur Annahme zu kommen.

Falls das nicht durchkommt, daß wir uns für eine Variante in der Abstimmung entscheiden, würde ich den Vorschlag machen, daß wir wenigstens die Tendenzabstimmung vornehmen und das der Volkskammer zur Kenntnis geben, welche Mehrheiten sich für welche Variante gefunden haben. Denn das ist doch ganz wichtig für einen Entscheidungsprozeß.

Die CDU würde sich aussprechen für die Variante B im Sinne der Volkskammerwahl. Es geht hier um die Volkskammerwahl. Wir würden die Variante B favorisieren und sollte die Variante B nicht kommen, den Kompromiß der Variante C, aus den genannten Gründen, die schon mehrfach hier angesprochen wurden. Ich möchte das nicht noch einmal wiederholen aus Zeitgründen.

Ziegler (Moderator): Herr Weißhuhn und Herr Kochan, und dann bitte ich – –

Was? Ach, Herr Klein ja noch. Herr Klein.

Also jetzt ist erst Herr Weißhuhn dran, nicht.

Weißhuhn (IFM): Ich möchte mich gern dem Argument von Herrn Halm von der SED-PDS ausdrücklich anschließen und seine Zielrichtung, die Dreiprozentklausel, mit diesem Argument noch erweitern auch auf die Zulassung von Vereinigungen zur Volkskammerwahl an sich.

Das gilt, dieses Argument der **Umbruchsituation**, der unstabilen Situation der Entwicklungsphase auch politischer Organisationen und Modelle und Strukturen, dieses Argument gilt eben gerade jetzt und natürlich auch für die politische Verantwortungsübernahme nicht nur in **Kommunalwahlen**, sondern selbstverständlich auch für **Volkskammerwahlen**. Und ich möchte an die Parteien, besonders an die ehemaligen Blockparteien, appellieren, diesen Entwicklungsmöglichkeiten eine Chance zu lassen eben gerade, indem sie sich an die Wirkung ihrer Parteistrukturen in den letzten 40 Jahren als einer „stabilen Demokratie" in Anführungsstrichen erinnern mögen und deswegen allein schon eine Chance gewähren sollten.

Das bedeutet, daß für die Vereinigungen, zu denen wir ja zählen, die Variantenentscheidungen A, B, C oder D eben keineswegs eine Frage des Kompromisses sind, sondern eine Frage der existentiellen Entscheidung.

Ich plädiere natürlich für die Variante C.

Ziegler (Moderator): Herr Klein, bitte, und dann Herr Kochan.

Klein (VL): Ja. Ich finde es schon bemerkenswert, es geht hier um Demokratie. Es ist nicht zu leugnen. Und in diesem Zusammenhang finde ich es besonders interessant, daß unter dem Aspekt der Stabilität von einigen Sprechern hier das reine Parteienwahlrecht favorisiert wird und ich im Gegensatz dazu eindeutig die Behauptung aufstellen würde, daß die politische Stabilität des Landes gefährdet wäre, wenn die **Bürgerbewegungen** ausgeschlossen würden.

Und ich möchte in dem Zusammenhang auch noch anfügen, daß eine akademische Diskussion, was eine Bürgerbewegung ist, also was eine Vereinigung ist oder was eine Partei ist, hier eigentlich nicht unser Gegenstand sein sollte. Die Bürgerbewegungen haben sich selbst definiert durch das, was sie getan haben. Sie haben sich damit legitimiert als eine politische Kraft, die sich auch repräsentieren können muß. Es ist klar, daß in diesem Zusammenhang Fragen, erstrangige Fragen von Demokratieverständnis hier auf der Tagesordnung stehen.

Ich glaube, ein Wahlgesetz wäre eine Vorentscheidung gegen **Basisdemokratie,** wenn ein Parteienwahlrecht beschlossen – – Ich denke, wir können nicht so tun, als ob es hier um irgendeine Wahl geht. Es geht um eine Wahl, die aus Umständen hervorgegangen ist, die es meiner Ansicht nach für politisch unhaltbar erscheinen lassen, daß wir hier über das Wahlgesetz akademisch diskutieren.

Und ich meine, daß das insbesondere der SPD klar sein müßte, die sich hier ganz besonders ins Zeug legt für ein solches Parteienwahlrecht, mehr noch als die jetzt in der Volkskammer repräsentierten Parteien. Das, was von seiten der SED gesagt worden ist, nötigt hier Achtung ab. Ich will in dem Zusammenhang auch sagen, daß eine **Dreiprozentklausel** aus den erwähnten Gründen auch unserer Meinung nach nicht vertretbar ist.

Ziegler (Moderator): Danke.

Und als letzter Herr Kochan, und dann gehen wir an die Vorlage.

Kochan (DBD): Also, ich möchte zunächst sagen, zu dieser Wahl Dreiprozentklausel: Nicht. Wir wären vom Standpunkt – das hat mich überzeugt vorhin die Argumentation der Übersicht auch für den Wähler – für **feste Listen.** Und drittens sind wir eigentlich mit diesen Einschränkungen voll für die Verfahrensweise, wie sie von der Arbeitsgruppe „Wahlgesetz" vorgeschlagen wurde, wobei ich sagen möchte, daß es doch günstiger wäre, auch dem Wähler selbst die vier Varianten zur Diskussion zu unterbreiten und hier keine Vorentscheidungen zu treffen.

Mein Standpunkt.

Ziegler (Moderator): Danke auch für die Kürze und Knappheit.

Und jetzt schlage ich folgendes Verfahren vor. Wir haben Abänderungsanträge vorliegen. Wir nehmen zur Grundlage die **Vorlage 9/1.** Dazu hatten wir unsere Arbeitsgruppe gebeten, hier vorzuarbeiten. Und nun gibt es Abänderungsanträge zu Ziffer 1, 2 und 3 und Ergänzungen zu Ziffer 6. Und falls Frau Kögler dann noch Ergänzungsanträge hat, müßten die als weitere Nummern angehängt werden.

Und wir fangen jetzt mit Ziffer 1 an. Dort gibt es einen Abänderungsantrag, der von der SPD gebracht wird. Wenn Sie Ziffer 1 einmal vornehmen, im zweiten Absatz [steht]: „In diesem Sinne gilt das Prinzip beweglicher Listen". Das ist ja der Satz, der geändert werden soll. „Der Runde Tisch spricht sich für Verhältniswahlrecht mit festen Listen aus", hatten Sie vorhin gesagt. Und jetzt haben Sie geschrieben: „für ein Verhältniswahlrecht mit festen Listen", ja. Wo wollten Sie das hineinhaben?

Meckel (SPD): Aber schon im ersten Satz gleich: „Der Runde Tisch spricht sich für ein Verhältniswahlrecht mit festen Listen aus".

Dann geht es in der achten Zeile weiter: „Die Vereinigung von Listen ist zulässig".

Ziegler (Moderator): Aha, dann muß ich das noch präzisieren.

Der erste Satz wird geändert und dann wird gestrichen, „der Wähler" bis „zu beteiligen", nicht? Herr – – Nur damit wir uns richtig verstehen jetzt.

Herr Meckel, das stimmt doch so, ja?

Meckel (SPD): Ich sagte, der erste Satz: „Der Runde Tisch spricht sich für ein Verhältniswahlrecht mit festen Listen aus". Dann geht es fünf Zeilen weiter. Alles dazwischen wird gestrichen. Der nächste Satz lautet: „Die Vereinigung von Listen ist zulässig".

Ziegler (Moderator): Ach so. Haben wir es klar, ja?

Und ich stelle, möchte fragen, möchte sich noch jemand dazu äußern, denn sonst Argumente pro und contra sind ja schon hier genannt worden.

Der Antrag lautet also: Der erste Satz erhält folgende Fassung: „Der Runde Tisch spricht sich für ein Verhältniswahlrecht mit festen Listen aus." Und zweitens, es wird gestrichen von: „Der Wähler" bis zu „beweglichen Listen".

Können wir darüber abstimmen? Wer ist für diesen Änderungsantrag, den bitte ich um das Handzeichen. – Das ist – ach so, Sie haben – weil Sie immer zwei Hände – – das irritiert etwas, ja. Es ist hier die Mehrheit.

Ich bitte dann den Vorschlag der Arbeitsgruppe so in diesem Sinne zu ändern. – War Zweidrittelmehrheit? Da müssen wir also auf jeden Fall fragen, wer dagegen ist, ja. Es war für alle diese Abänderungsanträge Zweidrittelmehrheit beantragt. Na ja.

Ducke (Co-Moderator): 5 Gegenstimmen.

Ziegler (Moderator): Ja, daß es gut zählbar ist, ja. Damit wir klar – – Es sind 5 Gegenstimmen. Insofern ist jetzt also hier auf jeden Fall die Zweidrittelmehrheit.

Aber ich habe, Augenblick, so, ich wollte sagen, wir haben – – ich habe etwas versäumt. Wir hätten ja erst abstimmen müssen, ob die Zweidrittelmehrheit für all die Änderungen verlangt wird. Das hätte vorher gehen müssen. Ich bitte um Entschuldigung. Das habe ich jetzt übersehen. Darf ich denn aber jetzt noch hier feststellen, wer sich enthält an dieser Stelle? Und dann müssen wir das nachholen, ja. Enthaltungen waren das?

Anhörung der Experten zur Wahlgesetzgebung

Zwischenruf: Das waren zusätzliche Gegenstimmen.

Ziegler (Moderator): Dann müssen wir jetzt – – dann bitte ich – – dann habe ich das durcheinander gebracht. Ich bitte um Entschuldigung.

Wir stimmen jetzt erst darüber ab. Herr Ullmann hatte gesagt, den Antrag gestellt, es soll über Änderungen dieser Vorlage nur mit Zweidrittelmehrheit entschieden werden. Das entspricht der Ziffer 6 der Geschäftsordnung, zweiter Absatz. Und darüber lasse ich jetzt zuerst abstimmen, ob Zweidrittelmehrheit erforderlich ist für alle Änderungen.

Ich bitte um Handzeichen, wer dafür ist. – [Es stimmen mit Ja] 30. Wer ist dagegen? – [Es stimmen mit Nein] 5. Wer enthält sich der Stimme? – 1 Enthaltung.

Also, und weil ich da nun ein bißchen etwas durcheinandergebracht habe, bitte ich, daß wir über die Ziffer 1 noch einmal abstimmen. Ich sage noch einmal, Satz 1 soll den Text, die Fassung erhalten: „Der Runde Tisch spricht sich für ein Verhältniswahlrecht mit festen Listen aus". Streichung der nächsten vier Zeilen.

Wer ist dafür? [Es stimmen mit Ja] 27.
Wer ist dagegen? [Es stimmen mit Nein] 8.
Wer enthält sich der Stimme? 3 Enthaltungen.

Es ist damit aber festzustellen, ja, doch, es ist Zweidrittel – –

Zwischenruf: Aber jetzt stimmen die Zahlen nicht. Vorhin waren es 36 Stimmen, jetzt sind es 38.

Ziegler (Moderator): Es gibt ja Leute, die stimmen nicht mit ab.

Also, dieses in Ziffer 1 ist in diesem Sinne geändert.

Wir kommen jetzt, ich schlage Ihnen jetzt vor, daß wir tatsächlich, wie Herr Ullmann vorgeschlagen hat, jetzt erst zu Ziffer 3 gehen, weil das klarer ist. Das andere sollte eine Tendenzabstimmung werden. Es geht zu Ziffer 3, den **Abänderungsantrag der CDU, 9/1a.** Haben sie den vorliegen?

Und wenn ich Frau Kögler richtig verstanden habe, hat sie noch einen weiteren weitergehenden Antrag, der heißt, es soll Ziffer 8.2 [gemeint Paragraph 8, Absatz 2] im Wahlgesetz absolut gestrichen werden. Der Antrag geht viel weiter als dies und was die CDU sagt. Stellen Sie diesen Antrag?

Frau Kögler (DA): Diesen Antrag stelle ich.

Ziegler (Moderator): Gut.

Dann müssen wir darüber zuerst abstimmen, weil es der weitestgehende ist. Ziffer 8.2 [gemeint: Paragraph 8, Absatz 2] im Entwurf des Wahlgesetzes, wie er von uns der Volkskammer vorgelegt werden soll, soll gestrichen werden.

Wer dafür ist, den bitte ich um das Handzeichen.

Ducke (Co-Moderator): 9 Stimmen sind dafür.

Ziegler (Moderator): Ja, das ist auf keinen Fall Zweidrittelmehrheit. Aber ich brauche, glaube ich, da nicht mehr zu fragen dies andere, das wäre Formalismus.

Jetzt kommt der nächste weitergehende Antrag. Die CDU beantragt mit **Vorlage 9/1a,** daß Ziffer 2 des Wahlgesetzentwurfes die folgende Fassung erhält zu Paragraph 8, Absatz 2: „Die Ausschlußgründe werden erweitert um" – den Text haben Sie vor sich – „die eine Einschränkung der Demokratie und der Diktatur einer gesellschaftlichen Gruppe beziehungsweise einer Person anstreben".

Dazu muß man natürlich eigentlich jetzt den Text noch einmal vornehmen, weil das ja sonst sehr schwer im Zusammenhang zu verstehen ist. Ich lese das noch einmal vor.

„Parteien und politische Vereinigungen, die Glaubens-, Rassen- und Völkerhaß bekunden, militaristische Propaganda oder Kriegshetze treiben", müßte jetzt heißen „und die eine Einschränkung der Demokratie oder die Diktatur einer gesellschaftlichen Gruppe anstreben, bleiben von den Wahlen ausgeschlossen". So hieße dann der Text, wenn diese Ergänzung jetzt durchkommt.

Ist das klar? Kann ich darüber abstimmen lassen? – Kein Widerspruch.

Wer ist für diese Ergänzung, die die CDU beantragt? Den bitte ich um das Handzeichen. – [Es stimmen mit Ja] 18. Das sind ja bloß 50 Prozent, nicht.

Aber wir fragen jetzt, wer ist dagegen?

Ducke (Co-Moderator): [Es stimmen mit Nein] 9.

Ziegler (Moderator): Enthaltungen?

Ducke (Co-Moderator): 7 [Enthaltungen].

Ziegler (Moderator): Also, es ist die Zweidrittelmehrheit, wie ich feststelle, nicht erreicht. Der Antrag **[Vorlage 9/1a]** ist damit abgelehnt. Damit bleibt es dann bei der Fassung, die hier die Arbeitsgruppe in **[Vorlage] 9/1** vorgelegt hat.

Wir kommen nun zu dem weiteren Antrag. Ich schlage vor, daß wir jetzt erst über die Dreiprozentklausel, die Ergänzung da abstimmen, und nachher die Tendenzabstimmung mit den Varianten machen. Das steht ja noch aus.

Es war beantragt, als Ziffer 6 hinzuzufügen die Formulierung: „in dem Entwurf wird eine Dreiprozentklausel eingefügt". Das soll als Ziffer 6 hier zu **[Vorlage] 9/1** angefügt werden. Das Pro und Contra ist schon in der Diskussion gesagt worden. Ich möchte darüber abstimmen lassen. Kein Widerspruch?

Also, wer ist für die Einfügung als Ziffer 6, „in den Entwurf wird ein Dreiprozentklausel eingefügt", den bitte ich um das Handzeichen. – [Es stimmen mit Ja] 3. Wer ist dagegen? – Brauchen wir nicht. Die Mehrheit ist dagegen. Die zwei Drittel haben Sie nicht erreicht.

Und nun war folgendes vorgeschlagen, daß in Ziffer 2 doch eine Tendenzabstimmung stattfinden sollte. Augenblick, das hatten einige gesagt.

[Zwischenfrage]

Ziegler (Moderator): Ja, also Sie hatten einen Antrag, Entscheidung zu den Varianten soll hier stattfinden, Antrag Variante C. Und dann kommt noch Änderung letzter Satz, Mandats- und Funktionsträger, nicht. Das ist die Einfügung, die Sie haben wollten, ja.

Meckel (SPD): Ja, die ist natürlich nur möglich, wenn vorher hier klar ist [ob Variante C ergänzt wird]. Deshalb gehört zu dem Antrag, daß hierüber entschieden wird. Das ist Antragsteil.

Ziegler (Moderator): Ja. Das ist richtig. Vielen Dank für den Hinweis.

Es ist richtig, ehe wir eine Tendenzabstimmung machen können, muß ja darüber abgestimmt werden, ob Variante C ergänzt wird. Ja, doch.

Bitte, dann erläutern Sie noch einmal.

Meckel (SPD): Es sind drei Teile jetzt, die das formal haben muß. Der erste Teil ist, daß wir uns dafür einsetzen, daß hier entschieden wird, ob A, B, oder C gemacht wird. Das ist keine, also nicht eine Tendenz[abstimmung].

Ziegler (Moderator): Sie wollen endgültige Abstimmung, ach so.

Meckel (SPD): Wir wollen hier eine endgültige Abstimmung. Das ist der erste Teil dieses Punktes.
Der zweite Teil ist dann die Ergänzung von seiten – –

Ziegler (Moderator): Wenn das angenommen wird.

Meckel (SPD): – Und als drittes, wenn das angenommen wird, und der dritte Teil ist dann natürlich die Abstimmung für C.

Ziegler (Moderator): Ja.
Nun allerdings hat Herr Ullmann auch hier gesagt, und das haben einige Redner unterstrichen, daß dies hier so verfahren werden soll, wie die Gruppe vorschlägt. Das möchte ich wenigstens noch einmal, bevor wir ins Abstimmen eingehen, ins Gedächtnis rufen. Da steht nämlich: „Die endgültige Entscheidung könnte in folgender Form herbeigeführt werden. Kommt der Runde Tisch im Ergebnis der öffentlichen Aussprache mit Zweidrittelmehrheit zu einem Votum für eine der Varianten, empfiehlt er sie der Volkskammer zur Beschlußfassung".
Und hier muß ich nun noch einmal fragen die Arbeitsgruppe. Meinen Sie die öffentliche Aussprache, die aufgrund dieser Vorlage geführt werden soll? Denn zunächst einmal heißt es: „Der Runde Tisch empfiehlt zur öffentlichen Diskussion folgende vier Möglichkeiten". Und das verstehe ich so, die Arbeitsgruppe wenigstens meint, wir sollen alle vier Varianten zur Diskussion stellen.

[Zwischenruf]

– Ich weiß das, Sie wollen das geändert haben, habe ich verstanden. Aber ich möchte es wenigstens bewußt machen. Und erst dann, wenn die öffentliche Diskussion gewesen ist, soll der Runde Tisch hierüber befinden, was er möchte. Sie wollen das anders. Sie wollen hier gleich entscheiden, nicht?
Das ist klar.

Meckel (SPD): Kann ich das kurz begründen?

Ziegler (Moderator): Ja, bitte schön.

Meckel (SPD): Es geht mir nicht darum, daß hier Möglichkeiten ausgeschlossen werden sollen für eine öffentliche Diskussion. Die kann ja trotzdem so erfolgen. Ich denke, es geht um die Überschaubarkeit.
Wer die Debatte in der letzten halben Stunde verfolgt hat, wird möglicherweise, ohne Texte vorliegen zu haben, und selbst dann, Schwierigkeiten haben, dem zu folgen. Deshalb geht es um die Überschaubarkeit, die hier jetzt sozusagen in die Veröffentlichung geht. Man kann dann sich ja immer noch dazu äußern, daß wir aber hier ein klares Votum des Runden Tisches bringen.
Das ist das, was wir wollen.

Ziegler (Moderator): Ja.
Und Sie stellen den Antrag, daß das C sein soll. Und darüber müssen wir dann zuerst abstimmen. Und weil die anderen ja nur nach Tendenzabstimmung gehört haben.
Ja, bitte Herr Seidel.

Seidel (NF): Wir haben in der Arbeitsgruppe lange um diese vier Vorschläge gerungen. Ich votiere dafür, daß wir sie so stehen lassen und jetzt nicht durch irgendwelche Zusätze das noch mehr verwirren.

Ziegler (Moderator): Ja, aber es ist ja nun der Antrag da. Und der Antrag lautet, der Runde Tisch möge sich für C, also, wie heißt es hier – „Entscheidungen zu den Varianten sollen hier stattfinden". Das müßte jetzt erst entschieden werden. Also, das wäre die erste Abstimmung, ob wir heute hier entgegen Ihrem Votum doch schon uns entscheiden. Das steht jetzt hier zur Abstimmung. Und dann kommt nachher, wenn wir sagen ja, das wollen wir, dann müssen wir über die Varianten entscheiden, ja. Ist das klar? Oder ist das alles verwirrend?
Also frage ich, wer ist dafür, daß wir uns hier für heute für eine Variante entscheiden. Den bitte ich um das Handzeichen.

Ducke (Co-Moderator): [Es stimmen mit Ja] 27. Wieso stimmen Sie jetzt denn dafür? Also das war nicht verstanden.

Ziegler (Moderator): Nur einmal, 27 Stimmen dafür. Das ist damit angenommen.
Ich frage aber sicherheitshalber, wer ist dagegen, damit wir da klare Verhältnisse haben. – [Es stimmen mit Nein] 11. Enthaltungen? – Keine.
Ja, wir wollen uns also heute entscheiden. Und nun steht dann, muß ich ja, jetzt wird es schwierig. Ich gehe von dem Antrag aus, der hier gestellt ist, die Variante C zu wählen. Ich weiß, daß andere sich für andere ausgesprochen haben.
Ja bitte, zur Geschäftsordnung.

Halm (SED-PDS): Ich glaube, man müßte doch, wenn man sich entscheidet, heute eine Entscheidung zu treffen, zu jeder Variante noch einmal Argumente und Gegenargumente hören, sonst kann man das nicht machen.

Ziegler (Moderator): Na bitte.
Also, es sind zwar innerhalb der Diskussion schon Argumente hin und her gegangen, von der Anhörung an. Aber wenn das nun beantragt wird, daß die Debatte noch einmal aufgenommen wird für alle Varianten, dann müssen jetzt die vier Varianten durchgegangen werden.
Also, ein Geschäftsordnungsantrag. Möchte da jemand noch dafür oder dagegen reden? Wer wünscht die Wiedereröffnung der Diskussion über die einzelnen Varianten?
[Ich] bitte um das Handzeichen. – Das ist einstimmig abgelehnt. Danke.
Zur Geschäftsordnung hatten Sie sich gemeldet.
Bitte.

Meckel (SPD): Es ist jetzt die Frage, wie konkret vorgegangen wird.

Ziegler (Moderator): Ja, so ist es.

Meckel (SPD): Wir weichen insofern jetzt grundsätzlich von der Vorlage ab, da es jetzt um ein Auswahlverfahren geht, das wir haben müssen.
Wir haben, das haben wir gesagt, als Kompromiß für Variante C gestimmt. Unsere Überzeugung wäre Variante B. Es muß jetzt ein Auswahlverfahren geschaffen werden, das den vorigen Beschluß aufhebt der Zweidrittelmehrheit. Denn der bezieht sich auf Änderung der Vorlage. Dieser ist durch. Innerhalb dieses Teils Nummer 2 a) bis d) gilt jetzt die einfache Mehrheit. Darauf möchte ich als erstes hinweisen.
Und dann bin ich dafür, daß hier durchaus noch einmal die weitestgehenden Varianten erst abgestimmt werden, das heißt erst A und B, und dann sind danach die Varianten C oder D zu machen. Und falls Variante C dran kommt, haben wir den Änderungsantrag vorne vorliegen in der Formulierung „Mandats- und Funktionsträger".

Ziegler (Moderator): Der kommt dann, wenn C erst ausgewählt ist. Jawohl.
Noch zur Geschäftsordnung, bitte.

Ullmann (DJ): Bei der Entscheidung um diese vier Varianten handelt es sich um eine der schwerwiegendsten **verfassungsrechtlichen Fragen,** vor denen wir überhaupt stehen. Das muß mit **Zweidrittelmehrheit** abgestimmt werden, wenn nicht, wenn irgend etwas – –

Ziegler (Moderator): Also, es geht jetzt darum, es stehen nämlich zwei unterschiedliche Anträge im Raum.
Die einen haben gesagt, wir wollen hier eine Tendenzabstimmung machen. Das wäre, ich darf einmal auch meine eigene Meinung äußern, ja, [das] wäre mir das Sympathischste, weil das nämlich noch die Freiheit läßt für die öffentliche Diskussion, aber doch schon Tendenzen angibt. Aber wenn das nicht ist, dann heißt das, alles, was da nicht die Mehrheit kriegt, fällt hier heraus aus dem Vorschlag.
Das wollen Sie haben. Ich weiß das, ja.
Wie?

Meckel (SPD): Dann würde A bis D herausfallen, da im Grunde alles hier einzeln abgestimmt werden müßte. Deshalb kann man nicht mit Zweidrittelmehrheit hier an dieser Stelle arbeiten.

Ziegler (Moderator): Ja.
Frau Köppe.

Frau Köppe (NF): Die Freiheit für die öffentliche Diskussion besteht doch trotzdem. Das ist doch nicht behindert, auch wenn wir hier mit Zweidrittelmehrheit abstimmen.
Ich möchte Sie daran erinnern, der Runde Tisch gibt Empfehlungen. Das ist ja, und bleibt trotzdem alles offen und die öffentliche Diskussion muß sogar auch dann noch stattfinden.

Ziegler (Moderator): Ist nur der Unterschied, daß wir das dann nicht mehr so einreichen, nicht.
Herr Seidel.

Seidel (NF): Das war auch meine Meinung.

Ziegler (Moderator): Ja, danke.
So, also, jetzt hatten wir uns hier noch nicht geeinigt, ob einfache Mehrheit oder Zweidrittelmehrheit. Herr Ullmann hat gesagt, auch hier müßte Zweidrittelmehrheit beantragt werden. Sie hatten dagegen gesprochen, Herr Meckel. Und auf jeden Fall ist ja, wenn es um Geschäftsordnung geht, dann darüber abzustimmen, ob in Zweidrittelmehrheit nun darüber abgestimmt wird oder nicht. Und nun frage ich, wer ist für die Varianten – –
Ja, was denn, noch einmal Geschäftsordnung?

Schieferdecker (SED-PDS): Entschuldigen Sie bitte, wieviel Stimmen habe ich eigentlich? Ich darf unter den vier Varianten nur einmal abstimmen?

Ziegler (Moderator): Jetzt, darüber müssen wir dann nachher sofort abstimmen. Jetzt geht es erst einmal um den Geschäftsordnungsantrag: „Auch die Variantenabstimmung muß mit Zweidrittelmehrheit durchgeführt werden". Das war der Antrag Ullmann. Es hilft nun alles nichts. Darüber müssen wir uns erst einig werden.
So. Wer ist also dafür, daß auch über die Varianten mit Zweidrittelmehrheit entschieden wird? Den bitte ich um das Handzeichen. Dürfen Sie bitte einmal zählen? Das müssen wir ja ganz genau jetzt sehen, nicht.

Ducke (Co-Moderator): [Es stimmen mit Ja] 20.

Ziegler (Moderator): Wer ist dagegen?

Ducke (Co-Moderator): [Es stimmen mit Nein] 17.

Ziegler (Moderator): Ja. Das ist keine Zwei – –
Das ist ein Geschäftsordnungsantrag gewesen, über den mit Zweidrittelmehrheit entschieden worden ist. Der ist abgelehnt, Bruder Ullmann. Also, mit einfacher Mehrheit.
Und jetzt kommt natürlich Ihre Frage [,Herr Schieferdecker], wieviel Stimmen habe ich eigentlich. Und genau darum hätte ich mich ja gern gedrückt, weil das nun ganz kompliziert ist, und ich würde Ihnen jetzt folgendes Verfahren vorschlagen. Jeder kann zu jeder Variante stimmen, ja. Und wir stellen die Varianten einzeln zur Abstimmung. Und die Variante, die die meisten Stimmen kriegt, das ist dann die, die hier gilt.
Würden Sie mit diesem Verfahren, das – – Sind Sie nicht?
Ja, Herr Meckel, bitte.

Meckel (SPD): Ich stimme diesem Verfahren zu, möchte aber darauf hinweisen, daß, bevor wir die Varianten einzeln abstimmen, dann der Änderungsantrag der SPD zu C vorher abgestimmt werden muß, damit die Wahlen vollständig sind.

Ziegler (Moderator): Danke. Sie haben Recht, ja. Das machen wir jetzt gleich.
Also, wir stellen jetzt erst einmal den Text der Variante C in der Fassung fest, ob die SPD-Änderung beantragt wird, also die Mehrheit kriegt. Sie möchten, sehen Sie bitte in die Variante C, letzter Satz. Dort steht: „Eine Doppelmitgliedschaft von Mandatsträgern ist ausgeschlossen". Und das soll jetzt folgendermaßen heißen: „Eine Doppelmitgliedschaft von Mandats- und Funktionsträgern ist ausgeschlossen".
Stimmt es, Herr Meckel?

Meckel (SPD): Ja.

Ziegler (Moderator): Darüber lasse ich jetzt abstimmen.
Wer dieser Erweiterung des Textes zustimmt, den bitte ich um das Handzeichen. – [Es stimmen mit Ja] 19. Wer ist dagegen? – [Es stimmen mit Nein] 14.
Und wer enthält sich?

Ducke (Co-Moderator): 6 Enthaltungen.

Ziegler (Moderator): Dieser Antrag hat nicht Zweidrittelmehrheit gefunden und ist damit abgelehnt.
Und nun, jeder darf stimmen zu jedem Antrag. Und nun kann man natürlich sagen, wer ist der weitestgehende. Ich schlage vor, jetzt gehen wir A, B, C, D durch, ohne weiter zu fragen, wer ist denn hier weitergehend. Da kommen wir noch einmal in Streitfragen. Einverstanden?
Aber ich bringe in Erinnerung, Herr Ullmann hat gesagt, das ist eine der schwierigsten Fragen der Verfassung, und darum bitte ich auch um ganz gespannte Aufmerksamkeit für diese Abstimmung. Ich frage jetzt bei jedem Punkt dafür, dagegen, Enthaltung. Gut.
Zu Variante 1. Wer stimmt für Variante 1.

[Zwischenrufe]

Ziegler (Moderator): Ja.

Ducke (Co-Moderator): Aber sofort melden, nicht hinterher, sonst – –
14 Stimmen zähle ich.

Ziegler (Moderator): [Es stimmen mit Ja] 14. Wer ist dagegen? – [Es stimmen mit Nein] 24. Enthaltungen? Können es eigentlich gar nicht mehr geben, ja. – Und gibt es auch nicht.
Wir kommen zu Variante B. Wer ist für Variante B? – [Es stimmen mit Ja] 15. Wer ist dagegen? – [Es stimmen mit Nein] 23.
Wir kommen zu Variante C.

Zwischenruf: Enthaltungen!

Ziegler (Moderator): Ach, Enthaltungen, die kann es eigentlich nicht geben, wenn es 38 Stimmen sind, ja. Aber ich kann es ja fragen.
Variante C. Wer ist für Variante C? – [Es stimmen mit Ja] 23. Wer ist dagegen? – [Es stimmen mit Nein] 9. Aber dann muß ich jetzt fragen, wer enthält sich? Denn hier stimmt etwas nicht. – 6 Enthaltungen. Es geht auf, ja.
Ja, denn nun noch also Variante D. Wer ist für Variante D? – [Es stimmen mit Ja] 9. Dagegen? – [Es stimmen mit Nein] 11. Enthaltungen? – 16 Enthaltungen. Na, da stimmt etwas nicht. Aber die Ecke da hat da nicht so ganz [mitgemacht]. Aber es ist sowieso klar.
Nach diesem Ergebnis, wenn ich jetzt nur die Plusstimmen, also die positiven Stimmen sehe, hat die Variante C mit 23 Stimmen die meisten Stimmen. Und jetzt müssen wir nur – –

[Beifall und Zwischenrufe]

Ziegler (Moderator): Ja, wir gönnen Ihnen den Triumph.

Jetzt müssen wir nur sagen, wie wir das einreichen.
Herr Ullmann, wenn Sie noch einmal – –

[Lücke in der Aufnahme]

TOP 8: Anträge auf Zulassung am Runden Tisch

Ziegler (Co-Moderator): – verteilt worden.

Lange (Moderator): Nein.

Ziegler (Co-Moderator): Ach so. Dann bitte ich um Entschuldigung.

Lange (Moderator): Ja, deshalb hatte ich jetzt noch einmal dieses wiederholt. Es ist nicht an die Teilnehmer des Runden Tisches gegangen, sondern lag nur den Mitgliedern der Prioritätengruppe zur Beratung vor.
Möchten Sie noch einmal den Text hören?
Frau Töpfer, sind Sie so freundlich?

Frau Töpfer (FDGB): Ich lese jetzt allerdings nur die Begründung vor, ja. Also:
„1. Die Bewegung hat kein eigenständiges politisches Profil. Sie will nach eigenen Aussagen Interessenvertreter der Gesamtheit der Bürger im Territorium sein". Ich möchte dazu erklärend sagen, es lag ein Programm dabei, was praktisch genau wie die Nationale Front alle Gruppierungen im Territorium umschloß.
„2. Die Interessenvertretung beschränkt sich auf die örtliche Ebene. Es besteht keine Notwendigkeit, sie in der Zentrale zu hören. Der Bewegung wird empfohlen, sich an den Runden Tischen der Territorien zu beteiligen."

Lange (Moderator): Das ist die Empfehlung der Arbeitsgruppe „Recht" des Runden Tisches. Können wir darüber abstimmen?
Wer diesen Vorschlag aufnimmt, positiv aufnimmt, den bitte ich um das Handzeichen. – Das ist die Mehrheit. Wer ist dagegen? – Niemand. Wer enthält sich der Stimme? – Mit 3 Enthaltungen haben wir diesen Vorschlag der Arbeitsgruppe „Recht" angenommen. Vielen Dank. Damit – –
Entschuldigung. Ja. Herr Ziegler.

Ziegler (Co-Moderator): Ich muß Sie davon informieren, daß hier ein Telegramm eingegangen ist:
„Wir erwarten umgehende Behandlung unseres Teilnahmeantrags vom 5. Januar 1990. Michael Tschollek – Die Nelken."
Und ich möchte erklären, daß bei uns kein Antrag eingegangen ist. Nur, daß Sie es wissen, ich weiß nicht, wo der hergekommen sein soll.
Zweitens liegt der Antrag des DFD vor, daß erneut darüber verhandelt wird, daß der DFD zugelassen wird.
Da kommen wir nun an das sehr nahe heran, was Frau Röth hier gesagt hat, die Frage nach den Kriterien wird nun gestellt, wieso eigentlich die und die nicht. Und das müßte dann noch einmal in die Prioritätengruppe kommen.

TOP 9: Einladung von Teilnehmern des Runden Tisches zu den Beratungen des Jugendausschusses der Volkskammer am 23. Januar 1990

Lange (Moderator): Vielen Dank.
Ich hatte es schon erwähnt, es ist notwendig, daß wir nach Abschluß dieser Sitzung in der Prioritätengruppe auch diese Fragen heute noch beraten. Damit schließen wir Punkt 6 ab.
Es steht jetzt **Punkt 8 der Tagesordnung** zur Aussprache. Wir hatten uns notiert, [TOP] **8.1, Jugendausschuß Volkskammer.** Es liegt eine Einladung vor. Muß die jetzt noch einmal hier vorgetragen werden, Herr Ziegler?

Ziegler (Co-Moderator): Es ist etwa dieselbe Fragestellung, die Herr Ullmann vorgetragen hat: „Der Jugendausschuß der Volkskammer lädt dringend ein Teilnehmer des Runden Tisches zur nächsten Beratung am 23. Januar", und dann kommt der ganze Plan.
Und da wir keine direkte Jugendgruppe haben, ist es hier etwas schwieriger, eine zu beauftragen. Es sei denn, wir beauftragen die Arbeitsgruppe „Bildung/Erziehung", das wahrzunehmen. Dann können wir das schnell weitergeben.

Lange (Moderator): Wird dieser Vorschlag unterstützt, daß es an diese Arbeitsgruppe weitergeleitet wird?
Herr Meckel, [das] ist eine Unterstützung. Darf ich Ihr Einverständnis voraussetzen, daß wir diese Einladung, sofern – – Herr Ullmann dazu bitte. Sie sind dafür, ja? – Dann wollen wir doch alle uns noch einmal bewegen.
Wer dafür ist, daß wir dies so tun, den bitte ich um das Handzeichen. – Vielen Dank, das ist einmütig.
Der zweite Punkt, [TOP 8.2] **Ministerium für Innere Angelegenheiten.**

TOP 10: Einladung von Teilnehmern des Runden Tisches zu einem Gespräch über Sicherheitspartnerschaft und Gewaltlosigkeit durch das Ministerium für Innere Angelegenheiten

Ziegler (Co-Moderator): Auch das hatte ich vorhin schon kurz bekanntgegeben. Es wird eingeladen zum Gespräch vom Ministerium für Innere Angelegenheiten vom Minister selbst über **Sicherheitspartnerschaft** und Gewaltlosigkeit in Zusammenarbeit mit der Volkspolizei.

Und hier könnten wir natürlich so verfahren, daß wir hier die Wahrnehmung empfehlen durch die Arbeitsgruppe „Sicherheit". Sonst müßten wir auch hier jemand benennen, denn das ist ja wohl gut, wenn dieses Angebot angenommen wird.

Lange (Moderator): Können wir ebenso verfahren wie bei der vorherigen Einladung?

Wer dafür ist, daß wir dieses der Arbeitsgruppe „Sicherheit" zustellen, den bitte ich um das Handzeichen. – Das ist einmütig so beschlossen. Vielen Dank. Dann können wir diese beiden Punkte abhaken.

Es ist ein dritter [Punkt] jetzt doch noch zu nennen, der Ihnen noch nicht hier vorgelegen hat, und zwar eine **Vorlage 9/11**. Ich möchte Sie bitten, dies doch noch anzufügen, weil die Dringlichkeit groß ist unter [TOP] 8.3, diese Beschlußvorlage in Sachen **Mediengesetz** doch jetzt noch auf die Tagesordnung zu setzen. Hier geht es auch um die Zeit, in der dies geschehen muß.

Herr Weiß ist so freundlich und gibt dazu eine Erläuterung.

TOP 11: Mediengesetz

Weiß (DJ): Meine Damen und Herren, ich bitte Sie um Verständnis, daß wir das heute abend noch behandeln müssen. Aber es ist Handlungsbedarf, weil diese Beschlußvorlage am 29. [Januar 1990] gleichfalls in die Volkskammer gehen soll.

> [Vorlage 9/11, Antrag DJ u. a.: Antrag zur Streichung eines Satzes aus dem Entwurf des Mediengesetzes]
>
> Laut Mitteilung von Staatssekretär Wittenbeck ist vom Ministerrat der DDR aus der gemeinsamen Beschlußvorlage der Gesetzgebungskommission „Mediengesetz" und des Runden Tisches zu Medienfragen in Artikel 14 der Satz 3 gestrichen worden[52]: „Bis zum Erlaß dieses Gesetzes ist eine Produktenwerbung in den elektronischen Medien nicht zulässig." [...]

---

[52] Abweichend von der schriftlichen Vorlage 9/11 lautet der erste Satz im Wortprotokoll: „Herr Staatssekretär Wittenbeck teilte uns heute am Rande der Tagung mit, daß aus der gemeinsamen ...". Mit dem Runden Tisch zu Medienfragen ist die AG „Medien" des Runden Tisches gemeint.

Ich darf Sie noch einmal an den Hintergrund erinnern. Wir hatten darüber auch kurz beraten. Es geht darum, daß es keine gesetzliche Handhabe gibt, daß Werbezeiten in den elektronischen Medien plaziert und von der Zeit begrenzt werden.

Und es ging auch darum, daß wir nicht wollen, daß Produktenwerbung stattfindet für westliche Erzeugnisse, die nicht mit Mark der DDR bezahlt werden können. Auch daran war gedacht.

Deswegen schlagen wir vor, gegen diese Verfahrensweise zu protestieren. In der Beschlußvorlage lautet es:

> [...] Wir protestieren gegen die Streichung und erwarten von der Volkskammer der DDR, daß sie die Beschlußvorlage im vollen Wortlaut, so wie sie vom Runden Tisch beschlossen wurde und wie sie im Protokoll der 8. Sitzung des Runden Tisches vom 18. Januar festgehalten wurde, behandelt. Andernfalls erwarten wir, daß die Beschlußvorlage an den Runden Tisch zurückverwiesen wird.

Diese Beschlußvorlage wird von meinen Freunden zur Linken und zur Rechten hier mitgetragen.

Lange (Moderator): Danke, Herr Weiß.

Im Grunde genommen bestätigen wir jetzt nur noch einmal, was wir bereits beschlossen hatten. Aber ich denke, es ist wichtig, nachdem wir erfahren haben, daß im Ministerrat dieser Satz gestrichen worden ist. Möchte sich jemand dazu äußern, oder?

Bitte schön.

N. N.: Ich möchte darauf hinweisen, daß diese Beschlußvorlage in einer Regierungskommission erarbeitet wurde, und ich möchte weiter darauf hinweisen, daß die Festlegung des Ministerrates von heute und deren Weiterleitung direkt an die Volkskammer den Beschluß sowohl der Regierungskommission wie auch des Runden Tisches ignoriert, und zwar begründungslos.

Lange (Moderator): Ja, vielen Dank. Das ist noch einmal eine notwendige Ergänzung gewesen.

Können wir dann über diesen vorliegenden **Antrag 9/11** beschließen oder gibt es weitere Meinungsäußerungen? Das ist nicht der Fall.

Wer dies noch einmal bestätigt, daß wir diese Beschlußvorlage annehmen, den bitte ich um das Handzeichen. – Ja, das ist die Mehrheit. Wer ist dagegen? – Enthaltungen? – Niemand.

Müssen wir uns jetzt noch über das Verfahren verständigen, Herr Weiß, oder ist dieses klar? Das würden Sie dann veranlassen, daß dieser Beschluß jetzt noch einmal weitergegeben wird?

Weiß (DJ): Ich werde das weiterleiten.

TOP 12: Abschluß durch den Gastgeber

Lange (Moderator): Ja, vielen Dank.

Dann sind wir am Ende der vorliegenden Tagesordnung. Fast hätten wir es geschafft, eine Zwölf-Stunden-Sitzung zu haben, aber wir haben es immerhin erreicht, daß wir die, wenn ich es recht sehe, zweitlängste Tagung des Runden Tisches heute miteinander erlebt haben.

Es gibt noch eine kurze Ankündigung.
Herr Ziegler, bitte.

Ziegler (Co-Moderator): Die Mitglieder der Prioritätengruppe bitte ich dann gleich hier nach vorne zu kommen zu einer Terminabsprache.

Und zweitens, das Arbeitssekretariat weist darauf hin, daß in den Fächern eine Einladung des Ministeriums für Arbeit und Löhne liegt mit der Bitte, daß Sie die noch holen und vielleicht annehmen könnten.

Lange (Moderator): Meine Damen und Herren, ich danke Ihnen für die Zusammenarbeit über die vielen Stunden dieses Tages. Die nächste Sitzung des Runden Tisches findet am 29. Januar [1990] statt.

Die Sitzung ist geschlossen.

[Ende der Sitzung 20.30 Uhr]